Berliner Handbücher

Handbuch des sozialgerichtlichen Verfahrens

Systematische Gesamtdarstellung
mit zahlreichen Beispielen und Mustertexten

von
Prof. Dr. Otto Ernst Krasney
Vizepräsident des Bundessozialgerichts a.D.

und
Prof. Dr. Peter Udsching
Vorsitzender Richter am Bundessozialgericht

6., neu bearbeitete Auflage

ERICH SCHMIDT VERLAG

Bibliografische Information der Deutschen Nationalbibliothek
Die Deutsche Nationalbibliothek verzeichnet diese Publikation
in der Deutschen Nationalbibliografie; detaillierte bibliografische Daten
sind im Internet über http://dnd.d-nb.de abrufbar.

Weitere Informationen zu diesem Titel finden Sie im Internet unter
ESV.info/978 3 503 13633 9

Bearbeiter	
Krasney	Kapitel I, II und IX bis XIII
Udsching	Kapitel III bis VIII
Zitiervorschlag	Hdb SGG – (Bearbeiter) I Rn. 24

Paragraphen ohne Angabe des Gesetzes beziehen sich auf das SGG, jedoch ist die Bezeichnung dieses Gesetzes hinzugefügt, wenn sich durch die unmittelbar vorangehende oder folgende Zitierung anderer Gesetze sonst Unklarheiten ergeben könnten.

Innerhalb der einzelnen Kapitel wird auf Randnummern ohne Kapitelhinweis verwiesen. Den Verweisungen auf Randnummern anderer Kapitel ist die Nummer des Kapitels vorangestellt.

1.–2. Auflage erschienen in der Verlagsgruppe Jehle Rehm
3. Auflage 2002
4. Auflage 2005
5. Auflage 2008
6. Auflage 2011

ISBN 978 3 503 13633 9
ISSN 1865-4185

Dieses Papier erfüllt die Frankfurter Forderungen
der Deutschen Bibliothek und der Gesellschaft für das Buch
bezüglich der Alterungsbeständigkeit und entspricht sowohl den
strengen Bestimmungen der US Norm Ansi/Niso Z 39.48-1992
als auch der ISO Norm 9706.

Gesetzt aus der 9/11 Punkt Stempel Garamond

Satz: multitext, Berlin
Druck und Bindung: Kösel, Altusried-Krugzell

Vorwort zur 6. Auflage

Erneut haben zahlreiche Änderungen des SGG, aber auch zahllose Änderungen im materiellen Sozialrecht, dessen Problemschwerpunkte in der forensischen Praxis vor allem in den stets begrüßten Beispielen und Schriftsatzmustern behandelt werden, eine Neuauflage des Handbuchs erforderlich gemacht. Wiederum in der sechsten Auflage sind nicht nur die Änderungen – insbesondere durch das Gesetz zur Änderung des SGG und des ArbGG vom 26. 3. 2008 (BGBl. I 444) sowie das Regelbedarfsermittlungsgesetz vom 24. 3. 2011 (BGBl. I 453) – eingearbeitet und vertieft dargestellt, wie vor allem die Darstellung des vorläufigen Rechtsschutzes und der neu geschaffenen sozialgerichtlichen Normenkontrolle zeigt. Alle Kapitel des Buches sind überarbeitet sowie vor allem in den im Vorwort zur ersten Auflage aufgeführten und weiterhin beibehaltenen Schwerpunkten erweitert. Neue Entscheidungen und Literatur sind berücksichtigt. Außerdem ist das Schriftbild verbessert.

Der Entwurf eines Gesetzes bei überlangen Gerichtsverfahren und staatsanwaltlichen Ermittlungen ist vom federführenden BT-Ausschuss noch nicht abschließend beraten. Für das sozialgerichtliche Verfahren sind nur die Frage der Zuständigkeit der Landessozialgerichte für die Entschädigungsprozesse und die Verzögerungsrüge in einem überlangen sozialgerichtlichen Verfahren bedeutsam. Deshalb erscheint es vertretbar, der 6. Auflage insoweit den Entwurf mit jeweils entsprechenden Hinweisen zugrunde zu legen und nicht die Verkündung des Gesetzes abzuwarten.

Die Verfasser danken für die Anregungen aus dem Leserkreis und bitten weiterhin auch insoweit um freundliche Begleitung des Buches.

Im Juli 2011

Dr. Otto Ernst Krasney
Dr. Peter Udsching

Vorwort

Das Buch soll eine Hilfe bei der Durchführung eines sozialgerichtlichen Verfahrens in allen drei Instanzen sein. Es will den Beteiligten und ihren Prozessbevollmächtigten in erster Linie rechtliche und auch tatsächliche Besonderheiten dieses Verfahrens näherbringen und die von der Rechtsprechung eingeschlagenen Wege aufzeigen. Verfahrensrechtliche Fragen werden auch anhand von Beispielen aus den einzelnen Gebieten des Sozialrechts Lösungen zugeführt. Eine systematische Darstellung des Sozialgerichtsprozesses wurde dagegen ebenso wenig angestrebt wie eine wissenschaftliche Auflistung und Diskussion der Zweifelsfragen.

Die für die praktische Handhabung erforderliche Beschränkung des Umfanges erzwang aber auch – vor allem für die Darstellung des Verfahrens in erster und zweiter Instanz – eine Beschränkung in der Auswahl und Vertiefung der Schwerpunkte. Ebenso musste allgemein auf umfangreiche Literaturnachweise verzichtet werden, die jedoch in den jeweils zitierten und auch unter diesem Gesichtspunkt ausgewählten Schrifttumsnachweisen zu finden sind. Nur so war es möglich, die zugleich in praxisrelevante Bereiche des materiellen Sozialrechts einführenden Muster und Beispiele einzuschieben.

Auf Anregungen und Kritik sind die Verfasser angewiesen und danken hierfür im Voraus.

Im Mai 1991   Dr. Otto Ernst Krasney
                                                                Dr. Peter Udsching

Inhaltsübersicht

Inhaltsverzeichnis

IV. KAPITEL
Das Klagesystem

VI. KAPITEL
Die Verfahrensbeteiligten

VII. KAPITEL
Das erstinstanzliche Verfahren

VIII. KAPITEL

Das Berufungsverfahren

IX. KAPITEL
Revision

X. KAPITEL
Beschwerde, Erinnerung, Anhörungsrüge, Verzögerungsrüge

XI. KAPITEL
Wiederaufnahme des Verfahrens

XII. KAPITEL
Kosten

XIII. KAPITEL
Vollstreckung

Abkürzungsverzeichnis

a. A.	anderer Ansicht
a. a. O.	am angegebenen Ort
ABl.	Amtsblatt
Abs.	Absatz
a. E.	am Ende
a. F.	alter Fassung
AFG	Arbeitsförderungsgesetz
a. M.	anderer Meinung
Anm.	Anmerkung
AO	Anordnung
AOK	Allgemeine Ortskrankenkasse
AP	Arbeitsrechtliche Praxis – Nachschlagewerk des BAG
ArbGG	Arbeitsgerichtsgesetz
ArbuR	Zeitschrift „Arbeit und Recht"
Art.	Artikel
AÜG	Arbeitnehmerüberlassungsgesetz
Aufl.	Auflage
AV	Angestelltenversicherung
AVG	Angestelltenversicherungsgesetz
Az.	Aktenzeichen
BA	Bundesagentur für Arbeit
BABl.	Bundesarbeitsblatt
BAG	Bundesarbeitsgericht
BAGE	Entscheidungen des Bundesarbeitsgerichts
BAnz.	Bundesanzeiger
BayRS	Bayerische Rechtssammlung
BB	Zeitschrift „Der Betriebsberater"
Bd.	Band
Bek.	Bekanntmachung
Berchtold/Richter Verfasser	Berchtold/ Richter (Hrsg.), Prozesse in Sozialsachen, 2009
BErzGG	Bundeserziehungsgeldgesetz
BfA	Bundesversicherungsanstalt für Angestellte
BFH	Bundesfinanzhof
BFHE	Sammlung der Entscheidungen des Bundesfinanzhofs
BG	Berufsgenossenschaft (auch: Zeitschrift „Die Berufsgenossenschaft")
BGB	Bürgerliches Gesetzbuch
BGBl.	Bundesgesetzblatt

BGH	Bundesgerichtshof
BGHZ	Entscheidungen des BGH in Zivilsachen
BK	Berufskrankheit
BKGG	Bundeskindergeldgesetz
BKK	Zeitschrift „Die Betriebskrankenkasse"
BKVO	Berufskrankheiten-Verordnung
B/L/A/H	Baumbach/Lauterbach/Albers/Hartmann ZPO, 69. Aufl. 2011
Bley	in Sozialgesetzbuch-Sozialversicherung Gesamtkommentar, Bd. 9
BMA	Bundesministerium für Arbeit und Sozialordnung
Brackmann	Handbuch der Sozialversicherung, 1. bis 11. Aufl. 1949 ff.
BRAGebO/BRAGO	Bundesrechtsanwaltsgebührenordnung
DRV	Deutsche Rentenversicherung Bund oder DRV/Regionalträger
BSeuchG	Bundes-Seuchengesetz
BSG	Bundessozialgericht
BSGE	Entscheidungen des Bundessozialgerichts
BSHG	Bundessozialhilfe-Gesetz
BT	Bundestag
BT-Ausschuss	Bundestagsausschuss
BT-Drucks.	Bundestagsdrucksache
BU	Berufsunfähigkeit
Buchholz BVerwG	Sammel- und Nachschlagewerk der Rechtsprechung des Bundesverwaltungsgerichts
Buchst.	Buchstabe
BVerfG	Bundesverfassungsgericht
BVerfGE	Entscheidungen des Bundesverfassungsgerichts
BVerwG	Bundesverwaltungsgericht
BVerwGE	Entscheidungen des Bundesverwaltungsgerichts
BVG	Bundesversorgungsgesetz
DAngVers.	„Die Angestelltenversicherung", Zeitschrift der BfA
ders.	derselbe
d. h.	das heißt
Diss.	Dissertation
DÖV	Zeitschrift „Die öffentliche Verwaltung"
DOK	Zeitschrift „Die Ortskrankenkasse"
DRV	Zeitschrift „Deutsche Rentenversicherung"
DVBl.	Zeitschrift „Deutsches Verwaltungsblatt"
Einigungsvertrag	Vertrag zwischen der Bundesrepublik Deutschland und der Deutschen Demokratischen Republik über die Herstellung der Einheit Deutschlands vom 31. 8. 1990

Einigungsvertrags- gesetz	Gesetz zum Einigungsvertrag vom 29. 9. 1990 (BGBl. II 885)
E-LSG	Entscheidungen der Landessozialgerichte, hrsg. von den Präsidenten der Landessozialgerichte, nach Sachgebieten und Nr. der Entscheidung (eingestellt)
EMRK	Konvention zum Schutz der Menschenrechte und der Grundfreiheiten (Europäische Menschenrechtskonvention)
EntlG	Gesetz zur Entlastung der Gerichte in der Verwaltungs- und Finanzgerichtsbarkeit
Erl.	Erlass
EU	Erwerbsunfähigkeit
EuGH	Gerichtshof der Europäischen Gemeinschaften
FANG	Fremdrenten- und Auslandsrenten-Neuregelungsgesetz
ff.	folgende
FG	Finanzgericht
FGG	Gesetz über die Angelegenheiten der freiwilligen Gerichts- barkeit
FGO	Finanzgerichtsordnung
FRG	Fremdrentengesetz
Fußn.	Fußnote
GAL	Gesetz über die Altershilfe für Landwirte
GBl.	Gesetzblatt
G 131	Gesetz zur Regelung der Rechtsverhältnisse der unter Art. 131 des Grundgesetzes fallenden Personen
GdB	Grad der Behinderung
gem.	gemäß
GemS	Gemeinsamer Senat der obersten Gerichtshöfe des Bundes – s. auch GmSOGB
GG	Grundgesetz
ggf.	gegebenenfalls
GK	Sozialgesetzbuch-Sozialversicherung-Gesamtkommentar
GKG	Gerichtskostengesetz
GmSOGB	Gemeiner Senat der obersten Gerichtshöfe des Bundes – s. auch GemS
GS	Großer Senat
GVBl.	Gesetz- und Verordnungsblatt
GVG	Gerichtsverfassungsgesetz
Hamb-SLR	Sammlung des bereinigten hamburgischen Landesrechts
Hartmann	Hartmann, Kostengesetze, 41. Aufl. 2011
H/Verfasser	Hennig, SGG, bearbeitet von Adolf/Berchthold/ Bernsdorff/Cukovič/Dankwerts/Hennig/Knittel/ Ouppelt/Schlegel/Schmidt/Ulmer/Wagner

Hk-/Bearbeiter	Lüdtke (Hrsg.), Sozialgerichtsgesetz, Handkommentar, 3. Aufl. 2009
Hrsg.	Herausgeber
i.d.F.	in der Fassung
i.S.	im Sinne
i.V.m.	in Verbindung mit
Jansen/Verfasser	Jansen (Hrsg.), Sozialgerichtsgesetz, 3. Aufl. 2008
JPR	Juris Praxis Report
JuMoG	Erstes Gesetz zur Modernisierung der Justiz (1. Justizmodernisierungsgesetz) vom 24. 8. 2004, BGBl. I S. 2198
JVEG	Justizvergütungs- und -entschädigungsgesetz vom 5. 5. 2004 (BGBl. I S. 718)
JZ	„Juristenzeitung"
KÄV	Kassenärztliche Vereinigung
Kalthoener/Büttner/ Wrobel-Sachs	Kalthoener/Büttner/Wrobel-Sachs, Prozesskostenhilfe und Beratungshilfe, 4. Aufl. 2008
Kopp/Schenke	Verwaltungsgerichtsordnung, 16. Aufl. 2009, 15. Aufl. 2007
KOV	Kriegsopferversorgung
krit.	kritisch
Kummer	Die Nichtzulassungsbeschwerde, 1990
Kummer Verfahren	Das sozialgerichtliche Verfahren, 2. Aufl. 2004
LFZG	Lohnfortzahlungsgesetz
LM	Lindenmaier-Möhring, Nachschlagewerk des Bundesgerichtshofs
LSG	Landessozialgericht
LVA	Landesversicherungsanstalt
May	Die Revision in den zivil- und verwaltungsgerichtlichen Verfahren (ZPO, ArbGG, VwGO, SGG, FGO), 2. Aufl. 1997
MdE	Minderung der Erwerbsfähigkeit
MDK	Medizinischer Dienst der Krankenversicherung
MDR	Zeitschrift „Monatsschrift für Deutsches Recht"
MedSach.	Zeitschrift „Der medizinische Sachverständige"
MinBl.	Ministerialblatt
Mitt.	Mitteilungen
ML	Meyer-Ladewig/Keller/Leitherer, SGG, 9. Aufl. 2008
m.w.N.	mit weiteren Nachweisen
Nds.	Niedersachsen
n.F.	neue Fassung

Niesel/Herold-Tews	Der Sozialgerichtsprozess, 5. Aufl. 2009
NJW	Zeitschrift „Neue Juristische Wochenschrift"
Nr.	Nummer
NRW	Nordrhein-Westfalen
NVwZ	Neue Zeitschrift für Verwaltungsrecht
NZA	Neue Zeitschrift für Arbeits- und Sozialrecht
OLG	Oberlandesgericht
OVG	Oberverwaltungsgericht
Pietzner/ Ronellenfitsch	Das Assessorenexamen im Öffentlichen Recht, 11. Aufl., 2004
PKH	Prozesskostenhilfe
Proz.-Bev.	Prozessbevollmächtigter
P/S/W	Peters/Sautter/Wolff, Kommentar zur Sozialgerichtsbarkeit, 4. Aufl. (Loseblatt)
RAG	Rentenanpassungsgesetz
RdErl.	Runderlass
RDG	Rechtsdienstleistungsgesetz
RGZ	Entscheidungen des Reichsgerichts in Zivilsachen
RiA	Zeitschrift „Das Recht im Amt"
RK	Rohwer-Kahlmann, Aufbau und Verfahren der Sozialgerichtsbarkeit, 4. Aufl.
RKG	Reichsknappschaftsgesetz
Rn.	Randnummer
RpflEntlG	Gesetz zur Entlastung der Rechtspflege vom 11.1.1993 (BGBl. I S. 50)
RpflVereinfG	Rechtspflege-Vereinfachungsgesetz
RV	Zeitschrift „Die Rentenversicherung"
RVA	Reichsversicherungsamt
RVG	Rechtsanwaltsvergütungsgesetz vom 5.5.2004 (BGBl. I 718, 788)
RVO	Reichsversicherungsordnung
RzP	Rechtsprechung zur Pflege (Loseblatt)
s.	siehe
S.	Seite
SaBremR	Sammlung bremischen Rechts
Schoch u. a.	Schoch/Schmidt-Aßmann/Pietzner, Verwaltungsgerichtsordnung, Kommentar, 1996 ff. (Loseblatt)
SchwbG	Schwerbehindertengesetz
SG	Sozialgericht
SGb	Zeitschrift „Die Sozialgerichtsbarkeit"
SGB I	Erstes Buch Sozialgesetzbuch – Allgemeiner Teil

SGB II	Zweites Buch Sozialgesetzbuch – Grundsicherung für Arbeitsuchende
SGB III	Drittes Buch Sozialgesetzbuch – Arbeitsförderung
SGB V	Fünftes Buch Sozialgesetzbuch – Gesetzliche Kranken-versicherung
SGB VI	Sechstes Buch Sozialgesetzbuch – Gesetzliche Renten-versicherung
SGB VII	Siebtes Buch Sozialgesetzbuch – Gesetzliche Unfall-versicherung
SGB IX	Neuntes Buch Sozialgesetzbuch – Rehabilitation und Teil-habe behinderter Menschen
SGB X	Zehntes Buch Sozialgesetzbuch – Verwaltungsverfahren, Schutz der Sozialdaten, Zusammenarbeit der Leistungsträ-ger und ihre Beziehungen zu Dritten
SGB XI	Elftes Buch Sozialgesetzbuch – Soziale Pflegeversicherung
SGB XII	Zwölftes Buch Sozialgesetzbuch – Sozialhilfe
SGG	Sozialgerichtsgesetz
SGG-ÄndG	Änderungsgesetz zum SGG, 6. SGG-ÄndG vom 17. 8. 2001 (BGBl. I S. 2144)
SGG-ÄndG 2008	Gesetz zur Änderung des SGG und des ArbGG vom 26. 3. 2008 (BGBl. I S. 444)
sog.	so genannte
SozR	Sozialrecht (Entscheidungssammlung) – bearbeitet von den Richtern des Bundessozialgerichts; SozR 4 = vierte (neueste) Folge der Entscheidungssammlung
SozSich.	Zeitschrift „Soziale Sicherheit"
SozVers.	Sozialversicherung und Zeitschrift „Die Sozialversiche-rung" (bis 2003)
str.	streitig
st. Rspr.	ständige Rechtsprechung
SVG	Soldatenversorgungsgesetz
Thomas-Putzo	Zivilprozessordnung, 31. Aufl. 2011
u. a.	unter anderem
USK	Urteilssammlung zur gesetzlichen Krankenversicherung
UVNG	Unfallversicherungs-Neuregelungsgesetz
VdAK	Verband der Angestellten-Krankenkassen
VDR	ehemaliger Verband Deutscher Rentenversicherungsträger
VersorgungsB	Zeitschrift „Der Versorgungsbeamte"
VersR	Zeitschrift „Versicherungsrecht"
VGH	Verwaltungsgerichtshof
vgl.	vergleiche
v. H.	vom Hundert

VO	Verordnung
VuVO	Versicherungsunterlagen-Verordnung
VwGO	Verwaltungsgerichtsordnung
VwPO-E	Entwurf einer Verwaltungsprozessordnung
VwZG	Verwaltungszustellungsgesetz
Wenner u. a.	Wenner/Terdenge/Krauß, Grundzüge der Sozialgerichtsbarkeit, 3. Aufl. 2005
ZAP	Zeitschrift für die Anwaltspraxis
z. B.	zum Beispiel
Zeihe/Verfasser	SGG, 8. Aufl. (Loseblatt)
ZESAR	„Zeitschrift für europäisches Sozial- und Arbeitsrecht"
ZfSH/SGB	„Zeitschrift für Sozialhilfe und Sozialgesetzbuch"
ZPO	Zivilprozessordnung
z. T.	zum Teil
z. V. v.	zur Veröffentlichung vorgesehen

I. KAPITEL
Gesetzliche Grundlagen, Schrifttum

1 Gesetzliche Grundlagen

Das SGG ist die gesetzliche Grundlage für die Gerichtsverfassung und das Verfahren der Gerichte der Sozialgerichtsbarkeit. Soweit das SGG keine Bestimmungen über das Verfahren enthält, sind das GVG und die ZPO entsprechend anwendbar, wenn die grundsätzlichen Unterschiede der beiden Verfahrensarten dies nicht ausschließen (s. § 202 SGG). Die Vorschriften, die danach anwendbar oder nicht anwendbar sind, können hier nicht aufgereiht werden. Soweit es erforderlich erschien, ist diese Frage jeweils bei den maßgebenden Vorschriften des SGG behandelt. 1

Siehe zu § 202 insbesondere *Krasney, Die Anwendbarkeit zivilprozessualer Vorschriften im sozialgerichtlichen Verfahren – § 202 Sozialgerichtsgesetz (SGG) – Diss. jur. Köln, 1961; Krasney, Zur Verweisung im SGG auf die ZPO, SozVers. 1964, 6;* vgl. auch *Falk, Die Anwendung der ZPO und des GVG nach § 173 VwGO, Mainz, Diss. 1975.* Siehe auch die jeweiligen Hinweise zur Anwendung der einzelnen Vorschriften der ZPO im Verfahren nach der VwGO und dem SGG bei *B/L/A/H* und *ML*.

Im Gesetzgebungsverfahren zur Schaffung des SGG wurden die Entwürfe eines SGG (BT-Drucks. Nr. 4225/1. Wahlperiode) und einer Sozialgerichtsordnung (BT-Drucks. Nr. 4357/1. Wahlperiode) in dem Entwurf eines SGG (BT-Drucks. Nr. 4567/1. Wahlperiode) zusammengefasst. Der Bericht des BT-Ausschusses für Sozialpolitik erschien als BT-Drucks. 4567/1. Wahlperiode, der des Vermittlungsausschusses als BT-Drucks. 4662 und 4667/1. Wahlperiode. 2

Das SGG wurde – zugleich mit dem Arbeitsgerichtsgesetz – am 3. 9. 1953 ausgefertigt (BGBl. I 1239, berichtigt 1326). Es wurde mehrfach geändert und zweimal neu bekannt gemacht. Es gilt nunmehr in der Fassung der Bek. vom 23. 9. 1975 (BGBl. I 2535) und folgender Änderungsgesetze: Art. II § 16 SGB I vom 11. 12. 1975 (BGBl. I 3015), Art. 3 des Gesetzes vom 24. 8. 1976 (BGBl. I 2437), Art. 6 der Vereinfachungsnovelle vom 3. 12. 1976 (BGBl. I 3281), Art. II § 12 SGB IV vom 23. 12. 1976 (BGBl. I 3845), Art. 4 Nr. 12 des Gesetzes über die Prozesskostenhilfe vom 13. 6. 1980 (BGBl. I 677), Art. II § 30 SGB X vom 18. 8. 1980 (BGBl. I 1469), Art. 5 Erstes Gesetz zur Änderung des Schwerbehindertengesetzes vom 24. 7. 1986 (BGBl. I 1110), Art. 9 Opferschutzgesetz vom 18. 12. 1986 (BGBl. I 2496), Art. 32 des Gesundheits-Reformgesetzes vom 20. 12. 1988 (BGBl. I 2477) und das Kapitel VIII Sachgebiet D Abschnitt II der Anlage I des Einigungsvertrages vom 31. 8. 1990 (s. Einigungsvertragsgesetz vom 23. 9. 1990 – BGBl. II 885), Art. 5 des Gesetzes zur Neuregelung des verwaltungsgerichtlichen Verfahrens vom 17. 12. 1990 (BGBl. I 2809), Art. 4 des Rechtspflege-Vereinfachungsgesetzes 3 vom 17. 12. 1990 (BGBl. I 2847), Art. 15 des Gesundheitsstrukturgesetzes vom 21. 12. 1992 (BGBl. I 2266), Art. 15 Abs. 3 des Gesetzes zur Entlastung der Rechtspflege vom 11. 1. 1993 (BGBl. I 50), Art. 4 des Fünften Gesetzes zur Änderung des Gesetzes über das Bundesverfassungsgericht vom 2. 8. 1993 (BGBl. I 1442), Art. 33 des Pflegeversicherungs-Gesetzes vom 26. 5. 1994 (BGBl. I 1014), Art. 20 des 2. Gesetzes zur Änderung des Sozialgesetzbuches vom 13. 6. 1994 (BGBl. I 1229), Art. 8 Abs. 9 des Kostenrechtsänderungsgesetzes vom 24. 6. 1994 (BGBl. I 1325), Art. 26 des Einführungsgesetzes zur Insolvenzordnung vom 5. 10. 1994 (BGBl. I 2911), Art. 4 des Gesetzes zur Änderung des Gesetzes zur Reform der agrarsozialen Sicherung vom 15. 12. 1995 (BGBl. I 1814), Art. 32 des Unfallversicherungs-Einordnungsgesetzes vom 7. 8. 1996 (BGBl. I 1254), Art. 33 Justizmitteilungsgesetz vom 18. 6. 1997 (BGBl. I 1430), Gesetz vom 24. 3. 1998 (BGBl. I 526), Gesetz vom 30. 3. 1998 (BGBl. I 638), Art. 12 des Gesetzes vom 16. 6. 1998 (BGBl. I 1311), Art. 12 des Gesetzes vom 31. 8. 1998 (BGBl. I 2600), Art. 8 des Gesetzes vom 22. 12. 1999 (BGBl. I 2626), Art. 21 und 22 des Gesetzes vom 21. 12. 2000 (BGBl. I 1183), Art. 3 des Gesetzes vom 16. 2. 2001 (BGBl. I 266), Art. 24 des Gesetzes vom 19. 6. 2001 (BGBl. I 1046), Art. 2 des Gesetzes vom 25. 6. 2001 (BGBl. I 1206), Art. 7 des Gesetzes vom 13. 7. 2001 (BGBl. I 1542), Art. 31 des Gesetzes vom 27. 7. 2001 (BGBl. I 1887) und des Sechsten Gesetzes zur Änderung des SGG vom 17. 8. 2001 (BGBl. I 2144; s. dazu eingehend *Kummer SGb 2001, 706; Köhler SdL 2003, 230; Timme NZS 2004, 292*), Art. 7 des Gesetzes vom 23. 3. 2002 (BGBl. I 1130), Art. 33 des Gesetzes vom 27. 4. 2002 (BGBl. I 1467), Art. 6 des Gesetzes vom 24. 7. 2003 (BGBl. I 1526), Art. 65 des Gesetzes vom 25. 11. 2003 (BGBl. I 2304), Art. 42 des Gesetzes vom 23. 12. 2003 (BGBl. I 2848), Art. 22 des Gesetzes vom 24. 12. 2003 (BGBl. I 2954), Art. 38 des Gesetzes vom 27. 12. 2003 (BGBl. I 3022), Art. 4 Abs. 25 des Gesetzes vom 5. 5. 2004 (BGBl. I 718), Art. 22 des Gesetzes vom 23. 7. 2004 (BGBl. I 1842), Art. 14 des Gesetzes vom 30. 7. 2004 (BGBl. I 2014), Art. 8 des Gesetzes vom 24. 8. 2004 (BGBl. I 2198), Art. 1 des Gesetzes vom 9. 12. 2004 (BGBl. I 3302), Art. 4 des Gesetzes vom 22. 3. 2005 (BGBl. I 837), Art. 2 Abs. 4 des Gesetzes vom 12. 8. 2005 (BGBl. I 2354), Art. 4 des Gesetzes vom 22. 12. 2005 (BGBl. I 3676), Art. 2 Nr. 7 des Gesetzes vom 22. 12. 2005 (BGBl. I 3686), Art. 9 des Gesetzes vom 20. 7. 2006 (BGBl. I 1706), Art. 3 Abs. 13 des Gesetzes vom 14. 8. 2006 (BGBl. I 1897), Art. 95 VO vom 31. 10. 2006 (BGBl. I 2407), Art. 8 Abs. 4 des Gesetzes vom 2. 12. 2006 (BGBl. I 2742), Art. 4 des Gesetzes vom 22. 12. 2006 (BGBl. I 3439), Art. 7 Abs. 10 des Gesetzes vom 26. 3. 2007 (BGBl. I 358), Art. 9 des Gesetzes vom 20. 4. 2007 (BGBl. I 554), Art. 12 des Gesetzes vom 12. 12. 2007 (BGBl. I 2840), Art. 1 des Gesetzes vom 26. 3. 2008 (BGBl. I 444), Art. 10a des Gesetzes vom 30. 10. 2008 (BGBl. I 2130), Art. 2b des Gesetzes vom 15. 12. 2008 (BGBl. I 2426), Art. 8 des Gesetzes vom 21. 12. 2008 (BGBl. I 2933), Art. 6 des Gesetzes vom 15. 7. 2009 (BGBl. I 1939), Art. 9 Abs. 6 des Gesetzes vom 30. 7. 2009 (BGBl. I 2449), Art. 6 des Gesetzes vom 3. 8. 2010 (BGBl. I 1112), Art. 2 Abs. 6 des Gesetzes vom 5. 8. 2010 (BGBl. I 1127), Art. 12 des Gesetzes vom 22. 12. 2010 (BGBl. I 2248), Art. 2 des Gesetzes vom 22. 12. 2010 (BGBl. I 2262) und Art. 4 des Gesetzes vom 24. 3. 2011 (BGBl. I 453).

Das SGG gilt seit 3. 10. 1990 auch für das Beitrittsgebiet (= Gebiet der ehemaligen DDR) mit den Einschränkungen des Einigungsvertrages.

In den Ländern sind folgende Ausführungsgesetze ergangen: *4*

Baden-Württemberg Ausführungsgesetz zum SGG vom 21. 12. 1953 (GBl. S. 235) mit Änderung durch Gesetz vom 12. 3. 1968 (GBl. S. 77), vom 26. 7. 1971 (GBl. S. 314), vom 14. 3. 1972 (GBl. S. 65) und vom 3. 3. 1976 (GBl. S. 235). VO der Regierung zur Ausführung des SGG vom 21. 12. 1953 (GBl. S. 236) mit Änderung durch VO vom 11. 4. 1972 (GBl. S. 233). VO über die Erstreckung von Kammerbezirken auf Bezirke anderer Sozialgerichte vom 17. 2. 1954 (GBl. S. 42) mit Änderung durch VO vom 9. 6. 1954 (GBl. S. 82) und vom 19. 11. 1965 (GBl. S. 304).

Bayern Gesetz zur Ausführung des SGG in Bayern (AGSGG) i.d.F. der Bek. vom 7. 10. 1982 (GVBl. S. 872). §§ 7 bis 13 VO über die gerichtliche Vertretung des Freistaates Bayern und über das Abhilfeverfahren (VertretungsVO – VertrV) i.d.F. der Bek. vom 8. 2. 1977 (BayRS 600–1–F), geändert durch VO vom 11. 12. 1984 (GVBl. S. 530) und vom 27. 5. 1986 (GVBl. S. 77). VO über Zuständigkeiten in der Sozialgerichtsbarkeit vom 9. 4. 1954 (BayRS 33–3–A). Bek. über die Aufbewahrung, Aussonderung, Vernichtung und Ablieferung des Schriftgutes in Rechtssachen bei den Gerichten der Sozialgerichtsbarkeit vom 20. 12. 1967 (AMBl. 1986 S. A 11).

Berlin Ausführungsgesetz zum SGG i.d.F. vom 7. 12. 1971 (GVBl. S. 2097). AV über die Aufbewahrung und Vernichtung von Schriftgut bei den Gerichten der Sozialgerichtsbarkeit des Landes Berlin vom 19. 12. 1968 (ABl. 1969 S. 11).

Brandenburg Gesetz zur Errichtung der Sozialgerichtsbarkeit vom 3. 3. 1992 (GVBl. S. 86) mit Änderung durch Gesetz vom 24. 2. 1993 (GVBl. S. 2).

Bremen Gesetz über die Sozialgerichtsbarkeit i.d.F. vom 12. 10. 1972 (GBl. S. 211) mit Änderung durch Gesetz vom 18. 12. 1974 (GBl. S. 351) und vom 24. 10. 1989 (GBl. S. 382). VO über die Dienstaufsicht in der Sozialgerichtsbarkeit vom 15. 8. 1972 (GBl. S. 185). AO über die Bildung von Beratungsausschüssen für die Ernennung von Vorsitzenden der Arbeitsgerichte und von Berufsrichtern der Sozialgerichte im Lande Bremen vom 13. 10. 1953 (SaBremR 32–b–1) mit Änderung durch AO vom 15. August 1972 (GBl. S. 185).

Hamburg Hamburgisches Ausführungsgesetz zum SGG vom 16. 10. 1953 (Hamb-SLR 304-a) mit Änderung durch Gesetz vom 2. 5. 1967 (GVBl. S. 158), vom 26. 1. 1973 (GVBl. S. 12) und vom 16. 9. 1974 (GVBl. S. 298). Anordnung zur Durchführung des SGG vom 7. 9. 1965 (Amtl. Anz. S. 1015, 1017) mit Änderung durch Anordnung vom 14. 11. 1967 (Amtl. Anz. S. 1441) und vom 19. 2. 1980 (Amtl. Anz. S. 327).

Hessen Hessisches Ausführungsgesetz zum SGG i. d. F. der Bek. vom 26. 7. 1989 (GVBl. S. 225), geändert durch Gesetz vom 2. 4. 1990 (GVBl. S. 82, s. auch die Bek. vom 29. 6. 1990 – GVBl. S. 412). VO über Zuständigkeiten in der Sozialgerichtsbarkeit vom 11. 1. 1988 (GVBl. I S. 2).

Mecklenburg-Vorpommern Gerichtsstrukturgesetz vom 19. 3. 1991 (GVBl. S. 103), Gerichtsorganisationsgesetz vom 2. 6. 1992 (GVBl. S. 314) und Änderungsgesetz vom 26. 6. 1992 (GVBl. S. 363).

Niedersachsen Ausführungsgesetz zum SGG vom 18. 11. 1984 (GVBl. S. 267) mit Änderung durch Gesetz vom 29. 11. 1993 (GVBl. S. 587).

Nordrhein-Westfalen Gesetz zur Ausführung des SGG im Lande Nordrhein-Westfalen vom 8. 12. 1953 (GS NW S. 541) mit Änderung durch Gesetz vom 22. 4. 1959 (GVBl. NW S. 85), vom 19. 12. 1972 (GVBl. NW S. 432) und vom 17. 12. 1974 (GVBl. NW S. 1588). VO über die Sozialgerichtsbarkeit vom 18. 12. 1984 (GVBl. NW 1985 S. 18). VO über die Abhaltung von Gerichtstagen der Sozialgerichte vom 18. 12. 1974 (GVBl. NW 1975 S. 8).

Rheinland-Pfalz Landesgesetz zur Ausführung des SGG vom 2. 10. 1954 (GVBl. S. 115) mit Änderung durch Gesetz vom 24. 2. 1971 (GVBl. S. 56), vom 15. 12. 1972 (GVBl. S. 374) und vom 7. 2. 1983 (GVBl. S. 17). §§ 8 bis 11 Landesgesetz über die Gliederung und die Bezirke der Gerichte (Gerichtsorganisationsgesetz – GerOrgG –) vom 5. 10. 1977 (GVBl. S. 333), geändert durch Gesetz vom 5. 2. 1980 (GVBl. S. 17), vom 30. 1. 1981 (GVBl. S. 9) und vom 16. 9. 1982 (GVBl. S. 337). Erste LandesVO zur Durchführung des SGG und des Landesgesetzes über die Errichtung von Sozialgerichten und eines Landessozialgerichts vom 26. 2. 1954 (GVBl. S. 25) mit Änderung durch LandesVO vom 2. 12. 1970 (GVBl. S. 460), vom 28. 5. 1971 (GVBl. S. 134) und Gesetz vom 5. 10. 1977 (GVBl. S. 333). RdErl. des SozMin. über die Abhaltung auswärtiger Gerichtstage durch die Sozialgerichte vom 19. 2. 1964 (MinBl. Sp. 355).

Saarland Gesetz Nr. 630 Ausführungsgesetz zum Gesetz zur Einführung der Sozialgerichtsbarkeit im Saarland vom 18. 6. 1958 (Amtsbl. S. 1225) mit Änderung durch Gesetz vom 4. 10. 1972 (Amtsbl. S. 601) und vom 27. 3. 1974 (Amtsbl. S. 446). VO über die Vertretung des Saarlandes vor den Gerichten der Sozialgerichtsbarkeit vom 5. 7. 1974 (Amtsbl. S. 606). Erl. betreffend die Bildung der Senate beim Landessozialgericht und der Kammern beim Sozialgericht für das Saarland (Neufassung) vom 12. 11. 1969 (Amtsbl. S. 729).

Sachsen Sächsisches Gerichtsorganisationsgesetz vom 30. 6. 1992 (GVBl. S. 287)

Sachsen-Anhalt Ausführungsgesetz vom 19. 3. 1992 (GVBl. S. 292) nach Landesverordnung vom 17. 3. 1992 (GVBl. S. 293).

Schleswig-Holstein Ausführungsgesetz zum SGG i. d. F. der Bek. vom 4. 8. 1965 (GVBl. S. 53) mit Änderung durch Gesetz vom 23. 12. 1969 (GVBl. S. 280).

Thüringen Ausführungsgesetz vom 16. 8. 1993 (GVBl. S. 489) und Änderungsgesetz vom 19. 4. 1996 (GVBl. S. 41).

Zu den Ländern in dem Beitrittsgebiet s. auch Kap. II Rn. 2.

Im 50. Jahr des Bestehens der Sozialgerichtsbarkeit reiften Bestrebungen aus Bundesländern zu Gesetzesentwürfen, um noch zwei Gerichtsbarkeiten (die Zivil- und Strafgerichtsbarkeit einschließlich der Arbeitsgerichtsbarkeit und die Verwaltungsgerichtsbarkeit einschließlich der Sozial- und Finanzgerichtsbarkeit) zu schaffen. Zu diesem Vorhaben, gegen das nach Auffassung der Verfasser die Mehrzahl und vor allem die Gewichtigkeit dieser Gründe sprechen, kann hier im Handbuch nicht näher eingegangen werden (vgl. u. a. *Kühling SozSich. 2004, 170* – zur Verfassungswidrigkeit; *Brand/Fleck/Scheer NZS 2004, 173* und *SozSich. 2004, 25; Francke AnwBl. 2004, 106; Gabke SozSich. 2004, 215; Nielebock NZA 2004, 28; Jung DRiZ 2004, 39; Roller DRiZ 2004, 53* und *VSSR 2004, 131; Dürschke NZS 2004, 302; Wolber WzS 2004, 210; Hochschild/Schulte-Kellinghaur DRiZ 2004, 213; ML vor § 51 Rn. 11–11b; Tabbara NZS 2009, 483; Jung DRiZ 2009, 352;* a. A. *Redeker NJW 2004, 480; de Maiziere DRiZ 2004, 38; Flint DRiZ 2004, 217; Hufen Verw 42, 405).* Zur Entwicklung und zum Wandel der Sozialgerichtbarkeit s. *Becker SGb. 2006, 730.*

2 Schrifttum, Entscheidungssammlungen   5

Selbst ein Überblick nur über die grundlegende Literatur zum SGG kann hier schon aus Raumgründen nicht gegeben werden. Es sollen nur die auch im folgenden häufiger zitierten Kommentare und systematischen Werke zum SGG in alphabetischer Reihenfolge aufgeführt werden, die jeweils weitere Nachweise enthalten. Wesentlichen Abschnitten sind auch im folgenden spezielle Schrifttumshinweise vorangestellt. Das von *Wannagat/Gitter* und nunmehr von *Udsching/ Rolfs* herausgegebene Jahrbuch des Sozialrechts der Gegenwart enthält auch ein Kapitel „Prozessrecht in der sozialgerichtlichen Rechtsprechung und Literatur" (bearbeitet von *Kummer*) mit wertvollen Nachweisen.

Kommentare   6

Breitkreuz/Fichte (Hrsg.), SGG, 2009
Lüdtke (Hrsg.), bearbeitet von Binder/Bolay/Castendiek/Eckertz/Groß/Littmann/Lüdtke/ Mülicke/ Roller, SGG, 3. Aufl. 2009
Hennig, Sozialgerichtsgesetz
Jansen (Hrsg.), Sozialgerichtsgesetz, 3. Aufl. 2008
Meyer-Ladewig/Keller/Leitherer, SGG, 9. Aufl. 2008
Peters/Sautter/Wolff, Kommentar zur Sozialgerichtsbarkeit, 4. Aufl.
Rohwer-Kahlmann/Wendt, Aufbau und Verfahren der Sozialgerichtsbarkeit, 4. Aufl.
Zeihe, SGG, 8. Aufl.

Systematische Werke

Berchtold/Richter (Hrsg.), Prozesse in Sozialsachen, 2009
Erlenkämper/Fichte, Sozialrecht, 6. Aufl. 2007
Grunsky, Grundlagen des Verfahrensrechts, 2. Aufl. 1974
Kummer, in von Maydell/Ruland/Becker, Sozialrechtshandbuch, 4. Aufl. 2008
Kummer, Formularbuch des Fachanwalts Sozialrecht, 2010
Kummer, Die Nichtzulassungsbeschwerde, 2. Aufl. 2010
Kummer, Das sozialgerichtliche Verfahren, 2. Aufl. 2004
Niesel/Herold-Tews, Der Sozialgerichtsprozeß, 5. Aufl. 2009
Wenner/Terdenge/Krauß, Grundzüge der Sozialgerichtsbarkeit, 3. Auflage 2005
In *Locher/Mes* (Hrsg.), Beck'sches Prozeßformularbuch, 7. Aufl. 1995, hat *Wilde* den Sozialgerichtsprozeß bearbeitet (S. 1451 ff.)

7 Entscheidungssammlungen

Die Richter des BSG geben eine gebundene, chronologisch angeordnete Sammlung der wichtigsten Entscheidungen des BSG heraus (BSGE). In der ebenfalls von den Richtern des BSG herausgegebenen, aber als Loseblatt-Ausgabe gestalteten Entscheidungssammlung Sozialrecht sind wesentliche Entscheidungen des BSG, nach Gesetzen und innerhalb dieser jeweils den einzelnen Paragrafen zugeordnet, – insoweit dann in chronologischer Folge – abgedruckt. Es sind bisher vier Ausgaben erschienen. Die erste Ausgabe erfasst die Zeit bis einschließlich 31. 12. 1973 und wird wie folgt zitiert: BSG SozR Nr. ... zu § ... (es folgt das jeweilige Gesetz). Die zweite Ausgabe umschließt die Zeit vom 1. 1. 1974 bis 31. 12. 1989 und wird nach Ordnungsnummern und Paragrafen zitiert – z.B. – BSG SozR 1500 § 160 Nr. 3 (= Entscheidungen zum SGG = Ordnungsnummer 1500). Die dritte Ausgabe betrifft die Zeit vom 1. 1. 1990 bis 31. 12. 2002. Sie wird mit Sozialrecht 3. Folge (SozR 3) und im übrigen auch nach Ordnungsnummer, Paragraf und Nr. der Entscheidung zitiert. Gleiches gilt für die Zeit seit 1. 1. 2003 erfassende 4. Folge (SozR 4-...). Im Sozialrecht sind bei den jeweiligen Paragrafen chronologisch auch die maßgebenden Entscheidungen des BVerfG und des EuGH eingefügt. Zu den Ausgaben bis 1994 sind Leitsatzhefte erschienen.

Die Sammlung Breithaupt enthält außer Entscheidungen des BSG auch Entscheidungen der Landessozialgerichte und Sozialgerichte.

Die Urteilssammlung zur gesetzlichen Krankenversicherung (USK) bringt auch Entscheidungen zum sozialgerichtlichen Verfahren.

II. Kapitel
Gerichtsverfassung

Die Gerichtsverfassung ist für die Gerichte der Sozialgerichtsbarkeit im Ersten Teil *1*
des SGG (§§ 1 bis 59) geregelt. Ergänzend gelten die Vorschriften des Zweiten Titels des GVG entsprechend nach Maßgabe der Regelungen in § 6 Nrn. 1 und 2.
Der Geschäftsgang beim BSG wird durch eine Geschäftsordnung geregelt, die das
Präsidium unter Zuziehung der beiden der Geburt nach ältesten ehrenamtlichen
Richter beschließt. Das Erfordernis der Bestätigung der Geschäftsordnung durch
den Bundesrat ist jedoch durch die Aufhebung des bisherigen Satzes 2 des § 50
entfallen (s. Gesetz vom 30. 7. 2009 BGBl. I 2449). Am 25. 10. 2010 beschloss das
BSG eine neue Geschäftsordnung (BAnz. Nr. 171 vom 11. 11. 2010 S. 3792).

1 Gerichtsbarkeit und Richteramt, Gerichte
2

Die Sozialgerichtsbarkeit wird durch unabhängige, von den Verwaltungsbehörden getrennte, besondere Verwaltungsgerichte ausgeübt (s. § 1). Die früher
im RVA zusammengefasste Wahrnehmung von Aufgaben der Verwaltung und der
Rechtsprechung ist damit dem Grundgesetz entsprechend aufgehoben (s. dazu
BMA BABl. 1952, 114; Brackmann S. 187, 187 b). Nach Anlage I Kapitel III
Sachgebiet A Rechtspflege Abschnitt III Nr. 1 Buchst. x des Einigungsvertrages
vom 31. 8. 1990 (s. *Einigungsvertragsgesetz vom 23. 9. 1990 – BGBl. II 885)*
wurden im Beitrittsgebiet (s. Kap. I Rn. 3) für Sachen, für die nach dem Recht der
Bundesrepublik Deutschland die Sozialgerichte zuständig sind, zunächst bei den
Kreisgerichten, in deren Bezirk das Bezirksgericht seinen Sitz hatte, Kammern für
Sozialrecht eingerichtet, die durch einen Richter und zwei ehrenamtliche Richter
entschieden, soweit nicht nach den Prozessgesetzen die ehrenamtlichen Richter
nicht mitwirkten. Für Sachen, für die nach dem Recht der Bundesrepublik
Deutschland die Landessozialgerichte zuständig sind, wurden zunächst bei den
Bezirksgerichten, in deren Bezirk die Landesregierung ihren Sitz hat, Senate für
Sozialrecht eingerichtet, die durch drei Richter und zwei ehrenamtliche Richter
entschieden, soweit nicht nach den Vorschriften der Prozessgesetze die ehrenamtlichen Richter nicht mitwirkten oder ein Richter allein entscheidet. Zwischenzeitlich ist jedoch im gesamten Beitrittsgebiet die eigenständige Sozialgerichtsbarkeit
eingeführt (s. Kap. I Rn. 4). Für Revisionen und Nichtzulassungsbeschwerden ist
seit dem Beitritt der DDR zur Bundesrepublik Deutschland das BSG auch für
Streitigkeiten aus dem Bereich des Beitrittsgebietes zuständig.

Die Sozialgerichtsbarkeit unterscheidet sich in der Gerichtsverfassung jeweils *3*
zum Teil von den anderen Zweigen der öffentlich-rechtlichen Gerichtsbarkeit.
Zum Bereich des Beitrittsgebietes s. Rn. 2.

Anders als die Gerichte der Finanzgerichtsbarkeit ist sie dreistufig aufgebaut. *4*
Bis auf Berlin, Bremen, Hamburg und das Saarland hat jedes Land mehrere Sozi-

algerichte (s. §§ 2, 7 ff.). Über die Berufungen gegen die Urteile und die Beschwerden gegen andere Entscheidungen der Sozialgerichte entscheiden die jeweils für ein Land errichteten Landessozialgerichte (s. §§ 2, 28 ff.), die in den Fällen des § 29 Abs. 2 bis 5 auch im ersten Rechtszug entscheiden. Für Streitigkeiten i.S. von § 29 Abs. 3 ist das LSG NRW, für Streitigkeiten i.S. von § 29 Abs. 4 ist das LSG Berlin-Brandenburg für das gesamte Bundesgebiet im ersten Rechtszug zuständig. Siehe auch Rn. 5. Die Landessozialgerichte sollen nach den Anträgen der BR zum Entwurf eines Gesetzes bei überlangen Gerichtsverfahren und staatsanwaltlichen Ermittlungen nach § 201 GVG i.V.m. § 202 Satz 2 SGG zuständig werden für die Klagen auf Entschädigung wegen unangemessener Dauer eines Gerichtsverfahrens (s. auch amtliche Begründung BT-Drucks. 17/3802, S. 33). Dies folgt nicht bereits zwingend aus der vorgesehenen nur entsprechenden Anwendung der Vorschriften des Siebzehnten Titels des GVG. Auch andere Vorschriften dieses Titels des GVG werden dem Wortlaut entsprechend angewandt, wie z.B. Frist für die Wiederholung der Verzögerungsrüge. Aus den vorgesehenen Änderungen des § 181 und des § 197a SGG ist jedoch zu entnehmen, dass sie wegen der „Verfahren wegen eines überlangen Gerichtsverfahrens (§ 202 Satz 2)" eingefügt wurden. Diese „Verfahren" können nur die eigentlichen Entschädigungsverfahren betreffen, da die Verzögerungsrüge kein Verfahren eröffnet. Ob der unterschiedliche Wortlaut in § 198 GVG „Entschädigung" gegenüber Art. 34 Satz 2 GG „Schadensersatz" (vgl. *Köhler a.a.O. S. 197*) die Zuständigkeit der Zivilgerichte ausschließen lässt, wird wohl zu gerichtlichen oder verfassungsgerichtlichen Entscheidungen führen. Letztlich hängt eine Entschädigung im Wesentlichen doch davon ab, ob das Gericht die Verzögerung zumindest wesentlich mit „verschuldet" oder die Justizverwaltung eine Überlastung der Gerichtsbarkeit nicht vermieden hat. Mehrere Länder können gemeinsame Sozialgerichte oder ein gemeinsames Landessozialgericht errichten (s. § 7 Abs. 2, § 28 Abs. 2; z.B. Bremen/Niedersachsen und Berlin/Brandenburg). Auch die Ausdehnung von Sozialgerichtsbezirken über die Landesgrenzen hinaus kann vereinbart werden (s. § 7 Abs. 2). Das BSG mit Sitz in Kassel entscheidet über das Rechtsmittel der Revision und der Nichtzulassungsbeschwerde (s. §§ 38 ff.) und im Rahmen des § 39 Abs. 2 auch im ersten und letzten Rechtszug.

5   Die Gerichte der Sozialgerichtsbarkeit werden in allen drei Instanzen mit Berufsrichtern und ehrenamtlichen Richtern besetzt (s. §§ 3, 12, 33, 40, 41), was sie von der Verwaltungsgerichtsbarkeit und – zusätzlich (s. Rn. 4) – von der Finanzgerichtsbarkeit unterscheidet. Die Sozialgerichte entscheiden in Fachkammern (§ 10), die mit einem Berufsrichter (Vorsitzender; s. § 6 Nr. 2) und zwei ehrenamtlichen Richtern besetzt sind (§ 12). Bei den Landessozialgerichten sind Fachsenate gebildet (§ 31), die aus einem Vorsitzenden und zwei weiteren Berufsrichtern sowie zwei ehrenamtlichen Richtern bestehen (§ 33; zur nur vorübergehenden Verhinderung des Vorsitzenden s. *BSG SozR 4-1720 § 21f Nr. 1*). Außerhalb der mündlichen Verhandlung wirken bei Beschwerden und bei Gerichtsbescheiden die ehrenamtlichen Richter grundsätzlich (s. aber u.a. auch Kap. IX Rn. 224) nicht mit (s. § 12 Abs. 1 Satz 2, § 33, § 40). Das Senatsprinzip in der Berufungsinstanz unterscheidet die Landessozialgerichte von den Landesarbeitsgerichten.

Die Senate des BSG sind ebenfalls Fachsenate und wie die der Landessozialgerichte besetzt (§ 40; zur Besetzung der Kammern und Senate der Gerichte der Sozialgerichtsbarkeit s. *Wenner NZS 1999, 172*). Der Große Senat des BSG besteht aus dem Präsidenten und weiteren Berufsrichtern und ehrenamtlichen Richtern als Beisitzern (s. § 41).

Die Berufsrichter werden unter Beachtung des § 11 (Beratung mit einem Ausschuss) für die Sozialgerichte und die Landessozialgerichte nach Landesrecht und für das BSG nach Bundesrecht (§ 45) ernannt. Für den Bereich des Beitrittsgebietes s. auch Anlage I Kapitel III Sachgebiet A Abschnitt III Nr. 8 und Abschnitt IV des Einigungsvertrages (s. Kap. I Rn. 3). 6

Die ehrenamtlichen Richter werden aufgrund von Vorschlagslisten (§ 14) für fünf Jahre berufen, und zwar die der Landesgerichte von der jeweiligen Landesregierung (§ 13) und die des BSG von der Bundesregierung (§ 45). Die Aufstellung der Vorschlagslisten und insbesondere das Vorschlagsrecht der Organisationen ist in den §§ 14, 46 festgelegt (s. dazu u.a. *BSGE 59, 280 = SozR 1500 § 14 Nr. 2; BVerfG SozR 1500 § 13 Nr. 1;* für den Bereich des Beitrittsgebietes s. Anlage I Kapitel III Sachgebiet A Abschnitt III Nr. 1 Buchst. x des Einigungsvertrages s. Kap. I Rn. 3). Die persönlichen Voraussetzungen, die Ausschließungsgründe, die Ablehnungsgründe und die Entlassung, die Ausübung des Ehrenamtes, der strafrechtliche Schutz, die Verhängung eines Ordnungsgeldes bei Pflichtverletzungen und die Amtsenthebung sind in den §§ 16 bis 22 geregelt. Vorstandsmitglieder und vertretungsberechtigte leitende Beschäftigte von Krankenkassen und Kassenverbänden sind in den Kammern (Senaten) für Kassenarztrecht von der Mitwirkung als ehrenamtliche Richter sind jedoch nur dann nicht kraft Gesetzes s. (§ 17 Abs. 4) ausgeschlossen, wenn die von ihnen vertretbare Krankenkasse zwar zum Rechtsstreit beigeladen ist, sich aber weder am Verwaltungsverfahren noch am Gerichtsverfahren aktiv beteiligt *(BSGE 78,175 = SozR 3-1500 § 17 Nr. 3; BSG SozR 3-5407 Art 33 § 3a Nr. 1).* Eine ehrenamtliche Richterin am LSG ist (§ 41 ZPO i.V.m. § 60 SGG) von der Ausübung des Richteramtes zwar nicht ausgeschlossen, wenn ihr Ehemann als Kammervorsitzender bei der vorausgegangenen Entscheidung des SG mitgewirkt hat, es kann aber die Besorgnis der Befangenheit bestehen *(ML § 60 Rn. 8a; a. A. BSG Urt. v. 19. 6. 1996 – 9 RV 15/94).* Gerichtspersonen, die an einer der angefochtenen Entscheidungen vorausgegangenen Zwischenentscheidung nicht in der unteren, sondern in der auch für das Rechtsmittel in der Hauptsache zuständigen Instanz mitgewirkt haben, sind nicht gemäß § 41 Nr. 6 ZPO ausgeschlossen *(BSG SozR 4-1500 § 41 Nr. 1).* Fällt bei einem ehrenamtlichen Richter eine der Voraussetzungen für seine Berufung weg, hat die zu treffende Entscheidung über seine „Amtsenthebung" (§ 22) konstitutive Bedeutung *(BSG SozR 3-1500 § 22 Nr. 1).* Bei allen Gerichten der Sozialgerichtsbarkeit wird ein Ausschuss der ehrenamtlichen Richter gebildet, der vor der Bildung von Kammern, der Geschäftsverteilung, der Verteilung der ehrenamtlichen Richter auf die Kammern und der Aufstellung der Listen über die Heranziehung der ehrenamtlichen Richter zu den Sitzungen mündlich oder schriftlich zu hören ist (s. §§ 23, 35, 47). Ein solcher Ausschuss, der die Mitwirkung der eh- 7 renamtlichen Richter stärken soll, besteht bei den Gerichten der Verwaltungsgerichtsbarkeit und der Finanzgerichtsbarkeit nicht.

8   Welche Minister in den Ländern die Dienstaufsicht über die Gerichte der Sozialgerichtsbarkeit führen, bestimmt die jeweilige Landesregierung (s. §§ 9, 30). In der Mehrheit der Länder führt nunmehr die Dienstaufsicht der Justizminister, sonst der Arbeits- und Sozialminister. Über das BSG führt die Dienstaufsicht des Bundesministerium für Arbeit und Soziales (s. § 38 Abs. 3), das auch zuständiger Minister i. S. des § 1 Abs. 1 des Richterwahlgesetzes ist (s. § 38 Abs. 2 Satz 4). Siehe zur Frage eines Rechtspflegeministeriums aus der Sicht der Sozialgerichtsbarkeit u. a. *Krasney BKK 1987, 121.*

9 2 Rechtsweg

10 2.1 Zulässigkeit des Rechtsweges

Der Rechtsweg zu den Gerichten der Sozialgerichtsbarkeit ist in § 51 umgrenzt. Die Zulässigkeit des Rechtsweges ist eine von Amts wegen in allen Instanzen zu prüfende Prozessvoraussetzung (Sachurteilsvoraussetzung). Ist der Rechtsweg zu den Gerichten der Sozialgerichtsbarkeit gegeben, entscheiden diese den Rechtsstreit unter allen in Betracht kommenden rechtlichen Gesichtspunkten; so können somit Vorfragen auch aus Rechtsgebieten entscheiden, die in die Zuständigkeit anderer Gerichtszweige fallen (s. § 17 Abs. 2 GVG; *BSG SozR 1500 § 51 Nr. 43; ML § 51 Rn. 40 ff.*). Auch bei der Entscheidung über die Rechtswegzuständigkeit ist eine Wahlfeststellung zulässig, wenn alle Alternativen zu demselben Rechtsweg führen (*BAG NJW 1997, 1724*).

11 2.2 Öffentlich-rechtliche Streitigkeiten i. S. des § 51

2.2.1 Öffentlich-rechtliche Streitigkeiten nicht verfassungsrechtlicher Art

Die Gerichte der Sozialgerichtsbarkeit entscheiden nach § 51 Abs. 1 über öffentlich-rechtliche Streitigkeiten. Nicht ausdrücklich ist in § 51 bestimmt, dass es sich um öffentlich-rechtliche Streitigkeiten nicht verfassungsrechtlicher Art handeln muss (s. *BSGE 48, 42, 44 = SozR 1500 § 51 Nr. 17; ML § 51 Rn. 2, 12; Jansen/ Jung § 51 Rn. 3; Hennig/Ulmer § 51 Rn. 50; Bley § 51 Anm. 4 Buchst. b*). Dies ergibt sich aber aus § 39 Abs. 2 (Bley *§ 51 Anm. 4 Buchst. b*) und aus der Zuständigkeit des Bundesverfassungsgerichts und der Verfassungsgerichte der Länder. Entscheidend ist, ob das streitige Rechtsverhältnis vom Verfassungsrecht geprägt ist (*BVerwG NVwZ 1998, 500, BSGE 105, 100, 102 = SozR 4-1100 § 104a Nr. 1*). Das BSG hat ergänzend ausgeführt, dem Ergebnis, dass ein Rechtsstreit vom Streitgegenstand her verfassungsrechtlicher Art ist, stehe nicht entgegen, dass der Streit nicht ausschließlich zwischen Verfassungsorganen und am Verfassungsleben beteiligten Organen geführt werde (*BSGE 48, 42, 45*). Das BVerwG (s. *BVerwGE 36, 218, 228*) und ihm folgend auch das überwiegende Schrifttum hätten zwar, so führt das BSG weiter aus (*BSGE 48, 42, 45*), den verfassungsrechtlichen Streitigkeiten i. S. des § 40 Abs. 1 Satz 1 VwGO nur die Rechtsbeziehungen von Verfassungsorganen oder am Verfassungsleben beteiligten Organen zueinander zugerechnet, nicht jedoch die Beziehungen zwischen dem Bürger und dem Staat, selbst wenn daran ein Verfassungsorgan beteiligt werde. Diese Auslegung sei indessen nicht erschöpfend; sie müsse unter Berücksichtigung des Rechtsgedankens ergänzt werden, der der Rechtswegbeschränkung des § 40 Abs. 1 Satz 1 VwGO zugrunde liege. Wenn man, wie auch das BSG, den Begriff der verfassungsrechtlichen Streitigkeiten materiell-rechtlich sehe, müsse Vorsorge dafür getroffen werden, dass der Rechtsweg dann nicht ausgeschlossen sei, wenn an dem Streit Rechtsträger beteiligt seien, die zur Durchsetzung oder Verteidigung ihrer Rechte auf den Rechtsweg angewiesen seien. Die Rechtsschutzgarantie des Art. 19 Abs. 4 GG komme jedoch den Sozialversicherungsträgern im Streit um die Rechtmäßigkeit einer Vereinigungsverordnung nicht zugute. Nur deshalb konnte das BSG den Begriff der Streitigkeit verfassungsrechtlicher Art entsprechend ausdehnen.

2.2.2 Den Gerichten der Sozialgerichtsbarkeit nach § 51 Abs. 1 und 2 zugewiesene öffentlich-rechtliche Streitigkeiten

Die Gerichte der Sozialgerichtsbarkeit entscheiden über öffentlich-rechtliche   *12* Streitigkeiten in den in § 51 Abs. 1 bis 2 angeführten sozialrechtlichen Angelegenheiten. Nach § 51 Abs. 1 Nr. 2 sind sie ausnahmsweise auch für privatrechtliche Streitigkeiten und zwar der privaten Pflegeversicherung zuständig (s. auch *BSG SozR 4-3300 § 40 Nr. 6*). Näheres s. Rn. 21. Nach § 51 Abs. 2 Satz 2 findet § 87 GWB (ausschließliche Zuständigkeit des Landgerichts) – naturgemäß – keine Anwendung. Durch ausdrückliche Rechtswegzuweisungen können jedoch über § 51 Abs. 2 hinaus (s. Rn. 28) auch weitere öffentlich-rechtliche Streitigkeiten den Gerichten der Sozialgerichtsbarkeit zugewiesen werden, worauf § 51 Abs. 1 Nr. 10 noch einmal (inhaltlich an sich überflüssigerweise, aber praktisch doch nützlich) als Merkposten hinweist (s. Rn. 29).

Ob eine öffentlich-rechtliche Streitigkeit i.S. des § 51 Abs. 1 und 2 vorliegt,   *13* richtet sich grundsätzlich nach dem Streitgegenstand, der wiederum durch das Klagevorbringen – seine Richtigkeit unterstellt – und dem Klagegrund bestimmt wird (*GemS SozR 1500 § 51 Nr. 47; BSG SozR 4-1500 § 51 Nr. 4; ML § 51 Rn. 4; Jansen/Jung § 51 Rn. 6*), und zwar nach dem tatsächlichen Vorbringen. Auf die Rechtsauffassung des Klägers kommt es nicht an. Bei der negativen Feststellungsklage, die sich gegen eine entsprechende positive Berechnung des Beklagten richtet und darin ihren Gegenstand findet, muss auch der Vortrag des Beklagten herangezogen werden (*GemS SozR 1500 § 51 Nr. 47*). Ergibt sich im Laufe des Verfahrens, dass die Rechtsauffassung des Klägers unzutreffend oder das tatsächliche Vorbringen zwar schlüssig, aber unzutreffend ist, so ist die Klage nicht mehr als unzulässig abzuweisen, sondern der Rechtsstreit an das Gericht der ersten Instanz zu verweisen, zu dem der Rechtsweg gegeben ist (s. Rn. 96).

Grundsätzlich ist neues Prozessrecht auch auf bereits anhängige Verfahren an-   *14* zuwenden. Nach § 17 Abs. 1 Satz 1 GVG wird jedoch die Zuständigkeit eines Gerichts durch eine Veränderung der sie begründenden Umstände nach Eintritt der Rechtshängigkeit nicht berührt (s. u. a. *Spieß SGb 1989, 5, 8*, der mit Recht auf die unzutreffende gegenteilige Auffassung in der Begründung zur Neufassung des § 51 Abs. 2 in *BT-Drucks. 11/3480 S. 218* hinweist). Schon § 94 Abs. 3 a. F. wurde über seinen Wortlaut hinaus nach Sinn und Zweck der Regelung auch auf die Zulässigkeit des Rechtsweges erstreckt (*BSG SozR 1500 § 141 Nr. 13; BSGE 64, 260, 261 = SozR 1500 § 51 Nrn. 51, 66, 159, 160 = SozR 3 2200 § 376d Nr. 1; ML § 51 Rn. 92*). Zudem darf § 17 Abs. 1 Satz 1 GVG aber nicht „umgekehrt" werden. Das ursprünglich nicht zuständige Gericht kann durch eine Rechtswegzuweisung ebenso zuständig werden (s. *BSGE 66, 159, 160*). § 17a Abs. 5 GVG war nicht anwendbar in Rechtsstreitigkeiten, in denen der erste Rechtszug am 1. 1. 1991 bereits abgeschlossen war (*BGHZ 114, 1; 114, 218; BVerwG Buchholz 300 § 17a Nr. 2; BAG AP Nr. 21 zu § 1 ArbGG; BSGE 72, 148, 149 = SozR 3-1500 § 51 Nr. 12*).

2.2.2.1 Öffentlich-rechtliche Streitigkeiten

15 Es muss sich demnach um eine öffentlich-rechtliche Streitigkeit handeln. Ob eine solche Streitigkeit vorliegt, richtet sich nach der Natur des anspruchsbegründenden Rechtsverhältnisses, aus dem die begehrte Rechtsfolge hergeleitet wird (s. u.a. *GemS BSGE 37, 292 = SozR 1500 § 51 Nr. 2, SozR 1500 § 51 Nrn. 39, 47, 48, 53; BSGE 64, 78, 80 = SozR 1500 § 51 Nr. 50; 65, 133, 134 = SozR 2100 § 76 Nr. 2; 70, 72, 73 = SozR 3-5910 § 91a Nr. 1; BSG SozR 1500 § 51 Nr. 49; BSG SozR 3-1500 § 51 Nr. 24 und 26; BSG SozR 4-1500 § 51 Nr. 4 und 6; BGH NZS 1997, 341; BVerwG NJW 2007, 2275; ML § 51 Rn. 3c; Jansen/Jung § 51 Rn. 6; Bley § 51 Anm. 1 Buchst. d*). Bei einem Vertrag ist dessen Rechtsnatur maßgebend, d. h. es ist darauf abzustellen, ob der Vertragsinhalt dem öffentlichen Recht zuzurechnen ist (*BSG SozR 3-1500 § 51 Nr. 24*). Damit ist aber nur die maßgebende Beurteilungsgrundlage festgelegt. Wann das anspruchsbegründende Rechtsverhältnis seiner „wahren" Natur nach, wie der GemS formuliert (*SozR 1500 § 51 Nr. 53; BSG SozR 4-1500 § 51 Nr. 5 und 6; BSGE 105, 210 = SozR 4-2700 § 33 Nr. 1*), öffentlich-rechtlich ist, ergibt sich daraus noch nicht. Jedoch werden damit als nicht maßgebende Entscheidungsmerkmale ausgegrenzt u. a. die Natur der anzuwendenden Rechtsnorm *(ML § 51 Rn. 4)*, die Beteiligung einer Behörde einerseits oder einer privaten Vereinigung andererseits (s. *ML § 51 Rn. 4a*). Allerdings können alle diese Umstände Indizien für oder gegen eine öffentlich-rechtliche Streitigkeit sein (s. auch Rn. 19). Trotz Inlandsberührung und örtlicher Zuständigkeit ist die deutsche internationale Zuständigkeit im allgemeinen ausgeschlossen, wenn Streitgegenstand ein ausländischer öffentlich-rechtlicher Anspruch ist (*BSGE 54, 250 = SozR 1500 § 51 Nr. 28*).

Subjektionstheorie

16 Nach der Auffassung des GemS kommt es für das Vorliegen eines öffentlich-rechtlichen Rechtsverhältnisses „regelmäßig darauf an, ob die Beteiligten zueinander in einem hoheitlichen Verhältnis der Über- und Unterordnung stehen und sich der Träger der öffentlichen Gewalt der besonderen Rechtssätze des öffentlichen Rechts bedient" (*SozR 1500 § 51 Nr. 39*, ebenso *Nrn. 47, 48, 53*; s. *Jansen/Jung § 51 Rn. 6; Gitter SGb 2007, 44; ML § 51 Rn. 3a* – einschränkend s. auch unten; *Bley § 51*

Anm. 4 Buchst. b). Diese Auffassung entspricht der sog. Subjektionstheorie oder Subordinationstheorie. Als Zeichen hoheitlicher Gewalt wird die Entscheidung durch Verwaltungsakt angesehen (*GemS SozR 1500 § 51 Nrn. 39, 48*). Allerdings erscheint es vor allem seit allgemeiner Anerkennung des öffentlichen Vertrages nicht mehr oder jedenfalls nicht mehr in dem bisher vertretenen Umfange gerechtfertigt, ein Über- und Unterordnungsverhältnis als allein entscheidendes Zeichen hoheitlicher Gewalt anzusehen und den Verwaltungsakt auf dieses Über- und Unterordnungsverhältnis zu beschränken, es als das entscheidende Merkmal des Verwaltungsaktes anzusehen (so aber *Gaßner/Ahrens SGb 2007, 528, 530*). Es entspricht doch kaum noch – vor allem, aber nicht nur – dem geläuterten Verständnis der Beziehungen zwischen Sozialversicherungsträger und Versicherten, als Merkmal dieser öffentlich-rechtlichen Beziehungen ein Über- und Unterordnungsverhältnis zu konstruieren (zustimmend *ML § 51 Rn. 3a*; s. auch *KassKomm/Krasney § 31 SGB X Rn. 5, 6*). Das Betonen der Über- und Unterordnung als Entscheidungsmerkmal durch den GemS beruht wohl mehr auf dem Bestreben, bei Verträgen zwischen Gleichgeordneten leichter den Rechtsweg zu den Zivilgerichten mit der Begründung anzunehmen, es liege eben kein Über- und Unterordnungsverhältnis vor. Das BSG hat jedoch zutreffend ausgeführt, dass der Begriff des Hoheitsträgers nicht eine übergeordnete Stellung dieses Beteiligten betont, sondern seine Eigenschaft als hoheitlicher Träger einer öffentlich-rechtlichen Aufgabe (*BSGE 51, 108, 109 = SozR 1500 § 51 Nr. 23*). Eine Streitigkeit kann danach öffentlich-rechtlich sein, wenn sie aus Rechtsbeziehungen erwachsen ist, die öffentliche Aufgaben regeln (*BSGE 36, 238, 239 = SozR Nr. 64 zu § 51; BSGE 51, 108, 109; ML § 51 Rn. 3a*; s. aber auch Rn. 19). In diesem Sinne ist der Verwaltungsakt das Merkmal des öffentlich-rechtlichen Handelns einer Behörde (*BSG SozR 3-4100 § 157 Nr. 1*). Nur im öffentlich-rechtlichen Bereich darf sie als Träger hoheitlicher Gewalt in dem vorstehend aufgezeigten Sinne einseitige Regelungen durch Verwaltungsakt erlassen. Dies entspricht auch der Auffassung, dass gleich geordnete Beziehungen öffentlich-rechtlicher Art sein können (*GemS SozR 1500 § 51 Nr. 53*), wie dies bei öffentlich-rechtlichen Verträgen der Fall ist, wofür die Subjektionstheorie keine Lösung geben kann (*ML § 51 Rn. 46*).

Dennoch ist das Vorliegen eines Verwaltungsaktes ein wesentliches und das im sozialgerichtlichen Verfahren auch zahlenmäßig wichtigste Indiz dafür, dass das durch ihn geregelte und danach streitige anspruchsbegründende Rechtsverhältnis öffentlich-rechtlicher Natur ist (ebenso *ML § 51 Rn. 3a*; s. auch *KassKomm-Krasney § 31 SGB X Rn. 2*). Dabei kommt es für den Charakter als öffentlich-rechtliche Streitigkeit nicht darauf an, ob die Behörde die Angelegenheit durch Verwaltungsakt rechtlich auch regeln durfte. Selbst wenn dies nicht der Fall war, weil es sich nicht um eine hoheitliche Maßnahme handelt, ist die Streitigkeit über die Berechtigung, die Angelegenheit durch Verwaltungsakt regeln zu dürfen, eine öffentlich-rechtliche (*BSGE 15, 14; 35, 188, 189; 40, 96, 97 = SozR 2500 § 393 Nr. 2; Jansen/Jung § 51 Rn. 6; Bley § 51 Anm. 4 Buchst. c*). Im Übrigen wird auch bei Gleichordnungsverhältnissen angenommen, sie seien öffentlich-rechtlich, wenn sie überwiegend den Interessen der Gesamtheit dienen (sog. Interessentheorie; s. *GemS SozR 1500 § 51 Nr. 53; ML § 51 Rn. 46; Brackmann S. 187m I*). Diese

17

Theorie ist jedoch im Rahmen von Streitigkeiten aus dem Sozialrecht wohl kaum brauchbar.

Sonderrechtstheorie

18 Eine öffentlich-rechtliche Natur eines Rechtsverhältnisses wird nunmehr wohl überwiegend (s. *ML § 51 Rn. 3c*) dann angenommen, wenn ein Hoheitsträger aufgrund besonderer, speziell ihn berechtigender oder verpflichtender Rechtsvorschriften beteiligt ist – sog. Sonderrechtstheorie *(BSGE 47, 35, 37 = SozR 1500 § 51 Nr. 15; 51, 108, 109; GemS SozR 1500 § 51 Nr. 53; BSG SozR 3 7610 § 683 Nr. 1; ML § 51 Rn. 3c)*. Nach Auffassung des BSG kommt es regelmäßig darauf an, ob sich ein Träger hoheitlicher Gewalt der besonderen Rechtsnormen des öffentlichen Rechts bedient *(BSG SozR 3-1500 § 51 Nr. 24)*. Dabei ist es für den öffentlich-rechtlichen Vertrag zwischen einem Träger öffentlicher Verwaltung und einer Person, wie das BSG *(SozR 3-1500 § 51 Nr. 24)* meint, typisch, dass er an die Stelle einer sonst möglichen Regelung durch Verwaltungsakt tritt. Dies trifft aber u.a. auf die bedeutsamen Verträge zwischen Sozialversicherungsträgern und Leistungserbringern gerade in der Regel nicht zu. Diese Theorie wird insbesondere im Bereich der den Gerichten der Sozialgerichtsbarkeit zugewiesenen Rechtsgebieten helfen können, da diese alle dem öffentlichen Recht angehören und vor allem die in ihrem Bereich bestehenden Rechtsverhältnisse grundsätzlich öffentlich-rechtlicher Natur sind. Die Sonderrechtstheorie wird darüber hinaus häufig bei der Entscheidung dienlich sein, ob ein öffentlich-rechtlicher Vertrag vorliegt. Bei der Abgrenzung zwischen diesen Verträgen und den privatrechtlichen Verträgen ist entscheidend, ob der Vertragsgegenstand – entsprechend dem zu Rn. 15 angeführten maßgebenden Kriterium – seiner Natur nach dem öffentlichen oder dem bürgerlichen Recht zuzuordnen ist *(GemS SozR 1500 § 51 Nr. 39, 48, 53; Brackmann S. 187 q I; ML § 51 Rn. 8, 9)*. Sind z.B. einem Sozialversicherungsträger in einem öffentlich-rechtlichen Rechtssatz Handlungsbefugnisse eingeräumt oder Pflichten begründet, so ist ein Vertrag, der im Vollzug der Rechtsnorm eingegangen wird, generell öffentlich-rechtlich zu qualifizieren *(BSGE 51, 108, 109 = SozR 1500 § 51 Nr. 23*, s. aber auch u.a. *GemS SozR 1500 § 51 Nrn. 39, 47, 48)*.

Begrenzte Nutzbarkeit der Theorien

19 Dass öffentliche Aufgaben geregelt werden sollen, verleiht aber einer daraus entstehenden Streitigkeit nicht zwingend den Charakter einer öffentlich-rechtlichen Streitigkeit, worauf zutreffend *Brackmann (S. 187 l II)* hinweist (ebenso *ML § 51 Rn. 4)*. Es kann sich wiederum nur um ein Indiz handeln (s. *Brackmann S. 187 l II; Bley § 51 Anm. 4 Buchst. b*; aber auch *BSGE 36, 238, 239; 47, 35, 37 = SozR 1500 § 51 Nr. 15)*; denn öffentliche Aufgaben können auch in Formen des Privatrechts erfüllt werden. Wird aber die Vornahme oder die Unterlassung einer Amtshandlung auf dem Gebiet des öffentlichen Rechts verlangt, so liegt eine öffentlich-rechtliche Streitigkeit vor *(BSGE 43, 134, 135 = SozR 4100 § 34 Nr. 6; 47, 35, 38; BGHZ 67, 81, 85; Brackmann S. 187o)*. Auch die sog. Zweistufentheorie kann deshalb im Sozialrecht bei der Beurteilung der Natur eines Rechtsverhältnisses eine Rolle spielen

(BSGE 38, 40, 41 = SozR 2600 § 204 Nr. 1; Brackmann S. 187n I; ML § 51 Rn. 6). So kann die Bewilligung einer Leistung an den Berechtigten öffentlich-rechtlicher Natur sein, die Gewährung der Dienst- und Sachleistung aber auf privatrechtlicher Grundlage erfolgen. Deshalb werden zwar in den meisten Fällen in sozialrechtlichen Angelegenheiten i. S. des § 51 Abs. 1 und 2 öffentlich-rechtliche Streitigkeiten zu bejahen sein, aber eben nicht stets.

Auch unter Beachtung der umfangreichen Rechtsprechung und Literatur wird man den Ausführungen von *Brackmann (S. 187 m II)* zustimmen müssen: „Untrügliche Maßstäbe für die Unterscheidung aller Fälle, in denen es um die Abgrenzung zwischen öffentlich-rechtlicher und bürgerlich-rechtlicher Streitigkeit geht, gibt es wohl nicht. In Grenzfällen spielen häufig gerade der Sachzusammenhang oder die Sachnähe und damit auch Gesichtspunkte der Praktikabilität eine gewichtige Rolle" (s. auch *GemS BSGE 37, 292, 296 = SozR 1500 § 51 Nr. 2; BSG SozR 4-1500 § 51 Nr. 4 und 6; ML § 51 Rn. 31*; s. auch die Nachweise bei *Brackmann S. 187 m II*). Da das Grundanliegen, eine richterliche Entscheidung zu erhalten, auf jeden Fall gesichert ist, sollte tatsächlich den Kriterien des Sachzusammenhanges und der Sachnähe stärkeres Gewicht als früher zugemessen werden. Wenn dies auch nicht alle Fälle zu lösen vermag, so erscheint ihre Bedeutung doch für die Rechtsuchenden, auf die es entscheidend ankommt, was aber aus den Streitigkeiten zwischen den Gerichten verschiedener Gerichtszweige oft kaum noch erkennbar ist, wesentlich größer als die anderen vorstehend angeführten Theorien. Auch um aus schon geklärten Fallgestaltungen Anhaltspunkte für die Lösung neuer Rechtswegprobleme entnehmen zu können, ist unter Rn. 31 ff. eine beschränkte Auflistung entschiedener Rechtswegstreitigkeiten aufgeführt.

Mehrfache Anspruchsbegründung

Liegt bei mehrfacher Anspruchsbegründung ein einheitlicher prozessualer Anspruch vor und wird er nur verschieden begründet, so kann der Anspruch nicht je nach den anzuwendenden Rechtsgrundlagen in verschiedenen Rechtswegen geltend gemacht werden; vielmehr ist dann über den gesamten Anspruch zu entscheiden und nicht hinsichtlich der weiteren Klagegründe an das andere Gericht zu verweisen (s. § 17 Abs. 2 GVG und Rn. 88; vgl. u. a. *BGHZ 5, 105, 107; 13, 145, 153; BVerwGE 22, 45; Brackmann S. 187 t I; ML § 51 Rn. 40*). Nur wenn der Klageanspruch mit allen in Betracht kommenden Gründen nicht dem öffentlichen Recht zuzurechnen ist, ist der Rechtsweg nicht zu den Gerichten der Sozialgerichtsbarkeit gegeben. Eine rechtswegüberschreitende Zuständigkeit besteht danach aber nur bei einem Rechtsstreit mit einem einheitlichen prozessualen Anspruch, bei einer Mehrheit von prozessualen Ansprüchen verbleibt es dagegen bei der für jeden Streitgegenstand vorgegebenen sachlichen Zuständigkeit *(BSG Urteil von 6. 9. 2007 – B 3 P 3/06 R; BGHZ 114, 1; ML § 51 Rn. 40)*. Die verfassungsrechtlich verbürgte Zuständigkeit der Zivilgerichte für Amtshaftungsansprüche bleibt auch im Rahmen des § 17 Abs. 2 GVG unberührt (s. Satz 2 dieser Vorschrift und *BSG SozR 3-1500 § 51 Nr. 13*). Bei einem Haupt- und einem Hilfsantrag, die in verschiedenen Rechtswegen zu entscheiden sind, hat zunächst das für den Hauptanspruch zuständige Gericht zu entscheiden; verneint es den Anspruch, muss es hinsichtlich des Hilfsan-

20

21

spruches den Rechtsstreit an das zuständige Gericht verweisen. Werden aufgrund desselben Sachverhalts mehrere Ansprüche geltend gemacht, so darf das angerufene Gericht grundsätzlich nicht über diese, vor verschiedene Gerichtsbarkeiten gehörende Ansprüche entscheiden, sondern muss, soweit der Rechtsweg vor dem Gericht der anderen Gerichtsbarkeit gegeben ist, an dieses verweisen (*BGH JZ 1967, 406; BAG AP Nr. 1 zu § 55 SGG* mit zustimmender Anm. von *Brackmann; BVerwG Buchholz 3100 § 40 Nr. 269* – zu § 17 Abs. 2 GVG; *Brackmann S. 187t II*).

Gläubiger- und Schuldnerwechsel

22 Ein Rechtsverhältnis bleibt grundsätzlich auch dann öffentlich-rechtlich, wenn auf der Gläubiger- oder auf der Schuldnerseite ein Wechsel stattfindet, z. B. bei einer Überleitung oder Auszahlung einer Leistung an andere nach §§ 48 bis 50 SGB I, bei Überleitung eines Anspruchs nach § 81c BVG (*BSG SozR 3100 § 81c Nr. 1*), wenn der Anspruchsberechtigte seinen Anspruch abtritt (*BSGE 24, 190, 193; BSGE 61, 274 = SozR 1200 § 53 Nr. 7; 70, 37, 39 = SozR 3-1200 § 53 Nr. 2; 70, 186, 188 = SozR 3-1200 § 53 Nr. 5; BSG SozR 1200 § 53 Nr. 8; Brackmann S. 187 u; ML § 51 Rn. 39, Stichwort: Beiträge; Bley § 51 Anm. 1 Buchst. e*; s. auch § 114 SGB X) oder an die Stelle des ursprünglich Berechtigten dessen Erbe tritt (*BVerwGE 37, 314; Brackmann S. 187 u I; ML § 51 Rn. 72*). Es kommt auf die Rechtsnatur des Anspruches und nicht auf den Inhaber an (*Brackmann S. 232 i III*). Gleiches gilt bei einer Vermögensübernahme i. S. von § 419 BGB (s. *BSGE 60, 209, 210 = SozR 1500 § 54 Nr. 66; ML § 51 Rn. 39, Stichwort: Vermögensübernahme*). Etwas anderes kann gelten, wenn der Erbe nicht in das Rechtsverhältnis zwischen der Behörde und dem Erblasser eintritt, sondern die Behörde durch ein Verwaltungshandeln erst eine Rechtsbeziehung zwischen dem Erben und ihr begründet, z. B. wenn sie irrtümlich nicht schon an den zunächst berechtigten Erblasser geleistet hat, sondern nach dem Erbfall irrtümlich an den Erben leistet (s. *BGHZ 71, 180; Brackmann S. 232 i III, 232 k II*; s. aber auch weitergehend *BSGE 55, 250, 252 = SozR 1300 § 50 Nr. 3* – zu § 50 SGB X).

2.2.2.2 Nach § 51 zugewiesene öffentlich-rechtliche Streitigkeiten

23 Nunmehr sind nicht nur aber vor allem nach § 51 öffentlich-rechtlichen Streitigkeiten den Gerichten der Sozialgerichtsbarkeit zugewiesen (vgl. hierzu insbesondere *Waibel SGb. 2005, 215*).

24 Die Gerichte der Sozialgerichtsbarkeit entscheiden über alle öffentlich-rechtliche Streitigkeiten in Angelegenheiten der Sozialversicherung (s. § 51 Abs. 1 Nrn. 1 bis 3, Nr. 5). Dazu gehören – nach der Systematik des SGB (Einschränkungen s. unten nächster Absatz) – die öffentlich-rechtlichen Streitigkeiten in Angelegenheiten der gesetzlichen Krankenversicherung (SGB V), der gesetzlichen Unfallversicherung (SGB VII; *zur Einschränkung in § 51 Abs. 1 Nr. 3 SGG s. Leube SGB 2010, 582*) und der gesetzlichen Rentenversicherungen (SGB VI). Nach § 51 Abs. 2 Satz 1 a. F. gehörten zu den Angelegenheiten der Sozialversicherung auch die Angelegenheiten, die aufgrund der Beziehungen zwischen Ärzten, Zahnärzten

und Krankenkassen (Kassenarztrecht) im Rechtswege zu entscheiden sind. In den letzten Jahren entstanden jedoch vermehrt unterschiedliche Auffassungen zwischen den Zivilgerichten und den Gerichten der Sozialgerichtsbarkeit darüber, ob der Rechtsweg zu den Gerichten der Sozialgerichtsbarkeit auch insoweit gegeben ist, als es sich um Streitigkeiten aus Verträgen zwischen Trägern der gesetzlichen Krankenversicherung und den Verbänden mit den Leistungserbringern handelte (*GemS SozR 1500 § 51 Nrn. 39, 47, 48; BSG SozR 1500 § 51 Nr. 49; BSGE 64, 78 = SozR 1500 § 51 Nr. 50*), und bei Rechtsstreitigkeiten zwischen Krankenkassen über die Zulässigkeit von Maßnahmen auf dem Gebiet der Mitgliederwerbung (*GemS SozR 1500 § 51 Nr. 53*). Dies führte zu einer Gesetzesänderung durch das Gesundheitsreformgesetz (s. dazu u. a. *Schneider SGb 1990, 89, 93; Spieß SGb 1989, 5*). Danach entscheiden die Gerichte nach § 51 Abs. 2 Satz 1 auch über privatrechtliche Streitigkeiten in Angelegenheiten nach dem SGB V (vgl. *BSG SozR 4-3300 § 40 Nr. 6*), auch soweit durch diese Angelegenheiten Dritte betroffen werden; dies gilt auch für Schadensersatzansprüche aus diesen Verträgen (*BSG SozR 3-1500 § 51 Nr. 15*). Der Rechtsweg zu den Sozialgerichten nach § 51 Abs. 2 Satz 1 SGG ist nicht auf Streitigkeiten beschränkt, an denen zumindest eine der Parteien als Leistungsträger oder Leistungserbringer der gesetzlichen Krankenversicherung beteiligt ist, sondern ist auch gegeben, wenn eine Partei gleichsam als Repräsentant von Leistungserbringern (hier: Bundesvereinigung Deutscher Apothekenverbände) in Anspruch genommen wird (*BGH Beschluss vom 4. 12. 2003 – I ZB 19/03*). Zum Aufwendungsausgleichgesetz s. § 51 Abs. 1 Nr. 8 (Zuständigkeit der Gerichte der Sozialgerichtsbarkeit).

Dies gilt jedoch nach dem zweiten Halbsatz des § 51 Abs. 1 Nr. 2 nicht für Streitigkeiten, die in Angelegenheiten nach § 110 des SGB V aufgrund einer Kündigung von Versorgungsverträgen entstehen, die für Hochschulkliniken oder Plankrankenhäuser (s. § 108 Nrn. 1 und 2 SGB V) gelten. Dadurch sind die angeführten Entscheidungen der GemS zum Teil überholt, jedenfalls einer erneuten Überprüfung zugänglich, wie die Entscheidung des BSG vom 9. 2. 1989 (*BSGE 64, 260 = SozR 1500 § 51 Nr. 51*; s. auch *BSGE 66, 159, 160 = SozR 3-2200 § 376 d Nr. 1*) zeigt. Mit dem Inkrafttreten der Neufassung des § 51 Abs. 2 und dem Anfügen eines Abs. 3 sind mit Wirkung vom 1. 1. 2011 die Zuständigkeiten für Streitigkeiten nach dem Gesetz gegen Wettbewerbsstreitigkeiten geteilt. Die Gerichte der Sozialgerichtsbarkeit sind nicht mehr zuständig für kartellrechtliche Streitigkeiten, die Rechtsbeziehungen nach § 69 SGB V (Beziehungen der Krankenkassen zu den Leistungserbringern) betreffen. Dies gilt auch für bereits anhängige Gerichtsverfahren (s. § 207 SGG). Außerhalb dieses Bereichs der gesetzlichen Krankenversicherung besteht weiterhin im Rahmen des § 60 SGB V auch in Streitigkeiten nach dem Gesetz gegen Wettbewerbsbeschränkungen die Zuständigkeit der Gerichte der Sozialgerichtsbarkeit. S. auch Rn. 58 b. Die Zuständigkeit nach § 51 Abs. 1 Nr. 5 „in sonstigen Angelegenheiten der Sozialversicherung" ist ein umfassender Auffangtatbestand. Ausdrücklich ist auch die Zuständigkeit für Streitigkeiten gegeben, die aufgrund des Aufwendungsausgleichsgesetzes entstehen (§ 51 Abs. 1 Nr. 8).

Wird ein wettbewerbsrechtlicher Anspruch einer privaten Krankenkasse oder einer nach § 8 Abs. 3 Nr. 2, Nr. 3 und Nr. 4 UWG klagebefugten Einrichtung gegen eine gesetzliche Krankenkasse nicht auf einen Verstoß gegen die Vorschriften des SGB V, sondern ausschließlich auf wettbewerbsrechtliche Normen gestützt, deren Beachtung auch jedem privaten Mitbewerber obliegt, handelte es sich nach Auffassung des BGH schon vor dem Einfügen des Abs. 3 in § 51 SGB (s. oben) nicht um eine Angelegenheit der gesetzlichen Krankenversicherung i. S. von § 51 Abs. 1 Nr. 2, Abs. 2 S. 1 SGG, sondern um eine Streitigkeit, für die der Rechtsweg zu den ordentlichen Gerichten nach § 13 GVG eröffnet ist (*NJW 2007, 1819–1820; s. auch Knispel NZS 2008, 129*).

25 Öffentlich-rechtliche Streitigkeiten aus dem Gebiet der Arbeitsförderung i. S. d. SGB III fallen nach § 51 Abs. 1 Nr. 4 ebenfalls in den Zuständigkeitsbereich der Gerichte der Sozialgerichtsbarkeit. Dies gilt auch dann, wenn die Finanzierung von Maßnahmen der BA nicht aus Beitrags-, sondern aus Haushaltsmitteln des Bundes erfolgt (*BSG SozR 3-4100 § 94 Nr. 2*). Zu Schadensersatzansprüchen der BA s. auch Rn. 76. Für die Angelegenheiten der Grundsicherung für Arbeitsuchende ist die Zuständigkeit der Gerichte der Sozialgerichtsbarkeit (vorsorglich) in § 51 Abs. 1 Nr. 4a besonders festgelegt (s. auch Rn. 27 zur Sozialhilfe; s. dazu *Waibel SGb 2005, 215*). Dazu gehören auch Streitigkeiten nach § 16 Abs. 3 Satz 2 SGB II (zusätzliches Arbeitsentgelt – *BAG NJW 2007, 1227* mit Anm. von *Brötzmann*).

26 Für öffentlich-rechtliche Streitigkeiten in Angelegenheiten des sozialen Entschädigungsrechts ist grundsätzlich nach § 51 Abs. 1 der Rechtsweg zu den Gerichten der Sozialgerichtsbarkeit gegeben. Zu den Angelegenheiten des sozialen Entschädigungsrechts gehören jedoch nach § 51 Abs. 1 Nr. 6 nicht Maßnahmen auf dem Gebiet der Kriegsopferfürsorge nach den §§ 25 bis 27 BVG (s. auch Rn. 27). Ob im Hinblick auf die Zuständigkeit der Gerichte der Sozialgerichtsbarkeit in Angelegenheiten der Sozialhilfe (s. Rn. 27) diese Ausnahme noch gerechtfertigt ist, erscheint fraglich.

Die Gerichte der Sozialgerichtsbarkeit entscheiden auch in Streitigkeiten, die in Angelegenheiten nach dem SGB XI entstehen (s. § 51 Abs. 2 Satz 2). Dies gilt auch für privatrechtliche Streitigkeiten in Angelegenheiten sozialer und privater Pflegeversicherung, die im Zehnten Kapitel des SGB XI geregelt ist (s. § 51 Abs. 2 Satz 3 und 1; so früher schon *BSG SozR 3-1500 § 51 Nr. 19*; a. A. *Castellvi VersR 1997, 661*). S. auch Rn. 72.

27 Durch Art. 38 des Gesetzes zur Einordnung des Sozialhilferechts in das Sozialgesetzbuch vom 27. 12. 2003 (*BGBl. I 3022, 3065*) wurde § 51 Abs. 1 SGG mit Wirkung vom 1. 1. 2005 (s. *Art. 70 des Gesetzes vom 27. 12. 2003*) durch die Nr. 6a dahin ergänzt, dass die Gerichte der Sozialgerichtsbarkeit auch entscheiden „in Angelegenheiten der Sozialhilfe und des Asylbewerberleistungsgesetzes" (s. auch unten). Dies ist vornehmlich im Interesse der Rechtsuchenden zu begrüßen, da die Betroffenen in vielen Fällen nicht mehr gezwungen sind, ihren Rechtsstreit nacheinander oder gleichzeitig in zwei Gerichtsbarkeiten auszutragen. Sie

können nunmehr in vielen Fällen, in denen zunächst streitig ist, ob ein Anspruch aus der Sozialversicherung gegeben und – falls nein – später noch zu klären ist, ob wenigstens ein Anspruch auf Sozialhilfe besteht, diese Fragen in einem Verfahren mithilfe eines entsprechend erweiterten § 75 Abs. 5 geklärt und entschieden werden. Der Rechtsweg nach Nr. 6a ist auch bei Erstattungsansprüchen der Sozialhilfeträger nach § 116 SGB X gegeben (*BSG SozR 4-1300 § 116 Nr. 13*). Allerdings wurde durch Art. 1 Nr. 8 des Gesetzes vom 9. 12. 2004 (*BGBl. I 3302*) den Ländern – befristet bis zum Ende des Jahres 2008 einschließlich – die Befugnis eingeräumt, besondere Spruchkörper bei den Verwaltungs- und Oberverwaltungsgerichten/Verwaltungsgerichtshöfen einzurichten für Verfahren nach dem SGB II (s. § 50 a Satz 1 Nr. 2). Dies galt auch für Verfahren in Angelegenheiten der Sozialhilfe (s. § 50 a Satz 1 Nr. 1 SGG) und des Asylbewerberleistungsgesetzes (vgl. *Wendt RdLH 2004, 60*). Die Zuständigkeit des BSG blieb allerdings nach § 52 SGG auch in diesen Fällen bestehen (*Wendt RdLH 2004, 60*).

2.2.2.3 In anderen Gesetzen als dem SGG besonders zugewiesene Angelegenheiten

Darüber hinaus ist der Rechtsweg zu den Gerichten der Sozialgerichtsbarkeit in einzelnen Gesetzen besonders eröffnet worden. Diese durch den Bundesgesetzgeber erfolgte gesetzliche Zuweisung wäre auch dann rechtmäßig, wenn nicht bereits in § 51 Abs. 1 Nr. 10 (wohl vorsorglich als Merkposten) ein entsprechender Hinweis auf die Möglichkeit gegeben wäre, durch Gesetz in weiteren Fällen den Rechtsweg vor den Gerichten der Sozialgerichtsbarkeit zu eröffnen. **28**

Der Rechtsweg zu den Gerichten der Sozialgerichtsbarkeit ist durch folgende Gesetze eröffnet worden: **29**

§ 10 Abs. 3 Häftlingshilfegesetz
§ 227a Abs. 2 Bundesentschädigungsgesetz
§ 6 Abs. 4 des Gesetzes über Entschädigungen für Opfer des Nationalsozialismus im Beitrittsgebiet vom 22. 4. 1992 (*BGBl. I 906*)
§ 17 Einspruchs- und Anwartschaftsüberführungsgesetz
§ 88 Abs. 7 Soldatenversorgungsgesetz
§ 11 Abs. 2 Gesetz zur Wiedergutmachung nationalsozialistischen Unrechts in der KOV für Berechtigte im Ausland
§ 51 Abs. 3 Zivildienstgesetz
§ 68 Abs. 2 und 3 Infektionsschutzgesetz
§ 15 Bundeskindergeldgesetz
§ 13 Bundeselterngeld- und Elternzeitgesetz vom 5. 12. 2006 (BGBl. I 2748)
§ 48 Gesetz über die Alterssicherung der Landwirte
§ 19 Abs. 2 Entwicklungshelfer-Gesetz
§§ 11, 90 Bundesvertriebenengesetz
§ 15 Hüttenknappschaftliches Zusatzversicherungsgesetz vom 22. 12. 1971 (*BGBl. I 2104*)
§ 10 Abs. 2 Gesetz über die Errichtung einer Zusatzversorgungskasse für Arbeitnehmer in der Land- und Forstwirtschaft vom 31. 7. 1974 (*BGBl. I 1660*)
§ 7 Gesetz über die Entschädigung von Opfern von Gewalttaten
Art. 4 Abs. 3 bayerisches Zivilblindenpflegegeldgesetz vom 18. 6. 1953 (*GVBl. Nr. 13, S. 77*)
§§ 66, 114 SGB X

§ 9 Abs. 2 des Gesetzes über den Abschluss von Unterstützungen der Bürger der ehemaligen DDR bei Gesundheitsschäden infolge medizinischer Maßnahmen vom 6.5.1994 (*BGBl. I 990*)

§ 2 Abs. 7 des Gesetzes zur Regelung von Vermögensfragen der Sozialversicherung im Beitrittsgebiet vom 20. 12. 1991 *(BGBl. I 2313)*

§ 6 des Gesetzes über das Ruhen von Ansprüchen aus Sonder- und Zusatzversorgungssystemen – Versorgungsruhensgesetz – vom 25. 7. 1991 (BGBl. I 1606, 1684)

§ 16 Verwaltungsrechtliches Rehabilitierungsgesetz vom 23. 6. 1994 (*BGBl. I 1311*)

§ 27 Berufliches Rehabilitierungsgesetz vom 23. 6. 1994 (*BGBl. I 1311*)

§ 18 Abs. 4 Gesetz zur Förderung der Einstellung der landwirtschaftlichen Erwerbstätigkeit vom 21. 2. 1989 (*BGBl. I 233*)

§ 9 Abs. 2 Unterstützungsabschlussgesetz vom 6. 5. 1994 (*BGBl. I 990*)

§ 25 Abs. 5 Strafrechtliches Rehabilitierungsgesetz vom 29. 10. 1992 (*BGBl. I 1814*)

§ 73 Abs. 2, § 74 Abs. 3, § 85 Abs. 5, § 115 Abs. 3 SGB XI

§ 145 SGB IX

§ 77 SGB XII

§ 5 Gesetz zur Hilfe für Frauen bei Schwangerschaftsabbrüchen in besonderen Fällen, Art. 5 des Schwangeren- und Familienhilfeänderungsgesetzes vom 21. 8. 1995 (*BGBl. I 1050*)

§ 12 des Gesetzes über die Hilfe für durch Anti-D-Immunprophylaxe mit dem Hepatitis-2-Virus infizierte Personen vom 2. 8. 2000 (*BGBl. I 1270*)

2.2.3 Einzelfälle

30 Die folgende Auswahl von Einzelfällen gibt eine Übersicht sowohl über Fälle, in denen der öffentlich-rechtliche Charakter des Rechtsverhältnisses streitig war, als auch über die, in denen bei öffentlich-rechtlichen Streitigkeiten der Rechtsweg zu den Gerichten der Sozialgerichtsbarkeit geklärt werden musste.

31 *Abrechnungsunterlagen* Klage einer Vertragspartei gegen KÄV auf Unterlassung der Abrechnungsunterlagen an einen Mitbewerber *BGH SGb 1999, 320* mit Anm. von Schnapp.

Abtretung Siehe oben Rn. 22.

32 *Akteneinsicht* Das BSG hat den Rechtsweg zu den Gerichten der Sozialgerichtsbarkeit bejaht für die Klage auf Übersendung einer Fotokopie aus den Verwaltungsakten und dabei die begehrte Fotokopie als einen Teil der Akteneinsicht angesehen (*BSG SozR 1500 § 144 Nr. 39; SG Düsseldorf Anwaltsblatt 1978, 103; ML § 51 Rn. 39*).

32a *Ambulante* Untersuchungen Klage auf Verbot gegen Krankenhausbetreiber, Rechtsweg zu Gerichten der Sozialgerichtsbarkeit (*OLG Schleswig Beschl. v. 14. 1. 2011 – 16 W 120/10*).

32b *Amtshaftung* Zur Behandlung einer auch auf Amtshaftung geschützten Klage vor dem SG: *BSG Beschluss vom 2. 10. 2010 – B 13 R 63/10 B.*

33 *Amtshandlung* Siehe oben Rn. 16.

34 *Anmeldung zur Krankenkasse* vom Arbeitnehmer gegenüber Arbeitgeber begehrt: Angelegenheit der Sozialversicherung B*AG MDR 2006, 640 = NJW 2006, 171.*

Arbeitgeberzuschuss nach § 405 RVO a. F., nunmehr § 257 SGB V: Rechtsweg zu   35
den Gerichten der Sozialgerichtsbarkeit (*GemS BSGE 37, 292 = SozR 1500 § 51
Nr. 2; BAG NZS 2000, 209*).

Arbeitsbescheinigung Für eine Bescheinigung nach § 133 AFG – nunmehr § 312   36
SGB III – wurde der Sozialrechtsweg ebenso bejaht wie für einen Schadensersatzanspruch der Bundesanstalt für Arbeit gegen den Arbeitgeber bei unrichtiger
Bescheinigung (*BSGE 49, 291 = SozR 4100 § 145 Nr. 1; 56, 20 = SozR 4100 § 145
Nr. 3; 64, 233 = SozR 4100 § 145 Nr. 4; BSG SozR 3-4100 § 133 Nr. 1; BAGE 59,
169; ML § 51 Rn. 39;* s. kritisch hinsichtlich des für die Berichtigung der Arbeitsbescheinigung angenommenen Rechtsweg in den Gerichten der Sozialgerichtsbarkeit *Hoehl NZS 2005, 631*).

Arzneimittel Für die Klage eines Arzneimittelherstellers auf Änderung der be-   37
schlossenen Arzneimittel-Richtlinien ist der Rechtsweg zu den Gerichten der
Sozialgerichtsbarkeit gegeben (*BSGE 64, 78 = SozR 1500 § 51 Nr. 50*). Dies gilt
auch für die Klage eines pharmazeutischen Unternehmens gegen eine KÄV und
eine Krankenkasse gegen deren gemeinsame Erklärungen zur Arzneimittelver-
sorgung (*BGH NJW 2000, 874*). Für die Klage einer Krankenkasse gegen einen
Apotheker auf Rückzahlung der Vergütung wegen Abrechnung gefälschter Arz-
neimittelverordnungen ist der Sozialrechtsweg eröffnet (*BSG SozR 4-1720 § 17a
Nr. 3*).

Aufrechnung Eine Sachentscheidungskompetenz der Sozialgerichtsbarkeit wird   38
bei einer anerkannten oder rechtskräftig festgestellten Gegenforderung auch
dann bejaht, wenn diese zivilrechtlicher Natur ist (*BSG SozR 1200 § 51 Nrn. 12
und 13*). Rechnet ein Versicherungsträger gegen den Rentenanspruch eines Berechtigten aber mit einer bürgerlich-rechtlichen Ersatzforderung als Gegenforderung auf, die weder vom Berechtigten anerkannt noch rechtskräftig festgestellt
ist, darf das Gericht der Sozialgerichtsbarkeit nicht über das Bestehen dieser
Gegenforderung selbstständig entscheiden, sondern muss den Rechtsstreit aussetzen, um das Bestehen der Gegenforderung in dem für sie gegebenen Rechtsweg klären zu lassen (*BSGE 19, 207; BSG SozR 1200 § 51 Nr. 13; Brackmann
S. 187 i II; ML § 51 Rn. 39*). Umgekehrt gilt für das Zivilgericht die Pflicht zur
Aussetzung, wenn eine Gegenforderung bestritten ist, über deren Bestand die
Gerichte der Sozialgerichtsbarkeit zu entscheiden haben. Ein für die Gegenforderung nur sachlich unzuständiges Gericht hat aber im Rahmen der Entscheidung über die Hauptforderung auch über die Gegenforderung mitzuentscheiden
(s. *BGHZ 26, 304; BSGE 29, 44; Brackmann S. 187 k; ML § 51 Rn. 39*). Nach
BSGE 29, 44, 46 können die Gerichte der Sozialgerichtsbarkeit entscheiden,
wenn die Aussetzung für den Kläger unzumutbar wäre. Der Aussetzung des
Verfahrens bedarf es nicht, wenn der Versicherungsträger erklärt hat, er werde
den anderen Rechtsweg zur Klärung seiner Forderung nicht beschreiten; der
Aufrechnungsbescheid ist dann aufzuheben (*BSG SozR 1200 § 51 Nr. 12*).

Auftrag Für Streitigkeiten aus einem öffentlich-rechtlichen Auftragsverhältnis   39
zwischen Sozialversicherungsträgern ist der Sozialrechtsweg gegeben (*BGHZ*

24, 302, 308; Brackmann S. 187w; ML § 51 Rn. 24); dies gilt auch, wenn es sich um eine öffentlich-rechtliche Geschäftsführung ohne Auftrag handelt (*BSGE 6, 197; 105, 210, 211 = SozR 4-2700 § 33 Nr. 1*). Etwas anderes gilt, wenn eine Privatperson tätig wird im Rahmen der Geschäftsführung ohne Auftrag für eine Krankenkasse (s. *BGHZ 33, 251; BSG SozR Nr. 52 zu § 51 SGG*).

40 *Auskunft* Der Sozialrechtsweg wird zum Teil angenommen, wenn auf Auskunft über Einzelheiten aus einem bestehenden Sozialrechtsverhältnis geklagt wird, was auch bei einer Auskunft im Verfahren über den Versorgungsausgleich gilt (*BSG SozR 3-2200 § 1303 Nr. 4 = NZS 1996, 446, 448; ML § 51 Rn. 39*). Dagegen wird wohl überwiegend davon ausgegangen, dass bei einer nicht oder nicht ausreichend erteilten Auskunft i. S. des § 15 SGB I stets der Rechtsweg zu den Gerichten der allgemeinen Verwaltungsgerichtsbarkeit gegeben ist und somit auch dann, wenn es sich um eine Auskunft über Angelegenheiten i. S. des § 51 handelt (s. u. a. *Bley § 15 SGB I Anm. 4 Buchst. b; Funk SGb 1978, 45, 50* – wenn auch mit erheblichen Bedenken; *Schnapp DOK 1977, 889, 895; Hauck/Noftz, SGB I, § 15 Rn. 7; Schellhorn in GK-SGB I, 2. Aufl. 1981, § 15 Rn. 32*). Dieser zuletzt angeführten Auffassung wird in Übereinstimmung mit *ML § 51 Rn. 24* nicht beigetreten. Vielmehr betrifft der Rechtsweg zu den Gerichten der Sozialgerichtsbarkeit auch bei einer nicht oder nicht ausreichend erteilten Auskunft ein öffentlich-rechtliches Rechtsverhältnis i. S. des § 54 (ebenso *Brackmann S. 187q; Krasney BKK 1985, 337, 345; Peters/Hommel, Handbuch der Krankenversicherung, § 15 SGB I Anm. 4*).

41 *Ausländischer Versicherungsträger* Für die Klage eines niederländischen Trägers der Arbeitslosenversicherung gegen einen in der Bundesrepublik Deutschland wohnhaften deutschen Staatsangehörigen auf Rückzahlung einer in den Niederlanden zu Unrecht gewährten Arbeitslosenunterstützung sind die Gerichte der Bundesrepublik Deutschland nicht zuständig (*BSGE 54, 250 = SozR 1500 § 51 Nr. 28*).

42 *Ausnahmegenehmigung* nach Art. 30 Gesundheitsstrukturgesetz: Rechtsweg zu den Gerichten der Sozialgerichtsbarkeit (*OVG Münster NJW 1995, 804*).

43 *Auszahlung von Geldleistungen* Der Sozialrechtsweg ist gegeben für die Klage auf Auszahlung von laufenden Geldleistungen gem. § 48 SGB I (*BSGE 53, 260 = SozR 1200 § 54 Nr. 6; BSG SozR 1200 § 48 Nr. 13; BSGE 62, 269 = SozR 1200 § 48 Nr. 14*).

44 *Befreiung von der Versicherungspflicht* Ebenso wie Fragen der Versicherungspflicht und der Versicherungsfreiheit ist auch bei Streitigkeiten über die Befreiung von der Versicherungspflicht in den von § 51 erfassten Angelegenheiten der Sozialrechtsweg gegeben.

45 *Beitragsstreitigkeiten* Der Sozialrechtsweg ist insoweit eröffnet, als es sich um Streitigkeiten über Beiträge in den Angelegenheiten i. S. des § 51 handelt (*GemS BSGE 37, 292, 296 = SozR 1500 § 51 Nr. 2; BSGE 48, 195, 197 = SozR 2200 § 394 Nr. 1; Brackmann S. 187w I; ML § 51 Rn. 39*). Dies gilt auch für Streitig-

keiten über Beitragserstattungen nach § 74 G 131 (*BSG SozR Nr. 21 zu § 51 SGG*). Zum Arbeitgeberzuschuss s. oben und *BSGE 11, 218*. Ebenso entscheiden die Gerichte der Sozialgerichtsbarkeit Streitigkeiten über die Beiträge zur gesetzlichen Unfallversicherung des Bauherrn nach § 729 Abs. 2 RVO und nunmehr § 150 SGB VII (*BSGE 63, 29 = SozR 2500 § 729 Nr. 5; BSG SozR 2500 § 729 Nr. 7*). Da es hier ebenfalls auf die Natur des Rechtsverhältnisses selbst und nicht auf den Inhaber einer Pflicht oder eines Rechtes ankommt, ist der Sozialrechtsweg auch gegeben für Streitigkeiten darüber, ob ein Gesellschafter für die Gesellschaft Sozialversicherungsbeiträge zu entrichten hat (s. *BSGE 40, 96 = SozR 2200 § 393 Nr. 2*) oder ob ein privatrechtlicher Träger der Entwicklungshilfe gegenüber dem Entwicklungshelfer Beiträge zur Rentenversicherung zahlen muss (*BSGE 43, 148 = SozR 2200 § 1385 Nr. 3*) oder ob eine Strafvollzugsbehörde zur Entrichtung von Sozialversicherungsbeiträgen verpflichtet ist (*OLG Hamm NJW 1966, 607; ML § 51 Rn. 24*). Zu Schuldnerwechsel, Vermögensübernahme, Erbfolge s. Rn. 22 und *BSGE 40, 96*.

Beitrittserklärung zur Freiwilligen Krankenversicherung für Sozialhilfeempfänger durch Sozialhilfeträger (*BSGE 70, 72, 73 = SozR 3-5910 § 91a Nr. 1*).   46

Belegvertrag Klage auf Abschluss eines Belegvertrages zwischen Träger der RV und eine Rehabilitationseinrichtung – Zuständigkeit der Sozialgerichtsbarkeit (*BSG SozR 4-1500 § 51 Nr. 5*)   46a

Berufliche Bildungsmaßnahmen Verträge der BA mit Trägern der beruflichen Bildung sind solche des bürgerlichen Rechts, sodass bei Streitigkeiten der Rechtsweg zu den Gerichten der Sozialgerichtsbarkeit nicht gegeben ist (*BSG SozR 3-1500 § 51 Nr. 24*).   46b

Dienstverhältnis Für Streitigkeiten aus dem Dienstverhältnis der DO-Angestellten der Sozialversicherungsträger ist der Rechtsweg zu den Gerichten für Arbeitssachen gegeben bzw. bei Beamten der Verwaltungsrechtsweg (*Brackmann S. 168 k ff., 174 m ff., 187 x*); dies gilt auch bei Dienststrafen (*BSGE 41, 171, 173 = SozR 4100 § 36 Nr. 12*). Bei Geschäftsführern und ihren Stellvertretern ist je nach Art der Streitigkeit der Rechtsweg entweder zu den Gerichten der Arbeitsgerichtsbarkeit oder zu den Zivilgerichten eröffnet bzw. bei Beamten der Verwaltungsrechtsweg. Handelt es sich dagegen um eine Streitigkeit zwischen dem Sozialversicherungsträger und der Aufsichtsbehörde darüber, ob der gewählte Geschäftsführer bestellt werden darf, so ist der Rechtsweg zu den Gerichten der Sozialgerichtsbarkeit eröffnet (s. *BSGE 3, 180, 183; 31, 16, 17;* s. auch *BSGE 30, 8, 13; Brackmann S. 187x I*).   47

Dialysezentrum Klage auf Vergütung für Dialysebehandlung gegen Kassenärztliche Vereinigung: Rechtsweg zu Gerichten der Sozialgerichtsbarkeit (*BSGE 74, 154, 155 = 3-2500 § 85 Nr. 6*).   48

Eingliederungshilfe Für den Haftungsdurchgriff gegen einen GmbH-Gesellschafter wegen des gegen die GmbH bestehenden Anspruchs der Bundesanstalt für Arbeit auf Rückzahlung von Eingliederungshilfe nach § 54 AFG war und für die Eingliederungszuschüsse und § 218 SGB III ist der Sozialrechtsweg gegeben (*BSGE 56, 76 = SozR 7685 § 13 Nr. 1*).   49

50 *Erbe* Siehe dazu Rn. 22.

51 *Ersatz- und Erstattungsansprüche* Für öffentlich-rechtliche Erstattungs- und Er-
    satzansprüche ist der Sozialrechtsweg gegeben, soweit es sich um Rechtsver-
    hältnisse handelt, die ihre Grundlage in den von § 51 erfassten Rechtsgebieten
    haben (s. § 114 SGB X; *BSG SozR 1500 § 105 Nr. 5; BSG SozR 3-1500 § 111
    Nr. 8; ML § 51 Rn. 11–11d*). Für die Ersatzpflicht nach §§ 110, 111 SGB VII
    (früher § 640 RVO) ist jedoch der Rechtsweg zu den Zivilgerichten eröffnet.

    Erstattungsverlangen eines Trägers der Grundsicherung (§ 51 Abs. 1 Nr. 4a),
    Rechtsweg zu den Gerichten der Sozialgerichtsbarkeit (*SG Stuttgart Beschl. v.
    9. 8. 2010 – S 24 AS 4043/08*).

52 *Festbeträge* Festsetzung von Festbeträgen nach § 35 SBG V: Rechtsweg zu den
    Gerichten der Sozialgerichtsbarkeit (*BSG SozR 3-1500 § 10 Nr. 1*).

53 *GmbH-Geschäftsführer* Zu Streitigkeiten über die Haftung des Geschäftsführers
    auf Rückzahlung von Eingliederungshilfe s. oben zu diesem Stichwort; hin-
    sichtlich der Haftung mit Durchgriffshaftung zu Beitragsforderungen s. *BSGE
    45, 279 = SozR 2200 § 723 Nr. 4*: öffentlich-rechtliche Streitigkeiten.

54 *Großgeräte* medizinisch-technische: Siehe § 51 Abs. 2 Satz 1, *Schneider SGb
    1990, 89, 93.*

54a *Grundsicherung* im Alter und bei Erwerbsminderung: Gesetz *BSG SozR 4-1500
    § 51 Nr. 1; Waschull SGb 2006, 179.*

55 *Hausrecht* Wird von einem Sozialversicherungsträger in Wahrnehmung seiner
    öffentlich-rechtlichen Aufgaben ein Hausverbot erlassen, so liegt eine öffent-
    lich-rechtliche Streitigkeit vor und dann auch der Rechtsweg zu den Gerichten
    der Sozialgerichtsbarkeit, wenn ein enger Zusammenhang zwischen den vom
    Träger der Sozialversicherung wahrzunehmenden Sachaufgaben besteht (*BSG
    SozR 4-1500 § 51 Nr. 6; Weber SGb 2008, 710;* a.A. grundsätzlich auch in An-
    gelegenheiten der Sozialversicherung, sodass der Rechtsweg zu den Gerichten
    der allgemeinen Verwaltungsgerichtsbarkeit gegeben ist *BVerwGE 5, 325;
    Brackmann S. 187y; ML § 51 Rn. 39*). Dagegen sind die Zivilgerichte zuständig,
    wenn der Sozialversicherungsträger das Hausverbot einer Person erteilt, die den
    Abschluss privatrechtlicher Verträge mit dem Versicherungsträger anstrebt oder
    mit welcher der Versicherungsträger bereits in privatrechtlichen Beziehungen
    steht (*BGHZ 33, 230; Brackmann S. 187x II; ML § 51 Rn. 39*).

56 *Häftlingshilfegesetz* Für Erstattungsansprüche nach § 13 dieses Gesetzes ist der
    Rechtsweg zu den Gerichten der Sozialgerichtsbarkeit nicht gegeben (*BSG SozR
    1500 § 51 Nr. 45*). Siehe aber § 10 Abs. 3 dieses Gesetzes, Rn. 30.

57 *Heimkehrergesetz* Der Rechtsweg zu den Gerichten der Sozialgerichtsbarkeit ist
    nicht eröffnet für Streitigkeiten nach dem Heimkehrergesetz über die Erstattung
    von Kosten der Krankenkassen bei der Durchführung dieses Gesetzes für Ver-
    triebene oder Übersiedler aus der ehemaligen DDR (*BSG SozR 1500 § 51
    Nr. 43*).

Insolvenz Für insolvenzrechtliche Anfechtungsklagen gegen Sozialversiche- 58
rungsträger ist der Rechtsweg zu den Zivilgerichten gegeben (*BGH NJW 2011,
1365*). Der Rechtsweg zu den Gerichten der Sozialgerichtsbarkeit ist sowohl
für die Feststellung einer im Insolvenzverfahren nach Grund und Höhe bestrit-
tenen Forderung aus den Bereichen, für die die Gerichte der Sozialgerichtsbarkeit zuständig sind, als auch für den damit verbundenen Rang der Insolvenz-
forderung gegeben (*BGHZ 55, 224; 60, 64; BSGE 64, 6 = SozR 7910 § 59 Nr. 24;
BGHZ 60, 64; LG Itzehoe MgR 2008, 1418; Klage auf unstreitig rückständige
Beiträge aus Rechtsgrund der unerlaubten Handlung*). Machte – früher – der
Konkursverwalter geltend, die Vollstreckung während des Konkurses habe gegen das Verbot der Einzelzwangsvollstreckung im Konkurs verstoßen und
schon vor der Vollstreckung habe sich die Masseunzulänglichkeit herausgestellt,
so ist bei einem Streit über die Rücknahme des Pfändungs- und Überweisungs-
beschlusses der Rechtsweg zu den Gerichten der Sozialgerichtsbarkeit gegeben
(*BSGE 64, 289 = SozR 1300 § 44 Nr. 36*). Die Gerichte der Sozialgerichtsbarkeit
entscheiden auch über Streitigkeiten über das – früher – Konkursausfallgeld
(*BSGE 41, 121 = SozR 4100 § 141b Nr. 1*), nunmehr das Insolvenzgeld (§ 183
SGB III). Für die Klage eines Arbeitgebers gegen eine Krankenkasse auf Unterlassung oder Rücknahme des Insolvenzantrages ist gleichfalls der Rechtsweg
zu den Gerichten der Sozialgerichtsbarkeit gegeben (*BSGE 45, 109 = SozR 1500
§ 51 Nr. 13*). Dagegen ist der Rechtsweg zu den Zivilgerichten gegeben bei Streitigkeiten über Haftungsansprüche gegen den Konkursverwalter und nunmehr
Insolvenzverwalter auch wegen versäumter Abführung von Sozialversicherungsbeiträgen (*SG Schleswig Breithaupt 1960, 471; ML § 51 Rn. 39*). Zu Klagen
nach § 143 InsO s. *Bigge/Peters-Lange SGb 2011, 88*.

Investitionsaufwendungen Für die Klage eines Pflegeheims auf Zustimmung 58a
einer Landesbehörde zu gesonderten Investitionsaufwendungen gegenüber einem
Pflegeversicherten ist der Sozialrechtsweg gegeben (*BSG SozR 3-1500 § 51
Nr. 25*), für Streitigkeiten über die Investitionsförderung selbst sind die Verwaltungsgerichte zuständig (*BVerwG NVwZ-RR 1999, 316*).

Kartellrecht Ungeachtet der Frage, ob die Beziehungen zwischen einer Kranken- 58b
kasse und einem Leistungserbringer bürgerlich- oder öffentlich-rechtlicher
Natur sind, waren entsprechende Streitigkeiten (zur Nichtanwendbarkeit des
Kartellrechts *BSG SozR 3-2500 § 69 Nr. 1; Krasney, M. NZS 2007, 574, 576*)
jedenfalls seit dem 1. 1. 2000 allgemein den Gerichten der Sozialgerichtsbarkeit
zugewiesen (s. § 69 SGB V *und § 51 Abs. 2 SGG – jeweils idF vor dem 1. 1. 2011;
BGH Beschluss vom 14. 3. 2000 – KZB 34/99 – = SGb 2001, 137; Engelmann
NZS 2000, 213; Kummer SGb 2001, 138; Zeihe § 51 Rn. 3 j; Peikert/Kroel
MedRecht 2001, 14; zweifelnd Wigge NZS 2000, 533*). Mit dem Inkrafttreten
der Neufassung des § 51 Abs. 2 und dem Anfügen eines Abs. 3 sind mit Wirkung
vom 1. 1. 2011 die Zuständigkeiten für Streitigkeiten nach dem Gesetz gegen
Wettbewerbsstreitigkeiten geteilt. Die Gerichte der Sozialgerichtbarkeit sind
nicht mehr zuständig für kartellrechtliche Streitigkeiten, die Rechtsbeziehungen
nach § 69 SGB V (Beziehungen der Krankenkassen zu den Leistungserbringen)

betreffen. Dies gilt auch für bereits anhängige Gerichtsverfahren (s. § 207 SGG). Außerhalb dieses Bereichs der gesetzlichen Krankenversicherung besteht weiterhin im Rahmen des § 69 SGB V auch in Streitigkeiten nach dem Gesetz gegen Wettbewerbsbeschränkungen die Zuständigkeit der Gerichte der Sozialgerichtsbarkeit.

Rügt ein Sozialversicherungsträger die Verletzung seines Selbstverwaltungsrechts aus § 29 SGB IV durch eine Maßnahme des Bundeskartellamts, so ist für die Klage der Rechtsweg zu den Gerichten der Sozialgerichtsbarkeit unabhängig von der Natur der Rechtsgrundlage eröffnet, die einen Eingriff rechtfertigen könnte (*BSG Beschl. v. 28. 9. 2010 – B 1 SF 1/10 R; Hess. LSG Beschl. v. 1. 6. 2010 – L 1 KR 89/10 KL*). „Entgegen der Auffassung der Beklagten wird die Zuständigkeit nach § 51 Abs. 1 nr. 2 SGG auch nicht durch die in § 63 GWB geregelte Zuständigkeit verdrängt. Vielmehr ist § 51 Abs. 1 Nr. 2 SGG gegenüber der GWB-Regelung beim Streit über einen Anspruch aus dem Selbstverwaltungsrecht von Sozialversicherungsträgern auf Unterlassen kompetenzwidriger Aufsichtsmaßnahmen spezieller. Denn § 51 Abs. 1 Nr. 2 SGG kommt die spezifische Aufgabe zu, Rechtsstreitigkeiten auf dem Gebiet der Aufsicht über die Selbstverwaltungsträger, die im Selbstverwaltungsrecht dieser Träger wurzeln, der Sozialgerichtsbarkeit zuzuordnen. Diese Aufgabe hat Vorrang gegenüber den allgemeinen, hinsichtlich der Ausgestaltung der Aufsicht über sozialversicherungsrechtliche Selbstverwaltungsträger unspezifischen Regelung des GWB ganz unabhängig von der Frage, ob diese überhaupt anwendbar sind oder – mangels Unternehmenseigenschaft der KKn – gerade nicht (*vgl. auch zB BSG Urteil vom 22. 6. 2010 – B 1 A 1/09 R – RdNr 2 ff mwN, zur Veröffentlichung in BSGE und SozR 4-2500 § 53 Nr. 1 bestimmt*).“ (*BSG aaO*).

59 *Kassenarztrecht* Zu den Streitigkeiten i. S. des § 51 Abs. 2 Satz 1 Nr. 1, der ebenso wie § 51 Abs. 2 Satz 1 a. F. (s. Rn. 24) nicht eng auszulegen ist (s. *BSGE 11, 1, 12; 28, 218, 219; BGHZ 67, 92, 97*), gehören die sog. klassischen Bereiche des Kassenarztrechts (*Schneider SGb 1990, 89, 93*), und zwar u. a. die über die Teilnahme an der vertragsärztlichen Versorgung (Zulassung und Ermächtigung – §§ 95 ff. SGB V – sowie deren Entziehung und Beschränkung – *BSG SozR § 368 a Nr. 24, § 368 b Nr. 4*), Vergütungen des Vertragsarztes einschließlich der Honorarverteilung (*BSG SozR 2200 § 368 f Nr. 16, BGH SGb 1999, 320*) und der Wirtschaftlichkeitsprüfungen (*BSG SozR 2200 § 368 n Nr. 57, § 368 f Nr. 16*), die Regelung des von der Kassenärztlichen Vereinigung organisierten Bereitschaftsdienstes der Vertragsärzte (*BSG SozR Nr. 28 zu § 12 SGG*), Schadensersatzanspruch gegen Vertragsarzt, der durch Verletzung der ärztlichen Kunst der gesetzlichen Krankenkasse Krankenhauskosten verursacht hat (*BSGE 55, 144 = SozR 2200 § 368 n Nr. 26*), Disziplinarmaßnahmen der Kassenärztlichen Vereinigung (*BSGE 15, 161*), Klage gegen Richtlinien des Bundesausschusses der Ärzte und Krankenkassen (*BSGE 67, 251, 252 = SozR 3-2500 § 92 Nr. 2*), Streitigkeiten über die Genehmigung zur Erbringung von Maßnahmen zur Herbeiführung einer Schwangerschaft (*BGB SozR 3-1500 § 51 Nr. 26*). Es wird insoweit insbesondere auch noch auf die Entscheidungen des *BSG* in *SozR 2200 §§ 368 ff.* hingewiesen.

Kostenübernahme Ansprüche aus der Zusage einer Kostenübernahme durch die 60
Krankenkasse gegenüber dem Krankenhaus sind öffentlich-rechtliche Angelegenheiten i. S. der Sozialversicherung (*BSGE 51, 108 = SozR 1500 § 51 Nr. 23; 53, 62 = SozR 1500 § 51 Nr. 25*).

Krankenhäuser Für Streitigkeiten über Regelungen des Krankenhausentgelt- 60a
gesetzes oder der Bundespflegesatzverordnung betreffend den Zahlungsanspruch des Krankenhauses gegenüber dem Träger der gesetzlichen Krankenversicherung aus Leistungen an den Versicherten ist der Rechtsweg zu den
Gerichten der Sozialgerichtsbarkeit gegeben (*LSG NRW NZS 2000, 628*). Gleiches gilt für die Klage des Versicherten auf Übernahme der Kosten der Krankenhausbehandlung, die zunächst vom Versicherten selbst beglichen wurden
(*BGH NZS 1997, 341*). S. auch Rn. 58.

Leichenöffnung Der Rechtsweg vor den Gerichten der Sozialgerichtsbarkeit ist 61
gegeben für einen Ersatzanspruch, den ein Träger der Unfallversicherung gegen
eine Gemeinde wegen der Kosten einer Obduktion mit der Begründung geltend
macht, die Anordnung der Obduktion sei gem. § 1559 RVO a. F. Aufgabe der
Polizeibehörde gewesen (*BSGE 23, 213; Brackmann S. 187y III*; ebenso *BSGE
40, 221 = SozR 3900 § 31 Nr. 1* zum Anspruch auf Ersatz der Kosten einer Obduktion zwischen Träger der gesetzlichen Unfallversicherung und der KOV).

Leistungserbringer Die Rechtsprechung des GemS zum Rechtsweg bei Streitig- 62
keiten zwischen Sozialversicherungsträgern und Leistungserbringern in SozR
1500 § 51 Nrn. 39, 47, 48 und 49 ist durch die Änderung des § 51 Abs. 1 Nr. 2
(s. Rn. 24) überholt; es ist bei Streitigkeiten der Rechtsweg zu den Gerichten
der Sozialgerichtsbarkeit eröffnet (s. *BSGE 64, 260 = SozR 1500 § 51 Nr. 51;
Spieß SGb 1989, 5, 7; LSG Nds-Bremen, NZS 2008, 164; Kitzhöfer, Soziale Sicherheit in der Landwirtschaft 1990, 150*). Auch für die vertraglichen Beziehungen zu Leistungserbringern von Heilmitteln ist der Rechtsweg zu den Sozialgerichten gegeben (*BSGE 66, 159, 160 = SozR 3 2200 § 376d Nr. 1*).

Mehrere Ansprüche Siehe Rn. 21. 63

Methoden-Substitutionsbehandlung Der Rechtsweg zur Sozialgerichtsbarkeit bei 64
einem Rechtsstreit über die Methadon-Substitutionsbehandlung von Sozialhilfeempfängern als sogenannte Notfälle ist gegeben, wenn der Sicherstellungsauftrag des § 75 Abs. 1 SGB V entsprechend der Ermächtigung des § 75 Abs. 6
SGB V auf den Bereich der vom Sozialhilfeträger zu erbringenden Krankenhilfe
erweitert worden ist (*BSG Urteil vom 6. 11. 2002 –B 6 KA 39/01 R*).

Mitgliederwerbung der Krankenkassen Für Rechtsstreitigkeiten zwischen einer 65
Ersatzkasse und einer AOK über Maßnahmen auf dem Gebiet der Mitgliederwerbung ist der Rechtsweg zu den Gerichten der Sozialgerichtsbarkeit gegeben
(*GemS SozR 1500 § 51 Nr. 53; BSGE 63, 144, 145 = SozR 2200 § 517 Nr. 11*).
Zur Klage eines privaten Konkurrenten s. *Knispel, NZS 2008, 129.*

Mithaftender Für Streitigkeiten aus der Inanspruchnahme als Mithaftender we- 66
gen Übernahme des Vermögens einer Person, die kraft verbindlicher Entschei-

dung zu Unrecht empfangene Sozialleistungen zurückzahlen muss (§ 419 BGB), ist der Sozialrechtsweg gegeben (*BSGE 60, 209 = SozR 1500 § 54 Nr. 66*).

67 *Mobilitätshilfen* Bei Streitigkeiten über die Rückforderung von Mobilitätshilfen, die der Bundesanstalt für Arbeit aus dem Bundeshaushalt zur Verfügung gestellt sind (s. die *Richtlinien vom 10. 11. 1976 – BAnz. Nr. 215*), ist der Rechtsweg zu den Gerichten der Sozialgerichtsbarkeit gegeben *(BSG SozR 1200 § 31 Nr. 1)*.

68 *Mutterschutzgesetz* Streitigkeiten aus Anlass eines Anspruchs auf Mutterschaftsgeld für Frauen, die nicht in der gesetzlichen Krankenversicherung sind und der auf § 13 Abs. 2 Mutterschutzgesetz beruht, sind öffentlich-rechtliche Streitigkeiten, über die die Sozialgerichte zu entscheiden haben *(BSGE 33, 127; Brackmann S. 187 z)*.

69 *Nachversicherung* Für Klagen gegen die Versorgungsdienststellen wegen der dienstrechtlichen Voraussetzungen der Nachversicherung ist der Rechtsweg vor den Gerichten der Sozialgerichtsbarkeit nicht gegeben (s. *BSGE 11, 63, 64; 35, 195, 197; Brackmann S. 187 z; ML § 51 Rn. 39*). Soweit jedoch Bescheide der Versicherungsträger über die sozialversicherungsrechtlichen Fragen der Nachversicherung im Klageverfahren angefochten werden, ist der Rechtsweg zu den Gerichten der Sozialgerichtsbarkeit gegeben (*Brackmann S. 187z I; ML § 51 Rn. 39*). Dies gilt auch dann, wenn es an einer Zuständigkeitsregelung zur Entscheidung über die Feststellung für die fiktive Nachversicherung gem. Art. 6 § 18 FANG fehlt und die Versicherungsträger deshalb selbst entscheiden müssen (*BSGE 34, 136, 140; Brackmann S. 187z I*). Siehe aber auch die abweichende Zuständigkeitsregelung in § 99 Abs. 9 Allgemeines Kriegsfolgenschlussgesetz.

70 *Pfändung* Der Sozialrechtsweg ist auch gegeben für die Klage auf Auszahlung einer aufgrund einer Pfändung eines zur Einziehung überwiesenen Betrages oder auf Leistung aufgrund eines Auszahlungsrechts gem. § 48 SGB I aus einem in § 51 aufgeführten Sozialleistungsbereich (*BSGE 53, 260 = SozR 1500 § 54 Nr. 6*). Gleiches gilt, wenn ein Pfändungsgläubiger eine von ihm gepfändete Forderung, über deren Bestand die Sozialgerichte zu entscheiden haben, bei dem SG einklagt und nach Rechtshängigkeit den Klageantrag ändert und anstelle der Zahlung gemäß § 840 Abs. 2 Satz 2 ZPO die Feststellung der Schadenersatzpflicht des Drittschuldners wegen Nichterfüllung der Auskunftspflicht begehrt (*BSG SozR 3-1500 § 51 Nr. 22*).

71 *Pendler-Darlehen* Gegen die Ablehnung eines sog. Pendler-Darlehens aus der Rücklage der Bundesanstalt für Arbeit ist der Rechtsweg zu den Gerichten der Sozialgerichtsbarkeit gegeben (*BSGE 47, 35 = SozR 1500 § 51 Nr. 15*).

71a *Pflegedienst* Für die Klage eines Pflegedienstes gegen einen Sozialhilfeträger auf Zahlung der Vergütung für die häusliche Pflege eines Sozialhilfeberechtigten war vor Inkrafttreten der Änderung des § 51 durch das Gesetz zur Einordnung des Sozialhilferechts in das Sozialgesetzbuch mit Wirkung vom 1. 1. 2005 (Rn. 27) der Rechtsweg zu den Verwaltungsgerichten auch dann eröffnet, wenn sich die Abrechnungsmodalitäten und die Höhe der Vergütung nach Vereinbarungen richten, die aufgrund pflegeversicherungsrechtlicher Vorschriften abgeschlossen waren (*BSG SozR 3-1500 § 51 Nr. 27*). Seit dem 1. 1. 2005 ist auch insoweit der Rechtsweg zu den Gerichten der Sozialgerichtsbarkeit gegeben.

Pflegeheim Rechtsweg zu den Zivilgerichten für Streitigkeiten zwischen einem   71b
privaten Pflegeversicherungsunternehmen und einem Pflegeheim, in dem dessen Versicherungsnehmer untergebracht ist (*BSG SozR 4-1500 § 51 Nr. 2*; vgl. auch *ML § 51 Rn. 27b*).

Pflegeversicherungsgesetz Nach § 51 Abs. 2 Satz 2 ist auch für Rechtsstreitig-   72
keiten der privaten Pflegeversicherung der Rechtsweg zu den Gerichten der Sozialgerichtsbarkeit eröffnet (*BSG SozR 3-1500 § 51 Nr. 19; SozR 4-1500 § 51 Nr. 2*). Die Sozialgerichte sind aber auch dann nicht zur Entscheidung über mögliche Ansprüche aus privaten Krankenvesicherungsverträgen berufen, wenn diese neben Ansprüchen aus einem privaten Pflegeversicherungsvertrag erhoben werden (*BSG SozR 4-3300 § 82 Nr. 4*).

Post Streitigkeiten zwischen Sozialversicherungsträgern und der Post über die Er-   73
stattung von Aufwendungen, die der Post durch Rentenauszahlungen entstehen, sind öffentlich-rechtliche Streitigkeiten in Angelegenheiten der Sozialversicherung (*BGH BG 1967, 198 und 395; Brackmann S. 187 z I*).

Presseerklärung Wendet sich eine Krankenkasse mit einer Presseerklärung gegen   73a
ein von ihr beanstandetes Verhalten einer Kassenärztlichen Vereinigung, ist für die Unterlassungsklage der Kassenärztlichen Vereinigung der Rechtsweg zu den ordentlichen Gerichten eröffnet (*BGH Beschluss vom 26. 11. 2002 – VI ZR 41/02 = NJW 2003, 1192*).

Prozessagenten Streitigkeiten über die Zulassung eines Prozessagenten gehören   74
selbst dann vor die Gerichte der allgemeinen Verwaltungsgerichtsbarkeit, wenn es um die Zulassung für die Bereiche geht, für die die Gerichte der Sozialgerichtsbarkeit zuständig sind (*Brackmann S. 187 z I; ML § 51 Rn. 39*).

Prozesszinsen Siehe unten zu Verzugszinsen Rn. 87a.   74a

Rabattverträge nach § 130a SGB V Zuständigkeit der Gerichte der Sozialge-   74b
richtsbarkeit *SG Stuttgart Beschluss vom 20. 12. 2007 – S 10 KR 8404/07 ER*.

Rentenanspruch eines Strafgefangenen gegen das Land (nicht gegen einen Ren-   74c
tenversicherungsträger): Rechtsweg nicht zu den Gerichten der Sozialgerichtsbarkeit (*BSG SozR 3-1500 § 51 Nr. 22*).

Rückforderung einer Rentenabfindung Fordert der Versicherungsträger die einem   75
Versicherten zum Erwerb eigenen Grundbesitzes gewährte Rentenabfindung nach dessen Tode von dessen Erben wegen nicht bestimmungsgemäßer Verwendung zurück, so ist für die Anfechtung dieser Rückforderung der Rechtsweg zu den Gerichten der Sozialgerichtsbarkeit gegeben (*BSGE 58, 89 = SozR 2200 § 611 Nr. 3*).

Schadensersatzansprüche Nach Art. 34 Satz 3 GG i. V. m. § 839 Abs. 1 BGB und   76
§ 40 Abs. 2 Satz 1 VwGO ist u. a. für Schadensersatzansprüche aus Verletzung

öffentlich-rechtlicher Pflichten, die nicht auf einem öffentlich-rechtlichen Vertrag beruhen, der ordentliche Rechtsweg gegeben *(BSG SozR 3-1500 § 51 Nr. 13)*. Diese Vorschrift bezweckt aber nicht, alle Schadensersatzansprüche aus der Verletzung öffentlich-rechtlicher Pflichten den ordentlichen Gerichten zuzuweisen (s. *BGHZ 43, 269, 277; BSGE 26, 129, 133; Brackmann S. 188a*). Diese Rechtswegzuweisung erfasst vielmehr nur Schadensersatzansprüche gegen die öffentliche Hand, nicht auch gegen den Bürger (s. u.a. *BGHZ 43, 269, 277; BVerwGE 37, 231, 235; BSGE 105, 100 = SozR 4-1100 § 104a Nr. 1; Brackmann S. 188; ML § 51 Rn. 39*). Darüber hinaus folgt aus Sinn und Zweck des § 40 Abs. 2 VwGO, den bisherigen Besitzstand der Zivilgerichte aufrechtzuerhalten, dass nicht solche Ansprüche erfasst werden, über welche die Zivilgerichte niemals zu entscheiden hatten *(BSGE 66, 176, 180 = SozR 3-4100 § 155 Nr. 1*: Klage der BA gegen Empfänger von Arbeitslosenhilfe auf Erstattung überzahlter Krankenversicherungsbeiträge; *BSGE 69, 114, 116 = SozR 3-4100 § 145 Nr. 2*: Klage gegen Arbeitgeberin wegen unrichtiger Arbeitsentgeltbescheinigung – s. auch Rn. 36), sondern nur solche, die in aktuellem Sachzusammenhang mit einer Enteignung oder einem Amtshaftungsanspruch stehen *(BSGE 43, 134, 135 = SozR 4100 § 34 Nr. 6; Brackmann S. 188; ML § 51 Rn. 39; Bley § 51 Anm. 4 Buchst. g)*. Außerdem kommen nur Ansprüche auf Geldleistungen vor die Zivilgerichte *(BGHZ 34, 90, 105)*. Klagen auf Erfüllung, Erstattung, Unterlassung oder Beseitigung eines Eingriffes, auf Naturalrestitution oder Folgebeseitigung, insbesondere aufgrund eines sog. sozialrechtlichen Herstellungsanspruches, werden von § 40 Abs. 2 VwGO ebenfalls nicht erfasst *(Brackmann S. 188a; ML § 51 Rn. 39)*. Deswegen ist der Rechtsweg zu den Gerichten der Sozialgerichtsbarkeit gegeben für öffentlich-rechtliche Schadensersatzansprüche aus dem Versicherungsverhältnis oder anderen, den Gerichten der Sozialgerichtsbarkeit zugewiesenen Rechtsgebieten, wie z.B. dem Kassenarztrecht (siehe *BSGE 55, 144 = SozR 2500 § 368n Nr. 26*; s. auch *BVerwG NJW 2002, 2894*: culpa in contrahendo; *BVerwG NVwZ 2003, 1383*: Abschluss und Abwicklung eines öffentlich-rechtlichen Vertrages), dem Beitragseinzug durch die Krankenkassen *(BSGE 26, 129, 133; Brackmann S. 188a, S. 188; BSG SozR Nr. 46 zu § 51 SGG)*, unrichtiges Ausfüllen einer Arbeitsbescheinigung nach § 145 Nr. 1 AFG – nunmehr § 312 SGB III – *(BSGE 49, 291 = SozR 4100 § 145 Nr. 1; Brackmann S. 188a I)*, für den Erlass eines auf den Sozialversicherungsträger übergegangenen Schadensersatzanspruchs aus einem Verkehrsunfall eines Versicherten *(BSGE 65, 133 = SozR 2100 § 76 Nr. 2)*. Der Rechtsweg vor die Gerichte der Sozialgerichtsbarkeit ist aber insoweit nicht eröffnet bei einem Schadensersatzanspruch des Arbeitgebers wegen schuldhaft rechtswidrigen Beitragseinzugs durch die Krankenkassen *(BSG SozR Nr. 3 zu § 1424 RVO a.F.; Brackmann S. 188a I)* und für Ansprüche nach §§ 104 bis 107 SGB VII (früher §§ 636, 637, 640, 641 RVO: *BSGE 37, 20, 21; Brackmann S. 188b)*. Die Haftung der Mitglieder der Selbstverwaltungsorgane richtet sich bei der Verletzung einer ihnen einem Dritten gegenüber obliegenden Amtspflicht nach § 839 BGB und Art. 34 GG, sodass insoweit der Rechtsweg zu den Gerichten der Sozialgerichtsbarkeit nicht gegeben ist. Eine öffentlich-rechtliche Streitigkeit in Angelegenheiten der Sozialversicherung liegt aber vor, soweit der Sozialversicherungsträger Schadensersatzansprüche gegen Mitglieder der Selbstverwaltungsorgane wegen Pflichtverletzungen nach § 42 Abs. 2 SGB IV geltend macht (*BSGE 39, 54 = SozR 5330 § 7 Nr. 1; 47, 127, 130 = SozR 2200 § 30 Nr. 5; Brackmann S. 155 g; ML § 51 Rn. 39*). Dagegen gehören Schadensersatzansprüche eines Versicherungsträgers gegen den Geschäftsführer nicht vor die Gerichte der Sozialgerichtsbarkeit, sondern vielmehr vor die ordentlichen Gerichte. War ein Schadensersatzanspruch auf den Sozialhilfeträger übergegangen, weil dieser aufgrund des Schadensereignisses Sozialleistungen zu erbringen hatte, und hat der Schädiger trotz des Anspruchsübergangs an den Geschädigten gezahlt, so ist für den Anspruch auf Erstattung dieser Leistung gegenüber dem Geschädigten der Sozialrechtsweg eröffnet (*BSG SozR 4-1300 § 116 Nr. 1*).

Schuldnerwechsel Siehe Rn. 22.   77

Selbstabgabestellen der Krankenkassen für Heil- und Hilfsmittel: Streitigkeiten   78
über Zulässigkeit solcher Stellen sind öffentlich-rechtliche in Angelegenheiten
der Sozialversicherung (*BSGE 63, 173, 174 = SozR 2200 § 182 Nr. 112*).

Selbstverwaltung Streitigkeiten, die ihre Grundlage im Selbstverwaltungsrecht   79
der Sozialversicherung haben, sind von den Gerichten der Sozialgerichtsbarkeit
zu entscheiden (*BSGE 3, 180, 184*), wozu auch Fragen der Sozialversicherungswahlen gehören (s. *BSGE 54, 104 = SozR 2100 § 57 Nr. 1*) und Aufsichtsangelegenheiten (*BSGE 64, 124 = SozR 2200 § 407 Nr. 2*).

Sozialhilfe Öffentlich-rechtliche Streitigkeiten in Angelegenheiten der Sozialhilfe   80
gehören vor die Gerichte der Sozialgerichtsbarkeit. S. Rn. 27.

Stationäre Behandlung Streit über die Vergütung für die stationäre Behandlung   80a
eines bei einem Träger der gesetzlichen Unfallversicherung gesetzlich Versicherten: Zuständigkeit der Gerichte der Sozialgerichtsbarkeit (*BSGE 105, 210 = SozR 4-2700 § 33 Nr. 1*).

Unfallverhütungsvorschriften Zuständigkeit für Überwachung der Maßnahmen   80b
der Prävention bei Verwaltungsgerichten, s. § 51 Abs. 1 Nr. 3. *Leube NZS 1997, 562*.

Vergaberecht Bei Streitigkeiten gegen Entscheidungen der Vergabekammern des   80c
Bundes oder der Länder wegen Arzneimittel-Rabattverträgen nach § 130a
SGB V ist der Rechtsweg zu den Gerichten der Sozialgerichtsbarkeit eröffnet
und der Primärrechtsschutz gewährleistet. Bei den Entscheidungen der Vergabekammern handelt es sich um Verwaltungsakte einer Behörde, nicht dagegen
um Rechtsprechung durch Gerichte (*BSG SozR 4-1500 § 51 Nt. 4; Wenner SozSich 2008, 316; Masuch NZS 2009, 241*).

Vermittlungsaufgabe der BA BSG SozR 3-4100 § 3 Nr. 1: öffentlich-rechtliche   81
Streitigkeit, Zuständigkeit der Sozialgerichtsbarkeit.

Vermögensübernahme Siehe Rn. 66.   82

83 *Versicherungskonten*   Streitigkeiten über die Berichtigung von Versicherungskonten sind öffentlicher Art in Angelegenheiten der Sozialversicherung, soweit sich die Klage gegen den Träger der Sozialversicherung richtet. Ansprüche gegen den Arbeitgeber sind dagegen nicht im Sozialrechtsweg geltend zu machen (*BAG AP Nr. 56 zu § 611 BGB* – Fürsorgepflicht; *Brackmann S. 188c*).

84 *Versorgungsausgleich*   Grundsätzlich ist nicht der öffentlich-rechtliche Rechtsweg gegeben. Streitigkeiten zwischen den versicherten Ehegatten und dem Rentenversicherungsträger über die Auswirkungen des Versorgungsausgleichs, vor allem über die Höhe der Anwartschaften und Rentenleistungen sowie Erstattungsbeträge, sind jedoch öffentlich-rechtliche Streitigkeiten i. S. der Sozialversicherung (*Brackmann S. 188c I*). Dies gilt auch für die Überprüfung der im Versorgungsausgleichsverfahren erteilten Rentenauskünfte (*Bley SGb 1977, 261, 265; Brackmann S. 188c*). Auskunftsbegehren eines Ehepartners gegen Rentenversicherungsträger zur Durchführung des Versorgungsausgleichs, Rechtsweg zu den Zivilgerichten (*BSG SozR 3-2200 § 1303 Nr. 4*).

85 *Versorgungsvertrag mit einem Plan-Krankenhaus*   Für die Klage auf Genehmigung eines Versorgungsvertrages ist der Rechtsweg nicht zu den Gerichten der Sozialgerichtsbarkeit sondern zu denen der – allgemeinen – Verwaltungsgerichtsbarkeit gegeben (*BSG SozR 3-1500 § 51 Nr. 17*).

86 *Vollstreckung*   Siehe Kap. XIII.

87 *Verzugs- und Prozesszinsen*   Ist für die Hauptforderung der Sozialrechtsweg gegeben, so besteht er auch für die dafür anfallenden Verzugs- und Prozesszinsen (*BSGE 22, 150; 56, 116; 105, 100 = SozR 4-1100 § 104a Nr. 1*).

88 *Werbemaßnahmen*   eines Versicherungsträgers, wettbewerbswidriges Verhalten: Für Rechtsstreitigkeiten zwischen Krankenkassen i. S. des SGB über die Zulässigkeit von Maßnahmen auf dem Gebiet der Mitgliederwerbung ist der Rechtsweg zu den Gerichten der Sozialgerichtsbarkeit gegeben (*BSGE 56, 140 = SozR 1500 § 51 Nr. 34; GemS SozR 1500 § 51 Nr. 53*).

88a *Wettbewerb,* unlauterer   Die Zuständigkeit nach dem Gesetz gegen den unlauteren Wettbewerb (UWG) ist geteilt. Bei Streitigkeiten zwischen Sozialleistungsträgern ist der Rechtsweg zu den Gerichten der Sozialgerichtsbarkeit gegeben. Besteht dagegen z.B. eine ausschließlich auf wettbewerbsrechtliche Norm geführte Streitigkeit nach dem UWG zwischen der Verbraucherzentrale oder einem privaten Krankenversicherer und einem Sozialleistungsträger, so sind die Zivilgerichte zuständig (*BGH NJW 2007, 1819*). *Diekmann/Wildberger/von Quast NZS 2005, 187*

89 *Zinsen*   Soweit es sich um einen Anspruch auf Zinsen gegenüber einem Sozialleistungsträger wegen rückständiger Sozialleistungen handelt, ist der Rechtsweg zu den Gerichten der Sozialgerichtsbarkeit eröffnet, sofern es eine Angelegenheit i. S. des § 51 betrifft (s. *BSGE 66, 234 = SozR 3-1200 § 44 Nr. 1; Brackmann S. 188c II; ML § 51 Rn. 39; Krasney, M., SGb. 2007, 178*).

Zulassung nichtärztlicher Therapeuten Rechtsweg zu den Gerichten der Sozial- 90
gerichtsbarkeit *(BSG SozR 3-1500 § 51 Nr. 15)*.

Zusage Für Streitigkeiten über oder aus einer Zusage eines Sozialleistungsträgers 91
im Rahmen seiner öffentlich-rechtlichen Aufgaben ist ebenfalls der Sozialrechtsweg gegeben, soweit es Angelegenheiten i. S. des § 51 betrifft *(BSGE 51, 108*
= SozR 1500 § 51 Nr. 23).

Zuschuss Für Streitigkeiten über die Festsetzung des Landeszuschusses zu den 91a
Kosten der kommunalen Träger für Leistungen für Unterkunft und Heizung
im Rahmen der Grundsicherung für Arbeitsuchende – hier nach Maßgabe des
§ 5 Nds AG SGB 2 (juirs: SGB2AG ND) – ist der Rechtsweg zu den Sozialgerichten eröffnet *(LSG Celle-Bremen Beschl. v. 25. 2. 2010 – L 7 SF 2/09)*.

Zuwendungen Berufsbezogene Zuwendungen an ehemalige Balletttänzer an 92
staatlichen Einrichtungen der früheren DDR: Zuständigkeit der Gerichte für
Arbeitssachen *(BSG SozR 3-8570 § 17 Nr. 1 und 2)*.

2.3 Entscheidung über den Rechtsweg   93

Häfele, Die Auswirkung der Neufassung der §§ 17 bis 17 b GVG auf das gerichtliche Verfahren einschließlich hierzu ergangener Rechtsprechung, 2002

2.3.1 Vorrang der Rechtswegentscheidung; Prioritätsgrundsatz

Die Gerichte der Sozialgerichtsbarkeit haben, wie bereits erwähnt (s. Rn. 10), 94
über die Prozessvoraussetzung (Sachurteilsvoraussetzung), dass der Sozialrechtsweg gegeben ist, von Amts wegen zu entscheiden. Die Zulässigkeit des Rechtsweges hat Vorrang vor der Prüfung der örtlichen Zuständigkeit, sodass auch ein –
bei Zulässigkeit des Rechtsweges an sich – örtlich unzuständiges Gericht die Unzulässigkeit des Rechtsweges feststellen kann *(BSG SozR Nr. 4 zu § 52 SGG;*
Brackmann S. 1880).

Die Gerichte der Sozialgerichtsbarkeit haben – wie die Gerichte der anderen 95
in Art. 95 Abs. 1 GG genannten Gerichtszweige – bei der Entscheidung über den
Rechtsweg die gleichen Befugnisse. Sie entscheiden nach § 17a GVG über die Zulässigkeit des zu ihnen beschrittenen Rechtsweges. Die frühere Kompetenz-Kom-
petenz der Zivilgerichte (s. § 17 GVG a.F.) ist entfallen. An ihre Stelle ist das Prioritätsprinzip getreten *(ML § 51 Rn. 48)*. Die besonderen Regelungen in § 52
SGG, § 41 VwGO und § 4 FGO und § 48 Arbeitsgerichtsgesetz sind durch das
Gesetz vom 17. 12. 1990 *(BGBl. I 2809)* mit Wirkung vom 1. 4. 1991 ersetzt
durch die Neufassung der §§ 17 und 17a GVG sowie die Anfügung des § 17b
GVG, die nach § 202 SGG im sozialgerichtlichen Verfahren entsprechend anzuwenden sind (s. krit. *Kopp NJW 1991, 521, 524)*. § 48 Arbeitsgerichtsgesetz verweist im Wesentlichen auf diese Vorschriften des GVG; § 17a Abs. 5 GVG gilt
nur für Rechtsstreitigkeiten, in denen der erste Rechtszug am 1. 1. 1991 noch
nicht abgeschlossen war *(BSGE 72, 148, 149 = SozR 3-2500 § 15 Nr. 1)*. In Verfahren über eine Rechtswegbeschwerde ist eine Kostenentscheidung zu treffen,
wenn der Rechtsstreit verwiesen wird oder die Kosten streitwertabhängig zu be-

rechnen sind (*BSG SozR 3-1500 § 51 Nr. 27*; Bestätigung von BSG SozR 3-1500 § 51 Nr. 15; Abgrenzung zu *BSG SozR 3-1500 § 51 Nr. 25*). S. Rn. 96 und 109.

2.3.2 Positiver Kompetenzkonflikt

96 Hat ein Gericht der Sozialgerichtsbarkeit den zu ihm beschrittenen Rechtsweg rechtskräftig für zulässig erklärt, so sind – wie bisher – die Gerichte der anderen Gerichtszweige daran ebenso gebunden, wie die Gerichte der Sozialgerichtsbarkeit an die rechtskräftige Entscheidung eines Gerichtes eines anderen Gerichtszweiges über die Zulässigkeit des Rechtsweges zu ihm gebunden sind (s. § 17a Abs. 1 GVG). Dies gilt selbst dann, wenn die Entscheidung offensichtlich falsch ist. Deshalb ist z. B. auch die vom Sozialgericht mit der Entscheidung in der Hauptsache – ausdrücklich oder stillschweigend – bejahte Zulässigkeit des Rechtswegs von den höheren Instanzen auch dann nicht zu überprüfen, wenn ein Amtshaftungsanspruch in Streit steht (*BSG SozR 4-1720 § 17a Nr. 1 = juris PraxisReport Sozialrecht 4/3003* mit Anm. von Krasney, Martin; *BSG Urteil vom 7. 12. 2006 – B 3 KR 5/06 R*). Ein Rechtswegbeschluss entfaltet jedoch keine rechtliche Bindungswirkung, wenn anderweit bereits eine Rechtshängigkeit eingetreten ist. Das wird nicht nur in dem der Entscheidung des BSG (SozR 4-1500 § 142a Nr. 3) zugrunde liegenden Fall der „Missachtung" der bereits eingetretenen Rechtshängigkeit, sondern auch dann zu gelten haben, wenn die schon eingetretene Rechtshängigkeit dem Gericht nicht bekannt war. Die fehlende Bindung ist keine „Strafe" gegen das sie nicht beachtende Gericht, sondern Folge der schon bestehenden Rechtshängigkeit. Allerdings bedarf es noch einer näheren Klärung, ob ausnahmsweise eine Bindung dann nicht eintritt, wenn die Entscheidung als willkürlich zu bezeichnen ist. Dagegen spricht, den Vorwurf der Willkür möglichst zu vermeiden. Da diese Vorschriften die Entscheidung eines Gerichtes sicherstellen, sollte man die Entscheidung lediglich des „richtigen" Gerichts nicht über den Weg eines so gravierenden Vorwurfs erkaufen. Mit *ML (§ 51 Rn. 48)* wird deshalb eine unbedingte Bindung anzunehmen sein, zumal da § 17a Abs. 2 Satz 3 GVG die Bindungswirkung weiter verstärkt hat (*BGH NJW 2003, 2990; BGH NZA 2002, 1109; BGH MDR 2004, 587; BAG MDR 2003, 1010*; s. Rn. 99 und 107). Eine Bindung kann nach Auffassung des BSG nur in Ausnahmefällen entfallen, so z. B. wenn ein mit Verfassungsrang ausgestattetes Recht eines Verfahrensbeteiligten verletzt wurde (*BSG SozR 3-1720 § 17a Nr. 75*, s. auch *BGH NJW 2000, 1344, 1345*: gesetzlicher Richter). Der BGH nimmt sogar eine Bindung für eine rechtswidrige Rückverweisung an (*BGH LM H. 6/2000 § 17a GVG Nr. 24* mit Anm. von Kaiser = *NJW 2000, 1344*). Darüber hinaus hat das BVerwG eine Bindungswirkung verneint, wenn der Verwerfungsbeschluss jeder rechtlichen Grundlage entbehrt (*Buchholz 300 § 17a GVG Nr. 16* und B*eschluss vom 1. 7. 2004 – 7 VB 1/04*; ebenso *BAG Beschluss vom 17. 6. 2004 – 5 A5 3/04*: bei krassen Rechtsfehlern; *BFHE 204, 413*: offensichtlich unhaltbar). Eine Bindung tritt jedoch nur ein bei einer Entscheidung des Gerichts über die Zulässigkeit des Rechtsweges und nicht auch dann, wenn nur eine Prozess leitende Verfügung des Vorsitzenden vorliegt (*BSGE 2, 23, 28*). Wenn der Beschluss im Rahmen des Pro-

zesskostenhilfeverfahrens ergeht, tritt die Bindungswirkung für das Prozesskostenhilfeverfahren ein (s. Rn. 107; *BGH NJW 2001, 3633*).

Das Gericht kann vorab aussprechen, dass der beschrittene Rechtsweg zulässig ist (s. § 17 a Abs. 3 Satz 1 GVG). Rügt ein Beteiligter die Zulässigkeit des Rechtsweges, so hat das Gericht vorab zu entscheiden (s. § 17 a Abs. 3 Satz 2 GVG). Damit soll in einem möglichst frühen Prozessstadium die Zulässigkeit des Rechtsweges geklärt werden.

Wie § 17a Abs. 4 GVG zu entnehmen ist, ergeht die Entscheidung über die Zulässigkeit des Rechtsweges durch Beschluss. Einer mündlichen Verhandlung bedarf es nicht. Den Beteiligten ist jedoch rechtliches Gehör zu gewähren (*BFHE 203, 415*). Bei einem Beschluss ohne mündliche Verhandlung sind die ehrenamtlichen Richter nicht zu beteiligen (*ML § 51 Rn. 54*). Der Beschluss ist nach § 17 a Abs. 4 Satz 2 GVG zu begründen.

Gegen den Beschluss ist im sozialgerichtlichen Verfahren die Beschwerde gegeben, da das SGG (s. aber auch X/11 und 12) die – in § 17 a Abs. 4 Satz 3 GVG vorgesehene – sofortige Beschwerde nicht kennt. Eine unterlassene Kostenentscheidung des SG kann mit der Entscheidung über die Kosten der weiteren Beschwerde jedenfalls dann nachgeholt werden, wenn eine Ergänzung des Beschwerdebeschlusses wegen Fristablaufs nicht mehr möglich ist (*BSG SozR 3-1500 § 140 Nr. 2*). Gegen die Beschwerdeentscheidung eines LSG ist die – weitere – Beschwerde an das BSG gegeben, wenn sie in dem Beschluss zugelassen worden ist (s. § 17 a Abs. 4 Satz 4 GVG, § 177 SGG; *s. BSG SozR 4-1720 § 17a Nr. 3, ML § 51 Rn. 58; BAG NJW 2002, 3725*: Rechtsbeschwerde; s. aber auch unten zum einstweiligen Rechtsschutz). Die Beschwerde ist zuzulassen, wenn die Rechtsfrage grundsätzliche Bedeutung hat oder wenn das Gericht von der Entscheidung eines obersten Gerichtshofes des Bundes oder des GmSOGB abweicht (§ 17 a Abs. 4 Satz 5 GVG; vgl. dazu Kap. IX Rn. 50 ff.). Das BSG ist an die Zulassung der Beschwerde gebunden (s. § 17 a Abs. 4 Satz 6 GVG). Eine Beschwerde gegen die Nichtzulassung der Beschwerde an das BSG ist jedoch nicht gegeben (s. *BT-Drucks. 11/7030, S. 38; BSG SozR 3-1720 § 17a Nr. 7; BAG MDR 2000, 538 und NJW 2003, 1069*). Die Entscheidung des LSG ist auch insoweit bindend (*BSG SozR 3-1720 § 17a Nr. 7*). Die nachträgliche Zulassung in einem Ergänzungsbeschluss ist unzulässig (*BSG SozR 3-1500 § 51 Nr. 26*; keine Bindung). Die in § 173 SGG vorgesehene Frist von einem Monat gilt auch für die weitere Beschwerde (*BSG SozR 3-1500 § 51 Nr. 15 und 24*). Für die Begründung der weiteren Beschwerde gilt nicht eine Monatsfrist, da diese in § 173 nicht vorgeschrieben ist und die Monatsfrist des § 164 Abs. 2 Satz 1 und § 160a Abs. 2 Satz 1 im Falle des § 17a GVG nicht gilt (*BSG SozR 4-1500 § 51 Nr. 2*). Eine Abhilfe findet nicht statt (*BSG SozR 3-1500 § 51 Nr. 15 und 19; kritisch Kopp SGb 1995, 397; a. A. Zeihe SGb 1996, 133*). Im sozialgerichtlichen Verfahren des einstweiligen Rechtsschutzes ist eine weitere Beschwerde an das BSG nach § 17a GVG zur Klärung des Rechtswegs ausgeschlossen (*BSG SozR 4-1720 § 17a Nr. 4*; ebenso *BVerwG DVBl 2006, 1249; ML § 41 Rn. 58*).

97

Hat das SG durch Urteil statt durch Beschluss entschieden und die Sprungrevision zugelassen, so wird bei Durchführung des Revisionsverfahrens die Sache
an das LSG zurückverwiesen, damit das vorgesehene Beschwerdeverfahren nachgeholt wird, da das BSG nur auf die – weitere – Beschwerde gegen die Entscheidung des LSG entscheidet (*BSGE 72, 90, 91 = SozR 3-1720 § 17a Nr. 1*). Hat das
SG nicht vorab durch Beschluss, sondern erst durch Urteil mit der Entscheidung
zur Hauptsache entschieden, hat das LSG im Berufungsverfahren über den
Rechtsweg zu entscheiden (*BSGE 77, 119, 120 = SozR 3-2500 § 133 Nr. 1; BGHZ
121, 367; ML § 51 Rn. 64a*).

Das Gericht, das über ein Rechtsmittel gegen eine Entscheidung in der Hauptsache entscheidet, prüft nicht, ob der beschrittene Rechtsweg zulässig ist (s. § 17a
Abs. 5 GVG). Dies gilt sowohl dann, wenn gegen die Entscheidung des erstinstanzlichen Gerichts, der zu ihm beschrittene Rechtsweg sei gegeben, ohne Erfolg
das Beschwerdeverfahren durchgeführt worden ist, als auch dann, wenn ein Beschwerdeverfahren deshalb unterblieben ist, weil die Beteiligten die Problematik
des Rechtsweges nicht gesehen hatten und das SG den Rechtsweg zu den Gerichten der Sozialgerichtsbarkeit lediglich inzidenter bejaht hat (*BT-Drucks. 11/7030,
S. 38; BSG SozR 4-1720 § 17a Nr. 1*). Die Beseitigung der Befugnis der Beru-
fungs- und Revisionsgerichte zur Überprüfung der Rechtswegzuständigkeit in jeder Lage des Verfahrens (s. *BSGE 44, 264, 265 = SozR 5870 § 13 Nr. 2*) war eines
der Ziele der Neuregelung in den §§ 17 bis 17b GVG (s. *BT-Drucks. 11/7030
S. 36*). Eine Entscheidung in der Hauptsache i. S. von § 17a Abs. 5 GVG liegt aber
nicht vor, wenn das Gericht den Rechtsweg zu den Gerichten verneint und die
Klage – unzulässigerweise – als unzulässig abgewiesen hat (*BSG SozR 3-1720
§ 17a Nr. 12*). Die vom Sozialgericht mit der Entscheidung in der Hauptsache –
ausdrücklich oder stillschweigend – bejahte Zulässigkeit des Rechtswegs ist von
den höheren Instanzen auch dann nicht zu überprüfen, wenn ein Amtshaftungsanspruch in Streit steht (*BSG SozR 4-1720 § 17a Nr. 1; ML § 51 Rn. 53*).

Vor rechtskräftiger Entscheidung über den Rechtsweg in einer bereits anhängigen Rechtssache ist eine neue Klage vor einem anderen Gericht wegen der
Rechtshängigkeit unzulässig (s. § 17 Abs. 1 Satz 2 GVG; *Brackmann S. 188n I;
Bley § 52 Anm. 2 Buchst. f*). Ein Verweisungsbeschluss ist nicht bereits deshalb
unbeachtlich, weil das Gericht aufgrund der ihm vorliegenden Unterlagen im Ergebnis zu Unrecht von einem Wohnsitz des Klägers (statt – wie zutreffend – im
Ausland) in einem anderen deutschen Gerichtsbezirk ausgegangen ist (*BSG SozR
4-1500 § 58 Nr. 6 = SGb 2006, 118 mit Anm. von Jung; Abgrenzung zu BAG AP
Nr. 51 zu § 36 ZPO*).

98 **2.3.3 Negativer Kompetenzkonflikt**

2.3.3.1 Umfang der Bindung

99 Auch hier besteht nach dem Prioritätsgrundsatz insoweit eine Bindung an eine
rechtskräftige Entscheidung eines Gerichtes der Sozialgerichtsbarkeit über die
Unzulässigkeit des Rechtsweges, als das Gericht, an das der Rechtsstreit verwiesen worden ist, hinsichtlich des Rechtsweges an den Verweisungsbeschluss

(s. Rn. 90 ff.) gebunden ist (s. Rn. 96; § 17 a Abs. 2 Satz 3 GVG). Allerdings wird anders als beim positiven Kompetenzkonflikt eine Bindung des Gerichts, an das verwiesen wurde, dann verneint, wenn die Verweisung „denkbar" (*ML § 51 Rn. 69*), „offensichtlich unhaltbar" (*ML a.a.O.*), „willkürlich" (*BSG SozR 4-1500 § 58 Nr. 6 = SGb 2006, 188* mit zustimmender Anmerkung von Jung) oder „unter Missachtung elementarer Verfahrensgrundsätze" ergangen oder in „krasser Weise" unzutreffend ist (*BAG NJW 2006, 1372; ML § 51 Rn. 69*), allenfalls extreme Verstöße (*BGH MDR 2011, 253*). Bei einem negativen rechtswegübergreifenden Kompetenzkonflikt bestimmt dasjenige oberste Bundesgericht, das einem der beteiligten Gerichte übergeordnet ist und zuerst angerufen wird, das zuständige Gericht (*BVerwG Buchholz 310 § 63 VwGO Nr. 32 = NJW 2008, 2604*).

2.3.3.2 Verweisung

$\qquad$ 100

Der Beschleunigung des Verfahrens dient es, dass das Gericht der Sozialgerichts-   101
barkeit, das den zu ihm beschrittenen Rechtsweg für unzulässig erachtet, nach § 17a Abs. 2 Satz 1 GVG sich nicht auf den Ausspruch darüber beschränken darf, sondern den Rechtsstreit zugleich von Amts wegen an das Gericht des ersten Rechtszuges verweist, zu dem es den Rechtsweg für gegeben hält. Der Rechtsweg zu dem verweisenden Gericht muss unzulässig sein; das ist nicht der Fall, wenn der Rechtsweg für einen von mehreren Ansprüchen oder aus einer von mehreren Begründungen eröffnet ist (*ML § 51 Rn. 51*; s. auch Rn. 21). Ist der beschrittene Rechtsweg unzulässig, entscheidet das angerufene Gericht auch nicht, ob die Klage rechtsmissbräuchlich ist (*BVerwG NJW 2001, 1514*; s. zu Ausnahmen *BGH NJW 1984, 2541, 2542; BSG NJW-RR 2000, 648*).

Sind mehrere Gerichte zuständig, wird an das vom Kläger oder Antragsteller   102
auszuwählende Gericht verwiesen oder, wenn die Wahl unterbleibt, an das vom Gericht bestimmte (s. § 17 a Abs. 2 Satz 2 GVG).

Ein Antrag auf Verweisung ist nicht mehr erforderlich (s. dagegen § 52 Abs. 3   103
SGG a. F.). Deshalb besteht auch kein Vertretungszwang für die Anregung auf Verweisung einer beim BSG erhobenen Klage an das sachlich zuständige SG (*BSG SozR 3-1500 § 166 Nr. 5*). Die Beteiligten sind jedoch vor der Verweisung anzuhören (s. § 17a Abs. 2 Satz 1 GVG; *BFHE 203, 415*). Die Entscheidungen in *BSGE 2, 23, 28/ 29, BSG SozR Nr. 45 zu § 51 SGG, BSG SozR 1500 § 51 Nr. 32 und BGH NJW 1990, 723* sind insoweit nicht mehr einschlägig. Eine Klageabweisung als unzulässig, weil der beschrittene Rechtsweg nicht gegeben ist, kommt nicht mehr in Betracht (*BT-Drucks. 11/7030 S. 37; ML § 51 Rn. 53a*; s. auch Rn. 101). Der Kläger kann eine Verweisung nur noch dadurch vermeiden, dass er die Klage zurücknimmt oder Beschwerde gegen die Verweisung einlegt (s. Rn. 96, 97).

Auch die Verweisung (s. zur Bejahung des Rechtsweges Rn. 86) erfolgt, wie   104
wiederum § 17 a Abs. 3 GVG zu entnehmen ist, durch Beschluss. Ergeht der Beschluss ohne mündliche Verhandlung, sind die ehrenamtlichen Richter nicht zu beteiligen.

105   Der Verweisungsbeschluss ist ebenfalls mit der Beschwerde und ggf. mit der weiteren Beschwerde anfechtbar. Insoweit wird auf die Ausführungen zu Rn. 97 verwiesen.

106   Eine Bindung an die Verweisung an das Gericht eines anderen Gerichtszweiges bestand nach früherem Recht nur insoweit, als dieses Gericht nicht entgegen dem Verweisungsbeschluss doch den Rechtsweg zu den Gerichten der Sozialgerichtsbarkeit annehmen und deshalb den Rechtsstreit nicht zurückverweisen durfte. Der Beschluss hatte aber nur abdrängende, nicht aber auch aufdrängende Wirkung. Das Gericht durfte, wenn es den Rechtsweg zu einem anderen Gerichtszweig als dem, von dem es die Sache verwiesen erhalten hatte, für gegeben ansah, den Rechtsstreit dorthin weiter verweisen (*LSG Niedersachsen SozVers 1988, 277; BSG Urteil vom 18. 5. 1966 – 11 RA 126/65*). Die Weiterverweisung hatte allerdings ihre Grenze, wenn die Gerichte aller anderen Gerichtszweige den Rechtsweg zu ihnen verneint und die Sache an ein anderes Gericht verwiesen hatten und nunmehr die Verweisung an ein Gericht des Rechtszweiges erfolgte, der als letzter übrig geblieben war. Die Weiterverweisung auszuschließen, war eines der Ziele der Neuregelung (*s. BT-Drucks. 11/7030 S. 36*).

107   Nach § 17a Abs. 2 Satz 3 GVG ist nunmehr der Beschluss für das Gericht, an das der Rechtsstreit verwiesen worden ist, hinsichtlich des Rechtsweges bindend. Die Bindung erstreckt sich somit nicht mehr nur darauf, dass der Rechtsweg zu dem verweisenden Gericht als nicht gegeben anzusehen ist, sondern die gesamte Entscheidung „hinsichtlich des Rechtsweges" ist bindend und umfasst die Entscheidung, dass der Rechtsweg zu dem Gericht gegeben ist, an das der Rechtsstreit verwiesen ist (*s. BT-Drucks. 11/7030 S. 37; ML § 51 Rn. 67; Kopp NJW 1991, 521, 527*). Jedoch kann das Gericht, an das verwiesen wird, seine sachliche und/oder örtliche Zuständigkeit verneinen und insoweit den Rechtsstreit weiter verweisen (*ML § 51 Rn. 67; BT-Drucks. 11/7030 S. 37*). Hat ein Gericht in einem Prozesskostenhilfeverfahren die Unzulässigkeit des Rechtswegs ausgesprochen und die Sache an ein anderes Gericht verwiesen, ist es dem anderen Gericht verwehrt, die Rechtswegzuständigkeit im Rahmen der Entscheidung über das Prozesskostenhilfegesuch abweichend zu beurteilen (*BAG NJW 1993, 751, 752; BGH FamRZ 2009, 17462; ML § 51 Rn. 71*).

Eine Bindung besteht darüber hinaus ebenso wie beim positiven Kompetenzkonflikt für das Rechtsmittelgericht gegen eine Entscheidung in der Hauptsache, da dieses schon nach § 17a Abs. 5 GVG nicht mehr prüft, ob der Rechtsweg zu dem Gericht zulässig ist, an das der Rechtsstreit verwiesen worden ist (s. auch Rn. 97).

108   Nach Eintritt der Rechtskraft der Verweisungsentscheidung wird der Rechtsstreit mit Eingang der Akten bei dem im Beschluss bezeichneten Gericht anhängig (s. § 17b Abs. 1 Satz 1 GVG). Anders als nach früherem Recht (s. § 52 Abs. 3 Satz 3 a. F.) gilt die Rechtshängigkeit der Sache bei dem im Beschluss bezeichneten Gericht nicht schon mit Eintritt der Rechtskraft als begründet, sondern erst dann, wenn die Akten bei dem für zuständig erachteten Gericht eingehen. Die Rechts-

hängigkeit bleibt jedoch nach § 17 b Abs. 1 Satz 2 GVG trotz der Verweisung erhalten.

Der Beschluss, in dem die Sache verwiesen wird, enthält – anders als im Beschwerdeverfahren bei Zulässigkeit des Rechtswegs (s. Rn. 97) – keine Kostenentscheidung, weil das Verfahren vor dem Gericht weitergeführt wird, an das der Rechtsstreit verwiesen worden ist (s. § 17 b Abs. 2 GVG; *BSGE 2, 23, 29; ML § 51 Rn. 74; Bley § 52 Anm. 6 Buchst. e*). Die in dem Verfahren vor dem angegangenen Gericht, das den Rechtsstreit verwiesen hat, entstandenen Kosten werden als Teil der Kosten behandelt, die bei dem Gericht entstehen, an das verwiesen wird (s. § 17 b Abs. 2 Satz 1 GVG; zum früheren Recht: *BSGE 2, 23, 29*). Dem Kläger sind die entstandenen Mehrkosten auch dann aufzuerlegen, wenn er in der Hauptsache obsiegt (s. § 17 b Abs. 2 Satz 2 GVG). Bei der Verweisung des Rechtsstreites durch ein Gericht der Sozialgerichtsbarkeit an das Gericht eines anderen Gerichtszweiges können deshalb den Beteiligten Kosten entstehen, die ihnen im sozialgerichtlichen Verfahren nicht entstanden wären. Darauf sollten sie vor der nunmehr von Amts wegen zu beschließenden Verweisung an das zuständige Gericht des zulässigen Rechtsweges (s. Rn. 94, 96) gem. § 106 hingewiesen werden. Im Verfahren einer Kostenbeschwerde ist allerdings eine Kostenentscheidung hinsichtlich der Beschwerde geboten, wenn der Rechtsstreit verwiesen wird oder die Kosten streitwertabhängig zu berechnen sind (*BSG SozR 4-1500 § 51 Nr. 2, 3 und 6 SozR 3-1500 § 51 Nr. 15 und Nr. 27; LSG Nds-Bremen, NZS 2008, 164; ML § 51 Rn. 74; ML § 51 Rn. 74; OLG Schleswig MDR 2009, 1129*).

109

III. Kapitel

Allgemeine Grundsätze des sozialgerichtlichen Verfahrens

1 Amtsbetrieb und Konzentrationsmaxime

1

Nach der Erhebung der Klage ist der Prozessbetrieb Aufgabe des Gerichts. Zustellungen, Ladungen und die Festsetzung von Terminen erfolgen von Amts wegen. Anordnungen und Entscheidungen, durch die eine Frist (gesetzliche oder richterliche) in Lauf gesetzt wird, sind von Amts wegen zuzustellen; Terminbestimmungen und Ladungen sind bekannt zu geben (§ 63 Abs. 1). Für die Zustellung galt bis Ende Juni 2002 das Verwaltungszustellungsgesetz, seit 1. 7. 2002 erfolgt die Zustellung nach den Vorschriften der ZPO. Eine Zustellung ist nicht notwendig, wenn die Anordnung oder Entscheidung verkündet wird; es sei denn, die Zustellung ist gesetzlich vorgeschrieben (z.B. Beiladungsbeschluss – § 75 Abs. 3, Urteil – § 135, Beschluss – § 142).

Der Vorsitzende – im Berufungsverfahren der Berichterstatter – hat schon vor *2* der mündlichen Verhandlung alle Maßnahmen zu treffen, die notwendig sind, um den Rechtsstreit möglichst **in einer mündlichen Verhandlung** zu erledigen. Er muss die Beteiligten von Amts wegen auf Sachurteilshindernisse hinweisen (Rechtsweg, Zuständigkeit, Prozessfähigkeit, Versäumung von Rechtsbehelfsfristen u.a.), auf sachdienliche Anträge hinwirken und die Erhebung der erforderlichen Beweise einleiten (§ 106) – s. hierzu Kap. VII Rn. 125 ff. Die Beteiligten haben grundsätzlich keine Möglichkeit, die Verlängerung von Fristen oder die Aufhebung von Terminen zu erzwingen. Fristvereinbarungen der Beteiligten sind nicht zulässig. Auch die Aufhebung oder Verlegung eines Termins steht im Ermessen des Gerichts. Hierbei hat es jedoch insbesondere dem Grundsatz des rechtlichen Gehörs Rechnung zu tragen (s. hierzu Kap. VII Rn. 140 f.).

Ein Stillstand des Verfahrens ist auch im Sozialgerichtsprozess möglich. Speziell geregelt ist nur die Aussetzung wegen einer Vorfrage in § 114 und die Aussetzung wegen eines Musterverfahrens nach § 114a. Weitgehend anerkannt ist heute auch die Möglichkeit, ein Ruhen des Verfahrens anzuordnen, wenn die Voraussetzungen des § 251 ZPO vorliegen. Wobei die Ruhensentscheidung im sozialgerichtlichen Verfahren jedoch im Ermessen des Gerichts steht. Eine Bindung des Gerichts an den Antrag der Beteiligten ist mit dem Grundsatz des Amtsbetriebs nicht zu vereinbaren. Zum Ganzen vgl. eingehend Rn. 181 ff. *3*

Den Abschluss des Verfahrens bildet nach der Konzeption des Gesetzgebers *4* der (einzige) Termin zur mündlichen Verhandlung (s. Kap. VII Rn. 149 ff.). Die Bestimmung des Termins erfolgt durch den Vorsitzenden von Amts wegen (§ 110 Abs. 1). Da dieser in der Regel vorher die nach § 106 erforderlichen Vorbereitungen (insbesondere die Ermittlungen zum Streitstoff) treffen muss, kommt eine **unverzügliche Terminbestimmung** (§ 216 Abs. 2 ZPO) nach dem Eingang von

Klage oder Berufung grundsätzlich nicht in Betracht. Auf die Beendigung des Rechtsstreits haben die Beteiligten nur insoweit Einfluss, als sie durch Rücknahme der Klage oder des Rechtsmittels, durch Vergleich oder Annahme eines Anerkenntnisses einen Abschluss des Verfahrens herbeiführen können. Den Beteiligten steht dagegen kein geeignetes Mittel zur Verfügung, im Stadium der Entscheidungsreife des Rechtsstreits einen möglichst baldigen Termin zur mündlichen Verhandlung und Entscheidung zu erreichen. Nach einer Erinnerung des Vorsitzenden können sie sich bei unzumutbarer zeitlicher Verzögerung allenfalls der Dienstaufsichtsbeschwerde bedienen. Untätigkeitsbeschwerden als außerordentliche Rechtsbehelfe lässt die Rechtsprechung grundsätzlich nicht zu (vgl. hierzu Kap. IV Rn. 61 a).

5 2 Amtsermittlungs- oder Untersuchungsgrundsatz

Im sozialgerichtlichen Verfahren gilt – wie auch im Verfahren vor den allgemeinen Verwaltungs- und den Finanzgerichten – der Amtsermittlungs- oder Untersuchungsgrundsatz. Hierin unterscheiden sich die öffentlich-rechtlichen Verfahrensordnungen grundlegend vom Zivilprozess, in dem im Allgemeinen nach dem Verhandlungs- oder Beibringungsgrundsatz verfahren wird.

6 2.1 Allgemeines

§ 103 verpflichtet das Sozialgericht, den Sachverhalt von Amts wegen aufzuklären. Die Beteiligten sind hierbei zwar heranzuziehen; ihr Vorbringen und die von ihnen gestellten Beweisanträge binden das Gericht bei der Erforschung des Sachverhalts jedoch nicht. Es ist einerseits nicht verpflichtet, alle angetretenen Beweise zu erheben. Andererseits muss es unter Umständen auch Beweise erheben, die von den Beteiligten nicht angeregt worden sind, soweit dies erforderlich ist, um die materielle Wahrheit zu erforschen. Die Ermittlungspflicht des Gerichts hängt somit nicht davon ab, dass die Beteiligten in vorbereitenden Schriftsätzen die Beweismittel bezeichnen, die dem Nachweis oder der Widerlegung tatsächlicher Behauptungen dienen sollen (§ 130 Nr. 5 ZPO ist im sozialgerichtlichen Verfahren nicht anwendbar). Unerheblich ist des Weiteren ein förmlicher Beweisantritt, wie er im zivilprozessualen Verfahren vorgesehen ist (z.B. §§ 371, 373, 403, 420 ZPO).

7   Das Sozialgericht muss von sich aus **alle geeigneten Ermittlungen** durchführen, um die entscheidungserheblichen Tatsachen aufzuklären. Die Ermittlungspflicht hängt auch nicht davon ab, dass die Klage nach dem Tatsachenvortrag des Klägers schlüssig ist. Auch insoweit besteht ein Unterschied zum zivilprozessualen Verfahren, wo die Klage ohne Beweisaufnahme abzuweisen ist, wenn sich der geltend gemachte Anspruch aus dem Tatsachenvortrag nicht ergibt. Nach § 92 soll der Kläger zwar die zur Begründung dienenden Tatsachen und Beweismittel angeben. Falls dies jedoch nicht oder nur unvollständig geschieht, muss das Gericht den Kläger ggf. im Rahmen des § 106 Abs. 1 auffordern, seine Angaben entsprechend zu ergänzen.

8   In den meisten Fällen ergibt sich der Streitstoff im sozialgerichtlichen Verfahren jedoch schon aus dem **Inhalt der Verwaltungsakten**. Hieraus können im Re-

gelfall auch die noch erforderlichen Ermittlungen abgeleitet werden. Eine Rückgabe der Ermittlungspflicht an die Verwaltung mit der Auflage, die erforderlichen Feststellungen zu treffen, ist in begrenztem Umfang zulässig (§ 131 Abs. 5), wenn die Verwaltung im vorangegangenen Verwaltungsverfahren ihrer Verpflichtung, den Sachverhalt aufzuklären (§ 20 SGB X), nicht nachgekommen ist; sofern hierdurch das Grundrecht auf effektiven Rechtsschutz nicht unzumutbar eingeschränkt wird. Die Durchführung von Ermittlungen ist nicht auf Tatsachen beschränkt, die zwischen den Beteiligten streitig sind. Der Gegensatz streitige und unstreitige Tatsachen hat in den öffentlich-rechtlichen Verfahrensordnungen nicht dieselbe Bedeutung wie im Zivilprozess, wo grundsätzlich nur streitige Tatsachen Gegenstand der Beweisaufnahme sind. In den öffentlich-rechtlichen Verfahrensordnungen unterliegen auch **nicht bestrittene Tatsachen** der Amtsermittlungspflicht, wenn aus anderen Gründen – etwa wegen des Inhalts der Verwaltungsakten oder weil die vorgetragene Tatsache im Widerspruch zur allgemeinen Lebenserfahrung steht – Zweifel an der Richtigkeit eines Geständnisses bestehen *(BSG SozR SGG § 128 Nr. 20)*.

Der Umstand, dass eine Tatsache nicht bestritten wird, wirkt sich allerdings in der Praxis auf den Umfang der Amtsermittlung aus (vgl. Rn. 12). Es ist den Beteiligten deshalb dringend anzuraten, das Gericht im vorbereitenden Verfahren auf alle ihnen bekannten Möglichkeiten hinzuweisen, die für eine Beweisführung in Betracht kommen.   *9*

Soll eine Beweisaufnahme in einem Termin (entweder nach § 106 Abs. 3 Nr. 4 *10* vor dem Vorsitzenden bzw. im Berufungsverfahren auch vor dem Berichterstatter oder im Rahmen der mündlichen Verhandlung nach § 112) erfolgen, so hängt deren Durchführung grundsätzlich nicht vom Erscheinen der Beteiligten ab. Die Ermittlungspflicht des Gerichts wird durch die **Säumnis eines Beteiligten** im Termin nicht ausgeschlossen, auch wenn die Beweisaufnahme gerade dem Nachweis einer von ihm behaupteten Tatsache dient. Anders ist es nur dann, wenn die Anwesenheit des Beteiligten für die Durchführung der Beweisaufnahme zwingend erforderlich ist. Hier kann die Säumnis des Beteiligten als Verletzung seiner Mitwirkungspflichten angesehen und im Rahmen der Beweiswürdigung berücksichtigt werden.

2.2 Umfang der Amtsermittlungspflicht   *11*
Der Umfang der Amtsermittlungspflicht richtet sich grundsätzlich nach dem vom Kläger geltend gemachten Anspruch und den Einwendungen des Beklagten. Danach müssen alle Tatsachen ermittelt werden, die für die Entscheidung in prozessualer und materieller Hinsicht erheblich sind. Auszugehen ist von den für die Beurteilung des Streitstoffes maßgebenden gesetzlichen Regelungen; wobei das Gericht allerdings nur die eigene Rechtsauffassung zugrunde legen muss *(BSG SozR Nr. 7 zu § 103 SGG; SozR 3-2500 § 18 Nr. 1 = NZS 1996, 283)*. Es wird von ihm nicht verlangt, Tatsachen auch für alternative rechtliche Grundlagen zu ermitteln. Ausgenommen von der Ermittlungspflicht sind nur solche Tatsachen, die bereits festgestellt oder offenkundig sind, für die eine gesetzliche Vermutung be-

steht oder die als wahr unterstellt werden können. Hinsichtlich aller anderen Tatsachen liegt die Ermittlungstätigkeit grundsätzlich im Ermessen des Gerichts. Fehler bei der Ausübung dieses Ermessens stellen Verfahrensfehler dar, die für die Zulassung von Berufung (§ 144 Abs. 2 Nr. 3) oder Revision (§ 160 Abs. 2 Nr. 3) von Bedeutung sein können.

12   Die Rechtsprechung legt den **Umfang der Amtsermittlung** allgemein wie folgt fest: Es dürfen einerseits keine Ermittlungen unterlassen werden, zu denen sich das Tatsachengericht hätte gedrängt fühlen müssen. Andererseits muss das Gericht nicht von sich aus alle nur denkbaren Ermittlungen anstellen. Nachforschungen sind nur erforderlich, soweit der Sachverhalt sie nahe legt *(BSG SozR Nr. 3 zu § 103 SGG)*.

Auch hieraus wird deutlich, dass Hinweise und Anregungen der Beteiligten für die Ermittlungstätigkeit des Gerichts von erheblicher Bedeutung sind. Im Übrigen muss das Gericht die Aufklärungsbedürftigkeit entscheidungserheblicher Tatsachen vor allem aus den Verwaltungsakten ermitteln.

2.2.1 Beweisanträge der Beteiligten

13   Nach § 103 Satz 2 ist das Gericht bei der Erforschung des Sachverhaltes nicht an Beweisanträge der Beteiligten gebunden. Die Beteiligten können also nicht bestimmen, welche Beweismittel im Einzelnen heranzuziehen sind. Beweisanträge sind nur Anregungen an das Gericht. Sie müssen nicht durch besonderen Beschluss zurückgewiesen werden; ja, es ist noch nicht einmal zwingend erforderlich, dass sich das Gericht im Urteil mit ihnen auseinandersetzt. Ob das Gericht seiner Amtsermittlungspflicht nachgekommen ist oder diese verletzt hat, hängt hiervon nicht ab.

14   Von Bedeutung ist der **Beweisantrag** nur im Hinblick auf die Zulassung der Revision durch das BSG. Gemäß § 160 Abs. 2 Nr. 3 ist die Revision zuzulassen, wenn ein **Verfahrensmangel** geltend gemacht wird, auf dem die angefochtene Entscheidung beruhen kann. Der Verfahrensmangel kann auf eine Verletzung des § 103 nur gestützt werden, wenn er sich auf einen Beweisantrag bezieht, dem das LSG ohne hinreichende Begründung nicht gefolgt ist. Der Beweisantrag im Sinne des § 160 Abs. 2 Nr. 3 SGG muss in der letzten mündlichen Verhandlung zu Protokoll gegeben werden. Das BSG hat es ursprünglich zwar genügen lassen, den Beweisantrag in einem vorbereitenden Schriftsatz zu stellen, sofern sich nicht aus anderen Umständen ergab, dass er in der letzten mündlichen Verhandlung nicht mehr aufrechterhalten wurde *(SozR 1500 § 160 Nr. 12)*. In neueren Entscheidungen vertritt es jedoch die Auffassung, es obliege einem rechtskundig vertretenen Beteiligten, in der mündlichen Verhandlung alle Anträge zur Niederschrift des Gerichts zu stellen, über die das Gericht entscheiden solle *(vgl. hierzu im Einzelnen Kap. IX Rn. 127 ff.)*.

15   Von dieser Ausnahme abgesehen, hat ein Beweisantrag im sozialgerichtlichen Verfahren keine andere Bedeutung als der bloße Sachvortrag. Auch hier muss das

Gericht prüfen, ob Beweis zu erheben oder ob die Feststellung der entscheidungserheblichen Tatsachen schon aufgrund des Akteninhalts möglich ist.

2.2.2 Mitwirkung der Beteiligten

Ohne aktive Mitwirkung, insbesondere des rechtsuchenden Bürgers, kann das   16
Gericht vielfach den entscheidungserheblichen Sachverhalt nicht aufklären. Dies
gilt insbesondere, wenn es um die Feststellung medizinischer Umstände geht. Für
das Verwaltungsverfahren werden die Voraussetzungen und Grenzen der Mitwirkungspflicht – bzw. Mitwirkungslast – des Betroffenen in den §§ 60 bis 67 SGB I
(Allgemeiner Teil) geregelt. Die Auswirkungen fehlender Mitwirkung ergeben
sich speziell aus § 66 SGB I. Im gerichtlichen Verfahren kann die Mitwirkungslast
der Beteiligten dagegen nur aus § 103 Satz 1, 2. Halbsatz sowie aus den §§ 106
Abs. 1, 106a Abs. 2 und 112 Abs. 2 Satz 2 hergeleitet werden. Danach hat der
Vorsitzende darauf hinzuwirken, dass ungenaue Angaben ergänzt und alle wesentlichen Erklärungen abgegeben werden sowie dass sich die Beteiligten über erhebliche Tatsachen vollständig erklären. Eine Weigerung des Rechtsuchenden, bei
der Sachverhaltserforschung mitzuwirken, enthebt das Gericht grundsätzlich
nicht von der Pflicht zur Amtsermittlung. Es muss zumindest diejenigen Beweise
erheben, die ohne Mitwirkung des Betroffenen erhoben werden können.

2.2.2.1 Fehlende Mitwirkung bei ärztlicher Begutachtung

Verweigert der Versicherte eine ärztliche Untersuchung ohne berechtigten Grund,   17
so darf ohne die für erforderlich gehaltene Untersuchung nach Lage der im übrigen ausreichend geklärten Akten nur entschieden werden, wenn er nachweislich
die Aufforderung zur Untersuchung erhalten hat und ihm die Folgen einer unbegründeten Weigerung schriftlich angedroht worden sind *(BSG SozR 1500 § 103
Nr. 23)*. Das SG darf nicht allein wegen der Weigerung des Versicherten, sich untersuchen zu lassen, von vornherein auf jede Beweiserhebung verzichten. Vielfach
lassen sich die auf medizinischem Gebiet beweisbedürftigen Tatsachen auch durch
ein Gutachten nach Aktenlage feststellen, bei dem der Sachverständige die in den
Akten bereits vorhandenen ärztlichen Untersuchungsbefunde und Gutachten
sowie Auskünfte und Befundunterlagen der behandelnden Ärzte des Klägers aus-
zuwerten hat. Das Gericht verletzt seine Aufklärungspflicht, wenn es allein wegen der Weigerung des Betroffenen, sich erneut untersuchen zu lassen, von der
Einholung eines Gutachtens über medizinische Fragen absieht, ohne vorher festzustellen, ob es für die Erstattung eines weiteren Gutachtens einer erneuten
Untersuchung des Betroffenen bedarf *(BSG SozR Nr. 55 zu § 103 SGG)*.

2.2.2.2 Folgen fehlender Mitwirkung

Die Mitwirkung des Betroffenen kann im gerichtlichen Verfahren jedoch nicht er-   18
zwungen werden. Auch die in § 66 SGB I geregelten Folgen fehlender Mitwirkung – unter anderem die Versagung oder Entziehung von Sozialleistungen –
greifen bei fehlender Mitwirkung im sozialgerichtlichen Verfahren nicht ein. Hier
ist eine Verletzung der Mitwirkungspflicht bei der Sachaufklärung vor allem bei

der Beweiswürdigung von Bedeutung. Sie kann zur Folge haben, dass die anspruchsbegründenden Tatsachen nicht als erwiesen anzusehen sind und der Kläger wegen des Grundsatzes der objektiven Beweislast (s. hierzu Rn. 27) den Rechtsstreit verliert. Soweit es um die Angabe von Tatsachen, die Bezeichnung von Beweismitteln und die Vorlage von Urkunden und Dokumenten geht, kann eine unterbliebene oder verspätete Mitwirkung nach § 106a Abs. 3 die Ermittlungspflicht des Gerichts einschränken (vgl. im Einzelnen Kap. VII Rn. 132a ff.).

19   3 Grundsatz der Gewährung rechtlichen Gehörs

Der grundrechtliche Anspruch auf Gewährung rechtlichen Gehörs (Art. 103 Abs. 1 GG) ist im SGG vor allem in den §§ 62, 127 und 128 Abs. 2 speziell ausgeformt. § 62 bestimmt, dass den Beteiligten vor jeder Entscheidung rechtliches Gehör zu gewähren ist. Nach § 128 Abs. 2 dürfen der Entscheidung des Sozialgerichts nur solche Tatsachen zugrunde gelegt werden, zu denen sich die Beteiligten äußern konnten. § 127 verpflichtet das Gericht, die Beteiligten davon zu benachrichtigen, dass in der mündlichen Verhandlung eine Beweiserhebung stattfindet; andernfalls ist es ihm verwehrt, im selben Termin ein für den nicht unterrichteten Beteiligten ungünstiges Urteil zu erlassen. Die speziellen Ausformungen des Rechts auf rechtliches Gehör im sozialgerichtlichen Verfahren machen deutlich, dass die Beteiligten vor allem **vor Überraschungen geschützt** werden sollen. Im Zweifel hat das Gericht den Rechtsstreit zu vertagen; denn der Anspruch auf rechtliches Gehör geht der Konzentrationsmaxime (§ 106 Abs. 2) vor *(BSG SozR Nr. 13 zu § 106; SozR 3-1500 § 62 Nr. 5).* Zum rechtlichen Gehör bei Erstattung eines mündlichen Gutachtens vgl. unten Rn. 72. Die Verletzung des Anspruchs auf Gewährung rechtlichen Gehörs stellt einen Verfahrensfehler dar, der nach § 144 Abs. 2 Nr. 3 zur Zulassung der Berufung oder nach § 160 Abs. 2 Nr. 3 zur Zulassung der Revision (vgl. Kap. IX Rn. 99 und 137) führen kann.

20   Das Sozialgericht hat **auf rechtliche Erwägungen hinzuweisen**, die es für entscheidungserheblich hält, wenn diese von den Beteiligten außer Acht gelassen worden sind. Dies gilt auch im Hinblick auf eine Tatsachenwürdigung, für die im Verlauf des Verfahrens noch keine Hinweise vorlagen *(BSG SozR 1500 § 62 Nr. 20).* Eine Hinweispflicht besteht vor allem dann, wenn der Verwaltungsträger bei seiner ablehnenden Entscheidung von anderen rechtlichen Gesichtspunkten ausgegangen ist. Auch das LSG unterliegt dieser Hinweispflicht, wenn es im Berufungsverfahren von einer grundsätzlich anderen Rechtsauffassung ausgehen will als das SG. Die Verpflichtung besteht im Übrigen gegenüber beiden Beteiligten, also auch gegenüber dem jeweils am Verfahren beteiligten Verwaltungsträger (zu den Hinweispflichten des Vorsitzenden in der mündlichen Verhandlung vgl. Kap. VII Rn. 112; zur Überraschungsentscheidung Kap. VII Rn. 155).

21   Der Grundsatz des rechtlichen Gehörs verpflichtet das Gericht, die Beteiligten von allen auch nur möglicherweise erheblichen Tatsachen aus Prozessvorgängen zu unterrichten. Schriftsätze, die zur Vorbereitung der mündlichen Verhandlung eingereicht werden, sind den anderen Beteiligten von Amts wegen mitzuteilen (§ 108 Satz 2). Das Gleiche gilt für alle gerichtlichen Aufklärungsmaßnahmen.

Die mündliche Verhandlung ist für das Gericht die letzte prozessuale Möglichkeit, den Beteiligten rechtliches Gehör zu gewähren. § 112 Abs. 2 Satz 2 verlangt ausdrücklich eine Erörterung des Sach- und Streitverhältnisses sowie Hinweise des Gerichts an die Beteiligten, sich über erhebliche Tatsachen vollständig zu erklären und sachdienliche Anträge zu stellen. Der in Sitzungsniederschriften anzutreffende und in Protokollformularen schon vorgedruckte Satz „Das Sach- und Streitverhältnis wurde mit den Beteiligten erörtert" gibt allein jedoch keinen Nachweis dafür, dass das Gericht in ausreichendem Umfang rechtliches Gehör gewährt hat *(BSG SozR 3-1500 § 62 Nr. 4)*.

Der Anspruch auf rechtliches Gehör ist auch verletzt, wenn das Gericht seiner **22** Entscheidung **gerichtskundige Tatsachen** zugrunde legt, auf die es zuvor nicht hingewiesen hat *(SozR 1500 § 62 Nr. 23 m.w.N.)*. Hierzu gehören im sozialgerichtlichen Verfahren vor allem medizinische Erfahrungssätze, über die zwar in aller Regel durch Sachverständigengutachten Beweis zu erheben ist, die jedoch auch aus üblichen Hilfsmitteln, wie etwa medizinischen Lehrbüchern und aus früheren Verfahren stammen können.

In rentenrechtlichen Streitigkeiten über die Gewährung von Renten wegen Er- **23** werbsminderung wird häufig die Gerichtskunde über das Vorhandensein leistungsgerechter Arbeitsplätze im Rahmen der Verweisbarkeit auf eine andere Tätigkeit *(BSG SozR 1500 § 128 Nr. 4)* oder die Vereinbarkeit medizinischer Leistungseinschränkungen mit den Anforderungen einer konkreten Berufstätigkeit, auf die der Kläger nach Auffassung des Gerichts im Rahmen des § 240 Abs. 2 SGB VI noch verweisbar ist *(SozR 1500 § 62 Nr. 11, 23, SozR 2200 § 1246 Nr. 98 und SozR 3-2200 § 1246 Nr. 33)*, der Entscheidung zugrunde gelegt. Gerade in derartigen Fällen ist es erforderlich, dem Kläger von der beabsichtigten Verwertung gerichtskundiger Tatsachen Kenntnis zu geben, um ihm die Möglichkeit zu eröffnen, Gegenvorstellungen vorzutragen *(BSG SozR 3-1500 § 62 Nr. 12 und 14)*. Das Gericht darf ohne Mitteilung an die Beteiligten seiner Entscheidung nur solche allgemeinkundigen Tatsachen zugrunde legen, von denen es annehmen kann, dass sie allen Beteiligten bekannt sind und sie auch deren Entscheidungserheblichkeit erkennen können *(BSG SozR 1500 § 128 Nr. 15)*.

Das Gericht ist andererseits nicht verpflichtet, auf alle rechtlichen Argumente **23a** der Beteiligten einzugehen *(BSGE 1, 91, 94; BSG SozR 3-7833 § 6 Nr. 7 = NZS 1994, 94)*. Der Grundsatz des rechtlichen Gehörs schützt grundsätzlich nur die Anhörung der Beteiligten zum Sachverhalt, nicht hinsichtlich ihrer Rechtsmeinung *(BVerfGE NJW 1980, 1093; BGHZ 85, 291, 292; BSG NJW 1991, 1910)*. Eine Hinweispflicht auf eine vom Beteiligten abweichende Rechtsauffassung trifft das Gericht jedoch dann, wenn dieser es aufgrund seiner Rechtsansicht erkennbar unterlässt, relevante Tatsachen vorzutragen. Werden vor oder in der mündlichen Verhandlung Tatsachen, Erfahrungssätze oder rechtliche Gesichtspunkte vorgebracht, die zuvor noch nicht zur Sprache gekommen sind, für die Entscheidung aber erheblich sein können, so ist den Beteiligten auf Antrag eine angemessene Frist zur Stellungnahme einzuräumen *(BSG SozR 4-1500 § 62 Nr. 1)*. Das Gericht ist in einem solchen Fall gehindert, im Anschluss an die mündliche Verhandlung das Urteil zu verkünden.

24   Der Anspruch auf rechtliches Gehör ist auch dann verletzt, wenn das Gericht eine **mündliche Verhandlung** durchführt und durch Urteil entscheidet, obwohl ihm bekannt ist, dass der Kläger – etwa wegen Krankheit oder Urlaub – an der mündlichen Verhandlung nicht teilnehmen kann *(BSGE 47, 35 und SozR 1500 § 62 Nr. 8)*.

Dies gilt unabhängig davon, ob das Gericht das persönliche Erscheinen des Klägers angeordnet hatte oder nicht, denn der Anspruch auf rechtliches Gehör hängt nicht davon ab, ob das Gericht im Rahmen der Amtsermittlungspflicht die Anwesenheit des Klägers im Termin für erforderlich hält. Auch der in der Ladung enthaltene Hinweis auf § 126 (Entscheidung nach Aktenlage bei Nichterscheinen der Beteiligten) erlaubt keine Verletzung des rechtlichen Gehörs. Das Gericht muss in jedem Fall prüfen, ob es ohne Anhörung des Beteiligten entscheiden kann *(eingehend hierzu: BSG SozR 3-1500 § 160a Nr. 4)*. Das rechtliche Gehör ist auch dann beeinträchtigt, wenn das Gericht einen Vertagungsantrag eines Prozessbevollmächtigten ablehnt, der darlegt, dass wegen überraschend eingetretener Umstände eine Vertretung des Klägers im Termin nicht möglich ist *(BSG SozR 31750 § 227 Nr. 1 = NJW 1996, 677; BSG NJW 1992, 1190; BVerwG NJW 1995, 1441)*. Bei urlaubsbedingter Abwesenheit oder Terminkollision mit anderen Vertretungspflichten ist darauf abzustellen, ob im Einzelfall eine Vertretung des Prozessbevollmächtigten möglich und dem Kläger zumutbar ist (s. auch Kap. VII Rn. 140).

Die Rechtsprechung hat wiederholt deutlich gemacht, dass der Anspruch auf rechtliches Gehör sich auch auf den Beginn der mündlichen Verhandlung auswirken kann. Der 4. Senat des BSG ist zuletzt davon ausgegangen, dass bestimmte Wartezeiten eingehalten werden müssen: Habe ein Beteiligter dem Gericht seine Teilnahme an der mündlichen Verhandlung angekündigt und erscheine er nicht pünktlich, dürfe der Vorsitzende die mündliche Verhandlung erst nach erfolglosem Ablauf einer Wartefrist von 15 Minuten eröffnen. Sei dem Gericht darüber hinaus bekannt, dass der Beteiligte, der sein Erscheinen angekündigt hat, unter besonderen Schwierigkeiten versuche, den Termin wahrzunehmen, müsse eine Wartefrist von 30 Minuten eingehalten werden *(BSG SozR 4-1500 § 112 Nr. 2)*.

25   Weitere **Beispiele** für die Verletzung des Anspruchs auf rechtliches Gehör:

Notwendigkeit der Hinzuziehung eines Dolmetschers *(BSG NJW 1957, 1087 = SGb 1958, 277)*, Aufruf der Sache nur im Sitzungssaal *(BSG SGb 1971, 147; BSG SGb 1982, 28)*, Fehlen einer ordnungsgemäßen Ladung *(BSG SozR 3-1500 § 75 Nr. 21)*, Entscheidung des Gerichts vor Ablauf einer von ihm selbst gesetzten Äußerungsfrist *(BVerfGE 64, 224)*; Hinweispflichten bestehen, wenn das Gericht die Klage wegen Fristversäumnis für unzulässig oder entgegen der Rechtsmittelbelehrung des SG die Berufung für unstatthaft hält sowie wenn ein neuer Verwaltungsakt (§ 96 SGG) Gegenstand des Verfahrens geworden ist *(BSGE 5, 158, 164)*,

Anordnung des persönlichen Erscheinens (vgl. hierzu Kap. VII Rn. 146 ff.), wenn schriftliche Äußerungen nicht sachgerecht sind, um einem Beteiligten rechtliches Gehör zu gewähren *(BSG, Urteil vom 15. 7. 1992, 9a RV 3/91)*.

Zur Verpflichtung des Gerichts, Hinweise eines Beteiligten auf eine Änderung der für die Gewährung von PKH maßgebenden Verhältnisse zu beachten und ggf. neu zu entscheiden vgl. *BSG SozR 3-1500 § 62 Nr. 19*.

Mit dem **Anhörungsrügengesetz** wurde 2005 in allen Verfahrensordnungen $\quad$ 25a ein spezieller Rechtsbehelf bei Verletzung des Anspruchs auf rechtliches Gehör eingeführt, mit dem eine Verletzung des rechtlichen Gehörs dann geltend gemacht werden kann, wenn gegen die unter Verletzung des Gehörs ergangene Entscheidung kein Rechtsmittel oder kein anderer Rechtsbehelf gegeben ist (zur Begründung vgl. BT-Drucks. 15/3706). Vorausgesetzt wird, dass das Verfahrensrecht in entscheidungserheblicher Weise verletzt ist. Außerdem ist die Anhörungsrüge im Regelfall nur bei Endentscheidungen zulässig. Eine Ausnahme von diesem Grundsatz bildet die ablehnende Entscheidung über ein Ablehnungsgesuch, weil diese in Bezug auf das Ablehnungsgesuch eine Endentscheidung darstellt *(BVerfG Beschluss vom 23. 10. 2007, 1 BvR 782/07)*. Die Anhörungsrüge ist nur dann zulässig, wenn der Betroffene geltend macht, dass das angerufene Gericht selbst, und nicht etwa die Vorinstanz, den Anspruch des Beteiligten auf rechtliches Gehör verletzt hat *(BSG NJW 2005, 2798)*. Das BSG ist bislang davon ausgegangen, dass die spezielle Regelung der Anhörungsrüge in § 178a die Erhebung von Gegenvorstellungen wegen der Verletzung anderer Verfahrensgrundrechte oder des Willkürverbots grundsätzlich nicht ausschließt *(SozR 4-1500 § 178a Nr. 3 und 5, dort Rn. 14; kritisch Zeihe, SGG, § 172 RdNr. 4d)*. Gegenvorstellungen sind allerdings bislang prinzipiell nur gegen Beschlüsse, nicht aber gegen Urteile zugelassen worden *(BSG SozR 3-1750 § 318 Nr. 1; ML § 178a Rn. 1)*.

4 Das Beweisverfahren $\qquad$ 26

4.1 Allgemeine Grundsätze

Das sozialgerichtliche Verfahren kennt keine Beweisführungslast und auch keine Beibringungsfrist für Beweismittel *(BSGE 6, 70, 73; 19, 52, 53)*. Der in § 103 festgelegte Untersuchungsgrundsatz verpflichtet die Sozialgerichte vielmehr, die entscheidungserheblichen Tatsachen von Amts wegen zu ermitteln. Dies gilt auch dann, wenn das Gesetz im Einzelfall – wie bei der Wiedereinsetzung in den vorigen Stand (§ 67 Abs. 2 Satz 2) – eine Glaubhaftmachung verlangt oder wenn der Kläger gemäß § 44 SGB X die Rechtswidrigkeit eines bestandskräftigen Verwaltungsaktes geltend macht *(SozR 5870 § 2 Nr. 44)*. Eine Ausnahme gibt es bei der Prüfung der Statthaftigkeit von Revision und Berufung, wenn diese Rechtsmittel an sich ausgeschlossen sind und zur Begründung der Zulässigkeit ein wesentlicher Verfahrensmangel gerügt wird: Nach § 164 Abs. 2 Satz 3 muss die Revisionsbegründung, soweit Verfahrensmängel gerügt werden, die Tatsachen bezeichnen, die den Mangel ergeben (s. hierzu im Einzelnen Kap. IX Rn. 327). Das Gleiche gilt in Bezug auf die Geltendmachung eines Verfahrensmangels im Berufungsrechtszug gemäß § 150 Nr. 2.

27 Der Grundsatz der **objektiven Beweislast** (materielle Beweislast, Feststellungslast) gilt dagegen auch im sozialgerichtlichen Verfahren *(ständige Rechtsprechung des BSG, vgl. z. B. BSGE 6, 70, 72).* Danach trägt bei objektiver Beweislosigkeit nach Ausschöpfung aller Mittel zur Aufklärung des Sachverhaltes derjenige die Folgen der Nichtfeststellbarkeit einer Tatsache, der aus dieser Tatsache ein Recht herleiten will. In der Regel trifft die objektive Beweislast daher den Anspruchsteller; zu Einzelheiten der Beweislastverteilung vgl. *Pawlak, in: Hennig, § 128 Rn. 115 ff.; Bley, § 128, Anm. 5 a.*

28 Unabhängig vom Vortrag der Beteiligten hat das Sozialgericht über alle erheblichen Tatsachen, die noch nicht feststehen, Beweis zu erheben. Eine Beweiserhebung ist nicht erforderlich bei offenkundigen, d. h. entweder allgemeinkundigen oder gerichtskundigen Tatsachen. Zur Verpflichtung des Gerichts, hiervon die Beteiligten vor einer Entscheidung zu unterrichten, vgl. oben I.3. Eine Beweiserhebung kann sich auch erübrigen, wenn eine Tatsachenfeststellung durch allgemein anerkannte Beweisgrundsätze – wie etwa den des Beweises des ersten Anscheins – ersetzt werden kann. Die Grundsätze des prima-facie-Beweises gelten auch im sozialgerichtlichen Verfahren. Danach kann bei typischen Geschehensabläufen von einer festgestellten Ursache auf einen bestimmten Erfolg oder von einem festgestellten Erfolg auf eine bestimmte Ursache geschlossen werden.

29 Eine **Umkehr der Beweislast** lehnt das BSG grundsätzlich auch dann ab, wenn für den Kläger Beweisschwierigkeiten bestehen *(vgl. zuletzt: BSGE 63, 270 und BSG SozR 1500 § 160 Nr. 51).* Einen Beweisgrundsatz „im Zweifel für den Versicherten oder Versorgungsberechtigten" kennt das sozialgerichtliche Verfahren nicht *(BSGE 6, 70, 72; BSGE 30, 121, 123; BSGE 35, 216, 217).* Auch eine Beweisvereitlung führt in der Regel nicht zur Beweislastumkehr; das Gericht kann hieraus jedoch im Rahmen der freien Beweiswürdigung (§ 128 Abs. 1) Schlüsse ziehen (vgl. im Einzelnen Rn. 159). Eine Umkehr der Beweislast kommt in Betracht, wenn ein Beteiligter die Beweislast für Umstände trägt, die in die Sphäre des Prozessgegners fallen *(BSG SozR 4-4220 § 6 Nr. 4).*

30 **4.2 Beweismittel**

Die Sozialgerichte sind in der Wahl der Beweismittel frei. Dies folgt aus der Amtsermittlungspflicht und dem Grundsatz der freien Beweiswürdigung. Neben den aus anderen Verfahrensordnungen bekannten „klassischen" Beweismitteln (Augenschein, Zeuge, Sachverständiger und Urkunde) können zur Überzeugungsbildung auch die in § 106 Abs. 3 genannten, die mündliche Verhandlung vorbereitenden Maßnahmen (s. Kap. VII Rn. 121 ff.) eingesetzt werden. Im Wesentlichen handelt es sich hierbei jedoch auch um die genannten „klassischen" Beweismittel, auf deren Regelung in der ZPO das SGG in § 118 verweist. Eine Verweisung fehlt allein auf die Parteivernehmung (§§ 445 bis 455 ZPO). Das Gericht kann die Beteiligten jedoch sowohl im Rahmen eines Erörterungstermins (§ 106 Abs. 3 Nr. 7) als auch in der mündlichen Verhandlung anhören und seine Überzeugung von rechtserheblichen Tatsachen allein auf deren Aussage stützen, wenn sie schlüssig und glaubhaft ist sowie mit dem übrigen Akteninhalt nicht in

Widerspruch steht. Ob die Beigeladenen auch als Zeugen vernommen werden können, ist umstritten (vgl. Kap. V Rn. 24).

Soweit die **Einnahme des Augenscheins** als Beweismittel in Betracht kommt, 31 wird die Beweisaufnahme in der Praxis – entsprechend § 106 Abs. 3 Nr. 5 – zumeist schon im vorbereitenden Verfahren durch den Vorsitzenden oder im Berufungsverfahren durch den Berichterstatter durchgeführt werden.

Die Einnahme des Augenscheins stellt im Regelfall kein taugliches Beweismit- 32 tel dar, um den körperlichen Zustand eines Menschen zu beurteilen, da dem Gericht hierfür durchweg die erforderliche Sachkunde fehlt. Liegen bereits aussagekräftige ärztliche Befunde vor, so kann eine Augenscheinseinnahme als geeignetes Beweismittel in Betracht kommen, wenn um die Frage der Hilflosigkeit (z.B. Voraussetzung für Steuervergünstigungen gemäß § 33b Abs. 3 EStG und für die Pflegezulage gemäß § 35 BVG) oder der Pflegebedürftigkeit (Voraussetzung für die Gewährung von Pflegeleistungen nach dem SGB XI) gestritten wird. Abzulehnen ist eine Augenscheinseinnahme bei einer Untersuchung durch einen Terminsachverständigen im Zusammenhang mit der mündlichen Verhandlung (vgl. hierzu Rn. 73), wie sie früher bei einzelnen Sozialgerichten in Fortsetzung der Praxis der Oberversicherungsämter (aufgrund des seinerzeit geltenden § 1686 RVO) verbreitet war. Die Anwesenheit des Gerichts und womöglich auch der Beteiligten samt ihrer Prozessvertreter (wegen des Grundsatzes der Parteiöffentlichkeit) stellt einen unverhältnismäßigen Eingriff in das Persönlichkeitsrecht dar. Eine Augenscheinseinnahme im Zusammenhang mit einer ärztlichen Untersuchung ist daher grundsätzlich ausgeschlossen (so auch: *ML § 116 Rn. 3*).

Der **Zeugenbeweis** folgt den Regelungen in den §§ 373 bis 401 ZPO (§ 118 33 Abs. 1). Eine ungleich größere Bedeutung als im Zivilprozess hat im sozialgerichtlichen Verfahren der sachverständige Zeuge. Vor allem die Ermittlungen des Gerichts in medizinischen Fragen beginnen zunächst bei den behandelnden Ärzten. Diese müssen im Regelfall nicht als Zeugen geladen werden. Da sie ihre Aussage in den meisten Fällen nur anhand ihrer Patientenunterlagen machen können, ist eine schriftliche Beantwortung der Beweisfragen zulässig. Einer eidesstattlichen Versicherung der Richtigkeit der Angaben bedarf es nach der Änderung des § 377 Abs. 3 ZPO nicht mehr.

Die in der Praxis der Sozialgerichte vielfach verwendeten **Befundberichte** nach 34 Formblatt müssen nach der Änderung von § 377 Abs. 3 ZPO und der Streichung von § 377 Abs. 4 ZPO (durch Art. 1 Nr. 20 RpflVereinfG) ebenfalls als Mittel des Zeugenbeweises angesehen werden. Das Sozialgericht kann sich auch gegenüber anderen Zeugen mit schriftlichen Auskünften begnügen, wenn es dies für ausreichend hält. Die Auskunftspersonen müssen jedoch im weiteren Verlauf des Verfahrens als Zeugen vernommen werden, wenn die schriftliche Auskunft zur Aufklärung des Sachverhalts nicht ausreicht; insbesondere wenn der Inhalt der Auskunft von den Beteiligten in Zweifel gezogen wird (vgl. auch § 377 Abs. 3 Satz 3 ZPO).

35   Auf den **Urkundenbeweis** finden zwar grundsätzlich auch die Regelungen der ZPO (§§ 415 bis 444) Anwendung; hier ergeben sich jedoch aus dem Untersuchungsgrundsatz erhebliche Einschränkungen. So können die Echtheit der Urkunde und die Richtigkeit ihres Inhalts grundsätzlich mit jedem Beweismittel in Zweifel gezogen werden. Im Rahmen der Amtsermittlungspflicht muss das Gericht prüfen, ob die Urkunde echt und ihr Inhalt richtig ist. Dem Urkundenbeweis kommt im sozialgerichtlichen Verfahren große Bedeutung zu. Urkunden sind z.B. die Verwaltungsakten samt der darin enthaltenen medizinischen Gutachten aus dem Verwaltungsverfahren, die im vorbereitenden Verfahren eingeholten Befundunterlagen und Krankengeschichten sowie alle schriftlichen Auskünfte. Als Urkunde unterliegen der Beweiswürdigung auch alle medizinischen Gutachten, die außerhalb des laufenden Verfahrens eingeholt worden sind. Hierzu gehören die aus einem Vorprozess oder einem parallel laufenden Verfahren in einem anderen Sozialrechtsgebiet herrührenden medizinischen Gutachten – sie können nicht als Sachverständigenbeweis verwertet werden. Die gleiche Beweisqualität haben grundsätzlich die von den Beteiligten ohne Einschaltung des Gerichts „privat" eingeholten Gutachten. Privatgutachten sind nicht nur die vom Kläger vorgelegten, sondern auch ärztliche Stellungnahmen, die die Verwaltungsträger in das gerichtliche Verfahren einführen (etwa vom eigenen sozialmedizinischen Dienst oder von Beratungsärzten). Das Gericht kann auf derartige Urkunden medizinischen Inhalts seine Entscheidung stützen, wenn sie selbst schlüssig und überzeugend sind und mit dem übrigen Akteninhalt nicht in Widerspruch stehen.

36   4.3 Die Beweiserhebung

4.3.1 Allgemeine Grundsätze

Die allgemeinen zivilprozessualen Vorschriften über die Beweisaufnahme (§§ 355 bis 370 ZPO) sind auf die Beweiserhebung im Sozialgerichtsprozess teilweise gar nicht (§§ 355 bis 357 ZPO), im Übrigen nur unter Beachtung der sich aus dem Untersuchungsgrundsatz ergebenden Besonderheiten anwendbar. Eigene Regelungen enthält das SGG für die Unmittelbarkeit der Beweisaufnahme (statt § 355 ZPO – § 117 SGG: Beweiserhebung in der mündlichen Verhandlung) und für die Teilnahme der Beteiligten an der Beweisaufnahme (statt § 357 ZPO – § 116 SGG). Den Beteiligten sind die Beweisaufnahmetermine mitzuteilen (§ 116 Satz 1). Entsprechend dem zivilprozessualen Grundsatz der Parteiöffentlichkeit (§ 357 Abs. 1 ZPO) können sie der Beweisaufnahme beiwohnen (§ 116 Satz 2) und bei der Vernehmung von Zeugen und Sachverständigen sachdienliche Fragen stellen. Verstößt das Sozialgericht gegen die Benachrichtigungspflicht, so kann die Beweisaufnahme grundsätzlich (Ausnahme: § 295 ZPO) nicht verwertet und muss wiederholt werden. Während für die mündliche Verhandlung vor dem Spruchkörper einschließlich der dort stattfindenden Beweisaufnahme der Grundsatz der Öffentlichkeit gilt (§ 61 i.V.m. § 169 GVG), sind Beweisaufnahmen vor dem ersuchten oder dem beauftragten Richter bzw. dem Kammervorsitzenden des SG (im Rahmen des § 106 Abs. 2, Abs. 3 Nr. 4 und 5) nicht öffentlich und nur für die Beteiligten bestimmt („parteiöffentlich").

4.3.2 Beweiserhebung ohne Beweisbeschluss

Zur Beweiserhebung im vorbereitenden Verfahren durch den Vorsitzenden oder 37
Berichterstatter bedarf es – entgegen § 358a ZPO – keines Beweisbeschlusses
durch das Gericht. Dies gilt sowohl für die Vernehmung von Zeugen und Sachverständigen (§ 106 Abs. 3 Nr. 4) als auch für die Einnahme des Augenscheins
und die Einholung eines schriftlichen Sachverständigengutachtens (§ 106 Abs. 3
Nr. 5). Der Kammervorsitzende bzw. der Berichterstatter ordnen die Maßnahmen
jeweils durch Prozess leitende Verfügungen an.

Die Präklusionsvorschrift in § 356 ZPO (Beibringungsfrist für Beweismittel)
gilt im sozialgerichtlichen Verfahren nicht (vgl. § 118), da sie mit dem Amtsermittlungsgrundsatz nicht zu vereinbaren ist. Hieran ändert sich auch durch die
Einführung einer allgemeinen Präklusionsregelung in Bezug auf das Beteiligtenvorbringen (§ 106a i.d.F. des SGG-ÄndG 2008) nichts.

4.3.3 Unmittelbarkeit der Beweisaufnahme

Der Grundsatz der Unmittelbarkeit der Beweisaufnahme kommt im SGG vor 38
allem in § 117 zum Ausdruck, wonach das Gericht in der mündlichen Verhandlung Beweis erhebt, soweit die Beweiserhebung nicht einen besonderen Termin
erfordert. § 117 macht die Beweisaufnahme durch den gesamten Spruchkörper –
unter Mitwirkung der ehrenamtlichen Richter – zum Regelfall. Die an der
Entscheidung nach der grundsätzlich einzigen mündlichen Verhandlung (§ 106
Abs. 2) teilnehmenden Richter sollen sich selbst in der Beweisaufnahme einen
unmittelbaren Eindruck verschaffen. Diese Intention des Gesetzes kommt auch
in § 129 zum Ausdruck, wonach das Urteil nur von den Richtern gefällt werden
kann, die an der dem Urteil zugrunde liegenden Verhandlung teilgenommen
haben.

Eine Beweiserhebung außerhalb der mündlichen Verhandlung ist nur zulässig, 39
wenn hierfür ein besonderer Termin erforderlich ist. Einerseits sind die Regelungen der ZPO für Beweisaufnahmen außerhalb der mündlichen Verhandlung
(§§ 372 Abs. 2, 375 ZPO) für das sozialgerichtliche Verfahren nicht abschließend,
denn die Konzentrationsmaxime verpflichtet das Gericht auch, den Rechtsstreit
möglichst ohne Vertagung in einer mündlichen Verhandlung zu entscheiden. Andererseits kann das Gericht die Möglichkeit, außerhalb der mündlichen Verhandlung (durch den Vorsitzenden oder den Berichterstatter) Beweis zu erheben, nicht
nach Belieben einsetzen; etwa aus Praktikabilitätsgründen im Hinblick auf die zü-
gige Durchführung eines Sitzungstages. Gründe für eine Beweiserhebung außerhalb der mündlichen Verhandlung sind – außer den schon in §§ 372 Abs. 2, 375
ZPO genannten: Beweisaufnahme zur Vorbereitung einer weiteren Beweiserhebung, die selbst wiederum in der mündlichen Verhandlung nicht möglich ist (Beispiel: Zeugenvernehmung zur Vorbereitung eines medizinischen Sachverständigengutachtens); Beweisaufnahme zur Klärung der Zulässigkeit von Klage oder
Berufung, da hiervon wiederum die Notwendigkeit weiterer Sachaufklärung ab-
hängen kann.

40   Die Verwertung von schriftlichen Erklärungen war im sozialgerichtlichen Verfahren schon vor der Änderung des § 377 Abs. 3 ZPO durch das Rechtspflege-Vereinfachungsgesetz in größerem Umfang möglich als im Zivilprozess. § 106 Abs. 3 Nr. 3 ermöglichte dem Vorsitzenden bzw. im Berufungsverfahren dem Berichterstatter auch schon zuvor die Einholung von Auskünften jeder Art, ohne deren Verwertbarkeit an die Abgabe einer eidesstattlichen Versicherung zu knüpfen. Auch die die schriftliche Zeugenvernehmung im Zivilprozess früher einschränkenden Voraussetzungen des § 377 Abs. 3 (Auskunft anhand von Aufzeichnungen) und Abs. 4 (Einverständnis der Parteien) hatten wegen § 106 Abs. 3 Nr. 3 im Sozialgerichtsprozess kaum Bedeutung *(BSGE 2, 197, 200; 4, 60, 62)*. Die Änderung von § 377 Abs. 3 ZPO und die Streichung von § 377 Abs. 4 ZPO haben die früher bestehende Divergenz (trotz der Regelung in § 106 Abs. 3 Nr. 3 waren über § 118 die Vorschriften in § 377 Abs. 3 und 4 ZPO auch im sozialgerichtlichen Verfahren anwendbar) beseitigt. § 411 a ZPO lässt nunmehr auch im Zivilprozess die Verwertung eines gerichtlich eingeholten Gutachtens aus einem anderen Verfahren zu, um eine sonst erforderlich werdende erneute Begutachtung zu vermeiden. Das Gericht darf im sozialgerichtlichen Verfahren jedoch auch bei unbedeutendem Streitwert nicht von sich aus, ohne Zustimmung der Beteiligten, ein schriftliches Verfahren anordnen (§ 128 Abs. 3 ZPO gilt nicht).

4.3.3.1 Begrenzte Zulässigkeit einer Zurückverweisung an die Verwaltung

41   Der Grundsatz der Unmittelbarkeit der Beweisaufnahme lässt es häufig nicht zu, dass das Gericht erforderliche Ermittlungen nicht selbst vornimmt, sondern diese von der Verwaltung vornehmen lässt. Auch die häufig bessere Ausstattung von Versicherungsträgern mit sachkundigem Personal (z.B. der Technische Aufsichtsdienst der Berufsgenossenschaften) bildet hierfür keine Rechtfertigung. Eine Zurückverweisung an die Verwaltung ist auch in den Fällen des § 44 SGB X, in denen die Verwaltungsbehörde eine erneute sachliche Prüfung unter Hinweis auf die Bestandskraft eines Bescheides abgelehnt hat *(BSG SozR 1500 § 103 Nr. 16)*, nicht ohne Weiteres zulässig. Das früher generelle Verbot einer Zurückverweisung an die Verwaltung ist jedoch durch die Einfügung des Abs. 5 in den § 131 (durch Art. 8 Nr. 1 JuMoG) aufgehoben worden. Die Vorschrift ist wortgleich aus § 113 Abs. 3 VwGO übernommen worden, wo sie – begrenzt auf die isolierte Anfechtungsklage – als Ausnahmeregelung angesehen worden (vgl. *BVerwGE 107, 128; BVerwG DVBl 2003, 338)* und nur selten zur Anwendung gekommen ist. Eine Zurückverweisung kam bislang auch unter Geltung des § 131 Abs. 5 n.F. nicht in Betracht, wenn es um die Ermittlung von Voraussetzungen eines Anspruchs geht, den der Kläger mittels einer mit der Anfechtungsklage verbundenen Leistungsklage geltend macht *(so auch BSG 17. 4. 2007, B 5 RJ 30/05 R;* vgl. im Einzelnen *VII Rn. 138a)*.

Allein die Tatsache, dass der Verwaltung ein Beurteilungs- oder Ermessensspielraum zusteht, rechtfertigt eine Zurückverweisung ebenfalls nicht. Das früher befürwortete Verbot der Zurückverweisung in Fällen der Wirtschaftlichkeitsprüfung im Vertragsarztrecht (§ 106 SGB V) dürfte allerdings nach Einführung des

§ 131 Abs. 5 nicht mehr zu begründen sein. Eingeschränkt ist die Amtsermittlungspflicht des Gerichts in jedem Fall, wenn der Behörde gerade hinsichtlich der Feststellung der betroffenen Tatsache eine Einschätzungsprärogative zusteht *(BSGE 71, 90, 96f. = SozR 3-2500 § 106 Nr. 13).*

4.3.3.2 Übernahme von Tatsachenfeststellungen aus Sachverständigengutachten

Nichtmedizinische Tatsachen, die im schriftlichen ärztlichen Gutachten erwähnt   42
sind, darf das Gericht nicht ohne Weiteres als festgestellt ansehen, wenn diese Tatsachen von den Beteiligten bestritten werden und dem Gericht Beweismittel zur Verfügung stehen, die zur Aufklärung des Sachverhaltes geeignet sind *(BSG SozR Nr. 59 zu § 128 SGG)*. Das Gericht darf sich auch nicht auf ein Gutachten stützen, das auf nichtmedizinischen Tatsachen beruht, die sich der ärztliche Sachverständige im Wege einer von ihm selbst durchgeführten Beweiserhebung verschafft hat. Der Amtsermittlungsgrundsatz lässt ein derartiges Vorgehen auch dann nicht zu, wenn sich die Beteiligten damit einverstanden erklärt haben. Es ist vielmehr grundsätzlich Sache des Gerichts, dem Sachverständigen mitzuteilen, von welchem Sachverhalt er auszugehen hat. Der Richter ist vor allem bei medizinischen Beweisthemen jedoch häufig nicht in der Lage, aus eigener Sachkunde zu beurteilen, inwieweit tatsächliche Vorgaben für den Sachverständigen von Bedeutung sind, da hierfür selbst medizinische Kenntnisse erforderlich sind. Gibt er in derartigen Fällen dem Sachverständigen einen bestimmten Sachverhalt vor, so besteht die Gefahr einer sachfremden Einengung des Beweisthemas. Der Sachverständige sollte dann – ohne Sachverhaltsvorgabe – in der Beweisanordnung darauf hingewiesen werden, dass er dem Gericht Unklarheiten oder Zweifel im tatsächlichen Bereich, auf die es aus medizinischer Sicht ankommt, vor Erstellung des Gutachtens mitzuteilen hat, damit das Gericht diese durch eigene Ermittlungen ausräumen kann (vgl. auch § 407a Abs. 3 ZPO). Übergeht das Gericht Anregungen des medizinischen Sachverständigen, weitere Tatsachenfeststellungen zu treffen, so liegt hierin ein Verstoß gegen § 103 SGG.

4.3.3.3 Wiederholte Zeugenvernehmung

Die Niederschrift über die Vernehmung eines Zeugen im Verwaltungsverfahren   43
(§ 21 Abs. 1 SGB X) kann im Wege des Urkundenbeweises im sozialgerichtlichen Verfahren genauso verwertet werden, wie dies bei einer Zeugenaussage der Fall ist, die vor dem Gericht einer anderen Gerichtsbarkeit abgegeben worden ist. Der Grundsatz der Unmittelbarkeit verpflichtet das Sozialgericht jedoch dann zu einer erneuten Vernehmung, wenn gegen die Richtigkeit und Vollständigkeit der Zeugenaussage von den Beteiligten Bedenken vorgebracht werden. Eine erneute Zeugenvernehmung ist auch im Berufungsverfahren dann nicht grundsätzlich geboten, wenn die Zeugen bereits vom SG vernommen worden sind. Die Wiederholung der Vernehmung steht im Ermessen des LSG (§ 118 Abs. 1 SGG i.V.m. § 398 Abs. 1 ZPO). Sie ist jedoch geboten, wenn die vorliegenden Aussagen Unklarheiten oder Widersprüche enthalten oder, wenn das LSG die Glaubwürdigkeit eines Zeugen anders beurteilt, als das SG *(BSGE 63, 43 = BSG SozR 2200 § 368a*

Nr. 21 = SGb 1989, 144 mit Anm. von Behn; BSG Beschluss vom 5. 9. 2006, B 7a AL 78/06).

43a   Die Beurteilung der Glaubwürdigkeit einer Person setzt nach neuerer Rechtsprechung des BSG in jedem Fall zwingend voraus, dass sich das Gericht einen persönlichen Eindruck von dieser Person verschafft *(BSG Beschluss vom 24. 2. 2004, B 2 U 316/03 B sowie vom 5. 9. 2006, B 7a AL 78/06).* Der Grundsatz der Unmittelbarkeit der Beweisaufnahme ist insoweit nur gewahrt und eine sachgerechte Beweiswürdigung nur möglich, wenn sich alle die Entscheidung treffenden Richter einen persönlichen Eindruck von der zu beurteilenden Person machen *(BSG SozR 3-1500 § 128 Nr. 15 mit Nachweisen aus der Rechtsprechung der anderen obersten Bundesgerichte).* Dies gilt nur dann nicht, wenn der persönliche Eindruck, den die Richter in einer früheren mündlichen Verhandlung von einem Zeugen bzw. Beteiligten gewonnen haben, protokolliert oder auf sonstige Weise aktenkundig gemacht worden ist und sich die Beteiligten dazu erklären konnten.

44   Eine auch im sozialgerichtlichen Verfahren wichtige Form des Urkundenbeweises ist schließlich die Verwertung von Niederschriften von Zeugenaussagen aus anderen Verfahren *(BSG SozR 1500 § 117 Nr. 3),* die jedoch grundsätzlich nur im Einverständnis der Beteiligten möglich ist (Ausnahme: Der Zeuge ist im anhängigen Verfahren nicht erreichbar; etwa weil sein Aufenthalt unbekannt ist). In der Praxis hat dies vor allem Bedeutung in Bezug auf staatsanwaltschaftliche Ermittlungsakten.

Die Verpflichtung zur Vorlage von Urkunden richtet sich grundsätzlich nach den §§ 422, 423, 427 und 429 ZPO. Die Erzwingung der Vorlegung einer Urkunde durch Dritte im Wege einer zivilprozessualen Klage (§ 429 ZPO) ist mit dem Amtsermittlungsgrundsatz im Regelfall nicht vereinbar. Hier muss das Sozialgericht versuchen, den erforderlichen Beweis durch die Vernehmung des Dritten als Zeuge zu erheben. Eine Sonderregelung enthält das SGG allein für Einschränkungen der Vorlagepflicht von Behörden (§ 119), wobei es grundsätzlich von einer Verpflichtung der Behörden zur Vorlage ihrer Akten und sonstiger für das Verfahren erheblicher Urkunden ausgeht.

45   ## 4.4 Einzelheiten der Beweiserhebung durch Sachverständigengutachten
Schrifttum

Bonnermann, Das ärztliche Gutachten im Sozialrecht, SGb 1995, 427

Francke/Gagel, Der Sachverständigenbeweis im Sozialrecht, Inhalt und Überprüfung medizinischer Gutachten, Baden-Baden 2009

Gitter, Die Funktion des Sachverständigen im Lichte des materiellen Sozialrechts, SGb 1987, 358

Kater, Das ärztliche Gutachten im sozialgerichtlichen Verfahren, Berlin 2008

Krasney, Die Sachverständigen-Äußerung im Sozialrecht, MedSach 1984, 12

Krasney, Bestellung, Gutachtenerstellung und Auswertung des Gutachtens; SGb 1987, 381

Krasney, Verfahrensrechtliche Erwägungen, in: Suchenwirth/Kunze/Krasney, Neurologische Begutachtung, 3. Aufl., 2000, S. 3

Müller, Klaus, Die Funktion des Sachverständigen im deutschen Prozessrecht, SGb 1987, 351

Plagemann/Hontschik, Medizinische Begutachtung im Sozialrecht, 3. Aufl., Essen 1996

Roller, Medizinische Sachverständigengutachten aus sozialrechtlicher Sicht, SGb 1998, 401

Sievert, Bedeutung von Begutachtungsempfehlungen, antizipierten Sachverständigengutachten und Leitlinien, MedSach 2010, 60

Udsching, Besonderheiten des Sachverständigenbeweises im sozialgerichtlichen Verfahren, NZS 1992, 50

Der Beweiserhebung durch Sachverständigengutachten kommt im Sozialgerichts- 46
prozess häufig überragende Bedeutung zu. Hierbei handelt es sich zumeist um
Gutachten aus dem Bereich der Medizin. In Verfahren über die Gewährung von
Renten wegen vorzeitiger Erwerbsminderung aus der gesetzlichen Rentenversicherung sind allerdings auch berufskundliche Sachverständigengutachten oft
streitentscheidend. Soweit im Folgenden nichts anderes vermerkt ist, beziehen
sich die Ausführungen auf den medizinischen Sachverständigen.

4.4.1 Notwendigkeit einer Beweiserhebung

Die Notwendigkeit einer Beweiserhebung auf medizinischem Gebiet ergibt sich 47
aus der in aller Regel fehlenden Sachkompetenz des Gerichts. Will das Gericht
über eine medizinische Frage aufgrund eigener Sachkunde entscheiden, so hat es
dies den Beteiligten zuvor mitzuteilen, damit diese hierzu Stellung nehmen können (Grundsatz des rechtlichen Gehörs, s. hierzu *Rn. 22;* vgl. *BSG SozR 1500
§ 128 Nr. 4).* Zudem muss es darlegen, woher es die spezielle Sachkunde bezieht.
Dies gilt auch dann, wenn es – etwa für die Beurteilung des Ursachenzusammenhangs, der Höhe der MdE oder des Grades der Behinderung (GdB) – auf Werke
der allgemeinen medizinischen Gutachtenliteratur zurückgreift. Hieraus ergeben
sich grundsätzlich nur Beurteilungsregeln, Anhaltspunkte und Richtlinien, die
den Stand der medizinischen Wissenschaft wiedergeben. Ihrer sollte sich der medizinische Sachverständige bei der Erstellung seines Gutachtens bedienen, wenn
er sich nicht dem Einwand aussetzen will, vom allgemein anerkannten Erkenntnisstand der Medizin abzuweichen. Die sozialmedizinische Gutachtenliteratur ist
auch geeignet, die Schlüssigkeit medizinischer Gutachten – auch aus der Sicht des
medizinischen Laien – zu überprüfen. Sie kann jedoch sachnotwendig die individuellen Besonderheiten des Einzelfalles nicht berücksichtigen und ist schon
deshalb in aller Regel nicht geeignet, ein Sachverständigengutachten zu ersetzen
(vgl. hierzu eingehend: *Krasney,* in: *Suchenwirth/Kunze/Krasney, Neurologische
Begutachtung, S. 3f.).*

Aktuelle Werke der sozialmedizinischen Gutachtenliteratur: 48

Schönberger/Mehrtens/Valentin, Arbeitsunfall und Berufskrankheit, 8. Aufl., 2010

Mehrhoff/Muhr, Unfallbegutachtung, 11. Aufl., 2005

Marx, Medizinische Begutachtung, 6. Aufl., 1992

Fritze u. a., Die ärztliche Begutachtung, 7. Aufl., 2008

Rauschelbach/Jochheim, Das neurologische Gutachten, 1984

Suchenwirth/Kunze/Krasney, Neurologische Begutachtung, 3. Aufl., 2000

Feldmann, Das Gutachten des Hals-Nasen-Ohren-Arztes, 5. Aufl., 2001

Venzlaff/Foerster/Diederichsen, Psychiatrische Begutachtung, 4. Aufl. 2004

VDR, Sozialmedizinische Begutachtung für die gesetzliche Rentenversicherung, 6. Aufl., 2003

Versorgungsmedizinische Grundsätze, in: Anlage zu § 2 der Versorgungsmedizin-Verordnung (vom 10. Dezember 2008, BGBl. I S. 2412)

4.4.1.1 Auswertung vorliegender Gutachten

49 Die Einholung eines Sachverständigengutachtens ist häufig nicht erforderlich, wenn schon im Verwaltungsverfahren ein medizinisches Gutachten erstellt worden ist. Die im Zuge des Verwaltungsverfahrens erstellten medizinischen Gutachten sind keine Privatgutachten *(BSG SozR Nr. 66 zu § 128 SGG* und *Urteil des BSG vom 8. 12. 1988, 2/9 b RU 66/87)*; den Begriff „Parteigutachten" kennt das sozialgerichtliche Verfahren nicht. Gutachten aus dem Verwaltungsverfahren können auch im Prozess als Entscheidungsgrundlage herangezogen werden *(BSG SozR Nr. 3 zu § 118 SGG)*. Es handelt sich dann allerdings nicht um einen Sachverständigen-, sondern um einen Urkundenbeweis. Ärztliche Äußerungen, die ein Versicherungs- oder Versorgungsträger erst im Verlauf des Prozesses in das Verfahren einführt – dies sind etwa Stellungnahmen beratender Ärzte (bei den Unfallversicherungsträgern) und des eigenen sozialmedizinischen (Rentenversicherungsträger, Versorgungsbehörden und Arbeitsverwaltung) oder des medizinischen Dienstes – sind grundsätzlich Bestandteil des Beteiligtenvorbringens und wie dieses zu würdigen *(BSG Urteil vom 8. 12. 1988, 2/9 b RU 66/87)*.

50 Ergeben sich aus den Verwaltungsakten keine Zweifel an der Schlüssigkeit des von der Verwaltungsbehörde während des Verwaltungsverfahrens eingeholten Gutachtens und trägt auch der Kläger keine substanziierten Einwände vor, so kann sich das Sozialgericht auf das in den Verwaltungsakten enthaltene Gutachten stützen (speziell im Hinblick auf die Gutachten des MDK in der Pflegeversicherung: *BSG SozR 3-3300 § 15 Nr. 11 = NJW 2001, 3431)*. Die in SozR 1500 § 103 Nr. 24 vom 5. Senat des BSG geäußerten Bedenken, ob die Tatsachengerichte der Amtsermittlungspflicht genügen, wenn sie von einer eigenen Beweiserhebung absehen und ihre Entscheidung nur auf ein im Verwaltungsverfahren eingeholtes Gutachten stützen, sind in dieser generellen Form unbegründet und auch vom BSG ansonsten nicht vertreten worden (vgl. *BSG Urteil vom 8. 12. 1988, 2/9 b RU 66/87; BSG SozR Nr. 3 zu § 118 SGG; ML § 118 Rn. 12)*. Bedenken können auch nicht, zumindest nicht generell, auf die Unzulänglichkeit des Beweiswerts derartiger Gutachten gestützt werden; etwa weil es den im Verwaltungsverfahren beauftragten Ärzten an der erforderlichen Neutralität fehle. Zum einen werden im Verwaltungsverfahren häufig Ärzte tätig, die weder in einem Beschäftigungs- noch in einem sonstigen Abhängigkeitsverhältnis zum Verwaltungsträger stehen (auch die Bestellung zum Durchgangsarzt ist angesichts der Tatsache, dass der größte Teil der einschlägig – auf chirurgischem oder orthopädischem Fachgebiet – tätigen leitenden Krankenhaus- und der ambulant tätigen Ärzte Durchgangsärzte sind, kein Indiz für fehlende Neutralität). Zum anderen unterliegen auch die bei einem Versicherungs- oder Versorgungsträger angestellten Ärzte gerade bei der Beurteilung medizinischer Fragen keiner Weisungsgebundenheit. Zur Stellung des MDK vgl. *BSG SozR 3-3300 § 15 Nr. 11 = NJW 2001, 3431.*

4.4.1.2 Einwände des Klägers

Die Einwände des Klägers gegen ein Gutachten aus dem Verwaltungsverfahren **51** sind allerdings nicht erst dann substanziiert, wenn dieser sie mit selbst beschafften medizinischen Äußerungen (etwa von seinen behandelnden Ärzten) untermauert *(BSG SozR 1500 § 103 Nr. 27)*. Die Notwendigkeit der Einholung eines Sachverständigengutachtens setzt deshalb nicht voraus, dass der Kläger ärztliche Befundunterlagen vorlegt, die die Feststellungen des für die Verwaltungsentscheidung maßgebenden Gutachtens in Zweifel ziehen. Das Gericht muss insoweit schon dann reagieren, wenn allein der Tatsachenvortrag des Klägers Zweifel an der Schlüssigkeit der die Verwaltungsentscheidung tragenden Begutachtung begründet.

Im Rentenstreitverfahren, in dem es auf die eingeschränkte Leistungsfähigkeit **52** ankommt, kann das schon dadurch geschehen, dass der Kläger geltend macht, sein gesundheitlicher Zustand habe sich erheblich verschlechtert oder er leide an Gesundheitsstörungen, die der Gutachter im Verwaltungsverfahren (etwa in Ermangelung einschlägiger Fachkompetenz) nicht erkannt oder unrichtig bewertet habe. Bei derartigem Vorbringen kann das Sozialgericht auf die Einholung eines Sachverständigengutachtens nur dann verzichten, wenn Befundangaben der behandelnden Ärzte in den Akten vorliegen, die den Angaben des Klägers entgegenstehen. Bei der Kausalitätsbeurteilung in der gesetzlichen Unfallversicherung und im sozialen Entschädigungsrecht ist der Einwand der Verschlimmerung dagegen zumeist nicht entscheidungserheblich. Hier muss der Kläger Gesichtspunkte geltend machen, die gerade die Beurteilung des ursächlichen Zusammenhangs zwischen Schädigung bzw. Unfall und der geltend gemachten Gesundheitsstörung oder im Hinblick auf die MdE-Schätzung das Ausmaß der unfallbedingten Funktionsausfälle betreffen. Die bloße unsubstanziierte Behauptung, das Gutachten aus dem Verwaltungsverfahren sei falsch, reicht dagegen regelmäßig nicht aus, um die Einholung eines Sachverständigengutachtens im Gerichtsverfahren zu veranlassen.

Ist der medizinische Sachverhalt aufgrund der im Verwaltungsverfahren betriebe- **53** nen Sachaufklärung (auch die Verwaltungsträger ziehen Berichte der behandelnden Ärzte, Unterlagen über stationäre Behandlungen, Röntgenaufnahmen u.a. bei) nicht widerspruchsfrei geklärt, so ist die Einholung eines Sachverständigengutachtens im Regelfall zwingend geboten.

4.4.1.3 Sachverständigengutachten ohne Aktenkenntnis

Die – nach § 106 Abs. 3 SGG mögliche – nur informelle Anhörung der behan- **54** delnden Ärzte bildet zur Vorbereitung eines Sachverständigengutachtens zwar häufig eine wichtige Erkenntnisquelle, doch kann sie ein Sachverständigengutachten grundsätzlich nicht ersetzen. Zumal den Schlussfolgerungen, Wertungen u.ä.

der behandelnden Ärzte schon wegen der Unkenntnis des Akteninhalts nur ein unzureichender Beweiswert zukommt. Die Rechtsprechung lehnt grundsätzlich die Verwertbarkeit von Sachverständigengutachten ab, die ohne Kenntnis des (medizinischen) Inhalts der Verwaltungs- und Prozessakten erstellt worden sind *(BSG KOV 1975, 143; SozR Nr. 7 zu § 118 SGG)*. Der Kläger kann daher in der Regel das Sozialgericht nicht schon mit dem Argument, ein Gutachter schreibe vom anderen ab, veranlassen, dem Sachverständigen die Vorgutachten nicht zur Verfügung zu stellen.

4.4.1.4 Gutachten aus einem anderen Rechtsstreit

55 Auf die Einholung eines Sachverständigengutachtens kann zumeist auch nicht deshalb verzichtet werden, weil aus einem Streitverfahren des Klägers in einem anderen Sozialrechtsgebiet ein aktuelles Gutachten vorliegt. Zwar lässt § 411a ZPO (i.d.F. des JuMoG) nunmehr auch im Zivilprozess die Verwertung eines gerichtlich eingeholten Gutachtens aus einem anderen Verfahren ausdrücklich zu, um eine sonst erforderlich werdende erneute Begutachtung zu vermeiden. Ein solches Gutachten ist im Regelfall aber nur auf die speziellen Anforderungen des jeweiligen Fachgebiets abgestellt. So reicht ein zur Beurteilung der Leistungsfähigkeit (im Hinblick auf verminderte Erwerbsfähigkeit) erstelltes Gutachten grundsätzlich nicht aus, um die Frage der Kausalität zwischen einem Arbeitsunfall und einer darauf zurückzuführenden Gesundheitsstörung zu klären oder den Grad der MdE zu ermitteln *(BSG Urteil vom 31. 1. 1989, 2 RU 17/88)*.

4.4.1.5 Gutachten mit widersprechenden Ergebnissen

56 Die Notwendigkeit eines weiteren Sachverständigengutachtens kann sich auch aus der Tatsache ergeben, dass im sozialgerichtlichen Verfahren selbst Gutachten mit widersprechenden Ergebnissen eingeholt worden sind. Will das Gericht die Widersprüche mit eigener Sachkunde ausräumen, so muss es den Beteiligten mitteilen, woher es die Sachkunde bezieht. Reicht die Sachkunde des Gerichts nicht aus, um den Widerspruch mit sachbezogener Argumentation aufzulösen, so kann sich das Sozialgericht nicht schon deshalb einem der Gutachten anschließen, weil ihm der betreffende Sachverständige aus Vorprozessen oder wegen häufiger Inanspruchnahme als sehr sachkundig bekannt ist. Eine Auflösung von Widersprüchen zwischen Sachverständigengutachten ist in der Regel im Wege der Beweiswürdigung nicht möglich *(BSG SozR 1500 § 128 Nr. 36)*.

57 Ausnahmen von diesem Grundsatz können sich in folgenden Fällen ergeben:

– Einer der Sachverständigen ist von unzutreffenden tatsächlichen Voraussetzungen (Anknüpfungstatsachen) ausgegangen oder hat eine wissenschaftliche Lehrmeinung zugrunde gelegt, die nicht als maßgebend angesehen werden kann, soweit dies – etwa mithilfe des Schrifttums – auch für medizinische Laien nachvollziehbar ist.

– Gehen Widersprüche auf unterschiedliche anamnestische Angaben zurück, so hat das Gericht – z.B. durch Zeugenvernehmung oder Anhörung des Klägers

– zunächst die Vorgeschichte zu klären und anschließend die Sachverständigen hierzu ergänzend Stellung nehmen zu lassen.

Treten für die medizinische Beurteilung maßgebende **neue Gesichtspunkte** 58 erst im Verlauf des Verfahrens auf, so muss im Regelfall auch den zuvor tätig gewesenen Sachverständigen Gelegenheit gegeben werden, ihre Gutachten zu ergänzen. Das gilt zumindest dann, wenn in den neuen Gutachten der Erkenntnisstand der früheren nicht eingehend diskutiert und dargelegt wird, warum die neuen Erkenntnisse in den früheren Gutachten noch nicht gewonnen werden konnten *(BSG Urteil vom 22. 6. 1988, 9/9 a RV 31/87)*. Liegen einander widersprechende Gutachten vor, so muss sich das Gericht abschließend mit allen inhaltlich auseinandersetzen (dies gilt auch für sog. Partei- bzw. Privatgutachten, vgl. unten Rn. 106); es kann nicht einzelne Gutachten (auch wenn sie im Wege des Urkundenbeweises verwertet werden) bei der abschließenden Beweiswürdigung unberücksichtigt lassen *(BSG SozR Nr. 2 und 33 zu § 128 SGG)*. Das Gericht muss im Einzelnen darlegen, warum es dem einen Gutachten folgt und warum es Zweifel an der Richtigkeit eines anderen Gutachtens hat.

Ein „**Obergutachten**" gibt es im sozialgerichtlichen Verfahren ebenso wenig 59 wie in den anderen Verfahrensordnungen. Einem dritten Gutachten kann nach zwei Gutachten mit widersprechenden Ergebnissen nur insoweit ein besonders hoher Erkenntniswert zukommen, als in ihm auch zu den bereits erstatteten Gutachten Stellung genommen und dem Gericht zum Beispiel erläutert wird, welche der den vorangegangenen Gutachten zugrunde liegenden wissenschaftlichen Lehrmeinungen als vorherrschend anzusehen sind. In Fällen, in denen widersprüchliche Ergebnisse von Gutachten auf unterschiedliche wissenschaftliche Lehrmeinungen zurückzuführen sind, die für einen medizinischen Laien nicht erfassbar sind, darf das Gericht sich ausnahmsweise auf die fachliche Autorität eines Sachverständigen als maßgebendes Kriterium seiner Überzeugungsbildung zurückziehen *(vgl. Müller SGb 1988, 507, 508 m. w. N.)*.

Zur Verwertung eines Gutachtens trotz Ablehnung des Sachverständigen wegen Befangenheit vgl. unten Rn. 180 a.

4.4.2 Durchführung des Sachverständigenbeweises
4.4.2.1 Rechtsgrundlagen
Die Erhebung des Sachverständigenbeweises richtet sich gemäß § 118 Abs. 1 nach 60 den §§ 402 bis 414 ZPO. § 403 ZPO (Antritt des Sachverständigenbeweises) gilt nicht, da es im sozialgerichtlichen Verfahren eines Beweisantritts nicht bedarf.

4.4.2.2 Auswahl des Sachverständigen
Anders als im Zivilprozess ist die Auswahl des Sachverständigen grundsätzlich 61 (Ausnahme: § 109) allein Sache des Sozialgerichts (§ 404 Abs. 4 ZPO gilt im sozialgerichtlichen Verfahren nicht!). Dem Gericht ist es jedoch nicht verwehrt, einen Sachverständigen zu bestellen, der von einem der Beteiligten vorgeschlagen

worden ist, wenn für die Wahl sachliche Gesichtspunkte (etwa eine besondere fachliche Qualifikation) ausschlaggebend sind. Hierbei ist zu berücksichtigen, dass für den die Beweiserhebung einleitenden Richter – wie für jeden medizinischen Laien – häufig nicht zu erkennen ist, welche spezielle medizinische Fachrichtung für die Beurteilung des Beweisthemas in erster Linie zuständig ist. Es empfiehlt sich für die Beteiligten deshalb durchaus, entsprechende Anregungen im vorbereitenden Verfahren vorzutragen; das Gericht ist hieran allerdings nicht gebunden. Wählt das Gericht einen anderen Sachverständigen aus, so bleibt dem Kläger die Möglichkeit, anschließend den vorgeschlagenen Arzt im Rahmen eines Antrags nach § 109 zu benennen.

4.4.2.3 Auswahl eines bestimmten Arztes

62 Zum Sachverständigen kann nur eine natürliche Person bestellt werden. Ergeht der Auftrag an eine Klinik, so ist damit allenfalls der Leiter der Klinik zum Sachverständigen bestellt *(BSG SozR Nr. 73 zu § 128 SGG)*. Dieser ist jedoch nicht befugt, von sich aus den Auftrag an einen anderen Arzt der Klinik zu delegieren *(BSG SozR Nr. 93 zu § 128 SGG)*. Dies ist jetzt in § 407a Abs. 2 Satz 1 ZPO ausdrücklich geregelt. Damit ist auch die Praxis vieler Großkliniken, die Auswahl des Gutachters einer Gutachtenstelle innerhalb der Klinik zu übertragen, nicht zulässig.

63 Benennung des Zusatzgutachters

Die Verpflichtung zur Benennung eines bestimmten Arztes bezieht sich auch auf den Sachverständigen, der ein Zusatzgutachten erstellen soll. Hier kann dem für das Hauptgutachten bestellten Sachverständigen lediglich freigestellt werden, von der Einholung des Zusatzgutachtens abzusehen, wenn er es sachlich nicht für erforderlich hält oder das Zusatzgutachten (von einem schon vorher namentlich benannten Sachverständigen) nur dann einzuholen, wenn er dies nach der eigenen Begutachtung für erforderlich hält.

Die Pflicht zur Benennung des Zusatzgutachters setzt natürlich voraus, dass es sich tatsächlich um ein echtes Zusatzgutachten handelt. Dies ist dann nicht der Fall, wenn der Gutachter lediglich bestimmte Befunde, deren Erhebung spezielle Sachkunde erfordert, von einem anderen Arzt erheben lässt (z.B. Gewebeuntersuchung durch den Histologen, Computertomogramm oder Kernspintomogramm durch den Radiologen). Werden lediglich die selbst erhobenen Befunde wiedergegeben und gewürdigt, so handelt es sich um einen Befundbericht. Von einem Zusatzgutachten muss man dagegen ausgehen, wenn auch eine Auseinandersetzung mit Fremdbefunden und womöglich eine Stellungnahme zu den Beweisfragen stattfindet.

Mitwirkung von Hilfskräften

Bleutge, Die Hilfskräfte des Sachverständigen – Mitarbeiter ohne Verantwortung, NJW 1985, 1185

64 Der Sachverständige hat das Gutachten persönlich zu erstatten. Dies folgt aus § 410 ZPO: Der durch das Gericht bestellte Sachverständige muss die volle straf-

rechtliche Verantwortung für das Gutachten übernehmen *(BSG SozR 1500 § 128 Nr. 24 und 33 = NZA 1989, 197)*. § 407a Abs. 2 ZPO legt die Verpflichtung zur persönlichen Erstattung nunmehr ausdrücklich fest.

Der Sachverständige kann sich jedoch der Unterstützung sachkundiger Hilfs-personen bedienen, deren Fachwissen und Zuverlässigkeit er kennt. Das **Ausmaß zulässiger Delegation** richtet sich nach den Besonderheiten des Einzelfalles. Es wird bei der Erhebung der Anamnese und der allgemeinen Befunde in der Regel größer sein als bei Untersuchungen, die spezielle Sachkunde und Erfahrung des Sachverständigen erfordern und die gerade Anlass zur Bestellung eines bestimm-ten Arztes zum Sachverständigen waren. In jedem Fall muss der Sachverständige die von Hilfskräften erhobenen Befunde und Daten nachvollziehen. Kann er sich hieraus – zum Beispiel wegen der Eigenart des Gutachtenthemas – kein eigenes Bild machen, so hat er die jeweiligen Untersuchungsabschnitte selbst durchzufüh-ren. Deutlich wird dies insbesondere bei der psychiatrischen Begutachtung, wo auch die Exploration in der Regel vom Sachverständigen selbst durchzuführen ist *(BSG SozR 4-1750 § 407a Nr. 1)*. Wegen weiterer Einzelheiten vgl. *Krasney*, in: *Suchenwirth* u.a., Neurologische Begutachtung, S. 15. 65

Auch bei der Abfassung des schriftlichen Gutachtens kann sich der Sachver-ständige einer Hilfsperson bedienen. Aus der Tatsache, dass ein Gutachten das Diktatzeichen eines Assistenz- oder Oberarztes trägt, kann daher noch nicht ge-schlossen werden, dass das Gutachten nicht von dem beauftragten Sachverständi-gen stammt, wenn dieser den Entwurf seines Mitarbeiters überprüft und ggf. kor-rigiert hat und durch seine Unterschrift die volle Verantwortung übernimmt. Es ist unerheblich, wenn neben dem Sachverständigen auch die von ihm herangezo-gene Hilfsperson das Gutachten unterschreibt. 66

Ist das Gutachten – neben der Hilfsperson – von dem beauftragten Sachver-ständigen **ohne Zusatz unterzeichnet**, so kommt darin regelmäßig die Übernah-me der vollen Verantwortung durch beide Unterzeichner zum Ausdruck. Die ge-genteilige Auffassung *(BSG SozR Nr. 93 zu § 128 SGG und SozR 1500 § 128 Nr. 24 und 33* sowie *Urteil vom 15. 2. 1989, 9 RV 23/88)*, die bei der Heranzie-hung einer Hilfsperson stets einen Zusatz zur Unterschrift des Sachverständigen verlangt (z.B. „Dem vorstehenden Gutachten stimme ich aufgrund eigener Un-tersuchung und Beurteilung" oder „… aufgrund eigener Überprüfung und Beur-teilung zu"), verkennt, dass ein Zusatz zur Unterschrift eher auf eine nur einge-schränkte Identifikation des Sachverständigen mit dem Gutachten schließen lässt, während die zusatzfreie Unterschrift gerade deutlich macht, dass der Sachverstän-dige das Gutachten wie ein von ihm allein ohne Mithilfe erarbeitetes betrachtet. 67

Ist die Unterschrift des Sachverständigen dagegen mit einem Zusatz versehen, so muss daraus auch der Umfang der Verantwortung deutlich werden, die der Sachverständige übernommen hat *(BVerwGE 69, 70, 76)*. Insoweit genügt der Zu-satz „Einverstanden" allenfalls bei einem Gutachten nach Aktenlage, nicht aber bei einem Untersuchungsgutachten *(BVerwGE 69, 70, 76)*. 68

Diese Streitfrage hat durch die Einfügung von § 407a Abs. 2 Satz 2 ZPO ihre Bedeutung verloren. Denn nunmehr muss der Sachverständige bei einer Heranziehung von Hilfskräften deren Namen und den Umfang ihrer Tätigkeit im Gutachten angeben. (Die im Gesetzgebungsverfahren ursprünglich erhobene Forderung, dass die Hilfskräfte vor Beginn ihrer Arbeiten namhaft gemacht werden müssten, hat keinen Eingang in das Gesetz gefunden – vgl. BT-Drucks. 11/8283, S. 11.) Hiervon kann nur dann abgesehen werden, wenn es sich um Hilfsdienste von untergeordneter Bedeutung handelt *(vgl. Krasney, SGb 1989, 451, 454)*. Die Mitunterzeichnung der Hilfskräfte (z.B. des Assistenz- oder Oberarztes) reicht deshalb nicht aus, wenn der Sachverständige entgegen der Verpflichtung aus § 407a Abs. 2 Satz 2 ZPO Hilfskräfte eingeschaltet hat, ohne den Umfang ihrer Tätigkeit im Gutachten anzugeben *(BSG, Beschluss vom 15. 7. 2004, B 9 V 24/03 B)*, gleichgültig ob der vom Gericht bestellte Sachverständige mit oder ohne Zusatzerklärung unterzeichnet hat. Ein derartiges Gutachten kann erst dann als Sachverständigenbeweis verwertet werden, wenn das Gericht den Umfang der Tätigkeit anderer Personen ermittelt hat. Es ist dann – auch bei von vornherein offenbarter Mitwirkung von Hilfskräften – vom Gericht zu entscheiden, ob es den Umfang der Eigenleistung des bestellten Sachverständigen für ausreichend hält. Kommt es zu dem Ergebnis, dass im Einzelfall – auch unter Berücksichtigung des Beweisthemas – der Sachverständige selbst keine abschließende Beurteilung abgeben konnte, so kann es das Gutachten gleichfalls nicht als Sachverständigenbeweis verwerten.

4.4.2.4 Einwände gegen das schriftliche Gutachten

69 Einwände der Beteiligten gegen ein schriftliches Sachverständigengutachten werden in der Regel im schriftlichen Vorverfahren vorgebracht. Dies folgt bereits aus der Konzentrationsmaxime des sozialgerichtlichen Verfahrens (§ 106 Abs. 2). Das Gericht muss das Gutachten dann schriftlich oder mündlich (im Termin gemäß § 411 Abs. 3 ZPO) ergänzen lassen, wenn sich aus dem Vorbringen ergibt, dass das Gutachten im Hinblick auf entscheidungserhebliche Fragen nicht schlüssig oder unvollständig ist. Diese Pflicht ergibt sich – unabhängig vom Vorbringen der Beteiligten – schon aus dem Amtsermittlungsgrundsatz. Anregungen und Hinweise der Beteiligten setzen das Gericht jedoch häufig erst in die Lage, der Amtsermittlungspflicht insoweit nachzukommen. Einwände gegen das Gutachten, die Begutachtung betreffende Anträge und Ergänzungsfragen müssen innerhalb eines angemessenen Zeitraumes vorgebracht werden (vgl. auch § 411 Abs. 4 ZPO).

70 Wegen der Verweisung in § 118 Abs. 1 SGG haben die Beteiligten grundsätzlich auch das Recht, an den Sachverständigen in der mündlichen Verhandlung **Fragen zu stellen** (§§ 402, 397 ZPO); das Gericht kann den Sachverständigen zur Erläuterung des Gutachtens laden (§ 411 Abs. 3 ZPO). Aus § 116 Satz 2 ergibt sich eine Einschränkung des Fragerechts: Die Fragen müssen objektiv sachdienlich sein; die nur von einem Beteiligten angenommene Sachdienlichkeit reicht nicht aus *(BSG SozR Nr. 160 zu § 162 SGG)*. Eine Pflicht des Gerichts, den Sachverständigen zur mündlichen Verhandlung zu laden, besteht nur dann, wenn der Sachverhalt noch nicht zweifelsfrei geklärt ist und die bestehenden Zweifel durch

schriftliche Nachfragen nur unzulänglich geklärt werden können *(vgl. Udsching, NZS 1992, 50, 53)*. Das Fragerecht darf nicht nur zu dem Zweck eingesetzt werden, die Beweiswürdigung des Gerichts bei Gutachten mit widersprechenden Ergebnissen durch mündliche Befragung desjenigen Sachverständigen zu beeinflussen, der zu einem für den Kläger positiven Ergebnis gekommen ist.

In Bezug auf § 411 Abs. 3 ZPO hat das BSG teilweise aus der Konzentrationsmaxime (§ 106 Abs. 2) und aus der Mitwirkungspflicht der Beteiligten (§ 103 Satz 1) die Forderung abgeleitet, die Anregung, den Sachverständigen zur Erläuterung des Gutachtens zu laden, müsse rechtzeitig vor der Sitzung gestellt werden. Aus der Anregung müsse sich außerdem die Sachdienlichkeit der mündlichen Anhörung des Sachverständigen ergeben *(BSG SozR 1750 § 411 Nr. 2)*. Nach § 411 Abs. 4 Satz 2 ZPO kann das Gericht hierfür eine Frist setzen. Nach Fristablauf kann die Ladung des Sachverständigen unter den Voraussetzungen von § 296 Abs. 1 und 4 ZPO abgelehnt werden.

4.4.2.5 Mündliches Gutachten durch den Sachverständigen im Termin

Schrifttum *71*

Bürck, Der so genannte Terminsachverständige im sozialgerichtlichen Verfahren, NZA 1985, 445

Geschwinder, Sachverständigengutachten – mit oder ohne Untersuchung, SGb 1983, 225

§ 402 i. V. m. §§ 395 ff. ZPO eröffnen auch die Möglichkeit, im Termin ein münd- *72* liches Gutachten erstatten zu lassen, ohne dass bereits ein schriftliches Gutachten vorliegt. Hierbei besteht sowohl für das Gericht als auch für die Beteiligten kaum die Möglichkeit, das Gutachten auf seine Schlüssigkeit zu überprüfen. Wird – was in der Regel wegen § 106 Abs. 2 der Fall sein dürfte – nach der mündlichen Verhandlung das Urteil verkündet, so kann dies eine Verletzung des rechtlichen Gehörs (§ 62) darstellen, denn die Beteiligten haben einen Anspruch darauf, die Auffassung des Sachverständigen mithilfe eines sachkundigen Beraters (beim Kläger: der behandelnde Arzt; beim Versicherungs- bzw. Versorgungsträger: der beratende Arzt bzw. der Sozialmedizinische Dienst) überprüfen zu können. Das Gericht muss einem Vertagungsbegehren deshalb stattgeben, wenn die Beteiligten erstmals in der mündlichen Verhandlung gutachterliche Äußerungen eines medizinischen Sachverständigen zur Kenntnis nehmen. Dies gilt auch für den Vertagungsantrag des Sitzungsvertreters eines Versicherungträgers *(BSG SozR 3-1500 § 62 Nr. 5)*. Auch ohne Antrag ist in diesen Fällen eine Vertagung häufig schon deshalb angezeigt, weil für das Gericht eine ordnungsgemäße Beweiswürdigung (Prüfung der Schlüssigkeit, Widerspruchsfreiheit und Überzeugungskraft des mündlichen Gutachtens und der Vergleich mit den in den Akten vorhandenen schriftlichen Gutachten sowie den Behandlungs- bzw. Befundberichten der behandelnden Ärzte) kaum möglich ist.

Die Stärke des mündlichen Gutachtens liegt dagegen in der Möglichkeit des *73* Dialogs zwischen Gericht, Sachverständigen und Beteiligten. Sie kann jedoch nur dann eine langfristig (d. h. über die Dauer der mündlichen Verhandlung hinausgehende) streitschlichtende Wirkung haben, wenn die wesentlichen Grundlagen der medizinischen Problematik im vorbereitenden Verfahren (auch durch schriftliche Gutachten) schon so weit aufbereitet sind, dass die Anhörung des Sachverständigen in erster Linie in einer Erläuterung widerstreitender medizinischer Lehrmeinungen besteht. Auch diese Funktion kann ein Sachverständiger, der an einem Sitzungstag Fälle aus verschiedenen medizinischen Fachgebieten beurteilen soll, kaum erfüllen. Dieser in der Sozialgerichtsbarkeit früher häufig vertretenen Spezies (sog. Sitzungsarzt), die traditionell auf die Verfahrensordnung der Spruchkörper in den Oberversicherungsämtern zurückgeht (§ 1686 RVO in der bis 1954 geltenden Fassung), dürfte es vielfach an der für die speziellen Fachgebiete der Medizin erforderlichen besonderen Sachkunde fehlen, sodass ihrer Aussage oft nur ein geringer Beweiswert beizumessen ist *(BSG SozR Nr. 42 zu § 128 SGG und Beschluss des BSG vom 16. 11. 1987, 5 b BJ 118/87).*

Abzulehnen ist in jedem Fall ein mündliches Gutachten, das auf einer – über den bloßen Augenschein (z.B. bei Veränderungen an den Extremitäten) hinausgehenden – vorhergehenden körperlichen Untersuchung in einem Untersuchungsraum des Gerichts aufbaut *(BSG Urteil vom 27. 6. 1969, 2 RU 158/66).* Angesichts des heutigen Standes der apparativen Diagnostik sind derartige Untersuchungsmöglichkeiten grundsätzlich unzureichend.

4.4.3 Gutachten nach § 109

74 Schrifttum

Behn, Der Verbrauch des Antragsrechts nach § 109 SGG, SozVers. 1990, 1–4, 29– 37

Gouder, Kostenvorschuß nach § 109 SGG und richterliches Ermessen, SGb 1984, 89

Kerber, Recht auf gutachterliche Anhörung eines bestimmten Arztes – nichtärztliche Pflegefachkraft, jurisPR-MedizinR 7/2010 Anm. 1

Stoll, Das Recht auf Anhörung eines bestimmten Arztes nach § 109 SGG, NZA 1988, 272

4.4.3.1 Allgemeines

75 Nach § 109 Abs. 1 Satz 1 muss das Sozialgericht auf Antrag des Versicherten, des Behinderten, des Versorgungsberechtigten oder Hinterbliebenen einen bestimmten Arzt gutachtlich hören, wenn nicht die Voraussetzungen des Abs. 2 vorliegen oder der Beweisfrage, für deren Beantwortung ärztliches Fachwissen erforderlich ist, keine Entscheidungserheblichkeit zukommt *(BSG SozR 1500 § 109 Nr. 1).* Den am sozialgerichtlichen Verfahren beteiligten öffentlichrechtlichen Körperschaften steht das Antragsrecht nach § 109 nicht zu. § 109 durchbricht den Untersuchungsgrundsatz und zwingt das Gericht im Regelfall, von dem von einem Antragsberechtigten benannten Arzt ein schriftliches oder mündliches Gutachten einzuholen. Für den Berechtigten ist der Antrag nach § 109 mit einem Kostenrisiko verbunden (vgl. unten Rn. 95ff.).

76 Das Gutachten nach § 109 ist ein gerichtliches Sachverständigengutachten und kein Privatgutachten. Dies gilt auch dann, wenn ein den Antragsteller behandelnder Arzt als Sachverständiger benannt wird. Die Durchführung der Beweisaufnahme nach § 109 obliegt allein dem Gericht. Nach der Benennung des Sachverständigen durch den Antragsteller – und ggf. dem Eingang des Kostenvorschusses (vgl. unten Rn. 95 ff.) – erlässt im Regelfall der Kammervorsitzende bzw. der Berichterstatter in der Berufungsinstanz im Rahmen des vorbereitenden Verfahrens eine Beweisanordnung wie auch bei der Einholung eines Gutachtens nach § 103. Das Gericht hat auch die ordnungsgemäße Abwicklung des Gutachtenauftrags (Hinwirken auf rechtzeitige Erstellung des Gutachtens, Erstellung des Gutachtens durch den bestellten Sachverständigen u.a.) in gleicher Weise zu überwachen wie bei einem Gutachten von Amts wegen.

Beauftragt ein Beteiligter dagegen von sich aus einen Arzt mit der Erstellung **77** eines Gutachtens und legt dieses dann dem Gericht vor, so handelt es sich hierbei auch im sozialgerichtlichen Verfahren um ein Privatgutachten, das nicht als Sachverständigenbeweis, sondern lediglich als Beteiligtenvortrag verwertet werden kann. Dies gilt auch für die von einem Versicherungsträger vorgelegte gutachtliche Stellungnahme eines Arztes.

Die Möglichkeit des § 109 sollte erst dann eingesetzt werden, wenn das Ge- **78** richt zu erkennen gibt, dass es von Amts wegen eine weitere Beweisaufnahme auf medizinischem Gebiet nicht mehr durchführt und die vorliegenden Gutachten kein für den Kläger positives Ergebnis erwarten lassen. Trotz eines Antrags nach § 109 verbleibt dem Gericht die Möglichkeit, zunächst (von einem anderen oder dem vom Antragsteller benannten Sachverständiger) gemäß § 106 Abs. 3 Nr. 5 i.V.m. § 103 ein Gutachten einzuholen, da das Gericht vordringlich verpflichtet ist, den Sachverhalt von Amts wegen aufzuklären. Das Gericht muss dem Antrag nach § 109 ggf. anschließend nachgehen, wenn der Antragsberechtigte ihn noch aufrechterhält.

Das Antragsrecht besteht grundsätzlich in beiden Tatsacheninstanzen. Es ist im **79** Regelfall jedoch auch für die nachfolgenden Instanzen verbraucht, wenn bereits ein Gutachten nach § 109 eingeholt worden ist oder auf das Antragsrecht in der Vorinstanz ausdrücklich verzichtet wurde (Bley § 109, Anm. 4d). Ein weiteres Gutachten nach § 109 kann dann beantragt werden, wenn zwischenzeitlich ein Gutachten von Amts wegen eingeholt worden ist, das im Ergebnis dem Gutachten nach § 109 widerspricht oder wenn das Gericht (etwa LSG im Verhältnis zum SG) von anderen rechtlichen Gesichtspunkten oder anderen Anknüpfungstatsachen ausgeht *(wegen weiterer Gründe vgl. BSG SozR Nr. 14 und 18 zu § 109 SGG)*. Dass das Gericht die abweichende rechtliche oder tatsächliche Beurteilung zuvor dem Kläger mitteilen muss, ergibt sich aus § 62. Zur Möglichkeit, im Rahmen des § 109 die Anhörung mehrerer Ärzte (unterschiedlicher Fachrichtungen) zu beantragen, s. unten Rn. 94.

Es besteht dagegen kein Anspruch auf Einholung eines weiteren Gutachtens **80** nach § 109, wenn der Antragsteller nach Vorlage des ersten Gutachtens geltend macht, der (von ihm benannte) erste Gutachter sei in Bezug auf das Beweisthema nicht kompetent gewesen. Insoweit trägt der Antragsteller das Risiko der Auswahl des Sachverständigen (vgl. unten Rn. 90 ff.).

4.4.3.2 Ablehnung des Antrags, Frist für die Antragstellung

81 Das Gericht kann den Antrag nicht deshalb ablehnen, weil es den Sachverhalt auf medizinischem Gebiet für hinreichend geklärt erachtet. Abgelehnt werden kann der Antrag nur dann, wenn die durch das Gutachten zu beweisende Tatsache nicht entscheidungserheblich ist oder das Gericht sie aus anderen Gründen schon für bewiesen hält. So kommt die Einholung eines medizinischen Gutachtens zur Ermittlung der gesundheitlichen Leistungsfähigkeit in einem Verfahren über die Gewährung von Rente wegen verminderter Erwerbsfähigkeit aus der gesetzlichen Rentenversicherung dann nicht in Betracht, wenn die Anspruchsberechtigung schon an versicherungsrechtlichen Voraussetzungen (z.B. fehlende Wartezeit i.S. von § 50 Abs. 1 SGB VI; keine versicherungspflichtige Beschäftigung vor Eintritt der Erwerbsminderung i.S. von § 43 Abs. 1 Satz 1 Nr. 2) scheitert. Ein medizinisches Gutachten zur Ermittlung des Ursachenzusammenhangs zwischen einem Arbeitsunfall und Gesundheitsstörungen darf dann nicht eingeholt werden, wenn der Versicherungsschutz des Verletzten zurzeit des Unfalls nicht feststeht. Holt das Gericht in derartigen Fällen dennoch ein Gutachten ein, so kann es den Antragsteller letztlich nicht mit dem Kostenrisiko belasten.

82 Der Antrag kann – auch schon zu Beginn einer Instanz – hilfsweise für den Fall gestellt werden, dass das Gericht kein Gutachten von Amts wegen einholt. § 109 sieht selbst keine Frist vor, innerhalb derer der Antrag gestellt werden muss. Das Gericht kann jedoch im vorbereitenden Verfahren eine **Frist setzen** und den Antrag nach Ablauf der Frist ablehnen. Dies folgt aus § 109 Abs. 2, wonach das Gericht den Antrag ablehnen kann, wenn durch die Zulassung die Erledigung des Rechtsstreits verzögert werden würde und der Antrag aus grober Nachlässigkeit nicht früher vorgebracht worden ist. Die weitere Ablehnungsmöglichkeit, die neben einer zu erwartenden Verzögerung des Rechtsstreits voraussetzt, dass der Antrag nur in der Absicht gestellt wurde, das Verfahren zu verschleppen, greift dagegen nur in seltenen Fällen ein, da dem Antragsteller eine entsprechende subjektive Einstellung kaum nachzuweisen ist. Die zuletzt genannten, alternativ erforderlichen Voraussetzungen (Verspätung aus grober Nachlässigkeit oder Verschleppungsabsicht) müssen nur „nach der freien Überzeugung des Gerichts" vorliegen; insoweit besteht daher nur ein reduziertes Beweisbedürfnis. Auch aus diesem Grund sollte der Antrag so rechtzeitig wie möglich gestellt werden.

83 **Grobe Nachlässigkeit** kann jedoch nur dann angenommen werden, wenn das Gericht zu erkennen gegeben hat, dass es keine weiteren Ermittlungen von Amts wegen mehr anstellen wird und der Antragsteller nicht innerhalb einer angemessenen Überlegungszeit reagiert. Es reicht dagegen grundsätzlich nicht aus, dass das Gericht ein von Amts wegen eingeholtes Gutachten zur Kenntnis- und Stellungnahme innerhalb einer bestimmten Frist übersendet. Den antragsberechtigten Beteiligten ist allerdings zu raten, dem Gericht innerhalb dieser Frist zumindest die Absicht mitzuteilen, dass ein Antrag nach § 109 gestellt werden soll; auch wenn sie den hierfür infrage kommenden Arzt noch nicht ermittelt haben oder die Aufbringung des Kostenvorschusses noch ungewiss ist.

Der Antrag kann ohne nachteilige Wirkung ggf. jederzeit zurückgezogen   *84*
werden.

Hat der Antragsteller eine speziell für den Antrag nach § 109 gesetzte Frist geringfügig oder ohne eigenes Verschulden versäumt, so kann das Gericht dem Antrag dennoch stattgeben, ohne über eine Wiedereinsetzung beschließen zu müssen. Zum einen handelt es sich nicht um eine gesetzliche Verfahrensfrist i.S. von § 67 Abs. 1; zum anderen liegt in derartigen Fällen in der Regel keine „grobe Nachlässigkeit" vor.

Eine Pflicht des Gerichts, auf die Möglichkeit einer Antragstellung nach § 109   *85*
hinzuweisen, wird von der Rechtsprechung nur in Ausnahmefällen angenommen *(BSG SozR Nr. 45 zu § 162 SGG, Nr. 8 zu § 109 SGG; ML § 109 Rn. 9)*.

Lehnt es der Kammervorsitzende des SG bzw. der Berichterstatter des LSG im   *86*
vorbereitenden Verfahren ab, einem Antrag auf Einholung eines Gutachtens nach § 109 zu entsprechen, so kann hiergegen keine Beschwerde eingelegt werden, da es sich um eine Prozess leitende Verfügung handelt, die vorläufigen Charakter hat und vom gesamten Spruchkörper spätestens bei der Entscheidung über den Rechtsstreit korrigiert werden kann. Der Antrag nach § 109 sollte deshalb in der mündlichen Verhandlung, evtl. hilfsweise neben den Sachanträgen, erneut gestellt werden. Ist er im vorbereitenden Verfahren bereits abschlägig beschieden worden, so kann ihn das Gericht nicht wegen Verspätung ablehnen, auch wenn hierdurch eine Vertagung erforderlich wird.

Ob eine Ablehnung des Antrags nach § **109 im Berufungsverfahren** schon   *87*
dann zulässig ist, wenn der Antragsteller in erster Instanz trotz eines ausdrücklichen Hinweises keinen Antrag gestellt hat *(vgl. BSG SozR 3-1500 § 109 Nr. 1)*, erscheint zweifelhaft. Sinn und Zweck des § 109 sprechen dafür, dem Berechtigten gerade dann ein Antragsrecht zuzubilligen, wenn ihm durch das erstinstanzliche Urteil deutlich gemacht worden ist, dass die vorliegenden Gutachten seinen Anspruch nicht stützen. Die gegenteilige Auffassung schränkt die Anwendbarkeit des § 109 im Berufungsverfahren über Gebühr ein und macht sie zudem davon abhängig, ob das Sozialgericht zufälligerweise (im Einzelfall oder weil es gerade bei der betreffenden Kammer Praxis ist) auf das Antragsrecht hingewiesen hat.

Eine nicht begründete Ablehnung oder die bloße Nichtbeachtung eines Antra-   *88*
ges nach § 109 stellen einen wesentlichen Mangel des Verfahrens dar und führen bei nicht statthafter Berufung gemäß § 144 Abs. 2 Nr. 3 zur Zulässigkeit dieses Rechtsmittels. Die Zulassung der Revision kann dagegen nicht allein auf eine Verletzung des § 109 gestützt werden (vgl. § 160 Abs. 2 Nr. 3).

4.4.3.3 Formulierung des Beweisthemas

Das Beweisthema muss – wie bei einem Gutachten nach §§ 103, 106 – vom Ge-   *89*
richt festgelegt werden. Schlägt der Antragsteller bestimmte Beweisfragen vor, so hat das Gericht sie auf ihre Entscheidungserheblichkeit zu überprüfen und ggf.

von Amts wegen zu ergänzen. Das Gericht ist an die Formulierung der Beweisfragen durch den Antragsteller nicht gebunden.

4.4.3.4 Auswahl eines bestimmten Arztes

90 Der Antragsteller darf den Arzt seines Vertrauens als Sachverständigen benennen. Soweit es sich um einen approbierten Arzt handelt, ist er in der Auswahl grundsätzlich nicht beschränkt. Nichtärzte (z.B. Heilpraktiker, Psychologen etc.) können im Rahmen des § 109 nicht als Sachverständige benannt werden. Aus den Angaben des Antragstellers muss die Person des von ihm gewünschten Sachverständigen zu identifizieren sein. Es genügt also die Angabe „Chefarzt der chirurgischen/internistischen usw. Abteilung des Stadtkrankenhauses A.". Nicht ausreichend ist dagegen der Wunsch, das Gutachten nach § 109 möge von „einem Arzt/ Oberarzt" usw. des betreffenden Krankenhauses eingeholt werden, da der Antragsteller die Auswahl hier letztlich dem Gericht überlässt, was mit Sinn und Zweck des § 109 nicht vereinbar ist.

91 Bei der Auswahl des Sachverständigen sollte der Antragsteller bedenken, dass der Arzt seines Vertrauens auch in der Lage sein muss, das Gericht zu überzeugen. Dies setzt **spezielle Sachkunde** (in dem entscheidungserheblichen medizinischen Fachgebiet und im Abfassen von Gutachten) sowie ein Mindestmaß an Objektivität voraus. Der behandelnde Arzt wird beide Voraussetzungen häufig nicht erfüllen können. Zum einen bringt ihn die Forderung nach Objektivität in eine Konfliktsituation zu seinem Patienten. Zum anderen ist der in der Erstellung von Gutachten nicht geschulte Arzt häufig überfordert, da von ihm Wertungen verlangt werden, deren rechtliche oder tatsächliche Grundlagen ihm nicht vertraut sind (z.B. die MdE-Einschätzung, die Schätzung der zeitlichen Einsetzbarkeit eines Versicherten im Erwerbsleben, die Anforderungen einer bestimmten Berufstätigkeit bei der Arbeitsunfähigkeit, die Voraussetzungen der Vergünstigungsmerkmale nach dem Schwerbehindertenrecht u.a.). Bei der Benennung des behandelnden Arztes als Sachverständiger nach § 109 läuft der Antragsteller daher häufig Gefahr, dass das Gericht dem Gutachten keinen hohen **Beweiswert** beimisst. Er sollte den behandelnden Arzt eher zurate ziehen, um mit seiner Hilfe einen über die jeweils erforderliche Sachkunde verfügenden Sachverständigen zu ermitteln. Dies gilt in besonderem Maße bei sog. Kausalitätsgutachten, da in derartigen Verfahren im Regelfall schon im Verwaltungsverfahren ärztliche Sachverständige herangezogen worden sind, die auf dem betroffenen medizinischen Fachgebiet über wissenschaftliche Reputation verfügen.

92 Vor der Benennung des Arztes sollte der Antragsteller dessen Bereitschaft geklärt haben, als Sachverständiger tätig zu werden. Zwar kann das Gericht auch im Rahmen des § 109 notfalls Zwangsmittel einsetzen (§§ 409, 411 ZPO), doch dürfte dies kaum im Interesse des Antragstellers liegen. Eine vorherige Rücksprache ist vor allem bei leitenden Krankenhausärzten erforderlich, da sie in der Regel nicht bereit und in der Lage sein werden, das Gutachten persönlich – ohne Mitarbeit eines weiteren Arztes – zu erstellen.

Die **persönliche Bearbeitung** des Gutachtenauftrags – hierzu gehört unter 93
Umständen auch die Befunderhebung im Rahmen einer Untersuchung – hat aber
bei einem Gutachten nach § 109 einen noch höheren Stellenwert als bei einem von
Amts wegen eingeholten Gutachten, da gerade in der Auswahl der Person des
Sachverständigen die besondere Bedeutung dieser Vorschrift liegt.

Der Antragsteller kann unter Umständen auch **mehrere Ärzte** aus verschiede- 94
nen medizinischen Fachgebieten als Sachverständige benennen, wenn dies zur
Aufklärung des entscheidungserheblichen medizinischen Sachverhaltes erforderlich ist (*vgl. hierzu LSG Schleswig-Holstein, HVBG-Info 2000, 2732*). Desgleichen kann er ein weiteres Gutachten nach § 109 beantragen, wenn er Gesundheitsstörungen geltend macht, für deren Beurteilung der erste nach § 109
benannte Sachverständige fachlich nicht kompetent war. Hierbei ist jedoch zu bedenken, dass es Gesundheitsstörungen gibt, deren Beurteilung in die Kompetenz
mehrerer medizinischer Fachgebiete fällt (z.B. die Folgen von Verletzungen des
Bewegungsapparates: Chirurgen/Unfallchirurgen und Orthopäden oder Manual-
therapeuten). Hat der Antragsteller in einem solchen Fall schon das Gutachten
eines Chirurgen nach § 109 veranlasst, so kann er anschließend einen weiteren
Antrag nicht mit dem Argument begründen, der Orthopäde verfüge auf dem betroffenen Fachgebiet über die größere Sachkunde. Ein weiteres Gutachten kann
schließlich auch dann nicht begehrt werden, wenn der Antragsteller nach Vorlage
des Gutachtens selbst erkennt, dass der von ihm benannte Sachverständige nicht
über die erforderliche Sachkunde verfügt (s. auch oben Rn. 80).

4.4.3.5 Kosten der Beweiserhebung nach § 109
Die Einholung eines Gutachtens nach § 109 kann davon abhängig gemacht wer- 95
den, dass der Antragsteller einen Kostenvorschuss erbringt und die Kosten – vorbehaltlich einer anderen Entscheidung des Gerichts – endgültig trägt. Nach dem
Wortlaut des Gesetzes steht die Erhebung eines Kostenvorschusses im Ermessen
des Gerichts (*s.a. BSGE 2, 258, 260; BSG SozR Nr. 21 zu § 109 SGG*). Wegen der
Amtsermittlungspflicht im sozialgerichtlichen Verfahren kommt eine Beweiserhebung nach § 109 jedoch erst dann zum Zuge, wenn das Gericht den Sachverhalt
selbst für aufgeklärt und eine weitere Begutachtung von Amts wegen nicht mehr
für erforderlich hält. Deshalb wird es die Beweiserhebung nach § 109 im Regelfall
von der Einzahlung eines Kostenvorschusses abhängig machen (*so auch: Bley
§ 109 Anm. 6a; Zeihe § 109 Rn. 6*).

Ist der Sachverhalt im Zeitpunkt der Antragstellung noch nicht hinreichend 96
aufgeklärt, so kann das Gericht auch im Rahmen eines Gutachtens nach § 106
Abs. 3 Nr. 5 den vom Antragsteller benannten Sachverständigen mit der Begutachtung beauftragen. Einen Kostenvorschuss darf es in diesem Fall nicht verlangen. Andererseits kann auch die Tatsache, dass die Entscheidung von einer besonders schwierigen Kausalitätsfrage abhängt oder der Meinungsstand zu einer
entscheidungserheblichen medizinischen Frage besonders kontrovers ist, allein
nicht das Absehen von einem Kostenvorschuss rechtfertigen (*so Kühl, in: Breit-
kreuz/Fichte § 109 Rn. 10 im Anschluss an BSG SozR 3-1500 § 109 Nr. 2*), denn

solange das Gericht insoweit Zweifel hat, muss es von Amts wegen ermitteln und darf das Kostenrisiko nicht auf den Antragsteller abwälzen.

97   Von einem Kostenvorschuss kann grundsätzlich auch nicht bei **Prozesskosten-hilfe-Bedürftigkeit** des Antragstellers abgesehen werden, weil § 73a Abs. 3 die Regelung in § 109 Abs. 1 Satz 2 ausdrücklich unberührt lässt. Das BSG hält die Sozialgerichte auch nicht unter dem Gesichtspunkt der Chancengleichheit für verpflichtet, bei wirtschaftlich schwachen Antragstellern von der Erhebung des Kostenvorschusses abzusehen *(SozR Nr. 21 zu § 109 SGG* sowie *SozR 3-1500 § 109 Nr. 2)*.

98   Die Anordnung der Vorschusspflicht durch den Kammervorsitzenden bzw. den Berichterstatter im vorbereitenden Verfahren ist nicht beschwerdefähig (§ 172 Abs. 2).

99   Die **Höhe des Kostenvorschusses** muss sich an den voraussichtlichen Kosten des Gutachtens orientieren. Das Gericht kann von Erfahrungswerten ausgehen. Eine Verpflichtung, beim Sachverständigen vorab einen Kostenvoranschlag einzuholen, besteht im Regelfall nicht. Das Gericht sollte dem Sachverständigen mit der Erteilung des Gutachtenauftrags jedoch mitteilen, in welcher Höhe der Antragsteller einen Kostenvorschuss geleistet hat. Zugleich sollte der Sachverständige um eine Mitteilung gebeten werden, wenn die voraussichtlichen Kosten den eingezahlten Vorschuss übersteigen. Dies wird vor allem dann der Fall sein, wenn der Sachverständige die Einholung eines Zusatzgutachtens oder den Einsatz aufwendiger apparativer Diagnostik für erforderlich hält. In diesen Fällen muss der Antragsteller vor der Erledigung des Gutachtenauftrags auf das erhöhte Kostenrisiko hingewiesen werden. Das Gericht überschreitet sein Ermessen, wenn es den Kostenvorschuss objektiv zu hoch festsetzt und den Antragsberechtigten damit davon abhält, überhaupt einen Antrag zu stellen.

100   Das Gericht kann auch für die **Einzahlung des Kostenvorschusses** eine Frist setzen und die Einholung eines Gutachtens nach Ablauf der Frist in gleicher Weise nach § 109 Abs. 2 ablehnen wie bei einer verspäteten Antragstellung *(BSG SozR Nr. 32 zu § 109 SGG)*. Der Antragsteller muss sich auch zur endgültigen Kostentragung verpflichten. Hieraus ergibt sich auch die Verpflichtung zur Nachzahlung, wenn der Kostenvorschuss die endgültigen Kosten nicht abdeckt. Im Einzelfall kann das Gericht jedoch verpflichtet sein, die Kostenrechnung des Sachverständigen zu kürzen, wenn dieser auf die Mitteilung der Höhe des eingezahlten Kostenvorschusses verbunden mit der Aufforderung eine Überschreitung des Kostenrahmens vorab mitzuteilen, nicht reagiert hat.

101   Das Gericht kann die Kosten des Gutachtens **nachträglich auf die Staatskasse** übernehmen, wenn das Gutachten zur weiteren Sachaufklärung beigetragen hat. Dies ist zumeist dann der Fall, wenn das Gutachten Einfluss auf den weiteren Verlauf des Verfahrens nimmt; etwa zu einem Verfahrensabschluss ohne Urteil (Anerkenntnis, Vergleich, unter Umständen auch Rücknahme) führt oder das Gutachten Grundlage der Entscheidung des Gerichts wird. Bestätigt das Gutach-

ten lediglich ein zuvor schon von Amts wegen eingeholtes Gutachten, so ist es im Hinblick auf die Kostentragung bedeutungslos, dass das Gutachten in den Entscheidungsgründen erwähnt wird oder den Kläger zur Klage- oder Berufungsrücknahme veranlasst hat. Das Gutachten hat andererseits auch dann schon zur Sachaufklärung beigetragen, wenn es das weitere Verfahren zwar nicht maßgebend beeinflusst, aber entscheidungserhebliche Punkte des medizinischen Sachverhaltes, etwa die maßgebenden Befunde, weiter aufklärt. Von einer weiteren Sachaufklärung kann jedoch nicht schon dann ausgegangen werden, wenn das Gutachten nach § 109 das Gericht zur Einholung eines weiteren Gutachtens von Amts wegen veranlasst hat. Dient das weitere Amtsgutachten nur dem Zweck, eine durch das Gutachten nach § 109 eingetretene Unsicherheit oder Ungewissheit zu beseitigen, stellt sich die Sachlage nach dem abschließenden Amtsgutachten also wieder so dar wie vor der Einholung des Gutachtens nach § 109, so kann nicht von einer weiteren Sachaufklärung durch das Gutachten nach § 109 ausgegangen werden.

Übernimmt das Gericht die Kosten des Gutachtens nach § 109 auf die Staatskasse, so werden hiervon auch die Auslagen und der Verdienstausfall des Antragstellers erfasst. Nicht erstattungsfähig sind in jedem Fall die Kosten eines Privatgutachtens, das ein Beteiligter ohne Einschaltung des Gerichts eingeholt hat. *102*

Die Entscheidung des Gerichts über die endgültige Kostentragung kann nach vorherrschender Meinung von Amts wegen erfolgen *(P/S/W § 109 Rn. 5; ML § 109 Rn. 16)*; das Gericht muss jedoch nicht von Amts wegen entscheiden *(so aber: Bley § 109 Anm. 6e, aa)*. Es ist deshalb ratsam, einen **Antrag auf Übernahme** der Kosten auf die Staatskasse zu stellen. Dieser Antrag ist an keine Frist gebunden. Die Entscheidung ergeht durch Beschluss. Zuständig ist jeweils das Gericht, das den Gutachtenauftrag erteilt hat. Der Beschluss des SG ist gemäß § 172 Abs. 1 mit der Beschwerde angreifbar. Gegen die Entscheidung des LSG über die endgültige Kostentragung besteht dagegen keine Beschwerdemöglichkeit (§ 177). Umstritten ist, ob auch der Staatskasse gegen einen Beschluss des SG, durch den die Kosten eines Gutachtens nach § 109 auf die Staatskasse übernommen wurden, ein Beschwerderecht zusteht *(dafür: Pawlak, in: Hennig, SGG, § 109, Rn. 80; LSG Niedersachsen/Bremen, jurisPR-SozR 20/2006, Nr. 6)*. Die h.M. *(ML § 109 Rn. 22; Keller, jurisPR-SozR 20/2006, Nr. 6)* lehnt dies zu Recht ab, weil der Staatskasse im Rahmen des § 109 keine eigenständige Rechtsposition eingeräumt wird und die kostenrechtliche Belastung allein kein Beschwerderecht begründet. Die Einräumung eines Beschwerderechts ohne eindeutige Rechtsgrundlage lässt sich von daher mit dem Grundsatz der Gewaltenteilung nicht vereinbaren. *103*

Die Kosten nach § 109 sind keine Verfahrenskosten im Sinne des § 193 und werden deshalb auch nicht von der im Urteil regelmäßig dem unterliegenden Beteiligten auferlegten Kostenerstattungspflicht erfasst. *103a*

4.4.3.6 Antrag auf Einholung eines Gutachtens nach § 109 SGG

Schriftsatzmuster

Rechtsanwalt Dr. L.
Sozialgericht Hannover

In dem Rechtsstreit
des Bäckers Hermann S.,   Kläger, – Proz.-Bev.: Rechtsanwalt Dr. L. –

g e g e n

die Berufsgenossenschaft Nahrungsmittel und
Gaststätten,

                    Beklagte, vertreten durch die Geschäftsführung,

Az.: S 4 U 215/01

wird beantragt,

von dem Arzt für Lungenkrankheiten und Allergologie Prof. Dr. med. S., Leitender Arzt der Kurklinik Bad L., ein Gutachten gemäß § 109 SGG einzuholen,

bzw.: von dem Arzt für Lungenkrankheiten und Allergologie Prof. Dr. med. S. von Amts wegen (§§ 103, 106 Abs. 3 Nr. 5 SGG), hilfsweise, gemäß § 109 SGG ein Gutachten einzuholen.

Das Gutachten soll nach ambulanter, falls der Sachverständige es für erforderlich hält nach einer bis zu 3 Tage dauernden stationären Untersuchung des Klägers erstattet werden. Der Kläger ist erforderlichenfalls bereit, einen Kostenvorschuss zu leisten. Das Gericht wird für diesen Fall gebeten, dem Kläger die Zahlungsfrist und den Zahlungsweg aufzugeben bzw. einen Überweisungsträger für den Kostenvorschuss zu übersenden.

Dem Sachverständigen ist aufzugeben, sich mit den bislang erstatteten Gutachten, insbesondere dem im gerichtlichen Verfahren von Amts wegen eingeholten Gutachten des Dr. med. A., kritisch auseinanderzusetzen. Das Gutachten wird ergeben, dass die beim Kläger bestehende obstruktive Atemwegserkrankung entgegen der Auffassung von Dr. A. Folge einer Berufskrankheit nach Nr. 4101 bzw. 4102 der Anlage 1 zur BKVO ist und einen entschädigungspflichtigen Grad der MdE erreicht.

gez. Rechtsanwalt Dr. L.

Anmerkung:

Soweit die Ausführungen die Art der Gutachtenerstattung (Gutachten aufgrund ambulanter oder stationärer Untersuchung bzw. nach Aktenlage/schriftliches oder mündliches Gutachten) oder den Inhalt des Gutachtenauftrages betreffen, handelt es sich lediglich um Anregungen. Der Antragsteller hat insoweit keine Gestaltungsrechte.

4.4.3.7 Antrag auf Übernahme der Kosten des Gutachtens nach § 109 SGG   *105*

Schriftsatzmuster

Rechtsanwalt Dr. L.
Sozialgericht Hannover

In dem Rechtsstreit
des Bäckers Hermann S.,   Kläger, – Proz.-Bev.: Rechtsanwalt Dr. L. –

g e g e n

die Berufsgenossenschaft Nahrungsmittel und
Gaststätten,

                              Beklagte, vertreten durch die Geschäftsführung,

Az.: S 4 U 215/01

beantrage ich,

> die Kosten des gemäß § 109 SGG von Prof. Dr. S. eingeholten Gutachtens (Gut-
> achten vom … und ergänzende Stellungnahme vom …) auf die Staatskasse zu über-
> nehmen.

Das Gutachten hat wesentlich zur weiteren Aufklärung des medizinischen Sachverhalts beigetragen. Zwar ist der Sachverständige letztlich nicht zu einem den Klag-
anspruch tragenden Ergebnis gekommen, weil er den Grad der MdE lediglich auf
10 v.H. einschätzt. Doch ist erst aufgrund der von Prof. Dr. S. durchgeführten Funk-
tionsdiagnostik deutlich geworden, dass die Atemwegs- und Kreislauferkrankung des
Klägers nur teilweise Folge beruflich bedingter Einflüsse ist. Das Ergebnis des Gutachtens von Dr. med. A. war demgegenüber nicht nachvollziehbar.

gez. Rechtsanwalt Dr. L.

4.4.4 *Privatgutachten*

Die allein von den Beteiligten in das Verfahren eingeführten ärztlichen Gutachten   *106*
können nicht als Sachverständigenbeweis verwertet werden. Sie sind dennoch im
sozialgerichtlichen Verfahren von nicht geringer Bedeutung. Denn das Gericht
muss sich mit ihnen im Rahmen der Beweiswürdigung auseinandersetzen (dies
gilt auch für den Zivilprozess, vgl. *BGH VersR 2011, 552*). Erhebliches Gewicht
haben dabei vor allem Stellungnahmen der behandelnden Ärzte. Soweit sie nach
Vorlage eines von Amts wegen eingeholten Gutachtens Befunde mitteilen, die von
denen, die der Gutachter zugrunde gelegt hat, abweichen oder aufgrund der ständigen ärztlichen Betreuung des Verfahrensbeteiligten zu abweichenden Schlussfolgerungen kommen, wird das Gericht hierüber weiteren Beweis erheben müssen; sei es durch ein weiteres Gutachten (den Begriff „Obergutachten" gibt es
auch im sozialgerichtlichen Verfahren nicht, s. hierzu oben Rn. 59), sei es durch
Einholung einer ergänzenden Stellungnahme von demjenigen Sachverständigen,
der das erste Gutachten erstellt hat.

Da das Gericht die von den Beteiligten eingeführten ärztlichen Äußerungen mangels eigener Sachkunde in den meisten Fällen von Amts wegen in dieser Form weiter überprüfen lassen muss, sollte der Verfahrensbeteiligte, der das Amtsgutachten für unrichtig hält und es deshalb angreifen will, keinen Wert darauf legen, dass der behandelnde Arzt ein formal vollständiges Gutachten (mit Anamnese, umfassenden Befunden und Beurteilung) erstellt, wozu er häufig schon aus zeitlichen Gründen nicht in der Lage ist. Außerdem werden hierdurch unnötig Kosten verursacht. Der behandelnde Arzt sollte vielmehr konzentriert allein die Fakten und Wertungen mitteilen, die von dem Amtsgutachten abweichen. Ein derartiges Vorgehen ist zumindest bei gängigen medizinischen Fragen auch erfolgversprechender als der Antrag auf Einholung eines Gutachtens nach § 109 von dem behandelnden Arzt.

Wegen der Ablehnung von Sachverständigen s. Rn. 177 ff.

4.4.5 Inhalt der Beweisanordnung

107 Die Beauftragung des Sachverständigen mit der Erstellung eines Gutachtens erfolgt im sozialgerichtlichen Verfahren im Regelfall gemäß § 106 Abs. 3 Nr. 5 durch Beweisanordnung des Vorsitzenden (bzw. im Berufungsverfahren: des Berichterstatters gemäß § 155), die nicht selbstständig angreifbar ist (§ 172 Abs. 2).

4.4.5.1 Festlegung des Beweisthemas

108 Sowohl bei einem von Amts wegen als auch bei einem nach § 109 einzuholenden Gutachten hat das Gericht in der Beweisanordnung das Beweisthema festzulegen. Dies geschieht in der Regel dadurch, dass es, ausgehend von den für die Entscheidung maßgeblichen Normen, die hierfür erheblichen, noch klärungsbedürftigen Tatsachen erfragt. Die genaue Fragestellung ist eine der wichtigsten Aufgaben bei der Vorbereitung des Sachverständigenbeweises. Sie obliegt zwar allein dem Gericht. Doch sollten die Beteiligten schon in dieser Phase des Prozesses nach einer Überprüfung des Inhalts der Beweisanordnung durch Ergänzungsvorschläge und Hinweise Einfluss nehmen. So ist gegebenenfalls der Sachverhalt, der dem Sachverständigen in der Beweisanordnung vorgegeben worden ist, richtigzustellen oder auf tatsächliche Besonderheiten, die der Sachverständige nach Auffassung des Beteiligten in jedem Fall bei seiner Beurteilung berücksichtigen sollte, hinzuweisen. Das Gericht wird derartige Anregungen, soweit sie nicht sachfremd sind, dem Sachverständigen als Ergänzung der schon übersandten Akten zukommen lassen und ihn veranlassen, sie bei der Abfassung des Gutachtens zu berücksichtigen. Gegebenenfalls sind die Beweisanordnung zu ändern und die Beweisfragen neu zu formulieren.

109 Globale Subsumtionsfragen, die eine rechtliche Wertung voraussetzen, sind unzulässig (z. B.: Ist der Kläger völlig erwerbsgemindert? Stand der Kläger vom medizinischen Standpunkt aus der Arbeitsvermittlung zur Verfügung? usw.). Sind rechtliche Voraussetzungen für das Beweisthema erheblich, so müssen die Beweisfragen den gesetzlichen Vorgaben entsprechend formuliert werden (s. hierzu die Beispiele unten zu 4.4.5.3).

4.4.5.2 Vorgabe von Anknüpfungstatsachen

Der Sachverständige ist grundsätzlich nicht befugt, diejenigen Tatsachen, von de-   *110*
nen er bei der Beantwortung der Beweisfragen auszugehen hat, selbst – etwa
durch eine eigene Beweiserhebung – zu ermitteln. § 404 a ZPO (i.d.F. des Rechts-
pflegevereinfachungsgesetzes) bestimmt ausdrücklich, dass das Gericht bei „strei-
tigem Sachverhalt" bestimmt, welche Tatsachen der Sachverständige der Begutachtung zugrunde legen soll. Andererseits muss dem Sachverständigen in der
Beweisanordnung noch kein Sachbericht mitgeteilt werden. Soweit es erforderlich
ist, bestimmt das Gericht, in welchem Umfang der Sachverständige zur Aufklärung der Beweisfrage befugt ist (§ 404 a Abs. 4 ZPO). So kann der Sachverständige etwa ermächtigt werden, Röntgenaufnahmen, Krankenblätter über stationäre
Behandlungen und Patientenunterlagen der behandelnden Ärzte selbst von den
Urhebern anzufordern. Die dem Sachverständigen übertragene zusätzliche Aufklärung muss sich jedoch auf die Beweisfragen beziehen. Das Gericht kann – was
der ständigen Praxis der Sozialgerichte entspricht – dem Sachverständigen sämtliche Akten und Beiakten zur Verfügung stellen, damit dieser hieraus selbst die
für die Begutachtung erforderlichen Anknüpfungstatsachen ermittelt. Denn zumeist setzt schon die Auswahl der Anknüpfungstatsachen Sachkunde voraus, die
dem Gericht fehlt. Eine Vorauswahl durch das Gericht würde deshalb häufig zu
einer sachwidrigen Einschränkung des Beweisthemas führen.

Sachverständigengutachten, die **ohne Kenntnis der Akten** (und damit auch   *111*
ohne Kenntnis von Vorgutachten) erstellt werden, haben im Regelfall einen geringeren Beweiswert. Kausalitätsgutachten, die ohne Kenntnis des Verlaufs einer Gesundheitsstörung seit dem Arbeitsunfall bzw. dem schädigenden Ereignis erstellt
werden, können zur Sachverhaltsaufklärung grundsätzlich gar nicht beitragen
(BSG SozR Nr. 7 zu § 118 SGG).

Sind bestimmte Anknüpfungstatsachen noch nicht eindeutig festgestellt, so   *112*
können im Einzelfall auch Sachverhaltsalternativen vorgegeben werden.

§ 404 a Abs. 2 ZPO stellt nunmehr auch klar, dass das Gericht den Sachverstän-   *113*
digen vor der Abfassung der Beweisfragen anhören, ihn in seine Aufgabe einweisen und ihm auf Verlangen den Auftrag erläutern soll (dies kann unter Umständen auch telefonisch geschehen, da die Kontaktaufnahme nur der informellen
Verbesserung der Sachkunde im Hinblick auf die Formulierung der Beweisfragen
dient). § 407 a Abs. 3 ZPO verpflichtet den Sachverständigen bei Zweifeln an
Inhalt und Umfang des Auftrags unverzüglich eine Klärung durch das Gericht
herbeizuführen.

4.4.5.3 Typische beweisbedürftige Tatsachen als Gegenstand des Sachverständigenbeweises

(1) Gesetzliche Krankenversicherung   *114*
Schrifttum
Becker/Kingreen (Hrsg.), SGB V, Gesetzliche Krankenversicherung, 2. Aufl. 2010

Ebsen, Krankenversicherung, in: von Maydell/Ruland/Becker, Sozialrechtshandbuch, 4. Aufl. 2008, S. 680 ff.

Krauskopf, Soziale Krankenversicherung/Pflegeversicherung (Loseblatt)

Lehr- und Praxiskommentar (LPK), Gesetzliche Krankenversicherung, hrsg. von Kruse/ Hähnlein, 3. Aufl. 2009

Maaßen/Schermer/Wiegand/Zipperer, SGB V, Gesetzliche Krankenversicherung (Loseblatt)

v. Maydell, Gemeinschaftskommentar zum Sozialgesetzbuch, Gesetzliche Krankenversicherung GK-SGB V (Loseblatt)

Peters, Handbuch der Krankenversicherung (Loseblatt)

Rolfs/Giesen/Kreikebohm/Udsching, Beck Online Kommentar Sozialrecht, SGB V, bearbeitet von Berchtold, Kingreen, Knispel, Ulmer u.a.

Schulin (Hrsg.), Handbuch des Sozialversicherungsrechts, Band 1, Krankenversicherungsrecht, 1994

115 **(1.1) Streitgegenstand:**

Arbeitsunfähigkeit (als Voraussetzung für Krankengeldbezug – § 44 Abs. 1 SGB V und Lohnfortzahlung; ist die Arbeitsunfähigkeit Folge eines Arbeitsunfalls, so kommt es zur Gewährung von Verletztengeld – § 45 Abs. 1 SGB VII, in der Kriegsopferversorgung zur Gewährung von Versorgungskrankengeld – § 16 BVG).

116 – Beweisbedürftige Tatsachen:

Art und Umfang der Gesundheitsstörungen und der sich hieraus ergebenden Leistungseinschränkungen; Vereinbarkeit der gesundheitlichen Leistungseinschränkungen mit der zuletzt ausgeübten oder einer vergleichbaren Erwerbstätigkeit (vgl. zu Letzterem: *BSGE 53, 22, 31; BSGE 54, 62, 65; BSGE 57, 227, 229* und *BSGE 61, 66, 72*). Zur Beantwortung der letztgenannten Frage verfügt der Arzt nur begrenzt über Sachkunde. Unter Umständen ist die Vernehmung einer kompetenten Auskunftsperson aus dem Beschäftigungsbetrieb oder die Einholung eines berufskundlichen Sachverständigengutachtens erforderlich.

Die Arbeitsunfähigkeitsbescheinigung eines behandelnden Arztes ist kein unwiderlegbarer Beweis dafür, dass tatsächlich Arbeitsunfähigkeit besteht *(BSG SozR 2200 § 182 Nr. 12)*. Das Attest des Arztes hat lediglich die Bedeutung eines medizinischen Gutachtens *(BSG SozR 2200 § 182 Nr. 84)*, das bei Zweifeln einer sachverständigen Überprüfung bedarf.

117 **(1.2) Streitgegenstand:**

Krankenhaus-Behandlungsbedürftigkeit (§ 39 Abs. 1 SGB V – als Voraussetzung für die Übernahme der Kosten für stationäre Versorgung durch die Krankenkasse)

– Beweisbedürftige Tatsachen:

Feststellung, ob Gesundheitsstörungen bestehen, deren Behandlung nur mithilfe der besonderen Mittel des Krankenhauses durchgeführt werden kann oder ob neben einer häuslichen Krankenpflege auch ambulante ärztliche Behandlung ausreicht (vgl. hierzu BSG SozR 2200 § 184 Nr. 11, 15 und 28 sowie BSGE 86, 116 = NZS 2001, 316).

(2) Soziale und private Pflegeversicherung

118

Schrifttum

Bieback, Qualitätssicherung der Pflege im Sozialrecht, 2004

Hauck/Noftz, SGB XI (Loseblatt)

Igl, Pflegeversicherung, in: von Maydell/Ruland/Becker, Sozialrechtshandbuch, 4. Aufl. 2008, S. 876 ff.

Jung, Die neue Pflegeversicherung, 1995

Lehr- und Praxiskommentar – SGB XI, hrsg. von Klie/Krahmer, 3. Aufl. 2009

Udsching, SGB XI – Soziale Pflegeversicherung, 3. Aufl. 2010

(2.1) Streitgegenstand:

118a

Leistungen bei häuslicher Pflege (zu den Leistungsarten vgl. §§ 36 bis 40 SGB XI).

Die Anspruchsvoraussetzungen sind in erster Linie in den §§ 14, 15 SGB XI geregelt (daneben müssen die versicherungsrechtlichen Voraussetzungen – § 33 – vorliegen, und es darf keine vorrangige Leistungspflicht eines anderen Sozialversicherungs- oder Versorgungsträgers eingreifen – § 13 – bzw. ein Anwendungsfall der Ruhensregelung – § 34 – vorliegen). § 14 SGB XI bestimmt den Personenkreis, der als pflegebedürftig anzusehen ist. Maßgebend ist ein krankheits- oder behinderungsbedingter Hilfebedarf (bzw. Pflegebedarf) bei den gewöhnlichen und regelmäßig wiederkehrenden Verrichtungen im Ablauf des täglichen Lebens (§ 14 Abs. 1 SGB XI), wobei das Gesetz die Verrichtungen im Einzelnen festlegt, die für die Beurteilung des Hilfebedarfs maßgebend sein sollen (§ 14 Abs. 4 SGB XI). Die Erforderlichkeit von Hilfeleistungen bei anderen Gelegenheiten kann Pflegebedürftigkeit nicht begründen. Pflegebedürftigkeit kann nur angenommen werden, wenn auf Dauer (§ 14 Abs. 1) ein Hilfebedarf in dem Umfang besteht, der in § 15 (ergänzt durch die nach § 17 Abs. 1 erlassenen Pflegebedürftigkeits-Richtlinien) vorausgesetzt wird. Je nach dem Ausmaß des Hilfebedarfs wird der Pflegebedürftige einer von drei Pflegestufen zugeordnet (§ 15 Abs. 1). Besonderes Gewicht haben die in § 15 Abs. 3 SGB XI (i.d.F. des 1. SGB XI-ÄndG) für die einzelnen Pflegestufen festgelegten zeitlichen Mindestanforderungen an den Hilfebedarf. Die Zuordnung ist maßgebend für den Umfang der Leistungen, die der Pflegebedürftige nach den §§ 36 ff. beanspruchen kann.

– Beweisbedürftige Tatsachen: **118b**
Umfang des Pflegebedarfs. Hierüber müssen die Pflegekassen vor Erlass eines Bescheides im Verwaltungsverfahren zwingend ein Gutachten des Medizinischen Dienst der Krankenversicherung (MDK) einholen (§ 18 SGB XI).

– Beweisfragen an den Pflegesachverständigen (u. U. muss neben dem ärztlichen **118c**
Sachverständigen eine Pflegefachkraft herangezogen werden):
1. Welche Funktionsausfälle bestehen bei dem Kläger? Durch welche Befunde werden sie begründet?

2. Bei welchen Verrichtungen des täglichen Lebens aus den Bereichen
   – Körperpflege (Waschen, Duschen, Baden, Zahnpflege, Kämmen, Rasieren, Darm- oder Blasenentleerung),
   – Ernährung (mundgerechtes Zubereiten der Nahrung, Nahrungsaufnahme),
   – Mobilität (Aufstehen und Zu-Bett-Gehen, An- und Auskleiden, Gehen, Stehen, Treppensteigen, Verlassen und Wiederaufsuchen der Wohnung),
   – Hauswirtschaftliche Versorgung (Einkaufen, Kochen, Reinigen der Wohnung, Spülen, Wechseln und Waschen der Wäsche und Kleidung, Beheizen) bedarf der Kläger fremder Hilfe?
   a) Wie häufig täglich bzw. wöchentlich besteht der Hilfebedarf bei den einzelnen Verrichtungen?
   b) In welchem zeitlichen Umfang jeweils?
   c) Besteht auch nachts Hilfebedarf, gegebenenfalls wie häufig?
   – Ist der Pflegeaufwand insgesamt außergewöhnlich hoch?
   – Ist der gleichzeitige Einsatz bzw. die gleichzeitige Einsatzbereitschaft mehrerer Pflegepersonen erforderlich?
   d) Muss der Kläger zur Vermeidung einer Eigen- oder Fremdgefährdung beaufsichtigt werden? Gegebenenfalls: in welcher Intensität?
3. Welche Angaben machen der Pflegebedürftige und/oder die Pflegeperson(en) zum Pflegeaufwand?
4. Sind die Angaben in einem Pflege-Tagebuch dokumentiert?
5. Wird der geltend gemachte Zeitaufwand durch den festgestellten Hilfebedarf gerechtfertigt?
6. Wie ist die Pflege- und Versorgungssituation des Klägers zurzeit?
   a) Ist die Wohnsituation für die Pflege geeignet?
   b) Stellt der Kläger die erforderliche Pflege durch selbstbeschaffte Pflegekräfte sicher?
   c) In welchem Umfang werden Pflegedienste bzw. teilstationäre Einrichtungen in Anspruch genommen?
   d) Kann der zurzeit bestehende Hilfebedarf durch Hilfsmittel oder eine Umgestaltung der Wohnung reduziert werden?
7. Handelt es sich um einen Dauerzustand oder ist eine Änderung zu erwarten? Gegebenenfalls: mit welchen Auswirkungen auf den Pflegebedarf?

118d **(2.2) Streitgegenstand:**

Vollstationäre Pflege (§ 43 SGB XI). Zusätzlich zu den oben genannten Voraussetzungen ist zu prüfen, ob häusliche oder teilstationäre (§ 41 SGB XI) Pflege nicht möglich ist oder wegen der individuellen Lebenssituation nicht in Betracht kommt (§ 43 Abs. 1 SGB XI). Denkbare Gründe sind: Fehlen einer Pflegeperson, drohende oder bereits eingetretene Überforderung der häuslichen Pflegeperson, unzulängliche Wohnverhältnisse.

119 **(3) Gesetzliche Unfallversicherung**
Schrifttum

Brackmann, Handbuch der Sozialversicherung, Gesetzliche Unfallversicherung (Loseblatt); bearbeitet von: Burchardt, Krasney, Wiester

Elster, Berufskrankheitsrecht, 2. Aufl. (Loseblatt)

Lauterbach, Unfallversicherung – Sozialgesetzbuch VII, 4. Aufl. (Loseblatt)

Schmitt, Gesetzliche Unfallversicherung, 4. Aufl. 2009

Schönberger/Mehrtens/Valentin, Arbeitsunfall und Berufskrankheit, 8. Aufl. 2010

Schulin (Hrsg.), Handbuch des Sozialversicherungsrechts, Band 2, Unfallversicherungsrecht, München 1996

(3.1) Streitgegenstand: 120

Verletztenrente (§ 56 Abs. 3 SGB VII) oder **Verletztengeld** (§ 45 Abs. 1 SGB VII)

– Beweisbedürftige Tatsachen: 121

(a) Ursächlicher Zusammenhang zwischen versicherter Tätigkeit und Unfall (sog. haftungsbegründende Kausalität)

– nur relativ selten Gegenstand des Sachverständigenbeweises.

– Ermittlung der zum Unfall führenden Ursache, wenn eine mit dem unfallversicherten Risiko nicht im Zusammenhang stehende sog. innere Ursache (wie Kreislaufstörung, epileptischer Anfall, Herzversagen u.a.) den Unfall herbeigeführt haben kann – Frage an den Sachverständigen: Ist der Unfall wahrscheinlich wesentlich durch ein Kreislaufversagen etc. verursacht worden?

– Ermittlung der zum Unfall führenden Ursache, wenn der Versicherte zur Zeit des Unfalls unter Alkoholeinfluss stand – Frage an den Sachverständigen (z.B: Arzt für Rechtsmedizin): War Alkohol die allein wesentliche Ursache des Unfalls? (vgl. BSGE 13, 9).

(b) Ursächlicher Zusammenhang zwischen Unfall und geltend gemachter Gesundheitsstörung (sog. haftungsausfüllende Kausalität) – Gegenstand der Feststellungsklage nach § 55 Abs. 1 Nr. 3 und

(c) Grundlagen für die Schätzung der Minderung der Erwerbsfähigkeit (MdE).

– Beweisfragen an den medizinischen Sachverständigen: 122

1. Welche Gesundheitsstörungen des Klägers beruhen wahrscheinlich[1]) (im Sinne der Entstehung oder der Verschlimmerung)[2]) allein oder zumindest annähernd gleichgewichtig[3]) neben anderen Ursachen auf dem Unfall am …?

2. Bestanden zur Zeit des Unfalls bereits Vorschäden oder anlagebedingte Veränderungen?[4])

3. Wären die unter 1. genannten Gesundheitsstörungen aufgrund der unter 2. genannten Vorschäden oder anlagebedingten Veränderungen auch bei üblichen Verrichtungen des täglichen Lebens ohne einen besonderen äußeren Anlass etwa zur selben Zeit eingetreten?[5])

4. Wie hoch wird die unfallbedingte MdE seit dem … (regelmäßig: Tag des Wiedereintritts der Arbeitsfähigkeit nach dem Arbeitsunfall) eingeschätzt?[6]) Die Schätzung ist unter Berücksichtigung der allgemein anerkannten unfallmedizinischen Bewertungsgrundsätze[7]) (z.B. *Mehrhoff/Muhr*, Unfallbegutachtung; *Schönberger/Mehrtens/Valentin*, Arbeitsunfall und Berufskrankheit) zu begründen.

123 **Anmerkungen:**

1) Der Zusammenhang zwischen Unfall und Gesundheitsstörung muss nur wahrscheinlich sein (zu den Beweisanforderungen vgl. im Einzelnen Rn. 154 ff.).

2) Die Gesundheitsstörung ist durch den Unfall „entstanden", wenn vor dem Unfall weder Symptome bestanden noch eine entsprechende Anlage (etwa durch Röntgenbilder) dokumentiert worden ist. Hierbei bleiben funktionell unbedeutende Vorschäden (z.B. altersübliche Verschleißerscheinungen) in der Regel unberücksichtigt. Eine „Verschlimmerung" kann nur dann angenommen werden, wenn bereits vor dem Unfall objektivierbare Funktionsbeeinträchtigungen vorgelegen haben, die von dem nach dem Unfall bestehenden Gesamtzustand abgrenzbar sind. Eine separate Beurteilung (und Entschädigung) des Verschlimmerungsanteils kommt dann nicht in Betracht, wenn der Unfall die zuvor schon existente Gesundheitsstörung insgesamt maßgebend verschlimmert hat. In solchen Fällen beruht der gesamte pathologische Zustand wesentlich auf dem Unfall.

3) Nach der im Sozialrecht geltenden Kausalitätslehre der wesentlichen Bedingung ist Ursache im Rechtssinne nur diejenige Bedingung, die im Vergleich zu anderen Bedingungen zum Eintritt des Erfolges (hier der Gesundheitsstörung) wesentlich beigetragen hat, vgl. *BSGE 30, 167, 178; BSGE 33, 202, 204; BSGE 49, 104, 105; BSGE 58, 214, 215; Brackmann S. 480 ff.*

4) Kontrollfrage; inzidenter muss der Sachverständige hierzu schon bei der Antwort zu Frage 1 („neben anderen Ursachen") Stellung nehmen. In Fällen, in denen der Eintritt der Gesundheitsstörung auf mehreren Ursachen beruhen kann (sog. Ursachenkonkurrenz – vgl. hierzu insbesondere das *Urteil des BSG vom 6. 12. 1989, 2 RU 7/89*), muss sich die gerichtliche Überprüfung des Sachverständigengutachtens vor allem auf die Abwägung der in Betracht kommenden Faktoren konzentrieren.

5) Das Unfallereignis ist für das Entstehen der Gesundheitsstörung nur Bedingung im naturwissenschaftlich-philosophischen Sinn, nicht aber wesentliche Bedingung, wenn jedes andere alltäglich vorkommende ähnlich gelagerte Ereignis etwa zur selben Zeit auch die Krankheitserscheinungen ausgelöst hätte bzw. wenn eine Krankheitsanlage so stark und so leicht ansprechbar war, dass es zur Auslösung akuter Erscheinungen keiner besonderen, in ihrer Art unersetzlichen äußeren Einwirkung bedurfte (sog. Gelegenheitsursache).

6) Die MdE bestimmt – zusammen mit dem Jahresarbeitsverdienst des Versicherten (§§ 81 ff. SGB VII) – die Höhe der Verletztenrente (§ 56 Abs. 3 SGB VII). Bei der Bemessung der MdE ist von der individuellen Erwerbsfähigkeit des Versicherten vor dem Unfall auszugehen. Diese ist auch dann mit 100 v.H. anzusetzen, wenn der Versicherte schon vor dem Unfall (z.B. wegen anlagebedingter Gesundheitsstörungen) erwerbsgemindert war. Nur wenn die Erwerbsfähigkeit des Versicherten vor dem Unfall bereits völlig aufgehoben war, kann eine Minderung der Erwerbsfähigkeit nicht mehr eintreten (BSGE 30, 224; BSGE 35, 232). Die Bewertung der MdE richtet sich nicht nach dem konkreten Schaden, der auf Grund der Unfallfolgen eingetreten ist. Es gilt vielmehr das Prinzip der abstrakten Schadensbemessung. Die Schätzung der MdE orientiert sich in erster Linie am Ausmaß der Funktionseinschränkungen. Hierbei liefern ärztliche Schätzungen bedeutsame und vielfach unentbehrliche Anhaltspunkte. Gerichte und Verwaltung sind an die ärztlichen Schätzungen jedoch nicht gebunden *(BSGE 4, 147, 149; BSGE 6, 267, 268).* Andererseits ist ein Abweichen nur gerechtfertigt, wenn gewichtige sachliche Gründe vorliegen.

7) Bei den allgemein anerkannten unfallmedizinischen Bewertungsgrundsätzen handelt es sich um vom Schrifttum zusammengefasste Erfahrungswerte aufgrund wiederkehrender Bewertungen vergleichbarer Funktionseinbußen. Sie haben – auch nach Auffassung der Rechtsprechung *(BSG Breithaupt 1976, 217, 220)* – durch jahrzehntelange Übung eine eigene rechtliche Qualität erlangt. Da sie zu einer weitgehenden Gleichbehandlung aller

Verletzten führen, sind sie grundsätzlich zu beachten *(BSGE 31, 185, 186; BSGE 43, 53, 54; SozR 2200 § 581 Nr. 23 und 27)*. Wegen des Schrifttums zur Unfallbegutachtung s. oben Rn. 48 und außerdem: *Rompe/Erlenkämper*, Begutachtung der Haltungs- und Bewegungsorgane 1978; *Gramberg/Danielsen*, Rechtliche Grundlagen augenärztlicher Tätigkeit 1986.

(3.2) Streitgegenstand: 124
Witwen- bzw. Waisenrente (§ 63 Abs. 1 Satz 2 SGB VII)

– Beweisbedürftige Tatsachen: 125
Ursächlicher Zusammenhang zwischen Unfall bzw. Berufskrankheit (§ 9 SGB VII in Verbindung mit der Berufskrankheitenverordnung) und dem Tod des Versicherten.

– Frage an den ärztlichen Sachverständigen: 126
Stellt der Unfall wahrscheinlich die wesentliche Ursache des Todes des Versicherten dar oder hat der Unfall zumindest insoweit Einfluss auf den Zeitpunkt des Todes gehabt, als dieser um etwa 1 Jahr früher eingetreten ist? (Vgl. BSGE 12, 247, 253.) Bei einigen Berufskrankheiten (z. B. Silikose und Asbestose) tritt eine Umkehr der Beweislast ein, vgl. hierzu § 63 Abs. 2 SGB VII.

(4) Gesetzliche Rentenversicherung   127
Schrifttum

Eicher/Haase/Rauschenbach, Die Rentenversicherung der Arbeiter und der Angestellten (Loseblatt)

Kreikebohm (Hrsg.), SGB VI – Gesetzliche Rentenversicherung, 3. Aufl. 2008

Ruland/Försterling (Hrsg.), Gemeinschaftskommentar – SGB VI (Loseblatt)

Reinhardt (Hrsg.), SGB VI, Gesetzliche Rentenversicherung, 2. Aufl. 2009

Schlegel/Voelzke/Skipka/Winkler (Hrsg.), SGB VI, Gesetzliche Rentenversicherung, 2008

(4.1) Streitgegenstand: 128
Rente wegen verminderter Erwerbsfähigkeit (§ 43 SGB VI)

– Beweisbedürftige Tatsachen: 129
Das Ausmaß der gesundheitlichen Leistungseinschränkungen. Auf die Ursache der einzelnen Gesundheitsstörungen kommt es nicht an. Der Zustand muss jedoch auf nicht absehbare Zeit bestehen, d. h. länger als sechs Monate (Argument aus § 109 Abs. 1 SGB VI). Grundsätzlich sind auch Krankheiten zu berücksichtigen, die der Versicherte vermeiden bzw. beeinflussen kann (z. B. Adipositas, Alkoholismus). Ausgenommen sind nur solche Gesundheitsstörungen, die sich der Versicherte in der Absicht zugefügt hat, seine Erwerbsfähigkeit zu mindern (§ 103 SGB VI).

– Anmerkung zur Beweisaufnahme in Streitigkeiten über Renten wegen Erwer-   130
  bsminderung:
Schrifttum
Leopold, Die neue Erwerbsminderungsrente, BB 2001, 208

Plagemann, Die neue Erwerbsminderungsrente, ZAP Fach 18, 711

Schmale, Grundsätze der sozialmedizinischen Begutachtung in der Gesetzlichen Rentenversicherung, MittDRV Rheinland 2005, 369

Schmeiduch, Renten wegen teilweiser Erwerbsminderung bei Berufsunfähigkeit, Amtl. Mitteilungen der LVA Rheinprovinz 2001, 30

Fischer/Irle, Psychische Störungen – Sozialmedizinische Bedeutung und Entwicklungen in der medizinischen Rehabilitation, RVaktuell 2009, 149

131 Durch das Gesetz zur Reform der Renten wegen verminderter Erwerbsfähigkeit (vom 20. 12. 2000, BGBl. I S. 1827) wurde das bisherige System der Invaliditätsrenten mit seiner Aufteilung in Renten wegen Erwerbsunfähigkeit (EU) und wegen Berufsunfähigkeit (BU) grundlegend umgestaltet. Nach § 43 SGB VI gibt es nunmehr **Rente wegen Erwerbsminderung** in zwei unterschiedlichen Ausprägungen, die unabhängig von der subjektiven Zumutbarkeit einer Tätigkeit (Ausbildung und bisheriger sozialer Status) ermittelt werden: Ist der Versicherte wegen Krankheit oder Behinderung auf nicht absehbare Zeit (mindestens sechs Monate) nicht in der Lage, unter den üblichen Bedingungen des allgemeinen Arbeitsmarktes mindestens sechs Stunden täglich erwerbstätig zu sein, so hat er Anspruch auf Rente wegen teilweiser Erwerbsminderung (Rentenartfaktor 0,5 vgl. § 67 SGB VI); lässt sein Leistungsvermögen eine Erwerbstätigkeit von mindestens drei Stunden täglich nicht mehr zu, so erhält er Rente wegen voller Erwerbsminderung (Rentenartfaktor 1,0). Nicht erwerbsgemindert ist derjenige Versicherte, der unter den üblichen Bedingungen des allgemeinen Arbeitsmarktes noch mindestens sechs Stunden erwerbstätig sein kann; hierbei ist die jeweilige Lage des Arbeitsmarktes nicht zu berücksichtigen (§ 43 Abs. 3 SGB VI n.F.). Lässt die gesundheitsbedingte Leistungsfähigkeit dagegen nur noch einen Einsatz von weniger als sechs Stunden zu, so kommt es darauf an, ob der Versicherte unter Berücksichtigung der aktuellen Lage auf dem Arbeitsmarkt konkrete Aussichten hat, einen seinem Restleistungsvermögen entsprechenden Arbeitsplatz zu finden. In der Praxis gewähren die Rentenversicherungsträger dann, wenn der Versicherte keinen seinem Leistungsvermögen entsprechenden Teilzeitarbeitsplatz innehat, auch bei einer zeitlichen Einsatzfähigkeit von drei bis sechs Stunden Rente wegen voller Erwerbsminderung zu. Danach steht bei der Beurteilung der Erwerbsminderung die Bewertung der zeitlichen Einsatzfähigkeit des Versicherten durch den medizinischen Sachverständigen eindeutig im Vordergrund (nachfolgend Rn. 141, Frage 2).

132 Aus Gründen des Vertrauensschutzes hat der Gesetzgeber für ältere Versicherte – als Übergangsregelung – eine dritte Form der Erwerbsminderungsrente eingeführt, die auf den Voraussetzungen der früheren Rente wegen Berufsunfähigkeit aufbaut: Rente wegen teilweiser Erwerbsminderung (Rentenfaktor 0,5) erhält danach auch derjenige, der nach den – maßgebend durch die Rechtsprechung geprägten (vgl. hierzu unten Rn. 133) – Grundsätzen des § 43 Abs. 2 SGB VI a.F. Anspruch auf Rente wegen Berufsunfähigkeit hat (§ 240 SGB VI). Da das Gesetz auf die zeitliche Einsatzfähigkeit „unter den üblichen Bedingungen des allgemeinen Arbeitsmarktes" abstellt, kommt es nicht nur auf die Beurteilung der quan-

titativen Leistungsfähigkeit an, zu berücksichtigen sind auch die Belastungen üblicher Arbeitsplätze. Zur Erwerbsfähigkeit gehört jedoch auch die Fähigkeit, einen dem verbliebenen Leistungsvermögen entsprechenden Arbeitsplatz von der eigenen Wohnung aus – mithilfe öffentlicher Verkehrsmittel oder eines vorhandenen PKW – erreichen zu können (nachfolgend Rn. 141, Frage 8). Zum zumutbaren Zeitaufwand für die Zurücklegung des Weges vgl. *BSG SozR 3-2200 § 1247 Nr. 10.*

(4.2) Streitgegenstand

133

Rente wegen teilweiser Erwerbsminderung bei Berufsunfähigkeit (BU)

Versicherte, die vor dem 2. 1. 1961 geboren sind, erhalten Rente wegen teilweiser Erwerbsminderung auch dann, wenn sie die Voraussetzungen der früheren Rente wegen Berufsunfähigkeit erfüllen (§ 240 Abs. 2 SGB VI erhält nur marginale Abweichungen gegenüber § 43 Abs. 2 SGB VI a.F.). Macht ein solcher Versicherter die Gewährung von Erwerbsminderungsrente geltend, so sind stets auch die besonderen Voraussetzungen der Berufsunfähigkeit zu prüfen, wenn der Anspruch nicht schon nach § 43 SGB VI n.F. begründet ist.

BU liegt vor, wenn die Leistungsfähigkeit des Versicherten so gemindert ist, *134* dass er weder seinen „bisherigen Beruf" noch eine ihm sozial zumutbare Verweisungstätigkeit verrichten kann.

Die Tatbestandsvoraussetzung „Herabsinken der Erwerbsfähigkeit auf weniger als die Hälfte eines vergleichbaren gesunden Versicherten" in § 43 Abs. 2 SGB VI ist heute ohne selbstständige Bedeutung, da bei noch vollschichtiger Leistungsfähigkeit aus einem sozial zumutbaren Verweisungsberuf regelmäßig mehr als die Hälfte des Lohnes erzielt wird, den ein gesunder Versicherter im Hauptberuf erreichen kann.

Ausgehend von der Beurteilung des medizinischen Sachverständigen (insbesondere zu den nachfolgenden Fragen 1, 3 und 4 – Rn. 141) muss der dem Versicherten *135* sozial noch zumutbare Verweisungsberuf in der Regel durch ein berufskundliches Gutachten ermittelt werden. Nennt der berufskundliche Sachverständige erstmals Verweisungstätigkeiten, so wird hierzu häufig eine Stellungnahme des medizinischen Sachverständigen einzuholen sein, um die Frage zu klären, ob das gesundheitliche Leistungsvermögen den Anforderungen der Arbeitswelt genügt *(BSG SozR 3-2200 § 1246 Nrn. 29, 33 und 44)*. Zur Einordnung des bisherigen Berufs in das Stufenschema der Rechtsprechung (vgl. eingehend: *Wilde/Schimmelpfeng-Schütte, NZA 1989, S. 93)* genügt häufig eine schriftliche Auskunft der letzten Arbeitgeber des Versicherten über die fachliche Qualifikation der ausgeübten Tätigkeiten. Zur Bedeutung der tarifvertraglichen Einstufung vgl. Rn. 140. Das BSG hat aus Gründen der Praktikabilität die Arbeiterberufe in 4 Leitgruppen unterteilt (vgl. im Einzelnen: *Ruland*, in: *Handbuch des Sozialrechts, S. 935 Rn. 141ff.; BSGE 43, 243, 245; BSGE 59, 201, 203; SozR 2200 § 1246 Nrn. 38 und 140)*:

1. Stufe: Vorarbeiter mit Vorgesetztenfunktion und besonders hoch qualifizierte *136* Facharbeiter. Zu dieser Gruppe gehören etwa: Meister *(BSGE 43, 243, 244; BSG*

SozR 3-2200 § 1246 Nr. 34), Hilfspoliere *(BSG SozR 2200 § 1246 Nr. 70)*, Aufsichts- und Sicherheitshauer *(BSG SozR 2600 § 46 Nrn. 4, 13 und 14)* und Lokomotivführer *(BSGE 62, 74, 76 = SozR 2200 § 1246 Nr. 144)*.

137   2. Stufe: Facharbeiter, die einen anerkannten Ausbildungsberuf mit einer Ausbildungszeit von in der Regel mehr als 2 Jahren ausgeübt haben (vgl. hierzu BSGE 55, 45, 51; 57, 291, 299). Die Rechtsprechung stellt denjenigen Versicherten, der die für ihn notwendige Ausbildung nicht durchlaufen hat, dann dem Facharbeiter gleich, wenn er den Beruf über längere Zeit (zumindest solange wie die sonst erforderliche Ausbildungszeit dauert) ausgeübt hat und über die theoretischen Kenntnisse und praktischen Fähigkeiten verfügt, die in der Berufsgruppe im Allgemeinen erwartet werden sowie entsprechend entlohnt worden ist (vgl. zu Letzterem: *BSGE 38, 153, 154; BSGE 41, 129, 133; BSGE 54, 37, 39; BSG SozR 2200 § 1246 Nrn. 116, 129, 132, 135, 136, 140, 168 und 169*; vgl. hierzu auch: *Wilde/Schimmelpfeng-Schütte, NZA 1989, S. 93)*. Versicherte, die in Tätigkeitsbereichen ohne anerkannte Ausbildung oder mit einer Ausbildung bis zu 2 Jahren tätig waren, sind der Gruppe der Facharbeiter zuzuordnen, wenn diese Tätigkeiten den anerkannten Ausbildungsberufen tarifvertraglich qualitativ gleichgestellt sind *(BSGE 68, 277 = SozR 3-2200 § 1246 Nr. 13)*.

138   3. Stufe: Angelernte Arbeiter. Dies sind Versicherte, die einen sonstigen Ausbildungsberuf mit einer Regelausbildungszeit von bis zu 2 Jahren oder eine betriebliche Ausbildung von mindestens 3 Monaten (die über eine bloße Einweisung oder Einarbeitung hinausgehen muss) durchlaufen haben *(vgl. BSG SozR 2200 § 1246 Nrn. 109, 138 und 140)*. In Bezug auf das Spektrum der Verweisbarkeit unterscheidet die Rechtsprechung in dieser Stufe zwischen einem oberen und einem unteren Bereich; wobei nur der untere Bereich eine Verweisung auch auf einfachste ungelernte Tätigkeiten zulässt *(vgl. BSG SozR 3-2200 § 1246 Nrn. 45 und 50)*. Auch hier kommt eine Gleichstellung aufgrund tarifvertraglicher Einstufung in Betracht.

139   4. Stufe: Ungelernte Arbeiter. Innerhalb dieser Stufe wird teilweise noch zwischen normalen und einfachsten ungelernten Tätigkeiten (z.B. Reiniger, Platzarbeiter, Parkplatzwächter u.ä.) unterschieden *(vgl. BSGE 19, 57, 60; 43, 243, 247; 44, 288, 291)*.

Sozial zumutbar ist in der Regel eine Verweisung auf Tätigkeiten, die der jeweils nachfolgenden Stufe angehören (für Angestelltentätigkeiten vgl. *BSG SozR 3-2200 § 1246 Nr. 2)*. Bei Versicherten, deren bisheriger Beruf den Stufen 1 bis 3 zuzuordnen ist (Ausnahme: Angelernte aus dem unteren Bereich), muss der Versicherungsträger eine konkrete Verweisungstätigkeit benennen. Hierfür müssen Arbeitsplätze in nennenswerter Zahl vorhanden sein, die der Versicherte täglich von seiner Wohnung aus erreichen kann. Zur Verweisbarkeit und zur Verschlossenheit des Arbeitsmarktes bei Versicherten, die der Leitgruppe des ungelernten Arbeiters bzw. des angelernten aus dem unteren Bereich zuzuordnen sind, vgl. eingehend: *BSG SozR 3-2200 § 1246 Nr. 50* und Beschluss des Großen Senats vom 19. 12. 1996, GS 1/95.

Da die tarifliche Einstufung für die Zuordnung des bisherigen Berufs und der 140
Verweisungstätigkeit maßgebend ist *(BSG SozR 3-2200 § 1246 Nrn. 17 und 37)*
bzw. von der tariflichen Einstufung eine Indizwirkung ausgeht *(BSG SozR 3-2200
§ 1246 Nr. 40)*, muss sich das Gericht die einschlägigen und aktuellen Lohngrup-
pen- bzw. Manteltarifverträge beschaffen, die Definitionen der von den Lohn-
gruppen erfassten Tätigkeiten enthalten. Die in der Regel alljährlich neu abgeschlossenen Lohn- bzw. Gehaltstarifverträge sind hierfür grundsätzlich nicht
aussagekräftig. Die Verweisung des Versicherten auf eine ihm sozial und gesundheitlich zumutbare Tätigkeit setzt neben der Feststellung der Wertigkeit des bisherigen Berufs eine Ermittlung der typischen Arbeitsabläufe und Belastungssitu-
ationen des Verweisungsberufs voraus. Die berufskundlichen Tatsachen sind in
der Regel durch Gutachten von Sachverständigen zu ermitteln, die über die für
das jeweilige Fachgebiet erforderliche berufskundliche Sachkunde verfügen. Die
Verwertung von Gutachten aus früheren Verfahren im Wege des Urkundenbeweises ist grundsätzlich zulässig *(BSG SozR 3-1500 § 160 Nr. 4)*, wenn dies zur Aufklärung ausreicht und die Beteiligten entsprechend unterrichtet werden (vgl.
Rn. 23); zu den Grenzen der Verwertbarkeit derartiger Gutachten vgl. *BSG SozR
32200 § 1246 Nr. 33.*

– **Beweisfragen an den medizinischen Sachverständigen:** 141

1. Welche Gesundheitsstörungen liegen bei dem Kläger auf Ihrem Fachgebiet
   vor?
2. Ist der Kläger noch in der Lage, ohne Gefährdung seiner Gesundheit regelmäßig ca. 6 oder zumindest 3 Stunden arbeitstäglich Arbeiten zu verrichten? Sofern das Leistungsvermögen in zeitlicher Hinsicht für eingeschränkt gehalten
   wird: Welche gesundheitlichen Folgen sind bei einem Einsatz des Klägers über
   6 bzw. über 3 Stunden zu erwarten?
3. In welchen körperlichen Grundtätigkeiten (z.B. Gehen, Stehen, Sitzen, Heben,
   Bücken, Greifen, Tragen, Schlagen und dergleichen) ist der Kläger behindert?
   Ggf. inwiefern?
4. Welche sonstigen Einschränkungen müssen bei einem Einsatz des Klägers im
   Erwerbsleben beachtet werden? (Z.B. Vermeidung von Nässe, Staub, Zugluft
   bzw. grundsätzlich keine Arbeiten im Freien; keine Arbeiten auf Leitern,
   Gerüsten oder an laufenden Maschinen; keine Arbeiten, die ein intaktes Hör-
   bzw. Sehvermögen erfordern oder erhöhte Anforderungen an das Konzentra-
   tionsvermögen stellen; keine Wechsel- bzw. Nachtschicht; Notwendigkeit
   häufiger und/oder längerer Pausen – ggf. in welchem Rhythmus?)
5. Etwa seit wann ist die Leistungsfähigkeit in diesem Ausmaß gemindert?
6. Wird die Minderung dauernd oder nur – für welchen Zeitraum – vorübergehend bestehen?
7. Versprechen Heilmaßnahmen (ggf. welche?) Aussicht auf Erfolg?
8. Ist dem Kläger ein Anmarschweg zu und von der Arbeitsstelle von jeweils 500
   Meter Länge zuzumuten? *(Vgl. hierzu BSG SozR 2200 § 1247 Nr. 56; BSG
   SozR 3-2200 § 1247 Nr. 10)*. Ist der Kläger in der Lage, öffentliche Verkehrsmittel zu benutzen?

9. Sind zur Klärung des medizinischen Sachverhaltes noch weitere Ermittlungen (z.B. spezielle Untersuchungen oder Begutachtungen, Einholung älterer Krankenunterlagen etc.) erforderlich?

142 (4.3) Streitgegenstand:

Rehabilitationsmaßnahmen

(Rehabilitationsleistungen sind, je nachdem, aus welchem Grund eine Rehabilitation erforderlich wird, auch von den Trägern der anderen Sozialversicherungszweige, von der Bundesagentur für Arbeit, der Versorgungsverwaltung und unter Umständen auch vom Sozialhilfeträger zu gewähren.)

143 – Beweisbedürftig:

1. Das Vorliegen einer erheblichen Gefährdung oder Minderung der Erwerbsfähigkeit durch Krankheit oder körperliche, geistige oder seelische Behinderungen.
2. Eignung der begehrten Rehabilitationsmaßnahme zur Wiederherstellung oder wesentlichen Besserung der Erwerbsfähigkeit. (Die Aussicht auf bloße Linderung des Leidens genügt für die Gewährung einer Rehabilitationsmaßnahme nicht; vgl. *BSG SozR 2200 § 1236 Nr. 31* und *Urteil des BSG vom 30. 10. 1985, 4a RJ 9/84.*)

144 (5) Arbeitslosenversicherung

Schrifttum

Eicher/Schlegel, SGB III – Arbeitsförderung (Loseblatt)

Gagel, SGB III – Arbeitsförderung, mit SGB II (Loseblatt)

Niesel/Brand (Hrsg.), SGB III – Arbeitsförderung, 5. Aufl. 2010

Mutschler/Bartz/Schmitt-de Caluwe, SGB III, Arbeitsförderung, Praxiskommentar, 3. Aufl. 2008

145 Streitgegenstand:

Arbeitslosengeld (§ 117 SGB III)

– Beweisbedürftig:

Objektive Verfügbarkeit des Versicherten. (Der Arbeitslose muss in der Lage sein, eine mehr als nur kurzzeitige, d.h. wenigstens 15 Stunden umfassende zumutbare Beschäftigung unter den üblichen Bedingungen des allgemeinen Arbeitsmarktes auszuüben – § 119 Abs. 3 SGB III).

– Beweisfragen: Im Wesentlichen wie oben zu Rn. 141.

146 (6) Soziales Entschädigungsrecht

(Kriegsopferversorgung: BVG, Soldatenversorgung: SVG, Entschädigung nach dem Opferentschädigungsgesetz, Entschädigung für Impfschäden: § 51 Bundesseuchengesetz, Entschädigung für gesundheitliche Schäden durch Haftmaßnahmen in der DDR und in den Ostgebieten: § 1 Abs. 1 i.V.m. § 4 Abs. 1 Häftlingshilfegesetz, Entschädigung für gesundheitliche Schäden infolge Freiheitsentziehung: § 21 Strafrechtliches RehaG – Art. I des 1. SED-Unrechtsbereinigungsgesetz).

Schrifttum

Rohr/Strässer, Bundesversorgungsrecht, 6. Aufl. (Loseblatt)

Wilke/Wunderlich/Fehl, Soziales Entschädigungsrecht, Handkommentar zum BVG und zum SVG, OEG und BSeuchG, 7. Aufl. 1992

(6.1) Streitgegenstand: Entschädigungsanspruch   *147*

– Beweisbedürftige Tatsachen:
Ursächlicher Zusammenhang zwischen einer Schädigung im Sinne der Regelungen des sozialen Entschädigungsrechts und einer Gesundheitsstörung sowie Grundlagen für die Schätzung der MdE.

– Beweisfragen: Wie oben unter Rn. 122.

(6.2) Streitgegenstand: *148*

Besondere berufliche Betroffenheit, die gemäß § 30 Abs. 2 BVG zur Erhöhung der allein aufgrund der Schädigungsfolgen festgestellten MdE und damit zu einer entsprechend höheren Versorgungsrente führt.

– Beweisbedürftige Tatsachen: *149*

Vgl. die Beispiele in § 30 Abs. 2 Buchst. a bis c BVG (Zur Ermittlung der beweisbedürftigen Tatsachen sind heranzuziehen: medizinische Sachverständigengutachten und Sachverständigengutachten von Personen, die über spezielle Sachkunde auf dem jeweils betroffenen Berufsfeld verfügen).

(7) Schwerbehindertenrecht (SGB IX Teil 2)   *150*
Schrifttum

Versorgungsmedizinische Grundsätze, in: Anlage zu § 2 der Versorgungsmedizin-Verordnung (vom 10. Dezember 2008, BGBl. I S. 2412)

Hauck/Noftz, SGB IX (Bandherausgeber: Masuch), Loseblatt

Lachwitz/Schellhorn/Welti, Handkommentar zum SGB IX, 3. Aufl., 2010

Müller-Wenner/Schorn, Besondere Regelungen zur Teilhabe schwerbehinderter Menschen (Schwerbehindertenrecht), 2003

Neumann/Pahlen/Majerski-Pahlen, SGB IX, Rehabilitation und Teilhabe behinderter Menschen, 12. Aufl. 2010

(7.1) Streitgegenstand: *151*

Feststellung der Behinderung (§ 69 Abs. 1 SGB IX)

– Beweisbedürftig:
Die Funktionsbeeinträchtigung(en) infolge eines regelwidrigen körperlichen, geistigen oder seelischen Zustandes. Der medizinische Sachverständige hat festzustellen, inwieweit der Antragsteller von dem jeweils physiologisch Alters entsprechenden Gesundheitszustand abweicht (altersbedingte Funktionsbeeinträchtigungen sind keine Behinderungen im Sinne des Schwerbehindertengesetzes). Die Ursache der Funktionsbeeinträchtigung ist im Schwerbehindertenrecht unerheblich.

152 **(7.2) Streitgegenstand:**

Höhe des Grades der Behinderung (GdB)

Die Schwerbehinderteneigenschaft setzt einen GdB von 50 v.H. voraus; bei einem GdB von 30 v.H. ist eine Gleichstellung mit einem Schwerbehinderten möglich. Bei der Schätzung des GdB waren bis Ende 2008 die Anhaltspunkte für die ärztliche Gutachtertätigkeit heranzuziehen, deren Rechtsqualität umstritten war (vgl. *BVerfG SozR 3-3870 § 3 Nr. 6; BSGE 72, 85*). Ihre Funktion hat seit 2009 die Versorgungsmedizin-Verordnung, s.o. Rn. 150, übernommen (Ermächtigungsgrundlage: § 30 Abs. 17 BVG); vgl. *Vogl, SozSich 2009, 353; Dau, jurisPR SozR 4/2009 Anm. 4.*

– Beweisfragen:

a) Wie hoch ist der GdB für die einzelnen Behinderungen jeweils einzuschätzen?

b) Wie hoch ist bei funktionaler (nicht additiver) Betrachtungsweise die Gesamtauswirkung aller Behinderungen – ggf. unter Berücksichtigung der sich gegenseitig beeinflussenden Funktionsstörungen – zu bewerten (Gesamt-GdB)?

153 **(7.3) Streitgegenstand:**

Vergünstigungen bzw. Nachteilsausgleich

– Merkzeichen „G" (erhebliche Beeinträchtigung der Bewegungsfähigkeit im Straßenverkehr), zu den Voraussetzungen vgl. §§ 145, 146 SGB IX; zur Auslegung der Begriffe „erhebliche Beeinträchtigung der Bewegungsfähigkeit im Straßenverkehr" sowie „erhebliche Gehbehinderung" vgl. Anlage zu § 2 der Versorgungsmedizin-Verordnung (s.o. Rn. 150) Teil D 1. Liegen die Voraussetzungen der §§ 145, 146 SGB IX vor, so erhält der Schwerbehinderte einen Ausweis, der durch einen halbseitigen orangefarbenen Flächenaufdruck gekennzeichnet ist. Er hat dann Anspruch auf unentgeltliche Beförderung im öffentlichen Personennahverkehr, soweit er den Ausweis mit einer gültigen Wertmarke versehen hat (vgl. hierzu § 145 Abs. 1 Satz 2ff. SGB IX).

– Beweisfrage: Ist der Kläger infolge einer Einschränkung seines Gehvermögens nicht mehr in der Lage, die im Ortsverkehr üblichen Wegstrecken (ca. 2000 m in 30 Minuten) zu Fuß zurückzulegen, ohne sich oder andere zu gefährden? (Vgl. BSG Breithaupt 1988, 667).

– Merkzeichen „aG" (außergewöhnliche Gehbehinderung), zu den Voraussetzungen vgl. Anlage zu § 2 der Versorgungsmedizin-Verordnung (s.o. Rn. 150) Teil D 3, das Merkzeichen „aG" berechtigt zur Inanspruchnahme von Parkerleichterungen.

– Beweisfrage: Kann sich der Kläger wegen der Schwere seines Leidens außerhalb seines Kraftfahrzeugs dauernd nur mit fremder Hilfe oder nur mit großer Anstrengung bewegen?

– Merkzeichen „RF" (gesundheitliche Voraussetzungen für die Befreiung von der Rundfunkgebührenpflicht). Die Voraussetzungen sind in Verordnungen der Länder geregelt, die hinsichtlich der gesundheitlichen Voraussetzungen jedoch identisch sind. Neben Blinden und Hörgeschädigten werden vor allem Behinderte erfasst, die „nicht nur vorübergehend um wenigstens 80 v.H. in ihrer

Erwerbsfähigkeit gemindert sind und wegen ihres Leidens an öffentlichen Veranstaltungen ständig nicht teilnehmen können". Der Sachverständigenbeweis beschäftigt sich zumeist mit der zuletzt genannten Voraussetzung.
– Merkzeichen „B" (Notwendigkeit ständiger Begleitung). Das Merkzeichen „B" berechtigt zur unentgeltlichen Beförderung einer Begleitperson. Voraussetzung (vgl. § 146 Abs. 2 SGB IX): Der Schwerbehinderte muss infolge seiner Behinderung zur Vermeidung von Gefahren für sich oder andere bei Benutzung von öffentlichen Verkehrsmitteln regelmäßig auf fremde Hilfe angewiesen sein. Zu den Voraussetzungen vgl. Anlage zu § 2 der Versorgungsmedizin-Verordnung (s. o. Rn. 150) Teil D 2.

4.5 Beweisanforderungen   *154*
Die Anforderungen an die Tatsachenfeststellung sind im SGG selbst nicht geregelt. Sie ergeben sich vielmehr aus dem materiellen Recht und allgemeinen prozessrechtlichen Grundsätzen. Im Regelfall ist eine Tatsache dann als festgestellt („bewiesen") anzusehen, wenn sie in so hohem Grade wahrscheinlich ist, dass alle Umstände des Falles – nach vernünftiger Abwägung des Gesamtergebnisses des Verfahrens und nach der allgemeinen Lebenserfahrung – geeignet sind, die volle richterliche Überzeugung hiervon zu begründen *(BSGE 8, 59, 61; BSGE 32, 203, 207; P/S/W § 128 Anm. 2)*. Erforderlich ist danach ein der Gewissheit nahe kommender Grad der Wahrscheinlichkeit.

Reduzierte Beweisanforderungen werden an den Nachweis des ursächlichen *155* Zusammenhangs in der gesetzlichen Unfallversicherung und im sozialen Entschädigungsrecht gestellt. Sowohl für die haftungsbegründende Kausalität (ursächlicher Zusammenhang zwischen versicherter Tätigkeit und Unfall bzw. militärischem Dienst und schädigendem Ereignis) als auch für die haftungsausfüllende Kausalität (ursächlicher Zusammenhang zwischen Unfall bzw. schädigendem Ereignis und Gesundheitsstörung) genügt eine hinreichende Wahrscheinlichkeit *(BSGE 6, 70, 72; SozR Nr. 41 zu § 128 SGG und Nr. 20 zu § 542 RVO a. F.)*. Hierunter ist eine Wahrscheinlichkeit zu verstehen, nach der bei Abwägung aller Umstände den für den Zusammenhang sprechenden Umständen ein deutliches Übergewicht zukommt *(BSGE 45, 285, 286 m. w. N.)*. Die bloße Möglichkeit des ursächlichen Zusammenhangs genügt dagegen nicht.

Die bei der Beurteilung des ursächlichen Zusammenhangs erforderlichen anspruchsbegründenden bzw. anspruchshindernden Tatsachen müssen in jedem Fall voll bewiesen sein. Dies sind im Recht der gesetzlichen Unfallversicherung etwa: Die Ausübung einer versicherten Tätigkeit (zu Ausnahmen vgl. Rn. 159), das behauptete Unfallereignis und die geltend gemachte Gesundheitsstörung. Ist der ursächliche Zusammenhang zwischen versicherter Tätigkeit und Unfall wegen alkoholbedingter Fahruntüchtigkeit streitig, so muss die alkoholbedingte Fahruntüchtigkeit selbst bewiesen sein *(BSGE 45, 285, 288)*. Erst danach stellt sich die Frage nach dem ursächlichen Zusammenhang von alkoholbedingter Fahruntüchtigkeit und Unfall *(BSGE 36, 35, 38; BSGE 45, 285, 286 und SozR 2200 § 550 Nr. 29)*.

157   In einigen gesetzlich besonders geregelten Fällen sind die Beweisanforderungen noch weiter reduziert: Verlangt das Gesetz nur Glaubhaftmachung, so genügt eine überwiegende Wahrscheinlichkeit *(Bley, § 128 Anm. 3 d, bb)*. Sie liegt vor, wenn trotz der Möglichkeit des Gegenteils die Zweifel nicht überwiegen. Für die Glaubhaftmachung genügt grundsätzlich die Versicherung an Eides statt.

158   **Beispiele für Glaubhaftmachung:**

- § 286 Abs. 5 bzw. § 203 Abs. 2 SGB VI: Macht der Versicherte glaubhaft, dass der auf ihn entfallende Beitragsanteil vom Lohn abgezogen worden ist, so gilt der Beitrag ohne Rücksicht auf die tatsächliche Abführung als entrichtet.

- § 203 Abs. 1 SGB VI: Zeiten, die in der Versicherungskarte nicht durch eine Entgeltbescheinigung nachgewiesen sind, können glaubhaft gemacht werden.

- § 4 Abs. 1 FRG: Die nach dem FRG erheblichen Tatsachen (z.B. Beitrags- oder Beschäftigungszeiten außerhalb der Bundesrepublik) können glaubhaft gemacht werden.

- § 286 a Abs. 1 SGB VI: Glaubhaftmachung der Tatsachen, deren Nachweis sonst durch Versicherungsunterlagen geführt wird, wenn die Versicherungsunterlagen von einem Versicherungsträger aufzubewahren gewesen sind, dessen Karten- oder Kontenarchiv vernichtet oder nicht erreichbar ist.

- Darüber hinaus gibt es die Möglichkeit der Glaubhaftmachung – wie auch in den anderen Verfahrensordnungen – bei der Geltendmachung von Verfahrensrechten (§ 60 Abs. 1: Ablehnung von Gerichtspersonen, § 67 Abs. 2: Wiedereinsetzung, § 76 Abs. 3: Beweissicherungsverfahren).

159   **4.6 Beweisschwierigkeiten**

Beweisschwierigkeiten führen nicht generell zu einer Beweiserleichterung oder gar zur Umkehr der Beweislast. Eine Beweisregel, dass in Zweifelsfällen die Anspruchsvoraussetzungen zugunsten des Anspruchstellers anzunehmen sind, kennt das sozialgerichtliche Verfahren nicht. Eine Abkehr vom Grundsatz der objektiven Beweislast (vgl. hierzu Rn. 27) wird grundsätzlich auch dann abgelehnt, wenn der Verwaltungsträger einen Beweisnotstand des Anspruchstellers verursacht hat. Allerdings sind die Tatsachengerichte in einem derartigen Fall berechtigt, im Rahmen der Beweiswürdigung an den Beweis der Tatsachen, auf die sich der Beweisnotstand bezieht, weniger hohe Anforderungen zu stellen *(BSGE 24, 25, 28 f. = SozR Nr. 75 zu § 128 SGG)*. Nur in Ausnahmefällen hat die Rechtsprechung eine Beweislastumkehr befürwortet:

Beispiele:

- Vorliegen eines wichtigen Grundes für die Lösung des Beschäftigungsverhältnisses. Der wichtige Grund ist ein negatives Tatbestandsmerkmal, für das die BA die Beweislast trägt. Vereitelt oder erschwert der Arbeitslose die Beweisführung, so trägt er den Nachteil der fehlenden Aufklärbarkeit *(BSG SozR 3-4100 § 119 Nr. 7)*. Ist nicht feststellbar, ob ein Versicherter, der an seinem Arbeitsplatz einen Unfall erleidet, dort zum Unfallzeitpunkt tatsächlich einer versicherten Tätigkeit nachgegangen ist, so trägt der Unfallversicherungträger (und nicht der sonst beweispflichtige Anspruchsteller) die objektive Beweislast dafür, dass sich der Verunglückte vorübergehend einer anderen, privaten Zwecken dienenden Verrichtung zugewandt hatte *(BSGE 93, 279-283 = SozR 4-2700 § 8 Nr. 9)*. Solche Fallgestaltungen entstehen typischerweise, wenn der Betroffene durch den Unfall verstorben ist, also weder Unfallzeugen vorhanden sind, noch der Geschädigte selbst zum Unfallablauf befragt werden kann.

In speziellen Fällen, in denen typischerweise häufig Beweisschwierigkeiten eintreten, sieht das Gesetz teilweise Beweiserleichterungen durch gesetzliche Vermutungen vor: *160*

– Nach § 15 Satz 1 des Gesetzes über das Verwaltungsverfahren der Kriegsopferversorgung (diese Regelung gilt gemäß Art. II § 16 SGB X weiterhin) sind die Angaben des Anspruchstellers, die sich auf die mit der Schädigung im Zusammenhang stehenden Tatsachen beziehen, bei bestimmten Beweisschwierigkeiten der Entscheidung zugrunde zu legen, soweit sie nach den Umständen des Falles glaubhaft erscheinen. Diese Vorschrift gilt für alle Bereiche des sozialen Entschädigungsrechts.

– Nach § 63 Abs. 2 SGB VII wird bei bestimmten Berufskrankheiten (Silikose, Siliko-Tuberkulose, Asbestose und Asbestose in Verbindung mit Lungenkrebs) der ursächliche Zusammenhang zwischen der Berufskrankheit und dem Eintritt des Todes vermutet, wenn wegen der Folgen der Berufskrankheit beim Versicherten eine MdE von 50 v.H. oder mehr vorlag. In derartigen Fällen muss der Versicherungsträger den Nachweis führen, dass der Tod mit der Berufskrankheit offenkundig nicht in ursächlichem Zusammenhang steht. *161*

4.7 Beweiswürdigung *162*

4.7.1 Grundsatz

Wie in den anderen Verfahrensordnungen entscheidet das Tatsachengericht auch im sozialgerichtlichen Verfahren auf der Grundlage des gesamten Verfahrensstoffes nach seiner freien Überzeugung. Es ist in seiner Beweiswürdigung lediglich an die Regeln der Logik und der Erfahrung gebunden. § 128 Abs. 1 (Grundsatz der freien Beweiswürdigung) ist erst verletzt, wenn die Beweiswürdigung gegen **allgemeine Erfahrungssätze oder Denkgesetze** verstößt. Hierfür genügt nicht, dass die Beweise lediglich abweichend gewürdigt werden könnten; vielmehr kann von einem Verstoß gegen Denkgesetze nur gesprochen werden, wenn der festgestellte Sachverhalt nur eine Folgerung erlaubt, jede andere nicht denkbar ist und das Gericht gerade die einzig denkbare Schlussfolgerung nicht gezogen hat *(BSG SozR 1500 zu § 164 Nr. 31)*. Ein Verstoß gegen § 128 ist ein wesentlicher Verfahrensmangel, der die Zulassung der Berufung begründet (§ 144 Abs. 2 Nr. 3, vgl. Kap. VIII Rn. 35). Die Beschwerde gegen die Nichtzulassung der Revision kann dagegen nicht auf eine Verletzung der Grenzen der freien Beweiswürdigung gestützt werden (§ 160 Abs. 2 Nr. 3). Zur Geltendmachung dieses Verfahrensmangels bei zugelassener Revision vgl. Kap. IX Rn. 329.

4.7.2 Verstoß gegen allgemeine Erfahrungssätze

163 Gegen allgemeine Erfahrungssätze verstößt das Gericht, wenn es einen bestehenden Erfahrungssatz nicht berücksichtigt *(BSG SozR 1500 § 128 Nr. 4)* oder einen tatsächlich nicht existierenden Erfahrungssatz anwendet *(BSGE 36, 36; SozR Nrn. 72 und 89 zu § 128 SGG)*. Die Beweiswürdigung ist auch dann fehlerhaft, wenn das Gericht eine Tatsache als wahr unterstellt, obwohl sie mit den allgemeinen Erfahrungen des täglichen Lebens nicht im Einklang steht *(BSG SozR Nr. 20 zu § 128 SGG)*.

4.7.3 Unterlassene oder vorweggenommene Beweiswürdigung

164 Die Unterlassung einer Beweiswürdigung, im sozialgerichtlichen Verfahren insbesondere die Unterlassung der Würdigung ärztlicher Gutachten und anderer ärztlicher Äußerungen, stellt ebenso einen Verfahrensfehler dar, wie eine vorweggenommene Beweiswürdigung. Die bloße Unwahrscheinlichkeit einer behaupteten Tatsache rechtfertigt es nicht, eine Beweisaufnahme zu unterlassen, deren Unergiebigkeit nur wahrscheinlich ist, aber nicht mit Sicherheit vorausgesehen werden kann *(BVerwG Buchholz 310 § 86 Abs. 1 VwGO Nr. 229)*. Dies wurde z.B. angenommen bei der Ablehnung der Vernehmung eines Zeugen mit dem Argument, dieser könne sich 50 Jahre nach dem maßgebenden Vorfall hieran nicht mehr erinnern *(SozR Nr. 4 zu § 103 SGG)*, bzw. die Annahme des Gerichts, der vom Kläger benannte Zeuge werde zum Beweisthema nichts sagen können *(SozR Nr. 6 zu § 103 SGG)*. Auch die Ablehnung eines Zeugen vom Hörensagen in einem Fall, in dem sonstige Beweismittel nicht zur Verfügung stehen, ist als vorweggenommene Beweiswürdigung anzusehen *(SozR Nr. 9 zu § 103 SGG)*. Das Gericht kann jedoch in bestimmten Fällen ein untaugliches Beweismittel ablehnen; etwa wenn dessen Beweiskraft in jedem Fall schlechter wäre als die schon vorliegenden Beweismittel.

4.7.4 Außerachtlassen des Gesamtergebnisses des Verfahrens

165 Das Gericht muss gem. § 128 Abs. 1 das gesamte Vorbringen der Beteiligten und die Ergebnisse der Beweisaufnahme in seine abschließende Würdigung mit einbeziehen. Hierzu zählen auch die Umstände, die erst in der mündlichen Verhandlung vorgebracht werden. Es kann den Vortrag nur dann als verspätet zurückweisen, wenn es eine Frist gesetzt hat und die Fristsetzung den Anforderungen des § 106a (neu eingeführt durch das SGG-ÄndG 2008) entspricht. Ansonsten hat die zur Stellungnahme gesetzte Frist – wie die meisten richterlich gesetzten Fristen (§ 65) – keine präkludierende Wirkung.

166 Will das Gericht in der mündlichen Verhandlung eine Beweiserhebung durchführen, so muss es die Beteiligten hiervon benachrichtigen. Andernfalls kann gemäß § 127 in diesem Termin ein für den nicht benachrichtigen Beteiligten ungünstiges Urteil nicht erlassen werden.

167 Die Verpflichtung, das Gesamtergebnis des Verfahrens zu würdigen, wird im sozialgerichtlichen Verfahren vor allem dadurch verletzt, dass das Gericht nicht

sämtliche ärztlichen Äußerungen würdigt, die in das Verfahren eingeführt worden sind. Hierzu zählen auch ärztliche Gutachten und Bescheinigungen, die von den Beteiligten vorgelegt worden sind *(BSG SozR Nr. 3 zu § 118 SGG; P/S/W § 128 Anm. 1)*. Das Gericht kann sich allerdings auf die wesentlichen Beweismittel beschränken; es muss nicht auf alle Einzelheiten eingehen. Erwägungen, die es für unwesentlich hält, muss es nicht erörtern, auch wenn sie von den Beteiligten vorgetragen wurden. Hieraus kann nicht ohne Weiteres geschlossen werden, dass es das Beteiligtenvorbringen nicht berücksichtigt hat *(BSGE 1, 91; BVerfGE 5, 22)*.

4.7.5 Fehlerhafte Beweiswürdigung bei widersprechenden Gutachten

Kommen zwei Sachverständige in ihren Gutachten zu entgegengesetzten Ergebnissen, so darf sich das Gericht nicht allein deshalb einem Gutachten anschließen, weil ihm der Sachverständige aus Vorprozessen bekannt ist (s. hierzu oben Rn. 56). Es müssen vielmehr vor einer abschließenden Beweiswürdigung alle weiteren Aufklärungsmöglichkeiten (z.B. durch Fragen nach dem tatsächlichen Ausgangspunkt, den medizinischen Lehrmeinungen und wissenschaftlichen Grundlagen) ausgeschöpft werden, um die Widersprüche zu konkretisieren, zu verringern und nach Möglichkeit auszuräumen *(BSG Urteil vom 10. 5. 1987, 9a RV 36/85)*. Der Versuch, den medizinischen Sachverhalt auf diese Weise weiter aufzuklären, kann nicht durch eine gerichtliche Beweiswürdigung ersetzt werden. Das Gericht müsste dann zumindest darlegen, worauf seine Sachkunde beruht *(BSG SozR Nr. 33 zu § 103 SGG und Nr. 61 zu § 128 SGG)*. 168

Kommen etwa mehrere Sachverständige aus unterschiedlichen medizinischen Fachgebieten bei der Beurteilung des Leistungsvermögens eines Versicherten zu unterschiedlichen Ergebnissen oder ist keiner von ihnen gezielt danach gefragt worden, wie sich die Defizite in den betroffenen Fachgebieten in ihrem Zusammenwirken auf die Leistungsfähigkeit auswirken, so kann das Gericht diese Frage in der Regel nicht allein durch eigene Sachkunde beantworten, sondern benötigt auch hierfür sachverständige Hilfe *(BSG SozR 4-1500 § 128 Nr. 3)*.

4.8 Das Beweissicherungsverfahren

Das Beweissicherungsverfahren (§ 76) dient der vorsorglichen Feststellung von Tatsachen durch die Beweismittel Zeugen- und Sachverständigenvernehmung sowie Augenscheinseinnahme. Es muss die Gefahr bestehen, dass das Beweismittel verloren geht, seine Benutzung erschwert wird oder der Antragsteller muss ein berechtigtes Interesse an der Feststellung des gegenwärtigen Zustandes einer Person oder einer Sache haben (§ 76 Abs. 1). Die Durchführung des Verfahrens setzt ein Gesuch voraus, das von den Beteiligten eines anhängigen oder künftig möglichen Verfahrens gestellt werden kann. 169

Beispiele: 170

a) drohender Verlust eines Beweismittels: Schwere Erkrankung eines Zeugen, Notwendigkeit einer Obduktion oder einer histologischen Untersuchung;

b) drohende Erschwernisse bei der Benutzung eines Beweismittels: Vorübergehender Aufenthalt eines im Ausland lebenden Zeugen im Bundesgebiet, bevorstehender längerer Auslandsaufenthalt eines Zeugen oder eines Sachverständigen mit spezieller Sachkunde;

c) Feststellung des gegenwärtigen Zustandes: Beschaffenheit der Unfallstelle in einem Betrieb, die umgebaut werden soll; Belastungssituation eines Arbeitsplatzes mit Arbeitsstoffen, die für eine Berufskrankheit ursächlich sein können; Zustand einer Erkrankung, die zur Aufgabe der beruflichen Tätigkeit gezwungen hat (z.B. Hauterscheinungen bei einer Berufsdermatose).

171 Verfahren: Der Antragsteller muss die Notwendigkeit der Beweissicherung glaubhaft machen; dies kann auch durch eidesstattliche Versicherung geschehen. Er muss zumindest die konkrete Möglichkeit nachweisen, dass er des Beweises zur Durchsetzung einer eigenen Rechtsposition bedarf. Gemäß § 76 Abs. 2 ist das Gesuch bei dem für die Hauptsache zuständigen Sozialgericht anzubringen. Bei dringender Gefahr kann der Antrag auch bei einem anderen Sozialgericht oder einem Amtsgericht gestellt werden, in dessen Bezirk sich die zu vernehmende Person aufhält oder wo sich der Gegenstand befindet, der in Augenschein genommen werden soll. Das Verfahren richtet sich gemäß § 76 Abs. 3 im Einzelnen nach den entsprechenden Vorschriften der ZPO (§§ 487, 490 bis 494 ZPO). Danach kann der Antrag auf Durchführung eines Beweissicherungsverfahrens auch dann gestellt werden, wenn der Gegner (z.B. der zuständige Leistungsträger) noch nicht bekannt ist. Steht der Gegner jedoch fest, z.B. bei einem schon anhängigen Rechtsstreit, so ist er – soweit dies durchführbar ist – durch Zustellung des Beweisbeschlusses zu informieren. Soweit es um die Notwendigkeit geht, einen Sachverständigen zu vernehmen, ist dieser grundsätzlich durch das Gericht und nicht durch den Antragsteller zu bestimmen.

172 ## 5 Ausschließung und Ablehnung von Gerichtspersonen

Schrifttum

Ernst, Die Ablehnung eines Richters wegen der Besorgnis der Befangenheit gemäß § 42 ZPO unter besonderer Berücksichtigung der Sozialgerichtsbarkeit, Diss. Jur. Kiel 1973

Krekeler, Der befangene Richter, NJW 1981, 1633

Schuwerack, Die Ausschließung eines ehrenamtlichen Richters von der Mitwirkung in der Sitzung, in: Der ehrenamtliche Richter in der Sozialgerichtsbarkeit 1973, 25 (Beilage zu SGb 1973 – Folge 7/8)

Wagner, Ist ein Berufsrichter befangen, wenn ein ehrenamtlicher Beisitzer klagt?, SGb 1967, 196

173 Auch die Beteiligten eines sozialgerichtlichen Verfahrens haben Anspruch auf einen unbefangenen Richter *(zu den verfassungsrechtlichen Grundlagen* vgl. *Berchtold, Prozesse in Sozialsachen, § 5 Rn. 272).* Die Ausschließung und Ablehnung von Gerichtspersonen – hierzu zählen neben den Berufs- auch die ehrenamtlichen Richter (zur Ablehnung von Sachverständigen s. Rn. 177ff.) – richtet sich gemäß § 60 Abs. 1 grundsätzlich nach den einschlägigen Vorschriften der ZPO (§§ 41 bis 44, 45 Abs. 2 Satz 2 und 47 bis 49 ZPO). Während die Ausschließung kraft Gesetzes ohne besondere gerichtliche Anordnung eintritt, setzt die Ablehnung grundsätzlich ein Gesuch eines Beteiligten voraus (Ausnahme: Selbstablehnung gemäß § 48 ZPO), über das durch Beschluss zu entscheiden ist, wenn der Richter das Ablehnungsgesuch nicht für begründet hält (§ 45 Abs. 2 Satz 2 ZPO). Geben die kraft Gesetzes Ausgeschlossenen ihre Mitwirkung am Verfahren nicht von sich aus auf, so können die Beteiligten auch gegen sie ein Ablehnungsgesuch richten (§ 42 Abs. 1, 1. Alt. ZPO); im Übrigen kann die Ablehnung mit der Besorgnis der Befangenheit begründet werden (§ 42 Abs. 1, 2. Alt. ZPO).

5.1 Ausschließungsgründe   174

Ausgeschlossen ist eine Gerichtsperson:

- in eigener Sache (§ 41 Nr. 1 ZPO), d.h. wenn sie selbst am Verfahren beteiligt ist. Das ist – bezogen auf das sozialgerichtliche Verfahren – dann noch nicht der Fall, wenn sie lediglich Mitglied einer am Verfahren beteiligten Körperschaft (z.B. Krankenkasse, Berufsgenossenschaft oder Rentenversicherungsträger) ist.
- in Sachen enger Angehöriger (§ 41 Nr. 2 und 3 ZPO). Das gilt in Bezug auf die am sozialgerichtlichen Verfahren beteiligten Leistungsträger nur dann, wenn der gesetzliche Vertreter des Leistungsträgers selbst mit dem Richter verwandt, verschwägert oder verheiratet ist; nicht dagegen, wenn es sich lediglich bei dem zuständigen Sachbearbeiter oder Sitzungsvertreter um einen Angehörigen des Richters handelt.
- in Sachen, in denen sie als Prozessbevollmächtigter oder Beistand eines Beteiligten bestellt ist oder als gesetzlicher Vertreter auftreten kann (§ 41 Nr. 4 ZPO). Dieser Ausschließungsgrund hat vor allem Bedeutung für ehrenamtliche Richter, die als Verbandsvertreter im Sinne von § 73 Abs. 6 Satz 3 in Betracht kommen oder wenn sie einen Beteiligten schon im Verwaltungsverfahren vertreten haben *(Bayer. LSG Breithaupt 1977, 80)*.
- in Sachen, in denen sie zuvor schon als Zeuge, Sachverständiger oder als Richter mitgewirkt hat (§ 41 Nr. 5 und 6 ZPO). Eine vorangegangene Beteiligung als Richter liegt vor allem dann vor, wenn ein Berufs- oder ehrenamtlicher Richter an das Gericht eines höheren Rechtszuges berufen wird. Zum Ausschluss führt nur die Mitwirkung am vorinstanzlichen Urteil, nicht dagegen diejenige an einem abgeschlossenen vorangegangenen Gerichtsverfahren. Hat ein Richter seine Rechtsmeinung in einer Kommentierung niedergelegt, so rechtfertigt dies allein nicht, Misstrauen gegen seine Unparteilichkeit zu hegen *(BSG SozR 3-1500 § 60 Nr. 1)*.
- wenn sie an einem vorausgegangenen Verwaltungsverfahren mitgewirkt hat (§ 60 Abs. 2). Hierbei handelt es sich um eine Spezialität der Sozialgerichtsbarkeit, die der Tatsache Rechnung trägt, dass einerseits Berufsrichter vor ihrer richterlichen Tätigkeit teilweise bei einem Leistungsträger tätig gewesen sind und andererseits ehrenamtliche Richter als Vertreter einer sozial- oder berufspolitischen Organisation auch in Gremien der Sozialleistungsträger (z.B. in Renten- oder Widerspruchsausschüssen) mitwirken.

– wenn ein Ausschließungsgrund nach § 17 vorliegt (Ausschluss vom Amt des ehrenamtlichen Richters).

175 5.2 Besorgnis der Befangenheit

Die Besorgnis der Befangenheit besteht – wie auch in den anderen Verfahrensarten – grundsätzlich dann, wenn ein Grund vorliegt, der geeignet ist, Misstrauen gegen die Unparteilichkeit eines Richters zu rechtfertigen (§ 42 Abs. 2 ZPO); wobei darauf abzustellen ist, ob ein solcher Grund vom Standpunkt des Beteiligten aus bei vernünftiger und objektiver Betrachtungsweise anzunehmen ist *(Thomas-Putzo, § 42 Rn. 9 und die dort aufgeführten Beispiele; BSG SozR 1500 § 60 Nr. 3).* Im sozialgerichtlichen Verfahren wird die Besorgnis der Befangenheit dann unwiderlegbar vermutet, wenn der Richter dem Vorstand einer Körperschaft oder Anstalt des öffentlichen Rechts angehört, deren Interessen durch das Verfahren unmittelbar berührt werden (§ 60 Abs. 3). Für **ehrenamtliche Richter** regelt § 17 Ausschließungsgründe, die eine Mitwirkung entweder aus persönlichen Gründen (Abs. 1 – Vorstrafen, Verlust des Wahlrechts, Vermögensverfall) oder aus beruflichen Gründen (Abs. 2 bis 4) nicht zulassen. Mitglieder der Vorstände von Sozialversicherungsträgern einschließlich der BA und der kassen(zahn)ärztlichen Vereinigungen sind generell ausgeschlossen; eine Sonderregelung gilt insoweit für Geschäftsführer und deren Stellvertreter bei Krankenkassen und deren Verbänden sowie bei Kassen(zahn-)ärztlichen Vereinigungen in den Spruchkörpern für Angelegenheiten des Kassenarztrechts (§ 17 Abs. 4). Dieses Privileg ist jedoch auf Geschäftsführer, die berechtigt sind, als gesetzlicher Vertreter eines Beteiligten aufzutreten, nicht anwendbar *(BSGE 40, 130 = SozR 1750 § 41 Nr. 1; BSGE 71, 97 = SozR 1500 § 12 Nr. 6).* Bedienstete von Leistungsträgern dürfen nur in solchen Spruchkörpern nicht mitwirken, die über Streitigkeiten aus ihrem Arbeitsgebiet entscheiden; wobei unter „Arbeitsgebiet" der gesamte Aufgabenkreis des Leistungsträgers zu verstehen ist *(BSG SozR 3-1500 § 17 Nr. 3; Engelhard, NZS 1998, 220, 223).* § 17 Abs. 3 führt im Hinblick auf die Grundsicherung für Arbeitsuchende (SGB II) und die Sozialhilfe die Bediensteten der Dienststellen der BA, der Kreise und kreisfreien Städte auf. Der Ausschluss galt aber in gleicher Weise für Beschäftigte von Arbeitsgemeinschaften nach § 44b SGB II, sofern diese ausnahmsweise nach Landesrecht Dienstherrnfähigkeit besaß (vgl. *Rixen,* in: *Eicher/Spellbrink, SGB II, § 44b Rn. 16)* sowie für Beschäftigte der Jobcenter nach §§ 6d, 44b SGB II n.F.

176 5.3 Verfahren bei der Ablehnung

Das Ablehnungsgesuch ist bei dem Gericht anzubringen, dem der Richter angehört (§ 44 Abs. 1 ZPO). Es kann sich grundsätzlich nur gegen einzelne Richter und nicht gegen den gesamten Spruchkörper richten. Der Ablehnungsgrund muss von den Beteiligten glaubhaft gemacht werden (§ 44 Abs. 2 ZPO). Die Glaubhaftmachung kann nicht durch eidesstattliche Versicherung des Beteiligten erfolgen. Fehlt die Glaubhaftmachung, muss das Gericht im sozialgerichtlichen Verfahren auch hier von Amts wegen ermitteln. Der abgelehnte Richter hat zum Ablehnungsgrund eine dienstliche Äußerung abzugeben (§ 44 Abs. 3 ZPO). Hält der abgelehnte Richter das Gesuch nicht für begründet, so ist für die Entscheidung stets das LSG (nicht das SG) zuständig (§ 60 Abs. 1 Satz 2). Die Entscheidung des LSG über das Ablehnungsgesuch kann nicht mit der Beschwerde angegriffen werden (so bereits § 177; jetzt ausdrücklich in § 172 Abs. 2 geregelt). Das BVerfG hat allerdings deutlich gemacht, dass eine Anhörungsrüge, die sich allein auf das Verfahren der Richterablehnung bezieht, aus verfassungsrechtlichen Gründen als zulässig anzusehen ist, weil nach Zurückweisung des Ablehnungsgesuchs hierüber in der Endentscheidung nicht mehr zu befinden ist *(BVerfG Beschl. vom 23. 10. 2007, 1 BvR 782/07).*

Richtet sich das Gesuch gegen einen Richter am BSG, so ist der Senat zuständig, dem der Richter angehört (§ 171 Abs. 1). Die Entscheidung ergeht durch nicht anfechtbaren (§ 177) Beschluss grundsätzlich ohne Mitwirkung der ehrenamtlichen Richter im schriftlichen Verfahren. § 47 Abs. 2 (i.d.F. des JuMoG) erlaubt nunmehr zur Vermeidung einer Vertagung des Termins die Fortsetzung der Verhandlung unter Mitwirkung des abgelehnten Richters bis zur Entscheidung über das Ablehnungsgesuch. Ist dieses erfolgreich, muss dieser Teil wiederholt werden. Im sozialgerichtlichen Verfahren besteht für diese aus dem Strafprozess stammende Regelung (vgl. BR-Drs. 378/03) kein Bedürfnis. Zur Pflicht des Gerichts, die Anzeige der Selbstablehnung den Beteiligten mitzuteilen vgl. *BVerfG SozR 3-1500 § 60 Nr. 2.* | *176a*

5.4 Ablehnung des Sachverständigen | *177*
Schrifttum:

Kühl, Die Ablehnung von Sachverständigen wegen Besorgnis der Befangenheit im Sozialgerichtsprozess, NZS 2003, 579

Ein Sachverständiger kann aus denselben Gründen abgelehnt werden, die zur Ablehnung eines Richters berechtigen. Dies sind zum einen die Gründe, die zum Ausschluss vom Richteramt führen (§ 41 ZPO) und zum anderen die Besorgnis der Befangenheit (§ 42 Abs. 1 ZPO), vgl. hierzu im Einzelnen Rn. 174f. Die Ablehnung des Sachverständigen richtet sich – wie im Zivilprozess – nach § 406 ZPO (i.V.m. § 60), der über § 118 anwendbar ist.

Die Ablehnung vor allem von medizinischen Sachverständigen hat im sozialgerichtlichen Verfahren erhebliche Bedeutung, weil der Sachverständige aus der Sicht des Klägers maßgebenden Einfluss auf die Entscheidung des Gerichts hat. Kommt es schon bei einer für die Begutachtung erforderlichen Untersuchung zwischen beiden zu einer Konfrontation, so wird der Kläger an der Unvoreingenommenheit des Sachverständigen Zweifel hegen. Das Gericht hat dann eine Äußerung des Sachverständigen zu dem vom Kläger geltend gemachten Ablehnungsgrund einzuholen. Vor einer Entscheidung müssen die Beteiligten hierzu Stellung nehmen können. | *178*

Die Tatsache, dass der ärztliche Sachverständige dem von ihm untersuchten Verfahrensbeteiligten das voraussichtliche Ergebnis der Begutachtung schon im Anschluss an die Untersuchung mitteilt, begründet allein noch nicht die Besorgnis der Befangenheit. Ist der Sachverständige schon im vorausgegangenen Verwal- | *179* tungsverfahren gutachtlich tätig geworden, oder hat er in früheren Gerichtsverfahren für den Kläger ungünstige Beurteilungen abgegeben, so stellt dies allein noch keinen Grund für eine Ablehnung dar; auch in diesen Fällen ist vielmehr auf die konkreten Umstände und den Inhalt der Äußerungen abzustellen. Ein Ablehnungsgrund liegt in der Regel vor, wenn der Sachverständige in einem **Dienstverhältnis zu** dem am Verfahren beteiligten **Verwaltungsträger** steht. Das BSG *(SozR 3-1500 § 128 Nr. 7)* hat dies bei einem Streit über Versorgungsansprüche auch in einem Fall angenommen, in dem der Sachverständige als Versorgungsarzt im Dienst eines anderen Landes als des Beklagten stand. Ein Ablehnungsgrund dürfte auch dann vorliegen, wenn nur die Umstände der Einbestellung zur Untersuchung (z.B. Verwendung des Briefkopfs einer berufsgenossenschaftlichen Klinik) beim Kläger den Eindruck erwecken, dass der zum Sachverständigen bestellte Arzt in einem Abhängigkeitsverhältnis zum beklagten Leistungsträger steht (vgl. *Beschluss des LSG Niedersachsen vom 17. 5. 1988, L 6 S (U) 96/88)*. Die Nähe zum Leistungsträger hat im Hinblick auf die Notwendigkeit der Sachaufklärung allenfalls dann ein geringeres Gewicht, wenn der Sachverständige über herausragende Kenntnisse auf einem speziellen Gebiet der Medizin verfügt und eine Aufklärung des medizinischen Sachverhaltes ohne seine Hinzuziehung praktisch unmöglich wäre.

180   Abgelehnt werden kann neben dem nach § 106 Abs. 3 Nr. 5 auch der nach § 109 bestellte Sachverständige, denn auch er wird gerichtlich bestellt. Im Regelfall der schriftlichen Begutachtung muss der Ablehnungsantrag spätestens binnen zwei Wochen nach Bekanntgabe der Ernennung des Sachverständigen gestellt sein (§ 406 Abs. 2 ZPO). Danach ist die Ablehnung nur zulässig, wenn glaubhaft gemacht wird, dass der Ablehnungsgrund vorher nicht geltend gemacht werden konnte (§ 406 Abs. 2 Satz 2 ZPO). Unzulässig ist die Ablehnung eines Sachverständigen daher regelmäßig, wenn sie erst nach Kenntnis des schriftlichen Gutachtens geltend gemacht wird. Über das Ablehnungsgesuch entscheidet das Gericht, das den Sachverständigen ernannt hat, durch Beschluss *(BSG SozR 1750 § 406 Nr. 1)*. Übergeht das SG das Ablehnungsgesuch und nimmt hierzu erst im Urteil Stellung, so liegt ein Verfahrensfehler vor, der ggf. zur Aufhebung des Urteils führt *(BSG SozR 3-1500 § 170 Nr. 5)*. Beschlüsse des SG sind nur dann mit der Beschwerde anfechtbar, wenn sie dem Ablehnungsgesuch nicht stattgeben (§ 406 Abs. 5 ZPO).

180a   Liegt ein Grund vor, einen Sachverständigen wegen Befangenheit abzulehnen, so ist das von diesem erstellte Gutachten als Beweismittel grundsätzlich ungeeignet *(BSG SozR 3-1500 § 128 Nr. 7)*. Wird ein solches Gutachten dennoch als Urteilsgrundlage verwendet, so überschreitet das Gericht die Grenzen der freien Beweiswürdigung *(BSG SozR 3-1500 § 128 Nr. 7)*. Das Gleiche gilt, wenn das Gericht das Gutachten eines Sachverständigen verwertet, ohne über den Befangenheitsantrag eines Beteiligten zu entscheiden *(BSG SozR 3-1500 § 170 Nr. 5)*.

6 Unterbrechung, Aussetzung und Ruhen des Verfahrens 181

Ein Stillstand des Verfahrens ist auch im Sozialgerichtsprozess möglich. Das SGG enthält allerdings nur für die Aussetzung in § 114 eine eigene Regelung. Daneben sind grundsätzlich die einschlägigen ZPO-Vorschriften entsprechend anzuwenden.

Für die Unterbrechung, die im Gegensatz zur Aussetzung und zum Ruhen 182 kraft Gesetzes ohne besondere Anordnung des Gerichts eintritt, gilt über § 202 SGG § 239 ZPO. Zur Unterbrechung des Verfahrens führen vor allem der Tod des Klägers oder des Beklagten (nicht dagegen der Tod eines Beigeladenen – *BSGE 50, 198*), wenn kein Prozessbevollmächtigter bestellt ist sowie die Insolvenz eines Beteiligten, wenn das Verfahren die Insolvenzmasse betrifft (hierzu eingehend: *Dapprich, S. 85f.*) und der Verlust der Prozessfähigkeit.

Das Gericht kann das Verfahren nach § 114 **in folgenden Fällen aussetzen:** 183

– Die Entscheidung des Rechtsstreits hängt von einem familien- oder erbrechtlichen Verhältnis ab (Abs. 1); wobei ein entsprechender Rechtsstreit noch nicht rechtshängig sein muss.
– Die Entscheidung des Rechtsstreits hängt ganz oder zum Teil vom Bestehen oder Nichtbestehen eines Rechtsverhältnisses ab, das den Gegenstand eines anderen Rechtsstreits bildet oder von einer Verwaltungsstelle noch festzustellen ist (Abs. 2). Letzteres ist z.B. der Fall, wenn mit der Klage eine sog. kleine Rente (auch Stützrente genannt) aus der gesetzlichen Unfallversicherung gemäß § 56 Abs. 1 Satz 2–4 SGB VII (MdE: wenigstens 10 v.H.) geltend gemacht wird. Der Anspruch auf die kleine Rente setzt voraus, dass die Erwerbsfähigkeit des Klägers entweder wegen der Folgen eines anderen Arbeitsunfalls oder wegen eines Entschädigungsfalls nach den Beamtengesetzen, dem BVG oder dem SVG (bzw. anderer im Einzelnen in § 56 Abs. 1 SGB VII aufgeführter Gesetze) um wenigstens 10 v.H. gemindert ist. Auch wenn der Kläger diese weitere Voraussetzung erst im Verlauf des Rechtsstreits geltend macht (etwa weil er in erster Linie eine Festsetzung der MdE auf 20 v.H. anstrebt), muss das Verfahren zur Durchführung des Feststellungsverfahrens (§ 102 SGB VII) ausgesetzt werden. Sofern für den weiteren Arbeitsunfall ein anderer Leistungsträger zuständig ist, ist dieser gemäß § 75 Abs. 2 beizuladen (*BSG SozR 2200 § 581 Nr. 20*).
– Abs. 2 Satz 1 ist entsprechend anzuwenden, wenn das BVerfG eine Norm für verfassungswidrig, aber nicht für nichtig erklärt (*BSG SozR 1700 § 31 Nr. 1*). Eine Aussetzung kommt dagegen nicht in Betracht, wenn die Entscheidung des Rechtsstreits von einer Norm abhängt, über deren Vereinbarkeit mit dem Grundgesetz ein Verfahren vor dem BVerfG anhängig ist.
– Abs. 2 Satz 2 lässt eine Aussetzung zur Heilung von Verfahrens- und Formfehlern zu; die Regelung knüpft an § 41 Abs. 2 SGB X an, wonach die Verletzung bestimmter Verfahrens- und Formfehler bis zur letzten Tatsacheninstanz eines sozial- oder verwaltungsgerichtlichen Verfahrens geheilt werden kann (*zu verfassungsrechtlichen Bedenken vgl. Steiner, NZS 2002, 113, 117; Hk-Roller § 114 Rn. 6*).

– Im Verlauf des Rechtsstreits ergibt sich der Verdacht einer Straftat, deren Ermittlung auf die Entscheidung von Einfluss ist (Abs. 3).

– Ohne spezielle gesetzliche Grundlage wird eine Aussetzung allgemein *(vgl. ML § 114 Rn. 3; Bley, § 114 Anm. 12 b ff.)* zur Nachholung eines notwendigen Vorverfahrens (§ 78) befürwortet.

183a **Aussetzung wegen Musterverfahren:**

Mit dem SGG-ÄndG 2008 hat der Gesetzgeber mit § 114a auch für die Sozialgerichte die Möglichkeit eingeführt, immer dann, wenn die Rechtmäßigkeit einer behördlichen Maßnahme Gegenstand von mehr als zwanzig Verfahren an einem Gericht ist, eines oder mehrere geeignete Verfahren als Musterverfahren vorab durchzuführen und die übrigen Verfahren aussetzen; die Beteiligten sind vorher zu hören; der Beschluss ist unanfechtbar. Eine entsprechende Regelung befindet sich mit § 93a seit 1997 in der VwGO. Die Vorschrift erleichtert vor allem die Abwicklung der ausgesetzten Verfahren nach Abschluss des bzw. der Musterverfahren: das Gericht kann nach Anhörung der Beteiligten über die ausgesetzten Verfahren durch Beschluss entscheiden (§ 114a Abs. 2), wenn es einstimmig der Auffassung ist, dass die ausgesetzten Verfahren gegenüber dem Musterverfahren keine wesentlichen Besonderheiten (tatsächlicher oder rechtlicher Art) aufweisen und der Sachverhalt jeweils geklärt ist. Beweisanträge zu Tatsachen, über die bereits im Musterverfahren Beweis erhoben wurde, kann das Gericht nach § 114a Abs. 2 Satz 3 ablehnen, wenn ihre Zulassung nach seiner Überzeugung nicht zum Nachweis neuer entscheidungserheblicher Tatsachen beitragen und die Erledigung des Rechtsstreits verzögern würde. Gegen den Beschluss nach § 114a Abs. 2 steht den Beteiligten das Rechtsmittel zu, das zulässig wäre, wenn das Gericht durch Urteil entschieden hätte.

184 Eine Aussetzung kommt dagegen nicht in Betracht, um dem beklagten Verwaltungsträger während des Verfahrens Gelegenheit zu geben, **weitere Ermittlungen** anzustellen *(BSGE 36, 190)*. Hierfür steht nunmehr gegebenenfalls die Möglichkeit zur Verfügung, das Verfahren bei unvollständiger Ermittlung durch Aufhebung des Bescheides und Rückverweisung an die Verwaltung vorzeitig zu beenden (§ 131 Abs. 5, vgl hierzu VII Rn. 138a). Auch das Abwarten eines in höherer Instanz (vor dem LSG oder dem BSG) anhängigen Musterprozesses stellt grundsätzlich keinen Grund für eine Aussetzung dar. Etwas Anderes kann nur dann gelten, wenn es sich um ein Massenverfahren handelt *(vgl. BVerfGE 54, 39)*.

185 Das **Ruhen des Verfahrens** ist im SGG zwar nicht geregelt, doch ist heute nahezu unbestritten, dass § 251 ZPO entsprechend anzuwenden ist. Für die Anordnung des Ruhens besteht auch im sozialgerichtlichen Verfahren ein Bedürfnis; z.B. wenn zwischen den Beteiligten Vergleichsverhandlungen geführt werden; wenn es sachdienlich erscheint, die Beweisaufnahme in einem anderen anhängigen Rechtsstreit abzuwarten oder wenn die Beschaffung von Beweismitteln sehr zeitaufwendig ist. Die Ruhensanordnung setzt, anders als die Aussetzung, das Einverständnis beider Hauptbeteiligter mit dem Ruhen des Verfahrens voraus. Dies rechtfertigt es, sie auch in den Fällen, in denen eine Aussetzung nicht in Betracht kommt, einzusetzen; etwa bei bereits vor dem BSG oder BVerfG anhängigen „Musterverfahren" über den engen Anwendungsbereich des § 114a hinaus.

Die Aussetzung und das Ruhen des Verfahrens werden durch Beschluss ange- *185a* ordnet, der Aussetzungsbeschluss kann – soweit das SG entschieden hat – mit der Beschwerde angefochten werden. Beim Ruhensbeschluss fehlt wegen der Notwendigkeit der Zustimmung beider Hauptbeteiligter für eine Beschwerde das Rechtsschutzbedürfnis. Aussetzungs- und Ruhensbeschlüsse können grundsätzlich jederzeit von Amts wegen aufgehoben werden.

IV. Kapitel
Das Klagesystem

1 Allgemeines

Die Klagearten des Sozialgerichtsprozesses entsprechen denen des allgemeinen *1*
Verwaltungs- und des Zivilprozesses. Das SGG erwähnt speziell: Die Anfechtungsklage als besondere Ausprägung der Gestaltungsklage (§ 54 Abs. 1), die Verpflichtungsklage (§ 54 Abs. 1) und die reine Leistungsklage (§ 54 Abs. 5), die
kombinierte Anfechtungs- und Leistungsklage (§ 54 Abs. 4) und die Feststellungsklage (§ 55).

Da dem Klageverfahren grundsätzlich eine Entscheidung der Verwaltungsbe- *2*
hörde vorausgeht, sind auch Feststellungs- und Verpflichtungsklage regelmäßig
mit einer Anfechtungsklage zu verbinden, die den Eintritt von Bestandskraft nach
Ablauf der Rechtsbehelfsfrist (§ 84) verhindert. Ohne einen konkreten, von der
Verwaltungsbehörde gesetzten Anlass gibt es im Sozialgerichtsprozess grundsätzlich keinen Rechtsschutz. Eine abstrakte Normenkontrolle wie im allgemeinen
Verwaltungsprozess (§ 47 VwGO) kannte das sozialgerichtliche Verfahren bis
2011 nicht *(BSGE 24, 266, 268; 28, 224, 225 f.)*. Durch die Einfügung von § 55a
wurde sie, begrenzt auf die Überprüfung von Satzungen nach § 22a SGB II, in das
sozialgerichtliche Verfahren eingeführt *(vgl. hierzu unten Rn. 103)*. Zur Zulässigkeit einer Feststellungsklage zur Vermeidung einer wegen Art. 19 Abs. 4 GG
sonst allein zulässigen Verfassungsbeschwerde vgl. unten Rn. 84.

Der Kläger muss nicht nur allgemein ein Rechtsschutzbedürfnis für die Inan- *3*
spruchnahme gerichtlichen Rechtsschutzes haben, sondern auch für die Erhebung
der speziellen Klage. Zwar enthält das SGG keine Subsidiaritätsregel; doch ergibt
sich aus diesem allgemeinen Grundsatz ein Nachrang der Klageart, mit der der
Kläger nur einen Teil seines Klageziels erreichen kann. Deshalb besteht für eine
Feststellungsklage regelmäßig dann kein Rechtsschutzbedürfnis, wenn eine Leistungsklage erhoben werden kann. Das Gleiche gilt für die Verpflichtungsklage,
wenn das Klageziel unmittelbar mit einer Leistungsklage erreicht werden kann
(BSGE 8, 3, 8). Der Kläger ist jedoch nicht verpflichtet, in der Klageschrift – etwa
durch die Formulierung der Anträge – die Klageart deutlich zu machen. Da das
Gericht an die Fassung der Anträge nicht gebunden ist (§ 123) und der Kläger
auch keinen bestimmten Antrag stellen muss (sondern nur „soll" – § 92 Abs. 1
Satz 3), hat das Gericht die zutreffende Klageart durch Auslegung selbst zu ermitteln.

4 **2 Isolierte Anfechtungsklage**

Allein mit der Anfechtungsklage kann der Kläger in sozialgerichtlichen Verfahren sein Begehren nur in wenigen Fällen erreichen. Denn zumeist erstrebt er nicht nur die Beseitigung der Verwaltungsentscheidung – wie in der Eingriffsverwaltung – sondern eine bestimmte Sozialleistung (dann Kombination von Anfechtungs- und Leistungsklage) oder zumindest den Erlass eines anderen Verwaltungsaktes durch den Leistungsträger (dann Kombination von Anfechtungs- und Verpflichtungsklage).

Die isolierte Anfechtungsklage kommt deshalb nur dann in Betracht, wenn die Verwaltungsbehörde mit dem angefochtenen Verwaltungsakt in eine bestehende Rechtsposition des Klägers eingegriffen hat; wie dies etwa bei der Aufhebung einer Leistungsbewilligung oder der Forderung von Abgaben der Fall ist.

5 Liegt kein Verwaltungsakt vor, d.h. eine hoheitliche Maßnahme zur Regelung eines Einzelfalls auf dem Gebiet des öffentlichen Rechts, die auf unmittelbare Rechtswirkung nach außen gerichtet ist (zur Definition vgl. § 31 SGB X), so scheidet die Anfechtungsklage aus. Die Anfechtungsklage ist jedoch auch dann statthaft, wenn die Aufhebung einer behördlichen Maßnahme begehrt wird, die sich dem objektiven Betrachter nur als Verwaltungsakt darstellt, auch wenn es sich nach ihrem materiellen Gehalt nicht um einen Verwaltungsakt handelt. Die Rechtsprechung spricht in derartigen Fällen von einem **formellen Verwaltungsakt** *(vgl. hierzu BSG SozR 4-2500 § 255 Nr. 1).* Die Rechtsfigur des formellen Verwaltungsaktes überspielt beim Rechtsschutz auch den Streit um den Rechtscharakter der Auf- bzw. Verrechnung: auch diejenigen, die die Aufrechnung als bloße Willenserklärung ansehen *(so der 4. Senat des BSG, SozR 4-1200 § 52 Nr. 1 Rn. 17; anders die ständige Rspr. seit BSGE 53, 208; vgl. neuerdings Wehrhahn, SGb 2007, 468),* lassen gegen sie die Anfechtungsklage zu, wenn sie dem Betroffenen der Form nach als Verwaltungsakt präsentiert wird *(BSGE 60, 87; BSGE 67, 183).*

6 Wichtige **Beispiele für die isolierte Anfechtungsklage** sind:

– Aufhebung eines Verwaltungsaktes mit Dauerwirkung wegen Änderung der Verhältnisse (§ 48 SGB X). Beispiele: Herabsetzung oder Entziehung der Verletztenrente nach Arbeitsunfall oder der Grundrente nach dem BVG wegen eines geringeren Grades der MdE aufgrund einer Besserung der Unfall- bzw. Schädigungsfolgen; Herabsetzung des GdB nach Feststellung der Schwerbehinderteneigenschaft wegen Besserung der Behinderungen; Umwandlung von Arbeitslosengeld in Arbeitslosenhilfe nach vermeintlichem Ablauf der Bezugsdauer; Sonderregelung für die gesetzliche Rentenversicherung: Entziehung einer Erwerbsminderungsrente bzw. Umwandlung einer Rente wegen voller Erwerbsminderung in eine solche wegen teilweiser Erwerbsminderung.

– Rücknahme eines rechtswidrigen begünstigenden Verwaltungsaktes (§ 45 SGB X). Z.B. wenn die Gewährung einer Leistung von Anfang an zu Unrecht erfolgte; Beiträge in zu geringer Höhe erhoben wurden; zu Unrecht Folgen eines Arbeitsunfalls oder eines schädigenden Ereignisses festgestellt wurden.

– Erstattung (Rückforderung) zu Unrecht erbrachter Leistungen (§ 50 SGB X).
– Aufrechnung (§ 51 SGB I) oder Verrechnung (§ 52 SGB I); Auszahlung laufender Geldleistungen an unterhaltsberechtigte Ehegatten oder Kinder bei Verletzung der Unterhaltspflicht (§ 48 SGB I; vgl. *BSG SozR 1200 § 48 Nr. 11*).
– Versagung von Leistungen wegen fehlender Mitwirkung (vgl. *BSG SozR 1200 § 66 Nr. 13*), vgl. hierzu das Schriftsatzmuster Rn. 14.
– Entziehung der Zulassung als Vertragsarzt: § 95 Abs. 6 SGB V (vgl. *BSG SozR 2200 § 368a Nr. 15*).
– Anordnung des Ruhens von Leistungsansprüchen (*BSGE 61, 62 = SozR 2200 § 216 Nr. 9*).

In diesen Fällen erreicht der Kläger sein Ziel, die Beibehaltung der durch den   7
ursprünglichen Verwaltungsakt begründeten Rechtslage, durch die bloße Aufhebung des für ihn ungünstigen neuen Bescheides. Eines weiteren Antrages auf Wiederherstellung der ursprünglich eingeräumten Rechtsposition (etwa der Weitergewährung einer Leistung) bedarf es nicht; hierfür fehlt auch das Rechtsschutzbedürfnis. Denn mit der Aufhebung des neuen Bescheides entfaltet der ursprüngliche wieder seine Rechtswirkungen.

Beispiele:

a) die Krankenkasse hebt die Beitragsfreistellung während des Bezugs von Erziehungsgeld auf und verlangt Beitragszahlung (*BSGE 69, 255, 256 = SozR 3-1300 § 48 Nr. 13*),

b) die Kindergeldbehörde hebt die Gewährung von Kindergeld auf (*BSG SozR 31300 § 45 Nr. 24*),

c) Arbeitsamt (jetzt: Arbeitsagentur) setzt eine Geldleistung niedriger fest als im ursprünglichen Bescheid (*BSG SozR 4100 § 44 Nr. 19*),

d) ein Sozialversicherungsträger hebt den Bewilligungsbescheid über eine einkommensabhängige Sozialleistung wegen der Erzielung von Einkommen rückwirkend auf, ohne Ermessen (§ 48 Abs. 1 Satz 2 SGB X) auszuüben.

Neben der Anfechtungsklage ist im Beispiel a) eine auf Feststellung der Beitragsfreiheit gerichtete Klage, in den Beispielen b) und c) eine Leistungsklage unzulässig, weil die Anfechtungsklage zur Durchsetzung des Rechtsschutzziels ausreicht. Im Beispiel d) wäre eine auf Neubescheidung abzielende Verpflichtungsklage unzulässig. Wegen des Ermessensfehlers kann der Kläger die Aufhebung des gesamten Bescheides verlangen. Das nachfolgende Vorgehen der Behörde ist nicht Gegenstand des Rechtsstreits.

Für die Zulässigkeit der Anfechtungsklage genügt es, dass der Kläger schlüssig   8
behauptet, durch den Bescheid beschwert zu sein, weil dieser rechtswidrig sei und in eine eigene Rechtsposition des Klägers eingreife. Die Möglichkeit einer Verletzung subjektiver Rechte (**subjektive Beschwer**) begründet die Klagebefugnis. Durch diese Zulässigkeitsvoraussetzung sollen Popularklagen und solche Klagen ausgeschlossen werden, mit denen der Kläger außerrechtliche Interessen verfolgt.

Sie ist dann nicht gegeben, wenn die geltend gemachten Rechte unter Zugrunde-legung des Klagevorbringens offensichtlich und eindeutig nach keiner Betrach-tungsweise bestehen oder dem Kläger zustehen können *(BSGE 77, 130, 133 = SozR 3-2500 § 124 Nr. 2)*. Eine eigene Rechtsposition des Klägers kann auch dann betroffen sein, wenn der Verwaltungsakt gegenüber einem Dritten ergangen ist. Auch in diesem Fall muss jedoch eine rechtlich anerkannte und geschützte Rechtsposition desjenigen betroffen sein, der selbst nicht Adressat des Verwal-tungsaktes ist. Ein nur **mittelbares Betroffensein**, etwa in wirtschaftlichen Inter-essen, genügt nicht *(BSGE 42, 256 = SozR 1500 § 54 Nr. 14)*. Erforderlich ist viel-mehr, dass derjenige, der sich gegen einen, an einen Dritten gerichteten Verwaltungsakt wendet, die Verletzung einer Norm geltend machen kann, die nicht nur im Interesse der Allgemeinheit erlassen ist, sondern auch seinen Schutz bezweckt. Danach hängt die Klagebefugnis davon ab, ob der dem Verwaltungsakt zugrunde liegenden Norm ein Rechtssatz zu entnehmen ist, dessen Schutzzweck auch die Individualinteressen des Klägers umfasst *(BSGE 70, 99, 101 = SozR 31500 § 54 Nr. 15)*; speziell zur Klagebefugnis eines Konkurrenten vgl. *BVerfG SozR 4-1500 § 54 Nr. 4; BSG Urteil vom 7. 2. 2007, B 6 KA 8/06 R* (Klage eines Kassen- bzw. Vertragsarztes gegen konkurrierende Zulassungen bzw. Ermächti-gungen; zur früheren, gegenüber Konkurrentenklagen restriktiven Rechtspre-chung vgl. *BSGE 68, 291 = SozR 3-1500 § 54 Nr. 7 sowie SozR 3-1500 § 54 Nr. 30*); zur Klage einer zugelassenen Krankengymnastin gegen die Zulassung ei-ner GmbH vgl. *BSGE 77, 130 = SozR 3-2500 § 124 Nr. 2*. Eine Reflexwirkung in dem Sinne, dass sich aus der Wirkung im Interesse der Allgemeinheit zugleich eine Begünstigung auch einzelner Dritter ergibt, reicht nicht aus, um eine Rege-lung als drittschützend anzusehen.

9   Die Rechtsprechung hat die Möglichkeit einer **Beeinträchtigung eigener Rechte** beispielsweise in folgenden Fällen anerkannt:

Bei einer Witwe, wenn der früheren Ehefrau eine Rente bewilligt worden ist (BSGE 21, 125, 127); bei der Bundesanstalt (jetzt: Bundesagentur) für Arbeit und bei einem Rentenversicherungsträger, wenn die Krankenkasse als Einzugstelle über die Befreiung von der Versicherungspflicht entscheidet *(BSGE 22, 157, 158; BSGE 39, 223, 224 und BSGE 53, 260, 262)*; bei einem Arbeitgeberverband, wenn an Arbeitnehmer, die von einem Streik betroffen sind, Arbeitslosengeld gezahlt wird *(LSG Baden-Württemberg, SGb 1973, 95; ähnlich BSG SozR 4100 § 116 Nr. 1:* bei Tarifpartnern gegenüber einem Beschluss des Verwaltungsrates der Bundesagentur nach § 146 Abs. 4 SGB III).

10   Eine **Betroffenheit in eigenen Rechten** hat die Rechtsprechung dagegen in folgenden Fällen verneint:

– Krankenkasse, die nach dem Tod des Versicherten den eine EU-Rente ablehnenden Bescheid des Rentenversicherungsträgers anficht, weil sie sich aus der Rentennachzahlung wegen ihrer Krankengeldleistungen befriedigen will – *BSGE 42, 256 = SozR 1500 § 54 Nr. 14)*;

- Träger einer Maßnahme der beruflichen Bildung, der sich gegen ablehnende Förderungsanträge wendet, die an Umschulungsinteressenten ergangen sind, weil die Maßnahme von der BA für ungeeignet gehalten wird *(BSGE 43, 134 = SozR 4100 § 34 Nr. 6; anders in BSGE 59, 219 = SozR 4100 § 92 Nr. 1, wo der Träger einer Arbeitsbeschaffungsmaßnahme selbst den Förderungsantrag gestellt hatte)*;
- Abtretungsgläubiger, der sich gegen einen an den Inhaber des Rentenstammrechts gerichteten Bescheid wendet *(BSGE 48, 159 = SozR 1500 § 54 Nr. 35)*;
- Mitglied einer Krankenkasse, das die Verwendung von Beitragsmitteln für bestimmte Leistungen (Leistungen bei Schwangerschaftsabbruch) unterbinden will *(SozR 1500 § 54 Nr. 67)*;
- Versorgungsausgleichspflichtiger, der den seiner geschiedenen Ehefrau (Versorgungsausgleichsberechtigte) erteilten Rentenbescheid angreifen will *(BSGE 61, 27 = SozR 1500 § 54 Nr. 71)*;
- Leistungserbringer im Krankenversicherungsrecht gegen die Zulassung von Konkurrenten (vgl. oben Rn. 8 „Klagebefugnis eines Konkurrenten");
- Arbeitgeber gegen die Gewährung von Arbeitslosengeld an einen früheren Arbeitnehmer durch die BA *(BSG SozR 3-1500 § 54 Nr. 9)*;
- Arbeitgeber gegen die Feststellung des Schwerbehindertenstatus (§ 69 Abs. 1 SGB IX) seines Arbeitnehmers durch die Versorgungsverwaltung *(BSG SozR 3870 § 3 Nr. 23)*.

Ist mit dem Entzug der Leistung auch eine Rückforderung verbunden, so kann die Anfechtung auch auf den Teil des Bescheides beschränkt werden, der die Rückforderung betrifft *(vgl. ML § 54 Rn. 38 bis 40)*. 11

Beispiel:

Der Träger der Grundsicherung für Arbeitsuchende stellt erst während des laufenden Leistungsbezugs fest, dass der Kläger in eheähnlicher Gemeinschaft lebt; die Versorgungsverwaltung erhält bei der Gewährung von einkommensabhängiger Ausgleichsrente verspätet Kenntnis von Zinseinkünften; der Rentenversicherungsträger gewährt noch für einen Zeitraum ungekürzte Rente, für den dem Berechtigten aus dem Versorgungsausgleich schon ein eigener Rentenanspruch aus dem Versorgungsausgleichszugewinn zusteht.

Ob mit der Anfechtungsklage auch isoliert die **Aufhebung von Nebenbestimmungen** erreicht werden kann, oder ob stattdessen mit der Verpflichtungsklage auf Erteilung eines uneingeschränkten Verwaltungsaktes zu klagen ist, ist umstritten *(vgl. Stadie, DVBl. 1991, 613)*. Für die Zulässigkeit einer entsprechenden Teilanfechtungsklage spricht der Wortlaut des § 54 Abs. 1 SGG, wonach die Abänderung und damit auch die Teilaufhebung eines Verwaltungsaktes zulässig ist. Das BSG hat die gegen die Befristung einer Vertragsarztzulassung bzw. -ermächtigung gerichtete Klage als zulässig angesehen *(BSGE 59, 148 = SozR 2200 § 368a Nr. 14; BSGE 70, 167 = SozR 3-2500 § 116 Nr. 2)*. 12

Zum maßgebenden Zeitpunkt für die Beurteilung der Sach- und Rechtslage bei der Anfechtungsklage vgl. Kap. VII Rn. 96*ff*. 13

Isolierte Anfechtungsklage
Schriftsatzmuster

Rechtsanwalt L.
Sozialgericht Hannover

Klage

der kaufmännischen Angestellten K. A.   Klägerin,
Proz.-Bev.: Rechtsanwalt L.

g e g e n

Barmer Ersatzkasse – Pflegekasse –, Wuppertal,
vertreten durch den Vorsitzenden des Vorstandes,

                                            Beklagte.

Namens und in Vollmacht der Klägerin erhebe ich Klage und beantrage,

den Bescheid der Beklagten vom 12. 4. 2007 in der Gestalt des Widerspruchsbescheides vom 16. 5. 2007 aufzuheben.

Begründung:

Die 1950 geborene, bei der beklagten Pflegekasse versicherte Klägerin bezog ab 1. 6. 2000 Pflegegeld nach der Pflegestufe I (Bescheid vom 11. 8. 2000). Zugrunde lag ein Gutachten des Medizinischen Dienstes der Krankenversicherung (MDK) vom 25. 7. 2000, wonach die Klägerin an einem komplexen schweren Schmerzsyndrom als Folge einer Krebsoperation (1995) und weiterer nachfolgender Operationen mit zahlreichen Krankenhausaufenthalten litt. Den Pflegebedarf im Bereich der Grundpflege ermittelte der Sachverständige mit 46 Minuten (Körperpflege einschließlich Darm und Blasenentleerung 30 Minuten, Ernährung 1 Minute und Mobilität 15 Minuten). Im August 2004 ging bei der Beklagten der Hinweis eines Nachbarn ein, dass die Klägerin gleichzeitig als Pflegekraft ihrer bei einer anderen Pflegekasse versicherten pflegebedürftigen Mutter auftrete. Ein daraufhin eingeholtes Gutachten des MDK vom … kam zu dem Ergebnis, im Vergleich zum Vorgutachten liege ein verbesserter Allgemeinzustand der Klägerin vor. Der aktuelle Grundpflegebedarf belaufe sich auf nur noch 16 Minuten täglich. Daraufhin stellte die Beklagte die Pflegegeldleistung zum … ein. Nachdem die Beklagte ihre Entscheidung auf den Widerspruch der Klägerin hin nicht geändert hat, ist Klage geboten.

Die Beklagte geht zu Unrecht davon aus, dass in den für die Bewilligung des Pflegegeldes maßgeblichen Verhältnissen, wie sie im MDK-Gutachten vom 25. 7. 2000 festgehalten worden sind, eine wesentliche Änderung i.S. von § 48 SGB X eingetreten sei. Die Aufhebung der Leistungsbewilligung beruht vielmehr auf sachfremden Erwägungen und entspricht nicht dem tatsächlichen Gesundheitszustand der Klägerin. Der bei ihr bestehende Pflegebedarf hat sich seit der für die Bewilligung des Pflegegeldes maßgebenden Begutachtung durch den MDK vom 25. 7. 2000 nicht geändert, sodass eine Aufhebung des Leistungsbescheides vom 11. 8. 2000, durch den der Klägerin Pflegegeld nach der Pflegestufe I bewilligt worden ist, rechtswidrig ist, weil eine Änderung der Verhältnisse gem. § 48 SGB X nicht vorliegt. Selbst wenn man davon ausgeht, dass bei richtiger Beweiswürdigung nunmehr feststeht, dass bei unverändertem Gesundheitszustand bereits im Jahre 2000 die Voraussetzungen der Pflegestufe I nicht vorgelegen haben, scheidet eine Aufhebung der Leistungsbewilligung aus, weil dies keine wesentliche Änderung der Verhältnisse darstellt. Eine Umdeutung des angefochtenen Bescheides in einen Rücknahmebescheid wegen von Anfang an bestehender Unrichtigkeit gemäß § 45 SGB X ist zudem nicht zulässig.

Der angefochtene Bescheid vom ... in der Gestalt des Widerspruchbescheides vom ... ist nach alledem aufzuheben. Die Beklagte wird nach der Aufhebung ihres Bescheides die Zahlung des Pflegegeldes in bisheriger Höhe unverzüglich wieder aufzunehmen haben.

gez. Rechtsanwalt L.

Anmerkung:

Zu dem dargestellten Rechtsproblem vgl. im Einzelnen *Urteil des BSG vom 7. 7. 2005, B 3 P 8/04 R = BSGE 95, 57 = SozR 4-1300 § 48 Nr. 6*. Die Anfechtungsklage reicht dagegen nicht aus, wenn die Bewilligung der Pflegeleistung zeitlich befristet ist, die Pflegekasse das Pflegegeld nach Fristablauf aber – zunächst ohne neuen Bescheid – weiter gewährt und die Zahlung später nach Erlass eines „Aufhebungsbescheides" wegen einer vermeintlichen Änderung der Verhältnisse einstellt. Vgl. hierzu *BSG, Urteil vom 7. 7. 2005, B 3 P 12/04 R*.

3 Verpflichtungsklage   15

Mit der Verpflichtungsklage erstrebt der Kläger den Erlass eines Verwaltungsaktes; zumeist eines anderen Verwaltungsaktes als denjenigen, den die Behörde erlassen hat. Grundsätzlich muss er zuvor den Erlass des von ihm begehrten Verwaltungsaktes beantragt haben, sonst ist die Klage unzulässig. Bescheidet die Behörde ihn nicht innerhalb angemessener Zeit, so eröffnet dies die Möglichkeit, Verpflichtungsklage in der speziellen Form der Untätigkeitsklage zu erheben (vgl. unten 5). Ist der Kläger dagegen beschieden worden, hält den Verwaltungsakt aber für rechtswidrig, weil er glaubt, die Behörde müsse eine andere Entscheidung treffen, so ist mit dem Verpflichtungsantrag denknotwendig ein Anfechtungsantrag (bezüglich der erlassenen Entscheidung) verbunden, dem jedoch keine eigenständige Bedeutung zukommt. Teilweise wird die Auffassung vertreten, es sei nicht erforderlich, in diesen Fällen neben dem Verpflichtungsantrag die Aufhebung des entgegenstehenden Verwaltungsaktes zu beantragen, weil sie als Nebenfolge der Verurteilung automatisch eintrete (vgl. *Dapprich, Das sozialgerichtliche Verfahren, S. 109; ML § 54 Rn. 43; Kummer, DAngVers. 1984, 308, 314 m.w.N.; ders. in: Das sozialgerichtliche Verfahren, Rn. 54; anders Bley, § 54 Anm. 5 e*).

Die auf Erlass eines anderen Verwaltungsaktes gerichtete Verpflichtungsklage 16
ist nur dann zulässig, wenn der Kläger – neben der Anfechtung des für rechtswidrig erachteten Bescheides – nicht unmittelbar auf Leistung klagen kann. Soweit Letzteres möglich ist, kommt nur die kombinierte Anfechtungs- und Leistungsklage (vgl. unten 7) in Betracht.

Die Verpflichtungsklage ist deshalb nur zulässig, wenn gerade der Erlass eines Verwaltungsaktes begehrt wird. Dies ist etwa der Fall, wenn der Kläger einen feststellenden bzw. Status begründenden Verwaltungsakt erstrebt.

Beispiele:

- Vormerkung von rentenrechtlichen Zeiten (§ 54 SGB VI); mit der Vormerkung stellt der Versicherungsträger den Bestand rentenrechtlicher Zeiten im Versicherungskonto fest – § 149 Abs. 5 SGB VI (*BSG SozR 2200 § 1251 Nr. 24; SozR 3-2600 § 58 Nr. 2*); zur Verpflichtung des Versicherungsträgers, ein anderes Geburtsdatum festzustellen vgl. *BSG SozR 3-2600 § 149 Nr. 3*;

- Feststellungen nach § 69 Abs. 1 SGB IX durch die Versorgungsverwaltung, vgl. unten Rn. 91 ff.;

- Zulassung als Leistungserbringer im Krankenversicherungsrecht, vgl. §§ 124, 126 SGB V (*BSGE 77, 219, 221 = SozR 3-2500 § 124 Nr. 3 und SozR 3-2500 § 124 Nr. 1*); anders im Pflegeversicherungsrecht, wo die Zulassung von Pflegeeinrichtungen durch Versorgungsvertrag (wie bei der Zulassung von Krankenhäusern gem. § 109 SGB V) erfolgt (§ 73 SGB XI). Zwar stellt die Ablehnung der Pflegekassen, einen Versorgungsvertrag abzuschließen, einen Verwaltungsakt dar, dessen Aufhebung mit der Anfechtungsklage anzustreben ist; diese ist mit einer auf Abschluss eines Versorgungsvertrages gerichteten Leistungsklage zu verbinden (vgl. zum Versorgungsvertrag mit Krankenhäusern *BSG SozR 3-2500 § 109 Nrn. 1 und 2*);

- bei der auf § 44 SGB X gestützten Klage auf Gewährung einer Leistung, die bereits durch bestandskräftigen Bescheid versagt wurde, handelt es sich um eine kombinierte Anfechtungs- und Leistungsklage (a.A. *Niesel, Rn. 100*), vgl. hierzu unten Rn. 76.

17   Eine besondere Form der Verpflichtungsklage ist die Bescheidungsklage. Sie kommt im sozialgerichtlichen Verfahren vor allem dann zur Anwendung, wenn der Kläger Leistungen begehrt, auf die kein Rechtsanspruch besteht. Steht die Gewährung einer Leistung im Ermessen des Leistungsträgers, so kann das Gericht die der Verwaltung zustehende Ermessensentscheidung nicht ersetzen. Die Prüfung des Gerichts bleibt darauf beschränkt, ob der Leistungsträger die gesetzlichen Grenzen seines Ermessens überschritten oder von dem Ermessen in einer dem Zweck der Ermächtigung nicht entsprechenden Weise Gebrauch gemacht hat (§ 54 Abs. 2 Satz 2 – fehlerfreier Ermessensgebrauch, vgl. hierzu eingehend BSG SozR 3-1200 § 39 Nr. 1). Am häufigsten sind Ermessensentscheidungen im Bereich der medizinischen und beruflichen Rehabilitation in der gesetzlichen Rentenversicherung (§§ 9ff. SGB VI, zum Ermessen vgl. insbesondere § 13 SGB VI); vgl. hierzu Schriftsatzmuster Rn. 20.

18   Bei ermessensabhängigen Leistungen kann die Verpflichtungsklage nur dann auf Erlass eines bestimmten Verwaltungsaktes gerichtet werden, wenn das Ermessen im konkreten Fall auf null reduziert ist (sog. Ermessensschrumpfung auf null). Andernfalls zielt die Verpflichtungsklage nur auf eine Neubescheidung unter Beachtung der Rechtsauffassung des Gerichts ab.

Der Klageantrag lautet z. B.:

1. den Bescheid der Beklagten vom … in der Gestalt des Widerspruchsbescheides vom … (bei Verpflichtungsklagen ist grundsätzlich – bis auf die seltenen Ausnahmen in § 78 Abs. 1 Nr. 1 bis 3 – ein Vorverfahren erforderlich) aufzuheben,
2. den Beklagten zu verurteilen, dem Kläger bezüglich der Gewährung von Leistungen zur beruflichen Rehabilitation einen neuen Bescheid unter Beachtung der Rechtsauffassung des Gerichts zu erteilen.

Geht der Kläger davon aus, dass das Ermessen der Behörde auf null reduziert ist, so empfiehlt es sich (wegen der Ungewissheit, ob diese Auffassung vom Gericht geteilt wird), den „Neubescheidungsantrag" hilfsweise zu stellen. Der Antrag auf Verurteilung zur Leistung enthält allerdings als minus auch den Antrag auf Neubescheidung.

Verpflichtungsklage   *19*
Antrag auf Erlass eines Status begründenden
Verwaltungsaktes
Schriftsatzmuster

Rechtsanwalt L.
Sozialgericht Hannover

Klage

der Krankengymnastin S. V.

Klägerin

Proz.-Bev.: Rechtsanwalt L.

g e g e n

den Verband der Angestellten-Krankenkassen e. V.   Beklagten

Namens und in Vollmacht der Klägerin erhebe ich Klage und beantrage,

1. den Bescheid der Beklagten vom 23. August 2000 in der Gestalt des Widerspruchsbescheids vom 26. 1. 2001 aufzuheben,

2. den Beklagten zu verpflichten, die Klägerin als Krankengymnastin zuzulassen.

Begründung:

Die Klägerin wendet sich gegen die Versagung ihrer Zulassung zur Erbringung krankengymnastischer Leistungen an Versicherte der Mitgliedskassen der Beklagten[1]). Die Klägerin hat ihre Ausbildung zur Krankengymnastin 1995 abgeschlossen. Sie hat in der Folgezeit für insgesamt 14 Monate in physiotherapeutischen Praxen gearbeitet. Von Februar 1997 bis Oktober 1999 war sie in einem Kurbad unter der Leitung eines Masseurs und medizinischen Bademeisters als Krankengymnastin beschäftigt. Seither ist sie in H. als selbstständige Krankengymnastin tätig. Die Landesverbände der Betriebs-, Innungs- und Allgemeinen Ortskrankenkassen haben ihr auf Antrag die Zulassung zur Erbringung krankengymnastischer Leistungen erteilt. Der Beklagte hat seinen ablehnenden Bescheid damit begründet, dass die Klägerin die nach § 124

Abs. 2 Satz 1 Nr. 2 SGB V erforderliche zweijährige, vor Antragstellung abzuleistende berufspraktische Erfahrungszeit als Angestellte in einer geeigneten krankengymnastischen Einrichtung nicht vorweisen könne.

Diese Auffassung des Beklagten ist rechtsirrig. Selbst wenn die Tätigkeit der Klägerin im Kurbad, wie der Beklagte im Gegensatz zu den genannten Landesverbänden der Krankenkassen annimmt, nicht als berufspraktische Erfahrungszeit anzuerkennen ist, weil diese Einrichtung nicht unter der Leitung eines zugelassenen Krankengymnasten stand, muss berücksichtigt werden, dass die Klägerin seit Oktober 1999 selbstständig als zugelassene Heilmittelerbringerin tätig ist. Zwar muss die berufspraktische Erfahrungszeit nach § 124 Abs. 2 Satz 1 Nr. 2 SGB V grundsätzlich in unselbstständiger Tätigkeit abgeleistet werden. Dies kann in Ansehung von Art. 12 GG jedoch in den Fällen nicht gefordert werden, in denen der Antragsteller aufgrund einer Zulassung durch andere Kassenverbände bereits selbstständig tätig ist und zur Erlangung der weiteren Zulassung gezwungen wäre, die selbstständige Tätigkeit zumindest vorübergehend aufzugeben. Der Klägerin kann auch nicht entgegengehalten werden, sie habe die berufspraktische Erfahrung nicht in dem erforderlichen Umfang „vor Beantragung der Zulassung" absolviert. Diese Voraussetzung kann nicht allein auf den Zeitpunkt der erstmaligen Antragstellung bei dem Beklagten bezogen werden. Der Zulassungsantrag gilt vielmehr bis zur rechtskräftigen Entscheidung über die Zulassung, gegebenenfalls in einem gerichtlichen Verfahren, als fortlaufend gestellt. Für die Beurteilung der Sach- und Rechtslage durch das Gericht kommt es bei der vorliegenden Verpflichtungsklage auf den Zeitpunkt der letzten mündlichen Verhandlung an[2]. Da nach ist die gesamte selbstständige Tätigkeit der Klägerin als Krankengymnastin bis zu der noch anzuberaumenden mündlichen Verhandlung zu berücksichtigen, sodass die zeitlichen Anforderungen des § 124 Abs. 2 Satz 1 Nr. 2 SGB V in jedem Fall erfüllt sind.

gez. Rechtsanwalt L.

Anmerkungen:

1) Der Sachverhalt wurde dem *Urteil des BSG vom 15. 10. 1996, 3 RK 32/95 = SozR 32500 § 124 Nr. 7* entnommen.

2) Bei der Verpflichtungsklage ist der Zeitpunkt der letzten mündlichen Verhandlung im Grundsatz auch dann maßgebend, wenn sich der Rechtsstreit in der Revisionsinstanz befindet (vgl. IX., Rn. 379; *BSGE 76, 59, 60 = SozR 3-5520 § 20 Nr. 1; BSGE 72, 148, 153 = SozR 3-2500 § 15 Nr. 1*). Im Revisionsverfahren sind jedoch nur zwischenzeitlich eingetretene Änderungen der Rechtslage zu berücksichtigen; für die Sachlage ist dagegen auf den Zeitpunkt der letzten mündlichen Verhandlung in der Tatsacheninstanz abzustellen, da das Revisionsgericht Änderungen des entscheidungserheblichen Sachverhalts nach Ergehen des angefochtenen Urteils nicht mehr berücksichtigen kann.

Rechtsanwalt L.
Sozialgericht Hannover

Klage

des Auszubildenden F. K.,   Kläger,
Proz.-Bev.: Rechtsanwalt L.

g e g e n

die LVA Hannover,
vertreten durch die Geschäftsführung,   Beklagte.

Namens und in Vollmacht des Klägers erhebe ich Klage und beantrage,

1. den Bescheid der Beklagten vom … in der Gestalt des Widerspruchsbescheides vom … aufzuheben,

2. die Beklagte zu verurteilen, den Kläger wegen der Gewährung von berufsfördernden Leistungen zur Rehabilitation unter Beachtung der Rechtsauffassung des Gerichts neu zu bescheiden.

Begründung:[1])

Die Beklagte ist im Rahmen der beruflichen Rehabilitation verpflichtet, an den Kläger Leistungen zu erbringen, die diesen in den Stand versetzen, seine Ausbildungsstelle durch Benutzung eines Kraftfahrzeugs zu erreichen.

Der Kläger hat im Oktober 2000 einen schwerwiegenden Verkehrsunfall erlitten, bei dem es zur Amputation des linken Unterschenkels kam. Er hatte seinerzeit eine Lehre als Werkzeugmechaniker begonnen, die etwa 7 Monate nach dem Unfall abgeschlossen werden sollte. Nach der krankheitsbedingten Unterbrechung der Ausbildung ist der Kläger nicht mehr in der Lage, seinen Ausbildungsplatz wie zuvor mit einem Mofa zu erreichen. Er hat deshalb bei der Beklagten die Gewährung eines Zuschusses zum Erwerb eines Kraftfahrzeuges beantragt. Dies hat die Beklagte mit dem hier angefochtenen Bescheid abgelehnt. Sie hält sich zur Gewährung von Rehabilitationsleistungen deshalb nicht für verpflichtet, weil der Kläger nach dem Abschluss seiner Ausbildung ein Fachhochschulstudium beginnen will und daher der Versichertengemeinschaft in Zukunft nicht mehr angehören werde. Diese Begründung ist nicht geeignet, den geltend gemachten Rehabilitationsanspruch abzulehnen. Der Kläger ist auch nicht in der Lage, öffentliche Verkehrsmittel zu benutzen, weil diese zwischen seinem Wohn- und Ausbildungsort nicht verkehren. Entgegen der Ansicht der Beklagten ist jedoch nicht allein die ungünstige Wohnlage, sondern auch die körperliche Behinderung des Klägers wesentlich ursächlich[2]) dafür, dass er zum Erreichen seines Ausbildungsplatzes auf die Benutzung eines Kraftfahrzeuges angewiesen ist.

Der Beklagten steht es allerdings im Rahmen ihres Ermessens frei, dem Kläger eine andere Möglichkeit zu verschaffen, die Ausbildungsstelle zu erreichen, wenn dies zweckmäßig und zumutbar ist. Der Kläger ist wegen der nur noch kurzen Dauer des Ausbildungsverhältnisses durchaus bereit, ein gebrauchtes Kfz anzuschaffen oder sich von einem Fahrdienst befördern zu lassen, dessen Kosten im Wesentlichen die Beklagte tragen müsste.

gez. Rechtsanwalt L.

Anmerkungen:

1) Der Sachverhalt ist dem *Urteil des BSG in SozR 2200 § 1236 Nr. 35* entnommen.
2) Die Kausallehre der wesentlichen Bedingung gilt grundsätzlich in allen Bereichen des Sozialrechts.

21 4 Vorverfahren bei Anfechtungs- und Verpflichtungsklage

Schrifttum

Marburger, Kostenerstattung im Vorverfahren nach dem Sozialgesetzbuch, ZfSH/ SGB 1986, 432

Riecker, Sprungklage bei Wehrdienstbeschädigung?, SGb 1989, 290

Rudloff, Kostenerstattung und Anwaltsgebühr im Vorverfahren, SGb 1980, 227

Schumann, Die sozialgerichtliche Klage als gleichzeitiger Widerspruch, NJW 1965, 2090

Stuzky, Das Widerspruchsverfahren in der gesetzlichen Unfallversicherung (§§ 78 ff. SGG), SGb 1980, 52

Zeiss, Zur Konkurrenz von Klage und Vorverfahren in den Fällen des § 78 Abs. 2 SGG, SGb 1981, 441

4.1 Allgemeines

22 Vor Erhebung einer Anfechtungs- und Verpflichtungsklage sind Rechtmäßigkeit und Zweckmäßigkeit des Verwaltungsaktes in einem Vorverfahren nachzuprüfen (§ 78 Abs. 1 i. V. m. Abs. 3). Bei einer nicht mit einer Anfechtungsklage verbundenen reinen Leistungsklage oder einer Feststellungsklage, die nicht der Überprüfung eines Verwaltungsaktes dienen, bedarf es eines Vorverfahrens dagegen nicht. Bis zum Einigungsvertrag (vom 31. 8. 1990, BGBl. II 1032) wurde die generelle Anordnung des Vorverfahrenserfordernisses in § 78 Abs. 1 durch einen Ausnahmekatalog in § 78 Abs. 2 für eine Vielzahl von Streitfällen zugunsten einer Wahlmöglichkeit zwischen Widerspruch und sofortiger Klage (auch „Sprungklage" genannt) durchbrochen. Durch den Einigungsvertrag (Art. 8 i. V. m. Anlage I Kapitel VIII Sachgebiet D Abschnitt II Nr. 1a – BGBl. II 1990, S. 1032) ist § 78 Abs. 2 ersatzlos gestrichen worden.

23 Trotz der Regelung des Vorverfahrens im SGG (§§ 78 bis 86) handelt es sich in der Sache um ein Verwaltungsverfahren. Soweit das Vorverfahren zwingend vorgeschrieben ist, stellt es eine Prozessvoraussetzung dar. Ihr Fehlen kann allerdings auch noch nach Klageerhebung geheilt werden. Nach Auffassung der Rechtsprechung liegt in der Klageerhebung gleichzeitig die Einlegung des Widerspruchs *(BSGE 20, 99; BSGE 25, 66; SozR 1500 § 78 Nr. 8)*. Das Gericht hat das

Verfahren dann – entsprechend § 114 Abs. 2 – bis zur Entscheidung über den Widerspruch auszusetzen. Die Nachholung eines zwingend erforderlichen Vorverfahrens ist in beiden Tatsacheninstanzen möglich. Der Widerspruchsbescheid wird dann gemäß § 96 Gegenstand des Klage- bzw. Berufungsverfahrens (§ 96 i. V. m. § 153 Abs. 1).

4.2 Ausnahmen von der Vorverfahrenspflicht 24

4.2.1 Fehlendes Vorverfahren kraft Gesetzes

§ 78 Abs. 1 Satz 2 enthält einen Katalog von – in der Praxis eher selten vorkommenden – Fallgestaltungen, in denen es kraft Gesetzes keines Vorverfahrens bedarf:

Nr. 1: Wenn ein Gesetz dies für besondere Fälle bestimmt.

Beispiele:

– Festsetzung von Festbeträgen für Arznei- und Hilfsmittel (§ 35 Abs. 7 Satz 3 i. V. m. § 36 Abs. 3 SGB V),

– Entscheidungen der kassenärztlichen Vereinigungen über Disziplinarmaßnahmen gegen Vertragsärzte (§ 81 Abs. 5 SGB V),

– Arzneimittel-Richtlinien der Bundesausschüsse der Ärzte und Krankenkassen (§ 92 Abs. 3 Satz 3 SGB V),

– Festsetzung von Pflegesätzen in Pflegeeinrichtungen durch die Schiedsstelle (§ 85 Abs. 5 Satz 4 SGB XI),

– Abschluss eines Versorgungsvertrages mit einer Pflegeeinrichtung (§ 73 Abs. 2 Satz 2 SGB XI),

– Entscheidungen des Neutralitätsausschusses bei der Bundesagentur für Arbeit (§ 146 Abs. 6 Satz 3 SGB III).

Nr. 2: Wenn der angefochtene Verwaltungsakt von einer obersten Bundes- oder Landesbehörde oder von dem Vorstand der Bundesagentur für Arbeit erlassen worden ist.

Nr. 3: Wenn ein Land oder ein Versicherungsträger klagen will. In diesen Fällen fehlt es zumeist schon an einem Verwaltungsakt.

Ein Wahlrecht zwischen Widerspruch und Klageerhebung ist für Bescheide, die nach dem 31. 12. 1990 ergangen sind, nicht mehr vorgesehen.

4.2.2 Fehlendes Vorverfahren in anderen Fällen

Über den Katalog des Abs. 1 Satz 2 hinaus bedarf es grundsätzlich auch in den 25 Fällen, in denen ein Verwaltungsakt nach § 96 Gegenstand des Verfahrens wird *(BSGE 34, 255, 257; BSGE 45, 95, 97)* und dann, wenn ein Dritter durch einen Widerspruchsbescheid erstmals beschwert wird, keines Vorverfahrens.

26   Eines förmlichen Widerspruchsbescheides bedarf es u. U. nicht, wenn der beklagte Verwaltungsträger in der Klageerwiderung deutlich macht, dass er an der angefochtenen Entscheidung festhält, soweit beklagte und Widerspruchsbehörde identisch sind *(BSG SozR 1500 § 78 Nr. 8)*. Letzteres scheidet in Angelegenheiten der Sozialversicherung grundsätzlich aus, da hier eine von der Vertreterversammlung bestimmte Widerspruchsstelle (§ 85 Abs. 2 Nr. 2) über den Widerspruch zu entscheiden hat. Die Durchführung des Vorverfahrens steht nicht zur Disposition der Beteiligten. Weigert sich die Behörde, ein Widerspruchsverfahren durchzuführen, so ist hiergegen grundsätzlich Untätigkeitsklage zu erheben (§ 88 Abs. 2). Dies kann im Einzelfall für den Betroffenen unzumutbar sein; insbesondere, wenn das Verhalten der Behörde nicht erkennen lässt, in welcher Rechtsform sie handeln will. In derartigen Fällen kann es im Hinblick auf das Grundrecht auf effektiven Rechtsschutz geboten sein, auf das Vorverfahrenserfordernis zu verzichten *(vgl. BSG SozR 3-2500 § 124 Nr. 1)*. Der 4. Senat des BSG neigt eher der Auffassung zu, den Kläger bei grundloser Untätigkeit der Abhilfe- oder Widerspruchsbehörde dadurch vom Vorverfahrenserfordernis zu befreien, dass auf die gegen die Untätigkeit gerichtete Klage in der Sache entschieden wird *(BSG SozR 3-8560 § 24 Nr. 2)*. Ein Vorverfahren wird auch dann als entbehrlich angesehen, wenn die Behörde dem Kläger mitgeteilt hatte, dass kein Vorverfahren erforderlich sei, und wenn sie im gerichtlichen Verfahren keinen Zweifel daran gelassen hat, dass sie an ihrer Rechtsauffassung festhält *(BSGE 69, 76 = SozR 3-2500 § 59 Nr. 1)*.

4.2.3 Besonderheiten des Vertragsarztrechts

27   Besondere Formen der Kontrolle von Verwaltungsentscheidungen gibt es im Kassenarztrecht mit der Anrufung des Berufungsausschusses gegen Entscheidungen des Zulassungsausschusses (§ 96 Abs. 4 SGB V), der über die Teilnahme von Ärzten an der vertragsärztlichen Versorgung (§ 95 SGB V) entscheidet und der Anrufung des Beschwerdeausschusses gegen Bescheide des Prüfungsausschusses über die Wirtschaftlichkeit der vertragsärztlichen Versorgung (§ 106 Abs. 5 Satz 4 SGB V). Die Verfahren vor dem Beschwerdeausschuss bzw. dem Berufungsausschuss gelten als Vorverfahren i.S. des § 78 (§ 106 Abs. 5 Satz 7 bzw. § 97 Abs. 3 Satz 2 SGB V). Nach Auffassung des BSG eröffnet das Verfahren vor dem Beschwerde- bzw. Berufungsausschuss damit jedoch lediglich den Zugang zum sozialrechtlichen Rechtsschutz, ohne dass es selbst zum Vorverfahren i.S. des § 78 wird *(BSGE 74, 59, 61 = SozR 3-2500 § 106 Nr. 22; SozR 3-2500 § 96 Nr. 1)*. Die Rechtsprechung wendet auf beide Verfahren insbesondere § 95 („Gegenstand der Klage ist der ursprüngliche Bescheid in der Fassung, die er durch den Widerspruchsbescheid gefunden hat") nicht an, weil es sich in beiden Fällen um ein eigenständiges und umfassendes Verwaltungsverfahren in einer zweiten Verwaltungsinstanz handele. Gegenstand des Klageverfahrens ist deshalb allein der Bescheid des Beschwerde- bzw. des Berufungsausschusses. Zur Ausgestaltung der Verfahren dieser Ausschüsse vgl. im Einzelnen *KassKomm-Hess § 96 Rn. 2ff., § 106 Rn. 62*.

4.3 Einleitung und Auswirkungen des Widerspruchsverfahrens 28

4.3.1 Form der Einlegung des Widerspruchs

Gemäß § 84 Abs. 1 wird der Widerspruch schriftlich oder zur Niederschrift bei der Stelle, die den Verwaltungsakt erlassen hat, eingelegt. Die Schriftform wird auch von einem Telefax gewahrt, nicht jedoch durch eine einfache E-Mail ohne qualifizierte Signatur (§ 2 Nr. 3 Signaturgesetz), vgl. *Breitkreuz/Fichte § 84 Rn. 3.* An die inhaltliche Ausgestaltung des Widerspruchs stellt das Gesetz keine besonderen Anforderungen. Es genügt, wenn der Betroffene deutlich macht, dass er mit der Verwaltungsentscheidung nicht einverstanden ist und eine nochmalige Überprüfung durch die Verwaltung wünscht. Eine Begründung des Widerspruchs ist jedoch schon deshalb empfehlenswert, um die Behörde, die den Verwaltungsakt erlassen hat (Ausgangsbehörde), auf Fehler der Entscheidung hinzuweisen und eine erneute Prüfung mit der Möglichkeit der Abhilfe zu veranlassen. Hilft die Ausgangsbehörde dem Widerspruch nicht ab, so muss sie ihn der nach § 85 Abs. 2 für die Entscheidung über den Widerspruch vorgesehenen Stelle vorlegen.

Widerspruchsbehörde ist in Angelegenheiten der Sozialversicherung die von 29
der Vertreterversammlung des Sozialversicherungsträgers (in Angelegenheiten der Bundesagentur für Arbeit: die vom Verwaltungsrat) bestimmte Widerspruchsstelle (§ 85 Abs. 2 Nr. 2); ist der Verwaltungsakt von einer Behörde der Staatsverwaltung erlassen worden (z.B. Versorgungsamt), so ist die nächsthöhere Behörde Widerspruchsbehörde, soweit es sich nicht um eine oberste Bundes- oder Landesbehörde handelt (§ 85 Abs. 2 Nr. 1). In diesem Fall müsste die Ausgangsbehörde selbst über den Widerspruch entscheiden. Zur Bestimmung der Widerspruchsstelle, wenn ein Verband der Ersatzkassen, der privatrechtlich organisiert ist, den Verwaltungsakt erlassen hat vgl. *BSG SozR 3-2500 § 126 Nr. 1.* Ein Widerspruchsbescheid eröffnet den Klageweg auch dann, wenn der beklagte Rechtsträger bei seinem Erlass gegen Zuständigkeitsvorschriften verstoßen hat *(BSG SozR 3-2500 § 126 Nr. 1).*

4.3.2 Widerspruchsfrist

Gemäß § 84 Abs. 1 muss der Widerspruch grundsätzlich innerhalb einer Frist von 30
1 Monat nach Bekanntgabe des Verwaltungsaktes eingelegt werden. Diese Frist verlängert sich bei Zustellung oder Bekanntgabe im Ausland auf 3 Monate, § 84 Abs. 1 Satz 2. Enthält der Verwaltungsakt keine oder eine unrichtige Rechtsbehelfsbelehrung, so kann er binnen Jahresfrist angefochten werden (§ 84 Abs. 2 Satz 3 i.V.m. § 66 Abs. 2). Unrichtig ist eine Rechtsbehelfsbelehrung, wenn sie nicht alle Merkmale zutreffend wiedergibt, die § 66 Abs. 1 SGG als Bestandteile der Belehrung nennt *(vgl. eingehend BSGE 69, 9, 11).* Ein besonderer Hinweis auf die Besonderheiten des Fristbeginns bei einer Zustellung durch eingeschriebenen Brief ist nicht erforderlich *(BSG SozR 3-1500 § 66 Nr. 2).* Nach Ablauf der Jahresfrist ist die Einlegung des Widerspruchs noch zulässig, wenn dies zuvor infolge höherer Gewalt unmöglich war oder wenn eine schriftliche Belehrung dahin erfolgt ist, dass gar kein Rechtsbehelf gegeben sei. Bei höherer Gewalt läuft die Monatsfrist nach Wegfall des Hindernisses (§ 66 Abs. 2 Satz 2 i.V.m. § 67 Abs. 2 Satz 1).

31 Der Widerspruch kann Frist wahrend auch bei jeder anderen inländischen Behörde oder bei einem Versicherungsträger (im Ausland auch bei deutschen Konsularbehörden) eingereicht werden (§ 84 Abs. 2). Bei Fristversäumung kommen ggf. die Grundsätze über die Wiedereinsetzung in den vorigen Stand zur Anwendung. Lehnt die Widerspruchsbehörde eine Wiedereinsetzung ab, so hat das Gericht auch diese Entscheidung zu überprüfen und kann Wiedereinsetzung selbst gewähren. Dasselbe gilt, wenn die Wiedereinsetzung erst im gerichtlichen Verfahren beantragt wird *(BSGE 43, 19)*. Zur Wiedereinsetzung vgl. im Einzelnen Kap. VII Rn. 15ff. Entscheidet die Widerspruchsbehörde trotz Fristversäumnis in der Sache, so ist das Gericht im nachfolgenden Klageverfahren hieran gebunden *(BSG SozR 1500 § 84 Nr. 3)*.

32 § 85 Abs. 4 i.d.F. des SGG-ÄndG 2008 lässt bei ruhend gestellten „Massenwiderspruchsverfahren" eine besondere Form der Bekanntgabe der Entscheidung über den Widerspruch zu: sie kann durch öffentlich bekannt gegebene Allgemeinverfügung erfolgen (Einzelheiten s.u. Rn. 47a). Die Bekanntgabe nach § 85 Abs. 4 verlängert die Klagefrist auf ein Jahr (§ 87 Abs. 1 Satz 3).

4.3.3 Aufschiebende Wirkung des Widerspruchs

33 Nach der grundlegenden Umgestaltung des vorläufigen Rechtsschutzes im 6. SGG-ÄndG hat der Widerspruch auch im sozialgerichtlichen Vorverfahren – wie im allgemeinen Verwaltungsprozess (§ 80 Abs. 1 VwGO) – grundsätzlich aufschiebende Wirkung (vgl. zum vorläufigen Rechtsschutz zusammenfassend Kapitel V).

34 Kraft Gesetzes entfällt die aufschiebende Wirkung in folgenden Fällen (§ 86a Abs. 2):

– Bei Entscheidungen über Versicherungspflichten, Anforderung von Beiträgen etc. § 86a Abs. 2 Nr. 1 überträgt den Vorrang der Finanzierungssicherheit (§ 80 Abs. 2 Nr. 1 VwGO) auf die besonderen Bedürfnisse des Sozialrechts. Danach entfällt die aufschiebende Wirkung des Widerspruchs und der Klage bei Entscheidungen über Versicherungs-, Beitrags- und Umlagepflichten sowie bei der Anforderung von Beiträgen, Umlagen und sonstigen öffentlichen Abgaben einschließlich der darauf entfallenden Nebenkosten; wobei unter „Anforderung" nicht nur Geldanforderungen zu verstehen sind, sondern alle Verwaltungsakte, die zur Realisierung des behördlichen Anspruchs auf öffentliche Abgaben etc. ergehen; etwa auch die Aufhebung einer Beitragsstundung. Die Regelung soll die Funktionsfähigkeit der Leistungsträger sicherstellen und verhindern, dass diese durch den Suspensiveffekt von Rechtsbehelfen mangels Finanzierungssicherheit gehindert werden, die ihnen gesetzlich zugewiesenen Aufgaben zu erfüllen. Gegen die in Nr. 1 aufgeführten Entscheidungen der Leistungsträger hatte der Widerspruch auch nach früherem Recht keine aufschiebende Wirkung.

– Als Kompensation für den gesetzlich angeordneten Ausschluss der aufschiebenden Wirkung ist die Regelung in § 86a Abs. 3 gedacht: die den Verwaltungsakt erlassende oder die Widerspruchsbehörde können die sofortige

Vollziehung ganz oder teilweise aussetzen; in Abs. 3 Satz 2 findet sich speziell für die in Abs. 2 Nr. 1 geregelte Fallgruppe ein eigenständiger Maßstab für die Aussetzungsanordnung: die Aussetzung der Vollziehung soll erfolgen, wenn ernstliche Zweifel an der Rechtmäßigkeit des angegriffenen Verwaltungsaktes bestehen oder wenn die Vollziehung für den Abgaben- oder Kostenpflichtigen eine unbillige, nicht durch überwiegende öffentliche Interessen gebotene Härte zur Folge hätte; die Regelung entspricht derjenigen in § 80 Abs. 4 Satz 3 VwGO (zur verwaltungsgerichtlichen Rechtsprechung vgl. insoweit *Kopp/ Schenke, § 80 Rn. 115ff.*). Liegt eine der genannten Voraussetzungen vor, so ist die Vollziehung im Regelfall auszusetzen. Bei den anderen Tatbeständen des § 86a Abs. 2 fehlt eine Festlegung der Verwaltung auf einen entsprechenden Maßstab.

– Bei der Entziehung oder Herabsetzung laufender Leistungen. In diesen Fällen **35** differenziert das Gesetz (§ 86a Abs. 2 Nr. 2 und 3) danach, ob es sich um Verwaltungsakte in Angelegenheiten der Bundesagentur für Arbeit und des sozialen Entschädigungsrechts handelt – hier entfällt die aufschiebende Wirkung bereits im Widerspruch – oder um Verwaltungsakte in Angelegenheiten der Sozialversicherung. Bei ihnen entfällt die aufschiebende Wirkung nur bei der Anfechtungsklage; im Widerspruchsverfahren wird der Entziehungs- oder Aufhebungsbescheid in der Sozialversicherung somit nicht vollzogen, wenn nicht der Sofortvollzug im Einzelfall von der Behörde nach § 86a Abs. 2 Nr. 5 (oder im Ausnahmefall nach § 86b Abs. 1 Satz 1 Nr. 1 auch vom Gericht) besonders angeordnet wird.

– **Typische Fälle:** Entziehung von Leistungen wegen veränderter Verhältnisse (§ 48 SGB X), so z.B.: Entziehung oder Herabsetzung einer Verletztenrente wegen einer Besserung der unfallbedingten Gesundheitsstörungen, Entziehung oder Umwandlung einer Rente wegen verminderter Erwerbsfähigkeit wegen Besserung der Leistungsfähigkeit.

– Um die Entziehung einer laufenden Leistung handelt es sich nicht, wenn die Leistungsgewährung von vornherein zeitlich befristet war (z.B. bei der Rente wegen Erwerbsminderung, die gem. § 102 Abs. 2 SGB VI nur zeitlich befristet gewährt wird, soweit der Anspruch nicht unabhängig von der Arbeitsmarktlage besteht) und nicht vorzeitig beendet worden ist.

– Wenn die aufschiebende Wirkung durch Bundesgesetz ausgeschlossen ist **36** (§ 86a Abs. 2 Nr. 4). Von Bedeutung sind insoweit vor allem

– die im Arbeitsförderungsrecht geltenden Besonderheiten, die in § 336a SGB III geregelt sind. Danach hat der Widerspruch bei bestimmten Entscheidungen der Arbeitsverwaltung keine aufschiebende Wirkung (z.B. Erstattung von Alg durch Arbeitgeber, Aufhebung oder Änderung von Arbeitserlaubnissen oder -berechtigungen, Angelegenheiten der privaten Ausbildungs- und Arbeitsvermittlung, Aufforderung zur persönlichen Meldung beim Arbeitsamt),

– der Ausschluss der aufschiebenden Wirkung von Widerspruch und Klage im Recht der Grundsicherung für Arbeitsuchende gem. § 39 SGB II.

37 – **Besonderheiten im Vertragsarztrecht** Die aufschiebende Wirkung ist für bestimmte Angelegenheiten des Vertragsrechts speziell geregelt:

a) Gegen die Entscheidungen der Zulassungsausschüsse können die am Verfahren beteiligten Ärzte und ärztlich geleiteten Einrichtungen, die Kassenärztlichen Vereinigungen und die Landesverbände der Krankenkassen den Berufungsausschuss mit aufschiebender Wirkung anrufen (§ 96 Abs. 4 SGB V). Gemäß § 97 Abs. 4 SGB V kann der Berufungsausschuss dann die sofortige Vollziehung seiner Entscheidung im öffentlichen Interesse anordnen. Trotz der zwischenzeitlich eingetretenen Rechtsänderung (eine vergleichbare Regelung befand sich vor dem In-Kraft-Treten des SGB V durch das Gesundheitsreformgesetz in § 368b Abs. 5 RVO) gelten für die Anordnung des Sofortvollzugs weiterhin die in *BVerfG NJW 1985, 2187* aufgestellten Grundsätze. Danach setzt der Sofortvollzug bei der Zulassungsentziehung ein besonderes öffentliches Interesse voraus.

b) Gegen die Entscheidungen der Prüfungsausschüsse über die Wirtschaftlichkeit der kassenärztlichen Versorgung können die bereits unter a) genannten Beteiligten Beschwerdeausschüsse anrufen. Das Verfahren vor dem Beschwerdeausschuss gilt als Vorverfahren und hat aufschiebende Wirkung (§ 106 Abs. 5 Satz 4 bis 6 SGB V). Das bedeutet, dass der vom Prüfungsausschuss erlassene Verwaltungsakt bis zum Abschluss des Beschwerdeverfahrens nicht vollzogen werden kann. Dies betrifft vor allem einen gegen den Arzt ausgesprochenen Regress wegen unwirtschaftlicher Verordnungsweise oder eine Schadensersatzforderung. Soweit es um eine Kürzung des Honorars für das zuletzt abgerechnete Quartal geht, ist zu differenzieren: liegt bereits ein Honorarbescheid vor und ergeht später ein Kürzungsbescheid, so hat die aufschiebende Wirkung zur Folge, dass der Kürzungsbetrag vorläufig nicht zurückzuzahlen ist. Ergeht der Kürzungsbescheid dagegen vor oder zeitgleich mit dem Honorarbescheid, so kann der Vertragsarzt nicht verlangen, im Hinblick auf die aufschiebende Wirkung zunächst das volle von ihm angeforderte Honorar ausgezahlt zu bekommen (vgl. zum Ganzen *Spellbrink, Wirtschaftlichkeitsprüfung im Kassenarztrecht, 1994, Rn. 320 ff., sowie speziell zum vorläufigen Rechtsschutz in Zulassungssachen: ders., in MedR 1999, 304; Bracher, MedR 2001, 452*).

c) Abstaffelung des Punktwertes wegen Überschreitung des Regelleistungsvolumens der Arztgruppe: Widerspruch und Klage haben auch in diesem Fall keine aufschiebende Wirkung – § 85 Abs. 4 Satz 9 SGB V (Art. 4 des 6. SGG-ÄndG).

4.3.4 Aussetzung der Vollziehung und Anordnung der aufschiebenden Wirkung

38 Hat der Widerspruch kraft Gesetzes keine aufschiebende Wirkung, so kann entweder die den Verwaltungsakt erlassende Behörde oder die Widerspruchsbehörde die sofortige Vollziehung ganz oder teilweise aussetzen (§ 86a Abs. 3 Satz 1). Zu den Voraussetzungen und den verschiedenen Fallgruppen, in denen das Gesetz die aufschiebende Wirkung ausschließt und deshalb eine besondere Entscheidung über die Aussetzung des Sofortvollzugs beantragt werden muss vgl. Kapitel V Rn. 13. In der Verwaltungsgerichtsbarkeit, die diese besondere Form des vorläufigen Rechtsschutzes schon seit jeher kennt (§ 80 Abs. 4 Satz 1 VwGO), wurde die Möglichkeit der **Aussetzung der Vollziehung durch die Verwaltung** erst dann stärker genutzt, als sie in § 80 Abs. 6 VwGO zur Voraussetzung für die Inanspruchnahme von gerichtlichem vorläufigen Rechtsschutz gemacht wurde. Eine entsprechende Pflicht zur vorrangigen Ausschöpfung von vorläufigem Rechtsschutz durch die Verwaltung ist im 6. SGG-ÄndG in das SGG nicht aufgenommen worden.

Im sozialgerichtlichen Vorverfahren kann daher wahlweise auch eine Ausset-   *39* zungsanordnung durch das Sozialgericht – nach der Terminologie des § 86b Abs. 1 Satz 1 Nr. 2: „eine Anordnung der aufschiebenden Wirkung" – beantragt werden. Ohne besondere Anordnung im Gesetz kann der gerichtliche vorläufige Rechtsschutz in diesen Fällen nicht als subsidiär angesehen werden.

Zu Beginn und Dauer der aufschiebenden Wirkung des Widerspruchs vgl.   *40* Kap. V Rn. 50.

Zuständige Verwaltungsbehörde   *41*

Im Gegensatz zum früheren Recht können Entscheidungen zur aufschiebenden Wirkung des Widerspruchs grundsätzlich sowohl von der Ausgangs- als auch von der Widerspruchsbehörde getroffen werden. Dies gilt sowohl für die Anordnung des Sofortvollzugs in den Fällen, in denen der Widerspruch nach § 86a Abs. 1 aufschiebende Wirkung hat und die Verwaltung den Sofortvollzug nach § 86a Abs. 1 Nr. 5 anordnet als auch dann, wenn die Verwaltung die sofortige Vollziehung nach § 86a Abs. 3 aussetzt. Eine Ausnahme findet sich nur in § 86a Abs. 3 Satz 3: In Angelegenheiten des sozialen Entschädigungsrechts ist für die Aussetzung des Sofortvollzugs die nächsthöhere Behörde zuständig, soweit es sich hierbei nicht um eine oberste Bundes- oder Landesbehörde handelt.

4.3.5 Einbeziehung neuer Verwaltungsakte gemäß § 86 Abs. 1

Wird der angefochtene Verwaltungsakt im Verlauf des Widerspruchsverfahrens   *42* geändert, so wird auch der neue Bescheid – ohne dass es eines Antrags bedarf – Gegenstand des Vorverfahrens. Die Regelung entspricht derjenigen in § 96 für die Einbeziehung neuer Bescheide in das gerichtliche Verfahren. Voraussetzung einer Einbeziehung ist auch hier, dass der neue Verwaltungsakt den angefochtenen ändert oder ersetzt. Ein eigenständiges Widerspruchsverfahren bezüglich des neuen Verwaltungsaktes ist unzulässig. Dies gilt auch dann, wenn der Widerspruch ursprünglich (etwa wegen Fristversäumnis) unzulässig war; durch den neuen Verwaltungsakt wird dieser Mangel geheilt *(Bley § 86 Anm. 2a, bb)*.

Bezieht die Widerspruchsstelle den neuen Verwaltungsakt (bewusst oder unbe-   *43* wusst) nicht in die Entscheidung über den Widerspruch ein, so ist der Widerspruchsbescheid fehlerhaft. Das SG kann anschließend das Klageverfahren aussetzen und eine verfahrensfehlerfreie Entscheidung über den Widerspruch abwarten *(ML § 86 Rn. 4)*. Das BSG hat sich aus prozessökonomischen Gründen jedoch dafür ausgesprochen, das SG – ohne erneute Entscheidung der Widerspruchsstelle – über den neuen Bescheid mit entscheiden zu lassen, wenn der Kläger dies beantragt und die übrigen Beteiligten keine Einwände haben *(BSG SozR 2200 § 313a Nr. 6).*

4.3.6 Verbot der reformatio in peius

44 Eine Schlechterstellung des Widerspruchsführers ist nach herrschender Meinung *(vgl. Bley § 85 Anm. 2a und 8a m.w.N.)* unzulässig. Die Widerspruchsbehörde kann jedoch, da sie noch innerhalb des Verwaltungsverfahrens tätig wird, unter den Voraussetzungen, unter denen ein begünstigender Verwaltungsakt aufgehoben werden kann (insbesondere §§ 45, 48 SGB X), eine für den Widerspruchsführer nachteilige Entscheidung treffen *(ML § 85 Rn. 5),* wenn sie unter kompetenzrechtlichen Gesichtspunkten zur Rücknahme des Ursprungsbescheides befugt ist *(eingehend hierzu BSGE 71, 274 = SozR 3-1500 § 85 Nr. 1).*

4.3.7 Inhalt und Bekanntgabe des Widerspruchsbescheids

45 § 85 Abs. 3 legt die formalen Anforderungen fest, die der Widerspruchsbescheid erfüllen muss: Er muss schriftlich erlassen und begründet werden. Während das Fehlen der Schriftform zur Nichtigkeit führt, kann das Fehlen einer Begründung vom SG in der Regel nicht zum Anlass genommen werden, die Verwaltungsentscheidung lediglich zu kassieren, ohne sachlich zu entscheiden. Anders verhält es sich allein bei Ermessensentscheidungen *(BSG SozR 1500 § 85 Nr. 7).* Zur Kassation von Verwaltungsakt und Widerspruchsbescheid in Fällen, in denen der für die Entscheidung maßgebliche Sachverhalt im Verwaltungsverfahren in wesentlichen Punkten noch nicht ausreichend geklärt worden ist (§ 131 Abs. 5 n.F.) vgl. VII Rn. 138a.

46 Zum notwendigen Inhalt des Widerspruchsbescheids gehört ferner die Rechtsbehelfsbelehrung, die neben der einzuhaltenden Frist die Angabe des zuständigen SG enthalten muss (zum notwendigen Inhalt der Rechtsbehelfsbelehrung vgl. *BSGE 69, 9 = SozR 3-1500 § 66 Nr. 1;* zur Angabe unrichtiger Fristen auch: *BSG SozR 3-1500 § 66 Nr. 4).* Die Angabe eines unzuständigen SG ist letztlich jedoch irrelevant, da auch die Klageerhebung beim unzuständigen SG (im Gegensatz zur Berufungseinlegung – § 151) fristwahrend ist und der Rechtsstreit auf Antrag (insoweit besteht eine Belehrungspflicht des unzuständigen SG) ohne Kostennachteile an das zuständige SG verwiesen wird.

47 Während der Verwaltungsakt den Beteiligten nach § 37 SGB X lediglich bekannt gegeben werden musste, war der Widerspruchsbescheid (bis Mitte 1998) nach den Vorschriften des Verwaltungszustellungsgesetzes zuzustellen. Nach der Änderung des § 85 Abs. 3 (durch Art. 1 Nr. 2 des Gesetzes vom 30. 3. 1998, BGBl. I S. 638) ist der Widerspruchsbescheid zwar stets schriftlich zu erlassen und zu begründen; auch beim Widerspruchsbescheid genügt jetzt aber grundsätzlich die Bekanntgabe an den Beteiligten, d.h. auch die Übermittlung durch Brief.

47a Für **Massenverfahren**, bei denen das Widerspruchsverfahren (vor allem im Hinblick auf eine Entscheidung des BVerfG oder des BSG) ruhend gestellt worden ist, hat das SGG-ÄndG 2008 in § 85 Abs. 4 die Möglichkeit eingeführt, die Ent-

scheidung über den Widerspruch durch öffentlich bekannt gegebene Allgemeinverfügung zu verlautbaren. Dies hat vor allem in Fällen Bedeutung, in denen Maßnahmen des Gesetzgebers sich auf eine große Zahl von Versicherten auswirken
(Beispiele: Aussetzung von Rentenanpassungen, Belastung mit Zusatzbeiträgen
u.a.). Die Widerspruchsverfahren dürfen nur die Auslegung bzw. Anwendung einer Norm betreffen und nicht von individuellen Umständen abhängig sein *(Breit-
kreuz, in: Breitkreuz/Fichte § 85 Rn. 25)*. Der Sozialleistungsträger wird davon
entlastet, an Tausende von Versicherten gleichlautende Widerspruchsbescheide
verschicken zu müssen. Die **öffentliche Bekanntgabe** erfolgt durch Veröffentlichung der Entscheidung über den Internetauftritt der Behörde, im elektronischen
Bundesanzeiger und in mindestens drei überregional erscheinenden Tageszeitungen. Auf die öffentliche Bekanntgabe, den Ort ihrer Bekanntgabe sowie die besondere Klagefrist in diesen Verfahren muss bereits in der Ruhensmitteilung hingewiesen werden. Gem. § 87 Abs. 1 Satz 3 beträgt die Klagefrist bei öffentlicher
Bekanntgabe ein Jahr. Die Frist beginnt mit dem Tag, an dem seit dem Tag der
letzten Veröffentlichung zwei Wochen verstrichen sind.

4.3.8 Kosten des Widerspruchsverfahrens

Die Durchführung des Widerspruchsverfahrens ist in Angelegenheiten des Sozi-   48
alrechts (die gemäß § 51 SGG zur Sozialgerichtsbarkeit ressortieren) und des So-
zialverwaltungsrechts (die in die Zuständigkeit der Verwaltungsgerichtsbarkeit
fallen – z.B. Ausbildungsförderung, Wohngeld u.a.) kostenfrei. Dies gilt auch, soweit im Widerspruchsverfahren zur weiteren Aufklärung des Sachverhalts Ermittlungen durchgeführt werden, die Kosten verursachen (z.B. die Einholung
medizinischer Gutachten). An der Kostenfreiheit des Widerspruchsverfahrens hat
sich auch für die Verfahren nichts geändert, für die das 6. SGG-ÄndG Gerichtskosten eingeführt hat. Dies gilt etwa für die vertragsärztlichen Verwaltungsverfahren im Zulassungswesen und in der Wirtschaftlichkeitsprüfung. Abweichungen bedürften einer ausdrücklichen gesetzlichen Regelung.

Die **Erstattung der Kosten** des Widerspruchsführers ist in § 63 SGB X geregelt.   49
§ 63 SGB X findet grundsätzlich auch im Vorverfahren in der vertragsärztlichen
Wirtschaftlichkeitsprüfung Anwendung; ein Ausschluss der Kostenerstattung
durch Satzungsrecht der vertrags-(zahn-)ärztlichen Vereinigung ist unzulässig
(BSG SozR 3-1300 § 63 Nr. 4). Nach dieser Vorschrift sind dem Widerspruchsführer die zur zweckentsprechenden Rechtsverfolgung und Rechtsverteidigung
notwendigen Aufwendungen zu erstatten, soweit der Widerspruch erfolgreich ist
(bei teilweisem Erfolg richtet sich der Umfang der Kostenerstattung grundsätzlich
nach dem Grad des Obsiegens). Ein Widerspruch ist in diesem Sinn jedoch nicht
erfolgreich, wenn die abhelfende Entscheidung eines Leistungsträgers nicht dem
Widerspruch, sondern einem anderen Umstand, etwa der nachträglichen Erfüllung
von Mitwirkungspflichten, zuzurechnen ist *(BSG SozR 31300 § 63 Nr. 3)*. Darüber
hinaus sind die Kosten bei einem im Ergebnis erfolglosen Widerspruch dann zu
erstatten, wenn der Widerspruch nur deshalb keinen Erfolg hatte, weil die Verletzung einer Verfahrens- oder Formvorschrift im Widerspruchsverfahren nach
§ 41 SGB X (heilbare Formfehler in Abs. 1 Nr. 1 bis 6) unbeachtlich ist.

Die Regelung der Erstattungsfähigkeit in § 63 SGB X entspricht derjenigen für das gerichtliche Verfahren in § 193 Abs. 2. Zur zweckentsprechenden Rechtsverfolgung und Rechtsverteidigung gehört in der Regel die Hinzuziehung eines Rechtsanwalts oder Rechtsbeistands. Sie ist jedenfalls dann notwendig, wenn der streitige Sachverhalt rechtlich oder tatsächlich nicht einfach ist oder der Widerspruchsführer ohne die Hinzuziehung eines Bevollmächtigten nicht in der Lage wäre, das Widerspruchsverfahren durchzuführen.

50   Über die Notwendigkeit der **Hinzuziehung eines Bevollmächtigten** entscheidet bei einem isolierten Widerspruchsverfahren (dem kein Klageverfahren folgt) nach § 63 Abs. 3 SGB X die Verwaltungsbehörde. Die Kostenentscheidung stellt einen Verwaltungsakt dar, der mit der Klage vor dem SG angefochten werden kann. Wird nach erfolglosem Widerspruch Klage erhoben, so können die Kosten des Vorverfahrens als außergerichtliche Kosten im Rahmen des § 193 Abs. 2 geltend gemacht werden *(so BSG SozR 1500 § 193 Nr. 3)*.

51   Die **Höhe der Rechtsanwaltsgebühren** richtet sich zunächst danach, ob in einem nachfolgenden Gerichtsverfahren Rahmengebühren (§ 3 Abs. 1 RVG) oder Gebühren nach dem Gegenstandswert berechnet würden. In allen Angelegenheiten, für die dem Rechtsanwalt in einem Verfahren vor den Sozialgerichten Rahmengebühren zustehen, müssen diese auch der Gebührenberechnung im vorhergehenden Widerspruchsverfahren zugrunde gelegt werden. Unter sinngemäßer Anwendung der §§ 118, 119 BRAGO a.F. hat das BSG einen Gebührenrahmen von etwa zwei Drittel des Gebührensatzes für angemessen angesehen, der für das gerichtliche Verfahren vor den Sozialgerichten gilt *(SozR 1300 § 63 Nrn. 2–4)* – vgl. hierzu im Einzelnen Kap. XII Rn. 94).

Richtet sich die Gebühr im nachfolgenden Gerichtsverfahren nach dem Gegenstandswert, so ist auch die Gebühr im Widerspruchsverfahren nach dem Gegenstandswert zu bemessen.

52   Nach § 14 Abs. 1 Satz 1 RVG bestimmt der Rechtsanwalt (bzw. Rechtsbeistand) bei Rahmengebühren die Gebühr im Einzelfall unter Berücksichtigung aller Umstände, insbesondere der Bedeutung der Angelegenheit, des Umfangs und der Schwierigkeit der anwaltlichen Tätigkeit sowie der Einkommens- und Vermögensverhältnisse des Auftraggebers nach billigem Ermessen. Ist die Gebühr von einem Dritten zu ersetzen, so ist die von dem Rechtsanwalt getroffene Bestimmung jedoch dann nicht verbindlich, wenn sie unbillig ist (§ 14 Abs. 1 Satz 4 RVG). Die Angemessenheit der Gebühr orientiert sich in der sozialgerichtlichen Praxis an der Mittelgebühr, die für Sachen gilt, die in den maßgebenden Kriterien durchschnittlichen Verhältnissen entsprechen *(BSG SozR 1300 § 63 Nr. 3)*, s. hierzu auch Kap. XII Rn. 96f. Eine Verzinsung der gemäß § 63 SGB X zu erstattenden Kosten findet nicht statt, da es hierfür an einer Rechtsgrundlage fehlt *(BSG SozR 1300 § 63 Nr. 9; so auch BVerwGE 61, 100, 105 für die Vorverfahrensaufwendungen nach § 80 VwVfG)*.

5 Untätigkeitsklage 53

Die Untätigkeitsklage – eine spezielle Ausgestaltung der Verpflichtungsklage – ist im sozialgerichtlichen Verfahren anders geregelt als in den übrigen öffentlich-rechtlichen Verfahrensordnungen.

Sie ist darauf gerichtet, dass die Behörde überhaupt einen Verwaltungsakt erlässt, ohne dass es zunächst auf den Inhalt der Verwaltungsentscheidung ankommt. § 88 regelt **zwei Formen der Untätigkeitsklage**: Ist ein Antrag auf Vornahme eines Verwaltungsaktes ohne zureichenden Grund in angemessener Frist sachlich nicht beschieden worden, so wird die Behörde (gemäß § 131 Abs. 3) verurteilt, den Antrag unter Beachtung der Rechtsauffassung des Gerichts zu bescheiden (§ 88 Abs. 1). Ein Antrag auf Erlass eines Verwaltungsaktes ist auch dann sachlich nicht beschieden, wenn sich die Behörde gegenüber einem Antragsteller weigert, über den gestellten Antrag zu entscheiden *(BSGE 72, 118, 120 m. w. N.)*. Der Ablauf einer der in § 88 genannten Wartefristen (vgl. unten Rn. 55) ist in diesem Fall nicht erforderlich *(BSGE 72, 118, 121)*.

Die zweite Form der Untätigkeitsklage ist auf den Erlass eines Widerspruchs- 54 bescheides gerichtet (Abs. 2). Ziel der Untätigkeitsklage ist auch hier im Regelfall die bloße Bescheidung und nicht der Erlass eines Verwaltungsaktes mit einem bestimmten Inhalt *(so die st. Rspr. des BSG*, vgl. zuletzt *BSGE 72, 118, 121 = SozR 3-7833 § 6 Nr. 2; BSGE 73, 244 = SozR 3-1500 § 88 Nr. 1)*. Der 4. Senat des BSG *(SozR 3-8560 § 26 Nr. 2)* hält dagegen in diesem Fall auf die Untätigkeitsklage hin eine Sachentscheidung für geboten, wenn dies zur Erreichung effektiven Rechtsschutzes erforderlich ist (vgl. hierzu auch unten Rn. 83). Zumindest dann, wenn die Behörde über einen Widerspruch gegen einen Verwaltungsakt, mit dem eine bindende Leistungsbewilligung aufgehoben wird, nicht innerhalb angemessener Frist entscheide und sie damit zugleich die aufschiebende Wirkung des Widerspruchs negiert, müsse das Gericht in der Sache entscheiden; vgl. hierzu auch *Wimmer, Mit der sozialgerichtlichen Untätigkeitsklage das Vorverfahren überspringen, NJW 1999, 3690*.

Die Untätigkeitsklage kann jeweils ohne Einhaltung eines Vorverfahrens erho- 55 ben werden. § 88 setzt jedoch voraus, dass bestimmte Fristen abgewartet werden: Die auf Erlass eines Verwaltungsaktes gerichtete Untätigkeitsklage ist erst zulässig, wenn seit dem Antrag auf Vornahme des Verwaltungsaktes 6 Monate verstrichen sind; nach Einlegung eines Widerspruchs muss eine Frist von 3 Monaten ohne Entscheidung der Widerspruchsbehörde vergangen sein. Mit dem SGG-ÄndG 2008 sollte ursprünglich (wie in § 75 VwGO) eine Ausnahme eingeführt werden, wenn wegen besonderer Umstände des Falles eine kürzere Frist geboten ist. Dieses Vorhaben wurde aber während des Gesetzgebungsverfahrens wieder gestrichen.

Die Untätigkeitsklage ist **vor Ablauf der Frist unzulässig**. Es sei denn, die 56 Behörde hat schon vorher eindeutig zu erkennen gegeben, dass sie keine Entscheidung (Verwaltungsakt oder Widerspruchsbescheid) treffen wird *(BSGE 72, 118, 121 m. w. N.)*. Die vor Ablauf der Frist erhobene Untätigkeitsklage kann vom

Gericht jedoch nicht mit Prozessurteil abgewiesen werden *(BSG SozR 3-1500 § 88 Nr. 2)*. Das Gericht muss vielmehr bis zum Ablauf der Frist warten bzw. den Rechtsstreit aussetzen. Nur wenn die Verwaltungsentscheidung dann noch innerhalb der Frist ergeht, ist die Untätigkeitsklage als unzulässig abzuweisen.

57 Begründet ist die Untätigkeitsklage, wenn die Behörde ohne zureichenden Grund innerhalb der Frist nicht entschieden hat *(vgl. hierzu eingehend BSGE 73, 244 = SozR 3-1500 § 88 Nr. 1)*. Die Verzögerung kann durch vielfältige Gründe gerechtfertigt sein *(vgl. im Einzelnen ML § 88 Rn. 7a; Bley § 88 Anm. 2c)*. Ein „zureichender Grund" liegt in der Regel vor allem dann vor, wenn die Behörde, die ja auch der Amtsermittlungspflicht unterliegt, zeitaufwendige Sachverhaltsermittlungen (vor allem durch Sachverständigengutachten) anstellen muss. Die Verletzung von Mitwirkungspflichten durch den Antragsteller stellt keinen zureichenden Grund dar; gegebenenfalls muss die Behörde die Leistung nach § 66 SGB I versagen *(BSG SozR 3-1500 § 88 Nr. 2)*. Hält das Gericht die Fristüberschreitung für gerechtfertigt, so bestimmt es durch Beschluss (ohne Mitwirkung der ehrenamtlichen Richter) eine Frist, bis zu deren Ablauf der Verwaltungsakt erlassen sein muss; zugleich setzt es das Verfahren aus. Die Frist kann ggf. (z.B. wenn ein notwendiges Sachverständigengutachten noch nicht vorliegt) verlängert werden.

58 Erlässt die Behörde innerhalb der Frist den beantragten Verwaltungsakt, so ist die Hauptsache für erledigt zu erklären. Über die außergerichtlichen Kosten hat das Gericht dann auf Antrag durch Beschluss zu entscheiden (§ 193 Abs. 1). Hat die Behörde den Kläger vor Klageerhebung über den zureichenden Grund für die Verzögerung in Kenntnis gesetzt oder hätte der Kläger diesen durch eine Sachstandsanfrage ermitteln können, so ist die Behörde grundsätzlich nicht zur Erstattung der außergerichtlichen Kosten des Klägers verpflichtet *(vgl. LSG Niedersachsen, Breithaupt 1992, 432; LSG Hessen, Breithaupt 1993, 606; vgl. hierzu auch: Jaschinski, Die Kostenentscheidung nach der Erledigung einer Untätigkeitsklage, SGb 1993, 406)*.

59 Wird mit dem Verwaltungsakt oder dem Widerspruchsbescheid dem Antrag des Klägers nicht entsprochen, so kann der Kläger die Untätigkeitsklage im Regelfall in eine Anfechtungs- oder Verpflichtungsklage ändern, weil die Klageänderung zumeist sachdienlich sein dürfte (§ 99 Abs. 1). Der Antrag muss jedoch innerhalb der für den ergangenen Bescheid maßgebenden Anfechtungsfrist gestellt werden. Da auch der ablehnende Bescheid die Untätigkeitsklage in der Hauptsache erledigt, kann der Kläger auch hier eine Erledigungserklärung abgeben oder die Untätigkeitsklage zurücknehmen und anschließend gegen den ablehnenden Bescheid Widerspruch einlegen oder Klage erheben. Der Kläger kann auch zur Fortsetzungsfeststellungsklage übergehen und die Feststellung begehren, dass die Behörde den Antrag auf Erlass eines Bescheides ohne zureichenden Grund in angemessener Frist sachlich nicht beschieden hat, falls insoweit ein Feststellungsinteresse besteht *(BSGE 73, 244 = SozR 3-1500 § 88 Nr. 1)*.

Zur Zweckmäßigkeit der Untätigkeitsklage

Die Erhebung einer Untätigkeitsklage führt häufig zu einer zusätzlichen Verzö-   *60*
gerung beim Abschluss des Verwaltungsverfahrens, da der Verwaltungsträger seine Akten dem Gericht vorlegen muss und diese für die Sachbearbeitung zeitweise
nicht zur Verfügung stehen. Es wird deshalb in den Fällen, in denen die Behörde
auf Nachfrage keine stichhaltigen Gründe für eine überlange Bearbeitungsdauer
nennen kann, häufig zweckmäßiger sein, bei der zuständigen Aufsichtsbehörde
zu intervenieren. Werden Sozialleistungen geltend gemacht, die dem Grund nach
unstreitig sind, bei denen aber die Ermittlung der Höhe langwierig ist (z.B. Ermittlung des Jahresarbeitsverdienstes für die Versichertenrente in der gesetzlichen
Unfallversicherung oder Klärung von Versicherungszeiten für die Rente aus der
gesetzlichen Rentenversicherung), so bietet sich die Möglichkeit an, Vorschuss-
leistungen zu beantragen (§ 42 SGB I).

Untätigkeitsklage   *61*
Schriftsatzmuster

Rechtsanwalt L.
Sozialgericht Hannover

Klage

der Witwe Johanna N.   Klägerin,
– Proz.-Bev.: Rechtsanwalt L. –

g e g e n

die Bundesknappschaft,
vertreten durch die Geschäftsführung,   Beklagte.

Namens und in Vollmacht der Klägerin erhebe ich Klage und beantrage,

die Beklagte zu verurteilen, über den Antrag der Klägerin auf Gewährung von
Geschiedenen-Witwenrente aus der Versicherung des verstorbenen früheren Ehemannes der Klägerin, Kurt N., einen Bescheid zu erteilen.

Begründung:

Die Klägerin hat am 10. 4. 2000 bei der Beklagten den Antrag gestellt, ihr aus der
Versicherung des am 27. 1. 2000 verstorbenen Kurt N., mit dem die Klägerin in der
Zeit vom 12. 5. 1952 bis 25. 6. 1977 verheiratet war, Geschiedenen-Witwenrente
gemäß § 243 SGB VI zu gewähren. Obwohl dem Antrag alle erforderlichen Unterlagen, insbesondere das Scheidungsurteil des LG Hannover vom 25. 6. 1977 beigefügt waren, hat die Beklagte bis zum heutigen Tag noch keinen Bescheid erteilt.

gez. L. Rechtsanwalt

61a   Rechtsschutz gegen überlange Verfahrensdauer

Seit dem Urteil in der Sache Sürmeli/Deutschland *(EGMR vom 8. 6. 2006 – 75529/01, NJW 2006, 2389)* steht fest, dass die Bundesrepublik Deutschland verpflichtet ist, einen wirksamen Schutz von Personen, die gerichtlichen Rechtsschutz in Anspruch nehmen, gegen überlange Gerichtsverfahren einzuführen. Sowohl Rechtsprechung als auch Literatur sind mehr als skeptisch, dass die Einführung einer Untätigkeitsbeschwerde geeignet sein könnte, die Verfahrensdauer allgemein zu verkürzen oder Ausreißer zu vermeiden. Plagemann *(NZS 2006, 169, 170)* befürchtet etwa zu Recht ein Akten-Versende-Karussell, das niemandem nutzt und die Überlastung der Justiz nur weiter anheizt. Der 1. Senat des BSG hat die Zulässigkeit einer Untätigkeitsbeschwerde auf der Grundlage des bislang geltenden Rechts eindeutig verneint *(SozR 4-1500 § 160a Nr. 17; anders der frühere 4. Senat des BSG,* vgl. *SozR 4-1500 § 160a Nr. 11 RdNr. 21 ff; hierzu: Leitherer, NZS 2007, 225).*

61b   Durch Urteil des EGMR vom 2. 9. 2010 *(EGMR 46344/06,* vgl. hierzu *Meyer-Ladewig, NJW 2010, 3358)* wurde die Bundesrepublik verurteilt, ohne Verzögerung und spätestens innerhalb eines Jahres einen oder mehrere Rechtsbehelfe gegen überlange Gerichtsverfahren einführen. Dieser Pflicht kommt der Gesetzgeber mit dem "Gesetz über den Rechtsschutz bei überlangen Gerichtsverfahren und strafrechtlichen Ermittlungsverfahren" nach, das z.Zt. unmittelbar vor der Verabschiedung steht. Der Gesetzentwurf sieht vor, für überlange Gerichtsverfahren einen Entschädigungsanspruch einzuführen. Danach werden dem Betroffenen bei einer Verletzung des Rechts auf angemessene Verfahrensdauer die daraus resultierenden Nachteile ersetzt. Zwingende Voraussetzung für die Geltendmachung von Entschädigungsansprüchen ist die **Rüge der überlangen Dauer** während eines Gerichtsverfahrens. Der Entschädigungsanspruch erstreckt sich auf alle gerichtlichen Verfahren. Für Nachteile infolge von Verzögerungen bei Gerichten eines Landes haftet das jeweilige Land. Über Entschädigungsklagen wegen solcher Nachteile entscheidet in der Sozialgerichtsbarkeit das jeweils zuständige Landessozialgericht *(eingehend zum Ganzen unter Kap. X 4).*

62 6 Leistungsklage

Die isolierte (echte) Leistungsklage ist auf Verurteilung zu einer bestimmten Leistung – auf die ein Rechtsanspruch bestehen muss – gerichtet, die nicht vom vorhergehenden Erlass eines Verwaltungsaktes abhängt (§ 54 Abs. 5). Im Verhältnis Bürger – Verwaltungsträger kommt die isolierte Leistungsklage deshalb selten vor. Soweit ein Leistungsträger durch Verwaltungsakt vorgehen kann, ist die Erhebung einer Leistungsklage unzulässig. Hauptanwendungsfall der isolierten Leistungsklage ist der Zahlungsstreit bei Beteiligten, die nicht in einem Über-/Unterordnungsverhältnis stehen; etwa beim Erstattungsstreit zwischen mehreren öffentlich-rechtlichen Leistungsträgern, da die Erstattung hier wegen der Gleichordnung der Leistungsträger nicht durch Verwaltungsakt geltend gemacht werden kann oder bei Streitigkeiten zwischen Sozialversicherungsträgern und Leistungserbringern.

Beispiele: *63*

– Klage einer Krankenkasse gegen den Sozialhilfeträger auf Erstattung der durch die Übernahme der Krankenbehandlung nicht versicherter Sozialhilfeempfänger entstandenen Aufwendungen sowie von Verwaltungskosten (*BSGE 101, 42 = SozR 4-2500 § 264 Nr. 1*).

– Klage eines Rentenversicherungsträgers auf Rückerstattung von Rentenbeträgen, die für die Zeit des Krankengeldbezugs des Versicherten an die Krankenkasse erstattet worden waren, wenn sich nachträglich herausstellt, dass die Rente zu Unrecht zugebilligt worden war (*BSGE 70, 186, 189 = SozR 3-2200 § 183 Nr. 6*).

– Anders dagegen bei der Beitragsforderung eines Krankenversicherungsträgers gegen einen beitragspflichtigen Reha-Träger, weil zwischen beiden insoweit ein Über-/ Unterordnungsverhältnis besteht (*BSG SozR 3-1500 § 54 Nr. 22*).

Zweiter Anwendungsfall der Leistungsklage sind Streitigkeiten zwischen Privat- *64* personen, soweit für sie ausnahmsweise der Rechtsweg zu den Sozialgerichten gegeben ist.

Beispiel:

Streit zwischen einem nicht krankenversicherungspflichtigen Arbeitnehmer und seinem Arbeitgeber um den Beitragszuschuss gemäß § 257 Abs. 1 SGB V (*BSGE 11, 218, 222; 37, 292, 296*). Streitigkeiten aus der privaten Pflegeversicherung, und zwar sowohl hinsichtlich der Beitragsforderungen der Versicherungsunternehmen als auch der Leistungsansprüche der Versicherten (*zur Zuständigkeit der Sozialgerichte vgl. BSG NZS 1996, 588*).

Die isolierte Leistungsklage kommt im Verhältnis Verwaltungsträger – Bürger *65* dann ausnahmsweise zum Zuge, wenn zwischen beiden im konkreten Fall kein Subordinationsverhältnis besteht und deshalb eine Regelung durch Verwaltungsakt nicht in Betracht kommt.

Beispiele:

– Schadensersatzanspruch der Bundesagentur für Arbeit gegen einen Arbeitgeber oder gegen den Insolvenzverwalter (vgl. *BSGE 49, 291, 296; 53, 212, 213; 56, 20, 21; 66, 188*); anders dagegen beim Schadensersatzanspruch eines Versicherungsträgers gegen einen Versicherten, der grundsätzlich durch Verwaltungsakt durchzusetzen ist (*BSGE 66, 176, 181*).

– Forderung eines Pfändungspfandgläubigers gegen den Versicherungsträger auf Auszahlung von Rentenbeträgen (*BSGE 67, 143, 145 = SozR 3-1200 § 52 Nr. 1*).

– Vergütungsanspruch eines nichtärztlichen Leistungserbringers (z.B. Heil- und Hilfsmittelerbringer) gegen eine Krankenkasse (*BSGE 66, 159; BSG SozR 3-2500 § 124 Nr. 3*); das Zulassungsverhältnis wird dagegen durch Verwaltungsakt geregelt (*BSG*, a.a.O.).

- Vergütungsanspruch einer zugelassenen Pflegeeinrichtung gegen eine Pflegekasse (§ 82 SGB XI); lehnen die Landesverbände der Pflegekassen dagegen den Abschluss eines Versorgungsvertrages ab (§ 73 Abs. 2 SGB XI), so muss hiergegen mit der kombinierten Anfechtungs- und Leistungsklage vorgegangen werden (*BSG SozR 3-2500 § 109 Nr. 1*).

- Zahlungsanspruch eines zugelassenen Krankenhauses (§ 108 SGB V) gegen eine Krankenkasse; die Ablehnung einer Kostenübernahme durch die Krankenkasse ist kein Verwaltungsakt (*BSG, Urteil vom 21. 8. 1996, 3 RK 2/96*).

- Gebührenanspruch einer Hebamme gegen eine Krankenkasse (*BSGE 60, 54, 55*).

66   Das BSG hat die Leistungsklage auch zugelassen, um dem Bürger dann einen Vollstreckungstitel zu verschaffen, wenn der Leistungsträger die weitere Erbringung von Leistungen einstellt, ohne einen entsprechenden Verwaltungsakt zu erlassen (*BSGE 50, 82, 83 = SozR 1500 § 54 Nr. 40; ähnlich: BSGE 60, 122: Auszahlung des Kassenarzthonorars, das die KÄV trotz Festsetzung durch Verwaltungsakt zurückbehält*). In derartigen Fällen dürfte allerdings eine Beschwerde bei der für den Leistungsträger zuständigen Aufsichtsbehörde der schneller wirkende Rechtsbehelf sein.

67   Bei der isolierten Leistungsklage wird zumeist ein beziffeter Antrag gestellt, weil der geltend gemachte Anspruch – z.B. beim Erstattungsstreit oder der Beitragsforderung – der Höhe nach feststeht. Dies ist jedoch nicht grundsätzlich erforderlich, denn auch bei der Leistungsklage kann ein Grundurteil (§ 130) ergehen. Anders als bei der kombinierten Anfechtungs- und Leistungsklage, bei der das Grundurteil den Rechtsstreit erledigt, ist das Grundurteil bei der echten Leistungsklage ein Zwischenurteil i.S. des § 304 ZPO (in der Praxis äußerst selten). Der Rechtsstreit bleibt bis zur Durchführung des Nachverfahrens über die Höhe der Leistung beim erkennenden Gericht anhängig (*BSGE 29, 69 = BSG SozR Nr. 7 zu § 130 SGG*); bei außergerichtlicher Einigung über die Höhe tritt Erledigung der Hauptsache ein. Wird ein Schadensersatzanspruch mit der echten Leistungsklage geltend gemacht, kann das Gericht bezüglich der Höhe des Schadens ggf. § 287 ZPO anwenden.

68   Mit der Leistungsklage können auch Unterlassungsansprüche durchgesetzt werden (Unterlassungsklage). Soll ein noch bevorstehendes Verwaltungshandeln (Verwaltungsakt oder schlichtes Verwaltungshandeln) verhindert werden, so kommt hierfür auch im sozialgerichtlichen Verfahren die vorbeugende Unterlassungsklage zur Anwendung. Es müssen konkrete Anhaltspunkte dafür vorliegen, dass (weitere) Rechtsverletzungen drohen, die auf andere Weise nicht abgewehrt werden können, und nachträglicher Rechtsschutz nicht wirksam oder nicht zumutbar ist (*BSGE 72, 15, 24 = SozR 3-2500 § 88 Nr. 2*). Bei Wiederholungsgefahr nach bereits erfolgtem Verwaltungshandeln ist die Unterlassungsklage gegeben. Wichtiges Anwendungsgebiet im sozialgerichtlichen Verfahren ist der Rechtsschutz gegen Verletzungen des Sozialgeheimnisses (§ 35 SGB I – vgl. hierzu *BSG SozR 1200 § 35 Nr. 1* und eingehend: *P/S/W § 54 Anm. 5c*). Auch die Unterlas-

sungsklage setzt eine Verletzung bzw. eine drohende Verletzung eigener Rechte voraus. Dies folgt aus § 54 Abs. 1 Satz 2, der die Möglichkeit einer Popularklage im sozialgerichtlichen Verfahren ausschließt *(BVerfG SozR 1500 § 54 Nr. 67 = NJW 1987, 517).*

6.1 Besonderheit in der privaten Pflegeversicherung: Mahnverfahren

Die Rechtswegzuständigkeit der Sozialgerichte für die private Pflegeversicherung *68a* *(BSGE 79, 80)* hat es erforderlich gemacht, ausschließlich für die Geltendmachung von Beitragsansprüchen der die private Pflicht-Pflegeversicherung (§ 23 SGB XI) durchführenden Versicherungsunternehmen ein Mahnverfahren einzuführen, weil diese Unternehmen Beitragsforderungen nicht nach den Vorschriften des SGB IV durchsetzen können und die Erhebung von Leistungsklagen für jede einzelne Beitragsforderung die Funktionsfähigkeit einzelner Sozialgerichte gefährdete. Da für die Sozialgerichte die Durchführung eines Mahnverfahrens fremd ist, wurde ein zweigliederiger Rechtsweg eingeführt: Nach § 182a (eingeführt im 5. SGG-ÄndG vom 30. 3. 1998, BGBl. I S. 638) können die Beitragsansprüche nach den Vorschriften der ZPO im Mahnverfahren vor dem Amtsgericht geltend gemacht werden. In dem Antrag auf Erlass des Mahnbescheids können mit dem Beitragsanspruch Ansprüche anderer Art nicht verbunden werden. Wird gegen den Mahnbescheid Widerspruch eingelegt, gibt das Amtsgericht das Verfahren an das Sozialgericht ab, wo nach Eingang der Akten nach den Vorschriften des SGG verfahren wird. Solange die Abgabe an das Sozialgericht nicht verfügt ist, kann der Widerspruch gegen den Mahnbescheid zurückgenommen werden (§ 182a Abs. 1 Satz 3). Wird gegen den Vollstreckungsbescheid Einspruch eingelegt, so gelten für die Entscheidung des Sozialgerichts die §§ 700 Abs. 1 und 343 ZPO entsprechend.

Isolierte Leistungsklage *69*
Schriftsatzmuster

Rechtsanwalt L.
Sozialgericht Hannover

Klage

des Physiotherapeuten A.	Kläger,
Proz.-Bev.: Rechtsanwalt L.	

g e g e n

die Barmer Ersatzkasse, Wuppertal,	Beklagte.

beigeladen:

Verband der Angestellten-Krankenkassen e.V., Siegburg.

Namens und in Vollmacht des Klägers erhebe ich Klage und beantrage,

die Beklagte zu verurteilen, an den Kläger 2108,97 € nebst 4% Zinsen seit dem 12. 11. 1999 zu zahlen.

Begründung:

Die Beklagte weigert sich zu Unrecht, die ihr vom Kläger in Rechnung gestellten Vergütungen für krankengymnastische Leistungen, die er nach dem 1. Oktober 1999 an Versicherte der Beklagten abgegeben hat, in Höhe von 2108,97 € zu bezahlen. Die Auffassung der Beklagten, der Kläger sei seit dem 1. 10. 1999 nicht mehr berechtigt, krankengymnastische Leistungen abzurechnen, ist rechtsirrig.

Der Kläger ist bereits seit 1984 als Masseur und medizinischer Bademeister zugelassen. Nachdem er im Februar 1994 seine Ausbildung als Krankengymnast erfolgreich abgeschlossen hatte, stellte er bei dem Beigeladenen den Antrag, seine Zulassung entsprechend zu erweitern. Daraufhin teilte ihm der Beigeladene mit Schreiben vom 12. 3. 1999 mit, dass er ab sofort berechtigt sei, krankengymnastische Leistungen abzugeben. Das Schreiben enthielt keine weiteren Angaben; insbesondere nicht zu den maßgebenden Vergütungssätzen und Abrechnungskonditionen. Der Kläger ging davon aus, dass insoweit die mit dem Zentralverband der Krankengymnasten (ZVK) vereinbarten Bedingungen maßgebend seien. Dies entspricht den Vorgaben des Gesetzes, denn die Zulassung setzt nach § 124 Abs. 2 Satz 1 Nr. 4 SGB V generell voraus, dass der Leistungserbringer „die für die Versorgung der Versicherten geltenden Vereinbarungen anerkennt". Im Zeitpunkt der Erweiterung der Zulassung existierte nur die Vereinbarung des Beigeladenen mit dem ZVK. Nach der ersten Quartalsabrechnung teilte die Beklagte dem Kläger jedoch mit, die in Badebetrieben abgegebenen krankengymnastischen Leistungen könnten grundsätzlich nur mit 90 % der mit dem ZVK vereinbarten Vergütungssätze abgerechnet werden. Da der Kläger sich weigerte, die abgesenkte Vergütung zu akzeptieren, widerrief der Beigeladene die Befugnis zur Abrechnung krankengymnastischer Leistungen mit Ablauf des 3. Quartals 1999. Die vom Kläger in der Folgezeit erbrachten Leistungen wurden nicht vergütet.

Der Beklagte verkennt, dass die Erweiterung einer Zulassung als Heilmittelerbringer nach § 124 Abs. 2 i.V.m. Abs. 5 SGB V einen Verwaltungsakt darstellt, der vom Beigeladenen nicht aufgehoben worden ist; hierfür lag im übrigen auch kein Grund vor. Die Beklagte ist aufgrund der fortbestehenden Zulassung verpflichtet, die vom Kläger erbrachten Leistungen nach den Vergütungssätzen im Vertrag des Beigeladenen mit dem ZVK zu bezahlen. Die von der Beklagten angestrebten abgesenkten Vergütungssätze sind für den Kläger nicht maßgebend, da zwischen den Beteiligten eine entsprechende Abrede nicht getroffen worden ist. Die §§ 124, 125 SGB V lassen einseitige Preisfestsetzungen durch die Krankenkassen bzw. ihre Verbände nicht zu.

Der Zinsanspruch ergibt sich unmittelbar aus §§ 286, 284 BGB; § 44 SGB I ist dagegen nicht anwendbar, da diese Vorschrift nur die Verzinsung von Sozialleistungen nach § 11 SGB I regelt. Der ansonsten abschließende Charakter des § 44 SGB I gilt nicht für privatrechtliche Ansprüche, über die die Sozialgerichte, wie vorliegend, nur wegen der Rechtswegzuweisung in § 51 Abs. 2

Satz 1 Nr. 3 SGG zu entscheiden haben. Der geltend gemachte Vergütungsanspruch war bei Rechnungslegung fällig. Anders als die Honoraransprüche der Vertragsärzte werden die Honoraransprüche der Heilmittelerbringer unmittelbar nach

Abgabe der Leistung an den Versicherten fällig. Die Fälligkeit wird insbesondere nicht, wie im Kassenarztrecht, durch eine dem System immanente Wirtschaftlichkeitsprüfung hinausgezögert.

Anmerkung:

Dem Schriftsatzmuster liegt das *Urteil des BSG vom 17. 1. 1996 (3 RK 2/95 = BSGE 77, 219 = SozR 3-2500 § 124 Nr. 3)* zugrunde. Zum privatrechtlichen Charakter der Vergütung von Heil- und Hilfsmittelerbringern vgl. auch *BSG, Urteil vom 10. 7. 1996, 3 RK 11/95, SozR 3-2500 § 125 Nr. 5.* Ob sich diese Auffassung nach der Neufassung des § 69 SGB V (im Gesetz vom 22. 12. 1999, BGBl. I 2626) aufrechterhalten lässt, erscheint allerdings zweifelhaft.

7 Die kombinierte Anfechtungs- und Leistungsklage   70

Hat ein Verwaltungsträger durch Verwaltungsakt den Antrag eines Bürgers (Versicherter, Versorgungsberechtigter, Behinderter etc.) auf Gewährung von Leistungen ganz oder teilweise abgelehnt, auf die ein Rechtsanspruch besteht, so kann mit der Anfechtung des ablehnenden Bescheides das Leistungsbegehren unmittelbar verknüpft werden (§ 54 Abs. 4). Die kombinierte Anfechtungs- und Leistungsklage ist in der Praxis der Sozialgerichtsbarkeit die häufigste Klageart, da zumeist Leistungen streitig sind, auf die ein Rechtsanspruch besteht.

Beispiele: 71

Gesetzliche Krankenversicherung – Krankengeld, Krankenbehandlung (Ärztliche und zahnärztliche Behandlung; Versorgung mit Arznei, Verband-, Heil- und Hilfsmitteln; Krankenhausbehandlung), Sterbegeld und Fahrkosten.

Soziale Pflegeversicherung – häusliche Pflegehilfe (als sog. Pflegesachleistung, die in der Regel von ambulanten Pflegeeinrichtungen erbracht wird oder in der Form des Pflegegeldes, wenn der Pflegebedürftige seine Pflege durch selbst beschaffte Pflegepersonen sicherstellt; beide Leistungsarten können gem. § 38 SGB XI auch kombiniert werden; bei Verhinderung einer selbst beschafften Pflegeperson: Leistungen für eine Ersatzpflegekraft), stationäre Pflege (als teil- oder vollstationäre Pflege), Pflege-Hilfsmittel, Rentenversicherungsbeiträge und Unfallversicherungsschutz für nichterwerbsmäßig tätige Pflegepersonen, Pflegekurse für Angehörige und ehrenamtliche Pflegepersonen.

Gesetzliche Unfallversicherung – Verletztengeld (während der durch den Arbeitsunfall bedingten Arbeitsunfähigkeit anstelle von Krankengeld), Verletztenrente, Leistungen an Hinterbliebene (Sterbegeld, Überführungskosten, Hinterbliebenenrente, Überbrückungshilfe).

Gesetzliche Rentenversicherung – Erwerbsminderungsrente, Altersruhegeld, Hinterbliebenenrenten.

Arbeitslosenversicherung – Arbeitslosengeld, Vermittlung und Beratung.

Grundsicherung für Arbeitsuchende – Arbeitslosengeld II, Sozialgeld.

Sozialhilfe – Hilfe zum Lebensunterhalt, Grundsicherung im Alter und bei Erwerbsminderung, Hilfen zur Gesundheit, Eingliederungshilfe für behinderte Menschen, Hilfe zur Pflege und zur Überwindung besonderer sozialer Schwierigkeiten.

Soziales Entschädigungsrecht – Versorgungskrankengeld, Heilbehandlung, Beschädigtenrente, Pflegezulage, Bestattungsgeld, Sterbegeld und Hinterbliebenenrente.

Wegen der materiellrechtlichen Leistungsvoraussetzungen vgl. die Schrifttumsangaben unter Kap. III Rn. 114 ff.

72 Begehrt der Kläger eine Leistung in Geld, so muss der Klageantrag nicht beziffert werden, da § 130 eine Verurteilung zur Leistung „dem Grunde nach" vorsieht. Von dieser Besonderheit des sozialgerichtlichen Verfahrens (die anderen Verfahrensordnungen kennen das Grundurteil nur als Zwischenurteil) wird in der Praxis überwiegend Gebrauch gemacht, um langwierige Berechnungsschwierigkeiten zu vermeiden. Der Verwaltungsträger ist jedoch verpflichtet, das Urteil auszuführen und die Höhe der Leistungen durch Bescheid festzusetzen, der selbst wieder anfechtbar ist. Dem Versicherungsträger (bzw. der Versorgungsbehörde) ist es auch verwehrt, sich in dem ausführenden Bescheid auf Verjährung zu berufen, wenn er in dem vorausgegangenen Grundurteil zur Leistung für zurückliegende Zeiten verurteilt worden ist *(BSGE 53, 253)*. Das Grundurteil ist allerdings nur in der Weise vollstreckbar, dass im Hinblick auf den Ausführungsbescheid gem. § 201 gegen den zur Leistung verurteilten Träger die Festsetzung eines Zwangsgeldes beantragt werden kann *(BSG SozR 3-1500 § 199 Nr. 1)*. Der Erlass eines Grundurteils setzt allerdings voraus, dass dem Kläger **überhaupt eine Geldleistung** zusteht; auch Leistungsart und Leistungsdauer müssen (zumindest mit dem Grad der Wahrscheinlichkeit, vgl. *BSG SozR 1500 § 130 Nr. 2)* feststehen. Das Grundurteil ist zudem kein Instrument, um entscheidungserhebliche Fragen offen zu lassen *(Bolay, in Hk-SGG § 130 Rn. 4)*. Andererseits hängt die Zulässigkeit eines Grundurteils nicht davon ab, dass die Höhe der begehrten Leistung schwierig zu ermitteln ist (etwa bei der Rente). Der Erlass eines Grundurteils ist auch dann nicht verfahrensfehlerhaft, wenn das Gericht in der Lage wäre, den Betrag zu ermitteln (etwa beim Arbeitslosengeld).

73   Hieraus folgt:

In der gesetzlichen Unfallversicherung und im sozialen Entschädigungsrecht muss feststehen, dass die Unfall- bzw. Schädigungsfolgen überhaupt einen Renten berechtigenden Grad der MdE (§ 56 Abs. 1 SGB VII) erreichen. Der Kläger muss sich im Klageantrag nicht auf einen bestimmten (vom Grad der MdE) abhängigen v.H. -Satz der Vollrente festlegen. Es genügt, wenn beantragt wird, „Verletztenrente in Höhe von mindestens 20 v.H. der Vollrente" zu gewähren. Daneben sind Leistungsart und -dauer festzulegen. Das BSG hat allerdings auch den insoweit völlig unbestimmten Antrag, „den Kläger wegen der Folgen des Arbeitsunfalls dem Grunde nach zu entschädigen" zugelassen *(BSG, Urteil vom 13. 6. 1989, 2 RU 1/ 89,* vgl. hierzu *die kritische Anmerkung von Behn BG 1990, S. 87, 92)*.

74   **Beginn der Leistungen** bei den wichtigsten Leistungsarten:

a) Gesetzliche Rentenversicherung: Rentenbeginn – Grundregel: Kalendermonat, zu dessen Beginn die Anspruchsvoraussetzungen für die Rente erfüllt sind. Zu

Ausnahmen, vor allem bei verspäteter Antragstellung vgl. im Einzelnen § 99 SGB VI.

b) Gesetzliche Unfallversicherung: Rentenbeginn – Grundregel: Beginn der Verletztenrente mit dem Tag nach dem Wegfall der Arbeitsunfähigkeit – § 72 Abs. 1 SGB VII (bis zu diesem Zeitpunkt: Verletztengeld); war der Verletzte nicht arbeitsunfähig oder hat er bei Beginn der Arbeitsunfähigkeit kein Entgelt oder Einkommen erzielt, so beginnt die Verletztenrente mit dem Tag nach dem Arbeitsunfall (§ 72 Abs. 1 SGB VII).

c) Gesetzliche Krankenversicherung: Beginn des Krankengelds: Grundsätzlich am Tag nach der ärztlichen Feststellung der Arbeitsunfähigkeit (§ 46 Nr. 2 SGB V).

d) Soziale Pflegeversicherung: Beginn der Leistungen ab Antragstellung, frühestens jedoch von dem Zeitpunkt an, in dem die Anspruchsvoraussetzungen vorliegen (§ 33 Abs. 1 Satz 2 SGB XI); wird der Antrag später als einen Monat nach Eintritt der Pflegebedürftigkeit gestellt: Beginn der Leistungen am Anfang des Antragsmonats (§ 33 Abs. 1 Satz 3 SGB XI).

e) Grundsicherung für Arbeitsuchende: Beginn der Leistungen ab Antragstellung, keine rückwirkende Leistungserbringung – Ausnahme: Rückwirkung bei Eintritt der Leistungsvoraussetzungen außerhalb der Öffnungszeiten des zuständigen Leistungsträgers (§ 37 Abs. 2 Satz 2 SGB II).

f) Sozialhilfe: Leistungsbeginn bei Kenntniserlangung vom Vorliegen der Leistungsvoraussetzungen durch den Leistungsträger (§ 18 Abs. 1 SGB XII); Antragstellung nicht erforderlich – Ausnahme: Leistungen der Grundsicherung im Alter und bei Erwerbsminderung sind antragsabhängig (§ 44 Abs. 1 SGB XII).

g) Soziales Entschädigungsrecht: Beschädigtenversorgung – Grundregel: Beginn mit dem Monat, in dem ihre Voraussetzungen erfüllt sind, frühestens mit dem Antragsmonat (§ 60 Abs. 1 Satz 1 BVG); Ausnahmen sind in § 60 Abs. 1 Satz 2 bis § 62 BVG geregelt.

Klageantrag bei der kombinierten Anfechtungs- und Leistungsklage: 75

1. den Bescheid der Beklagten vom … (ggf.: in der Gestalt des Widerspruchsbescheides vom …) aufzuheben (bzw. zu ändern),

2. die Beklagte zu verurteilen, dem Kläger ab … (Angabe der Leistungsart – z.B. Rente wegen Erwerbsminderung, Altersruhegeld, Arbeitslosengeld etc.) zu gewähren.

Begehrt der Kläger eine Leistung, die vom zuständigen Verwaltungsträger bereits bestandskräftig verwehrt worden ist, und lehnt dieser die **Rücknahme des**   76 **bestandskräftigen Bescheides** gemäß § 44 SGB X ab, so kann auch hiergegen mit der kombinierten Anfechtungs- und Leistungsklage vorgegangen werden. Die auf § 44 SGB X gestützte Klage zielt nämlich nicht nur auf die Aufhebung des ursprünglichen bestandskräftigen Bescheides und die Verpflichtung des Leistungsträgers zur Neubescheidung ab. Der Kläger kann vielmehr auch in diesen Fällen unmittelbar auf Leistung klagen, wenn es sich um eine Leistung handelt, auf die ein Rechtsanspruch besteht. Aus der Zuständigkeitsregelung für das Verwaltungs-verfahren in § 44 Abs. 3 SGB X kann nicht der Schluss gezogen werden, dass nur die den Ursprungsbescheid erlassende Verwaltungsbehörde und nicht das Gericht berechtigt sei, den bestandskräftigen Bescheid aufzuheben *(so Niesel, Rn. 100 unter Hinweis auf KassKomm-Steinwedel § 44 SGB X Rn. 16).* Käme nur eine Verpflichtung des Leistungsträgers zur Neubescheidung in Betracht, so könnte dieser auch nicht zur Leistung verurteilt werden. Die von Niesel (Rn. 100) vorgeschlagene Verpflichtung des Leistungsträgers zur Aufhebung des Ursprungsbescheides bei gleichzeitiger Verurteilung zur Gewährung der in diesem Bescheid versagten Leistung ist systemwidrig. Die Anfechtungsklage richtet sich deshalb nicht nur auf die Aufhebung des nach § 44 SGB X ergangenen, sondern auch des ursprünglichen Bescheides (ggf. in der Gestalt des Widerspruchsbescheides *so auch BSGE 97, 54, 56).* Der Klageantrag lautet:

1. den Bescheid der Beklagten vom ... in der Gestalt des Widerspruchsbescheides vom ... (Daten des nach § 44 SGB X erlassenen, eine Rücknahme ablehnenden Bescheides und des Widerspruchsbescheides) sowie den Bescheid vom ... in der Gestalt des Widerspruchsbescheides vom ... (Daten des ursprünglichen, bestandskräftigen Bescheides und des Widerspruchsbescheides) aufzuheben bzw. zu ändern,

2. die Beklagte zu verurteilen, dem Kläger ab ... (Angabe der Leistungsart) zu gewähren.

77   Ein **Antrag auf Verzinsung** der für einen zurückliegenden Zeitraum zu gewährenden Leistungen muss nicht gestellt werden, da der Verwaltungsträger bei einer Verurteilung zur Leistung die Verzinsung nach der Regelung in § 44 SGB I von Amts wegen zu ermitteln hat. In der Praxis ist es daher unüblich, einen Antrag auf Verurteilung zur Zinszahlung zu stellen. Falls ein Verzinsungsantrag gestellt wird („... die Rentenleistungen vom ... an mit 4 v.H. zu verzinsen"), ist Folgendes zu beachten: Die Verzinsung beginnt nach Ablauf eines Kalendermonats nach dem Eintritt der Fälligkeit der Geldleistung (z.B. bei Fälligkeit am Monatsersten wie im Regelfall der gesetzlichen Rentenversicherung – § 99 SGB VI – am Monatsletzten; zum Leistungsbeginn = Fälligkeit vgl. im Einzelnen oben Rn. 74); frühestens jedoch nach Ablauf von 6 Monaten nach Eingang des vollständigen Leistungsantrags. Ist ein Leistungsantrag nicht erforderlich (bei Feststellung von Amts wegen), beginnt die Verzinsung frühestens nach Ablauf eines Kalendermonats nach der Bekanntgabe der Entscheidung über die Leistung (§ 44 Abs. 2 SGB I).

Zum **Beginn der Verzinsung** von Ansprüchen auf Geldleistungen in der gesetzlichen Unfallversicherung vgl. *BSG SozR 1200 § 44 Nr. 7;* bei Stellung des Rentenantrags bei einer unzuständigen Stelle vgl. *BSG SozR 3-1200 § 44 Nr. 1;* bei Geldleistungen aus dem sozialen Entschädigungsrecht vgl. *BSG SozR 3-1200 § 44 Nr. 3.* Zur Verzinsung privatrechtlicher Forderungen, die im sozialgerichtlichen Verfahren geltend gemacht werden vgl. *BSG SozR 3-2500 § 124 Nr. 3, S. 31.*

Kombinierte Anfechtungs- und Leistungsklage
Schriftsatzmuster

Rechtsanwalt L.
Sozialgericht Hannover

Klage

des Schweißers Karl-Heinz K.,   Kläger,

Proz.-Bev.: Rechtsanwalt L.

g e g e n

die LVA Oldenburg-Bremen,
vertreten durch die Geschäftsführung,   Beklagte.

Namens und in Vollmacht des Klägers erhebe ich Klage und beantrage,

1. den Bescheid der Beklagten vom … in der Gestalt des Widerspruchsbescheides
   vom … aufzuheben,

2. die Beklagte zu verurteilen, dem Kläger seit dem 1. 2. 2001 Rente wegen voller
   Erwerbsminderung, hilfsweise[1]) wegen teilweiser Erwerbsminderung bei Berufsunfähigkeit zu gewähren.

Begründung:
Der am 7. 5. 1943 geborene Kläger hat im Januar 2001 die Gewährung von Rente
wegen Erwerbsminderung beantragt, nachdem er bereits seit dem 17. 8. 1999
wegen eines schwerwiegenden Bandscheibenschadens, der unter anderem die
Operation eines Bandscheibenvorfalls zwischen dem 4. und 5. Lendenwirbelkörper
notwendig machte, arbeitsunfähig war. Die Beklagte hat den Rentenantrag, gestützt
auf ein Gutachten der Medizinaldirektorin Dr. A., mit dem angefochtenen Bescheid
abgelehnt, weil der Kläger noch fähig sei, körperlich leichte Tätigkeiten im Wechsel
von Stehen, Sitzen und Gehen vollschichtig zu verrichten, sofern die Tätigkeiten nicht
mit häufigem Bücken, Tragen von Lasten mit einem Gewicht von mehr als 5 kg und
der Notwendigkeit, Leitern oder Gerüste zu besteigen, verbunden sei. Diese von
Dr. A. abgegebene Beurteilung des körperlichen Leistungsvermögens des Klägers ist
unrichtig. Denn der Kläger ist seit der Rentenantragstellung wegen seines Gesund-
heitszustandes nicht mehr in der Lage, unter den üblichen Bedingungen des allgemeinen Arbeitsmarktes mindestens drei Stunden täglich erwerbstätig zu sein
(§ 43 Abs. 2 SGB VI); zumindest aber kommt die Verrichtung einer Erwerbstätigkeit
von mindestens sechs Stunden täglich (§ 43 Abs. 1 SGB VI) nicht mehr in Betracht.
Dies folgt vor allem aus der Tatsache, dass der Bandscheibenschaden zu erheblichen neurologischen Ausfallerscheinungen geführt hat, die im Gefolge der durchgeführten Operation an Intensität noch zugenommen haben. Aus dem beigefügten
Bericht des behandelnden Orthopäden Dr. v. W. ergibt sich, dass der Kläger eine
regelmäßige Erwerbstätigkeit nicht mehr ausüben kann. Es wird beantragt[2]), hierüber
von Amts wegen (§§ 103, 106 Abs. 3 Nr. 5 SGG) von einem Arzt für Orthopädie,
Neurologie oder Neurochirurgie ein Sachverständigengutachten einzuholen. Für den

Fall, dass die Kammer die Einholung eines Sachverständigengutachtens nicht für erforderlich hält, wird um eine entsprechende Mitteilung gebeten, damit die Möglichkeit eines Antrags nach § 109 SGG geprüft werden kann.

Selbst wenn der Kläger grundsätzlich noch mehr als drei Stunden täglich tätig sein könnte, ist hier zu erwägen, ob die auch von Dr. A. festgestellten Gesundheitsstörungen nicht eine sog. atypische Leistungseinschränkung i.S. der Rechtsprechung des BSG darstellen (vgl. SozR 2200 § 1247 Nr. 43; § 1246 Nr. 90 und 109), die die Verrichtung von Tätigkeiten unter den üblichen Bedingungen des allgemeinen Arbeitsmarktes nicht zulassen.[3])

Der Kläger ist jedoch in jedem Fall berufsunfähig[4]) i.S. von § 240 Abs. 2 SGB VI und hat deshalb Anspruch auf Rente wegen teilweiser Erwerbsminderung. Unter Berücksichtigung seines Alters ist die Regelung auf den Kläger anwendbar. Bei ihm ist der Beruf des Schweißers als „bisheriger Beruf" zugrunde zu legen[5]). Zwar hat der Kläger diesen Beruf bereits im Jahre 1986 aufgegeben. Doch erfolgte diese Berufsaufgabe und die anschließende Ausübung der Tätigkeit eines Pförtners ausschließlich aus gesundheitlichen Gründen (zum Nachweis hierfür wird ein Attest des langjährigen Hausarztes des Klägers, Dr. B., vom 12. 9. 1999 beigefügt). Der Kläger hat sich daher vom Beruf des Schweißers entgegen der Auffassung der Beklagten nicht gelöst. Hierbei handelt es sich um eine Tätigkeit, die bei Anwendung des Mehrstufenschemas des BSG in die Gruppe mit dem Leitberuf des Facharbeiters einzuordnen ist. Dies ergibt sich schon aus der Eingruppierung der vom Kläger ausgeübten Tätigkeit. Die entsprechende Tarifgruppe erfasste ausschließlich Ausbildungsberufe mit einer Ausbildungszeit von mehr als 2 Jahren. Sofern an der Qualität der Tätigkeit des Klägers Zweifel bestehen, wird der Arbeitgeber hierzu Auskünfte erteilen. Falls sich auch hierdurch eine Klärung nicht erreichen lässt, wird die Einholung eines berufskundlichen Sachverständigengutachtens erforderlich werden.

Ausgehend von der Tätigkeit des Schweißers sind keine Verweisungsberufe zu erkennen, auf die der Kläger noch sozial zumutbar verwiesen werden könnte. Damit liegen die Voraussetzungen der Rente wegen verminderter Erwerbsfähigkeit bei Berufsunfähigkeit in jedem Fall vor.

gez. Rechtsanwalt L.

Anmerkungen:

1) Der Antrag auf Rente wegen voller Erwerbsminderung umfasst grundsätzlich auch einen Antrag auf Rente wegen teilweiser Erwerbsminderung, über den der Versicherungsträger bzw. das Sozialgericht auch dann entscheiden muss, wenn ein entsprechender Hilfsantrag nicht gestellt worden ist.

2) Im erstinstanzlichen Verfahren vor dem SG genügt eine entsprechende Beweisanregung. Im Berufungsverfahren muss dagegen ein förmlicher Beweisantrag gestellt werden, um gegebenenfalls die Zulassung der Revision gem. § 160 Abs. 2 Nr. 3a durch das BSG nach Nichtzulassungsbeschwerde erreichen zu können.

3) Diese Rechtsprechung behält ihre Bedeutung auch für die neu geregelte Erwerbsminderungsrente.

4) Zur Bedeutung und Ermittlung des „bisherigen Berufs" sowie zur Problematik der Verweisbarkeit auf andere Tätigkeiten bei der Prüfung von Berufsunfähigkeit vgl. oben Kap. III Rn. 135 ff.
5) Schweißertätigkeiten können nicht einheitlich einer bestimmten Qualifikationsstufe zugeordnet werden. Eine Zuordnung zur Gruppe mit dem Leitberuf des Facharbeiters setzt eine Regelausbildungszeit von drei Jahren voraus, vgl. hierzu *BSG SozR 3-2200 § 1246 Nr. 27.*

8 Feststellungsklage

8.1 Gegenstand der Feststellungsklage   79

Wie im zivil- und verwaltungsgerichtlichen Verfahren ist die Feststellungsklage auch im sozialgerichtlichen Verfahren (§ 55 Abs. 1 Nr. 1) auf die Feststellung des Bestehens oder Nichtbestehens eines Rechtsverhältnisses gerichtet. Es ist jedoch nicht erforderlich, dass das gesamte Rechtsverhältnis streitbefangen ist; vielmehr genügt, dass die Feststellung einzelner Rechte und Pflichten begehrt wird, die auf dem Rechtsverhältnis beruhen.

Beispiele:

Feststellung der Beitragspflicht (*BSGE 12, 44*); Feststellung der Familienhilfe- 80 berechtigung (*BSGE 11, 198; BSGE 54, 173, 174*); Feststellung der Geheimhaltungspflicht (*BSGE 47, 118 = SozR 1200 § 35 Nr. 1*); Feststellung der Höhe einer Anwartschaft (im Rahmen des Versorgungsausgleichs – § 53c FGG); Feststellung des zuständigen Leistungsträgers – etwa Grundsicherungs- statt Sozialhilfeträger (selbst wenn die Leistungsansprüche durch Leistung des unzuständigen Trägers erfüllt sind – vgl. *BSGE 99, 88, 89 = SozR 4-4200 § 7 Nr. 7 Rn. 12*). Feststellung einer Handlungs- bzw. Mitwirkungspflicht (etwa bei der Ermittlung der Hilfebedürftigkeit i.R. des SGB II – BSG 19. 02. 2009, B 4 AS 10/08 R).

Unzulässig ist dagegen die Feststellung einzelner abstrakter Rechtsfragen, auch 81 wenn es sich um Elemente eines Rechtsverhältnisses handelt, es sei denn, die begehrte Feststellung führt zu einer umfassenden Klärung des zwischen den Beteiligten bestehenden Streits (*BSGE 31, 235, 240; BSG SozR 3-2500 § 124 Nr. 9*). Die Abgrenzung ist im Einzelfall schwierig. Der Gesetzgeber hat jedoch durch die Einfügung des § 130 Abs. 2 (Möglichkeit des Zwischenurteils) im 6. SGG-ÄndG zugleich deutlich gemacht, dass er die vorweggenommene Klärung solcher Elemente des Rechtsstreits, um die sich die Beteiligten im Kern streiten, für sinnvoll hält. In der Praxis wird die Regelung allerdings – trotz der weiten Fassung des § 130 Abs. 2 – nicht genutzt. Ursächlich hierfür könnte die Tatsache sein, dass das Zwischenurteil nicht selbstständig anfechtbar ist (*ML § 130 Rn. 11; Hk-SGG/Bolay § 130 Rn. 15*). Sinnvoll einsetzbar ist das Instrument daher nur, wenn nach gerichtlicher Klärung des umstrittenen Elements mit einer Beendigung des Rechtsstreits gerechnet werden kann (*Jansen/Humpert § 130 Rn. 16*).

82 **Beispiele für unzulässige Elementenfeststellung im Endurteil:**

Isolierte Feststellung der MdE nach Arbeitsunfall oder Schädigung i.S. des BVG (*BSGE 7, 126, 129*); Feststellung des Eintritts von Erwerbs- oder Berufsunfähigkeit; Feststellung einer bestimmten Leistungsgruppe nach den Anlagen zum FRG (*BSGE 40, 284, 285*); Feststellung von Pflegebedürftigkeit i.S. der §§ 14, 15 SGB XI (*BSGE 73, 146, 147 = SozR 3-2500 § 53 Nr. 4*); Feststellung eines bestimmten Geburtstages im Rentenversicherungskonto (*BSG SozR 3-2600 § 149 Nr. 3*); Feststellung der Notwendigkeit eines Umzugs, unabhängig von der Existenz einer konkreten neuen Wohnung (*LSG Baden-Württemberg 16. 6. 2009, L 13 AS 3036/07*). Feststellung der Verfassungswidrigkeit einer Norm der Alhi-VO (*BSG 9. 12. 2004, B 7 AI 22/04 R Rn. 11*), übertragbar auf Alg II – VO. S. in diesem Zusammenhang auch die Ausführungen zur Subsidiarität der Feststellungsklage unter Rn. 97.

83 Die **Zulässigkeit der Feststellungsklage** hängt in Zweifelsfällen vor allem davon ab, ob dem verfassungsrechtlichen Gebot, effektiven Rechtsschutz zu gewähren (Art. 19 Abs. 4 GG), auf andere Weise sachgerechter entsprochen werden kann. Steht eine andere effektive und zumutbare Rechtsschutzmöglichkeit gar nicht zur Verfügung, so kommt der Feststellungsklage eine gewisse Auffangfunktion zu. Dies ist etwa der Fall, wenn die Behörde untätig bleibt und einen für die Rechtssicherheit des Betroffenen erforderlichen feststellenden Verwaltungsakt nicht erlässt, insbesondere wenn bis zum gerichtlichen Verfahren noch unklar ist, in welcher Form (Verwaltungsakt/Vertrag) die Verwaltung zu handeln hat. Die Verweisung auf die Untätigkeitsklage dürfte den Anforderungen von Art. 19 Abs. 4 GG in diesen Fällen häufig nicht gerecht werden *(vgl. zum Ganzen: BSG SozR 3-2500 § 124 Nr. 1)*. Je nach der zugrunde liegenden Fallgestaltung kann dieses Ziel jedoch auch dadurch erreicht werden, dass das Gericht auf Untätigkeitsklage hin in der Sache entscheidet *(vgl. BSG SozR 3-8560 § 26 Nr. 2)*. Wird dem Betroffenen von einem seiner Auffassung nach unzuständigen Leistungsträger eine Sozialleistung bewilligt (z.B. Hilfe zum Lebensunterhalt durch den Sozialhilfeträger) und besteht gegenüber dem vermeintlich zuständigen Träger (etwa dem Träger der Grundsicherung für Arbeitsuchende) kein weiter gehender Anspruch, so kann die Zuständigkeitsfrage u.U. durch kombinierte Anfechtungs- und Feststellungsklage geklärt werden.

84 Eine Auffangfunktion kann der Feststellungsklage – in seltenen Ausnahmefällen – in Ermangelung der im sozialgerichtlichen Verfahren (mit Ausnahme des nur begrenzten Geltungsbereichs des neuen § 55a, vgl. unten Rn. 103) nicht vorgesehenen abstrakten Normenkontrolle auch dann zukommen, wenn andernfalls effektiver Rechtsschutz nur über eine Verfassungsbeschwerde zu erreichen wäre. Dies kommt etwa in Betracht, wenn um Rechtsschutz gegen Normsetzungsvereinbarungen (etwa im Leistungserbringerrecht der gesetzlichen Krankenversicherung) nachgesucht wird, durch die Rechtspositionen des Betroffenen unmittelbar berührt werden, ohne dass es eines Umsetzungsaktes durch die Verwaltung bedarf und die vom BVerfG geforderten Voraussetzungen für eine unmittelbar gegen eine untergesetzliche Rechtsnorm gerichtete Verfassungsbeschwerde vorliegen. Die Subsidiarität der Verfassungsbeschwerde gebietet nach Auffassung des

BSG *(BSGE 72, 15, 17 = SozR 3-2500 § 88 Nr. 2)* in diesen Fällen eine ausdehnende Auslegung der Voraussetzungen der Feststellungsklage.

8.2 Spezielle Regelungen der Feststellungsklage

In § 55 Abs. 1 Nr. 2 bis 4 und Abs. 2 sind spezielle Fälle der Feststellungsklage   85
geregelt, die jedoch überwiegend keine eigenständige Bedeutung haben, da sich die Zulässigkeit einer Feststellungsklage jeweils schon aus der grundsätzlichen Regelung in Abs. 1 Nr. 1 ergibt. Lediglich § 55 Abs. 1 Nr. 3 erklärt einen speziellen Fall der Elementenfeststellungsklage (vgl. Bley, § 55 Anm. 4b) für zulässig: Die Feststellung, ob eine Gesundheitsstörung oder der Tod die Folge eines Arbeitsunfalls, einer Berufskrankheit oder einer Schädigung i.S. des BVG ist.

Die **Feststellung der Kausalität** hat im sozialgerichtlichen Verfahren erhebliche   86
che praktische Bedeutung, weil hierdurch die Rechtsposition des Unfallverletzten bzw. des Geschädigten gegenüber dem Leistungsträger auch dann maßgebend geprägt wird, wenn aktuell noch keine Leistungsansprüche bestehen *(vgl. BSG SozR 3-1500 § 55 Nr. 18).*

Die Feststellungsklage nach Nr. 3 ist nicht allein auf die haftungsausfüllende   87
Kausalität begrenzt. Mit ihr kann vielmehr der gesamte Kausalzusammenhang zwischen versicherter Tätigkeit (bzw. militärischem Dienst) und der aktuell bestehenden Gesundheitsstörung geltend gemacht werden; auch wenn gerade die Frage des Versicherungsschutzes im Zeitpunkt des Unfalls streitig ist.

Beispiele: 88

1. Der Ehemann der Klägerin ist beim Einweisen eines Kfz auf eine Montagebühne tödlich verletzt worden. Diese Tätigkeit erfolgte jedoch nicht im Interesse des Beschäftigungsbetriebes, sondern allein zugunsten des Halters des Kfz. Streitig ist, ob es sich um eine nicht versicherte Gefälligkeit oder um einen Fall des § 2 Abs. 2 SGB VII (Tätigwerden „wie" ein abhängig Beschäftigter i.S. des § 2 Abs. 1 SGB VII) handelt – *BSG, Urteil vom 27. 3. 1990, 2 RU 32/89.* Der Klageantrag lautet insoweit: festzustellen, dass der Tod des Ehemannes der Klägerin Folge des Arbeitsunfalls am … ist.

2. Während eines Tischtennisspiels, das im Verlauf eines Lehrgangs mit internatsmäßiger Unterbringung an einem Abend stattfindet, erleidet der Kläger einen Knöchelbruch. Streitig ist, ob die sportliche Betätigung vom Versicherungsschutz umfasst wird – *BSG, Urteil vom 3. 4. 1990, 8 RKnU 3/88.* Der Klageantrag lautet insoweit: festzustellen, dass die Gesundheitsstörung „dislozierter Bruch des rechten Außenknöchels" Folge des Arbeitsunfalls am … ist.

Umstritten war lange, ob auch ein allein auf die Feststellung der haftungsbe-   89
gründenden Kausalität gerichteter Klageantrag (festzustellen, dass es sich bei dem Unfall des Klägers am … um einen Arbeitsunfall handelt) zulässig ist *(ablehnend: BSGE 13, 178, 180; Bley, § 55 Anm. 4c; Dapprich, S. 117f.; befürwortend: Brackmann, S. 240m IV und ML, § 55 Rn. 13, die die Feststellungsklage nach Nr. 3 allerdings auch nicht für einen Fall der nur ausnahmsweise zulässigen Elementen-*

feststellung, sondern für einen Unterfall der grundsätzlichen Regelung in Nr. 1 halten). Das BSG hat sich im Urteil vom 11. 5. 1995 (2 RU 8/94) für die Zulässigkeit eines derartigen Feststellungsantrags ausgesprochen.

90 Feststellungsklagen nach Nr. 3 sind in jedem Fall nur zulässig, wenn es um den Ursachenzusammenhang geht. Auf Tatsachenfeststellungen ist die Regelung dagegen nicht anwendbar.

Beispiel:

Feststellung, ob eine Krankheit vorliegt (*BSG, Urteil vom 24. 1. 1990, 2 RU 20/ 89*).

91 Nicht unter Nr. 3 fallen auch **Feststellungen nach § 69 SGB IX** (Feststellung des Vorliegens einer Behinderung und des Grades der Behinderung).

§ 69 Abs. 1 SGB IX bestimmt, dass auf Antrag des Behinderten die für die Durchführung des BVG zuständigen Behörden (das sind die Versorgungsämter) das Vorliegen einer Behinderung und den Grad der Behinderung (GdB) feststellen. Hierbei handelt es sich um eine Statusfeststellung *(BSGE 52, 168, 170 = SozR 3870 § 3 Nr. 13)*, die Grundlage für die Ausstellung eines Schwerbehindertenausweises, die Feststellung des GdB und ggf. von gesundheitlichen Merkmalen als Voraussetzung eines Nachteilsausgleichs ist (§ 69 Abs. 4 SGB IX) – vgl. hierzu Kap. III Rn. 153.

92 Feststellungen nach § 69 SGB IX sind durch Verpflichtungsklage (verbunden mit einer gegen den erlassenen Bescheid gerichteten Anfechtungsklage) geltend zu machen. Das BSG hat in *SozR 3-1300 § 44 Nr. 3* deutlich gemacht, dass es sich um eine Statusfeststellung handelt, die durch feststellenden Verwaltungsakt der Versorgungsbehörde ausgesprochen wird. Eine gerichtliche Feststellung kommt auch wegen des abschließenden Charakters der speziellen Regelung in § 55 Abs. 1 Nr. 3 nicht in Betracht.

93 Der Klageantrag in Streitigkeiten nach § 69 SGB IX lautet demnach:

1. den Bescheid des Versorgungsamtes H. vom … in der Gestalt des Widerspruchsbescheides des Landesversorgungsamtes N. vom … zu ändern (bzw. – selten, wenn im angefochtenen Bescheid überhaupt keine den Kläger begünstigende Feststellung getroffen worden ist – aufzuheben),
2. den Beklagten zu verurteilen, eine „Einschränkung der Beugefähigkeit des rechten Knies" als weitere Behinderung festzustellen, den GdB auf 80 v.H. festzusetzen und das Vorliegen der gesundheitlichen Voraussetzungen des Nachteilsausgleichs „G" festzustellen.

94 Die in § 55 Abs. 1 Nr. 2 (Feststellung des zuständigen Versicherungsträgers) und Abs. 2 (Feststellung, in welchem Umfang Beiträge zu berechnen oder anzurechnen sind) speziell geregelten Fälle der Feststellungsklage haben dagegen gegenüber Abs. 1 Nr. 1 keine selbstständige Bedeutung. § 55 Abs. 1 Nr. 4 eröffnet die Möglichkeit, die Nichtigkeit eines Verwaltungsaktes feststellen zu lassen. Wie im verwaltungsgerichtlichen Verfahren ist die Nichtigkeitsfeststellung nicht sub-

sidiär. Sie kann grundsätzlich neben Gestaltungs- und Leistungsklagen geltend gemacht werden; zur Fristfreiheit vgl. § 89. Die Nichtigkeit eines Verwaltungsaktes ist nur in schwerwiegenden Fällen anzunehmen, wenn die Fehlerhaftigkeit des Verwaltungsaktes evident ist, weil dieser an einem besonders schweren und offenkundigen Mangel leidet.

Mit der vorbeugenden Feststellungsklage kann in Ausnahmefällen bereits vor   **95** Erlass eines Verwaltungsaktes vorbeugend Rechtsschutz in Anspruch genommen werden. Wichtigste Voraussetzung ist, dass für den Kläger im konkreten Fall die Inanspruchnahme nachträglichen Rechtsschutzes unzumutbar ist. Dies ist etwa der Fall, wenn dem Kläger durch den Erlass des Verwaltungsaktes ein Schaden droht, der durch die nachfolgende Erhebung einer Anfechtungsklage nicht wieder gut zu machen ist *(vgl. BSGE 69, 255, 256 = SozR 3-1300 § 48 Nr. 13)*.

8.3 Feststellungsinteresse   **96**

Die Feststellungsklage setzt voraus, dass der Kläger an der begehrten Feststellung ein berechtigtes Interesse hat. Hierbei genügt – im Gegensatz zum ZPO-Verfahren – ein wirtschaftliches Interesse *(BSGE 31, 235, 241)*. Ein Feststellungsinteresse besteht jedoch dann nicht, wenn das Gericht lediglich über abstrakte Rechtsfragen entscheiden soll *(BSG, Urteil vom 5. 7. 1995, 1 RR 6/93)*. Auch die auf Feststellung der Kausalität gerichtete Klage (§ 55 Abs. 1 Nr. 3) setzt ein besonderes Feststellungsinteresse voraus. Es genügt nicht, dass der Kläger geltend macht, der Arbeitsunfall habe zu einer bestimmten Gesundheitsstörung geführt, wenn die Möglichkeit besteht, dass die Gesundheitsstörung folgenlos ausheilt und weder zurzeit des Rechtsstreits noch in der Zukunft Leistungsansprüche auslösen kann. Erforderlich ist vielmehr, dass Spätfolgen auftreten können oder zumindest nicht auszuschließen sind *(BSG SozR 2200 § 548 Nr. 53)*.

8.4 Subsidiarität der Feststellungsklage   **97**

Die Subsidiarität der Feststellungsklage ist im SGG nicht – wie etwa in § 43 Abs. 2 VwGO für das verwaltungsgerichtliche Verfahren – besonders festgelegt. Dennoch ist allgemein anerkannt, dass die Feststellungsklage auch im sozialgerichtlichen Verfahren grundsätzlich subsidiär ist *(BSGE 43, 150; 57, 184; 58, 153)*. Sie scheidet vor allem dann aus, wenn ihr Einsatz dazu führen würde, die für Anfechtungs- und Verpflichtungsklage geltenden besonderen Zulässigkeitsvoraussetzungen zu umgehen (z.B. Vorverfahren und Klagefristen). Sie ist auch dann ausgeschlossen, wenn über den Gegenstand der erstrebten Feststellung ein Verwaltungsakt ergehen muss. Ein vermeintlicher Arbeitnehmer kann deshalb nicht auf Feststellung der Versicherungspflicht in der gesetzlichen Rentenversicherung gegen seinen vermeintlichen Arbeitgeber klagen; über die Versicherungspflicht hat die Krankenkasse als Einzugsstelle durch Verwaltungsakt zu entscheiden *(BSG SozR 3-2400 § 28h Nr. 6)*. Liegt eine derartige Konstellation nicht vor und spricht auch die Prozessökonomie (vor allem: Gefahr weiterer Rechtsstreitigkeiten) nicht gegen die Zulässigkeit der Feststellungsklage, so wird bei Rechtsstreitigkeiten gegen Hoheitsträger überwiegend keine Subsidiarität gegenüber der Gestaltungs- und

Leistungsklage angenommen (so z.B. *BSGE 10, 24; 12, 46; 36, 71, 115; Bley, § 55 Anm. 6c; a. M.: P/S/W § 55 Anm. 8; Kopp/Schenke, VwGO § 43 Rn. 28)*. Diese Auffassung geht von der Überlegung aus, dass juristische Personen des öffentlichen Rechts wegen ihrer Bindung an Gesetz und Recht eine für den Kläger positive Feststellung auch ohne Vollstreckungsdruck umsetzen; zumal der Vollstreckungsmöglichkeit im sozialgerichtlichen Verfahren wegen der zumeist praktizierten Grundurteile (§ 130) keine große Bedeutung zukommt. Die Feststellungsklage ist erst recht dann nicht subsidiär, wenn das Begehren des Klägers auf derzeit noch nicht spezifizierbare zukünftige Leistungen (etwa zur Förderung der beruflichen Rehabilitation) gerichtet ist *(BSG SozR 34100 § 58 Nr. 6)*. Generell kommt Nachrangigkeit dann nicht in Betracht, wenn das Feststellungsinteresse weiter geht als der mit der Leistungsklage zu erreichende Rechtsschutz.

Beispiel:

Die Klägerin kann mit der gegen die Krankenkasse gerichteten Leistungsklage die Bezahlung der von ihr unter Einsatz einer freien Mitarbeiterin erbrachten Heilmittel geltend machen; sie will jedoch umfassend festgestellt wissen, dass sie berechtigt ist, die von freien Mitarbeitern erbrachten Leistungen abzurechnen (*BSG SozR 3-2500 § 124 Nr. 1*).

98 Neben einer Anfechtungs- oder Leistungsklage ist eine Feststellungsklage nur dann zulässig, wenn dem **Feststellungsbegehren** eine **eigenständige Bedeutung** zukommt (häufig in Fällen des § 55 Abs. 1 Nr. 3). Wird dagegen etwa ein Beitragsbescheid wegen materieller Rechtswidrigkeit mit der Anfechtungsklage angefochten, so fehlt für eine außerdem erhobene Klage auf Feststellung, dass die Beitragsforderung nicht besteht, das Feststellungsinteresse *(BSGE 46, 81 = SozR 5420 § 3 Nr. 7)*. Eigenständige Bedeutung hat ein Feststellungsbegehren zumeist bei Handlungs- bzw. Mitwirkungspflichten, die ein Leistungsträger zur Prüfung von Anspruchsvoraussetzungen von einem Antragsteller fordert; dies gilt vor allem dann, wenn die angestrebte Klärung der Mitwirkungspflicht für nach folgende Leistungszeiträume Bedeutung hat (BSG 19. 02. 2009, B 4 AS 10/08 R).

99 Die Feststellungsklage setzt – zumindest im Verhältnis Bürger/Hoheitsträger – grundsätzlich ein **vorangegangenes Verwaltungsverfahren** voraus *(BSG SozR 1500 § 55 Nr. 27)*, das im Regelfall durch Verwaltungsakt abgeschlossen wird. Eine Ausnahme von diesem Grundsatz kommt dann in Betracht, wenn die erstrebte Feststellung auch durch feststellenden Verwaltungsakt getroffen werden könnte und die angegangene Behörde untätig geblieben ist, dem Betroffenen aber die Durchführung einer Untätigkeitsklage nicht zuzumuten ist *(BSG SozR 3-2500 § 124 Nr. 1)*. Da im Regelfall neben der begehrten Feststellung die Aufhebung des ergangenen Bescheides erforderlich ist, kommt die Feststellungsklage in der sozialgerichtlichen Praxis zumeist als kombinierte Anfechtungs- und Feststellungsklage vor. Macht der Kläger neben einem Leistungsbegehren eine Feststellung geltend, der – wie im Falle des § 55 Abs. 1 Nr. 3 – selbstständige Bedeutung zukommt, so handelt es sich um eine kombinierte Anfechtungs-, Leistungs- und Feststellungsklage.

8.5 Kombinierte Anfechtungs- und Feststellungsklage
Schriftsatzmuster

Rechtsanwalt L.

Sozialgericht Hannover

Klage

der Trauerrednerin A. B.,   Kläger,
Proz.-Bev.: Rechtsanwalt L.

g e g e n

die Unfallkasse des Bundes, Künstlersozialkasse
vertreten durch den Geschäftsführer,   Beklagte,

Namens und in Vollmacht des Klägers erhebe ich Klage und beantrage,

1. den Bescheid der Beklagten vom … aufzuheben,

2. festzustellen, dass die Klägerin als selbstständige Künstlerin nach § 1 Nr. 1 Künstlersozialversicherungsgesetz (KSVG) in der gesetzlichen Renten- und Krankenversicherung sowie in der sozialen Pflegeversicherung versichert ist.

Begründung:

Die Klägerin begehrt die Feststellung ihrer Versicherungspflicht nach dem KSVG in der gesetzlichen Renten-, Kranken- und Pflegeversicherung als selbstständige Trauerrednerin. Die 1956 geborene Klägerin besitzt einen Studienabschluss für das Lehramt an Gymnasien mit den Fachrichtungen Französisch und Sport. Zwischen 1983 und Mitte 2004 war sie überwiegend als Sängerin und Schauspielerin an verschiedenen deutschen Theatern engagiert. Im Anschluss hieran nahm sie eine selbstständige Tätigkeit als Trauerrednerin auf; ergänzend gab sie Gesangsunterricht und verfasste Trauergedichte. Im März 2005 beantragte die Klägerin bei der Beklagten, ihre Versicherungspflicht als selbstständige Künstlerin nach dem KSVG festzustellen.

Ihrem Antrag fügte sie u.a. das Titelverzeichnis einer von ihr aufgenommenen Compact Disc „Lieder zur Trauerfeier" und Beispiele von ihr verfasster Trauergedichte sowie Danksagungen von bisherigen Auftraggebern bei. Auf Nachfrage der Beklagten gab die Klägerin ergänzend an, sie plane monatlich zehn Trauerreden (à 180 €) und zwei Bestattungen mit Gesang (zuzüglich je 100 €) und damit einen Jahresumsatz von ca. 24.000 € ein. Dieses Einkommen verteilt sich zu 70% auf ihre Arbeit als Trauerrednerin, zu 20% auf Gesang/CD und zu 10% auf die Tätigkeit als Schriftstellerin/Dichterin. Die Beklagte lehnte den Antrag der Klägerin mit Bescheid vom 9. 7. 2005 ab. Eine berufsmäßige Tätigkeit als Sängerin oder Dichterin sei nicht nachgewiesen. Schwerpunktmäßig trete die Klägerin als Trauerrednerin auf; dies stelle jedoch keine künstlerische Leistung i.S. des KSVG dar. Als Publizistin könne sie nicht anerkannt werden, weil es hierfür am erforderlichen Öffentlichkeitsbezug fehle. Den hiergegen gerichteten Widerspruch wies die Beklagte mit Widerspruchsbescheid vom 13. 4. 2000 zurück. Die Rechtsauffassung der Beklagten hält einer Überprüfung nicht stand.

Nach § 2 Nr. 1 KSVG ist Künstler i.S. dieses Gesetzes, wer Musik, darstellende oder bildende Kunst schafft, ausübt oder lehrt; Publizist ist, wer als Schriftsteller, Journalist oder in anderer Weise publizistisch tätig ist oder Publizistik lehrt. Die Klägerin erfüllt diese Voraussetzungen. Selbst wenn die von ihr ausgeübte Tätigkeit nicht als künstlerische anzusehen wäre, weil sie den Gattungsanforderungen eines bestimmten Kunsttyps nicht zugeordnet werden kann und die künstlerischen Elemente das Gesamtbild ihrer Beschäftigung nicht prägen (vgl. zu diesem Kriterium insbes. BSGE 82, 107, 111 = SozR 3-5425 § 25 Nr. 12), so ist die Klägerin in jedem Fall „in anderer Weise publizistisch tätig" und erfüllt damit die Voraussetzungen von § 2 Satz 2 KSVG („Publizist ... ist, wer ... in anderer Weise publizistisch tätig ist"). Die Klägerin ist nicht nur vorübergehend selbstständig erwerbstätig und hat im Jahr der Antragstellung sowie in den Folgejahren ein Arbeitseinkommen aus dieser Betätigung erzielt, welches über der Geringfügigkeitsgrenze des § 3 Abs. 1 Satz 1 KSVG liegt. Zudem war sie nicht aus den in §§ 4, 5 und 6 KSVG erfassten Gründen von einzelnen Zweigen der Versicherung frei oder befreit. Aus allem folgt, dass die ablehnenden Bescheide der Beklagten auf einer unzutreffenden Auslegung der maßgebenden Vorschriften des KSVG beruhen. Sie sind daher aufzuheben. Das Gericht hat zudem die beantragte Feststellung der Versicherungspflicht zu treffen.

gez. Rechtsanwalt L.

Anmerkung:

Der Sachverhalt ist dem *Urteil des BSG vom 23. 3. 2006 (B 3 KR 9/05 R = SozR 4-5425 § 2 Nr. 7)* entnommen. Die isolierte Feststellungsklage ist grundsätzlich an keine Frist gebunden (§ 89 regelt insoweit nur einen Teilbereich). Ist der Feststellungsklage aber, wie im Beispielfall, ein Verwaltungsakt vorausgegangen, der den Gegenstand der Feststellungsklage betrifft, so gilt die Klagefrist des § 87 SGG.

101 ## 8.6 Kombinierte Anfechtungs-, Leistungs- und Feststellungsklage
Schriftsatzmuster

Rechtsanwalt L.
Sozialgericht Hannover
Klage

des Schiffbauers H. O.,   Kläger,
Proz.-Bev.: Rechtsanwalt L.

g e g e n
die Nordwestliche Eisen- und Stahl-BG,
vertreten durch den Geschäftsführer,   Beklagte.

Namens und in Vollmacht des Klägers erhebe ich Klage und beantrage,

1. den Bescheid der Beklagten vom ... zu ändern,

2. festzustellen, dass die Gesundheitsstörung „Ohrrauschen" zusätzlich Folge der Berufskrankheit nach Nr. 2301 der Anlage 1 zur BKVO[1] ist,

3. die Beklagte zu verurteilen, dem Kläger seit ... Verletztenrente in Höhe von 20 v.H. der Vollrente zu gewähren.

Begründung:

Die Beklagte hat mit dem angefochtenen Bescheid festgestellt, dass die beim Kläger bestehende Innenohrschwerhörigkeit Folge beruflichbedingter[2]) Lärmeinwirkungen ist. Die Beklagte geht jedoch davon aus, dass beim Kläger nur eine geringgradige Lärmschwerhörigkeit besteht, die noch keinen Renten berechtigenden Grad der MdE bedingt. Hierbei beruft sie sich auf das Gutachten des Dr. K. vom …, wonach das Hörvermögen des Klägers rechts nur um 20 % und links um 30 % gemindert ist. Hieraus ergebe sich nach dem sog. Königsteiner Merkblatt (Merkblatt für die Begutachtung der beruflichen Lärmschwerhörigkeit vgl. *Feldmann, Das Gutachten des Hals-Nasen-Ohrenarztes, 2. Aufl., 1984, S. 144ff.*) nur eine MdE von 15 v.H. Dr. K. hat jedoch zu Unrecht das beim Kläger festgestellte äußerst unangenehme Ohrrauschen nicht als Folge der BK angesehen. Dass diese Auffassung nicht zutrifft, ergibt sich aus der beigefügten Stellungnahme des den Kläger seit Langem behandelnden Ohrenarztes Dr. X., der der gegenteiligen Auffassung von Dr. K. unter Hinweis auf einschlägige wissenschaftliche Erkenntnisse entgegentritt. Das Ohrrauschen ist mit einer MdE von 5 bis 10 v.H. zu bewerten. Dies ergibt sich gleichfalls aus der Stellungnahme des Dr. X., der insoweit auf das maßgebende Werk von *Feldmann (Das Gutachten des Hals-Nasen-Ohrenarztes, 2. Aufl., 1984, S. 187)* verweist. Nach allem ist die Gesundheitsstörung „Ohrrauschen" als Folge der Berufskrankheit nach Nr. 2301 der Anlage 1 zur BKVO zusätzlich festzustellen und dem Kläger Verletztenrente in Höhe von 20 v.H. der Vollrente zu gewähren.

gez. Rechtsanwalt L.

Anmerkungen:

1) Zu den Berufskrankheiten vgl. Elster, Berufskrankheitenrecht (Loseblatt) sowie Schönberger/Mehrtens/Valentin, s. Kap. III Rn. 48.

2) Die Verursachung einer Gesundheitsstörung durch beruflich bedingte Einwirkungen reicht allein für die Annahme einer Berufskrankheit nicht aus. Hinzukommen muss vielmehr, dass es sich um eine Krankheit handelt, die in die Berufskrankheiten-Verordnung (BKVO) aufgenommen worden ist (§ 9 Abs. 1 SGB VII) oder unter den Voraussetzungen des § 9 Abs. 2 SGB VII (ausnahmsweise) wie eine Berufskrankheit zu entschädigen ist. Die zurzeit geltende Liste der Berufskrankheiten beruht auf der 2. VO zur Änderung der BKVO vom 18. 12. 1992 (BGBl. I S. 2343), die seit dem 1. 1. 1993 in Kraft ist (vgl. hierzu Hamacher, BG 1988, 360).

9 Fortsetzungsfeststellungsklage 102

Erledigt sich ein angefochtener Verwaltungsakt während des Rechtsstreits in der Weise, dass von ihm keine Rechtswirkungen mehr ausgehen, so kann der Kläger (ohne Kostennachteile!) die Klage zurücknehmen oder die Hauptsache für erledigt erklären (gemäß § 202 i.V.m. § 91a Abs. 1 Satz 1 ZPO). Nur in den (seltenen) Fällen, in denen er ein berechtigtes Interesse an der Feststellung hat, dass der angefochtene Verwaltungsakt rechtswidrig gewesen ist, kann er die Anfechtungsklage als Feststellungsklage fortsetzen (§ 131 Abs. 1 Satz 3). Die nach ihrem Wortlaut nur für die Anfechtungsklage geltende Regelung ist von der Rspr. auch auf die Verpflichtungsklage *(BSGE 42, 212, 216; BSG SozR 4100 § 19 Nr. 5)* und die Untätigkeitsklage *(BSGE 73, 244 = SozR 3-1500 § 88 Nr. 1)* angewandt worden, wenn der begehrte Verwaltungsakt während des Gerichtsverfahrens erlassen wird. Der Übergang zur Fortsetzungsfeststellungsklage ist auch noch während des Revisionsverfahrens zulässig, wenn die Erledigung erst nach Abschluss der Tatsacheninstanzen eingetreten ist (BSGE 73, 244 m.w.N.). Hierin liegt keine im Revisionsverfahren unzulässige Klageänderung. Auch im Rahmen der Fortsetzungsfeststellungsklage liegt das erforderliche besondere Rechtsschutzinteresse nur dann vor, wenn ein rechtliches Interesse geltend gemacht wird. Es ist anzunehmen, wenn Wiederholungsgefahr besteht oder abzusehen ist, dass ein ähnliches Rechtsverhältnis zwischen den Beteiligten in Zukunft wieder entstehen wird. Wiederholungsgefahr kann jedoch nicht angenommen werden, wenn ungewiss bleibt, ob in Zukunft noch einmal die gleichen tatsächlichen Verhältnisse eintreten wie im Zeitpunkt des Erlasses des erledigten Verwaltungsaktes *(BSG SozR 3-1500 § 55 Nr. 12; SozR 4-4200 § 22 Nr. 4)*. Dagegen besteht ein berechtigtes Interesse in jedem Fall dann, wenn die Behörde den erledigten Verwaltungsakt zwischenzeitlich bereits durch einen neuen ersetzt hat, der eine entsprechende Regelung trifft *(BSG SozR 4100 § 91 Nr. 5)*. Das Feststellungsinteresse kann auch mit der Absicht begründet werden, einen Amtshaftungsprozess führen zu wollen, soweit ein solches Vorhaben nicht offensichtlich aussichtslos ist *(BSGE 8, 178, 183; BSGE 79, 33, 34 = SozR 3-2500 § 126 Nr. 2)*. Die beabsichtigte Feststellung muss jedoch für den Amtshaftungsprozess wesentlich sein und die Rechtsposition des Klägers in diesem Verfahren verbessern.

103 10 Sozialgerichtliche Normenkontrolle

Die mit § 55a neu eingeführte abstrakte Normenkontrolle dient dem Zweck, durch eine allgemein verbindliche Entscheidung eine Vielzahl von Einzelprozessen zu vermeiden und zur Rechtsklarheit beizutragen *(vgl. Schoch u.a. VwGO § 47 Rn. 3)*. Sie lässt die inzidente Normenkontrolle im konkreten Verfahren jedoch weitgehend unberührt. Zu einer allgemeinen **Verbindlichkeit** führt sie nur dann, wenn die zu überprüfende Norm für **ungültig erklärt** wird (§ 55a Abs. 5 Satz 2, der insoweit mit § 47 Abs. 2 Satz 2 VwGO übereinstimmt). Eine die Norm bestätigende Entscheidung wirkt dagegen nur inter partes und schließt Normenkontrollanträge anderer Antragsteller nicht aus. Bei Anhängigkeit eines Antragsverfahrens nach § 55a kann ein Rechtsstreit, dessen Entscheidung von der Gültigkeit der zu überprüfenden Satzung nach § 22a SGB II abhängt, bis zur Entscheidung des Antragsverfahrens ausgesetzt werden (§ 114 Abs. 2 n.F.). Für Anträge nach § 55a sind die **Landessozialgerichte erstinstanzlich** zuständig (§ 29 Abs. 2 Nr. 4).

104   Der Wortlaut des § 55a lehnt sich eng an denjenigen des § 47 VwGO an; der **Geltungsbereich** ist allerdings auf untergesetzliche Normen nach § 22a SGB II beschränkt, in denen die Angemessenheit der Kosten der Unterkunft als Bestandteil der Grundsicherungsleistungen für Arbeitsuchende festgesetzt werden können. Dies erfolgt grundsätzlich durch kommunale Satzung; in den Stadtstaaten Berlin, Bremen und Hamburg durch „andere im Rang unter einem Landesgesetz stehende Rechtsvorschrift" (§ 55a Abs. 1). Reines Verwaltungsbinnenrecht, das sich ausschließlich an Organe der Verwaltung richtet und vor allem dem einheitlichen Verwaltungsvollzug dient, kann nicht Gegenstand einer Normenkontrolle sein. Die ausdrückliche Begrenzung der sozialgerichtlichen Normenkontrolle auf untergesetzliche Normen nach § 22a SGB II schließt zudem Normenkontrollverfahren in anderen sozialrechtlichen Bereichen aus, in denen untergesetzlichen Normen ebenfalls verbindliche Wirkung beigemessen wird; wie dies etwa im Leistungserbringerrecht der Kranken- und Pflegeversicherung der Fall ist. Soweit im allgemeinen Verwaltungsprozessrecht Ausnahmen vom Ausschluss des Verwaltungsbinnenrechts von der abstrakten Normenkontrolle befürwortet werden, fehlt es in § 55a an den hierfür maßgebenden Voraussetzungen (vgl. hierzu *Ehlers/Schoch, Rechtsschutz im öffentlichen Recht, § 27 Rn. 17*).

Antragsberechtigt ist jede natürliche Person, die geltend machen kann, durch die Anwendung der Rechtsvorschrift in ihren Rechten verletzt zu sein oder in absehbarer Zeit verletzt zu werden. Anders als bei § 47 VwGO können Behörden keine Normenkontrollanträge stellen. Dafür sind die Beiladungsvorschriften entsprechend anzuwenden; der obersten Landesbehörde ist zudem Gelegenheit zur Äußerung zu geben. Der Kreis der Antragsberechtigten ist entsprechend den aus § 47 VwGO übernommenen Vorgaben sehr weit gezogen. Vergleichbar der Klagebefugnis muss der Antragsteller eine Verletzung in eigenen Rechten geltend machen; es genügt aber auch, dass eine in absehbarer Zeit drohende Rechtsverletzung geltend gemacht wird. Letzteres lässt in Verfahren nach § 55a auch Anträge von Personen zu, die lediglich geltend machen, bei einem in der Zukunft möglichen Bezug von Grundsicherungsleistungen von einer kommunalen Satzung nach § 22a SGB II betroffen zu sein. Soweit es zur Abwehr schwerer Nachteile oder aus anderen wichtigen Gründen dringend geboten ist, kann das LSG auf Antrag auch eine einstweilige Anordnung erlassen (§ 55a Abs. 6).

105

V. Kapitel

Der Vorläufige Rechtsschutz

Schrifttum $\quad$ *1*

Bernsdorff, Vorläufiger Rechtsschutz im Sozialgerichtsprozess, SGb 2001, 465

Bernsdorff, in: Hennig, Sozialgerichtsgesetz (Loseblatt), §§ 86a und 86b

Krodel, in: Rolfs/Giesen/Kreikebohm/Udsching, Sozialrecht, 1. Aufl., 2007, §§ 86a und 86b SGG

Krodel, in Beck-Online-Kommentar Sozialrecht, §§ 86a und 86b SGG

Krodel, Das sozialgerichtliche Eilverfahren, 3. Aufl., 2011;

zu Eilverfahren in Angelegenheiten der Grundsicherung und Sozialhilfe vgl. die speziellen Schrifttumshinweise in Rn. 34c

Husmann, Der ungeregelte vorläufige Rechtsschutz in sozialgerichtlichen Anfechtungssachen, SGb 1987, 442 (zum früheren Rechtszustand)

1 Bedeutung des vorläufigen Rechtsschutzes $\quad$ *2*

Mit der Gewährleistung effektiven Rechtsschutzes in Art. 19 Abs. 4 GG sichert das Grundgesetz auch zeitnahen Rechtsschutz zu; der Rechtsschutz muss innerhalb angemessener Zeit wirksam werden; zu den verfassungsrechtlichen Vorgaben für den vorläufigen Rechtsschutz: vgl. BVerfGE 93, 1, 14 = NJW 1995, 277 sowie speziell im Hinblick auf Leistungen zur Existenzsicherung: BVerfG Beschluss vom 12. 5. 2005, 1 BvR 569/05, NVwZ 2005, 927. Eine dem Klagebegehren stattgebende gerichtliche Entscheidung ist wertlos, wenn zwischenzeitlich bereits vollendete Tatsachen geschaffen wurden oder die zugesprochene Leistung nicht mehr ihrem Zweck entsprechend verwendet werden kann. Auf der anderen Seite können jedoch auch dadurch irreparable Schäden entstehen, dass der Vollzug einer Verwaltungsentscheidung bis zum rechtskräftigen Abschluss eines Gerichtsverfahrens verhindert oder die Verwaltung zu vorläufigen Maßnahmen veranlasst wird, die sich später nicht ohne Weiteres rückgängig machen lassen. Erschwert wird die Entscheidung häufig dadurch, dass die vorläufige Maßnahme auch in die Rechtssphäre eines Dritten eingreift, dessen Interesse an einem Vollzug oder einem Aufschub mit abzuwägen ist. Insoweit kann nicht allein maßgebend sein, welche Maßnahme für den Antragsteller am effektivsten ist, sondern der Rechtsschutz muss im Interesse aller Beteiligten ausgewogen sein *(vgl. Pietzner/Ronellenfitsch, § 51 III)*. Dies verbietet auch die Annahme eines Regel-Ausnahme-Verhältnisses zu Gunsten des Suspensiveffektes *(vgl. hierzu insbesondere Schoch/Schmidt-Aßmann/Pietzner, § 80 VwGO Rn. 15ff.)*. Hieran ändert auch die Entscheidung des Gesetzgebers nichts, den Grundsatz der aufschiebenden Wirkung eines Rechtsbehelfs auch auf das sozialgerichtliche Verfahren zu erstrecken *(vgl. Krodel, NZS 2001, 449, 457)*.

3 **2 Arten des vorläufigen Rechtsschutzes**

Der vorläufige Rechtsschutz gegenüber Maßnahmen der öffentlichen Verwaltung ist unterschiedlich ausgestaltet, je nachdem, ob der Vollzug einer durch Verwaltungsakt angeordneten belastenden Maßnahme verhindert (Anfechtungssachen) oder ob die Verwaltung zu einer Maßnahme veranlasst werden soll (Vornahmesachen). In Anfechtungssachen geht es um die vorläufige Beibehaltung des status quo durch die aufschiebende Wirkung des Rechtsbehelfs oder die Aussetzung der Vollziehung des Verwaltungsaktes, in Vornahmesachen kann nur durch einstweilige Anordnung des Gerichts eine vorläufige Regelung getroffen werden.

3 Rechtsentwicklung

4 Der vorläufige Rechtsschutz im sozialgerichtlichen Verfahren war im SGG bis 2001 nur lückenhaft geregelt. Während die VwGO in § 80 schon seit jeher vom Grundsatz der aufschiebenden Wirkung von Widerspruch und Anfechtungsklage ausging, kannte das SGG eine aufschiebende Wirkung von Widerspruch (§ 86 Abs. 2 a.F.) und Klage (§ 97 Abs. 1 a.F.) in Anfechtungssachen nur in bestimmten, im Gesetz aufgeführten Fällen. Die sofortige Vollziehung war die Regel, die aufschiebende Wirkung die Ausnahme. Die enumerative Regelung des vorläufigen Rechtsschutzes bei belastenden Maßnahmen ließ einige typische Fallgruppen (z.B. Heranziehung zu Beiträgen, Aufhebung der Arbeitserlaubnis) völlig unberücksichtigt. Das BVerfG hatte bereits 1977 *(BVerfGE 46, 166 = NJW 1978, 693)* festgestellt, dass ein gänzlicher Ausschluss des vorläufigen Rechtsschutzes mit dem verfassungsrechtlichen Gebot, effektiven Rechtsschutz zu gewährleisten (Art. 19 Abs. 4 GG), nicht zu vereinbaren sei. Die im SGG enumerativ aufgeführten Fälle des vorläufigen Rechtsschutzes in Anfechtungssachen konnten von daher keinen abschließenden Charakter haben. Aus der Entscheidung des BVerfG ergab sich für die Sozialgerichte die Verpflichtung, umfassend dafür Sorge zu tragen, dass auch bei sozialgerichtlichen Streitigkeiten durch vorläufigen Rechtsschutz der Eintritt vollendeter Tatsachen verhindert wird, deren Auswirkungen bei einer abschließenden gerichtlichen Entscheidung nicht mehr rückgängig gemacht werden können. Das BVerfG hielt es jedoch nicht für zwingend geboten, in allen im SGG nicht speziell geregelten Fällen den vorläufigen Rechtsschutz durch Rückgriff auf die entsprechenden Vorschriften der VwGO sicherzustellen *(BVerfG NZA 1988, 412)*. In Anfechtungssachen konnte danach statt der analogen Anwendung des § 80 VwGO auch § 123 VwGO entsprechend angewendet werden, obgleich dies für den Betroffenen im Regelfall mit erhöhten Beweisanforderungen verbunden war.

5 Dies hatte eine unterschiedliche Praxis der Sozialgerichte bei der Schließung der Regelungslücken des vorläufigen Rechtsschutzes in Anfechtungssachen zur Folge. Teilweise wurde § 80 Abs. 5 VwGO ohne weitere Voraussetzungen in allen im SGG nicht geregelten Fällen herangezogen, wenn dessen tatbestandliche Voraussetzungen vorlagen (z.B. ernstliche Zweifel an der Rechtmäßigkeit des angegriffenen Verwaltungsaktes oder unbillige Härte für den Betroffenen). Dies wurde von anderer Seite als unzulässiger Vorgriff auf eine vom Gesetzgeber noch zu treffende Entscheidung angesehen; eine analoge Anwendung von § 80 Abs. 5 VwGO komme nur dann in Betracht, wenn dies nach Art. 19 Abs. 4 GG verfassungsrechtlich geboten sei; vor allem wenn ohne die Gewährung vorläufigen Rechtsschutzes unzumutbare, durch die Entscheidung in der Hauptsache nicht mehr rückgängig zu machende Nachteile eintreten könnten *(so bis zur 3. Auflage, IV Rn. 111 m.w.N.).* Einzelne Sozialgerichte stellten – als der vom BVerfG akzeptieren Minimallösung – auch in Anfechtungssachen auf § 123 VwGO ab.

4 Kodifizierung des vorläufigen Rechtsschutzes im 6. SGG-ÄndG 6

Mit den zum 1. 1. 2001 in Kraft getretenen §§ 86a und 86b hat der Gesetzgeber den vorläufigen Rechtsschutz im sozialgerichtlichen Verfahren nach dem Vorbild der VwGO neu geregelt. § 86a enthält den selbst bewirkten (d.h. ohne weitere behördliche oder gerichtliche Entscheidung eintretenden) und den vorläufigen Rechtsschutz durch Entscheidungen der Verwaltung. In § 86b finden sich die Regelungen zum vorläufigen Rechtsschutz durch gerichtliche Entscheidung. § 86a und § 86b Abs. 1 beschäftigten sich mit dem vorläufigen Rechtsschutz in Anfechtungssachen; § 86b Abs. 2 regelt den – zuvor im SGG nicht geregelten – vorläufigen Rechtsschutz in Vornahmesachen.

4.1 Allgemeine Grundsätze des vorläufigen Rechtsschutzes

Widerspruch und Anfechtungsklage entfalten grundsätzlich kraft Gesetzes auf- 7
schiebende Wirkung (§ 86a Abs. 1 Satz 1). Die aufschiebende Wirkung erstreckt sich auf alle Verwaltungsakte, auch auf solche mit rechtsgestaltender und feststellender Wirkung sowie auf Verwaltungsakte mit Drittwirkung (§ 86a Abs. 1 Satz 2). Die aufschiebende Wirkung tritt allerdings bei bestimmten Fallgestaltungen von vornherein nicht ein. § 86a Abs. 2 enthält – wie § 80 Abs. 2 VwGO – einen Katalog von Ausnahmen, der jedoch auf spezielle Interessenlagen sozialgerichtlicher Streitigkeiten abstellt. Der Katalog wird (auf der Grundlage des § 86a Abs. 2 Nr. 4) für drei bedeutende Gebiete des Sozialrechts durch Vorschriften in den einschlägigen materiellrechtlichen Gesetzen ergänzt: für den Bereich des Arbeitsförderungs- und Arbeitslosenversicherungsrechts durch § 336a SGB III, hieraus abgeleitet für das Recht der Grundsicherung für Arbeitsuchende durch § 39 SGB II, für das Vertragsarztrecht durch die §§ 85 Abs. 4, 89 Abs. 1 und 1a, 96 Abs. 4, 97 Abs. 4 sowie 106 Abs. 5 Satz 7 und Abs. 5a Satz 4 SGB V. In Bezug auf die Durchführung des Risikostrukturausgleichs enthält § 266 Abs. 6 SGB V eine Ausnahme vom Grundsatz der aufschiebenden Wirkung.

Ist die aufschiebende Wirkung kraft Gesetzes (§ 86a Abs. 2) ausgeschlossen, so 8
kann entweder die Verwaltung vorläufigen Rechtsschutz gewähren (§ 86a Abs. 3 Satz 1), indem sie die sofortige Vollziehung aussetzt oder aber das Gericht ordnet auf Antrag die **Aussetzung der Vollziehung** an (§ 86b Abs. 1 Satz 1 Nr. 2). Verwaltung (§ 86a Abs. 2 Nr. 5) oder Gericht (§ 86b Abs. 1 Satz 1 Nr. 1) können andererseits auch in den Fällen, in denen Widerspruch oder Klage aufschiebende Wirkung haben, die sofortige Vollziehung des Verwaltungsaktes anordnen, wenn diese im öffentlichen Interesse oder im überwiegenden Interesse eines Beteiligten

ist. Hat die Verwaltung den **Sofortvollzug** angeordnet, so kann das Gericht auf Antrag die **aufschiebende Wirkung** wieder herstellen (§ 86b Abs. 1 Satz 1 Nr. 2). Hat die Verwaltung den Sofortvollzug von sich aus ausgesetzt (§ 86a Abs. 3 Satz 1), so kann ihn das Gericht auf Antrag wiederherstellen (§ 86b Abs. 1 Satz 1 Nr. 3). Sowohl die Verwaltung (§ 86a Abs. 3 Satz 4 und 5) als auch das Gericht (§ 86b Abs. 1 Satz 3 und 4) kann die Aussetzungsentscheidung mit Auflagen oder Befristungen versehen und jederzeit abändern.

9   Auch der vorläufige Rechtsschutz bei **Verwaltungsakten mit Drittwirkung** ist entsprechend der Rechtslage im verwaltungsgerichtlichen Verfahren (dort § 80a VwGO) geregelt. Legt ein Dritter einen Rechtsbehelf gegen den an einen anderen gerichteten, diesen begünstigenden Verwaltungsakt ein und hat der Rechtsbehelf aufschiebende Wirkung, so kann das Sozialgericht auf Antrag des Begünstigten die sofortige Vollziehung anordnen. Hat der Rechtsbehelf des Dritten keine aufschiebende Wirkung, so kann dieser nach § 86b Abs. 1 Satz 1 Nr. 2 das Gericht veranlassen, die aufschiebende Wirkung (wieder) herzustellen.

10   Der nach § 86a Abs. 1 Satz 1 eintretende **Suspensiveffekt** bewirkt einerseits eine Hemmung der Bestandskraft des Verwaltungsaktes und erzeugt darüber hinaus einen rechtlichen Schwebezustand. Die konkreten rechtlichen Wirkungen des Suspensiveffektes sind umstritten. Die Wirksamkeitstheorie sieht die aufschiebende Wirkung als umfassende Hemmung der Wirksamkeit des angefochtenen Verwaltungsaktes an; für die Vollziehbarkeitstheorie bleibt die aufschiebende Wirkung ohne Einfluss auf die Wirksamkeit des Verwaltungsaktes, sie hemmt nur dessen Vollziehung i.S. einer umfassenden Verwirklichungs- und Ausnutzungshemmung (zu den unterschiedlichen Nuancen dieser Theorien vgl. *Pietzner/ Ronellenfitsch, § 53 I*).

11   In Vornahmesachen ist nunmehr auch im sozialgerichtlichen Verfahren die **einstweilige Anordnung** als Maßnahme des vorläufigen Rechtsschutzes ausdrücklich geregelt. Mit § 86b Abs. 2 hat das SGG die zuvor schon vorherrschende Auffassung übernommen, dass die in § 123 VwGO geregelte Systematik auch im sozialgerichtlichen Verfahren anzuwenden ist (vgl. *Bernsdorff, SGb 2001, 465, 471*). Gerade in Vornahmesachen muss für die Inanspruchnahme von vorläufigem Rechtsschutz ein **Rechtsschutzbedürfnis** glaubhaft gemacht werden (s.u. Rn. 46).

12 **4.2 Vorläufiger Rechtsschutz unabhängig von Erfolgsaussichten in der Hauptsache**

Nach § 86a Abs. 1 Satz 1 tritt die aufschiebende Wirkung von Widerspruch und Anfechtungsklage quasi automatisch ein. Der Wortlaut lässt jedenfalls nicht erkennen, dass als Vorbedingung ein Erfolg des Rechtsbehelfs wahrscheinlich oder zumindest möglich sein muss. Selbst die Zulässigkeit des Rechtsbehelfs wird nicht ausdrücklich vorausgesetzt. In dieser Rigorosität wird die Regelung in der verwaltungsgerichtlichen Praxis allerdings nicht angewendet. Zumindest bei evidenter Unzulässigkeit des Rechtsbehelfs, etwa wenn das Rechtsmittel erst nach Fristablauf eingelegt wurde und eine Wiedereinsetzung offensichtlich nicht in Betracht kommt oder die Klagebefugnis offensichtlich fehlt, kommt der Eintritt des Suspensiveffektes nicht in Betracht (*Schoch/Schmidt-Aßmann/Pietzner, § 80 VwGO Rn. 63 ff.*). Noch weiter geht die Rechtsprechung beim Verwaltungsakt mit Drittwirkung: der Widerspruch eines durch den angefochtenen Verwaltungsakt nicht in eigenen Rechten betroffenen Dritten hat keine aufschiebende Wirkung (*BVerwG DVBl 1993, 256*). Im Übrigen spielen Zulässigkeit und Erfolgsaussichten des Rechtsbehelfs nur bei der Prüfung der Vollzugsanordnung durch die Verwaltung (§ 86a Abs. 3) oder der Entscheidung des Gerichts über die Wiederherstellung oder die Anordnung der aufschiebenden Wirkung (§ 86b Abs. 1 Satz 1) eine Rolle.

5 Ausschluss der aufschiebenden Wirkung kraft Gesetzes

In § 86a Abs. 2 hat der Gesetzgeber die meisten Tatbestände, bei denen schon nach früherem Recht eine aufschiebende Wirkung ausgeschlossen war, als Ausnahmen von der kraft Gesetzes eintretenden aufschiebenden Wirkung geregelt. Im Gegensatz zum früheren Rechtszustand kann jedoch nunmehr die Verwaltung in allen Fällen von sich aus den Sofortvollzug ganz oder teilweise aussetzen oder das Sozialgericht kann eine entsprechende Entscheidung auf Antrag des Betroffenen treffen. *13*

5.1 Entscheidung über Versicherungspflichten, Anforderung von Beiträgen

Bei der Anforderung von öffentlichen Abgaben und Kosten entfällt auch im verwaltungsgerichtlichen Verfahren (§ 80 Abs. 2 Nr. 1 VwGO) die aufschiebende Wirkung. § 86a Abs. 2 Nr. 1 überträgt den Vorrang der Finanzierungssicherheit auf die besonderen Bedürfnisse des Sozialrechts. Danach entfällt die aufschiebende Wirkung bei Entscheidungen über Versicherungs-, Beitrags- und Umlagepflichten sowie bei der Anforderung von Beiträgen, Umlagen und sonstigen öffentlichen Abgaben einschließlich der darauf entfallenden Nebenkosten; wobei unter „Anforderung" nicht nur Geldanforderungen zu verstehen sind, sondern alle Verwaltungsakte, die zur Realisierung des behördlichen Anspruchs auf öffentliche Abgaben etc. ergehen; etwa auch die Aufhebung einer Beitragsstundung: Die Regelung soll die Funktionsfähigkeit der Leistungsträger sicherstellen und verhindern, dass diese durch den Suspensiveffekt von Rechtsbehelfen mangels Finanzierungssicherheit gehindert werden, die ihnen gesetzlich zugewiesenen Aufgaben zu erfüllen. Rechtsbehelfe gegen die in Nr. 1 aufgeführten Entscheidungen der Leistungsträger hatten auch nach früherem Recht keine aufschiebende Wirkung. *14*

Als Kompensation für den gesetzlich angeordneten Ausschluss der aufschiebenden Wirkung ist die Regelung in § 86a Abs. 3 gedacht: die den Verwaltungsakt erlassende oder die Widerspruchsbehörde können die sofortige Vollziehung ganz oder teilweise aussetzen; in Abs. 3 Satz 2 findet sich speziell für die in Abs. 2 Nr. 1 geregelte Fallgruppe ein **eigenständiger Maßstab für die Aussetzungsanordnung**: die Aussetzung der Vollziehung soll erfolgen, wenn ernstliche Zweifel an der Rechtmäßigkeit des angegriffenen Verwaltungsaktes bestehen oder wenn die Vollziehung für den Abgaben- oder Kostenpflichtigen eine unbillige, nicht *15* durch überwiegende öffentliche Interessen gebotene Härte zur Folge hätte; die Regelung entspricht derjenigen in § 80 Abs. 4 Satz 3 VwGO (zur verwaltungsgerichtlichen Rechtsprechung vgl. insoweit *Kopp/Schenke, § 80 Rn. 115ff.*). Liegt eine der genannten Voraussetzungen vor, so ist die Vollziehung im Regelfall auszusetzen. Bei den anderen Tatbeständen des § 86a Abs. 2 fehlt eine Festlegung der Verwaltung auf einen entsprechenden Maßstab.

16 – **Ernstliche Zweifel an der Rechtmäßigkeit** des Verwaltungsaktes bestehen, wenn der Erfolg des Rechtsbehelfs nach der im vorläufigen Verfahren gebotenen summarischen Überprüfung überwiegend wahrscheinlich ist (vgl. hierzu die Rechtsprechungsnachweise bei *Pietzner/Ronellenfitsch § 56 III 1 Fn. 15*). Eine in der verwaltungsgerichtlichen Rechtsprechung und im Schrifttum weniger verbreitete Auffassung ließ es ausreichen, dass der Erfolg des Rechtsbehelfs in der Hauptsache mindestens ebenso wahrscheinlich ist wie der Misserfolg (*Schoch u.a., § 80 Rn. 194ff.*). Ernstliche Zweifel an der Rechtmäßigkeit des Verwaltungsaktes können u.U. auch aus der möglichen Verfassungswidrigkeit der Ermächtigungsnorm hergeleitet werden.

17 – **Unbillige Härte** für den Abgabe- oder Kostenpflichtigen. Der alternative Maßstab für die Aussetzung durch die Verwaltung stellt nicht auf die Erfolgsaussichten in der Hauptsache ab. Es kommt allein auf die wirtschaftlichen Auswirkungen beim Abgabenschuldner an. Eine unbillige Härte liegt – nach der Rechtsprechung des BFH *(BFHE 87, 600; 92, 314, 319)* – vor, wenn durch die sofortige Beitreibung der Abgabe ein über den Entzug des Geldes hinausgehender wirtschaftlicher Schaden droht, der durch eine spätere Erstattung nicht oder nur schwer wieder gutzumachen ist, ohne dass dem ein überwiegendes öffentliches Interesse gegenübersteht.

5.2 Entziehung oder Herabsetzung laufender Leistungen

18 In Bezug auf Verwaltungsakte, durch die in Angelegenheiten der Bundesagentur für Arbeit und des sozialen Entschädigungsrechts (BVG und die auf das BVG verweisenden Entschädigungsgesetze wie OEG, BSeuchenG, strafrechtliches und verwaltungsrechtliches Rehabilitierungsgesetz, Soldatenversorgungs- und Zivildienstgesetz) laufende Leistungen entzogen oder herabgesetzt werden, haben weder Widerspruch noch Anfechtungsklage aufschiebende Wirkung (§ 86a Abs. 2 Nr. 2); in Angelegenheiten der Sozialversicherung entfällt die aufschiebende Wirkung in diesen Fällen dagegen nur bei der Anfechtungsklage (§ 86a Abs. 2 Nr. 3). Während der Überprüfung im Widerspruchsverfahren wird der Entziehungs- oder Aufhebungsbescheid in der Sozialversicherung somit nicht vollzogen. Auch dies entspricht dem früheren Rechtszustand (§ 86 Abs. 2 a.F.).

19 Bei der Herabsetzung laufender Leistungen vollziehen Sozialversicherungsträger den Bescheid, mit dem sie überzahlte Leistungen aus der Vergangenheit zurückfordern, häufig durch Aufrechnung. Das BSG sieht in der unter den Voraussetzungen der §§ 51, 54 SGB I vollzogenen Aufrechnung einen Verwaltungsakt (s. hierzu eingehend *Wehrhahn, SGb 2007, 468*), was zur Anwendbarkeit des vor-

läufigen Rechtsschutzes in Anfechtungssachen führt. Zur Rechtsprechung des BSG vgl. insbesondere *BSGE 67, 143,146 = SozR 3-1200 § 52 Nr. l. BVerwG (BVerwGE 66, 218, 220; DÖV 1986, 146)* und BFH *(BFHE 149, 482, 484)* sehen in der Aufrechnung, auch wenn sie von einem Hoheitsträger erklärt wird, dagegen keinen Verwaltungsakt, sondern die rechtsgeschäftliche Ausübung eines schuldrechtlichen Gestaltungsrechts. Für den Rechtsschutz spielt diese Auffassung dann keine Rolle, wenn die Aufrechnung zumindest der Form nach als Verwaltungsakt vollzogen wurde, weil auch bei sogenannten Form-Verwaltungsakten der für Anfechtungssachen maßgebende Rechtsschutz greift. Da Rechtsbehelfe bei der Herabsetzung oder Entziehung laufender Leistungen im Hinblick auf die Systematik der §§ 45ff., insbesondere 50 SGB X bereits gegen den Aufhebungsbescheid zu richten sind, bewirkt nur in Angelegenheiten der Sozialversicherung der Widerspruch aufschiebende Wirkung, die Klage dagegen nicht (§ 86a Abs. 2 Nr. 3). Eine drohende Aufrechnung wegen einer Rückforderung nach vermeintlich überzahlten Leistungen sollte daher entweder mit einem Antrag auf Aussetzung der Vollziehung oder auf Erlass einer einstweiligen Anordnung bekämpft werden.

5.3 Ausschluss durch Bundesgesetz

Auch der in § 86a Abs. 2 Nr. 4 geregelte Ausschluss der aufschiebenden Wirkung in den durch Bundesgesetz vorgeschriebenen Fällen wurde aus der VwGO übernommen (§ 80 Abs. 2 Satz 1 Nr. 3); doch gibt es hierfür auch Vorläufer im sozialgerichtlichen Verfahren *20*

– § 149 SGB III a.F.: Ausschluss der aufschiebenden Wirkung bei Rechtsbehelfen gegen Entscheidungen auf Erstattung des Alg durch Arbeitgeber – jetzt § 336a Satz 1 Nr. 1 SGB III,
– § 330 Abs. 5 SGB III a.F.: Ausschluss der aufschiebenden Wirkung bei Rechtsbehelfen gegen Verwaltungsakte, die die Erstattung einer Leistung betreffen, bei Anordnung der sofortigen Vollziehung durch das Arbeitsamt,
– § 106 Abs. 5a Satz 4 SGB V: Ausschluss der aufschiebenden Wirkung von Klagen gegen Entscheidungen des Beschwerdeausschusses in der vertragsärztlichen Wirtschaftlichkeitsprüfung.

Die Regelung in § 86a Abs. 2 Nr. 4 hat weitgehend deklaratorische Bedeutung, *21* denn der Bundesgesetzgeber ist an das SGG nicht gebunden; er kann durch spätere Gesetze jederzeit vom SGG abweichen *(Bernsdorff, SGb 2001, 470)*. Mit dem 6. SGG-ÄndG wurden die folgenden Ausschlussvorschriften in Bundesgesetzen verabschiedet:

– § 336a SGB III: Ausschluss der aufschiebenden Wirkung von Widerspruch und Klage bei bestimmten Entscheidungen der Arbeitsverwaltung (z.B. Erstattung von Alg durch Arbeitgeber, Aufhebung oder Änderung von Arbeitserlaubnissen oder -berechtigungen, Angelegenheiten der privaten Ausbildungs- und Arbeitsvermittlung, Aufforderung zur persönlichen Meldung beim Arbeitsamt),

- § 85 Abs. 4 letzter Satz SGB V: Ausschluss der aufschiebenden Wirkung von Widerspruch und Klage gegen die vertragsärztliche Honorarfestsetzung sowie ihre Änderung oder Aufhebung,
- § 89 Abs. 1 und 1 a SGB V: Die Klage gegen die Festsetzung des Inhalts neuer Verträge in der vertragsärztlichen Versorgung durch das Schiedsamt hat keine aufschiebende Wirkung,
- § 106 Abs. 5 Satz 7 SGB V: Im Rahmen der Wirtschaftlichkeitsprüfung in der vertragsärztlichen Versorgung hat die Klage gegen eine vom Beschwerdeausschuss festgesetzte Honorarkürzung keine aufschiebende Wirkung,
- § 266 Abs. 6 SGB V: Klagen gegen Zahlungsbescheide im Risikostrukturausgleich einschließlich der hierauf entfallenden Nebenkosten haben keine aufschiebende Wirkung.

21a In der **Grundsicherung für Arbeitsuchende** ordnet § 39 SGB II, der zum 1. 1. 2009 (BGBl. 2008 I S. 2917) grundlegend geändert wurde, die sofortige Vollziehbarkeit an: Weder Widerspruch noch Anfechtungsklage gegen einen Verwaltungsakt,

- der Leistungen der Grundsicherung für Arbeitsuchende aufhebt, zurücknimmt, widerruft oder herabsetzt oder Leistungen zur Eingliederung in Arbeit oder Pflichten des erwerbsfähigen Hilfebedürftigen bei der Eingliederung in Arbeit regelt,
- der den Übergang eines Anspruchs bewirkt,
- mit dem zur Beantragung einer vorrangigen Leistung oder
- mit dem zur persönlichen Meldung bei der Agentur für Arbeit aufgefordert wird (§ 59 SGB II i. V. m. § 309 SGB III)

haben aufschiebende Wirkung. Damit hat die Neuregelung die aufschiebende Wirkung im Bereich der Grundsicherung zwar insgesamt noch weiter eingeschränkt, zugleich aber bei Rückforderungs- und Aufrechnungsbescheiden, mit denen der Grundsicherungsträger nach (teilweiser) Aufhebung des Bewilligungsbescheides vermeintlich überzahlte Leistungen zurückfordert für Rechtsklarheit gesorgt: bei ihnen haben Widerspruch und Klage aufschiebende Wirkung (s. u. Rn. 34 a, b).

22 Im **Vertragsarztrecht** finden sich darüber hinaus noch in folgenden speziellen Vorschriften Regelungen zum Suspensiveffekt:

- § 97 Abs. 4 SGB V: in Zulassungssachen kann der Berufungsausschuss (Widerspruchsstelle) die sofortige Vollziehung seiner Entscheidung im öffentlichen Interesse anordnen. Im Gegensatz zu § 86 a Abs. 1 Nr. 5 wird die Möglichkeit, den Sofortvollzug im überwiegenden Interesse eines Beteiligten anzuordnen, nicht erwähnt. Dies verstößt nach Auffassung des BVerfG gegen Art. 19 Abs. 4 GG *(Beschluss vom 12. 12. 2001, 1 BvR 1571/00)*; die aufschiebende Wirkung des Widerspruchs bei Zulassungsentscheidungen (Anrufung des Berufungsausschusses gegen die Entscheidung des Zulassungsausschusses) wird in § 96 Abs. 4 SGB V ausdrücklich bestätigt;

– § 106 Abs. 5a Satz 4 SGB V: die Klage gegen Entscheidungen des Beschwerdeausschusses (Widerspruchsstelle in der vertragsärztlichen Wirtschaftlichkeitsprüfung) hat keine aufschiebende Wirkung.

Auf einen speziellen materiellrechtlichen Bereich beschränkt ist auch die Re-   *23*
gelung des einstweiligen Rechtsschutzes bei der Aufhebung oder abgelehnten
Verlängerung einer Erlaubnis nach dem Arbeitnehmerüberlassungsgesetz, die sich
allerdings im SGG selbst in § 86a Abs. 4 findet. Sie hatte schon im ausgelaufenen
Recht Vorläuferregelungen (§ 97 Abs. 2 Satz 2 a.F. – Aussetzung des Vollzugs
durch das Gericht und § 86 Abs. 4 a.F. – Aussetzung durch die Verwaltung).

5.4 Anordnung der sofortigen Vollziehung durch die Behörde   *24*

Mit § 86a Abs. 2 Nr. 5 wurde eine Ermächtigung der Verwaltung zum Ausschluss
des Suspensiveffektes für Fälle eingeführt, die nicht zu einem Bereich gehören, für
die die aufschiebende Wirkung schon kraft Gesetzes ausgeschlossen ist. Auch sie
wurde aus der VwGO (dort § 80 Abs. 2 Satz 1 Nr. 4) übernommen. Entweder die
den Verwaltungsakt erlassende oder die Widerspruchsbehörde kann den Sofortvollzug immer dann anordnen, wenn dies im öffentlichen Interesse oder im überwiegenden Interesse eines Beteiligten ist. Wie im verwaltungsgerichtlichen Verfahren (dort § 80 Abs. 3 Satz 1 VwGO) muss die Anordnung des Sofortvollzugs
gesondert schriftlich begründet werden; die Begründung zum zugrunde liegenden
Verwaltungsakt reicht nicht aus.

5.4.1 Zeitpunkt und Dauer der Vollzugsanordnung   *25*

Die Vollzugsanordnung kann gleichzeitig mit dem zugrunde liegenden Verwaltungsakt erlassen werden oder in einem späteren Zeitpunkt des Verwaltungs-
oder auch des gerichtlichen Verfahrens in einem besonderen Bescheid. Im verwal-
tungsprozessualen Schrifttum und in der Rechtsprechung ist umstritten, ob den
Betroffenen vor der Anordnung rechtliches Gehör zu gewähren ist *(vgl. hierzu
Pietzner/Ronellenfitsch § 55 II m.w.N.)*. Dies ist zumindest dann zu fordern,
wenn die Angelegenheit nicht so eilbedürftig ist, dass eine Anhörung den mit der
Maßnahme verfolgten Zweck gefährdet. Das Gericht kann die Wirksamkeit der
Vollzugsanordnung durch Anordnung der aufschiebenden Wirkung nach § 86b
Abs. 1 Satz 1 Nr. 2 beenden.

5.4.2 Voraussetzungen der Vollzugsanordnung   *26*

Nach der gesetzlichen Wertung bildet die aufschiebende Wirkung die Regel und
die Vollzugsanordnung die Ausnahme. Soweit an einem Rechtsverhältnis neben
dem den Verwaltungsakt erlassenden Hoheitsträger nur eine Privatperson oder
mehrere Private mit gleich gelagerten Interessen beteiligt sind, bedarf es deshalb
für die Anordnung des Sofortvollzugs schon gewichtiger öffentlicher Interessen
(vgl. BVerfGE 35, 382, 402); beim Verwaltungsakt mit Drittwirkung sind dagegen
häufig gegenläufige Interessen abzuwägen. In jedem Fall hat die Verwaltung bei
der Anordnung des Sofortvollzugs vor allem das Verhältnismäßigkeitsprinzip zu
beachten: das öffentliche Interesse an der Vollziehung des Verwaltungsaktes muss
im konkreten Fall die Zurückdrängung des individuellen Interesses an vorläufi-

gem Rechtsschutz rechtfertigen. Insoweit kommt es nicht nur auf ein überwiegendes Interesse eines Beteiligten an, sondern auch auf ein Überwiegen des öffentlichen Interesses *(vgl. Finkelnburg/Jank, Rn. 733ff.).* Bei einer gerichtlichen Kontrolle der Vollzugsanordnung sind die Erfolgsaussichten eines Rechtsbehelfs von erheblicher Bedeutung. Sind diese bei summarischer Prüfung nicht evident, so bedarf es doch des Nachweises des besonderen Interesses an der sofortigen Vollziehung (§ 86a Abs. 2 Nr. 5).

6 Aussetzung der Vollziehung/ Wiederherstellung der aufschiebenden Wirkung

6.1 Aussetzung durch die Verwaltung

27 Hat ein Rechtsbehelf keinen Suspensiveffekt, weil einer der in § 86a Abs. 2 geregelten Tatbestände eingreift, kann die Stelle, die den Verwaltungsakt erlassen hat oder die Widerspruchsstelle den Sofortvollzug ganz oder teilweise aussetzen (§ 86a Abs. 3 Satz 1). Die Voraussetzungen der behördlichen Aussetzung, die das frühere Recht nur in einem Teilbereich in Angelegenheiten der Kriegsopferversorgung und der Bundesanstalt für Arbeit (§ 86 Abs. 3 a.F.) kannte, sind im Gesetz nur im Hinblick auf die Regelung in § 86a Abs. 2 Nr. 1 (Entscheidung über Versicherungspflicht/Anforderung von Beiträgen etc.) geregelt. Sie entsprechen denen der VwGO (§ 80 Abs. 4 Satz 3; vgl. hierzu oben Rn. 15ff.). Ansonsten ist auch hier von der Verwaltung eine Abwägung zu treffen zwischen dem öffentlichen Interesse an der sofortigen Vollziehung und dem individuellen Interesse des Betroffenen (vgl. hierzu unten Rn. 33).

28 Auch die Behörde kann ihre Aussetzungsentscheidung mit Auflagen versehen oder befristen und sie kann die Entscheidung jederzeit ändern oder aufheben. Die Änderung wird nicht davon abhängig gemacht, dass zwischenzeitlich eine Änderung der Verhältnisse eingetreten ist. Von der Änderungsbefugnis darf allerdings wegen Art. 3 GG nicht willkürlich Gebrauch gemacht werden *(vgl. Kopp/Schenke § 80 Rn. 217).*

29 In Angelegenheiten des sozialen Entschädigungsrechts wurde die alternative Zuständigkeit der Ausgangsbehörde ausgeschlossen; hier ist nur die nächsthöhere Behörde für die Aussetzung zuständig, allerdings nur, soweit dies keine oberste Bundes- oder Landesbehörde ist (§ 86a Abs. 3 Satz 3). Eine entsprechende Beschränkung sah bereits das frühere Recht vor (§ 86 Abs. 3 Satz 1 a.F. i.V.m. § 85 Abs. 2), unter Einbeziehung der Angelegenheiten der Bundesanstalt für Arbeit, die im 6. SGG-ÄndG ausdrücklich aufgehoben wurde *(vgl. BT-Drucks. 14/5943, S. 25).*

30 ### 6.2 Anordnung der aufschiebenden Wirkung durch das Gericht

Das Gericht kann auf Antrag einerseits in den Fällen, in denen ein Rechtsbehelf kraft Gesetzes (§ 86a Abs. 2 Nr. 1 bis 4) keine aufschiebende Wirkung hat, diese ganz oder teilweise anordnen, andererseits in den Fällen, in denen eine kraft Gesetzes eintretende aufschiebende Wirkung durch Anordnung der Verwaltung (nach § 86a Abs. 2 Nr. 5) aufgehoben worden ist, die aufschiebende Wirkung wieder herstellen. Diese in § 80 Abs. 5 Satz 1 VwGO noch detailliert eingehaltene Terminologie wurde im 6. SGG-ÄndG für die Neuregelung des vorläufigen Rechtsschutzes durch die Sozialgerichte nicht übernommen. § 86b Abs. 1 Satz 1 Nr. 2 spricht zusammenfassend von „Anordnen der aufschiebenden Wirkung"; erfasst werden beide vorgenannten Fallgruppen.

6.2.1 Maßstab der gerichtlichen Entscheidung   31

Das Gesetz nennt – wie auch § 80 Abs. 5 VwGO – keinen Maßstab für die Gewährung einstweiligen Rechtsschutzes durch die Gerichte. Es entspricht dem Wesen des vorläufigen Rechtsschutzes, dass eine Entscheidung unverzüglich nach Antragseingang zu treffen ist. Dies lässt eine umfassende Prüfung der Erfolgsaussichten nur selten zu. Geboten und ausreichend ist im Regelfall eine summarische Prüfung. Soweit zumindest eine Prognose über den Ausgang des Rechtsstreits getroffen werden kann, bildet sie ein erstes maßgebendes Kriterium der Entscheidung. Hinzu tritt eine Interessenabwägung zwischen Vollziehungsinteresse und Verhinderungsinteresse (vgl. hierzu unten *Rn. 33*).

6.2.1.1 Summarische Prüfung   32

Zwar gilt der Untersuchungsgrundsatz auch im Verfahren des vorläufigen Rechtsschutzes. Die Eilbedürftigkeit lässt jedoch zeitaufwändige Ermittlungen im Regelfall nicht zu. Die Dauer des Verfahrens ist im Gesetz jedoch nicht festgelegt; sie ergibt sich aus den Umständen des einzelnen Falles. Soweit diese Umstände es – ohne Beeinträchtigung der widerstreitenden Interessen – zulassen, hat das Gericht auch im Verfahren des vorläufigen Rechtsschutzes Ermittlungen anzustellen. Priorität haben etwa: die Einholung einer Stellungnahme des Antragsgegners sowie die Beiziehung der Verwaltungsakten und die Erfassung präsenter Beweismittel (vgl. *Kopp/Schenke, § 80 Rn. 125)*; entscheidungserhebliche Tatsachen sind glaubhaft zu machen. Bei **existenziellen Fragen** muss die Prüfung sich auch im Eilverfahren auf Fragen des Grundrechtsschutzes erstrecken. Befindet sich etwa der Rechtsuchende nach Einschätzung der ihn behandelnden Ärzte in einer lebensbedrohlichen Situation, sofern er ein bestimmtes sehr teures Medikament nicht (mehr) erhält, setzt eine Entscheidung über die Verpflichtung der Krankenkasse zur vorläufigen Übernahme der Kosten eine besonders intensive und nicht nur summarische Prüfung der Erfolgsaussichten oder eine Folgenabwägung voraus, die die verfassungsrechtlich geschützten Belange des Betroffenen hinreichend zur Geltung bringt (*BVerfG NJW 2003, 1236 = NZS 2003, 253, SozSich 2002, 434 m. Anm. Wenner)*.

6.2.1.2 Interessenabwägung   33

Lassen sich die Erfolgsaussichten nicht eindeutig prognostizieren, so müssen die Interessen der Beteiligten bewertet werden (vgl. *Pietzner/Ronellenfitsch § 58 III 3)*. Der Interessenabwägung kommt bei existenziell notwendigen Leistungen (z.B. elementarer Lebensunterhalt, Vermeidung eines letalen Krankheitsverlaufs) ein entscheidendes Gewicht zu (*BVerfG 12. 5. 2005 – 1 BvR 569/05, NVwZ 2005*,

927 = Breithaupt 2005, 803 und BVerfG NJW 2003, 1236 = NZS 2003, 253). Der Systematik des Gesetzes kann entnommen werden, dass in den Fällen des § 86a Abs. 2 Nr. 1 bis 4 das Vollziehungsinteresse im Zweifel den Vorrang hat; in allen anderen Fällen, in denen ein Rechtsbehelf kraft Gesetzes aufschiebende Wirkung hat und die Verwaltung diese nur über § 86a Abs. 2 Nr. 5 durch Anordnung des Sofortvollzugs beseitigt, überwiegt im Zweifel das Verhinderungsinteresse des Betroffenen. Auf der Grundlage dieses gesetzlichen Vorverständnisses kommt es entscheidend auf den prognostizierbaren Grad der Erfolgsaussichten im Hauptsacheverfahren bzw. bei existenziell unabdingbaren Maßnahmen auf eine Folgenabwägung an (vgl. hierzu eingehend: *Krodel, NZS 2006, 637).* In den Fällen, in denen das Vollziehungsinteresse überwiegt, müssen schon gewichtige Zweifel an der Rechtmäßigkeit des Verwaltungsaktes bestehen, um zur Anordnung der aufschiebenden Wirkung zu kommen.

34 ### 6.3 Anordnung der Aufhebung der Vollziehung

Ist der Verwaltungsakt im Zeitpunkt der Entscheidung (im Verfahren des vorläufigen Rechtsschutzes) schon vollzogen, so kann das Gericht die Aufhebung der Vollziehung anordnen (§ 86b Abs. 1 Satz 2). Vollzogen werden kann ein Verwaltungsakt in diesem Sinne durch die Behörde oder durch einen begünstigten Privaten. Erfolgt die Aufhebung des faktischen Vollzugs eines Verwaltungsaktes nicht freiwillig, so wird ein Vollstreckungstitel erforderlich. Im Regelfall kann die Missachtung der aufschiebenden Wirkung nur durch eine einstweilige Anordnung (§ 86b Abs. 2) bekämpft werden.

34a ### 6.4 Vorläufiger Rechtsschutz in Anfechtungssachen in Fällen der Existenzsicherung

Zu den typischen Sachverhalten zählen die Fälle, in denen die Bewilligung von Alg II während des Bewilligungszeitraums vollständig oder teilweise aufgehoben wird, z.B. wegen nachträglichen Zuflusses von Einkommen oder Vermögen (*eingehend hierzu Udsching/Link SGb 2007, 513, 518ff.),* Absenkung bzw. Wegfall der Leistung (§ 31 SGB II; zum Sozialgeld § 32 SGB II). In diesen Fällen haben Widerspruch und Anfechtungsklage nach § 39 SGB II grundsätzlich keine aufschiebende Wirkung. Weitere Fallgestaltungen aus dem Grundsicherungsrecht, in denen die aufschiebende Wirkung ausgeschlossen ist, sind in Nr. 2 bis 4 des § 39 SGB II geregelt (s.o. Rn. 21a).

34b **Beispielsfälle:**

(*s. hierzu auch Eicher, in: Eicher/Spellbrink, SGB II, 2. Aufl. 2008, § 39 RdNr. 16b).*

Absenkung von Alg II (§§ 31, 32 SGB II): Fall des § 39 Nr. 1 SGB II (*LSG Niedersachsen-Bremen 31. 7. 2007 – L 8 AS 605/06 ER; LSG Baden-Württemberg, 31. 7. 2006 – L 13 AS 1709/06 ER),*

Angebot eines 1-Euro-Jobs: Kein Fall des § 39 Nr. 1 SGB II (*str.; wie hier LSG Nordrhein-Westfalen 23. 1. 2007 – L 1 B 54/06 AS ER; a.A. SG Hamburg 28. 6. 2005 – S 51 AS 525/05 ER, NDV-RD 2005, 81),*

Aufhebung der Leistungsbewilligung: Fall des § 39 Nr. 1 SGB II (*str.; wie hier LSG Nordrhein-Westfalen 13. 9. 2007 – L 20 B 152/07 AS ER; a. A. LSG Darmstadt L 9 AS 89/07 ER*),

Aufrechnung durch Verwaltungsakt: kein Fall des § 39 Nr. 1 SGB II n. F. *(KSW/ Spellbrink § 36 ff SGB II Rn. 14),*

Erstattung nach § 50 SGB X: Kein Fall des § 39 Nr. 1 SGB II n. F. (*so schon zur alten Fassung des § 39 SGB II: LSG Berlin-Brandenburg 1. 8. 2007 – L 28 B 1098/ 07 AS ER; LSG Baden-Württemberg 14. 6. 2006 – L 13 AS 1824/06 ER-B; a. A. LSG Baden-Württemberg 21. 11. 2006 – L 8 AS 4680/06 ER-B; Schleswig-Holsteinisches LSG 5. 7. 2006 – L 6 B 196/06 AS ER, NZS 2007, 161; zur neuen Fassung des § 39 SGB II: Bayerisches LSG 20. 07. 2009, L 7 AS 344/09 B ER*),

Vorläufige Zahlungseinstellung: Fall des § 39 Nr. 1 SGB II (*LSG Baden-Württemberg 14. 9. 2006 – L 13 AS 4161/06 ER-B*)

Schrifttum zum vorläufigen Rechtsschutz in Fällen der Existenzsicherung   *34c*

Groth, Einstweiliger Rechtsschutz in Streitigkeiten der Grundsicherung für Arbeitsuchende, NJW 2007, 2294

Krodel, Maßstab der Eilentscheidung und Existenzsicherung, NZS 2006, 637

Krodel, Sozialgerichtliche Eilverfahren und Existenzsicherung – Beispiele aus der Rechtsprechung, NZS 2007, 20

Spellbrink, Die Regelungsanordnung nach § 86b SGG in Grundsicherungsstreitigkeiten nach dem SGB II, Sozialrecht aktuell 2007, 1

Wenner, Bedürftigkeit ist schon im einstweiligen Rechtsschutz sorgfältig zu prüfen, SozSich 2005, 216 ff.

7 Vorläufiger Rechtsschutz in Vornahmesachen   *35*

Strebt der Bürger ein Tätigwerden der Verwaltung an, dessen Durchsetzung im Klageverfahren mit einer Verpflichtungs-, Leistungs- oder Feststellungsklage zu erreichen wäre, kommt als vorläufiger Rechtsschutz nur eine einstweilige Anordnung in Betracht.

7.1 Rechtsentwicklung   *36*

Während der vorläufige Rechtsschutz in Anfechtungssachen, wenn auch lückenhaft, bereits vor dem In-Kraft-Treten des 6. SGG-ÄndG in den §§ 86 Abs. 2 bis 4 a. F. und § 97 a. F. geregelt war, fehlte für Vornahmesachen im SGG jegliche Regelung. Lediglich für spezielle Sonderfälle gab es in einzelnen Leistungsgesetzen Bestimmungen über einstweilige Anordnungen. Das BVerfG hatte die Sozialgerichte jedoch wegen der verfassungsrechtlichen Garantie effektiven Rechtsschutzes auch in Vornahmesachen zur Gewährleistung vorläufigen Rechtsschutzes verpflichtet (*BVerfGE 46, 166 = NJW 1978, 693 und BVerfG NZA 1988, 412*); zumindest in den Fällen, in denen bei einem Abwarten bis zur Entscheidung in der Hauptsache unzumutbare und möglicherweise irreversible Nachteile drohten. In der Praxis wendeten die Gerichte der Sozialgerichtsbarkeit in diesen Fällen § 123 VwGO an. Diese Vorschrift wurde im 6. SGG-ÄndG fast wörtlich als § 86b Abs. 2 in das SGG übernommen.

7.2 Anordnungsanspruch und Anordnungsgrund

37 Nach § 86b Abs. 2 Satz 1 und 2 darf eine einstweilige Anordnung nur erlassen werden

a) in Bezug auf den Streitgegenstand, wenn die Gefahr besteht, dass durch eine Veränderung des bestehenden Zustandes die Verwirklichung eines Rechts des Antragstellers vereitelt oder wesentlich erschwert werden könnte (Sicherungsanordnung) oder

b) zur Regelung eines vorläufigen Zustandes in Bezug auf ein streitiges Rechtsverhältnis (Regelungsanordnung).

38 Der Sicherungsanordnung kommt in der Praxis wegen des Vorrangs der in Anfechtungssachen zur Verfügung stehenden vorläufigen Rechtsschutzmöglichkeiten nur geringe Bedeutung zu. Bei der Regelungsanordnung greift als Anordnungsanspruch zumeist die Notwendigkeit der Regelung eines vorläufigen Zustandes zur Abwendung wesentlicher Nachteile ein. Ein Anordnungsgrund liegt vor, wenn der Antragsteller bei einem Abwarten bis zur Entscheidung in der Hauptsache Gefahr laufen würde, seine Rechte nicht mehr realisieren zu können. Die einstweilige Anordnung soll verhindern, dass der Antragsteller vor vollendete Tatsachen gestellt wird, bevor er wirksamen Rechtsschutz erlangen kann.

38a Bei der Annahme eines Anordnungsgrundes legen die Sozialgerichte eher strenge Maßstäbe an. Regelmäßig wird vorausgesetzt, dass dem Rechtsuchenden das Abwarten der Entscheidung in der Hauptsache nicht zugemutet werden kann, weil in der Zwischenzeit irreparable Rechtsnachteile eintreten können. Drohende Wettbewerbsnachteile in Vertragsarztangelegenheiten begründen daher nur dann einen Anordnungsgrund, wenn ohne einstweiligen Rechtsschutz die Existenz der Praxis gefährdet ist *(vgl. LSG Niedersachsen-Bremen, Beschluss vom 21. 10. 2003, L 3 KA 447/03 ER, jurisPR Sozialrecht 11/2004, m. Anm. Wagner).*

38b An einem Anordnungsgrund fehlt es regelmäßig dann, wenn Sozialleistungen für die **Vergangenheit**, d.h. für Zeiträume vor Eingang des Eilantrags bei Gericht begehrt werden; dies gilt speziell für **Leistungen zur Sicherung des Lebensunterhalts** *(LSG Berlin-Brandenburg 21. 9. 2007 L 10 B 1491/07 AS ER).* An einem Anordnungsgrund fehlt es in der Regel ebenfalls dann, wenn und soweit die Beteiligten nur über die Gewährung des befristeten Zuschlags (§ 24 SGB II a.F.) streiten, weil diesem keine existenzsichernde Funktion beigemessen wurde *(vgl. Groth, NJW 2007, 2294, 2295).* Allgemein dürfte es an einem Anordnungsgrund fehlen, wenn im vorläufigen Rechtsschutz nur eine relativ **geringfügige Differenz beim Leistungsumfang** geltend gemacht wird. Im Grundsicherungs- und Sozialhilferecht dürfte die Grenze bei 10% der Regelleistung zur Sicherung des Lebensunterhalts liegen. Dies trägt dem Umstand Rechnung, dass die Regelleistung wegen des Wegfalls von Einmalleistungen um ca. 15% herauf gesetzt worden ist.

– Subsidiarität gegenüber Sozialhilfe- bzw. Grundsicherungsleistungen?

39 Ursprünglich hatte auch das BVerfG in seiner grundlegenden Entscheidung zur Erforderlichkeit von einstweiligem Rechtsschutz im sozialgerichtlichen Verfahren *(BVerfGE 46, 166, 179)* die Auffassung vertreten, wegen der Möglichkeit, Sozial-

hilfe in Anspruch nehmen zu können, bestehe im Hinblick auf die Geltendmachung von Sozialversicherungsansprüchen „oftmals" kein Bedürfnis für den Erlass einstweiliger Anordnungen. Dies verstärkte in der Sozialgerichtsbarkeit die Position, die Gewährung von einstweiligem Rechtsschutz sei gegenüber der Möglichkeit, Sozialhilfe in Anspruch zu nehmen, grundsätzlich subsidiär. Spätestens seit dem Inkrafttreten des SGB XII und der Einführung der Grundsicherung für Arbeitsuchende lässt sich diese Auffassung nicht mehr aufrecht erhalten. SGB II und SGB XII ordnen den Nachrang von Sozialhilfe und Grundsicherung auch gegenüber Sozialversicherungsleistungen an. Von daher kann die Möglichkeit, Sozialhilfe in Anspruch zu nehmen, den Anordnungsgrund nicht ausschließen *(ML § 86b Rn. 29f. mwN)*. Aus der Sicht des Betroffenen spricht allerdings in vielen Fällen die Tatsache, dass der Antragsteller bei einem Unterliegen in der Hauptsache die zu Unrecht erhaltenen Leistungen aus der Sozialversicherung zu erstatten hat (vgl. unten Rn. 51), während ihm die Grundsicherungs- bzw. Sozialhilfeleistungen verbleiben, gegen die Inanspruchnahme von einstweiligem Rechtsschutz.

– Keine Vorwegnahme der Hauptsache

40

Der Erlass einer einstweiligen Anordnung scheidet grundsätzlich aus, wenn diese die Entscheidung in der Hauptsache vorwegnehmen würde. Der Verwaltungsträger kann deshalb in der Regel durch einstweilige Anordnung nicht zum Erlass des im Hauptsacheverfahren angestrebten Verwaltungsaktes verpflichtet werden. Ausnahmen von diesem Grundsatz werden im verwaltungsgerichtlichen Verfahren zwar allgemein anerkannt (vgl. *Kopp/Schenke, § 123 VwGO Rn. 14ff.*), wenn nur die Befriedigung des vom Antragsteller geltend gemachten Anspruchs in der Lage ist, einen irreparablen Schaden zu verhindern, doch dürfte dies im sozialgerichtlichen Verfahren nur äußerst selten praktisch werden (Ausnahme: Antrag auf Arbeitserlaubnis; wenn eine befristete Arbeitserlaubnis für die Erlangung eines bestimmten Arbeitsplatzes nicht ausreicht). Zur Erlangung einer höheren als der zuerkannten Rente kann die einstweilige Anordnung jedenfalls nicht eingesetzt werden *(BSG SozR 3-1780 § 123 Nr. 1)*. Beim Arbeitslosengeld II hat das BVerfG *(Beschluss vom 12. 5. 2005 – 1 BvR 569/0, oben Rn. 33)* zur Vermeidung der Vorwegnahme der Hauptsache einen Abschlag als zulässig angesehen *(a.A. zahlreiche LSG, s.u. Rn. 41b; Nachweise bei Krodel, Beck Online-Kommentar Sozialrecht, SGG § 86b Rn. 122)*.

– Vorläufiger Rechtsschutz in Vornahmesachen in Fällen der Existenzsicherung

41

Zum Schrifttum vgl. oben Rn. 34c

Nur durch eine einstweilige Anordnung und nicht durch abwehrende Maßnahmen des vorläufigen Rechtsschutzes können solche Fälle aus dem Bereich der Existenzsicherung schnellstmöglich einstweilen geregelt werden, in denen keine oder (z.B. nach Ablauf eines Bewilligungszeitraums) geringere Leistungen bewilligt worden sind oder bewilligte Leistungen nicht oder nicht in voller Höhe ausgezahlt worden sind.

– *Vorgaben des BVerfG für den Eilrechtsschutz in Fällen der Existenzsicherung:* Das BVerfG hat durch Beschluss vom 12. 5. 2005 (*NVwZ 2005, 927 = Breithaupt 2005, 803*) für den Eilrechtsschutz im Bereich der Grundsicherung bzw. Sozialhilfe spezielle Vorgaben aus dem Grundrechtsschutz der Hilfebedürftigen abgeleitet: Wenn ohne die Gewährung vorläufigen Rechtsschutzes schwere und unzumutbare, anders nicht abwendbare Beeinträchtigungen entstehen können, die durch das Hauptsacheverfahren nicht mehr zu beseitigen wären, sind an die Ausgestaltung des Eilverfahrens besondere Anforderungen zu stellen. Danach dürfen die Entscheidungen bei Anfechtungs- oder Vornahmesachen zwar grundsätzlich sowohl auf eine Folgenabwägung wie auch auf eine summarische Prüfung der Erfolgsaussichten der Hauptsache gestützt werden (Wahlmöglichkeit). Wenn sich die Gerichte aber an den Erfolgsaussichten der Hauptsache orientieren wollen, müssen sie die Sach- und Rechtslage nicht nur summarisch, sondern abschließend prüfen (was z.B. die Hilfebedürftigkeit, das Vorliegen einer Bedarfsgemeinschaft oder Obliegenheitsverletzungen betrifft). Ist eine vollständige Aufklärung der Sach- und Rechtslage im Eilverfahren nicht möglich, so ist anhand einer Folgenabwägung zu entscheiden. Bei der Folgenabwägung sind die grundrechtlichen Belange des Antragstellers umfassend in die Abwägung einzustellen (vgl. ausführlich zu diesen Maßstäben *Krodel, NZS 2006, 637ff.*).

41a Werden die **Erfolgsaussichten** in der Hauptsache zum Maßstab der Eilentscheidung genommen, dürfen diese nicht nur summarisch, sondern müssen abschließend geprüft werden (*BVerfG NVwZ 2005, 927 = Breith 2005, 803*). Insbesondere dann, wenn es um persönliche Nähebeziehungen (eheähnliche Lebensgemeinschaft, Haushaltsgemeinschaft) geht und eidesstattlichen Versicherungen kein Glauben geschenkt wird, ist zwingend eine Zeugenvernehmung (u.U. im Rahmen eines Erörterungstermins) durchzuführen.

41b – **Einzelfragen des Eilrechtsschutzes im Bereich der Existenzsicherung:**
   – **Anordnungsgrund:** Sind nur Leistungen in Höhe von bis zu zehn Prozent der Regelleistung zur Sicherung des Lebensunterhalts nach § 20 Abs. 2 SGB II streitig, so wird ein Anordnungsgrund in der Regel verneint (*Thüringer LSG 1. 12. 2008, L 9 B 146/07 AS; LSG Hamburg 21. 5. 2007 – L 5 B 111/07 ER AS*); desgleichen, wenn der Grundsicherungsträger darlehensweise Gewährung von Alg II zusichert (*Bayer. LSG 11 29. 10. 2010, AS 748/ 10 B PKH*).
   – **Beginn der Regelungsanordnung:** Zeitpunkt der Antragstellung bei Gericht (*Hessisches LSG 24. 4. 2006 – L 9 AS 39/06 ER, ZFSH/SGB 2006, 604; LSG Sachsen 21. 11. 2005, L 3 B 152/05 AS; LSG Niedersachsen-Bremen 28. 4. 2005 – L 8 AS 57/05 ER FEVS 56, 503*).
   – **Beiladung:** Ggf. nach § 75 Abs. 2, 2. Alternative SGG Beiladung des zuständigen Sozialhilfeträgers, soweit dessen Leistungspflicht in Betracht kommt (*BSG SozR 4-4200 § 20 Nr. 1*). Keine notwendige Beiladung von Mitgliedern der Bedarfsgemeinschaft. Sie sind am Rechtsverhältnis nicht derart beteiligt, dass die Entscheidung auch ihnen gegenüber nur einheitlich ergehen kann. Jedes Mitglied einer Bedarfsgemeinschaft besitzt einen eigenen Leis-

tungsanspruch *(BSG SozR 4-4200 § 22 Nr. 1)*, sodass allenfalls eine „Einbeziehung in das Verfahren" als weitere Kläger denkbar und erforderlich ist *(BSG SozR 4-4200 § 20 Nr. 1)*. Notwendige Beiladung scheidet selbst dann aus, wenn das Bestehen einer Bedarfsgemeinschaft als solcher bestritten wird.

– **Dauer der Regelungsanordnung:** Nicht bis zur rechtskräftigen Entscheidung in der Hauptsache, da dies zu weit ginge (würde dem vorläufigen Charakter der Eilentscheidung nicht gerecht werden). In Anlehnung an § 41 SGB II in der Regel 6 Monate *(LSG Baden-Württemberg, 25. 1. 2006 – L 8 AS 4296/05 ER-B; LSG Niedersachsen-Bremen – L 8 As 57/05 ER, FEVS 56, 203)* bzw. um eine Harmonisierung mit dem neben dem Eilrechtsschutz zu betreibenden Widerspruchsverfahren zu erreichen: Befristung bis zur bestandskräftigen Entscheidung über den Widerspruch, längstens zunächst für die Dauer von sechs Monaten.

– **Höhe der Leistungen:** Weil Leistungen nach dem SGB II grundsätzlich der Sicherung des soziokulturellen Existenzminimums dienen, sind sie bei Vorliegen von Anordnungsgrund und -anspruch in der Regel auch in voller Höhe zuzusprechen *(str.; wie hier LSG Niedersachsen-Bremen – L 8 As 57/05 ER, FEVS 56, 203; das BVerfG lässt allerdings einen Abzug zu, vgl. NVwZ 2005, 927 = Breith 2005, 803)*. Die Rechtsprechung ist uneinheitlich: z.T. wird ein Sicherheitsabschlag von 10 bis 20 Prozent für zulässig erachtet *(SG Düsseldorf 16. 2. 2005 – S 35 SO 28/05 ER, NJW 2005, 845)*, z.T. wird die Leistung nur darlehensweise zugesprochen *(LSG Baden-Württemberg 1. 8. 2005 – L 7 AS 2875/05 ER-B, NJW 2006, 719; diesen Ansatz zu recht ablehnend LSG Baden-Württemberg 5. 12. 2005 – L 8 AS 3441/05 ER-B, info also 2006, 89)*.

– **Leistungen für Vergangenheit**: ein Anordnungsgrund ist nur zu bejahen, wenn im Zeitpunkt der Entscheidung über die e. A. aus der unterbliebenen Leistungsgewährung in der Vergangenheit noch ein schwerer unzumutbarer Nachteil fortbesteht, der eine gegenwärtige Notlage begründet; etwa wenn wegen der unterbliebenen Leistungsgewährung Verbindlichkeiten eingegangen wurden, deren Tilgung unmittelbar bevorsteht *(LSG Sachsen, 21. 01. 2008 – L 2 B 621/07 AS-ER)*

7.3 Inhalt der einstweiligen Anordnung

Nach § 938 ZPO (i.V.m. § 86b Abs. 2 Satz 4) bestimmt das Gericht den Inhalt der einstweiligen Anordnung nach freiem Ermessen. Es kann auch Maßnahmen treffen, die das materielle Recht an sich nicht vorsieht; vor allem wenn sie den vorläufigen Charakter der Entscheidung deutlich machen. Das Gericht kann seine Anordnung zeitlich befristen, mit Bedingungen oder Auflagen versehen oder auch von einer Sicherheitsleistung abhängig machen. Ist ein Verfahren in der Hauptsache noch nicht anhängig, so kann das Gericht auch ohne Antrag des Gegners die Geltung der Anordnung dergestalt befristen, dass es dem Antragsteller aufgibt, innerhalb der Frist Klage zu erheben *(§ 926 Abs. 1 ZPO – vgl. Heinze NZA 1984, 310)*. 42

7.4 Vollziehung der einstweiligen Anordnung

42a Wegen der Vollziehung einstweiliger Anordnungen verweist § 86b Abs. 2 Satz 2 auf die §§ 928 bis 932 ZPO. Wichtig ist vor allem § 929 Abs. 2 ZPO, wonach die Vollziehung der Anordnung unstatthaft ist, wenn seit dem Tag der Verkündung bzw. der Zustellung ein Monat verstrichen ist. Danach ist die Vollziehung nicht mehr zulässig (*ML § 86b Rn. 46*). Dies gilt auch bei der Vollstreckung gegen öffentlich-rechtliche Körperschaften im Rahmen des sozialgerichtlichen Verfahrens (*LSG Schleswig-Holstein, Beschluss vom 4. Januar 2007, L 11 B 509/06 AS ER = NZS 2007, 448*). Für zulässig gehalten wird eine Wiedereinsetzung bei unverschuldeter Fristversäumung (*ML § 86b Rn. 46 m.w.N.*). Ansonsten entfällt nach Ablauf der Frist für die beantragte Anordnung das Rechtsschutzbedürfnis.

8 Allgemeine Prozessvoraussetzungen im Verfahren des vorläufigen Rechtsschutzes

8.1 Antrag

43 Der gerichtsbewirkte vorläufige Rechtsschutz setzt einen Antrag voraus, der nicht fristgebunden ist. Er kann zwar schon vor Erhebung der Klage gestellt werden (§ 86b Abs. 3); doch kann in Anfechtungssachen eine Entscheidung erst ergehen, wenn die Anfechtungsklage rechtshängig ist. Ist die Klage bei Stellung des Antrags noch nicht erhoben worden, ist ggf. ein Hinweis des Gerichts erforderlich (entsprechend § 86b Abs. 2 Satz 4). Ist die Klagefrist bereits versäumt und liegen die Voraussetzungen für eine Wiedereinsetzung nicht vor, ist der Antrag auf vorläufigen Rechtsschutz unzulässig (vgl. *Krodel, NZS 2001, 457*).

Der Antrag muss die Tatsachen enthalten, aus denen sich die Notwendigkeit einer Anordnung der aufschiebenden Wirkung ergibt. Für die Entscheidung ist das Gericht der Hauptsache zuständig (§ 86b Abs. 1 Satz 1). Wird der Antrag erst im Berufungsverfahren gestellt oder hat das SG den Antrag übergangen, so hat das LSG hierüber zu befinden.

44 Im Antrag auf Erlass einer einstweiligen Anordnung müssen die Tatsachen, aus denen sich Anordnungsanspruch und Anordnungsgrund ergeben, glaubhaft gemacht werden. Dies geschieht in der Regel durch eidesstattliche Versicherung, Vorlage von Urkunden und anderen schriftlichen Unterlagen. Für einstweilige Anordnungen ist das BSG grundsätzlich – mit Ausnahme der Sonderzuständigkeit nach § 146 Abs. 6 Satz 6 SGB III (Aufhebung der Entscheidung des Neutralitätsausschusses bei Arbeitskämpfen) – nicht zuständig. Während des Revisionsverfahrens ist eine einstweilige Anordnung beim örtlich zuständigen Sozialgericht zu beantragen.

8.2 Rechtsschutzbedürfnis

45 Gerichtlicher vorläufiger Rechtsschutz kommt nur in Betracht, wenn der Antragsteller sein Begehren nicht auf einfachere Art und Weise zumindest genauso schnell erreichen kann (*zum besonderen Rechtsschutzbedürfnis für den vorläufigen Rechtsschutz vgl. Kopp/Schenke, § 80 Rn. 136*). Grundsätzlich muss der Betroffene in Anfechtungssachen den Erlass des Widerspruchsbescheides abwarten. Der Antrag nach § 86b Abs. 1 Satz 1 setzt dagegen nicht voraus, dass zuvor erfolglos versucht worden ist, vorläufigen Rechtsschutz durch die Verwaltung nach § 86a Abs. 3 zu erlangen (so aber *Krodel, NZS 2001, 458*). Eine entsprechende Voraussetzung wurde im verwaltungsgerichtlichen Verfahren durch das 4. VwGO-ÄndG in § 80 Abs. 6 (für Fälle des § 80 Abs. 2 Nr. 1 VwGO) eingefügt. Angesichts der ansonsten minutiösen Übernahme der in § 80 VwGO enthaltenen Regelungen in das neue Recht des vorläufigen Rechtsschutzes im sozialgerichtlichen Verfahren muss davon ausgegangen werden, dass es sich um eine bewusste Abweichung handelt.

In Vornahmesachen fehlt das Rechtsschutzbedürfnis für vorläufigen Rechtsschutz, wenn der Betroffene vom zuständigen Leistungsträger Vorschüsse (§ 42 SGB I) oder von dem zuerst angegangenen Leistungsträger vorläufige Leistungen (§ 43 SGB I) erlangen kann. Auch in Vornahmesachen muss sich der Antragsteller im Übrigen zunächst erfolglos an die zuständige Verwaltungsbehörde gewandt haben; es sei denn die Sache ist sehr eilig und die Aussichten, bei der zuständigen Behörde Gehör zu finden, sind sehr gering (vgl. *Kopp/Schenke, § 123 Rn. 22 m.w.N.*).   **46**

8.3 Weitere Verfahrensfragen

Das Gericht entscheidet durch Beschluss (§ 86b Abs. 4). Eine mündliche Verhandlung ist nicht erforderlich. Die Entscheidung ergeht damit im Regelfall ohne Beteiligung der ehrenamtlichen Richter; dies entspricht § 123 Abs. 4 VwGO. Auch das Gericht kann den Beschluss über die Anordnung der aufschiebenden Wirkung jederzeit ändern oder aufheben (§ 86b Abs. 1 Satz 4). Es kann den Beschluss zudem mit Auflagen versehen oder befristen (§ 86b Abs. 1 Satz 3).   **47**

Eine wechselvolle Geschichte hat die **Regelung der Rechtsmittel** im Verfahren des vorläufigen Rechtsschutzes. Während vor 2001 eine dem Antrag auf vorläufigen Rechtsschutz stattgebende Entscheidung des SG nur mit der Entscheidung in der Hauptsache angefochten werden konnte, war die Beschwerde in der Folgezeit uneingeschränkt statthaft. Im SGG-ÄndG 2008 wurde dann die Einschränkung eingeführt (§ 172 Abs. 3), wonach die Beschwerde gegen Beschlüsse nach § 86b nicht gegeben ist, wenn im Verfahren zur Hauptsache die Berufung gemäß § 144 Abs. 1 nicht zulässig wäre, nachdem er im 6. SGG-ÄndG (SGG-Reform 2001) die seinerzeit noch im Gesetzentwurf enthaltene entsprechende Regelung in der Ausschussberatung gestrichen hatte (vgl. *BT-Drucks. 14/6335*). Bei Streitwerten unter 750 Euro kann die Beschwerde auch nicht durch eine vorgeschaltete Nichtzulassungsbeschwerde eröffnet werden (so *LSG Niedersachsen/ Bremen 21. 10. 2008, L 6 AS 458/08 ER, a.A. die h.M., vgl. LSG Sachsen, 6. 12. 2010, L 1 AL 212/09 B PKH m.w.N.*).   **48**

Die Zulässigkeit der Beschwerde richtet sich ansonsten nach den allgemeinen Regelungen. Danach ist die Zulassung der Beschwerde durch das SG im Verfahren des einstweiligen Rechtsschutzes ausgeschlossen (*LSG Niedersachsen-Bre-*

men, 11. 3. 2011, L 13 AS 52/11 B ER). Beschlüsse des LSG sind auch im Verfahren des vorläufigen Rechtsschutzes nicht mit der Beschwerde anfechtbar (§ 177).

49   § 142 Abs. 2 Satz 2 ordnet an, dass Beschlüsse über die Wiederherstellung der aufschiebenden Wirkung stets zu begründen sind. Die Begründungspflicht gilt jedoch über den Wortlaut hinaus auch für sonstige Beschlüsse der Sozialgerichte im vorläufigen Rechtsschutz, etwa die Anordnung oder Wiederherstellung der sofortigen Vollziehung nach § 86b Abs. 1 Satz 1 Nr. 1 und 3.

50   Der Zeitpunkt des Beginns und die Dauer des vorläufigen Rechtsschutzes können nicht einheitlich bestimmt werden. Im Falle des § 86a Abs. 1 tritt die aufschiebende Wirkung mit der Einlegung des Rechtsbehelfs rückwirkend seit dem Zeitpunkt des Erlasses des Verwaltungsaktes ein; bei der Aussetzung der Vollziehung durch die Verwaltung und bei der Anordnung der aufschiebenden Wirkung durch das Gericht kann der Zeitpunkt des Beginns abweichend festgelegt werden; im Regelfall tritt der Suspensiveffekt jedoch auch in diesen Fällen rückwirkend seit Erlass des Verwaltungsaktes ein.

8.4 Erstattungs- und Schadensersatzansprüche

51   Wird die Entscheidung der Verwaltung im Hauptsacheverfahren bestätigt, so muss der Kläger Sozialleistungen, die er während eines Rechtsstreits aufgrund einer gerichtlichen Anordnung der aufschiebenden Wirkung eines Entziehungsbescheides erhält, erstatten. Umstritten ist, ob die Rückabwicklung nach den Grundsätzen des Bereicherungsrechts erfolgt (der Leistungsempfänger könnte sich entsprechend § 820 Abs. 1 Satz 2 BGB i.V.m. § 818 Abs. 4 BGB nicht auf den Wegfall der Bereicherung berufen) oder ob auf § 50 Abs. 1 SGB X *(so BSG SozR 3-1300 § 50 Nr. 20)* bzw. auf § 50 Abs. 2 SGB X *(so BSG SozR 3-1300 § 45 Nr. 10 für sog. Urteilsrenten)* abzustellen ist. Das BSG hatte ursprünglich die für das Verwaltungsverfahren geltende Erstattungsregelung in § 50 SGB X als nicht anwendbar angesehen *(BSGE 63, 74 = BSG SozR 1500 § 97 Nr. 7).* Folgt man dem nicht und zieht § 50 SGB X heran, so dürfte Abs. 2 einschlägig sein, weil bei einer Anordnung der aufschiebenden Wirkung nicht aufgrund eines Verwaltungsaktes geleistet wird. Die aufgrund einstweiliger Anordnung vorläufig erhaltenen Leistungen sind nach deren Aufhebung nach bereicherungsrechtlichen Grundsätzen zu erstatten. Daneben können Schadensersatzansprüche nach § 86b Abs. 2 Satz 4 i.V.m. § 945 ZPO entstehen.

8.5 Kosten und Gebühren

52   Das Verfahren nach § 86b Abs. 1 und 2 ist im Verhältnis zum Hauptsacheverfahren auch hinsichtlich der Kosten und Gebühren ein selbstständiges Verfahren (vgl. *Kopp/Schenke, § 80 Rn. 124).* Bei jeder Entscheidung in einem Verfahren des einstweiligen Rechtsschutzes ist deshalb eine Kostengrundentscheidung zu treffen *(BSG SozR 3-1500 § 193 Nr. 6).* Für kostenprivilegierte Beteiligte (Versicherte, Leistungsempfänger, Behinderte etc, vgl. § 183 n.F.) ist auch der vorläufige Rechtsschutz gerichtskostenfrei; Aufwendungen der Behörden sind von diesem

Personenkreis nicht zu erstatten (§ 193 Abs. 4 n. F.). Hinsichtlich der Anwaltsgebühren entsteht sowohl dann, wenn die Gebühren nach dem Gegenstandswert bestimmt werden, als auch dann, wenn Rahmengebühren anfallen, ein gesonderter Gebührenanspruch.

9 Spezielle Regelungen des vorläufigen Rechtsschutzes

9.1 Einstweilige Anordnung in Wahlangelegenheiten der Selbstverwaltungsorgane

Die einstweilige Anordnung im Anfechtungsverfahren ist in § 57 Abs. 5 SGB IV, die einstweilige Anordnung zur personellen Besetzung der Selbstverwaltungsorgane nach Ungültigerklärung einer Wahl (§ 131 Abs. 4) in § 57 Abs. 6 SGB IV speziell geregelt.

9.2 Einstweilige Anordnungen gegen Feststellungen des Neutralitätsausschusses

Die Fachspitzenverbände der an einem Arbeitskampf beteiligten Tarifvertragsparteien können gegen Feststellungen des Neutralitätsausschusses nach § 146 Abs. 6 Satz 6 SGB III über die Voraussetzung der Zahlung von Arbeitslosengeld beim BSG den Erlass einer einstweiligen Anordnung beantragen (vgl. im Einzelnen *Kummer, DAngVers. 1990, 201, 211*).

9.3 Einstweilige Anordnung gegen Vollstreckung aus Urteilen und Beschlüssen

Gemäß § 199 Abs. 2 kann der Vorsitzende des Rechtsmittelgerichts die Vollstreckung aus Urteilen und Beschlüssen durch einstweilige Anordnung aussetzen, wenn das Rechtsmittel keine aufschiebende Wirkung hat. Wegen § 154 Abs. 2 (der gemäß § 165 auch im Revisionsverfahren gilt) hat die Regelung grundsätzlich nur für die Verurteilung des Verwaltungsträgers zur Leistung praktische Bedeutung. Die Anordnung kann auf Antrag oder auch von Amts wegen ergehen. Die Aussetzung ist grundsätzlich nur dann gerechtfertigt, wenn das Rechtsmittel offensichtlich Aussicht auf Erfolg haben wird (*BSGE 12, 138*).

Zu den speziellen Regelungen des vorläufigen Rechtsschutzes im Arbeitsförderungs- und im Krankenversicherungsrecht (Vertragsrecht und Risikostrukturausgleich) siehe oben Rn. 21 f.

10 Vorläufiger Rechtsschutz im Berufungsverfahren

Die Berufung und die Beschwerde gegen die Nichtzulassung der Berufung (§ 144 Abs. 1) haben aufschiebende Wirkung, soweit die Klage nach § 86a Aufschub bewirkt. Die §§ 86a und b gelten somit auch im Berufungsverfahren. Neu eingeführt wurde im 6. SGG-ÄndG eine Eilzuständigkeit des Vorsitzenden: In dringenden Fällen entscheidet der Vorsitzende über einen Antrag nach § 86b Abs. 1 oder 2 allein.

11 Schriftsatzmuster zum vorläufigen Rechtsschutz

57 **11.1 Mit der Klage verbundener Antrag auf Anordnung der aufschiebenden Wirkung**

Schriftsatzmuster

Rechtsanwalt Dr. L.
Sozialgericht Hannover

Klage und Antrag auf Anordnung der aufschiebenden Wirkung[1])

des Handelsvertreters A. B.,
Musterstraße 10, 30159 Hannover,   Kläger und Antragsteller,

– Proz.-Bev.: Rechtsanwalt Dr. L. –

g e g e n

die Großhandels- und Lagerei-Berufsgenossenschaft,
vertreten durch den Geschäftsführer   Beklagte,

wegen Beitragsforderungen.

Namens und in Vollmacht des Klägers erhebe ich gegen die Bescheide der Beklagten vom … in der Fassung des Widerspruchsbescheides vom … Klage und stelle zugleich den Antrag,

die aufschiebende Wirkung der Klage anzuordnen.

Begründung:

Die Beklagte machte mit dem angefochtenen Bescheid vom … erstmals Beiträge zur gesetzlichen Unfallversicherung für die Verkaufsförderer H. L., A. B. und K. St. für die Jahre 1997 bis 2000 geltend. Der gegen die Beitragsforderung gerichtete Widerspruch des Klägers wurde von der Beklagten mit Widerspruchsbescheid vom … zurückgewiesen. Während des Widerspruchsverfahrens hat die Beklagte den Bescheid vom … erlassen, mit dem sie eine die genannten Personen betreffende Beitragsforderung für das Jahr 2001 geltend macht.

Die Beitragsforderung der Beklagten ist unbegründet, denn bei den genannten Personen handelt es sich um selbstständig tätige Verkaufsförderer, die zwar aufgrund vertraglicher Abreden für den Kläger tätig werden, die jedoch nicht in einem abhängigen Beschäftigungsverhältnis stehen.[1]) Der Kläger war deshalb auch nicht verpflichtet, für die genannten Personen Beiträge zur gesetzlichen Unfallversicherung zu entrichten.[2]) Die Stellung der genannten Verkaufsförderer als selbstständig wird aus mehreren Gesichtspunkten deutlich, die für die Abgrenzung von abhängiger Beschäftigung und selbstständiger Tätigkeit maßgebend sind: Ausgehend von einem vertraglich festgelegten Präsentationskonzept der vom Kläger vertretenen Produkte waren und sind die Verkaufsförderer bei der Ausgestaltung ihrer Tätigkeit keinen Einzelweisungen des Klägers unterworfen. Sie bestimmen den Umfang der Tätigkeiten, die sie für die Verkaufsförderung der Produkte des Klägers verwenden, insbesondere Anfang und Ende der Arbeitseinsätze, selbst. Hinzu kommt, dass sie ein ganz erhebliches wirtschaftliches Risiko tragen, da die Höhe der vom Kläger an sie gezahlten Geldleistungen (Honorare, Provisionen), wie den in Kopie beigefügten Vertragsabreden entnommen werden kann, fast ausschließlich vom Umsatz abhängt. Wesentlich ist auch, dass die genannten Personen nicht verpflichtet sind oder waren, ausschließlich für den Kläger tätig zu werden. Der Geschäftsumfang ist vielmehr so ausgelegt, dass daneben auch noch andere Unternehmen betreut werden können. Die Beitragsforderung der Beklagten besteht somit zu Unrecht.

Der Vollzug der streitbefangenen Verwaltungsakte ist durch Anordnung des Gerichts nach § 86b Abs. 1 Satz 1 Nr. 2 SGG (i.d.F. des 6. SGG-ÄndG) auszusetzen. Zwar entfällt nach § 86a Abs. 2 Nr. 1 SGG bei Entscheidungen über Versicherungs- und Beitragspflichten die nach Abs. 1 dieser Vorschrift bei Einlegung eines Rechtsbehelfs generell eintretende aufschiebende Wirkung. Nach § 86a Abs. 3 Satz 2 SGG soll jedoch in den Fällen des § 86a Abs. 2 Nr. 1 SGG die Aussetzung der Vollziehung erfolgen, wenn ernstliche Zweifel an der Rechtmäßigkeit des angegriffenen Verwaltungsaktes bestehen oder wenn die sofortige Vollziehung für den Abgabepflichtigen eine besondere Härte zur Folge hätte, die nicht durch überwiegende öffentliche Interessen geboten ist. In Bezug auf die streitbefangenen Bescheide sind beide Alternativen erfüllt, denn zum einen bestehen – wie dargelegt – an der Rechtmäßigkeit der Beitragsforderungen der Beklagten erhebliche Zweifel. Zum anderen ist die Höhe der gesamten Beitragsforderung geeignet, den Kläger in seiner wirtschaftlichen Existenz zu gefährden. Demgegenüber sind keine öffentlichen Interessen zu erkennen, die eine sofortige Vollziehung begründen könnten. Wegen der bei einer Vollziehung der streitbefangenen Bescheide drohenden Existenzgefährdung ist die Gewährung vorläufigen Rechtsschutzes geboten, was die Beklagte entgegen der sich aus § 86a Abs. 3 Satz 1 SGG ergebenden Verpflichtungen zu Unrecht abgelehnt hat.

gez. Dr. L. Rechtsanwalt

Anmerkungen:

1) Der Antrag auf Gewährung von einstweiligem Rechtsschutz sollte deutlich hervorgehoben werden, um der Eingangsgeschäftsstelle die Eilbedürftigkeit anzuzeigen.

2) Zur Abgrenzung zwischen selbstständiger Tätigkeit und abhängiger Beschäftigung vgl. *BSGE 51, 164 = SozR 2400 § 2 Nr. 16 und SozR 2400 § 2 Nr. 19.*

3) Die Beiträge zur gesetzlichen Unfallversicherung sind – im Gegensatz zu den anderen Zweigen der Sozialversicherung – allein vom Unternehmer aufzubringen (§ 150 Abs. 1 SGB VII). Die Höhe der Beiträge richtet sich grundsätzlich nach dem Entgelt der Versicherten und nach dem Grad der Unfallgefahr in den Unternehmen (§ 153 Abs. 1 bzw. § 167 Abs. 1 SGB VII). Zur Abstufung der Beiträge nach dem Grad der Unfallgefahr hat die Vertreterversammlung der BG (= Selbstverwaltungsorgan) durch einen Gefahrtarif (= Satzung) Gefahrklassen zu bilden (§ 157 Abs. 1 SGB VII).

58 **11.2 Isolierter Antrag auf Anordnung der aufschiebenden Wirkung**

Schriftsatzmuster

Rechtsanwalt Dr. L.
Sozialgericht Hannover

In dem Rechtsstreit

des Zahnarztes Dr. A.,   Kläger und Antragsteller,

– Proz. -Bev.: Rechtsanwalt Dr. L. –

g e g e n

den Berufungsausschuss ...,[1])

vertreten durch seinen Vorsitzenden,   Beklagter,

wegen Entziehung der kassenzahnärztlichen Zulassung

beantrage ich,

die durch den Bescheid des Beklagten vom ... angeordnete sofortige Vollziehung[2]) der Zulassungsentziehung bis zur Entscheidung in der Hauptsache auszusetzen und die aufschiebende Wirkung der Klage anzuordnen.

Begründung:

Die vom Berufungsausschuss ... gemäß § 97 Abs. 4 SGB V angeordnete sofortige Vollziehung der Zulassungsentziehung wegen gröblicher Verletzung der kassenzahnärztlichen Pflichten ist schon deshalb aufzuheben, weil ein besonderes öffentliches Interesse, das gerade den Sofortvollzug rechtfertigen könnte, nicht besteht. Die dem Kläger zur Last gelegten manipulierten Abrechnungen betreffen Zeiträume, die schon längere Zeit zurückliegen. Der Kläger hat demgegenüber in neuerer Zeit ein untadeliges Abrechnungsverhalten gezeigt. Dies wird auch im Rechtsstreit um die Zulassungsentziehung Berücksichtigung finden müssen. Von daher ist schon zweifelhaft, ob die Entziehung der Zulassung im Klageverfahren Bestand haben wird. In jedem Fall fehlen jedoch besondere Umstände, die einen so schwerwiegenden Eingriff in die Existenz des Kassenzahnarztes vor dem Eintritt der Rechtskraft im anhängigen Streitverfahren rechtfertigen könnten.[3])

gez. Dr. L. Rechtsanwalt

Anmerkungen:

1) Der Berufungsausschuss ist Widerspruchsinstanz. Er kann von den am Zulassungsverfahren beteiligten Ärzten, ärztlich geleiteten Einrichtungen, Kassenärztlichen Vereinigungen und den Landesverbänden der Krankenkassen angerufen werden (§ 96 Abs. 4 SGB V).

2) Gemäß § 97 Abs. 4 SGB V kann der Berufungsausschuss die sofortige Vollziehung seiner Entscheidung im öffentlichen Interesse anordnen. Ordnet er die sofortige Vollziehung nicht an, so hat die Klage gegen die Zulassungsentziehung kraft Gesetzes aufschiebende Wirkung. In diesen Fällen kann jedoch das SG auf Antrag der übrigen Beteiligten die sofortige Vollziehung gemäß § 86 b Abs. 1 Satz 1 Nr. 1 anordnen.

3) Wegen des hier erforderlichen besonderen Vollzugsinteresses vgl. im Einzelnen *BVerfGE 44, 105 = NJW 1977, 892; BVerfG NJW 1985, 2187; BSG SozR 2200 § 368a Nr. 3; LSG Nds., Nds. Rpfl. 1983, 239.*

11.3 Antrag auf Erlass einer einstweiligen Anordnung 59

Schriftsatzmuster

Rechtsanwalt L.
Sozialgericht Hannover

A n t r a g

auf Erlass einer einstweiligen Anordnung

der Marija S.,
Bürgerstraße 17, 30159 Hannover,   Antragstellerin,

– Proz.-Bev.: Rechtsanwalt L. –

g e g e n

die Bundesagentur für Arbeit,

vertreten durch das
vorsitzende Mitglied der Geschäftsführung
der Regionaldirektion Niedersachsen-Bremen,   Antragsgegnerin.

Namens und in Vollmacht der Antragstellerin beantrage ich, die Antragsgegnerin im Wege der einstweiligen Anordnung zu verpflichten, der Antragstellerin eine bis zum … befristete Arbeitserlaubnis für eine Beschäftigung bei der Änderungsschneiderei A. B. in Hannover zu erteilen.

Begründung:

Die Antragstellerin begehrt von der Antragsgegnerin die Erteilung einer Arbeitserlaubnis für die Aufnahme einer Beschäftigung bei der Änderungsschneiderei A. B. in Hannover. Die Antragstellerin besitzt die Staatsangehörigkeit Rumäniens. Sie bedarf daher gemäß § 284 SGB III zur Ausübung einer Beschäftigung einer Erlaubnis der Antragsgegnerin.[1] Die Arbeitserlaubnis ist der Antragstellerin zu erteilen, weil in Bezug auf das angestrebte Beschäftigungsverhältnis die Voraussetzungen des § 285 SGB III vorliegen. Das Arbeitsamt ist zwar verpflichtet, vorrangig deutsche und ihnen gleichgestellte Arbeitslose in Arbeit zu vermitteln. Doch stehen für den hier in Rede stehenden Arbeitsplatz keine geeigneten bevorrechtigten Arbeitslosen zur Verfügung. Außerdem ist zu berücksichtigen, dass Staatsangehörigen aus Staaten, die nach dem EU-Beitrittsvertrag der Europäischen Union beitreten, gegenüber Staatsangehörigen aus Drittstaaten vorrangig eine Arbeitserlaubnis zu erteilen ist. Soweit die Antragsgegnerin geltend macht, im Bereich des Arbeitsamtes Hannover seien zwei bevorrechtigte Arbeitslose vermittelbar, ist zu berücksichtigen, dass es sich hierbei um Arbeitssuchende handelt, die nach Darstellung des Inhabers der Änderungsschneiderei, Herrn A. B., für den in Aussicht stehenden Arbeitsplatz nicht geeignet sind bzw. diesen nicht anstreben, da sie bislang noch nicht in einer vergleichbaren Einrichtung tätig gewesen sind, sondern ausschließlich in der industriellen Fertigung gearbeitet haben. Außerdem streben sie nach Darstellung des Arbeitsvermittlers S. der Antragsgegnerin Dauerarbeitsplätze an, während die Änderungsschneiderei A. B. nur ein auf drei Monate befristetes Arbeitsverhältnis zur Bewältigung momentaner Auftragsspitzen anbieten kann. Aus der beigefügten Erklärung des Herrn A. B. ergibt sich zudem, dass er speziell an einer Einstellung der Antragstellerin interessiert ist, weil sie über ausreichende Erfahrung in der Tätigkeit einer Änderungsschneiderin verfügt. Auch dieses Interesse des Arbeitgebers an der Einstellung der Klägerin stützt ihren Anspruch auf Erteilung einer Arbeitserlaubnis, da es auf sachlich gerechtfertigten betrieblichen Gründen beruht.

Die besondere Eilbedürftigkeit ergibt sich aus der Tatsache, dass Herr A. B. an der Einstellung der Antragstellerin nur interessiert ist, wenn diese innerhalb der kommenden drei Wochen die Beschäftigung aufnehmen kann. Zum Beweis wird ebenfalls auf die beigefügte Erklärung von Herrn A. B. verwiesen.

gez. L. Rechtsanwalt

Anmerkungen:

1) § 284 SGB III i.d.F. des Gesetzes vom 7. 12. 2006 (BGBl. I S. 2814) bestimmt, dass Staatsangehörige der neuen EU-Mitgliedsstaaten und deren freizügigkeitsberechtigte Familienangehörige eine Beschäftigung nur mit Genehmigung der Agentur für Arbeit ausüben dürfen. Für die Bürger dieser Staaten ist die volle Freizügigkeit der EU-Bürger bis höchstens 30. 4. 2011 eingeschränkt. Für Staatsangehörige Rumäniens und Bulgariens gilt die Einschränkung bis höchstens 31. 12. 2013.

60 **11.4 Antrag auf Anordnung der aufschiebenden Wirkung und auf Erlass einer einstweiligen Anordnung in Angelegenheiten der Grundsicherung für Arbeitsuchende**

Schriftsatzmuster

Rechtsanwalt L.
Sozialgericht Hannover

A n t r a g

der kaufmännischen Angestellten
Angela S., Breitestraße 17b, 30118 Hannover   Antragstellerin,

– Proz.-Bev.: Rechtsanwalt L. –

g e g e n

Jobcenter Hannover Mitte,   Antragsgegner,

vertreten durch den Geschäftsführer.

Namens und in Vollmacht der Antragstellerin beantrage ich, die Antragsgegnerin im Wege der einstweiligen Anordnung zu verpflichten,

1. die aufschiebende Wirkung des Widerspruchs der Antragstellerin gegen den Bescheid der Antragsgegnerin vom 12. 3. 2007 anzuordnen,[1])

2. die Antragsgegnerin im Wege der einstweiligen Anordnung zu verpflichten, ihr über den 30. 6. 2007 hinaus Leistungen zur Sicherung des Lebensunterhalts nach dem SGB II ohne Berücksichtigung des Einkommens des Herrn C. zu gewähren[2]).

Begründung:

Die Antragstellerin ist Arbeit suchend und einkommenslos. Sie bezieht seit dem 1. 1. 2007 Leistungen zur Sicherung des Lebensunterhalts nach dem SGB II. Am 16. 2. 2007 teilte der Mitarbeiter S. des Antraggegners der Antragstellerin mit, sie möge sich bei der Zeitarbeitsfirma R. Deutschland GmbH um die Stelle einer Sekretärin bewerben. Die Stelle sei zum 1. 3. 2007 zu besetzen. Nach einer Vorstellung bei der Firma R hat die Antragstellerin dem Antragsgegner mitgeteilt, dass die Stelle für sie nicht in Betracht komme, weil die Arbeitsstätte von ihrer Wohnung 70 km entfernt liege und zudem nur ein Hungerlohn i.H.v. 1.400 € monatlich bei einer angekündigten Arbeitszeit von mindestens 45 Stunden wöchentlich gezahlt werde. Der Antragsgegner hat daraufhin durch Bescheid vom 12. 3. 2007 die der Antragstellerin bewilligten Leistungen für die Dauer von drei Monaten beginnend ab dem 1. 4. 2007 gemäß § 31 Abs. 1 Nr. 1c SGB II um 30% gekürzt und den Zuschlag nach § 24 SGB II für diesen Zeitraum in Wegfall gebracht. Zugleich enthält der Bescheid den Hinweis, der Antragsgegner habe ermittelt, dass die Antragstellerin seit mehr als 10 Monaten mit Herrn C. zusammenlebe. Er werde mit Beginn des nächsten Bewilligungsabschnitts am 1. 7. 2007 vom Vorliegen einer eheähnlichen Gemeinschaft ausgehen und das Einkommen des Herrn C. bei der Ermittlung des Bedarfs der aus der Antragstellerin und Herrn C. bestehenden Bedarfsgemeinschaft berücksichtigen.

Über den gegen den Bescheid gerichteten Widerspruch der Antragstellerin und den gleichzeitig gestellten Antrag auf Herstellung der aufschiebenden Wirkung ihres Widerspruchs hat die Antragsgegnerin bisher nicht entschieden[3]).

Die von dem Antragsgegner verfügte Absenkung der Leistungen zur Sicherung des Lebensunterhalts nach dem SGB II ist rechtswidrig. Der Antragstellerin stehen diese Leistungen weiter in der mit dem Bescheid vom 29. 12. 2006 festgesetzten Höhe von insgesamt 980,35 € (Regelleistung 345 €, Zuschlag nach § 24 SGB II – 160 €, KdU – 475,35 €) zu. Die Antragsgegnerin geht zu Unrecht davon aus, die Antragstellerin habe sich ohne wichtigen Grund geweigert, eine zumutbare Arbeit aufzunehmen. Tatsächlich liegen die Voraussetzungen des § 31 Abs. 1 Satz 1 Nr. 1c SGB II nicht vor, weshalb die aufschiebende Wirkung des Widerspruchs herzustellen und die Zahlungen der Antragsgegnerin in bisheriger Höhe fortzuführen sind.

Die Stelle bei der Firma R. war für die Antragstellerin nicht zumutbar, weil sie im Hinblick auf die Entfernung der Arbeitsstätte mit einem für sie nicht zumutbaren Aufwand an Geld und Zeit verbunden gewesen wäre. Zudem war der angebotene Lohn schon für sich genommen unzumutbar, weil weit unterhalb jedes Tariflohns für Sekretärinnen. Unter Berücksichtigung der Aufwendungen für Fahrtkosten i. H. v. monatlich ca. 700 € und eines Zeitaufwandes für die Fahrten zur Arbeitsstätte von täglich 3 Stunden hätte sich für die Antragstellerin kein zumutbarer Ertrag ergeben.

Die Auffassung des Antraggegners, die Klägerin bilde mit Herrn C. eine Bedarfsgemeinschaft, weil zwischen beiden eine eheähnliche Gemeinschaft bestehe, entbehrt jeder Grundlage. Herr C. bewohnt in der Wohnung der Antragstellerin ein einzelnes Zimmer und wirtschaftet im Übrigen allein. Es besteht keine gemeinsame Haushaltsführung mit der Antragstellerin. Erst recht fehlen alle anderen Indizien, an denen § SGB II das Vorliegen einer eheähnlichen Beziehung festmacht.

Sowohl hinsichtlich des Antrags auf Herstellung der aufschiebenden Wirkung des Widerspruchs als auch in Bezug auf die einstweilige Anordnung ist vorläufiger Rechtsschutz geboten. Die Klägerin ist zur Aufrechterhaltung ihres Existenzminimums auf die Fortsetzung der ungekürzten Leistungen durch den Antragsgegner angewiesen; ihr steht keine Möglichkeit zur Verfügung, Hilfe von anderer Seite zu erlangen.

Die Ankündigung des Antragsgegners, mit Beginn des nächsten Bewilligungsabschnitts am 1. 7. bei der Ermittlung der Hilfebedürftigkeit der Antragstellerin die Einkünfte von Herrn C. zu berücksichtigen, stellt auch einen unmittelbar drohenden Eingriff in die Rechtssphäre der Antragstellerin und damit einen Grund für die Anordnung einer einstweiligen Anordnung dar. Die Antragsgegnerin hat insoweit ihre Meinungsbildung bereits abgeschlossen; die Antragstellerin sieht vor dem bevorstehenden Erlass eines für die Antragstellerin negativen Bescheids keine Möglichkeit mehr, ohne gerichtliche Hilfe eine Einstellung der Leistungen durch den Antragsgegner und damit eine gravierende Gefährdung ihrer Existenzgrundlagen zu vermeiden.

gez. Dr. L. Rechtsanwalt

Anmerkung:

1) Gem. § 39 Nr. 1 SGB II haben Widerspruch und Anfechtungsklage gegen einen Verwaltungsakt, der der Leistungen der Grundsicherung für Arbeitsuchende aufhebt, zurücknimmt, widerruft oder herabsetzt oder Leistungen zur Eingliederung in Arbeit oder Pflichten des erwerbsfähigen Hilfebedürftigen bei der Eingliederung in Arbeit regelt, keine aufschiebende Wirkung. Der Ausschluss der aufschiebenden Wirkung erfasst jedoch nicht einen Rückforderungsbescheid wegen überzahlter Leistungen (der hier aber auch nicht in Betracht kommt).

2) Nach § 7 Abs. 3 SGB II gehören zur Bedarfsgemeinschaft: als Partner der erwerbsfähigen Hilfebedürftigen eine Person, die mit dem erwerbsfähigen Hilfebedürftigen in einem gemeinsamen Haushalt so zusammenlebt, dass nach verständiger Würdigung der wechselseitige Wille anzunehmen ist, Verantwortung füreinander zu tragen und füreinander einzustehen. Nach § 7 Abs. 3a SGB II wird ein wechselseitiger Wille, Verantwortung füreinander zu tragen und füreinander einzustehen, vermutet, wenn Partner 1. länger als ein Jahr zusammenleben, 2. mit einem gemeinsamen Kind zusammenleben, 3. Kinder oder Angehörige im Haushalt versorgen oder 4. befugt sind, über Einkommen oder Vermögen des anderen zu verfügen.

3) Der Antrag nach § 86b Abs. 1 Satz 1 setzt nicht voraus, dass zuvor erfolglos versucht worden ist, vorläufigen Rechtsschutz durch die Verwaltung (hier: durch Herstellung der aufschiebenden Wirkung) gem. § 86a Abs. 3 zu erlangen. Eine entsprechende Voraussetzung wurde im verwaltungsgerichtlichen Verfahren durch das 4. VwGO-ÄndG in § 80 Abs. 6 (für Fälle des § 80 Abs. 2 Nr. 1 VwGO) eingefügt. Angesichts der ansonsten minutiösen Übernahme der in § 80 VwGO enthaltenen Regelungen in das neue Recht des vorläufigen Rechtsschutzes im sozialgerichtlichen Verfahren muss davon ausgegangen werden, dass es sich um eine bewusste Abweichung handelt, s. o. Rn. 45.

VI. KAPITEL

Die Verfahrensbeteiligten

1 Allgemeines

Die Beteiligten am sozialgerichtlichen Verfahren sind: Kläger, Beklagter (die *1*
Hauptbeteiligten) und ggf. Beigeladene (§ 69). Beteiligtenfähig ist zunächst – wie
bei der Parteifähigkeit im Zivilprozess (§ 50 Abs. 1 ZPO) – jede rechtsfähige (natürliche und juristische) Person des privaten und öffentlichen Rechts. Darüber hinaus können nach § 70 Nr. 2 auch nicht rechtsfähige Personenvereinigungen (z.B.
Gesellschaften des bürgerlichen Rechts – vgl. *BSG SozR 3-2500 § 124 Nr. 4*, Gewerkschaften, Arbeitgeberverbände, Arbeitsgemeinschaften von Sozialversicherungsträgern sowie Betriebs- und Personalräte) Beteiligte sein. Einzelne Behörden sind nur beteiligtenfähig, wenn dies durch landesrechtliche Regelungen
bestimmt ist (§ 70 Nr. 3 – hiervon haben nur einige Bundesländer Gebrauch gemacht; *Beispiel: § 3 Gesetz zur Ausführung des SGG im Land NRW; das BSG
geht davon aus, dass in diesen Fällen die Klage gegen die Behörde und nicht gegen
den Rechtsträger zu richten ist*, vgl. *SozR 4-3500 § 54 Nr. 6; a.A. LSG NRW
8. 2. 2010, L 19 (20) AS 45/09*). Ansonsten geht auch das sozialgerichtliche Verfahren grundsätzlich vom Rechtsträgerprinzip aus; d.h. Beteiligter ist die juristische Person und nicht die zuständige Behörde. Ist in der Klageschrift eine nicht
beteiligungsfähige Behörde als Beklagter benannt worden, handelt es sich lediglich um eine unrichtige Bezeichnung, die das Gericht von Amts wegen richtig
stellen muss:

Beispiele: *2*

Bundesrepublik Deutschland statt Bundesversicherungsamt – *BSGE 15, 127, 129,*

Bundesrepublik Deutschland statt Bundesaufsichtsbehörde für Unfallversicherung –
BSGE 49, 225, 223,

Bundesanstalt für Arbeit statt Bundesaufsichtsbehörde für Unfallversicherung – *BSGE
51, 213, 214.*

Im Bereich des Vertragsarztrechts ist der Kreis der beteiligtenfähigen Einrich- *3*
tungen von der Rechtsprechung weit ausgedehnt worden *(vgl. hierzu BSG SozR
1500 § 70 Nr. 3 = SGb 1986, 196 m. w. N.).* § 70 Nr. 4 erklärt nunmehr alle gemeinsamen Entscheidungsgremien von Leistungserbringern und Krankenkassen
(sog. gemeinsame Selbstverwaltung) für beteiligtenfähig und bezieht zugleich
auch die entsprechenden Gremien im Bereich der Pflegeversicherung ein (dort ist
vor allem die Schiedsstelle nach § 76 SGB XI betroffen; vgl. hierzu *BSGE 87, 199,
200 = SozR 3-3300 § 85 Nr. 1).* Für diese Gremien handelt jeweils der Vorsitzende
(§ 71 Abs. 4). Aufseiten der Leistungserbringer bleibt auch eine zwischenzeitlich

aufgelöste Gemeinschaftspraxis beteiligtenfähig *(BSGE 98, 89, 90, Rn. 11)*. Im Hinblick auf die **Beteiligtenfähigkeit der Arbeitsgemeinschaften** nach § 44 b SGB II hat das BSG offen gelassen, ob die Beteiligtenfähigkeit nach § 70 Nr. 3 durch Landesrecht bestimmt werden kann. Zweifel ergeben sich insoweit, als es sich um eine gemischte Landes- und Bundesbehörde handelt *(BSG SozR 4-4200 § 22 Nr. 1)*. Die Beteiligtenfähigkeit der Argen ergab sich aber in jedem Fall aus § 70 Nr. 2 SGG (nicht rechtsfähige Personenvereinigung); das Gleiche gilt für die zum 1. 1. 2011 an ihre Stelle getretenen Gemeinsamen Einrichtungen. Mehrere Hilfsorganisationen, die als Arbeitsgemeinschaft eine Sozialstation betreiben, sind als GbR beteiligtenfähig *(BSG SozR 4-3300 § 89 Nr. 1)*.

4 2 Streitgenossenschaft

§ 74 erklärt die zivilprozessualen Regelungen über Streitgenossenschaft und Hauptintervention (§§ 59 bis 65 ZPO) für entsprechend anwendbar. Während der Hauptintervention im sozialgerichtlichen Verfahren keine praktische Bedeutung zukommt, ist die Streitgenossenschaft häufig anzutreffen. Die Streitgenossenschaft entsteht in der Regel durch Klage mehrerer Personen oder gegen mehrere Personen, durch Klageerweiterung gegen weitere Beklagte oder durch Eintritt weiterer Kläger. Zur Streitgenossenschaft kann es auch durch Verbindung mehrerer anhängiger Verfahren mit verschiedenen Beteiligten zu gemeinsamer Verhandlung und Entscheidung kommen (§ 113 Abs. 1 SGG). Die Wirkungen der Streitgenossenschaft im sozialgerichtlichen Verfahren entsprechen in vollem Umfang denen des Zivilprozesses, sodass auf eine Darstellung hier verzichtet werden kann *(vgl. z. B. Thomas/Putzo, Anmerkungen zu §§ 61 bis 63 ZPO)*.

5 3 Beiladung

Schrifttum

Dahm, Die notwendige Beiladung gemäß § 75 Abs. 2 SGG zu Streitigkeiten aus dem Bereich der gesetzlichen Unfallversicherung, BG 1995, 262

Gräßer, Keine Beiladung der Krankengeld gewährenden Krankenkasse zum Rechtsstreit auf Gewährung von Berufs- bzw. Erwerbsunfähigkeitsrente, SozVers. 1986, 307

Hänlein, Zur notwendigen Beiladung im sozialgerichtlichen Verfahren, SGb 1989, 337

Loytved, Zur Frage der notwendigen Beiladung bei sozialgerichtlichen Abzweigungsstreitigkeiten, SGb 1984, 510

Schäfer, Die Beiladung im Sozialgerichtsverfahren, Mittel des Rechtsschutzes und der Prozessökonomie (Sozialpolitik und Recht, Band 5) 1983

Schmeiduch, Zur Frage der notwendigen Beiladung in Verwaltungs- und Streitverfahren über Rentenansprüche aus dem Versicherungskonto eines Ausgleichsberechtigten nach durchgeführtem Versorgungsausgleich, wenn die Rentengewährung zur Kürzung der Versorgung (Minderung der Rente) des Ausgleichsverpflichteten führt, SGb 1988, 226

Spellbrink, Beiladung im Kassenarztrecht, DOK 1992, 571

Zeihe, Zur Verurteilung eines beigeladenen Versicherungsträgers (§ 75 Abs. 5 SGG), SGb 1980, 555

Zeihe, Zur Aufhebung einer notwendigen Beiladung in der Revisionsinstanz, SGb 1994, 363

3.1 Allgemeines

Die Beiladung ist ein spezielles Institut des Verwaltungsprozessrechts (vgl. auch §§ 65, 66 VwGO und § 60 FGO), dem im sozialgerichtlichen Verfahren große Bedeutung zukommt. Ihrer Funktion nach entspricht sie der Nebenintervention und Streitverkündung des Zivilprozesses, die das sozialgerichtliche Verfahren nicht kennt. Im Gegensatz zur Nebenintervention und Streitverkündung hängt die Beiladung nur von der Entscheidung des Gerichts ab, außerdem werden die Beigeladenen im eigenen Interesse tätig und müssen nicht andere Beteiligte unterstützen. Durch die Beiladung wird ein außerhalb des Verfahrens stehender Dritter, dessen Rechtsposition durch den anhängigen Prozess berührt wird, durch Beschluss des Gerichts zum Beteiligten. Sie dient zunächst dem Interesse des Beigeladenen, der die Möglichkeit erhält, auf den auch seine eigene Rechtssphäre berührenden Rechtsstreit Einfluss zu nehmen. Dafür unterliegt er gemäß § 141 Abs. 1 dann auch der Rechtskraft des in dem Verfahren ergehenden Urteils. Daneben fördert die Beiladung die Prozessökonomie, weil sie Folgeprozesse vermeiden hilft.

3.2 Arten der Beiladung

Das Gesetz unterscheidet zwischen einfacher und notwendiger Beiladung. Gemäß § 75 Abs. 1 Satz 1 kann das Gericht andere beiladen, deren berechtigte Interessen durch die Entscheidung berührt werden (einfache Beiladung). Die einfache Beiladung kann sowohl von Amts wegen erfolgen als auch auf Antrag eines Beteiligten oder desjenigen, der beigeladen werden möchte. In jedem Fall steht sie im Ermessen des Gerichts. Eine Ausnahme bildet insoweit nur der Beiladungsantrag der Bundesrepublik Deutschland in Angelegenheiten der Kriegsopferversorgung: Hier ist die Beiladung gemäß § 75 Abs. 1 Satz 2 zwingend vorgeschrieben, obwohl es sich um einen Fall der einfachen Beiladung handelt. Wegen der Möglichkeit der amtswegigen Beiladung kann das Gericht Außenstehende auch gegen ihren Willen in das Verfahren einbinden.

Voraussetzung der **einfachen Beiladung** ist lediglich, dass berechtigte Interessen durch die Entscheidung des Rechtsstreits berührt werden können. Hierzu zählen nicht nur rechtliche, sondern auch wirtschaftliche, ideelle oder tatsächliche Interessen, auf die die zu erwartende Entscheidung einen negativen oder positiven Einfluss haben kann. Unterlässt das Gericht eine einfache Beiladung trotz Vorliegens der Voraussetzungen oder ordnet es sie an, obwohl ihre Voraussetzungen nicht vorliegen, so handelt es sich nicht um einen Verfahrensfehler.

Anders verhält es sich bei der **notwendigen Beiladung**. Sie muss vom Gericht angeordnet werden, wenn Dritte an dem streitigen Rechtsverhältnis derart beteiligt sind, dass auch ihnen gegenüber die Entscheidung nur einheitlich ergehen kann (1. Alternative des § 75 Abs. 2 – auch als echte notwendige Beiladung bezeichnet) oder wenn bei einer Ablehnung des Anspruchs ein anderer Leistungsträger als der beklagte Versicherungsträger, ein Träger der Grundsicherung für Arbeitsuchende, ein Träger der Sozialhilfe oder in Angelegenheiten des sozialen Entschädigungsrechts ein Land als leistungspflichtig in Betracht kommt (2. Alternative des § 75 Abs. 2 – auch als unechte notwendige Beiladung bezeichnet). Die Beiladung muss in diesen Fällen von Amts wegen auch ohne Antrag eines Beteiligten oder des Dritten erfolgen; ein Antrag hat hier lediglich die Bedeutung einer Anregung. Die Beiladung ist grundsätzlich nicht davon abhängig, wie die zu treffende Entscheidung wahrscheinlich ausfällt *(BSG SozR 1500 § 75 Nr. 49; BSGE 66, 144, 147 = SozR 3-5795 § 6 Nr. 1)*. Etwas anderes gilt nur, wenn von vornherein feststeht, dass die Klage in jedem Fall abgewiesen werden muss *(BSG Urteil vom 18. 3. 1987, 9b RU 56/85)*. Unabhängig von der Verpflichtung der Tatsacheninstanzen zur Beiladung und der Qualifizierung der unterbliebenen notwendigen Beiladung als Verfahrensfehler hat das BSG in neueren Entscheidungen eine fehlende Beiladung dann nicht zum Anlass genommen, den Rechtsstreit an das LSG zurück zu verweisen, wenn sich die vom Revisionsgericht zu treffende Sachentscheidung nicht nachteilig auf den an sich beizuladenden Dritten auswirken kann *(BSGE 66, 144, 146f. = SozR 3-5795 § 6 Nr. 1; BSGE 67, 251, 252 = SozR 3-2500 § 92 Nr. 2; BSG SozR 3-2500 § 106 Nr. 6)*; dem liegt eine entsprechende Rechtsprechung des BVerwG zugrunde *(BVerwGE 74, 19, 21; 80, 228, 230)*. Durch die teilweise Zulassung einer notwendigen Beiladung im Revisionsverfahren (mit Zustimmung des Beizuladenden – § 168) im Rechtspflege-Entlastungsgesetz (vom 11. 1. 1993, BGBl. I 50) hat diese Problematik an Gewicht verloren.

10   Die Voraussetzungen der **unechten notwendigen Beiladung** sind relativ unproblematisch. Es genügt, dass während des Rechtsstreits erkennbar wird, dass möglicherweise der falsche Leistungsträger verklagt worden ist. Während von der Regelung ursprünglich nur Sozialversicherungs- und Versorgungsträger erfasst wurden, ist der Anwendungsbereich durch Art. 9 des Gesetzes vom 20. 7. 2006 (BGBl. I S. 1706) mit Wirkung vom 1. 8. 2006 als Folge der Zuordnung von SGB II und XII zur Sozialgerichtsbarkeit auf die Träger der Grundsicherung für Arbeitsuchende und der Sozialhilfe ausgedehnt worden. Im Hinblick auf § 75 Abs. 5 (Möglichkeit der Verurteilung des beigeladenen Versicherungsträgers oder Landes) ersetzt die Beiladung in diesen Fällen einen Beteiligtenwechsel oder die Einleitung eines neuen Verfahrens. Die Verurteilung eines anderen Leistungsträgers kommt allerdings nur in Betracht, wenn der Kläger damit einverstanden ist *(BSG SozR 3-1500 § 75 Nr. 23)*.

11   Die Voraussetzungen der **echten notwendigen Beiladung** lassen sich dagegen häufig weniger eindeutig beurteilen. Die Rechtsprechung geht von der Notwendigkeit einer einheitlichen Entscheidung aus, wenn der in Rechtskraft erwachsende Inhalt der angestrebten Entscheidung zugleich in die Rechtssphäre des Dritten unmittelbar eingreift (vgl. *BSGE 38, 94, 96 = SozR 1500 § 75 Nr. 4; SozR 1500 § 75 Nr. 33, 34 und 59)*. Diese Voraussetzung liegt nicht vor, wenn der Dritte nur durch die Beurteilung einer Vorfrage betroffen sein kann, die an der Rechtskraftwirkung nicht teilnimmt *(BSGE 59, 30, 31 = SozR 1200 § 48 Nr. 10)*.

11a   **Nicht notwendig beizuladen** sind die Mitglieder einer **Bedarfsgemeinschaft** nach § 7 Abs. 3 SGB II zum Rechtsstreit eines oder mehrerer Mitglieder der Bedarfsgemeinschaft gegen den Träger der Grundsicherung. Sie sind am Rechtsverhältnis nicht derart beteiligt, dass die Entscheidung auch ihnen gegenüber nur einheitlich ergehen kann. Denn jedes Mitglied einer Bedarfsgemeinschaft besitzt einen eigenen Leistungsanspruch *(vgl.* hierzu *BSG SozR 4-4200 § 22 Nr. 1 = SGb 2007, 308),* sodass allenfalls eine „Einbeziehung in das Verfahren" als weitere Kläger denkbar und im Interesse einer Bedarfsgemeinschaft in der Regel auch erforderlich ist, nicht aber eine notwendige Beiladung *(a. A. Mecke, in: Eicher/Spellbrink, SGB II, § 9 Rn. 33).* Die logische Notwendigkeit einer übereinstimmenden Entscheidung für alle Mitglieder der Bedarfsgemeinschaft genügt als Voraussetzung einer notwendigen Beiladung nicht; erforderlich ist vielmehr, dass der im Prozess angegriffene Verwaltungsakt unmittelbar in die Rechtssphäre der Betroffenen eingreifen kann. Dies ist bei einer Bedarfsgemeinschaft wegen der Eigenständigkeit der Leistungsansprüche jedes Mitglieds nicht der Fall. In Betracht kommt allenfalls eine einfache Beiladung nach § 75 Abs. 1. Das BSG hat in der zuletzt genannten Entscheidung zugleich angeregt, der Gesetzgeber möge für die an sich wünschenswerte Mitwirkung der übrigen Mitglieder einer Bedarfsgemeinschaft eine entsprechende Grundlage schaffen; etwa durch die Einführung eines neuen Tatbestandes der notwendigen Beteiligung im Verwaltungsverfahren bzw. der notwendigen Beiladung im Gerichtsverfahren, verbunden mit der Möglichkeit, von allen zu Beteiligenden bzw. Beizuladenden binnen einer bestimmten Frist eine Erklärung zu verlangen, ob sie dem Verfahren als Widerspruchsführer bzw. Kläger beitreten.

Wichtige **Fallgruppen und Beispiele** für die notwendige Beiladung sind: *12*

a) Streitigkeiten über Fragen des Versicherungsverhältnisses und des Beitragsrechts:

Notwendige Beiladung

- des Rentenversicherungsträgers und der Bundesanstalt für Arbeit, wenn ein Bescheid einer Krankenkasse (als Einzugstelle) über die Versicherungspflicht bzw. -freiheit angefochten wird *(BSGE 15, 125; BSGE 17, 1),*

- des Arbeitgebers des Versicherten beim Streit über die Wirksamkeit von Pflichtbeiträgen *(BSG SozR 1500 § 75 Nr. 36),*

- der betroffenen Arbeitnehmer bei einem Streit über die Höhe der Beiträge aus dem Kurzarbeitergeld *(BSG SozR 1500 § 75 Nr. 21),*

- eines Arbeitgebers zum Rechtsstreit zwischen einem versicherten Arbeitnehmer und einer Krankenkasse (als Einzugstelle) wegen der Abführung der Rentenversicherungsbeiträge zur Angestellten- statt zur Arbeiterrentenversicherung *(BSG SozR Nr. 32 zu § 75 SGG),*

- dagegen kein notwendige Beiladung des Kranken- und des Rentenversicherungsträgers zum Rechtsstreit um die Feststellung von Versicherungspflicht nach dem Künstlersozialversicherungsgesetz *(BSGE 83, 246, 247 = SozR 3-5425 § 1 Nr. 5; anders noch SozR 1500 § 75 Nr. 82),*

– des Arbeitgebers bei einem Streit zwischen zwei Krankenkassen über die Zuständigkeit zur Durchführung der gesetzlichen Krankenversicherung der pflichtversicherten Beschäftigten,

– keine notwendige Beiladung des Betriebsrates, wenn Arbeitgeber und Bundesanstalt drüber streiten, ob gewährte Zuschüsse zur gesetzlichen Rentenversicherung, zu Winter- bzw. Schlechtwettergeld zurückzuzahlen sind (*BSGE 82, 183, 186f. = SozR 34100 § 71 Nr. 2*).

– des Stammversicherten zum Rechtsstreit eines Familienangehörigen über das Bestehen einer Familienversicherung (*BSG SozR 31500 § 78 Nr. 3*),

– des Rentenversicherungsträgers beim Streit des Rentners mit seiner Krankenkasse (*BSG SozR 3-1500 § 75 Nr. 2*),

– des Vaters eines Kindes zum Rechtsstreit der Pflegemutter gegen den Rentenversicherungsträger (*BSG SozR 3-1500 § 75 Nr. 3*).

13   b) Streitigkeiten, denen Verwaltungsakte mit Doppelwirkung zugrunde liegen:

Notwendige Beiladung

– des nicht beteiligten Hinterbliebenen bei einem Streit um Hinterbliebenenrente, die zur Kürzung der Rente der anderen Hinterbliebenen führen kann (*BSG SozR 1500 § 75 Nr. 8; BSGE 21, 125, 127 = SozR Nr. 5 zu § 1268 RVO; BSGE 50, 239, 241*),

– der geschiedenen Ehefrau, wenn die Witwe die Neufeststellung ihrer Rente wegen der Rentengewährung an die geschiedene Ehefrau (§ 1265 RVO/§ 42 AVG/G/§ 243 SGB VI) anficht (*BSGE 21, 125, 127*), ebenso im umgekehrten Fall:

– der Witwe, wenn die geschiedene Ehefrau den die Gewährung von Geschiedenenrente ablehnenden Bescheid anficht,

– des zum Versorgungsausgleich Verpflichteten zum Rechtsstreit seiner geschiedenen Ehefrau um den Rentenanspruch aus den übertragenen Versorgungsanwartschaften, wenn dies zur Kürzung des eigenen Rentenanspruchs führen könnte (*BSGE 61, 271 = SozR 2200 § 1304c Nr. 1, vgl. hierzu Schmeiduch, SGb 1988, 226*),

– des aus dem Versorgungsausgleich Berechtigten zum Streit über die Aufteilung einer Rentennachzahlung (*BSGE 66, 144, 147 = SozR 3-5795 § 6 Nr. 1*),

– zur notwendigen Beiladung von Arbeitnehmern zum Rechtsstreit des Arbeitgebers mit der Bundesanstalt um die Feststellung ihrer arbeitserlaubnisfreien Beschäftigung vgl. *BSG, Urteil vom 2. 8. 2001, B 7 AL 18/99 R.*

14   c) Streitigkeiten um übergegangene Leistungsansprüche (zumeist: Sozialhilfeträger und Sozialversicherungsträger):

Notwendige Beiladung des Leistungsberechtigten (*BSG SozR 1200 § 48 Nr. 12*), vgl. zuletzt *SozR 31300 § 111 Nr. 7*: Beiladung des Versicherten, der Krankenhausleistungen in Anspruch genommen hat zum Erstattungsstreit des Sozialhilfeträgers gegen die KK; dagegen keine Beiladung des Sozialhilfeträgers, wenn dieser einen Ersatzanspruch angemeldet hat, zum Streit über Arbeitslosenhilfe (*BSG SozR 3-4100 § 134 Nr. 7*).

d) Streitigkeiten um Leistungsansprüche, bei denen die Zuständigkeit des Leistungs-   *15*
trägers gegenüber dem behinderten Menschen durch § 14 SGB IX festgelegt wird (erstangegangener Träger mit *einer* Weiterleitungsmöglichkeit):

Im Verhältnis der Rehabilitationsträger untereinander räumt § 14 Abs. 4 SGB IX dem „zweitangegangenen Träger" einen spezialgesetzlichen Erstattungsanspruch gegen den materiell-rechtlich „eigentlich" originär zuständigen Rehabilitationsträger ein, der den allgemeinen Erstattungsansprüchen nach dem SGB X vorgeht. Zum Rechtsstreit zwischen behindertem Menschen und dem nach § 14 Abs. 1 zuständigen Leistungsträger ist der originär zuständige Leistungsträger notwendig beizuladen (*BSG SozR 4-3250 § 14 Nr. 8, Rn. 16 = NJW 2010, 2236*).

e) Streitigkeiten um abgezweigte Leistungsansprüche: *15a*

Notwendige Beiladung des Leistungsberechtigten bei einem Rechtsstreit zwischen dem Leistungsträger und einem Dritten, der die Auszahlung eines Teils der Leistung gemäß § 48 SGB I (Abzweigung) begehrt; dagegen keine notwendige Beiladung eines Unterhaltsberechtigten zum Rechtsstreit zwischen einem Arbeitslosen und der Bundesanstalt für Arbeit um die Abzweigung von Teilen der Arbeitslosenhilfe zugunsten des Sozialhilfeträgers nach § 48 Abs. 1 SGB I (*BSGE 59, 30, 31 = SozR 1200 § 48 Nr. 10*).

f) Streitigkeiten um kollektive Leistungsansprüche nach dem SGB III bzw. AFG (Kurz-   *16*
arbeitergeld, Schlechtwettergeld und Wintergeld):

notwendige Beiladung der Betriebsvertretung (vgl. *BSGE 38, 98 = SozR 1500 § 75 Nr. 3; SozR 1500 § 75 Nr. 10* und *BSGE 43, 255 = SozR 1500 § 75 Nr. 12*).

g) Streitigkeiten um den Anspruch auf Krankenhauspflege: *17*

Notwendige Beiladung der Krankenhausträger zum Verfahren zwischen Krankenkasse und Versichertem (*BSG SozR 1500 § 75 Nr. 59* und *BSGE 61, 197, 199*).

h) Streitigkeiten im Leistungserbringerrecht der GKV: *18*

Bei einem Streit über die Zuständigkeit von KÄV (KZÄV) oder paritätisch besetztem Prüfungsorgan bei Honorarkürzungen wegen Nichtbeachtung von Richtlinien ist die jeweils nicht beteiligte Einrichtung beizuladen (*BSG SozR 3-2500 § 106 Nr. 12*). Die Beteiligten an Normsetzungsvereinbarungen (z.B. Partner der Bundesmantelverträge, soweit sie am Rechtsstreit nicht beteiligt sind) sind dagegen nicht beizuladen, wenn es um die Rechtmäßigkeit der vereinbarten Normen geht. Das BSG hat seine ursprünglich gegenteilige Auffassung (*BSGE 62, 124*) aufgegeben (*BSGE 70, 240 = SozR 3-5533 Allg. Nr. 1*).

Auch bei einem Streit um Anwendung des EBM kommt nur einfache Beiladung der am Zustandekommen des EBM beteiligten Vertragspartner infrage (*BSGE 78, 98 = SozR 32500 § 87 Nr. 12*). Dies gilt auch in Bezug auf die an neuartigen Formen der vertraglichen Normsetzung beteiligten Selbstverwaltungseinrichtungen, z. B. für die Beteiligten an dreiseitigen Verträgen nach § 115 SGB V, für Rechtsstreitigkeiten, die aus derartigen Verträgen resultieren (*BSG SozR 32500 § 115 Nr. 1 = NZS 2001, 533*). Zum Rechtsstreit eines Hilfsmittelherstellers, der die Aufnahme eines von ihm hergestellten oder vertriebenen Hilfsmittel in das Hilfsmittelverzeichnis anstrebt (§ 128 i.V.m. § 139 SGB V), ist der Bundesausschuss der Ärzte und Krankenkassen notwendig beizuladen, wenn der Einsatz des Hilfsmittels mit einer von diesem Ausschuss zu überprüfenden Behandlungsmethode untrennbar verbunden ist (*BSGE 87, 105, 112 = SozR 32500 § 139 Nr. 1 = NZS 2001, 364*).

18a i) Streit um Vergütung für stationäre Pflege:

Zum Rechtsstreit zwischen den Verbänden der Kostenträger und einem Pflegeheim um die Höhe des Pflegesatzes müssen die Heimbewohner bzw. der Heimbeirat (§ 5 HeimG) nicht beigeladen werden, obgleich die Bewohner eines Pflegeheims auch hinsichtlich ihrer eigenen Zahlungspflichten an die Pflegesätze gebunden sind, die von den Pflegesatzparteien (Heimträger und Pflegekassen unter Beteiligung der Sozialhilfeträger, vgl. § 85 Abs. 2 SGB XI) vereinbart oder von der Schiedsstelle (§ 76 SGB X) festgesetzt worden sind (vgl. § 85 Abs. 6 Satz 1 SGB XI), weil die Interessen der Pflegebedürftigen bei der Festlegung des Pflegesatzes insoweit von den Pflegekassen treuhänderisch mit wahrgenommen werden (vgl. *Udsching, SGB XI, § 85 RdNr. 8*). Auch zur Rechtskrafterstreckung ist eine Beiladung dann nicht erforderlich, wenn die Rechte Dritter dadurch gewahrt werden, dass ihre treuhänderische Vertretung im Wege der Prozessstandschaft erfolgt (*BSGE 87, 199, 201*). Der Versicherte ist dagegen notwendig beizuladen, wenn die Pflegeeinrichtung mit einer gegen die Pflegekasse gerichteten Leistungsklage eine Höherstufung des Versicherten betreibt, weil eine Höherstufung zugleich die Höhe der (Zu-) Zahlungspflicht des Versicherten in Bezug auf den nicht von der Leistungspflicht der Pflegeversicherung gedeckten Teil der Pflegevergütung betrifft (*BSGE 95, 102, 105, Rn. 13 = SozR 4-3300 § 43 Nr. 1*).

19 **3.3 Verfahren**

Die Beiladung erfolgt durch Beschluss, den im vorbereitenden Verfahren der Kammervorsitzende (§ 106 Abs. 3 Nr. 6) ohne Beteiligung der ehrenamtlichen Richter bzw. der Berichterstatter im Berufungsverfahren (§ 155) erlassen kann. Gemäß § 75 Abs. 3 ist der Beiladungsbeschluss allen Beteiligten zuzustellen. Im Beschluss soll der Grund der Beiladung (notwendige oder einfache Beiladung mit Begründung, warum das Gericht die jeweiligen Voraussetzungen für gegeben hält) angegeben werden. Zugleich ist der Beigeladene über den Stand der Sache zu informieren. Hierzu gehört eine Unterrichtung über die Beteiligten und den Gegenstand des Rechtsstreits. Dem Beigeladenen sind zumindest die Sachanträge und ggf. der Stand der Ermittlungen mitzuteilen. Wegen Einzelheiten kann auf den Inhalt der Akten verwiesen werden; doch muss dem Beigeladenen dann Gelegenheit gegeben werden, die Akten einzusehen.

Grundsätzlich muss der Beigeladene die Möglichkeit haben, bei der Sachver- 20
haltsermittlung mitzuwirken und auf die Urteilsfindung Einfluss nehmen zu können. Anderenfalls ist sein Anspruch (und ggf. auch der anderer Beteiligter) auf
rechtliches Gehör verletzt. Dies setzt voraus, dass dem Beteiligten nach der Beiladung eine angemessene Frist zur Stellungnahme eingeräumt und er über alle
Verfahrenshandlungen der anderen Beteiligten informiert wird (z.B. durch Übersendung aller Schriftsätze der Hauptbeteiligten auch an den Beigeladenen).

Die Beiladung ist **in beiden Tatsacheninstanzen** möglich; in der Revisions- 21
instanz ist in Angelegenheiten der Kriegsopferversorgung die Beiladung der Bundesrepublik Deutschland ohne Weiteres zulässig. § 168 lässt seit dem Rechtspflege-
Entlastungsgesetz (vom 11. 1. 1993, BGBl. I 50) mit Zustimmung des Beizuladenden eine notwendige Beiladung auch im Revisionsverfahren zu. Die einmal angeordnete Beiladung bleibt auch in höheren Instanzen wirksam bis zur rechtskräftigen Entscheidung oder einer Aufhebung des Beiladungsbeschlusses.

Gemäß § 75 Abs. 3 Satz 3 ist der Beiladungsbeschluss – sowohl bei einfacher 22
als auch bei notwendiger Beiladung – unanfechtbar. Dies gilt jedoch nur für den
Beiladungsbeschluss, mit dem die Beiladung angeordnet worden ist. Hat das Gericht dagegen einen Antrag auf Beiladung abgelehnt, so ist der Beschluss nach
h.M. anfechtbar *(ML § 75 Rn. 16; Bley § 75 Anm. 14b)*. Nicht speziell geregelt ist
die Aufhebung des Beiladungsbeschlusses. Sie ist – auch noch im Revisionsverfahren *(BSG SozR 1500 § 75 Nr. 7)* – zum einen möglich, wenn der Beiladungs-
grund im Verlauf des Verfahrens wegfällt und zum anderen, wenn die Voraussetzungen von vornherein nicht vorgelegen haben *(BSG SozR 3-1500 § 75 Nr. 23)*.
Auch der Aufhebungsbeschluss kann von allen Beteiligten mit der Beschwerde
angefochten werden. Die Aufhebung einer Beiladung in der mündlichen Verhandlung, zu der der Beigeladene nicht ordnungsgemäß geladen war, ist ein wesentlicher Verfahrensmangel *(BSG SozR 3-1750 § 551 Nr. 6)*.

3.4 Beiladung in Massenverfahren   22a

In zahlreichen Verfahren liegen die Voraussetzungen der notwendigen Beiladung
bei einer unüberschaubar großen Zahl von Betroffenen vor. Zu nennen sind etwa
Verfahren zwischen Krankenkassen als Einzugsstelle des Gesamtsozialversiche-
rungsbeitrags und vermeintlichen Arbeitgebern, in denen es um die Versicherungspflicht einer Gruppe von Beschäftigten geht. Das BSG hat die Beiladung in
derartigen Verfahren seit *BSGE 48, 238, 241 (= SozR 2200 § 250 Nr. 5)* wegen
praktischer Undurchführbarkeit abgelehnt. Der Zweck der Beiladung könne in
Bezug auf die betroffenen (vermeintlichen) Arbeitnehmer nicht erreicht werden.
Im 6. SGG-ÄndG wurde in Abs. 2a des § 75 für derartige Fälle eine spezielle Regelung eingefügt, die in die VwGO bereits mit dem 4. VwGO-ÄndG (vom
17. 12. 1990, BGBl. I 2809, dort § 65 Abs. 3) aufgenommen worden war. Statt des
rigorosen Ausschlusses einer Beiladung wie nach der BSG-Rechtsprechung erhält
das Gericht die Möglichkeit, die Beiladung flexibel zu handhaben: Kommt die
Beiladung von mehr als 20 Personen (§ 65 Abs. 3 VwGO: 50 Personen) in Betracht, kann das Gericht durch Beschluss anordnen, dass nur solche Personen bei-

geladen werden, die dies innerhalb einer bestimmten Frist beantragen (zum Verfahren vgl. ML § 75 Rn. 11g). Das Gericht soll allerdings solche Personen, die von der Entscheidung erkennbar in besonderem Maße betroffen werden, auch ohne Antrag beiladen (§ 75 Abs. 2a Satz 8). Um die Rechte der Betroffenen zu schützen, ist der Beschluss im Bundesanzeiger und in überregionalen Tageszeitungen zu veröffentlichen.

23 3.5 Auswirkungen der Beiladung

Die verfahrensrechtliche Position des Beigeladenen hängt davon ab, ob er notwendig oder einfach beigeladen ist. Zwar kann jeder Beigeladene innerhalb der Anträge der Hauptbeteiligten selbstständig Angriffs- und Verteidigungsmittel geltend machen und alle Verfahrenshandlungen wirksam vornehmen (§ 75 Abs. 4 Satz 1), **abweichende Sachanträge** kann jedoch nur der notwendig Beigeladene stellen (§ 75 Abs. 4 Satz 2). Auch der einfach Beigeladene kann jedoch Tatsachen und Rechtsansichten vorbringen, die vom Vortrag der Hauptbeteiligten abweichen, selbstständig abweichende Verfahrensanträge (z.B. Beweisanträge) stellen und ggf. auch selbstständig Rechtsmittel einlegen.

24 Bei der Ermittlung des Sachverhalts kann der Beigeladene angehört werden. Ob er – zumindest soweit er nur zu dem für ihn nicht entscheidungserheblichen Teil des Sachverhalts gehört werden soll – auch als Zeuge vernommen werden kann, ist umstritten *(dagegen P/S/W § 75 Anm. 7a; Bley § 75 Anm. 15d; dafür: BSG SozR 1500 § 117 Nr. 3).*

25 Eine **Beendigung des Rechtsstreits** durch die Hauptbeteiligten ohne Urteil – z.B. durch Klagerücknahme, Vergleich, Annahme eines Anerkenntnisses oder Erledigungserklärung – kann der Beigeladene nicht verhindern. Auch die Sprungrevision bedarf nicht seiner Zustimmung *(BSG SozR 1500 § 161 Nr. 18).*

26 Eine wesentliche Auswirkung der Beiladung ist die Erstreckung der **Bindungswirkung** des Urteils auf den Beigeladenen (§ 141 Abs. 1). Diese Rechtsfolge tritt unabhängig davon ein, ob der Beigeladene sich am Verfahren aktiv beteiligt hat oder nicht, ob er die Beiladung angestrebt hat oder diese gegen seinen Willen angeordnet worden ist. Zur Rechtskrafterstreckung in sog. Massenverfahren s.o. Rdn. 22a.

27 Eine Besonderheit des sozialgerichtlichen Verfahrens ist die Möglichkeit, dass ein beigeladener Sozialleistungsträger verurteilt werden kann (§ 75 Abs. 5). Die **Verurteilung des beigeladenen Leistungsträgers** setzt nicht voraus, dass dieser über den geltend gemachten Anspruch schon in einem Verwaltungsverfahren (durch Verwaltungsakt) entschieden hat. Auch ein sonst an sich notwendiges Vorverfahren muss nicht durchgeführt worden sein. Entgegen dem weit gefassten Wortlaut des § 75 Abs. 5 kommt eine Verurteilung jedoch dann nicht in Betracht, wenn der beigeladene Leistungsträger zuvor bereits einen bindend gewordenen ablehnenden Bescheid erteilt hat *(BSGE 50, 111, 114 = SozR 1500 § 181 Nr. 1; SozR 1500 § 75 Nr. 38).* Eine Verurteilung des beigeladenen anstelle des beklagten Leistungsträgers darf nur subsidiär erfolgen, wenn bzw. soweit die Klage gegen

den Beklagten keinen Erfolg haben kann *(BSGE 49, 143, 145; BSGE 57, 1, 2)*. Eines besonderen, auf die Verurteilung des Beigeladenen gerichteten Hilfsantrags bedarf es nicht, weil das Begehren des Klägers grundsätzlich auf Verurteilung des zuständigen Leistungsträgers gerichtet ist *(BSG SozR Nr. 26 zu § 75 SGG; BSGE 9, 67, 70 und BSGE 15, 197, 202f.)*.

3.6 Rechtsmittelbefugnis des Beigeladenen 28

Der Beigeladene hat eine eigenständige Rechtsmittelbefugnis; sie ist nicht davon abhängig, dass auch einer der Hauptbeteiligten Rechtsmittel einlegt. Die für ein Rechtsmittel notwendige Beschwer besteht beim Beigeladenen darin, dass er an ein für ihn ungünstiges Urteil gebunden ist *(BSGE 6, 160, 162; BSGE 8, 291, 294; BSGE 9, 250, 251; BSGE 35, 228, 230)*. Die Rechtskrafterstreckung (§ 141 Abs. 1) allein reicht jedoch nicht aus; erforderlich ist eine materielle Beschwer. Es genügt nicht, dass das Urteil lediglich rechtliche oder wirtschaftliche Interessen des Beigeladenen berührt. Der Beigeladene muss – wie ein Hauptbeteiligter – geltend machen können, dass er durch die Entscheidung in seinen subjektiven Rechten verletzt werde (§ 54 Abs. 1 Satz 2; vgl. *BSGE 78, 98, 99 = SozR 32500 § 87 Nr. 12* und für die Beiladung von Selbstverwaltungsgremien im vertragsärztlichen Zulassungsverfahren: *BSGE 81, 207, 208 = SozR 32500 § 101 Nr. 2)*. Greift die angefochtene Entscheidung nicht in eigene Rechtspositionen des Beigeladenen ein, so ist das Rechtsmittel zumindest unbegründet *(BSG SozR 3-1500 § 54 Nr. 9; SozR 3-2500 § 85 Nr. 3)*. Es kommt nicht darauf an, dass der Beigeladene an ein objektiv unrichtiges Urteil gebunden ist, bzw. dass das Urteil möglicherweise rechtswidrig in Rechte anderer eingreift. Die neuere Rechtsprechung des BSG (a.a.O. *BSG SozR 3-1500 § 54 Nr. 9; SozR 3-2500 § 85 Nr. 3)* setzt die Anforderungen an die Beschwer des Beigeladenen vor allem dann sehr hoch an, wenn es um die Auswirkungen des Urteils für ein voraussichtliches nachfolgendes Streitverfahren unter Beteiligung des Beigeladenen geht. So reicht es nicht aus, wenn das Urteil Tatsachenfeststellungen oder Entscheidungsgründe enthält, deren Inhalt für den Beigeladenen möglicherweise in einem nachfolgenden Streitverfahren nachteilig ist. Maßgebend ist allein, ob der der Rechtskraft fähige Teil der Entscheidung in subjektive Rechte des Beigeladenen eingreift. Dies ist etwa bei Tatsachenfeststellungen und Entscheidungsgründen des Urteils nicht der Fall *(BSG SozR 3-2500 § 85 Nr. 3)*. Gefordert wird insoweit eine Identität der Streitgegenstände; d.h. der in dem laufenden Rechtsstreit erhobene Anspruch muss mit demjenigen identisch sein, den der Beigeladene in einem anderen Rechtsverhältnis geltend machen bzw. gegen den er sich dort zur Wehr setzen will *(BSGE 58, 119, 125 = SozR 1300 § 104 Nr. 7; BSG SozR 3-1500 § 54 Nr. 9)*.

Beispiel:

Geht es in einem Rechtsstreit um die Gewährung von Leistungen aus einem Zweig der Sozialversicherung oder aus der Arbeitslosenversicherung um die Vorfrage, ob der Kläger als Anspruchsteller abhängig beschäftigt oder selbstständig war, so besteht keine Identität mit einem vom beigeladenen vermeintlichen Arbeitgeber befürchteten Beitragsstreit (vgl. *BSG SozR 3-1500 § 54 Nr. 9)*. Die Qualifizierung als Vorfrage erscheint jedoch zweifelhaft, wenn das Ergebnis eines nachfolgenden Rechtsstreits – wie im Beispielsfall – maßgebend von dieser Frage abhängt. Die hierdurch erzielte Beschränkung der Rechtsmittelbefugnis vor allem des einfach Beigeladenen widerspricht dem Sinn der Beiladung, unnötige Folgeprozesse zu vermeiden. Die Anforderungen gehen zudem über diejenigen der Streitverkündung des Zivilprozesses hinaus, die die Beiladung gerade ersetzen soll.

Die Rechtsmittelbefugnis des Beigeladenen hängt nicht davon ab, ob er bereits in der Vorinstanz Anträge gestellt hat.

29 3.7 Beiladungsantrag

Schriftsatzmuster

Rechtsanwalt L.
Landessozialgericht Niedersachsen

In dem **Rechtsstreit**

des Soldaten Marian St. ,
  Proz. -Bev. : Rechtsanwalt L.   Kläger,

g e g e n

das Land Niedersachsen
vertreten durch das Landesversorgungsamt Niedersachsen,   Beklagte,

wird beantragt,

den Gemeinde-Unfallversicherungsverband Hannover[1]) beizuladen.

Begründung:

Der Kläger begehrt nach wie vor in erster Linie Versorgungsleistungen wegen einer Wehrdienstbeschädigung nach § 81 Abs. 4 Nr. 2 Soldatenversorgungsgesetz (SVG). Wie bereits in der Berufungsbegründung dargelegt, hat sich das Sozialgericht im angefochtenen Urteil zu Unrecht der Rechtsauffassung des Beklagten angeschlossen, wonach die vom Kläger geltend gemachten Gesundheitsstörungen deshalb nicht als Wehrdienstbeschädigung anzuerkennen seien, weil sich der Kläger diese nicht auf dem direkten Weg zwischen seiner ständigen Familienwohnung und dem Dienstort (§ 81 Abs. 4 Satz 3 SVG) zugezogen habe. Da der Kläger die Gesundheitsstörungen, deretwegen er Versorgungsleistungen begehrt, bei einem Unfall erlitten hat, der gleichzeitig die Voraussetzungen eines Arbeitsunfalls i.S. des § 2 Abs. 1 Nr. 13 SGB VII (Hilfeleistung bei Unglücksfällen oder in gemeiner Gefahr oder Not) erfüllt, kommt bei einer Ablehnung des gegen den Beklagten gerichteten Anspruchs der Gemeinde-Unfallversicherungsverband Hannover, als zuständiger Träger der gesetzlichen Unfallversicherung, als leistungspflichtig in Betracht[2]). Zwar schließt § 4 Abs. 1 SGB VII Ansprüche aus der gesetzlichen Unfallversicherung für die Arbeitsunfälle aus, für die dem Verletzten Versorgung nach dem BVG oder nach solchen Gesetzen gewährt wird, die das BVG für anwendbar erklären[3]). Wenn aber der Unfall des Klägers wie der Beklagte und das Sozialgericht annehmen[4]) nicht als Wehrdienstbeschädigung i.S. des § 81 Abs. 4 Satz 3 SVG anzusehen ist, muss der Kläger nach § 2 Abs. 1 Nr. 13 i.V.m. § 8 Abs. 1 SGB VII entschädigt werden. Somit liegen in Bezug auf den Beizuladenden die Voraussetzungen einer notwendigen Beiladung i.S. des § 75 Abs. 2, 2. Alt. SGG vor.

gez. Rechtsanwalt L.

Anmerkungen:

1) Hier könnte der Antrag auch lauten: „… den zuständigen Träger der gesetzlichen Unfallversicherung beizuladen." Es ist Sache des Gerichts, den zuständigen Träger ggf. zu ermitteln.
2) Auch wenn es um die (mögliche) Leistungspflicht eines anderen Sozialleistungsträgers geht und deshalb zugleich die Verurteilung des anderen Leistungsträgers nach § 75 Abs. 5 in Betracht kommt, ist eine Beiladung auch noch in der Berufungsinstanz möglich. Der Beigeladene hat auch in diesem Fall keinen Anspruch auf zwei Tatsacheninstanzen.
3) Das BVG wird in folgenden Gesetzen für anwendbar erklärt: Soldatenversorgungsgesetz, Zivildienstgesetz, Opferentschädigungsgesetz, Bundesseuchengesetz, 1. SED-Unrechtsbereinigungsgesetz (Strafrechtliches Rehabilitierungsgesetz), 2. SED-Unrechtsbereinigungsgesetz (Verwaltungsrechtliches Rehabilitierungsgesetz) und Häftlingshilfegesetz. Zur Abgrenzung der Sicherungssysteme Versorgung und gesetzliche Unfallversicherung vgl. *Ruhland, SGb 1981, 468.*
4) Im Beispielsfall hätte schon das Versorgungsamt den zuständigen Unfallversicherungsträger gemäß § 12 Abs. 2 SGB X im Verwaltungsverfahren „beteiligen" können. Die Beiladung hätte selbstverständlich schon vom Sozialgericht angeordnet werden müssen. Die unterlassene Beiladung stellt einen wesentlichen Verfahrensmangel dar, der ggf. die Zulässigkeit der Berufung begründen kann.

4 Prozessfähigkeit *30*

Schrifttum

Behn, „Partielle Verfahrenshandlungsfähigkeit" und „partielle Prozessfähigkeit" des Minderjährigen im Sozialrecht, im Sozialverwaltungsverfahrensrecht und in der Sozialgerichtsbarkeit, RV 1985, 101
Behn, Prozessfähigkeit und Verfahrenshandlungen des Betreuten, SozVers. 1992, 309
von Einem, Auswirkungen des Betreuungsgesetzes auf das Sozialrecht, SGb 1991, 477
Keller, Rechtsprobleme bei der Feststellung der Prozessfähigkeit von Beteiligten in Sozialgerichtsverfahren, SGb 1994, 559

Wie im zivilprozessualen Verfahren so ist auch im Sozialgerichtsprozess zunächst *31* jeder prozessfähig, der i.S. des bürgerlichen Rechts voll geschäftsfähig ist. Die Grundregel in § 71 Abs. 1 entspricht § 52 ZPO. § 71 Abs. 2 erweitert die Prozessfähigkeit (in eingeschränktem Umfang) auf bestimmte Gruppen von Minderjährigen: Soweit diese durch Vorschriften des Bürgerlichen oder Öffentlichen Rechts für den Gegenstand des Verfahrens als geschäftsfähig anerkannt sind, können sie in eigenen Sachen den Prozess selbst führen. Als Vorschriften des Bürgerlichen Rechts kommen hier insbesondere die §§ 112, 113 BGB in Betracht. Sie begründen eine partielle Geschäftsfähigkeit Minderjähriger für Geschäfte im Zusammenhang mit einer abhängigen Beschäftigung oder selbstständigen Tätigkeit, die mit

Ermächtigung des gesetzlichen Vertreters ausgeübt werden. Soweit der Rechtsstreit um sozialrechtliche Fragen geht, die mit einer derartigen Erwerbstätigkeit im Zusammenhang stehen, ist der Minderjährige prozessfähig (z.B. Beitragspflichten als versicherter Arbeitnehmer oder als Arbeitgeber).

32   Von wesentlich größerem Gewicht ist für den Sozialgerichtsprozess jedoch die durch die öffentlich-rechtliche Vorschrift in § 36 SGB I begründete Rechtsstellung von Minderjährigen, die das 15. Lebensjahr vollendet haben. Diese können selbstständig Anträge auf Sozialleistungen stellen und verfolgen sowie Sozialleistungen entgegennehmen. Diese Handlungsfähigkeit kann allerdings vom gesetzlichen Vertreter durch schriftliche Erklärung gegenüber dem Leistungsträger eingeschränkt werden (§ 36 Abs. 2 Satz 1 SGB I). Eine derartige Erklärung ist auch noch gegenüber dem Gericht möglich. Die Handlungsfähigkeit des Minderjährigen erstreckt sich ferner nicht auf die Rücknahme eines Rechtsbehelfs oder einen Leistungsverzicht im Rahmen eines Vergleichs *(vgl. Bley § 71 Anm. 3dcc)*.

33   Im Rahmen ihrer Handlungsfähigkeit sind die Minderjährigen voll prozessfähig und werden nicht durch ihre gesetzlichen Vertreter vertreten *(BSG SozR Nr. 2 zu § 71 SGG)*. Zustellungen müssen daher vom Eintritt der Prozessfähigkeit an an den Minderjährigen erfolgen. Allerdings ist zu beachten, dass der gesetzliche Vertreter ohne Weiteres als Prozessbevollmächtigter des Minderjährigen auftreten kann. Dies hat vor allem dann Bedeutung, wenn Eltern für ihre über 15jährigen Kinder auftreten: Da gemäß § 73 Abs. 2 Satz 2 in diesen Fällen eine Vollmacht unterstellt wird, müssen die Eltern keine schriftliche Vollmacht des klagenden Kindes vorlegen.

34   Die Prozessfähigkeit ist eine Sachurteilsvoraussetzung, deren Vorliegen stets von Amts wegen festzustellen ist *(vgl. BAGE 93, 248, 251; BGHZ 143, 122, 124)*. Bei gewichtigen Bedenken gegen die Prozessfähigkeit hat das Gericht von der Prozessunfähigkeit auszugehen, wenn sich auch nach Ausschöpfung aller Beweismöglichkeiten nicht feststellen lässt, dass der betreffende Beteiligte prozessfähig ist *(BGH NJW 1996, 1059, 1060)*. Der Beteiligte trägt damit im Ergebnis die (objektive) Beweislast für die eigene Prozessfähigkeit. Die Feststellung der Prozessunfähigkeit durch das SG setzt auch dann, wenn das Gericht nach Einholung eines Gutachtens zur Prozessfähigkeit einen besonderen Vertreter (§ 72 Abs. 1) bestellt hat, die vorherige persönliche Anhörung des Klägers voraus *(BSG SozR 3-1500 § 71 Nr. 1)*. Das SG darf die Klage nicht schon wegen Prozessunfähigkeit des Klägers als unzulässig verwerfen, sondern muss – wenn kein gesetzlicher Vertreter vorhanden ist – einen besonderen Vertreter nach § 72 Abs. 1 bestellen *(BSG SozR 4-1500 § 72 Nr. 1)*. Die **Bestellung eines Betreuers** ändert allein die Prozessfähigkeit nicht. Eine Einschränkung der Prozessfähigkeit tritt nur ein, wenn die Betreuung nach § 1903 BGB mit einem Einwilligungsvorbehalt des Betreuers verbunden ist, und der Vorbehalt den Gegenstand des Rechtsstreits betrifft.

5 Prozessführungsbefugnis 35

Die für jede Prozessführung erforderliche und vom Gericht von Amts wegen zu prüfende Befugnis, ein materielles Recht im eigenen Namen geltend zu machen, wirft im sozialgerichtlichen Verfahren nur selten Zweifelsfragen auf, da der Kläger regelmäßig eigene Rechte geltend macht. Es gibt jedoch einige Fälle, in denen einem Dritten kraft spezieller gesetzlicher Regelung die Befugnis erteilt wird, im eigenen Namen einen Prozess über ein fremdes Recht zu führen (gesetzliche Prozessstandschaft). Eine durch Rechtsgeschäft begründete Prozessführungsbefugnis eines Dritten (gewillkürte Prozessstandschaft) ist im sozialgerichtlichen Verfahren dagegen sehr selten (vgl. hierzu *BSG Breithaupt 1974, 524* und als Beispiel für einen Ausnahmefall: *BSG SozR 33300 § 77 Nr. 3*: Prozessstandschaft der Postbeamtenkrankenkasse für die Gemeinschaft privater Versicherungsunternehmen zur Durchführung der Pflegeversicherung). Die gewillkürte Prozessstandschaft setzt neben der Ermächtigung des Standschafters durch den Rechtsträger ein eigenes schutzwürdiges Interesse des Prozessstandschafters voraus, das fremde Recht geltend zu machen. Zugleich dürfen keine schutzwürdigen Interessen des Prozessgegners entgegenstehen *(vgl. BGHZ 96, 151; Thomas/Putzo, ZPO, § 51 Rn. 34).*

Beispiele für gesetzliche Prozessstandschaft: 36

- Arbeitgeber und Betriebsvertretung als Prozessstandschafter des Arbeitnehmers im Rechtsstreit um Kurzarbeitergeld, Wintergeld und Schlechtwettergeld (§§ 72, 81 Abs. 2 und 88 AFG) – vgl. *BSGE 22, 181, 183; BSGE 33, 64, 66; BSGE 38, 94 und 98.*

- Haftungsprivilegierte Personen (Unternehmer – § 104 SGB VII und Betriebsangehörige – §§ 105, 106 SGB VII), die einer Schadensersatzforderung eines Verletzten oder seiner Hinterbliebenen ausgesetzt sind als Prozessstandschafter des Verletzten im Rechtsstreit gegen die Berufsgenossenschaft (§ 109 SGB VII) – vgl. *BSGE 5, 168, 170 und BSGE 37, 28, 29.*

Aus dem im SGB II für die Grundsicherung für Arbeitsuchende neu eingeführten 36a Institut der **Bedarfsgemeinschaft** ergibt sich im Hinblick auf die Prozessführungsbefugnis keine Besonderheit: die Bedarfsgemeinschaft begründet weder eine Gesamtgläubigerschaft i.S. von § 428 BGB noch eine gesetzliche Verfahrens- oder Prozessstandschaft jedes Mitglieds für die Ansprüche der anderen Mitglieder. Jedes Mitglied einer Bedarfsgemeinschaft besitzt einen eigenen Leistungsanspruch *(vgl. hierzu BSG SozR 4-4200 § 22 Nr. 1 = SGb 2007, 308),* der eigenständig geltend zu machen ist. Es gelten die allgemeinen Vertretungsregeln, die für das Verwaltungsverfahren durch § 38 SGB II ergänzt werden; die bis Ende Juni 2008 im Sozialgerichtsverfahren geltende Vollmachtsvermutung (§ 73 Abs. 2 Satz 2) bei Ehegatten, Lebenspartnern und Verwandten in gerader Linie findet sich allerdings in der ab 1. 7. 2008 geltenden Fassung des § 73 (Art. 12 Nr. 3 des Rechtsdienstleistungsgesetzes vom 12. 12. 2007, BGBl. I S. 2840) nicht mehr.

37 **6 Prozessbevollmächtigte und Beistände**

Schrifttum

Behn, Vertretung vor dem BSG – SGG und Sozialversicherungsabkommen, SGb 1984, 184

Behn, Zu Form und Umfang der Prozeßvollmacht im sozialgerichtlichen Verfahren SozVers. 1984, 141, 169

Behn, Zur vergeblichen Fristsetzung zur Vollmachtsvorlage, VersorgB 1986, 89

Behn, Der EuGH und EWG-Anwälte vor deutschen Sozialgerichten, NZA 1988, 495

Friese, Die Postulationsfähigkeit der Angestellten und Mitglieder von Vereinigungen beim BSG nach § 166 Abs. 2 Satz 1 SGG, NZS 1999, 229

Heinz, Sozialrechtsberatung unter den geltenden Bestimmungen des Rechtsdienstleistungsgesetzes, ZfF 2010, 241

Krasney, Mitglieder und Angestellte ausländischer Gewerkschaften und Vereinigungen als Prozeßbevollmächtigte im Verfahren vor den Sozialgerichten SozVers. 1986, 193

Leßner, Zur Beiordnung eines Rechtsanwalts im sozialgerichtlichen Verfahren, SGb 1973, 349

Meyer-Ladewig, Prozeßvertretung in der Sozialgerichtsbarkeit, SGb 1981, 285

Plagemann, Der Anwalt in der Sozialgerichtsbarkeit, NJW 1975, 1392

Prütting, Zulässigkeit und prozessuale Bedeutung einer künftigen DGB – Rechtsschutz GmbH, ArbuR 1998, 133

38 **6.1 Allgemeines**

Die Beteiligten können vor dem SG und LSG ihren Prozess selbst führen oder sich durch Prozessbevollmächtigte vertreten lassen. Der nicht vertretene Beteiligte kann sich ferner in der mündlichen Verhandlung eines Beistandes bedienen. Als Prozessbevollmächtigter kam bis zum 30. 6. 2008 grundsätzlich jede natürliche Person in Betracht, die selbst prozessfähig ist (zur Änderung des § 73 s. unten Rn. 41). Zulässig ist auch die Bestellung mehrerer Prozessbevollmächtigter (§ 84 ZPO).

39 Die am sozialgerichtlichen Verfahren beteiligten juristischen Personen des Öffentlichen Rechts handeln durch ihre Organe (§ 71 Abs. 3) als gesetzliche Vertreter, die ihrerseits Bevollmächtigte bestellen können, denen sie zur Vertretung in der mündlichen Verhandlung in der Regel eine generelle Vollmacht erteilen, die bei Gericht hinterlegt wird. Ein Vertretungszwang für natürliche und juristische Personen des Privatrechts besteht nur vor dem BSG (§ 73 Abs. 4 – vgl. hierzu Kap. IX Rn. 232); nicht dagegen – wie im verwaltungsgerichtlichen Verfahren – bereits für die zweite Instanz (§ 67 Abs. 1 VwGO). Im Gegensatz zum verwaltungsgerichtlichen Verfahren (§ 67 Abs. 2 VwGO) können die Instanzgerichte auch nicht anordnen, dass ein Bevollmächtigter bestellt oder ein Beistand hinzugezogen werden muss (zur Möglichkeit der Bestellung eines besonderen Vertreters – § 72 Abs. 2 siehe unten Rn. 50).

40 **6.2 Ausschluss von Bevollmächtigten**

Der bis zum 30. 6. 2008 im Rechtsberatungsgesetz angeordnete allgemeine Ausschluss von Personen, die geschäftsmäßig fremde Rechtsangelegenheiten besorgen, ohne eine entsprechende Erlaubnis der zuständigen Behörde zu besitzen, ist in das grundsätzlich am 1. 7. 2008 in Kraft getretene Rechtsdienstleistungsgesetz *(Art. 1 des Gesetzes zur Neuregelung der Rechtsberatung vom 12. 12. 2007, BGBl. I S. 2840)* nicht übernommen worden. Das Rechtsdienstleistungsgesetz erfasst nur die außergerichtliche Rechtsberatung. Die Vertretungsbefugnis in einem gerichtlichen Verfahren ist dagegen vorrangig nach den jeweiligen Anforderungen des betroffenen Rechtswegs zu beurteilen.

Allgemein aufgegeben wurde die bis 2008 geltende Vertretungsbefugnis aller **41** prozessfähigen Personen in Verfahren ohne Anwaltszwang. Die unentgeltliche Prozessvertretung ist nunmehr allgemein nur volljährigen Familienangehörigen und Streitgenossen sowie Personen mit der Befähigung zum Richteramt vorbehalten. Ansonsten sind in sozialgerichtlichen Verfahren neben Rechtsanwälten nunmehr auch Rechtslehrer an einer deutschen Hochschule mit Befähigung zum Richteramt als Bevollmächtigte zugelassen (§ 73 Abs. 2 Satz 1 n.F.).

Speziell für das sozialgerichtliche Verfahren gilt die Vertretungsbefugnis der **42** Beteiligten durch bei ihnen Beschäftigte; Behörden und Körperschaften des öffentlichen Rechts einschließlich ihrer Zusammenschlüsse können sich auch durch Beschäftigte der zuständigen Aufsichtsbehörde oder des kommunalen Spitzenverbandes des Landes, dem sie angehören, vertreten lassen. Sozialleistungsträger können die Vertretung auch Beschäftigten eines anderen Sozialleistungsträgers oder eines Spitzenverbandes, dem sie angehören, übertragen. Beibehalten wurden darüber hinaus folgende sozialgerichtliche Spezialitäten der Prozessvertretung:

– Rentenberater, allerdings nur in den Grenzen des § 10 Abs. 1 Satz 1 Nr. 2 RDG (hierzu zählt im Wesentlichen nur das Sozialversicherungs-, Schwerbehinderten und soziale Entschädigungsrecht; nicht aber das Arbeitsförderungs- und das Grundsicherungsrecht für Arbeitsuchende sowie das Sozialhilferecht),
– selbstständige Vereinigungen von Arbeitnehmern mit sozial- oder berufspolitischer Zwecksetzung für ihre Mitglieder,
– berufsständische Vereinigungen der Landwirtschaft für ihre Mitglieder,
– Gewerkschaften und Arbeitgebervereinigungen sowie deren Zusammenschlüsse – jeweils für ihre Mitglieder, einschließlich der in ihrem Eigentum stehenden selbstständigen Organisationen zur Rechtsberatung und Prozessvertretung (wie des DGB-Rechtsschutzes), vgl. hierzu im Einzelnen § 73 Abs. 2 Satz 1 Nr. 9,
– Vereinigungen zur Beratung und Vertretung der Leistungsempfänger nach dem sozialen Entschädigungsrecht oder der behinderten Menschen (vorausgesetzt wird eine Organisationsstruktur und Mitgliederstärke, die Gewähr für eine sachkundige Prozessvertretung bietet, vgl. § 73 Abs. 2 Satz 1 Nr. 8).

Nach § 73 Abs. 2 Satz 1 Nr. 4 sind nunmehr auch Steuerberater und Wirtschaftsprüfer sowie vergleichbare Personen oder Gesellschaften vertretungsbefugt; allerdings nur in Angelegenheiten, die die Beitragsabführung an die Einzugsstellen (§ 28h SGB IV) und die Prüfung von Arbeitgebern in Beitragsangelegenheiten (§ 28p SGB IV) betreffen.

43   § 73 Abs. 2 n. F. regelt nicht mehr – wie zuvor § 73 Abs. 6 Satz 3 und 4 sowie § 166 Abs. 2 – die Vertretungsbefugnis von Mitgliedern oder Beschäftigten bestimmter Organisationen (z.B. Rechtsschutzsekretär oder Verbandsvertreter), sondern die Befugnis der Organisationen selbst. Ihre Tätigkeit muss sich allerdings im Rahmen ihrer satzungsmäßigen Aufgaben bewegen. § 73 Abs. 5 n. F. enthält erstmals Inkompatibilitätsregelungen für Richter und ehrenamtliche Richter; letztere dürfen vor Spruchkörpern, denen sie zugeordnet sind, nicht als Prozessvertreter auftreten. Bei Berufsrichtern gilt die Inkompatibilität für das Gericht insgesamt.

44 ### 6.3 Schriftliche Vollmacht

Die Vollmacht ist schriftlich (oder mündlich zur Niederschrift des Gerichts; zur Verbindlichkeit der mündlich erteilten Vollmacht: *BSG SozR 31500 § 73 Nr. 10*) zu erteilen und bis zur Verkündung der Entscheidung zu den Akten zu geben. Vorzulegen ist grundsätzlich das Original der Vollmachtsurkunde, eine vom Prozessbevollmächtigten beglaubigte Fotokopie oder die Übermittlung der Originalvollmacht per Telefax durch den Prozessbevollmächtigten sollten nach der früheren ständigen Rechtsprechung nicht ausreichen *(BGH NJW 1994, 2298; BFH NJW 1996, 871)*. Etwas anderes sollte gelten, wenn der Prozessbevollmächtigte ein ihm vom Vollmachtgeber übermitteltes Telefax vorlegt *(vgl. Karst, NJW 1995, 3278)*. Die grundsätzliche Akzeptierung der elektronischen Übertragung (Übermittlung einer Textdatei per e-mail oder Computer-Fax) als formwirksam durch den Gemeinsamen Senat der Obersten Gerichtshöfe des Bundes *(SozR 3-1750 § 130 Nr. 1 = NJW 2000, 2340)* lässt ein Festhalten an dieser Formstrenge nicht mehr zu. Nach § 130a ZPO können Parteien Erklärungen, für die die Schriftform vorgesehen ist, auch als elektronisches Dokument abgeben, wenn dies für die Bearbeitung durch das Gericht geeignet ist. Zur Umsetzung dieser Regelung bedarf es allerdings einer Rechtsverordnung, soweit es um die technische Realisierung der Übertragung bei den Gerichten geht.

44a   Eine für die Durchführung des Verwaltungsverfahrens erteilte Vollmacht reicht allerdings nicht aus, es sei denn, ihr ist eindeutig zu entnehmen, dass sie auch für einen nachfolgenden Rechtsstreit gelten soll *(BSG SozR 3-1500 § 73 Nr. 2 = NJW 1992, 196; SozR 31500 § 73 Nr. 9; § 158 Nr. 2)*. Das Gericht musste bis zur Änderung des § 73 (m.W.v. 1. 7. 2008, Art. 12 Nr. 3 des Gesetzes vom 12. 12. 2007, BGBl. I S. 2840) das Fehlen der Vollmacht auch bei Rechtsanwälten von Amts wegen beachten, da – im Gegensatz zur allgemeinen Praxis im Verwaltungsprozess – § 88 Abs. 2 ZPO mangels Verweisung in § 73 überwiegend nicht für anwendbar gehalten wurde. § 73 Abs. 6 n. F. enthält für den Sozialgerichtsprozess eine grundlegende Neuregelung über die Vorlage der Prozessvollmacht und das Verfahren bei Vollmachtsmängeln. Wie nach den anderen Verfahrensordnungen haben auch die Sozialgerichte den Mangel der Vollmacht nicht mehr von Amts wegen zu prüfen, wenn als Bevollmächtigter ein Rechtsanwalt auftritt. Liegt bis zur mündlichen Verhandlung noch keine schriftliche Vollmacht vor, so kann diese bei Anwesenheit des Beteiligten im Termin zur Niederschrift des Gerichts erteilt werden. Tritt ein Rechtsanwalt als Korrespondenzanwalt ohne schriftliche Vollmacht des Beteiligten auf, so kann eine wirksame Untervollmacht des bevollmächtigten Anwalts auch in einem entsprechenden Vermerk in der Handakte gesehen werden. Die schriftliche Vollmacht muss nicht schon mit der Einreichung der Klageschrift vorgelegt werden; sie kann innerhalb einer vom Gericht zu bestimmenden Frist nachgereicht werden (§ 73 Abs. 6 Satz 2). Spätester Zeitpunkt ist die mündliche Verhandlung, in der eine Entscheidung ergeht.

Eine einstweilige Zulassung ist im Sozialgerichtsprozess nicht vorgesehen (§ 89 **45** Abs. 1 ZPO ist nicht anwendbar). Liegt die Vollmacht jedoch – trotz Fristsetzung – bis zur Entscheidung nicht vor, so ist die Klage als unzulässig abzuweisen bzw. das Rechtsmittel als unzulässig zu verwerfen. Das Fehlen der Vollmacht kann durch deren Vorlage in der Rechtsmittelinstanz grundsätzlich nicht geheilt werden *(GemSOGB SozR 1500 § 73 Nr. 4)*. Etwas anderes soll nach *BSG SozR 1500 § 73 Nr. 5* dann gelten, wenn die Vorinstanz den Prozessbevollmächtigten nicht unter Fristsetzung zur Vorlage der Prozessvollmacht aufgefordert hat.

Bei Ehegatten und Verwandten in gerader Linie konnte bis zum Inkrafttreten **46** des RDG die Bevollmächtigung unterstellt werden (§ 73 Abs. 2 Satz 2 a.F.). Die Regelung ist in die mit dem RDG entstandene Neufassung nicht übernommen worden.

6.4 Auswirkungen einer Bevollmächtigung **47**
Umfang und Wirkungen der Vollmachten richten sich auch im sozialgerichtlichen Verfahren grundsätzlich nach den §§ 81 sowie 83 bis 86 ZPO (§ 76 Abs. 6). Danach ermächtigt die Vollmacht zu allen den Rechtsstreit betreffenden Prozesshandlungen. Eine Beschränkung der Prozessvollmacht mit Außenwirkung ist in den Grenzen des § 83 ZPO möglich. In der ersten und zweiten Instanz kann die Vollmacht von vornherein nur für einzelne Prozesshandlungen erteilt werden (§ 83 Abs. 2 ZPO).

Im Übrigen ergeben sich die wichtigsten Auswirkungen der Bevollmächtigung **48** aus § 85 ZPO, der über § 73 Abs. 6 n.F. anwendbar ist: Die von den Bevollmächtigten vorgenommenen Prozesshandlungen sind für die Beteiligten bindend und das Verschulden des Bevollmächtigten steht dem Verschulden des Beteiligten gleich. Letzteres hat vor allem Bedeutung bei der Wiedereinsetzung wegen versäumter Verfahrensfristen (§ 67 Abs. 1).

Mitteilungen des Gerichts (einschließlich gerichtlicher Zustellungen) sind **49** grundsätzlich nur an den Bevollmächtigten zu richten. Allein die Aufforderung zum persönlichen Erscheinen im Termin (§ 111 Abs. 1) muss an den Beteiligten selbst gerichtet werden, wobei der Bevollmächtigte hiervon zu unterrichten ist.

6.5 Beistände **50**
Gemäß § 73 Abs. 7 können die Beteiligten in der mündlichen Verhandlung mit Beiständen erscheinen. Als Beistand kommt jede prozessfähige Person in Be-

tracht. Die Vorschrift denkt in erster Linie an Verwandte oder Bekannte des Beteiligten, die dessen Anliegen in der mündlichen Verhandlung unterstützen können. Hierbei muss es sich keineswegs um rechts- oder im Sozialrecht sachkundige Personen handeln. Als Beistände dürfen auftreten: Personen, die in Verfahren, in denen die Beteiligten den Rechtsstreit selbst führen können, als Bevollmächtigte zur Vertretung in der Verhandlung befugt sind (§ 73 Abs. 7). Das Gericht kann andere Personen als Beistand zulassen, wenn dies sachdienlich ist und hierfür nach den Umständen des Einzelfalls ein Bedürfnis besteht (§ 73 Abs. 7 Satz 3).

51   Der Beistand wird von dem Beteiligten in der mündlichen Verhandlung in das Verfahren eingeführt, ohne dass es einer Vollmacht bedarf. Im schriftlichen Verfahren kann der Beistand nicht tätig werden. Er kann auch nicht – nach schriftlicher Ankündigung des Beteiligten – in der mündlichen Verhandlung ohne den Beteiligten auftreten. Der Vortrag des Beistandes in der mündlichen Verhandlung wird dem Beteiligten in gleicher Weise zugerechnet wie der eines Prozessbevollmächtigten; allerdings hat der Beteiligte die Möglichkeit, das Vorgetragene sofort zu korrigieren.

52   7 Der besondere Vertreter

Die Institution des besonderen Vertreters ist eine Eigenart des sozialgerichtlichen Verfahrens, der jedoch seit der Änderung der Regelungen über den besonderen Vertreter in § 72 durch das Gesetz über die Prozesskostenhilfe nur noch geringe praktische Bedeutung zukommt (nach Auffassung von *Wendt, NZS 2001, 405,* sollte die Vorschrift gestrichen werden). Ein besonderer Vertreter kann zum einen für einen prozessunfähigen Beteiligten ohne gesetzlichen Vertreter bestellt werden (§ 72 Abs. 1). Der besondere Vertreter hat insoweit die Funktion des Prozesspflegers aus dem Zivilprozess (§ 57 Abs. 1 ZPO). Zum anderen kann (auch für einen prozessfähigen Beteiligten) ein besonderer Vertreter dann bestellt werden, wenn der Aufenthaltsort des Beteiligten vom Sitz des Gerichts weit entfernt ist (§ 72 Abs. 2). In diesem Fall bedarf es der Zustimmung des Beteiligten oder – bei einem prozessunfähigen Beteiligten – seines gesetzlichen Vertreters. Die Bestellung des besonderen Vertreters erfolgt jeweils durch Beschluss des Vorsitzenden, der im erstinstanzlichen Verfahren mit der Beschwerde anfechtbar ist. Hält das Gericht (bzw. im vorbereitenden Verfahren: der Vorsitzende) einen Beteiligten für prozessunfähig oder hat es zumindest „gewichtige Bedenken" *(hierzu BSG SozR 4-1500 § 72 Nr. 1),* so hat es nur die Wahl, für diesen einstweilen einen besonderen Vertreter i.S. des § 72 Abs. 1 zu bestellen oder sofort die Bestellung eines gesetzlichen Vertreters durch das Betreuungsgericht zu veranlassen. Eine Fortsetzung des Verfahrens ist dagegen nicht möglich; auch dann nicht, wenn die Prozessunfähigkeit noch nicht feststeht. Von der Bestellung eines besonderen Vertreters kann nur abgesehen werden, wenn sich die Rechtsverfolgung als offensichtlich haltlos erweist *(BSG SozR 4-1500 § 72 Nr. 1).* Ggf. muss hierüber von Amts wegen ein ärztliches Gutachten eingeholt werden. Wegen des schwerwiegenden Eingriffs in das Persönlichkeitsrecht des Verfahrensbeteiligten hält das BSG im Hinblick auf die Verfahrensgestaltung bei der Bestellung eines Betreuers i.S. der §§ 1896ff. BGB (i.d.F. des Betreuungsgesetzes vom 2. 9. 1990, BGBl. I S. 2002) vor der Feststellung der Prozessunfähigkeit und der Bestellung eines besonderen Vertreters eine Anhörung des Betroffenen grundsätzlich für unverzichtbar *(BSG SozR 3-1500 § 71 Nr. 1)*. Hiervon kann nur abgesehen werden, wenn der prozessunfähige Beteiligte selbst keine Verfahrenshandlungen vorgenommen hat; etwa weil allein die Eltern tätig geworden sind *(BSG SozR 3-4100 § 58 Nr. 7)*. Die Kosten des besonderen Vertreters können im Rahmen der Prozesskostenhilfe geltend gemacht werden *(BSG SozR 1500 § 72 Nr. 2)*.

8 Prozesskostenhilfe 53

Schrifttum

Burkiczak, Die Beschwerde gegen negative Prozesskostenhilfeentscheidungen der Sozialgerichte, NJW 2010, 407

Buss, Probleme des Revisionsgerichts zur Prozeßkostenhilfe, SGb 1982, 183

Geiger, Keine Beschwerde bei Ablehnung von Prozesskostenhilfe (PKH) wegen fehlender Erfolgsaussicht? Info also 2010, 69

Geiger, Keine Prozesskostenhilfe in Bagatellverfahren? Info also 2009, 105

Harich, Prozesskostenhilfe und Existenzminimum, Sozialrecht aktuell 2011, 41

Kalthoener/Büttner/Wrobel-Sachs, Prozeßkostenhilfe und Beratungshilfe, NJW-Schriftenreihe Heft 47, 5. Aufl. 2010

Plagemann, Die Bedeutung des Prozeßkostenhilfegesetzes für den Anwalt in der Sozialgerichtsbarkeit, SGb 1982, 188

Reyels, Prozesskostenhilfe für Schwerbehinderte bei Streit über Grad der Behinderung, jurisPR- SozR 21/2010 Anm. 6

Reyels, Keine Beschwerde gegen Festsetzung von Raten bei Bewilligung von Prozesskostenhilfe, jurisPR-SozR 11/2009 Anm. 6

Scherer/Wiesner, Die Prozeßkostenhilfe in der sozialgerichtlichen Praxis, NZA 1985, 47

8.1 Rechtsgrundlagen und Bedeutung im sozialgerichtlichen Verfahren 54

Die Prozesskostenhilfe (PKH) richtet sich auch im sozialgerichtlichen Verfahren grundsätzlich nach den Regeln der §§ 114 bis 127 ZPO. Wegen der Gerichtskostenfreiheit für Versicherte, Leistungsempfänger und Behinderte (vgl. im Einzelnen § 183) hat die PKH bei diesem Personenkreis nur in Bezug auf die außergerichtlichen Kosten Bedeutung. Da die beteiligten Leistungsträger in diesen Fällen auch im Falle ihres Obsiegens keine außergerichtlichen Kosten geltend machen können (zu Ausnahmen vgl. § 193 Abs. 4), beschränkt sich die Bedeutung der Prozesskostenhilfe im sozialgerichtlichen Verfahren in den meisten Fällen auf die Kosten des eigenen Rechtsanwalts.

8.2 Besonderheiten des sozialgerichtlichen Verfahrens 55

In Abweichung von § 121 ZPO, der nur die Beiordnung eines zur Vertretung bereiten Anwalts, ohne Einflussnahme des Gerichts auf die Auswahl des Anwalts, zulässt, kann das Gericht nach § 73a Abs. 1 Satz 2 auf Antrag des Beteiligten den beizuordnenden Rechtsanwalt selbst auswählen.

56   Die Gewährung von Prozesskostenhilfe kommt nicht in Betracht, wenn der Beteiligte durch Verbandsvertreter vertreten wird (§ 73a Abs. 2). Der hier zunächst vertretenen Auffassung, ein Beteiligter, der Mitglied einer vertretungsberechtigten Organisation ist, die vor den Sozialgerichten Rechtsschutz gewährt, sei nicht gezwungen, sich eines Vertreters seiner Organisation zu bedienen; er könne auch dann Prozesskostenhilfe beantragen, wenn er im Verlauf des Verfahrens die dem Verbandsvertreter erteilte Vollmacht widerrufe, ist der 9. Senat nach vorangegangener Abstimmung mit den anderen Senaten des BSG entgegengetreten *(BSG SozR 3-1500 § 73a Nr. 4)*. Danach zählt der Anspruch eines Gewerkschafts- oder Verbandsmitglieds auf kostenlosen Rechtsschutz zum vorrangig einzusetzenden Vermögen. PKH könne in einem solchen Fall nur bewilligt werden, wenn es dem Antragsteller aus triftigen Gründen nicht zuzumuten sei, die ihm zustehende Möglichkeit kostenlosen Rechtsschutzes zu nutzen.

57   § 73a Abs. 3 enthält eine Einschränkung des Umfangs der Prozesskostenhilfe, die eine Eigentümlichkeit des sozialgerichtlichen Verfahrens betrifft: Die Gewährung von Prozesskostenhilfe hat keinen Einfluss auf die Verpflichtung, die Kosten für ein Gutachten nach § 109 vorzuschießen und ggf. endgültig zu tragen *(vgl. hierzu III Rn. 97)*.

58   ### 8.3 Voraussetzungen der PKH-Bewilligung

8.3.1 *Wirtschaftliches Unvermögen*

Ob es einem Beteiligten zuzumuten ist, die Kosten des eigenen Rechtsanwalts selbst zu tragen, richtet sich nach §§ 114, 115 ZPO unter Berücksichtigung der § 115 ZPO beigefügten Tabelle. Für die Ermittlung des hierbei zu berücksichtigenden Einkommens des Beteiligten sind insbesondere die Ziffern 1 bis 4 des § 115 Abs. 1 Satz 3 ZPO maßgebend. Die Zumutbarkeit einer Verwertung von Bestandteilen des Vermögens des Rechtsuchenden ist nach § 90 SGB XII zu beurteilen (§ 115 Abs. 2 ZPO). Eine **Rechtsschutzversicherung** ist Bestandteil des Vermögens und deshalb vorrangig einzusetzen, um die Kosten eines Rechtsstreits zu bestreiten *(BSG SozR 3-1500 § 73a Nr. 4)*. Soweit die Deckungssumme der Versicherung allerdings nicht ausreicht, bleibt der Kläger hilfebedürftig *(vgl. Zöller, ZPO, 25. Aufl. 2005, § 115 RdNr. 61; BGH VersR 1981, 1070)*. Hat der Antragsteller eine Rechtsschutzversicherung mit Selbstbeteiligung abgeschlossen, so kann die Gewährung von PKH nicht deshalb abgelehnt werden, weil der Kläger sich für eine Versicherung ohne Selbstbeteiligung hätte entscheiden können. Denn eine Verpflichtung zum Abschluss einer Rechtsschutzversicherung besteht ja nicht. Beschränkt ein nach § 183 kostenprivilegierter Beteiligter den PKH-Antrag von vornherein auf die Selbstbeteiligung und macht damit deutlich, dass er seinen Vermögensbestandteil „Rechtsschutzversicherung" vorrangig zur Bestreitung der Prozesskosten einsetzt, so kann sich die Gewährung von PKH auf die Übernahme der Anwaltskosten bis zur Höhe der Selbstbeteiligung beschränken *(BSG NZS 2006, 612)*.

Sozialhilfe-Leistungen zum Lebensunterhalt dürfen grundsätzlich bei der Ermittlung des Einkommens nicht berücksichtigt werden *(LSG Niedersachsen, SGb*

1984, 365); zum Problem der PKH bei Sozialhilfe- oder Alg II-Bezug vgl. allgemein: *Harich, Prozesskostenhilfe und Existenzminimum, Sozialrecht aktuell 2011, 41.*

Von Bedeutung ist im sozialgerichtlichen Verfahren die Regelung in § 115 59
Abs. 3 ZPO, wonach PKH nicht bewilligt wird, wenn die Kosten vier Monatsraten voraussichtlich nicht übersteigen. Hierbei ist in der Regel von der Mittelgebühr nach §§ 3, 14 RVG i.V.m. Ziffer 3102 bzw. 3204 der Anlage 1 zu § 2 Abs. 2 RVG auszugehen.

8.3.2 Hinreichende Erfolgsaussicht

Von einer hinreichenden Erfolgsaussicht muss schon dann ausgegangen werden, 60
wenn der Rechtsstandpunkt des Klägers vertretbar ist und die behaupteten anspruchsbegründenden Tatsachen nachweisbar erscheinen. Diese Voraussetzung ist regelmäßig erfüllt, wenn vor der Entscheidung des Rechtsstreits noch eine Beweisaufnahme durchgeführt werden muss. Im sozialgerichtlichen Verfahren bedeutet dies vor allem: wenn noch ein weiteres medizinisches Gutachten von Amts wegen eingeholt werden muss. Es reicht dagegen nicht aus, dass der Kläger ein Gutachten nach § 109 von einem Arzt seines Vertrauens begehrt; denn andernfalls hätte der Kläger die Gewährung von PKH selbst in der Hand. Hinreichende Erfolgsaussicht ist auch dann anzunehmen, wenn der Ausgang des Verfahrens von der Entscheidung einer schwierigen, bislang noch nicht eindeutig geklärten Rechtsfrage abhängt. Diese Auslegung des Begriffs „hinreichende Erfolgsaussicht" ist vom BVerfG *(BVerfGE 81, 347 = NJW 1991, 413 = DÖV 1990, 926, 927)* als verfassungskonform angesehen worden. Sie überspannt insbesondere nicht die Anforderungen an die Erfolgsaussicht in einer den Unbemittelten benachteiligenden Weise. PKH braucht deshalb nicht schon dann gewährt zu werden, wenn die entscheidungserhebliche Rechtsfrage höchstrichterlich zwar noch nicht geklärt ist, ihre Beantwortung aber im Hinblick auf die einschlägige gesetzliche Regelung und die zur Verfügung stehenden Auslegungshilfen (z.B. bereits vorliegende Rechtsprechung, Gesetzesmaterialien, Kommentare etc.) nicht als schwierig erscheint. Andererseits kann das SG hinreichende Erfolgsaussicht auch dann ablehnen, wenn es sich im PKH-Verfahren mit diffizilen Rechtsfragen auseinander setzen muss, die aus seiner Sicht aber in der höchstrichterlichen Rechtsprechung geklärt sind *(BVerfG 25. 11. 2009, 1 BvR 2515/09 – Übernahme von Renovierungskosten als KdU).*

Bedarf die Berufung nach § 144 der Zulassung durch das LSG, so ist vorab 61
PKH für die Durchführung des Beschwerdeverfahrens zu beantragen. Liegt ein Zulassungsgrund nicht vor, so fehlt es auch an der hinreichenden Erfolgsaussicht für das Berufungsverfahren.

8.3.3 Mutwilligkeit der Rechtsverfolgung

Diesem Kriterium kam in der Sozialgerichtsbarkeit vor Einführung des SGB II 62
und XII keine große Bedeutung zu. Mutwilligkeit ist anzunehmen, wenn ein verständiger Beteiligter, der die Kosten der Prozessführung selbst aufbringen müsste,

das Verfahren nicht durchführen würde *(s. BVerfG NJW 1997, 2103)* oder wenn das mit der Prozessführung verfolgte Ziel auf einfacherem und kostengünstigerem Weg erreicht werden kann *(BSG SozR 3-1500 § 73a Nr. 6)*. Die Geltendmachung eines **Bagatellstreitwerts** kann unter Umständen ein Indiz für Mutwilligkeit sein; allerdings muss die Höhe des Streitwerts etwa in Streitigkeiten der Grundsicherung jeweils in Relation zu den wirtschaftlichen Lebensbedingungen des Antragstellers bewertet werden. Danach erscheint eine Summe, die mehr als 10 v. H. des Regelbedarfs eines Alg II – Empfängers ausmacht als zu hoch gegriffen *(so aber LSG Berlin-Brandenburg 10. 2. 2009, L 5 B 1956/08 AS PKH)*, ein Gesamtstreitwert, der unter 10 Euro liegt, spricht dagegen in der Regel für Mutwilligkeit *(LSG Berlin-Brandenburg 19. 5. 2008, L 10 B 184/08 AS PKH)*.

63 **8.4 Beiordnung eines Anwalts**

Da die Vertretung durch Anwälte im Sozialgerichtsprozess nur vor dem BSG vorgeschrieben ist, kann ein Anspruch auf Beiordnung eines Anwalts nur hier auf § 121 Abs. 1 ZPO gestützt werden. In den Tatsacheninstanzen hängt die Beiordnung eines Anwalts dagegen von der Erforderlichkeit einer anwaltlichen Vertretung ab.

64   Nach § 121 Abs. 2 ZPO ist die Erforderlichkeit dann grundsätzlich nicht zu prüfen, wenn auch der Prozessgegner durch einen Anwalt vertreten wird. Während im Schrifttum vor der Übernahme der Existenzsicherungssysteme durch die Sozialgerichtsbarkeit überwiegend die Auffassung vertreten wurde, die Vertretung der Sozialleistungsträger durch sachkundige Bevollmächtigte erfülle diese Voraussetzung nicht (vgl. *Scherer/Wiesner NZA 1985, 47, 51; von Maydell NJW 1981, 1181)*, hat das BVerfG in Grundsicherungsfällen eindeutig für die Gegenposition Stellung bezogen: Ein vernünftiger Rechtsuchender, dem im sozialgerichtlichen Verfahren rechtskundige und prozesserfahrene Behördenvertreter gegenüberstehen, werde regelmäßig einen Rechtsanwalt einschalten, wenn er nicht ausnahmsweise selbst über ausreichende Kenntnisse und Fähigkeiten zur effektiven Förderung des Verfahrens verfüge *(BVerfG 6. 5. 2009, 1 BvR 439/08)*.

65   Die Anforderungen an die Erforderlichkeit der anwaltlichen Vertretung sind im sozialgerichtlichen Verfahren nicht deshalb höher anzusetzen, weil das Gericht den Sachverhalt von Amts wegen zu ermitteln hat. Maßgebend ist vielmehr auch hier die Erforderlichkeit im Einzelfall. Sie wird bestimmt von den Anforderungen, die der Prozessstoff in tatsächlicher und rechtlicher Hinsicht stellt. Eine vom Tatsachenstoff her nicht leicht zu erfassende Fallgestaltung (z.B. bei umfangreichen und/oder zahlreichen medizinischen Äußerungen) macht eine anwaltliche Vertretung genauso erforderlich wie eine Rechtslage, die ein Laie nicht ohne Weiteres überblicken kann. Nicht durchgesetzt hat sich die Auffassung, in der Regel müsse ein Anwalt schon deshalb beigeordnet werden, weil das Sozialrecht per se kompliziert und unübersichtlich sei (vgl. den Überblick bei *Scherer/Wiesner NZA 1985, 47, 50)*. Andererseits kann die Erforderlichkeit der Beiordnung eines Rechtsanwalts auch nicht für einzelne Rechtsgebiete generell verneint werden.

Dies gilt auch für das Schwerbehindertenrecht *(LSG Nordrhein-Westfalen, Breithaupt 1989, 953).*

Erforderlich ist die Anwaltsbeiordnung generell, wenn dem Beteiligten die für   66
eine Prozessführung erforderliche geistige Gewandtheit fehlt; er insbesondere
nicht in der Lage ist, sich im vorbereitenden Verfahren schriftlich zu artikulieren.
Zweifelhaft ist dagegen, ob man allein darauf abstellen kann, dass der Ausgang
des Prozesses für den Kläger wirtschaftlich von Bedeutung ist, wenn die Sach-
und Rechtslage keine besonderen Probleme aufwirft (ablehnend wohl: *ML § 73 a
Rn. 9 b).* Das BVerfG stellt in seiner neueren Rechtsprechung *(22. 6. 2007, 1 BvR
681/07 = NJW-RR 2007, 1713; 6. 5. 2009 1 BvR 439/08)* zur Erforderlichkeit einer
Anwaltsbeiordnung in erster Linie darauf ab, ob ein Bemittelter in der Lage des
Unbemittelten vernünftigerweise einen Rechtsanwalt mit der Wahrnehmung seiner Interessen beauftragt hätte. Davon könne regelmäßig ausgegangen werden,
wenn im Kenntnisstand und in den Fähigkeiten der Prozessparteien ein deutliches
Ungleichgewicht bestehe. Vergleichsperson sei derjenige Bemittelte, der seine
Prozessaussichten vernünftig abwäge und dabei auch das Kostenrisiko berück-
sichtige *(BVerfG 18. 11. 2009, 1 BvR 2455/08 = NJW 2010, 988);* zur Beachtung
einer Bagatellgrenze bei der Bewilligung von PKH vgl. auch oben Rn. 62.

Auch im sozialgerichtlichen Verfahren kann im Rahmen der PKH nur beige-   67
ordnet werden, wer Mitglied einer Rechtsanwaltskammer ist (Anwaltsprivileg).
Verbandsvertreter (z.B. wenn der Beteiligte nicht Mitglied des Verbandes ist, aber
dessen Rechtsschutzvertreter bevollmächtigen will), Rentenberater und Rechtsbeistände, die nicht Mitglied einer Anwaltskammer sind, können ebenso wenig
beigeordnet werden wie andere, an sich vertretungsberechtigte Personen, auch
wenn sie u.U. im materiellen Sozialrecht über erhebliche Sachkunde verfügen.

8.5 Verfahrensrechtliche Fragen der PKH   68

8.5.1 *Zeitpunkt der Antragstellung*

Der Antrag auf PKH, der für jede Instanz gesondert zu stellen ist, sollte möglichst frühzeitig angebracht werden, damit der Beteiligte schnellstmöglich Gewissheit hat, ob er den Rechtsstreit mit anwaltlicher Hilfe führen kann. Aus diesem Grund ist das Gericht auch verpflichtet, über den Antrag unverzüglich zu
entscheiden.

Der Antrag auf PKH wahrt dagegen allein die Rechtsbehelfsfrist nicht. Der   69
Rechtsbehelf kann auch nicht bedingt für den Fall eingelegt werden, dass PKH
gewährt wird. In der Regel wird jedoch Wiedereinsetzung zu gewähren sein,
wenn der Antrag auf PKH innerhalb der Rechtsbehelfsfrist (zusammen mit der
vollständigen Erklärung nach § 117 Abs. 2 ZPO) gestellt wird. Für ein derartiges
Vorgehen besteht in der Praxis jedoch im Regelfall kein Bedürfnis, da die PKH
für die nach § 183 n.F. kostenprivilegierten Beteiligten ausschließlich die Anwaltskosten betrifft. Die Klageerhebung begründet für sie keine Gerichtskosten
und die Höhe der Anwaltsgebühr hängt hiervon auch nicht ab. Von daher besteht
in der Regel kein Grund, etwa die Klageerhebung von der Gewährung von PKH

abhängig zu machen. Etwas anderes gilt für diejenigen Beteiligten, die nach § 184 n.F. gebührenpflichtig sind. Zu den gebührenpflichtigen Beteiligten vgl. Kap. XII Rn. 4, 5, 107, 108.

Der PKH-Antrag kann auch noch im Verlauf des Verfahrens, jedoch nur für die jeweilige Instanz, gestellt werden; spätester Zeitpunkt ist die mündliche Verhandlung, nach der das Urteil ergehen soll.

8.5.2 Entscheidung des Gerichts

70 Das Gericht entscheidet über den PKH-Antrag durch Beschluss (grundsätzlich ohne mündliche Verhandlung). Die Entscheidung muss unverzüglich nach Antragstellung aufgrund einer summarischen Prüfung in der Regel auf der Grundlage des Akteninhalts ohne weitere Beweiserhebung, jedoch nach Anhörung des Gegners (§ 118 Abs. 1 ZPO) erfolgen. Das Gericht kann Erhebungen (Beiziehung von Urkunden und Einholung von Auskünften) anstellen, die innerhalb kürzerer Zeit durchführbar sind (§ 118 Abs. 2 Satz 2 ZPO), wenn dies zur Beurteilung der Erfolgsaussichten erforderlich ist. § 118 Abs. 2 Satz 3 ZPO, wonach vor einer Entscheidung über PKH auch die Vernehmung von Zeugen und Sachverständigen zulässig ist, wenn die Erfolgsaussichten auf andere Weise nicht geklärt werden können, kann im sozialgerichtlichen Verfahren dagegen im Regelfall nicht zum Zug kommen. Einerseits können die Erfolgsaussichten hier in der überwiegenden Zahl der Fälle erst nach der Anhörung von Sachverständigen verlässlich beurteilt werden, so dass bei strenger Handhabung der Vorschrift PKH erst dann bewilligt werden könnte, wenn die Sache auch entscheidungsreif ist. Andererseits liegen in derartigen Fällen grundsätzlich auch schon aus dem Verwaltungsverfahren medizinische Gutachten vor, die als Entscheidungsgrundlage im PKH-Verfahren ausreichen müssen. Ist der medizinische Sachverhalt danach noch nicht geklärt, so muss das Gericht grundsätzlich vor der Beweisaufnahme (d.h. hier vor der Einholung des Sachverständigengutachtens) über die PKH entscheiden.

71 Entscheidet das Gericht jedoch nicht zum frühestmöglichen Zeitpunkt, sondern erst nach Beweiserhebung, so ist der verspäteten Entscheidung der Erkenntnisstand zugrunde zu legen, den das Gericht im Zeitpunkt der PKH-Entscheidungsreife (also vor der Einholung des Sachverständigengutachtens) hatte. Die durch die Beweiserhebung nachträglich gewonnenen Erkenntnisse müssen demgegenüber unberücksichtigt bleiben. Diese Auffassung ist in Rechtsprechung und Schrifttum umstritten (zum Meinungsstand vgl. eingehend *Kalthoener/Büttner/Wrobel-Sachs, Rn. 438ff. m.w.N.*), doch entspricht allein sie der Billigkeit. Andernfalls könnte das Gericht den PKH-Anspruch durch verzögerliche Behandlung zunichtemachen, ohne dass der unbemittelte Beteiligte hierauf Einfluss nehmen könnte. Für die Maßgeblichkeit des Zeitpunkts der PKH-Entscheidungsreife sprechen daher auch Gesichtspunkte des Grundrechtsschutzes Unbemittelter (Art. 3 und 19 Abs. 4 GG – so wohl auch: *BVerfG, DÖV 1990, 926*).

8.5.3 Rechtsmittel

Die Bewilligung von PKH kann nur im erstinstanzlichen Verfahren von dem Ver- 72
treter der Staatskasse mit der Beschwerde angefochten werden, soweit PKH ohne
Verpflichtung zur Ratenzahlung bewilligt wurde (§ 127 Abs. 3 ZPO). Gegen Beschlüsse des Sozialgerichts, durch die der Antragsteller beschwert ist (z.B. Ablehnung der Gewährung von PKH, Festsetzung von Monatsraten, Ablehnung einer
Anwaltsbeiordnung) findet die Beschwerde an das LSG statt; sie ist ausgeschlossen, wenn das Gericht ausschließlich die persönlichen oder wirtschaftlichen Voraussetzungen für die PKH verneint hat (gemäß § 173 ist die Beschwerde beim SG
einzulegen!).

Seit der Ergänzung des § 172 Abs. 3 Nr. 1 zum 11. 8. 2010 ist die Beschwerde 72a
gegen ablehnende PKH-Entscheidungen im einstweiligen Rechtsschutz ausgeschlossen, wenn in der Hauptsache die Berufung nach § 144 zulassungsbedürftig
wäre. Ob auch in Hauptsacheverfahren entsprechend § 127 Abs. 2 Satz 2 ZPO
eine **Begrenzung nach dem Streitwert** eingreift, wird von den Landessozialgerichten unterschiedlich entschieden *(dafür: LSG Berlin-Brandenburg 27. 9. 2010,
L 20 AS 1602/10 B PKH; LSG Niedersachsen/Bremen 15. 7. 2008, L 12 B 18/07
AL – m.w.N. ; a.A. LSG Baden-Württemberg 2. 1. 2007, L 13 AS 4100/06 PKH-
B; LSG NRW 18. 4. 2007, L 19 B 42/06 AL).* Die PKH-Entscheidung des LSG ist
unanfechtbar (§ 177).

8.6 Beschwerde gegen PKH-Beschluss des SG   73

Schriftsatzmuster

Rechtsanwalt L.
Sozialgericht Hannover[1])

In dem Rechtsstreit

des Automobilwerkers M. K. ,
Proz. -Bev. : Rechtsanwalt L.   Kläger,

g e g e n

die Bundesrepublik Deutschland,
vertreten durch die Bundesbahn-Ausführungsbehörde
für Unfallversicherung,   Beklagte,

wird gegen den Beschluss des Sozialgerichts Hannover vom … Az. : … Beschwerde
eingelegt.

Begründung:

Der Kläger begehrt Prozesskostenhilfe zur Durchführung eines Rechtsstreits, in dem er
eine Verschlimmerung der Folgen eines Arbeitsunfalls geltend macht. Bei einem Arbeitsunfall im November 1965 erlitt der Kläger einen Bruch des rechten Kahnbeins, der
eine Bewegungsbehinderung im Handgelenk und eine Schwächung der rechten Arm-
und Handmuskulatur zur Folge hatte. Die Beklagte gewährte wegen der Unfallfolgen bis

Dezember 1976 Verletztenrente in Höhe von 20 v. H. der Vollrente. Aufgrund eines Gutachtens des Handchirurgen Dr. P. vom 1. November 1976, der seinerzeit eine wesentliche Besserung der Unfallfolgen feststellte, entzog die Beklagte die Verletztenrente mit Ablauf des Monats Dezember 1976. Im Juni 2000 machte der Kläger eine Verschlimmerung der Unfallfolgen geltend[2]) und wurde auf Veranlassung der Beklagten durch die Handchirurgen Dr. Sch. und Dr. F. untersucht. Die Sachverständigen verneinten eine wesentliche Änderung der Unfallfolgen gegenüber dem Zustand zur Zeit der Begutachtung am 1. November 1976. Die Beklagte lehnte die Gewährung von Entschädigungsleistungen daraufhin ab, weil die unfallbedingte MdE weiterhin unter 20 v. H.[3]) liege. Der Widerspruch des Klägers blieb erfolglos. Das Sozialgericht hat den Antrag des Klägers auf Gewährung von PKH und Beiordnung des Unterzeichnenden durch Beschluss vom … abgelehnt. Hiergegen richtet sich die Beschwerde des Klägers.

Das Sozialgericht hätte dem Kläger PKH gewähren müssen, denn dieser ist wie sich aus der beigefügten Erklärung ergibt nach seinen persönlichen und wirtschaftlichen Verhältnissen nicht in der Lage, die Kosten der Prozessführung aufzubringen.

Die beabsichtigte Prozessführung bietet zudem hinreichende Aussicht auf Erfolg und ist nicht mutwillig. Dies ergibt sich vor allem aus der ärztlichen Stellungnahme des Chirurgen Dr. A. , der den Kläger seit dem Auftreten der verstärkten Beschwerden im Frühjahr 1999 behandelt. Aus den von Dr. A. mitgeteilten Befunden wird deutlich, dass gegenüber dem Zustand der Unfall folgen im Zeitpunkt der Rentenentziehung im Dezember 1976 eine wesentliche Änderung eingetreten ist, die eine Erhöhung der MdE um mindestens 10 v. H. bedingt. Denn während die Hand seinerzeit praktisch voll gebrauchsfähig war, seitengleich ausgeprägte Verarbeitungsspuren aufwies und alle Greifformen kraftvoll und seitengleich durchgeführt werden konnten, ist die Gebrauchsfähigkeit der Hand nunmehr erheblich eingeschränkt. Dies wird auch aus der Tatsache deutlich, dass die Muskulatur des rechten Unterarms, wie sich aus den von Dr. A. mitgeteilten Befunden ergibt, bereits atrophiert ist.

Die Beiordnung eines Rechtsanwalts ist auch i. S. von § 121 Abs. 2 ZPO erforderlich, denn der Kläger ist angesichts der zahlreichen medizinischen Unterlagen nicht in der Lage, den entscheidungserheblichen Sachverhalt zu erkennen. Zudem lassen auch die rechtlichen Schwierigkeiten des Falles, insbesondere die hier streitige Frage der haftungsausfüllenden Kausalität, eine sachgerechte Prozessführung durch einen Laien nicht zu.

gez. L. Rechtsanwalt

Anmerkungen:

1) Die Beschwerde ist binnen eines Monats nach Bekanntgabe der Entscheidung beim Sozialgericht einzulegen. Die Beschwerdefrist ist auch gewahrt, wenn die Beschwerde innerhalb der Frist beim Landessozialgericht eingelegt wird.

2) Der „Verschlimmerungsantrag" stützt sich auf § 48 SGB X. Danach ist ein (bestandskräftiger) Verwaltungsakt mit Dauerwirkung aufzuheben, soweit in den tatsächlichen oder rechtlichen Verhältnissen, die bei seinem Erlass vorgelegen haben, eine wesentliche Änderung eintritt. In Bezug auf die Höhe der MdE ist eine Änderung grundsätzlich nur dann als „wesentlich" anzusehen, wenn sie mehr als 5 v. H. (d. h. regelmäßig 10 v. H.) aus-

macht. Dieser Gesichtspunkt spielt dann keine Rolle, wenn der Versicherte – wie hier – wegen einer Verschlimmerung überhaupt erst den für eine Rentenberechtigung erforderlichen Mindestgrad der MdE von 20 v.H. geltend macht, da der Versicherungsträger unterhalb von 20 v.H. – zusammen mit der Feststellung der noch verbliebenen Unfallfolgen – grundsätzlich keinen Grad der MdE feststellen kann.

3) Verletztenrente wird – in Form einer dem Grad der MdE entsprechenden Teilrente – erst gewährt, wenn die Erwerbsfähigkeit des Verletzten um wenigstens ein Fünftel (20 v.H.) gemindert ist (§ 56 Abs. 3 SGB VII).

4) Zur haftungsausfüllenden Kausalität vgl. oben Kap. III Rn. 155.

VII. KAPITEL

Das erstinstanzliche Verfahren

1 Die Klageerhebung

Die bei der Klageerhebung zu beachtenden Förmlichkeiten sind im sozialgerichtlichen Verfahren auf ein Minimum reduziert. Es genügt eine schriftlich fixierte Willenserklärung, aus der hervorgeht, dass die gerichtliche Überprüfung einer bestimmten Verwaltungsmaßnahme begehrt wird. Kann dies der Erklärung nicht zweifelsfrei entnommen werden, so ist das Gericht verpflichtet, durch Nachfrage eine Klarstellung zu erreichen. Bloße Bekundungen des Missfallens oder der Unzufriedenheit und Gegenvorstellungen gegenüber einer Maßnahme der Verwaltung stellen in der Regel keine Klage dar, sondern allenfalls einen Widerspruch *(BSG SozR 1500 § 92 Nr. 1)*. Zwar schreibt § 92 vor, die Klage müsse bei dem zuständigen Gericht der Sozialgerichtsbarkeit erhoben werden; geht die Klage jedoch innerhalb der Klagefrist (siehe Rn. 9ff.) bei einer anderen Behörde oder einem nicht zuständigen Gericht ein, so ist zumindest die Klagefrist gewahrt. Rechtshängig wird die Sache jedoch erst mit dem Eingang beim zuständigen Gericht. Ein Rechtsschutzbegehren kann generell nur dann als zulässig angesehen werden, wenn der Rechtsuchende dem angerufenen Gericht seine Wohnanschrift mitteilt; nicht ausreichend sind etwa die Angabe einer E-mail-Anschrift oder eine Mobilfunk-Telefonnummer *(BSG SozR 4-1500 § 90 Nr. 1)*.

1

1.1 Form der Klageerhebung

2

Die Klage ist schriftlich oder zur Niederschrift zu erheben. Zwar gehört zur Schriftform auch die eigenhändige Unterschrift, doch geht aus § 92 (der den notwendigen Inhalt der Klageschrift festlegt) hervor, dass die Unterschrift für eine wirksame Klageerhebung nicht unerlässlich ist. Die Rechtsmittelschriften müssen dagegen unterschrieben sein (Ausnahmen: Telegramm, Telex und Computer-Fax). Auch hier ist das Gericht verpflichtet, den Kläger auf den Mangel hinzuweisen; ggf. ist Wiedereinsetzung zu gewähren. Die Schriftform ist auch gewahrt bei Telegramm (auch bei telefonischer Aufgabe des Telegramms), Telex und Telefax. Während die Rechtsprechung bei einem im Telekopieverfahren übermittelten Telefax allgemein noch eine Unterschrift verlangt, ist eine Unterschrift bei Telegramm und Telex technisch nicht möglich; bei einer mittels PC-Modem an das Telefaxgerät des Gerichts übermittelten Datei kann zwar eine eingescannte Unterschrift des Urhebers beigefügt werden, doch hat diese im Rechtsverkehr keinen Beweiswert. Die Rechtsmittelfrist wird auch durch Übermittlung einer das Rechtsmittel enthaltenden Datei gewahrt, die nicht unterschrieben ist. Die entsprechende Entscheidung des BSG *(SozR 3-1500 § 159 Nr. 2)* hat der GmSOGB entgegen der Auffassung des BGH bestätigt. Der dieser Entscheidung vorangestellte Leitsatz ist allerdings missverständlich, soweit dort auf eine „eingescannte" Unterschrift abgestellt wird, vgl. *SozR 3-1750 § 130 Nr. 1 = NJW 2000, 2340.* § 108 a (eingefügt durch das Gesetz vom 13. 7. 2001, BGBl. I S. 1541, vgl. hierzu insbes. *BT-Drucks. 14/4987, S. 38, 43 und 47*) lässt für Erklärungen der Parteien allgemein die Aufzeichnung als elektronisches Dokument zu. Eine telefonische Klageerhebung wird im Schrifttum zwar teilweise für zulässig gehalten, wenn die telefonische Mitteilung zur Niederschrift des Urkundsbeamten der Geschäftsstelle erfolgt *(Bley § 90 Anm. 5 b; P/S/W § 90 Anm. 1 – mit Einschränkung)*, in der Rechtsprechung aber überwiegend abgelehnt *(BFH NJW 1965, 174; BGH NJW 1981, 1627).*

3   Die Klageerhebung zur Niederschrift erfolgt nach § 90 beim Urkundsbeamten der Geschäftsstelle. Zur Aufnahme einer Niederschrift – mit Frist wahrender Wirkung – sind jedoch auch andere Behörden und die amtlichen Vertretungen der Bundesrepublik im Ausland verpflichtet. In Bezug auf die Ermöglichung einer Klageerhebung kann insoweit nichts anderes gelten als bei der Antragstellung für Sozialleistungen (vgl. hierzu *BSGE 64, 89 = SozR 2200 § 545 Nr. 8).*

4 **1.2 Inhalt der Klageschrift**

Bis zum Inkrafttreten des SGG-ÄndG 2008 war ein Mindestinhalt der Klageschrift im SGG nicht vorgeschrieben. Nach § 92 sollten in der Klageschrift angegeben werden:

- die Beteiligten,
- der Streitgegenstand,
- der angefochtene Verwaltungsakt oder Widerspruchsbescheid,
- die zur Begründung dienenden Tatsachen und Beweismittel sowie ein bestimmter Antrag.

In ihrer Neufassung schreibt die Vorschrift vor: Die Klage *muss* den Kläger, den Beklagten und den Gegenstand des Klagebegehrens bezeichnen. Zur Bezeichnung des Beklagten genügt die Angabe der Behörde. Die weiteren Angaben (Bescheide, Tatsachen zur Begründung, Beweismittel und Antrag) sowie die Unterzeichnung der Klageschrift durch den Kläger oder seinen Prozessbevollmächtigten mit Orts- und Tagesangabe sind weiterhin nicht zwingend erforderlich. Soweit diese für die Durchführung des Verfahrens erforderlichen Angaben fehlen, muss das Gericht sie durch Nachfrage ermitteln; in Bezug auf die jetzt zwingend erforderlichen Angaben muss das Gericht den Kläger ggf. auffordern, seine Angaben zu ergänzen; nur wenn dies nicht geschieht oder die Angaben nicht verwertbar sind, kann die Klage als unzulässig verworfen werden. Wegen des Fehlens solcher Angaben, die freigestellt sind, kann die Klage dagegen nicht als unzulässig angesehen werden. Der Streitgegenstand ergibt sich in den meisten Fällen bereits aus der vom Kläger angegebenen Verwaltungsentscheidung (zum Streitgegenstand vgl. im Einzelnen Rn. 65 f.). Verwaltungsakt und ggf. Widerspruchsbescheid, gegen die sich die Klage richten, sollten daher in der Klageschrift stets angegeben werden.

Mindestinhalt einer Klageschrift   5
Schriftsatzmuster

Karl-Heinz Meyer
Musterstraße 10
30159 Hannover

Hannover, den …

Sozialgericht Hannover

Gegen den Bescheid der LVA Hannover vom … (Az.: …)/der Agentur für Arbeit Hannover vom … (Az.: …)/der AOK Niedersachsen vom … (Az.: …) usw. erhebe ich zur Wahrung der Frist

Klage

Ich werde Rechtsanwalt Dr. L. mit der Wahrnehmung meiner Interessen beauftragen. Dieser wird die Klage alsbald begründen.

Bei Klageerhebung durch einen Prozessbevollmächtigten:

… erhebe ich zur Wahrung der Frist Klage. Ich werde die Klage begründen und Anträge stellen, sobald ich Einsicht in die Verwaltungsakten genommen habe. Ich bitte, die Akten der Beklagten anzufordern und mir diese zur Einsicht zu übersenden[1]). Bescheid und Widerspruchsbescheid der … sind in Kopie beigefügt[2]).

Anmerkung:

1) Das Recht auf Akteneinsicht bezieht sich auch auf die Verwaltungsvorgänge der Versicherungsträger und sonstiger Behörden. Einschränkungen des Akteneinsichtsrechts sind nur in seltenen Fällen möglich, wenn die Voraussetzungen des § 119 vorliegen. Zur Akteneinsicht vgl. im Einzelnen: Rn. 116 ff.
2) § 92 Abs. 1 Satz 3 i.d.F. des SGG-ÄndG 2008: „… die angefochtene Verfügung und der Widerspruchsbescheid sollen in Urschrift oder in Abschrift beigefügt werden".

Der Gegenstand des Rechtsstreits ist ansonsten aus dem Begehren des Klägers zu   6
ermitteln; zu dem hierbei zu beachtenden Grundsatz der Meistbegünstigung vgl. unten Rn. 63. Am Klagebegehren orientiert sich auch die Formulierung der Anträge, bei der das Gericht dem Kläger behilflich sein muss (§ 112 Abs. 2: Hilfe bei der Antragstellung in der mündlichen Verhandlung, s. hierzu auch Rn. 112 ff. und 155). Die Fassung der Anträge in der Klageschrift oder in einem nachfolgenden, zur Begründung der Klage eingereichten Schriftsatz ist für das Gericht nicht verbindlich (§ 123). Die Formulierungshilfe für den Kläger findet jedoch ihre Grenze an dem auch im sozialgerichtlichen Verfahren geltenden Grundsatz „ne ultra petita"; denn auch hier gilt die Dispositionsmaxime.

Ebenso wenig wie die Klageanträge müssen die zur Begründung der Klage die-   7
nenden Tatsachen und Beweismittel schon in der Klageschrift angegeben werden. Zwar ist der Kläger nach § 92 nicht verpflichtet, insoweit überhaupt Angaben zu machen. Doch wird das Gericht seiner Ermittlungspflicht (§ 103) ohne Mitwirkung des Klägers zumeist nicht nachkommen können. Andererseits macht jedoch

auch § 92 deutlich, dass es im sozialgerichtlichen Verfahren für den Kläger keine Beweisführungspflicht gibt. Der Kläger kann sich auf Hinweise, Vorschläge und Anregungen beschränken.

8   Der Klageschrift, den nachfolgenden Schriftsätzen und nach Möglichkeit auch sonstigen Unterlagen sind Abschriften für die anderen Beteiligten beizufügen. Das Gericht kann sie nachfordern oder sie auf Kosten des Klägers selbst anfertigen (§ 93 Satz 2 und 3).

9   **1.3 Klagefrist**

Anfechtungsklagen müssen, auch wenn sie mit anderen Klagearten kombiniert sind, innerhalb einer bestimmten Frist nach Zustellung bzw. Bekanntgabe der Verwaltungsentscheidung erhoben werden. Die Frist wird auch gewahrt durch Abgabe der Klageschrift bzw. Aufnahme einer Niederschrift bei jeder anderen inländischen Behörde (insbesondere bei den Versicherungsträgern, aber auch vor allem bei den Gemeindeverwaltungen) oder bei einer deutschen Konsularbehörde (§ 91). Isolierte Leistungsklagen und Feststellungsklagen (Ausnahme: Wahlanfechtungsklage vgl. § 57 Abs. 2 SGB IV) sind dagegen nicht fristgebunden. In Bezug auf die Feststellung der Nichtigkeit eines Verwaltungsaktes und die Feststellung des zuständigen Versicherungsträgers wird dies in § 89 ausdrücklich klargestellt.

10   Die Klagefrist ist eine gesetzliche Frist, die im Gegensatz zur richterlichen Frist (§ 65) auch mit Zustimmung der anderen Beteiligten nicht verlängert werden kann. Bei Fristversäumnis kann auf Antrag des Klägers Wiedereinsetzung gewährt werden, soweit die Frist ohne Verschulden nicht gewahrt wurde (vgl. hierzu Rn. 15 ff.). Liegen keine Wiedereinsetzungsgründe vor, ist die Klage als unzulässig abzuweisen.

Die Monatsfrist

11   Nach § 87 Abs. 1 ist die Klage binnen eines Monats nach Zustellung oder, wenn nicht zugestellt wird, nach Bekanntgabe des Verwaltungsaktes zu erheben. Eine förmliche Zustellung ist auch beim Widerspruchsbescheid nicht mehr vorgeschrieben (§ 85 Abs. 3 Satz 1). Nimmt die Behörde eine Zustellung vor, so erfolgt diese gemäß § 85 Abs. 3 Satz 2 nach den §§ 2 bis 15 Verwaltungszustellungsgesetz (VwZG).

12   Ist ein Widerspruchsverfahren nicht durchgeführt worden, so beginnt die Klagefrist mit der Bekanntgabe des Verwaltungsaktes. Im Sozialverwaltungsverfahren erfolgt die Bekanntgabe regelmäßig durch Übermittlung des Bescheides durch die Post. Der Bescheid gilt dann mit dem 3. Tag nach Aufgabe zur Post als bekannt gegeben (§ 37 Abs. 2 SGB X), es sei denn, er ist tatsächlich nicht oder später zugegangen. Lässt sich der Zugang des Briefes innerhalb der Dreitagesfrist nicht eindeutig feststellen, so hat der Absender und nicht der Empfänger den Zeitpunkt des Zugangs nachzuweisen *(BSG SozR 3-1960 § 4 Nr. 1)*.

Die Berechnung der Monatsfrist erfolgt nach § 64. Danach beginnt die Frist 13
mit dem Tag nach der Zustellung (bzw. Bekanntgabe) und endet mit Ablauf des
entsprechenden Tages des nächsten Monats (Zustellung am 10. 12. – Ende der
Monatsfrist am 10.1.); es sei denn, dem nächsten Monat fehlt der dem Tag der Zustellung entsprechende Tag. In diesen Fällen endet die Frist mit dem Ende des
nächsten Monats (Zustellung am 31.1. – Ende der Monatsfrist am 28. bzw. 29. 2.).
Fällt das Ende der Frist auf einen Sonnabend, Sonntag oder einen gesetzlichen
Feiertag (maßgebend hierfür ist der Sitz des Gerichts, *BSG SozR 3-1500 § 160a
Nr. 18*), so endet die Frist mit dem Ablauf des nächsten Werktages (§ 64 Abs. 3).

Längere Klagefristen

Bei einer Zustellung oder Bekanntgabe des Verwaltungsaktes oder Widerspruchs- 14
bescheides außerhalb des Geltungsbereiches des SGG beträgt die Klagefrist
3 Monate (§ 87 Abs. 1 Satz 2). Bei fehlender oder unrichtiger Rechtsbehelfsbelehrung kann die Klage noch innerhalb eines Jahres nach Zustellung bzw. Bekanntgabe erhoben werden (§ 66 Abs. 2).

1.4 Wiedereinsetzung in den vorigen Stand 15

Schrifttum

Kummer, Wiedereinsetzung in den vorigen Stand, 2003, NJW-Schriftenreihe, Band 37
Müller, Gerda, Typische Fehler bei der Wiedereinsetzung in den vorigen Stand, NJW 1993,
    681

Wird die Einhaltung einer gesetzlichen Verfahrensfrist ohne Verschulden versäumt, kann das Gericht Wiedereinsetzung gewähren (§ 67).

1.4.1 Anwendungsbereich

Während die Voraussetzungen der Wiedereinsetzung (unterbliebene Fristwah- 16
rung ohne Verschulden) weitgehend mit dem Zivilprozess übereinstimmen, ist
der Anwendungsbereich der Wiedereinsetzung im Sozialgerichtsprozess ein anderer: Sie kommt nur bei gesetzlichen Verfahrensfristen zum Zuge. Das sind im
Wesentlichen die Rechtsbehelfsfristen; daneben die Fristen, die § 67 selbst setzt
(Abs. 2 Satz 1 und 3). Über § 84 Abs. 2 finden die Vorschriften über die Wiedereinsetzung auch im Widerspruchsverfahren Anwendung (für das vorhergehende
Verwaltungsverfahren gilt § 27 SGB X).

Bei materiellrechtlichen Fristen (z.B. gesetzliche Ausschlussfristen, Verjäh- 17
rungsfristen) kommt Wiedereinsetzung nur in Ausnahmefällen in Betracht (vgl.
hierzu *BSGE 64, 153 = SozR 1300 § 27 Nr. 4*). Auch auf richterliche Fristen (§ 65
– z.B. Frist zur Äußerung auf die Klageschrift: § 104) ist § 67 nicht anwendbar.
Eine förmliche Wiedereinsetzung ist hier allerdings auch nicht erforderlich. Zum
einen kann – im Gegensatz zu den gesetzlichen Fristen – innerhalb der Frist ein
Verlängerungsantrag gestellt werden. Zum anderen hat die Fristversäumnis im
Regelfall keine nachteilige Wirkung; insbesondere kennt der Sozialgerichtsprozess
keinen Ausschluss verspäteten Vorbringens. Soweit die Versäumung richterlicher

Fristen ausnahmsweise für den Beteiligten mit negativen Folgen verbunden sein kann (Beispiel: Der Antrag auf Einholung eines Gutachtens nach § 109, der nach Ablauf der Frist nach § 109 Abs. 2 abgelehnt werden kann), muss die Frist bei fehlendem Verschulden auch nachträglich verlängert werden. Eine Wiedereinsetzung wegen Versäumung von Notfristen oder Fristen zur Berufungsbegründung (§ 233 ZPO) kommt nicht in Betracht, da das sozialgerichtliche Verfahren derartige Fristen nicht kennt. Zur Wiedereinsetzung bei Versäumung der Frist zur Begründung der Nichtzulassungsbeschwerde vgl. Kap. IX Rn. 165 und 172 bzw. der Revision Kap. IX Rn. 279.

1.4.2 Fristversäumnis ohne Verschulden

18 Wiedereinsetzung ist zu gewähren, wenn die Versäumnis der Verfahrensfrist auch bei gewissenhafter und sachgemäßer Prozessführung trotz Anwendung der gebotenen Sorgfalt nicht zu vermeiden gewesen wäre. Das Maß der gebotenen Sorgfalt richtet sich nach den individuellen Gegebenheiten des Einzelfalls (Vertretung durch rechtskundigen Prozessbevollmächtigten oder nicht vertretener Kläger, der zudem in Rechtssachen unerfahren ist; vgl. im Einzelnen *BSGE 38, 248 = SozR 1500 § 67 Nr. 1 = NJW 1975, 1380*).

1.4.3 Verschulden bei Vertretung

19 Ist der Beteiligte gesetzlich oder durch einen Prozessbevollmächtigten (bzw. einen besonderen Vertreter nach § 72) vertreten, so hängt die Wiedereinsetzung davon ab, ob den Vertreter ein Verschulden an der Fristversäumnis trifft. Dies muss auch dann gelten, wenn der Prozessbevollmächtigte im Rahmen der Prozesskostenhilfe auf Antrag des Beteiligten vom Gericht ausgewählt worden ist. Die gegenteilige Auffassung in BSG SozR 1500 § 67 Nr. 10 verkennt, dass auch bei gesetzlicher Vertretung eine Verschuldenszurechnung erfolgt, obwohl auch hier der Vertreter nicht ausgewählt wird *(so zutreffend ML § 67 Rn. 3e)*. Die Auffassung des BSG ist vor allem im Hinblick auf die jetzt bestehende Wahlfreiheit des Beteiligten nach § 73a Abs. 1 Satz 2 überholt *(s.a. Bley, § 67 Anm. 3b)*.

20 Beruht die Fristversäumung auf einem sorgfaltswidrigen Verhalten einer nicht vertretungsberechtigten Hilfsperson, die der Beteiligte selbst oder sein Prozessbevollmächtigter eingeschaltet hat, so ist Wiedereinsetzung dann zu gewähren, wenn bei der Auswahl und Überwachung der Hilfsperson kein schuldhaftes Verhalten festzustellen ist und (sofern die Einschaltung durch einen Prozessbevollmächtigten erfolgt) die Hilfsperson ausreichend geschult und unterrichtet worden ist. Insoweit gelten dieselben Grundsätze wie in anderen Verfahrensarten. Zum Organisationsverschulden, insbesondere bei der Fristenkontrolle, vgl. *BSG SozR 3-1500 § 67 Nr. 18 = NJW 2001, 1597 sowie allgemein Thomas/Putzo, § 233 Rn. 15ff.*

1.4.4 Verschulden bei juristischen Personen des öffentlichen Rechts

Auch die Träger öffentlicher Verwaltung müssen eine Organisation des Verwaltungsablaufs nachweisen können, aus der hervorgeht, dass eine ausreichende Fristenkontrolle besteht und das mit der Behandlung Frist wahrender Schriftsätze betraute Personal besonders unterrichtet und geschult ist. Die Anforderungen an die Organisation des Verwaltungsablaufs unterscheiden sich nicht von denen, die an größere Rechtsanwaltskanzleien gestellt werden *(BSG SozR 1500 § 67 Nr. 18,* vgl. hierzu die Anm. von *Zeihe in SGb 1988, 294).*   21

1.4.5 Einzelfragen zum Verschulden

Verschulden liegt in der Regel nicht vor, wenn die Fristversäumung eingetreten ist   22
- wegen verzögerter Postbeförderung.
- Hat der Beteiligte alles getan, damit das Frist wahrende Schriftstück bei regelmäßiger Postbeförderung den Empfänger noch rechtzeitig erreicht, so können ihm Verzögerungen bei der Postbeförderung nicht angelastet werden *(BVerfG NJW 1980, 769 und BSG SozR 1500 § 67 Nr. 3).* Das Gericht hat die Dauer der Postbeförderung ggf. von Amts wegen zu ermitteln (vgl. im Einzelnen *ML § 67 Rn. 6b),*
- wegen technischer Störung des eigenen Telefaxgerätes, wenn der Ausfall zu einem Zeitpunkt aufgetreten oder konkret vorhersehbar gewesen ist, zu dem die Wahl eines anderen Übermittlungsweges nicht mehr möglich war *(BSG SozR 3-1500 § 67 Nr. 7),* mit der Übermittlung muss allerdings so rechtzeitig begonnen werden, dass unter gewöhnlichen Umständen mit ihrem Abschluss vor Fristablauf gerechnet werden kann *(BVerfG, NJW 2000, 574),*
- wegen vorübergehender (z.B. urlaubsbedingter) Abwesenheit von mehreren Wochen, auch wenn der Beteiligte in dieser Zeit mit einer Zustellung hätte rechnen müssen *(BSG SozR 1500 § 67 Nr. 6),*
- wegen verzögerter Weiterleitung des Frist wahrenden Schriftstückes durch eine nicht zuständige Behörde oder ein nicht zuständiges Gericht; z.B. Abgabe der Berufungsschrift bei einem anderen SG als demjenigen, das das Urteil erlassen hat (§ 151 Abs. 2) oder bei einer Behörde in der irrigen Annahme, dass hierdurch – wie bei der Klage – die Frist gewahrt wird. Der unzuständigen Stelle muss jedoch noch genügend Zeit zur Weiterleitung des Schriftstückes innerhalb der Frist verblieben sein *(BSGE 38, 248 = SozR 1500 § 67 Nr. 1 = NJW 1975, 1380),*
- wegen fehlender Unterschrift unter der Berufungsschrift und der Berufungsführer bei rechtzeitigem Hinweis die Unterschrift noch innerhalb der Berufungsfrist hätte nachholen können,
- bei der Anfechtung eines Verwaltungsaktes, dem die erforderliche Begründung fehlte (§ 35 SGB X) oder der ohne vorherige Anhörung ergangen ist (zur Notwendigkeit einer Anhörung vgl. § 24 SGB X) – § 41 Abs. 3 SGB X.

Im Hinblick auf Art. 19 Abs. 4 GG sind die Gerichte gehalten, bei der Auslegung und Anwendung der Vorschriften über die Wiedereinsetzung die Anforderungen an das, was der Betroffene zur Fristwahrung unternommen haben muss, nicht zu überspannen *(BVerfGE 88, 118, 123; BVerfG, NJW 1997, 2941)*.

23   Mangelnde Kenntnisse der deutschen Sprache stellen im Allgemeinen keinen Entschuldigungsgrund dar *(BSG SozR 1500 § 67 Nr. 21)*. Krankheit entschuldigt Fristversäumung nur dann, wenn die Erkrankung so schwer war, dass der Beteiligte die zur Fristwahrung notwendige Handlung weder selbst vornehmen noch einen Vertreter beauftragen konnte. Weitere Einzelfälle bei *Kummer* und *G. Müller* oben Rn. 15.

1.4.6 Verfahren bei Wiedereinsetzung

24   Grundsätzlich setzt die Gewährung von Wiedereinsetzung einen Antrag voraus, der innerhalb eines Monats nach Wegfall des die Einhaltung der Frist hindernden Umstandes zu stellen ist (§ 67 Abs. 2 Satz 1). Innerhalb der Antragsfrist muss die versäumte Rechtshandlung (Klage, Berufung etc.) nachgeholt werden (Abs. 2 Satz 3). Wird die versäumte Rechtshandlung innerhalb der Antragsfrist nachgeholt, so bedarf es keines besonderen Antrags auf Wiedereinsetzung; diese ist dann von Amts wegen zu gewähren, wenn Wiedereinsetzungsgründe vorliegen (Abs. 2 Satz 4).

25   Ist ein Beteiligter nicht bis zum Ende einer Frist gehindert, die Frist wahrende Handlung vorzunehmen, sondern fällt das Hindernis noch vor dem Ablauf der Frist weg, so kann Wiedereinsetzung bei Fristüberschreitung auch dann gewährt werden, wenn der Beteiligte eine Überlegungsfrist brauchte (etwa um die Erfolgsaussichten eines Rechtsbehelfs prüfen zu können – *BSG SozR 1500 § 67 Nr. 19*). Die Dauer der Überlegungsfrist hängt von den Umständen des Einzelfalles ab; beträgt jedoch in der Regel nicht erneut einen vollen Monat.

26   Nach § 67 Abs. 2 Satz 2 sollen die Tatsachen zur Begründung des Antrags vorgetragen und glaubhaft gemacht werden. Geschieht dies nicht, so kann das Gericht den Antrag dennoch nicht ohne Weiteres zurückweisen. Es hat die Voraussetzungen der Wiederaufnahme vielmehr von Amts wegen zu ermitteln, wenn Anhaltspunkte dafür vorliegen. Wird von dem säumigen Beteiligten kein Wiederaufnahmegrund vorgetragen, so muss das Gericht ihn auffordern, entsprechende Tatsachen mitzuteilen.

27   Der Wiederaufnahmeantrag ist unzulässig, wenn er erst nach Ablauf eines Jahres seit dem Ende der versäumten Frist gestellt wird, es sei denn, die Antragstellung war zuvor infolge höherer Gewalt unmöglich (§ 67 Abs. 3). Das BSG hat als höhere Gewalt auch angesehen, dass ein Versicherter durch eine objektiv falsche oder irreführende Auskunft der Krankenkasse von der rechtzeitigen Anfechtung eines Leistungsbescheides abgehalten wird. Auch in derartigen Fällen sei dem Betroffenen Wiedereinsetzung noch nach Ablauf der Jahresfrist zu gewähren *(BSG SozR 4-1500 § 67 Nr. 1)*.

1.4.7 Entscheidung und Rechtsmittel

Über die Wiedereinsetzung hat das Gericht zu entscheiden, das über die versäumte Rechtshandlung zu befinden hat (§ 67 Abs. 4 Satz 1). Dies kann entweder durch besonderen Beschluss, durch Zwischenurteil über die Zulässigkeit der Klage bzw. des Rechtsmittels (§ 130 Abs. 2 n.F.) oder durch Urteil zusammen mit der Entscheidung über die nachgeholte Prozesshandlung (Klage, Berufung etc.) geschehen. Eine Entscheidung durch Beschluss kommt nur dann in Betracht, wenn Wiedereinsetzung gewährt werden soll und in der Sache noch weitere Ermittlungen erforderlich sind. Bevor sie eingeleitet und hierdurch unter Umständen erhebliche Kosten verursacht werden, sollte das Gericht zunächst festlegen, ob der Rechtsbehelf zulässig ist.

28

Obwohl der Beschluss in der Regel außerhalb der mündlichen Verhandlung ohne Mitwirkung der ehrenamtlichen Richter ergeht, bindet er das Gericht bei der späteren Entscheidung in der Sache. Bei Ablehnung der Wiedereinsetzung kann das Gericht durch Gerichtsbescheid (für die erste Instanz – § 105) bzw. durch Beschluss (in der Berufungsinstanz – § 158 Satz 2) oder durch Urteil einen Verfahrensabschluss erreichen. Auch bei der Gewährung von Wiedereinsetzung muss das Gericht hierüber in jedem Fall ausdrücklich entscheiden; die zusprechende Entscheidung (ob durch Beschluss oder im Urteil) ist unanfechtbar (§ 67 Abs. 4 Satz 2). Gegen einen die Wiedereinsetzung ablehnenden Beschluss des Sozialgerichts ist die Beschwerde gegeben. Beschlüsse des LSG sind grundsätzlich unanfechtbar (§ 177). Bei unrechtmäßiger Versagung der Wiedereinsetzung kann jedoch ein die Zulässigkeit der Revision begründender wesentlicher Verfahrensmangel (§ 160 Abs. 2 Nr. 3) vorliegen *(BSGE 6, 256)*.

29

Hat das SG die Klage wegen Versäumung der Klagefrist durch Prozessurteil abgewiesen, so entscheidet das LSG über die Wiedereinsetzung. Bei einer nach § 144 zulassungspflichtigen Berufung kann die Versagung der Wiedereinsetzung einen den Berufungsrechtszug eröffnenden Verfahrensfehler darstellen (§ 144 Abs. 2 Nr. 3).

30

1.5 Zuständiges SG

31

1.5.1 Örtliche Zuständigkeit

1.5.1.1 Grundregel

Örtlich zuständig ist das SG, in dessen Bezirk der Kläger zur Zeit der Klageerhebung (maßgebender Zeitpunkt: Eintritt der Rechtshängigkeit) seinen Sitz (bei juristischen Personen) oder Wohnsitz (bei natürlichen Personen) hat. Nur wenn der Kläger keinen inländischen Wohnsitz hat, begründet der Aufenthaltsort die örtliche Zuständigkeit. Der Kläger kann wahlweise auch vor dem für seinen Beschäftigungsort zuständigen SG klagen. Eine einmal getroffene Wahl kann nach Klageerhebung nicht mehr geändert werden. Generell führen nach Eintritt der Rechtshängigkeit eintretende Änderungen (neuer Wohnsitz, andere Arbeitsstelle) nicht zur Zuständigkeit eines anderen Gerichts (§ 98 i.V.m. § 17 GVG). Die bei Rechtshängigkeit bestehende Zuständigkeit ist auch für die weiteren Instanzen maßgebend: Für das Berufungsverfahren ist das LSG des Landes zuständig, in dem das SG seinen Sitz hat (Ausnahmen sind nach § 10 Abs. 3 möglich – vgl. unten Rn. 42).

32 Zuständigkeitsvereinbarungen kennt der Sozialgerichtsprozess nicht (§ 59 Satz 1). Die Zuständigkeit eines SG kann – im Gegensatz zum Zivilprozess – auch nicht dadurch begründet werden, dass die Unzuständigkeit des Gerichts nicht geltend gemacht wird. Das SG kann seine Zuständigkeit deshalb nicht aus der rügelosen Einlassung des Beklagten ableiten (§ 59 Satz 2, § 39 ZPO gilt nicht).

1.5.1.2 Sitz, Wohnsitz, Aufenthalts- und Beschäftigungsort

33 Die Bestimmung des Wohnsitzes richtet sich im sozialgerichtlichen Verfahren in erster Linie nach § 30 Abs. 3 Satz 1 SGB I:

„Einen Wohnsitz hat jemand dort, wo er eine Wohnung unter Umständen innehat, die darauf schließen lassen, dass er die Wohnung beibehalten und benutzen wird."

§ 7 BGB kann nur ergänzend herangezogen werden. Maßgebend sind in erster Linie die tatsächlichen Umstände. Die Erfüllung privat- und öffentlichrechtlicher Vorschriften im Zusammenhang mit der Wohnsitznahme (Abschluss eines Mietvertrages, ordnungsbehördliche Anmeldung) ist nicht entscheidend.

34 Der Aufenthaltsort wird allein durch die faktische Anwesenheit des Beteiligten bestimmt. Sie kann vorübergehend (z.B. Besuch im Bundesgebiet bei ausländischem Wohnsitz) und muss nicht freiwillig (Haftanstalt, Pflegeheim etc.) begründet worden sein.

35 Der Sitz juristischer Personen und anderer beteiligtenfähiger Personenmehrheiten (§ 70) ergibt sich aus Gesetz, Satzung oder Rechtsgeschäft (ggf. Eintragung im Handelsregister). Soweit ein Sitz nicht besonders bestimmt ist, gilt der Ort, an dem sich die Geschäftsleitung oder die Verwaltung befindet als „Sitz" *(BSGE 52, 203, 205 = SozR 1500 § 57 Nr. 2)*.

36 Zweig- oder Bezirksverwaltungen der am sozialgerichtlichen Verfahren beteiligten öffentlich-rechtlichen Körperschaften, die nach der Satzung weisungsgebundene Verwaltungsstellen sind (z.B. Bezirksverwaltungen der Berufsgenossenschaften) haben keinen eigenen Sitz, maßgebend ist der Sitz der Hauptverwaltung *(BSGE 52, 203, 205 = SozR 1500 § 57 Nr. 2)*; bei der Bundesagentur für Arbeit der Sitz der Hauptstelle in Nürnberg.

37 Die Wahl des für den Beschäftigungsort zuständigen SG ist nur abhängig Beschäftigten möglich. Selbstständige haben in diesem Sinne – wie sich aus § 9 i.V.m. § 7 SGB IV ergibt – keinen Beschäftigungsort.

1.5.1.3 Ausnahmen

(1) Klage eines Hoheitsträgers oder eines Versicherungsunternehmens der privaten Pflegeversicherung:

Klagt eine Körperschaft oder Anstalt des öffentlichen Rechts oder in Angelegen- **38** heiten der Kriegsopferversorgung ein Land, so richtet sich die Zuständigkeit nach dem Sitz, Wohnsitz oder Aufenthaltsort des Beklagten – allerdings nur dann, wenn der Beklagte eine natürliche oder juristische Person des Privatrechts ist (§ 57 Abs. 1 Satz 2). Dasselbe gilt, wenn in Angelegenheiten nach dem SGB XI ein Unternehmen der privaten Pflegeversicherung klagt (zur Zuständigkeit der Sozialgerichte für die private Pflegeversicherung vgl. *BSGE 79, 80* sowie nunmehr § 51 Abs. 1 Nr. 2 n. F). Sind beide Hauptbeteiligte Hoheitsträger, bleibt es bei der Grundregel.

(2) Sitz, Wohnsitz oder Aufenthaltsort des Klägers im Ausland
Verfügt der Kläger nicht über einen inländischen Sitz, Wohnsitz oder Aufent- **39** haltsort, so ist das für den Beklagten maßgebende SG zuständig, auch wenn es sich hierbei um einen Hoheitsträger handelt (§ 57 Abs. 3). Eine andere Zuständigkeit kann der im Ausland wohnende Kläger auch nicht durch die Bestellung eines Zustellungsbevollmächtigten im Inland (§ 63 Abs. 3) begründen.

(3) Sonderregelungen bei Witwen-, Witwer- und Waisenrenten
Betrifft der Rechtsstreit die erstmalige Bewilligung einer **Hinterbliebenenrente,** **40** so richtet sich die Zuständigkeit nach dem Wohnsitz bzw. Aufenthaltsort des Hinterbliebenen (§ 57 Abs. 2). Zu den Hinterbliebenen zählen in diesem Sinne: Witwe, Witwer, Eltern, Großeltern und Waisen. Sind mehrere Hinterbliebene beteiligt, so richtet sich die Zuständigkeit in erster Linie nach dem Wohnsitz bzw. Aufenthaltsort der Witwe oder des Witwers. Sind Witwe oder Witwer nicht vorhanden, kommt es auf die jüngste Waise an; ist auch eine Waise nicht vorhanden, so ist der Wohnsitz oder Aufenthaltsort von Eltern oder Großeltern maßgebend. Geschiedene frühere Ehegatten sind für die Bestimmung der örtlichen Zuständigkeit danach nicht maßgebend, soweit außer ihnen noch einer der genannten Hinterbliebenen am Rechtsstreit beteiligt ist.

Hierbei geht es auch dann um eine „erstmalige Bewilligung einer Hinterbliebenenrente", wenn nach der Bewilligung einer Witwen- bzw. Witwerrente der geschiedene Ehegatte erstmals einen Rentenanspruch geltend macht.

(4) Spezielle Zuständigkeiten: für Angelegenheiten des **Vertragsrechts** greifen die **41** Sonderregelungen in § 57a ein: handelt es sich um eine Frage der Zulassung zur vertragsärztlichen Versorgung (vgl. hierzu im Einzelnen § 95 SGB V), so ist das SG zuständig, in dessen Bezirk der Vertragsarztsitz (bzw. der Vertragszahnarzt- oder der Psychotherapeutensitz) liegt. In allen anderen Vertragsarztsachen ist das SG zuständig, in dessen Bezirk die kassen(zahn)ärztliche Vereinigung ihren Sitz hat. Für Streitigkeiten aus Verträgen oder Entscheidungen auf Landesebene ist das SG zuständig, in dessen Bezirk die Landesregierung ihren Sitz hat. Die zuletzt genannte Sonderregelung über die örtliche Zuständigkeit in § 57a Abs. 1 Satz 1 SGG wurde vom BSG so ausgelegt, dass auch sie nur Angelegenheiten des Vertragsarztrechts betreffe *(BSG SozR 4-1500 § 57a Nr. 2, s.a. ML, 8. Aufl., § 57a Rn. 6)* und auf andere Bereiche des Leistungserbringerrechts der Krankenversicherung (z.B. Streitigkeiten aus den landesrechtlichen Sicherstellungsverträgen

nach § 112 SGB V) nicht anwendbar sei. Dem hat der Gesetzgeber im SGG-ÄndG 2008 widersprochen (vgl. *BR-Drucks 820/07, S. 20*). Durch eine sprachliche Klarstellung und die Unterteilung des früheren Abs. 1 in vier Absätze wird jetzt klargestellt, dass die Sonderregelung sich auf alle Regelungsbereiche bezieht, wobei ihr aber nur für die gesetzliche Kranken- und die soziale Pflegeversicherung praktische Bedeutung zukommt. Sonderregelungen finden sich wiederum in § 57 Abs. 4 in Bezug auf die auf Bundesebene festgesetzten Festbeträge sowie für Wahlangelegenheiten der Selbstverwaltungsorgane in § 57b.

(5) Besondere örtliche Zuständigkeit aufgrund von § 10 Abs. 3

42   Zu einer abweichenden örtlichen Zuständigkeit kann es auch dadurch kommen, dass der Bezirk einer Kammer eines SG auf Bezirke anderer Sozialgerichte erstreckt worden ist. Hiervon haben die Länder in Ausführungsgesetzen zum SGG (bei Ausdehnung des Bezirks innerhalb eines Landes) oder in Staatsverträgen (bei Ausdehnung über die Landesgrenzen hinaus) vor allem in Bezug auf Angelegenheiten der Knappschaftsversicherung einschließlich der Unfallversicherung für den Bergbau und des Kassenarztrechts Gebrauch gemacht.

1.5.1.4 Bestimmung des zuständigen Gerichts durch das nächsthöhere

43   In Ausnahmefällen, vor allem bei Kompetenzkonflikten positiver (mehrere Gerichte halten sich für zuständig) wie negativer Art (mehrere Gerichte halten sich für unzuständig) kann jeder am Rechtsstreit Beteiligte und jedes mit dem Rechtsstreit befasste Gericht zur Feststellung der Zuständigkeit innerhalb der Sozialgerichtsbarkeit das gemeinsam nächsthöhere Gericht anrufen – § 58. Diese Möglichkeit besteht auch, wenn eine örtliche Zuständigkeit nach § 57 nicht gegeben ist (§ 58 Abs. 1 Nr. 5). Hauptanwendungsfälle sind Klagen von Personenvereinigungen sowie von mehreren Klägern in notwendiger Streitgenossenschaft. Erheben mehrere Mitglieder einer Miterbengemeinschaft bei verschiedenen Sozialgerichten getrennte Klagen, so fehlt es an einer notwendigen Streitgenossenschaft im Sinne von § 74 SGG, § 62 Abs. 1 ZPO; bei einer gemeinsamen Klage mehrerer Miterben bei einem Sozialgericht ist dagegen zumindest eine prozessuale Streitgenossenschaft möglich. In diesem Fall ist eine Gerichtsstandsbestimmung durch das nächsthöhere Gericht möglich *(BSG SozR 4-1500 § 58 Nr. 2)*. Bei mehreren Sozialgerichten innerhalb eines Landes ist dies das LSG, sonst das BSG.

1.5.2 Sachliche Zuständigkeit

44   Gemäß § 8 sind die Sozialgerichte grundsätzlich im ersten Rechtszug für alle Streitigkeiten zuständig, für die der Rechtsweg zu den Gerichten der Sozialgerichtsbarkeit offen steht. Abweichungen können auch nicht durch Vereinbarungen der Beteiligten begründet werden. Nur in wenigen speziellen Ausnahmefällen entscheidet das BSG im ersten (und letzten) Rechtszug:

– bei Streitigkeiten nicht verfassungsrechtlicher Art zwischen Bund und Ländern sowie zwischen verschiedenen Ländern in Angelegenheiten, die der Sozialgerichtsbarkeit nach § 51 zugewiesen sind,

– nach § 146 Abs. 6 Satz 4 SGB III entscheidet das BSG über Klagen der Fachspitzenverbände der am Arbeitskampf beteiligten Tarifvertragsparteien auf Aufhebung einer Entscheidung des Neutralitätsausschusses nach § 146 Abs. 5 SGB III (vgl. zum Verfahren im Einzelnen: *Kummer DAngVers.* 1990, 201, 211),

– nach § 88 Abs. 7 Satz 2 Nr. 2 SVG ist das BSG für Klagen von Personen zuständig, die als Soldaten dem Bundesnachrichtendienst angehören bzw. angehört haben.

Mit dem SGG-ÄndG 2008 ist erstmals für eine Vielzahl von Fallgestaltungen das **LSG zur Eingangsinstanz bestimmt** worden. Es handelt sich vorwiegend um Bereiche, in denen es vor allem um die Klärung von Rechtsfragen geht, die wegen ihrer Breitenwirkung fast zwangsläufig in die zweite Instanz gelangen und zu einem großen Teil auch das Revisionsgericht beschäftigen. In den betroffenen Bereichen war das SG bislang regelmäßig nur eine notwendige Durchlaufstation. Es war zunächst auch erwogen worden, für einzelne Streitfragen von vornherein eine ausschließliche Zuständigkeit des BSG zu begründen. Die Landessozialgerichte entscheiden nunmehr im ersten Rechtszug über Klagen gegen Entscheidungen der Landesschiedsämter und der Schiedsstellen nach dem SGB V, der Schiedsstelle nach § 76 SGB XI und der Schiedsstellen nach § 80 SGB XII sowie in Aufsichtsangelegenheiten gegenüber Trägern der Sozialversicherung, bei denen die Aufsicht von einer Landes- oder Bundesbehörde ausgeübt wird (§ 29 Abs. 2); mit der Neuordnung des SGB II zum 1. 4. 2011 ist das LSG zudem als Eingangsinstanz für das sozialgerichtliche Normenkontrollverfahren nach § 55a (Satzung über die angemessenen Kosten der Unterkunft nach § 22a SGB II) eingesetzt worden. *44a*

Über Streitigkeiten zwischen gesetzlichen Krankenkassen oder ihren Verbänden und dem Bundesversicherungsamt betreffend den Risikostrukturausgleich, die Anerkennung von strukturierten Behandlungsprogrammen und die Verwaltung des ab 2009 eingreifenden Gesundheitsfonds sowie bei Streitigkeiten über den Finanzausgleich der sozialen Pflegeversicherung entscheidet im ersten Rechtszug das LSG Nordrhein-Westfalen (§ 29 Abs. 3). Eine spezielle Zuständigkeit des LSG Berlin-Brandenburg wurde für Streitigkeiten über Klagen gegen die Entscheidung der gemeinsamen Schiedsämter nach § 89 SGB V und des Bundesschiedsamtes nach § 89 Abs. 7 SGB V sowie der erweiterten Bewertungsausschüsse nach § 87 Abs. 4 SGB V begründet. Das LSG Berlin-Brandenburg ist ferner erstinstanzlich für Klagen gegen Entscheidungen und Richtlinien des Gemeinsamen Bundesausschusses (§§ 91, 92 SGB V) und gegen die Festsetzung von Festbeträgen durch die Spitzenverbände der Krankenkassen sowie den Spitzenverband Bund und für Streitigkeiten betreffend den Ausgleich unter den gewerblichen Berufsgenossenschaften nach dem SGB VII zuständig. *44b*

Eine Ausnahme von der erstinstanzlichen Zuständigkeit der Sozialgerichte folgt aus § 96 i.V.m. § 153 Abs. 1: Danach entscheidet das LSG über einen neuen, erst im Berufungsverfahren ergehenden Verwaltungsakt, der den angefochtenen abändert oder ersetzt, als erstinstanzliches Gericht. *45*

45a *Vorübergehende Zuständigkeit von Spruchkörpern der Verwaltungsgerichte*

Das 7. SGGÄndG hatte mit § 50a die Möglichkeit eingeführt, dass durch Landesgesetz bestimmt werden konnte, dass die Sozialgerichtsbarkeit in Angelegenheiten
der Sozialhilfe (§ 51 Abs. 1 Nr. 6a) und in Angelegenheiten der Grundsicherung
für Arbeitsuchende (§ 51 Abs. 1 Nr. 4a) durch besondere Spruchkörper der Verwaltungsgerichte und der Oberverwaltungsgerichte ausgeübt wurde. Hierdurch
sollte die stärkere Belastung der Sozialgerichte durch die Zuweisung der Streitigkeiten nach dem SGB II und SGB XII für eine Übergangszeit (bis Ende 2008) auf-
gefangen werden. Die Regelung ist nicht verlängert worden und zum 31. 12. 2008
ausgelaufen.

1.5.3 Verweisung wegen Unzuständigkeit

46 Die (örtliche und sachliche) Zuständigkeit ist Prozessvoraussetzung und muss
vom Gericht von Amts wegen geprüft werden. Hält sich das angerufene Gericht
für unzuständig, so muss es den Rechtsstreit nach Anhörung der Beteiligten gemäß § 98 Satz 1 i.V.m. § 17a Abs. 2 Satz 1 GVG von Amts wegen durch Beschluss an das zuständige Gericht verweisen. Die Verweisung an das zuständige
Gericht setzt im Gegensatz zum früheren Recht keinen Antrag mehr voraus.

47 Rügt ein Beteiligter die Zuständigkeit des SG, so muss dieses hierüber gem.
§ 17a Abs. 3 Satz 2 GVG vorab durch Beschluss entscheiden, auch wenn es die
Rüge für unbegründet hält. Der die sachliche und örtliche Zuständigkeit feststel-
lende Beschluss ist ebenso wie der Verweisungsbeschluss nicht anfechtbar (§ 98
Satz 2). Dies gilt jedoch nicht, wenn der Beschluss die Feststellung der Zulässigkeit oder der Unzulässigkeit des Rechtswegs betrifft. In diesem Fall findet nach
§ 17a Abs. 4 Satz 3 bis 6 GVG ein gesondertes Vorabverfahren über die Zulässigkeit des Rechtswegs statt. § 17a Abs. 4 Satz 2 GVG sieht als Rechtsmittel an sich
die sofortige Beschwerde vor – d.h. innerhalb der Notfrist des § 577 Abs. 2 ZPO
–, die das sozialgerichtliche Verfahren jedoch nicht kennt. An ihre Stelle tritt die
Beschwerde nach § 172 *(BSG SozR 3-8570 § 17 Nr. 1; SozR 3-1500 § 51 Nr. 15).*
Die Beschwerdeentscheidung des LSG kann mit der weiteren Beschwerde beim
BSG angefochten werden; dies bedarf jedoch der Zulassung durch das LSG (§ 17
a Abs. 4 Satz 4 GVG); eine Nichtzulassungsbeschwerde ist nicht zulässig *(BSGE
72, 90 = SozR 3-1720 § 17a Nr. 1).* Das LSG ist an eine Nichtzulassung auch dann
gebunden, wenn es die weitere Beschwerde irrtümlich nicht zulässt *(BSG SozR
3-1720 § 17a Nr. 7).* Zur Vermeidung prozessualen Unrechts kann u.U. jedoch
eine Selbstkorrektur hinsichtlich der Zulassung der weiteren Beschwerde zulässig
und geboten sein *(BSG SozR 3-1500 § 51 Nr. 26).*

48 An die Feststellung, dass der beschrittene Rechtsweg zulässig und das Gericht
sachlich und örtlich zuständig ist, sind andere Gerichte gebunden (§ 17a Abs. 1
GVG). Im Rechtsmittelverfahren werden die Zulässigkeit des Rechtswegs und die
Zuständigkeit nicht mehr geprüft (§ 17a Abs. 5 GVG). Die Bindungswirkung beschränkt sich allerdings auf den Verweisungsgrund, über den entschieden worden
ist *(umstr., wie hier P/S/W § 98 Rn. 43; Hennig-Danckwerts § 98 Rn. 18; Kopp
VwGO § 83 Rn. 6; a. M. ML § 98 Rn. 8c).* Nach einer Verweisung wegen örtlicher

oder sachlicher Unzuständigkeit ist deshalb eine Weiterverweisung wegen Unzulässigkeit des Rechtswegs nicht ausgeschlossen *(vgl. Baumbach-Albers ZPO § 17a GVG Rn. 8)*. Nach einer Verweisung wegen Unzulässigkeit des Rechtswegs kann das im Beschluss bezeichnete Gericht wegen örtlicher oder sachlicher Unzuständigkeit weiterverweisen *(BAG AP Nr. 39 zu § 36 ZPO)*.

Eine Bindungswirkung tritt nicht ein, wenn das SG trotz Rüge nicht vorab   49
durch Beschluss entschieden hat, sondern erst in der Hauptsacheentscheidung von seiner Zuständigkeit ausgegangen ist. Ist der Rechtsweg betroffen, so muss das LSG vorab durch Beschluss über die Zuständigkeit entscheiden *(BSG SozR 3-2500 § 133 Nr. 1)*. Eine Bindungswirkung wird in Ausnahmefällen auch dann verneint, wenn die Entscheidung über die Zuständigkeit willkürlich oder unter Missachtung elementarer Verfahrensgrundsätze zustande gekommen ist *(BSG SozR 3-1500 § 57 Nr. 1)*. Als elementarer Verfahrensgrundsatz ist etwa der Anspruch auf rechtliches Gehör anzusehen *(Roller, in Hk-SGG § 98 Rn. 10)*. Nicht ausreichend ist dagegen ein Irrtum des Gerichts über rechtliche Voraussetzungen der Zuständigkeit.

Nach Eintritt der Rechtskraft des Verweisungsbeschlusses wird der Rechts-   50
streit mit Eingang der Akten bei dem im Beschluss bezeichneten Gericht anhängig; die durch die Erhebung der Klage beim unzuständigen Gericht eingetretenen Wirkungen der Rechtshängigkeit bleiben nach der Verweisung bestehen (§ 17b Abs. 1 GVG). Das Gericht, an das verwiesen wird, entscheidet insgesamt über die Kosten (§ 17b Abs. 2 Satz 1 GVG, Satz 2 der Vorschrift ist im sozialgerichtlichen Verfahren nicht anwendbar, vgl. § 98 Satz 1).

1.6 Wirkungen der Klageerhebung   51

1.6.1 Rechtshängigkeit

1.6.1.1 Eintritt der Rechtshängigkeit

Im Gegensatz zum Zivilprozess (§ 253 ZPO – anders im Scheidungsverfahren – § 622 Abs. 1 ZPO) wird die Streitsache im Sozialgerichtsprozess bereits durch die Einreichung der Klageschrift (bzw. Niederschrift durch den Urkundsbeamten) rechtshängig; die Klage ist damit „erhoben" (§ 94 Abs. 1). Von der Zustellung der Klageschrift hängt die Rechtshängigkeit dagegen nicht ab. Die Klage ist allerdings noch nicht erhoben, wenn die Klageschrift bei einer Behörde oder einem nicht zuständigen Gericht (zur Weiterleitung an das zuständige Gericht gemäß § 91) eingeht. Dies hat gemäß § 91 Abs. 1 nur Frist wahrende Wirkung. Anders ist es dagegen, wenn der Kläger ein unzuständiges Gericht für zuständig hält und dort Klage erhebt: Hierdurch tritt Rechtshängigkeit ein, deren Wirkungen nach Verweisung an das zuständige Gericht (vgl. oben Rn. 50) erhalten bleiben.

1.6.1.2 Folgen der Rechtshängigkeit

– Unzulässigkeit einer weiteren Klage

Während der Rechtshängigkeit ist eine weitere Klage über denselben Streitgegen-   52
stand zwischen denselben Beteiligten nicht zulässig. Die Rechtshängigkeit bildet

ein Prozesshindernis, das von Amts wegen zu beachten ist. Sie wirkt sich auf alle Beteiligten des Rechtsstreits – auch die Beigeladenen und deren Rechtsnachfolger aus (Folge von § 141 Abs. 1).

53   Bei mehrmaliger Klageerhebung in derselben Sache ist allein die zeitlich zuerst erhobene Klage zulässig. Hat der Kläger zuerst persönlich (durch Klageschrift oder zur Niederschrift des Urkundsbeamten der Geschäftsstelle) beim zuständigen SG Klage erhoben, so ist die danach von seinem Prozessbevollmächtigten erhobene Klage unzulässig. Ist die Klage dagegen (nach § 91 Frist wahrend) bei einer unzuständigen Behörde eingegangen und geht sie – von dieser weitergeleitet – erst nach der Klageschrift des Prozessbevollmächtigten beim zuständigen SG ein, so ist die persönlich erhobene Klage unzulässig.

– Erstreckung der Rechtshängigkeit auf neue Bescheide
54   Die Rechtshängigkeit des Streitgegenstandes erfasst auch neue Bescheide, die nach Erhebung der Klage den angefochtenen Bescheid ändern oder ersetzen (§ 96 – vgl. hierzu unten Rn. 109). Eine gesonderte Klage gegen einen derartigen Bescheid, der nach § 96 Abs. 1 kraft Gesetzes Gegenstand des Verfahrens wird, ist wegen Rechtshängigkeit der Streitsache gemäß § 94 Abs. 2 unzulässig (*BSGE 47, 13 = SozR 1500 § 94 Nr. 2*). Hieran kann auch eine dem neuen Bescheid beigefügte anderslautende Rechtsbehelfsbelehrung nichts ändern.

– Materiellrechtliche Folgen der Rechtshängigkeit
55   Der Eintritt der Rechtshängigkeit entzieht den Streitgegenstand nicht der Einwirkungsmöglichkeit der Beteiligten. Sie können sich außergerichtlich einigen; der Verwaltungsträger kann einen angefochtenen Bescheid von sich aus aufheben.

56   Gemäß § 45 Abs. 2 SGB I i.V.m. § 209 BGB tritt mit der Rechtshängigkeit die Unterbrechung der Verjährung ein. Die Vorschrift des § 291 BGB über Prozesszinsen ist im sozialgerichtlichen Verfahren dagegen nicht anwendbar (Ausnahme: privatrechtliche Forderungen, für die der Sozialrechtsweg nach § 51 Abs. 2 Satz 1, insbesondere Nr. 1, gegeben ist, vgl. *BSGE 79, 28 = SozR 3-2500 § 125 Nr. 5*); die Verzinsung von Geldleistungen richtet sich im Regelfall allein nach § 44 SGB I (Beginn der Verzinsung: frühestens nach Ablauf von 6 Kalendermonaten nach Eingang des vollständigen Leistungsantrags bzw. beim Fehlen eines Antrags nach Ablauf eines Kalendermonats nach der Bekanntgabe der Entscheidung über die Leistung) – vgl. hierzu im Einzelnen Kap. IV Rn. 77.

1.6.1.3 Ende der Rechtshängigkeit
57   Die Rechtshängigkeit endet durch Beendigung des Rechtsstreits mittels Urteil, Klagerücknahme, Rücknahme des Rechtsmittels, angenommenem Anerkenntnis, gerichtlichem Vergleich und übereinstimmender Erledigungserklärung der Hauptsache (letzteres ggf. zusammen mit einem außergerichtlichen Vergleich). Die Rechtshängigkeit endet dagegen nicht dadurch, dass das Verfahren über längere Zeit nicht betrieben und nach Ablauf einer bestimmten Frist (etwa 6 Monate aufgrund der Aktenordnung) aktenmäßig ausgetragen wird (*BSG SozR Nr. 4 zu § 185*). Ein solcher Vorgang ist allenfalls statistisch von Bedeutung.

1.6.2 Suspensiveffekt im engeren Sinn

Die Erhebung der Klage verhindert den Eintritt der Bindungswirkung des ange-   58
fochtenen Verwaltungsaktes. Die Bindungswirkung tritt erst ein, wenn der eingelegte Rechtsbehelf erfolglos bleibt (§ 77).

1.6.3 Aufschiebende Wirkung der Klage

„Aufschiebende Wirkung der Klage" bedeutet im Verwaltungsprozessrecht, dass   59
die Behörde nach Klageerhebung den Verwaltungsakt nicht vollziehen darf. Der
Betroffene behält zunächst seine frühere Rechtsposition. Die aufschiebende Wirkung entfällt, sofern nicht das Gericht im Verlauf des Verfahrens die sofortige
Vollziehung anordnet (§ 86b Abs. 1 Satz 1 Nr. 1), mit dem Eintritt der Unan-
fechtbarkeit des Verwaltungsaktes, bei Erfolglosigkeit der Klage bzw. des Rechtsmittels etwa mit dem Eintritt der Rechtskraft. Die aufschiebende Wirkung ist eine
Ausprägung des vorläufigen Rechtsschutzes, die nur bei Anfechtungsklagen eingreift.

Zu Einzelheiten der aufschiebenden Wirkung vgl. die Gesamtdarstellung des   60
Vorläufigen Rechtsschutzes in Kap. V.

1.7 Gegenstand des Rechtsstreits   61

1.7.1 Allgemeines

Die Frage, was Gegenstand des Rechtsstreits ist und worüber das Gericht letztlich
entscheiden muss bzw. nur entscheiden darf, ist im sozialgerichtlichen Verfahren
häufig nicht eindeutig zu beantworten. Zwar gilt auch hier der zivilprozessuale Begriff des Streitgegenstandes (§ 322 Abs. 1 ZPO). Danach ist der aus einem bestimmten Lebenssachverhalt abgeleitete Klageanspruch maßgebend. Unsicherhei-
ten bei der Bestimmung des Streitgegenstandes können sich im Einzelfall jedoch
einerseits aus speziellen Regelungen des SGG (§ 96: Einbeziehung neuer Verwaltungsakte und § 99 Abs. 3: Bestimmte Änderungen werden nicht als Klageänderung
angesehen) und andererseits aus einer sich im Verlauf des Verfahrens ändernden
Sach- und Rechtslage ergeben.

1.7.2 Dispositionsgrundsatz

Auch im sozialgerichtlichen Verfahren bestimmt der Kläger den Streitgegenstand;   62
die Beteiligten (mit Ausnahme des einfach Beigeladenen) können über ihn verfügen, indem sie jederzeit auch ohne Mitwirkung des Gerichts den Rechtsstreit beenden können. Das Gericht darf nur über die vom Kläger erhobenen Ansprüche
entscheiden (§ 123); es kann ihm nicht mehr zusprechen, als er beansprucht,
allenfalls weniger. Dann muss es die Klage im Übrigen abweisen. Die Dispositions-
möglichkeiten gehen allerdings nicht so weit, dass die Beteiligten dem Gericht den
rechtlichen Prüfungsmaßstab vorschreiben können.

Kommt das Gericht zu dem Ergebnis, dass dem Kläger noch nicht einmal das
zusteht, was der Leistungsträger ihm schon zugestanden hat, so darf es auf die

Klage hin nicht die Verwaltungsentscheidung zum Nachteil des Klägers ändern (Verbot der reformatio in peius). Die Abweisung der Klage ist der für den Kläger ungünstigste Ausgang des Verfahrens.

63   Die Klageanträge sind im sozialgerichtlichen Verfahren zur Abgrenzung des Streitgegenstandes nur bedingt geeignet. Zwar „soll" die Klageschrift einen bestimmten Antrag enthalten (§ 92); doch ist das Gericht an die Fassung der Anträge nicht gebunden (§ 123). Das Gericht muss das mit der Klage verfolgte Ziel vielmehr aus dem gesamten Vorbringen des Klägers ermitteln. Ergänzend hat es auch insoweit die Verwaltungsvorgänge heranzuziehen. Im Zweifel ist anzunehmen, dass der Kläger alle ihm aufgrund des vorgetragenen Sachverhaltes zustehenden Ansprüche geltend machen will. Für die Auslegung des Klageantrags gilt die Auslegungsregel des § 133 BGB; d.h. maßgebend ist nicht der Wortlaut der Erklärung, sondern der wirkliche Wille *(BSGE 63, 93, 94 f. = SozR 2200 § 205 Nr. 65; BSGE 68, 190, 191 = SozR 3-2500 § 95 Nr. 1)*. Stehen gleichartige Sozialleistungen zueinander in einem Stufenverhältnis (Rente wegen voller oder teilweise Erwerbsminderung), so ist nach dem **Grundsatz der Meistbegünstigung** anzunehmen, dass die umfassende Leistung beantragt wird *(BSGE 74, 77 = BSG SozR 3-4100 § 104 Nr. 11 = NZS 1994, 421)*. Dies gilt auch im Hinblick auf die **Grundsicherung für Arbeitsuchende** nach dem SGB II. Macht der Kläger allein einen Mehrbedarf nach § 21 Abs. 3 SGB II geltend, so ist im Zweifel davon auszugehen, dass es ihm um die umfassende Leistung zur Sicherung des Lebensunterhalts geht *(BSGE 104, 48 Rn. 11)*. Bei einem Streit um höhere Leistungen nach dem SGB II sind grundsätzlich alle Anspruchsvoraussetzungen dem Grunde und der Höhe nach zu prüfen *(s. BSG SozR 4-4200 § 20 Nr. 1)*; auch wenn der Kläger sich konkret nur gegen ein bestimmtes Berechnungselement der Leistung wendet; eine Ausnahme bilden insoweit die Leistungen für Unterkunft und Heizung (§ 22 SGB II), die – nach dem Rechtszustand vor dem 1. 4. 2011 – isoliert geltend gemacht werden konnten *(BSG SozR 4-4200 § 22 Nr. 1 RdNr. 20)*.

64   Andererseits gilt auch im sozialgerichtlichen Verfahren das Erfordernis eines bestimmten Klageantrages als Zulässigkeitsvoraussetzung *(BSGE 60, 87, 90 = SozR 1200 § 53 Nr. 6)*. Lässt sich der Inhalt des geltend gemachten Anspruchs aus dem vorgetragenen Lebenssachverhalt und den maßgebenden Rechtssätzen nicht eindeutig ermitteln, so muss ihn der Kläger möglichst genau beschreiben (Beispiel: Kennt der Kläger den Gerätetyp eines Hilfsmittels i.S. von § 33 SGB V nicht, so muss er die Funktionen, die das Hilfsmittel erfüllen soll, so genau wie möglich beschreiben, vgl. *BSG SozR 3-2500 § 33 Nrn. 16, 17 und 19)*. Ist das Begehren auf im Zeitpunkt der Antragstellung noch nicht spezifizierbare zukünftige Leistungen gerichtet (Beispiel: Förderung der beruflichen Rehabilitation), so empfiehlt es sich, anstelle eines Leistungsantrags, der eine genauere Festlegung verlangt, einen Feststellungsantrag zu stellen *(vgl. BSG SozR 3-4100 § 58 Nr. 6)*. Zur Erforderlichkeit eines bestimmten Klageantrags speziell bei Unterlassungsklagen, bei denen das Verhalten, das dem Gegner verboten werden soll, konkret beschrieben werden muss, vgl. *BSGE 84, 67 68 = SozR 3-4300 § 36 Nr. 1*.

1.7.3 Streitgegenstand bei den einzelnen Klagearten

Der Streitgegenstand wird im Sozialgerichtsprozess zumeist durch den Inhalt eines 65
Verwaltungsaktes bestimmt, der dem Verfahren zugrunde liegt.

Bei der Anfechtungsklage ist Streitgegenstand die Behauptung des Klägers, der angefochtene Verwaltungsakt sei rechtswidrig und verletze ihn in seinen Rechten *(ML § 95, Rn. 6; Kopp § 90, Rn. 8 jeweils m.w.N.)*. Wird die Anfechtungsklage mit einer Leistungsklage verbunden, so tritt als Streitgegenstand der Leistungsklage der Anspruch des Klägers auf Verpflichtung des Beklagten (zumeist des Verwaltungsträgers) zur Gewährung der angestrebten Leistung hinzu. Ist ein durch Widerspruchsbescheid abgeschlossenes Vorverfahren durchgeführt worden, so ist der angefochtene Verwaltungsakt in der Gestalt Gegenstand der Anfechtungsklage, die er durch den Widerspruchsbescheid gefunden hat (§ 95).

Der Antrag lautet deshalb: „... den Bescheid vom ... in der Gestalt (oder in der Fassung) des Widerspruchsbescheides vom ... aufzuheben."

In Ausnahmefällen kann der Widerspruchsbescheid allein Gegenstand der 66
Klage sein; vor allem, wenn durch ihn ein Dritter oder der Kläger selbst (wenn der Dritte Widerspruch erhoben hat) erstmalig beschwert wird *(Beispiele bei ML § 95, Rn. 3 und 3a)*. Streitgegenstand der Verpflichtungsklage ist der Anspruch auf Verpflichtung des Verwaltungsträgers zum Erlass des beantragten Verwaltungsaktes, verbunden mit der Behauptung des Klägers, die Ablehnung des angestrebten Verwaltungsaktes sei rechtswidrig und verletze ihn in seinen Rechten. Bei der Feststellungsklage ist der Anspruch auf Feststellung des Bestehens bzw. Nichtbestehens eines Rechtsverhältnisses (speziell auch der Feststellung des Kausalzusammenhangs – § 55 Abs. 1 Nr. 3) oder der Nichtigkeit des Verwaltungsaktes Streitgegenstand.

1.7.4 Klageänderung

Klageänderung ist die Änderung des Streitgegenstandes nach Erhebung der Klage. 67
Die für das sozialgerichtliche Verfahren maßgebende Regelung in § 99 ist im Wortlaut nahezu identisch mit entsprechenden Regelungen des Zivilprozesses:

- Nach Abs. 1 ist eine Klageänderung nur zulässig, wenn die übrigen Beteiligten einwilligen oder das Gericht die Änderung für sachdienlich hält. Die entsprechende Regelung findet sich in § 263 ZPO.
- Nach Abs. 2 ist auch die Einlassung der Beteiligten auf die geänderte Klage als Einwilligung anzusehen. Im Unterschied zu der entsprechenden Regelung in § 267 ZPO reicht die Einlassung in einem Schriftsatz grundsätzlich aus.
- Nach Abs. 3 gilt nicht als Klageänderung (entsprechende Regelung in § 264 ZPO):
  1. eine Ergänzung oder Berichtigung der tatsächlichen oder rechtlichen Ausführungen,
  2. eine Erweiterung oder Beschränkung des Klageantrags in der Hauptsache oder in Bezug auf Nebenforderungen,

3. das Begehren einer anderen Leistung anstelle der ursprünglich geforderten wegen einer nachträglich eingetretenen Veränderung.

Vorausgesetzt wird jedoch jeweils, dass sich der Klagegrund (d.h. der dem Klageantrag zugrunde liegende Lebenssachverhalt) nicht ändert.

– Nach Abs. 4 ist eine Entscheidung, die die Klageänderung zulässt oder feststellt, dass eine solche nicht vorliegt, nicht anfechtbar (entsprechende Regelung in § 268 ZPO).

1.7.4.1 Änderung des Klageantrags

68 Eine Änderung allein des Klageantrags unterfällt zumeist der Regelung in § 99 Abs. 3 und bedarf deshalb weder der Zustimmung der übrigen Beteiligten noch der Annahme der Sachdienlichkeit durch das Gericht. Hierzu zählt auch der Übergang von einer Anfechtungs-, Verpflichtungs- oder Leistungsklage zur Feststellungsklage bzw. umgekehrt *(BSGE 37, 245; BSGE 48, 195, 196; SozR 1500 § 99 Nr. 2)* sowie der Übergang von der Anfechtungs- zur Verpflichtungsklage.

69 Weitere **Beispiele** für stets zulässige Änderungen des Klageantrags:

– Höhere als die ursprünglich beantragte Verletztenrente, wenn sich im Verlauf des Verfahrens (etwa durch ein Sachverständigengutachten) ergibt, dass die durch Arbeitsunfall bedingte MdE höher ist als zunächst angenommen;

– Geltendmachung weiterer oder anderer Gesundheitsstörungen als Folge des streitbefangenen Arbeitsunfalls bzw. als Folge der Schädigung i.S. des sozialen Entschädigungsrechts;

– Geltendmachung weiterer Behinderungen bei einer auf Feststellung der Schwerbehinderteneigenschaft oder Festsetzung eines höheren Grades der Behinderung (GdB) gerichteten Klage;

– Höhere Versorgungsrente wegen Änderung der Verhältnisse (Verschlimmerung von Schädigungsfolgen) anstelle einer ursprünglich geltend gemachten besonderen beruflichen Betroffenheit (§ 30 Abs. 2 BVG – vgl. *BSG SozR 1500 § 99 Nr. 2)*;

– Antrag auf Aufhebung eines Beitragsbescheides anstelle des ursprünglich gestellten Antrags auf Feststellung der Versicherungsfreiheit *(BSGE 21, 52, 53)*.

1.7.4.2 Änderung des Klagegrundes und Beteiligtenwechsel

70 Leitet der Kläger im Verlauf des Verfahrens den geltend gemachten Anspruch aus einem anderen Lebenssachverhalt ab, so hängt die Zulässigkeit der Klageänderung ebenso wie bei einem Beteiligtenwechsel davon ab, dass entweder die übrigen Beteiligten einwilligen oder das Gericht die Änderung für sachdienlich hält. Ein Wechsel der Beteiligten ist im sozialgerichtlichen Verfahren selten. Stellt sich im Verlauf des Verfahrens heraus, dass ein anderer Leistungsträger zuständig sein kann, so genügt es wegen § 75 Abs. 5, dass dieser beigeladen wird.

Beispiele:

Verletztengeld bzw. -rente aufgrund eines anderen Arbeitsunfalls; Krankengeld aus einem anderen Beschäftigungsverhältnis.

Ein Beteiligtenwechsel liegt nicht vor, wenn der Beklagte oder Beigeladene nur 71
unrichtig bezeichnet worden ist (Beispiele unter Kap. VI Rn. 1f.). Der Beteiligtenwechsel stellt keine Klageänderung dar, wenn er – wie bei der Änderung der Ver-
waltungsorganisation durch Funktionsnachfolge – kraft Gesetzes eintritt *(Bley,*
§ 97, Anm. 1 m.w.N.).

Kommt es zu einem Wechsel des Beklagten, der als Klageänderung anzusehen 72
ist, so wird im sozialgerichtlichen Verfahren allgemein (vgl. *Bley, § 97, Anm. 4a*
m.w.N.) keine Einwilligung des neuen Beklagten verlangt, auch wenn der Wechsel
erst in der zweiten Instanz erfolgt. Zum einen ist seine Position nicht anders als
die eines notwendig Beigeladenen; zum anderen wird er durch den Amtsermittlungsgrundsatz geschützt. Aus diesem Grund und wegen des Anspruchs auf
rechtliches Gehör muss das Gericht unter Umständen jedoch eine schon durchgeführte Beweisaufnahme wiederholen.

1.7.4.3 Sachdienlichkeit der Klageänderung

Eine Klageänderung ist sachdienlich, wenn sie dazu beiträgt, dass der Streit zwi- 73
schen den Beteiligten endgültig beigelegt und ein weiterer Prozess vermieden wird.
Liegt diese Voraussetzung vor, so kann die Sachdienlichkeit nicht allein unter Hinweis auf die Konzentrationsmaxime (§ 106 Abs. 2) verneint werden. Andererseits
ist eine Klageänderung in der Regel dann nicht sachdienlich, wenn der Prozess
bereits entscheidungsreif ist und die Änderung praktisch ein neues Verfahren einleiten würde, weil die zuvor gewonnenen Ergebnisse nicht verwertbar sind.

1.7.4.4 Vorliegen der Sachurteilsvoraussetzungen

Auch bezüglich des geänderten Streitgegenstandes müssen grundsätzlich die Sa- 74
churteilsvoraussetzungen vorliegen. Mit einer Klageänderung kann insbesondere
nicht eine zwischenzeitlich eingetretene Bindungswirkung außer Kraft gesetzt
werden. Hat der Kläger die Anfechtung eines Verwaltungsaktes auf einen ab-
trennbaren Teil beschränkt oder nur einen von mehreren miteinander verbundenen Verwaltungsakten angefochten, so werden der nicht angefochtene Teil bzw.
die nicht angefochtenen Verwaltungsakte unanfechtbar; eine Einbeziehung in den
Rechtsstreit ist selbst dann nicht zulässig, wenn es sich an sich um eine Klageerweiterung i.S. des § 99 Abs. 3 Nr. 2 handelt.

Beispiele: 75

Der Kläger ficht einen Bescheid, mit dem die Gewährung von Rente wegen Erwerbsminderung abgelehnt worden ist, nur insoweit an, als er Rente wegen teilweiser Erwerbsminderung begehrt. Nach Ablauf der Klagefrist ist eine Erweiterung der Klage
auch auf Gewährung von Renten wegen voller Erwerbsminderung nicht zulässig.

Hat der Kläger die auf Gewährung von Krankengeld gerichtete Klage auf einen bestimmten Zeitraum beschränkt, so kann er nach Ablauf der Klagefrist nicht im Wege der
Klageänderung einen weiteren Zeitraum in das Verfahren einbeziehen (*BSG SozR*
1500 § 87 Nr. 6).

Unschädlich ist dagegen in erster und zweiter Instanz ein fehlendes Vorverfahren, weil das Gericht den Beteiligten Gelegenheit geben muss, dieses nachzuholen.

76 Ist über den geänderten Streitgegenstand jedoch noch gar kein Verwaltungsakt ergangen, so führt die Klageänderung bei den Klagearten, bei denen das Vorliegen eines Verwaltungsaktes Sachurteilsvoraussetzung ist, zur Unzulässigkeit der Klage. Bei der im sozialgerichtlichen Verfahren am häufigsten vorkommenden kombinierten Anfechtungs- und Leistungsklage ist deshalb die Klage als unzulässig abzuweisen, soweit der Kläger einen Anspruch (zusätzlich) geltend macht, über den der beklagte Leistungsträger noch nicht durch Verwaltungsakt entschieden hat.

1.7.4.5 Klageänderung in den Rechtsmittelinstanzen

77 Grundsätzlich sind Klageänderungen auch im Berufungs-, nicht dagegen im Revisionsverfahren (§ 168) zulässig. Der Berufungsbeklagte kann die Klage jedoch nur durch Anschlussberufung ändern *(BSG SozR Nr. 11 zu § 521 ZPO)*. Ist die Klageänderung zulässig, so muss das LSG auch über Ansprüche entscheiden, die nicht Gegenstand des erstinstanzlichen Urteils waren *(BSG Urteil vom 10. 2. 1970, 11 RA 49/69, insoweit in BSGE 30, 292 nicht abgedruckt)*. Das LSG entscheidet dann erstinstanzlich über die Klage. Klageänderungen, die erstmals im Berufungsverfahren geltend gemacht werden, haben dagegen keinen Einfluss auf die Statthaftigkeit der Berufung nach § 144. Insoweit kommt es allein auf die Beschwer durch das erstinstanzliche Urteil an *(BSGE 11, 26, 27)*, vgl. hierzu Kap. VIII Rn. 6. Hieraus folgt zugleich, dass eine Beschränkung des Klageantrags im Verlauf des Berufungsverfahrens die Statthaftigkeit der Berufung nicht beseitigt *(BSG SozR Nr. 6 zu § 146 SGG)*.

1.7.4.6 Entscheidung über die Klageänderung

78 Über die Zulässigkeit der Klageänderung wurde in der Praxis bislang grundsätzlich erst im Endurteil entschieden. Ob über diese Frage zuvor durch Zwischenurteil gemäß § 202 i.V.m. § 280 ZPO *(so ML, § 96 Nr. 14 und Hennig-Pawlak § 99 Rn. 46, die jedoch zu Unrecht auf § 303 ZPO abstellten, vgl. Thomas-Putzo, § 303 Rn. 3)* oder durch Beschluss *(so Bley, § 99 Anm. 11a)* zu entscheiden war, war umstritten. Dass eine Zwischenentscheidung ergehen muss, wenn die Frage der Klageänderung streitig ist, ergibt sich indirekt schon aus § 99 Abs. 4. Danach ist eine Entscheidung, die die Klageänderung als zulässig ansieht bzw. – z.B. weil ein Fall des Abs. 3 angenommen wird – eine Qualifizierung als Klageänderung verneint, unanfechtbar. Aus § 99 Abs. 4 folgt zugleich, dass auch die vom SG stillschweigend akzeptierte Klageänderung (das SG entscheidet über die geänderte Klage, ohne die Zulässigkeit der Klageänderung im Urteil zu behandeln) die Rechtsmittelinstanzen bindet *(BSGE 48, 159, 162)*. Mit der Einfügung des § 130 Abs. 2 im 6. SGG-ÄndG hat der Gesetzgeber deutlich gemacht, dass er das Zwischenurteil auch im sozialgerichtlichen Verfahren als Entscheidungstypus zur Vorabklärung gerade von verfahrensrechtlichen Fragen ansieht.

1.7.5 Einbeziehung neuer Verwaltungsakte

Schrifttum 79

App, Zur Änderung oder Ersetzung des angefochtenen Verwaltungsakts während des Klageverfahrens, SGb 1992, 344

App, Ist § 96 SGG in Nichtzulassungsbeschwerdeverfahren nach § 145 SGG n. F. anwendbar? SozVers. 1993, 281

Behn, Sozialgerichtliche Feststellungsverfahren nach dem Schwerbehindertengesetz und §§ 96 und 99 SGG, ZfSH/SGB 1989, 459

Dahm, Der neue Verwaltungsakt während Berufungs- und Revisionsverfahren, BG 1993, 258

Dreher, Die Einbeziehung von Bescheiden nach § 96 SGG, SGb 1982, 284

Leitherer, Aktuelle Probleme des sozialgerichtlichen Verfahrens, NZS 2007, 225, 232

Schimmelpfeng, Die Abänderung oder Ersetzung des angefochtenen Verwaltungsaktes während der Revisionsfrist, SGb 1977, 137

Zeihe, Wie ist im Berufungsverfahren vorzugehen, wenn das Sozialgericht über einen Teil des Streitgegenstandes nicht entscheidet? SGb 1999, 290

Zeihe, Wird ein ändernder oder ersetzender Verwaltungsakt auch Gegenstand einer unzulässigen Berufung?, SGb 2000, 10

§ 96 Abs. 1: „Nach Klageerhebung wird ein neuer Verwaltungsakt nur dann Gegenstand des Klageverfahrens, wenn er nach Erlass des Widerspruchsbescheides ergangen ist und den angefochtenen Verwaltungsakt abändert oder ersetzt" 80

Die Behörde ist verpflichtet, dem Gericht, bei dem das Verfahren anhängig ist, eine Abschrift des neuen Verwaltungsaktes (des sog. Folgebescheides) zu übermitteln (§ 96 Abs. 2). Eine entsprechende Regelung für das Widerspruchsverfahren findet sich in § 86 Abs. 1 (vgl. Kap. IV Rn. 42).

Die Einbeziehung von Folgebescheiden in den anhängigen Rechtsstreit ist eine 81 Besonderheit des sozialgerichtlichen Verfahrens, die den anderen öffentlich-rechtlichen Verfahrensordnungen in dieser Form unbekannt ist. Die Regelung bewirkt eine gesetzliche Klageänderung; auf den Willen der Beteiligten kommt es nach dem Wortlaut der Vorschrift nicht an (vgl. hierzu im Einzelnen jedoch unten Rn. 84). Durch das SGG-ÄndG 2008 wurde der Wortlaut der Vorschrift geändert: Zum einen wird jetzt ausdrücklich klargestellt, dass auch die zwischen Erlass des Widerspruchbescheides und Klageerhebung ergangenen Bescheide einbezogen werden. Zum anderen soll die Hinzufügung der Worte „nur dann" eine entsprechende Anwendung des § 96 (vgl. hierzu unten Rn. 85) in Zukunft ausschließen.

§ 96 hat nach der Rechtsprechung vor allem folgende Ziele: Zunächst soll er 82 den Kläger schützen, der im Vertrauen auf das laufende Verfahren kein Rechtsmittel gegen den Folgebescheid einlegt *(BSGE 45, 49, 50 = SozR 1500 § 96 Nr. 6; BSGE 47, 168, 170 = SozR 1500 § 96 Nr. 13; BSGE 47, 241, 243 = SozR 1500 § 96 Nr. 17; SozR 3-2600 § 319b Nr. 2).* Zum anderen dient er der Prozessökonomie: Ein einheitlicher Streitstoff soll in einem Prozess entschieden werden; womit zugleich widersprüchliche Entscheidungen vermieden werden *(BSGE 50, 88, 90).*

1.7.5.1 Voraussetzungen

83 Die Einbeziehung von Folgebescheiden setzt ein **rechtshängiges Verfahren** voraus: Die Regelung wurde jedoch schon vor der Änderung des Wortlauts im SGG-ÄndG 2008 entsprechend angewandt, wenn der neue Bescheid nach Zustellung des Widerspruchsbescheides, aber vor Klageerhebung erging *(Bley, § 96 Anm. 2a; P/S/W, § 96 Anm. 1d; BSGE 47, 28, 30 = SozR 1500 § 96 Nr. 8)*. Von der Zulässigkeit der anhängigen Klage hängt die Einbeziehung des neuen Bescheides dagegen nicht ab *(a.A. Zeihe, SGb 2000, 10)*. Auch wenn die Klage gegen den ursprünglichen Verwaltungsakt wegen Versäumung der Klagefrist unzulässig war, wird wegen des Folgebescheides eine Sachentscheidung erforderlich. § 96 greift auch ein, wenn der Rechtsstreit schon in der Rechtsmittelinstanz anhängig ist (vgl. unten Rn. 114f.). Die Vorschrift ist auch dann anwendbar, wenn die Behörde den ursprünglich angefochtenen Bescheid nur deshalb durch einen neuen ersetzt, weil der Ursprungsbescheid unter Verletzung der Anhörungspflicht (§ 24 SGB X) bzw. ohne die nach § 45 SGB X erforderliche Ermessensausübung zustande gekommen war und deshalb ohne weiteres der Aufhebung unterlegen hätte *(BSGE 75, 159 = SozR 3-1300 § 41 Nr. 7 – Gr. Senat)*.

84 – **Änderung oder Ersetzung** des angefochtenen Verwaltungsaktes
Diese Voraussetzung liegt nicht schon dann vor, wenn zwischen dem angefochtenen und dem Folgebescheid ein sachlicher Zusammenhang besteht. Eine Einbeziehung scheidet auch aus, wenn von einem teilbaren Verwaltungsakt nur der nicht streitbefangene Teil geändert wird *(BSG SozR 3-1500 § 96 Nr. 9)*.

Entscheidend ist vielmehr, ob der neue Verwaltungsakt den Streitgegenstand des anhängigen Verfahrens unmittelbar berührt, indem die Beschwer des Klägers entweder erhöht oder gemindert wird. Letzteres ist etwa bei einem Teilabhilfebescheid der Fall. Beseitigt ein Abhilfebescheid die Beschwer des Klägers jedoch in vollem Umfang, so greift § 96 nicht ein, weil der Kläger klaglos gestellt wird *(BSG SozR 1500 § 96 Nr. 12)*. Der Folgebescheid berührt den Streitgegenstand des anhängigen Verfahrens grundsätzlich nur dann, wenn er in seinem Verfügungssatz denselben Gegenstand regelt, wie der Verfügungssatz des angefochtenen Bescheides *(Dreher, Einbeziehung von Bescheiden nach § 96 SGG, SGb 1982, 287)*. Dies setzt vor allem voraus, dass beide Bescheide denselben Zeitraum oder zumindest sich überschneidende Zeiträume betreffen.

Beispiele:

– Die Klage richtet sich gegen die Höhe der (vom Grad der MdE abhängigen) Verletztenrente aus der gesetzlichen Unfallversicherung (§ 56 Abs. 3 SGB VII), der Folgebescheid entzieht die Verletztenrente ganz *(BSGE 47, 249 = SozR 1500 § 96 Nr. 15)*.

– Der Folgebescheid verschiebt den im angefochtenen Bescheid festgesetzten Zeitpunkt der Rentenentziehung *(BSGE 32, 11, 12)*.

Regelt der neue Bescheid einen **neuen Bewilligungsabschnitt**, so reicht es für die Anwendung des § 96 nicht aus, dass auch in Bezug auf diesen Bescheid dieselben

Einwände vorgebracht werden und die maßgeblichen Rechtsfragen identisch sind. Beispiel: neuer Bescheid über einen nachfolgenden Bewilligungsabschnitt beim Alg II: für die Anwendung des § 96 reicht es nicht aus, dass auch im neuen Bescheid die Höhe des Alg II nur deshalb angegriffen wird, weil der Grundsicherungsträger vom Vorliegen einer Bedarfsgemeinschaft mit einem Partner ausgeht. Das BSG hat bereits vor der Änderung des Wortlauts des § 96 im SGG-ÄndG 2008 eine Einbeziehung von Folgebescheiden abgelehnt, die bei identischen Streitfragen nachfolgende Bewilligungsabschnitte betrafen *(SozR 4-4200 § 20 Nr. 1, Rn. 30 = NZS 2007, 383).* Sind mehrere Verfahren über unterschiedliche Bewilligungszeiträume mit identischen Rechtsfragen anhängig, so kann das SG diese zur gemeinsamen Verhandlung und Entscheidung verbinden (§ 113 Abs. 1).

– Entsprechende Anwendung des § 96 (frühere Praxis) 85
Die Rechtsprechung hat § 96 aus Gründen des Vertrauensschutzes und der Prozessökonomie bis zum Inkrafttreten des SGG-ÄndG 2008 häufig auch dann entsprechend angewendet, wenn der Zweitbescheid – ohne den Erstbescheid unmittelbar zu ersetzen – auf einer im angefochtenen Bescheid getroffenen Regelung beruht.

Beispiele:

– Streit um die Entziehung einer Leistung, Folgebescheid über die Rückforderung von Leistungen.

– Streit um die Berechnungsgrundlagen einer Rente, Folgebescheid über die Feststellung einer Rente *(BSGE 47, 168, 170f. = SozR 1500 § 96 Nr. 13; BSG SozR 1500 § 96 Nr. 18)* oder umgekehrt *(BSG SozR 3-2600 § 319 b Nr. 2)*; dies gilt allerdings nicht, wenn der Rentenversicherungsträger den Rentenbescheid mit einem entsprechenden Vorbehalt versieht *(BSGE 48, 100, 101).*

– Streitigkeiten über verschiedene Zeiträume im Rahmen von Dauerrechtsverhältnissen: Z.B. Rentengewährung für verschiedene Zeiträume bei gleicher Bemessungsgrundlage *(BSGE 37, 121; BSG SozR 1500 § 96 Nr. 7)*, Beitragsbescheide für verschiedene Geschäftsjahre *(BSGE 38, 21, 28)*; nicht dagegen Bescheide über die Höhe der Künstlersozialabgabe für bestimmte Abrechnungszeiträume, wenn über die Abgabepflicht dem Grunde nach gestritten wird sowie keine Einbeziehung weiterer Abrechnungszeiträume in laufenden Streit über die Höhe der Abgabepflicht *(BSG SozR 3-5425 § 24 Nr. 17)*; Begründung (vergleichbar derjenigen bei vertragsärztlichen Honorarbescheiden – nachfolgend): die Tatsachengrundlagen in den verschiedenen Abrechnungszeiträumen sind grundsätzlich nicht deckungsgleich; anders für berufsgenossenschaftliche Beitragsbescheide: *BSG SozR 3-2200 § 776 Nr. 5.*

– Vertragsärztliche Honorarbescheide über nachfolgende Abrechnungszeiträume; jedoch nur, wenn es jeweils um identische Berichtigungsverfügungen der Kassenärztlichen Vereinigung geht *(BSG SozR 3-1500 § 96 Nr. 3)*. Es muss jeweils im Kern über dieselbe Rechtsfrage zu entscheiden sein. Dies ist bei solchen Honorarbescheiden nicht der Fall, bei denen zwar die umstrittenen Rechtsfragen übereinstimmen, bei denen aber die rechtlich erheblichen Sachverhaltsumstände und Tatsachengrundlagen in den verschiedenen Abrechnungszeiträumen nicht deckungsgleich sind (*BSGE 77, 279, 280f. = SozR 3-2500 § 85 Nr. 10*). Die Voraussetzungen für eine Einbeziehung liegen regelmäßig nicht vor bei Honorarkürzungen wegen unwirtschaftlicher Behandlungs- oder Verordnungsweise oder in Zulassungssachen bei wiederholter Befristung einer Ermächtigung (*BSG SozR 3-2500 § 116 Nr. 6*).

85*a* Ausgehend von der restriktiveren Behandlung der entsprechenden Anwendung des § 96 im Vertragsarztrecht ist in neuerer Zeit auch in anderen Bereichen die ausweitende Anwendung des § 96 zurückgenommen worden:

- quartalsweise verordnete häusliche Krankenpflege: *BSGE 90, 143 = SozR 3-2500 § 37 Nr. 5*;

- jährliche Honorarsummen als Bemessungsgrundlage der Künstlersozialabgabe: *SozR 3-5425 § 24 Nr. 17*

- *Grundsicherung für Arbeitsuchende (SGB II): Bescheide über nachfolgende Bewilligungszeiträume (SozR 4-4200 § 20 Nr. 1).*

86 Eine entsprechende Anwendung wurde ursprünglich befürwortet, wenn die im Folgebescheid getroffene Regelung auf den angefochtenen Bescheid einwirkt.

Beispiele:

- Streit um die Gewährung der Pflegezulage bei einem Hirnbeschädigten, Folgebescheid über die Ablehnung eines Verschlimmerungsantrages, mit dem die Festsetzung einer MdE von über 90 v.H. geltend gemacht wurde (bei einer MdE von über 90 v.H. muss die Pflegezulage automatisch gewährt werden – § 35 Abs. 1 Satz 4 i.V.m. § 31 Abs. 3 BVG, *BSG SozR 1500 § 96 Nr. 4*).

- Streit um Arbeitslosenhilfe (die vom vorhergehenden Bezug von Arbeitslosengeld abhängt), Folgebescheid über rückwirkende Aufhebung des Bescheides über die Gewährung von Arbeitslosengeld (*BSGE 47, 241 = SozR 1500 § 96 Nr. 17*).

87 Nicht einheitlich verfuhr die Rechtsprechung dagegen in den Fällen, in denen der Folgebescheid eine andere Leistung betraf als diejenige, die Gegenstand des Rechtsstreits war. Während bei einem über die Versagung von Erwerbsunfähigkeitsrente geführten Rechtsstreit die Einbeziehung eines Bescheides über die Gewährung von Altersruhegeld abgelehnt wurde (*BSG Breithaupt 1971, 427, 428*), hat das BSG die Einbeziehung eines Altersruhegeldbescheides in das Verfahren über die Höhe einer Erwerbsunfähigkeitsrente bejaht (*BSG Breithaupt 1974, 1075, 1076*; vgl. im Einzelnen *Dreher, Einbeziehung von Bescheiden nach § 96 SGG, SGb 1982, 286*). Nicht unter § 96 fallen sog. Ausführungsbescheide; das sind Verwaltungsakte, mit denen der Versicherungsträger ein vom Kläger erstrittenes SG-Grundurteil (bzw. einen Vergleich oder ein Anerkenntnis) vollzieht. Bei ihnen fehlt grundsätzlich ein eigenständiger Regelungsinhalt.

1.7.5.2 Auswirkungen des § 96

Der Folgebescheid wird automatisch Gegenstand des Verfahrens; die Rechtshän- 88
gigkeit erstreckt sich auch auf den neuen Bescheid, sodass eine neue Klage gegen
den Folgebescheid unzulässig ist. Die Einbeziehung in den Rechtsstreit steht auch
der Durchführung eines Widerspruchsverfahrens entgegen. Die Einbeziehung
hängt grundsätzlich auch nicht vom Willen der Beteiligten ab. In den Fällen, in
denen es nur durch eine (an sich ja dem Schutz des Klägers dienende) entsprechende Anwendung des § 96 zur Einbeziehung des Folgebescheides kommen
würde, tendiert die Rechtsprechung jedoch dahin, dem Kläger ein Wahlrecht zwischen der Einbeziehung des neuen Bescheides und seiner Anfechtung mit den an
sich gegebenen Rechtsbehelfen zuzugestehen *(BSG SozR 1500 § 96 Nr. 13)*.

1.7.5.3 Anwendung des § 96 in den Rechtsmittelinstanzen

Über § 153 Abs. 1 findet § 96 auch im Berufungsverfahren Anwendung. Das LSG 89
entscheidet bezüglich des Folgebescheides als erste Instanz. Hieraus können sich
folgende Konsequenzen ergeben: Wenn der Kläger bezüglich des ursprünglichen
Streitgegenstandes die Berufung zurücknimmt, bleibt unter Umständen weiterhin
bezüglich des Folgebescheides über die Klage zu entscheiden. Auf die Zulassungs-
bedürftigkeit der Berufung (§ 144) der im Folgebescheid geregelten Materie
kommt es deshalb nicht an. Ist die Berufung gegen das angefochtene Urteil unzulässig, so muss sie verworfen werden; gleichzeitig ist jedoch über die Klage gegen den Folgebescheid sachlich zu entscheiden *(so zutreffend: Niesel, Rn. 210;
a. A. Zeihe, SGb 2000, 10)*; der Kläger muss insoweit einen Klage- und keinen Be-
rufungsantrag stellen.

Zu einer Einbeziehung des Folgebescheides in das Berufungsverfahren kommt 90
es auch dann, wenn der neue Bescheid in der Zeit zwischen Erlass des SG-Urteils
und der Einlegung der Berufung ergeht. Wird keine Berufung eingelegt, so kann
der Kläger nur eine Urteilsergänzung gemäß § 140 beim SG beantragen, soweit
das Urteil zu diesem Zeitpunkt noch nicht rechtskräftig ist.

Für das Revisionsverfahren trifft § 171 Abs. 2 eine eigenständige Regelung: 91
Der neue Verwaltungsakt gilt als mit der Klage beim SG angefochten, „es sei
denn, dass der Kläger durch den neuen Verwaltungsakt klaglos gestellt oder dem
Klagebegehren durch die Entscheidung des Revisionsgerichts zum ersten Verwaltungsakt in vollem Umfang genügt wird". Ggf. muss das SG deshalb nach dem
Abschluss des Revisionsverfahrens ohne weitere Klageerhebung über den Folgebescheid entscheiden. Bei einer Zurückverweisung des Rechtsstreits an das LSG
wird der Folgebescheid Gegenstand des Berufungsverfahrens.

1.7.5.4 Fehlerhafte Behandlung des Folgebescheides

Der Folgebescheid enthält statt der Rechtsbehelfsbelehrung einen Hinweis dar- 92
auf, dass er gemäß § 96 Gegenstand des anhängigen Rechtsstreits wird. Das Gericht, dem nach § 96 Abs. 2 eine Abschrift des neuen Bescheides zu übersenden
ist, muss die Beteiligten auf die Einbeziehung des neuen Bescheides hinweisen,

anderenfalls liegt ein Verfahrensfehler vor. Zuvor hat es jedoch zu prüfen, ob der neue Bescheid tatsächlich die Voraussetzungen des § 96 erfüllt. An die Rechtsauffassung der Behörde ist es keineswegs gebunden, muss eine abweichende Rechtsauffassung den Beteiligten jedoch unverzüglich mitteilen, um die Rechtsschutzmöglichkeit des Betroffenen nicht zu gefährden; vgl. hierzu unten Rn. 95.

– Zu Unrecht erteilte Rechtsbehelfsbelehrung

93 Hält die Behörde einen Verwaltungsakt zu Unrecht nicht für einen Folgebescheid i.S. des § 96 und fügt ihm deshalb die übliche Rechtsbehelfsbelehrung nach § 66 Abs. 1 an, so ist die hierauf erhobene Klage trotz der Rechtsbehelfsbelehrung wegen Rechtshängigkeit unzulässig. Wird das gegen den ursprünglich angefochtenen Bescheid betriebene Verfahren ohne Berücksichtigung des Folgebescheides abgeschlossen, so muss ggf. eine Urteilsergänzung nach § 140 Abs. 1 beantragt werden.

– Vom SG übersehener Folgebescheid

94 Hat das SG einen Folgebescheid (auch bei zutreffendem Hinweis der erlassenden Behörde) übersehen oder zu Unrecht nicht einbezogen, so liegt ein Verfahrensfehler vor, der bei nicht statthafter Berufung den Zugang zur Berufungsinstanz gemäß § 150 Nr. 2 eröffnet. Auch hier kann der Kläger jedoch eine Urteilsergänzung beantragen *(Bley, § 96, Anm. 5e)*. Mit Zustimmung der Beteiligten kann das LSG über den Folgebescheid auch erstinstanzlich entscheiden *(BSGE 27, 146, 149; BSGE 45, 49, 50)*; es kann die Beteiligten nicht gegen deren Willen auf die Möglichkeit der Urteilsergänzung durch das SG verweisen. Hat das LSG einen Folgebescheid zu Unrecht nicht einbezogen, so ist der Verfahrensfehler im Revisionsverfahren nur auf Rüge hin zu beachten *(BSGE 74, 117, 131 = SozR 3-5425 § 24 Nr. 4; anders für den Fall der unzutreffenden Einbeziehung: BSGE 78, 98, 101 = SozR 3-2500 § 87 Nr. 12 – Berücksichtigung von Amts wegen)*. Etwas anderes gilt jedoch dann, wenn das LSG die im Folgebescheid getroffene Verfügung konkludent in seine Entscheidung einbezogen hat; etwa wenn es bei einer befristeten Leistungsbewilligung von einer fortlaufenden ausgegangen ist, über die tatsächlich erst in einem Folgebescheid entschieden wurde, den es nicht ausdrücklich erwähnt. In einem solchen Fall ist der Folgebescheid zumindest seinem Regelungsinhalt nach Gegenstand des Berufungsurteils geworden und unterliegt daher von Amts wegen der revisionsgerichtlichen Prüfung *(BSG SozR 3-2500 § 57 Nr. 4)*.

– Irrtümliche Annahme eines Folgebescheides

95 Hält die Behörde einen Verwaltungsakt zu Unrecht für einen Folgebescheid und erteilt dementsprechend den Hinweis, dass dieser nach § 96 Gegenstand des Rechtsstreits werde, so wird der Betroffene durch § 66 Abs. 2 Satz 1, 2. Halbsatz (2. Alternative) geschützt: Eine Rechtsbehelfsfrist beginnt nicht zu laufen (auch nicht die Jahresfrist!), weil die Behörde – zu Unrecht – dahin gehend belehrt hat, dass ein Rechtsbehelf nicht gegeben sei.

1.7.6 Der maßgebende Zeitpunkt für die Beurteilung der Sach- und Rechtslage

Schrifttum   96

Girardi, Die anspruchsbegründende Leidensverschlimmerung im Rentenprozeß – Maßgebender Zeitpunkt für die Beurteilung der Sach- und Rechtslage, SGb 1986, 448

Hasenpusch, Der für die Beurteilung der Sach- und Rechtslage maßgebliche Zeitpunkt bei kombinierten Anfechtungs- und Leistungsklagen, SGb 1994, 319

Kopp, Der für die Beurteilung der Sach- und Rechtslage maßgebliche Zeitpunkt bei verwaltungsgerichtlichen Anfechtungs- und Verpflichtungsklagen, Festschrift für Menger 1985, 693

Martens, Die maßgebliche Sach- und Rechtslage in den Rentenprozessen der Sozialgerichtsbarkeit, NJW 1965, 1360

Die Frage, welcher Sachverhalt und welche Rechtslage der Entscheidung des Ge-   97
richts zugrunde zu legen ist, wenn im Verlauf des Rechtsstreits eine Änderung eintritt, wird im Sozialgerichts- wie allgemein im Verwaltungsprozeß kontrovers beantwortet. Einigkeit besteht jedoch insoweit, als die Festlegung eines einheitlichen Zeitpunktes für alle Streitigkeiten nicht in Betracht kommt.

Bei Leistungs- und Verpflichtungsklagen (auch wenn sie mit Anfechtungs-   98
klagen kombiniert sind) ist grundsätzlich auf den Zeitpunkt der letzten mündlichen Verhandlung abzustellen *(Bley, § 54 Anm. 10g; Kopp/Schenke, § 113 VwGO Rn. 217 – mit Vorbehalten bei der Verpflichtungsklage)*. Sind die Voraussetzungen des geltend gemachten Anspruchs erst in dem Zeitraum nach Erlass des angefochtenen Bescheides, aber noch vor der Entscheidung des Gerichts eingetreten und hält der beklagte Verwaltungsträger trotz des zwischenzeitlichen Eintritts der Anspruchsvoraussetzungen an dem angefochtenen Bescheid fest, so ist dieser – obwohl er im Zeitpunkt des Erlasses rechtmäßig war – aufzuheben und der Beklagte vom Zeitpunkt des Eintritts der Anspruchsvoraussetzungen an zur Leistung zu verurteilen.

Beispiele:

– Nachträglicher Eintritt von voller oder teilweiser Erwerbsminderung wegen einer im Verlauf des Verfahrens eingetretenen (oder erst dann feststellbaren) Einschränkung der Leistungsfähigkeit;

– Verschlimmerung der Folgen eines Arbeitsunfalls, die eine höhere MdE als im Zeitpunkt der Verwaltungsentscheidung zur Folge hat.

Bei der reinen Anfechtungsklage hängt der maßgebende Zeitpunkt wesentlich   99
vom Streitgegenstand und dem hierauf anwendbaren materiellen Recht ab: Nur wenn der Verwaltungsakt eine Regelung getroffen hat, die durch nachträgliche Änderungen des Sachverhalts oder der Rechtsgrundlagen nicht mehr berührt wird, ist allein auf den Zeitpunkt der Verwaltungsentscheidung abzustellen. In anderen Fällen, vor allem wenn dem Rechtsstreit ein Verwaltungsakt mit Dauerwirkung zugrunde liegt (vgl. *BSGE 7, 8, 13; BSGE 21, 79, 80)* oder der Verwaltungsakt noch nicht vollzogen ist, sind nachträgliche Änderungen zu berücksichtigen.

Beispiel:

Entziehung der Zulassung als Kassenarzt, wenn kein Sofortvollzug angeordnet ist oder das SG den Vollzug ausgesetzt hat (*BSG SozR Nr. 41 zu § 54 SGG*).

100 Umstritten ist die Berücksichtigung nachträglicher Änderungen in den Fällen, in denen die im Verwaltungsakt getroffene Regelung für sich abschließenden Charakter hat.

Beispiel:

Entziehung einer Verletztenrente in der gesetzlichen Unfallversicherung oder einer Erwerbs- bzw. Berufsunfähigkeitsrente in der gesetzlichen Rentenversicherung wegen wesentlicher Besserung der für die Rentengewährung maßgebenden Gesundheitsstörungen.

Tritt in diesen Fällen im Verlauf des Rechtsstreits ein Umstand (z. B. eine neue Gesundheitsstörung, neue medizinische Erkenntnisse etc.) ein, der eine neue Entscheidung des Verwaltungsträgers erforderlich macht, so spricht vieles dafür, dies aus Gründen der Prozessökonomie bereits im anhängigen Rechtsstreit mit zu berücksichtigen, um einen erneuten Prozess zu vermeiden. Das BSG hat dies stets abgelehnt *(vgl. BSGE 12, 127, 130; BSGE 15, 161, 168; BSG SozR Nr. 4 zu § 1293 RVO; Nr. 28 und 72 zu § 54 SGG; zuletzt bestätigt durch BSG SozR 3-1500 § 54 Nr. 18 = NZS 1994, 46).* Danach ist der Zeitpunkt des Erlasses des angefochtenen Verwaltungsaktes für die Beurteilung der Sach- und Rechtslage auch dann maßgebend, wenn nach Erlass des Verwaltungsaktes eine Änderung der Verhältnisse eintritt, die die im angefochtenen Verwaltungsakt angeordnete Entziehung einer Leistung zu einem späteren Zeitpunkt rechtfertigt. Das SG darf deshalb einen Verwaltungsakt, der eine Dauerrente wegen Besserung der gesundheitlichen Folgen eines Arbeitsunfalls bzw. eines schädigenden Ereignisses entzieht bzw. herabsetzt, nicht dahin gehend ändern, dass die Entziehung bzw. Herabsetzung der Rente von einem späteren Zeitpunkt an eintritt. Der Entziehungsbescheid ist vielmehr in vollem Umfang aufzuheben.

Bei Feststellungsklagen kommt es auf den Zeitraum an, für den die Feststellung begehrt wird.

1.7.7 Nachschieben von Gründen

101 Bei Anfechtungsklagen darf sich das Gericht nicht allein auf die Überprüfung der im Verwaltungsakt angegebenen Begründung beschränken. Es muss die Rechtmäßigkeit des Verwaltungsaktes vielmehr von Amts wegen unter allen denkbaren rechtlichen und tatsächlichen Gesichtspunkten überprüfen *(BSGE 3, 209, 216; BSGE 7, 8, 13; BSGE 9, 277, 280; BSGE 15, 17, 21; BSGE 16, 253, 255; BSGE 17, 79, 83; BSG SozR Nr. 39 und 91 zu § 54).* Von daher bleibt es dem Verwaltungsträger grundsätzlich unbenommen, während des Prozesses – auch noch in der Rechtsmittelinstanz – eine weitere Begründung für seine ablehnende Entscheidung nachzuliefern. Unzulässig ist das Nachschieben von Gründen nur dann, wenn es den angefochtenen Bescheid in seinem Wesensgehalt ändern würde. Dies

kann der Fall sein, wenn die Behörde nachträglich von einem anderen Sachverhalt ausgeht *(BSGE 26, 22, 26)*; wenn sie Rentenzahlungen wegen Verjährung abgelehnt hat und im Prozess das Bestehen eines Rentenanspruchs dem Grunde nach verneint *(BSGE 29, 129, 132)*. Unzulässig ist auch das Auswechseln der von der Verwaltung herangezogenen Rechtsgrundlage durch das SG oder LSG, wenn die andere Regelung eine andere Zielrichtung und/oder einen anderen Inhalt hat (Auskunftsersuchen nach § 60 Abs. 4 oder Abs. 2 SGB II, vgl. *BSG 24. 2. 2011, B 14 AS 87/09 R)*.

Aus § 41 Abs. 1 Nr. 2 SGB X (Nachholung der sich aus § 35 SGB X für Verwaltungsakte ergebenden Begründungspflicht) zieht die Rechtsprechung den Schluss, dass das Nachholen von Ermessenserwägungen nach Abschluss des Verwaltungsverfahrens nicht mehr zulässig ist *(BSG SozR 1300 § 35 Nr. 4)*. 102

1.8 Die Widerklage 103

Die Widerklage, mit der der Beklagte aus Gründen der Prozessökonomie im selben Verfahren einen selbstständigen Gegenanspruch geltend machen kann, wenn dieser mit dem Klageanspruch oder den dagegen vorgebrachten Verteidigungsmitteln im Zusammenhang steht, ist gemäß § 100 im sozialgerichtlichen Verfahren zwar zulässig, in der Praxis jedoch äußerst selten. Dies ergibt sich vor allem aus der Tatsache, dass dem beklagten Verwaltungsträger das Rechtsschutzbedürfnis für die Widerklage fehlt, wenn er durch Verwaltungsakt entscheiden kann *(BSGE 15, 81, 83; BSGE 17, 139, 143; BSGE 53, 212, 213)*.

Zulässig ist grundsätzlich auch die Eventualwiderklage, bei der der Beklagte in erster Linie Klageabweisung und nur für den Fall, dass der Klage stattgegeben wird, Widerklage erhebt *(BSGE 15, 81, 83)*. Die Erhebung der Widerklage ist auch noch im Berufungsverfahren möglich, wenn es sich um eine zulässige Berufung handelt *(BSG Breithaupt 1971, 1039)*. Im Gegensatz zum Zivilprozess ist die Zulässigkeit der Widerklage im Berufungsverfahren nicht davon abhängig, dass der Gegner zustimmt oder das Gericht die Geltendmachung des mit der Widerklage verfolgten Anspruchs für sachdienlich hält. § 530 ZPO ist nach allgemeiner Ansicht wegen der Verweisung in § 153, der § 100 nicht ausschließt, nicht anwendbar *(Bley, § 100, Anm. 1c m.w.N.; ML, § 100, Rn. 3)*. Im Revisionsverfahren wird die Widerklage überwiegend für unzulässig gehalten *(BSGE 27, 233, 234; Bley, § 100, Anm. 1c a.E.; Brackmann, S. 242a)*. 104

1.9 Klagehäufung

Auch das SGG lässt in § 56 die Verfolgung mehrerer prozessualer Ansprüche in einer Klage zu, wenn sie sich gegen denselben Beklagten richten (nur die Hauptbeteiligten müssen identisch sein) und dasselbe Gericht zuständig ist. Im Gegensatz zu § 260 ZPO setzt § 56 voraus, dass die Klagebegehren „im Zusammenhang" stehen. Hierbei kann es sich um einen rechtlichen (z.B. wenn sich aus einem Versicherungsfall verschiedene Ansprüche ergeben) oder um einen tatsächlichen Zusammenhang (z.B. mehrere Klagebegehren aus einem einheitlichen Geschehen) handeln. Fehlt ein derartiger Zusammenhang, so hat das für die Betei- 105 ligten nur die Konsequenz, dass das Gericht das Verfahren (von Amts wegen) trennt (§ 145 ZPO i.V.m. § 202 SGG). Zur Klagehäufung kann es auch durch nachträgliche Erweiterung der Klage um einen weiteren Anspruch (gemäß § 99) kommen.

1.10 Verbindung und Trennung von Verfahren

106 Das Gericht kann nach § 113 Abs. 1 mehrere bei ihm anhängige Rechtsstreitigkeiten derselben Beteiligten oder verschiedener Beteiligter durch Beschluss zur gemeinsamen Verhandlung und Entscheidung verbinden, wenn die jeweiligen Streitgegenstände im Zusammenhang stehen oder von vornherein in einer Klage hätten geltend gemacht werden können. Soweit diese Voraussetzungen vorliegen, können auch Verfahren verbunden werden, die bei verschiedenen Spruchkörpern anhängig sind; es sei denn, es handelt sich um Verfahren, für die die Zuständigkeit einer Fachkammer bzw. eines Fachsenats gesetzlich (§§ 10 und 31) vorgeschrieben ist.

107   Die Verbindung steht im Ermessen des Gerichts, das sich in erster Linie von der Zweckmäßigkeit einer gemeinsamen Verhandlung und Entscheidung aus der Sicht der Beteiligten leiten lassen sollte. Der Verbindungsbeschluss ist – auch im erstinstanzlichen Verfahren – gemäß § 172 Abs. 2 nicht anfechtbar. Die Verbindung kann, wenn es zweckmäßig erscheint, auf Antrag oder von Amts wegen auch wieder aufgehoben werden (§ 113 Abs. 2).

108 ## 2 Das vorbereitende Verfahren

Der Vorsitzende bzw. im Berufungs- und Revisionsverfahren in der Regel der Berichterstatter (§§ 155 und 165) hat nach Einlegung der Klage darauf hinzuwirken, dass der Rechtsstreit möglichst in einer mündlichen Verhandlung erledigt werden kann (§ 106 Abs. 2 – insoweit mit § 272 ZPO vergleichbar).

109   Die Anberaumung eines frühen ersten Termins zur mündlichen Verhandlung wie im Zivilprozess (§ 275 ZPO) kennt das sozialgerichtliche Verfahren nicht. Der Vorsitzende bzw. der Berichterstatter hat dafür die Möglichkeit, zur Vorbereitung der mündlichen Verhandlung bzw. einer Beweiserhebung ohne Beteiligung der ehrenamtlichen Richter einen Erörterungstermin mit den Beteiligten durchzuführen. Er kann die zur Aufklärung des Sachverhalts notwendigen Ermittlungen, einschließlich der Beweiserhebungen, jedoch auch allein im schriftlichen Verfahren anordnen.

110 ### 2.1 Übersendung der Klageschrift an die übrigen Beteiligten

Bevor der Vorsitzende von Amts wegen (zum Amtsbetrieb vgl. Kap. III Rn. 1) eine Abschrift der Klageschrift an die übrigen Beteiligten übersendet (§ 104 Satz 1 SGG), hat er die Klage zu prüfen, um den übrigen Beteiligten zugleich mit der an sie gerichteten Aufforderung, sich schriftlich zur Klage zu äußern (§ 104 Satz 2), ggf. die Stellungnahme zu entscheidungserheblichen Fragen aufzuerlegen. Für die Äußerung auf die Klage kann eine Frist gesetzt werden, die nicht kürzer als einen Monat sein soll (§ 104 Satz 3). Da es sich um eine richterliche Frist handelt (§ 65), kann sie auf Antrag verlängert werden. Die Überschreitung der Frist führt nicht zum Ausschluss des Vorbringens. Eine Präklusion kannte das sozialgerichtliche Verfahren bis zum SGG-ÄndG 2008 nicht. Die Beteiligten konnten ohne Rechtsnachteile auch noch in der mündlichen Verhandlung erstmals zur Klage Stellung nehmen (zur Änderung durch § 106a s. unten Rn. 132a).

Allerdings muss das Gericht eine Äußerung nicht abwarten, bevor es zur mündlichen Verhandlung lädt und entscheidet. Erforderlich ist jedoch, dass schon bei der Übersendung der Klage darauf hingewiesen wird, dass auch verhandelt und entschieden werden kann, wenn die Äußerung nicht innerhalb der Frist eingeht (§ 104 Satz 4).

Soweit der Vorsitzende eine Frist zur Stellungnahme setzt, muss die Anord- *111* nung den Beteiligten bekannt gegeben werden (§ 63 Abs. 1 n.F.). Der Vorsitzende kann – was in der Praxis jedoch selten vorkommt – mit der Übersendung der Klageschrift zugleich auch zur mündlichen Verhandlung laden, wenn keine Ermittlungen erforderlich sind und die Sache entscheidungsreif ist.

2.2 Hinweispflichten des Vorsitzenden *112*

§ 106 Abs. 1 enthält eine Fürsorgepflicht des Gerichts vor allem gegenüber rechtlich unerfahrenen Beteiligten: Der Vorsitzende (bzw. der Berichterstatter) hat darauf hinzuwirken, dass Formfehler beseitigt, unklare Anträge erläutert, sachdienliche Anträge gestellt (zur Hilfe bei der Formulierung der Anträge s. Rn. 157), ungenügende Angaben tatsächlicher Art ergänzt sowie alle für die Feststellung und Beurteilung des Sachverhalts wesentlichen Erklärungen abgegeben werden.

Der Umfang der Hinweispflicht richtet sich nach den Erfordernissen des Einzel- *113* falls. Er hängt wesentlich auch davon ab, ob die Beteiligten rechtlich gewandt, insbesondere ob sie durch rechtskundige Personen vertreten sind *(ML, § 106, Rn. 4)*. Die Hinweispflicht muss sich jedoch auch bei nicht vertretenen Klägern grundsätzlich darauf beschränken, das aus der Laiensicht umschriebene Prozessziel in das hierfür geeignete verfahrensrechtliche Gewand zu kleiden. Der Hinweis darf nicht in die Dispositionsfreiheit der Beteiligten eingreifen; anderenfalls kann von der Gegenseite unter Umständen Befangenheit (§ 60 SGG i.V.m. § 42 ZPO) angenommen werden.

Beispiele für Hinweispflichten, deren Verletzung als wesentlicher Verfahrens- *114* mangel anzusehen ist:

– Anregung einer Klageänderung, wenn ein im Verlauf des Verfahrens eingeholtes Sachverständigengutachten hierfür Veranlassung gibt *(BSG SozR Nr. 15 zu § 106 SGG)*,

– Anregung eines Hilfsantrags *(BSGE 15, 41, 45)*,

– Nachfrage bei unklaren Anträgen *(BSG Breithaupt 1964, 531)*,

– Anregung, einen Folgebescheid i.S. des § 96 in den Antrag aufzunehmen *(BSGE 5, 158, 164)*,

– Hinweis auf die Möglichkeit, ein zwingend vorgeschriebenes Vorverfahren während des Klageverfahrens nachzuholen (*BSGE 16, 250, 252*),

– Aufforderung, Wiedereinsetzungsgründe anzugeben, wenn solche nach den Umständen des Falles in Betracht kommen können (*BSG SozR Nr. 3 und 6 zu § 106 SGG*),

– Hinweis auf rechtliche Gesichtspunkte, die die Beteiligten übersehen oder für unerheblich gehalten haben (Verbot der Überraschungsentscheidung – zugleich Verstoß gegen den Grundsatz des rechtlichen Gehörs).

115 Abgelehnt wird von der Rechtsprechung eine Verpflichtung des Gerichts, auf die Antragsmöglichkeit nach § 109 SGG (Gutachten von einem Arzt des Vertrauens) hinzuweisen. Dies soll selbst dann gelten, wenn der Kläger angeregt hat, das Gericht möge ihn noch einmal ärztlich untersuchen lassen (*BSG SozR Nr. 12 zu § 109 SGG*). Das Gericht muss den Kläger in einem solchen Fall jedoch wenigstens darauf hinweisen, dass es von Amts wegen kein Gutachten mehr einholt (*Bley, § 106, Anm. 6c*).

Auch auf die Notwendigkeit, in der mündlichen Verhandlung einen Beweisantrag zu stellen, um mit der Nichtzulassungsbeschwerde eine Verletzung der Amtsermittlungspflicht als Verfahrensfehler nach § 160 Abs. 2 Nr. 3 rügen zu können, muss das Gericht (hier: das LSG) nicht hinweisen (*BSG SozR 1500 § 160 Nr. 13*).

116 ## 2.3 Gewährung von Akteneinsicht – § 120

Schrifttum

Behn, Zur Akteneinsicht des „früheren Beteiligten" nach Abschluss des sozialgerichtlichen Verfahrens, RV 1982, 125

Keller, Gewährung der Akteneinsicht auf Zwischenfeststellungsklage, jurisPR-SozR 15/2008 Anm. 4

Majerski, Zur „Beschränkung" der Akteneinsicht durch die übersendende Behörde im sozialgerichtlichen Verfahren, SGb 1982, 297

Pawlitta, Die Wahrnehmung des Akteneinsichtsrechts im gerichtlichen und behördlichen Verfahren durch Überlassung der Akten in die Rechtsanwaltskanzlei, AnwBl. 1986, 1

Pawlitta, Aktenversendungspauschale im sozialgerichtlichen Verfahren, NZS 1997, 513

Schimanski, Aktenvorlage, Akteneinsicht und Datenschutz, SozSich. 1987, 207

117 Wie in den anderen Verfahrensordnungen steht den Beteiligten auch im sozialgerichtlichen Verfahren das Recht auf Akteneinsicht zu (§ 299 ZPO/ § 100 VwGO). Hierzu gehört auch die Möglichkeit, die Akten des beklagten oder beigeladenen Verwaltungsträgers einzusehen. Dieser hat nur in den äußerst selten eintretenden Fällen des § 119 (Ausschluss der Aktenvorlagepflicht bei drohenden Nachteilen für den Bund oder ein Land) die Möglichkeit, die Akteneinsicht auszuschließen. Hierauf muss die Behörde schon bei der Aktenübersendung hinweisen. Das Gericht ist nicht verpflichtet, das Einverständnis der Behörde mit der Akteneinsicht einzuholen.

– **Ort der Akteneinsicht**   *118*

Ob einem Rechtsanwalt die Akten zur Einsichtnahme in seiner Kanzlei auszu-
händigen sind, entscheidet der Vorsitzende nach pflichtgemäßem Ermessen. Soweit keine besonderen Umstände vorliegen, dürften hiergegen keine Bedenken
bestehen. Die Rechtsprechung hält es jedoch bei geringem Aktenumfang für zumutbar, den Rechtsanwalt auf eine Einsichtnahme bei Gericht zu verweisen *(BSG
SozR 1500 § 120 Nr. 1)*. Die Vorzugsstellung bei der Akteneinsicht genießen in
gleicher Weise die in § 73 Abs. 6 für das sozialgerichtliche Verfahren gleichgestellten Bevollmächtigten (Verbandsvertreter und die zum mündlichen Verhandeln
vor dem SG zugelassenen Rechtsbeistände). Mit dem Einigungsvertrag (Anlage I,
Kap. VIII, Sachgebiet D, Abschnitt II, Buchst. b) ist durch die Einfügung von
§ 84a auch im Widerspruchsverfahren die Möglichkeit der Aktenübersendung an
Bevollmächtigte eingeführt worden.

Privatpersonen haben grundsätzlich keinen Anspruch auf Aushändigung der   *119*
Akten. Auch sie können jedoch verlangen, dass ihnen die Akten statt im SG im
Amtsgericht des Wohnorts oder in den Räumen der Gemeindeverwaltung zur
Einsichtnahme zur Verfügung gestellt werden. Die Entscheidung über den Ort
der Akteneinsicht ist eine prozessleitende Verfügung und kann nicht mit der Be-
schwerde angefochten werden.

– **Versagung der Akteneinsicht aus besonderen Gründen**   *120*

§ 120 Abs. 3 enthält eine den anderen Verfahrensordnungen nicht bekannte
Ermächtigung des Vorsitzenden, die Akteneinsicht (sowie die Erteilung von Auszügen oder Abschriften) zu versagen oder zu beschränken, wenn dies aus besonderen Gründen erforderlich erscheint. Neben den in § 119 geregelten Geheimhal-
tungserfordernissen zählen hierzu insbesondere die wohlverstandenen Interessen
des Klägers oder seiner Angehörigen. Auszuschließen ist die Einsicht daher in
solche Bestandteile der Akten, aus denen der Betroffene erstmals über die ärztliche Annahme einer unheilbaren Erkrankung oder ähnliches in Kenntnis gesetzt
würde *(vgl. hierzu im Einzelnen: Bartels, SGb 1972, 429, 430)*.

In derartigen Fällen kann einem Prozessbevollmächtigten die Akteneinsicht jedoch nicht verwehrt werden; ihm können allerdings Auflagen im Hinblick auf die
Unterrichtung seines Mandanten gemacht werden. Über die Einschränkung der
Akteneinsicht durch den Vorsitzenden kann eine Entscheidung des Gerichts herbeigeführt werden (§ 120 Abs. 3 Satz 2 SGG), wobei der Vorsitzende (in entsprechender Anwendung des § 41 Nr. 6 ZPO und § 60 SGG) ausgeschlossen ist *(vgl.
im Einzelnen Majerski, SGb 1982, 297)*. Ob für die Aktenversendung Kosten erhoben werden durften, war lange umstritten *(vgl. Pawlitta, Die Wahrnehmung
des Akteneinsichtsrechts im gerichtlichen und behördlichen Verfahren durch
Überlassung der Akten in die Rechtsanwaltskanzlei, AnwBl. 1986, 1)*. Trotz der
grundsätzlichen Gerichtskostenfreiheit (vgl. neuerdings §§ 183, 184) wurde dies
von einigen Landessozialgerichten für zulässig gehalten *(vgl. LSG Schleswig-Holstein, NZS 1996, 640)*. § 120 Abs. 2 n.F. stellt jetzt ausdrücklich klar, dass für die
Aktenversendung keine Kosten erhoben werden, sofern nicht nach § 197a n.F.

(Verfahren, bei denen weder Kläger noch Beklagter zu den Personen zählen, für die das Verfahren nach § 183 kostenfrei ist) das GKG gilt.

121 2.4 Vorbereitende Schriftsätze

Zur Vorbereitung der mündlichen Verhandlung können gemäß § 108 Schriftsätze eingereicht werden, die den übrigen Beteiligten von Amts wegen mitzuteilen sind. Im Gegensatz zu den anderen Prozessordnungen (§ 282 i.V.m. § 296 Abs. 2 und §§ 275 bis 277 ZPO sowie § 86 Abs. 4 VwGO), die die Beteiligten teilweise mit Sanktionen verpflichten, die mündliche Verhandlung durch Schriftsätze vorzubereiten, ist es den Beteiligten im sozialgerichtlichen Verfahren freigestellt, Schriftsätze einzureichen. Ihnen können deshalb erst recht keine Ausschlussfristen gesetzt werden (zur Ausnahme bei § 109 vgl. Kap. III Rn. 82).

Dennoch ist den Beteiligten dringend zu raten, insbesondere die Ermittlung des Sachverhalts durch das Gericht mit schriftsätzlichem Vorbringen zu unterstützen. Dies gilt vor allem für die **Vorbereitung** der im sozialgerichtlichen Verfahren häufig streitentscheidenden **Sachverständigengutachten**. So sollte das Gericht rechtzeitig vor Erlass der Beweisanordnung davon in Kenntnis gesetzt werden, dass das Vorbringen des beklagten Sozialleistungsträgers im Prozess nach Auffassung des Klägers darauf beruht, dass dieser von einem unzutreffenden Sachverhalt ausgeht oder die den Kläger behandelnden Ärzte andere medizinische Wertungen abgeben als die den Leistungsträger beratenden Ärzte. Entsprechende Unterlagen sollten beigefügt oder ihre Beiziehung durch das Gericht unter Angabe der Anschriften der betreffenden Ärzte angeregt werden.

122

Werden derartige Gesichtspunkte erst in der mündlichen Verhandlung bei abgeschlossenen schriftlichen Sachverständigengutachten vorgetragen, so wird häufig der Eindruck entstehen, es handele sich um eine zweckgerichtete, auf das Ergebnis des Sachverständigengutachtens abgestellte Argumentation, womöglich begleitet von einem Gefälligkeitsattest des behandelnden Arztes (vgl. zum Ganzen Kap. III, Rn. 108).

123

In der mündlichen Verhandlung können sich die Beteiligten – wie im Zivilprozess (§ 137 Abs. 3 ZPO, der über § 202 SGG anwendbar ist) – auf ihr schriftsätzliches Vorbringen beziehen.

124

Die Zustellung von Schriftsätzen oder Urkunden „von Anwalt zu Anwalt" (§§ 133 Abs. 2, 135 ZPO) kennt das SGG wegen des Amtsbetriebes nicht. Auch den Schriftsätzen im vorbereitenden Verfahren sind Abschriften für die anderen Beteiligten beizufügen (§ 93 SGG). Anderenfalls kann das Gericht sie nachfordern oder sie auf Kosten des Urhebers selbst anfertigen.

125 2.5 Maßnahmen zur Aufklärung des Sachverhalts

Der Vorsitzende (bzw. im Berufungsverfahren grundsätzlich der Berichterstatter) hat im vorbereitenden Verfahren alle erforderlichen Maßnahmen einzuleiten, um den Sachverhalt vor der mündlichen Verhandlung aufzuklären. § 106 Abs. 3 enthält einen Katalog der wichtigsten Maßnahmen, der jedoch nicht vollständig ist:

„(Der Vorsitzende) kann insbesondere

1. um Mitteilung von Urkunden ersuchen,
2. Krankenpapiere, Aufzeichnungen, Krankengeschichten, Sektions- und Untersuchungsbefunde sowie Röntgenbilder beiziehen,
3. Auskünfte jeder Art einholen,
4. Zeugen und Sachverständige in geeigneten Fällen vernehmen oder, auch eidlich, durch den ersuchten Richter vernehmen lassen,
5. die Einnahme des Augenscheins sowie die Begutachtung durch Sachverständige anordnen und ausführen,
6. andere beiladen,
7. einen Termin anberaumen, das persönliche Erscheinen der Beteiligten hierzu anordnen und den Sachverhalt mit diesen erörtern."

Hierbei handelt es sich teilweise um die Erhebung von Beweisen mit Mitteln, die auch aus den anderen Prozessordnungen bekannt sind (z.B. Vernehmung von Zeugen und Sachverständigen – Nr. 4, Anordnung schriftlicher Sachverständigengutachten und Einnahme des Augenscheins – Nr. 5), vgl. hierzu eingehend Kap. III, 5.: Das Beweisverfahren.

Teilweise sind es Maßnahmen, die die eigentliche Beweiserhebung vorbereiten (insbesondere Nr. 2: Beiziehung von Krankenpapieren und anderen ärztlichen Unterlagen) oder eine förmliche Beweiserhebung erübrigen (z.B. Nr. 3: Einholung von Auskünften jeder Art).

2.5.1 Das Verfahren

Der Vorsitzende ist bei der Einleitung von Aufklärungsmaßnahmen nicht an eine bestimmte Form gebunden. Es bedarf insbesondere für die Beweiserhebung grundsätzlich keines förmlichen Beweisbeschlusses (anders grundsätzlich nur, wenn es für die Beweisaufnahme eines besonderen Verfahrens bedarf – § 358 ZPO, auf den § 118 verweist). Ärztliche Berichte, Sachverständigengutachten und schriftliche Auskünfte werden durch Prozess leitende Verfügungen eingeholt, die auch im Berufungsverfahren allein vom Berichterstatter (und nicht von allen Berufsrichtern des Senats) erlassen werden. *126*

– Vorherige Benachrichtigung der Beteiligten

Der Vorsitzende bzw. der Berichterstatter ist nicht verpflichtet, vor jeder Ermittlungsmaßnahme die Beteiligten zu informieren. § 273 Abs. 4 Satz 1 ZPO, der dies für das zivilprozessuale Verfahren vorschreibt, ist angesichts der Vielfalt der im Rahmen des § 106 möglichen Ermittlungsmaßnahmen und der hierbei vom Vorsitzenden geforderten Flexibilität nicht anwendbar. § 106 Abs. 4 verweist insoweit allein auf § 116, der nur eine Benachrichtigung von Beweisaufnahmeterminen anordnet. *127*

128   Aus § 62 (Grundsatz des rechtlichen Gehörs) folgt jedoch, dass die Beteiligten von solchen Ermittlungsmaßnahmen im Vorhinein unterrichtet werden müssen, die nachträglich nur schwer korrigierbar sind. Dies gilt vor allem für die Einholung von Sachverständigengutachten, und zwar unabhängig davon, ob die Beteiligten hierzu herangezogen werden wie bei einem Gutachten aufgrund ärztlicher Untersuchung (so aber Bley, § 106, Anm. 8b a.E.). Auch bei einem Gutachten nach Aktenlage müssen die Beteiligten schon im Vorhinein die Möglichkeit haben, Einwände und Bedenken zum Inhalt der Beweisanordnung oder zur Person des beauftragten Sachverständigen vorzubringen. Bei der Anforderung von Urkunden und ärztlichen Aufzeichnungen, der Einholung von Auskünften und der Beiladung ist eine vorherige Benachrichtigung dagegen in der Regel nicht erforderlich.

129 – Mitteilung der Ergebnisse der Ermittlungen

Gemäß § 107 müssen die Beteiligten vom Ergebnis der Beweisaufnahme in Kenntnis gesetzt werden. Der Wortlaut der Vorschrift spricht zwar nur von „der Niederschrift der Beweisaufnahme", die den Beteiligten in Abschrift oder durch Wiedergabe des Inhalts mitzuteilen ist. Doch ist allgemein anerkannt, dass § 107 auf alle Beweisaufnahmen und Ermittlungsmaßnahmen nach § 106 anzuwenden ist *(ML, § 107, Rn. 2 m.w.N.)*, also auch auf die Beiziehung ärztlicher Aufzeichnungen, die Einholung von Befundberichten und Sachverständigengutachten usw.

130   Aus § 107 i.V.m. § 128 Abs. 2 folgt, dass die Beteiligten schon vor der mündlichen Verhandlung (spätestens mit der Ladung) darüber unterrichtet werden müssen, welche Verwaltungsvorgänge und sonstige Akten beigezogen worden sind. Hat der beklagte Verwaltungsträger im Verlauf des Gerichtsverfahrens noch weitere Ermittlungen angestellt (z.B. medizinische Gutachten, Gutachten des technischen Aufsichtsdienstes einer Berufsgenossenschaft etc.), die das Gericht in seine Beweiswürdigung einbeziehen will, so muss es die anderen Beteiligten auch hiervon unterrichten.

131   Teilweise ist – vor allem in medizinischen Fragen – eine Beschränkung der Mitteilung (wie bei der Akteneinsicht, s. Rn. 120) im Interesse eines Beteiligten oder von Angehörigen erforderlich. Soweit eine zusammenfassende Mitteilung durch den Vorsitzenden unter Ausklammerung belastender Fakten im Hinblick auf das Prozessziel ausreicht, ist § 128 Abs. 2 SGG (Beteiligte müssen sich zu den Beweisergebnissen, auf die sich das Urteil stützt, äußern können) nicht verletzt.

132 – Rechtsmittel

Gegen die Anordnung einer Maßnahme nach § 106 steht den Beteiligten kein Rechtsmittel zu, da es sich um Prozess leitende Verfügungen handelt, die gemäß § 172 Abs. 2 nicht anfechtbar sind.

132a 2.6 Zurückweisung verspäteten Vorbringens

Durch die Einfügung von § 106a im SGG-ÄndG 2008 wurde eine Regelung ins SGG eingefügt, die weitgehend § 87b VwGO entspricht und im verwaltungsgerichtlichen Verfahren schon seit dem 4. VwGOÄndG mit Wirkung vom

1. 1. 1991 gilt. Eine Anwendung der entsprechenden Vorschrift aus dem Zivilprozess (§ 296 ZPO) ist vor allem im Hinblick auf den Amtsermittlungsgrundsatz stets abgelehnt worden. Die verwaltungsgerichtliche Rechtsprechung hat die Präklusionsregelung als Ausnahmeregelung stets restriktiv ausgelegt *(vgl. BVerwG NVwZ 2000, 1042).* Rechtfertigen lässt sich die Präklusion im Amtsermittlungsverfahren allenfalls mit Mitwirkungspflichten, denen die Verfahrensbeteiligten auch ohne spezielle Regelung unterliegen. Hierdurch werden zugleich der Anwendungsbereich und die Auslegung der Neuregelung begrenzt.

Durch § 106a wird dem Richter die Möglichkeit eingeräumt, vom Kläger bzw. *132b* von den Beteiligten Erklärungen und Beweismittel zu fordern und hierfür eine **Frist zu setzen**, nach deren Ablauf Erklärungen und Beweismittel zurückgewiesen werden können. Die Bestimmung der Frist liegt im **Ermessen** des Richters. Dieser muss sowohl dem Beschleunigungsinteresse der übrigen Beteiligten oder des Gerichts (etwa in Bezug auf einen bereits anberaumten Termin zur mündlichen Verhandlung) als auch dem Interesse des Klägers Rechnung tragen. Die Frist muss deshalb genau bestimmt werden und den Beteiligten einen angemessenen Zeitraum für ihr Vorbringen belassen. Erforderlich ist, dass die betroffene Partei hinreichend Gelegenheit hatte, sich in allen für sie wichtigen Fragen zur Sache zu äußern, diese Gelegenheit aber schuldhaft ungenutzt verstreichen ließ. Die Festsetzung eines knappen Zeitrahmens kommt insbesondere dann nicht in Betracht, wenn das Gericht die Sache über einen längeren Zeitraum hinweg unbearbeitet liegen gelassen hat. Wegen der erheblichen rechtlichen Tragweite der Fristsetzung verlangt das BVerwG, dass die Verfügung vom Vorsitzenden bzw. Berichterstatter mit vollem Namen und nicht nur mit der Paraphe zu unterzeichnen ist *(BVerwG NJW 1994, 746)*. Schließlich muss der Betroffene über die Folgen einer Fristversäumung **belehrt** worden sein (Absatz 3 Nr. 3). Da durch die Anordnung eine Frist in Lauf gesetzt wird, bedarf sie nach § 63 Abs. 1 der **Zustellung**. Eine präkludierende Wirkung tritt nicht ein, wenn der Beteiligte die Verspätung genügend **entschuldigen** kann (§ 106a Abs. 3 Satz 1 Nr. 2). Eine Glaubhaftmachung des Entschuldigungsgrundes ist nicht in jedem Fall beizubringen (wie bei der Wiedereinsetzung), sondern nur wenn das Gericht dies verlangt.

Mit der Einführung der fakultativen Präklusionsregelungen soll erreicht wer- *132c* den, dass Beteiligte, die nach eindeutiger und ausdrücklicher Aufforderung des Gerichts nicht das ihnen Mögliche und Zumutbare dazu beitragen, den Prozess zu fördern, die Zurückweisung des angeforderten Vorbringens riskieren. Die Präklusion basiert auf der Annahme, dass die Zulassung des Vorbringens den Rechtsstreit erheblicher verzögern würde, als wenn der Vortrag zurückgewiesen wird *(BGHZ 86, 31)*. Das BVerfG hat Präklusionsvorschriften, die auf eine Verfahrensbeschleunigung hinwirken sollen, auch unter dem Gesichtspunkt des Art. 103 Abs. 1 GG als verfassungsgemäß angesehen *(BVerfGE 55, 72, 94; 36, 92, 98; 51, 188, 191)*. Es hat allerdings auch deutlich gemacht, dass eine Präklusion dann nicht mit dem Anspruch auf Gewährung rechtlichen Gehörs zu vereinbaren ist, wenn eine unzulängliche Verfahrensleitung oder eine Verletzung der gerichtlichen

Fürsorgepflicht die Verzögerung mit verursacht hat *(BVerfGE 81, 264, 273 m. w. N.).*

2.6.1 Der Erörterungstermin

133 Die durch § 106 Abs. 3 Nr. 7 eröffnete Möglichkeit, Erörterungstermine durchzuführen und hierzu das persönliche Erscheinen der Beteiligten anzuordnen, ist in der sozialgerichtlichen Praxis von großer Bedeutung. Der Erörterungstermin dient vor allem der weiteren Sachverhaltsaufklärung; insbesondere wenn Beweismittel nicht zur Verfügung stehen.

134 Zwar kennt das sozialgerichtliche Verfahren **keine Parteivernehmung** als Beweismittel (§ 118 Abs. 1 verweist nicht auf die §§ 445 bis 454 ZPO); doch sind die Angaben eines Beteiligten zum Sachverhalt eine wichtige, häufig die einzige Erkenntnisquelle des Gerichts. Sind sie glaubwürdig, so kann das Gericht später allein hierauf seine Entscheidung stützen *(s. hierzu Gutzler, Die persönliche Parteianhörung – verkanntes Beweismittel im sozialgerichtlichen Prozess? SGb 2009, 73).*

135 Im erstinstanzlichen Verfahren kann eine Entscheidung im Erörterungstermin nicht ergehen; doch können die Beteiligten aufgrund der Erörterung einen Vergleich schließen, der Beklagte kann den Anspruch anerkennen oder der Kläger die Klage zurücknehmen. Im Berufungsverfahren können die in § 155 Abs. 2 aufgeführten Entscheidungen im vorbereitenden Verfahren jederzeit ergehen. Im Einverständnis der Beteiligten kann der Vorsitzende oder der Berichterstatter auch alle weiteren Entscheidungen, also auch die abschließende Entscheidung durch Urteil allein treffen (§ 155 Abs. 3 und 4) bzw. vorläufigen Rechtsschutz gewähren (§ 155 Abs. 2 Satz 2 n. F.). Dies kann auch im Rahmen eines Erörterungstermins geschehen.

136 Eine noch wichtigere Funktion kommt dem Erörterungstermin bei der **Vorbereitung von Sachverständigengutachten** zu. In den wenigsten Fällen erfolgt im Verlauf des Verwaltungsverfahrens ein persönlicher Kontakt zwischen dem zuständigen Sachbearbeiter des Leistungsträgers und dem Versicherten bzw. Versorgungsberechtigten (Ausnahme: Kranken- und Arbeitslosenversicherung). Die Angaben zum Sachverhalt, die der Verwaltungsentscheidung zugrunde gelegt werden, stammen zumeist aus der schriftlichen Beantwortung formularmäßiger Fragebogen oder (in Fällen mit medizinischem Hintergrund) aus der Anamnese des vom Leistungsträger eingeschalteten Gutachters. Vor allem bei Streitigkeiten über den ursächlichen Zusammenhang zwischen einer Gesundheitsstörung und einem Arbeitsunfall bzw. einem schädigenden Ereignis, bei denen es auf die minutiöse Analyse eines bestimmten Geschehens (z.B. eines Bewegungsablaufs) ankommt, sind die so erhobenen Anknüpfungstatsachen oft unzureichend. Es wird vielfach erforderlich sein, zu Erörterungsterminen, die der Aufklärung eines für das medizinische Gutachten relevanten Sachverhaltes dienen, auch den Sachverständigen zu laden, da der Richter häufig nicht in der Lage sein wird zu erkennen, welche Tatsachen für den medizinischen Sachverständigen von Bedeutung sind.

– **Verfahren** *137*
Der Erörterungstermin wird allein vom Vorsitzenden bzw. in der Berufungs- und Revisionsinstanz allein vom Berichterstatter anberaumt und durchgeführt. Die Mitteilung über die Durchführung des Termins ist allen Beteiligten zuzustellen; den Beigeladenen auch dann, wenn sie den Zweck der Durchführung des Erörterungstermins nicht fördern können.

Zwar ist der Erörterungstermin keine mündliche Verhandlung i. S. der §§ 110, *138* 111, 124 Abs. 1, doch eröffnet § 106 Abs. 3 Nr. 7 die Möglichkeit, das persönliche Erscheinen der Beteiligten anzuordnen. Hieraus folgt, dass auch § 141 Abs. 2 und 3 ZPO anzuwenden sind (ML § 106, Rn. 15a m. w. N.): die Beteiligten sind auch dann persönlich zu laden, wenn sie einen Prozessbevollmächtigten bestellt haben (§ 141 Abs. 2 ZPO); gegen den unentschuldigt nicht erschienenen Beteiligten kann – wie gegen einen nicht erschienenen Zeugen im Vernehmungstermin – ein Ordnungsgeld festgesetzt werden (§ 141 Abs. 3 ZPO). Ob ein **Ordnungsgeld** auch dann festgesetzt werden darf, wenn der Sachverhalt geklärt war bzw. der betroffene Beteiligte selbst zur Klärung nicht mehr beitragen konnte und die Anordnung des persönlichen Erscheinens nur der Erörterung der Sach- und Rechtslage diente, insbesondere dazu, auf eine unstreitige Beendigung des Rechtsstreits hinzuwirken, ist umstritten *(s. hierzu eingehend Freudenberg, jurisPR-SozR 10/ 2009 Anm. 6, m. w. N).*

Der Erörterungstermin kann auch mit einer Beweisaufnahme nach § 106 Abs. 3 Nr. 5 (teilweise auch mit einer Augenscheinseinnahme) verbunden werden. Hierbei kann es allerdings zu Kollisionen mit dem Grundsatz der Unmittelbarkeit der Beweisaufnahme (§ 117) kommen; vgl. hierzu oben Kap. III, Rn. 38.

2.6.2 *Rückverweisung an die Verwaltung*

Eine weitere Aufklärung des Sachverhalts durch Rückverweisung an die Verwal- *138a* tung war im sozialgerichtlichen Verfahren bislang ausgeschlossen. Das generelle Verbot einer Zurückverweisung ist durch die Einfügung des Abs. 5 in den § 131 (durch Art. 8 Nr. 1 JuMoG) aufgehoben worden. In der Gesetzesbegründung wurde ausgeführt, in jüngster Zeit sei eine verstärkte Neigung von Behörden zu beobachten, sich ihren Verpflichtungen zur Ermittlung des Sachverhalts aus § 20 Abs. 1 Satz 1, Abs. 2 SGB X zulasten eines späteren gerichtlichen Verfahrens zu entziehen. Dem könne durch die Möglichkeit, aus diesem Grunde fehlerhafte Verwaltungsakte – ohne weitere Entscheidung in der Sache – aufzuheben, begegnet werden. § 131 Abs. 5 Satz 4 bestimmt, dass eine solche Entscheidung nur binnen sechs Monaten seit Eingang der Akten der Behörde bei Gericht ergehen darf. Im Berufungsverfahren kann deshalb von der Möglichkeit des § 113 Abs. 5 in der Regel kein Gebrauch gemacht werden, weil die Frist bereits im erstinstanzlichen Verfahren abläuft und im Berufungsverfahren nicht erneut zu laufen beginnt.

Die Vorschrift ist wortgleich aus § 113 Abs. 3 VwGO übernommen worden, *138b* wo sie – begrenzt auf die **isolierte Anfechtungsklage** – als Ausnahmeregelung angesehen worden *(vgl. BVerwGE 107, 128; BVerwG DVBl 2003, 338)* und nur selten zur Anwendung gekommen ist. Eine Zurückverweisung kam auch unter Geltung des § 131 Abs. 5 in seiner ursprünglichen Fassung grundsätzlich nicht in Betracht, wenn es um die Ermittlung von Voraussetzungen eines Anspruchs ging, den der Kläger mittels einer mit der Anfechtungsklage verbundenen Leistungsklage geltend machte (*so ausdrücklich: BSG 17. 4. 2007, B 5 RJ 30/05 R; a. A. Hauck, in: Zeihe, SGG Stand: Mai 2006, § 131 RdNr. 25b*). In diesen Fällen lässt der Anspruch auf effektiven Rechtsschutz (Art. 19 Abs. 4 GG) es regelmäßig nicht zu, das Gerichtsverfahren ohne Entscheidung in der Sache abzuschließen und den Kläger darauf zu verweisen, eine erneute Entscheidung der Verwaltung abzuwarten, und diese dann wiederum vor Gericht angreifen zu können. Im SGG-ÄndG 2008 wurde § 131 Abs. 5 allerdings um einen ausdrücklichen Hinweis auf die Anwendbarkeit auch bei kombinierten Anfechtungs- und Leistungsklagen ergänzt: „Hält das Gericht in den Fällen des § 54 Abs. 1 Satz 1 und Abs. 4 eine weitere Sachaufklärung für erforderlich …". Zugleich wurde die Möglichkeit, ein Bescheidungsurteil zu erlassen, durch Ergänzung von § 131 Abs. 2 auf die kombinierte Anfechtungs- und Leistungsklage ausgedehnt. Hierdurch ändert sich allerdings im Ergebnis nichts an dem Einwand, dass der Anspruch auf effektiven Rechtsschutz verletzt sein kann, wenn das SG den angefochtenen Bescheid aufhebt und den Sozialleistungsträger verpflichtet, zu den anspruchsbegründenden Tatsachen weitere Ermittlungen anzustellen und den Kläger danach neu zu bescheiden. Vor allem, wenn der Kläger das Ermittlungsergebnis des Leistungsträgers (z.B. in Form von Sachverständigengutachten) als fehlerhaft angreift, hat das SG kein Wahlrecht zwischen Rückverweisung sowie Verurteilung zur Neubescheidung und eigener Ermittlung unter Berücksichtigung des klägerischen Vorbringens und anschließender Entscheidung; eine Rückverweisung stellt in einem solchen Fall keinen effektiven Rechtsschutz dar.

Allein die Tatsache, dass im konkreten Fall der Verwaltung ein Beurteilungsoder Ermessensspielraum zusteht, rechtfertigt eine Zurückverweisung ebenfalls nicht.

139 2.7 Terminierung und Ladung zur mündlichen Verhandlung

Erst nachdem alle zur Vorbereitung der mündlichen Verhandlung notwendigen Maßnahmen abgeschlossen sind, bestimmt der Vorsitzende Ort und Zeit der mündlichen Verhandlung und teilt sie den Beteiligten in der Regel 2 Wochen vorher mit (§ 110 Abs. 1 Satz 1). Hieraus folgt, dass § 216 Abs. 2 ZPO („Der Vorsitzende hat die Termine unverzüglich zu bestimmen") keine Anwendung findet.

140 – Terminsänderung oder -aufhebung

Schrifttum

Blüggel, Der Antrag auf Terminsverlegung im sozialgerichtlichen Verfahren, SGb 2006, 514

Die Aufhebung oder Verlegung eines Termins richtet sich grundsätzlich nach § 227 ZPO (i. V. m. § 202). Sie kommt danach nur aus erheblichen Gründen in Betracht, die auf Verlangen des Vorsitzenden glaubhaft zu machen sind (§ 227 Abs. 3

ZPO). Hierzu zählen etwa: Erkrankung oder (schon vorher geplante) urlaubsbedingte Abwesenheit eines Beteiligten; Verhinderung des Prozessbevollmächtigten, wenn dieser glaubhaft macht, dass keine Vertretung (z.B. Sozius) zur Verfügung steht oder (etwa bei kurzfristig eintretender und nicht vorhersehbarer Terminkollision) eine Vertretung wegen der fehlenden Möglichkeit zur Einarbeitung eines Vertreters in den Prozessstoff nicht zumutbar ist *(vgl. BSG SozR 3-1750 § 227 Nr. 1)*; kurzfristige Mandatsniederlegung eines Prozessbevollmächtigten; Verhinderung von Zeugen und Sachverständigen sowie Erkrankung eines Richters. Ein erheblicher Grund kann auch darin bestehen, dass der Beteiligte Zeit benötigt, zu Beweisergebnissen oder neuem Tatsachenvortrag Stellung zu nehmen.

Beispiel:

Die Beteiligten machen nach Vorlage eines Sachverständigengutachtens geltend, vor der mündlichen Verhandlung noch eine Stellungnahme des Hausarztes (beim Kläger) bzw. des beratenden Arztes oder des Sozialmedizinischen Dienstes (beim beklagten Leistungsträger) einholen zu wollen. Hierfür muss ggf. eine angemessene Frist eingeräumt werden.

Eine Terminaufhebung oder -verlegung ist nicht erforderlich, wenn der Beteiligte *141* trotz ordnungsgemäßer Ladung zum Termin nicht erscheint oder vorher ankündigt, dass er nicht erscheinen werde, ohne dass das Fernbleiben hinreichend entschuldigt wird. Auch ein Einvernehmen der Beteiligten ist allein kein erheblicher Grund.

– **Bekanntgabe der Ladung** *142*

Die Ladung zur mündlichen Verhandlung ist den Beteiligten bekannt zu geben (§ 63 Abs. 1 Satz 2). Eine nicht ordnungsgemäße Ladung eines Beteiligten zur mündlichen Verhandlung (zur Ladungsfrist vgl. Rn. 170) ist ein auch im Revisionsverfahren von Amts wegen zu beachtender Verfahrensmangel *(BSG SozR 3-1500 § 110 Nr. 3)*. Ist ein Prozessbevollmächtigter bestellt, so muss ihm die Ladung bekannt gegeben werden; eine gesonderte Ladung des Beteiligten ist nur erforderlich, wenn sein persönliches Erscheinen angeordnet worden ist (§ 111 Abs. 1). Eine persönliche Ladung ist auch dann nicht erforderlich, wenn der Prozessbevollmächtigte nach Bekanntgabe der Ladung das Mandat niederlegt *(BSGE 7, 58)*.

– **Notwendige Hinweise bei der Ladung** *143*

Werden auch Zeugen oder Sachverständige zur mündlichen Verhandlung geladen, so muss dies den Beteiligten mit der Terminmitteilung bekannt gegeben werden (§ 111 Abs. 2); andernfalls kann in dem Termin gegen den nicht informierten Beteiligten kein ungünstiges Urteil ergehen, wenn er an der mündlichen Verhandlung nicht teilnimmt und auch nicht vertreten ist (§ 127). Ist die Mitteilung unterblieben, etwa weil sich die Notwendigkeit der Zeugen- oder Sachverständigenvernehmung erst nach der Ladung ergeben hat, so kann sie noch nachgeholt werden, soweit der Grundsatz des rechtlichen Gehörs dies zulässt.

Gemäß § 126 kann das Gericht nach Lage der Akten entscheiden, wenn keiner *144* der Beteiligten in der mündlichen Verhandlung erscheint oder einer nicht erscheint und die Erschienenen dies beantragen. Auch auf die Möglichkeit der

Entscheidung bei Abwesenheit von Beteiligten müssen diese mit der Ladung hingewiesen werden (§ 110 Abs. 1 Satz 2).

145 – **Ladungsfrist**

Die Ladungsfrist soll („in der Regel") 2 Wochen betragen. Eine Über- oder Unterschreitung dieser Frist begründet allein keinen Verfahrensfehler, sofern dadurch nicht zugleich eine Beschränkung des Rechts auf Wahrung des rechtlichen Gehörs eintritt *(BSG Nr. 7 zu § 110 SGG)*. Die Ladungsfrist beträgt jedoch mindestens drei Tage (§ 217 ZPO i.V.m. § 202). Wird diese Frist unterschritten, fehlt es an einer ordnungsgemäßen Ladung. Bei einem Ausbleiben des hiervon betroffenen Beteiligten im Termin darf das Gericht weder nach Lage der Akten noch nach einseitiger mündlicher Verhandlung entscheiden *(BSG SozR 3-1500 § 110 Nr. 3)*.

146 – **Anordnung des persönlichen Erscheinens**

Schrifttum

Frehse, Die Verhängung eines Ordnungsgeldes gegen den anordnungswidrig nicht erschienenen Beteiligten, SGb 2010, 388

Freudenberg, Ordnungsgeld gegen nicht erschienenen Beteiligten, jurisPR-SozR 10/2009 Anm. 6

Auch zur mündlichen Verhandlung kann – wie zum Erörterungstermin (nach § 106 Abs. 3 Nr. 7) – das persönliche Erscheinen der Beteiligten angeordnet werden (§ 111 Abs. 1). Sie sind dann (wegen ihrer baren Auslagen und des Zeitverlustes) wie Zeugen zu entschädigen. Die Gründe für die Anordnung des persönlichen Erscheinens sind die gleichen wie beim Erörterungstermin (vgl. oben Rn. 133f.). Erscheint der Beteiligte trotz Anordnung des persönlichen Erscheinens nicht, so kann gegen ihn wie gegen einen nicht erschienenen Zeugen ein Ordnungsgeld festgesetzt werden (§ 141 Abs. 3 ZPO i.V.m. § 202). Voraussetzung ist jedoch, dass er auf diese Folge in der Ladung hingewiesen worden ist (§ 111 Abs. 1 Satz 2). Die durch das Ausbleiben verursachten Kosten können dem nicht erschienenen Beteiligten dagegen nicht auferlegt werden, denn § 380 Abs. 1 Satz 1 ZPO erfasst allein den nicht erschienenen Zeugen.

147   Ein Beteiligten, der keine natürliche Person ist (z.B. Leistungsträger), muss zur mündlichen Verhandlung einen Vertreter entsenden, der zur Aufklärung des Tatbestandes in der Lage und zur Abgabe der gebotenen Erklärungen, insbesondere zu einem Vergleichsabschluss, ermächtigt ist (Rückschluss aus § 141 Abs. 3 Satz 2 ZPO). Kommt ein solcher Beteiligter dieser Pflicht nicht nach, so steht dem Gericht allerdings keine Sanktion zur Verfügung. Insbesondere kann § 141 Abs. 3 Satz 1 ZPO gegenüber einer Behörde nicht angewendet werden *(so zutreffend ML, § 111, Rn. 8 m.w.N.; die gegenteilige Auffassung – Bley § 111 Anm. 10b – findet im Gesetz keine Grundlage)*.

148   In Bezug auf natürliche Personen schreibt § 141 Abs. 3 Satz 2 ZPO zwar vor, dass kein Ordnungsgeld festzusetzen ist, wenn der Beteiligte, dessen persönliches Erscheinen angeordnet ist, einen Vertreter entsendet, der über entsprechende Kompetenzen verfügt. Erscheint aber trotz der Anordnung des persönlichen Er-

scheinens nur ein Prozessbevollmächtigter, bei dem dies nicht der Fall ist, so kann der Vorsitzende sein Auftreten untersagen, wenn hierdurch der Zweck der Anordnung vereitelt wird und es für das Ausbleiben des Beteiligten keinen Grund gibt (§ 118 Abs. 3).

3 Die mündliche Verhandlung   *149*

3.1 Bedeutung der mündlichen Verhandlung

Der mündlichen Verhandlung kommt im sozialgerichtlichen Verfahren ein hoher Stellenwert zu. Grundsätzlich bildet sie die Grundlage der Entscheidung des Gerichts.

§ 124 Abs. 1: „Das Gericht entscheidet, soweit nichts anderes bestimmt ist, aufgrund mündlicher Verhandlung.“

Ergebnisse des vorbereitenden Verfahrens müssen in der mündlichen Verhandlung zusammengefasst dargestellt werden, um die erstmals am Verfahren teilnehmenden ehrenamtlichen Richter, denen bei der Entscheidung das gleiche Stimmrecht zukommt wie den Berufsrichtern (§ 19 Abs. 1), über den Stand des Verfahrens zu unterrichten. Vor allem die Beteiligung der ehrenamtlichen Richter, die bis zur mündlichen Verhandlung in der Regel noch keinerlei Kenntnis vom Streitstoff haben, bietet den Beteiligten im Gegensatz zu anderen Verfahrensarten die Möglichkeit, in der mündlichen Verhandlung einen maßgebenden Einfluss auf die Entscheidungsfindung zu nehmen.

3.2 Verzicht auf die mündliche Verhandlung   *150*

Die Beteiligten können von vornherein oder im Verlauf des Verfahrens auf die Durchführung einer mündlichen Verhandlung verzichten. Liegt das Einverständnis aller Beteiligten (auch der Beigeladenen) vor, so kann das Gericht nach § 124 Abs. 2 ohne mündliche Verhandlung durch Urteil entscheiden (vgl. hierzu Rn. 211). Das Gericht ist an das Einverständnis der Beteiligten jedoch nicht gebunden. Die Durchführung einer mündlichen Verhandlung steht trotz des Verzichts der Beteiligten im Ermessen des Gerichts. Das Gericht muss deshalb, vor allem wenn die Beteiligten sich ohne Anregung des Gerichts mit einer Entscheidung ohne mündliche Verhandlung einverstanden erklärt haben, prüfen, ob die Durchführung einer mündlichen Verhandlung im Interesse eines Beteiligten geboten erscheint.

Ob und ggf. bis wann die Einverständniserklärung frei widerruflich ist, wird   *151* im Schrifttum nicht einheitlich beurteilt (vgl. die Nachweise bei *Bley, § 124, Anm. 4c*). Das BSG geht davon aus, dass die Erklärung zumindest bis zum Eingang der letzten Einverständniserklärung der übrigen Beteiligten frei widerruflich ist *(BSG Breithaupt 1968, 718; ML, § 124 Rn. 3d)*. Hat sich die prozessuale Situation nach Abgabe der Erklärung wesentlich geändert (etwa auch durch neues Vorbringen der übrigen Beteiligten), so ist der Beteiligte an sein Einverständnis nicht mehr gebunden. Das Einverständnis ist – auch ohne ausdrücklichen Widerruf – in jedem

Fall verbraucht, wenn das Gericht anschließend weitere Sachverhaltsermittlungen nach § 106 Abs. 3 durchführt *(BSG SozR 1500 § 124 Nr. 2 und 3)*.

152 Das Einverständnis muss grundsätzlich schriftlich oder zur Niederschrift des Urkundsbeamten erklärt werden. Die Erklärung kann auch mündlich im Rahmen eines Erörterungstermins oder einer mündlichen Verhandlung abgegeben werden. Das Einverständnis muss in jedem Fall ausdrücklich und vorbehaltlos erklärt werden; ein stillschweigendes Einvernehmen reicht nicht aus *(ML § 124 Rn. 3c)*. Ein Einverständnis mit einer Entscheidung ohne mündliche Verhandlung liegt jedoch auch in dem schriftsätzlich vorgebrachten Antrag, nach Lage der Akten zu entscheiden. Das Einverständnis kann grundsätzlich nicht von einer Bedingung abhängig gemacht werden. Zulässig ist allerdings die Erklärung des Einverständnisses für den Fall des Widerrufs eines Vergleichs.

153 3.3 Ablauf der mündlichen Verhandlung

Die mündliche Verhandlung beginnt nach dem Aufruf der Sache mit der Darstellung des Sachverhalts (§ 112 Abs. 1 Satz 2) durch den Vorsitzenden bzw. im Berufungs- und Revisionsverfahren durch den Berichterstatter oder den Vorsitzenden.

154 Zweck der Sachverhaltsdarstellung ist zum einen die Unterrichtung der ehrenamtlichen Richter über den Streitstoff. Zum anderen soll den Beteiligten deutlich gemacht werden, von welchen Tatsachen das Gericht ausgeht und welche Tatsachen es für wesentlich hält. Hierdurch wird den Beteiligten zugleich Gelegenheit geboten, bei der anschließenden Erörterung des Sach- und Streitstandes Korrekturen anzubringen. Auf die Darstellung des Sachverhaltes können die Beteiligten nicht verzichten, auch wenn sie den Sachverhalt – etwa bei einem weiteren Termin zur mündlichen Verhandlung – schon kennen. Unterbleibt der Sachvortrag, so ist dies ein wesentlicher Verfahrensfehler *(BSG 25. 1. 2011, B 5 R 261/10 B)*.

155 Nach der Sachverhaltsdarstellung erhalten die Beteiligten das Wort; anschließend erörtert der Vorsitzende mit ihnen das Sach- und Streitverhältnis (§ 112 Abs. 2). Hierbei hat er darauf hinzuwirken, dass sie sich über erhebliche Tatsachen vollständig erklären sowie angemessene und sachdienliche Anträge stellen. Im Rahmen der Erörterung des Sach- und Streitstandes muss der Vorsitzende die Beteiligten vor allem auf solche rechtlichen und tatsächlichen Gesichtspunkte hinweisen, die für die Entscheidung erheblich und von den Beteiligten zuvor nicht in Erwägung gezogen worden sind. (Zu den Hinweispflichten s. im Einzelnen oben Rn. 112f.). Unterlässt der Vorsitzende derartige Hinweise und kommt es danach – aus der Sicht zumindest eines Beteiligten – zu einer Überraschungsentscheidung, so liegt eine Verletzung des rechtlichen Gehörs (§ 62) und damit ein wesentlicher Verfahrensfehler vor. Von einer Überraschungsentscheidung ist auszugehen, wenn das Urteil auf Gesichtspunkte gestützt wird, die zuvor nicht erörtert worden sind, und der Rechtsstreit dadurch zumindest für einen Beteiligten eine unerwartete Wendung nimmt *(BVerwG NVwZ 1989, 151)*. Kann ein Beteiligter aufgrund des bisherigen Verfahrens davon ausgehen, dass eine Anspruchs-

voraussetzung nicht angezweifelt wird und nur andere Anspruchsvoraussetzungen streitig sind, so muss das Gericht bei anderer Würdigung darauf hinweisen, um dem Beteiligten unter Umständen die Gelegenheit zu geben, einen Beweisantrag zu stellen *(BSG SozR 1500 § 160 Nr. 70)*. Eine Prozesspartei darf nicht mit einer Tatsachenwürdigung überrascht werden, die von keiner Seite als möglich vorausgesehen werden konnte *(BSG SozR 3-4100 § 103 Nr. 4)*.

Für die Protokollierung gelten die §§ 159 bis 165 ZPO entsprechend. Die in § 161 Abs. 1 Nr. 1 ZPO geregelte Ausnahme von der Verpflichtung, Zeugen- und Sachverständigenaussagen sowie Augenscheinsergebnisse zu protokollieren, kommt im sozialgerichtlichen Verfahren in der Regel nicht zum Zuge, weil grundsätzlich jedes Urteil der Berufung oder der Revision unterliegt.   *156*

3.3.1 Formulierung der Anträge

Bei der Formulierung der Anträge kann der Vorsitzende vor allem sprachlich ungewandte Beteiligte unterstützen, ohne dass hieraus ein Konflikt mit der richterlichen Neutralitätspflicht entsteht *(so aber Bley, § 112, Anm. 8a)*. Enthalten die bereits schriftlich eingereichten Anträge das Begehren der Beteiligten vollständig, so müssen sie nicht ausdrücklich noch einmal gestellt werden; eine Bezugnahme auf das schriftsätzliche Vorbringen ist gemäß § 202 i.V.m. § 137 Abs. 3 ZPO zulässig. Ist ein Beteiligter nicht erschienen, so ist sein Antrag aus dem schriftlichen Vorbringen zu ermitteln.   *157*

Gemäß § 112 Abs. 3 können zuvor schriftlich gestellte Anträge in der mündlichen Verhandlung ergänzt, berichtigt oder im Rahmen des § 99 geändert werden.   *158*

3.3.2 Beweiserhebung in der mündlichen Verhandlung

Ist eine Beweiserhebung erforderlich, so soll auch sie in der mündlichen Verhandlung stattfinden. § 117 lässt hiervon nur dann eine Ausnahme zu, wenn die Beweiserhebung einen besonderen Termin erfordert (vgl. hierzu eingehend oben Kap. III Rn. 38f.). Die Beweisaufnahme kann erst nach der Sachverhaltsdarstellung erfolgen, um vor allem die ehrenamtlichen Richter in den Stand zu versetzen, an der Beweisaufnahme sachdienlich mitzuwirken. Sollen Zeugen vernommen werden, so müssen diese unmittelbar nach dem Aufruf der Sache und der Feststellung der Anwesenheit belehrt und dann – vor der Sachverhaltsdarstellung – vorläufig aus dem Verhandlungssaal entlassen werden.   *159*

3.3.3 Schließung der mündlichen Verhandlung

Nach genügender Erörterung der Streitsache erklärt der Vorsitzende die mündliche Verhandlung für geschlossen (§ 121 Satz 1). Bis zur Verkündung einer Entscheidung kann jedoch wiedereröffnet werden; etwa wenn im Verlauf der Beratung neue Gesichtspunkte erkannt werden, die mit den Beteiligten noch nicht erörtert worden sind.   *160*

Nach Schließung der mündlichen Verhandlung kann im sozialgerichtlichen Verfahren kein gesonderter Entscheidungstermin mit der Möglichkeit des Nach-   *161* reichens von Schriftsätzen anberaumt werden (§ 283 ZPO). Dies würde gegen § 129 verstoßen, wonach das Urteil nur von den Richtern gefällt werden kann, die an der dem Urteil zugrunde liegenden mündlichen Verhandlung teilgenommen haben. Schriftsätze können nur dann nachgereicht werden, wenn die Beteiligten sich in der mündlichen Verhandlung mit einer Entscheidung ohne mündliche Verhandlung (§ 124 Abs. 2) einverstanden erklären (vgl. hierzu oben Rn. 150). Anderenfalls muss vertagt werden, wenn aufgrund der mündlichen Verhandlung noch keine Entscheidung getroffen werden kann; etwa weil einem Beteiligten noch eine Möglichkeit zur Stellungnahme einzuräumen ist.

162   § 132 eröffnet allerdings die Möglichkeit, das aufgrund der mündlichen Verhandlung beschlossene Urteil erst in einem sofort anzuberaumenden Termin, der nicht über 2 Wochen hinaus angesetzt werden soll, zu verkünden. Hiervon wird in der Praxis nur selten Gebrauch gemacht.

3.3.4 Abwesenheit eines oder mehrerer Beteiligter

163   Eine mündliche Verhandlung kann – soweit alle Beteiligten ordnungsgemäß geladen wurden (vgl. oben Rn. 142 f.) – auch dann durchgeführt werden, wenn nur ein Beteiligter anwesend ist. Dieser hat dann die Wahl zwischen der Durchführung der mündlichen Verhandlung mit anschließender Entscheidung und dem Verzicht auf die mündliche Verhandlung, indem er den Antrag auf Entscheidung nach Aktenlage (§ 126) stellt.

164   § 126 lässt an sich auch dann die Durchführung einer mündlichen Verhandlung zu, wenn keiner der Beteiligten erscheint. Von einer „mündlichen Verhandlung" kann in einem solchen Fall jedoch nicht gesprochen werden. Schließlich kann das Gericht bei leerem Gerichtssaal nicht mit sich selbst verhandeln. Das Gericht sollte deshalb bei Abwesenheit aller Beteiligten stets nach Aktenlage entscheiden. Auch wenn dies mit der Unsicherheit verbunden ist, dass das Urteil erst mit Zustellung wirksam wird (§ 133). Die Durchführung einer Scheinverhandlung nur zu dem Zweck, durch die Verkündung eine sofortige Wirksamkeit des Urteils zu erreichen, ist abzulehnen (vgl. hierzu auch Rn. 211).

165   Das Gericht kann die mündliche Verhandlung jedoch auch noch nach Ablauf des für den Termin festgesetzten Zeitpunkts eröffnen, wenn einer der Beteiligten verspätet erscheint. Bevor das Gericht zulasten eines nicht erschienenen Beteiligten vom Grundsatz der Mündlichkeit abweicht, muss es zunächst anhand der Zustellungsnachweise prüfen, ob der Betroffene ordnungsgemäß geladen worden ist. War das nicht der Fall, so muss vertagt werden.

3.3.5 Grundsatz der Öffentlichkeit

166   Für die mündliche Verhandlung gilt – im Gegensatz zum Erörterungstermin – der Grundsatz der Öffentlichkeit. Wegen der Einzelheiten verweist § 61 Abs. 1 Satz 1 – ebenso wie für die Sitzungspolizei und die Gerichtssprache – auf die Regelungen in den §§ 169, 172 bis 191 des GVG. Die Öffentlichkeit kann speziell dann ausgeschlossen werden, wenn die Offenlegung der gesundheitlichen oder der Fami-

lienverhältnisse für einen Beteiligten von erheblichem Nachteil sein könnte (§ 61 Abs. 1 Satz 2).

4 Der Abschluss des Verfahrens — 167

Schrifttum

Hauck, Die Erledigungserklärung im sozialgerichtlichen Verfahren, SGb 2004, 407

Rieker, Die Auswirkungen der Klagerücknahme auf das Recht des Klägers einen Überprüfungsantrag zu stellen SGb 2001, 65

Roller, Die übereinstimmende Erledigungserklärung im Sozialgerichtsverfahren, NZS 2003, 357

4.1 Ohne gerichtliche Entscheidung

Die Beteiligten können über die Beendigung des Rechtsstreits selbst bestimmen, ohne dass es einer Entscheidung des Gerichts bedarf. Die sozialgerichtlichen Verfahren werden häufiger durch Klagerücknahme, Anerkenntnis oder Vergleich beendet als durch Urteil.

4.1.1 Klagerücknahme

Gemäß § 102 Satz 1 n.F. kann der Kläger die Klage bis zum Eintritt der Rechtskraft des Urteils (vor dem 6. SGG-ÄndG: bis zum Schluss der mündlichen Verhandlung) zurücknehmen. Die Klagerücknahme ist auch noch in den Rechtsmittelinstanzen möglich. Bereits ergangene Urteile werden wirkungslos. Die Rücknahme kann auch auf einen Teil des Streitgegenstandes beschränkt werden. Dies ist schon dann anzunehmen, wenn der Kläger im Verlauf des Verfahrens seinen Antrag (durch eine eindeutige Erklärung – s. Rn. 170) beschränkt. Erweitert er ihn später wieder um den zuvor zurückgenommenen Teil, so ist die Klage insoweit unzulässig *(BSG SozR Nr. 10 zu § 102 SGG)*. — 168

Im Gegensatz zu anderen Verfahrensarten kann die Klage stets, d.h. auch noch in der mündlichen Verhandlung und danach, ohne Einwilligung der anderen Beteiligten zurückgenommen werden (anders im Zivilprozess: § 269 Abs. 1 ZPO – Rücknahme ohne Einwilligung des Beklagten nur bis zum Beginn der mündlichen Verhandlung des Beklagten zur Hauptsache). § 102 lässt die Rücknahme bis zur Rechtskraft des Urteils zu. — 169

Die Rücknahme setzt eine eindeutige Erklärung voraus, die als Prozesshandlung bedingungsfeindlich und nicht – etwa wegen eines Willensmangels – anfechtbar ist *(BSG SozR Nr. 11 zu § 102 SGG; SozR 1500 § 102 Nr. 1)*. Ein Widerruf ist nur dann ausnahmsweise zulässig, wenn die Voraussetzungen für eine Wiederaufnahme des Verfahrens (§§ 179, 180) erfüllt sind *(BSG SozR 1500 § 102 Nr. 2: Klagerücknahme eines prozessunfähigen Beteiligten ohne gesetzlichen Vertreter)*. Bloßes Schweigen, auch auf eine Anfrage des Gerichts, stellt grundsätzlich keine Rücknahme dar. Auch aus der Tatsache, dass der Kläger einen Teil des ursprünglich (schriftsätzlich) gestellten Klageantrags in der mündlichen Verhandlung nicht — 170 mehr protokollieren lässt, kann nicht schon auf eine Teilrücknahme geschlossen werden *(BSG, Urteil vom 12. 6. 1990, 2 RU 14/90).*

170a **Gesetzliche Fiktion der Klagerücknahme:** Nach dem Vorbild des § 92 Abs. 2 VwGO hat das SGG-ÄndG 2008 als Abs. 2 und 3 in den § 102 Regelungen über eine gesetzliche Fiktion der Klagerücknahme eingefügt. Danach gilt die Klage als zurückgenommen, wenn der Kläger das Verfahren trotz Aufforderung des Gerichts länger als drei Monate (in der VwGO sind es zwei Monate!) nicht betreibt. Der Kläger ist in dem Aufforderungsschreiben auf diese Rechtsfolge hinzuweisen. Die Aufforderung, das Verfahren zu betreiben, kann nicht ohne jeden Anhalt für ein nicht (mehr) vorhandenes Interesse des Klägers an einer sachgerechten Fortführung des Verfahrens ergehen. Das Gericht muss sachlich begründete Anhaltspunkte für einen Wegfall des Rechtsschutzinteresses des Klägers haben (BR-Drucks. 820/07 S. 24). „Denn § 92 Abs. 2 Satz 1 VwGO ist kein Hilfsmittel zur bequemen Erledigung lästiger Verfahren oder zur vorsorglichen Sanktionierung Prozess leitender Verfügungen" – so das BVerwG *(DVBl 2001, 307)* zur Parallelregelung in der VwGO. Ein „Nichtbetreiben" ist nicht nur dann anzunehmen, wenn der Kläger sich gar nicht meldet, sondern auch dann, wenn er einer vom Gericht zu recht für notwendig gehaltenen Mitwirkung nicht nachkommt. Da eine fiktive Klagerücknahme weitreichende Konsequenzen hat, ist bei der Auslegung und Anwendung der Regelung ihr Ausnahmecharakter zu berücksichtigen *(BVerfG, NVwZ 1994, 62, 63).* Verfassungsrechtliche Bedenken sind in der verwaltungsgerichtlichen Rechtsprechung nicht erkannt worden *(BVerwG NVwZ 2001, 918;* vgl. auch *BVerfG DVBl 1999, 166).* Wegen des Ausnahmecharakters der Regelung sind in der Praxis allerdings gewichtige **formale Hürden** aufgestellt worden, die dem Richter das Gewicht der „Betreibensanordnung" deutlich machen sollen: die Verfügung muss mit vollem Namen unterzeichnet werden – das Handzeichen genügt nicht *(BGHZ 76, 236; BVerwG NJW 1994, 746; Redeker/ von Oertzen, § 87b Rn. 5);* eine Unterzeichnung „auf Anordnung" durch Justizangestellte reicht nicht aus *(BGHZ 76, 236);* die richterliche Fristverfügung ist in beglaubigter Abschrift förmlich zuzustellen *(BVerfG NJW 1982, 1453).* Ist die Klage zurückgenommen oder gilt sie als zurückgenommen, so stellt das Gericht das Verfahren *auf Antrag* durch Beschluss ein und entscheidet über Kosten, soweit diese entstanden sind; der Beschluss ist unanfechtbar (§ 102 Abs. 3 n.F.).

171 **Folgen der Klagerücknahme**

Abweichend von anderen Verfahrensarten erledigt die Rücknahme den Rechtsstreit ex nunc. Die Folge des § 269 Abs. 3 ZPO, die über § 92 VwGO auch im verwaltungsgerichtlichen Verfahren gilt (vgl. *Kopp, § 92, Rn. 3),* wonach der Rechtsstreit rückwirkend als nicht anhängig geworden anzusehen ist, tritt im sozialgerichtlichen Verfahren nicht ein. Die schon eingetretenen Folgen der Rechtshängigkeit (insbesondere die Unterbrechung der Verjährung) werden nicht rückwirkend wieder aufgehoben. Mit der Rücknahme ist auch nicht generell eine Kostentragungspflicht des Klägers verbunden. Dieser kann vielmehr über die Kosten einen Beschluss des Gerichts beantragen (§ 102 Satz 3). Etwas anderes gilt nur dann, wenn für die Entscheidung über die Kosten nicht die §§ 184 bis 195

SGG, sondern nach § 197a SGG die §§ 154 bis 162 VwGO Anwendung finden. Dies ist der Fall, wenn in einem Rechtszug weder Kläger noch Beklagter zu dem in § 183 SGG beschriebenen kostenprivilegierten Personenkreis zählen. In diesem Fall kommt über § 197a SGG § 155 Abs. 2 VwGO zur Anwendung, wonach derjenige, der die Klage oder ein Rechtsmittel zurücknimmt, die Kosten zu tragen hat.

Wegen der vorgenannten Folgen der Klagerücknahme (Erledigung des Rechtsstreits in der Hauptsache und keine automatische Kostentragungspflicht) kommt der Erklärung über die Erledigung des Rechtsstreits in der Hauptsache, die auch möglich ist, im sozialgerichtlichen Verfahren dann keine eigenständige Bedeutung zu, wenn die §§ 184 bis 195 Anwendung finden (zumindest ein kostenprivilegierter Beteiligter). Eine Abgrenzung zwischen beiden Instituten ist nur dann erforderlich, wenn man mit der herrschenden Meinung nach einer Klagerücknahme eine neue Klage gleichen Inhalts bei unveränderter Sachlage für unzulässig hält *(so: BSG SozR Nr. 9 zu § 102 SGG; a.M.: ML, § 102, Rn. 11; Roller, in Hk-SGG § 103 Rn. 12)*, während sie bei Erledigung durch übereinstimmende Erledigungserklärung nach herrschender Meinung zulässig ist *(Thomas/Putzo, § 91a, Rn. 50)*. Dies hat für die Anfechtungsklage keine Bedeutung, weil der angefochtene Verwaltungsakt bindend geworden ist, wenn die Anfechtungsfrist im Zeitpunkt der Rücknahme oder danach verstrichen ist. Ergeht ein neuer Verwaltungsakt, so kann dieser erneut angefochten werden.

In Verfahren, in denen die Kostenentscheidung nach § 197a unter Rückgriff auf die §§ 154 bis 162 VwGO zu treffen ist, haben übereinstimmende und einseitige Erledigungserklärung besondere Bedeutung. Die einseitige Erledigungserklärung des Klägers stellt eine Klageänderung i.S. von § 99 Abs. 3 Nr. 2 dar; die Klage ist nunmehr gerichtet auf die Feststellung, dass ein erledigendes Ereignis eingetreten ist. Schließt sich der Beklagte der Erledigungserklärung an, ist nach § 197a i.V.m. § 161 Abs. 2 VwGO nach billigem Ermessen über die Kosten zu entscheiden *(Hauck, SGb 2004, 407; Roller, NZS 2003, 357, 359)*. Die übereinstimmende Erledigungserklärung führt deshalb in diesen Verfahren zu einer Kostenentscheidung, die in Verfahren mit einem kostenprivilegierten Kläger über § 193 zu erreichen ist, während die Klagerücknahme hier ohne Weiteres mit der Pflicht zur Kostentragung verbunden ist.

Anders als im verwaltungsgerichtlichen Verfahren (§ 92 Abs. 3 VwGO) bedarf es auch nach der Änderung des § 102 (SGG-ÄndG 2008) eines **Einstellungsbeschlusses** nur auf Antrag; und zwar sowohl bei der gewillkürten wie bei der fiktiven Klagerücknahme. Der Einstellungsbeschluss hat allerdings nur deklaratorischen Charakter. Hält der Kläger die Feststellung der fiktiven Klagerücknahme für unzutreffend, so muss das Gericht über die Wirksamkeit der Klagerücknahme eine Entscheidung treffen *(Kuhla/Hüttenbrink E Rn. 125 m.w.N.)*.

4.1.2 Anerkenntnis

174 „Anerkenntnis" ist das Zugeständnis des Prozessgegners (im sozialgerichtlichen Verfahren zumeist: des beklagten Leistungsträgers), dass der Klageanspruch (ganz oder teilweise) bestehe. Es wird durch einseitige Erklärung, die eine prozess- und eine materiell-rechtliche Verfügung über den Streitgegenstand enthält, abgegeben (*P/S/W § 101 Anm. 3*).

175 Gemäß § 101 Abs. 2 erledigt das angenommene Anerkenntnis des mit der Klage geltend gemachten Anspruchs den Rechtsstreit in der Hauptsache. Im Gegensatz zu § 307 ZPO bedarf es in diesem Fall keines Anerkenntnisurteils. Das Anerkenntnis kann sowohl in einem Erörterungstermin, im Termin zur mündlichen Verhandlung als auch in einem Schriftsatz im Verlauf des vorbereitenden Verfahrens abgegeben werden. Zur Abgabe eines schriftsätzlichen Anerkenntnisses kommt es zumeist nach Einholung eines Sachverständigengutachtens, dem der beklagte Leistungsträger nach Überprüfung folgt. Auch die zur Erledigung des Rechtsstreites führende Annahme kann schriftlich erklärt werden (*BSG SozR 1500 § 101 Nr. 6*), ohne dass es einer besonderen Form oder einer zusätzlichen (Erledigungs-) Erklärung bedarf. Soweit der prozessuale Anspruch teilbar ist, kann sich das Anerkenntnis auch nur auf einen Teil des Anspruchs beschränken.

Beispiele:

Anerkenntnis eines Anspruchs auf Rente wegen teilweiser Erwerbsminderung aus der gesetzlichen Rentenversicherung (§ 43 SGB VI), wenn ein Anspruch auf Rente wegen voller Erwerbsminderung geltend gemacht wird; Anerkenntnis eines Anspruchs auf Krankengeld, Verletztengeld oder Arbeitslosengeld für eine kürzere als die geltend gemachte Dauer oder in geringerer als der geltend gemachten Höhe; Feststellung zusätzlicher, aber nicht aller mit der Klage geltend gemachter Unfall- bzw. Schädigungsfolgen oder Behinderungen nach dem Schwerbehindertengesetz.

176 Der Leistungsträger ist an ein solches Teilanerkenntnis auch dann gebunden, wenn es vom Kläger nicht angenommen wird (*BSG SozR Nr. 3 zu § 101 SGG*). Da hierdurch dem Klagebegehren jedoch zumindest zum Teil entsprochen wird, liegt es nahe, das Teilanerkenntnis anzunehmen und den Klageantrag im Hinblick auf die weiterhin angestrebte Entscheidung des Gerichts entsprechend zu begrenzen. Ein Aufrechterhalten des gesamten ursprünglichen Klageanspruchs ist auch im Hinblick auf die Vollstreckung nicht erforderlich, da das angenommene Anerkenntnis ein Titel ist, aus dem vollstreckt werden kann (§ 199 Abs. 1 Nr. 2). Die Vollstreckbarkeit hat im Sozialgerichtsprozess im Übrigen keine praktische Bedeutung, weil die Leistungsträger Anerkenntnisse wie Urteile grundsätzlich auch ohne Vollstreckungsdruck ausführen und eine im Einzelfall notwendige Beschleunigung durch Anrufung der Dienstaufsicht eher zu erreichen ist. Soweit eine ausreichende Vollstreckungsgrundlage unerlässlich ist, können die Wirkungen des angenommenen Anerkenntnisses – entsprechend § 102 Satz 3 – durch Beschluss ausgesprochen werden (*BSG SozR 1500 § 101 Nr. 6*).

177 In der Anerkenntniserklärung muss die Bezeichnung „Anerkenntnis" bzw. „anerkennen" nicht ausdrücklich enthalten sein. Ob ein Anerkenntnis vorliegt, ist, soweit Zweifel bestehen, durch Auslegung zu ermitteln *(BSG SozR Nr. 3 zu § 101 SGG)*.

Wirksamkeitsvoraussetzung des Anerkenntnisses – wie des Vergleichs – ist die 178
Verfügungsbefugnis des Beklagten über den Streitgegenstand: Der Leistungsträger muss den anerkannten Anspruch auf die vom Kläger begehrte Leistung auch durch Verwaltungsakt regeln können *(BSGE 26, 210; BSG SozR Nr. 9 und 10 zu § 101 SGG)*.

Das vom Kläger angenommene Anerkenntnis des Beklagten beendet den 179
Rechtsstreit auch dann, wenn ein Beigeladener dem Anerkenntnis nicht zustimmt; dies gilt selbst bei einem notwendig Beigeladenen *(BSG SozR 1500 § 101 Nr. 5)*. Das Anerkenntnis hat dann allerdings gegenüber dem Beigeladenen keine materiell-rechtliche Bindungswirkung *(BSG SozR 1500 § 101 Nr. 5)*. Dieser kann ggf. gegen den im Anerkenntnis enthaltenen Verwaltungsakt (oder einen hierauf ergehenden Ausführungsbescheid) vorgehen.

4.1.2.1 Kostenregelung beim Anerkenntnis

Eine spezielle Kostenregelung für das angenommene Anerkenntnis enthält das 180
SGG nicht, doch wird die Anerkenntniserklärung zumeist mit einer (dem Umfang des Anerkenntnisses entsprechenden) Zusage über die Erstattung der außergerichtlichen Kosten verbunden. In diesem Fall besteht grundsätzlich für eine Kostengrundentscheidung des Gerichts kein Rechtsschutzbedürfnis mehr; es sei denn, der Kostengläubiger macht geltend, ohne Kostengrundentscheidung könne er beim zuständigen SG keine Kostenfestsetzung erlangen *(BSG SozR 3-1500 § 193 Nr. 4)*. Fehlt eine Kostenzusage, muss das Gericht auf Antrag gemäß § 193 Abs. 1, 2. Halbsatz durch Beschluss über die Kostenerstattung entscheiden. Die für den Vergleich geltende Kostenregelung in § 195 (ohne Vereinbarung trägt jeder Beteiligte seine Kosten selbst) gilt für das Anerkenntnis nicht. Der dem § 93 ZPO zugrunde liegende Rechtsgedanke (bei sofortigem Anerkenntnis trägt u.U. der Kläger die Kosten) lässt sich auch als Billigkeitskriterium auf die Kostenentscheidung beim Anerkenntnis im sozialgerichtlichen Verfahren im Regelfall nicht übertragen (vgl. *Knickrehm, SGb 1996, 650; gegen Roos, SGb 1995, 333 und SGb 1996, 675)*. Dies gilt auch dann, wenn ein Versicherungsträger seine Leistungspflicht anerkennt, nachdem aufgrund einer Beweisaufnahme eine Änderung der tatsächlichen Verhältnisse erkennbar wird.

4.1.2.2 Anerkenntnisurteil

Für die Anwendung des § 307 Abs. 1 ZPO besteht im sozialgerichtlichen Verfah 181
ren grundsätzlich nur dann ein praktisches Bedürfnis, wenn für den Kläger in der mündlichen Verhandlung niemand erscheint und er ein zuvor abgegebenes Anerkenntnis schriftlich nicht angenommen hat oder wegen des Fernbleibens im Termin zu einem dort abgegebenen Anerkenntnis nicht Stellung nehmen kann. In dem im Verlauf des Verfahrens schriftsätzlich zur Hauptsache gestellten Antrag ist zugleich ein Antrag auf Erlass eines Anerkenntnisurteils zu sehen *(BSG SozR*

1750 § 307 Nr. 1). Einen weiteren Anwendungsfall sieht das BSG *(SozR 1750 § 307 Nr. 2)* dann, wenn ein Leistungsträger ein von ihm im Vorprozess abgegebenes Anerkenntnis nicht ausführt.

4.1.3 Vergleich

182 Gemäß § 101 Abs. 1 können die Beteiligten zur Niederschrift des Gerichts (oder des vorsitzenden, des beauftragten oder des ersuchten Richters) einen Vergleich schließen, um den Rechtsstreit ganz oder teilweise zu erledigen, wobei ein Beigeladener die Prozess beendende Wirkung eines zwischen den Hauptbeteiligten geschlossenen Vergleichs nicht verhindern kann. Das Gesetz billigt damit nur dem – unter Beachtung der Protokollierungsvorschriften (insbesondere § 162 ZPO) zustande gekommenen – gerichtlichen Vergleich verfahrensbeendende Wirkung zu. In der Praxis ist allerdings auch der nicht gerichtlich protokollierte Vergleich weit verbreitet. Er kommt zum einen dadurch zustande, dass das Gericht den Beteiligten im schriftlichen Verfahren einen Vergleichsvorschlag unterbreitet; zum anderen dadurch, dass einer der Beteiligten (zumeist ein Leistungsträger) schriftsätzlich eine teilweise Erfüllung des geltend gemachten Anspruchs in Aussicht stellt, wenn hierdurch der Rechtsstreit beendet wird.

183 Diese Praxis ist durch die Neufassung von § 278 Abs. 6 ZPO (Art. 1 Nr. 8a JuMoG) auch im Zivilprozess „legalisiert" worden. Zur Verfahrensbeendigung hat das Gericht (nach Satz 2 der Vorschrift) allerdings das Zustandekommen und den Inhalt eines nach Satz 1 geschlossenen Vergleichs durch Beschluss festzustellen. Ohne derartigen feststellenden Beschluss bzw. ohne das Hinzutreten einer weiteren Prozesshandlung (Erledigungserklärung oder Rücknahme) führt der außergerichtliche Vergleich grundsätzlich nicht zur Beendigung des Rechtsstreits, da er nicht – wie der Prozessvergleich – gleichzeitig materielle und prozessuale Wirkungen entfaltet, sondern allein einen öffentlich-rechtlichen Vertrag (gemäß § 54 SGB X) darstellt *(vgl. Bley, § 101, Anm. 5 m).*

184 Der außergerichtliche Vergleich kann auch nicht grundsätzlich wie eine übereinstimmende Erledigungserklärung behandelt werden; denn zumindest dann, wenn das Vergleichsangebot von einem Beteiligten ausgeht, kann hierin – schon wegen der Bedingungsfeindlichkeit von Prozesshandlungen – nicht zugleich eine Erledigungserklärung gesehen werden. Der außergerichtliche Vergleich sollte daher stets mit einer weiteren verfahrensbeendenden Prozesshandlung verbunden werden.

185 **Beispiel** für ein Vergleichsangebot des Gerichts im schriftlichen Verfahren:

Den Beteiligten wird zur Beendigung des Rechtsstreits folgender Vergleich vorgeschlagen:

1. Die Beklagte sieht den Kläger seit dem … (Tag der Untersuchung durch den Sachverständigen Dr. A.) als teilweise erwerbsgemindert an und gewährt ihm Rente wegen teilweiser Erwerbsminderung.

2. Die Beklagte erstattet dem Kläger drei Viertel seiner außergerichtlichen Kosten.

3. Der Kläger macht in diesem Rechtsstreit keine weitergehenden Ansprüche geltend (oder: Der Kläger sieht den Rechtsstreit damit als erledigt an.).

Geht das Vergleichsangebot von einem Beteiligten aus, so muss der Vorsitzende 186 (bzw. im Berufungsverfahren der Berichterstatter) in der Verfügung, mit der er das Angebot dem anderen Beteiligten übersendet, auf die Notwendigkeit einer Punkt 3. des Beispiels entsprechenden Stellungnahme hinweisen bzw. nachfolgend einen Beschluss i.S. von § 278 Abs. 6 Satz 2 ZPO n.F. erlassen.

Beispielsweise: Teilen Sie bitte mit, ob Sie das Angebot der Beklagten annehmen und den Rechtsstreit damit als erledigt ansehen.

4.1.3.1 Verfügungsbefugnis über den Gegenstand der Klage

§ 101 Abs. 1 macht die Wirksamkeit eines Vergleichs ausdrücklich davon abhän- 187 gig, dass die Beteiligten über den Gegenstand der Klage verfügen können. Hierbei ist es nach vorherrschender Auffassung unerheblich, ob die Vereinbarung gegen eine zwingende Vorschrift des materiellen Rechts verstößt (*anders: Dapprich, S. 140*), solange der Verwaltungsträger sich zu einem Verhalten verpflichtet, das er auch durch einen (wenn auch unter Umständen rechtswidrigen) Verwaltungsakt übernehmen könnte (*so BSG SozR Nr. 9 zu § 101 SGG; BSGE 26, 210, 211*).

4.1.3.2 Vergleich unter Widerrufsvorbehalt

Auch im sozialgerichtlichen Verfahren können Vergleiche unter dem zeitlich be- 188 fristeten Vorbehalt des Widerrufs geschlossen werden (*Bley, § 101 Anm. 5*). Hierfür besteht vor allem dann ein Bedürfnis, wenn das Gericht in der mündlichen Verhandlung nach Durchführung einer Beweisaufnahme einen Vergleichsvorschlag unterbreitet, zu dem sich die Beteiligten erst nach Prüfung des Ergebnisses der Beweisaufnahme (wozu unter Umständen bei Anhörung eines medizinischen Sachverständigen auch die Rücksprache mit dem behandelnden oder beratenden Arzt zählt) verbindlich äußern können.

4.1.3.3 Anfechtung des Vergleichs

Die nachträgliche Anfechtung eines Vergleichs ist im sozialgerichtlichen Verfah- 189 ren unter den auch im Zivilprozess geltenden Voraussetzungen zulässig, wobei als Anfechtungsgründe vor allem Irrtum oder Täuschung (§§ 119, 123 BGB) in Betracht kommen (*vgl. hierzu im Einzelnen Bley, § 101 Anm. 5i – m.w.N.*).

4.1.3.4 Kostenfolge beim Vergleich

Die Regelung der Kostentragung ist regelmäßig Gegenstand einer im Vergleich 190 getroffenen Vereinbarung (*vgl. das Beispiel oben Rn. 185*). Nur wenn die Beteiligten – bewusst oder unbewusst – im Vergleich keine Bestimmung über die Kosten getroffen haben, greift § 195 bzw. (in Verfahren ohne kostenprivilegierten Beteiligten) über § 197a § 160 VwGO ein. Danach trägt jeder Beteiligte seine Kosten selbst. Die Regelung bezieht sich dem Wortlaut nach nur auf den gerichtlichen Vergleich, gilt nach herrschender Meinung (*vgl. ML, § 195, Rn. 4 m.w.N.*)

aber auch für den außergerichtlichen Vergleich. § 195 kommt jedoch dann nicht zur Anwendung, wenn die Beteiligten, was zulässig ist, nur über die Hauptsache einen Vergleich schließen und wegen der Kosten eine Entscheidung des Gerichts nach § 193 Abs. 1 beantragen. Zum Ganzen eingehend unten Kap. XII, Rn. 79 f. und *Plagemann NJW 1990, 2717.*

191 Die frühere „Vergleichsgebühr" nach § 116 Abs. 3 BRAGO (Mitwirkung des Anwalts an einer sonstigen Erledigung des Rechtsstreits ohne Urteil i.S. von § 24 BRAGO) ist im Grundsatz vom RVG übernommen worden. Neben der Geschäftsgebühr in sozialrechtlichen Angelegenheiten, in denen im gerichtlichen Verfahren Betragsrahmengebühren entstehen (§ 3 RVG, Vergütungsverzeichnis Nr. 2500) kann eine Einigungs- oder Erledigungsgebühr nach Vergütungsverzeichnis Nr. 1005 geltend gemacht werden.

192 4.2 Gerichtsbescheid

Mit dem durch das RpflEntlG eingeführten Gerichtsbescheid hat das SGG in § 105 eine im verwaltungsgerichtlichen Verfahren schon seit langem geltende Regelung (§ 84 VwGO i.d.F. des 4. VwGO-ÄndG vom 17. 12. 1990, BGBl. I S. 2809) anstelle des früheren Vorbescheides übernommen. § 105 galt zunächst nur bis zum 1. 3. 1998 (Art. 15 Abs. 3 RpflEntlG), weil der Gesetzgeber feststellen wollte, ob sich die neue Regelung bewährt. Durch das 5. SGG-ÄndG (vom 30. 3. 1998, BGBl. I S. 638) wurde die Regelung auf Dauer übernommen und die Vorschrift über den Vorbescheid endgültig aufgehoben. Während die Existenz des Vorbescheides schon durch den Antrag eines Beteiligten auf mündliche Verhandlung beseitigt werden konnte, kann der Gerichtsbescheid (bei Berufungsfähigkeit der Sache) auch gegen den Willen der Beteiligten das erstinstanzliche Verfahren beenden. Bei erstinstanzlicher Zuständigkeit (§ 39 Abs. 2) kann auch das BSG durch Gerichtsbescheid entscheiden. Im Berufungsverfahren darf dagegen, im Gegensatz zur früheren Rechtslage beim Vorbescheid, ein Gerichtsbescheid nicht erlassen werden (§ 153 Abs. 1). Das Gleiche gilt für das Revisionsverfahren (§ 165 i.V.m. § 153 Abs. 1). Während der Vorbescheid nur bei unzulässigen oder offenbar unbegründeten Klagen ergehen konnte, kann der Gerichtsbescheid auch zugunsten des Klägers eingesetzt werden. Für den Inhalt des Gerichtsbescheides gilt grundsätzlich § 136, auch dessen neu eingefügter Abs. 3, wonach von einer weiteren Darstellung der Entscheidungsgründe u.U. abgesehen werden kann (s. Rn. 212). Dies entbindet allerdings nicht von den Vorgaben des § 128 Abs. 2: Auch im Gerichtsbescheid müssen die Gründe angegeben sein, die für die richterliche Überzeugung leitend gewesen sind. Denn nur dies ermöglicht die Überprüfung, ob das Gericht alle wesentlichen Umstände berücksichtigt und Beweise gewürdigt hat. Lassen die Entscheidungsgründe dies nicht erkennen, so leidet das Verfahren an einem wesentlichen Mangel. Im erstinstanzlichen Verfahren wird der Gerichtsbescheid vom Vorsitzenden allein ohne Mitwirkung der ehrenamtlichen Richter erlassen (§ 12 Abs. 1 S. 2).

4.2.1 Voraussetzungen

– Die Sache darf **keine besonderen Schwierigkeiten** tatsächlicher oder rechtlicher Art aufweisen (§ 105 Abs. 1 S. 1).   *193*

Zur Auslegung dieser unbestimmten Rechtsbegriffe kann auch auf die verwaltungsgerichtliche Rechtsprechung *(BVerwG NVwZ 1990, 963)* und Literatur zu Art. 2 § 1 EntlG zurückgegriffen werden *(vgl. Schnellenbach DÖV 1981, 317; Meyer-Ladewig NJW 1978, 857)*; die Kriterien finden sich im Übrigen auch in § 348 Abs. 1 Nr. 1 ZPO als Voraussetzung der Übertragung einer Sache auf den Einzelrichter. Die Auslegung und Anwendung neuer Rechtsnormen weist stets besondere Schwierigkeiten auf, solange eine höchstrichterliche Klärung noch nicht erfolgt ist. In diesen Fällen kommt ein Gerichtsbescheid daher nicht in Betracht *(BSGE 88, 274 = SozR 3-5050 § 22b Nr. 1)*. Das SG kann daher nicht durch Gerichtsbescheid entscheiden, wenn es gleichzeitig wegen grundsätzlicher Bedeutung der Rechtssache die Berufung zulässt *(LSG Chemnitz ZFSH/SGB 2007, 403 = info also 2007, 167)*. Entscheidet das SG trotz Fehlens der genannten Voraussetzungen durch Gerichtsbescheid, so liegt hierin ein wesentlicher Verfahrensfehler, weil gesetzlicher Richter i.S. von Art. 101 Abs. 1 Satz 2 GG nur die Kammer in voller Besetzung (mit den ehrenamtlichen Richtern) gewesen wäre.

– Der Sachverhalt muss geklärt sein. Es genügt, dass die Klärung des Sachverhalts im Verlauf des Prozesses eintritt. Dies kann etwa aufgrund einer vom Gericht durchgeführten Beweisaufnahme der Fall sein *(Kopp/Schenke, VwGO, § 84 Rn. 9)*.   *194*

– Die Beteiligten müssen vorher gehört worden sein.   *195*

Eine **Einwilligung der Beteiligten** ist **nicht erforderlich**. Das Gericht muss ihnen lediglich mitteilen, dass es beabsichtigt, durch Gerichtsbescheid zu entscheiden. Werden danach Beweisanträge gestellt, so muss das Gericht diese nicht vorher ablehnen und sein Vorgehen begründen *(BVerwG NJW 1979, 2629; NVwZ 1984, 792)*. Soweit es sich jedoch nicht um einen offensichtlich sachfremden Beweisantrag handelt, muss sich das Gericht in den Gründen des Gerichtsbescheides damit auseinandersetzen *(LSG Schleswig-Holstein, E-LSG U-130 und E-LSG RA-117)*. Der Grundsatz des rechtlichen Gehörs macht eine Überlegungsfrist zwischen der **Zustellung der Anhörungsmitteilung** und dem Erlass des Bescheides erforderlich. Die Dauer der Frist sollte entsprechend der Ladungsfrist in § 110 zwei Wochen betragen; eine Frist von weniger als einer Woche ist, wie im Falle der Anhörung nach § 24 SGB X, in jedem Fall als unangemessen kurz anzusehen *(BSG SozR 1200 § 34 Nr. 12)*. Die Anhörungsmitteilung muss an alle Beteiligten (d.h. auch an die Beigeladenen) gerichtet werden. Eine formularmäßige Mitteilung ohne Bezug auf den konkreten Fall genügt nicht *(BVerwG DVBl. 1991, 156)*. Das BVerwG fordert zudem einen Nachweis des Zugangs der Anhörungsmitteilung; das Fehlen eines Nachweises wird als wesentlicher Verfahrensfehler angesehen *(NJW 1980, 1811)*; eine förmliche Zustellung der Anhörungsmitteilung ist jedoch nicht erforderlich *(str., a.A. Bley § 105 Anm. 3d, Kopp/Schenke, VwGO, § 84 Rn. 23)*. Die Anhörungsmitteilung ist u.U. zu wiederholen, wenn sich die Prozesssituation geändert hat *(BVerwG Buchholz 312 EntlG Nr. 50)*. Widerspricht ein Beteiligter im Rahmen seiner Anhörung der beabsichtigten Entscheidung durch Gerichtsbescheid, indem er etwa Einwände gegen das Ergebnis der bisherigen Beweisaufnahme erhebt, seinen bisherigen Vortrag unter Vorlage weiterer Beweismittel ergänzt, so liegt eine neue Prozesssituation vor. Beabsichtigt das Gericht dann weiterhin, den Rechtsstreit durch Gerichtsbescheid zu entscheiden, so muss es die Beteiligten zuvor von dieser Absicht unterrichten und sie hierzu erneut anhören; andernfalls verstößt es gegen das Gebot des rechtlichen Gehörs *(LSG Schleswig-Holstein, E-LSG U-130)*.

196 Liegen die Voraussetzungen für den Erlass eines Gerichtsbescheids vor, so steht es im Ermessen des Gerichts, ob es zur mündlichen Verhandlung lädt, nach Einholung der entsprechenden Zustimmungen ohne mündliche Verhandlung (§ 124 Abs. 2) durch Urteil, oder ob es durch Gerichtsbescheid entscheidet.

4.2.2 Rechtsmittel

197 Die Beteiligten können innerhalb eines Monats nach Zustellung des Gerichtsbescheids das Rechtsmittel einlegen, das zulässig wäre, wenn das Gericht durch Urteil entschieden hätte (§ 105 Abs. 2 S. 1). Bei statthafter Berufung ist danach nur dieses Rechtsmittel gegeben; es sei denn, das SG hat im Gerichtsbescheid die Sprungrevision zugelassen. Der Erlass eines Gerichtsbescheides wird jedoch kaum in Betracht kommen, wenn die Voraussetzungen für die Zulassung der Sprungrevision vorliegen. Nur wenn bzw. soweit die Sache nicht berufungsfähig ist, kann gem. § 105 Abs. 2 S. 2 mündliche Verhandlung beantragt werden. Wird rechtzeitig mündliche Verhandlung beantragt (Frist: ein Monat; ergibt sich nur aus dem Regelungszusammenhang des § 105 Abs. 2), so gilt der Gerichtsbescheid als nicht ergangen. In diesen Fällen kann anstelle des Antrags auf mündliche Verhandlung auch gem. § 145 Nichtzulassungsbeschwerde eingelegt werden, weil dieses Rechtsmittel bei nicht statthafter Berufung auch bei einer Entscheidung durch Urteil gegeben gewesen wäre. Durch Abs. 2 S. 2 („Ist die Berufung nicht gegeben, kann mündliche Verhandlung beantragt werden") wird diese Möglichkeit nicht ausgeschlossen, sondern lediglich ein zusätzlicher Rechtsbehelf eröffnet *(s. a. Meyer-Ladewig NZS 1993, 138)*.

198 § 105 Abs. 2 S. 3 bestimmt: „Wird sowohl ein Rechtsmittel eingelegt als auch mündliche Verhandlung beantragt, findet mündliche Verhandlung statt." Die Vorschrift ist missverständlich formuliert. Als Rechtsmittel kommt hier nur die Nichtzulassungsbeschwerde in Betracht, denn bei statthafter Berufung kann mündliche Verhandlung nicht beantragt werden (vgl. auch die inhaltlich identische, redaktionell aber eindeutiger gefasste Regelung in § 84 Abs. 2 VwGO). Das Gericht kann in dem auf die mündliche Verhandlung hin ergehenden Urteil von einer weiteren Darstellung des Tatbestandes und der Entscheidungsgründe absehen, soweit es der Begründung des Gerichtsbescheids folgt und dies in seiner Entscheidung feststellt (§ 105 Abs. 4).

199 Der erstinstanzliche Verfahrensabschluss durch **Gerichtsbescheid auch gegen den Willen einer Partei** verstößt weder gegen Verfassungsrecht (Art. 101 Abs. 1

Satz 2 GG: gesetzlicher Richter), obgleich sich die Wahlmöglichkeit des Gerichts auf die Besetzung auswirkt, noch gegen das in Art. 6 Abs. 1 Satz 2 EMRK festgelegte Öffentlichkeitsprinzip, weil die Beteiligten zumindest in einer Instanz eine mündliche Verhandlung mit der vollen Richterbank erzwingen können. Die sich hieraus ergebende Konsequenz, dass letztlich das LSG über Belanglosigkeiten mündlich verhandeln muss, während diese in erster Instanz durch Gerichtsbescheid abgeschlossen werden können, muss auch im Interesse der Entlastungsfunktion, die der Gerichtsbescheid für die ungleich stärker belastete erste Instanz hat, hingenommen werden *(a. A. Fichte, SGb 1994, 264)*. Zumal das LSG nunmehr nach § 153 Abs. 5 die Entscheidung auch ohne Zustimmung des Betroffenen dem Berichterstatter übertragen kann.

4.3 Urteil

200

Erledigt sich der Rechtsstreit nicht durch Prozesshandlungen der Beteiligten und ergeht auch kein Gerichtsbescheid, so greift § 125 ein:

„Über die Klage wird, soweit nichts anderes bestimmt ist, durch Urteil entschieden."

Andere Bestimmungen sind: § 169 Satz 3 (Verwerfung der unzulässigen Revision durch Beschluss) und § 160a Abs. 4 Satz 4 (Ablehnung der Nichtzulassungsbeschwerde durch Beschluss).

4.3.1 Arten der Urteile

Auch im sozialgerichtlichen Verfahren wird hinsichtlich der Rechtskraftwirkung 201 (§ 141) zwischen Prozessurteilen, die nur über die Zulässigkeit der Klage entscheiden und Sachurteilen, die eine Entscheidung in der Sache selbst treffen, unterschieden. Zur Rechtskraft von Urteilen im sozialgerichtlichen Verfahren vgl. unten Rn. 221.

Die im Zivilprozess nach der Art des Zustandekommens getroffene Unterscheidung 202 dung zwischen streitigen und Versäumnisurteilen *(vgl. Thomas/Putzo, Vorbem. II.3. vor § 300)* kennt das sozialgerichtliche Verfahren nicht, da es Versäumnisurteile (§§ 330f. ZPO) nicht gibt. Auch wenn der Kläger in der mündlichen Verhandlung nicht erscheint, ergeht ein „streitiges" Urteil.

Urteile können als End- oder Zwischenurteile ergehen. Das **Zwischenurteil**, 203 seit dem 6. SGG-ÄndG im SGG ausdrücklich in § 130 Abs. 2 geregelt, zuvor aber bereits nach § 303 ZPO i.V.m. § 202 auch im sozialgerichtlichen Verfahren zulässig *(vgl. BSG SozR 3-4100 § 56 Nr. 15, S. 70)* ist ein vorweggenommener unselbständiger Teil des Endurteils, das der vorweggenommenen Klärung einzelner Fragen dient und den Rechtsstreit nicht beendet *(vgl. hierzu eingehend Bley Anm. 2 c vor § 123)*. Im sozialgerichtlichen Verfahren kam ihm bislang keine große Bedeutung zu. Sozialgerichtliche Urteile sind zumeist Endurteile, die den gesamten Streitgegenstand erfassen (sog. Vollurteile). Zulässig sind jedoch auch **Teilurteile** *(vgl. BSGE 18, 190, 193)*, die sich nur auf einen abgrenzbaren Teil des Streitgegenstandes oder nur auf einen von mehreren Streitgegenständen beziehen. Nicht zulässig ist ein Teilurteil, über eine von mehreren Anspruchsvoraussetzungen *(BSGE 12, 185; BSGE 25, 251)*. Hierüber kann nunmehr jedoch ein Zwischenurteil ergehen. Die Neuregelung in § 130 Abs. 2 rückt von der bisherigen Beschränkung des Zwischenurteils auf einzelne prozessuale, den Fortgang des Verfahrens betreffende Fragen ab, die sich aus § 303 ZPO ergab und lässt Zwischenurteile auch über entscheidungserhebliche Sachfragen zu *(ML § 130 Rn. 9)*. Die Vorabentscheidung muss sachdienlich sein. Dies ist anzunehmen, wenn die Beteiligten nur über eine bestimmte Sach- oder Rechtsfrage streiten und zu erwarten ist, dass sich mit dem Zwischenurteil der gesamte Rechtsstreit erledigt *(BT-Drucks. 14/5943, S. 26)*. Nach BSG *(Beschluss v. 19. 9. 2007, B 9/9a SB 49/06 B)* ist ein Zwischenurteil, das nicht über den geltend gemachten Anspruch entschieden hat, isoliert nicht rechtsmittelfähig.

204 Erhebliche Bedeutung kommt im sozialgerichtlichen Verfahren dem **Grundurteil** zu. Ergeht es auf eine kombinierte Anfechtungs- und Leistungsklage nach § 54 Abs. 4, so ist es kein Zwischenurteil (wie im Zivilprozess gemäß § 304 ZPO), sondern Endurteil und erledigt den Rechtsstreit in vollem Umfang. Es findet – im Gegensatz zu anderen Verfahrensarten (§ 304 ZPO, § 111 VwGO, § 99 FGO) – **kein Nachverfahren** vor Gericht statt (dies gilt nicht für Grundurteile bei echten Leistungsklagen, s. u. Rn. 206). Die Ausführung des Grundurteils obliegt dem Leistungsträger: Er muss über die Höhe der Leistung einen Verwaltungsakt erlassen, der ggf. in einem neuen Verfahren angefochten werden kann. Zwar setzt der Erlass eines Grundurteils (abweichend von § 304 ZPO) nicht voraus, dass der Anspruch auch der Höhe nach streitig ist, doch muss feststehen, dass überhaupt Leistungen zu gewähren sind (s. hierzu im Einzelnen oben IV Rn. 72).

205 **Beispiele:**

Eine Berufsgenossenschaft kann nur dann verurteilt werden, „den Kläger wegen der Folgen des Arbeitsunfalls am … zu entschädigen", wenn feststeht, dass dem Kläger überhaupt Entschädigungsleistungen aus der gesetzlichen Unfallversicherung (im Regelfall: Verletztengeld und/oder Verletztenrente) zustehen.

Die Verurteilung eines Rentenversicherungsträgers zur Gewährung von Rente wegen verminderter Erwerbsfähigkeit von einem bestimmten Zeitpunkt an ist ausgeschlossen, wenn der Kläger im betroffenen Zeitraum Leistungen bezogen hat, die ein Ruhen der Rente bewirken (z.B. Arbeitslosengeld – § 95 SGB VI; Arbeitsentgelt – § 94 SGB VI).

206 Nur das auf die echte Leistungsklage nach § 54 Abs. 5 (Rechtsanspruch auf Leistung, ohne dass ein Verwaltungsakt ergehen muss) ergehende Grundurteil ist ein Zwischenurteil im Sinne von § 304 ZPO, das die Durchführung eines Nachverfahrens über die Höhe der Leistung erforderlich macht *(BSG SozR 3-4100 § 56 Nr. 15, S. 70)*.

207 Zur Vollstreckung eines Grundurteils steht wegen der fehlenden Festlegung der Leistungshöhe grundsätzlich nur das Instrumentarium des § 201 (Androhung von Zwangsgeld) zur Verfügung *(BSG SozR 3-1500 § 199 Nr. 1)*. Hiermit kann

auch der Erlass eines Ausführungsbescheides erzwungen werden. Da das Grundurteil einer Vollstreckung nur begrenzt zugänglich ist, kann das Gericht, wenn
der Kläger schneller Hilfe bedarf, vorläufige Leistungen anordnen (§ 130 Satz 2).
Diese Anordnung ist nicht anfechtbar (§ 130 Satz 3).

4.3.2 Urteile nach mündlicher Verhandlung oder im schriftlichen Verfahren

Urteile ergehen grundsätzlich aufgrund mündlicher Verhandlung (§ 124 Abs. 1). *208*
Nur wenn die Beteiligten zugestimmt haben (§ 124 Abs. 2) oder in der mündlichen Verhandlung nicht vertreten sind (§ 126) ergeht das Urteil aufgrund der Aktenlage im schriftlichen Verfahren.

Das aufgrund mündlicher Verhandlung ergehende Urteil darf nur von denjeni- *209*
gen Richtern gefällt werden, die an der der Urteilsfindung zugrunde liegenden
Verhandlung teilgenommen haben (§ 129). Soweit die mündliche Verhandlung aus
mehreren Terminen besteht, kommt es auf die Besetzung des Spruchkörpers im
letzten Termin an. § 129 schließt jedoch nur einen Richterwechsel zwischen der
letzten mündlichen Verhandlung und der Beschlussfassung über das Urteil aus;
verkündet werden kann das Urteil ausnahmsweise auch in anderer Besetzung in
einem gesonderten Termin, der im Termin der mündlichen Verhandlung anzube-
raumen und nicht über zwei Wochen hinaus anzusetzen ist (§ 132 Abs. 1 Satz 3).
Für den Verkündungstermin ist eine Ladung der Beteiligten nicht erforderlich
(§ 132 Abs. 1 Satz 4).

Grundsätzlich wird das Urteil jedoch in dem Termin verkündet, in dem die *210*
mündliche Verhandlung geschlossen wird (§ 132 Abs. 1 Satz 2). Die Verkündung
des Urteils erfolgt zwar im Regelfall unmittelbar nach der Beratung und gehei-
men Abstimmung; sie kann jedoch auch am Ende der Sitzung erfolgen *(ML,
§ 132, Rn. 3)*. Das aufgrund mündlicher Verhandlung ergehende Urteil wird mit
der Verkündung wirksam. Hat in der mündlichen Verhandlung eine Beweisaufnahme stattgefunden, so kann hiernach gegen einen nicht erschienenen Beteiligten
ein ungünstiges Urteil nur dann erlassen werden, wenn dieser zuvor von der
Durchführung der Beweisaufnahme unterrichtet war (§ 127).

Entscheidet das Gericht gemäß § 124 Abs. 2 mit Einverständnis der Beteiligten *211*
ohne mündliche Verhandlung durch Urteil (zum Verzicht auf die mündliche Verhandlung oben Rn. 150) oder bei Abwesenheit eines oder aller Beteiligten in der
mündlichen Verhandlung nach Lage der Akten (§ 126 – vgl. hierzu oben
Rn. 163 f.), so wird das Urteil erst mit der Zustellung wirksam; die **Zustellung er-
setzt die Verkündung** (§ 133). Bis zur Zustellung entfaltet das im schriftlichen
Verfahren ergehende Urteil noch keine Wirkung. Während bei einem nach § 124
Abs. 2 ergehenden Urteil jedoch alle bis zur Absendung des Urteils eingehenden
Schriftsätze berücksichtigt werden müssen und bei einer sich hieraus ergebenden
Änderung der Prozesslage entweder Termin zur mündlichen Verhandlung anzu-
beraumen oder bei erneut erklärtem Einverständnis das Urteil ohne mündliche
Verhandlung neu zu beschließen ist, ist bei einem Urteil nach § 126 die im Termin
bestehende Prozesslage maßgebend *(Bley, § 126, Anm. 4 d)*. Denn anders als bei

einer nach § 124 Abs. 2 getroffenen Entscheidung haben die Beteiligten im Rahmen des § 126 die Möglichkeit, zur mündlichen Verhandlung zu erscheinen. Zudem hat das Gericht auch beim Ausbleiben aller Beteiligten die Möglichkeit, die Wirksamkeit des Urteils durch Verkündung nach der mündlichen Verhandlung herbeizuführen. Das Einverständnis zur Entscheidung ohne mündliche Verhandlung ist verbraucht, wenn das Gericht nach der Abgabe der Erklärung durch die Beteiligten weitere Ermittlungen i.S. von § 106 Abs. 3 durchführt *(BSG SozR 1500 § 124 Nr. 3)*. Stirbt ein nicht vertretener Beteiligter nach Abgabe der Einverständniserklärung und bevor eine Entscheidung beschlossen worden ist, so darf diese erst getroffen werden, wenn der Rechtsnachfolger das Verfahren aufgenommen hat.

4.3.3 Begründung des Urteils

212 In § 136 sind die Bestandteile, die ein Urteil enthalten muss, aufgeführt. Hierzu zählen nach § 136 Abs. 1 Nr. 6 die Entscheidungsgründe. Durch den mit dem RpflEntlG eingeführten § 136 Abs. 3 wurde für erstinstanzliche Urteile eine Begründungserleichterung eingeführt: das SG kann von einer weiteren Darstellung der Entscheidungsgründe absehen, soweit es der Begründung des Verwaltungsaktes oder des Widerspruchbescheides folgt und dies in seiner Entscheidung feststellt. Die Pflicht zur gedrängten Darstellung des Tatbestandes (§ 136 Abs. 1 Nr. 5) wird hiervon nicht berührt. Eine entsprechende Begründungserleichterung ist mit § 153 Abs. 2 für das Berufungsurteil bei inhaltlicher Übereinstimmung mit dem erstinstanzlichen Urteil eingeführt worden. SG und LSG dürfen von einer Darstellung der Entscheidungsgründe auch absehen, soweit sie der Begründung des Widerspruchsbescheides folgen und dies in ihrer Entscheidung feststellen *(BSG SozR 3-1500 § 153 Nr. 10)*. Ergeht ein Urteil, nachdem gegen einen Gerichtsbescheid Antrag auf mündliche Verhandlung gestellt worden ist (oben Rn. 197), so kann von einer weiteren Darstellung der Entscheidungsgründe abgesehen werden, soweit das Urteil der Begründung des Gerichtsbescheids folgt. Das SGG-ÄndG 2008 hat durch Einfügung eines Abs. 4 in den § 136 eine weitere Begründungserleichterung eingeführt, die § 313a ZPO nachgebildet worden ist: Wird das Urteil in dem Termin, in dem die mündliche Verhandlung geschlossen worden ist, verkündet, so bedarf es des Tatbestandes und der Entscheidungsgründe nicht, wenn Kläger, Beklagter und sonstige rechtsmittelberechtigte Beteiligte (vor allem: Beigeladene) auf Rechtsmittel gegen das Urteil verzichten. Wird ein Urteil ohne Tatbestand und Entscheidungsgründe erlassen, obwohl die Voraussetzungen des § 136 Abs. 4 *nicht* erfüllt sind, stellt dies einen wesentlichen Verfahrensmangel dar, der die Anfechtbarkeit des Urteils begründet.

212a   Die Begründungserleichterung dient allein der **Vermeidung unnötiger Schreib- und Formulierungsarbeiten**; der Rechtsschutz des Bürgers darf hierdurch nicht eingeschränkt und sein Anspruch, über die entscheidungserheblichen Erwägungen des Gerichts unterrichtet zu werden, nicht übergangen werden *(vgl. BT-Drucks. 12/1217, S. 51)*. Ein Berufungsgericht kann nur dann pauschal auf die Begründung des angefochtenen Urteils verweisen, wenn es dem Urteil des SG nichts hinzuzufügen hat und es keinen neuen Vortrag tatsächlicher oder rechtlicher Art gibt *(vgl. BSGE 87, 95, 99 = SozR 3-2500 § 35 Nr. 1)*. Dasselbe gilt im Verhältnis des SG-Urteils zum Widerspruchsbescheid. Trägt ein Beteiligter neue Tatsachen oder rechtliche Überlegungen vor, die in der Entscheidung, auf die Bezug genommen werden soll, noch nicht berücksichtigt wurden, so müssen die Entscheidungsgründe hierauf eingehen. Zeigt der Kläger einen eigenständigen Begründungsweg auf, der in der Vorentscheidung noch nicht behandelt wurde, so fehlen zudem Urteilsgründe i.S. von § 551 Nr. 7 ZPO (der über § 202 anwendbar ist), wenn das Urteil hierauf nicht eingeht *(BSG SozR 3-1200 § 14 Nr. 19)*.

4.3.4 Zustellung von Urteilen

Auch Urteile, die aufgrund mündlicher Verhandlung verkündet worden sind,   213 müssen den Beteiligten zugestellt werden (§ 135 i.V.m. § 63 Abs. 2). Die Zustellung richtet sich nach der ZPO (§ 63 Abs. 2 n.F.). Die Zustellung soll gemäß § 135 *unverzüglich* erfolgen. Bei einer erheblichen Verzögerung der Zustellung besteht Grund zur Annahme, dass das Urteil die Verhandlungs- und Beratungsergebnisse nicht zutreffend wiedergibt und deshalb im Sinne des § 551 Nr. 7 ZPO „nicht mit Gründen versehen ist" *(BSG SozR 1750 § 551 Nr. 12)*. Ein bei Verkündung noch nicht vollständig abgefasstes Urteil soll vor Ablauf eines Monats, vom Tag der Verkündung an gerechnet, vollständig abgefasst der Geschäftsstelle übergeben werden (§ 134 Abs. 2 Satz 1 n.F.). Eine Überschreitung dieser im 6. SGG-ÄndG neu festgesetzten Frist (vorher: 3 Tage), führt nicht automatisch zur Anfechtbarkeit des Urteils. Als nicht mit Gründen versehen und deshalb verfahrensfehlerhaft zustande gekommen ist ein Urteil dann anzusehen, wenn Tatbestand und Entscheidungsgründe nicht **binnen fünf Monaten nach Verkündung** schriftlich niedergelegt, von den Richtern unterschrieben und der Geschäftsstelle übergeben worden sind *(GmSOGB SozR 3-1750 § 551 Nr. 4)*. Ist ein Urteil im schriftlichen Verfahren ergangen, so beginnt die Fünfmonatsfrist mit dem Tag der abschließenden Entscheidungsberatung *(BSG SozR 3-1750 § 551 Nr. 7)*.

4.3.5 Nachträgliche Änderung des Urteils

Auch im sozialgerichtlichen Verfahren gilt (über § 202) die Grundregel des § 318   214 ZPO, wonach das Gericht an die Entscheidung, die in den von ihm erlassenen End- und Zwischenurteilen enthalten ist, gebunden ist. Danach ist eine Korrektur des erlassenen Urteils grundsätzlich auch dann nicht zulässig, wenn das Gericht selbst die Unrichtigkeit erkennt. Änderungen sind nur in engen Grenzen nach §§ 138 bis 140, die im Wesentlichen den §§ 319 bis 321 ZPO entsprechen, zulässig.

4.3.5.1 Berichtigung offenbarer Unrichtigkeiten

Gemäß § 138 sind Schreibfehler, Rechenfehler und ähnliche offenbare Unrichtig-   215 keiten von Amts wegen durch Beschluss des Vorsitzenden zu berichtigen. Der Berichtigungsbeschluss ist auf dem Urteil und den Ausfertigungen zu vermerken. Eine Korrektur kommt hiernach nur dann in Betracht, wenn die vom Gericht gewollte Entscheidung nicht mit dem Inhalt des Urteils übereinstimmt. Ein Fehler bei der Willensbildung kann deshalb über § 138 nicht berichtigt werden *(BSGE 15, 96, 98; BSGE 24, 203, 204)*. Die Unrichtigkeit muss zudem offenbar sein; d.h. sie muss sich aus dem Urteil selbst, der Sitzungsniederschrift *(Dapprich, S. 148)* oder aus sonstigen, ohne weiteres erkennbaren Umständen ergeben.

4.3.5.2 Tatbestandsberichtigung

216 § 139 lässt (wie § 320 ZPO) auf Antrag eine Berichtigung des Tatbestandes durch Beschluss des Gerichts (grundsätzlich ohne Mitwirkung der ehrenamtlichen Richter) zu. Ihr kommt im Hinblick auf die Beweiskraft des Tatbestandes (§ 314 ZPO) Bedeutung zu. So kann sich der Revisionskläger nicht darauf berufen, dass andere als die im Tatbestand dargestellten Tatsachen festgestellt oder Gegenstand der mündlichen Verhandlung waren. Hierzu bedarf es erst der Berichtigung des Tatbestandes. Unrichtigkeiten sind vor allem: fehlerhafte Wiedergaben des Beteiligtenvorbringens und der Prozessgeschichte. Der Tatbestand ist jedoch nicht schon dann unrichtig oder unklar, wenn er den Beteiligtenvortrag nicht vollständig wiedergibt, soweit der nicht wiedergegebene Teil für die Entscheidung unerheblich war. Der Berichtigungsantrag ist binnen zwei Wochen nach Zustellung des Urteils zu stellen.

4.3.5.3 Urteilsergänzung

217 Hat das Urteil einen von einem Beteiligten erhobenen Anspruch oder den Kostenpunkt ganz oder teilweise übergangen, so ist es auf Antrag nachträglich zu ergänzen (§ 140). Eine Urteilsergänzung kann jedoch nur dann beantragt werden, wenn die Entscheidung versehentlich unvollständig geblieben ist. Wird aus dem Urteil dagegen deutlich, dass das Gericht eine Entscheidung bewusst unterlassen hat, so kann hiergegen nur durch Einlegung eines Rechtsmittels vorgegangen werden. Der versehentlich übergangene Anspruch ist dagegen noch bei dem Gericht anhängig geblieben, das über ihn nicht entschieden hat; auch wenn gegen das in der Sache ergangene Urteil zwischenzeitlich ein Rechtsmittel eingelegt worden ist. Denn Gegenstand des Rechtsmittelverfahrens ist der Rechtsstreit nur in dem Umfang, in dem die Vorinstanz über ihn entschieden hat *(Bley, § 140 Anm. 4c m.w.N.)*.

218 Hat das SG über einen nach § 96 zum Gegenstand des Verfahrens gewordenen Folgebescheid irrtümlich nicht entschieden, so kann dieser jedoch bei übereinstimmendem Willen der Beteiligten zum Gegenstand des Berufungsverfahrens gemacht werden *(BSGE 27, 146, 149; 45, 49, 50 – vgl. hierzu auch oben Rn. 90)*.

219 Eine Urteilsberichtigung nach § 138 und keine Ergänzung nach § 140 kommt in Betracht, wenn eine Entscheidung in den Gründen behandelt, aber nicht in den Tenor aufgenommen worden ist *(BSGE 6, 97, 98)*.

220 Die Rechtsprechung lehnt eine Urteilsergänzung ab, wenn das Gericht über die **Zulassung eines Rechtsmittels** (bei fehlender Statthaftigkeit der Berufung bzw. stets in Bezug auf die Revision) versehentlich nicht entschieden hat *(BSGE 25, 202, 203; BSG SozR Nr. 4 zu § 140 SGG)*: Zwar müsse das Gericht über die

Zulassung des Rechtsmittels von Amts wegen entscheiden. Eine ausdrückliche Entscheidung sei insoweit jedoch nur erforderlich, wenn das Rechtsmittel zugelassen werde. Ein Urteil weise deshalb keine über § 140 ergänzbare Lücke auf, wenn es weder im Tenor noch in den Gründen einen Ausspruch über die Zulassung des Rechtsmittels enthalte. Aus ihm werde vielmehr deutlich, dass das Rechtsmittel nicht zugelassen sei. Die Problematik hat durch die Einführung der Beschwerde gegen die Nichtzulassung der Berufung (§ 145) im RpflEntlG an Brisanz verloren.

4.4 Die Wirkungen des Urteils

221

Gemäß § 141 binden rechtskräftige Urteile die Beteiligten und ihre Rechtsnachfolger, soweit über den Streitgegenstand entschieden worden ist. Die Regelung stellt klar, dass auch sozialgerichtlichen Urteilen materielle Rechtskraft zukommt, wenn sie formell rechtskräftig, d. h. unanfechtbar, geworden sind. Die materielle Rechtskraft lässt grundsätzlich keine neue Sachentscheidung über denselben Streitgegenstand zu. Eine neue Klage ist unzulässig *(BSGE 13, 181, 188)*. Zum Zurücktreten der Rechtskraft eines Urteils, die sittenwidrig herbeigeführt worden ist, vgl. *BSG SozR 1500 § 141 Nr. 15.*

Der materiellen Rechtskraft kommt im sozialgerichtlichen Verfahren – ebenso *222* wie der Bindungswirkung nach § 77 – vor allem im Hinblick auf § 44 SGB X nur noch geringe Bedeutung zu. Danach muss ein Leistungsträger einen rechtswidrigen Verwaltungsakt, durch den Sozialleistungen zu Unrecht nicht gewährt oder Beiträge zu Unrecht erhoben worden sind (§ 44 Abs. 1 SGB X), auch dann zurücknehmen, wenn dieser unanfechtbar geworden ist. Der Rücknahmepflicht steht auch die Tatsache, dass der Verwaltungsakt durch ein rechtskräftiges Urteil bestätigt worden ist, nicht entgegen. Der Verwaltungsakt ist grundsätzlich auch mit Wirkung für die Vergangenheit zurückzunehmen; es sei denn, dass er auf Angaben beruht, die der Betroffene vorsätzlich in wesentlicher Beziehung unrichtig oder unvollständig gemacht hat (§ 44 Abs. 1 Satz 2 SGB X). Wird der Verwaltungsakt mit Wirkung für die Vergangenheit zurückgenommen, so werden Sozialleistungen jedoch längstens für einen Zeitraum bis zu vier Jahren vor der Rücknahme erbracht (§ 44 Abs. 4 Satz 1 SGB X). Bezieht sich ein Verwaltungsakt weder auf Beiträge noch auf Sozialleistungen (vgl. hierzu *KassKomm-Steinwedel § 44 Rn. 39)*, so besteht nach § 44 Abs. 2 SGB X eine Rücknahmepflicht für die Zukunft; für die Vergangenheit steht die Rücknahme im Ermessen der Behörde.

VIII. Kapitel

Das Berufungsverfahren

Schrifttum *1*

Krasney, Die Beschwerde gegen die Nichtzulassung der Berufung und der Revision im sozialgerichtlichen Verfahren, Brennpunkte des Sozialrechts 1998, 187

Kummer, Der Zugang zur Berufungsinstanz nach neuem Recht – Berufungsbeschränkung und Nichtzulassungsbeschwerde, NZS 1993, 285, 337

Roos, Zur beschwerdewertabhängigen Zulassungsberufung, NZS 1999, 182

Ulmer, Zulässiges Berufungsverfahren bei nicht zugelassener, aber zulassungsbedürftiger Berufung? SGb 1996, 208

Zeihe, Das Verfahren bei unterbliebener Entscheidung über die Zulassung der Berufung, NVwZ 1995, 560

Zeihe, Wiedereinsetzung wegen Versäumung der Berufungsfrist? SGb 1998, 184

Zeihe, Berechnung des Werts des Beschwerdegegenstandes im Berufungsverfahren – Umdeutung einer Berufung in eine Nichtzulassungsbeschwerde, SGb 1998, 321

Zeihe, Kein Berufungsausschluss bei Streitigkeit über Kosten des isolierten Vorverfahrens, SGb 1999, 49

Zeihe, Wie ist im Berufungsverfahren vorzugehen, wenn das Sozialgericht über einen Teil des Streitgegenstandes nicht entscheidet? SGb 1999, 290

Frehse, Ermittlung des Berufungsstreitwerts, SGb 2005, 190

Ruppelt, Zurückweisung der Berufung durch Beschluss ohne mündliche Verhandlung und der Grundsatz des fairen Verfahrens, jurisPR-SozR 4/2005, Anm. 5

1 Rechtsentwicklung *2*

Die Vorschriften des SGG über die Statthaftigkeit der Berufung sind durch das RpflEntlG grundlegend geändert worden. Die bis 1993 geltenden Vorschriften über Berufungsausschlussgründe in den §§ 144 bis 150 sowie in besonderen Leistungsgesetzen, die die Statthaftigkeit der Berufung für die einzelnen Zweige des Sozialrechts unterschiedlich regelten und grundsätzlich jeweils auf die Bedeutung des betroffenen Streitgegenstandes abstellten, wurden durch das RpflEntlG aufgehoben. Im Gegensatz zum früheren Rechtszustand gelten die jetzt in den §§ 144, 145 enthaltenen Regelungen einheitlich für alle der Sozialgerichtsbarkeit zugewiesenen Materien. Die Statthaftigkeit der Berufung hängt in der überwiegenden Zahl der Streitfälle davon ab, dass ein bestimmter Beschwerdewert überschritten wird.

In seiner Struktur entspricht das neue Recht weitgehend dem Berufungsrecht *3* der Verwaltungsgerichtsbarkeit bis zum 6. VwGO-ÄndG (vom 1. 11. 1996, BGBl. I S. 1626). Dort war es bereits mit dem Gesetz zur Entlastung der Gerichte in der Verwaltungs- und Finanzgerichtsbarkeit (Entlastungsgesetz vom 31. 3. 1978, BGBl. I S. 446, zuletzt i.d.F. vom 4. 7. 1985, BGBl. I S. 1274) eingeführt worden.

Mit dem Einigungsvertrag vom 31. 8. 1990 trat es bereits im Beitrittsgebiet an die Stelle der seinerzeit im alten Bundesgebiet noch geltenden Berufungsregelungen (vgl. hierzu Kap. VIII der 1. Auflage). Bedauerlicherweise ist die weitgehende Übereinstimmung des Berufungsrechts in der Verwaltungs- und Sozialgerichtsbarkeit mit dem 6. VwGO-ÄndG (a.a.O.) wieder aufgehoben worden. Seither bedurfte die Berufung im verwaltungsgerichtlichen Verfahren generell der Zulassung durch das OVG. Durch das Gesetz zur Bereinigung des Rechtsmittelrechts im Verwaltungsprozess (vom 20. 12. 2001, BGBl. I S. 3987) ist das Berufungsrecht im verwaltungsgerichtlichen Verfahren erneut geändert worden; die Abweichungen zum Sozialgerichtsprozess haben sich hierdurch noch verstärkt. Nach § 124 Abs. 1 VwGO n.F. bedarf die Berufung weiterhin der Zulassung, diese kann nunmehr aber – bei grundsätzlicher Bedeutung der Rechtssache und Divergenz (§ 124a Abs. 1 VwGO) – auch im erstinstanzlichen Urteil erfolgen.

2 Systematik der Berufungsregelungen

4 Gegen Urteile der SGe findet gem. § 143 die Berufung an das LSG statt. Die Berufung ist danach grundsätzlich stets statthaft. Ausgenommen sind gem. § 144 Abs. 1 Satz 1 Klagen, die eine Geld-, Dienst- oder Sachleistung oder einen hierauf gerichteten Verwaltungsakt betreffen, wenn der Wert des Beschwerdegegenstandes 750 € (seit 1. 4. 2008, zuvor: 500 €) nicht übersteigt (Satz 1 Nr. 1). Bei wiederkehrenden oder laufenden Leistungen für mehr als ein Jahr gilt diese Einschränkung nicht (§ 144 Abs. 1 Satz 2). Ausgenommen sind ferner Erstattungsstreitigkeiten zwischen juristischen Personen des öffentlichen Rechts oder Behörden mit einem Beschwerdewert, der 10.000 € (seit 1. 4. 2008, zuvor: 5000 €) nicht übersteigt. In diesen Ausnahmefällen ist die Berufung nur statthaft, wenn sie zugelassen wird.

5 Die Zulassung erfolgt entweder im Urteil bzw. im Gerichtsbescheid des SG oder auf Nichtzulassungsbeschwerde hin durch Beschluss des LSG (§ 145 Abs. 4 n.F.). Zuzulassen ist die Berufung, wenn einer der in § 144 Abs. 2 Nrn. 1 bis 3 aufgeführten Gründe vorliegt. Dies sind: grundsätzliche Bedeutung der Rechtssache (Nr. 1), Abweichung des Urteils von einer Entscheidung des LSG, des BSG, des BVerfG oder des Gemeinsamen Senats der obersten Gerichtshöfe des Bundes (Nr. 2) sowie Verfahrensmangel (Nr. 3).

3 Beschwer des Berufungsklägers

6 Die Berufung setzt, wie auch die anderen Rechtsmittel, eine Beschwer des Rechtsmittelführers voraus. Fehlt sie, besteht für das Berufungsverfahren kein Rechtsschutzinteresse. Eine Beschwer ist beim Kläger dann gegeben, wenn das Urteil des SG dem erstinstanzlich geltend gemachten Anspruch nicht in vollem Umfang entsprochen hat. Der Kläger ist auch dann beschwert, wenn seinem Hauptantrag oder einem vorrangig gestellten Hilfsantrag nicht stattgegeben worden ist und er nur mit seinem Hilfsantrag bzw. einem nachrangig gestellten Hilfsantrag durchgedrungen ist. Eine Beschwer liegt dagegen regelmäßig nicht vor, wenn antragsgemäß entschieden wurde und nur die Begründung nicht den Vorstellungen des Klägers entspricht. Etwas anderes kann gelten, wenn die Entscheidungsgründe zur Auslegung des Tenors herangezogen werden müssen. Der Beklagte und der Beigeladene sind beschwert, wenn die Entscheidung für sie nachteilig ist. Hierbei ist auf den Tenor des erstinstanzlichen Urteils abzustellen; zur Auslegung sind ggf. die Entscheidungsgründe heranzuziehen. Zur Rechtsmittelbefugnis des Beigeladenen vgl. allgemein Kap. VI Rn. 28. Eine Beschwer des Beklagten ist auch dann anzunehmen, wenn die Klage als unzulässig verworfen wurde, der Beklagte aber – wegen der weitergehenden Rechtskraftwirkung – ein Sachurteil erreichen wollte. Die Beschwer muss im Zeitpunkt der Einlegung der Berufung vorliegen; sie kann nicht nachträglich, etwa durch Klageerweiterung, begründet werden.

4 Beschränkungen der Statthaftigkeit der Berufung 7

4.1 Allgemeine Grundsätze

Der Beschränkung unterliegen nur Leistungsstreitigkeiten sowie Erstattungsstreitigkeiten zwischen juristischen Personen des öffentlichen Rechts oder Behörden. Der Begriff „Leistung" ist umfassend zu verstehen, er bezieht sich nicht nur auf Sozialleistungen i.S. von § 11 SGB I. Im Gegensatz zum früheren Recht sind zudem nicht nur Leistungen gemeint, die ein Leistungsträger an einen Bürger erbringt, sondern auch solche, die von einem Bürger gefordert werden. Soweit es um Sozialleistungen geht, ist unmaßgeblich, ob es sich um Pflicht- oder Ermessensleistungen handelt. Unerheblich ist zudem die Klageart, mit der um die Leistung gestritten wird. Erfasst werden nicht nur Leistungsklagen (einschließlich der Verpflichtungs- und Unterlassungsklagen), sondern auch Feststellungs- und Gestaltungsklagen, die eine Leistung betreffen. Dass vor allem auch Anfechtungs- und Verpflichtungsklagen erfasst werden sollen, wird in § 144 Abs. 1 Satz 1 Nr. 1 durch die Formulierung „Geld-, Dienst- oder Sachleistung oder einen hierauf gerichteten Verwaltungsakt" besonders betont.

Der Berufungsbeschränkung unterliegen von vornherein nicht solche Streitigkeiten, die keine Geld-, Dienst- oder Sachleistung betreffen. Hierzu zählen vor allem Streitigkeiten um 8

- die Feststellung der Versicherungspflicht, der Mitgliedschaft, der Zuständigkeit eines Sozialversicherungsträgers, der Zulässigkeit einer Nachversicherung;
- die Feststellung einer Unfall- oder Schädigungsfolge und der Schwerbehinderteneigenschaft sowie des Grades der MdE bzw. des GdB;
- die Vormerkung rentenrechtlicher Zeiten;
- die Erteilung einer Arbeitserlaubnis;
- die Ausstellung von Bescheinigungen, die Erteilung von Auskünften oder die Gewährung von Akteneinsicht.

Die Berufung ist gem. § 144 Abs. 4 stets ausgeschlossen, wenn es sich um die Kosten des Verfahrens handelt; sie kann auch dann nicht zugelassen werden, wenn die Voraussetzungen des § 144 Abs. 2 vorliegen. Der Ausschluss bezieht sich auf die Kosten des gerichtlichen Verfahrens; bei Streitigkeiten über die Kosten 9 des isolierten Vorverfahrens ist die Berufung nicht ausgeschlossen – *BSG SozR 3-1500 § 144 Nr. 13*; vgl. *Zeihe, SGb 1999, 49*.

10 4.2 Geld-, Dienst- oder Sachleistung

4.2.1 Geldleistung

Der Begriff ist umfassend zu verstehen. Er bezieht sich nicht nur auf die Zahlung eines bestimmten Geldbetrages, sondern erfasst auch Verwaltungsakte, die eine Geldleistung oder einen geldwerten Vorteil betreffen. Hierzu zählen z.B. auch der Anspruch auf Kostenerstattung *(BVerwG Buchholz 312, EntlG Nr. 53)* oder auf Befreiung von der Zuzahlungspflicht nach § 61 SGB V *(BSG SozR 3-1500 § 158 Nr. 1)*. Geldleistungen sind vor allem:

– alle Sozialleistungen, die in Geld zu erbringen sind (z.B. Renten, Kranken, Verletzten-, Arbeitslosen- und Übergangsgeld, Kinder-, Erziehungs- und Elterngeld, Beitragszuschüsse), einschließlich Vorschusszahlungen und Abzweigungen,
– Sozialversicherungsbeiträge (einschließlich Säumniszuschläge, *BSG SozR 3-1500 § 144 Nr. 16)*,
– Zuzahlungen bei Krankenhausbehandlung und Rehabilitationsmaßnahmen,
– Honoraransprüche und -rückforderungen bei Vertragsärzten (vgl. im Übrigen die Aufstellung bei Bernstorff, in Hennig SGG § 144 Rn. 12).

4.2.2 Dienst- oder Sachleistung

11 Sachleistung ist das Zurverfügungstellen von Sachen oder Sachgesamtheiten durch einen Sozialleistungsträger (vor allem etwa Arznei-, Heil- und Hilfsmittel), vgl. *KassKomm-Seewald § 11 SGB I Rn. 7*. Durch das SGG-ÄndG 2008 (Art. 1 Nr. 24) ist § 144 Abs. 1 Satz 1 Nr. 1, der ursprünglich nur Geld- und Sachleistungen erfasste um den Beschwerdewert bei Dienstleistungen ergänzt worden. Zuvor war umstritten und von der Rechtsprechung noch nicht geklärt, ob entsprechend dem traditionellen Verständnis vor allem in der gesetzlichen Krankenversicherung von dem Begriff Sachleistung in § 144 Abs. 1 Satz 1 Nr. 1 auch Dienstleistungen erfasst wurden. Dies war vor allem deshalb zweifelhaft, weil § 11 SGB I und § 2 Abs. 2 SGB V die Dienstleistung neben der Sachleistung gesondert aufführen. In der neueren Rechtsprechung wurde deshalb teilweise der Begriff „Naturalleistung" verwendet, wenn sowohl Sach- als auch Dienstleistungen gemeint sind *(vgl. BSGE 74, 272, 274ff. = SozR 3-2500 § 13 Nr. 4)*.

12 Mit der Neuregelung hat der Gesetzgeber deutlich gemacht, dass er die hier schon in der Vorauflage vertretene Auffassung gutheißt, die sich schon ohne deren ausdrückliche Erwähnung für eine Erstreckung der Regelung zumindest auf solche Dienstleistungen ausgesprochen hat, die dem traditionellen Sachleistungsbegriff entsprechen. Vorrangiges Ziel des Gesetzgebers war insoweit das Bestreben, eine Entlastung der Berufungsgerichte zu erreichen.

4.3 Erstattungsstreitigkeiten 13

Für Erstattungsstreitigkeiten zwischen Verwaltungsträgern sieht § 144 Abs. 1 Satz 1 Nr. 2 eine höhere Grenze des Beschwerdewertes vor als für Leistungsstreitigkeiten, an denen Private beteiligt sind. Sie sind ohne Zulassung nur dann statthaft, wenn der Wert des Beschwerdegegenstandes 10.000 € übersteigt. Von der Sonderregelung werden nur Erstattungsstreitigkeiten zwischen öffentlichen Rechtsträgern erfasst, die diese aus eigenem Recht geltend machen, nicht dagegen übergeleitete Ansprüche Privater (*so schon zum alten Recht: BSGE 49, 136, 137 = SozR 1500 § 150 Nr. 21;* vgl. ferner *Bernsdorff, in: Hennig, SGG § 144 Rn. 15*). Erstattungsstreitigkeiten in diesem Sinn sind vor allem die in den §§ 102 bis 105 SGB X geregelten; dass zu ihnen unter Umständen Privatpersonen beigeladen sind, ist unerheblich. Nr. 2 bezieht sich dagegen im Gegensatz zum früheren Recht (§ 149 a.F.) nicht auf Erstattungsstreitigkeiten zwischen Leistungsträgern auf der einen und Versicherten bzw. Versorgungsberechtigten auf der anderen Seite. Streitigkeiten um die Rückerstattung von Leistungen oder Beiträgen, etwa nach § 50 SGB X oder § 26 Abs. 2 SGB IV, oder Erstattungsstreitigkeiten zwischen der Bundesanstalt für Arbeit und dem Arbeitgeber (z.B. nach §§ 147 aff. SGB III) sind Streitigkeiten um eine Geldleistung i.S. der Nr. 1.

4.4 Wert des Beschwerdegegenstandes 14

Maßgebend ist der Wert des Berufungsbegehrens, soweit es dem Rechtsmittelführer durch das erstinstanzliche Urteil versagt worden ist (*BVerwG NVwZ 1987, 219 = DÖV 1986, 1211*), nicht etwa der Streitwert der ersten Instanz. Hat der Rechtsmittelführer im erstinstanzlichen Verfahren teilweise obsiegt, so ist der Wert des Beschwerdegegenstandes nur aus der mit der Berufung noch geltend gemachten Differenz zum ursprünglichen Klageantrag zu ermitteln. Hat er in erster Instanz lediglich begehrt, „höhere Leistungen" zu gewähren, so kann das Berufungsgericht verlangen, dass er diejenigen Tatsachen angibt, aus denen sich der Wert des Beschwerdegegenstandes ermitteln lässt (*in diese Richtung: LSG Berlin-Brandenburg 3. 4. 2008, L 5 AS 1873/07*). Der Klageantrag ist dann unmaßgeblich, wenn mit ihm ein Anspruch verfolgt wird, der gesetzlich nicht vorgesehen (*BSG SozR 5870 § 27 Nr. 2*) und auch aus übergeordnetem Recht nicht abzuleiten ist. Das Gleiche gilt, wenn die übermäßige Ausdehnung eines Antrags von dem Bestreben geprägt ist, auf diese Weise die Statthaftigkeit der Berufung zu erreichen.

Bei der Ermittlung des Werts des Beschwerdegegenstandes ist allein auf die 15 Leistung abzustellen, um die es im konkreten Rechtsstreit geht. **Folgewirkungen**, die sich aus der Entscheidung des Rechtsstreits in anderen Bereichen ergeben können, sind nicht einzubeziehen (vgl. *BFHE 90, 277, 278; BFHE 99, 4, 5 und BFHE 124, 422, 423; BSG SozR 4-1500 § 144 Nr. 2 = SGb 2005, 188 m. Anm. Frehse, SGb 2005, 190*). Macht der Kläger Alg oder Alg II geltend, so erhöht die mit der Leistung verbundene Beitragspflicht zur Renten- und Krankenversicherung den Beschwerdewert nicht (*BSG SozR 4-1500 § 144 Nr. 2*). Mit der Festlegung einer notwendigerweise pauschalen Streitwertgrenze wird eine Vereinfachung des Verfahrens angestrebt. Mit diesem Ziel wäre es nicht zu vereinbaren, allein wegen des Streitwerts nach allen Richtungen zu prüfen, welche Auswirkungen das Urteil für den Rechtsmittelführer möglicherweise in anderen Bereichen haben kann *(BSG SozR 3-1500 § 144 Nr. 11 = NZS 1997, 391 sowie SozR 3-1500 § 144 Nr. 12*: maßgebend ist die gesamte Höhe des Alg, auch wenn als Folge eines für den Kläger positiven Urteils die Bewilligung von Alhi für denselben Zeitraum aufgehoben werden muss; *BSG SozR 4-1500 § 144 Nr. 3 = NZS 2006, 550*: auch Folgewirkungen einer Sperrzeit bleiben außer Betracht).

4.4.1 Verfahren

16   Eine regelmäßige **Streitwertfestsetzung** (nach §§ 24f. GKG) findet im sozialgerichtlichen Verfahren nicht statt. Das SG muss den Beschwerdewert jedoch in all den Fällen von Amts wegen ermitteln, in denen er nicht feststeht oder sich aus dem Akteninhalt ergibt. Dies ist schon deshalb erforderlich, weil es sich rechtzeitig Klarheit darüber verschaffen muss, ob eine Entscheidung über die Zulassung der Berufung zu treffen ist oder nicht. Hierbei geht es jedoch nur um die Frage, ob die Wertgrenze überschritten wird. Steht dies ohne Zweifel fest, so erübrigt sich eine genaue Ermittlung der Höhe des Beschwerdewertes. Das Berufungsgericht ist an die Ermittlung des Beschwerdewertes durch das SG nicht gebunden. Eine Bindung besteht nur an die Zulassungsentscheidung. Das SG sollte daher in den Fällen, in denen der Beschwerdewert nicht eindeutig zu ermitteln ist, stets eine ausdrückliche Entscheidung über die Berufungszulassung treffen.

4.4.2 Berechnung des Wertes

17   Die Berechnung des Beschwerdewertes richtet sich nach den §§ 3 bis 9 ZPO (§ 2 ZPO i.V.m. § 202, vgl. *BSGE 24, 260, 261*). Kann der Wert danach nicht festgestellt werden, so ist er gem. § 3 ZPO nach freiem Ermessen festzusetzen. Bei wiederkehrenden oder laufenden Leistungen für weniger als ein Jahr, bei denen die Sonderregelung in § 144 Abs. 1 Satz 2 nicht eingreift, kommt es nicht auf den Jahresbetrag, sondern auf den in der begrenzten Zeit anfallenden Gesamtbetrag an *(Niesel Rn. 352; ML § 144 Rn. 15; BSG SozR 3-1500 § 158 Nr. 1)*. Mehrere Ansprüche sind nach § 5 ZPO zusammenzurechnen; und zwar auch dann, wenn sie in keinem rechtlichen Zusammenhang stehen *(vgl. BVerwG, NVwZ 1987, 219; Bernsdorff, in: Hennig, SGG, § 144 Rn. 23 m.w.N.)*; sie dürfen allerdings nicht auf dasselbe wirtschaftliche Ziel gerichtet sein. Dies ist etwa der Fall, wenn Gegenstand des Rechtsstreits die Aufhebung einer Leistungsbewilligung mit Wirkung für die Vergangenheit und zugleich die Rückforderung der bereits gewährten Leistung ist. Zur Wertberechnung bei Haupt- und Hilfsantrag vgl. *BGH NJW 1984, 371*.

4.4.3 Maßgebender Zeitpunkt für die Beurteilung des Wertes

18   Der Wertberechnung sind nach § 4 ZPO die zur Zeit der Einlegung des Rechtsmittels bestehenden Verhältnisse zugrunde zu legen; auf den Zeitpunkt der Entscheidung des LSG kommt es nicht an. Die Berufung wird deshalb nicht nach-

träglich zulassungsbedürftig, wenn der beklagte Leistungsträger den Anspruch teilweise anerkennt. Andererseits kann der Berufungsführer nach Einlegung der Berufung den Beschwerdewert nicht mehr durch eine Klageänderung erhöhen. Die Rechtsprechung hat zum alten Recht in Ausnahmefällen dann nicht auf den Zeitpunkt der Berufungseinlegung abgestellt, wenn der Berufungsführer im Verlauf des Berufungsverfahrens sein Begehren beschränkte, die Beschränkung aber schon bei Einlegung der Berufung sachgerecht gewesen wäre und sich die verspätete Beschränkung als willkürlich darstellte *(BSG SozR 1500 § 144 Nrn. 6 und 7)*.

4.5 Statthaftigkeit bei wiederkehrenden und laufenden Leistungen 19

Die Berufung ist nach der Ausnahmeregelung in § 144 Abs. 1 Satz 2 unabhängig vom Beschwerdewert ohne Zulassung statthaft, wenn sie wiederkehrende oder laufende Leistungen für mehr als ein Jahr betrifft. Für die Zeitdauer sind wiederum die tatsächlichen Verhältnisse im Zeitpunkt der Berufungseinlegung maßgebend. Bei ungewisser Leistungsdauer ist die Berufung grundsätzlich statthaft. Die Ungewissheit muss jedoch noch im Zeitpunkt der Berufungseinlegung bestehen. Ist das SG in der mündlichen Verhandlung in Unkenntnis eines zwischenzeitlich eingetretenen Beendigungsgrundes von einer unbestimmten Dauer ausgegangen und hat die Berufung ohne Zulassung als statthaft angesehen, so ist die entsprechende Rechtsmittelbelehrung im Urteil unrichtig *(BSG SozR 3-1500 § 158 Nr. 1)*. Dem Kläger steht nur die Nichtzulassungsbeschwerde zur Verfügung, die er allerdings zumindest innerhalb der Frist von einem Jahr (§ 66 Abs. 2 Satz 1) einlegen kann.

4.5.1 Wiederkehrend oder laufend

Wiederkehrend sind Leistungen, die aus einem einheitlichen Anspruch fließen, 20 und in Abständen, die regelmäßig oder unregelmäßig sein können, wieder gewährt werden. Sie müssen der Höhe nach nicht gleich, insgesamt jedoch für einen Zeitraum von mehr als einem Jahr bestimmt sein. Unerheblich ist, ob es sich (ganz oder teilweise) um einen zurückliegenden Zeitraum handelt. Laufende Leistungen sind solche, die in einem regelmäßigen Turnus und in kürzeren Abständen anfallen. Das sind etwa Renten, Arbeitslosen-, Kranken- und Verletztengeld, Kinder- und Erziehungsgeld. Auf die Qualifizierung wirkt es sich nicht aus, wenn eine in kurzen periodischen Abständen fällig werdende Leistung aus besonderen Gründen in einem Betrag nachgezahlt wird *(vgl. Kummer NZS 1993, 285, 291)*. Dies gilt allerdings nicht für Abfindungen, weil sich hier der Charakter der zugrunde liegenden periodischen Leistung geändert hat. Auch die in einem Betrag fällig werdende Beitragserstattung nach § 1303 RVO bzw. § 210 SGB VI ist eine einmalige Leistung *(BSG SozR 3-2200 § 1303 Nr. 4)*. Nebenforderungen wie Zinsen oder Säumniszuschläge sind unabhängig von der Hauptforderung keine laufenden Leistungen, wenn sie isoliert geltend gemacht werden. Sie werden auch dann nicht zu laufenden Leistungen, wenn die Einzugsstelle sie fortlaufend verhängt, weil ein Arbeitgeber die Gesamtsozialversicherungsbeiträge beständig verspätet entrichtet *(BSG SozR 3-1500 § 144 Nr. 16)*.

4.5.2 Erstattungsstreitigkeiten

21 Erstattungsstreitigkeiten i.S. des § 144 Abs. 1 S. 1 Nr. 2 sind Streitigkeiten um eigenständige Erstattungsansprüche zwischen juristischen Personen des öffentlichen Rechts oder deren Behörden, soweit diese fähig sind, Beteiligte eines sozialgerichtlichen Verfahrens zu sein. Wesentliches Merkmal solcher Erstattungsstreitigkeiten ist es, dass hieran ausschließlich Träger öffentlicher Verwaltung beteiligt sind; denn nur unter dieser Voraussetzung ist die hohe Beschwerdewertgrenze zu rechtfertigen *(BSG SozR 3-1500 § 144 Nr. 14)*. Es muss sich um eigenständige („originäre") Erstattungsansprüche öffentlicher Verwaltungsträger handeln *(Bley, § 144 Anm. 7b)*. Dies sind insbesondere Streitigkeiten nach den §§ 102ff. SGB X, bei denen zunächst ein unzuständiger oder nachrangig verpflichteter Leistungsträger Sozialleistungen erbracht hat. Streitigkeiten, denen die Geltendmachung kraft Gesetzes übergegangener oder durch Verwaltungsakt übergeleiteter Leistungsansprüche von oder gegen Zivilpersonen zugrunde liegt, sind hingegen keine Erstattungsstreitigkeiten i.S. der Nr. 2, weil die damit geltend gemachten Ansprüche durch die Zession ihre Rechtsnatur nicht verloren haben und weiterhin Leistungen i.S. der Nr. 1 betreffen *(Bley, § 144 Anm. 7b; Peters/Sautter/Wolff, § 144 RdNr. 74)*. Ein Erstattungsanspruch i.S. der Nr. 2 setzt zudem voraus, dass ein Sozialleistungsträger Sozialleistungen erbracht hat. Daran fehlt es etwa, wenn ein Verwaltungsträger als Betreiber einer Rehabilitationseinrichtung von einem Rentenversicherungsträger die Vergütung für Rehabilitationsleistungen verlangt. Dies gilt auch dann, wenn man den Begriff der „Erstattungsstreitigkeit" i.S. der Nr. 2 nicht auf Erstattungsansprüche nach den §§ 102ff. SGB X beschränkt, sondern auch auf andere Ausgleichs- oder Abwälzungsansprüche im Verhältnis zwischen juristischen Personen des öffentlichen Rechts ausdehnt *(BSG SozR 3-1500 § 144 Nr. 14)*. Auch Streitigkeiten über die Vergütung einer Krankenhausbehandlung zwischen einem öffentlich-rechtlichen Krankenhausträger und einer gesetzlichen Krankenkasse sind keine Erstattungsstreitigkeiten i.S. von § 144 Abs. 1 Satz 1 Nr. 1 SGG *(BSG SozR 4-1500 § 144 Nr. 4 = NZS 2007, 55)*.

21a Nach ihrer systematischen Stellung bezieht sich die Ausnahmeregelung in Abs. 1 Satz 2 (wiederkehrende oder laufende Leistungen für mehr als ein Jahr) auch auf Erstattungsstreitigkeiten. *Zeihe (§ 144 Rn. 19a)* vertritt demgegenüber den Standpunkt, Erstattungsstreitigkeiten seien schon aus dem Begriff „Geldleistungen" herausgenommen; von daher könne sich auch die Ausnahmeregelung (die allerdings alle Leistungen erfasst) nicht auf Erstattungsstreitigkeiten beziehen. Ein Rückgriff auf die der Erstattung zugrunde liegende Leistungsart (wiederkehrend bzw. laufend oder einmalig) erscheint jedoch schon deshalb ausgeschlossen, weil die §§ 102ff. SGB X eigenständige Ansprüche begründen; der erstattungsberechtigte Träger tritt nicht lediglich in die Rechtsstellung des Leistungsberechtigten ein *(so überzeugend: Niesel Rn. 372)*. Hinzu kommt, dass der Gesetzgeber die Berufungsfähigkeit von Erstattungsstreitigkeiten grundsätzlich einschränken wollte. Aus welchem Grund hierbei auf den Charakter der zugrunde liegenden Leistung abgestellt werden sollte, ist unerfindlich. Erstattungsstreitigkeiten mit einem Beschwerdewert bis zu 10.000 € sind deshalb auch dann zulassungsbedürftig, wenn der Erstattungsforderung eine wiederkehrende oder laufende Leistung für mehr als ein Jahr zugrunde liegt *(so auch: BSG SozR 3-1500 § 144 Nr. 18)*. Die gegenteilige Auffassung wird, allerdings ohne durchschlagende Begründung, im Schrifttum überwiegend vertreten *(vgl. Bernsdorff, in: Hennig, SGG, § 144 Rn. 30; Kummer NZS 1993, 291; Bley § 144 Anm. 8b; P/S/W § 144 Rn. 86)*.

5 Zulassung der Berufung   22

Ist die Berufung nach § 144 Abs. 1 nicht statthaft, so bedarf sie der Zulassung. Die Zulassung kann auf unterschiedlichen Wegen erfolgen:

- im Urteil oder Gerichtsbescheid des SG oder
- durch Beschluss des LSG auf Nichtzulassungsbeschwerde hin.

Die mit dem RpflEntlG geschaffene weitere Möglichkeit, durch Einlegung der Nichtzulassungsbeschwerde beim SG im Wege des Abhilfeverfahrens durch Beschluss des SG die Zulassung zu erreichen, wurde bereits im 6. SGG-ÄndG wieder aufgehoben, um eine Verfahrensbeschleunigung zu erreichen. Mit dem SGG-ÄndG wurde das Abhilfeverfahren (§ 174) insgesamt gestrichen.

5.1 Zulassungsgründe   23

Das SG und – auf die Nichtzulassungsbeschwerde hin – das LSG dürfen die Berufung nur dann zulassen, wenn zumindest einer der in § 144 Abs. 2 abschließend aufgeführten Gründe vorliegt. Allein die sachliche Unrichtigkeit des erstinstanzlichen Urteils kann die Zulassung der Berufung dagegen nicht begründen. Die Zulassungsgründe entsprechen weitgehend den Gründen, die gem. § 160 Abs. 2 auch zur Zulassung der Revision führen. Um Wiederholungen zu vermeiden, werden nachfolgend vor allem die Besonderheiten der Berufungszulassung herausgestellt. Soweit Besonderheiten nicht erwähnt werden, sollten jeweils ergänzend die eingehenderen Ausführungen in Kap. IX Rn. 50ff. herangezogen werden.

Die Berufung ist zuzulassen, wenn   24

- die Rechtssache grundsätzliche Bedeutung hat,
- das Urteil des SG von einer Entscheidung des (zuständigen) LSG, des BSG oder des Gemeinsamen Senats der obersten Gerichtshöfe des Bundes abweicht und auf dieser Abweichung beruht oder
- ein Verfahrensfehler geltend gemacht wird, der tatsächlich vorliegt und auf dem die Entscheidung beruhen kann.

5.1.1 *Grundsätzliche Bedeutung (§ 144 Abs. 2 Nr. 1)*

Einer Rechtssache kommt grundsätzliche Bedeutung zu, wenn die Entscheidung   25
des Rechtsstreits von einer bisher nicht geklärten Rechtsfrage abhängt, deren Klärung im allgemeinen Interesse liegt, um die Rechtseinheit zu erhalten und die Weiterentwicklung des Rechts zu fördern *(BSGE 2, 132; ML § 144 Rn. 28)*. Das ist vor allem der Fall, wenn die Klärung mit Rücksicht auf die Wiederholung ähnlicher Fälle erforderlich und eine nicht unbeträchtliche Personenzahl betroffen ist. Ob

auch erhebliche wirtschaftliche Auswirkungen die grundsätzliche Bedeutung begründen können, wenn sie sich auf die Allgemeinheit auswirken, war bereits zum alten Recht (§ 150 Nr. 1 a.F.) umstritten. Die Streitfrage ist durch die relativ niedrige Wertgrenze in § 144 Abs. 1 Satz 1 Nr. 1 nicht (*wie Niesel, Rn. 440, annimmt*) obsolet geworden. Auf das wirtschaftliche Interesse im Einzelfall kam es schon nach altem Recht nicht an *(vgl. hierzu Bernsdorff, in: Hennig, SGG, § 144 Rn. 46).*

26   Die Regelung in § 144 Abs. 2 Nr. 1 entspricht derjenigen in § 160 Abs. 2 Nr. 1; wegen weiterer Einzelheiten wird daher ergänzend auf Kap. IX Rn. 56 ff. verwiesen. Die Klärung von Tatsachenfragen genügt auch dann nicht, wenn verallgemeinerungsfähige Auswirkungen zu erwarten sind (*LSG Rheinland-Pfalz E-LSG B-111*). Der Gesetzgeber hat die Klärung tatsächlicher Schwierigkeiten bewusst nicht aufgenommen (vgl. *ML § 144 Rn. 29 mit Hinweis auf die Materialien zum RpflEntlG*), sondern sich für eine mit § 160 Abs. 2 Nr. 1 übereinstimmende Fassung entschieden.

5.1.2 Abweichung von Entscheidungen übergeordneter Gerichte (§ 144 Abs. 2 Nr. 2)

27   Die Regelung des Zulassungsgrundes der Divergenz entspricht derjenigen für die Revisionszulassung in § 160 Abs. 2 Nr. 2. Dort wurde mit dem Änderungsgesetz vom 2. 8. 1993 (BGBl. I S. 1442) auch die Abweichung von einer Entscheidung des BVerfG als Zulassungsgrund aufgenommen; eine entsprechende Ergänzung von § 144 Abs. 2 Nr. 2 erfolgte im 6. SGG-ÄndG. Im Gegensatz zu § 150 Nr. 1 SGG a.F. sind bezüglich der Abweichung von LSG-Entscheidungen nur noch diejenigen des im Rechtszug übergeordneten LSG maßgebend. Die Zulassung wegen Divergenz kommt nur in Betracht, wenn das Urteil des SG auf der abweichenden Rechtsauffassung beruht. Wird das SG-Urteil von mehreren Begründungen getragen, so muss gegenüber jeder dieser Begründungen Divergenz vorliegen. Wegen weiterer Einzelheiten wird auf Kap. IX Rn. 75 ff. verwiesen.

5.1.3 Verfahrensfehler (§ 144 Abs. 2 Nr. 3)

28   Ein Mangel des erstinstanzlichen Verfahrens begründet die Zulassung der Berufung nur dann, wenn er der Beurteilung des Berufungsgerichts unterliegt. Dies ist dann nicht der Fall, wenn der Mangel eine dem Endurteil vorangegangene Entscheidung des SG betrifft, die unanfechtbar ist oder nur innerhalb des erstinstanzlichen Verfahrens mit der Beschwerde angefochten werden konnte. Außerdem unterliegen heilbare Verfahrensmängel nicht der Beurteilung des Berufungsgerichts, wenn auf die Rüge nach § 295 ZPO (i.V.m. § 202) verzichtet worden ist (vgl. *BSGE 54, 257, 258 = SozR 2200 § 306 Nr. 14*).

29   Der Verfahrensmangel muss geltend gemacht werden und auch tatsächlich vorliegen. Während das Vorliegen der anderen Zulassungsgründe keiner besonderen Begründung bedarf, sondern von Amts wegen zu ermitteln ist, setzt die Pflicht zur Geltendmachung eines Verfahrensfehlers voraus, dass sich aus dem Vortrag

ergibt, welcher Verfahrensmangel gerügt wird und aus welchen Tatsachen er sich ergibt. An die Rüge sind jedoch nicht die formstrengen Anforderungen zu stellen wie an eine Verfahrensrüge im Revisionsverfahren (vgl. hierzu eingehend *Kummer, NZS 1993, 337, 342* sowie Kap. IX Rn. 202 ff.). Mit der Forderung, dass der Verfahrensmangel tatsächlich vorliegt, will das Gesetz vermeiden, dass allein die schlüssige Behauptung eines Verfahrensfehlers die Zulassung begründet. Wird das Urteil des SG nur in der Sache angegriffen, so kann auch ein offenkundiger Verfahrensfehler nicht von Amts wegen berücksichtigt werden. Das Gleiche gilt für eine unqualifizierte Rüge, mit der lediglich unsubstanziiert behauptet wird, das Urteil des SG beruhe auf einem Verfahrensfehler. Die qualifizierte Rüge muss spätestens vor der Entscheidung des LSG über die Nichtzulassungsbeschwerde erhoben werden.

Grundlage der Prüfung, ob ein Verfahrensfehler tatsächlich vorliegt, ist die ma- *30* teriell-rechtliche Ansicht des SG. Hat etwa das SG eine weitere Aufklärung des Sachverhalts unterlassen, weil es von einer anderen Rechtsauffassung ausgegangen ist, nach der eine weitere Sachaufklärung nicht erforderlich war, so ist die Entscheidung womöglich unzutreffend, aber nicht verfahrensfehlerhaft zustande gekommen. Lassen die Entscheidungsgründe des erstinstanzlichen Urteils nicht erkennen, von welcher materiell-rechtlichen Auffassung das Gericht ausgegangen ist, so kann das Fehlen von Entscheidungsgründen als Verfahrensfehler geltend gemacht werden (*ML § 136 Rn. 7 m.w.N.*). Hiermit wird zwar im Grunde kein Mangel des Verfahrens gerügt, wohl aber die Verletzung verfahrensrechtlicher Normen (§§ 128 Abs. 1 Satz 2, 136 Abs. 1 Nr. 6), was ausreicht. Schließlich muss die Möglichkeit bestehen, dass das Urteil des SG auf dem Verfahrensfehler beruht, d.h. der Verfahrensfehler muss möglicherweise entscheidungserheblich sein.

Im Gegensatz zum Revisionszulassungsverfahren (§ 160 Abs. 2 Nr. 3, 2. Halb- *31* satz) können bei der Zulassung der Berufung als Verfahrensmangel auch geltend gemacht werden:

– eine Verletzung des Anspruchs auf Anhörung eines bestimmten Arztes (§ 109),
– ein Verstoß gegen den Grundsatz der freien Beweiswürdigung und die Verpflichtung zur Beachtung des Gesamtergebnisses des Verfahrens (§ 128 Abs. 1 Satz 1),
– alle Verstöße des SG gegen die Amtsermittlungspflicht (§ 103); die für das Revisionszulassungsverfahren geltende Beschränkung auf Aufklärungsfehler, die sich auf einen Beweisantrag beziehen, dem das Gericht zu Unrecht nicht gefolgt ist (§ 160 Abs. 2 Nr. 3, 2. Halbsatz), gilt bei der Berufungszulassung nicht.

5.1.4 Häufige Verfahrensfehler

Unter den erhobenen Verfahrensrügen sind in der Praxis am häufigsten vertreten: *32*

– Verletzung des Anspruchs auf rechtliches Gehör (vgl. Kap. III Rn. 19 ff.). *33*

Beispiele:

– Beteiligte erhalten keine Gelegenheit, sich vor Erlass des Urteils zum Sachverhalt zu äußern (*BSGE 1, 126, 131; BSGE 11, 165, 166*).

– Schriftsätze werden den Beteiligten nicht zur Kenntnis gebracht (dies ist auch dann erforderlich, wenn das Gericht ihren Inhalt für unwesentlich hält *(BSG SozR 1500 § 150 Nr. 22)*.

– Gerichtskundige Tatsachen (mit Ausnahme solcher, die allen Beteiligten mit Sicherheit bekannt sind – *BSG SozR 1500 § 128 Nr. 15*) werden den Beteiligten nicht mitgeteilt *(BSG SozR 1500 § 62 Nr. 11)*.

– Es erfolgt kein Hinweis darauf, dass ein Folgebescheid gemäß § 96 Gegenstand des Verfahrens geworden ist *(BSGE 5, 158, 164)* oder auf die Beiziehung und Verwertung von Akten *(BVerfGE 18, 399)*.

– Ablehnung einer Terminsänderung oder eines Vertagungsantrages trotz Vorliegens erheblicher Gründe *(BSGE 1, 277, 279; BSGE 280, 282; BSG SozR Nr. 6 zu § 62 SGG; SozR 1750 § 227 Nr. 1 und 2; BSGE 47, 35, 37)*.

– Unterlassen der Hinzuziehung eines Dolmetschers, obgleich ein beteiligter Ausländer nicht der deutschen Sprache mächtig ist *(BSG SozR Nr. 1 zu § 185 GVG)*.

– Entscheidung ohne mündliche Verhandlung ohne Einverständniserklärung aller Beteiligten vor Erlass des Urteils *(BSGE 44, 292; BSGE 53, 83, 84; BSG SozR Nr. 4 zu § 128 SGG)*; zum Verstoß gegen § 127 SGG (Urteil nach Beweisaufnahme ohne vorherige Benachrichtigung des Beteiligten) vgl. Kap. VII Rn. 143.

34   – Verletzung der Amtsermittlungspflicht (wegen der Einzelheiten vgl. Kap. III Rn. 5 ff.).

Beispiele:

– Unterstellung entscheidungserheblicher Tatsachen ohne ausreichende Ermittlungen *(BSGE 16, 195, 196)*;

– Verzicht auf Sachverhaltsermittlungen, weil der Sachverhalt zwischen den Beteiligten „unstreitig" ist *(BSGE 9, 240, 242)*;

– Entscheidung über medizinische Fragen ohne Anhörung eines geeigneten medizinischen Sachverständigen oder aufgrund unschlüssiger Gutachten – vgl. hierzu Kap. III Rn. 47 ff.; Übergehung eines Antrages auf Ladung des Sachverständigen zur mündlichen Verhandlung – vgl. hierzu Kap. III Rn. 70;

– Unberechtigte Ablehnung oder Übergehung eines Antrages nach § 109 *(BSG SozR Nr. 26 und 35 zu § 109 SGG; BSGE 2, 255, 256; BSGE 2, 258, 260; BSGE 7, 218, 221; 29, 278, 285)*. Vgl. hierzu im Einzelnen Kap. III Rn. 81 ff.

– Übertragung der Sachaufklärung auf den beklagten Leistungsträger *(BSGE 2, 94; BSGE 5, 116, 120; BSGE 9, 277, 280 und BSGE 2, 285, 288)*.

35   – Fehler bei der Beweiswürdigung (wegen der Einzelheiten vgl. Kap. III Rn. 162 ff.).

Beispiele:

Verstoß gegen allgemeine Erfahrungssätze und die Denkgesetze, unterlassene oder vorweggenommene Beweiswürdigung und Außerachtlassen des Gesamtergebnisses des Verfahrens.

– Unterlassen einer notwendigen Beiladung (wegen der Einzelheiten vgl. Kap. V   *36*
Rn. 6 ff.).
– Erlass eines Prozessurteils statt eines Sachurteils, obwohl die Prozessvorausset-   *37*
zungen vorlagen *(BSGE 34, 236, 237; BSGE 39, 201)* bzw. eines Sachurteils bei
fehlenden Prozessvoraussetzungen *(BSGE 3, 293; BSGE 35, 267, 271; BSGE
36, 181, 182)*.
Wegen weiterer Einzelheiten wird auf die umfassende schlagwortartige Darstel-   *38*
lung der Verfahrensmängel bei *Bley, Verfahrensmängel im Sozialprozess, 1988,*
verwiesen.

5.2 Die Berufungszulassung als Nebenentscheidung im Urteil des SG

Das SG muss über die Zulassung der Berufung von Amts wegen entscheiden; An-   *39*
träge der Beteiligten sind insoweit nur Anregungen. Die Zulassung ist grundsätzlich Bestandteil des Urteilstenors. Sie ist jedoch auch dann wirksam, wenn sich
aus den Entscheidungsgründen zweifelsfrei ergibt, dass das Gericht die Zulassung
beschlossen hat *(BSG SozR 1500 § 161 Nr. 16)*. Hierfür reicht allein die Rechtsmittelbelehrung nicht aus. Hat das SG über die Zulassung – etwa weil es die Sache
irrtümlich für zulässig gehalten hat – keine Entscheidung getroffen, so kann in
der unzutreffend von der Zulässigkeit der Berufung ausgehenden Rechtsmittelbelehrung keine Zulassung der Berufung gesehen werden *(BSGE 2, 121; BVerwGE
71, 73, 76)*. Das BSG sieht hierin *(BSG SozR 1500 § 160 Nr. 52)* keinen Verfahrensmangel. Bei einem nicht berufungsfähigen Streitgegenstand ist es daher ratsam, die Zulassung der Berufung in der mündlichen Verhandlung oder (bei einer
Entscheidung nach § 124 Abs. 2) schriftsätzlich anzuregen, um das Gericht an die
Notwendigkeit einer Zulassungsentscheidung zu erinnern. Das SG kann die Berufung auch vorsorglich zulassen, wenn es die Statthaftigkeit nicht eindeutig beurteilen kann. Die Zulassung kann dagegen nicht unter der Bedingung erfolgen,
dass die Berufung nicht kraft Gesetzes statthaft ist.

Nach h. M. kann das SG die Berufung **nicht nachträglich** durch Ergänzungs-   *40*
urteil gemäß § 140 **zulassen** (vgl. Kap. VII Rn. 220); erst recht scheidet eine Urteilsberichtigung regelmäßig aus *(BSG SozR Nr. 37 zu § 150 SGG)*.

Das LSG ist an die positive wie an die negative Zulassungsentscheidung gebun-   *41*
den. Eine Bindung besteht nur ausnahmsweise dann nicht, wenn die Zulassung
eine Entscheidung des SG betrifft, die kraft Gesetzes unanfechtbar und nicht zulassungsfähig ist, wie es etwa bei der Entscheidung über die Kosten des Verfahrens der Fall ist (§ 144 Abs. 4). Die zum alten Rechtszustand ergangene Rechtsprechung des BSG *(SozR 1500 § 150 Nr. 29)*, wonach eine Bindung bei
offensichtlicher Rechtswidrigkeit der Zulassungsentscheidung nicht eintrat, ist
angesichts des eindeutigen Wortlauts von § 144 Abs. 3 n. F. („das LSG ist an die
Zulassung gebunden") obsolet. Die Bindung an die Nichtzulassung der Berufung
hat angesichts der mit dem RpflEntlG eingeführten Möglichkeit der Nichtzulassungsbeschwerde an Bedeutung verloren.

42   Hat das SG die Sprungrevision zugelassen, so liegt hierin zugleich die Zulassung der Berufung gemäß § 150 Nr. 1, auch wenn das SG hierbei zu Unrecht von der Zulässigkeit der Berufung ausgegangen ist *(BSG SozR 1500 § 150 Nr. 9 = BSGE 44, 203 und SozR 1500 § 150 Nr. 13 und 15).*

5.3 Fehlende Zulassungsentscheidung

43   Das LSG ist an die Nichtzulassung auch dann gebunden, wenn das Urteil des SG weder im Tenor noch in den Gründen eine Entscheidung über die Zulassung der Berufung enthält, etwa weil es irrtümlich von der Statthaftigkeit kraft Gesetzes ausgegangen ist und der durch das Urteil Beschwerte keine Nichtzulassungsbeschwerde eingelegt hat. Das LSG ist an die Beurteilung der Statthaftigkeit durch das SG nicht gebunden, sondern hat hierüber eigenständig zu entscheiden. Die Berufung wird auch nicht durch die fehlerhafte Rechtsmittelbelehrung statthaft. Diese legitimiert das LSG auch nicht, die Berufung von Amts wegen zuzulassen oder als statthaft zu behandeln und in der Sache zu entscheiden *(BSG SozR 3-1500 § 158 Nr. 1; bestätigt in SozR 3-1500 § 158 Nr. 3; a.A. ML § 144 Rn. 45 – bis zur 6. Aufl.; Kummer, Das sozialgerichtliche Verfahren, Rn. 274).* Dies gilt auch dann, wenn die Nichtzulassung als willkürlich anzusehen ist. Soweit das BVerfG *(BVerfGE 66, 331, 336)* die Auffassung vertreten hat, eine willkürliche Nichtzulassung müsse in Anbetracht des verfassungsrechtlichen Gebots einer fairen Verfahrensgestaltung vom Berufungsgericht korrigiert werden, ist es von einer Verfahrensgestaltung ohne **Möglichkeit einer Nichtzulassungsbeschwerde** ausgegangen. Da eine fehlerhafte Einschätzung der Statthaftigkeit der Berufung durch das SG seit dem RpflEntlG durch die Möglichkeit der Nichtzulassungsbeschwerde korrigiert werden kann, besteht für eine unmittelbare Korrektur durch das LSG auch unter verfassungsrechtlichen Aspekten keine Veranlassung mehr *(BSG SozR 3-1500 § 158 Nr. 1, Niesel Rn. 455).*

44   Das LSG ist auch nicht berechtigt, eine nicht statthafte Berufung in eine Nichtzulassungsbeschwerde umzudeuten *(BSG SozR 4-1500 § 158 Nr. 1; Zeihe, NVwZ 1995, 560, 561; Ulmer, SGb 1996, 208, 209; a.A. Niesel, Rn. 458; P/S/W § 145 Rn. 19).* Eine **Umdeutung** war bereits für das Revisionszulassungsverfahren (Umdeutung einer nicht zugelassenen Revision in eine Nichtzulassungsbeschwerde) von BVerwG, BAG, BFH und BSG abgelehnt worden *(vgl. die Nachweise im Urteil des BSG vom 17. 11. 1996, 1 RK 18/95 = SozR 3-1500 § 158 Nr. 1).* BVerwG *(Buchholz 310, § 125 VwGO Nr. 11)* und BSG haben auch die Umdeutung einer Berufung in einen Antrag auf Zulassung der Berufung zumindest bei einem rechtskundig vertretenen Beteiligten (hierzu zählen auch die Sozialversicherungsträger, *BSG vom 17. 11. 1996, 1 RK 18/95 = SozR 3-1500 § 158 Nr. 1)* für unzulässig erklärt. Das BSG hatte zunächst offen gelassen, ob bei einem nicht rechtskundig vertretenen Beteiligten etwas anderes gelten sollte, und dies mit Urteil vom 20. 5. 2003 *(B 1 KR 25/01 R = SozR 4-1500 § 158 Nr. 1, Rn. 12)* vor allem im Hinblick auf die schutzwürdigen Belange des Prozessgegners verneint, der einen verfahrensrechtlichen Anspruch darauf habe, dass die Frage der

Rechtsmittelzulassung nur in dem dafür vorgesehenen Verfahren (der Nichtzulassungsbeschwerde) geklärt wird.

Bei fehlender Statthaftigkeit der Berufung ist die anderslautende Rechtsmittelbelehrung im Urteil des SG unrichtig. Dies hat zur Folge, dass die Nichtzulassungsbeschwerde gem. § 66 Abs. 2 grundsätzlich innerhalb der Jahresfrist, in Fällen höherer Gewalt auch noch danach, eingelegt werden kann. Der unrichtigen Belehrung kann dagegen nicht entnommen werden, dass sie i.S. von § 66 Abs. 2 Satz 1, letzte Alternative, einen Rechtsbehelf als gar nicht gegeben beschreibt; was zur Folge hätte, dass die Einlegung der Nichtzulassungsbeschwerde unbefristet erfolgen könnte. Fraglich bleibt, ob die unrichtige Rechtsmittelbelehrung zusammen mit dem Ausbleiben eines Hinweises des LSG auf die Notwendigkeit der Einlegung einer Nichtzulassungsbeschwerde innerhalb der Jahresfrist einen Wiedereinsetzungsgrund darstellt *(dafür: BVerwGE 71, 359, 361; Ulmer, SGb 1996, 208, 212 „in besonders gelagerten Fällen")*. **45**

5.4 Negative Zulassungsentscheidung bei statthafter Berufung

Die Berufung wird nicht dadurch zulassungsbedürftig, dass das SG irrtümlich davon ausgeht, die Berufung sei nicht statthaft und sie im Urteil ausdrücklich nicht zulässt oder dem Urteil lediglich eine entsprechende Rechtsmittelbelehrung beifügt, wonach das Urteil nur mit der Nichtzulassungsbeschwerde angefochten werden kann. Die sich aus dem Gesetz ergebende Statthaftigkeit der Berufung kann durch eine anderslautende Entscheidung nicht aufgehoben werden *(vgl. Niesel, Rn. 451)*. Der durch das Urteil beschwerte Beteiligte ist nicht gezwungen, das Verfahren der Nichtzulassungsbeschwerde durchzuführen, sondern kann Berufung einlegen. Das LSG hat ihn darüber zu belehren, dass die Berufung entgegen der Rechtsmittelbelehrung statthaft ist. Hat er bereits Nichtzulassungsbeschwerde eingelegt, so kann er diese wegen der unrichtigen Rechtsmittelbelehrung binnen Jahresfrist ohne Rechtsnachteil zurücknehmen und Berufung einlegen *(vgl. Niesel, Rn. 452)*. **46**

5.5 Nichtzulassungsbeschwerde

Ist die Berufung gem. § 144 Abs. 1 zulassungsbedürftig und vom SG im Urteil nicht zugelassen worden, so kann gegen die Nichtzulassung in einem selbstständigen Verfahren Beschwerde eingelegt werden (§ 145 Abs. 1). Die Einlegung der Beschwerde hemmt die Rechtskraft des Urteils (§ 145 Abs. 3) und hat zudem aufschiebende Wirkung, soweit die Klage nach § 86a Aufschub bewirkt (§ 154 Abs. 1). Die Nichtzulassungsbeschwerde ist beim LSG einzulegen (§ 145 Abs. 1 Satz 2 n.F.). Die Nichtzulassungsbeschwerde ist nur statthaft, wenn das SG die Berufung im Urteil oder im Gerichtsbescheid nicht zugelassen hat *(a. A. Zeihe, § 105, Anm. 14b*, der beim Gerichtsbescheid dann nur den Antrag auf mündliche Verhandlung für zulässig hält; *dagegen: Bernsdorff, in: Hennig, SGG, § 145 Rn. 15; Niesel, Rn. 432; Kummer, NZS 1993, 337).* **47**

5.5.1 Form und Frist

48   Die Beschwerde ist binnen eines Monats nach Zustellung des vollständigen Urteils schriftlich oder zur Niederschrift des Urkundsbeamten der Geschäftsstelle bei dem LSG einzulegen (§ 145 Abs. 1 Satz 2 n.F.); zur Schriftform vgl. die Ausführungen unten zu Rn. 63f. Bei einer Zustellung des Urteils im Ausland beträgt die Frist in entsprechender Anwendung des § 87 Abs. 1 Satz 2 drei Monate *(vgl. Kummer, NZS 1993, 337, 338)*. Eine Verlängerung der Frist ist im Gesetz nicht vorgesehen.

49   Eine **Begründungsfrist** wie bei der Nichtzulassungsbeschwerde zur Erreichung der Revisionszulassung (§ 160a Abs. 2) gibt es nicht. Nach § 145 Abs. 2 soll die Beschwerde das angefochtene Urteil bezeichnen und die zur Begründung dienenden Tatsachen und Beweismittel angeben; zwingende Mindestanforderungen an den Inhalt der Beschwerdeschrift enthält die Vorschrift nicht. Das Gesetz trägt damit dem Umstand Rechnung, dass im sozialgerichtlichen im Gegensatz zum verwaltungsgerichtlichen Verfahren (§ 67 Abs. 1 VwGO) auch in der Berufungsinstanz kein Vertretungszwang besteht *(Bernsdorff, in: Hennig, SGG, § 145 Rn. 25)*.

50   Der Begründung bedarf die Nichtzulassungsbeschwerde jedoch dann, wenn die Zulassung der Berufung wegen eines Verfahrensmangels erreicht werden soll; der Beschwerdeführer ist dagegen nicht verpflichtet, die grundsätzliche Bedeutung der Rechtssache darzulegen oder die Entscheidung des übergeordneten Gerichts zu bezeichnen, von der das Urteil abweicht (vgl. oben Rn. 29). Eine eingehende Begründung liegt jedoch im eigenen Interesse des Klägers. Hierbei kommt es nicht darauf an, die sachliche Unrichtigkeit des erstinstanzlichen Urteils nachzuweisen. Um diese Frage geht es letztlich erst in dem mit der Beschwerde angestrebten Berufungsverfahren. In der Beschwerdebegründung kommt es allein darauf an, das LSG vom Vorliegen eines Zulassungsgrundes zu überzeugen, indem die hierfür erforderlichen Tatsachen (z.B. Klärungsbedürftigkeit, Abweichung von einer höchstrichterlichen Entscheidung, Verfahrensfehler) vorgetragen werden.

51   ### 5.5.2 Beschwerde gegen die Nichtzulassung der Berufung

Schriftsatzmuster

Rechtsanwalt L.

An das Landessozialgericht Niedersachsen

In dem Rechtsstreit

des Rentners D. H.   Beschwerdeführer,

Proz-Bev.: Rechtsanwalt L.

g e g e n

die AOK Niedersachsen, Pflegekasse,   Beschwerdegegnerin, lege ich namens und in Vollmacht der Klägerin gegen die Nichtzulassung der Berufung im Urteil des SG Hannover vom …, Aktenzeichen …,

Beschwerde

ein und beantrage, die Berufung zuzulassen.

Begründung:

Der pflegebedürftige Kläger begehrt für die Zeit vom 20.7. bis 10. 8. 1997, in der sich die Tochter des Klägers, die mit diesem in einer gemeinsamen Wohnung lebt, im Urlaub befindet, die Versorgung mit einer Hausnotrufanlage. Die Beklagte hat dies mit dem angefochtenen Bescheid abgelehnt; das SG hat

die Klage abgewiesen. Die Berufung bedarf gem. § 144 Abs. 1 SGG der Zulassung, da der Beschwerdewert unter 500 € liegt (§ 144 Abs. 1 Satz 1 Nr. 1 SGG) und der Antrag eine Leistung für weniger als ein Jahr betrifft (§ 144 Abs. 1 Satz 2 SGG). Das SG hat die Berufung nicht zugelassen. Die Berufung ist jedoch gem. § 144 Abs. 2 Nr. 1 und 3 SGG zuzulassen.

Das Urteil leidet zunächst an einem wesentlichen Verfahrensmangel, auf dem es auch beruht. Der Kläger benötigt für die Verrichtungen im Ablauf des täglichen Lebens teilweise Hilfe. Die Voraussetzungen der Pflegestufe I (§ 15 Abs. 1 Nr. 1 i.V.m. Abs. 3 Nr. 1 SGB XI i.d.F. des 1. SGB XI-ÄndG) liegen nach dem Bescheid der Beklagten nicht vor, weil der Hilfebedarf im Tagesdurchschnitt nicht wenigstens 90 Minuten ausmache. Die Beklagte stützt ihren Bescheid auf ein Gutachten des Dr. K. vom Medizinischen Dienst der Krankenversicherung. Das SG hat sich dem Gutachten angeschlossen, obgleich der Kläger im erstinstanzlichen Verfahren deutlich gemacht hat, dass der Gutachter von einem unzutreffenden Sachverhalt ausgegangen ist. Das SG hätte deshalb den pflegerelevanten Sachverhalt von Amts wegen weiter aufklären müssen[1].

Die Rechtssache hat zum anderen grundsätzliche Bedeutung. Die Frage, ob Pflegehilfsmittel auch dann beansprucht werden können, wenn nur durch den Einsatz des Hilfsmittels Pflegeleistungen nach den §§ 36 bis 39 bzw. nach den §§ 41 bis 44 SGB XI vermieden werden können oder ob ein solcher Anspruch voraussetzt, dass zumindest die Voraussetzungen der Pflegestufe I bereits erfüllt sind, ergibt sich nicht ohne Weiteres aus dem Gesetz und ist höchstrichterlich noch nicht geklärt[2].

gez. Rechtsanwalt L.

Anmerkungen:

1) Im Gegensatz zur Beschwerde gegen die Nichtzulassung der Revision im Berufungsurteil (§ 160a Abs. 2 Satz 3) kann ein Verstoß gegen § 103 nicht nur dann gerügt werden, wenn das SG einem Beweisantrag zu Unrecht nicht gefolgt ist (vgl. Kap. IX Rn. 127).

2) Im Gegensatz zur Beschwerde gegen die Nichtzulassung der Revision im Berufungsurteil (§ 160a Abs. 2 Satz 3) muss die grundsätzliche Bedeutung der Rechtssache hier nicht dargelegt werden. Es ist deshalb nicht erforderlich, die Klärungsbedürftigkeit und die Klärungsfähigkeit der Rechtsfrage im betroffenen Rechtsstreit darzulegen.

5.5.3 Abhilfe durch das SG

52 Das SG kann der Nichtzulassungsbeschwerde nicht abhelfen. § 145 Abs. 4 Satz 1 i.d.F. des RpflEntlG ging davon aus, dass das SG ein Abhilfeverfahren durchzuführen hatte und eine Entscheidung des LSG erst bei Nichtabhilfe durch das SG in Betracht kam. § 145 ist im 6. SGG-ÄndG dahin gehend geändert worden, dass die Beschwerde beim LSG und nicht beim SG einzulegen ist (§ 145 Abs. 1 Satz 2); zugleich wurde in Abs. 4 Satz 1 ausdrücklich festgelegt, dass das SG der Beschwerde nicht abhelfen kann. Zwar wurde die letztgenannte Vorschrift im SGG-ÄndG 2008 gestrichen (Art. 1 Nr. 25); doch ist zugleich das gesamte Abhilfeverfahren abgeschafft worden (Streichung von § 174). Das ausdrückliche Verbot der Abhilfe bei der Nichtzulassungsbeschwerde in § 145 Abs. 4 Satz 1 war danach entbehrlich.

5.5.4 Entscheidung durch das LSG

53 Über die Zulassung der Berufung auf die Nichtzulassungsbeschwerde hin entscheidet daher ausschließlich das LSG. Zum Vorgehen des LSG bei unterbliebener Zulassung und Fehlen einer Nichtzulassungsbeschwerde vgl. oben Rn. 43 ff.

54 Gibt das LSG der Beschwerde statt und lässt die Berufung zu, so muss der Beschluss, der außerhalb der mündlichen Verhandlung ohne ehrenamtliche Richter ergeht, nicht begründet werden (§ 145 Abs. 4 Satz 2). Nach § 145 Abs. 5 wird das Beschwerdeverfahren als Berufungsverfahren fortgesetzt; der Einlegung einer Berufung durch den Beschwerdeführer bedarf es nicht. Auf beides ist im Zulassungsbeschluss hinzuweisen (§ 145 Abs. 5 Satz 2). Eine gesonderte Einlegung der Berufung ist jedoch bei anderen Beteiligten erforderlich, die das Urteil des SG anfechten wollen. Die Zulassungsentscheidung ist in einem nachfolgenden Revisionsverfahren für das BSG bindend. Dasselbe gilt für den Fall, dass das LSG die Beschwerde nur deshalb als unzulässig ansieht, weil es – entgegen dem SG – von der Zulässigkeit der Berufung ausgeht *(BSG NZS 2005, 333)*.

55 Die **Ablehnung der Zulassung** (Zurückweisung der Beschwerde wegen Unbegründetheit oder Verwerfung der Beschwerde bei Unzulässigkeit) erfolgt durch Beschluss (§ 145 Abs. 4 Satz 1), dem eine kurze Begründung beizufügen ist (§ 145 Abs. 4 Satz 3). Mit der Ablehnung der Beschwerde wird das Urteil des SG rechtskräftig (§ 145 Abs. 4 Satz 4); eine weitere Beschwerde (zum BSG) ist nicht zulässig. In der negativen Beschwerdeentscheidung ist zugleich eine Entscheidung über die Kosten des Beschwerdeverfahrens zu treffen. Bei einer Zulassung der Berufung wird über die Kosten des Beschwerdeverfahrens im Berufungsurteil entschieden. Gebührenrechtlich ist die Nichtzulassungsbeschwerde ein eigenständiges Verfahren (§ 14 Abs. 2 BRAGO); zur Höhe der Anwaltsgebühren vgl. § 116 Abs. 1 Satz 2 BRAGO.

6 Durchführung des Berufungsverfahrens 56

6.1 Einlegung der Berufung

6.1.1 Berufungsfrist

Gemäß § 151 Abs. 1 ist die Berufung beim LSG innerhalb eines Monats nach Zustellung des Urteils schriftlich oder zur Niederschrift des Urkundsbeamten der Geschäftsstelle einzulegen. Gemäß § 151 Abs. 2 wird die Berufungsfrist auch durch Einlegung bei dem SG gewahrt, das das Urteil erlassen hat. Die Einlegung der Berufung bei einem anderen SG oder bei einer anderen Behörde wahrt die Frist dagegen nicht, denn § 91, der die Frist wahrende Wirkung der Klageerhebung bei einem anderen als dem zuständigen Gericht oder einer Behörde regelt, ist gemäß § 153 Abs. 1 im Berufungsverfahren nicht anwendbar. In derartigen Fällen kann jedoch ggf. Wiedereinsetzung gewährt werden, wenn im Zeitpunkt des Eingangs der Berufungsschrift bei der unzuständigen Behörde noch genügend Zeit verblieben wäre, um die Berufung rechtzeitig an das LSG weiterzuleiten und die verzögerte Weiterleitung auf pflichtwidrigem Verhalten der anderen Behörde beruht *(BSGE 38, 248)*.

Bei einer Zustellung des Urteils im Ausland beträgt die Berufungsfrist gemäß 57 § 87 Abs. 1 Satz 2, der über § 153 Abs. 1 heranzuziehen ist, drei Monate. Die Frist beträgt jedoch nur einen Monat, wenn das Urteil einem Prozessbevollmächtigten oder einem Zustellungsbevollmächtigten (nach § 63 Abs. 3) im Inland zugestellt wurde *(BSG SozR 1500 § 151 Nr. 4)*.

Die **Frist beginnt** mit der Zustellung des Urteils (zur Fristbestimmung vgl. 58 Kap. VII Rn. 13; zur Form der Zustellung Kap. VII Rn. 213). Die Verkündung des Urteils ist für den Beginn der Frist dagegen unerheblich. Die Berufung kann jedoch schon nach der Urteilsverkündung und vor der Zustellung des Urteils eingelegt werden. Fehlt es an einer formgerechten Zustellung, so wird die Berufungsfrist nicht in Gang gesetzt. Bei fehlender oder unrichtiger Rechtsmittelbelehrung gilt gem. § 66 Abs. 2 eine Frist von einem Jahr. Lehnt das SG einen nach Urteilsverkündung (innerhalb von einem Monat nach Zustellung) gestellten Antrag auf Zulassung der Sprungrevision ab, so beginnt die Berufungsfrist erneut (§ 161 Abs. 3).

6.1.2 Form der Berufung

Die Berufung kann von den Beteiligten selbst eingelegt werden; ein Vertretungs- 59 zwang besteht vor dem LSG nicht.

Soweit § 151 Abs. 1 Schriftform verlangt, ist nach der Rechtsprechung grund- 60 sätzlich ein unterschriebener Schriftsatz erforderlich (Unterschied zur Klageschrift, die nicht unterschrieben sein muss!). Eine fehlende Unterschrift steht der Wirksamkeit der Berufungseinlegung nur dann nicht entgegen, wenn aus sonstigen Anzeichen (z.B. handschriftliche Angabe der Adresse des Berufungsklägers auf dem Berufungsschriftsatz u.ä.) eindeutig auf den Willen des Berufungsführers geschlossen werden kann, dass der Schriftsatz der Einlegung des Rechtsmittels dienen sollte *(eingehend hierzu BVerwGE 81, 32, 35; BFH NJW 1996, 1432)*. Als

Unterschrift reicht eine Paraphe nicht aus *(BSG SozR 1500 § 151 Nr. 3)*; allerdings ist es nicht erforderlich, dass die Unterschrift ohne weiteres lesbar ist. Bei Behörden genügt eine maschinenschriftlich wiedergegebene Unterschrift des Urhebers der Berufung mit einem Beglaubigungsvermerk *(GemS SozR 1500 § 164 Nr. 14)*.

61 Die Forderung nach einer **eigenhändigen Unterschrift** wird auch bei Privatpersonen durch den Einsatz moderner Tele-Kommunikationsmittel immer fragwürdiger. Die Rechtsprechung lässt seit jeher die Einreichung bestimmender Schriftsätze (vgl. zu diesem Begriff: *Thomas/Putzo § 129 Rn. 5)* durch Telegramm zu. Bei dieser Übertragungsform war aber ein Nachweis der Urheberschaft und des Willens, das Schreiben in den Verkehr zu geben, nur zu der Zeit gewährleistet, als das Telegramm noch persönlich aufzugeben war und der Aufgebende seine Identität nachweisen musste. Seit Zulassung der telefonischen Telegrammaufgabe ist schon eine Kontrolle der Urheberschaft nicht mehr möglich. Das Gleiche gilt für das zwischenzeitlich technisch überholte Telex-Verfahren, das ebenfalls dem Schriftformerfordernis genügen sollte. Wenig folgerichtig erscheint von daher die z. Zt. noch bestehende Forderung der Rechtsprechung, das in der Form der Telekopie übermittelte Telefax müsse unterschrieben sein *(BSG SozR 1500 § 160 a Nr. 53; BSG SozR 3-4100 § 91 Nr. 1)*, denn dieses Übermittlungsverfahren gibt keinen Nachweis dafür, dass es sich um eine eigenhändige Unterschrift handelt. Für das Btx-Verfahren (vgl. *BVerwG NJW 1995, 2121)* und die mittels PC-Modem als Datei an das Telefax-Empfangsgerät des LSG geleitete Berufung *(BSG SozR 3-1500 § 151 Nr. 2, bestätigt durch GmSOGB, NJW 2000, 1039)* hat die Rechtsprechung auf das Erfordernis einer eigenhändigen Unterschrift verzichtet; schon aus technischen Gründen käme bei diesen Verfahren allenfalls das Einscannen einer Unterschrift in Betracht. Eine eingescannte und mittels Funktionstaste in die Datei eingefügte Unterschrift hat im Rechtsverkehr jedoch keinerlei Beweiswert (vgl. *BSG SozR 3-1500 § 151 Nr. 2)*. Eine telefonische Berufungseinlegung ist nicht möglich.

62 Auch wegen fehlender Unterschrift ist ggf. Wiedereinsetzung zu gewähren, wenn bei einem rechtzeitigen Hinweis des LSG noch innerhalb der Berufungsfrist eine Nachholung des Formerfordernisses möglich gewesen wäre.

63 Mindesterfordernisse an den **Inhalt der Berufungsschrift** stellt das SGG grundsätzlich nicht. Hieraus folgt mittelbar bereits, dass es eine Frist zur Begründung der Berufung nicht gibt. Nach § 151 Abs. 3 soll die Berufungsschrift zwar das angefochtene Urteil bezeichnen, einen bestimmten Antrag enthalten und die zur Begründung dienenden Tatsachen und Beweismittel angeben, doch hat das Fehlen dieser Angaben keine Auswirkungen. Die Berufungsschrift muss auch nicht als solche bezeichnet sein. Wesentlich ist, dass sich aus der eingereichten Erklärung ergibt, dass der Urheber eine gerichtliche Überprüfung des erstinstanzlichen Urteils begehrt.

6.1.3 Berufungsschrift mit Begründung der Berufung 64

Schriftsatzmuster

Rechtsanwalt L.
Landessozialgericht Niedersachsen

In dem Rechtsstreit

des Rentners G. K.   Kläger und Berufungskläger,

Proz.-Bev. Rechtsanwalt L.

g e g e n

die Betriebskrankenkasse V.,

vertreten durch den Vorstand,   Beklagte und Berufungsbeklagte,

lege ich namens und in Vollmacht des Klägers gegen das Urteil des SG Hildesheim vom ..., Aktenzeichen: S 3 Kr 104/01

Berufung

ein und beantrage:

1. das Urteil des SG Hildesheim vom ... sowie den Bescheid der Beklagten vom ... in der Gestalt des Widerspruchsbescheides vom ... aufzuheben,

2. die Beklagte zu verurteilen, die vom Kläger verauslagten Zuzahlungen zu Arznei, Verband- und Heilmitteln sowie die Kosten für Fahrten zu ambulanten Untersuchungen im Krankenhaus A. in der Zeit vom ... bis ... zu erstatten.

Begründung:

Die Beteiligten streiten darüber, ob der Kläger von der Zuzahlung zu Arznei, Verband- und Heilmitteln zu befreien war und ob die Beklagte verpflichtet war, notwendige Fahrtkosten in vollem Umfang zu tragen, die durch den Transport des Klägers zu ambulanten Behandlungen im Krankenhaus A. in der Zeit vom ... bis ... entstanden sind (§ 61 Abs. 1 Nrn. 1 und 3 SGB V). Der Kläger verfügt nur über ein Einkommen in Höhe von ... €, seine Ehefrau ist einkommenslos. Der im gemeinsamen Haushalt lebende volljährige Sohn des Klägers war bis zum ... arbeitslos und hatte kein Einkommen. Die Beklagte geht davon aus, der Sohn des Klägers sei bei der Berechnung des Freibetrages, bis zu dem Zuzahlungen als unzumutbar gelten, nicht zu berücksichtigen, weil er nicht aufgrund der Mitgliedschaft des Klägers bei der Beklagten familienversichert gewesen sei. Bereits im erstinstanzlichen Verfahren wurde dargelegt, dass § 61 Abs. 4 SGB V für eine derart einengende Auslegung keine Grundlage enthält. Nach dem eindeutigen Wortlaut der Regelung ist der Freibetrag für jeden „in dem gemeinsamen Haushalt lebenden Angehörigen" entsprechend zu erhöhen; die Notwendigkeit, dass dieser familienversichert ist, lässt sich der Vorschrift dagegen nicht entnehmen.

Nachdem der Zeitraum, für den die Befreiung von der Zuzahlung begehrt wird, zwischenzeitlich abgelaufen ist, war der im erstinstanzlichen Verfahren unter 2. gestellte

Leistungsantrag, mit dem die Befreiung von der Zuzahlung beantragt wurde, in einen Antrag auf Kostenerstattung umzustellen[1]).

Das SG hat über die Zulassung der Berufung keine Entscheidung getroffen. Nach der dem Urteil beigefügten Rechtsmittelbelehrung kann das Urteil mit der Berufung angefochten werden.[2]) Das SG ist offensichtlich davon ausgegangen, dass die Berufung kraft Gesetzes statthaft ist. Hiergegen könnten Zweifel bestehen, weil der Sohn des Klägers seit dem ... in einem Beschäftigungsverhältnis steht und seither über eigenes Einkommen verfügt, das nach § 61 Abs. 3 Satz 1 SGB V zu berücksichtigen ist. Der Abschluss des Beschäftigungsverhältnisses erfolgte zwar schon vor dem Termin der mündlichen Verhandlung im erstinstanzlichen Verfahren. Mein Mandant hatte mich hierüber jedoch nicht informiert, sodass ich diesen Umstand vor dem SG nicht vortragen konnte.

Die Berufung ist trotz der zeitlichen Beschränkung des Anspruchs auf Befreiung von der Zuzahlungspflicht und trotz der Umstellung auf einen Kostenerstattungsanspruch statthaft, weil der Beschwerdewert insgesamt über 500 € liegt und damit die Wertgrenze aus § 144 Abs. 1 Satz 1 Nr. 1 SGG überschritten wird. Dies ergibt sich aus der beigefügten Aufstellung der zuzahlungspflichtigen Leistungen, die dem Kläger während des streitigen Zeitraums gewährt wurden.

Für den Fall, dass der Senat zu dem Ergebnis kommt, dass die Beschwerdesumme von 500 € nicht erreicht wird, bitte ich um einen Hinweis, um ggf. gegen die Nichtzulassung der Berufung im Urteil des SG Hildesheim Beschwerde einlegen zu können[3]). Die Beschwerde wäre schon deshalb begründet, weil es sich um eine Rechtssache von grundsätzlicher Bedeutung handelt.

gez. Rechtsanwalt L.

Anmerkungen:

1) Nach *BSGE 71, 221, 222 (= SozR 3-2500 § 61 Nr. 1)* ist eine Umstellung des Befreiungsantrags in einen Kostenerstattungsantrag (wegen unrechtmäßiger Ablehnung der Sachleistungspflicht, vgl. § 13 Abs. 3 SGB V) nicht unbedingt erforderlich, weil auch nach Ablauf des maßgebenden Zeitraums im Hinblick auf den Anspruch auf Erstattung geleisteter Zuzahlungen ein Rechtsschutzinteresse an der Dokumentation des Befreiungsanspruchs („Befreiungs-Bescheinigung") bestehe. Die Entscheidung lässt jedoch nicht erkennen, warum der Kläger in einem derartigen Fall nicht verpflichtet ist, die effektivere Form des Rechtsschutzes zu wählen.
2) Dies ist keine Zulassungsentscheidung, vgl. Rn. 39.
3) Das LSG ist schon von Amts wegen verpflichtet, diesen Hinweis zu erteilen *(vgl. Zeihe, NVwZ 1995, 560)*. Es darf die Berufung nicht ohne Weiteres als unzulässig verwerfen. Mit der Bitte um Erteilung eines Hinweises lenkt der Berufungskläger das Augenmerk des Berichterstatters bzw. des Vorsitzenden auf die Notwendigkeit einer unverzüglichen gründlichen Prüfung der Statthaftigkeit der Berufung.

6.2 Das Verfahren

65 Für das Verfahren vor den Landessozialgerichten gelten die Vorschriften des erstinstanzlichen Verfahrens entsprechend (§ 153 Abs. 1). Das LSG hat den Rechts-

streit in rechtlicher und tatsächlicher Hinsicht in vollem Umfang zu überprüfen. Hierbei muss es gemäß § 157 auch neu vorgebrachte Tatsachen und Beweismittel berücksichtigen und ggf. erneut Beweis erheben. Bis zum SGG-ÄndG 2008 kannte der Sozialgerichtsprozess auch im Berufungsverfahren keine Präklusion.

Mit § 157a hat das SGG-ÄndG 2008 auch für das Berufungsverfahren eine **65a** **Präklusionsregelung** eingeführt. Neue Erklärungen und Beweismittel, die im ersten Rechtszug entgegen einer hierfür gesetzten Frist (§ 106a Abs. 1 und 2) nicht vorgebracht worden sind, kann das Gericht unter den Voraussetzungen des § 106a Abs. 3 zurückweisen. Nach § 157a Abs. 2 bleiben Erklärungen und Beweismittel, die das Sozialgericht zu Recht zurückgewiesen hat, auch im Berufungsverfahren ausgeschlossen. § 157a gilt über § 165 auch für Verfahren vor dem Bundessozialgericht. Eine entsprechende Regelung ist in der VwGO (§ 128a) bereits seit 1991 enthalten. Während aber § 128a VwGO die Zulassung neuer Erklärungen und Beweismittel kategorisch ausschließt, wenn ihre Zulassung die Erledigung des Rechtsstreits verzögern würde oder wenn der Beteiligte die Verspätung nicht genügend entschuldigt, stellt § 157a die Zurückweisung in das Ermessen des Gerichts. Wegen der Voraussetzungen, unter denen verspätetes Vorbringen zurückgewiesen werden kann, vgl. im Einzelnen Kap. VII Rn. 132a bis 132c.

Gem. § 155 Abs. 1 kann der Vorsitzende seine Aufgaben im vorbereitenden **66** Verfahren einem Berufsrichter des Senats übertragen und diesen zum Berichterstatter ernennen. Zu den übertragbaren Aufgaben zählt seit der Änderung des § 155 Abs. 1 durch das RpflEntlG auch die Gewährung von Akteneinsicht (§ 120). Der Berichterstatter ist jeweils im Vorhinein für das Geschäftsjahr für bestimmte Fälle zu bestellen, die nach abstrakten Kriterien zu bestimmen sind. Ein nach einem senatsinternen Geschäftsverteilungsplan bestellter Berichterstatter (vgl. § 21g GVG) kann nicht in einem herausgegriffenen Einzelfall von seinen Aufgaben entbunden werden *(BSG SozR 3-1500 § 155 Nr. 2)*.

Durch die mit dem RpflEntlG eingefügten Abs. 2 bis 4 des § 155 hat die Be- **67** richterstatterbestellung ein größeres Gewicht bekommen. Nach § 155 Abs. 4 entscheidet der Berichterstatter anstelle des Vorsitzenden im vorbereitenden Verfahren in den in § 155 Abs. 2 im Einzelnen aufgeführten Angelegenheiten (vgl. unten Rn. 68). Im Einverständnis mit den Beteiligten kann der Vorsitzende oder, wenn er bestellt ist, der Berichterstatter auch sonst **anstelle des Senats entscheiden** (§ 155 Abs. 3), vgl. unten Rn. 69.

Durch § 155 Abs. 2 wird die Entscheidung über bestimmte Angelegenheiten **68** im vorbereitenden Verfahren, zu denen nicht die abschließende Endentscheidung durch Urteil oder Beschluss zählen, auf den Vorsitzenden bzw. den Berichterstatter übertragen. Die Vorschrift entspricht § 87a Abs. 1 VwGO. Sie gilt auch für Verfahren des vorläufigen Rechtsschutzes *(vgl. Niesel Rn. 407; Kopp/Schenke, VwGO § 87a Rn. 2)*. Der Begriff „vorbereitendes Verfahren" wird im Gesetz nicht definiert. Die Kompetenz zur Entscheidung über den Streitwert (Abs. 2 Nr. 4) umfasst die Festsetzung des Gegenstandswertes, wenn sich der Rechtsstreit unstreitig erledigt; diejenige zur Entscheidung über die Kosten alle isolierten Kostenentscheidungen, jedoch nicht die Entscheidung über die PKH (*ML § 155 Rn. 9 d*).

69   Nach § 155 Abs. 3 kann der Vorsitzende bzw. der Berichterstatter (§ 155 Abs. 4) im Einverständnis der Beteiligten auch sonst anstelle des Senats entscheiden (**konsentierter Einzelrichter**). Die Vorschrift entspricht § 87a Abs. 3 VwGO; zu dem im Gesetzgebungsverfahren damit verfolgten Ziel vgl. *BT-Drucks. 12/1217, S. 53*. Die Übertragung der Entscheidungsgewalt auf den Vorsitzenden bzw. den Berichterstatter bezieht sich auch auf die abschließende Entscheidung durch Urteil. Eine Zurückweisung der Berufung durch Beschluss wegen offensichtlicher Unbegründetheit (§ 153 Abs. 4) ist dagegen dem Senat (ohne Mitwirkung der ehrenamtlichen Richter) vorbehalten. Trotz erklärtem Einverständnis steht es im Ermessen des Vorsitzenden bzw. des Berichterstatters, ob er allein oder mit dem Senat entscheidet. Fraglich ist, ob es als ermessensfehlerhaft anzusehen ist, wenn der konsentierte Einzelrichter über höchstrichterlich noch nicht geklärte Rechtsfragen von grundsätzlicher Bedeutung entscheidet oder seiner Entscheidung einen Rechtssatz zugrunde legt, der von der höchstrichterlichen Rechtsprechung abweicht und er deswegen die Revision zulässt. Der 9. Senat des BSG hat mit *Urteil vom 8. 11. 2007 (B 9/9a SB 3/06 R)* entschieden, dass der Einzelrichter in diesen Fällen trotz des von den Beteiligten erklärten Einverständnisses nicht zur Entscheidung befugt ist und stattdessen eine Entscheidung durch den gesamten Spruchkörper zu erfolgen hat. Die Annahme einer Entscheidungsbefugnis durch den Einzelrichter auch in derartigen Verfahren von grundsätzlicher Bedeutung sei ermessensfehlerhaft und stelle einen absoluten Verfahrensfehler (Entzug des gesetzlichen Richters) dar. Die hierin zum Ausdruck kommende Begrenzung der Entscheidungskompetenz des Einzelrichters trotz Einverständnis der Beteiligten findet im Wortlaut des § 155 Abs. 3 bzw. 4 keine Grundlage. Zwar hält auch das BVerfG den Einzelrichter nicht für befugt, eine Vorlage nach Art. 100 GG zu beschließen (*BVerfG NJW 1999, 274* zu § 79 Abs. 3 FGO); begründet wurde dies allerdings mit der Subsidiarität der Verfassungsgerichtsbarkeit. Mit dieser Besonderheit lässt sich die Eröffnung der Revisionsinstanz durch den konsentierten Einzelrichter – am Senat des LSG vorbei – nicht gleichsetzen.

69a   Speziell für Berufungen gegen Gerichtsbescheide nach § 105 sieht **§ 153 Abs. 5** die Möglichkeit vor, **ohne Zustimmung** der Beteiligten durch Beschluss des Senats die Berufung dem Berichterstatter zu übertragen, der dann aber zusammen mit den ehrenamtlichen Richtern zu entscheiden hat. Hierdurch soll der Spruchkörper von den Fällen entlastet werden, die wegen geringerer Schwierigkeit bereits in erster Instanz nicht durch Urteil erledigt wurden; andererseits aber im Hinblick auf Art. 6 Abs. 1 EMRK eine mündliche Verhandlung erforderlich machen. Eine Rückübernahme durch den Senat ist nicht möglich (*ML § 153 Rn. 25*). Eine mündliche Verhandlung wird nicht für erforderlich gehalten, wenn der Kläger gemäß § 105 Abs. 2 Satz 2 die Möglichkeit hatte, auf den Gerichtsbescheid mündliche Verhandlung zu beantragen (*LSG Berlin-Brandenburg 18. 6. 2010, L 10 AS 779/10*).

6.3 Wirkungen der Berufung

70

Die Berufung hat wie jedes Rechtsmittel Suspensivwirkung, das heißt sie verhindert den Eintritt der Rechtskraft. Aufschiebende Wirkung hat die Berufung (und die Beschwerde gegen die Nichtzulassung der Berufung), soweit die Klage nach § 86a Aufschub bewirkt. § 154 wurde im 6. SGG-ÄndG an die grundlegende Neugestaltung des vorläufigen Rechtsschutzes angepasst (vgl. hierzu Kap. V). Berufung und Nichtzulassungsbeschwerde eines Versicherungsträgers oder eines Landes in Bezug auf die Kriegsopferversorgung haben nur insoweit aufschiebende Wirkung, als es sich um Beträge handelt, die für die Zeit vor Erlass des angefochtenen Urteils nachgezahlt werden sollen. Soweit das SG zu einer laufenden Leistung verurteilt hat, tritt für die Zeit nach Erlass des erstinstanzlichen Urteils keine aufschiebende Wirkung ein. Der Versicherungsträger muss daher die Verurteilung zur Rentengewährung ausführen und die laufende Rentenzahlung aufnehmen. Auf seinen Antrag hin (oder von Amts wegen) kann der Vorsitzende des für die Berufung zuständigen Senats jedoch gemäß § 199 Abs. 2 die Vollstreckung durch einstweilige Anordnung aussetzen. Dieser hat die Aussetzung nach pflichtgemäßem Ermessen anzuordnen. Eine Aussetzungsanordnung soll jedoch nur dann erfolgen, wenn die Berufung offensichtlich Aussicht auf Erfolg hat *(BSGE 12, 138; BSGE 33, 118, 121); a.A. Bürck DAngVers. 1990, 445, 448; Zeihe SGb 1994, 505; Niesel Rn. 400*: Aussetzung auch dann, wenn der Erfolg des vom Versicherungsträger eingelegten Rechtsmittels nur überwiegend wahrscheinlich ist. Die Anordnung ist nicht anfechtbar, kann aber jederzeit geändert werden.

Liegen die Voraussetzungen für die von Gesetzes wegen eintretende aufschiebende Wirkung nicht vor, so kann auch das LSG gemäß § 86b Abs. 1 Satz 1 Nr. 2 den Vollzug des angefochtenen Verwaltungsaktes aussetzen und die aufschiebende Wirkung ganz oder teilweise anordnen (vgl. im Einzelnen Kap. V).

71

6.4 Abschluss des Berufungsverfahrens

72

6.4.1 Berufungsrücknahme

Auch die Berufung kann – ohne Zustimmung der anderen Beteiligten – bis zum Schluss der mündlichen Verhandlung zurückgenommen werden. Durch die Rücknahme tritt der Verlust des Rechtsmittels ein (§ 156 Abs. 2 Satz 1). Das erstinstanzliche Urteil wird damit rechtskräftig. Hierzu kommt es nicht, wenn eine Berufung zurückgenommen wird, die das SG unzutreffend (irrtümlich oder bewusst) als statthaft angesehen hat, wenn gleichzeitig Nichtzulassungsbeschwerde eingelegt wird. In einem derartigen Fall war die Berufungsinstanz noch nicht eröffnet, als das nicht statthafte Rechtsmittel eingelegt wurde. Die Berufungsrücknahme ist für den Berufungsführer nicht automatisch mit einer negativen Kostenfolge verbunden. Gemäß § 156 Abs. 2 Satz 2 hat das Gericht über die Kosten (das sind auch im Berufungsverfahren grundsätzlich nur die außergerichtlichen Kosten) durch Beschluss zu entscheiden. Die Rücknahme kann ggf. auch auf einen abgrenzbaren Teil des Streitgegenstandes bei Weiterführung der Berufung bezüglich des übrigen Teils beschränkt werden.

73 Wegen Anerkenntnis (Kap. VII Rn. 174) und Vergleich (Kap. VII Rn. 182) wird auf die Ausführungen unter Kap. VII 4.1.2 und 4.1.3 verwiesen.

6.4.2 Urteil oder Beschluss

74 Ist die Berufung nicht statthaft oder nicht frist- und formgerecht eingelegt, so ist sie als unzulässig zu verwerfen (§ 158 Abs. 1 Satz 1). Diese Entscheidung kann durch Beschluss ergehen (§ 158 Satz 2), vgl. unten Rn. 77. Eine zulässige Berufung, die sich als unbegründet erweist, kann durch Beschluss zurückgewiesen werden, wenn das LSG (d.h. der Senat ohne Mitwirkung der ehrenamtlichen Richter) sie einstimmig für unbegründet und eine mündliche Verhandlung nicht für erforderlich hält (§ 153 Abs. 4), vgl. unten Rn. 78. Liegen diese Voraussetzungen nicht vor, so ist die unbegründete Berufung – in der Regel nach mündlicher Verhandlung – durch Urteil zurückzuweisen.

75 In den Fällen, in denen über die Berufung – ohne mündliche Verhandlung – durch Beschluss entschieden werden kann, müssen die Beteiligten zuvor über die Möglichkeit, dass das Gericht durch Beschluss entscheiden kann, unterrichtet werden (sog. Anhörungsmitteilung). In § 153 Abs. 4 Satz 2 ist dies ausdrücklich vorgeschrieben; die Verpflichtung ergibt sich jedoch (auch für den Beschluss nach § 158) schon aus dem Grundsatz des rechtlichen Gehörs *(Niesel Rn. 426)*. Die Anhörungsmitteilung muss keine Begründung dafür enthalten, warum das LSG eine Entscheidung durch Beschluss in Erwägung zieht *(ML § 153 Rn. 19)*. Sie muss den Beteiligten jedoch so rechtzeitig zugehen, dass diese hierauf reagieren können, bevor das Gericht entscheidet *(BSG, Urteil vom 7. 11. 2000, B 2 U 14/00 R)*. Werden auf die Anhörungsmitteilung hin Einwände gegen eine Entscheidung ohne mündliche Verhandlung erhoben, so muss das Gericht hierauf entweder schriftlich antworten und den Beteiligten erneut anhören oder eine mündliche Verhandlung durchführen *(BSG SozR 4-1500 § 154 Nr 2 = NZS 2007, 335;* vgl. auch *Leitherer, NZS 2007, 225, 227)*; es sei denn das Vorbringen ist aus der materiell-rechtlichen Sicht des Berufungsgerichts unerheblich *(so im Hinblick auf die entsprechende Regelung in § 130a VwGO: BVerwG NVwZ 2010, 845)*.

76 Ist die Berufung begründet, so wird das erstinstanzliche Urteil (ganz oder teilweise) aufgehoben. Das LSG hat dann grundsätzlich eine eigene Sachentscheidung zu treffen. Ausnahmsweise kann es den Rechtsstreit jedoch an das SG zurückverweisen, wenn eine der folgenden Voraussetzungen vorliegt (§ 159 Abs. 1 Nrn. 1 bis 3):

1. wenn das SG die Klage abgewiesen hat, ohne in der Sache selbst zu entscheiden,
2. wenn das Verfahren an einem wesentlichen Mangel leidet,
3. wenn nach dem Erlass des angefochtenen Urteils neue Tatsachen oder Beweismittel bekannt werden, die für die Entscheidung wesentlich sind.

Ob das LSG in diesen Fällen zurückverweist oder in der Sache entscheidet, steht in seinem Ermessen *(vgl. Fichte SGb 1987, 271)*. Bei einer Zurückverweisung ist das SG an die rechtliche Beurteilung, die das LSG der Aufhebung zugrunde gelegt hat, gebunden (§ 159 Abs. 2).

6.4.2.1 Beschluss bei unzulässiger Berufung

Gem. § 158 kann eine nicht statthafte oder nicht frist- oder formgerecht einge-   77
legte Berufung durch Beschluss als unzulässig verworfen werden. Die unzulässige
Berufung kann dagegen nicht durch Gerichtsbescheid (entsprechend dem früheren Vorbescheid nach § 158 Abs. 2 Satz 1 a.F.) verworfen werden. Die in § 158
aufgeführten Gründe erfassen nicht alle Möglichkeiten einer unzulässigen Berufung. Wegen des eindeutigen Wortlauts dürfte eine erweiterte Auslegung nicht in
Betracht kommen. Ob die Verwerfung der Berufung durch Beschluss auch dann
zulässig ist, wenn das SG durch Gerichtsbescheid – also auch ohne Durchführung
einer mündlichen Verhandlung – entschieden hat, erscheint im Hinblick auf Art. 6
der Europäischen Menschenrechtskonvention (EMRK) zweifelhaft. Danach muss
zumindest in einer Instanz eine mündliche Verhandlung garantiert sein. Obwohl
§ 158 im Gegensatz zu § 153 Abs. 4 die Entscheidung durch Beschluss nach
einem Gerichtsbescheid im erstinstanzlichen Verfahren nicht ausdrücklich ausschließt, wird man § 158 im Hinblick auf Art. 6 EMRK entsprechend auslegen
müssen.

6.4.2.2 Beschluss bei unbegründeter Berufung

Nach § 153 Abs. 4 kann das LSG die Berufung durch Beschluss zurückweisen,   78
wenn die Berufsrichter des Senats sie einstimmig für unbegründet und eine
mündliche Verhandlung nicht für erforderlich halten. Hierdurch sollen eindeutig
aussichtslose Berufungen ohne zeitlichen Aufwand erledigt werden können. Ausgenommen sind Berufungen gegen Gerichtsbescheide; über sie muss das LSG
nach mündlicher Verhandlung entscheiden, da zumindest in einer Instanz eine
mündliche Verhandlung stattfinden muss. Aufgrund des mit dem SGG-ÄndG
neu eingefügten § 153 Abs. 5 kann der Senat jedoch die Entscheidungsbefugnis
auf den Berichterstatter übertragen, der dann – nach mündlicher Verhandlung –
zusammen mit den ehrenamtlichen Richtern entscheidet. Im Einverständnis der
Beteiligten kann das LSG zudem auch in diesen Fällen ohne mündliche Verhandlung durch Urteil (gem. § 124 Abs. 2) entscheiden. Eine Entscheidung durch Beschluss ist nicht nur in rechtlich und tatsächlich einfachen Sachen zulässig. Sie
kann auch nach einer im Berufungsverfahren durchgeführten Beweisaufnahme,
etwa der Einholung eines Sachverständigengutachtens ergehen (*BSG SozR 3-1500
§ 153 Nr. 1*).

Die **Wahl des Beschlussverfahrens** darf vom LSG **nicht willkürlich** eingesetzt   78a
werden. Sie steht in seinem pflichtgemäßen Ermessen („kann") und ist in einem
nachfolgenden Revisionsverfahren auch darauf zu prüfen, ob das Gericht von seinem Ermessen erkennbar fehlerhaften Gebrauch gemacht hat, etwa wenn der Beurteilung sachfremde Erwägungen oder eine grobe Fehleinschätzung zugrunde
liegen (*BSG SozR 3-1500 § 153 Nr. 1 und Nr. 13*). Ausgehend von der Tatsache,
dass die mündliche Verhandlung grundsätzlich das Kernstück des sozialgerichtlichen Verfahrens bildet, weil sie zugleich den Anspruch der Beteiligten auf rechtliches Gehör sicherstellen soll, kann eine „Überflüssigkeit" der mündlichen Verhandlung etwa nicht angenommen werden, wenn sich bei umfangreichem und

schwierigem Streitstoff eine Erörterung mit den Beteiligten geradezu aufdrängt *(BSG SozR 3-1500 § 153 Nr. 13 und Beschluss vom 11. 12. 2002, B 6 KA 13/02 B).* Generell wird eine mündliche Verhandlung nur dann als entbehrlich erscheinen können, wenn der Sachverhalt umfassend ermittelt worden ist, sodass die Klärung von Tatfragen in einer mündlichen Verhandlung nicht mehr in Betracht kommt oder wenn etwa im Berufungsverfahren der erstinstanzliche Vortrag im Wesentlichen wiederholt wird. Ist die Wahl des vereinfachten Verfahrens ohne mündliche Verhandlung gegen den ausdrücklichen Willen von Beteiligten unter keinen Umständen zu rechtfertigen, liegt eine grobe Fehleinschätzung vor. Eine Verletzung des § 153 Abs. 4 Satz 1 führt zur unvorschriftsmäßigen Besetzung des Berufungsgerichts (Ausschluss der ehrenamtlichen Richter) und stellt damit einen absoluten Revisionsgrund gemäß § 202 SGG i. V. m § 547 Nr. 1 Zivilprozessordnung dar.

6.4.2.3 Begründungserleichterung im Urteil

79 Weist das LSG die Berufung aus den Gründen der angefochtenen Entscheidung des SG als unbegründet zurück, so kann es von einer weiteren Darstellung der Entscheidungsgründe absehen (§ 153 Abs. 2). Die Regelung gilt entsprechend auch für die Zurückweisung der Berufung durch Beschluss sowie für Beschlüsse im Beschwerdeverfahren *(vgl. Bernsdorff, in: Hennig, SGG, § 153 Rn. 25).* Die entsprechende Regelung für das erstinstanzliche Urteil findet sich in § 136 Abs. 3, die wegen der in § 153 Abs. 1 enthaltenen Verweisung auf die für den ersten Rechtszug geltenden Verfahrensvorschriften auch für das Berufungsverfahren gilt; § 153 Abs. 2 hätte es deshalb nicht bedurft.

80 § 153 Abs. 2 lässt sowohl eine völlige als auch eine teilweise Bezugnahme auf die Entscheidungsgründe des angefochtenen Urteils zu. Das Ausmaß der Bezugnahme muss jeweils ausdrücklich angegeben werden. Schließt sich das LSG der Begründung des SG nur teilweise an, so sind die in Bezug genommenen Teile der Begründung im Einzelnen anzugeben *(Bernsdorff, in: Hennig, SGG, § 153 Rn. 38 m.w.N.).* Ein Verzicht auf die Entscheidungsgründe ist jedoch nicht zulässig, wenn hierdurch gegen den Grundsatz des rechtlichen Gehörs verstoßen wird; etwa wenn im Berufungsverfahren neue, erhebliche und in den Entscheidungsgründen des SG nicht behandelte rechtliche Erwägungen oder Tatsachen vorgebracht werden *(BSG SozR 31500 § 153 Nr. 3 = NJW 1997, 2003).* Ausgeschlossen ist der Begründungsverzicht auch bezüglich der Gründe des erstinstanzlichen Urteils, die vom Berufungsführer ausdrücklich und substanziiert angegriffen werden. Etwas Anderes gilt nur dann, wenn die Einwendungen ohne Weiteres und offensichtlich als verfehlt zu erkennen sind *(vgl. BSG SozR 31500 § 153 Nr. 3 = NJW 1997, 2003; BVerwG Buchholz 312 EntlG Nr. 17).* Durch die Bezugnahme nach § 153 Abs. 2 werden Begründungsdefizite des SG-Urteils solche der LSG-Entscheidung. Ist im erstinstanzlichen Urteil nicht jeder für den Urteilsausspruch rechtserhebliche Streitpunkt in tatsächlicher und rechtlicher Hinsicht abgehandelt, so fehlen auch dem LSG-Urteil bei völliger Bezugnahme die Entscheidungsgründe *(BSG Urteil vom 29. 3. 2007, B 9a SB 4/06 R).* § 153 Abs. 2 bezieht sich von vornherein nicht auf die Darstellung des Sachverhalts. Die gedrängte Darstel-

lung des für die Entscheidung erheblichen Tatbestands (§ 136 Abs. 1 Nr. 5) ist schon deshalb nicht entbehrlich, weil das BSG nach § 163 im Revisionsverfahren an die im Urteil des LSG getroffenen tatsächlichen Feststellungen gebunden ist.

Das LSG muss im Urteil von Amts wegen Nebenentscheidungen über die Kosten (vgl. hierzu Kap. XII Rn. 60) und über die Zulassung der Revision treffen. Zu den Voraussetzungen der Revisionszulassung s. Kap. IX Rn. 14f.   *81*

6.5 Anschlussberufung und Verschlechterungsverbot

Mit der Berufung strebt der Berufungskläger eine Verbesserung seiner Rechtsposition gegenüber der erstinstanzlichen Entscheidung an. Genauso wie das SG die Verwaltungsentscheidung nicht zum Nachteil des Klägers ändern darf, ist dem Berufungsgericht eine ungünstigere Entscheidung als die Zurückweisung der Berufung verwehrt. Es sei denn, auch der Prozessgegner legt Berufung ein und beantragt eine für ihn günstigere Entscheidung. Dieser kann sich auch, selbst wenn er zunächst keine Berufung eingelegt hat, dem Rechtsmittel, durch das die Instanz bereits eröffnet worden ist, anschließen. Die Anschlussberufung ist im SGG nicht ausdrücklich geregelt; ihre Zulässigkeit ergibt sich jedoch aus § 524 ZPO i.V.m. § 202 *(BSGE 2, 229, 231; 24, 247, 248 und Krasney, Die Anwendbarkeit zivilprozessualer Vorschriften im sozialgerichtlichen Verfahren, S. 144ff.)*.

Die Anschlussberufung ist nicht an die Berufungsfrist gebunden und setzt auch keine Beschwer voraus. Nach § 524 Abs. 2 Satz 2 ZPO kann die Anschlussberufung noch innerhalb eines Monats nach Zustellung der Berufungsbegründung eingelegt werden. Wird die Anschlussberufung jedoch erst nach Ablauf der Berufungsfrist und ohne eigene Beschwer eingelegt, so handelt es sich um eine **unselbstständige Anschlussberufung,** die von der Existenz der Hauptberufung abhängig ist. Sie verliert ihre Wirkung, wenn der Berufungskläger die Berufung zurücknimmt oder wenn die Berufung als unzulässig zurückgewiesen wird.

Zur Zulässigkeit der Anschlussberufung von Beigeladenen, wenn die Beiladung erst im Berufungsverfahren erfolgt, vgl. BSGE 72, 271, 272 = SozR 3-2500 § 106 Nr. 19.

IX. KAPITEL
Revision

Schrifttum

Bley, Gerichtsverfassung und Verfahren des BSG und sein Beitrag zum Verfahrensrecht, Das Prozeßrecht des BSG, in: Sozialrechtsprechung Verantwortung für den sozialen Rechtsstaat, 1979, S. 817

Eul, Die Revision in der Sozialgerichtsbarkeit, DOK 1968, 489

Heldtke, Zur Durchführung des Revisionsverfahrens nach dem Gesetz zur Änderung des SGG vom 30. 7. 1974, Kompass 1975, 285

Krasney, Zur Revision im sozialgerichtlichen Verfahren, BKK 1988, 369

Kummer, Das Prozeßrecht in der sozialgerichtlichen Rechtsprechung und Literatur, in: Wannegat/Gitter (Hrsg.), Jahrbuch des Sozialrechts, erscheint jährlich

Kummer, Die Nichtzulassungsbeschwerde, 2. Aufl. 2010

Kummer, Formularbuch des Fachanwalts Sozialrecht, 2010

May, Die Revision, 2. Aufl. 1997

Schmidt, Zur Neufassung des § 160 SGG, SozSich. 1976, 84

Schwankhart, Die Eröffnung der dritten Instanz im sozialgerichtlichen Verfahren, in: Die Sozialversicherung der Gegenwart, Bd. 6, 1967

Wuttke, Die Revision im sozialgerichtlichen Verfahren unter Beachtung der höchstrichterlichen Rechtsprechung, ZfSH/SGB 1983, 433

1 Weiteres Rechtsmittel

Auch die Revision ist ein Rechtsmittel. Sie hemmt die Rechtskraft des mit ihr angefochtenen Urteils und bringt das Verfahren in eine höhere Instanz. Als Rechtsmittel gegen eine vorinstanzliche Gerichtsentscheidung verlangt sie eine Beschwer des Revisionsklägers durch das mit der Revision angefochtene Urteil. Als allgemeine Zulässigkeitsvoraussetzung für jedes Rechtsmittel muss die Beschwer noch zum Zeitpunkt der Entscheidung gegeben sein; ihr Wegfall macht das Rechtsmittel unzulässig (*BGH Beschluss vom 29. 6. 2004 – X ZB 11/04 NJW-RR 2004, 1365*).

Die Revision ist nicht zulässig, wenn auf das Rechtsmittel verzichtet ist. Ein Rechtsmittelverzicht ist zwar im SGG nicht ausdrücklich geregelt, aber nach § 202 i.V.m §§ 515, 565 ZPO zulässig (BSG MDR 1964, 181; *ML vor § 143 Rn. 11;* *Hk-SGG/Binder § 156 Rn. 3*). Er kann gegenüber dem Gericht oder gegenüber den anderen Beteiligten erklärt werden (*ML vor § 143 Rn. 11a*).

Die Wirksamkeit eines in der mündlichen Verhandlung im Anschluss an die Verkündung des Urteils erklärten Rechtsmittelverzichts ist nicht davon abhängig, dass er ordnungsgemäß protokolliert wurde (*BGH NJW 1984, 1465; NJW-RR 1986, 1327; 2007, 1451*). Sind das Protokoll oder die vorläufige Protokollaufzeichnung den Beteiligten nicht vorgelesen und von ihnen nicht genehmigt worden, fehlt dem Protokoll insoweit zwar die Beweiskraft einer öffentlichen Urkunde; auch in einem solchen Fall kann der Rechtsmittelverzicht aber unstreitig sein oder auf andere Weise bewiesen werden (*BGH NJW-RR 2007, 1451*). Inhalt und Tragweite eines gegenüber dem Gericht erklärten Rechtsmittelverzichts sind danach zu beurteilen, wie die Verzichtserklärung bei objektiver Betrachtung zu verstehen ist (*BGH NJW 1981, 2816; NJW-RR 2007, 1451*). Der gegenüber dem Gericht erklärte Verzicht ist von Amts wegen der gegenüber einem Beteiligten erklärte nur auf Einrede zu beachten (*BGHZ 27, 60, 61; BGH NJW-RR 97, 1288; ML vor § 143 Rn. 11b*). Ein vertraglicher Verzicht ist als Ausfluss der Dispositionsmaxime auch vor Urteilserlass zulässig (*BGHZ 28, 45, 47; ML vor § 143 Rn. 12*).

Somit dient die Revision auch der Überprüfung der Entscheidung des Einzelfalles. Aus dem Rechtsstaatsprinzip kann allerdings kein verfassungsrechtlicher Anspruch auf mehrere Instanzen abgeleitet werden (*BVerfGE 19, 323*). Das Rechtsstaatsprinzip gebietet insbesondere nicht, dass stets das Rechtsmittel der Revision gegeben ist (*BVerfGE 19, 327*). Diesen Gedanken folgend gestaltet das SGG die Revision (*ML Rn. 2b vor § 160; May S. 16ff.*). Sie ist nicht stets, sondern nur bei Zulassung gegeben (Rn. 3), und die Überprüfung beschränkt sich im Wesentlichen auf die richtige Rechtsanwendung. Das BSG ist an die tatsächlichen Feststellungen des LSG grundsätzlich gebunden (s. auch Rn. 307ff.). Die tatsächlichen Feststellungen sind nur auf Verfahrensrügen und lediglich in begrenztem Umfang überprüfbar. Aber selbst wenn die tatsächlichen Feststellungen des LSG mit begründeten Verfahrensrügen angegriffen sind, kann das BSG im Rahmen der Überprüfung des angefochtenen Urteils keine eigenen tatsächlichen Feststellungen treffen und an die Stelle der des LSG setzen; es hat vielmehr den Rechtsstreit an das LSG zurückzuverweisen, damit dieses verfahrensfehlerfrei die erforderlichen tatsächlichen Feststellungen treffen kann. Die Entscheidung eines Revisionsgerichts hat neben der rechtlichen Überprüfung des Einzelfalles die einheitliche Rechtsanwendung und dabei insbesondere die Einheitlichkeit der Rechtsfortbildung zu sichern (*BVerfG SozR 1500 § 160a Nr. 48*). Zwar wirkt auch die Rechtskraft des Urteils eines Revisionsgerichts nur zwischen den Beteiligten. Da aber in den vom BSG zu entscheidenden Revisionen einer der Beteiligten eine Verwaltungsbehörde ist, die regelmäßig über viele gleichartige Fälle zu entscheiden hat, liegt es im Wesen seiner höchstrichterlichen Rechtsprechung, „dass die Gerichte bei der Entscheidung der ihnen unterbreiteten Einzelfälle die Entscheidung allgemeiner Rechtsgrundsätze anstreben, an die sich untere Instanzen und Verwaltungsbehörden bei der künftigen Behandlung gleichartiger Fälle halten können …" (*BSGE 26, 89, 91 = SozR Nr. 1 zu § 627 RVO*). Dem trägt auch § 48 Abs. 2 SGB X Rechnung, wonach ein Verwaltungsakt im Einzelfall mit Wirkung für die Zukunft auch dann aufgehoben werden muss („… ist … aufzuheben"), wenn der zuständige oberste Gerichtshof des Bundes in ständiger Rechtsprechung nachträglich das Recht anders auslegt als bei Erlass des Verwaltungsaktes und sich dies zugunsten des Berechtigten auswirkt (s. zum früheren Recht *BSGE 26, 89*).

2 Zulassung der Revision   *3*

Die Revision ist seit dem 1. 1. 1975 ausnahmslos nur statthaft, wenn sie zugelassen ist; dies gilt auch bei Vorliegen sog. absoluter Revisionsgründe (s. *BAG NJW 2003, 1621*). Vor diesem Zeitpunkt war die Revision auch ohne Zulassung statthaft, wenn ein wesentlicher Verfahrensmangel gerügt wurde oder bei der Beurteilung des Kausalzusammenhanges einer Gesundheitsstörung oder des Todes mit einem Arbeitsunfall oder einer Berufskrankheit oder einer Schädigung i. S. des BVG das Gesetz verletzt worden war (s. § 162 Abs. 1 Nrn. 2 und 3 a. F.).

Die Revision wird entweder – im Regelfall – vom LSG (§ 160 Abs. 1 SGG; s. unter Rn. 6) oder als Sprungrevision vom SG (§ 161; s. unter Rn. 23) oder auf Nichtzulassungsbeschwerde vom BSG (§ 160 Abs. 1; s. unter Rn. 45) zugelassen. Eine zugleich mit der Nichtzulassungsbeschwerde (nur) für den Fall der Zulassung eingelegte Revision ist als unzulässig zu verwerfen (*BSG SozR 1500 § 160 Nr. 1; Jansen/Frehse § 160 Rn. 30; Hk-SGG/Lüdtke § 164 Rn. 4; ML § 160 Rn. 30*; s. auch Rn. 48).

Die Revision ist nur gegen Endurteile gegeben, d.h. gegen Sach- und Prozess-   *4* urteile, welche die Instanz ganz oder teilweise erledigen, somit gegen Grundurteile bei kombinierter Anfechtungs- und Leistungsklage (§ 130), Zwischenurteile über die Zulässigkeit der Klage, Vorbehalts- und Ergänzungsurteile (*BSG Urteil vom 15. 11. 2007 – B 3 KR 13/07 R; ML § 160 Rn. 2; RK § 160 Rn. 8*), Zwischenurteile nach § 304 ZPO i.V.m. § 202 SGG. Deshalb darf auch nur in diesen Urteilen die Revision zugelassen werden.

Nicht revisibel sind dagegen Zwischenurteile nach § 303 ZPO i.V.m. § 202   *5* SGG über einen Zwischenstreit, Grundurteile auf echte Leistungsklage nach § 54 Abs. 5 (*BSG Urteil vom 15. 11. 2007 – B 3 KR 13/07 R; ML § 130 Rn. 4d, § 160 Rn. 2*) und Urteile, gegen die ein Rechtsmittel nicht gegeben ist. Die Revision ist ein Rechtsmittel gegen Urteile. Gegen Beschlüsse des SG und LSG mit Ausnahme der Beschlüsse des LSG nach § 153 Abs. 4 und § 158 kann die Revision nicht zugelassen werden. Hat allerdings das LSG irrtümlich durch Beschluss anstelle des an sich erforderlichen Urteils entschieden, ist die Nichtzulassungsbeschwerde oder bei Zulassung der Revision durch das LSG die Revision gegeben (*Kummer Rn. 15*).

Bei einer zugelassenen Revision ist auch die Anschlussrevision des Revisionsgegners statthaft (s. Rn. 346).

3 Zulassung durch das LSG   *6*

3.1 Ausspruch der Zulassung   *7*

Das LSG hat über die Zulassung der Revision als Nebenentscheidung grundsätzlich im Urteil zu entscheiden. Es kommt aber auch eine Zulassung in einem Beschluss nach § 153 Abs. 4 und in der Entscheidung des Vorsitzenden oder des Berichterstatters nach § 155 Abs. 3 und 4 in Betracht. Anders als bei der Sprungrevision (s. Rn. 26) ist – wie die insoweit unterschiedlichen Regelungen in den §§ 160, 160a und § 161 ergeben – eine nachträgliche Zulassung durch einen

Beschluss des LSG nicht zulässig (*BSG SozR 4-1500 § 160 Nr. 17; BSG, Urteil vom 22. 1. 1998 – B 14/10 KG 17/96 R; Hk-SGG/Lüdtke § 160 Rn. 24; Becker SGb 2007, 261*). Dies gilt auch bei nachträglicher Zulassung in einem Ergänzungsurteil (*ML § 160 Rn. 27*).

8   Die Zulassung der Revision wird regelmäßig im Tenor ausgesprochen (*BSG SozR 1500 § 160 Nr. 52, § 161 Nr. 16*). Ein fehlender Ausspruch bedeutet Nichtzulassung der Revision (*BSG SozR 1500 § 160 Nr. 52*). Ebenso wie bei der Berufung (s. Kap. VII Rn. 39) bewirkt lediglich eine Rechtsmittelbelehrung dahin gehend, dass die Revision zulässig sei, keine Revisionszulassung (*ML § 160 Rn. 24b; Becker SGb 2007, 261*). Die Auffassung, dass bei Wahrnehmung der Rechtsmittelklarheit die Zulassung in der entsprechenden Rechtsmittelbelehrung genüge, nicht aber eine fehlerhafte Rechtsmittelbelehrung eine Zulassung enthalten (*Hk-SGG/Lüdtke § 160 Rn. 24*), wird nicht gefolgt. Eine Rechtsmittelbelehrung ist insoweit immer fehlerhaft, wenn die Revision weder im Tenor noch in den Entscheidungsgründen zugelassen ist. Jedoch kann – wiederum wie bei der Berufung – die Revision auch in den Entscheidungsgründen zugelassen werden (s. *BSG SozR 1500 § 161 Nr. 16; BSG USK 77 173; BGH NJW-RR 2004, 1365; ML § 160 Rn. 24a; Hk-SGG/Lüdtke § 160 Rn. 24; Becker SGb 2007, 162*; a. A. *Zeihe § 160 Rn. 9b*). Die vom 9. Senat des BSG aufgezeigten Bedenken gegen diese Rechtsprechung (*SozR 1500 § 150 Nr. 4*) teilen die anderen Senate des BSG nicht. Auch der 9a-Senat geht deshalb jedenfalls von einem Vertrauensschutz des Rechtsmittelklägers aus und kommt demnach zu demselben Ergebnis (*BSG SozR 1500 § 150 Nr. 30*).

9   Die Zulassung der Revision ist nicht unwirksam, weil weder ein Zulassungsgrund noch sonst eine Begründung für die Zulassung gegeben worden ist (*BVerwG Buchholz 448.6 § 1 Nr. 34*). Über die Zulassung der Revision hat das LSG von Amts wegen zu entscheiden. Dennoch empfiehlt es sich, jedenfalls vorsorglich das LSG durch einen Antrag darauf hinzuweisen, dass nach Ansicht der Beteiligten die Voraussetzungen für die Zulassung der Revision erfüllt seien.

Über die Möglichkeit, gegen die Nichtzulassung der Revision Beschwerde einzulegen, sind die Beteiligten zu belehren.

10 3.2 Umfang der Zulassung

Die Zulassung der Revision kann auf einen oder mehrere prozessual selbstständige Teile des Streitgegenstandes beschränkt werden (*BSGE 3, 135, 138; BSG SozR 3-5050 § 15 Nr. 5 3-2600 § 315 a Nr. 1; BVerwG Buchholz 436.61 § 18 Nr. 6; BGH MDR 2005, 886, 887; ML § 160 Rn. 28a; Hk-SGG/Lüdtke § 160 Rn. 26; Jansen/ Frehse § 160 Rn. 27; Kummer Rn. 58; Berchtold in Richter/Berchtold S. 468*). Hat das LSG z.B. der Klage auf eine höhere Verletztenrente stattgegeben, hinsichtlich der Gewährung von Berufshilfe abgewiesen, so kann die Zulassung der Revision auf die Entscheidung über die Berufshilfe beschränkt werden, wenn das LSG nur insoweit einen Zulassungsgrund annimmt. Die Zulassung der Revision kann auch auf den Grund eines im Rechtsstreit erhobenen Gegenanspruchs beschränkt werden (*BGH JR 2010, 352*). Kummer (*Rn. 60*) weist allerdings mit Recht darauf hin, dass die Angabe nur eines Grundes für die Zulassung der Revision in den Entscheidungsgründen des Urteils des LSG nicht generell bedeutet, dass die Revision nur bezüglich dieses Teils der Entscheidung zugelassen worden ist, für den der angeführte Grund Bedeutung hat (s. auch hier Rn. 15). Eine Teilzulassung kann nur angenommen werden, wenn die Beschränkung der Revisionszulassung in den Entscheidungssatz (im Tenor oder in den Gründen) ausdrücklich aufgenommen worden ist oder sich aus der Zulassungsbegründung eindeutig ergibt (*BSG SozR 3-5050 § 15 Nr. 5*). Die Zulassung der Revision darf zudem nicht auf bestimmte Rechtsfragen – z. B. Vorfragen – beschränkt werden (*BSGE 3, 135, 138; BSG SozR Nr. 170 zu § 162 SGG und SozR 3-5050 § 15 Nr. 5; Jansen/Frehse § 160 Rn. 27*). Ebenso unzulässig ist eine Beschränkung der Revisionszulassung auf die Kostenentscheidung, da diese nur zusammen mit der Entscheidung in der Hauptsache anfechtbar ist (*BGH FamRZ 2007, 39; Hk-SGG/Lüdtke § 160 Rn. 26; ML § 160 Rn. 28 b*). Eine im Tenor beschränkt ausgesprochene Zulassung der Revision kann in den Entscheidungsgründen nicht wirksam weiter eingeschränkt werden (*BAG Urteil vom 5. 11. 2003 – 4 AZR 643/02 – NZA 2004, 447*).

Ist der Umfang der Zulassung der Revision in der Urteilsformel unklar, ist der **11** Inhalt der Urteilsformel durch die Heranziehung des sonstigen Urteilsinhalts, vor allem der Entscheidungsgründe, festzustellen (*BSGE 3, 135, 137; BSG SozR 3-5050 § 15 Nr. 5, 3-2600 § 315a Nr. 1; BVerwG Buchholz 436.61 § 18 Nr. 6; BGH MDR 2005, 886*). So kann sich die Revisionszulassung u. a. bei einer subjektiven Klagehäufung auf einen Streitgenossen, bei einer objektiven Klagehäufung auf einer der streitigen Ansprüche, bei Klage und Widerklage auf Klage oder Widerklage beschränken (*BSGE 3, 135, 139*). Bei unklarer Beschränkung, deren Umfang auch durch Auslegung der Entscheidung nicht zu ermitteln ist, sollte die Zulassung als unbeschränkt gelten, entsprechend der Rechtsprechung zur unwirksamen Beschränkung (s. Rn. 10 und 12). Es dürfte jedoch bis zu einer höchstrichterlichen Klärung zu empfehlen sein, hinsichtlich des unklaren Teils Nichtzulassungsbeschwerde einzulegen. Deren Statthaftigkeit darf dann nicht verneint werden (*Kummer Rn. 60*).

Ist die Zulassung der Revision fehlerhaft beschränkt worden, so ist die Revi- **12** sionszulassung regelmäßig nicht unwirksam, sondern als unbeschränkte Zulassung anzusehen (*BSG SozR Nr. 170 zu § 162 SGG; Hk-SGG/Lüdtke § 160 Rn. 26; Jansen/Frehse § 160 Rn. 27; ML § 160 Rn. 28 b; RK § 160 Rn. 51*).

Die Zulassung der Revision eröffnet auch die Möglichkeit zur Anschlussrevi- **13** sion (s. Rn. 346), bei Beschränkung auf einen selbstständigen Teil des Streitgegenstandes allerdings nur in diesem Rahmen (*BSG SozR 3-5050 § 15 Nr. 5*).

3.3 Zulassungsgründe

14

Die Voraussetzungen, unter denen das LSG die Revision zulassen darf und dann auch zuzulassen hat, sind in § 160 Abs. 2 festgelegt (zur Verfassungsmäßigkeit von Zulassungsbeschränkungen s. *BVerfG SozR 3-1500 § 160 Nr. 6*). Da das LSG die Revision in dem Urteil und nicht erst nach Erlass des Urteils zuzulassen hat, erscheint es auf den ersten Blick merkwürdig, dem LSG die Pflicht zur Zulassung der Revision wegen eines Verfahrensmangels aufzuerlegen, obgleich es im Zeitpunkt der Entscheidung über die Zulassung den Verfahrensmangel – zumindest in aller Regel – noch hätte beheben können. Dies beruht darauf, dass die in § 160 Abs. 2 angeführten Zulassungsgründe auch für die Revisionszulassung durch das BSG aufgrund einer Nichtzulassungsbeschwerde gelten (s. unter 5 Rn. 45 ff.). Das LSG prüft die Zulassungsgründe ohne Bindung an eine Zulassung der Berufung durch das SG nach § 144 Abs. 2 (*ML § 160 Rn. 5a; Bley § 160 Anm. 4 Buchst. g*).

15   Die zugelassene Revision ist aber auch dann nicht auf einen der in § 160 Abs. 2 angeführten Zulassungsgründe beschränkt, wenn dieser als Grund für die Zulassung der Revision in dem Urteil angeführt ist (s. Rn. 10). Die Zulassung der Revision, gleichgültig, aus welchem Grund sie ausgesprochen ist, eröffnet im Rahmen der §§ 162, 163 die volle Überprüfung des Urteils. Ist z.B. die Revision wegen Divergenz zugelassen, so kann der Revisionskläger selbst dennoch eine Divergenz verneinen und eine Überprüfung der bisherigen Rechtsprechung des BSG fordern, mit der nach seiner Auffassung das Urteil des LSG im Einklang steht; ebenso darf der Revisionskläger in erster Linie oder sogar ausschließlich Verfahrensrügen erheben, selbst wenn die Revision wegen grundsätzlicher Bedeutung und/oder Divergenz zugelassen wurde (*BSGE 3, 180, 186; H § 160 Rn. 73; ML § 160 Rn. 28; Hk-SGG/Lüdtke § 160 Rn. 2*).

Es wird hier zu den Zulassungsgründen im Einzelnen auf die Ausführungen unter Rn. 50 verwiesen, da die Zulassungsgründe für die Beteiligten regelmäßig erst im Verfahren der Nichtzulassungsbeschwerde wesentliche Bedeutung erlangen und prozessuales Handeln erfordern.

16   ## 3.4 Bindung an die Zulassung und Nichtzulassung
Bindung an die Zulassung

Das BSG ist nunmehr kraft ausdrücklicher gesetzlicher Regelung an die Zulassung der Revision durch das LSG in dem Urteil gebunden (§ 160 Abs. 3). Die frühere Rechtsprechung, wonach ausnahmsweise eine Bindung nicht anzunehmen war, wenn das Berufungsgericht die Revision „offenbar gesetzwidrig zugelassen hatte" (s. *BSG SozR 1500 § 161 Nr. 4*), hat das BSG aufgrund der neuen Rechtslage – in Übereinstimmung mit der Bindung an die Zulassung der Sprungrevision – nicht mehr aufrechterhalten (*BSG SozR 1500 § 160 Nr. 21*; zu § 132 Abs. 3 VwGO ebenso *BVerwG DÖV 1997, 600, 601*). Die Bindung entfällt auch nicht, wenn nachträglich, z. B. durch eine Gesetzesänderung oder durch eine Entscheidung des BSG, der Grund für die Zulassung (grundsätzliche Bedeutung oder Divergenz) entfällt (*ML § 160 Rn. 25*; s. aber auch Rn. 71 und 82).

17   Eine Bindung tritt nur dann nicht ein, wenn die Revision bei einer überhaupt unanfechtbaren Entscheidung nicht zulassungsfähig ist (*ML § 160 Rn. 27; Jansen/ Frehse § 160 Rn. 28; RK § 160 Rn. 8, 48a*; so auch zur Sprungrevision *BSG SozR*

1500 § 161 Nr. 23), z.B. gegen einen Beschluss des LSG oder eine Verweisungs-entscheidung. Die weitergehende Auffassung, dass eine Bindung an die Zulassung der Revision auch zu verneinen sei, wenn die Revision zur Prüfung einer irrevisiblen Rechtsfrage zugelassen worden sei, wird nicht geteilt (ebenso *BVerwG DÖV 1997, 600, 601*). Die von der Gegenmeinung (*RK § 160 Rn. 49*) angeführte Entscheidung des *BGH* (*NJW 1959, 725*) beruhte auf der Auffassung, dass eine Zulassung „offensichtlich entgegen dem Gesetz" nicht binde. Diese früher auch vom BSG vertretene Auffassung ist aber, wovon an sich auch *RK* ausgeht (*§ 160 Rn. 47*), nach der Neufassung des § 160 (zur ZPO s. § 543 Abs. 2 Satz 2) nicht mehr gerechtfertigt. Zwar war dem BGH zuzustimmen, dass dem Revisionsgericht nicht durch die Zulassung der Revision die Nachprüfung von Rechtsfragen zugeführt werden dürfe, die dem Revisionsgericht allgemein untersagt ist (s. § 162); aber dem kann im Rahmen des Gesetzes dadurch Rechnung getragen werden, dass die Zulassung der Revision, die nicht auf bestimmte Rechtsfragen beschränkt werden darf (s. Rn. 10), zwar bindet, der Revisionskläger aber die Revision nicht auf die Nachprüfung irrevisiblen Rechts stützen darf. Die Revision wäre dann nach § 162 unzulässig und nicht mangels bindender Zulassung.

Die Bindung besteht nach § 160 Abs. 1 und 3 aber nur an die „in dem Urteil" **18** des LSG zugelassene Revision. Hat das LSG die Revision nachträglich in einem „Ergänzungsurteil" (s. auch Rn. 20) oder durch Beschluss zugelassen, bindet diese gesetzlich nicht vorgesehene Revisionszulassung das BSG nicht (*ML § 160 Rn. 27; RK § 160 Rn. 43*).

Bindung an die Nichtzulassung

Auch an die Nichtzulassung der Revision ist das BSG gebunden, selbst wenn ein **19** Zulassungsgrund nach § 160 Abs. 2 offensichtlich gegeben ist (*ML § 160 Rn. 27*). Dies gilt auch bei schweren Verfahrensmängeln, die bei einer zugelassenen Revision von Amts wegen zu beachten wären. Nur aufgrund einer – hierfür vorgesehenen – Nichtzulassungsbeschwerde kann das BSG die Revision dann selbst zulassen (s. Rn. 45). Die Bindung an die Nichtzulassung besteht selbst dann, wenn das LSG z.B. in einer inkorrekten oder unanfechtbaren Entscheidung den Beteiligten zu einer gesetzlich überhaupt nicht vorgesehenen Leistung verurteilt oder unrichtigerweise eine Entscheidungsform gewählt hat, die als solche ein Rechtsmittel ausschließt. Erst recht verpflichtet die Zulassung der Sprungrevision das LSG bei gleichwohl durchgeführten Berufungsverfahren nicht zur Zulassung der Revision (*BSG SozR 3-5425 § 15 Nr. 1*). In diesen Fällen kann aber die Nichtzulassungsbeschwerde erfolgreich sein (s. auch Rn. 22).

Unterlässt das Berufungsgericht einen Urteilsausspruch über die Zulassung **20** oder Nichtzulassung der Revision, so ist dies kein die Zulassung der Revision rechtfertigender Verfahrensmangel (*BSG SozR 1500 § 160 Nr. 52; ML § 160 Rn. 29*). Auch eine Urteilsergänzung nach § 140 ist nicht zulässig (*BSG SozR Nr. 4 zu § 140 SGG; BSG SozR 3-7833 § 6 Nr. 3; ML § 160 Rn. 27; Zeihe § 160 Rn. 9c; a.A. May, S. 156; z.T. a.A. RK § 160 Rn. 44, 45*).

21   Einer Begründung der Zulassung oder auch nur der Angabe, welcher der Zulassungsgründe des § 160 Abs. 2 für die Revisionszulassung maßgebend war, bedarf es nach dem Gesetz nicht.

22   Der beim LSG ganz oder teilweise unterlegene Beteiligte kann die Nichtzulassung der Revision nur mit der Beschwerde nach § 160 a (s. Rn. 45) anfechten. Diese Möglichkeit sichert den Grundsatz des fairen Verfahrens und in den Fällen, in denen das LSG über die Zulassung der Revision versehentlich nicht entschieden hat (s. *BVerfG NJW 1992, 1496; BSG SozR 3-7833 § 6 Nr. 3*). Enthält ein Urteil keinen Ausspruch über die Zulassung der Berufung, kann dieser nach der Auffassung des BGH im Wege eines Berichtigungsbeschlusses nachgeholt werden, wenn das Gericht die Berufung im Urteil zulassen wollte und dies nur versehentlich unterblieben ist. Dieses Versehen muss nach außen hervorgetreten und selbst für Dritte ohne Weiteres deutlich sein (*BGH Beschluss vom 11. 5. 2004 – VI ZB 19/04*; vgl. *BGHZ 78, 22*). Das BSG hat diese Frage – so weit ersichtlich – bisher offen gelassen (s. *BSG SozR 3-7833 § 6 Nr. 3 – hier S. 16*). Diese Auffassung dient nicht der Rechtsklarheit und ist deshalb nicht für das sozialgerichtliche Verfahren zu übernehmen,

23 4 Zulassung durch das SG – sog. Sprungrevision

Schrifttum

Bremkens, Die Sprungrevision – ein schneller, aber auch ein sicherer Weg?, Kompaß 1984, 265
Goedelt, Probleme bei der Zulassung der Sprungrevision im sozialgerichtlichen Verfahren, SozVers. 1977, 57
Wuttke, Die Sprungrevision im sozialgerichtlichen Verfahren, ZfSH 1978, 65.

24 4.1 Zulassungsvoraussetzung

Gegen das Urteil eines SG steht den Beteiligten im Rahmen des § 161 die Revision unter Übergehung der Berufungsinstanz zu (s. § 161 Abs. 1 Satz 1; zum erforderlichen „Fingerspitzengefühl" wegen Empfindlichkeiten auch der Richter – z. B. der übergangenen Richter des LSG – s. *Wenner/Terdenge/Martin im Kap. Sprungrevision*). Es müssen Endurteile in dem oben (Rn. 4) aufgezeigten Sinne sein. Die Zulassung der (Sprung-)Revision durch das SG setzt voraus, dass die Berufung an sich (s. § 144 Abs. 1 Satz 1 Halbs. 2, s. Kap. VIII Rn. 7 ff.) oder kraft Zulassung (s. §§ 144, 145) statthaft ist; denn sonst kann die Berufungsinstanz nicht übergangen werden (*BSG SozR 1500 § 161 Nr. 15; Hk-SGG/Lüdtke § 161 Rn. 3; a. A. BSG SozR 1500 § 161 Nr. 15; Zeihe § 161 Rn. 5 a, 18a; H/Ulmer § 161 Rn. 26–28*). Zum Teil wird davon ausgegangen, in der Zulassung der Revision liege zugleich die Zulassung der Berufung (*BSG SozR 1500 § 150 Nr. 9; ML § 161 Rn. 2; Jansen/Frehse § 161 Rn. 3*). *Hk-SGG/Lüdtke § 161 Rn. 3* weist zutreffend darauf hin, dass die Berufung – anders als die Sprungrevision (s. Rn. 28) – nicht nachträglich durch Beschluss zugelassen werden kann (s. auch Kap. VIII Rn. 22). Die Zulassung der Sprungrevision ist aber auch in diesen Fällen bindend (*BSG SozR 1500 § 161 Nr. 15*, s. Rn. 38).

Außerdem müssen die Voraussetzungen des § 160 Abs. 2 Nrn. 1 und 2 für die   25
Zulassung der Revision gegeben sein.

Zur Bindung an eine vom SG zugelassene Revision s. Rn. 38.

4.2 Ausspruch der Zulassung   26

Anders als das LSG (s. Rn. 7) kann das SG die (Sprung-)Revision nicht nur im
Urteil oder im Gerichtsbescheid (s. § 105; *ML § 161 Rn. 2; Hk-Lüdtke § 161 Rn 3;
Jansen/Frehse § 161 Rn. 3*) sondern auch nachträglich durch Beschluss zulassen.
Misst der Kammervorsitzende einer Rechtssache grundsätzlich Bedeutung zu und
lässt aus diesem Grunde in einem Gerichtsbescheid die Sprungversion zu, ver-
kennt er nach dem Urteil des BSG vom 16. 3. 2006 (*SozR 4-1500 § 105 Nr. 1*) die
Voraussetzungen der Kompetenzregelung des § 105 Abs. 1 S. 1 i.V.m. § 12 Abs. 1
S. 2 Regelung 2, ohne die Mitwirkung der ehrenamtlichen Richter entscheiden zu
dürfen. Das SG hat auf die Revision den Gerichtsbescheid aufgehoben und den
Rechtsstreit an das SG zurückverwiesen. In ‚Abgrenzung‘ zu diesem Urteil hat
das BSG am 21. 8. 2008 (*SozR 4-2600 § 96a Nr. 12*) entschieden, dass wenn das
SG durch Gerichtsbescheid und entscheidet und die Sprungrevision zulässt, hierin jedenfalls dann kein von Amts wegen zu berücksichtigender Verfahrensfehler
liegt, wenn die Revision auf Antrag durch Beschluss zugelassen wird.

4.2.1 Zulassung durch Urteil

Die Zulassung im Urteil sollte auch hier (s. Rn. 8) im Urteilstenor erfolgen, je-   27
doch ist eine Zulassung in den Entscheidungsgründen zulässig (*BSG SozR 1500
§ 161 Nr. 16; ML § 161 Rn. 6a*). Die Zulassung wird durch eine – unrichtige –
Rechtsmittelbelehrung einerseits nicht ersetzt, andererseits nicht beseitigt (vgl.
BSG SozR 3-7833 § 6 Nr. 3). Der Zulassung durch Urteil steht die Zulassung in
einem Gerichtsbescheid nach § 105 Abs. 1 Satz 1 gleich (s. *BSG SozR 4-1500
§ 105 Nr. 1*; s. auch Rn. 26). Schon deshalb ist die Zulassung der Revision im Gerichtsbescheid auch dann zulässig, wenn sie vom Vorsitzenden allein zugelassen
wurde (*BSG SozR 4-1500 § 105 Nr. 1*).

Im Urteil kann das SG die Revision auch von Amts wegen ohne entsprechende
Anträge der Beteiligten zulassen. Ein Antrag auf Zulassung der Revision hat auch
hier (s. Rn. 9) für die Entscheidung des SG im Urteil (anders als bei nachträglicher
Entscheidung durch Beschluss, s. Rn. 28) verfahrensrechtlich nur eine Hinweis-
funktion. Deshalb setzt ein Antrag, die Sprungrevision im Urteil zuzulassen,
nicht die Zustimmung des Rechtsmittelgegners voraus (*ML § 161 Rn. 6; Hk-
SGG/Lüdtke § 161 Rn. 4*; zur Zustimmung bei der Einlegung s. Rn. 267).

4.2.2 Zulassung durch Beschluss
Antragserfordernis

Anders ist es, wenn nach Erlass des Urteils der Antrag gestellt wird, die Revision   28
durch Beschluss zuzulassen. Dieser Beschluss kann nur auf Antrag ergehen (§ 161
Abs. 1 Satz 1). Von Amts wegen darf das SG eine Entscheidung über die Zulas-

sung der Revision nicht durch Beschluss nachholen. Der Antrag ist innerhalb eines Monats nach Zustellung des Urteils schriftlich zu stellen (§ 161 Abs. 1 Satz 2). Er ist nicht zulässig, wenn das SG bereits im Urteil die Zulassung der Revision abgelehnt hat (s. die Nachweise in *BSGE 64, 296, 297 = SozR 1500 § 161 Nr. 33*, wo diese Frage offen gelassen ist; *ML § 161 Rn. 7; Jansen/Frehse § 161 Rn. 12*; a.A. *Hk-SGG/Lüdtke § 161 Rn. 8*: Zulassung danach durch Beschluss aber bindend). Die Überprüfung der Entscheidung des Gerichts über die Nichtzulassung des Rechtsmittels ist nur im Verfahren der Nichtzulassungsbeschwerde zulässig, die es aber gegen die Nichtzulassung der Sprungrevision nicht gibt; dem unterlegenen Beteiligten bleibt die Berufung und danach – ggf. – die Revision. Die Gegenmeinung (s. *Hk-SGG/Lüdtke § 161 Rn. 8*) birgt die Gefahr, dass mit anderen ehrenamtlichen Richtern eine Entscheidung des SG über die Zulassung der Revision „korrigiert" wird. Der Beschluss kann in der mündlichen Verhandlung schon nach Verkündung des Urteils ergehen (*BSGE 49, 126, 127 = SozR 1500 § 161 Nr. 24*).

29   Der Antrag und auch später der Beschluss des SG kann – wie auch die Zulassung der Revision (s. Rn. 10) – auf einen oder mehrere prozessual selbstständige Teile des Streitgegenstandes beschränkt werden (*RK § 161 Rn. 5 a*). Über den Antrag hinaus darf das SG die Sprungrevision durch Beschluss nachträglich nicht zulassen; denn wenn es der Betroffene in der Hand hat, durch Unterlassen eines Antrages die nachträgliche Zulassung der Revision zu verhindern, so kann er m. E. auch eine Beschränkung bestimmen.

Zustimmung des Gegners

30   Der Antrag ist zudem nur zulässig, wenn ihm die Zustimmung des Gegners beigefügt ist (§ 161 Abs. 1 Satz 3). Für den Antrag und die Zustimmung besteht kein Vertretungszwang, da es noch kein Verfahren vor dem BSG ist (*BSGE 3, 13; BSG SozR 4-5425 § 2 Nr. 4; BVerwGE 39, 314, 315; ML § 161 Rn. 4c; Berchtold in Richter/Berchtold S. 493; H/Ulmer § 161 Rn. 11; Jansen/Frehse § 161 Rn. 3; Hk-SGG/Lüdtke § 161 Rn. 5*). Einer Zustimmung des Beigeladenen bedarf es selbst dann nicht, wenn er durch das erstinstanzliche Urteil begünstigt worden ist oder den Anträgen des Revisionsklägers entgegenstehende Anträge gestellt hat (*GmSOGB SozR 1500 § 161 Nr. 18 = BVerwGE 50, 369; BVerwG Buchholz 310 § 134 Nr. 39*). Ist auch der Beigeladene verurteilt worden (s. § 75 Abs. 5), ist seine Zustimmung erforderlich (*BSGE 105, 126 = SozR 4-3300 § 89 Nr. 2; ML § 161 Rn. 3b; RK § 160 Rn. 65; Jansen/Frehse § 161 Rn. 4; Hk-SGG/Lüdtke § 161 Rn. 7; a.A. H/Ulmer § 161 Rn. 9*). Begehrt der Beigeladene die Zulassung der Revision durch Beschluss des SG, so haben Kläger und Beklagter zuzustimmen (*ML § 161 Rn. 3b; Jansen/Frehse § 161 Rn. 4*). Der Kläger ist insoweit Gegner des Beigeladenen, als dessen Verurteilung zumindest einen entsprechenden Hilfsantrag des Klägers voraussetzt; der Beklagte ist Gegner, weil die vom Beigeladenen angestrebte Aufhebung seiner Verurteilung zumindest nach dem Begehren des Klägers zu einer Verurteilung des Beklagten führen soll.

Die Zustimmung kann auch schon vor der Urteilsverkündung schriftlich   31
(*BVerfGE 65, 293 = SozR 1100 Art. 103 Nr. 5*) oder zu Protokoll in der münd-
lichen Verhandlung erteilt werden (*BVerwG Buchholz 310 § 134 Nr. 23; ML § 161
Rn. 4b; Jansen/Frehse § 161 Rn. 6*). Ein in der mündlichen Verhandlung vor dem
SG für den Fall des eigenen Unterliegens gestellter hilfsweiser Antrag, die
Sprungrevision zuzulassen, enthält nicht zugleich die Zustimmung zur Einlegung
der Revision durch den Prozessgegner (vgl. *BVerwG Buchholz 310 § 134 VwGO
Nr. 47*). Sie kann auch außerhalb der mündlichen Verhandlung zur Niederschrift
des Urkundsbeamten gegeben werden (*BVerfGE 39, 314, 315; ML § 161 Rn. 4*).
Die schriftliche Zustimmung kann auch in Form einer beglaubigten Abschrift oder
Fotokopie nachgewiesen, oder dem Gericht gegenüber per Telefax (*BSG SozR
3-1500 § 161 Nr. 10*) erteilt werden (s. Rn. 272). Eine nicht beglaubigte, nur „einfache" Abschrift oder Fotokopie reicht nicht (*BSG SozR 3-1500 § 161 Nr. 11;
SozR 4-1500 § 161 Nr. 1; BSG SozR 4-2500 § 5 Nr. 10; Hk-SGG/Lüdtke § 161
Rn. 5; BVerwG NJW 2005, 3367;* a. A. im obiter dictum für die unbeglaubigte Sitzungsniederschrift *BSG SozR 3-2500 § 33 Nr. 43*). Eine durch den prozessbevollmächtigten Rechtsanwalt beglaubigte Abschrift einer gerichtlichen Ausfertigung
der Sitzungsniederschrift des SG ist zulässig (*BSG SozR 3-2500 § 33 Nr. 43*). Der
Beglaubigungsvermerk muss den Erfordernissen einer öffentlichen Urkunde entsprechen (*BSGE 12, 230, 234 = SozR Nr. 14 zu § 161 BSG; BSGE 101, 245 = SozR
4-5425 § 25 Nr. 4;* s. zur Zustimmung zur Einlegung der Revision bei Zulassung
im schon Urteil des SG Rn. 272). Das Schriftstück, in dem der Rechtsmittelgegner
gegenüber dem Rechtsmittelführer der Sprungrevision zustimmt, kann auch per
Fax an das SG weitergeleitet werden (vgl. *BSG SozR 3-1500 § 161 Nr. 12*). Das
gilt auch dann, wenn der Rechtsmittelgegner bereits seine Zustimmung gegenüber
dem Rechtsmittelführer per Fax erklärt hatte (*BSG SozR 3-1500 § 161 Nr. 13*). Zu
§ 108 a und den elektronischen Dokumenten s. Kap. VI Rn. 44, Kap. VII Rn. 2
und *Hk-SGG/Lüdtke § 161 Rn. 5.*

Die Zustimmung sollte jedoch grundsätzlich nicht vor Urteilszustellung erklärt werden (*Hk-SGG/Lüdtke § 161 Rn. 6*), da auch der obsiegende Beteiligte
erst nach Kenntnis der schriftlichen Urteilsgründe weiß, ob er in einem Rechtsmittelverfahren nicht im Wege der Anschlussrüge tatsächliche Feststellungen des
SG angreifen müsste, was aber im Verfahren der Sprungrevision grundsätzlich unzulässig ist (s. Rn. 35). Jedoch ist in diesen Fällen zu prüfen, ob einerseits das SG
nicht bereits im Urteil die Zulassung der Revision abgelehnt hat (s. Rn. 28) und
andererseits der Gegner auch wirklich zugestimmt und sich nicht nur einer Anregung angeschlossen hat, die Revision zuzulassen (*BSG SozR 4-1500 § 161 Nr. 1;* s.
dazu hier auch Rn. 30). Wegen der Bedeutung der Zustimmung (s. Rn. 35) sollte
einerseits in allen Zweifelsfällen nochmals die eindeutige Zustimmung des Gegners eingeholt und vorgelegt werden, andererseits eine Zustimmung aus den unter
Rn. 35 aufgeführten Gründen vor Kenntnis der Urteilsgründe nicht erteilt werden
(*Hk-SGG/Lüdtke § 161 Rn. 6*).

Eine nach Urteilszustellung erklärte „Zustimmung zur Sprungrevision" enthält
die Zustimmung zur Einlegung der Sprungrevision (*BSG SozR 3-1500 § 161
Nr. 13; ML § 161 Rn. 4*).

32 Die Zustimmung ist dem Antrag auf Zulassung der Revision beizufügen (§ 161 Abs. 1 Satz 3). In Übereinstimmung mit der Rechtsprechung des BSG zur Zulässigkeit der im Urteil zugelassenen Sprungrevision steht der Zulässigkeit des Antrages nicht entgegen, wenn die Zustimmung des Gegners noch innerhalb der Monatsfrist nachgereicht wird (*BSGE 42, 191, 192 = SozR 1500 § 161 Nr. 10; BSGE 105, 126 = SozR 4-3300 § 89 Nr. 2; ML § 161 Rn. 7b; Jansen/Frehse § 161 Rn. 7*). Eine erst nach Ablauf der Monatsfrist vorgelegte Zustimmung ist unbeachtlich. Eine Wiedereinsetzung in den vorigen Stand kommt nunmehr nach der Auffassung des BSG auch insoweit in Betracht (*BSG SozR 3-1500 § 137 Nr. 1; ML § 161 Rn. 4c; Zeihe SGb 1995, 45; Hk-SGG/Lüdtke § 161 Rn. 5*). Bei einer Zustimmungserklärung zu Protokoll in der mündlichen Verhandlung liegt diese dem Gericht vor, sodass es keiner – erneuten – Vorlage bedarf (s. auch Rn. 272). Ist die Zustimmung außerhalb der mündlichen Verhandlung zu Protokoll erklärt worden, so ist das Original dem Gericht fristgerecht vorzulegen oder zuzuleiten. Eine beglaubigte Abschrift reicht aus; die Beglaubigung ist aber erforderlich (s. *BSGE 12, 230; 89, 271 = SozR 3-2500 § 33 Nr. 43; BSG SozR 4-1500 § 161 Nr. 1; ML § 161 Rn. 4a, 10a;* s. Rn. 269).

33 Die Zustimmung ist bis zum Eingang beim Gericht widerrufbar (*ML § 161 Rn. 4c; H/Ulmer § 161 Rn. 12; Jansen/Frehse § 161 Rn. 8;* so zur Zustimmung zur Revisionseinlegung: *RK § 161 Rn. 72 ff.;* a. A. *Bley § 161 Anm. 4 Buchst. e:* Kann nicht zurückgenommen werden). Vorsorglich sollte sie bis zur Klärung dieser Frage durch das BSG sowohl dem Gegner, gegenüber dem man sie erteilt hat, als auch dem Gericht mitgeteilt werden. Es steht dem Beteiligten, der Sprungrevision beantragen will, frei, sich vor einem Widerruf „in letzter Minute" durch ein frühzeitiges Einreichen beim Gericht oder durch eine vorsorgliche Berufungseinlegung zu sichern (s. Rn. 41).

Beschluss

34 Ebenso wie die Zulassung der Revision durch das LSG kann auch die Sprungrevision auf einen oder mehrere selbstständige Teile des Streitgegenstandes beschränkt werden (s. Rn. 10).

Der Beschluss über den Antrag auf nachträgliche Zulassung der Revision hat unter Mitwirkung der ehrenamtlichen Richter zu ergehen; jedoch bindet auch eine verfahrensfehlerhafte vom Kammervorsitzenden beschlossene nachträgliche Zulassung das BSG (*BSGE 51, 23, 26 = SozR 1500 § 161 Nr. 27 – GS*).

Nachteile der Sprungrevision

35 Die Zustimmung zum Antrag auf Zulassung der Revision durch Beschluss macht später eine erneute Zustimmung zur Einlegung der Revision entbehrlich (s. § 161 Abs. 1 Sätze 1 und 3; s. dazu Rn. 268). Deshalb ist schon hier auf § 161 Abs. 4 hinzuweisen, wonach die Sprungrevision nicht auf Mängel des Verfahrens gestützt werden kann (s. dazu und insbesondere auch zur Begrenzung des Begriffs „Mängel des Verfahrens" *BSG SozR 1500 § 161 Nr. 26, 4100 § 56 Nr. 14, SozR 4-1500 § 105 Nr. 1* und *SozR 3-5520 § 44 Nr. 1* sowie hier Rn. 344). Diese Vor-

schrift rechtfertigt sowohl für den Rechtsmittelkläger als auch für den Rechtsmittelgegner die im Hinblick auf die „Überholung" der Berufungsinstanz dem Straßenverkehr entlehnte Grundregel: Sprungrevision – im Zweifel nie. Eine die Interessen des Rechtsmittelgegners wahrnehmende Prozessführung gestattet es auch nach einem für diesen günstigen Urteil nicht, der Zulassung der Sprungrevision vor Kenntnis der schriftlichen Urteilsgründe des SG zuzustimmen. Das Urteil kann tatsächliche Feststellungen enthalten, die aus der Sicht des obsiegenden Beteiligten unrichtig sind, sich lediglich nach der Rechtsauffassung des SG nicht nachteilig auf die Sachentscheidung ausgewirkt haben. Das BSG kann jedoch nicht nur selbst keine abweichenden tatsächlichen Feststellungen treffen, sondern die dem betroffenen Beteiligten nachteiligen tatsächlichen Feststellungen des SG kann der obsiegende Beteiligte im Rahmen der Sprungrevision auch nicht mit Anschlussrügen angreifen. Es ist deshalb nicht auszuschließen, dass das BSG eine vom SG abweichende Rechtsauffassung vertritt, die in Verbindung mit den im Verfahren der Sprungrevision nicht angreifbaren tatsächlichen Feststellungen des SG zu einer für den Rechtsmittelgegner negativen Entscheidung führt, während dies auch nach der Rechtsauffassung des BSG bei anderen, dem vom Rechtsmittelgegner im Verfahren vor dem SG vorgetragenen Sachverhalt entsprechenden tatsächlichen Feststellungen nicht der Fall gewesen wäre. Auch aus diesen Gründen ist, wie oben aufgezeigt, besonders sorgfältig zu prüfen, ob in einer vor Erlass des Urteils abgegebenen Erklärung schon die Zustimmung zur Revisionszulassung und nicht nur eine bloße Anregung für das SG liegt, die Revision zuzulassen. Der Betroffene oder sein Prozessbevollmächtigter sollten dies stets eindeutig als reine Anregung formulieren und im Zweifel überhaupt vor dem Urteil entsprechende Äußerungen unterlassen. Außerdem birgt ein Zeitgewinn durch die Sprungrevision nicht selten den Nachteil, dass das BSG nicht die Erfahrungsbreite des LSG und dessen rechtliche Beurteilung auswerten kann (s. auch *Jansen/ Frehse § 161 Rn. 2*).

4.3 Umfang der Zulassung

36

Es gelten die Ausführungen zu 3.2 Rn. 10.

Auch bei der Sprungrevision ist eine Anschlussrevision des Gegners statthaft (s. Rn. 346).

4.4 Zulassungsgründe

37

Die Revision ist nach § 161 Abs. 2 Satz 1 nur zuzulassen, wenn die Voraussetzungen des § 160 Abs. 2 Nrn. 1 und 2 (grundsätzliche Bedeutung und Divergenz) vorliegen. Eine Zulassung wegen eines Verfahrensmangels durch das SG scheidet auch wegen § 161 Abs. 4 aus, weil danach die Revision grundsätzlich nicht auf Mängel des Verfahrens gestützt werden kann (s. auch Nrn. 35 und 344).

38 **4.5 Bindung an die Entscheidung des SG**

Das BSG ist an die Zulassung der Revision durch das SG gebunden (§ 161 Abs. 2 Satz 2). Dies gilt auch dann, wenn nach der Auffassung des BSG die nach § 161 Abs. 2 Satz 1 erforderlichen Voraussetzungen des § 160 Abs. 2 Nrn. 1 und 2 nicht erfüllt sind, weil die Rechtssache weder grundsätzliche Bedeutung hat noch das Urteil von einer Entscheidung des BSG oder des GmSOGB abweicht. Das BSG ist selbst dann an die Zulassung gebunden, wenn die Revision nicht zugelassen werden durfte (s. dazu Rn. 14), weil die Berufung nicht statthaft war (*BSG SozR 1500 § 161 Nr. 15, SozR 3-7833 § 6 Nr. 3*); dies gilt aber nicht, wenn die Berufung – wie in besonderen Fällen – völlig ausgeschlossen war (*BSG SozR 1500 § 161 Nr. 23*; s. auch Rn. 17; weitergehend *Bley § 161 Anm. 5 Buchst. f, 6 Buchst. c*: auch bei willkürlicher Zulassung; s. auch *BVerwG Buchholz 310 § 132 Nr. 259*). Die Bindung an die Zulassung besteht auch, wenn sie verfahrensfehlerhaft zustande gekommen ist, weil z.B. die ehrenamtlichen Richter an dem Beschluss nicht – wie erforderlich (s. Rn. 34) – mitgewirkt haben (*BSGE 51, 23, 29 = SozR 1500 § 161 Nr. 27 – GS*) oder die Zustimmung des Gegners entgegen § 161 Abs. 1 Satz 3 (s. Rn. 32) dem Antrag auf nachträgliche Zulassung der Revision nicht beigefügt war (*BSG SozR 1500 § 161 Nr. 31; BSG SozR 1500 § 161 Nr. 31; BSG SozR 4-2500 § 5 Nr. 10*). Die der zuletzt angeführten Rechtsauffassung entgegenstehende frühere Entscheidung des 10. Senats des BSG (*SozR 1500 § 161 Nr. 13*) hat der 1. Senat des BSG unter Berufung auf die nach dem Urteil des 10. Senats ergangene Entscheidung des GS des BSG (*BSGE 51, 23, 29*) als überholt angesehen. Die Zustimmung muss dann aber der Einlegung der Sprungrevision beigefügt werden (s. Rn. 268). Wenn im Zeitpunkt der Beschlussfassung des SG (noch) keine wirksame Zustimmung vorlag (*BSG SozR 3-1500 § 161 Nr. 13*), tritt ebenfalls eine Bindung des BSG an die Zulassung der Sprungrevision ein (*BSG SozR 3-1500 § 161 Nr. 13*), jedoch hat das BSG zu prüfen, ob bei Ablauf der Revisionsfrist eine wirksame Zustimmungserklärung vorlag (*BSG SozR a. a. O.*).

39   Die Zulassung der Revision ist auch für den Antragsgegner unanfechtbar. Die Ablehnung der Zulassung ist ebenfalls unanfechtbar (s. § 161 Abs. 2 Satz 3).

40 **4.6 Einlegung der Sprungrevision**

Die Besonderheiten der Einlegung der Sprungrevision sind als Sonderfall der Einlegung der Revision unter Rn. 267 behandelt.

41 **4.7 Wirkung der Zustimmung und Einlegung sowie Ablehnung der Sprungrevision**

Die Einlegung der Revision und die Zustimmung des Gegners gelten als Verzicht auf die Berufung, wenn das SG sie zugelassen hat (§ 161 Abs. 5). Gleichgültig, ob die Revision im Urteil oder durch Beschluss zugelassen worden ist, gilt danach Folgendes: Nach Zulassung der Revision können alle Beteiligten – sofern die sonstigen Voraussetzungen vorliegen – wahlweise Berufung oder Revision einlegen (*BSGE 45, 78, 80 = SozR 1500 § 66 Nr. 7*). Vor Einlegung der Revision ist der

Gegner durch seine Zustimmung nicht gehindert, Berufung einzulegen (*ML § 161 Rn. 9a; RK § 161 Rn. 85;* a. A. *P/S/W § 161 Anm. 35*). Die Berufung – auch des Rechtsmittelgegners – wird jedoch wegen der gesetzlichen Fiktion des Verzichts unzulässig, wenn ein Beteiligter mit Zustimmung des Gegners Revision einlegt (*ML § 161 Rn. 9a; Jansen/Frehse § 161 Rn. 3; Hk-SGG/Lüdtke § 161 Rn. 11;* a. A. *RK § 161 Rn. 81*). Die Berufung wird aber durch eine ohne Zustimmung des Gegners eingelegte Revision nicht unzulässig, sodass auch der Revisionskläger nach Rücknahme der Revision mangels Zustimmung des Gegners innerhalb der Berufungsfrist noch Berufung einlegen kann. Ist die Revision unwirksam, weil sie formwidrig – z.B. nicht gem. § 166 durch einen zur Vertretung vor dem BSG zugelassenen Prozessbevollmächtigten – eingelegt wurde, so gilt sie ebenfalls nicht als Verzicht auf das Rechtsmittel der Berufung (*BSG SozR Nr. 18 zu § 161 SGG;* a. A. *Zeihe § 161 Rn. 31 a*). Die Rücknahme der Revision eröffnet aber nicht wieder die Berufung (*Zeihe § 161 Rn. 31 e, 33 c*), da sie den mit der wirksamen Einlegung der Revision verbundenen Verzicht auf die Berufung nicht durch die Rücknahme der Revision beseitigt.

Das Gesetz regelt in § 161 Abs. 5 nicht den – allerdings wohl seltenen – Fall, *42*
in dem ein Beigeladener, dessen Zustimmung zum Antrag auf Zulassung der Sprungrevision nicht erforderlich ist (s. Rn. 30), Berufung eingelegt hat, und nun die Sprungrevision auf Antrag des Klägers oder des Beklagten zugelassen wird. Es ist sowohl möglich, der Sprungrevision den Vorrang einzuräumen, als auch hier nach dem Prioritätsgrundsatz vorzugehen (Näheres s. *RK § 161 Rn. 86 ff.; Zeihe § 161 Rn. 4 c*). Ist der Beigeladene allein beschwert, wird es zu der Streitfrage nicht kommen, da dann Kläger und Beklagter kaum die Zulassung der Revision beantragen werden können. Ist neben dem einfach Beigeladenen auch der Kläger oder der Beklagte beschwert, so wird man die Sprungrevision vorgehen lassen können, da es – wie dargelegt – auch auf seine Zustimmung nicht ankommt (s. Rn. 30). Bei der Verurteilung eines Beigeladenen nach § 75 Abs. 5 ist dessen Zustimmung erforderlich (s. Rn. 30).

Die Berufungsfrist beginnt mit Zustellung der Ablehnung der Zulassung der Sprungrevision erneut zu laufen (§ 161 Abs. 3 Satz 1). Dies gilt aber nur, wenn der Antrag auf Zulassung der Sprungrevision frist- und formgerecht war (*ML § 161 Rn. 11*). Aus der Bindungswirkung einer Zulassung der Revision auch ohne Zustimmung des Gegners (s. Rn. 38) kann nicht geschlossen werden, auch die Ablehnung eines Antrags auf Zulassung der Revision mangels Zustimmung des Gegners eröffne die Berufungsfrist neu.

Mit der Zustellung des Beschlusses über die Zulassung beginnt die Revisions- *43*
frist zu laufen (§ 161 Abs. 3 Satz 2).

Zur erforderlichen Rechtsmittelbelehrung s. *BSGE 45, 78 = SozR 1500 § 66* *44*
Nr. 7, BSGE 58, 18 = SozR 1500 § 161 Nr. 32.

45 5 Zulassung durch das BSG – Nichtzulassungsbeschwerde

Schrifttum

Becker, Peter, Die Nichtzulassungsbeschwerde zum BSG, SGb 2007, 261 ff.

Krasney, Das Gesetz zur Änderung des SGG, Kompass 1974, 303; Die Beschwerde gegen die Nichtzulassung der Berufung und der Revision im sozialgerichtlichen Verfahren, in: Brennpunkte des Sozialrechts 1998, Fachinstitut für Sozialrecht, Verlag für die Rechts- und Anwaltspraxis Herne/Berlin

Kummer, Die Nichtzulassungsbeschwerde, 2. Aufl. 2010, und in DAngVers. 1989, 115 und 173

May, Inhaltsmängel bei der Nichtzulassungsbeschwerde und Revision, Kompaß 1990, 554

Merz, Sichert die Nichtzulassungsbeschwerde in der Sozialgerichtsbarkeit noch eine einheitliche Rechtsprechung?, SGb 1978, 286

Schroeder-Printzen, Die Nichtzulassungsbeschwerde, DOK 1975, 471

Weyreuther, Revisionszulassung und Nichtzulassungsbeschwerde in der Rechtsprechung der obersten Bundesgerichte, 1971

Wuttke, Die Nichtzulassungsbeschwerde im sozialgerichtlichen Verfahren, ZfSH 1976, 5 und 1977, 295

46 5.1 Allgemeines

Die Nichtzulassung der Revision durch das LSG kann selbstständig durch Beschwerde angefochten werden (s. § 160 a Abs. 1 Satz 1). Die Beschwerde kann sich aber nur gegen die Nichtzulassung der Revision durch das LSG richten, da die Ablehnung der Zulassung der Revision durch das SG weder mit der Beschwerde an das LSG noch an das BSG anfechtbar ist (s. § 161 Abs. 2 Satz 3). Vor einer annahmefähigen Verfassungsbeschwerde gegen ein Urteil eines LSG, in dem die Revision nicht zugelassen ist, hat der Beschwerdeführer eine ausreichend begründete Nichtzulassungsbeschwerde beim BSG einzulegen (*BVerfGE 83, 216, 228; BVerfG SozR 3-1500 § 62 Nr. 13*).

47   Ob die Beschwerde ein Rechtsmittel ist (so u. a. *Kummer Rn. 29; Bley § 160 a Anm. 1 Buchst. b; Frohner BB 1980, 1164; ML § 160 a Rn. 2; Hk-SGG/Lüdtke § 160 a Rn. 4; Jansen/Frehse § 160 a Rn. 2; H § 160 a Rn. 11; Becker SGb 2007, 261, 262; RK § 160 a Rn. 2; Zeihe § 160 a Rn. 3 b;* wohl auch *BVerfG SozR 4-1500 § 73 Nr. 1* – incidenter s. Rn. 12, 13; a. A. zu § 79a ArbGG *BAG NJW 1980, 2599*), ist umstritten. In seinem Beschluss vom 12. 3. 1976 (*SozR 1500 § 160 a Nr. 23*) bezeichnet das BSG die Beschwerde zwar als Rechtsbehelf, geht aber gleichzeitig davon aus, dass die auch für die Revision geltenden Vorschriften des § 156 (s. § 165) für das Verfahren der Nichtzulassungsbeschwerde gelten. Im Hinblick auf die Sonderregelung in § 160 a Abs. 4 ist die Frage für die Praxis jedoch ohne wesentliche Bedeutung. Die Nichtzulassungsbeschwerde hindert den Eintritt der Rechtskraft, wie sich aus § 160 a Abs. 3 und 4 Satz 3 ergibt. Dies gilt auch für die später vom BSG als unzulässig verworfene Beschwerde (*Kummer Rn. 820*), nicht jedoch für solche Beschwerden, die sich gegen eine Entscheidung wenden, gegen die ein Rechtsmittel überhaupt nicht gegeben ist (s. dazu *ML SGb 1984, 413*). Die Rechtskraft wird uneingeschränkt gehemmt, selbst wenn der Beschwerdeführer seinen Antrag auf Zulassung der Revision nur auf einen prozessual selbstständigen Teil des Streitgegenstandes beschränkt (s. Rn. 10; *Kummer Rn. 822*).

Der Verzicht einer Partei auf Rechtsmittel gegen das Urteil (s. hier Rn. 2 und *Kummer Rn. 858*) schließt die Einlegung der Nichtzulassungsbeschwerde aus, denn die Beschwerde kann ihren Zweck, die anzufechtende Entscheidung revisionsrechtlich überprüfen zu lassen, nicht erreichen; die zugelassene Revision wäre wegen des erklärten Rechtsmittelverzichts ohne weitere Sachbehandlung als unzulässig zu verwerfen (*BAG NJW 2006, 1995*).

Die Nichtzulassungsbeschwerde kann sich auf einen oder mehrere selbstständige Teile des Streitgegenstandes beschränken. Sie kommt nicht nur in Betracht, wenn das LSG die Revision überhaupt nicht zugelassen hat. Ist die Zulassung der Revision durch das LSG auf einen prozessual selbstständigen Teil des Streitgegenstandes beschränkt (s. Rn. 10), so kann der Beschwerdeführer hinsichtlich des anderen selbstständigen Teils oder der anderen selbstständigen Teile des Streitgegenstandes die Zulassung der Revision beantragen (*Kummer Rn. 58*). Daraus ergibt sich aber zugleich, dass bei der Prüfung der Zulassung aufgrund einer Nichtzulassungsbeschwerde bei mehreren prozessual selbstständigen Ansprüchen zu prüfen ist, ob hinsichtlich aller oder ggf. hinsichtlich welcher die Voraussetzungen für eine Revisionszulassung gegeben sind (*Bley § 160 Anm. 4 Buchst. h*). 48

Die Nichtzulassungsbeschwerde kann nicht hilfsweise für den Fall eingelegt werden, dass eine eingelegte Revision unzulässig ist, z. B. weil das Berufungsgericht die Revision nicht zugelassen hat (*BAG NJW 1996, 2533; Niesel Rn. 513*; a. A. *Kornblum NJW 1997, 922*). Ebenso ist eine mit der Nichtzulassungsbeschwerde bereits (für den Fall der Zulassung) eingelegte Revision unzulässig (s. Rn. 3; *BSG SozR 1500 § 160 Nr. 1; Kummer Rn. 145; ML § 160 Rn. 30*). Sie ist auch deshalb tunlichst vorab vom BSG zu verwerfen, um den Beschwerdeführer bei Zulassung der Revision nicht zu der (unrichtigen) Annahme zu verleiten, die Revision sei bereits wirksam eingelegt.

Die Umdeutung einer nicht zugelassenen und deshalb unzulässigen Revision in eine Nichtzulassungsbeschwerde ist unzulässig (vgl. *BSG SozR 4-1500 § 158 Nr. 1* – zum Verhältnis Berufung und Nichtzulassungsbeschwerde; *Hk-SGG/ Lüdtke § 160 Rn. 24; Kummer Rn. 139: enge Grenzen für Umdeutung*).

Vor Einlegung der Beschwerde ist zunächst zu prüfen, ob überhaupt Gründe für die Zulassung der Revision vorliegen. Ist dies nicht der Fall, kommt schon deshalb eine Nichtzulassungsbeschwerde nicht in Betracht. Aus diesem Grunde sind im Folgenden die zunächst zu prüfenden Zulassungsgründe dargestellt. Danach werden Fragen der Einlegung (s. unter 5.2 Rn. 50 ff.) und anschließend der Begründung der Nichtzulassungsbeschwerde (s. unter 5.3 Rn. 138 ff.) behandelt. Zu prüfen ist auch, ob das erstrebte Ergebnis nicht durch einen vorrangigen Rechtsbehelf erreicht werden kann (zur Urteilsergänzung *BSG SozR 4-1500 § 160a Nrn. 4 und 7*). 49

50 5.2 Zulassungsgründe

5.2.1 Allgemeines

Die Zulassungsgründe sind im SGG in § 160 Abs. 2 erschöpfend aufgezählt. Die darüber hinausgehende übliche allgemeine Formulierung, in § 160 Abs. 2 seien die Gründe für die Zulassung der Revision erschöpfend aufgezählt (*ML § 160 Rn. 5; RK § 160 Rn. 3, § 160 a Rn. 22*), stimmt nach der derzeitigen Rechtslage. Dem Gesetzgeber bleibt es jedoch unbenommen, in einem anderen Gesetz als dem SGG zu bestimmen, dass z. B. bei bestimmten, sich aus diesem Gesetz ergebenden Streitigkeiten stets oder unter bestimmten Voraussetzungen die Revision zuzulassen ist (so ausdrücklich *Kummer Rn. 284*, auch mit Hinweisen auf Sondervorschriften in Zivilrechtssachen Rn. 280–282). Das vorstehend angeführte Schrifttum wird aber ebenfalls dieser Auffassung sein. Darauf ist vor allem für Prozessbevollmächtigte – zunächst nur – vorsorglich hinzuweisen. Aus der nach § 160 Abs. 2 beschränkten Zulassung ergibt sich, dass eine allgemeine Prüfung, ob das LSG in der Sache richtig entschieden hat, im Verfahren der Nichtzulassungsbeschwerde nicht mehr zulässig ist (B*SG SozR 1500 § 160 a Nr. 7; BSG Beschluss vom 31. 1. 1996 – 2 BU 4/96*).

51   Ist ein Urteil nebeneinander auf mehrere Begründungen gestützt, so kann eine Nichtzulassungsbeschwerde nur dann zur Zulassung der Revision führen, wenn im Hinblick auf jede dieser Begründungen ein Zulassungsgrund vorliegt und formgerecht gerügt wird (*BSG SozR 1500 § 160 a Nrn. 5, 38; s. auch BSG SozR 1500 § 160 Nr. 65; BVerwG Buchholz 310 § 132 Nrn. 158, 176, § 132 Abs. 2 Ziff. 1 Nr. 4, § 153 Nr. 22; ML § 160a Rn. 13f; Kummer Rn. 291; Hk-SGG/Lüdtke § 160a Rn. 10; Becker SGb 2007, 261, 265*).

52   Die Zulassung der Revision setzt auch voraus, dass die Entscheidung des LSG revisionsfähig ist. Deshalb kann lediglich wegen der Kostenentscheidung im Berufungsurteil die Revision nicht zugelassen werden (*BSG SozR 1500 § 160 Nr. 54, § 164 Nr. 32; BVerwG Buchholz 421.0 Nr. 362; Kummer Rn. 148; ML § 160 Rn. 2*).

53   Die Zulassung der Revision erfordert außerdem, dass der Beschwerdeführer durch das Urteil, in dem die Revision nicht zugelassen wurde, beschwert ist (*BGH MDR 2006, 43; s. Rn. 2*). Hat dieses seinem Antrag voll entsprochen, so ist er ebenso wenig beschwert, wie wenn die gegen ihn gerichtete Klage in vollem Umfang abgewiesen wurde (s. *Kummer Rn. 188, 190*). Allerdings ist der Beschwerdeführer auch dann beschwert, wenn zwar seinem Hilfsantrag, nicht aber seinem Hauptantrag stattgegeben worden ist (*Kummer Rn. 192*). Es kommt jedoch nicht darauf an, ob auch die klärungsbedürftige Rechtsfrage zu seinen Ungunsten entschieden wurde (*Kummer Rn. 190 m.w.N.*). Dies ist aber nicht zu verwechseln mit der Erfolgsaussicht der angestrebten Revision (s. Rn. 54). Daraus folgt gleichzeitig, dass beschwerdebefugt jeder Beteiligte – auch der Beigeladene – ist, der durch das Urteil beschwert und bei Zulassung der Revision im Urteil des LSG zur Einlegung dieses Rechtsmittels befugt wäre (*Kummer Rn. 199*). Bei einem zu Unrecht Beigeladenen wird die Beschwer durch das Urteil fehlen, so-

dass er deshalb nicht befugt ist, Nichtzulassungsbeschwerde einzulegen; da sich aber die Rechtskraft des Urteils auch auf ihn erstreckt, kann er dadurch beschwert sein.

Einerseits kann eine Revision, wenn die in § 160 Abs. 2 angeführten Zulassungsgründe nicht vorliegen, auch dann nicht zugelassen werden, wenn eine Revision materiellrechtlich offensichtlich Erfolg haben würde (vgl. *BGH FamRZ 2004, 265*). Andererseits ist es grundsätzlich (s. aber unten) keine Zulassungsvoraussetzung, dass die Revision Aussicht auf Erfolg hat (*ML § 160a Rn. 18; ML in: Verwaltungsrecht zwischen Freiheit, Teilhabe und Bindung, 25 Jahre Bundesverwaltungsgericht, 1978, S. 417, 426; P/S/W § 160a Rn. 76; Hk-SGG/Lüdtke § 160a Rn. 8; Jansen/Frehse § 160a Rn. 8*; im Grundsatz ebenso, aber mit Ausnahme analog § 170 Abs. 1 Satz 2: *RK § 160a Rn. 42*; a. A. *BSG SozR 3-1500 § 160a Nr. 28*; wohl auch *Kummer Rn. 887: im Grundsatz, aber nur summarische Prüfung und offensichtlich fehlender Erfolg Rn. 888, 889; BVerwG Buchholz 310 § 132 Nr. 166, 178, 281; 442.10 § 4 StVG Nr. 55*). Das Verfahren der Nichtzulassungsbeschwerde dient nicht dazu, erst in dem Revisionsverfahren zu klärende grundsätzliche Fragen vorab zu entscheiden. Das BVerfG hat es mit dem Grundgesetz vereinbar angesehen, wenn das BSG Prozesskostenhilfe für ein Nichtzulassungsbeschwerdeverfahren mangels hinreichender Erfolgsaussichten mit der Begründung versagt, die von der Beschwerde angestrebte Revision könne keinen Erfolg haben (*BVerfG SozR 4-1500 § 73a Nr. 3*). Das BSG geht nach dem Verfahrensrecht einschränkend davon aus, Prozesskostenhilfe für die Beschwerde gegen die Nichtzulassung der Revision ist grundsätzlich bei besonders schweren Verfahrensfehlern nicht mangels Erfolgsaussicht in der Hauptsache zu versagen, es sei denn, die beabsichtigte Rechtsverfolgung in der Hauptsache ist offensichtlich haltlos (*BSG SozR 4-1500 § 73a Nr. 2*; weitergehend wohl *Hk-SGG/Lüdtke § 160a Rn. 8; Jansen/Frehse § 160a Rn. 8; s. auch unten*). Allerdings kann jedenfalls bei aussichtslosen Revisionen ggf. die Klärungsbedürftigkeit (insbesondere aus prozessualen Gründen zB Unzulässigkeit der Klage oder Berufung; s. insoweit auch hier Rn. 68) und damit die grundsätzliche Bedeutung verneint werden (s. Rn. 64; s. auch *ML § 160a Rn. 18*). In diesen Fällen dürfte auch keine Divergenz anzunehmen sein (s. Rn. 85). Bei einem Verfahrensmangel kann gegebenenfalls in Ausnahmefällen die Aussichtslosigkeit der Revision dazu führen, dass das Urteil des LSG nicht auf diesem Verfahrensmangel beruht. Das kann aber nicht angenommen werden, wenn – wie das BSG früher meinte (*SozR 3-1500 § 160a Nr. 28*) – ein Verfahrensfehler vorliegt, das Urteil des LSG nur aus anderen als vom LSG angeführten Gründen sich in der Sache als richtig erweist; denn es ist nicht auszuschließen, dass der Antragsteller im Revisionsverfahren Gründe vorbringt, die das BSG dann doch zu einer anderen materiell-rechtlichen Beurteilung und gegebenenfalls sogar zur Aufgabe seiner bisherigen Rechtsprechung führt. Das BSG hat jedoch auch bei einer auf Verfahrensfehler gestützten Nichtzulassungsbescheid allgemein ausgeführt (*BSG SozR 4-1500 § 160a Nr. 23*): „Für die Zulassung der Revision ist indes kein Raum, wenn feststeht, dass das angefochtene LSG-Urteil unabhängig vom Vorliegen der geltend gemachten Zulassungsgründe aus anderen als den vom Berufungsgericht angestellten Erwägungen Bestand haben wird

54

(Rechtsgedanke des § 170 Abs. 1 Satz 2 SGG im Verfahren der Nichtzulassungsbeschwerde: BSG SozR 3-1500 § 160a Nr. 28 im Anschluss an BSG, Beschluss vom 30. 6. 1994 – 11 BAr 139/93 – Juris, beide m.w.N.; ebenso BVerwGE 54, 99 = Buchholz 310 § 132 VwGO Nr. 153 sowie Nr. 166, 178 m.w.N.; Leitherer in Meyer-Ladewig/Keller/Leitherer, 9. Aufl. 2008, § 160a RdNr. 18 mwN)." (ebenso *BSGE 102, 166, 171 = SozR 4-1500 § 41 Nr. 1 GS: BGH FamRZ 2010, 1434*). Vor einer analogen Anwendung des § 170 Abs. 1 Satz 2 (so *ML § 160a Rn. 18a*) ist jedoch zu beachten, dass diese Vorschrift auf einer umfassenden Prüfung der Rechtslage im Revisionsverfahren beruht, die im Verfahren der Nichtzulassungsbeschwerde so nicht vorgesehen ist. Ebenso ist zu beachten, dass eine Verletzung des rechtlichen Gehörs vorliegen kann, wenn das BSG bei der Entscheidung über einen dargelegten Verfahrensfehler seine materiell-rechtliche Beurteilung als maßgebend zugrunde legt, ohne dem Beschwerdeführer insoweit Gelegenheit zur Stellungnahme zu geben. Allerdings erscheint das vom BSG (*SozR 3-1500 § 160 Nr. 33; ablehnend ML § 160a Rn. 18*) zugrunde gelegte „funktionelle Kompetenzgefüge" nach Art. 101 Abs. 1 Satz 2 GG vom Beschwerde- und Revisionsgericht nicht überzeugend, da die nach dem Gesetz vorgegebene Besetzung der Senate des BSG jedenfalls nicht auseinanderfallen muss. Außerdem müsste das BSG, soweit es sich auf Art. 101 Abs. 1 Satz 2 GG stützt, nunmehr § 160a Abs. 5 als verfassungswidrig ansehen. Häufiger kann es allerdings bei der Rüge von Verfahrensfehlern schon fast offenkundig sein, dass zwar das anschließende Revisionsverfahren Erfolg haben wird, dass aber die vom Kläger angestrebte günstigere materiellrechtliche Entscheidung auch bei einem verfahrensfehlerfreien Berufungsverfahren offensichtlich nicht erreichbar ist. Im Schrifttum wird empfohlen, in dem Zulassungsbeschluss dann die Aussichtslosigkeit der Revision anzudeuten, was mit der gebotenen Zurückhaltung wegen noch möglicher neuer Argumente zwar mit Vorsicht, aber wegen der vielfältigen Formulierungsmöglichkeiten solcher Hinweise grundsätzlich durchaus vertretbar erscheint. Es bleibt aber in erster Linie in der Verantwortung des Beschwerdeführers und seines Prozessbevollmächtigten, auch unter diesem Gesichtspunkt insgesamt den „Erfolg" der Nichtzulassungsbeschwerde zu prüfen. Im Verfahren der Nichtzulassungsbeschwerde prüft das BSG nur die vorgetragenen und ausreichend dargelegten Revisionsgründe (*ML § 160a Rn. 19*). Liegt z. B. eine grundsätzliche Bedeutung, auf die die Nichtzulassungsbeschwerde allein gestützt ist, nicht vor, so darf das BSG nicht wegen eines von ihm erkannten, aber vom Beschwerdeführer nicht gerügten Verfahrensfehler die Revision zulassen. S. aber auch Rn. 85.

55 Im folgenden werden **zunächst die in Betracht kommenden Zulassungsgründe** aufgezeigt. **Erst unter Rn. 176 ff.** wird die für Prozessbevollmächtigte ebenso wichtige und noch schwieriger zu handhabende, aber eine Voraussetzung für die Zulässigkeit der Beschwerde bildende **Darlegung und Bezeichnung der Zulassungsgründe im Rahmen der Begründung der Nichtzulassungsbeschwerde** behandelt (zur Verfassungsmäßigkeit dieser Voraussetzung und deren Auslegung durch das BSG s. *BVerfG SozR 3-1500 § 160a Nr. 31*).

5.2.2 Grundsätzliche Bedeutung der Rechtssache

Die Revision ist zuzulassen, „wenn die Rechtssache grundsätzliche Bedeutung   56
hat" (s. § 160 Abs. 2 Nr. 1). Die Zulassung der Sprungrevision durch das SG allein
verpflichtet das LSG bei gleichwohl durchgeführten Berufungsverfahren nicht
zur Zulassung der Revision *(BSG SozR 3-5425 § 15 Nr. 1).*

Rechtsfragen

Da das Revisionsgericht über Rechtsfragen und nicht über Tatsachen betreffende   57
Fragen entscheidet, kommt es auf Rechtsfragen mit grundsätzlicher Bedeutung an
(BSG SozR 4-1500 § 160a Nr. 9; Kummer Rn. 305; RK § 160 Rn. 58 a; zu den Be-
griffen Rechtssache und Rechtsfrage s. einerseits *Bley § 160 Anm. 6 Buchst. a; ML
§ 160 Rn. 6, 7; Becker SGb 2007, 261, 265; RK § 160 Rn. 60, P/S/W § 160 Rn. 108,
109; Hk-SGG/Lüdtke § 160 Rn. 8; May S. 138:* keine sachliche Unterscheidung
und andererseits *Zeihe § 160 Rn. 11 a).* Das BAG ist der Auffassung, dass die
Rechtsfrage so zu konkretisieren sei, dass im Regelfall die Rechtsfrage mit „ja"
oder mit „nein" beantwortet werden könne. Es führt aber anschließend zugleich
aus, das schließe nicht aus, dass eine Frage gestellt werde, die je nach den formulierten Voraussetzungen mehrere Antworten zulasse; unzulässig sei jedoch eine
Fragestellung, deren Beantwortung von den Umständen des Einzelfalles abhänge
und damit auf die Antwort „kann sein" hinauslaufe *(BAG NJW 2007, 1165).* Es
muss sich um eine Rechtsfrage zum revisiblen Recht handeln *(BSG SozR 4-1500
§ 160a Nr. 9).* Dazu gehört auch das Verfassungsrecht *(BSG SozR 1500 § 160a
Nr. 11, 3-1500 § 160a Nr. 23, 34; Hk-SGG/Lüdtke § 160 Rn. 8; ML § 160 Rn. 7;
Becker SGb 2007, 261, 165).* Grundsätzlich bedeutsam können auch im Rahmen
des § 160 nicht nur Rechtsfragen aus dem Sozialrecht im Zuständigkeitsbereich
des BSG sein *(BSG SozR 3-1500 § 160 a Nr. 21: § 108 BGB).* Ebenso können –
z.B. durch Änderung maßgebender Regelungen – auch Fragen des Revi-
sionszulassungsrechts solche von grundsätzlicher Bedeutung bilden (s. *ML § 160
Rn. 7; Kummer Rn. 312;* a.A. *BVerwG Buchholz 310 § 132 Abs. 2 Ziff. 1 VwGO
Nr. 25;* s. auch Rn. 58). Nach Auffassung des BSG „wäre daran zu denken", generelle Tatsachen an § 160 Abs. 1 Nr. 1 „zu messen"; soweit die allgemeinen Tatsachen indessen nicht die Qualität und die Funktion von Rechtsnormen erreichen, wie es für allgemeine Erfahrungssätze angenommen werde, seien sie
weiterhin als Tatsachen zu qualifizieren *(BSG SozR 4-1500 § 160h Nr. 9;* s. auch
*Dreher in von Wulffen/Krasney, Festschrift 50 Jahre BSG, 2004, S. 791 ff.; Becker
SGb 2007, 261, 265).*

Zu der die Interessen der Allgemeinheit berührenden grundsätzlichen Bedeutung muss für eine grundsätzliche Rechtssache hinzukommen, dass die grundsätzliche Rechtsfrage klärungsbedürftig sowie in einem Revisionsverfahren auch
klärungsfähig und entscheidungserheblich ist; denn nur dann ist die angestrebte
Entscheidung geeignet, die Rechtseinheit zu wahren oder zu sichern oder die
Fortbildung des Rechts zu fördern *(BSG SozR 1500 § 160 a Nr. 31; SozR 3-1500
§ 160 a Nr. 30;* Näheres hierzu s. Rn. 65).

Rechtsfortbildung

58 Die Zulassung der Revision wegen grundsätzlicher Bedeutung der Rechtssache dient der einheitlichen Rechtsfortbildung (*BSG SozR 4-1500 § 160a Nr. 9;* s. zur verfassungsrechtlichen Vereinbarkeit *BVerfG SozR 1500 § 160a Nr. 48, SozR 3-1500 § 160a Nrn. 6–8*) oder der einheitlichen Rechtsauslegung (*BSG SozR 4-1500 § 160a Nr. 9*). Die richtige Entscheidung des Einzelfalles ist nur Folge der Klärung und Entscheidung der grundsätzlich bedeutsamen Rechtssache. Deshalb sind die Voraussetzungen für die Zulassung der Revision wegen grundsätzlicher Bedeutung nicht schon deshalb gegeben, weil das LSG die Sache falsch entschieden hat (*BSG SozR 1500 § 160a Nr. 7; BGH FamRZ 2004, 265; Kummer Rn. 302, 317*). Eine einheitliche Rechtsfortbildung kann auch im Verfahrensrecht erforderlich sein, sodass auch ein Streit über prozessuale Fragen grundsätzliche Bedeutung i. S. des § 160 Abs. 2 Nr. 1 haben kann (s. Rn. 57; *Kummer Rn. 310, 312*) und die Zulassung insoweit nicht nur bei Verfahrensfehlern in Betracht kommt. Dies darf aber nicht zur Umgehung der nach § 160 Abs. 2 Nr. 3 eingeschränkten Nachprüfbarkeit von Verfahrensfehlern führen. So kann die Entscheidung des LSG bei der Anwendung des § 109 im Beschwerdeverfahren auch nicht als eine Frage von grundsätzlicher Bedeutung geprüft werden (*BSG SozR 1500 § 160 Nr. 34; SozR 4-1500 § 160 Nr. 9*).

59 Zur Darlegung der grundsätzlichen Bedeutung in der Beschwerdebegründung s. Rn. 180.

Allgemeine Bedeutung über den Einzelfall hinaus.

60 Die grundsätzliche Bedeutung der Rechtssache ist gegeben, wenn die ihr zugrunde liegende grundsätzliche Rechtsfrage sind über den Einzelfall hinaus (*BSG SozR 4-1500 § 160 Nr. 6*) in einer unbestimmten Vielzahl weiterer Fälle stellen kann (*BVerfG NJW 2009, 572, 573*), also allgemeine Bedeutung (*BGH MDR 2005, 228*) besitzt, von einer Entscheidung der Rechtssache im Revisionsverfahren somit erwartet werden kann, dass sie in einer bisher nicht geschehenen, jedoch abstrakt die Interessen der Allgemeinheit berührenden Weise die Rechtseinheit herstellen, wahren oder sichern oder die Fortbildung des Rechts fördern wird (s. u. a. *BSG SozR 1500 § 160 Nr. 53, § 160a Nrn. 31, 39, 65; SozR 31500 § 160a Nr. 30; Kummer Rn. 301 ff.; ML § 160 Rn. 6, 7a; Hk-SGG/Lüdtke § 160a Rn. 11*). Eine grundsätzliche Bedeutung ist deshalb nicht gegeben, soweit die Beurteilung einer Rechtssache ausschlaggebend von der Würdigung des konkreten Einzelfalles abhängt und sie infolge dessen gerade nicht auf einer Rechtsfrage beruht, die sich in verallgemeinerungsfähiger Weise klären lässt (*BVerwG Buchholz 310 § 132 Nr. 193; Kummer Rn. 322*). Das BSG hat diese Auffassung ausgedehnt auf die Auslegung eines „Maßnahmegesetzes", d.h. um ein „Gesetz zur Regelung eines konkreten Einzelfalles, das als Vollzugs-, Plan- und Organisationsgesetz eine konkrete Maßnahme betrifft" (*BSG SozR 31500 § 160a Nr. 30; Kummer Rn. 319; ML § 160 Rn. 7a*). Aber auch bei einer auf ausschlaggebend von der Würdigung des Einzelfalls abhängigen Entscheidung kann die grundsätzliche Bedeutung gegeben sein, wenn die Entscheidung der Rechtsfrage zu „Nachahmungseffekten" und damit zur allgemeinen Be-

deutung führen (vgl. *BGH FamRZ 2004, 265 und 947*) oder das Vertrauen in die Rechtsprechung beschädigten würde (*BGHZ 154, 288; BGH Urteil vom 7. 10. 2004 – V ZR 170/03*). Wird ein absoluter Revisionsgrund geltend gemacht, geht der BGH davon aus, dass die Revision zur Sicherung einer einheitlichen Rechtsprechung zuzulassen ist (*BGH NJW 2007, 2702* – zu § 547 Nrn. 1–4 ZPO).

Bei der Entscheidung, ob die Rechtssache eine über den Einzelfall hinausgehende, die Interessen der Allgemeinheit berührende Bedeutung besitzt, wird im sozialgerichtlichen Verfahren auch deren soziale Tragweite bedeutsam sein (*ML § 160 Rn. 7e; RK § 160 Rn. 55*), was sich u. a. in ihrem wirtschaftlichen Gewicht für die Allgemeinheit niederschlagen kann *(ML § 160 Rn. 7e)*. Entgegen der Auffassung von *RK (§ 160 Rn. 60e)* steht damit nicht im Widerspruch, dass allein die Bedrohung der wirtschaftlichen Existenz des Klägers durch eine ihm negative Entscheidung die grundsätzliche Bedeutung i. S. des § 160 Abs. 2 Nr. 1 nicht begründet (*BVerfG NJW 1999, 207, 208* zu §§ 546, 554 b ZPO). Wie bereits erwähnt, ist im Rahmen dieses Zulassungsgrundes die richtige Einzelfallentscheidung nicht maßgebend, sondern nur eine Folge der Klärung der grundsätzlichen Rechtsfrage. Die Rechtssache muss vielmehr eine über den Einzelfall hinausgehende Bedeutung haben (*BSG SozR 1500 § 160a Nr. 4*) und nicht durch die Besonderheit des Einzelfalles geprägt sein. Die Größe des Kreises der von der Entscheidung über die Rechtssache Betroffenen ist zwar nicht allein maßgebend; jedoch kann in ihr ein Indiz dafür liegen, dass die Interessen der Allgemeinheit berührt werden (*ML § 160 Rn. 9*). Dabei reicht die Möglichkeit hierfür aus (*ML § 160 Rn. 8*).

Außer Kraft getretene Rechtsvorschriften, Übergangsvorschriften

Ein über den Einzelfall hinausgehendes, die Allgemeinheit betreffendes Interesse wird in aller Regel für die Auslegung von bereits außer Kraft getretenen Vorschriften nicht angenommen, es sei denn, dass noch eine erhebliche Zahl von Fällen der Entscheidung harrt und darin die Klärungsbedürftigkeit der Rechtsfrage liegt (*BSG SozR 1500 § 160a Nr. 19; BSG Beschluss v. 23. 8. 1996 – 2 BU 149/96; Kummer Rn. 347; ML § 160 Rn. 8d; BVerwG Buchholz 310 § 132 Nr. 129, 310 § 132 Abs. 2 Ziff. 1 Nr. 4 und Nr. 29; BVerwG NVwZ 2005, 709; Becker SGb 2007, 261, 266*; zum Übergangsstadium der Wiedervereinigung s. *BVerwG Buchholz 442.041 § 7 Nr. 2*; allgemein zum auslaufenden Recht *BVerwG Buchholz 310 § 132 Abs. 1 Ziff. 1 VwGO Nr. 15*: Erhebliche Anzahl von Altfällen dargetan und ersichtlich, *Nr. 21*: Für nicht überschaubaren Personenkreis in nicht absehbarer Zukunft von Bedeutung). Kummer (*Rn. 347*) weist aber mit Recht darauf hin, dass es im Sozialrecht jedenfalls bei in der Praxis häufig angewandten Rechtsvorschriften auch bei auslaufendem Recht regelmäßig noch eine erhebliche Zahl von Fällen geben wird, die nach bisherigem Recht zu entscheiden sind. Ist aber eine Vorschrift schon längere Zeit außer Kraft getreten, wird man die Klärungsbedürftigkeit verneinen dürfen (*Kummer Rn. 348*: etwa 2 bis 3 Jahre). Die grundsätzliche Bedeutung kann auch bestehen geblieben sein, wenn die zu erwartende Entscheidung aus anderen Gründen richtungsweisend sein könnte, z. B. weil die aufgehobene Vorschrift Grundlage für weiter geltendes Satzungsrecht ist (*Kummer Rn. 141; BVerwG Buchholz 310 § 132 Nrn. 129, 160*) oder wenn sie sich bei der gesetzlichen Bestimmung, die der außer Kraft getretenen Vorschrift nachgefolgt ist, die grundsätzliche Rechtsfrage offensichtlich in gleicher Weise stellt (*BVerwG Buchholz 421 Kultur und Schulwesen Nr. 129*).

Allerdings wird man bei den Übergangsvorschriften selbst die grundsätzliche Bedeutung regelmäßig verneinen können, es sei denn, die Übergangsvorschriften sind in sich umstritten und bedürfen einer Klärung im Hinblick auf zahlreiche, sich daraus ergebende Streitfälle (*Becker SGb 2007, 261, 266; Kummer Rn. 349*). Die nur zeitliche begrenzte Geltung einer Vorschrift schließt allein eine Klärungsbedürftigkeit nicht aus, da im Sozialrecht auch solche Vorschriften eine zahlenmäßig und wirtschaftlich große Bedeutung haben können (*Kummer Rn. 350*). Hinsichtlich der in Betracht kommenden Streitfälle für außer Kraft getretenes Recht und für Übergangsfälle s. auch unten Rn. 65 zur Klärungsbedürftigkeit.

Gemeinschaftsrecht

62 Die grundsätzliche Bedeutung einer Rechtssache kann auch darin liegen, dass zur Entscheidung über relevantes Gemeinschaftsrecht der EG voraussichtlich eine Vorabentscheidung des EuGH einzuholen sein wird (*BVerwG Buchholz 310 § 132 Nr. 243; Kummer Rn. 329, 355; ML § 160 Rn. 7; May S. 139 Rn. 54*). Dies gilt umso mehr, nachdem das BVerfG den EuGH als gesetzlichen Richter i. S. des Art. 103 GG angesehen hat (*BVerfGE 73, 339, 366; 75, 223, 233; BVerfG FamRZ 2004, 524; JZ 2007, 87 mit Anm. von Paefgen; BVerfG Beschluss vom 31. 5. 1990 – 2 BvL 12/88, 13/88, 2 BvR 1436/87*). Siehe auch Rn. 64.

Klärungsbedürftigkeit

63 Die grundsätzliche Bedeutung der Rechtssache ist nur dann anzunehmen, wenn die grundsätzliche Rechtsfrage klärungsbedürftig, klärungsfähig und entscheidungserheblich ist (*BSG SozR 1500 § 160 Nrn. 53, 54; Kummer Rn. 313, 324; ML § 160 Rn. 7, 8; RK § 160 Rn. 58 f., 60 c; Becker SGb 2007, 261, 167 – auch zur Unterscheidung zur Klärungsfähigkeit; BVerwG Buchholz 310 § 75 Nr. 11*). Klärungsbedürftig sind solche Rechtsfragen, deren Beantwortung zweifelhaft ist oder zu denen unterschiedliche Auffassungen vertreten werden oder die noch nicht oder nicht ausreichend höchstrichterlich geklärt sind (*BVerfG NJW 2009, 572, 573*). Dementsprechend kann auch eine Rechtsfrage, die in der Vorinstanz nicht gesehen worden und nicht Gegenstand des Meinungsstreits ist, klärungsbedürftig sein (*BVerfG a.a.O.*). Umgekehrt vermag nicht jede Gegenstimme Klärungsbedarf zu begründen (*BVerfG a.a.O.*). Eine Zulassung der Revision zur Sicherung einer einheitlichen Rechtsprechung kommt nicht in Betracht, wenn mehrere Rechtsfehler des Berufungsgerichts zu einer im Ergebnis richtigen Entscheidung führen (*BGH NJW 2004, 1167–1169*). Ein Rechtsgrund zur Zulassung der Revision besteht regelmäßig nur dann, wenn sich das Berufungsgericht mit der vom Beschwerdeführer in der Beschwerde formulierten Rechtsfrage befasst hat, sie also beantwortet hat; es genügt nicht, dass das Berufungsgericht nach Auffassung des Beschwerdeführers sich mit Rechtsfragen grundsätzlicher Bedeutung hätte befassen müssen, die sich nach der vom Berufungsgericht gegebenen Begründung nicht stellen (*BAG NJW 2006, 3371*).

Auch die Klärungsbedürftigkeit der Verfassungsmäßigkeit von Gesetzen kann   *64*
die grundsätzliche Bedeutung der Rechtssache begründen (*BSG SozR 1500
§ 160 a Nrn. 11, 17; BSG Beschluss vom 11. 11. 1993 – 6 BKa 15/92; Kummer
Rn. 351; ML § 168 Rn. 8 a; Jansen/Frehse § 160 Rn. 11; a. A. BVerwG Buchholz
310 § 132 Nr. 21 h;* s. auch Rn. 77 zur Divergenz). Zwar steht die Entscheidung
über die Verfassungswidrigkeit dem BVerfG zu. Die zwangsläufig damit verbundene und von den Gerichten der Sozialgerichtsbarkeit in ihrem Zuständigkeitsbereich für die Prüfung der Vorlagepflicht und auch zur Erschöpfung des Rechtsweges als Voraussetzung einer Verfassungsbeschwerde (s. Rn. 46) zu treffende
Entscheidung der Verfassungsmäßigkeit hat aber grundsätzliche Bedeutung auch
i. S. des § 160. Deshalb ist sie auch nicht ausgeschlossen, weil es sich um die Auslegung von Recht der EG handelt und das BSG in Zweifelsfällen zur Vorlage an
den EuGH verpflichtet ist (s. Rn. 62). Eine in einem gleich gelagerten Fall eingelegte Verfassungsbeschwerde zwingt allerdings nicht stets zur Zulassung wegen
grundsätzlicher Bedeutung (*BSG Beschluss vom 19. 3. 1996 – 2 BU 29/96*).

Bereits bestehende höchstrichterliche Rechtsprechung

Grundsätzlich nicht mehr klärungsbedürftig ist dagegen eine Rechtsfrage, wenn   *65*
sie höchstrichterlich bereits beantwortet ist (*BSG SozR 1500 § 160 Nr. 51, § 160 a
Nrn. 13, 65; BSG SozR 3-1500 § 160 Nr. 8 und § 160 a Nr. 34; BSG SozR Nr. 194
zu § 162 SGG;* s. auch Rn. 183). Dies ist bei einem obiter dictum nicht der Fall
(*Kummer Rn. 360; ML § 160 Rn. 8*). Mit Recht betonte jedoch *ML* (8. Aufl., *§ 160
Rn. 7 a;* ebenso *RK § 160 Rn. 58 d; Jansen/Frehse § 160 Rn. 12*), dass diese –
grundsätzlich zutreffende – Ansicht über die fehlende Klärungsbedürftigkeit bei
schon bestehender höchstrichterlicher Rechtsprechung nicht zur Erstarrung der
Rechtsprechung führen dürfe. Dem steht aber bereits entgegen, dass die LSGe jederzeit durch Zulassung der Revision eine Überprüfung der Rechtsprechung des
BSG auch dann herbeiführen können, wenn sie selbst weiterhin dieser Rechtsprechung folgen (s. auch z. T. einschränkend *Zeihe § 160 Rn. 12 c und 13 b*). Zudem
geht das BSG selbst davon aus, dass eine bereits höchstrichterlich entschiedene
Rechtsfrage – wieder – klärungsbedürftig werden kann, wenn der Rechtsauffassung des BSG in nicht geringfügigem Umfang widersprochen wird (*BSG SozR
1500 § 160 Nr. 51, § 160 a Nr. 13; BSG SozR Nr. 194 zu § 162 SGG; Kummer
Rn. 316; Hk-SGG/Lüdtke § 160 a Rn. 13, § 160 Rn. 9*; s. auch hier Rn. 63 und das
Beispiel Rn. 192) oder in der Nichtzulassungsbeschwerde wesentlich neue Gesichtspunkte gegen die bisherige Rechtsprechung vorgebracht werden (*BSG SozR
3-4100 § 111 Nr. 1; Jansen/Frehse § 160 Rn. 12;* s. auch Rn. 67). Damit soll aber
zugleich vermieden werden, dass eine höchstrichterliche Rechtsprechung, die
durch ihre Stetigkeit auch den Rechtsfrieden sichern soll, immer wieder mit den
gleichen Argumenten infrage gestellt wird. Dies wird häufig in der ersten Zeit
nach einem die bisher grundsätzliche Frage beantwortenden Urteil noch nicht der
Fall sein. Ein Beteiligter, dessen Rechtsstreit aber erst zwei oder drei Jahre nach
dem Urteil des LSG vom Revisionsgericht entschieden wird, kann deshalb wesentlich bessergestellt sein. Dies liegt aber im System sowohl der Nichtzulassungsbeschwerde, die nicht der Korrektur einer materiell-rechtlich falschen Ent-

scheidung zu dienen bestimmt ist, als auch schon dem der Revision. Der Regelfall ist eben doch der, dass der Rechtsprechung des BSG gefolgt und diese aufrecht- erhalten wird. Es ist außerdem auch rechtlich nicht auszuschließen, dass der Be- schwerdeführer aufgrund einer Veröffentlichung oder sogar seiner eigenen einge- henden rechtlichen Begründung überzeugend darlegt, dass die Rechtssache doch noch grundsätzliche Bedeutung hat, weil der bisherigen Rechtsprechung jeden- falls ganz erhebliche Bedenken entgegenstehen. So wie es einerseits für die Erheb- lichkeit des Widerspruchs gegen die Rechtsprechung nicht ausreichend zu sein braucht, dass sich einem einzelnen Widerspruch lediglich mehrere andere ohne ei- gene Argumentation angeschlossen haben, ist es andererseits nicht ausgeschlos- sen, auf Grund nur eines, aber sehr gewichtigen Widerspruchs im Schrifttum oder in vereinzelten Entscheidungen der SGe und LSGe die Klärungsbedürftigkeit auf- grund der gewichtigen Argumentation in der Begründung der Nichtzulassungs- beschwerde anzunehmen (*BSG SozR 4-1500 § 160 Nr. 5*). Die erneute Zulassung dient bei nicht nur geringfügigem Widerspruch der erneuten Prüfung der an sich grundsätzlichen Rechtsfrage durch das Revisionsgericht mit der Möglichkeit der Aufgabe oder Modifizierung der bisherigen Rechtsprechung. Dafür ist aber nicht allein die Zahl der Widersprüche maßgebend, sondern auch das Gewicht der Ar- gumente, das auch den Ausführungen in der Nichtzulassungsbeschwerde ent- nommen werden kann. Dies wird aber in der Praxis der Ausnahmefall sein und nach Sinn und Zweck revisionsgerichtlicher Rechtsprechung bleiben müssen.

66   Auch wenn das BSG die Rechtsfrage noch nicht ausdrücklich entschieden hat, kann es an der Klärungsbedürftigkeit fehlen, wenn sich für die Antwort in ande- ren höchstrichterlichen Entscheidungen zu vergleichbaren Regelungen bereits ausreichende Anhaltspunkte ergeben (*BSG SozR 3-1500 § 160 Nr. 8, § 146 Nr. 2; BVerwG Buchholz 401.1 § 7h EStG Nr. 1; ML § 160 Rn. 8; Hk-SGG/Lüdtke § 160 Rn. 9; Jansen/Frehse § 160 Rn. 12; Kummer Rn. 357*). Deshalb besteht auch keine Klärungsbedürftigkeit, wenn bereits ein anderer oberster Gerichtshof des Bundes die Rechtsfrage entschieden hat (*May S. 130 Rn. 59*). Eine Klärungs- bedürftigkeit einer grundsätzlichen Rechtsfrage wird selbst dann, wenn eine höchstrichterliche Entscheidung noch nicht vorliegt, verneint, wenn die Antwort zweifelsfrei (*BSG SozR 4-1500 § 160 Nr. 5*) oder so gut wie unbestritten ist (*BSG SozR 1500 § 160 Nr. 17*) oder praktisch außer Zweifel steht (*BSG SozR 1500 § 160a Nr. 4, SozR 4-1500 § 160a Nr. 7*) oder unmittelbar aus dem Gesetz zu er- sehen ist (*BSG SozR 1300 § 13 Nr. 1, SozR 3-3100 § 1 Nr. 6, SozR 4-1500 § 160a Nr. 7*). Zutreffend weisen aber *Zeihe* (*§ 160 Rn. 12e*) und *Hennig* (*§ 160 Rn. 86*) darauf hin, mit diesen Begründungen die Klärungsbedürftigkeit nur mit Vorsicht zu verneinen. Dennoch ist dieser Rechtsprechung aber grundsätzlich zu folgen, da nicht selten eine höchstrichterliche Rechtsprechung zur in der Nichtzulas- sungsbeschwerde formulierten Frage nur deshalb nicht vorliegt, weil die Antwort in der Praxis wegen des klaren Gesetzes überhaupt nicht zweifelhaft war. Wäre bei Zulassung die Revision aussichtslos, so ist die Klärungsbedürftigkeit der Rechtsfrage besonders sorgfältig zu prüfen (s. unter Rn. 54).

Die Klärungsbedürftigkeit einer Rechtsfrage kann erneut gegeben sein, wenn **67**
durch eine Gesetzesänderung möglicherweise eine Neuinterpretation des Gesetzes begründet worden ist (*Kummer Rn. 320*).

Klärungsfähigkeit

Eine an sich klärungsbedürftige Rechtsfrage ist in einem in Betracht kommenden **68**
Revisionsverfahren nicht klärungsfähig, und die Revision ist daher im konkreten
Fall nicht wegen grundsätzlicher Bedeutung zuzulassen, wenn z. B. der Entscheidung dieser Rechtsfrage ein in der Revisionsinstanz fortwirkender und von Amts
wegen zu beachtender Verfahrensmangel entgegensteht (Unzulässigkeit der Klage
oder der Berufung; anderweitige Rechtshängigkeit *BSG SozR 1500 § 160 Nr. 39;
Kummer Rn. 325*), es sich um eine Frage irrevisiblen Rechts (*BVerfG NJW 2009,
572, 573*; s. dazu Rn. 288 ff.) handelt (*BSG SozR 1500 § 160 Nr. 10; BSG Beschluss
vom 31. 7. 1995 – 6 BKa 10/94, BVerwG Buchholz 310 § 132 Nr. 225; ML § 160
Rn. 9c; Kummer Rn. 329; Hk-SGG/Lüdtke § 160 Rn. 11; Jansen/Frehse § 160
Rn. 11*; s. auch Rn. 302 zur Verletzung revisiblen Rechts durch Auslegung irrevisiblen Rechts), das Revisionsgericht nach Zurückverweisung eines Rechtsstreits
an das LSG und nach erneuter Befassung mit derselben Streitsache an seine frühere Rechtsauffassung gebunden ist (*BSG SozR 1500 § 160 a Nr. 39*), es sich um
eine der inhaltlichen Prüfung durch das Revisionsgericht entzogene Entscheidung
(z. B. über die Richterablehnung im Berufungsverfahren, s. *BVerwG Buchholz
310 § 54 Nr. 32*), um eine nur die Kostenentscheidung betreffende Rechtsfrage
handelt und wegen der Hauptsache die Voraussetzungen für eine Revisionszulassung nicht vorliegen (*BSG SozR 1500 § 160 Nr. 54*) oder wenn für die
Entscheidung der aufgeworfenen Frage der Sozialrechtsweg nur deshalb gegeben
ist, weil eine sachliche unzutreffende, aber bindende Rechtswegverweisung nach
§ 17a GVG vorliegt (*BSG SozR 4-1500 § 160 Nr. 6*). Aber auch materiell-rechtliche Gründe können eine revisionsrichterliche Entscheidung zu einer Rechtsfrage nicht erwarten lassen (*Kummer Rn. 326*). Die an sich grundsätzliche Rechtsfrage betrifft die Höhe einer Beitragsforderung (s. *Kummer 1. Aufl. Rn. 137*), die
aber schon dem Grunde zu verneinen ist. Und: Die an sich grundsätzliche
Rechtsfrage gilt der Unzulässigkeit einer Verjährungseinrede; es stellt sich aber
heraus, dass die Verjährung gar nicht eingetreten ist. Eine Rechtsfrage, die sich
nur auf eine nach der Berufungsentscheidung in Kraft getretene neue Rechtsgrundlage bezieht, verleiht der Sache keine grundsätzliche Bedeutung und kann
deshalb nicht zur Zulassung der Revision führen, weil die Entscheidung des Be-
rufungsgerichtes nicht darauf beruht (*BVerwG NVwZ 2005, 709 zu § 132 Abs. 2
Nr. 1 VwGO*).

Ist ein Urteil nebeneinander auf mehrere Begründungen gestützt, so kann eine **69**
Nichtzulassungsbeschwerde nur dann zur Zulassung führen, wenn im Hinblick
auf jede dieser Begründungen ein Zulassungsgrund vorliegt und (s. unter 5.4.2
Rn. 176) formgerecht gerügt wird (*BSG SozR 1500 § 160 a Nr. 38; SozR 4-1500
§ 160 a Nr. 5; BVerwG Buchholz 310 § 132 Abs. 2 Ziff. 1 Nr. 4*). Das ist auch dann
der Fall, wenn sich zwar die grundsätzliche Bedeutung der Rechtssache nur auf

eine der Begründungen bezieht, hinsichtlich der anderen Begründungen aber als anderer Zulassungsgrund Divergenz und/oder Verfahrensmängel vorliegen.

70   Allerdings könnten diese Beispiele auch die Entscheidungserheblichkeit der an sich klärungsbedürftigen und klärungsfähigen Rechtsfrage betreffen (s. dazu *BSG SozR 1500 § 160 a Nr. 54*).

Maßgebender Zeitpunkt

71 Die über den Einzelfall hinausgehende, die Allgemeinheit interessierende klärungsbedürftige, klärungsfähige und entscheidungserhebliche Rechtsfrage muss noch im Zeitpunkt der letzten maßgebenden Entscheidung (im Verfahren der Nichtzulassungsbeschwerde: des BSG) bestehen (*BGH MDR 2005, 1069; Becker SGb 2007, 261, 266 und 268; Kummer Rn. 321, 362; ML § 160 Rn. 9b*). Den Bedenken (s. auch *Baumert MDR 2004, 71; Becker SGb 2007, 261, 266 und 268*) gegen die Entscheidung des *BSG* in *SozR 1500 § 160 a Nr. 65* wird nicht gefolgt. Es ist das Prozessrisiko, das den Beschwerdeführer ebenso trifft wie den Revisionskläger, dessen zugelassene und nach der bisherigen Rechtsprechung auch Erfolg versprechende Revision durch eine während seines Verfahrens erfolgte Änderung der Rechtsprechung unbegründet wird. Es wäre auch für den Beschwerdeführer nicht vertretbar, seine Beschwerde nur deshalb noch zuzulassen, weil die grundsätzliche Rechtsfrage erst unmittelbar vor seiner Beschwerde höchstrichterlich geklärt worden ist. Sein Vorbringen im Beschwerdeverfahren kann allerdings als die Darlegung wesentlicher Bedenken gegen die nunmehr auch vom BSG vertretene Auffassung gewertet werden und zur Zulassung der Revision wegen grundsätzlicher Bedeutung führen (s. Rn. 65), sodass Härtefälle nicht entstehen würden. Gleiches gilt für die Entscheidung des *BGH* (*NJW 2004, 3188*), dass beim nachträglichen Wegfall der im Zeitpunkt der Einlegung der Nichtzulassungsbeschwerde gegebenen grundsätzlichen Bedeutung der Rechtssache nach Auffassung des Senats im Hinblick auf den Zweck des Rechtsmittels zu prüfen ist, ob die (angestrebte) Revision Aussicht auf Erfolg hat, und, wenn dies der Fall ist, die Revision zuzulassen.

72   Davon geht auch die Rechtsprechung aus, nach der eine Beschwerde gegen die Nichtzulassung der Revision, die sich auf eine grundsätzliche Bedeutung der Rechtssache stützt, in eine Divergenzrevision umzudeuten ist, wenn nach Begründung der Beschwerde (s. aber auch unten) die grundsätzliche Bedeutung der Rechtssache entfallen ist (*BSG SozR 1500 § 160 Nr. 25; Kummer Rn. 321*). Hatte der Beschwerdeführer aber – z.B. unmittelbar nach Einlegen der Beschwerde – von einer dem LSG noch unbekannten oder ggf. sogar erst nach dem Urteil des LSG ergangenen Entscheidung noch Kenntnis erhalten oder hätte er bei ordnungsgemäßer Bearbeitung der Beschwerde Kenntnis erhalten können, so kommt eine Umdeutung nicht in Betracht. Das ist z.B. bei einer Veröffentlichung im SozR oder in gängigen Fachzeitschriften der Fall. Das BSG scheint es dabei auf den Ablauf der Beschwerdebegründungsfrist abzustellen (*BSG SozR 1500 § 160 a Nr. 65*) und nicht – wie hier – auf die tatsächliche vorherige Begründung. Für die hier vertretene Auffassung spricht aber, dass dem Prozessbevollmächtigten weder

zuzumuten ist, mit der Begründung bis zum letzten Augenblick zu warten, noch nach Einreichung der Begründung die weitere, für diese Frage maßgebende Rechtsprechung so zu verfolgen, dass er unverzüglich die Beschwerdebegründung noch einmal innerhalb der Begründungsfrist ergänzen kann. Anderenfalls müsste sich der Rechtsanwalt sämtliche Beschwerdesachen auch nach Absendung der Begründung stets noch einmal unmittelbar vor Ablauf der Beschwerdebegründungsfrist vorlegen lassen und sie erneut daraufhin überprüfen, ob zwischenzeitlich nicht noch eine weitere Rechtsprechung ergangen ist.

Umgekehrt ist bei einer auf Divergenz (s. Rn. 75 ff.) gestützten Revision diese   73
wegen grundsätzlicher Bedeutung zuzulassen, wenn erst nach Einlegung der Nichtzulassungsbeschwerde eine Entscheidung des LSG von einer Entscheidung des BSG oder des GmSOGB oder des BVerfG abweicht und auf dieser Abweichung beruht (*BSG SozR 4-1500 § 160 Nr. 10*) oder wenn fraglich ist, ob eine Divergenz besteht, aber eine Rechtsfrage von grundsätzlicher Bedeutung gegeben ist (*BSG SozR 1500 § 160 Nr. 28; Becker SGb 2007, 261, 268; Kummer Rn. 402*). Hat ein Senat des BSG ausdrücklich erklärt, nunmehr bestünden in einer bestimmten Rechtsfrage keine divergierenden Auffassungen mehr zwischen ihm und einem anderen Senat des BSG, so kann die Revision nicht (mehr) wegen grundsätzlicher Bedeutung der Rechtssache, die in einer unterschiedlichen Rechtsanwendung bestehen soll, zugelassen werden (*BSG SozR 1500 § 160 Nr. 60*).

Zur Darlegung der grundsätzlichen Bedeutung s. Rn. 176 mit Muster Rn. 190 ff.   74

5.2.3 Divergenz

Die Revision ist zuzulassen, wenn das Urteil des LSG von einer Entscheidung des   75
BSG oder des GmSOGB oder des BVerfG abweicht und auf dieser Abweichung beruht (§ 160 Abs. 2 Nr. 2; *Pietzner in Schoch/Schmidt-Aßmann/Pietzner § 132 Rn. 58*). Diese sog. Divergenzrevision dient als Unterfall der Grundsatzzulassung (*BVerwG Buchholz 310 § 132 Abs. 2 Ziff. 2 Nr. 2; Kummer Rn. 373; ML § 160 Rn. 10a; Jansen/Frehse § 160 Rn. 13; Hk-SGG/Lüdtke § 160 Rn. 13; Gehrlein MDR 2004, 912, 913; Becker SGb 2007, 261, 268*; s. auch hier Rn. 82) vornehmlich dazu, die Einheit der Rechtsprechung der Gerichte der Sozialgerichtsbarkeit zu sichern. Eine gerichtliche Entscheidung, die in einer strittigen Rechtsfrage ausdrücklich von einer Entscheidung eines der in § 160 Abs. 2 Nr. 2 aufgeführten Gerichte abweicht und zur Begründung nur eine nicht einschlägige Kommentarstelle zitiert, verstößt gegen das Willkürverbot (*BVerfG NJW 1995, 2911*).

Zur Bezeichnung der Divergenz in der Beschwerdebegründung s. Rn. 194.

Abweichung von BSG, GmSOGB und BVerfG

Da bis auf die Ausnahme der Beschlüsse nach § 153 Abs. 4 und § 158 nur Urteile   76
des LSG mit der Revision anfechtbar sind, kommt auch nur bei der Abweichung eines Urteils des LSG die Divergenz-Revision in Betracht. Erheblich ist nur eine Abweichung von einer Entscheidung des BSG (eines Senats oder des GS des BSG) oder des GmSOGB oder des BVerfG. Die Abweichung von einer Entschei-

dung des BSG, in der die Sache an das LSG zurückverwiesen wurde, rechtfertigt nicht die Zulassung der Revision wegen Divergenz, wohl aber wegen des dadurch bedingten Verfahrensmangels (*BSG Breithaupt 2001, 967; Kummer Rn. 408–410; Becker SGb 2007, 261, 268*).

77   Keine Revisionszulassung wegen Divergenz rechtfertigt das Abweichen von einer Entscheidung eines anderen obersten Gerichtshofes oder eines anderen LSG. Jedoch wird in diesen Fällen in der Regel die grundsätzliche Bedeutung der Rechtssache i. S. des § 160 Abs. 2 Nr. 1 (s. Rn. 56) gegeben sein (*Kummer Rn. 381, 382; H § 160 Rn. 91; ML § 160 Rn. 11; Jansen/Frehse § 160 Rn. 14; Hk-SGG/ Lüdtke § 160 Rn. 12; RK § 160 Rn. 64; Becker SGb 2007, 261, 268*). Bei einem Abweichen von der Rechtsprechung des BVerfG wurde zunächst ebenfalls keine Divergenz i. S. des § 160 Abs. 2 Nr. 2 angenommen. In diesem Fall war jedoch eine Zulassung wegen grundsätzlicher Bedeutung stets notwendig (s. Rn. 54). § 160 Abs. 2 Nr. 2 wurde durch das Gesetz vom 2. 8. 1993 (*BGBl. I 1442*) dahin ergänzt, dass auch eine Abweichung von einer Entscheidung des BVerfG ein Zulassungsgrund nach § 160 Abs. 2 Nr. 2 ist. Die Entscheidung des BSG braucht keine sog. grundsätzliche, in BSGE oder SozR oder wenigstens in einer Fachzeitschrift veröffentlichte Entscheidung zu sein (*ML § 160 Rn. 10a; Jansen/Frehse § 160 Rn. 14*). Während es sich bei der Entscheidung des LSG bis auf die Ausnahme der Beschlüsse nach § 153 Abs. 4 und § 158 um ein Urteil handeln muss, kann die Entscheidung, von der das LSG abgewichen ist, auch in der Form eines Beschlusses ergangen sein (*Bley § 160 Anm. 7 Buchst. b; Kummer Rn. 383, 384; ML § 160 Rn. 11a*), z.B. bei einem Beschluss des GS oder GemSOGB oder wenn das BSG die Revision wegen mangelnder Postulationsfähigkeit des Prozessbevollmächtigten als unzulässig verwirft, während das LSG in gleichen Fällen die Postulationsfähigkeit und damit eine fristgerechte Einlegung der Berufung bejahen will, oder wenn das BSG in einem Beschluss die Divergenz zu einem Urteil des BSG verneint hat, das LSG nunmehr aber doch davon ausgeht, das BSG habe in einer der beiden Entscheidungen eine abweichende Auffassung vertreten. Die Zulassung der Revision in einer anderen Sache nach § 160 Abs. 2 Nrn. 1 oder 2 oder die Bewilligung der Prozesskostenhilfe zur Durchführung des Revisionsverfahrens enthält ebenso wie ein Vorlagebeschluss an den GS (s. § 41; *BSG Beschluss v. 26. 6. 1996 – 8 BKn 18/95*; s. auch *BSG Urt. v. 18. 9. 1996 – 5 RJ 102/95; ML § 160 Rn. 11a*) und eine Stellungnahme im Rahmen eines Verfassungsbeschwerdeverfahrens (*BSG Beschluss v. 26. 8. 1994 – 13 BJ 131/93*) noch keine divergierende Entscheidung, da diese erst im Revisionsurteil getroffen werden kann (*Kummer Rn. 161*), jedoch wird regelmäßig die grundsätzliche Bedeutung gegeben sein.

Abweichung von konkreten rechtlichen Aussagen

78   Abweichen kann der Tatsachenrichter allein von einer bestimmten Aussage einer höchstrichterlichen Rechtsprechung; von dieser Aussage muss das Urteil des LSG mit einer eigenen konkreten rechtlichen Aussage abweichen. Beide Aussagen müssen miteinander unvereinbar sein (*BSG SozR 1500 § 160 a Nrn. 14, 21, 29, 39, § 160 Nr. 61; Kummer Rn. 379, 394*). Dabei muss das LSG mit einem sein Urteil

tragenden abstrakten Rechtssatz von einem die Entscheidung des BSG oder des GmSOGB oder des BVerfG tragenden Rechtssatz abweichen (*BSG SozR 1500 § 160 Nr. 61, § 160 a Nr. 67; BVerwG Buchholz 310 § 132 Nr. 130*). Es kommt nicht auf die Formulierung der Aussagen, sondern auf deren Inhalt an. Die Beschwerde wegen Divergenz kann deshalb auch damit begründet werden, das Berufungsgericht habe in seiner nur scheinbar fallbezogenen Würdigung einen verdeckten divergierenden Rechtssatz aufgestellt; die Divergenzbeschwerde ist in diesem Fall aber nur dann begründet, wenn sich aus der Entscheidungsbegründung des Berufungsgerichts zwingende Anhaltspunkte dafür ergeben, dass das Berufungsgericht den von der Beschwerde formulierten Rechtssatz seiner rechtlichen Würdigung zugrunde gelegt hat; davon kann nicht ohne Weiteres ausgegangen werden, wenn die Beschwerde geltend macht, das Berufungsgericht habe verdeckt den Rechtssatz aufgestellt, bestimmte rechtliche Gesichtspunkte seien unbeachtlich (*BAG Urteil vom 18. 5. 2004 – 9 AZN 653/03*). Es muss ein abstrakter, Fall übergreifender Rechtssatz sein (*BAG AP Nr. 15 zu § 72 a ArbGG 1979 – Divergenz*). Die Abweichung darf nicht in der rechtlichen Würdigung der tatsächlichen Feststellungen des Einzelfalles, sondern muss in einer abstrakten rechtlichen Aussage bestehen (*BSG SozR 1500 § 160 a Nr. 67, SozR 3-1500 § 160a Nr. 34*), erst recht kommt es nicht darauf an, ob die Tatsachenwürdigung durch das LSG zwingend oder auch nur zutreffend ist (*BVerwG Buchholz 310 § 132 Nr. 128*). Nicht jede unrichtige Rechtsanwendung enthält einen abstrakten Rechtssatz (*BAG AP Nr. 11 zu § 72 a ArbGG 1979 Divergenz; ML § 160 Rn. 14*), sodass insbesondere nicht aus dem anderslautenden Tenor des Urteils auf eine Divergenz zu schließen ist (*BSG Beschluss vom 19. 3. 1996 – 2 BU 250/95*). Hat das Berufungsgericht einen gesetzlich oder von der Rechtsprechung vorgeschriebenen rechtlichen Gesichtspunkt lediglich unberücksichtigt gelassen, so liegt darin ein Rechtsanwendungsfehler; dieser kann nicht im Beschwerdeverfahren, sondern nur im Rahmen eines statthaften Revisionsverfahrens überprüft werden (*BAG Urteil vom 18. 5. 2004 – 9 AZN 653/03*). Geht das LSG von derselben Aussage wie das BSG aus, wendet es diese Aussage aber lediglich im konkreten Fall unzutreffend an, so liegt keine Divergenz vor (*BSG Beschluss vom 19. 3. 1996 – 2 BU 75/95*). Eine Abweichung besteht deshalb nicht schon dann, wenn das Urteil nicht den Kriterien entspricht, die das BSG aufgestellt hat, sondern erst, wenn das LSG diesen Kriterien widersprochen, also andere Maßstäbe entwickelt hat (*BSG SozR 1500 § 160 a Nr. 67, SozR 4-1500 § 160a Nr. 5*). Nicht die Unrichtigkeit der Entscheidung im Einzelfall, sondern die Nichtübereinstimmung im Grundsätzlichen begründet die Zulassung der Revision wegen Abweichung (*BSG SozR 1500 § 160a Nr. 67*).

Dieselbe rechtliche Aussage

Es kommt auf dieselbe rechtliche Aussage an; nicht erforderlich ist, dass beide 79
Aussagen zu demselben Gesetz ergangen sind (*BSGE 29, 225, 229; Kummer Rn. 404; ML § 160 Rn. 13a; Jansen/Frehse § 160 Rn. 15; a. A. BVerwGE 16, 53, BVerwG Buchholz 310 § 132 Nrn. 42, 87, 96*), es sei denn, die mit der Aussage des BSG nicht übereinstimmende Aussage des LSG ist gerade durch die Unter-

schiede in den verschiedenen Gesetzen oder Rechtsgebieten begründet (s. *BVerwG ZBR 1990, 35*). Es sind insoweit die für die Anrufung des GmSOGB entwickelten Grundsätze maßgebend (*BSGE 35, 293, 294 = SozR Nr. 15 zu § 170 SGG – GmSOGB; BSGE 49, 175, 178 = SozR 5050 § 15 Nr. 13; BSGE 58, 183, 190 = SozR 1500 § 42 Nr. 10 – GS*). Sie begründen auch, weshalb der gegenteiligen Auffassung nicht gefolgt wird; denn es ist nicht überzeugend, einen Senat des BSG wegen der rechtlichen Aussage eines anderen Senats zur Anrufung des GS auch dann zu verpflichten, wenn es sich um die inhaltsgleiche Vorschrift aus anderen Gesetzen handelt, die Revision gegen das Urteil eines LSG, in dem dieses ebenfalls von der rechtlichen Aussage des anderen Senats des LSG abweicht, aber deshalb nicht zuzulassen, weil es die inhaltsgleiche Vorschrift eines anderen Gesetzes betrifft.

Aktuelle Aussage

80 Ebenso wie bei der grundsätzlichen Bedeutung i.S. des § 160 Abs. 2 Nr. 1 (s. Rn. 72) ist bei der Beurteilung der Divergenz auf die aktuelle höchstrichterliche Rechtsprechung abzustellen (*BSG SozR 1500 § 160 Nr. 61, § 160 a Nr. 65; Kummer Rn. 399; ML § 160 Rn. 13b; Jansen/Frehse § 160 Rn. 14*), sodass eine Abweichung auch von einer nach dem Urteil des LSG aber vor Ablauf der Beschwerdefrist ergangenen Entscheidung des BSG vorliegen kann (*BSG SozR 4-1500 § 160 Nr. 10; ML § 160 Rn. 12; Becker SGb 2007, 261, 270*). Dies gilt sogar dann, wenn die Entscheidung nach Einlegung der Nichtzulassungsbeschwerde (*ML § 160 Rn. 12*), aber vor Ablauf der Beschwerdebegründungsfrist ergangen ist, es sei denn, die Beschwerde war schon vor Fristablauf auf Divergenz gestützt. Hat das BSG seine Rechtsprechung geändert oder modifiziert, so kommt eine Divergenz nur dann in Betracht, wenn durch das angefochtene Urteil des LSG von der neueren Rechtsprechung des BSG abgewichen wird (*BSG SozR 1500 § 160 Nr. 61*). Eine Divergenz besteht nicht mehr, und die Revision ist nicht zuzulassen, wenn ein Senat des BSG ausdrücklich erklärt, nunmehr bestünden in einer bestimmten Rechtsfrage keine divergierenden Auffassungen mehr zwischen ihm und einem anderen Senat (*BVerwG Buchholz 310 § 132 Abs. 2 Ziff. 2 Nr. 1*). Damit entfällt nicht nur die Grundsätzlichkeit der Bedeutung der Rechtssache i.S. des § 160 Abs. 2 Nr. 1 (*BSG SozR 1500 § 160 Nr. 60*), sondern die Divergenz beurteilt sich nach der nunmehr einheitlichen Aussage des BSG. Zur Umdeutung bei der Entscheidung des BSG nach Ablauf der Beschwerdebegründungsfrist s. Rn. 72. Zur Darlegung der Abweichung s. Rn. 194 und Muster Rn. 201. Bei einer vor einer Rechtsänderung ergangenen Entscheidung liegt eine Abweichung durch das LSG nur vor, wenn die frühere Rechtsprechung für das im Streitfalle maßgeblich geänderte Recht erheblich geblieben ist (*BSG SozR 1500 § 160 a Nr. 58; RK § 160 Rn. 62*).

Abweichung

81 Die Abweichung muss objektiv vorliegen; sie muss nicht bewusst und gewollt sein (*Kummer Rn. 384; H § 160 Rn. 98; ML § 160 Rn. 14a; Becker SGb 2007, 261, 268; Hk-SGG/Lüdtke § 160 Rn. 13*). Deshalb besteht die Abweichung auch dann,

wenn das LSG die Entscheidung des BSG, von der es abgewichen ist, überhaupt nicht kannte. Ebenso kann eine Divergenz vorliegen, wenn die Entscheidung des BSG, von der das Urteil des LSG abweicht, erst nach diesem Urteil, sogar erst nach Einlegung der auch auf Divergenz gestützten Nichtzulassungsbeschwerde (s. oben Rn. 80) ergangen ist (*BSG SozR 1500 § 160 Nr. 25, § 160 a Nr. 67; Kummer Rn. 401; ML § 160 Rn. 12; RK § 160 Rn. 64c*). Die Abweichung kann aber nur vor Ablauf der Begründungsfrist auf diese Entscheidung gestützt werden. Da aber eine Abweichung zwischen den Aussagen des LSG und des BSG bestehen muss, liegt keine Divergenz vor, wenn das LSG die an sich zutreffende maßgebende Aussage übersehen und deshalb keine vom BSG abweichende Aussage getroffen, sondern nur im Ergebnis falsch entschieden hat (s. *BSG SozR 1500 § 160 a Nr. 67; BVerwG Buchholz 310 § 132 Nr. 147 und 310 § 124 Nr. 26; H § 160 Rn. 98; Becker SGb 2007, 261, 268*). Das gilt auch dann, wenn das LSG die Rechtsfrage nur erwogen, aber nicht beantwortet, sondern offen gelassen hat (*RK § 160 Rn. 64 e*; s. auch *BSGE 29, 225, 230 – GS*). Eine Abweichung liegt auch nicht schon dann vor, wenn das LSG eine Vorschrift, die in dem herangezogenen Urteil des BSG angewendet worden ist, nicht erwähnt und nicht angewendet hat (*BSG SozR 1500 § 160 a Nr. 67*).

Ebenso liegt eine Abweichung nicht schon dann vor, wenn das Urteil des LSG nicht den Kriterien entspricht, die das BSG aufgestellt hat, sondern erst, wenn das LSG diesen Kriterien widersprochen, also andere Maßstäbe entwickelt hat (*ML § 160 Rn. 14; Jansen/Frehse § 160 Rn. 15; Hk-SGG/Lüdtke § 160 Rn. 13*); nicht die Unrichtigkeit der Entscheidung im Einzelfall, sondern die Nichtübereinstimmung im Grundsätzlichen begründet die Zulassung der Revision wegen Abweichung (ständige Rechtsprechung, vgl. u. a. *BSG SozR 1500 § 160 a Nr. 67; BSG Beschluss vom 29. 1. 1997 – 9 BV 171/96*).

Klärungsbedürftigkeit, Klärungsfähigkeit

Da die Zulassung der Revision wegen Divergenz einen Unterfall der Revisionszulassung wegen grundsätzlicher Bedeutung bildet (*BSG SozR 1500 § 160 Nr. 28; Kummer Rn. 373; H § 160 Rn. 94; ML § 160 Rn. 10a; Jansen/Frehse § 160 Rn. 13; Hk-SGG/Lüdtke § 160 Rn. 13*; s. auch hier Rn. 75), führt auch eine Divergenz (s. schon Rn. 63–70) nur dann zur Zulassung der Revision, wenn es sich um eine klärungsbedürftige, klärungsfähige und entscheidungserhebliche Divergenz handelt (*BSG SozR 4-1500 § 160a Nr. 5; Kummer Rn. 379*). Die Entscheidung, von der das LSG abgewichen sein soll, muss noch vor Ablauf der Beschwerdefrist wirksam getroffen worden sein (*BSG SozR 4-1500 § 160 Nr. 10*; zur grundsätzlichen Bedeutung in diesen Fällen s. Rn. 85, 73, 76). 82

Dies ist z.B. nicht der Fall, wenn die abweichende Entscheidung eine Vorschrift des irrevisiblen Rechts betrifft, selbst wenn diese mit revisiblem Recht inhaltsgleich ist (*ML § 160 Rn. 13; Hk-SGG/Lüdtke § 160 Rn. 13; Kummer Rn. 412; BVerwG Buchholz 310 § 132 Nr. 143*). Von der Rechtsprechung des BSG zur Pflicht zur „konkreten Benennung" von Verweisungstätigkeiten nach § 1246 Abs. 2 Satz 2 RVO a. F. konnte das Tatsachengericht nur dann abweichen, wenn 83 es den Anspruch auf Rente wegen Berufsunfähigkeit verneint, nicht wenn es ihn anerkannt hat *(BSG SozR 1500 § 160 Nr. 46)*. Ebenso ist die Revision nicht wegen Divergenz zuzulassen, wenn die Entscheidung des LSG mit einer anderen rechtlichen Begründung als der divergierenden bestätigt werden kann *(BSG SozR 1500 § 160 a Nr. 54; Kummer Rn. 395)*. Nicht als ein Fall der Divergenz, sondern als ein Verfahrensmangel i. S. des § 160 Abs. 2 Nr. 3 wird angesehen, wenn das LSG bei einem zurückverweisenden Urteil des BSG von dessen das Berufungsgericht bindenden Rechtsauffassung abgewichen ist *(BVerwG Buchholz 310 § 132 Nr. 154; Kummer Rn. 408; ML § 160 Rn. 11b; RK § 160 Rn. 64d)*.

84   Das angefochtene Urteil muss auf der Abweichung beruhen, d.h. ohne diese Abweichung müsste es zu einer anderen Entscheidung gekommen sein *(Kummer Rn. 395; Bley § 160 Anm. 7 Buchst. c; H § 160 Rn. 102; ML § 160 Rn. 15; Jansen/ Frehse § 160 Rn. 14)*. Damit wird die Entscheidungserheblichkeit der Divergenz besonders hervorgehoben. Ist ein Urteil nebeneinander auf mehrere tragende Begründungen gestützt, so kann eine Nichtzulassungsbeschwerde wegen Divergenz nur dann zur Zulassung führen, wenn im Hinblick auf jede dieser Begründungen dieser Zulassungsgrund vorliegt *(BSG SozR 1500 § 160 a Nrn. 5, 38; Bley § 160 Anm. 7 Buchst. c; ML § 160 Rn. 15a)*. Ist dies nicht der Fall, so bedarf es dann noch der Prüfung, ob hinsichtlich der anderen Begründungen nicht ein anderer Zulassungsgrund gegeben ist. Siehe auch die zu Rn. 51 bereits zitierten Entscheidungen *BSG SozR 1500 § 160 Nr. 46, § 160a Nr. 54*. Obiter dicta begründen keine Divergenz *(BVerwG Buchholz 406.12 Nr. 53; ML § 160 Rn. 15a; Hk-SGG/Lüdtke § 160 Rn. 13; Jansen/Frehse § 160 Rn. 16)*.

85   Erscheint bei einer Zulassung der Revision diese aussichtslos, so ist besonders sorgfältig zu prüfen, ob überhaupt eine Divergenz vorliegt und ob das Urteil darauf beruhen kann (s. Rn. 54). Hat der Beschwerdeführer in der Nichtzulassungsbeschwerde zutreffend die grundsätzliche Bedeutung der Rechtssache geltend gemacht und hat nach Ablauf der Beschwerdebegründungsfrist das BSG (s. Rn. 82) die umstrittene grundsätzliche Rechtsfrage entschieden, so ist die Revision wegen Abweichung zuzulassen, wenn das Urteil des LSG auf von der Entscheidung des BSG abweichenden Rechtssätzen beruht *(BSG SozR 1500 § 160 Nr. 25; BVerwG Buchholz 310 § 132 Nr. 230)*. Ist – umgekehrt – fraglich, ob eine vom Beschwerdeführer geltend gemachte Abweichung i. S. von § 160 Abs. 1 Nr. 2 vorliegt, wird aber durch die Geltendmachung der Divergenz eine Rechtsfrage von grundsätzlicher Bedeutung aufgeworfen, so ist die Revision zuzulassen *(BSG SozR 1500 § 160 Nr. 28)*.

5.2.4 Verfahrensmangel

Becker F., Die Nichtzulassungsbeschwerde zum BSG, SGb 2007, 328
Kummer, Die Rüge von Verfahrensfehlern nach dem SGG, NJW 1989, 1569

86   Die Revision ist zuzulassen, wenn ein Verfahrensmangel geltend gemacht wird, auf dem die angefochtene Entscheidung beruhen kann; der geltend gemachte Verfahrensmangel kann nicht auf eine Verletzung der §§ 109 und 128 Abs. 1 Satz 1

und auf eine Verletzung des § 103 nur gestützt werden, wenn er sich auf einen Beweisantrag bezieht, dem das LSG ohne hinreichende Begründung nicht gefolgt ist (§ 160 Abs. 2 Nr. 3). Zweck des Zulassungsgrundes des Verfahrensmangels ist in erster Linie die Verfahrenskontrolle durch das BSG (*Kummer Rn. 431*). Es soll eine einheitliche, von Verfahrensfehlern freie Prozessführung gesichert und auch insoweit die Rechtseinheit gewährleistet sein (*Hk-SGG/Lüdtke § 160 Rn. 14*).

Zur Bezeichnung des Verfahrensmangels in der Beschwerdebegründung s. Rn. 202 ff. und Muster Rn. 219.

5.2.4.1 Mängel des gerichtlichen Verfahrens vor dem LSG
Verfahrensmangel

Es muss ein Verfahrensmangel vorliegen. Der Verfahrensmangel hat demnach den 87
Gang des Verfahrens (sog. error in procedendo) und nicht den Inhalt der nach Abschluss des Verfahrens getroffenen Entscheidung zu betreffen (sog. error in iudicando). Deshalb liegt selbst in dem Verstoß gegen die Denkgesetze bei Anwendung des materiellen Rechts kein Verfahrensverstoß vor (*BVerwG Buchholz 310 § 132 Nr. 133; Kummer Rn. 449 und NJW 1989, 1569; ML § 160 Rn. 21*). Allerdings sind diese im Wesentlichen allgemein gebräuchlichen Formulierungen (s. u.a. *Kummer Rn. 449; ML § 160 Rn. 16a; Hk-SGG/Lüdtke § 160 Rn. 15*) nicht streng wörtlich umzusetzen. Grenzfälle sind möglich. So können einerseits gesetzliche Verfahrensvorschriften, die den Gang des Verfahrens betreffen, nicht verletzt sein, und dennoch kann ein Verfahrensmangel vorliegen. Dabei gibt es auch insoweit wieder Abgrenzungsschwierigkeiten. So wird z.B. als error in iudicando und somit nicht als Verfahrensmangel angesehen, wenn das LSG im Urteil einen Ausspruch über die Zulassung bzw. Nichtzulassung unterlassen hat (*BSG SozR 1500 § 160 Nr. 52; s. Rn. 20*). Als Mangel des Verfahrens wird dagegen angenommen, wenn das Gericht eine Sachentscheidung unterlässt, weil es zu Unrecht die Berufung als unzulässig verwirft (*BSGE 1, 283, 286; BSG SozR Nrn. 164, 191 zu § 162 SGG, Nr. 3 zu § 101 SGG, Nr. 17 zu § 215 SGG; ML § 160 Rn. 16a; Hk-SGG/Lüdtke § 160 Rn. 17*). Dies gilt aber auch für den umgekehrten Fall, dass das LSG über eine an sich unzulässige Berufung in der Sache selbst entschieden hat (*BSG SozR Nr. 191 zu § 162 SGG*). Der Verfahrensverstoß wird darin gesehen, dass das Gericht nicht, wie es die verfahrensrechtlichen Vorschriften gebieten, das Verfahren mit einer Sachentscheidung beendet bzw. – im umgekehrten Falle – die Berufung nicht als unzulässig verworfen hat. Dabei sind aber im Verfahren der Nichtzulassungsbeschwerde die Einschränkungen des § 160 Abs. 2 Nr. 3 zu beachten. Da danach eine Verletzung des § 109 nicht gerügt werden darf (s. Rn. 125), kann die Nichtzulassungsbeschwerde auch nicht darauf gestützt werden, das LSG habe zu Unrecht eine Verletzung des § 109 durch das SG verneint und deshalb auch zu Unrecht angenommen, es liege kein die Berufung nach § 150 Nr. 2 eröffnender Verfahrensmangel vor (*BSG SozR 1500 § 160 Nr. 35; Kummer Rn. 481*). Dagegen werden wiederum überhaupt nicht als Verfahrensfehler angesehen z.B. die Verletzung des § 192 (Mutwillenskosten – nunmehr Verschuldenskosten, s. XII. Rn. 25 ff.; *BSG SozR Nr. 2 zu § 192 SGG; ML § 160 Rn. 21; RK*

§ 160 Rn. 135), der Verstoß gegen den Grundsatz der reformatio in peius (*BSG Nr. 3 zu § 123 SGG*) und – was allerdings strittig ist – die Verletzung von Regeln über die Verteilung der Beweislast (*BVerwG Buchholz 310 § 132 Nr. 100; Kummer Rn. 532*). Die Verletzung verfahrensrechtlicher Vorschriften bedeutet somit nicht unbedingt, dass damit auch das Verfahren des Gerichts an einem wesentlichen Mangel leidet, vielmehr ist möglich, dass dadurch nur ein inhaltlich unrichtiges Urteil zustande kommt (*BSGE 2, 81, 83; 3, 275; BSG SozR Nr. 2 zu § 192 SGG, Nr. 191 zu § 162 SGG*).

88   Die bisherigen Beispiele zeigen ebenfalls, dass nur Mängel des gerichtlichen Verfahrens zur Zulassung der Revision führen können (*BSG SozR Nr. 34 zu § 128 SGG* – dem Beschluss ist aber m.E. im Ergebnis nicht zu folgen, *Nr. 196 zu § 162 SGG*). Mängel des Verwaltungsverfahrens einschließlich des Vorverfahrens kommen grundsätzlich nicht als Verfahrensmangel i.S. des § 160 Abs. 2 Nr. 3 in Betracht (*BSG SozR Nr. 2 zu § 87 SGG*), es sei denn, sie wirken sich unmittelbar auf das Gerichtsverfahren aus (*BVerwG Buchholz 310 § 132 Abs. 2 Ziff. 3 Nr. 3, 7*). So ist es ein Verfahrensmangel des LSG, wenn das Berufungsgericht nicht die Nachholung eines irrtümlich unterbliebenen Vorverfahrens veranlasst, sondern die Klage mangels Vorverfahrens als unzulässig abweist. Jedoch ist zu beachten, dass es für die Beurteilung eines Verfahrensfehlers auf die materiellrechtliche Auffassung des LSG ankommt; hält dieses ein Vorverfahren nicht für erforderlich, handelt es auch nicht verfahrensfehlerhaft, wenn es nichts zur Nachholung des Vorverfahrens unternimmt (*BSG SozR 1500 § 160 Nr. 33*). Deshalb liegt kein Verfahrensfehler darin, dass das LSG von einer Vorlage nach Art. 100 GG aufgrund seiner verfassungsrechtlichen Auffassung abgesehen hat. Etwas anderes gilt aber, wenn das LSG die Vorschrift für verfassungswidrig angesehen hat, ohne vorher das BVerfG anzurufen (*BSGE 5, 26, 27; Hk-SGb/Lüdtke § 160 Rn. 18; Kummer Rn. 236, 237*).

89   Da die Zulassung der Revision gegen eine Entscheidung des LSG infrage steht, kommen zudem grundsätzlich nur Mängel des Verfahrens vor dem LSG und nicht auch vor dem SG oder in Verwaltungsverfahren in Betracht (*BSG NZS 2001, 559; BVerwG Buchholz 310 § 132 Nr. 216 und 310 § 132 Abs. 2 Ziff. 3 Nr. 8; Kummer Rn. 447; ML § 160 Rn. 16a; Hk-SGb/Lüdtke § 160 Rn. 16; Becker SGb 2007, 328, 329*). Das schließt allerdings nicht aus, dass ein Mangel im Klageverfahren vor dem SG auch als Verfahrensmangel im Berufungsverfahren fortwirkt und damit zugleich einen Mangel des Verfahrens vor dem LSG bildet (*ML § 160 Rn. 16a*), so wenn z.B. (s. auch Rn. 88) das LSG die Berufung gegen ein die Klage als zulässig abweisendes Urteil des SG bestätigt und deshalb ebenfalls keine Sachentscheidung trifft. § 162 a.F. setzte die Rüge eines wesentlichen Verfahrensmangels voraus. Die Wesentlichkeit des Verfahrensmangels wird zwar in § 160 Abs. 2 Nr. 3 nicht mehr besonders erwähnt, ergibt sich aber daraus, dass die Möglichkeit bestehen muss, dass die Entscheidung auf dem Verfahrensmangel beruht (s. Rn. 137). Ist dies nicht der Fall, so ist der Verfahrensmangel wohl auch nicht wesentlich. Die Vorschriften der ZPO über die Rüge von Verfahrensmängeln der Berufungsinstanz im Revisionsverfahren und zur Heilung von Verfahrensmän-

geln (§§ 556, 295 ZPO) sind nach § 202 SGG im sozialgerichtlichen Verfahren entsprechend anzuwenden (*BSG SozR 1500 § 160a Nr. 61 m.w.N.*). Gemäß § 556 ZPO kann die Verletzung einer das Verfahren der Berufungsinstanz betreffenden Vorschriften in der Revisionsinstanz – und demgemäß auch im Verfahren der Nichtzulassungsbeschwerde – nicht mehr geprüft werden, wenn das Rügerecht nach § 295 ZPO verloren gegangen ist; dies ist gemäß § 295 ZPO u.a. dann geschehen, wenn der Verzicht auf die Rüge des Verfahrensmangels nicht ausgeschlossen in der auf den Verfahrensmangel folgenden nächsten mündlichen Verhandlung, in welcher der betreffende Beteiligte vertreten war, der Mangel nicht gerügt worden ist, obgleich er bekannt war oder bekannt sein musste (*BSG SozR 4-1750 § 295 Nr. 1 = NZS 2006, 549; Kummer Rn. 458*).

Ob ein Mangel des Verfahrens vor dem LSG vorliegt, ist nach der materiell-rechtlichen Entscheidung des Berufungsgerichts zu beurteilen (*BSG SozR Nr. 79 zu § 162 SGG, SozR 1500 § 160 Nr. 33; BVerwG NVwZ-RR 1996, 369; Kummer Rn. 446; H § 160 Rn. 114, 144; ML § 160 Rn. 16b; RK § 160 Rn. 142*). **90**

Die Frage, ob die Revision wegen eines Verfahrensfehlers dann nicht zuzulassen ist, wenn das Urteil des LSG unabhängig von dem Vorliegen des geltend gemachten Zulassungsgrundes im Ergebnis Bestand haben wird, betrifft nicht die Annahme eines Verfahrensfehlers, sondern die Begründetheit der darauf gestützten Nichtzulassungsbeschwerde (*BSG SozR 4-1500 § 160a Nr. 23*; s. auch Rn. 137).

5.2.4.2 Einzelbeispiele

Die möglichen Verfahrensfehler sind hier nicht einzeln oder in Gruppen vollständig auflistbar. Es ist auch auf die Ausführungen zu den Rn. 206 ff. zu verweisen, wo zahlreiche Beispielsfälle enthalten sind. Außerdem wird auf die im SozR veröffentlichten Entscheidungen zu der jeweils betroffenen Vorschrift Bezug genommen (s. auch *Kummer Rn. 466 ff.; NJW 1989, 1569, 1573; Becker SGb 2007, 328, 333*). Es können im Folgenden nur einige Beispiele mit Zitaten aus der Rechtsprechung des BSG angeführt werden. Dabei ist allerdings zu beachten, dass hinsichtlich einiger hier angeführter Beispiele die Beschränkungen der Verfahrensrügen im Verfahren der Nichtzulassungsbeschwerde gelten, auf die unter 5.1.4.3 – Rn. 123 ff. – näher eingegangen wird. **91**

Ablehnung des Richters Entscheidung über Ablehnung im Verfahren der Nicht- **92** zulassungsbeschwerde grundsätzlich nicht nachprüfbar: *BVerwG Buchholz 310 § 132 Nr. 305, BSG SozR Nr. 4 zu § 60 SGG, BSG Beschluss vom 29.10.1993 – 9 BVs 28/93*; Selbstablehnung: *BVerfG SozR 3-1500 § 60 Nr. 2*; unterbliebene Verkündung des Beschlusses kein Verfahrensmangel: *BSG SozR Nr. 1 zu MRVO Anh. § 10*. Nachprüfbarkeit nimmt das BSG nur „bei Willkür und manipulativen Erwägungen" an (*SozR 4-1500 § 160a Nr. 1, 4-1100 Art. 101 Nr. 3*) unter (fraglicher) Berufung auf Art. 101 Abs. 1 Satz 2 GG (im Ergebnis ebenso *BVerwG Buchholz 310 § 54 Nr. 65*), außerdem wenn es an einer Entscheidung über das Ablehnungsgesuch mangelt; in einem solchen Fall kommt dem Revisions- oder Beschwerdegericht eine allgemeine sachliche Entscheidungsbefugnis zu, in deren Rahmen es die Ablehnungsgründe prüfen und darüber auch entscheiden darf, wenn hinreichende Tatsachenfeststellungen möglich sind *(BSG SozR 4-1500 § 60 Nr. 4*; vgl. zum Fall des Fehlens einer Sperrwirkung in der Strafprozessordnung *BGHSt 23, 265*, m.w.N.). Hat ein abgelehnter Richter gleichwohl am Urteil mitgewirkt, wird dieser Verfahrensfehler durch die Zustellung eines zuvor gefassten Beschlusses über die Verwerfung des Ablehnungsgesuchs geheilt *(BSG SozR 3-1500 § 160 a Nr. 29)*. Art. 101 Abs. 1 S. 2 GG lässt lediglich bei einem gänzlich untauglichen oder rechtsmissbräuchlichen Ablehnungsgesuch eine Selbstentscheidung des abgelehnten Richters zu, wenn sich hierbei jedes Eingehen auf den Gegenstand des Verfahrens erübrigt; entscheidet ein Richter selbst über ein gegen ihn gerichtetes Ablehnungsgesuch, weil er dieses für „unsubstanziiert" hält, verletzt er Art. 101 Abs. 1 S. 2 GG *(SozR 4-1500 § 60 Nr. 6)*. Die Verletzung des rechtlichen Gehörs im Rahmen der Ablehnung eines Richters kann nach Auffassung des BAG nur mit der Anhörungsrüge (S. X Rn. 71) gerügt werden *(NJW 2009, 1693)*.

93 *Ablehnung des Sachverständigen* vom SG nicht und vom LSG erst in der Endentscheidung beschieden, kein Verfahrensmangel: *BSG SozR 1500 § 160 Nr. 48*, anders wenn das LSG über substanziiert begründete Ablehnung überhaupt nicht entscheidet: *BSG SozR 3-1500 § 170 Nr. 5*.

93a *Akteneinsicht* Wird einem Beteiligten die beantragte Akteneinsicht gewährt, darf er davon ausgehen, dass ihm alle vorhandenen das Verfahren betreffenden Unterlagen vorgelegt werden, auch wenn sie getrennt voneinander aufbewahrt werden *(BSG SozR 4-1500 § 120 Nr. 1)*

94 *Beeidigung eines Zeugen* Zur unterlassenen, aber nicht beantragten Beeidigung s. *BSG 1500 § 160 Nr. 41*.

95 *Beiladung*, unterlassene notwendige *BSG SozR 1500 § 75 Nrn. 1, 20, 60, 81; BSG Urteil vom 12. 7. 2010 – G 8 50 14/09 R*; Verfahrensfehler auch dann, wenn im Berufungsverfahren kein Beiladungsantrag gestellt wurde: *BSGE 13, 217, 219 = SozR Nr. 18 zu § 75 SGG, BSG SozR 3-2200 § 654 Nr. 1*.

96 *Besetzung des Gerichts* Zur unrichtigen Besetzung des Gerichts als wesentlichem Verfahrensmangel s. *BSGE 23, 26; BSG SozR Nr. 34 zu § 75 SGG, SozR 2200 § 368 n Nr. 38; BSGE 58, 104 = SozR 1500 § 162 Nr. 22; BSGE 57, 15 = SozR 1500 § 31 Nr. 3, SozR 1500 § 164 Nr. 33, SozR 1500 § 6 Nr. 2; SozR 4-1500 § 155 Nr. 2; BVerwG Buchholz 310 § 133 Nr. 90 und 93*; Bestimmung des Berichterstatters: *BSG SozR 3-1500 § 160 Nr. 5 und § 155 Nr. 2*. Zur Begründung der Rüge der fehlerhaften Besetzung des Gerichts ist die Angabe der Einzeltatsachen nötig, aus denen sich der Fehler ergibt. Wenn es sich um gerichtsinterne Vorgänge handelt, muss dargelegt werden, dass jedenfalls eine Aufklärung versucht worden ist *(BGH MDR 2005, 1243)*. Wer sich darauf beruft, das Gericht sei wegen eines in der mündlichen Verhandlung eingeschlafenen Richters nicht ordnungsgemäß besetzt gewesen, muss konkrete Tatsachen

vortragen, welche eine Konzentration des Richters auf die wesentlichen Vorgänge in der Verhandlung ausschließen (*BFH BFH/NV 2009, 1659; BVerwG NJW 2001, 2898* – ein, wenn der Schlaf nachgewiesen ist, nicht gerade überzeugendes Urteil; *BVerwG NJW 2006, 2648*: strenge Anforderungen an die Substanziierung der Besetzungsrüge). Allerdings wäre stets zu prüfen, warum der Verfahrensmangel durch Wecken des Richters und Wiederholung der verschlafenen Ausführung nicht hätte geheilt werden können (vgl. auch *BSG SGb 2001, 81*). Wirkt ein ehrenamtlicher Richter an einer mündlichen Verhandlung ohne die zu Beginn seiner Amtszeit gebotene Vereidigung mit, so ist das Gericht i.S. des § 138 Nr. 1 VwGO nicht vorschriftsmäßig besetzt; dieser Mangel lässt sich durch nachgeholte Vereidigung nur beheben, wenn die mündliche Verhandlung in ihren wesentlichen Teilen wiederholt wird (*BVerwG Buchholz 310 § 162 Nr. 40*). Zur Prüfung der ordnungsgemäßen Besetzung des Gerichts haben Verfahrensbeteiligte Anspruch auf Einsicht in die Unterlagen über die Wahl und Heranziehung der ehrenamtlichen Richter. Dieser Anspruch ist gegenüber dem Präsidenten des Gerichts geltend zu machen (*BFH BStBl. II 2001, 651* – ehrenamtlicher Richter). Die Regelungen des Geschäftsverteilungsplans durch das Präsidium und die Auslegung dieser Regelungen durch den Spruchkörper im Verfahren sind jedoch nur beschränkt auf Willkür nachprüfbar (*BVerwG NJW 1988, 1339; BGH NJW 1975, 1424, 1425; BSG SozR 1500 § 6 Nr. 2; BSG Beschluss vom 28. 5. 1996 – 2 BU 71/96*). Der Berichterstatter (§§ 33, 155 Abs. 1 S. 2 SGG) ist jeweils vorweg für das Jahr für nach abstrakten Kriterien zu bestimmende Fälle zu bestellen. Ein nach einem vorab bestimmten senatsinternen Geschäftsverteilungsplan bestellter Berichterstatter kann nicht in einem herausgegriffenen Einzelfall von seinen Aufgaben entbunden werden (*BSG SozR 3-1500 § 155 Nr. 2 = SGb 1996, 604* mit krit. Anm. von *Zeihe*). Ebenso dürfen einem Richter nicht nur ausgesuchte Einzelsachen zugewiesen werden (*BFH HFR 2009, 1356*). Ein Grund für die Zulassung der Revision liegt nicht deshalb vor, weil das Urteil des Berufungs(kollegial)gerichts von einem Richter unterzeichnet ist, der an der mündlichen Verhandlung und der Urteilsfällung nicht beteiligt war; denn die falsche Unterschrift kann gem. § 319 ZPO nachträglich durch die richtige ersetzt werden (*BGH MDR 2003, 1310*). Die Verletzung des § 158 Satz 2 führt zur unvorschriftsmäßigen Besetzung der Richterbank und damit zum Vorliegen des absoluten Revisionsgrundes gemäß § 202 SGG i.V.m. § 551 Nr. 1 ZPO (*BSG SozR 4-1500 § 158 Nr. 2; BAG NJW 2007, 3146*), ebenso bei Verletzung des § 153 Nr. 4 (*BSG SozR 4-1500 § 153 Nr. 2 = SGb 2008, 678* mit Anm. von *Lüdtke*). Die Befugnis des Berichterstatters, zusammen mit den ehrenamtlichen Richtern anstelle des Senats nach § 153 Abs. 5 zu entscheiden, erfordert einen schriftlichen und den Beteiligten zuzustellenden Beschluss des Senats (*BSG SozR 4-1500 § 153 Nr. 8*). Lässt der Einzelrichter die Revision wegen grundsätzlicher Bedeutung zu, ist ein Verfahrensfehler nicht anzunehmen, wenn er der Sache keine nennenswerte Breitenwirkung beimisst und die Beteiligten ihr Einverständnis mit einer Einzelrichterentscheidung auch für den Fall der Zulassung der Revision erklärt haben – Abgrenzung zu BSGE 99, 189 = SozR 4-1500 § 155 Nr. 2 –

(BSG SozR 4-4300 § 53 Nr. 4). Hat im Berufungsverfahren ein unzuständiger Fachsenat entschieden, so ist dies im Revisionsverfahren nicht von Amts wegen, sondern nur auf Rüge hin zu berücksichtigen – Bestätigung von BSGE 79, 41, 43 f. = SozR 3-2500 § 34 Nr. 5 S. 29 f. und Abgrenzung zu BSGE 99, 189 = SozR 4-1500 § 155 Nr. 2, jeweils RdNr. 14 – *(BSG SozR 4-2500 § 94 Nr. 2)*. Ist sechs Monate nach dem planmäßigen Ausscheiden des Vorsitzenden Richters aus dem richterlichen Dienst dessen Stelle noch nicht besetzt, liegt regelmäßig keine „vorübergehende Verhinderung" (§ 21f Abs. 2 GVG) mehr vor *(BSG SozR 4-1720 § 21 Nr. 1 = NJW 2007, 2717; Werner NJW 2007, 2673)*.

Beweisantrag, übergangener s. Rn. 127 ff.

97 *Beweiswürdigung* Verstoß gegen Grundsätze der freien richterlichen Beweiswürdigung s. u. a. *BSGE 2, 273; BSG SozR Nrn. 10, 67 zu § 128 SGG; BSGE 39, 200 = SozR 1500 § 144 Nr. 3; BSGE 44, 288 = SozR 2200 § 1246 Nr. 33; BSG SozR 3100 § 30 Nr. 32; BSG SozR 1500 § 160 Nr. 49, § 164 Nr. 31, § 128 Nrn. 31, 33 bis 37, 39, 40*. Werden Gutachten verschiedener medizinischer Fachrichtungen eingeholt, ist ein Gutachter mit der fachübergreifenden zusammenfassenden Einschätzung der quantitativen und qualitativen Leistungsfähigkeit, auch mit Blick auf die ins Auge gefassten Verweisungstätigkeiten, zu beauftragen, falls nicht auszuschließen ist, dass sich die festgestellten Leistungseinschränkungen aus der Sicht der jeweiligen Fachgebiete überschneiden und gegebenenfalls potenzieren können; das Gericht überschreitet die Grenzen der freien richterlichen Beweiswürdigung, wenn es – ohne Darlegung der eigenen Sachkompetenz – diese Gesamtbeurteilung selbst vornimmt *(BSG SozR 4-1500 § 120 Nr. 3)*. Vorweggenomme Beweiswürdigung *BVerfG NJW-RR 2001, 1006; BVerwG Buchholz 428 § 1 VermG Nr. 153*. S. auch Rn. 126. Zum Beweisverwertungsverbot bei Verletzung der Anhörung nach § 200 Abs. 2 SGB VII s. BSG SozR 4-2700 Nr. 1 Behrends/Froede NZS 2009, 128.

97a *Dolmetscher-Eid, unterlassener BSG SozR 3-1720 § 189 Nr. 1.*

98 *Erfahrungssätze,* Verstoß gegen *BSG SozR 3100 § 30 Nr. 10.*

98a *EuGH* unterlassende Vorlage an EuGH, s. Rn. 62

98b *Faires Verfahren* Verletzung BSG SozR 4-1500 § 160 Nr. 18 und § 160a Nr. 23.

99 *Gehör, rechtliches* (s. auch Anhörungsrüge, Kap. X Rn. 71 ff.) Verletzung des rechtlichen Gehörs: *BVerfG HFR 1993, 596* (nicht wenn nur wegdenkbare Hilfserwägungen betroffen), *BVerwG Buchholz 310 § 108 Abs. 2 Nr. 47* (nicht bei nicht entscheidungserheblichen Erwägungen), *BSG SozR Nr. 13 zu § 106 SGG* und *BSG SGb 2000, 269* mit Anm. von Zeihe (rechtliches Gehör hat Vorrang gegenüber dem Gebot, den Rechtsstreit möglichst in einer mündlichen Verhandlung zu entscheiden, *BSG SozR 3-1500 § 62 Nr. 25;* Vernehmung des Sachverständigen in mündlicher Verhandlung; *(BSG SozR 4-1500 § 62 Nr. 1)*, auch sachkundiger Beteiligter muss Gelegenheit zur Stellungnahme erhalten *(BGH MDR 2001, 567)*, zu rechtlichen Gesichtspunkten *(BSG SozR 4-1500 § 62 Nr. 1; BVerwG Buchholz 310 § 104 VwGO Nr. 29; Dahm SV 2000, 118;*

BSG Urteil vom 14. 12. 1999 – B 2 U 6/99 R). Das Gericht ist aber befugt, bei Säumnis einer Partei im Termin zur mündlichen Verhandlung den geladenen Sachverständigen mündlich anzuhören und das Ergebnis dieser Beweisaufnahme bei einer Entscheidung nach Lage der Akten zu verwerten (*BGH Buchholz vom 25. 10. 2001 – III ZR 43/01); SozR 2200 § 1246 Nr. 82 und SozR 1500 § 128 Nr. 15* (allgemeinkundige Tatsachen), *SozR 1500 § 128 Nr. 4, § 62 Nrn. 3, 9, 11, 24* (Gerichtskunde); Antrag auf Terminverlegung (Ablehnung: *BSG SozR 1750 § 227 Nr. 2, SozR 3-1500 § 160 Nr. 33 = SGb 2003, 120* mit Anm. von Schuler; *SozR 4-1750 § 227 Nr. 1; BVerwG BayVBl. 1995, 317; BSG Urteil vom 27. 1. 1993 – 6 RKa 19/92 –, Beschlüsse vom 25. 2. 1993 – 2 BU 4/93, 20. 4. 1993 – 12 BK 26/92*; s. auch Rn. 119), Verhandlung und Entscheidung zu anderem Zeitpunkt als in Ladung zum Termin angegeben (*BSG Urteil vom 9. 4. 1997 – 9 RV 17/96*), Antrag um eine Frist zur Stellungnahme nicht beschieden und vorher entschieden (*BSG Urteil vom 11. 3. 1998 – B 9 SB 5/97 R*). Auch wenn ein Urteil bereits i. S. des § 309 ZPO gefällt, aber noch nicht verkündet ist, muss das Gericht einen nicht nachgelassenen Schriftsatz zur Kenntnis nehmen und eine Wiedereröffnung der mündlichen Verhandlung prüfen (*BGH Urteil vom 7. 3. 2002 – III ZR 73/01*) und zwar auch dann, wenn das Vorbringen der Beteiligten nach Ablauf einer gesetzten Erklärungsfrist oder nach Fertigung, aber vor Herausgabe der Entscheidung einläuft (*BSG SozR 4-1500 § 153 Nr. 5*; Fortführung von *BSG SozR 3-1500 § 153 Nr. 4, 8*). Verstoß gegen § 123 Verböserungsverbot (*BSG NZS 2001, 504*), Vertagungsantrag dem Gericht von Geschäftsstelle nicht rechtzeitig vorgelegt (*BSG SozR 3-500 § 62 Nr. 20*), Nichtvorlage des Antrages dem Gericht (*SozR 1500 § 62 Nr. 15*), Ablehnung trotz Anordnung des persönlichen Erscheinens (*SozR 1500 § 62 Nr. 8*). Hat ein Beteiligter dem Gericht seine Teilnahme an der mündlichen Verhandlung angekündigt und erscheint er nicht pünktlich, darf der Vorsitzende die mündliche Verhandlung erst nach erfolglosem Ablauf einer Wartefrist von 15 Minuten eröffnen; ist dem Gericht darüber hinaus bekannt, dass der Beteiligte, der sein Erscheinen angekündigt hat, unter besonderen Schwierigkeiten versucht, den Termin wahrzunehmen, darf die Wartefrist 30 Minuten nicht unterschreiten (*BSG SozR 4-1500 § 112 Nr. 2*). Teil ein nicht rechtskundig vertretener Beteiligter mit seiner Erklärung, er sei mit einer Entscheidung ohne mündliche Verhandlung durch Urteil einverstanden, zugleich mit, es sei somit davon auszugehen, dass der angesetzte Verhandlungstermin entfalle, so hat ihn das Gericht auf den Irrtum hinzuweisen, bevor es die mündliche Verhandlung durchführt, anderenfalls verletzt es dessen Anspruch auf rechtliches Gehör (*BSG SozR 4-1500 § 124 Nr. 2*). Wird in der mündlichen Verhandlung ein neuer Gesichtspunkt erörtert und gibt ein Beteiligter durch die Antragstellung (hier: Hilfsantrag auf Nachlass eines Schriftsatzes) deutlich zu erkennen, dass er dazu Informationen von Dritten einholen möchte, ist sein Anspruch auf rechtliches Gehör verletzt, wenn das Gericht im Anschluss an die mündliche Verhandlung das Urteil verkündet; werden vor oder in der mündlichen Verhandlung erstmals Tatsachen, Erfahrungssätze oder rechtliche Gesichtspunkte eingeführt, die möglicherweise für die Sachentscheidung erheblich sind, ist dem Beteiligten auf Antrag eine angemessene Frist zur Stellungnahme einzuräumen, falls nicht offensichtlich ist, dass er den Antrag missbräuchlich stellt. Im Regelfall ist eine Frist von zwei Wochen ab Zugang der Mitteilung unter Ausschluss von Postlaufzeiten einzuräumen *(BSG SozR 4-1500 § 62 Nr. 1)*. Beabsichtigt das Berufungsgericht eine Entscheidung im Beschlussverfahren gemäß § 153 Abs. 4 und hat es den Verfahrensbeteiligten keine Frist für eventuelle Stellungnahmen gesetzt, so haben diese dafür eine Frist von maximal einem Monat; eine verfrühte Beschlussfassung ist unschädlich, wenn den Beteiligten bis zur Absendung des Beschlusses durch das Gericht ein Monat Zeit für die Stellungnahme verbleibt *(BSG SozR 4-1500 § 153 Nr. 3)*. Weitere Beispiele: Überraschungsentscheidung *(BSG SozR 1500 § 62 Nr. 20, BVerfG HFR 1993, 595, BVerwG Buchholz 11 Art. 103 Nr. 42)*, Entscheidung vor Ablauf der Äußerungsfrist *(BFH HFR 2009, 1252)*, keine Verletzung bei Möglichkeit zur Akteneinsicht *(BSG Beschluss vom 28. 1. 1993 – 2 BU 131/92)*, keine Verpflichtung zum Hinweis auf eine in Aussicht genommene Beweiswürdigung *(BSG Beschluss vom 31. 8. 1993 – 2 BU 61/93)*, Pflicht zur Unterrichtung über Erweiterung des Gutachtenauftrags *(BSG Beschluss vom 18. 10. 1995 – 9 BVg 4/94)*, keine Übersendung fristgerechter Schriftsätze *(BVerwG NJW 1996, 1553)*. Nichterwähnen von Vorbringen *(BVerfGE 63, 80, 85; 65, 293, 295; BSG Urteil vom 8. 2. 1995 – 13 RJ 65/95 – und Beschluss vom 31. 5. 1996 – 2 BU 47/96)*. Allein der Umstand, dass sich die Gründe einer Entscheidung mit einem bestimmten Gesichtspunkt nicht ausdrücklich auseinandersetzen, rechtfertigen jedoch nicht die Annahme, das Gericht habe den Gesichtspunkt unter Verletzung des Anspruchs auf rechtliches Gehör übergangen, hierzu bedarf es besonderer Anhaltspunkte *(BAG MDR 2005, 1008–1009)*. Lehnt ein geladener Beteiligter vor dem Termin zur mündlichen Verhandlung einen Richter des LSG ab, so darf er nicht darauf vertrauen, dass das LSG zum angesetzten Termin nicht zur Sache verhandeln und entscheiden wird *(BSG SozR 3-1500 § 160 a Nr. 29)*. Der Anspruch auf rechtliches Gehör kann verletzt sein, wenn das Gericht eine von dem beklagten Versicherungsträger genannte Verweisungstätigkeit als ungeeignet ansieht, ohne zuvor darauf hinzuweisen, welche besonderen Anforderungen diese Tätigkeit seiner Ansicht nach an die Leistungsfähigkeit des Versicherten stellt. Ein entsprechender Hinweis ist nicht schon wegen einer generell anzunehmenden Allgemeinkundigkeit solcher Tatsachen entbehrlich, die das Gericht einem weit verbreiteten berufskundlichen Sammelwerk entnimmt *(BSG SozR 3-1500 § 62 Nr. 12)*. Art. 102 Abs. 1 GG verlangt nicht, den Beteiligten vorab mitzuteilen, wie das Gericht bestimmte Erkenntnismittel in Bezug auf Einzelheiten des Parteivortrags versteht und bewertet. Das folgt schon daraus, dass in aller Regel die Beweiswürdigung, das daraus folgende Beweisergebnis und die hieraus zu ziehenden Schlussfolgerungen der Schlussberatung vorbehalten bleiben und sich deshalb einer Voraberörterung mit den Beteiligten entziehen *(BVerwG Buchholz 310 § 108 Abs. 2 VwGO Nr. 4)*. Stützt das Gericht seine Entscheidung auf Tatsachen, die es anhand von berufskundlichen Sammelwerken festgestellt hat, und waren diese zuvor nicht ordnungsgemäß in das Verfahren eingeführt, ist in aller Regel der Anspruch auf rechtliches Gehör verletzt

(*BSG SozR 3-2200 § 1246 Nr. 52*), ebenso bei beigezogenen Akten und Urkunden (*BSG SozR 4-1500 § 118 Nr. 1*). Zur Aufforderung Prozessvollmacht innerhalb einer Woche vorzulegen s. *BSG SozR 3-1500 § 158 Nr. 2*. Der Grundsatz des rechtlichen Gehörs wird verletzt, wenn das Berufungsgericht auf neues, erhebliches in den Entscheidungsgründen des SG nicht behandeltes rechtliches oder tatsächliches Vorbringen oder auf Einwendungen, die erstmals gegen die angefochtene Entscheidung vorgebracht werden, nicht eingeht, sondern nur auf die erstinstanzlichen Entscheidungsgründe gemäß § 153 Abs. 2 SGG Bezug nimmt (*BSG SozR 3-1500 § 153 Nr. 3*). Geht das Berufungsgericht in der Begründung seiner Entscheidung auf einen Vortrag einer Partei nicht ein, der für die Beurteilung einer nach seiner eigenen Rechtsauffassung entscheidungserheblichen Frage von zentraler Bedeutung ist, rechtfertigt dies den Schluss, dass es den Vortrag nicht zur Kenntnis genommen hat (*BGH FamRZ 2010, 1433*). Vor Verwertung einer Berufung wegen Versäumung der Berufungsbegründungsfrist ist dem Rechtsmittelführer durch einen Hinweis rechtliches Gehör zu gewähren, um ihm die Möglichkeit zu geben, sich zu der Fristversäumung zu äußern und einen Antrag auf Wiedereinsetzung in den vorigen Stand zu stellen (*BGH FamRZ 2010, 882–883*). Der Anspruch auf rechtliches Gehör steht dem jeweiligen Verfahrensbeteiligten zu; seine Verletzung kann daher von einem anderen Beteiligten nicht erfolgreich als Verfahrensfehler i. S. des § 132 Abs. 2 Nr. 3 VwGO geltend gemacht werden (*BVerwG Buchholz 428 § 4 Abs. 3 VermG Nr. 4*). S. auch *Wolff, Die Verletzung rechtlichen Gehörs als Revisionsrüge in verschiedenen Verfahrensordnungen, ZZP 116 (2003), 403* – der allerdings zwar auf die VwGO, nicht aber auf das SGG eingeht.

Grundurteil   Fehlende Voraussetzungen *BSG SozR Nr. 4 zu § 130 SGG*.   *100*

Gutachten nach § 109   Weiterer Antrag abgelehnt wegen Gutachtens nach § 109   *101*
in einem rechtskräftig abgeschlossenen Verfahren (*BSG SozR 1500 § 109 Nr. 1*), wegen Verzögerung (*BSG SozR 1500 § 109 Nr. 4*), s. auch Rn. 125.

Gutachten durch anderen Arzt, als den, der zum Sachverständigen bestellt   *BSG*   *102*
SozR 1500 § 128 Nr. 24, BSG SozR Nr. 81 zu § 128 SGG; Klärung bestehender Zweifel bei Mitwirkung einer anderen Person an Gutachtenerstattung *BSG SozR 1500 § 128 Nr. 33*.

Gutachten   Entscheidung aufgrund eines unverwertbaren Gutachtens *BSG SozR*   *102a*
4-1750 § 407 a Nr. 1.

Klagebeschränkung, -rücknahme   *BSG SozR Nr. 48 zu § 150 SGG, BSGE 49,*   *103*
163 = SozR 1500 § 87 Nr. 6, BSG SozR Nr. 10 zu § 102 SGG.

Mündliche Verhandlung   Eine wesentliche Änderung der Prozesslage, die dem   *103a*
Verzicht auf mündliche Verhandlung nach § 124 Abs. 2 SGG die Grundlage entzieht, kann auch darin liegen, dass das Gericht seine den Beteiligten mitgeteilten Rechtsauffassungen zu einer entscheidungserheblichen Frage nicht mehr aufrechterhält (*BSG NZS 2006, 223*).

103b *Öffentlichkeit der Verhandlung* *BSG SGb 2001, 81*: bei Erkennen eines Verstoßes gegen diesen Grundsatz Rüge bis zum Ende der Verhandlung, Anm. von Zeihe S. 83. Wandelt sich vor dem LSG ein Erörterungstermin – nach Zustimmung der Beteiligten zu einer Entscheidung durch den Vorsitzenden anstelle des Senats (§ 155 Abs. 3 SGG) – in eine mündliche Verhandlung um, ist die Öffentlichkeit herzustellen. Kann der Beteiligte erkennen, dass die Vorschriften über die Öffentlichkeit der Verhandlung verletzt werden, hat er dies vor Abschluss eben jener Verhandlung zu rügen (*BSG SozR 3-1500 § 61 Nr. 1*). Der Ausschuss der Öffentlichkeit von der mündlichen Verhandlung im sozialgerichtlichen Verfahren ist nicht allein deshalb gerechtfertigt, weil ärztliche Befunde und Diagnosen mitgeteilt und erörtert werden (*BSG Beschluss vom 16. 1. 2007 – B 5 R 96/06 = SGb 2007, 564* mit Anm. von Hüttenbrink).

103c *Prozessfähigkeit* zu Unrecht angenommen *BSG SozR 3-1500 § 160 a Nr. 32.*

104 *Prozesskostenhilfe* Übergangener Antrag *BSG SozR 1750 § 114 Nr. 7.*

105 *Prozessurteil:* statt Sachurteil und umgekehrt *BSG SozR Nr. 191 zu § 162 SGG, SozR 1500 § 160 a Nr. 55; BFH HFR 2003, 785.*

106 *Prozessvollmacht* Fristsetzung zur Vorlage, Abweisung der Klage mangels Vorlage der Vollmacht *BSG SozR 1500 § 73 Nr. 5.*

107 *Rechtshängigkeit* Nicht beachtete Rechtshängigkeit *BSG SozR 1500 § 96 Nr. 24.*

108 *Rechtskraft* Unzutreffende Annahme der Rechtskraft *BSGE 8, 284.*

109 *Rechtsweg* S. Kap. II Rn. 93 ff.

110 *Sachurteil statt Prozessurteil* s. Prozessurteil.

111 *Sachverhaltsdarstellung,* unterbliebene *BSG Breithaupt 1966, 723, BSG SozR Nr. 8 zu § 112 SGG.* Unterbleibt in der mündlichen Verhandlung die Darstellung des Sachverhalts, so liegt auch dann ein wesentlicher Verfahrensmangel vor, wenn die ehrenamtlichen Richter vorab über den Sachverhalt in Kenntnis gesetzt worden sind und die anwesenden Beteiligten auf den Sachvortrag verzichten (*BSG Beschluss v. 25. 1. 2011 – B 5 R 261/10 B*).

112 *Sachverhaltsermittlung von Amts wegen* Unterlassene Sachverhaltsermittlung, weil Behörde Unrichtigkeit des Bescheides nicht geklärt hat (*BSG SozR 1500 § 103 Nr. 16*); Nichtbeachtung eines fremdsprachigen Schriftstückes ohne Aufforderung, Übersetzung beizubringen, und ohne Übersetzung auf Veranlassung des Gerichts (*BVerwG NJW 1996, 1553*). Verzichtet das Gericht trotz der Kompliziertheit eines Sachgebietes auf die Einholung eines Sachverständigengutachtens, muss es die in Anspruch genommene eigene Sachkunde in einer von den Parteien und vom Revisionsgericht nachprüfbaren Weise im Urteil darlegen (*BVerwG Buchholz 310 § 86 Abs. 1 Nr. 270*); Hinweispflicht bei fehlender Mitwirkung des Betroffenen (*BSG SozR 1500 § 160 Nr. 34, 1500 § 103 Nrn. 23 und 27; § 128 Nr. 18* – Behörde), sich gedrängt fühlen zu weiterer Sachaufklärung (*BSG SozR 1500 § 160 a Nr. 34, SozR 1500 § 103 Nr. 25*), von

Verfahrensbeteiligtem eingeholtes Gutachten als Entscheidungsgrundlage ohne eigene weitere Aufklärung durch Gericht (*BSG SozR 1500 § 103 Nr. 24*). S. auch Rn. 127 ff.

Teilurteil fehlende Voraussetzungen *BSGE 12, 185.* 113

Terminmitteilung einen Tag vor mündlicher Verhandlung ist Verfahrensfehler: 113a
BSG 3-1500 § 110 Nr. 3. S. auch *BVerwG Buchholz 310 § 102 VwGO Nr. 21.*

Überraschungsentscheidung s. rechtliches Gehör. 114

Unmittelbarkeit der Beweisaufnahme *BSG SozR 4100 § 119 Nr. 14.* 115

Urteilsformel, unbestimmte *BSG SozR 1500 § 136 Nr. 6, SozR 1500 § 6 Nr. 2;* 116
BSG Beschluss vom 21. 11. 1989 – 11 BAr. 121/88.

Urteilsgründe, fehlende *BSG SozR Nr. 9 zu § 136 SGG, SozR 1500 § 136 Nr. 10,* 117
BSG SozR 3-1500 § 164 Nr. 5, BSGE 87, 95, 99; BVerfG FamRZ 1998, 606;
*BSG Beschluss vom 24. 1. 1996 – 11 BAr 149/95 – und vom 8. 2. 1996 – 13 RJ
65/95 –* Nicht oder nicht mit ausreichenden Entscheidungsgründen ist ein Urteil nur dann versehen, wenn ihm solche Gründe objektiv nicht entnommen werden können, etwa weil die angeführten Gründe objektiv unverständlich oder verworren sind, nur nichts sagende Redensarten enthalten oder zu einer vom Beteiligten aufgeworfenen, eingehend begründeten und für die Entscheidung erheblichen Rechtsfrage nur ausführt, dass diese Auffassung nicht zutreffe (vgl. *BSG SozR Nr. 9 zu § 136 SGG; SozR 1500 § 136 Nr. 8; BSG Beschluss vom 12. 2. 2004 – B 4 RA 67/03*). Eine Entscheidung ist dagegen nicht schon dann nicht mit Gründen versehen, wenn das Gericht sich unter Beschränkung auf den Gegenstand der Entscheidung einer bündigen Kürze befleißigt und nicht jeden Gesichtspunkt, der erwähnt werden könnte, abgehandelt hat. Auch ist die Begründungspflicht nicht schon verletzt, wenn die Ausführungen des Gerichts zu den rechtlichen Voraussetzungen und zum tatsächlichen Geschehen aus der Sicht eines Dritten falsch, oberflächlich oder wenig überzeugend ist (vgl. *BSG Beschluss vom 12. 2. 2004 – B 4 RA 67/03 ; BSG vom 21. 12. 1987 – 7 BAr 61/84*); späte Absetzung des Urteils wenn nicht binnen 5 Monaten nach Verkündung schriftlich niedergelegt, von Richtern unterschrieben und der Geschäftsstelle übergeben: *GmSOGB SozR 3-1750 § 551 Nr. 4, BSG SozR 3-1750 § 551 Nr. 5, SozR 4-1500 § 120 Nr. 1; BGH Urteil vom 19. 5. 2004 – XII ZR 270/02 – NJW-RR 2004, 1439;* bei Urteil ohne mündliche Verhandlung 5 Monate nach Urteilsberatung: *BSG SozR 3-1750 § 551 Nr. 7; BVerfG NVwZ 2001, 1150.* Die Frist von fünf Monaten zur Übergabe des vollständig abgefassten Urteils an die Geschäftsstelle endet auch an einem Sonnabend, Sonntag oder Feiertag und nicht erst am darauf folgenden Werktag (*BSG SozR 4-1750 § 547 Nr. 2;* vgl. *BAGE 93, 360*). Nähere Darlegungen zur Überschreitung dieser Fünfmonatsfrist sind nicht erforderlich, wenn sich aus einer vom Revisionsgericht im vorangegangenen Beschwerdeverfahren eingeholten Auskunft des LSG die Überschreitung dieser Frist eindeutig ergibt (*BSG SozR 4-1500 § 120 Nr. 1*). Mündliche Begründung weicht

von schriftlicher ab: kein Verfahrensmangel *BSG SozR Nr. 159 zu § 162 SGG; BSG SozR 1500 § 6 Nr. 2.*

117a **Verfahren,** zügiges   Verletzung des Rechts auf zügiges Verfahren (liegt nach BSG bei drei Jahren je Gerichtsinstanz) *(BSG Urteil vom 4. 9. 2007 – B 2 U 308/06 B; BVerwG NJW 2005, 2169; Schumacher RdLH 2006, 177; Leitherer NZS 2007, 225*; s. dagegen *BSG SozR 4-1500 § 160a Nr. 11; BGH NJW 2005, 518*). Die Rüge einer zu langen Verfahrensdauer erfordert die Befassung mit dem Gegenstand des Verfahrens und dessen Verlauf im Einzelnen *(BVerfG SozR 4-1500 § 160a Nr. 16)*. Eine Verfahrensdauer von drei Jahren und zehn Monaten in einer Instanz entspricht nicht dem Erfordernis der „angemessenen Frist" gemäß Art. 6 Abs. 1 EMRK *(EGMR FamRZ 2009, 105)*. Zur Untätigkeitsbeschwerde s. X Rn. 9, 18 und 85.

118 **Verhandlung**   Entscheidung ohne mündliche Verhandlung bei fehlenden Voraussetzungen: *BSGE 17, 44, BSG USK 72 152, BSGE 53, 83 = SozR 1500 § 124 Nr. 7; BVerwG Buchholz 310 § 138 Ziff. 3 VwGO Nr. 67:* fehlendes Einverständnis oder *BSG SozR 4-1500 § 124 Nr. 1:* Nachträgliche Änderung der Prozesslage; bei sachfremden Erwägungen oder grober Fehleinschätzung: *BSG SozR 3-1500 § 160a Nr. 19 – zu § 153 Abs. 4,* s. auch *BSG SozR 3-1500 § 153 Nr. 1;* die Einverständniserklärung der Beteiligten mit einer Entscheidung des Rechtsstreits durch den Berichterstatter umfasst nicht das Einverständnis mit einer Entscheidung des Vorsitzenden anstelle des Senats *(BSG SozR 3-1500 § 155 Nr. 2)*. Hat das LSG bei der Mitteilung seiner Absicht, durch Beschluss ohne mündliche Verhandlung zu entscheiden, selbst keine angemessene Frist zur Stellungnahme von regelmäßig zwei Wochen gesetzt, muss es eine deutlich längere Zeit von regelmäßig vier Wochen zuwarten, bevor es Fristsetzungsanträge als verspätet erachten darf. Fristsetzungsanträge müssen vom gesetzlichen Richter unverzüglich beantwortet werden *(BSG SozR 4-1500 § 154 Nr. 1)*. Die Möglichkeit, nach § 153 Abs. 4 SGG ohne mündliche Verhandlung durch Beschluss zu entscheiden, weil eine mündliche Verhandlung nicht für erforderlich gehalten wird, ist eng und in einer für die Beteiligten schonenden Weise auszulegen und anzuwenden. Regt der Kläger aufgrund des Anhörungsschreibens nach § 153 Abs. 3 Satz 2 SGG die Einholung – weiterer – Gutachten an und will das LSG der Beweisanregung nicht folgen, so verstößt die Entscheidung durch Beschluss ohne Hinweis an den Kläger, dass und weshalb der Anregung nicht gefolgt werde, regelmäßig gegen die Grundsätze des rechtlichen Gehörs und des fairen Verfahrens *(BSG SozR 4-1500 § 153 Nr. 1)*. Das Berufungsgericht muss die Beteiligten erneut zu einer beabsichtigten Zurückweisung der Berufung durch Beschluss anhören, wenn ein Beteiligter nach Zustellung der ersten Anhörungsmitteilung neue, nicht erkennbar unsubstanziierte Beweisanträge stellt und das Berufungsgericht auch unter Würdigung des neuen Vortrags an seiner Absicht festhalten will, über die Berufung durch Beschluss ohne mündliche Verhandlung zu entscheiden und den Beweisanträgen nicht nachzugehen (vgl. *BSG SozR 3-1500 § 153 Nr. 4; BSG Urteil vom 24. 2. 2000 – B 2 U 32/99 R)*. Eine Verhandlung in Anwesenheit einer nicht von einem rechtskun-

digen Bevollmächtigten vertretenen Klägerin mit einer Dauer von drei Minuten verstößt gegen den Grundsatz des fairen Verfahrens (*LSG Erfurt Urteil vom 31. 3. 2003 – L 6 RJ 1036/02 – SGb 2003, 630 – nur Leitsatz*).

Vertagungsantrag   s. rechtliches Gehör (*Blüggel SGb 2006, 514*). Für die Ablehnung eines Vertagungsantrags reicht die Begründung, die Sache sei entscheidungsreif, allein nicht aus (*BVerwG Buchholz 303 § 227 ZPO Nr. 28*; s. auch *BSG SozR 4-1500 § 62 Nr. 1*). Auch die nachvollziehbare Verärgerung über die Verzögerung des Beginns der mündlichen Verhandlung (hier: wegen unvorhergesehen langer Dauer der vorhergehenden Sache) und über die als unzureichend angesehene Information hierüber ist für sich allein kein erheblicher Grund i. S. von § 227 Abs. 1 ZPO für einen Vertagungsantrag (*BVerwG Buchholz 303 § 227 ZPO Nr. 25*). Wenn ein Beteiligter im selben Rechtszug bereits mehrfach mit Terminverlegungsanträgen wegen Verhinderung seines Prozessbevollmächtigten erfolgreich war, liegt ein erheblicher Grund für eine Terminverlegung wegen erneuter Verhinderung des Prozessbevollmächtigten jedenfalls dann vor, wenn das Gericht zwischenzeitlich weitere Beweise erhoben hat (*BSG SozR 4-1750 § 227 Nr. 1*). Zum Vertagungsantrag wegen um 75 Minuten späterem Beginn der Verhandlung nur bei Vortrag erheblicher Gründe (*BVerwG NJW 1999, 2131*).   **119**

Vertreter, besonderer   Unterlassen der Mitteilung an Vormundschaftsgericht kein Verfahrensmangel *BSG SozR 1500 § 160 Nr. 37*.   **120**

Verzicht   auf mündliche Verhandlung und nachträgliche Änderung der Prozesslage *BSG SozR 4-1500 § 124 Nr. 1*.   **120a**

Vorverfahren   Keine Möglichkeit eröffnet, unterbliebenes Vorverfahren nachzuholen: *BSG SozR 1500 § 78 Nrn. 8, 16, 18, 26, 27*.   **121**

Wiedereinsetzung   in den vorigen Stand, unterlassene Prüfung von Amts wegen *BSG SozR Nr. 9 zu § 67 SGG*.   **122**

Zeugenvernehmung   im Erörterungstermin: *BSG Urteil vom 14. 9. 1995 – 7 RAr 62/95*; erneute Vernehmung: B*GH NJW 1996, 919, NJW-RR 2006, 283*; nach Richterwechsel B*GH NJW-RR 1994, 1539*. Die Grundsätze der Unmittelbarkeit der Beweisaufnahme und der freien Beweiswürdigung erfordern, dass sich alle die Entscheidung treffenden Richter einen persönlichen Eindruck von dem Zeugen oder dem Beteiligten gemacht haben, wenn sie über die Glaubwürdigkeit dieser Person befinden; der persönliche Eindruck, den andere Richter einer früheren Verhandlung gewonnen haben, ist nur dann verwertbar, wenn er protokolliert oder auf sonstige Weise aktenkundig ist und sicht die Beteiligten dazu äußern konnten (Anschluss an *BSG SozR 3-1500 § 128 Nr. 15, SozR 4-1500 § 117 Nr. 1, BSG Urteil vom 10. 10. 2002 – B 2U 8/02 R – und BSG SozR 4-1500 § 117 Nr. 1*).   **122a**

5.2.4.3 Beschränkungen der Verfahrensrügen im Verfahren der
Nichtzulassungsbeschwerde nach § 160 Abs. 2 Nr. 3

123   Die folgenden – verfassungsgemäßen (*BVerfG SozR 3-1500 § 160 Nr. 6 und § 160a Nr. 6*) – Einschränkungen des Geltendmachens von Verfahrensmängeln beziehen sich nur auf das Verfahren der Nichtzulassungsbeschwerde (s. auch Rn. 136). Ist die Revision vom LSG oder auch auf die Beschwerde vom BSG zugelassen, gelten die Beschränkungen des § 160 Abs. 2 Nr. 3 nicht für das Revisionsverfahren. Für das Verfahren der Sprungrevision ist allerdings § 161 Abs. 4 zu beachten, wonach die Revision nicht auf Mängel des Verfahrens „gestützt" werden kann (s. Rn. 35, 344). Außerdem ist zu berücksichtigen, dass nicht nur die in § 160 Abs. 2 Nr. 3 aufgeführten Beschränkungen bestehen. So kann z. B. auch ein im Revisionsverfahren nicht nachprüfbarer Verfahrensverstoß (z. B. fehlende örtliche Zuständigkeit des SG, s. § 549 Abs. 2 ZPO i.V.m. § 202 SGG; *Jansen/ Frehse § 160 Rn. 24; ML § 160 Rn. 17*) nicht zur Zulassung der Revision führen (*BSG SozR 1500 § 160 Nr. 48; Kummer Rn. 444*), dies gilt auch für einen im Zusammenhang mit einer unanfechtbaren Vorentscheidung geltend gemachten Verfahrensverstoß (*BSG SozR 1500 § 160 Nr. 57; ML § 160 Rn. 17; Kummer Rn. 444; Becker SGb 2007, 328, 329;* s. auch Rn. 92, 93) oder gem. § 21 Abs. 1 Satz 4 Amtsenthebung eines ehrenamtlichen Richters (*ML § 160 Rn. 17*).

124   Die Einschränkungen für die Verfahrensrügen nach § 160 Abs. 2 sind aber nicht erst bedeutsam für das Verfahren der Nichtzulassungsbeschwerde. Sie sind im Rahmen einer sorgsamen Prozessführung schon im Berufungsverfahren zu beachten. Dies gilt insbesondere für das Erfordernis, einen Beweisantrag zu stellen und aufrechtzuerhalten (s. Rn. 127 und 130), um so eine Verletzung der Amtsermittlungspflicht im Beschwerdeverfahren rügen zu können.

5.2.4.3 (1) Keine Rüge der Verletzung des § 109 und § 128 Abs. 1 Satz 1

125   Auf eine Verletzung des § 109 kann der Verfahrensmangel nicht gestützt werden (§ 160 Abs. 2 Nr. 3). Dies gilt ausnahmslos für jede in Betracht kommende Verletzung dieser Vorschrift (*BSG SozR 1500 § 160 Nr. 34, SozR 4-1500 § 160 Nr. 9; Kummer Rn. 483; ML § 160 Rn. 17a; Hk-SGG/Lüdtke § 160 Rn. 20; Becker SGb 2007, 328, 329;* s. zur Verletzung des § 109 durch das LSG auch Kap. III Rn. 74 ff.). Diese Auslegung des § 160 Abs. 2 Nr. 3 hat das BVerfG grundsätzlich als von Verfassung wegen nicht beanstandet (*SozR 1500 § 160 Nr. 69*). Es hat aber auch ausgeführt: „Verfassungsrecht ist vielmehr auch verletzt, wenn der Fehler gerade in der Nichtbeachtung von Grundrechten liegt" (vgl. *BVerfGE 18, 85, 92f.*). Das BVerfG hat in seinem Beschluss vom 12.4.1989 (*SozR 1500 § 160 Nr. 69*) danach geprüft, ob das LSG das rechtliche Gehör des Klägers missachtet hat, als es den Antrag nach § 109 zurückwies. Das BVerfG hat es im konkreten Fall verneint. Danach kann ein nach § 160 Abs. 2 Nr. 3 nicht ausgeschlossener Verfahrensmangel darin liegen, dass bei der Anwendung des § 109 – dessen Auslegung selbst keinen Zulassungsgrund bietet – ein Grundrecht verletzt worden ist (s. auch *BSG SozR 4-1500 § 160 Nr. 18* zur Behauptung der Verletzung des rechtlichen Gehörs und der Verletzung der Sachaufklärungspflicht, s. hier Rn. 127).

Der erst während der mündlichen Verhandlung erteilte unzutreffende Hinweis, es obliege dem Beteiligten, für die Schlüssigkeit des aufgrund seines Antrags nach § 109 eingeholten Gutachtens selbst zu sorgen, verletzt den Grundsatz des fairen Verfahrens und kann auch ohne übergangenen Beweisantrag zur Aufhebung des darauf beruhenden Berufungsurteils führen (*BSG SozR 4-1750 § 411 Nr. 3*; Fortführung *BSG SozR 3-1750 § 411 Nr. 1*).

Ebenso kann die Revision nicht auf eine Verletzung des § 128 Abs. 1 Satz 1 gestützt werden und somit nicht darauf, das LSG habe die Grenzen der freien richterlichen Beweiswürdigung verletzt. Deshalb kann als Zulassungsgrund nicht geltend gemacht werden, das LSG habe bei der Beweiswürdigung Denkgesetze oder Erfahrungssätze verletzt (*BSG SozR 1500 § 160 Nr. 26*). Die Nichtzulassungsbeschwerde kann nicht auf die Rüge gestützt werden, das LSG habe die ihm vorliegenden Beweise über den Zeitpunkt der Berufungseinlegung unzutreffend gewürdigt und so statt eines Sachurteils eine prozessuale Entscheidung getroffen (*BSG SozR 3-1500 § 160 Nr. 16*; *BSG SozR 4-1500 § 160a Nr. 3*: Würdigung unterschiedlicher Gutachten). In der Berücksichtigung eines verfahrensfehlerhaft zustande gekommenen Gutachtens (persönliche Begegnung und explorierendes Gespräch durch Mitarbeiter statt durch Gutachter) liegt aber nicht nur ein Beweiswürdigungsmangel (*BSG SozR 4-1750 § 407a Nr. 1*). Mit der Rüge, das LSG hätte die medizinische Beweisaufnahme nicht durch einen Termin- oder Sitzungsarzt durchführen dürfen, wird – im Rahmen der Nichtzulassungsbeschwerde unzulässigerweise – ebenfalls die Beweiswürdigung des LSG angegriffen (*BSG SozR 1500 § 160a Nr. 60*). Auch mit der Rüge, das LSG hätte den vernommenen Zeugen beeidigen müssen, wird eine Verletzung der §§ 103 und 128 Abs. 1 Satz 1 gerügt; sie führt daher jedenfalls dann, wenn die Beeidigung nicht beantragt worden ist, nicht zur Zulassung der Revision (*BSG SozR 1500 § 160 Nr. 41*). Das BSG hat aber in dieser Entscheidung ausdrücklich offen gelassen, ob ein Antrag, einen vernommenen Zeugen zu beeidigen, überhaupt als Beweisantrag i. S. des § 160 Abs. 2 Nr. 3 anzusehen ist. Zur Unterscheidung zwischen Fehlern in der Beweisaufnahme und in der Beweiswürdigung s. *BSG SozR 4-1750 § 470a Nr. 1*.

5.2.4.3 (2) Verletzung des § 103

Auf eine Verletzung des § 103 kann ein Verfahrensmangel im Rahmen der Nichtzulassungsbeschwerde nur gestützt werden, wenn er sich auf einen Beweisantrag bezieht, dem das LSG ohne hinreichende Begründung nicht gefolgt ist. Diese Beschränkung der Rüge der Verletzung der Pflicht des Berufungsgerichts, den Sachverhalt von Amts wegen zu erforschen, soll eine zu starke Belastung des BSG mit unbegründeten Nichtzulassungsbeschwerden verhindern und ist zur Aufrechterhaltung der Funktionsfähigkeit des Revisionsgerichts für die an erster Stelle stehende Aufgabe, die Einheit der Rechtsanwendung zu sichern und das Recht fortzubilden, wohl auch notwendig, wie die Erfahrungen der ersten 16 Jahre mit der Nichtzulassungsbeschwerde zeigen. Die vom Verfasser (s. *Kompass 1974, 307*) stets nicht verkannten und früher ohne die zwischenzeitlich gewonnenen praktischen Erfahrungen noch stärker betonten systematischen Bedenken werden weiterhin nicht übersehen. Der Kläger braucht auch im Berufungsverfahren zur sachgerechten Entscheidung seines Rechtsstreites zunächst keine Beweisanträge zu stellen, da das Gericht den Sachverhalt von Amts wegen erforscht (s. § 103). Vertraut er aber darauf und unterlässt er deshalb Beweisanträge, so kann er später im Verfahren der Nichtzulassungsbeschwerde nicht geltend machen, das LSG habe nicht gesetzmäßig gehandelt. Diese Einschränkung der Gründe für eine Nichtzulassungsbeschwerde treffen, was auch nicht übersehen wird, zwar regelmäßig, aber doch nicht nur die Kläger, die im Berufungsverfahren nicht durch einen Prozessbevollmächtigten vertreten sind. Im Hinblick auf die in vielen Rechtsbereichen sehr hohe Zahl von Nichtzulassungsbeschwerden, haben sich die Beschränkungen aber doch als tunlich erwiesen (s. *ML § 160 Rn. 18*). Mit der Verfahrensrüge eines Beteiligten, er sei vom Tatsachengericht persönlich anzuhören gewesen, weil die Glaubwürdigkeit seines Vortrags ohne seine Anhörung nicht habe beurteilt werden können, wird eine Verletzung der Sachaufklärungspflicht iVm einer Versagung rechtlichen Gehörs behauptet (*BSG SozR 4-1500 § 160 Nr. 18*).

Beweisantrag

128 Es muss ein (übergangener) Beweisantrag vorliegen. Wird – was im Rahmen der Erforschung des Sachverhalts von Amts wegen nicht selten vorkommt – lediglich eine weitere Beweiserhebung durch das Gericht für notwendig erachtet und dies dem Gericht mitgeteilt, ohne konkrete Beweiserhebungen anzuführen, so liegt kein Beweisantrag i. S. des § 160 Abs. 2 Nr. 3 vor. Es muss deshalb ein Antrag auf Sachverständigenbeweis den Voraussetzungen des § 403 ZPO i. V. m. § 118 Abs. 1 SGG und der Antrag auf Zeugenbeweis den Voraussetzungen des § 373 ZPO i. V. m. § 118 Abs. 1 SGG entsprechen (*BSG SozR 1500 § 160 Nr. 45; BSG SozR 3-1500 § 160 Nr. 9; BSG SGb 2000, 269 mit Anm. von Zeihe; BSG Urteil vom 12. 4. 2000 – B 9 VS 2/99 – R; BSG Beschlüsse vom 22. 11. 1993 – 11 BAr 99/93, 29. 12. 1994 – 12 BK 72/94, 5. 7. 1995 – 2 BU 76/95, 18. 9. 1995 – 2 BU 7/95 – und 5. 9. 1996 – 4 BA 107/96; BGH MDR 2004, 1016; Keller ASR 2009, 139; Kummer Rn. 740, 741, 745; ML § 160 a Rn. 18 a; Jansen/Frehse § 160 Rn. 29*). Es müssen die Tatsachen, über welche die Vernehmung des Zeugen stattfinden soll, und beim Sachverständigen die von ihm zu begutachtenden Punkte (das Beweisthema) bezeichnet sein (*BSG SozR 3-1500 § 160 Nr. 9; Kummer Rn. 746; ML § 160 Rn. 18a*). Dazu bedarf es jedoch keiner besonderen Hervorhebung im Schriftsatz; es genügt, wenn die Voraussetzungen nach dem Inhalt des Schriftsatzes erfüllt sind. Das ist ggf. eine Frage der – nicht zu engen – Auslegung des Vorbringens der Beteiligten, vor allem, wenn sie nicht rechtskundig vertreten sind. In der Stellung eines Antrages nach § 109 (s. Rn. 125) ist nicht stets gleichzeitig ein – hilfsweise – gestellter Antrag nach § 103 zu sehen (*BSG SozR 1500 § 160 Nr. 67 und SozR 4-1500 § 160 Nr. 4; BSG Beschlüsse vom 9. 8. 1995 – 9 BV 27/95 und 1. 2. 1996 – 2 BU 226/95; Kummer Rn. 743; ML § 160 Rn. 17b*). Der erst während der mündlichen Verhandlung erteilte unzutreffende Hinweis, es obliege dem Beteiligten, für die Schlüssigkeit des aufgrund seines Antrags nach § 109 SGG ein-

geholten Gutachtens selbst zu sorgen, verletzt den Grundsatz des fairen Verfahrens und kann auch ohne übergangenen Beweisantrag zur Aufhebung des darauf beruhenden Berufungsurteils führen (*BSG SozR 3-1750 § 411 Nr. 1 und 3*).

Ein Beweisantrag liegt nicht nur vor, wenn er in der mündlichen Verhandlung   *129* gestellt worden ist, sondern er kann auch in einem vorbereitenden Schriftsatz (*BSG SozR 1500 § 160 Nr. 12*) oder zur Niederschrift der Geschäftsstelle gestellt werden. Ein mündlich gestellter Beweisantrag muss protokolliert oder im Urteilstatbestand aufgeführt sein (*BSG SozR 1500 § 160 Nr. 64, SozR 3-1500 § 160 Nr. 9, SozR 4-1500 § 160 Nr. 4; ML § 160 Rn. 18a; Keller ASR 2009, 199*). Ist dies nicht der Fall, kann sich der Beschwerdeführer nur dann auf den (übergangenen) Beweisantrag berufen, wenn er im Tatbestand des Urteils wiedergegeben ist (*BSG SozR 3-1500 § 160 Nr. 9*). Anderenfalls muss der Beschwerdeführer darlegen und ggf. nachweisen, dass sein Antrag auf Protokollierung oder – bei einem lediglich übergangenen Beweisantrag – der Antrag auf Protokollergänzung abgelehnt worden sei (*BSG SozR 3-1500 § 160 Nr. 9; BSG Beschluss vom 7. 1. 1997 – 2 BU 286/ 96*). Allerdings hat das BSG auch ausreichen lassen, wenn der Beweisantrag zwar nicht im Protokoll und im Tatbestand des Urteils des Berufungsgerichts aufgeführt war, das LSG sich aber in den Entscheidungsgründen mit ihm auseinandergesetzt hat (*BSG SozR 4-1500 § 160a Nr. 9, § 160 Nr. 13; Beschluss vom 31. 5. 1996 – 2 BU 16/96*). Eine protokollierte Kritik an einem gerichtlich eingeholten Sachverständigengutachten reicht insoweit allein nicht aus (BSG SozR 4-1500 § 160 Nr. 13). Es verstößt nach der Auffassung des BSG nicht gegen die Grundsätze des fairen Verfahrens, wenn das LSG bei einem Beteiligten, der das Vorhandensein von Zeugen für eine entscheidungserhebliche Tatsache behauptet, nicht auf die Stellung eines Beweisantrags hinwirkt (*BSG NZS 1997, 592*).

Wird eine an sich ausgeschlossene Berufung mit der Rüge eingelegt, das SG   *129a* habe § 103 SGG verletzt, und verwirft das LSG die Berufung als unzulässig, kann die Nichtzulassungsbeschwerde auf eine Verletzung der §§ 103, 150 Nr. 2 SGG nur gestützt werden, wenn vor dem SG ein Beweisantrag gestellt worden war, dem ohne hinreichende Begründung nicht entsprochen wurde (*BSG SozR 3-1500 § 160a Nr. 10*).

Aufrechterhalten des Beweisantrages

Sowohl bei einem in einer früheren mündlichen Verhandlung oder in einem Er-   *130* örterungstermin als auch bei einem in einem vorbereitenden Schriftsatz gestellten Beweisantrag liegt – was in der Praxis bei Nichtzulassungsbeschwerden sehr häufig übersehen wird – bei einem rechtskundig vertretenen Kläger kein übergangener Beweisantrag i. S. des § 160 Abs. 2 Nr. 3 (mehr) vor, wenn aus den näheren Umständen zu entnehmen ist, dass er in der maßgebenden letzten mündlichen Verhandlung nicht mehr aufrechterhalten wurde (*BSG SozR 1500 § 160 Nr. 12; BSG SozR 4-1500 § 160 Nr. 1; NZS 2006, 549; BVerfG SozR 3-1500 § 160 Nr. 6 und Nr. 20; Hk-SGG/Lüdtke § 160 Rn. 21: Becker SGb 2007, 328, 331; Jansen/ Frehse § 160 Rn. 29; Keller ASR 2009, 139; Niesel Rn. 557*). Er muss in die Niederschrift über die mündliche Verhandlung aufgenommen oder aber im Urteil aufgeführt sein (s. Rn. 129). Dass der Beweisantrag nicht mehr aufrechterhalten wird, nimmt die Rechtsprechung des BSG bei durch berufsmäßige Rechtsvertreter vertretenen Beteiligten (*BSG SozR 4-1500 § 160 Nr. 1*) regelmäßig dann an, wenn in der letzten mündlichen Verhandlung nur noch ein Sachantrag gestellt und der Beweisantrag nicht wenigstens hilfsweise wiederholt wird, was auch durch eine ausdrückliche Bezugnahme auf den früher gestellten Antrag geschehen kann. Den gegen diese – auf rechtskundig vertretene Kläger beschränkte – Rechtsprechung geäußerten Bedenken wird nicht gefolgt. Der Antragsteller weiß spätestens durch die Ladung und den Gang der mündlichen Verhandlung, dass das Gericht seinem früher gestellten Beweisantrag nicht gefolgt ist, obgleich dem Gericht die Pflicht obliegt, den Rechtsstreit möglichst in einer mündlichen Verhandlung zu entscheiden, und deshalb alle hierfür notwendigen Maßnahmen – auch die zur Beweiserhebung – vorher zu treffen sind (s. § 106 Abs. 2). Ist der Antragsteller auch nach dem Ablauf der mündlichen Verhandlung der Auffassung, dass eine Beweiserhebung noch erforderlich ist oder wenigstens sein könnte, so hat er zumindest hilfsweise den entsprechenden Beweisantrag zu stellen bzw. zu wiederholen. Die Antragstellung am Schluss der mündlichen Verhandlung dient auch dazu, für die Beteiligten und das Gericht festzulegen, welche Sachanträge und welche das Verfahren betreffenden Anträge dem Gericht – noch – zur Entscheidung vorgelegt sind. Auch vom prozessökonomischen Standpunkt erscheint es gerechtfertigt, den Beteiligten eine Prüfung der bisherigen eigenen Anträge aufzuerlegen, und damit nicht das Gericht zu zwingen, im Urteil alle einmal gestellten Beweisanträge aufzuzeigen und näher darzulegen, weshalb es ihnen nicht gefolgt ist, obgleich sie der Beteiligte nach dem weiteren Gang des Verfahrens vielleicht gar nicht mehr aufrechterhalten hat. Diese Argumente gelten auch für Anträge, die ein rechtskundig vertretener Kläger in einem Erörterungstermin stellt und in dem er zugleich sich mit einer Entscheidung durch Urteil ohne mündliche Verhandlung einverstanden erklärt (*BSG Beschluss vom 31. 1. 1990 – 2 BU 167/89*). Stellt er nach Erörterung der Sach- und Rechtslage nur einen Sachantrag, so kann das Gericht bei seiner Entscheidung ohne mündliche Verhandlung davon ausgehen, dass er früher schriftsätzlich gestellte Beweisanträge nicht mehr aufrechterhalten hat. Auch der Erörterungstermin soll u. a. dazu dienen, abschließend festzulegen, welche Sach- und Beweisanträge aufgrund der Erörterungen noch aufrechterhalten oder neu gestellt werden und zu welchen Anträgen das Gericht in seiner Urteilsbegründung Stellung zu nehmen hat. Gleiches gilt, wenn sich der Kläger nach Beweiserhebung mit einer Entscheidung ohne mündliche Verhandlung einverstanden erklärt, ohne einen (gegebenenfalls erneuten) Beweisantrag zu stellen (*BSG SozR 3-1500 § 160 Nr. 20*). Nach dem *Beschluss des BSG vom 6. 7. 2006* (*SozR 4-1500 § 160 Nr. 11*) ist ein nach der ersten Anhörungsmitteilung gemäß § 153 Abs. 4 gestellter oder aufrechterhaltener Beweisantrag nicht als erledigt zu behandeln, wenn er nach einer weiteren nicht näher begründeten Anhörungsmitteilung nicht nochmals wiederholt wird, es sei denn besondere Umstände des Einzelfalls – wie etwa eine zwischenzeitliche Änderung des Sach- und Streitstandes – sprechen dagegen.

Entsprechendes wird zu gelten haben, wenn ein rechtskundig vertretener Beteiligter mehrere Beweisanträge stellt, denen das Gericht nur z.T. folgt. Liegen die Ergebnisse der Beweiserhebungen fest und nehmen die Beteiligten dazu Stellung, ohne die früher gestellten, vom Gericht aber nicht beachteten Beweisanträge zu wiederholen, so kann das Gericht ebenfalls davon ausgehen, die Beweisanträge würden nicht mehr aufrechterhalten. **131**

Beispiel
– Ein Beteiligter hat die Einholung medizinischer Gutachten von einem Chirurgen, einem Internisten und einem Neurologen beantragt. Das Gericht holt lediglich Gutachten von dem Chirurgen und dem Internisten ein. Nimmt nun der Betroffene zu den eingeholten Gutachten Stellung, ohne aber seinen Antrag zu wiederholen, noch ein neurologisches Gutachten einzuholen, so wird das Gericht auch bei einer daran anschließenden Entscheidung durch Urteil ohne mündliche Verhandlung davon ausgehen dürfen, dass der betroffene Beteiligte seinen Antrag, noch einen Neurologen als Sachverständigen zu hören, nicht mehr aufrechterhält.

Ist ein Beweisantrag nicht gestellt, so kann auch nicht über den Umweg des § 106 Abs. 1 und § 112 Abs. 2 mit der Begründung, das Berufungsgericht hätte auf die Stellung eines Beweisantrages hinwirken müssen, ein nicht gestellter Beweisantrag zur Zulassung der Revision wegen Verletzung der Amtsermittlungspflicht führen (*BSG SozR 1500 § 160 Nr. 13; Kummer Rn. 217; ML § 160 Rn. 18c; Becker SGb 2007, 328, 331*; krit. *RK § 160 Rn. 66a*, s. aber auch Rn. 157). Dies gilt auch für die Rüge, das Gericht habe nicht auf die Folgen einer fehlenden Mitwirkung bei der Aufklärung des Sachverhaltes hingewiesen (*BSG SozR 1500 § 160 Nr. 34*). Allerdings sind, worauf *Kummer (Rn. 218)* hinweist, auch insoweit die Regeln eines fairen Verfahrens zu beachten, die z.B. verletzt sind, wenn das LSG den Beteiligten von der Stellung eines Beweisantrages abgehalten hat. **132**

War ein Beweisantrag gestellt, so ist die mögliche Rüge einer Verletzung von § 103 auf die Punkte beschränkt, die der Beschwerdeführer durch den Beweisantrag geklärt sehen wollte (*BSG SozR 1500 § 160 Nr. 35*). **133**

Ablehnung ohne hinreichende Begründung
Der geltend gemachte Verfahrensmangel muss sich außerdem auf einen Beweisantrag beziehen, dem das LSG ohne hinreichende Begründung nicht gefolgt ist. Der Gesetzgeber wollte damit ausschließen, dass allein die Tatsache, dass das LSG dem Beweisantrag nicht stattgegeben hat, die Zulassung der Revision zur Folge haben müsste (*BSG SozR 1500 § 160 Nr. 5; Krasney Kompaß 1974, 307*). Es kommt aber nicht darauf an, ob das LSG die Ablehnung des Beweisantrages – formell – hinreichend begründet hat, sondern darauf, ob die Ablehnung – materiell – hinreichend begründet ist (*BSG SozR 1500 § 160 Nr. 5; ML § 160 Rn. 18d*). Deshalb ist eine hinreichende Begründung z.B. nicht gegeben, wenn das LSG zu dem Beweisantrag überhaupt nicht Stellung nimmt, weil es dann an einer Begründung und damit erst recht an einer vom BSG überprüfbaren hinreichenden Begründung fehlt (s. auch Rn. 137 am Ende). Ebenso fehlt eine hinreichende Be- **134**

gründung, wenn die Ablehnung des Beweisantrages auf einer unzulässigen, vorweggenommenen Beweiswürdigung beruht. Ohne hinreichenden Grund bedeutet hier, ohne einen Grund, der hinreichend für die Annahme ist, dass das LSG sich nicht hätte gedrängt fühlen müssen, den beantragten Beweis zu erheben (*BSG SozR 1500 § 160 Nr. 5; Becker SGb 2007, 328, 332*), oder umgekehrt: Die Revision ist zuzulassen, wenn das LSG sich hätte gedrängt fühlen müssen, den beantragten Beweis zu erheben (*BSG SozR 1500 § 160 Nr. 5; Kummer Rn. 728; ML § 160 Rn. 18d*). Bei der Prüfung, ob sich das LSG hätte gedrängt fühlen müssen, den vom Beschwerdeführer beantragten Beweis zu erheben, muss das BSG im Rahmen der anderen Beschränkungen des § 160 Abs. 2 Nr. 3 für Rügen von Verfahrensmängeln davon ausgehen, dass das LSG bei der bisher schon vorgenommenen Würdigung einschlägiger Beweise die Grenzen des Rechts der freien richterlichen Beweiswürdigung nicht verletzt hat (*BSG SozR 1500 § 160 Nr 5*). Dass diese Auffassung nicht dazu führen darf und auch nicht dazu führt (s. *BSG SozR 1500 § 160 Nr. 49*), die Rüge der Verletzung des § 103 praktisch gegenstandslos zu machen, ist unter Rn. 215 aufgezeigt. Sieht das Gericht eine Tatsache als erwiesen an, so braucht es dem darauf gerichteten Beweisantrag des Beteiligten, zu dessen Gunsten es davon ausgeht, der Beweis sei schon erbracht, nicht mehr stattzugeben. Da es sich nicht zu dieser zusätzlichen Beweisaufnahme hätte gedrängt fühlen müssen, kann im Verfahren der Nichtzulassungsbeschwerde der Gegner nicht rügen, das LSG habe dem Beweisantrag des anderen Beteiligten ohne hinreichende Begründung nicht stattgegeben (*BSG Beschluss vom 21. 1. 1997 – 2 BU 215/96*). Für den Prozessbevollmächtigten kann es somit notwendig sein, einen Beweisantrag der Gegenseite ausdrücklich zu übernehmen, um ggf. das Gegenteil zu beweisen.

5.2.4.4 Geltendmachung des Verfahrensmangels

135 Der Verfahrensmangel, auf den sich der Beschwerdeführer im Verfahren der Nichtzulassungsbeschwerde stützen darf, muss im Beschwerdeverfahren geltend gemacht werden, was aber als Voraussetzung der Zulassung der Revision von der Bezeichnung des Verfahrensmangels i. S. von § 160 a Abs. 2 Satz 3 – s. Rn. 202 – zu unterscheiden ist. Dies gilt auch für solche Verfahrensmängel, die bei einer zugelassenen Revision von Amts wegen zu beachten sind (*ML § 160 Rn. 22; RK § 160 Rn. 125, 126*). Der Verfahrensmangel muss aber im Verfahren über die Nichtzulassung der Revision geltend gemacht werden; es reicht nicht aus, wenn der Beschwerdeführer im Berufungsverfahren bereits auf den Mangel des Verfahrens hingewiesen hat. Er muss ihn dennoch im Beschwerdeverfahren (erneut) geltend machten.

5.2.4.5 Vorliegen des Verfahrensmangels

136 Nach § 160 Abs. 2 Nr. 3 ist die Revision zuzulassen, wenn ein Verfahrensmangel „geltend gemacht" wird (s. dazu Rn. 135 und 202). Bereits zum Recht vor dem 1. 1. 1975 war die Revision aber nicht schon dann zuzulassen, wenn ein Verfahrensfehler substanziiert behauptet wurde, vielmehr musste der Verfahrensmangel

auch vorliegen (*BSGE 1, 150, 151; 1, 254, 256*). Gleiches gilt für § 160 Abs. 2 Nr. 3. Die Zulassung der Revision setzt weiterhin voraus, dass der Verfahrensmangel nicht nur geltend gemacht ist, sondern auch vorliegt (*ML § 160 Rn. 22a; Kummer Rn. 460; RK § 160 Rn. 71*). Musste aber ein Beteiligter aufgrund eines fehlerhaften Verfahrens des Gerichts (z.B. mangelndes rechtliches Gehör) davon ausgehen, dass ein Verfahrensfehler vorliegt (Nichtbeiziehung von Akten), liegt aber dieser Verfahrensfehler tatsächlich nicht vor, weil die Akten tatsächlich doch beigezogen waren, dies den Beteiligten nur nicht mitgeteilt wurde, so ist zu prüfen, ob der nicht ausdrücklich gerügte Verfahrensfehler (Versagung des rechtlichen Gehörs) vorliegt (s. *BSGE 1, 198; Kummer NJW 1989, 1569, 1571*).

Der Verfahrensmangel liegt u. a. auch nicht (mehr) vor, wenn er bereits im Berufungsverfahren geheilt wurde (s. *BSG SozR 1500 § 160a Nr. 61, SozR 3-1500 § 160a Nr. 29; Jansen/Frehse § 160 Rn. 19, 20*) oder, soweit auf die Rüge des Verfahrensmangels verzichtet werden kann, der Verlust des Rügerechts eingetreten ist (s. Rn. 89; *BSG Beschluss vom 20.3.1997 – 2 BU 275/96; Kummer Rn. 457; ML § 160 Rn. 22; Hk-SGG/Lüdtke § 160 Rn. 23; Becker SGb 2007, 328, 330; Jansen/ Frehse § 160 Rn. 22; RK § 160 Rn. 145; H § 160 Rn. 143*). Ein Verlust des Rügerechts tritt aber nicht ein bei Verfahrensfehlern, die bei einer zugelassenen Revision von Amts wegen zu beachten wären, wie z.B. bei einer unterlassenen notwendigen Beiladung, beim Fehlen der Prozessfähigkeit, Zulässigkeit der Klage oder der Berufung. Damit ist aber nur der Verlust des Rügerechts ausgeschlossen. Zu beachten ist, dass auch diese Verfahrensfehler im Rahmen der Nichtzulassungsbeschwerde zu rügen und nicht von Amts wegen zu beachten sind.

5.2.4.6 Beruhen der Entscheidung auf dem Verfahrensmangel

Die Revision ist wegen eines geltend gemachten und auch vorliegenden Verfahrensmangels nach § 160 Abs. 2 Nr. 3 nur zuzulassen, wenn die angefochtene Entscheidung auf ihm beruhen kann. Das ist dann der Fall, wenn die Möglichkeit besteht, dass der Verfahrensmangel das Urteil beeinflusst hat, dass das LSG ohne den Verfahrensmangel zu günstigeren Ergebnissen für den Revisionskläger gekommen wäre (*Kummer Rn. 462; ML § 160 Rn. 23; Jansen/Frehse § 160a Rn. 26; RK § 160 Rn. 72, 134; Becker SGb 2007, 328, 330*). Der geltend gemachte Verfahrensmangel muss zwar tatsächlich vorliegen (s. Rn. 136); dafür, dass das Urteil auf ihm beruht, reicht aber, dass dies möglich bzw. nicht auszuschließen ist (*Kummer Rn. 462; ML § 160 Rn. 23; Jansen/Frehse § 160 Rn. 25*). Das Urteil kann (s. auch unten) nicht nur bei den sog. absoluten Revisionsgründen auf dem Verfahrensmangel beruhen (vgl. *BSG SozR Nr. 28 zu § 162 SGG*). Bei den sog. absoluten Revisionsgründen wird aber unwiderlegbar vermutet, dass das Urteil auf der Gesetzesverletzung beruht (*BSG SozR Nr. 28 zu § 162 SGG; SozR 4-1500 § 153 Nr. 7: Einfluss auch Entscheidung „unterstellt"; SozR 4-2500 § 33 Nr. 24: „im Regelfall" Zurückverweisung; Kummer Rn. 465; ML § 160 Rn. 23; Hk-SGG/Lüdtke § 160 Rn. 19*; offen gelassen für den [s. Rn. 117] Revisionsgrund der verspäteten Urteilsabsetzung in *BSG SozR 4-1500 § 120 Nr. 1*). Die Verletzung des rechtlichen Ge-

137

hörs ist kein absoluter Revisionsgrund (*BSG SozR 1500 § 160 Nr. 31, § 160 a Nr. 36; ML § 160 Rn. 20; Hk-SGG/Lüdtke § 160 Rn. 19*); ebenso nicht eine unangemessene Frist zur Stellungnahme nach § 153 Abs. 4 Satz 2 (*BSG SozR 4-1500 § 153 Nr. 7;* s. auch hier § 153 Rn. 75), auch nicht eine unterlassene notwendige Beiladung (*BSG SozR 4-2500 § 33 Nr. 18*). Das Urteil beruht nach der Auffassung des BVerwG und danach auch vom BSG nicht auf dem gerügten Verfahrensmangel, wenn das Urteil sich aus anderen, vom Verfahrensmangel nicht berührten Gründen als richtig erweist (s. *BVerwG Buchholz 310 § 132 Nr. 173; BSG SozR 3-1500 § 160 a Nr. 28*). Gegen diese Ansicht bestehen Bedenken; denn auch insoweit ist von der materiell-rechtlichen Auffassung des LSG und nicht von der des Beschwerdegerichts auszugehen (s. Rn. 90). S. auch Rn. 230a. Etwas anderes gilt nur, wenn das LSG selbst seine Entscheidung auf verschiedene, die Entscheidung jeweils allein tragende Begründungen gestützt hat und der Verfahrensmangel nur eine der mehreren Begründungen erfasst. Erst recht ist die Möglichkeit einer anderen Entscheidung nicht ausgeschlossen, wenn das LSG einen Beweisantrag ohne hinreichende Begründung (s. Rn. 134) nicht gefolgt ist, da das BSG insoweit keine Beweiswürdigung vornehmen darf.

138 ### 5.3 Einlegung der Beschwerde

Erst wenn die Prüfung ergeben hat, dass Gründe für die Zulassung der Revision i. S. des § 160 Abs. 2 bestehen, kommt die Einlegung der Nichtzulassungsbeschwerde in Betracht.

5.3.1 Vertretungszwang, Schriftform

139 Die Beschwerde unterliegt dem Vertretungszwang (s. § 73 Abs. 4 und Rn. 237). Die nach § 160 a Abs. 2 SGG erforderliche Begründung der Nichtzulassungsbeschwerde muss das Ergebnis der geistigen Arbeit des zugelassenen Prozessbevollmächtigten sein, für die der Prozessbevollmächtigte mit seiner Unterschrift die volle Verantwortung übernimmt, und dies aus sich heraus erkennen lassen. Die bloße Vorlage eines von dem prozessbevollmächtigten Rechtsanwalt unterzeichneten, sonst aber unveränderten Schriftsatzes der Vertretenen oder eines nicht Vertretungsberechtigten stellt keine ordnungsgemäße Beschwerdebegründung dar, wenn der Rechtsanwalt die Durchsicht, Sichtung und Gliederung des Streitstoffes unterlassen hat (vgl. *BSG SozR 3-1500 § 166 Nr. 4, SozR 4-2500 § 13 Nr. 1; BGH MDR 2005, 1427*; vgl. auch *BVerfG 1. Senat 2. Kammer vom 26. 5. 1993 – 1 BvR 673/93*). Das bedeutet indessen nicht, dass die Verwendung eines vom Kläger oder von dritter Seite verfassten Schriftsatzes oder die wort- und inhaltsgleiche Wiederholung früheren Vorbringens im Rahmen der Begründung unzulässig wäre oder dass aus einem solchen Vorgang ohne Weiteres darauf geschlossen werden könnte, der Prozessbevollmächtigte habe es an einer eigenen Auseinandersetzung mit dem Prozessstoff fehlen lassen; als nicht ordnungsgemäß ist eine Begründung nur angesehen worden, wenn der Prozessbevollmächtigte gleichzeitig ausdrücklich oder auf andere Weise – etwa durch Benennung des eigentlichen Verfassers und Mitteilung, dass ihm selbst eine Durcharbeitung des Streitstoffs nicht möglich gewesen sei – zu erkennen gegeben hatte, dass er trotz

Unterschrift die Verantwortung für den Inhalt nicht übernehmen wollte (*BSG SozR 4-2500 § 13 Nr. 1*). S. auch Rn. 161. Zur Rücknahme der Beschwerde s. Rn. 237.

Die Beschwerde bedarf der Schriftform (*Kummer Rn. 126; Jansen/Frehse* 140 *§ 160a Rn. 5; H § 160 a Rn. 120; ML § 160 a Rn. 4; Becker SGb 2007, 261, 262*). In § 160 a ist dies zwar nicht ausdrücklich bestimmt, ergibt sich aber nicht nur aus § 160 a Abs. 1 Satz 3, in dem die Beschwerdeschrift erwähnt ist, sondern in den Vorschriften über die Erhebung der Klage sowie die Einlegung der Berufung und der Beschwerde sind die Schriftform und die Niederschrift des Urkundsbeamten wohl deshalb alternativ aufgeführt (s. *§§ 90, 151, 173*), weil für die Erhebung der Klage sowie die Einlegung der Berufung und der Beschwerde kein Vertretungszwang besteht. Für die Revision ist dagegen nur die Schriftform vorgesehen. Deshalb kann auch die Einlegung der Nichtzulassungsbeschwerde nicht zur Niederschrift des Urkundsbeamten des BSG erklärt werden (*Kummer Rn. 126*). Erst recht scheiden mündliche oder fernmündliche Einlegung der Nichtzulassungsbeschwerde aus. Zu elektronischen Dokumenten s. § 108 a, *Kummer Rn. 131 ff.; ML § 160a Rn. 4, § 151 Rn. 3a–3g; Becker SGb 2007, 261, 262; VO vom 18. 12. 2006 BGBl. I 3219* und hier Kap. VI Rn. 44 und Kap. VII Rn. 2.

Schriftform erfordert grundsätzlich eigenhändige Unterschrift des – hier 141 (s. Rn. 139) – Prozessbevollmächtigten (*BSG SozR 3-1500 § 151 Nr. 4; Kummer Rn. 127, 128; ML § 160a Rn. 4*). Da für das Verfahren der Nichtzulassungsbeschwerde keine Sonderregelung besteht (s. dagegen § 92 für die Klageschrift), ist die Beschwerdeschrift zu unterschreiben (*BSG SozR 1500 § 160a Nr. 53; Kummer Rn. 127, 128; ML § 160a Rn. 4; Jansen/Frehse § 160a Rn. 5*). Das BVerwG (*NJW 2003, 1544*) hält das Fehlen der Unterschrift unter der Begründungsschrift für eine Nichtzulassungsbeschwerde bei Vorliegen besonderer Umstände für unschädlich, die bis zum Ablauf der Begründungsfrist dem Gericht bekannt sein müssen; eine spätere Nachholung einer versehentlich unterbliebenen Unterschrift ist nicht zulässig (s. auch *BGH MDR 2005, 1182*). Zur Zulässigkeit der Übermittlung von Rechtsmittelschriften im elektronischen Rechtsverkehr s. *VO vom 18. 12. 2006 – BGBl. I 3219*. Eine telegrafische und fernschriftliche Einlegung der Beschwerde wurde als zulässig angesehen, wenn das Telegramm fernmündlich aufgegeben und dem Gericht fernmündlich zugesprochen wird, sofern ein darüber zur Entgegennahme befugter Bediensteter die Niederschrift aufnimmt (*Kummer Rn. 132; ML § 151 Rn. 3b*). Eine Unterschrift wird insoweit also nicht für erforderlich erachtet, jedoch müssen das Telegramm und das Fernschreiben den Namen der handelnden Person angeben bzw. bei prozessunfähigen Personen den Namen des Vertretungsberechtigten (*BGH NJW 1966, 1077*).

Grundsätzlich setzt die Schriftform eigenhändige Unterschrift voraus (*BSG* 142 *SozR 3-1500 § 151 Nr. 4 = NJW 2001, 2492*). Ein Faksimilestempel reicht nicht aus (*BSGE 8, 142*), wohl aber eine vervielfältigte Unterschrift (*BVerwGE 36, 296*) und bei Behörden eine maschinenschriftlich wiedergegebene Unterschrift des vertretungsberechtigten Beamten mit unterzeichnetem Beglaubigungsvermerk, ohne

Rücksicht darauf, ob ein Dienstsiegel beigefügt ist *(BGHZ 75, 340 = SozR 1500 § 164 Nr. 14 – GmSOGB)*. Ebenso wird es ausreichen, wenn zwar die Unterschrift auf der Urschrift fehlt, aber auf der gleichzeitig beigefügten Abschrift der Beglaubigungsvermerk von dem Prozessbevollmächtigten handschriftlich vollzogen ist *(BGH NJW 1957, 990; GmSOGB SozR 1500 § 164 Nr. 14 = BGHZ 75, 340)*. Es wurde sogar als ausreichend angesehen, wenn zwar auf dem bestimmenden Schriftsatz die Unterschrift fehlte, aber auf dem diesem Schriftsatz beigefügten Schreiben vorhanden war *(BFHE 111, 278; BGHZ 37, 156; GmSOGB SozR 1500 § 164 Nr. 14 = BGHZ 75, 340; BGH NJW 2010, 3661; BSG SozR 3-1500 § 151 Nr. 2, 3, 4, SozR 4-1500 § 151 Nr. 4)*. Die eigenhändige Unterschrift muss nicht lesbar sein; eine Paraphe reicht aber nicht aus *(BSG SozR 1500 § 151 Nr. 3, SozR Nr. 12 zu § 151 SGG; BAG NJW 1996, 3164; BGH NJW 1999, 2919 –* anders wenn zuvor jahrelang geduldet; *ML § 151 Rn. 4c; Kummer Rn. 128, 129)*. Eine reine Schlangenlinie wurde ebenfalls nicht als Unterschrift angesehen *(BAG Der Betrieb 1969, 400)*, jedoch scheint die Rechtsprechung insoweit etwas „großzügiger" geworden zu sein (s. *BGH NJW 1989, 588*; s. aber auch *BGH HFR 2007, 504*).

5.3.2 Bezeichnung der Beschwerde

143   Die Beschwerde gegen die Nichtzulassung der Revision hat als solche eindeutig erkennbar zu sein. Ob dies der Fall ist, muss ggf. durch Auslegung ermittelt werden *(Kummer Rn. 138; ML § 160a Rn. 6)*. Wählt ein Prozessbevollmächtigter unmissverständlich die rechtstechnische Bezeichnung Revision und ergibt sich auch aus seinen übrigen Ausführungen nichts Gegenteiliges, kann die Revision – wegen der Nichtzulassung im Urteil des LSG – nicht in eine Nichtzulassungsbeschwerde umgedeutet werden *(BSG SozR 1500 § 160a Nrn. 2 und 6; Kummer Rn. 139; ML § 160a Rn. 5; Hk-SGG/Lüdtke § 160a Rn. 4; Jansen/Frehse § 160a Rn. 41; Becker SGb 2007, 261, 262)*.

144   Zur Bezeichnung des Beschwerdeführers und des Beschwerdegegners sowie des angegriffenen Urteils s. die entsprechenden Ausführungen zur Revisionsschrift Rn. 263 ff.

5.3.3 Beschränkung auf einen prozessual selbstständigen Teil des Streitgegenstandes

145   Bereits zu Rn. 10 wurde zum Umfang der Zulassung ausgeführt, dass die Zulassung der Revision auf einen prozessual selbstständigen Teil des Streitgegenstandes beschränkt werden kann. Dem entspricht es, bei einer vom LSG nicht zugelassenen Revision die Beschwerde gegen die Nichtzulassung ebenfalls auf einen prozessual selbstständigen Teil des Streitgegenstandes beschränken zu lassen *(BSG SozR 4-1500 § 160a Nr. 19; Kummer Rn. 147; H § 160a Rn. 361; Hk-SGG/Lüdtke § 160a Rn. 4)*.

5.3.4 Einlegung beim BSG; Urteilsabschrift

146   Das LSG kann der Beschwerde nicht abhelfen. Folgerichtig ist die Beschwerde nur beim BSG einzulegen (s. § 160a Abs. 1 Satz 2). Die Einlegung beim LSG

wahrt nicht die Frist. Allerdings kann – jedenfalls dann, wenn der Rechtsmittel-führer eine natürliche Person ist – Wiedereinsetzung in den vorigen Stand nach § 67 Abs. 1 gewährt werden, wenn eine Rechtsmittelschrift zwar trotz ordnungs-gemäßer Rechtsmittelbelehrung nicht an das zuständige Gericht, sondern an eine unzuständige Stelle übersandt worden ist, aber infolge pflichtwidrigen Verhaltens dieser Stelle die Rechtsmittelschrift erst nach Ablauf der Rechtsmittelfrist beim zuständigen Gericht eingeht (*BSGE 38, 248 = BSG SozR 1500 § 67 Nr. 1 – GS*).

Da die Beschwerde nicht beim LSG, sondern beim BSG einzulegen ist, soll nach § 160 a Abs. 1 Satz 3 der Beschwerdeschrift eine Ausfertigung oder beglau-bigte Abschrift des Urteils beigefügt werden, gegen das die Revision eingelegt werden soll. Geschieht dies nicht, so ist die Nichtzulassungsbeschwerde wegen des Verstoßes gegen diese Ordnungsvorschrift aber nicht als unzulässig zu ver-werfen, wenn die Beschwerdeschrift durch die Angabe des Gerichts, des Urteils-datums und des Aktenzeichens klar erkennen lässt, gegen welches Urteil sich die Beschwerde richtet (BSG SozR 1500 § 160 a Nr. 16). Siehe auch Rn. 144 und 264 ff. *147*

5.3.5 Beschwerdefrist

Die Beschwerde ist innerhalb eines Monats nach Zustellung des Urteils einzu-legen (s. § 160 a Abs. 1 Satz 2). In Fällen der Zustellung außerhalb des Geltungs-bereichs des SGG beträgt die Frist für die Einlegung der Nichtzulassungsbe-schwerde drei Monate nach Zustellung und die Frist für die Begründung der Beschwerde vier Monate nach Zustellung des Urteils des LSG (*BSGE 40, 40 = SozR 1500 § 160 a Nr. 4*). Das Ende der Frist zur Einlegung einer Nichtzulas-sungsbeschwerde wird wegen eines Feiertages nur dann hinausgeschoben, wenn der betreffende Tag am Sitz des BSG ein gesetzlicher Feiertag ist (*BSG SozR 3-1500 § 160 a Nr. 18*). Die Beschwerde kann schon vor Beginn der Frist eingelegt werden (*Becker SGb 2007, 261, 262*), jedoch ist zu beachten, dass sich die Begrün-dung mit den Gründen des Urteils auseinanderzusetzen hat. Da zusätzlich noch eine Beschwerdebegründungsfrist läuft, muss der Beschwerdeführer das Rechts-mittel nicht innerhalb der Beschwerdefrist begründen, kann es aber tun. Dann sollte aber vorsorglich erwähnt werden, dass weiteres Vorbringen (innerhalb der Beschwerdebegründungsfrist) vorbehalten bleibt. Eine sog. unselbstständige An-schlussbeschwerde ist im Verfahren der Nichtzulassungsbeschwerde unstatthaft (*BSG SozR 3-1500 § 160 Nr. 3*; s. Rn. 158). *148*

Die Frist zur Einlegung der Beschwerde kann nicht verlängert werden (vgl. § 160 a Abs. 1 Satz 2 und Abs. 2 Sätze 2 und 3). *149*

Kann wegen noch zu gewährender Akteneinsicht oder aus anderen Gründen der Prozessbevollmächtigte eine abschließende Entscheidung über die Erfolgsaus-sicht der Beschwerde nicht treffen, so muss er die Beschwerde vorsorglich ein-legen und – am besten – zugleich oder ggf. später noch rechtzeitig die Verlänge-rung der Begründungsfrist beantragen (s. auch Rn. 166). *150*

151   Die Frist beginnt nur zu laufen, wenn der Beschwerdeführer über die Beschwerde gegen die Nichtzulassung der Revision ordnungsgemäß belehrt worden ist i. S. des § 66 (*Kummer Rn. 173; H § 160 a Rn. 156; ML § 160 a Rn. 6; Hk-Lüdtke § 160 a Rn. 5*). Jedoch ist die Beschwerde danach grundsätzlich nur innerhalb eines Jahres seit Zustellung des Urteils zulässig, außer wenn die Einlegung vor Ablauf der Jahresfrist infolge höherer Gewalt unmöglich war oder eine schriftliche Belehrung dahin erfolgt ist, dass ein Rechtsbehelf nicht gegeben sei (s. § 66 Abs. 2 Satz 1). Die bei unterbliebener oder fehlerhafter Rechtsbehelfsbelehrung eröffnete Jahresfrist zur Einlegung des Rechtsbehelfs ist eine Ausschlussfrist, innerhalb derer der Rechtsbehelf sowohl eingelegt als auch begründet werden muss (*BSG SozR 3-1500 § 66 Nr. 5*).

152   Die Wahrung der Frist zur Einlegung der Beschwerde hat auch für den nicht dem Vertretungszwang unterliegenden Antrag auf Prozesskostenhilfe für die Einlegung der Beschwerde Bedeutung. Prozesskostenhilfe für ein durch einen Prozessbevollmächtigten einzulegendes fristgebundenes Rechtsmittel wie die Nichtzulassungsbeschwerde kann nicht bewilligt werden, wenn die auf dem vorgeschriebenen Vordruck abzugebende Erklärung über die persönlichen und wirtschaftlichen Verhältnisse ohne Entschuldigungsgründe nicht bis zum Ablauf der Rechtsmittelfrist vorgelegt wird (*BSG SozR 1750 § 117 Nrn. 1, 3, 4*). Das Verlangen zur Vorlage der Erklärung nach § 117 Abs. 2 ZPO i. V. m. § 73 a SGG auf vorgeschriebenem Vordruck innerhalb der Beschwerdefrist ist verfassungsrechtlich nicht zu beanstanden (*BVerfG SozR 1750 § 117 Nrn. 2 und 6*). Dem gesetzgeberischen Anliegen, mithilfe des Vordrucks die nach dem Wegfall der Vorprüfung der wirtschaftlichen Verhältnisse durch die das Zeugnis ausstellende Behörde eintretende Mehrbelastung der Gerichte in engen Grenzen zu halten (s. *BT-Drucks. 8/3694, S. 17 und 19; BSG SozR 1750 § 117 Nr. 3*), ist, wenn sich der Antragsteller entgegen § 117 Abs. 4 ZPO des Vordruckes nicht bedient, nur Genüge getan, wenn alle Erklärungen, welche in dem Vordruck gefordert werden, einschließlich der Versicherung des Antragstellers über die Vollständigkeit und Richtigkeit der gesamten Angaben der Sache nach abgegeben worden sind (*BSG SozR 1750 § 117 Nr. 3*). Zu den erforderlichen Angaben, die innerhalb der Rechtsmittelfrist im oder außerhalb des Antrags zu machen sind, gehört auch die Beantwortung der Frage nach dem Bestand einer Rechtsschutzversicherung (*BSG SozR 1750 § 117 Nr. 4*). Die Vordrucke müssen dem Beschwerdeführer nicht vom BSG zugesandt werden (s. *BVerfG SozR 1750 § 117 Nr. 5*).

153   Außerdem ist hier bei einem dem Vertretungszwang unterliegenden Rechtsmittel zu beachten, dass eine Wiedereinsetzung in den vorigen Stand nach Ablehnung des Antrags auf Prozesskostenhilfe scheitern kann, wenn der Antragsteller in der vorgelegten Erklärung über seine finanziellen Verhältnisse ausdrücklich als zur Bestreitung der Kosten imstande bezeichnet worden ist (*BSG SozR 1500 § 67 Nr. 14*). Dabei ist zu beachten, dass im sozialgerichtlichen Verfahren Kosten grundsätzlich nicht anfallen und im Rahmen der §§ 183, 193 Abs. 4 die Kosten der Sozialleistungsträger nicht erstattungsfähig sind (s. Kap. XII Rn. 2 ff.).

Bei Vorliegen der Voraussetzungen ist eine Wiedereinsetzung in den vorigen   *154*
Stand auch noch möglich, wenn die Beschwerde bereits durch Beschluss als un-
zulässig verworfen war (*BSG SozR Nr. 6 zu § 67 SGG; SozR 3-1500 § 67 Nr. 11;
Kummer Rn. 266; BFH/NV 1994, 331*).

5.3.6 Begrenzung der Tätigkeit eines Prozessbevollmächtigten auf die Einlegung der Beschwerde bei gleichzeitigem Prozesskostenhilfeantrag

Für den Antrag auf Prozesskostenhilfe besteht kein Vertretungszwang.   *155*

Wird der Antrag von einem beim BSG zugelassenen Prozessbevollmächtigten   *156*
gestellt, so kann dieser, um für seinen Mandanten und sich das Kostenrisiko für
die Vertretung möglichst gering zu halten, seine Tätigkeit auf die Einlegung der
Beschwerde und den Antrag auf Prozesskostenhilfe beschränken (s. *BSG SozR
3-1500 § 67 Nr. 11 = SGb 1998, 182* mit Anm. von Zeihe). Dies kann z. B. auch
tunlich sein, wenn es dem sehr spät beauftragten Prozessbevollmächtigten nicht
mehr möglich war, die vorgeschriebenen Erklärungen für den Prozesskostenhilfeantrag noch innerhalb der Beschwerdefrist einzureichen. So kann er zunächst
die Beschwerde einlegen und danach für das – weitere – Verfahren der Nichtzulassungsbeschwerde den Prozesskostenhilfeantrag oder die notwendigen Erklärungen nachreichen. Die Beschränkung der Tätigkeit des Prozessbevollmächtigten auf die Einlegung der Beschwerde und ggf. den Antrag auf Prozesskostenhilfe
(den auch der Beschwerdeführer selbst hätte stellen können) muss jedoch eindeutig in der Beschwerdeschrift oder einem innerhalb der Begründungsfrist noch
rechtzeitig nachgereichten Schriftsatz oder durch Niederlegung des Mandats zum
Ausdruck kommen. Legt dagegen ein beim BSG zugelassener Prozessbevoll-
mächtiger die Nichtzulassungsbeschwerde ein, ohne zum Ausdruck zu bringen,
dass seine Vertretung mit der Einlegung der Beschwerde endet oder dass sie nur
auf den Antrag auf Prozesskostenhilfe beschränkt ist, so muss er die Nichtzulassungsbeschwerde auch fristgerecht begründen (*BSG SozR 1500 § 160 a Nr. 8;
BAG AP § 72 a ArbGG 1979 Nr. 38; BSG Beschluss vom 29. 4. 1997 – 2 BU 67/
97*). Zum Beginn der Begründungsfrist nach Bewilligung von Prozesskostenhilfe
und Wiedereinsetzung in den vorigen Stand wegen Ablaufs der Begründungsfrist
durch das Prozesskostenhilfeverfahren s. Rn. 165.

5.3.7 Rücknahme der Beschwerde

Für die Rücknahme der Beschwerde besteht kein Vertretungszwang, wenn Be-   *157*
schwerdeführer nicht mehr von Prozessbevollmächtigtem vertreten wird (*ML
§ 162 a Rn. 2a; Kummer Rn. 847*; s. dagegen hier Rn. 237). Die Rücknahme der
Beschwerde bewirkt den Verlust dieses Rechtsmittels (*BSG SozR 1500 § 160 a Nr.
23*). Dies folgt aus § 165 i. V. m. § 156 Abs. 2 Satz 1. Die Beschwerde ist deshalb
unzulässig, wenn sie nach ihrer Rücknahme – ggf. nach Bewilligung der
Prozesskostenhilfe – erneut eingelegt wird (*BSG SozR 1500 § 160 a Nr. 23*). Dies
gilt selbst dann, wenn die Beschwerdefrist noch nicht abgelaufen ist und der Beschwerdeführer noch innerhalb dieser Frist erneut Beschwerde einlegt. Auch diese
Beschwerde ist unzulässig (a. A. *ML § 156 Rn. 5a i.V.m. § 165; Kummer Rn. 849*).

5.3.8 Anschlussbeschwerde

158 Die sog. selbstständige, innerhalb der Beschwerdefrist eingelegte sog. „selbstständige Anschlussbeschwerde" ist schon ihrer Art nach als selbdtständige, unabhängige Beschwerde zulässig. Man sollte es auch insoweit überhaupt vermeiden, sie als Anschlussbeschwerde zu bezeichnen (s. zur Revision Rn. 348). Sie ist lediglich später als die des anderen Beteiligten eingelegt. Sie muss deshalb allen Erfordernissen einer Nichtzulassungsbeschwerde entsprechen, insbesondere noch innerhalb der Beschwerdefrist von einem beim BSG zugelassenen Prozessbevollmächtigten eingelegt sein. Dagegen ist – nach Fristablauf – die Anschließung an die Beschwerde eines anderen Beteiligten (sog. unselbstständige Anschlussbeschwerde) – anders als bei der Revision und der Berufung – nicht zulässig (*BSG SozR 3-1500 § 160 Nr. 3; Kummer Rn. 818; H § 160a Rn. 54; ML § 160a Rn. 2b; Hk-SGG/Lüdtke § 160a Rn. 3; P/S/W § 160a Rn. 2; Jansen/Frehse § 160a Rn. 3; Pietzner in Schoch/Schmidt-Aßmann/Pietzner § 133 Rn. 17*).

159 ## 5.4 Begründung der Beschwerde

5.4.1 Begründungszwang; Vertretungszwang; Frist

Begründungszwang

160 Anders als die Klage und auch die Berufung (s. *BSG SozR Nr. 2 zu § 151 SGG*), muss die Beschwerde gegen die Nichtzulassung der Revision ebenso wie die Revision selbst innerhalb von zwei Monaten nach Zustellung des Urteils begründet werden (s. § 160a Abs. 2 Satz 1).

Vertretungszwang

161 Wie schon die Einlegung, unterliegt auch (erst recht) die Begründung der Beschwerde dem Vertretungszwang (s. hierzu Rnrn, 232–255; s. auch Rn. 166 zum Antrag auf Verlängerung der Begründungsfrist). Der Vertretungszwang umfasst die Pflicht des Prozessbevollmächtigten, die Beschwerde eigenverantwortlich zu begründen. Das Abzeichnen einer vom Beschwerdeführer selbst gefertigten Schrift reicht jedenfalls dann nicht aus, wenn der Streitstoff von dem Prozessbevollmächtigten selbst ersichtlich nicht überprüft worden ist (*BSG SozR 1500 § 160 Nr. 44, SozR 3-1500 § 166 Nr. 4; BVerfG SozR 3-1500 § 160a Nr. 12; BVerwG Buchholz 310 § 67 Nr. 81; P/S/W § 160a Rn. 29; Kummer Rn. 127; ML § 160a Rn. 13; H § 160a Rn. 209ff.*). S. auch Rn. 139.

162 Die Beschwerde ist nur dann formgerecht begründet, wenn der Prozessbevollmächtigte sie unterschrieben hat. S. Rn. 140 ff.

Begründung

Eine umfangreiche Schrift (hier 678 Seiten) mit Ausführungen in unübersichtlicher, ungegliederter, unklarer, kaum auflösbarer Form ist keine Beschwerdebegründung (*BVerwG NJW 1996, 1554; BSG SozR 3-1500 § 160a Nr. 26*). Eine Beschwerdebegründung lässt die notwendige Sichtung und rechtliche Durchdringung des Streitstoffs durch den Prozessbevollmächtigten und das geforderte Mindestmaß der Geordnetheit des Vortrags auch dann nicht erkennen, wenn sie die umfangreiche Begründung eines anderen Beschwerdeverfahrens in Form eines seinerseits mit Textbausteinen gefertigten Textbausteines wortgleich ohne Anpassung an die Besonderheiten des Falles übernimmt, obgleich sich die Verfahren erkennbar in wesentlichen Punkten unterscheiden (*BSG SozR 3-1500 § 160 a Nr. 26; s. auch BVerfG SozR 3-1500 § 160 Nr. 31; BVerfG NVwZ 2001, 425; ML § 160 a Rn. 13 d, 13 e; Kummer Rn. 288; Hk-SGG/Lüdtke § 160 a Rn. 10; Becker SGb 2007, 261, 263; H § 160 a Rn. 196*).

Die Begründung kann schon in die Beschwerdeschrift aufgenommen werden, aber auch später innerhalb der Zweimonatsfrist in einem selbstständigen Schriftsatz eingereicht werden. Sie hat schriftlich zu erfolgen. Für die Schriftform gelten die allgemeinen Regeln einschließlich der erforderlichen Unterschrift (s. Rn. 140 ff.). **163**

Die allgemeine Bezugnahme auf im Berufungsverfahren eingereichte Schriftsätze reicht auch als Begründung der Nichtzulassungsbeschwerde nicht aus (*BSG Beschl. v. 31.10.96 – 12 BK 25/96*), da diese sich mit dem die Zulassung der Revision ablehnenden Urteil des LSG auseinandersetzen muss (*Kummer Rn. 292; ML 160 a Rn. 13 a; Hk-SGG/Lüdtke § 160 a Rn. 10*). Erfüllt jedoch ein Vorbringen im Berufungsverfahren – ausnahmsweise – alle Anforderungen an eine Zulassungsbegründung – ist z. B. die grundsätzliche Bedeutung bereits dargelegt –, so ist eine spezielle Bezugnahme darauf wohl zulässig (*BSG Beschl. v. 30.10.96 – 11 BAr 139/96; BFHE 89, 117; 111, 550; ML § 160 a Rn. 13 b i.V.m § 164 Rn. 9 b*), aber dennoch nicht zu empfehlen. **164**

Begründungsfrist

Die Frist zur Begründung der Beschwerde beträgt zwei Monate, bei Zustellung außerhalb des Geltungsbereiches des SGG aber vier Monate (*BSGE 40, 40 = SozR 1500 § 160 a Nr. 4*) nach Zustellung des Urteils. Sie ist somit einen Monat länger als die Beschwerdefrist. Der Monat schließt sich aber nicht an die Einlegung der Beschwerde an, sondern die Zweimonatsfrist ist eine selbstständige Frist und läuft unabhängig vom Tag der Beschwerdeeinlegung. Sie ist deshalb auch nicht entsprechend verlängert, wenn wegen eines Wochenendes die Frist zur Einlegung der Beschwerde erst am Montag abläuft und deshalb länger als einen Monat währt (*ML § 160 a Rn. 10*). Das Ende der Zweimonatsfrist wird wegen eines Feiertags nur dann hinausgeschoben, wenn der betreffende Tag am Sitz des BSG ein gesetzlicher Feiertag ist (*BSG SozR 3-1500 § 160 a Nr. 18*). Hat der Beschwerdeführer die Frist zur Einlegung der Beschwerde z. B. wegen der erst danach getroffenen Entscheidung über seinen Antrag auf Prozesskostenhilfe auch unter Beachtung der Möglichkeit der Verlängerung der Begründungsfrist (s. Rn. 166, 172) schuldlos versäumt, so ist ihm unter den weiteren Voraussetzungen des § 67 Wiedereinsetzung auch dann zu bewilligen, wenn er die Beschwerde innerhalb von zwei Monaten nach Zustellung des angefochtenen Urteils nicht begründet hat; in diesem Fall steht ihm zur Begründung des Rechtsmittels eine weitere Frist von einem Monat zur Verfügung, die mit Zustellung des die Wiedereinsetzung bewilligenden Beschlusses des BSG beginnt (*BSG SozR 1500 § 164 Nr. 9*). Bei einer Versäumung der Rechtsmittelbegründungsfrist ist innerhalb der Wiedereinsetzungsfrist nicht **165** ein Fristverlängerungsantrag, sondern die versäumte Rechtsmittelbegründung nachzuholen (*BGH FamRZ 2006, 1754; Kummer Rn. 268; ML § 67 Rn. 10a*). Hat ein Prozessbevollmächtigter nur Beschwerde eingelegt und seine Tätigkeit eindeutig darauf bis zur Entscheidung über den Antrag auf Prozesskostenhilfe beschränkt (s. Rn. 156), so wird regelmäßig die Begründungsfrist im Zeitpunkt der Entscheidung über den Antrag auf Prozesskostenhilfe abgelaufen sein. Dann beginnt ebenfalls mit der Zustellung der Entscheidung über die Wiedereinsetzung in den vorigen Stand die Monatsfrist für die Beschwerdebegründung zu laufen (*BSG SozR 1500 § 164 Nr. 9; Kummer Rn. 269; ML § 160a Rn. 11*).

Verlängerung der Begründungsfrist

166 Der Vertretungszwang (s. Rn. 161) erstreckt sich bei der nach § 160a Abs. 2 Satz 2 möglichen Verlängerung der Begründungsfrist auf den vor ihrem Ablauf zu stellenden Antrag. Die Begründungsfrist kann nur einmal bis zu einem Monat verlängert werden.

167   Die Verlängerung setzt einen Antrag voraus. Dieser muss vor Ablauf der Begründungsfrist gestellt sein. Der Vorsitzende kann die Frist jedoch noch nach deren Ablauf verlängern. Dem Antrag wird nach der Praxis des BSG in aller Regel (einschränkend *Becker SGb 2007, 261, 262*: meist Senate relativ großzügig) und nicht nur in besonderen Fällen, z. B. bei außergewöhnlichen Schwierigkeiten (so aber *ML § 160a Rn. 12a*, s. aber auch Rn. 12c; ebenfalls zu eng *Fichte SGb 1999, 653*, der sich in Fußn. 10 dazu auf die Entscheidung des – stellvertretenden – Vorsitzenden des 5. Senats des BSG vom 13. 3. 1997 – 5 BJ 14/97, beruft, der jedoch kein anderer Senat und später auch nicht der – ordentliche – Vorsitzende des 5. Senats gefolgt ist), stattgegeben, regelmäßig sogar, ohne dass eine nähere Begründung als berufliche Überlastung oder Urlaub oder eine Glaubhaftmachung der angeführten Gründe gefordert wird (zum Antrag auf Wiedereinsetzung bei von dieser Übung abweichenden Ablehnung der Verlängerung der Begründungsfrist s. *BGH NJW 1997, 400; BVerfG FamRZ 2002, 533*). Zur Sicherheit sollte jedoch stets wenigstens ein Grund für die beantragte Verlängerung angeführt werden, da die Verlängerung regelmäßig einseitig den Beschwerdeführer begünstigt und deshalb einer Rechtfertigung bedarf (s. auch *Hk-SGG/Lüdtke § 160a Rn. 7*: es werden an Verlängerungsantrag „keine hohen Anforderungen" gestellt). Ein Rechtsmittelführer darf nicht darauf vertrauen, dass einer ohne jegliche Angabe von Gründen beantragten Verlängerung der Frist zur Begründung der Berufung stattgegeben wird (*BVerwG NJW 2008, 3303*). Der Vorsitzende, der eine Verlängerung der Berufungsbegründungsfrist ablehnt, weil dafür kein erheblicher Grund dargelegt worden war, ist nach dem Beschluss des BGH vom 18. 7. 2007 grundsätzlich nicht verpflichtet, diese Entscheidung dem Rechtsmittelführer noch vor Fristablauf notfalls per Telefon oder Telefax mitzuteilen. Vielmehr hat dieser sich rechtzeitig bei Gericht zu erkundigen, weil er mit einer Ablehnung des unbegründeten Antrages rechnen musste (*NJW-Spezial 2007, 491–492*). In der Rechtsprechung ist anerkannt, dass ein Prozessbevollmächtigter mit großer Wahrscheinlichkeit dann mit der Bewilligung einer beantragten Fristverlängerung rechnen darf, wenn erhebliche Gründe dargelegt sind. Hierzu gehört die – hier

geltend gemachte – Arbeitsüberlastung des Prozessbevollmächtigten. Der bloße Hinweis auf eine solche Arbeitsüberlastung reicht zur Feststellung eines erheblichen Grundes i.S. von § 224 Abs. 2 und § 519 Abs. 2 S. 3 ZPO aus, ohne dass es einer weiteren Substanziierung bedarf (*BVerfG NJW 2007, 3343–3343; ML § 160a Rn. 12a*).

Zu beachten und deshalb zu wiederholen (s. Rn. 166) ist, dass, anders als die **168** Frist zur Begründung der Revision, die Begründungsfrist für die Nichtzulassungsbeschwerde nur einmal und nur um höchstens einen Monat verlängert werden kann. Eine z. B. zunächst nur um zwei Wochen verlängerte Begründungsfrist darf nicht noch einmal bis zum Ablauf der Monatsfrist verlängert werden („einmal bis zu einem Monat"; *ML § 160a Rn. 12; Kummer Rn. 224; Fichte SGb 1999, 653, 654; H § 160 a Rn. 182*). Da eine Verlängerung der Begründungsfrist um weniger als einen Monat regelmäßig nur dann erfolgt, wenn der Antrag des Beschwerdeführers so lautet, ist zu empfehlen, vorsorglich die volle Verlängerungsmöglichkeit auszuschöpfen. Hat allerdings der Vorsitzende die Frist irrtümlich um mehr als einen Monat verlängert, so ist diese Frist maßgebend (vgl. *BSGE 11, 257, 258; Kummer Rn. 222*). Entsprechendes gilt, wenn die Frist abweichend vom Antrag kürzer als einen Monat verlängert wurde (*BGH Beschluss vom 15. 8. 2007 – XII ZB 82/07*).

Die Entscheidung des Vorsitzenden ist unanfechtbar (s. § 172 Abs. 2; *Kum-* **169** *mer Rn. 222*; zur zulässigen Anhörungsrüger – *ML § 160a Rn. 12c* – s. hier X Rn. 71 ff.).

Die um einen Monat verlängerte Frist beginnt unabhängig von dem Tag der **170** Einlegung der Beschwerde zwei Monate nach Urteilszustellung. Sollten zwei Monate nach der Urteilszustellung an einem Sonnabend liegen, so endet die Zweimonatsfrist am Montag. Erst im Anschluss an diesen Fristablauf beginnt dann die Verlängerung der Begründungsfrist um einen Monat zu laufen, die aber ggf. wegen eines am Ende liegenden Feiertages wiederum länger als einen Monat betragen kann (s. *BGH NJW 2006, 70, FamRZ 2007, 1724*).

Die Fristverlängerung wirkt nur für den Beteiligten, der sie beantragt und er- **171** halten hat, nicht auch für einen anderen Beteiligten, der ebenfalls Beschwerde eingelegt hat (*ML § 160 a Rn. 12c; Jansen/Frehse § 160 a Rn. 11*).

Eine mögliche Fristverlängerung ist wahrzunehmen. Geschieht dies nicht, so **172** kann wegen Versäumung der nicht verlängerten, aber verlängerbar gewesenen Beschwerdefrist keine Wiedereinsetzung in den vorigen Stand bewilligt werden (*BSG SozR 1500 § 67 Nrn. 16, 20*). Etwas anderes gilt nur dann, wenn der Beschwerdeführer nicht nur an der Begründung der Beschwerde innerhalb der Monatsfrist, sondern auch an dem rechtzeitigen Antrag auf Verlängerung der Beschwerdefrist ohne Verschulden verhindert war. Bei einer Versäumung der Rechtsmittelbegründungsfrist ist umgekehrt innerhalb der Wiedereinsetzungsfrist nicht ein Fristverlängerungsantrag, sondern die versäumte Rechtsmittelbegründung nachzuholen (*BGH FamRZ 2006, 1754*).

173 Zur Wiedereinsetzung nach einem Prozesskostenhilfeantrag, in dem der Antragsteller ausdrücklich und zu Recht als in der Lage bezeichnet wurde, die Prozesskosten zu tragen, s. Rn. 153.

174 Die Wiedereinsetzung ist hier ebenfalls (s. Rn. 154) noch nach Verwerfung der Beschwerde wegen Fristversäumnis möglich.

Innerhalb der Ausschlussfrist des § 66 Abs. 2 Satz 1 ist die Nichtzulassungsbeschwerde nicht nur einzulegen, sondern auch zu begründen (*BSG SozR 3-1500 § 66 Nr. 5*).

175 Nach Ablauf der Begründungsfrist eingehende neue selbstständige Begründungen sind unbeachtlich (*Kummer Rn. 227*). Dies gilt auch für die Darlegung der grundsätzlichen Bedeutung oder der Bezeichnung der Divergenz oder des Verfahrensmangels. Wenn z. B. die Beschwerdebegründung zunächst eine Verletzung des § 103 gerügt hat, diesen Verfahrensmangel aber erst nach Ablauf der Beschwerdebegründungsfrist bezeichnet i. S. des § 160 a Abs. 2 Satz 2, ist die darauf gestützte Beschwerde unzulässig. Zulässig ist aber auch nach Ablauf der Frist zur Beschwerdebegründung die Verdeutlichung des bisher Vorgetragenen (*Kummer Rn. 228*). Dies ist aber nicht der Fall, wenn z. B. nach Ablauf der Frist eine weitere Entscheidung des BSG bezeichnet wird, von der das LSG abgewichen sein soll (*Kummer Rn. 227*). Deshalb ist z. B. bei einem Antrag auf Prozesskostenhilfe, der selbstständig zu der vom Rechtsanwalt durchgeführten und auch von ihm schon begründeten Nichtzulassungsbeschwerde gestellt wird, die Erfolgsaussicht der Beschwerde nur hinsichtlich der bis zum Ablauf der Begründungsfrist vorgebrachten Zulassungsgründe i. S. des § 160 Abs. 2 zu prüfen.

5.4.2 Darlegung und Bezeichnung der Zulassungsgründe

Becker, Die Nichtzulassungsbeschwerde zum BSG, SGb 2007, 261, 264; Aufbau einer Beschwerdebegründung

Behn, Unzulässigkeit oder Unbegründetheit der Nichtzulassungsbeschwerde, SozVers. 1995, 10

176 Die Revision ist nur zuzulassen, wenn wenigstens einer der in § 160 Abs. 2 aufgezeigten Zulassungsgründe vorliegt. Dies hat der Beschwerdeführer zu begründen. Eine Nichtzulassungsbeschwerde ist deshalb unzulässig, wenn einer der Zulassungsgründe des § 160 Abs. 2 weder ausdrücklich noch sinngemäß geltend gemacht wird (so – wohl selbstverständlich – *BSG SozR 1500 § 160a Nr. 9*). Das ist z. B. der Fall (s. auch *BVerfG SozR 3-1500 § 160 a Nr. 31*), wenn in längeren Ausführungen in der Beschwerdebegründung eine vom LSG abweichende Entscheidung für richtig erachtet und daraus unmittelbar anschließend lediglich ausgeführt wird: Deshalb hätte das LSG die Revision zulassen müssen. Es müssen aber, wie oben aufgezeigt, nicht ausdrücklich die entsprechenden Fachausdrücke gebraucht werden, der Zulassungsgrund hat sich aber eindeutig aus den Ausführungen zu ergeben. § 171 Abs. 2 schließt eine Befassung des BSG mit einem während des Revisionsverfahrens ergangenen, den ursprünglich angefochtenen Verwaltungsakt ersetzenden oder abändernden Verwaltungsakt aus; deshalb verbleiben für das Revisionsverfahren keine „Streitreste" mehr und fehlt für die Fortführung des Revisionsverfahrens das Rechtsschutzbedürfnis (*BSG SozR 4-1500 § 171 Nr. 1*).

Nach § 160a Abs. 2 Satz 2 muss in der Begründung die grundsätzliche Bedeu-   *177*
tung der Rechtssache dargelegt oder die Entscheidung, von der das Urteil des LSG abweicht, oder der Verfahrensmangel bezeichnet werden (vgl. zur Verfassungsmäßigkeit *BVerfG SozR 1500 § 160a Nr. 48*, *SozR 3-1500 § 160a Nr. 7 und SozR 4-1500 § 160a Nr. 12 und 16*). Das BVerfG prüft jedoch, ob „das BSG im konkreten Fall zu hohe Anforderungen" an die Darlegungspflicht gestellt hat (*BVerfG SozR 4-1500 § 160a Nr. 12 und 16; BVerfG FamRZ 2010, 1235*). Diese Anforderungen an die Beschwerdebegründung sieht das BSG als Zulässigkeitsvoraussetzung für die Beschwerde an (s. auch *BVerfG SozR 3-1500 § 160a Nr. 7*; a.A. *Zeihe § 160a Rn. 31c*). Enthält die Beschwerdebegründung nicht eine Darlegung der grundsätzlichen Bedeutung oder nicht die Bezeichnung des Urteils des BSG, von dem das LSG abgewichen sein soll, oder nicht die Bezeichnung des Verfahrensmangels, dann wird die an sich statthafte und auch frist- und formgerecht eingelegte Beschwerde dennoch wegen der fehlenden Darlegung bzw. Bezeichnung als unzulässig verworfen.

Eine Frage der Begründetheit der Nichtzulassungsbeschwerde ist es dagegen,   *178*
ob die dargelegte grundsätzliche Bedeutung oder die bezeichnete Abweichung von dem Urteil des BSG oder der bezeichnete Verfahrensmangel auch – nach der Beurteilung durch das BSG – vorliegt. Die Grenzen zwischen einer unzureichenden Darlegung oder Bezeichnung des geltend gemachten Zulassungsgrundes einerseits und der zwar ausreichenden Darlegung oder Bezeichnung, aber im Ergebnis nur unbegründeten Beschwerde sind im Einzelfall nicht selten fließend. Im Zweifel sollte die Beschwerde unter Mitwirkung der ehrenamtlichen Richter (s. Rn. 224) als unbegründet zurückgewiesen werden (vgl. auch *BVerfGE 48, 246, 253 = SozR 1500 § 160a Nr. 30* mit der abweichenden Meinung auf Seite 264 ff.; *Behn SozVers. 1995, 10, 15*).

Für die Darlegung der grundsätzlichen Bedeutung und die Bezeichnung der   *179*
Divergenz oder des Verfahrensmangels ist es notwendig, zunächst die unter 5.2.2 bis 5.2.4 (Rn. 56 ff.) aufgezeigten Zulassungsvoraussetzungen zu prüfen und, wenn sie erfüllt sind, im Einzelnen näher zu begründen, weshalb dies der Fall ist. Dabei sind neben den jeweils allgemeinen Voraussetzungen – z.B. Grundsätzlichkeit oder Divergenz oder Verfahrensmangel – und den besonderen Voraussetzungen – z.B. ohne hinreichende Begründung übergangener Beweisantrag – vor allem die Klärungsbedürftigkeit sowie die Klärungsfähigkeit und Erheblichkeit in einem Revisionsverfahren zu begründen. Wie wenig diesen Erfordernissen in der Praxis Rechnung getragen wird, zeigt nicht nur die hohe Zahl der als unzulässig verworfenen Nichtzulassungsbeschwerden (s. Rn. 221), sondern auch die Beobachtung, dass oft die Beschlüsse des BSG länger als die Beschwerdebegründungen waren. Die im Folgenden aufgezeigten jeweiligen Beispielgruppen sollen die Anforderungen an die Darlegung bzw. Bezeichnung verdeutlichen, ohne abschlie-

ßende Regelungen aufzeigen zu können, da die Vielfalt der möglichen Fallgestaltungen zu groß ist (vgl. auch *BVerwG NJW 1997, 3328*).

180 **5.4.2.1 Darlegung der grundsätzlichen Bedeutung**
In der Begründung muss die grundsätzliche Bedeutung der Rechtssache dargelegt werden (s. § 160 a Abs. 2 Satz 3).

181   Es ist entsprechend den Voraussetzungen für das Vorliegen der grundsätzlichen Bedeutung der Rechtssache (s. Rn. 56 ff.) zunächst darzulegen (s. hierzu das Muster Rn. 190), welcher Rechtsfrage in dem Rechtsstreit grundsätzliche Bedeutung beigemessen wird (*BSG SozR 1500 § 160 a Nr. 11*); denn die Zulassung erfolgt zur Klärung grundsätzlicher Rechtsfragen und nicht nur zur weiteren Entscheidung des Rechtsstreites. Die Rechtsfrage ist klar zu formulieren, um an ihr die weiteren Voraussetzungen für die Revisionszulassung nach § 160 Abs. 2 Nr. 1 prüfen zu können. Lediglich ein Infragestellen der Begründung des Berufungsurteils reicht nicht (*BVerwG Buchholz 310 § 133 (n. F.) Nr. 6*).

182   Anschließend ist darzulegen, dass die aufgezeigte Rechtsfrage allgemeine, über den Einzelfall hinausgehende Bedeutung besitzt (*BSG SozR 1500 § 160 a Nrn. 11, 39; BVerwG NJW 1997, 406*), dass also von der Entscheidung des BSG erwartet werden kann, sie werde in einer bisher nicht geschehenen, die Interessen der Allgemeinheit berührenden Weise das Recht oder die Rechtsanwendung fortentwickeln oder vereinheitlichen (*BSG SozR 1500 § 160a Nr. 39*). Solche Ausführungen sind nicht schon deshalb entbehrlich, weil ein beschwerdeführender Versicherungsträger das Recht erfahrungsgemäß nicht nur im Einzelfall anzuwenden hat (*BSG SozR 1500 § 160 a Nr. 39*). Allerdings kann sich die „Breitenwirkung" bei Beantwortung einer noch ungeklärten Rechtsfrage schon von sich aus der ihr zugrunde liegenden Regelung ergeben (*Hk-SGG/Lüdtke § 160a Rn. 13*). Die grundsätzliche Bedeutung der Rechtssache ist aber dann nicht dargelegt, wenn in der Beschwerdebegründung auf die Besonderheiten und die Würdigung der Umstände des konkreten Falles abgestellt wird und deshalb gerade nicht eine Rechtsfolge dargelegt ist, die sich in verallgemeinerungsfähiger Weise klären lässt (*BVerwG Buchholz 310 § 132 Nr. 193; Kummer Rn. 322, 323*). Entsprechend darf der Beschwerdeführer auch nicht nur darauf hinweisen, für ihn hänge der gesamte Rentenanspruch von der Entscheidung des BSG ab oder das LSG habe die angeführte Rechtsfrage offensichtlich falsch beantwortet und das Ansehen der Justiz fordere grundsätzlich, falsche Urteile aufzuheben. Das Verfahren der Nichtzulassungsbeschwerde dient nicht dazu, die sachliche Richtigkeit der Entscheidung des LSG rechtlich in vollem Umfang erneut zu überprüfen. Wenn die grundsätzliche Bedeutung einer Rechtssache damit begründet wird, dass die Verfassungsmäßigkeit bzw. die Verfassungswidrigkeit einer Vorschrift zu klären ist, reicht ebenfalls die bloße Behauptung der Verfassungswidrigkeit oder auf ein beim BVerfG anhängiges Verfahren (*BSG Beschluss vom 22. 7. 1993 – 11 BAr 5/92*) allein nicht aus; vielmehr muss dargelegt werden, welche Verfassungsnorm und aus welchen Gründen sie verletzt ist (*BSG SozR 1500 § 160 a Nr. 11; BSG Die Beiträge 1994, 597; BVerwG Buchholz 310 § 133 (n. F.) Nr. 11; Behn SozVers. 1995, 10, 13; ML § 160 a Rn. 14e; Kummer Rn. 352, 353; Jansen/Frehse § 160a Rn. 25; Hk-SGG/*

Lüdtke § 160a Rn. 13; s. auch Rn. 183 a.E.). Dies gilt auch, wenn die Lückenhaftigkeit einer Norm behauptet wird (*BSG SozR 1500 § 160a Nr. 47*). Dabei ist sowohl die Lückenhaftigkeit der Norm darzulegen als auch die Vorschrift anzugeben, aus welcher der Anspruch durch Analogie abgeleitet wird (s. *BSG SozR 1500 § 160a Nr. 47; Kummer Rn. 356*). Die Rechtsprechung des BSG, dass bei einer Nichtzulassungsbeschwerde, welche die grundsätzliche Bedeutung der Rechtssache aus einer Verletzung des Gleichheitssatzes ableiten will, Ausführungen dazu verlangt werden, worin der Beschwerdeführer die für eine Gleichbehandlung wesentlichen Sachverhaltsmerkmale erblickt, ist auch verfassungsrechtlich nicht zu beanstanden (*BVerfG SozR 1500 § 160a Nr. 45*).

Nach der grundsätzlichen Bedeutung der Rechtsfrage ist darzulegen, dass die maßgebende Rechtsfrage klärungsbedürftig ist (s. dazu das Muster Rn. 190). Da dies nicht der Fall ist, wenn die Rechtsfrage bereits höchstrichterlich entschieden ist, muss unter Auswertung der Rechtsprechung des BSG zu dem Problemkreis substanziiert vorgetragen werden, dass das BSG zu diesem Fragenbereich noch keine Entscheidung gefällt oder durch die schon vorliegenden Urteile die hier maßgebende Frage von grundsätzlicher Bedeutung noch nicht beantwortet hat (*BSG SozR 1500 § 160a Nr. 65; BSG Beschluss vom 18. 1. 1991 – 2 BK 233/90; Kummer Rn. 316; ML § 160a Rn. 14c und 14d*). Im Hinblick auf die jedenfalls zu älteren Gesetzen vorhandene umfangreiche Rechtsprechung kommt der Darlegung, dass in den bisher gefällten Urteilen die Rechtsfrage noch nicht abschließend entschieden wurde, entscheidende Bedeutung für die erforderliche Darlegung der Klärungsbedürftigkeit der grundsätzlichen Rechtsfrage und damit der Zulässigkeit der Beschwerde zu. Es genügt z.B. nicht, bei Rechtsstreitigkeiten über die Gewährung von Rente wegen verminderter Erwerbsfähigkeit einer Frage zumutbarer Dauer des Zurücklegen des Weges nach und von der Arbeitsstelle grundsätzliche Bedeutung beizumessen, ohne näher darzulegen, welche Entscheidungen des BSG zu dem maßgebenden Problemkreis bisher ergangen sind und dass dennoch die hier entscheidende Rechtsfrage nicht geklärt ist. So wurde z.B. nach mehr als 36 Jahren seit Inkrafttreten des SGG ohne auch nur ein Zitat der Rechtsprechung des BSG lediglich unter Hinweis auf zwei Urteile des BGH geltend gemacht, es bedürfe einer grundsätzlichen Klärung, ob und inwieweit in der Rechtsprechung der Zivilgerichte entwickelte allgemein anerkannte Beweislastregeln auch im sozialgerichtlichen Verfahren anwendbar seien. Entsprechend ist nach einer Änderung der Rechtslage darzulegen, weshalb dennoch die Rechtsfrage klärungsbedürftig geblieben ist (*Kummer Rn. 316, 347*). Betrifft eine als grundsätzliche bedeutsam angesehene Rechtsfrage eine entsprechende Anwendung einer Vorschrift des BGB, so ist zur Darlegung ihrer Klärungsbedürftigkeit in der Beschwerdebegründung auf die insoweit einschlägige Rechtsprechung aller obersten Bundesgerichte einzugehen (*BSG SozR 3-1500 § 160a Nr. 21*).

Begründet eine Nichtzulassungsbeschwerde die grundsätzliche Bedeutung der Rechtssache damit, dass die angewandten Normen verfassungswidrig seien, hat sie sich auch mit der einschlägigen Rechtsprechung des Bundessozialgerichts auseinander zu setzen; sie genügt den Darlegungserfordernissen nicht bereits dann, wenn sie vorträgt, das BVerfG habe insoweit noch nicht entschieden (*BSG SozR 3-1500 § 160a Rn. 34*).

184 Dabei ist jeweils die neuere bis zur Beschwerdebegründung zugängliche Rechtsprechung zu beachten. Das BSG führt dazu u. a. aus (*BSG SozR 1500 § 160 a Nr. 65*): „Durch Einsicht in die o. a. Entscheidungssammlung, z. B. in der Gerichtsbibliothek des LSG, oder entsprechende und zumutbare Aufklärung (z. B. Anfrage bei JURIS) hätte sich die Klägerin Kenntnis von der Entscheidung verschaffen und sie bei ihrer Beschwerdebegründung verwerten können."

185 Liegen bereits Urteile oder ggf. sogar schon eine gefestigte Rechtsprechung zu der maßgebenden Rechtsfrage vor, so ist darzulegen, dass dieser Rechtsprechung in nicht unerheblichem Umfange widersprochen worden ist (*BSG SozR 1500 § 160 a Nr. 13; BVerfG SozR 3-1500 § 160 a Nr. 6, 34; Kummer Rn. 316; ML § 160 a Rn. 14d und 14e; P/S/W § 160 a Rn. 43*). Dabei ist dies nicht lediglich zu behaupten, sondern es sind zumindest wesentliche Fundstellen aufzuzeigen, aus denen sich nicht nur ein vereinzelter Widerspruch ergibt. Ebenso ist darzulegen, dass es sich nicht lediglich um eine nicht näher begründete Kritik handelt, die auf Argumente gestützt ist, mit denen sich das BSG bereits ausführlich auseinander gesetzt hat. Es müssen neue Argumente vorgebracht oder die Gegenargumentation des BSG mit erheblichen neuen Gründen angefochten werden. Dies gilt umso mehr, wenn ausnahmsweise auch ohne Widerspruch in Rechtsprechung und Schrifttum, weil die Zeit seit Vorliegen der bisherigen Rechtsprechung zu kurz ist, die weitere Klärungsbedürftigkeit somit in der Beschwerde ausschließlich oder zumindest überwiegend mit eigenen Argumenten zu begründen ist. Ein Wiederholen bisheriger, vom BSG beachteter oder ihm jedenfalls vorliegender, aber nicht als überzeugend angesehener Argumente reicht nicht aus. Vor allem ist auch hier zu beachten, dass die Revision nicht lediglich der Korrektur einer falschen Einzelentscheidung dient. Es ist deshalb darzulegen, dass der Widerspruch die Rechtsprechung insoweit erfasst, als sie über den Einzelfall hinausgeht.

186 Liegt noch keine Rechtsprechung vor, so ist darzulegen, dass dies nicht darauf beruht, dass sich die Antwort klar aus dem Gesetz ergibt, sondern die Beantwortung der Rechtsfrage umstritten ist (*Kummer Rn. 313; ML § 160a Rn. 14c*). So ist es aus diesem Grund z. B. keine klärungsbedürftige Frage von grundsätzlicher Bedeutung, ob „Entwicklungshelfer" i. S. des § 2 Abs. 3 Satz 1 Nr. 2 SGB VII nur ein „Deutscher" oder auch ein Entwicklungshelfer ist, der nicht die deutsche Staatsangehörigkeit besitzt. Dies ergibt sich u. a. eindeutig aus einem Vergleich mit § 2 Abs. 3 Satz 1 Nr. 1 SGB VII, wo ausdrücklich nur Deutsche versichert sind. Der Kläger muss deshalb in diesem Falle im Einzelnen dartun, in welchem Umfang, von welcher Seite und aus welchen Gründen die Rechtsfrage umstritten und inwiefern sie im allgemeinen Interesse klärungsbedürftig ist (*BSG SozR 1500 § 160 Nr. 17; BVerfG SozR 3-1500 § 160 a Nr. 6 und* – zu gesellschaftlichen Entwicklungen – *Nr. 23*).

187 Da eine außer Kraft getretene Vorschrift in aller Regel keine grundsätzliche Rechtsfrage aufwerfen kann (s. Rn. 61), es sei denn, dass noch eine erhebliche

Zahl von Fällen der Entscheidung harrt oder durch eine Übergangsregelung noch in Zukunft grundsätzliche Bedeutung behält (*BVerwG Buchholz 412.3 § 11*). Dies hat jedenfalls der Versicherungsträger als Beschwerdeführer genau und im Einzelnen darzulegen (*BSG SozR 1500 § 160 a Nr. 19, SozR 3-1500 § 160 a Nr. 30*: Maßnahmegesetz). Das BSG (*SozR 3-1500 § 160 a Nr. 30*) hat so zunächst mit allgemeinen Ausführungen, dann aber doch bezogen auf eine beschwerdeführende LVA entschieden. Bei einem Antragsteller oder Sozialleistungsempfänger wird man wohl kaum so strenge Anforderungen stellen dürfen, da er die notwendigen Informationen, wenn überhaupt, so doch nicht innerhalb der verlängerten Beschwerdebegründungsfrist erhält. Hier wird man es wohl aus ausreichend ansehen dürfen, dass er darlegt, die Vorschrift beziehe sich nicht schon nach ihrem Inhalt und den Übergangsvorschriften des neuen Rechts nur auf wenige Fälle. Seine Darlegungspflicht verstärkt sich jedoch, je länger bereits das bisherige Recht und die Übergangsvorschriften zurückliegen. Allerdings darf die Statthaftigkeit der Nichtzulassungsbeschwerde von Verfassung wegen nicht in einer unzumutbaren, aus Sachgründen nicht mehr zu rechtfertigenden Weise erschwert werden (*BVerfGE 77, 275, 284; 78, 88, 99; BVerfG DVBl. 1995, 35 und 36; BVerfG SozR 4-1500 § 160a Nr. 16*).

Bei mehreren selbstständigen Begründungen für ein Urteil ist darzulegen, dass **188** die grundsätzliche Bedeutung alle Begründungen erfasst oder dass hinsichtlich der anderen selbstständigen Begründungen jeweils andere Zulassungsgründe (Divergenz und/oder Verfahrensmängel, s. Rn. 51 und Rn. 72) gegeben sind. Darüber hinaus sieht das BSG die grundsätzliche Bedeutung der Rechtssache nicht als dargelegt an, wenn trotz naheliegender rechtlicher Gestaltung die schlüssige Darlegung fehlt, dass die Entscheidung des LSG nicht mit einer anderen als der vom LSG angeführten rechtlichen Begründung bestätigt werden kann (*BSG SozR 1500 § 160 a Nr. 54*; vorsichtig wohl auch *Zeihe § 160 a Rn. 27 b; ML § 160 a Rn. 14k*). Die Betonung wird hier aber auf „trotz naheliegender" (s. unten) rechtlicher Gestaltung zu legen sein; denn ebenso wie einerseits es für die Zulässigkeit der Beschwerde nicht maßgebend ist, wenn das LSG die Berufung falsch entschieden hat, ist es andererseits nicht entscheidend, dass das Urteil des LSG vom BSG möglicherweise mit einer anderen Begründung bestätigt wird. Es ist aber zu beachten, dass die Einschränkung „trotz naheliegender" rechtlicher Gestaltung im Beschluss des BSG so nicht, sondern lediglich am Schluss etwas versteckt enthalten, deutlich aber erst in den vom Veröffentlichungsausschuss der privatrechtlichen Herausgebergesellschaft des SozR beschlossenen Leitsatz aufgenommen worden ist.

Es ist nicht nur darzulegen, dass die Rechtsfrage von allgemeiner, über den **189** Einzelfall hinausgehender grundsätzlicher Bedeutung und klärungsbedürftig ist, sondern außerdem, dass sie in dem einer Zulassung folgenden Revisionsverfahren auch klärungsfähig und entscheidungserheblich ist (*BSG SozR 3-1500 § 160a Nr. 34*). Es genügt deshalb nicht, in der Beschwerdebegründung zwar eine Rechtsfrage aufzuführen, deren Entscheidung auch für andere Fälle von rechtlicher Bedeutung sein könnte, die also einer Rechtssache grundsätzliche Bedeutung zu verleihen geeignet wäre und an sich auch noch klärungsbedürftig ist; vielmehr muss darüber hinaus dargetan werden, dass zumindest eine grundsätzliche Rechtsfrage bei Zulassung der Revision notwendigerweise vom Revisionsgericht zu entscheiden ist; denn nur dann ist (s. *BSG SozR 1500 § 160 a Nr. 14 und Rn. 58*) die angestrebte Revisionsentscheidung geeignet, die Rechtseinheit zu wahren oder zu sichern oder die Fortbildung des Rechts zu fördern (*BSG SozR 1500 § 160 a Nr. 31, SozR 3-1500 § 160 a Nr. 29*). Später hat das BSG, ohne auf die hier zunächst angeführte Entscheidung einzugehen und ohne sich mit dem Schrifttum auseinander zu setzen, die Klärungsfähigkeit einer grundsätzlichen Rechtsfrage wohl der Begründetheit der Beschwerde zugerechnet (s. *BSG SozR 1500 § 160 Nr. 39 – S. 36, letzter Satz in Abs. 1*; so auch zum Verfahrensfehler *BSG SozR 4-1500 § 160a Nr. 23*). Für den Prozessvertreter ist diese Streitfrage unerheblich, da die Beschwerde ohne entsprechende Ausführungen – seien sie als Voraussetzungen der Zulässigkeit, seien sie als solche der Begründetheit anzusehen – jedenfalls schon deshalb erfolglos ist. Wird die Nichtzulassungsbeschwerde mit der Grundsätzlichkeit einer materiellen, den Klageanspruch betreffenden Rechtsfrage begründet, obwohl das Berufungsgericht die Berufung als unzulässig verworfen hat, bedarf es für die Zulässigkeit der Beschwerde u. a. der Darlegung, dass das Berufungsurteil insoweit überhaupt tatsächliche Feststellungen enthält und dass diese eine Entscheidung des Revisionsgerichts über die aufgeworfene Rechtsfrage ermöglichen (*BSG SozR 3-1500 § 160 Nr. 16*).

Wird mit der Nichtzulassungsbeschwerde die Rüge der Nichtbeachtung von Bundesrecht bei der Anwendung und Auslegung von Landesrecht erhoben, so ist darzulegen, inwiefern die bundesrechtliche Norm ihrerseits ungeklärte Frage von grundsätzlicher Bedeutung aufwirft (*BVerwG Buchholz 310 § 108 Abs. 1 VwGO Nr. 26; Kummer Rn. 334*).

Muster für die Begründung der grundsätzlichen Bedeutung   *190*

In dem Rechtsstreit

T. N., Tübingen, Breite Straße 5,

Klägerin und Beschwerdegegnerin,

Prozessbevollmächtigte: . . .

g e g e n

Berufsgenossenschaft . . .

Beklagte und Beschwerdeführerin,

lege ich im Namen der Klägerin und Beschwerdeführerin

Beschwerde gegen die Nichtzulassung der Revision

in dem Urteil des Landessozialgerichts (LSG) . . . . vom . . . .
(Az.: . . . .) ein.

Ich stelle den Antrag,

die Revision gegen das oben bezeichnete Urteil des LSG . . . . vom . . . . zuzulassen.

Die Beschwerde begründe ich sogleich wie folgt:

(Oder: In pp begründe ich die mit Schriftsatz vom . . . . eingelegte Nichtzulassungsbeschwerde wie
folgt:)

Folgende Beispiele für eine Darlegung der grundsätzlichen Bedeutung sollen Anhaltspunkte für die Praxis geben

Variante 1:   *191*

Es handelt sich um die Nichtzulassungsbeschwerde eines Unfallversicherungträgers:

Das LSG hat zu Unrecht die Revision nicht zugelassen. Die Rechtssache hat grundsätzliche Bedeutung i.S. von § 160 Abs. 2 Nr. 1 SGG.

Beim Kläger, der lange Zeit als Kellner beschäftigt war, liegt eine obstruktive Atemwegserkrankung
vor, die er als Nichtraucher darauf zurückführt, dass er durch seine versicherte Tätigkeit dem Passiv-
rauchen ausgesetzt war.

Das SG und das LSG haben einen Anspruch des Klägers auf Entschädigung wegen der
gesundheitlichen Folgen einer Berufskrankheit i. S. der Nr. 4302 (durch chemisch-irritativ wirkende Stoffe verursachte obstruktive Atemwegserkrankungen) der Anlage 1 zur Berufskrankheitenverordnung, die zur Unterlassung aller Tätigkeit gezwungen haben, die für die Entstehung,
die Verschlimmerung oder das Wiederaufleben der Krankheit ursächlich waren oder sein können)
bejaht und sind dabei unter Berufung auf Erlenkämper (*BG 1996, 846*) davon ausgegangen,
dass hierfür die Vermutung nach § 9 Abs. 3 SGB VII bestehe, weil der Kläger berufsbedingt der
Erkrankung der angeführten Berufskrankheit ausgesetzt gewesen sei. Das Vorliegen dieser
Erkrankung setze nach § 9 Abs. 1 Satz 2 SGB VII bereits einen „erheblich höheren Grad" der
Einwirkung schädigender Stoffe voraus. Damit hat das LSG jedoch dem Tatbestandsmerkmal „im
erhöhten Maße" i. S. des § 9 Abs. 3 SGB VII zu Unrecht keine rechtliche Bedeutung beigemessen.

Im vorliegenden Rechtsstreit sind demnach folgende Rechtsfragen zu entscheiden,

ob überhaupt die Einwirkung des Passivrauchens zu den von der BK Nr. 4102 erfassten che-
misch-toxisch wirkenden Stoffen gehört, was auch nach dem Merkmal zu dieser BK nicht ersichtlich ist,

ob ein erhöhtes Maß der Gefahr i. S. des § 9 Abs. 3 SGB VII immer dann vorliege, wenn die Voraussetzungen einer BK im Sinne der Anlage 1 zur BKV erfüllt seien, oder ob die Vermutung des
§ 9 Abs. 3 SGB VII nur dann eintrete, wenn der Versicherte der Gefahr einer Erkrankung an einer

Krankheit, die in der Anlage 1 zur BKV aufgeführt ist, in einem darüber hinausgehenden „erhöhtem Maße" ausgesetzt war.

Diese Fragen sind nicht von auf den vorliegenden Fall beschränkten Besonderheiten des Einzelfalles geprägt, sondern von grundsätzlicher Bedeutung. Sie haben eine weit über den Einzelfall hinausgehende Bedeutung. Folgt man nämlich der Auffassung des LSG, so müsste in allen Berufen die Einwirkung des Passivrauchens geprüft werden und es würde die Vermutung des § 9 Abs. 3 SGB VII grundsätzlich bei allen Krankheiten eintreten, die in der Anlage 1 zur BKV aufgeführt sind und die auch durch andere als berufliche Einwirkungen entstehen können, wie dies u. a. bei den Berufskrankheiten Nrn. 2108, 2109 und 2110 der Fall ist. Diese Erkrankungen treten in zunehmendem Maße auf und werden in erhöhtem Umfang als Berufskrankheiten geltend gemacht.

Die aufgezeigte Frage von grundsätzlicher Bedeutung ist auch klärungsbedürftig, weil das BSG bisher zu diesem Problemkreis noch nicht Stellung genommen und insbesondere nicht die aufgeworfenen Fragen von grundsätzlicher Bedeutung geklärt hat. Die Beantwortung dieser Fragen ergibt sich auch nicht zweifelsfrei bereits aus dem Gesetz selbst.

Die grundsätzlichen und demnach auch klärungsbedürftigen Rechtsfragen ist in einem anschließenden Revisionsverfahren auch klärungsfähig und entscheidungserheblich. Der Kläger ist nicht gegenüber allen anderen Beschäftigten, die an dieser Erkrankung leiden (z. B. in einem engen Büroraum mit zwei Rauchern tätigen Angestellten), in einem erhöhten Maße der Gefahr einer Erkrankung ausgesetzt gewesen. Deshalb hätte das LSG ohne die Vermutung nach § 9 Abs. 3 SGB VII prüfen müssen, ob nach den besonderen Umständen des vorliegenden Falles der ursächliche Zusammenhang zwischen der versicherten Tätigkeit und der Erkrankung des Klägers wahrscheinlich und nicht nach § 9 Abs. 3 SGB VII zu vermuten ist.

Vgl. zu diesem Muster – in der angeführten Reihenfolge – Rn. 57, 60, 63, 65, 66, 68, 70.

192 Variante 2:

Die Sache hat grundsätzliche Bedeutung i. S. des § 160 Abs. 2 Nr. 1 SGG.

Die Kläger sind durch ihren Ehemann der Klägerin zu 1) und Vater der Kläger zu 2) bis 4), der Mitglied der Beklagten ist, in der gesetzlichen Krankenversicherung (KV) versichert. Sie besuchten ihren damals im außereuropäischen Ausland arbeitenden Ehemann bzw. Vater und erkrankten dort. Sie mussten in Krankenbehandlung. Die Kosten konnte das in Insolvenz geratene Unternehmen nicht begleichen. Die Beklagte – und ihr folgend das LSG – verneint ihre Leistungspflicht insbesondere deshalb, weil die Beklagte nach § 17 SGB V anders als nach § 221 Satz 2 Halbsatz 2 RVO die Leistungen nicht mehr selbst übernehmen könne.

Von grundsätzlicher Bedeutung ist folgende Rechtsfrage:

193   Haben nach § 10 SGB V versicherte Familienangehörige, soweit sie ihren Ehegatten und Vater während dessen Beschäftigung außerhalb des Geltungsbereiches des SGB V begleiten oder besuchen, auch dann nach § 17 Abs. 1 Satz 2 i.V.m. Satz 1 SGB V keinen Anspruch auf Leistungen der KV im Krankheitsfall, wenn das Unternehmen, in dem das Mitglied beschäftigt ist, zahlungsunfähig wird, und die Familienangehörigen die ihnen von der KV zustehenden Leistungen im Krankheitsfall von dem Arbeitgeber nicht erhalten.

Es handelt sich um eine grundsätzliche Rechtsfrage, da ihre Bedeutung weit über den zu entscheidenden Einzelfall hinausreicht. Die Tätigkeit deutscher Firmen im Ausland nimmt laufend zu und dadurch auch die Zahl der Fälle, in denen Leistungen der KV vom Arbeitgeber nach § 17 SGB V zu erbringen sind.

Die grundsätzliche Rechtsfrage ist auch klärungsbedürftig, da es insoweit noch keine höchstrichterliche Rechtsprechung gibt und auch das Schrifttum zu § 17 SGB V jedenfalls keine so erschöpfende und überzeugende Antwort gefunden hat, als dass die Beantwortung der Rechtsfrage sich von selbst ergebe und überhaupt nicht umstritten sein könnte. Zwar hat das BSG in seinem Urteil vom 9. 3. 1982 *(BSGE 53, 150)* zur außer Kraft getretenen Vorschrift des § 222 RVO die hier maßgebende Frage bejaht. Nicht geklärt ist die hier aufgeworfene zusätzliche Frage, ob dies auch für § 17 SGB V gilt, da dort eine entsprechende Übernahme der Leistung durch die Krankenkasse im außereuropäischen Ausland nicht erwähnt ist. Ein Sozialversicherungsabkommen mit dem Staat X besteht nicht.

Eine Divergenz i.S. des § 160 Abs. 2 Nr. 1 SGG kann nicht gerügt werden, da das LSG auf die im Urteil des BSG vom 9. 3. 1982 und die ihr zugrunde liegenden Rechtsfragen überhaupt nicht eingegangen ist, sondern nur im Ergebnis anders entschieden hat.

Die grundsätzliche und klärungsbedürftige Rechtsfrage ist auch klärungsfähig und entscheidungserheblich, da die Klägerin erkrankte, als sie ihren Ehemann in Norwegen besuchte, wo er während seiner Mitgliedschaft bei der deutschen KV für sein Unternehmen beschäftigt war. Der Arbeitgeber erbrachte nicht die sonst der KV zustehenden Leistungen. Die Klägerin konnte auch keine Leistungszusage von der KV erhalten. Die Beklagte vertritt weiterhin die Auffassung, dass sie nicht leistungspflichtig sei, die Klägerin vielmehr die ihr entstandenen Auslagen als Konkursforderungen beim Insolvenzverwalter anmelden müsse. Dies trifft aber nicht zu. Vielmehr ist die Frage von grundsätzlicher Bedeutung, anders als vom LSG, dahin zu beantworten, dass die Familienangehörigen weiterhin ihre Ansprüche gegen den Träger der KV geltend machen können.

Vgl. zu diesem Muster in der angeführten Reihenfolge Rn. 57, 60, 63, 67.

5.4.2.2 Bezeichnung der Divergenz — 194

Nach § 160a Abs. 2 Satz 3 muss die Entscheidung, von der das Urteil des LSG abweicht, bezeichnet werden. Vgl. auch das Schaubild bei *Becker SGb 2007, 261, 264.*

Benennung der Entscheidung — 195

Erste Voraussetzung ist, dass die Entscheidung des BSG, des GmSOGB oder des BVerfG, von der das Urteil des LSG abweichen soll, so genau bezeichnet wird, dass sie ohne große Schwierigkeiten auffindbar ist, was im Allgemeinen nur dann der Fall ist, wenn Datum und Aktenzeichen oder (nicht: auch) eine Fundstelle der Entscheidung genannt wird *(BSG SozR 1500 § 160a Nr. 14; BSG Beschluss vom 22. 8. 1995 – 11 BAr 85/95; Hk-SGG/Lüdtke § 160a Rn. 15; Kummer Rn. 393; Jansen/Frehse § 160a Rn. 36; Becker SGb 2007, 261, 268).* Der Hinweis auf einen die Entscheidung betreffenden Artikel reicht nicht aus *(BSG SozR 3-1500 § 160 Nr. 1; Becker SGb 2007, 261, 268.).* ML *(§ 160a Rn. 15a)* sieht es ausnahmsweise als ausreichend an, wenn sich aus den Angaben i.V.m. dem angefochtenen Urteil eindeutig ergibt, welche Entscheidung gemeint ist und wenn die Ermittlung der Entscheidung mithilfe einer Dokumentation (z.B. Juris) ohne weiteres möglich ist. Es ist jedoch zu beachten, dass dem Beschwerdeführer die Entscheidung vorliegen muss, da er sich ja mit ihren Gründen auseinander zu setzen hat. Dann werden ihm doch zumindest das Datum und das Aktenzeichen bekannt sein. Darin erschöpft sich jedoch nicht die Bezeichnung der Entscheidung, von der das LSG abweicht. Es ist nicht nur die Entscheidung als Dokument, sondern die inhaltliche Entscheidung gemeint.

Die eine Abweichung begründende höchstrichterliche Entscheidung muss bereits wirksam getroffen sein, bevor die Frist für die Beschwerdebegründung abgelaufen ist *(BSG SozR 4-1500 § 160 Nr. 10)*.

196 **Abweichung**

Behauptet der Beschwerdeführer eine Divergenz, so hat er schon zur Zulässigkeit der Beschwerde darzulegen, zu welcher konkreten Rechtsfrage eine das Berufungsurteil tragende Abweichung in dessen rechtlichen Ausführungen enthalten ist bzw. inwiefern das Urteil des LSG von der Entscheidung des BSG, des GmSOGB oder des BVerfG abweichen soll *(BSG SozR 1500 § 160 a Nr. 14)*. Zur Bezeichnung ist kenntlich zu machen, zu welcher konkreten Rechtsfrage eine Abweichung vorliegt, welche Rechtsfrage das LSG anders als das BSG, der GmSOGB oder das BVerfG entschieden hat *(BSG SozR 1500 § 160 a Nrn. 21, 29)*, weshalb die rechtliche Aussage des LSG und die eines der vorstehend angeführten Gerichte unvereinbar sind. Das setzt voraus, dass erst einmal die maßgebende rechtliche Aussage (der maßgebende Rechtssatz – *Kummer Rn. 391; Hk-SGG/Lüdtke § 160a Rn. 14*: nicht nur beiläufige Bemerkung, die Entscheidung tragender Obersatz; *Jansen/Frehse § 160a Rn. 36*: tragender Rechtssatz) im Urteil des LSG und die in der Entscheidung des BSG, des GmSOGB oder des BVerfG genau angeführt werden und danach dargelegt wird, worin die Rechtssätze voneinander abweichen. Der Beschwerdeführer genügt somit seiner gesetzlichen Last, die Divergenz zu bezeichnen, nicht schon dann, wenn er auf eine bestimmte Entscheidung eines dieser Gerichte mit der Behauptung hinweist, das angegriffene Urteil des LSG weiche hiervon ab *(BSG Beschluss vom 20. 11. 1989 – 2 BU 18/89 – HV-INFO 1989, 781; Becker SGb 2007, 261, 269)*. Abweichen kann das LSG allein von bestimmten Aussagen einer höchstrichterlichen Rechtsprechung, sodass der Beschwerdeführer notwendigerweise auch darzulegen hat, mit welcher konkreten, hiermit unvereinbaren Aussage das angefochtene Urteil abgewichen ist *(BSG SozR 1500 § 160 a Nr. 29; Kummer Rn. 394:* Widerspruch der Rechtssätze; s. auch das Muster zu Rn. 201). Es reicht nicht aus, dass die Unrichtigkeit der Entscheidung betreffend den Einzelfall dargetan wird, entscheidend ist die Darlegung der Nichtübereinstimmung im Grundsätzlichen, in der abstrakten Aussage *(BSG Beschlüsse vom 13. 2. 1996 – 2 BU 171/95, 19. 3. 1996 – 2 BU 250/95 – und 22. 4. 1997 – 2 BU 14/97)*. Stimmen die Rechtssätze überein, hat das LSG sie im konkreten Einzelfall nur aus tatsächlichen oder rechtlichen Erwägungen unzutreffend angewandt und den Rechtsstreit dadurch falsch entschieden, so liegt keine Divergenz vor *(BSG Beschluss vom 14. 7. 1994 – 7 BAr 6/ 94 – und vom 19. 3. 1996 – 2 RU 75/95; BSG SozR 1500 § 160 a Nr. 7 zur grund-*sätzlichen Bedeutung). Nicht die Unrichtigkeit der Entscheidung im Einzelfall, sondern die fehlende Übereinstimmung im Grundsätzlichen vermag die Zulassung wegen Abweichung zu begründen *(BSG SozR 3-1500 § 160a Nr. 34; Jansen/ Frehse § 160a Rn. 37; Becker SGb 2007, 261, 269)*.

197 Die bloße Möglichkeit einer Abweichung, die nicht im Revisionsverfahren, sondern erst im Wege weiterer Sachaufklärung durch die Tatsacheninstanz festgestellt werden könnte, wenn sie nach (möglicher) Aufhebung des Urteils und Zu-

rückverweisung der Sache wieder mit ihr befasst wäre, genügt jedoch nicht, um die Zulassungsvoraussetzung darzulegen (*BSG SozR 1500 § 160 a Nr. 39; Kummer Rn. 405, 411; ML § 160 a Rn. 15 e*).

Beruhen auf Abweichung

198

Darzulegen ist ferner, dass das Urteil des LSG auf der Abweichung beruht (*Kummer Rn. 395; H § 160 a Rn. 289; ML § 160 a Rn. 15 e; Becker SGb 2007, 261, 269*). Der gegenteiligen Auffassung von Weyreuther (*Revisionszulassung und Nichtzulassungsbeschwerde in der Rechtsprechung der obersten Bundesgerichte, 1971, Rn. 221*) wird somit ebenfalls nicht gefolgt. Das Tatbestandsmerkmal „auf der Abweichung beruhen" ist ein Kennzeichen der Entscheidungserheblichkeit, das im Gesetz ausdrücklich aufgeführt – wie in § 160 Abs. 2 Nrn. 2 und 3 – oder im Gesetz nicht ausdrücklich aufgeführt – wie in § 160 Abs. 2 Nr. 1 – zu den Zulassungsvoraussetzungen gehört, die alle nach Sinn und Zweck des § 160 a Abs. 2 Satz 3 darzulegen oder zu bezeichnen sind. In der Praxis wird dieser Meinungsstreit aber kaum größere Bedeutung erlangen, da in der Regel sich aus der Abweichung zugleich ergibt, dass das Urteil des LSG auf der Abweichung beruht.

Mehrfache Begründung

199

Ist eine Entscheidung kumulativ mehrfach begründet, genügt es nicht, die Divergenz für eine Begründung darzulegen (*BSG SozR 1500 § 160 a Nr. 5*); es muss vielmehr dargetan werden, dass sich entweder die Abweichung auf alle Begründungen des Urteils auswirkt (*BSG SozR 1500 § 160 a Nr. 5.*), oder es muss dargelegt werden, dass hinsichtlich der anderen Begründungen andere Zulassungsgründe (grundsätzliche Bedeutung der Rechtssache oder Verfahrensmängel) vorliegen. Eine Abweichung ist nach der Rechtsprechung des BSG auch nicht formgerecht bezeichnet, wenn trotz nahe liegender rechtlicher Gestaltung das Urteil des LSG nicht mit einer anderen als der vom LSG angeführten rechtlichen Begründung bestätigt werden kann, die Divergenzfrage mithin auch für das BSG entscheidungserheblich ist (*BSG SozR 1500 § 160 a Nr. 54, SozR 3-1500 § 160 a Nr. 34*). Ebenso wie zur grundsätzlichen Bedeutung (s. Rn. 188) ist auch hier die Betonung auf „trotz naheliegender" rechtlicher Gestaltung zu legen, sofern man nicht, wie oben ausgeführt, grundsätzliche Bedenken gegen diese Rechtsprechung hat.

Auch die Divergenz setzt Erheblichkeit (s. Rn. 82) für die Entscheidung des BSG voraus. Das kann ohne Weiteres auch dann angenommen werden, wenn sowohl die frühere Entscheidung des BSG als auch die im anhängigen Verfahren ergangene Entscheidung des LSG dieselbe Rechtsfrage betrifft. Darf sich hingegen das LSG für seine abweichende Auffassung rechtfertigend auf eine zwischenzeitliche Rechtsänderung berufen, liegt keine Divergenz (mehr) vor (*BSG SozR 1500 § 160 a Nr. 58*). Für die Zulassung fehlt es an der auch hier erforderlichen Klärungsbedürftigkeit, wenn die Divergenz eine ältere, inzwischen überholte Rechtsprechung des Revisionsgerichts betrifft (*BSG SozR 1500 § 160 a Nr. 58*). Etwas anderes gilt lediglich, wenn die frühere Rechtsprechung auch für die nach der Rechtsänderung bestehende Rechtslage eine entscheidungserhebliche Bedeutung behalten hat (*BSG SozR 1500 § 160 a Nr. 58*). In diesem Fall kann die Entscheidung

200

des LSG auf der dann fortbestehenden Abweichung von jener Rechtsprechung beruhen; dies erfordert jedoch für die Zulässigkeit der Beschwerde die schlüssige Darlegung, dass und warum die frühere revisionsgerichtliche Rechtsprechung auch für die geänderte Rechtslage bedeutsam geblieben ist (*BSG SozR 1500 § 160a Nr. 58*). Die Bezeichnung der Divergenz setzt nach allem eine Auseinandersetzung mit dem Urteil voraus, von dem die Entscheidung des LSG abgewichen sein soll. Ist dieses Urteil dem Beschwerdeführer vor Ablauf der Beschwerdebegründung nicht zugänglich, so reicht es ausnahmsweise aus, wenn das Urteil genannt wird und Ausführungen dazu gemacht werden, dass nach den bekannt gewordenen Gründen eine Abweichung vorliege (*BSG SozR 1500 § 160a Nr. 67*).

201 ## Muster
für die Begründung der Divergenz

Für die Darlegung der Divergenz soll folgendes Beispiel Anhaltspunkte für die Praxis geben:

(Zum Eingang und zum Antrag s. Rn. 190)

Das LSG hätte die Revision zulassen müssen, weil es von der Rechtsprechung des BSG abweicht i.S. von § 160 Abs. 2 Nr. 2 SGG.

Der Kläger arbeitete 18 Monate bei einer Firma in Hamburg. Seine Familienwohnung war aber weiterhin in Northeim. Dort wohnten in seinem Einfamilienhaus seine Ehefrau und seine vier Kinder (damals im Alter von 2 bis 12 Jahren). Der Kläger fuhr jedes Wochenende nach Hause. Häufig nahm er einen Arbeitskollegen mit, der in der Nähe von Northeim seine Familienwohnung hatte. Auf dem dadurch bedingten Umweg von ca. 14 km verunglückte der Kläger am 3.8.1999. Die Beklagte lehnte Entschädigungsansprüche ab, da er auf einem Umweg verunglückt sei und § 8 Abs. 2 Nr. 2 Buchst. b SGB VII bei Familienheimfahrten nicht anwendbar sei. Das SG teilt diese Auffassung.

Das LSG ist ebenfalls davon ausgegangen, dass der Kläger nicht versichert war, als er auf der Fahrt von dem Ort seiner auswärtigen Tätigkeit in Hamburg, wo er die Woche über eine Unterkunft bewohnt, zu seiner Familienwohnung einen Umweg einschlug, um seinen Arbeitskollegen, den er von Hamburg aus mitnahm, zu dessen Familienwohnung zu bringen.

Diese Entscheidung beruht auf folgendem Rechtssatz:

§ 8 Abs. 2 Nr. 2 Buchst. b SGB VII ist nur anwendbar auf Fahrten nach und von dem Ort der Tätigkeit i.S. des § 8 Abs. 2 Nr. 1 SGB VII, nicht aber für Fahrten vom Ort der auswärtigen Tätigkeit zur Familienwohnung.

Dieser Rechtssatz steht im Widerspruch zu dem das Urteil des BSG vom 28.6.1984 *(2 RU 13/ 83 – BSGE 57, 84)* tragenden Rechtssatz, dass Wohnung i.S. des mit § 8 Abs. 2 Nr. 2 Buchst. b SGB VII inhaltlich voll übereinstimmenden § 550 Abs. 2 Nr. 2 Buchst. b RVO die ständige Familienwohnung des Versicherten ist *(BSGE 57, 86)* und deshalb Versicherungsschutz auch beim Abweichen vom unmittelbaren Weg von und nach der Familienwohnung nach § 8 Abs. 2 Nr. 2 Buchst. b SGB VII auch dann besteht, wenn die Versicherten wegen der Entfernung ihrer Familienwohnung von dem Ort der Tätigkeit an diesem oder in dessen Nähe eine Unterkunft haben (§ 8 Abs. 2 Nr. 4 SGB VII; *BSGE 57, 87*).

Auf dieser Divergenz zu der mit nunmehr § 8 Abs. 2 Nr. 4 SGB VII inhaltsgleichen Regelung des § 550 Abs. 2 Nr. 2 RVO beruht das Urteil des LSG, da der Klage nach dem das Urteil des BSG tragenden Rechtsschutz hätte stattgegeben werden müssen, während das LSG sie in Übereinstimmung mit dem SG abgewiesen hat. Zwar ist am 1.1.1997 an die Stelle des 3. Buches der RVO das SGB VII getreten. Dieses enthält jedoch in § 8 eine mit § 550 Abs. 2 und 3 RVO identische Regelung, sodass dieselbe Rechtsfrage weiterhin vom LSG und BSG unterschiedlich beantwortet wird.

Vgl. zu diesem Muster in der angeführten Reihenfolge Rn. 196, 198, 195.

5.4.2.3 Bezeichnung des Verfahrensmangels

202

Becker, Die Nichtzulassungsbeschwerde zum BSG, SGb 2007, 261, 264
Kummer, Die Rüge von Verfahrensfehlern nach dem SGG, NJW 1989, 1569

Nach § 160 a Abs. 2 Satz 3 muss der Verfahrensmangel bezeichnet werden (s. das Muster Rn. 219).

Beachtlicher Verfahrensmangel

Die Bezeichnung des Verfahrensmangels ist auch geboten, soweit es sich um einen Verfahrensmangel handelt, der in dem angestrebten Revisionsverfahren von Amts wegen zu beachten wäre (*BVerwG Buchholz 310 § 132 Nr. 50 und Nr. 229; ML § 160 a Rn. 16; H § 160 a Rn. 308*). Es muss der Verstoß gegen eine bundesrechtliche Verfahrensvorschrift bezeichnet werden (*BSG SozR 1500 § 160 a Nr. 44*). Die Anforderung des BSG an die Darlegungspflicht rügbarer Verfahrensmängel sind verfassungsrechtlich nicht zu beanstanden (*BVerfG SozR 3-1500 § 160 a Nrn. 6 und 7, SozR 4-1500 § 160 a Nr. 12 und 16; s. auch Rn. 177*).

Bei der Bezeichnung des Verfahrensmangels ist erneut zu prüfen (s. Rn. 125 ff.), *203* ob es sich nicht inhaltlich um die im Beschwerdeverfahren unzulässige Rüge der Verletzung des § 109 oder des § 128 Abs. 1 Satz 1 (s. dazu Rn. 215) handelt. In Grenzfällen ist substanziiert darzulegen, dass dies nicht der Fall ist. Ist z. B. eine nicht zulässige Berufung mit der Rüge angefochten worden, das SG habe § 109 verletzt, und hat das LSG das Rechtsmittel als unzulässig verworfen, weil es diese Rüge als unbegründet gewürdigt hat, so kann die Nichtzulassungsbeschwerde nicht darauf gestützt werden, das LSG habe unter Verletzung des § 150 Nr. 2 verfahrensfehlerhaft, nämlich durch Prozessurteil statt durch Sachurteil entschieden (*BSG SozR 1500 § 160 a Nr. 35*). Im Wesentlichen wird damit als Verfahrensmangel weiterhin eine Verletzung des § 109 bezeichnet, und auf die Verletzung dieser Vorschrift kann ein Verfahrensmangel im Rahmen der Nichtzulassungsbeschwerde nicht gestützt werden. Dies gilt auch, wenn mit der vom LSG nach Auffassung des Beschwerdeführers unrichtigen Entscheidung zur Auslegung des § 109 eine Frage von grundsätzlicher Bedeutung entschieden wird (*BSG SozR 1500 § 160 Nr. 34*). Ebenso kann die Nichtzulassungsbeschwerde nicht auf die Rüge gestützt werden, das LSG habe die ihm vorliegenden Beweise über den Zeitpunkt der Berufungseinlegung unzutreffend gewürdigt und deshalb unzutreffend ein Prozessurteil gefällt (*BSG SozR 3-1500 § 160 Nr. 16*). Auch sind allgemeine Regelungen zu beachten, nach denen bestimmte Verfahrensverstöße nicht mehr im Revisionsverfahren und damit auch nicht in dem darauf ausgerichteten Verfahren der Nichtzulassungsbeschwerde geltend gemacht werden können (s. Rn. 328).

Darlegung der den Verfahrensmangel ergebenden Umstände *204*

Schon daraus ist ersichtlich, dass entsprechend den Ausführungen zur Divergenz (s. Rn. 195) die Bezeichnung eines Verfahrensmangels i. S. des § 160 Abs. 2 Nr. 3 sich nicht nur auf den formalen Hinweis auf einen Verfahrensmangel beschränkt, sondern es ist die Bezeichnung der Umstände erforderlich, die den entscheidungserheblichen Mangel ergeben (*BSG SozR 1500 § 160 a Nrn. 14, 26, 36*). Mit der Beschwerdebegründung muss demgemäß dargetan werden, aufgrund welcher Tatsachen die angefochtene Entscheidung auf dem geltend gemachten Verfahrensmangel beruhen kann (*BSG SozR 1500 § 160a Nr. 36*). Das bestimmt sich nach den Umständen des Einzelfalles (*Kummer Rn. 438*). Es ist eine Darlegung erforderlich, die das BSG in die Lage versetzt, sich allein anhand der Beschwerdebegründung ein Urteil darüber zu bilden, ob – was ebenfalls darzulegen ist – die angegriffene Entscheidung auf dem Verfahrensmangel beruhen kann (*BSG SozR 1500 § 160 a Nr. 14; BVerwG Buchholz 310 § 132 Abs. 2 Ziff. 3 Nr. 9; BAG NJW 2005, 1214*). Zur Bezeichnung eines Verfahrensmangels gehört es auch darzulegen, dass es sich um die Verletzung einer bundesrechtlichen und nicht nur einer landesrechtlichen Verfahrensvorschrift handelt (*BSG SozR 1500 § 160 Nr. 44; Kummer Rn. 441*). So ist z. B. der Verfahrensmangel einer Verletzung des rechtlichen Gehörs (§§ 62, 128 Abs. 2) dann nicht hinreichend bezeichnet, wenn nicht angegeben wird, welches Vorbringen verhindert worden ist und inwiefern die angefochtene Entscheidung darauf beruhen kann (*BSG SozR 1500 § 160 a Nr. 36; Kummer Rn. 696; ML § 160a Rn. 16d*). In der Beschwerdebegründung ist außerdem darzulegen, was der Beschwerdeführer unternommen hat, um das rechtliche Gehör im Berufungsverfahren auch wahrzunehmen, nämlich ob und wie er den Verstoß gegen das Recht auf Gehör gerügt hat und ggf. weshalb er es nicht rügen konnte, z. B. weil ihm der Verstoß noch unbekannt war (*Kummer Rn. 691, 700*). Der Beschwerdeführer muss, soweit dies sich nicht aus dem geschilderten Sachverhalt ergibt oder aus anderen Gründen offenkundig ist, darlegen, dass der Verfahrensmangel nicht geheilt worden ist (*BSG SozR § 160a Nr. 61*). Sieht der Beschwerdeführer eine Verletzung des rechtlichen Gehörs darin, dass das LSG entscheidungserhebliches Vorbringen des Beschwerdeführers überhaupt nicht zur Kenntnis genommen oder nicht gewürdigt habe, so muss er die Entscheidungserheblichkeit dieses Vorbringens und die Umstände näher darlegen, aus denen sich ergeben soll, dass das LSG das erwähnte tatsächliche Vorbringen überhaupt nicht zur Kenntnis genommen oder bei der Entscheidung ersichtlich nicht erwogen hat (*BVerfG SozR 1500 § 62 Nr. 16*). Zur Bezeichnung der Verletzung des rechtlichen Gehörs, wenn Terminladung wegen Ortsabwesenheit nicht rechtzeitig erhalten s. *BSG SozR 3-1500 § 160 a Nr. 4*. Auch Art. 103 Abs. 1 GG gewährt keinen Schutz gegen Entscheidungen, die den Sachvortrag eines Beteiligten aus Gründen des formellen oder materiellen Rechts teilweise oder ganz unberücksichtigt lassen (*BVerfGE 21, 191, 194; 50, 32, 35; BVerfG SozR 1500 § 62 Nr. 16*).

Wird als Verfahrensmangel (§ 160 Abs. 2 Nr. 3) die Verletzung des rechtlichen Gehörs (§ 62) gerügt, ist die Revision nur zuzulassen, wenn die angeführte Entscheidung auf diesem Mangel beruht. Dazu muss u. a. vorgetragen werden, welchen erheblichen Vortrag das Gericht nicht zur Kenntnis genommen hat, welches Vorbringen dadurch verhindert worden ist und inwiefern das Urteil darauf beruht (vgl. *BSG SozR 1500 § 160 a Nr. 36; BSGE 69, 280, 284 = SozR 3-4100 § 128 a Nr. 5; Beschluss vom 28. 5. 1997 – 9 BV 15/97*). Zur Darlegung, dass das LSG eine Überraschungsentscheidung getroffen hat, s. *BSG Beschluss vom 28. 5. 1997 – 9 BV 15/97*. Der Beschwerdeführer muss deshalb auch darlegen, dass sein Vorbringen für das LSG auch nicht deshalb entscheidungsunerheblich war, weil das Berufungsgericht aus formellen oder materiell-rechtlichen Gründen das Vorbringen nicht beachten konnte.

Einzelne Verfahrensmängel 205

Macht der Beschwerdeführer als Verfahrensmangel geltend, das LSG habe den 206
Streitgegenstand verkannt, so genügt er seiner Bezeichnungslast nur, wenn er den
Verfahrensgang unter Auslegung der den Streitgegenstand bestimmenden Ent-
scheidungen und Erklärungen lückenlos schildert (*BSG SozR 1500 § 160 a
Nr. 62*). In dem dieser Entscheidung zugrunde liegenden Sachverhalt hatte der Be-
schwerdeführer geltend gemacht, der Bescheid sei im Urteilstenor auch für die
Zukunft aufgehoben worden, obwohl er nach den Gründen des angefochtenen
Urteils nur für die Vergangenheit aufgehoben werden sollte. Der Beschwerde-
führer hätte nach der Auffassung des BSG darlegen müssen, warum entgegen der
Meinung des LSG eine Bindungswirkung für die Zukunft nicht eingetreten oder
entfallen sein sollte.

Wird der Geschäftsverteilungsplan selbst oder seine Auslegung im Einzelfall
durch den Spruchkörper angegriffen und daraus die fehlerhafte Besetzung abgeleitet, so ist außerdem darzulegen, dass die Regelung im Geschäftsverteilungsplan
oder deren Auslegung jeglicher sachgerechter Grundlage entbehrt (*BVerwG NJW
1988, 1339; BGH NJW 1975, 1424; ML § 162 Rn. 10a*; s. auch Rn. 94).

Bei der Rüge einer **fehlerhaften Besetzung des Gerichts** (s. auch Rn. 94), die 207
sich auf die letzte mündliche Verhandlung bzw. im schriftlichen Verfahren die
dem Urteil zugrunde liegende letzte Beratung beziehen muss (*BSG SozR 3-1500
§ 160 a Nr. 6*; s. auch Rn. 218), hat der Beschwerdeführer nicht nur anhand des
Geschäftsverteilungsplanes darzulegen, dass in dieser Besetzung das Gericht nicht
dem Geschäftsverteilungsplan entsprochen habe, weil z. B. ein danach dem Senat
nicht zugewiesener Richter mitgewirkt habe, sondern der Beschwerdeführer hat
darüber hinaus zumindest zu versuchen, sich beim Berufungsgericht Aufklärung
darüber zu verschaffen, weshalb das Gericht in dieser Besetzung tagte, z. B. wegen einer Vertretung (*BVerwG Buchholz 310 § 132 Nr. 36; H § 160 a Rn. 310; ML
§ 160 a Rn. 16 g; Kummer Rn. 515*).

Bei der **Rüge der Verletzung des § 103** als Grund für die Zulassung der Re- 208
vision muss die Beschwerdebegründung den **Beweisantrag** (s. Rn. 128 ff.) bezeichnen, dem das LSG nicht gefolgt sein soll (*BSG SozR 1500 § 160 a Nr. 4,
§ 160 Nr. 5*; s. auch zum Nichterfordernis des Beweisantrages bei Rüge der Verletzung des Grundsatzes des fairen Verfahrens *BSG SozR 4-1500 § 160 Nr. 18*).
Eine Globalverweisung auf die Anträge in der 1. Instanz reicht nicht (*BSG Beschluss vom 28. 5. 1996 - 2 BU 93/96*). Dies gilt auch, wenn eine an sich ausgeschlossene Berufung mit der Rüge der Verletzung des § 103 begründet wurde, das
LSG die Berufung als unzulässig verworfen hat und die Nichtzulassungsbeschwerde darauf gestützt wird, das LSG habe die Berufung zu unrecht verworfen,
da als Verfahrensfehler eine Verletzung des § 103 vorliege (*BSG SozR 3-1500
§ 160 a Nr. 10*). Die Bezeichnung des Beweisantrages muss – ebenso wie bei dem
Zulassungsgrund der Divergenz die Entscheidung des BSG – so genau sein, dass
der Beweisantrag ohne große Schwierigkeiten auffindbar ist (*BSG SozR 1500
§ 160 Nr. 5*: ohne weiteres; *BSG Beschluss vom 5. 3. 2004 – B 9 SB 40/03 B; ML
§ 160 a Rn. 16e*). Regelmäßig ist der Schriftsatz mit Datum anzuführen, in dem er

gestellt ist (s. auch Rn. 209). Hat eine mündliche Verhandlung stattgefunden, so ist die Niederschrift als Fundstelle für den Antrag anzuführen (*BVerfG SozR 3-1500 § 160 Nr. 6*: verfassungsgemäß). Ein in der mündlichen Verhandlung gestellter Beweisantrag, der für die Zulassung der Revision bedeutsam wird, muss protokolliert oder im Urteilstatbestand aufgeführt sein (*BSG SozR 1500 § 160 Nr. 64; ML § 160a Rn. 16e*). Eine Prozesshandlung, die für die Eröffnung des Revisionsverfahrens unerlässlich wäre, muss in verfahrensrechtlich vorgeschriebener Form im Protokoll oder wenigstens im Urteilstatbestand beurkundet sein (*BSG SozR 1500 § 160 Nr. 64*). Das BSG hat es allerdings auch ausreichen lassen, wenn der Beweisantrag zwar auch nicht im Tatbestand des Berufungsurteils aufgeführt war, das LSG sich aber in den Entscheidungsgründen mit ihm auseinandergesetzt hat (*BSG Beschlüsse vom 22. 8. 1990 – 2 BU 109/90, 24. 9. 1990 – 2 BU 123/90 – und 31. 5. 1996 – 2 BU 84/96*).

209   Ist der Beweisantrag eines berufsmäßigen Rechtsvertreters in der mündlichen Verhandlung nicht noch einmal wenigstens hilfsweise gestellt (s. Rn. 130), so ist weiterhin darzulegen, aus welchen Umständen zu schließen ist, dass der früher schriftsätzlich gestellte Antrag dennoch aufrechterhalten wurde (s. *BSG SozR 1500 § 160 Nr. 12; BSG Beschluss vom 5. 3. 2004 – B 9 SB 40/03 B; ML § 160a Rn. 16e*; s. hier eingehend Rn. 130). Bei einer Entscheidung durch Urteil ohne mündliche Verhandlung, der ein Erörterungstermin vorausgegangen ist, gilt dies entsprechend, wenn in dem Erörterungstermin die Anträge der Beteiligten protokolliert wurden (*BSG Beschluss vom 31. 1. 1990 – 2 BU 267/89; Kummer Rn. 737, 738*). Hat der nunmehrige Beschwerdeführer in diesem Erörterungstermin lediglich einen Sachantrag gestellt, so hat er ebenfalls darzulegen, aus welchen Umständen zu schließen ist, dass der früher schriftsätzlich gestellte Antrag dennoch aufrechterhalten wurde (*BSG Beschluss vom 26. 8. 1997 – 9 BVs 26/97*). Hat vor einer Entscheidung durch Urteil ohne mündliche Verhandlung auch kein Erörterungstermin stattgefunden, so wird man grundsätzlich davon ausgehen dürfen, dass alle gestellten Beweisanträge aufrechterhalten wurden. Etwas anderes wird wiederum gelten, wenn das Gericht Beweis erhoben hat, ohne allen Beweisanträgen der Beteiligten damit zu entsprechen. Dann muss der Betroffene darlegen, aus welchen Umständen zu schließen ist, dass er früher schriftsätzlich gestellte Anträge auch nach dieser Beweisaufnahme aufrechterhalten hat. Es empfiehlt sich deshalb, in der Stellungnahme zu einer durchgeführten Beweisaufnahme auch noch die Anträge zu wiederholen und/oder neu zu formulieren, die durch die Beweisaufnahme sich nach der Auffassung des betroffenen Beteiligten nicht erledigt haben. Dies befreit aber bei einer mündlichen Verhandlung nicht davon, diese neben den in erster Linie zu stellenden Sachanträgen auch hilfsweise erneut zu stellen.

210   Entspricht der schriftsätzlich gestellte Antrag nach Form und Inhalt nicht ganz den üblichen formellen Beweisanträgen, ist darzulegen, weshalb es sich nicht nur um eine Anregung zu weiteren Beweiserhebungen (s. zur Unterscheidung zwischen Beweisantritt und Beweisantrag *BSG SozR 3-1500 § 160 Nr. 9*), sondern um einen Beweisantrag i. S. der §§ 373, 403 ZPO i. V. m. § 118 SGG handelt (*Kummer Rn. 741*). Ein Beweisantrag nach § 109 enthält nicht immer einen Beweisantrag

nach § 103 (*BSG SozR 1500 § 160 Nr. 67*); es ist deshalb immer vorsorglich oder wenigstens hilfsweise auch ein Antrag nach § 103 zu stellen. Wurde ein Beweisantrag nicht gestellt oder nicht aufrechterhalten (s. Rn. 208), so kann die Nichtzulassungsbeschwerde nicht darauf gestützt werden, das LSG hätte auf einen Beweisantrag hinwirken müssen (*BSG SozR § 160 Nr. 13; Kummer Rn. 733*). Etwas anderes gilt aber, wenn der Betroffene davon ausgehen konnte, ein bestimmter, an sich erheblicher Streitgegenstand sei nach dem bisherigen Verfahren nicht mehr zweifelhaft (*BSG SozR 1500 § 160 Nr. 70*).

Es reicht aber für die Bezeichnung des Verfahrensmangels nicht aus, dass nur   *211* der Antrag selbst und seine „Fundstelle" angeführt wird.

Bezeichnet ist der Verfahrensmangel darüber hinaus noch nicht, wenn nur ein   *212* allgemein gehaltener Hinweis gegeben wird, sondern nur dann, wenn er in den ihn (vermeintlich) begründenden Tatsachen substanziiert dargetan wird (*BSG SozR 1500 § 160 a Nrn. 14, 34, SozR 4-1500 § 160 a Nr. 3*). Es muss nicht nur die Stellung eines Beweisantrages selbst, sondern auch aufgezeigt werden, über welche einzelnen Punkte und mit welchem Ziel Beweis erhoben werden sollte (*BSG SozR 1500 § 160 a Nrn. 14, 34, SozR 4-1500 § 160 a Nr. 3*). Der Beschwerdeführer hat nach dem Beschluss des BSG vom 31. 7. 1975 (*BSG SozR 1500 § 160 Nr. 5*) einen Sachverhalt darzulegen, der möglicherweise einen nach § 160 Abs. 2 Nr. 3 in Betracht kommenden Verfahrensmangel der Verletzung des § 103 ergeben könnte (s. auch *BVerwG Buchholz 310 § 132 Abs. 2 Ziff. 3 Nr. 9*). In seinem Beschluss vom 24. 3. 1976 (*BSG SozR 1500 § 160 a Nr. 24*) hat das BSG zu einem nicht stattgegebenen Antrag auf Vernehmung eines Zeugen darüber hinausgehend ausgeführt: „Vielmehr hätte der Kläger im Berufungsverfahren und entsprechend auch im Beschwerdeverfahren wenigstens andeuten müssen, welche rechtserheblichen Tatsachen über die Lebensbedingungen der deutschen Soldaten im nördlichen Norwegen Dr. P. über die sachkundigen Aussagen der vernommenen Ärzte hinaus oder was er dazu abweichend von ihnen werde bekunden können" (ebenso *H § 160 a Rn. 349; P/S/W § 160 a Rn. 59*). Diese Ausführungen sind wohl geprägt durch die Besonderheiten des dem Beschluss zugrunde liegenden Falles, in dem auch der Zeuge P. nicht direkt zu den konkreten Lebensbedingungen des Klägers in Nordnorwegen, sondern nur allgemein zu den dort herrschenden Verhältnissen bekunden konnte und dazu bereits sachkundige Ärzte gehört wurden. Für die Benennung von Zeugen für einen konkreten Unfallhergang oder für die Arbeitsverhältnisse eines Versicherten dürfte dies aber zu weit gehen. Wenn der Kläger z. B. ausführt, er habe M. als Zeugen benannt, weil M. den Unfall gesehen habe, so muss dies m. E. auch für die Bezeichnung des Beweisantrages im Rahmen der Nichtzulassungsbeschwerde ausreichen; denn es kann dem Beschwerdeführer jedenfalls nicht auferlegt werden, vor der Benennung des Zeugen mit diesem Kontakt aufzunehmen und ihn zu fragen, was er denn und ob er vor allem das gesehen habe, worauf es für den Kläger im Prozess ankommt, damit er dies dem Beschwerdegericht zur Begründung seiner Nichtzulassungsbeschwerde darlegen (so bereits in *BSG SozR 1500 § 160 a Nr. 24*) oder wenigstens andeuten könne (so die Gründe in *SozR 1500 § 160 a Nr. 24*). Anderenfalls wäre gerade der Kläger an der Bezeichnung des Verfahrensmangels gehindert, der sich ganz korrekt verhält und vor einer Vernehmung mit dem Zeugen überhaupt nicht über den Inhalt der Aussage des Zeugen spricht. Der Beschwerdeführer muss m.E. lediglich die Umstände aufzeigen, aus denen es sich ergibt, dass er ein bestimmtes Wissen – z.B. die Beobachtung des Unfallherganges oder Kenntnisse über die Arbeitsverhältnisse des Klägers – annimmt (s. *ML § 160a Rn. 16b*).

213   Außerdem muss der Beschwerdeführer darlegen, dass das LSG dem Beweisantrag ohne hinreichende Begründung nicht gefolgt ist *(BSG SozR 1500 § 160 Nrn. 5, 49, § 160a Nr. 34;* s. hier Rn. 134). „Der Gesetzgeber wollte damit ausschließen, dass allein die Tatsache, dass das LSG einem Beweisantrag nicht stattgegeben hat, die Zulassung der Revision zur Folge haben müsste: Es sollte mit anderen Worten verhindert werden, dass – wie etwa im Zivilprozess – schon die Nichterhebung eines beantragten Beweises grundsätzlich fehlerhaft wäre" *(BSG SozR 1500 § 160 Nr. 5)*. Es kommt dabei nicht darauf an, ob die Ablehnung des Beweisantrages hinreichend – formell – begründet worden ist, sondern darauf, ob die Ablehnung – materiell – hinreichend begründet ist *(BSG SozR 1500 § 160 Nr. 5; BSG Beschluss vom 14.12.1995 – 2 BU 180/95; ML § 160 Rn. 18d)*. Ohne hinreichenden Grund bedeutet in diesem Zusammenhang, ohne einen Grund, der hinreichend ist für die Annahme, dass das LSG sich nicht hätte gedrängt fühlen müssen, den beantragten Beweis zu erheben *(BSG SozR 1500 § 160 Nr. 5; BSG Beschluss vom 5.3.2004 – B 9 SB 40/03 B)*. Auch dies und somit die Entscheidungserheblichkeit der noch durchzuführenden und insoweit beantragten Beweiserhebung *(BSG Beschluss vom 5.3.2004 – B 9 SB 40/03 B)* ist substanziiert schlüssig darzulegen *(BSG SozR 1500 § 160a Nrn. 34, 56, 61)*. Dabei ist von der sachlich-rechtlichen Beurteilung des LSG auszugehen *(BSG SozR 1500 § 160a Nr. 34; Jansen/Frehse § 160a Rn. 28)*.

214   Bei einem Beweisantrag, der vor einer Beweisaufnahme durch das LSG gestellt war (s. dazu auch Rn. 131), ist somit darzulegen, weshalb der Beweisantrag durch die vom LSG angestellten Ermittlungen nicht erledigt war und somit bei der Entscheidung ohne hinreichende Begründung übergangen worden ist *(BSG SozR 1500 § 160a Nr. 56)*.

215   Bei der schlüssigen Darlegung des Verfahrensmangels der Verletzung des § 103 ist auch zu beachten, dass ein Verfahrensmangel im Verfahren der Nichtzulassungsbeschwerde nicht auf eine Verletzung des § 128 Abs. 1 Satz 1 gestützt werden kann. Deshalb ist nicht schlüssig dargelegt, das LSG hätte sich zur Erhebung der beantragten Beweise gedrängt fühlen müssen, wenn lediglich geltend gemacht wird, das LSG habe zu Unrecht das vorliegende Gutachten als überzeugend angesehen oder es hätte nicht dem Gutachten X, sondern dem Gutachten Z folgen müssen. Die Würdigung unterschiedlicher Gutachten gehört zur Beweiswürdigung, auf die eine Nichtzulassungsbeschwerde nicht gestützt werden kann *(BSG SozR 4-1500 § 160a Nr. 3)*. Ebenso kann dabei nicht geltend gemacht werden, das LSG habe bei seiner Beweiswürdigung Denkgesetze und Erfahrungssätze verletzt *(BSG SozR 1500 § 160 Nr. 26)* und deshalb zu Unrecht von der beantragten Be-

weiserhebung abgesehen. Dies darf aber nicht dazu führen, dass das BSG an der Prüfung gehindert ist, ob das LSG einem Beweisantrag ohne hinreichende Begründung nicht gefolgt ist (*BSG SozR 1500 § 160 Nr. 49*). Deshalb kann z. B. eine unzulässigerweise vorweggenommene Beweiswürdigung eine nicht hinreichende Begründung für die Ablehnung des Beweisantrages enthalten (so – im Ergebnis – zutreffend *BSG SozR 1500 § 160 Nr. 49; Kummer Rn. 538*). In den Entscheidungen des BSG in *SozR 1500 § 160 Nrn. 5 und 26* ist im Wesentlichen auf den Überzeugungsvorgang selbst und das gefundene Ergebnis abgestellt. Sie sind im Beschwerdeverfahren nicht mit der Rüge der Verletzung des Rechts auf freie richterliche Beweiswürdigung angreifbar. Er ist deshalb im Rahmen des § 160 a Abs. 2 Nr. 3 darauf abzustellen, ob die Entscheidung des LSG, dem Beweisantrag nicht stattzugeben, aufgrund der nicht nachprüfbaren Beweiswürdigung (*Kummer Rn. 533–538*; s. auch *May Kompaß 1990, 554, 559*) verfahrensfehlerfrei zustande gekommen ist. Verfahrensfehler bei der Ablehnung des Beweisantrages können nicht nur in einer vorweggenommenen Beweiswürdigung (s. *BSG SozR 1500 § 160 Nr. 49*) liegen, sondern auch darin bestehen, dass das LSG eine nicht bestehende eigene Sachkunde der Ablehnung des Beweisantrages zugrunde legt (s. Rn. 219). Bei einem nicht stattgegebenen Beweisantrag auf Einholung eines Gutachtens zur Rekonstruktion der Expositionsbedingungen am nicht mehr existierenden Arbeitsplatz muss nachvollziehbar dargelegt werden, inwiefern die maßgebenden Umstände der Wirklichkeit entsprechend rekonstruierbar sind (*BSG SozR 3-1500 § 160 a Nr. 17*).

Entscheidet das LSG nach § 153 Abs. 4 ohne mündliche Verhandlung, so lässt sich die Verletzung des Grundsatzes der mündlichen Verhandlung nur bezeichnen, indem sachfremde Erwägungen oder grobe Fehleinschätzung des LSG dargetan werden, die Rüge, die mündliche Verhandlung sei für die Überzeugungsbildung erforderlich gewesen, reicht nicht aus (*BSG SozR 3-1500 § 160 a Nr. 19*). *215a*

Die Rüge, das LSG habe vor Verkündung eines Beschlusses nicht beraten, beinhaltet keine ausreichende Bezeichnung eines Verfahrensmangels, wenn nur auf die Niederschrift über die mündliche Verhandlung hingewiesen wird; denn die Beweiskraft des Protokolls erstreckt sich nicht darauf, dass eine nicht vermerkte Beratung unterblieben ist (*BSG SozR 1500 § 160 Nr. 57*). *216*

Entspricht das Berufungsgericht einem Antrag des anwaltlich vertretenen Klägers auf Terminverlegung nicht und sieht sich der Kläger hierdurch in seinem Anspruch auf rechtliches Gehör gemäß Art. 103 Abs. 1 GG, §§ 62, 128 Abs. 2 SGG verletzt (s. auch Rn. 99 und 119), muss er aufzeichnen, dass und weshalb seine persönliche Anwesenheit im Termin zur mündlichen Verhandlung – zusätzlich zu der seines Prozessbevollmächtigten – unerlässlich gewesen ist, und dass er die Gründe hierfür dem Berufungsgericht substanziiert dargelegt hat (vgl. *BSG Urteil vom 15. 5. 1991 – 6 B Ka 69/90; BSG Beschluss vom 5. 3. 2004 – B 9 SB 40/03 B; BVerwG Buchholz 402.24 § 28 AuslG Nr. 41; BFH BFHE 163, 115*).

Zur Bezeichnung des Verfahrensmangels i. S. des § 160 a Abs. 3 Satz 2, wenn die Versäumung der Berufungsfrist mit fehlenden deutschen Sprachkenntnissen begründet wird, s. *BSG SozR 1500 § 67 Nr. 21*. *217*

218 Die Bezeichnung des Verfahrensmangels fordert ebenfalls die schlüssige Darlegung, dass das angefochtene Urteil des LSG auf dem Verfahrensmangel beruhen kann *(BSG SozR 1500 § 160 a Nr. 36)*, sofern es sich nicht um einen absoluten Verfahrensmangel handelt *(ML § 160 a Rn. 16 c)*, was bei einer Verletzung des § 189 GVG (Dolmetscher-Eid) nicht der Fall ist *(BSG SozR 3-1500 § 160 a Nr. 11)*, ebenso nicht bei einem nicht als Berichterstatter tätigen Berufsrichter, der vom Vorsitzenden nicht dazu bestellt wurde *(BSG SozR 3-1500 § 160 a Nr. 5 = SGb 1996, 604* mit krit. Anm. von Zeihe).

218a Bei der Rüge der verspäteten Urteilsabsetzung (s. *GmSOGB SozR 3-1750 § 551 Nr. 4)* muss der Zeitpunkt der Niederlegung des unterschriebenen Urteils auf der Geschäftsstelle angegeben *(BSG SozR 3-1500 § 164 Nr. 5)* oder aber dargelegt werden, mit welchem Ergebnis versucht wurde, diesen Zeitpunkt zu erfahren *(BSG SozR 3-1500 § 164 Nr. 6;* s. auch Rn. 330). Nähere Darlegungen zur Überschreitung dieser Fünfmonatsfrist sind jedoch nicht erforderlich, wenn sich aus einer vom Revisionsgericht im vorangegangenen Beschwerdeverfahren eingeholten Auskunft des LSG die Überschreitung dieser Frist eindeutig ergibt *(BSG SozR 4-1500 § 120 Nr. 1;* s. auch *BGH FamRZ 2004, 179)*.

219   **Muster**
für die Begründung eines Verfahrensmangels

Folgendes Beispiel für die Rüge von zwei Verfahrensfehlern soll Anhaltspunkte für eine Beschwerdebegründung geben.

(Eingang und Antrag s. Rn. 193)

Die Revision ist wegen zwei wesentlicher Mängel des Verfahrens i. S. von § 160 Abs. 2 Nr. 3 SGG vor dem LSG zuzulassen.

1. Das LSG ist einem Beweisantrag des Klägers ohne hinreichende Begründung nicht gefolgt:

Die Beklagte lehnte den Antrag des Klägers auf Rente wegen teilweiser Erwerbsminderung mit der Begründung ab, der Kläger könne aufgrund der durchgeführten ärztlichen Untersuchungen noch seine bisherige Tätigkeit voll verrichten. Das SG hat der Klage stattgegeben. Das LSG hat dagegen auf die Berufung der Beklagten die Klage abgewiesen. Es hat sich der Auffassung der Beklagten angeschlossen, der Kläger könne noch mindestens sechs Stunden täglich eine Erwerbstätigkeit ausüben. Das LSG hat sich dabei dem Gutachten des Facharztes für Orthopädie Dr. K. ... vom 27. 8. 2001 und dem in der dem Urteil des LSG zugrunde liegenden mündlichen Verhandlung vom 8. 11. 2001 erstatteten Gutachten des Facharztes für Chirurgie Dr. L angeschlossen.

Dr. K. hat aus orthopädischer Sicht den Kläger „gerade noch" für in der Lage erachtet, eine Erwerbstätigkeit mindestens sechs Stunden täglich auszuüben. Er hat aber zur Klärung von Befunden im Bereich der Wirbelsäule und des linken Beines noch eine neurologische Untersuchung und Begutachtung für erforderlich erachtet. Der Kläger hat daraufhin in seinem Schriftsatz vom 15. 9. 2006 unter genauer Bezeichnung der maßgebenden Beweisfragen den Antrag gestellt, von Amts wegen ein neurologisches Gutachten einzuholen. Der danach gehörte Facharzt für Chirurgie Dr. L. hat aus chirurgischer Sicht den Kläger ebenfalls noch für gesundheitlich in der Lage erachtet, seine bisherige Tätigkeit mindestens auszuüben. Er hat diese Beurteilung aber auf neue, andere als die von Dr. K erhobenen Befunde gestützt und auch im übrigen andere medizinische Wertungen als Dr. K der Begutachtung zugrunde gelegt. Zu dem Hinweis des Orthopäden, es müsse noch ein neurologisches Gutachten eingeholt werden, hat sich Dr. L überhaupt nicht geäußert.

Der Kläger hat daraufhin in der mündlichen Verhandlung vom 8. 11. 2007 beantragt, die Berufung der Beklagten zurückzuweisen, hilfsweise ein neurologisches Gutachten von Amts wegen einzuholen und außerdem hilfsweise die Sache zu vertagen, da es ihm nicht möglich sei, zu dem in der mündlichen Verhandlung erstatteten ausführlichen fachärztlichen Gutachten Stellung zu nehmen, zumal Dr. L. auf neue Befunde und Wertungen hingewiesen habe.

Das LSG hat dem Hauptantrag nicht stattgegeben. Es ist auch dem Antrag, ein neurologisches Gutachten einzuholen, mit der Begründung nicht gefolgt, bereits zu Beginn des Verwaltungsverfahrens sei ein Neurologe gehört worden, es sei nicht zu erwarten, dass eine erneute neurologische Begutachtung etwas anderes ergeben werde.

Dies ist keine hinreichende Begründung für die Ablehnung des Antrages, ein neurologisches Gutachten einzuholen. Es beruht vielmehr auf der vorweggenommenen Beweiswürdigung, der Sachverständige werde sowieso nichts Neues bekunden, sondern sich vielmehr der vor Jahren im Verwaltungsverfahren eingeholten neurologischen Stellungnahme anschließen. Das LSG hat vor allem auch nicht dargelegt, weshalb es der Auffassung des Facharztes für Orthopädie Dr. K. nicht gefolgt ist, ein neurologisches Gutachten einzuholen. Das LSG hat keine Begründung dafür gegeben, aufgrund welcher Sachkunde es, anders als der Sachverständige, eine weitere neurologische Begutachtung nicht für erforderlich hält, obgleich auch Dr. K die neurologische Stellungnahme aus dem Verwaltungsverfahren bekannt war, auf die er in seinem Gutachten ausdrücklich hingewiesen hat. Eine neue neurologische Begutachtung hätte ergeben, dass der Kläger seine bisherige Tätigkeit nicht mehr ausüben kann.

2. Ein weiterer wesentliche Verfahrensmangel des LSG liegt darin, dass dem Kläger das rechtliche Gehör nicht gewährt worden ist. Der Kläger und sein Prozessbevollmächtigter haben sich als medizinische Laien nicht imstande gesehen, zu den neuen Befunden und den neuen medizinischen Wertungen des Facharztes für Chirurgie Stellung zu nehmen. Davon konnte nicht deshalb abgesehen werden, weil sich – nur – im Ergebnis Dr. L. der Auffassung von Dr. K. angeschlossen hat. Der Kläger hat deshalb die Vertagung der Entscheidung beantragt, weil er sich mit seinem Hausarzt beraten wollte, der bei ihm bisher derartige Befunde nie erhoben hatte und außerdem auch eine andere Wertung seines Gesamtzustandes vertritt. Nach der Beratung mit seinem Hausarzt wäre der Kläger in der Lage gewesen, die von Dr. L. erwähnten neuen Befunde als unzutreffend darzulegen und seine von Dr. L. nicht geteilte medizinische Wertung zu widerlegen. Dies hat der Kläger bereits in der mündlichen Verhandlung zu seinem zweiten Hilfsantrag auf Vertagung der Entscheidung ausgeführt. Die Beratung mit seinem Hausarzt hat dies bestätigt. Die Befunde ...

Vgl. zu diesem Teil des Musters in der angeführten Reihenfolge Rn. 204, 209, 213, 214, 215, 218. S. auch das Schaubild bei *Becker SGb 2007, 261, 264.*

5.5 Begründetheit der Beschwerde 220

Ist die Beschwerde zulässig, so prüft das BSG nunmehr, ob sie begründet ist, d. h. ob die form- und fristgerecht geltend gemachten Zulassungsgründe tatsächlich vorliegen. Daraus, dass nach § 160 a Abs. 2 Satz 3 die Zulassungsgründe darzulegen oder zu bezeichnen sind (s. Rn. 176), folgt zugleich, dass das BSG die Begründetheit der Beschwerde nur hinsichtlich der – vorschriftsmäßig – geltend gemachten Zulassungsgründe prüfen kann (*Kummer Rn. 875; H § 160 a Rn. 26; ML § 160 a Rn. 19, 19 a; P/S/W § 160 a Rn. 79*). Ist ein Zulassungsgrund nicht geltend gemacht, darf die Revision wegen dieses Grundes vom BSG selbst dann nicht zugelassen werden, wenn er offensichtlich vorliegt. Ist z. B. die grundsätzliche Bedeutung der Rechtssache dargelegt, aber eine Divergenz nicht bezeichnet oder überhaupt nicht geltend gemacht, so kann das BSG, wenn es die grundsätzliche Bedeutung wegen im Zeitpunkt der Entscheidung des LSG vorliegender Rechtsprechung des BSG verneint, die Revision nicht deshalb zulassen, weil das Urteil des LSG von dieser Rechtsprechung abweicht. Etwas anders gilt nur, wenn die grundsätzliche Bedeutung erst wegen einer nach der Beschwerdebegründung allgemein zugänglichen Entscheidung des BSG entfällt, wie zu Rn. 71 aufgezeigt ist.

221   Wegen der vom Gesetz und der Rechtsprechung sehr hochgestellten Anforderungen an die Darlegung der grundsätzlichen Bedeutung und die Bezeichnung der Divergenz und des Verfahrensmangels bleibt für unbegründete Beschwerden neben der bereits nicht zulässigen Beschwerde einerseits und den erfolgreichen Beschwerden andererseits kaum Raum. Dies zeigt auch die Statistik, wonach z. B. im Jahre 2010 von den 1552 entschiedenen Nichtzulassungsbeschwerden 88,59 v. H. als unzulässig, 4,7 v. H. als unbegründet und nur 6,7 v. H. als begründet angesehen wurden (*Die Tätigkeit des BSG im Jahre 2010 – Eine Übersicht – hrsg. vom BSG, S. 43*). Die Anforderungen der BSG an die Darlegungslast zur Begründung einer Nichtzulassungsbeschwerde und die Beschränkung rügbarer Verfahrensmängel durch § 160 Abs. 2 Nr. 3 Halbsatz 2 SGG verstoßen nicht gegen das Willkürverbot (*BVerfG SozR 3-1500 § 160 a Nr. 6, 7 und 31*).

222   **5.6 Entscheidung des BSG**

Das LSG kann der Beschwerde nicht abhelfen. Das war in § 160 a Abs. 4 Satz 1 für die Nichtzulassungsbeschwerde ausdrücklich bestimmt. Diese Regelung war notwendig, da sonst nach dem für die Beschwerde geltenden Recht eine Abhilfe zulässig gewesen wäre. Nachdem nunmehr § 174 aufgehoben ist, konnte auch § 160 a Abs. 4 Satz 1 entfallen (s. BT-Drucks. 17/16/7716 Seite 32, 33). Für die Entscheidung über die Nichtzulassungsbeschwerde ist somit weiterhin ausschließlich das Revisionsgericht zuständig.

223   Unter denselben Voraussetzungen, unter denen das LSG die Revision und der Beschwerdeführer die Nichtzulassungsbeschwerde auf einen bestimmten selbstständigen Teil des Streitgegenstandes beschränken dürfen (s. Rn. 10 und 48), kann auch das BSG die Zulassung auf einen bestimmten selbstständigen Teil des Streitgegenstandes beschränken, wenn insoweit die Beschwerde begründet ist (*BGH FamRZ 1995, 1405; P/S/W § 160 a Rn. 80; ML § 160 a Rn. 19 b, § 160 Rn. 28 a*). Das BSG muss sogar die Revision nur für einen bestimmten prozessual selbstständigen Teil des Streitgegenstandes zulassen, wenn lediglich für diesen Teil des Streitgegenstandes ein Zulassungsgrund dargelegt ist und vorliegt (*Kummer Rn. 897, 917; BVerwG Buchholz 407.4 § 18 f FStrG Nr. 1*). Für die Beurteilung, ob die Revision beschränkt ist, ist nach dem Urteil des BGH vom 17. 6. 2004 (*VII ZR 226/03*) nicht allein der Entscheidungssatz des Berufungsurteils maßgebend; eine Beschränkung der Zulassung kann sich auch aus den Entscheidungsgründen ergeben.

224   Das SGG geht davon aus, dass das BSG grundsätzlich unter Zuziehung der ehrenamtlichen Richter durch Beschluss entscheidet (s. § 160 a Abs. 4 Satz 2). Nach der Rechtsprechung des BSG wirken die ehrenamtlichen Richter jedoch nur mit, wenn die Revision zugelassen oder die Beschwerde als unbegründet zurückgewie-

sen wird. Bei Verwerfung als unzulässig wirken entsprechend § 169 die ehrenamtlichen Richter dagegen nicht mit (*BSG SozR 1500 § 160 a Nr. 5*). Diese Rechtsprechung ist auch mit Art. 101 Abs. 1 Satz 3 GG vereinbar (*BVerfGE 48, 246 = BSG SozR 1500 § 160 a Nr. 30*). Sie ist mit Wirkung vom 2. 1. 2002 nunmehr auch im Gesetzeswortlaut abgesichert durch die Verweisung auf § 169 in § 160 a Abs. 4. Damit wurden (s. oben Rn. 221) rd. 88,59 v. H. der Nichtzulassungsbeschwerden ohne Mitwirkung der ehrenamtlichen Richter beschieden. Eine Verwerfung der Beschwerde als unzulässig unter Mitwirkung der ehrenamtlichen Richter ist jedoch nicht rechtsfehlerhaft (*BSG Beschluss vom 3. 8. 1994 – 9 BVs 6/94*). Ist zweifelhaft, ob eine Nichtzulassungsbeschwerde unzulässig oder „nur" unbegründet ist, kann diese Streitfrage offen bleiben und die Nichtzulassungsbeschwerde unter Mitwirkung der ehrenamtlichen Richter als unbegründet zurückgewiesen werden (*BSG SozR 4-2600 § 134 Nr. 2*).

Allerdings begründet das BSG in aller Regel die Entscheidungen, in denen es **225** die Beschwerde als unbegründet zurückweist oder als unzulässig verwirft (*Hk-SGG/Lüdtke § 160a Rn. 24; Kummer Rn. 908; ML § 160a Rn. 22*). Von der Möglichkeit des § 160 a Abs. 4 Satz 3 Halbsatz 2 macht das BSG selten Gebrauch. Dagegen wird die Zulassung der Revision ganz überwiegend nicht begründet. Dies beruht vorwiegend darauf, dass der Beschwerdeführer später als Revisionskläger weder an die von ihm vorgebrachten noch an die Zulassungsgründe gebunden ist, die das BSG in seinem Beschluss angeführt hat. Allerdings kann es im Einzelfall durchaus tunlich sein, die Beteiligten z. B. durch die Angabe „gem. § 160 Abs. 2 Nr. … SGG zugelassen" darauf hinzuweisen, dass es – jedenfalls in erster Linie – einen bestimmten, vom Beschwerdeführer vorgebrachten Zulassungsgrund als entscheidend angesehen hat, um vorwiegend dem Revisionskläger, aber auch den anderen Beteiligten Hinweise für die Revisionsbegründung und Revisionserwiderung zu geben. Deshalb sollte auf den für das BSG maßgebenden Zulassungsgrund m. E. nur dann hingewiesen werden, wenn das BSG die anderen geltend gemachten Zulassungsgründe als aller Voraussicht nach nicht für gegeben erachtet. Wenn das BSG die anderen dargelegten oder bezeichneten Zulassungsgründe im Wesentlichen überhaupt nicht geprüft hat, weil es jedenfalls einen Zulassungsgrund als offensichtlich gegeben erachtet hat, sollte es diesen nicht allein im Zulassungsbeschluss erwähnen. Der Prozessbevollmächtigte des Beschwerdeführers kann zwar – und sollte es auch tun – einem in dem Zulassungsbeschluss ausdrücklich erwähnten Zulassungsgrund und erst recht einer hierfür gegebenen Begründung im Revisionsverfahren besonders Augenmerk schenken, darf aber im Rahmen einer ordnungsgemäßen Prozessführung nicht die sorgfältige eigene Prüfung unterlassen, ob er nicht zumindest vorsorglich die nach seiner Auffassung ebenfalls gegebenen anderen Zulassungsgründe mit berücksichtigt. Da das BSG nicht mehr die anderen geltend gemachten Zulassungsgründe prüfen muss, wenn es schon einen für gegeben erachtet, braucht es bei Nichtzulassungsbeschwerden mehrerer Beteiligter nicht über alle Beschwerden zu entscheiden, wenn es einen Zulassungsgrund in einer der Beschwerden für gegeben erachtet und die Revision uneingeschränkt zulässt; die anderen Beschwerden sind damit erledigt (*ML § 160 a Rn. 19 b*).

226   Das BSG darf auch die Kostenentscheidung der LSG nicht ändern, wenn es die Beschwerde gegen die Nichtzulassung der Revision zurückweist (s. *BSG NJW 2004, 2598*).

227   Die Zulassung der Revision wirkt nicht nur für den Beschwerdeführer. Auch alle anderen Beteiligten können – sofern auch sie durch das Urteil des LSG beschwert sind – Revision einlegen; das gilt selbst dann, wenn der Beschwerdeführer von der Einlegung der Revision absieht (*Kummer Rn. 926*).

228   Mit Wirkung vom 2. 1. 2002 ist in § 160 a ein Absatz 5 eingefügt worden, wonach bei Vorliegen der Voraussetzungen des § 160 Abs. 2 Nr. 3 das BSG in dem Beschluss das angefochtene Urteil aufheben und die Sache zur erneuten Verhandlung und Entscheidung zurückverweisen kann. In der Amtlichen Begründung zu dieser Gesetzesergänzung heißt es (*BT-Drucks. 14/5143, S. 27*): „Die Ergänzung bezweckt, die Einleitung eines Revisionsverfahrens in Fällen zu vermeiden, in denen von vornherein feststeht, dass dieses ohnehin nur zur Aufhebung des angefochtenen Urteils und zur Zurückverweisung des Rechtsstreites an die Vorinstanz führen kann. Die Regelung entspricht § 133 Abs. 5 VwGO" (s. *Kummer SGb 2001, 706, 717;* s. auch *BGH NJW 2005, 1950 zu § 544 Abs. 7 ZPO* und hier Rn. 228 a). Im Gesetzestext hat allerdings die Voraussetzung, dass „von vornherein feststeht, dass dieses ohnehin nur zur Aufhebung des angefochtenen Urteils und zur Zurückverweisung des Rechtsstreits" führen kann, keinen Niederschlag gefunden. Die Vorschrift hat wohl auch eine gewisse „Erziehungsfunktion". Sie soll vermeiden, dass ein Verfahrensfehler nur deshalb gerügt wird, um die Revision eröffnet zu erhalten, dann aber in der Revision ausschließlich eine materiellrechtliche Überprüfung des BSG angestrebt wird. Im Jahr 2010 hat das BSG von der Möglichkeit des § 160 a Abs. 5 insgesamt nur 28 mal Gebrauch gemacht (*Tätigkeitsbericht des BSG im Jahre 2010 – Eine Übersicht – hrsg. vom BSG*, hier S. 43).

228a   In seinem Beschluss vom 26. 1. 2005 (*SozR 4-1500 § 160 a Nr. 6*) hat das BSG entschieden (s. aber auch Rn. 228): ist die Revision wegen eines Verfahrensfehlers zuzulassen, ist das BSG als Revisionsgericht ermächtigt, anstelle der Zurückverweisung an das LSG abschließend selbst zu entscheiden, wenn eine Berufung nicht vorliegt oder allein die Klageabweisung als unzulässig in Betracht kommt.

229   Der Beschluss des BSG ist unanfechtbar (s. aber Rn. 228).

230   Mit der Ablehnung der Beschwerde durch das BSG wird das Urteil des LSG rechtskräftig (s. § 160 a Abs. 4 Satz 3). Dies gilt auch für die Beschwerden, die das BSG als unzulässig verworfen hat (*BSGE 46, 187 = SozR 2200 § 315 a Nr. 7; ML § 160 a Rn. 23; P/S/W § 160 a Rn. 82; Hk-SGG/Lüdtke § 160 Rn. 26*); bei ihnen tritt die Rechtskraft ebenfalls nicht schon – rückwirkend – mit Ablauf der Beschwerdefrist ein. Ist allerdings ein Rechtsmittel gegen die angefochtene Entscheidung überhaupt nicht gegeben, so tritt die Rechtskraft mit Erlass der Entscheidung ein.

230a   Der Grundsatz, dass mit der Ablehnung der Beschwerde durch das BSG das Urteil des LSG rechtskräftig wird, erfuhr jedoch von Anfang an dann eine Ausnahme, wenn das BSG in Abweichung von der Unabänderlichkeit unanfechtbarer Beschlüsse nochmals über die Nichtzulassungsbeschwerde befindet, damit dem Kläger Wiedereinsetzung in den vorigen Stand gewährt werden kann, nachdem z. B. die Beschwerde wegen Fristversäumnis als unzulässig verworfen wurde, die Frist aber unverschuldet versäumt, oder die Begründung doch rechtzeitig erfolgt war. Zur **Anhörungsrüge** s. § 178a Kap. X Rn. 71 ff.

6 Revisionsverfahren

231

Die Revision ist nur statthaft, wenn sie vom SG oder LSG oder BSG zugelassen worden ist. Wird mit der Beschwerde gegen die Nichtzulassung der Revision im Urteil des LSG gleichzeitig Revision gegen dieses Urteil eingelegt, ist die Revision als unzulässig zu verwerfen, und zwar selbst dann, wenn sie lediglich für den Fall eingelegt wird, dass die Nichtzulassungsbeschwerde Erfolg haben wird (*BSG SozR 1500 § 160 Nr. 1; BFH/NV 1994, 725 und 805*; a. A. *Kornblum NJW 1997, 922*; s. auch Rn. 48).

Der durch das Urteil des LSG oder – bei zugelassener Sprungrevision – des SG Beschwerte, darf nicht auf das Rechtsmittel der Revision verzichtet haben (s. § 202 SGG i.V.m §§ 565, 515 ZPO; *ML vor § 143 Rn. 11; Hk-SGG/Binder § 156 Rn. 3*). Die Verzichtserklärung muss jedoch klar sein. Ist dies nicht der Fall, ist die Erklärung nichtig und dem Betroffenen Wiedereinsetzung zu gewähren (*ML vor § 143 Rn. 11; BVerwG NJW 1957, 1374*). Der gegenüber dem Gericht erklärte Rechtsmittelverzicht ist von Amts wegen, der gegenüber dem Gegner erklärte Verzicht auf Einrede zu beachten (*ML vor § 143 Rn. 11b*). Es besteht kein Vertretungszwang (s. auch Rn. 237). Der Betroffene muss sich über die Tragweite seiner Verzichtserklärung im Klaren sein. Ist dies nicht der Fall, ist die Erklärung unwirksam und dem Betroffenen die Einsetzung zu gewähren (*ML vor § 143; BVerwG NJW 1157, 1374*).

Ein Revisionsverfahren findet nach Zulassung der Revision nicht statt, wenn einer Nichtzulassungsbeschwerde wegen Vorliegens der Voraussetzungen des § 160 Abs. 2 Nr. 3 stattgegeben wird und das BSG nach seinem Ermessen von seinem Recht Gebrauch macht, bereits in dem Beschluss das angefochtene Urteil aufzuheben und die Sache zur erneuten Verhandlung und Entscheidung zurückzuverweisen oder abschließend zu entscheiden (s. § 160a Abs. 5, s. hier Rn. 228, 228c). S. auch Rn. 2.

6.1 Vertretungszwang

232

Der Vertretungszwang vor dem BSG war bis zum 30. 6. 2008 in § 166 geregelt. Durch das Gesetz zur Neuregelung des Rechtsberatungsrechts vom 12. 12. 2007 (BGBl. I 2840) würden auch die Regelungen für die Vertretung vor dem BSG mit in § 73 und zwar in dessen Absatz 4 aufgenommen. Im Folgenden werden nur noch diese Regelungen dargestellt. Die zu § 166 ergangenen Entscheidungen sind jedoch weiterhin relevant, sofern nicht etwas anderes vermerkt ist.

6.1.1 Sachlicher Umfang des Vertretungszwangs

233 Vor dem BSG müssen sich die Beteiligten, soweit es sich nicht um Behörden, Körperschaften des öffentlichen Rechts, Anstalten des öffentlichen Rechts oder private Pflegeversicherungsunternehmen handelt, durch Prozessbevollmächtigte vertreten lassen (§ 73 Abs. 4 Satz 1). Diese Vorschrift ist nicht verfassungswidrig (*BSG SozR Nrn. 20 und 43 zu § 166 SGG; BVerfG SozR 1500 § 166 Nr. 14, SozR 3-1500 § 160 a Nr. 7*). Allerdings sind Revisionsbeklagte auch außerhalb dieses Personenkreises nicht verpflichtet, sich durch einen zugelassenen Prozessbevollmächtigten vertreten zu lassen; sie können dann jedoch keine vom Vertretungszwang erfassten Prozesshandlungen vornehmen (*ML § 73 Rn. 42*). Zur Frage, weshalb im sozialgerichtlichen Verfahren nur vor dem BSG Vertretungszwang besteht, s. *RK § 166 Rn. 6 ff.*

234 Findet ein Beteiligter keinen Rechtsanwalt, so hat ihm das BSG einen Notanwalt beizuordnen (s. § 78 b ZPO i.V.m. § 202 SGG; *ML § 73 Rn. 54; Wilm SozVers. 1977, 225*). Legen namens des unterlegenen Beteiligten zwei Prozessbevollmächtigte unabhängig voneinander das Rechtsmittel ein und nimmt einer von ihnen später das Rechtsmittel ohne einschränkenden Zusatz zurück, so bewirkt dies den Verlust des Rechtsmittels (*BGH NJW 2007, 3640*).

235 Der Vertretungszwang gilt – bereits – für das Verfahren der Beschwerde gegen die Nichtzulassung der Revision und später im Revisionsverfahren, gleichgültig, ob die Revision vom BSG, vom LSG oder vom SG zugelassen worden ist. Vertretungszwang besteht für alle Verfahren vor dem BSG, sodass dies auch für die Rechtsstreitigkeiten gilt, in denen das BSG in erster und letzter Instanz zuständig ist (s. u. a. § 39 Abs. 2 und 3, § 88 Abs. 7 Satz 2 Nr. 2 SVG, § 146 Abs. 6 Satz 4 SGB III; *BSG SozR 1500 § 166 Nr. 1; ML § 73 Rn. 41; Hk-SGG/Littmann § 73 Rn. 17*; a. A. *Bley § 166 Anm. 2 Buchst. c*). Ebenso besteht Vertretungszwang im Wiederaufnahmeverfahren (*BSG SozR Nr. 23 zu § 166 SGG*). Zum gerichtlichen Vergleich mit Rücknahme der Revision s. *Roller SozVers 2003, 128, 129.*

236 Vertretungszwang besteht grundsätzlich für alle verfahrensrechtlich erheblichen Prozesshandlungen (*ML § 73 Rn. 41; Hk-SGG/Littmann § 73 Rn. 17*), wie z. B. Einlegung und Begründung der Revision und der Nichtzulassungsbeschwerde und die Antragstellung sowie für den Antrag auf Verlängerung der Frist für die Begründung der Revision (s. *BSG SozR Nr. 10 zu § 166 SGG*, s. auch Rn. 280). Ebenso erfasst der Vertretungszwang die Anhörungsrüge (s. Kap. X Rn. 71 ff. und die Untätigkeitsrüge (s. Kap. X, Rn. 85); s. *BGH NJW 2005, 2017; ML § 73 Rn. 41; Kummer Rn. 989; Breitkreuz/Fichte § 178 a Rn. 28; Hk-SGG/ Lüdtke § 178 a Rn. 17*) z. B. gegen einen die Zulassung der Revision ablehnenden Beschluss. Der von einem Beteiligten, der in einem Verfahren vor dem BSG durch einen postulationsfähigen Prozessbevollmächtigten vertreten wird, in dem Verfahren persönlich gestellten Befangenheitsantrag ist unzulässig (*BSG SozR 4-1500 § 73 Nr. 5*).

237 Die Zustimmung zur Einlegung der Sprungrevision unterliegt aber schon deshalb nicht dem Vertretungszwang, weil sie nicht eine Prozesserklärung gegenüber

dem BSG, sondern gegenüber dem Revisionskläger zur Eröffnung des Revisionsverfahrens ist (*ML § 161 Rn. 4c; Hk-SGG/Lüdtke § 161 Rn. 5*; s. Rn. 269). Bei
Anträgen auf Gewährung von Prozesskostenhilfe besteht ebenfalls, und zwar
schon aus der Natur des Antrages kein Vertretungszwang. Nach § 78 Abs. 3 ZPO
i.V.m. § 202 SGG besteht kein Vertretungszwang für Prozesshandlungen, die vor
dem Urkundsbeamten der Geschäftsstelle vorgenommen werden können, und
zwar auch dann, wenn sich der Beteiligte in concreto einer anderen Handlungs-
form bedient (*BSG SozR 3-1750 § 706 Nr. 1*; z.B. Ablehnung eines Richters wegen Befangenheit: *Hk-SGG/Littmann § 73 Rn. 17*; a.A. *ML § 73 Rn. 44*). Der
Vertretungszwang des § 73 Abs. 4 gilt nicht im Rahmen der Verweisung einer
beim BSG erhobenen Klage an das sachlich zuständige Sozialgericht (*BSG SozR
3-1500 § 166 Nr. 5; ML § 73 Rn. 48*). Darüber hinaus ist auch im sozialgerichtlichen Verfahren – ebenso wie im allgemeinen verwaltungsgerichtlichen Verfahren
– für eine Reihe von Prozesshandlungen anerkannt, dass sie im Revisionsverfahren vom Vertretungszwang befreit sind, weil es nicht sinnvoll wäre, einen sonst
nicht vertretenen Beteiligten nur für eine einzelne Prozesshandlung zur Bestellung eines Prozessbevollmächtigten zu zwingen (*BSG SozR Nr. 4 zu § 102 SGG,
SozR 1500 § 166 Nr. 6; ML § 73 Rn. 46–48*). Dazu gehören u. a.: Antrag auf Ruhen des Verfahrens (*BSG SozR 1500 § 166 Nr. 6; BSG Urteil vom 30. 6. 1981 – 5
b/5 RJ 126/79*) und Einverständnis zur Entscheidung ohne mündliche Verhandlung (*BSG SozR 1500 § 124 Nrn. 5, 6*). Für die Klage und die Revision wird davon ausgegangen, dass der Kläger im Revisionsverfahren Klage und Revision nur
dann selbst zurücknehmen kann, wenn er nicht durch einen Prozessbevollmächtigten vertreten ist (*BSG SozR Nr. 4 zu § 102 SGG, SozR 1500 § 166 Nr. 6; BSG
SGb 1983, 194; ML § 73 Rn. 47; H § 160 Rn. 38; Bley § 166 Anm. 2 Buchst. b;
Zeihe § 73 Rn. 86b; Jansen/Frehse § 166 – a.F. – Rn. 5a; RK § 166 Rn. 18, 26*).
Diese Einschränkung, dass nur ein nicht vertretener Kläger im Revisionsverfahren
die Klage und auch die Revision selbst zurücknehmen kann, widerspricht einerseits dem oben aufgezeigten Grundgedanken für die Ausnahme vom Vertretungszwang; andererseits wird die Berechtigung des Klägers zur Rücknahme der Klage
und der Revision auch dann angenommen, wenn der zunächst bestellte Prozessbevollmächtigte fortgefallen ist, was gegen die herrschende Meinung spricht, weil
danach der Kläger nur die Vollmacht zu widerrufen braucht und dann zugleich
die Rücknahme erklären kann (zustimmend *Hk-SGG/Lüdtke § 73 Rn. 17*). Es erscheint nicht überzeugend, es – insoweit mit Recht – als „Widersinn" zu bezeichnen (*BSG SozR Nr. 4 zu § 166 SGG*), den Kläger nur für die Rücknahme der Klage zur Bestellung eines Prozessbevollmächtigten zu zwingen, ihm aber
andererseits den „Widersinn" aufzuerlegen, erst seinem Prozessbevollmächtigten
das Mandat entziehen zu müssen, nur um die Klage zurückzunehmen. Zunächst
wird man aber für die Praxis von der langjährigen Rechtsprechung des BSG ausgehen müssen.

Der Vertretungszwang bedeutet, dass ihm unterliegende Prozesshandlungen *238*
im Zeitpunkt der Prozessverhandlung von einem zugelassenen Prozessbevollmächtigten (s. Rn. 241 ff.) vorgenommen werden müssen; eine nachträgliche Genehmigung reicht nicht aus (*BGH NJW 2005, 377; BFH/NF 1994, 373 und 651;*

s. auch Rn. 249). Ebenso genügt es nicht, dass der Prozessbevollmächtigte nur einen vom Vertretenen gefertigten und unterschriebenen entsprechenden Schriftsatz einreicht; er muss vielmehr ein von ihm gefertigter und inhaltlich von ihm voll übernommener und unterschriebener Schriftsatz sein (*BSG SozR Nr. 3 zu § 166 SGG, SozR 3-1500 § 166 Nr. 4; SozR 4-1500 § 13 Nr. 1*). So ist auch eine Revision durch einen vom Revisionskläger persönlich verfassten und unterzeichneten Schriftsatz, auch wenn er von dem Prozessbevollmächtigten eingereicht und zum Gegenstand seines Vorbringens erklärt wird, jedenfalls dann nicht ordnungsgemäß begründet, wenn der Streitstoff von dem Prozessbevollmächtigten selbst ersichtlich nicht überprüft worden ist (*BSG SozR 1500 § 164 Nr. 22 und –* zur Nichtzulassungsbeschwerde – *SozR 1500 § 160 Nr. 44, SozR 3-1500 § 166 Nr. 4 und BVerfG SozR 3-1500 § 160 a Nr. 12*). Es ist auch verfassungsrechtlich nicht zu beanstanden, dass die Begründung der Revision nur dann als formgerecht angesehen wird, wenn sie die Prüfung und die Durcharbeitung des Prozessstoffes durch den zugelassenen Prozessbevollmächtigten erkennen lässt (*BVerfG SozR 1500 § 164 Nr. 17*). S. auch Rn. 318.

6.1.2 Dem Vertretungszwang unterliegende Beteiligte

239 Dem Vertretungszwang unterliegen grundsätzlich alle Beteiligten: Kläger und Revisionskläger, Beklagter und Revisionsbeklagter, Beigeladene. Dies bedeutet jedoch für den Revisionsbeklagten und – sofern er nicht selbst Revisionskläger ist – den Beigeladenen nicht, dass sie stets einen Vertreter bestellen müssen. Sie können dann lediglich keine Prozesshandlungen vornehmen, soweit nicht die oben angeführten Ausnahmen vorliegen.

240 Nicht dem Vertretungszwang unterstellt sind nach § 73 Abs. 4 Satz 3 Behörden (s. § 1 Abs. 2 SGB X) sowie Körperschaften und Anstalten des öffentlichen Rechts. Auch dies ist nicht verfassungswidrig (*BSG SozR Nr. 20 zu § 166 SGG*). Nunmehr sind auch kraft ausdrücklicher Regelung in § 73 Abs. 4 Satz 4 (s. schon früher *BSG SozR 4-1500 § 166 Nr. 1*) auch private Pflegeversicherungsunternehmen vom Vertretungszwang befreit. Das Jugendamt einer Gemeinde ist aber nur vom Vertretungszwang befreit, wenn es kraft Gesetzes und nicht nur aufgrund einer Vollmacht auftritt (*BSGE 3, 121; 12, 288 = SozR Nr. 45 zu § 164 SGG; BSG SozR Nr. 34 zu § 166 SGG*). *Brackmann* (S. 252 q) hielt in beiden Fällen das Jugendamt nicht für befugt, sich selbst zu vertreten, während *Bley* (*§ 166 Anm. 3 Buchst. c, bb*) in beiden Fällen eine Vertretungsbefugnis bejaht. Der Verband der Angestellten-Krankenkassen (VdAK) braucht sich nicht durch einen nach § 73 Abs. 4 vertretungsberechtigten Prozessbevollmächtigten vertreten zu lassen (*BSGE 11, 102, 105*). Mit dieser Entscheidung hat das BSG § 166 Abs. 1 Halbsatz 2 a. F. über seinen Wortlaut hinaus ausgedehnt, da der VdAK seiner Rechtsform nach ein eingetragener Verein ist. Die vom BSG für seine Auffassung angeführten Gründe überzeugen jedoch (*BSGE 11, 102, 106*). Sie werden auch für die Deutsche Gesetzliche Unfallversicherung (DGUV) sowie dem Spitzenverband Bund der Krankenkassen und für die ab 1.1.2009 in Gesellschaften des bürgerlichen Rechts kraft Gesetzes umgewandelten Bundesverbände der Orts-, Innungs- und Betriebskrankenkassen (s. § 212 i.d.F. ab 1.1.2009) als „Zusammenschlüsse" i.S.

des § 73 Abs. 2 Satz 2 Nr. 1 gelten (*ML § 73 Rn. 16*). Die Landesverbände der Orts-krankenkassen, Innungskrankenkassen und Betriebskrankenkassen sind aber Körperschaften des öffentlichen Rechts (s. § 207 SGB V), sodass für sie schon deshalb der Vertretungszwang entfällt. Dies gilt auch für einen Krankenhaus-zweckverband als Körperschaft des öffentlichen Rechts (so für den Krankenhaus-zweckverband Augsburg *BSG Urteil vom 27. 6. 1990 – 5 RJ 39/89*). Der Ge-schäftsführer der Krankenhausgesellschaft eines Bundeslandes ist nicht zur Vertretung von Krankenhausträgern vor dem BSG berechtigt, soweit die Kran-kenhausträger nicht Körperschaften oder Anstalten des öffentlichen Rechts und auch nicht deren „Zusammenschlüsse" sind (*BSG SozR 3-1500 § 166 Nr. 6*). Ar-beitsgemeinschaften i. S. des § 44b SGB II sind Behörden i. S. d. § 166 Abs. 1 (*Leitherer NZS 2007, 225, 230*). Lassen sich juristische Personen des öffentlichen Rechts gemäß § 71 Abs. 3 durch eigene Beamte oder Angestellte vertreten, so be-darf es für die Wirksamkeit der Prozesshandlungen keiner Vollmacht. Es ist auch unerheblich, ob der für die juristische Person des öffentlichen Rechts Handelnde ausdrücklich „in Vertretung" oder „im Auftrag" auftritt oder ob er bei schriftli-chen Erklärungen seiner Unterschrift entsprechende Zusätze hinzufügt oder nicht (vgl. *BSG Beschluss vom 22. 4. 1994 – 14/14 b 7/93; BVerwG Buchholz 310 § 67 Nr. 80 und 406.11 § 1 Nr. 63*). Diese vom Vertretungszwang befreiten Stellen müssen sich jedoch durch eigene Beschäftigte mit Befähigung zum Richteramt oder durch Beschäftigte mit dieser Befähigung anderer Behörden i. S. d. § 73 Abs. 4 Satz 4 vertreten lassen.

Selbst wenn kirchliche Einrichtungen den Status von Körperschaften des öffent-lichen Rechts i. S. d. Art. 137 Abs. 5 S. 1 WRV i. V. m. Art. 140 GG haben, waren sie vom sog. Behördenprivileg des § 166 Abs. 1 a. F. und sind sie nunmehr des § 73 Abs. 4 Satz 4 nicht erfasst (*BSG SozR 3-1500 § 166 Nr. 6; Hk-SGG/Lüdtke § 166 Rn. 4; ML § 166 Rn. 4a*). Die Verleihung des Körperschaftsstatus an Kirchen und ihre Einrichtungen beruht auf der Tradition des deutschen Staatskirchenrechts und hat weder die Eingliederung der Kirchen in den Staat noch eine Gleichstel-lung der Kirchen mit anderen Körperschaften des öffentlichen Rechts zur Folge (*BVerfGE 19, 129, 133; 18, 385, 386; BSG SozR 3-1500 § 166 Nr. 6*; vgl. auch *Eh-lers, in: Sachs (Hrsg.), GG, 1996, Art. 137 WRV RdNr. 19; § 2 Abs. 1 Nr. 10 SGB VII*).

6.1.3 Vertretungsbefugnis

S. auch *Berliner Kommentar, BSG: Hrsg.: Dreyer/Lamm/Müller, 2009; Rennen/Caliebe,* Rechtsdienstleistungsgesetz, 4. Aufl. 2009

Die Vertretungsbefugnis muss im Zeitpunkt der Prozesshandlung gegeben sein (*BGH NJW 2005, 377*). Stirbt der Prozessbevollmächtigte oder endet aus anderen Gründen sein Mandat, so wird die form- und fristgerecht eingereichte Revision nicht unzulässig (*BSG SozR Nr. 22 zu § 166 SGG*). Die nach § 73 Abs. 4 vor dem BSG vertretungsberechtigten Personen können sich auch selbst vertreten (§ 73 Abs. 4 Satz 5).

241 **Rechtsanwälte**

Vertretungsbefugt ist jeder bei einem deutschen Gericht zugelassene Rechtsanwalt. Er kann auch in eigener Sache auftreten. Dies gilt aber nur so lange, wie er als Rechtsanwalt zugelassen ist. S. auch Rn. 242. Nicht zugelassen für eine Prozessvertretung vor dem BSG sind somit Rechtsbeistände und Prozessagenten (*BSG SozR Nr. 43 zu § 166 SGG; BSG SozR 4-1500 § 73 Nr. 3*). Rechtslehrer an einer deutschen Hochschule wurden in dieser Eigenschaft nicht zur Prozessvertretung vor dem BSG zugelassen, wie der Rückschluss aus der ausdrücklichen Regelung des § 67 Abs. 1 Satz 1 VwGO zeigte, die es im SGG nicht gab (*BSG SozR 4-1500 § 166 Nr. 2 = SGb 2008, 117 mit zustimmender Anmerkung von Wolff*). Nunmehr sind auch Rechtlehrer an einer deutschen Hochschule im Sinn des Hochschulrahmengesetzes mit Befähigung zum Richteramt vertretungsberechtigt (s. § 73 Abs. 2 Satz 1). Ausländische Rechtsanwälte außerhalb der Mitgliedsstaaten der EU sind nicht zugelassen. Rechtsanwälte aus anderen EU-Staaten, welche die Qualität eines Anwalts im anderen Mitgliedstaat haben und Mitglied einer Rechtsanwaltskammer sind, dürfen vor deutschen Gerichten als Rechtsanwälte auftreten (s. *Gesetz vom 9. 3. 2000 – BGBl. I 182*; s. auch *Lach NJW 2000, 1609*; *ML § 73 Rn. 4a*). Die Einlegung eines Rechtsmittels zum BSG durch einen nicht im Inland zugelassenen europäischen Rechtsanwalt ist ohne die gleichzeitige Vorlage eines Nachweises über das Einvernehmen eines Rechtsanwalts nach deutschem Recht unwirksam (*BSG Beschl. v. 15. 6. 2010 – B 13 R 172/10 S*).

Zur Vertretungsbefugnis von Richtern s. § 73 Abs. 5.

242 **Als Bevollmächtigte zugelassene Organisationen**

Als Prozessbevollmächtigte zugelassen sind ferner nach § 73 Abs. 4 Satz 2 die in § 73 Abs. 2 Nrn. 5 bis 9 bezeichneten Organisationen (s. dazu aber auch Rn. 248): Gewerkschaften, von selbstständigen Vereinigungen von Arbeitnehmern mit sozial- oder berufspolitischer Zwecksetzung (s. Rn. 243; s. dazu *Friese NZS 1999, 229, 232*), von Vereinigungen von Arbeitgebern (s. Rn. 246), von berufsständischen Vereinigungen der Landwirtschaft und von in § 14 Abs. 3 Satz 2 genannten Vereinigungen. Gleiches gilt für Bevollmächtigte, die als Angestellte juristischer Personen, deren Anteile sämtlich im Eigentum einer in § 73 Abs. 2 Satz 2 Nrn. 5 bis 8 genannten Organisation stehen, handeln, wenn die juristische Person ausschließlich der Rechtsberatung und Prozessvertretung der Mitglieder der Organisation entsprechend deren Satzung durchgeführt und wenn die Vereinigung für die Tätigkeit der Bevollmächtigten haftet (§ 73 Satz 2 Abs. 2 Nr. 9). Diese Regelung berücksichtigt die neue Struktur der Rechtsberatung und Prozessvertretung der Gewerkschaften für ihre Mitglieder (s. *Friese NZS 1999, 229, 237*). Eines Hinweises auf diese Regelung in der Rechtsmittelbelehrung bedarf es nach der Rechtsprechung des BSG nicht (*BSG SozR 3-1500 § 67 Nr. 13, § 66 Nr. 8*). Die für die Organisationen i. S. des § 73 Abs. 2 Nrn. 5 bis 9 handelnden Personen müssen die Befähigung zum Richteramt besitzen. Vor dem BSG kann sich ein Beteiligter, der nach § 73 Abs. 2 Satz 2 Nrn. 5 bis 9 zur Vertretung berechtigt ist, sich selbst vertreten, wenn er die Befähigung zum Richteramt besitzt (s. § 73 Abs. 4 Satz 2 und 3).

Arbeitnehmervereinigungen

Selbstständige Vereinigungen von Arbeitnehmern mit sozial- oder berufspolitischer Zwecksetzung i. S. § 73 Abs. 2 Nr. 5 sind solche organisatorischen Zusammenschlüsse fremd bestimmte Arbeit leistender Personen, denen ausschließlich oder überwiegend die Aufgabe obliegt, die sozial- oder berufspolitischen Interessen ihrer Mitglieder – unabhängig von der sozial- oder berufspolitischen Gegenseite – wahrzunehmen sowie ihren Mitgliederkreis im Rahmen dieser Aufgabengebiete zu beraten und zu vertreten (*BSG SozR Nr. 15 zu § 166 SGG*). Die Vereinigungen müssen sich in der Hauptsache auf einen Interessenkreis beschränken (*BSG SozR Nr. 36 zu § 166 SGG, SozR 1500 § 166 Nrn. 4, 5; Friese NZS 1999, 229, 230*) und dürfen nicht „fremd bestimmt" sein (*BSG SozR Nr. 33 zu § 160 SGG, SozR 1500 § 166 Nr. 5*).

Die Vereinigungen mussten nach der Rechtsprechung des BSG und ihr folgendem Schrifttum zum bisherigen Recht zudem aufgrund ihrer Mitgliederzahl und ihrer Finanzmittel die Gewähr dafür bieten, dass sie geeignete Prozessbevollmächtigte für die Prozessvertretung vor dem BSG bereitstellen können (*Friese NZS 1999, 229, 233; Hk-SGG/Lüdtke § 166 Rn. 9; ML § 166 Rn. 6*); diese Gewähr war grundsätzlich nur gegeben, wenn eine Vereinigung mindestens 1000 Mitglieder hat (*BSG SozR Nrn. 39, 40, 42 zu § 166 SGG*; s. aber auch die kritischen Ausführungen von *Friese NZS 1999, 229, 233* und *RK § 166 Rn. 66 ff.*). Diese Rechtsprechung des BSG ist verfassungsrechtlich nicht zu beanstanden (*BVerfG SozR 1500 § 166 Nr. 14*). Nicht entscheidend war, wenn eine danach nicht zu berücksichtigende Vereinigung tatsächlich einen für die Prozessvertretung qualifizierten Vertreter nachweisen konnte, da es nicht auf die individuelle Qualifikation des einzelnen Prozessbevollmächtigten ankam (*BSG SozR 1500 § 166 Nr. 13* – zu Vereinigungen von Arbeitgebern; *Friese NZS 1999, 229, 232*).

Es fällt auf, dass im Rahmen der Nrn. 5 bis 8 des § 73 Abs. 2 Satz 2 nur für die Nr. 8, nicht aber für die Vereinigungen i. S. v. Nr. 5 bis 7 vorausgesetzt wird, dass sie „die Gewähr für eine sachkundige Vertretung bieten". Will man diesen unterschiedlichen Gesetzesfassungen nicht jeden Sinn nehmen, wird nunmehr davon auszugehen sein, dass die „sachkundige Vertretung" für die Organisation i. S. d. Nr. 5 bis 7 diese Gewähr vorausgesetzt wird und nunmehr zusätzlich durch die Voraussetzung der Befähigung zum Richteramt und damit durch die Vertretung selbst gewährleistet sein soll (a.A. *ML § 73 Rn. 24: weiterhin grundsätzlich mindestens 1000 Mitglieder*; ebenso *Hk-SGG/Littmann § 73 Rn. 10*).

Das BSG hat als eine Vereinigung in diesem Sinne u. a. den Verband angestell ter Akademiker der chemischen Industrie e.V. (*BSG SozR Nr. 33 zu § 166 SGG*) und den Allgemeinen Beamtenschutzbund (*BSG SozR Nr. 27 zu § 166 SGG*) angenommen. Verneint (s. dazu auch unten) hat es dies u. a. für die Bundesvereinigung der Freizeitberufe (*BSG SozR 1500 § 166 Nr. 4*), für die Interessengemeinschaft aller Rentner, Witwen und Waisen in Lünen (*BSG SozR Nr. 40 zu § 166 SGG*), für den Christlichen Beschädigtenverein e.V. Berlin (*BSG SozR Nr. 36 zu § 166 SGG*), für den Evangelischen Arbeiterverein „mit Sitz in Mannheim" (*BSG*

Beschluss vom 14. 8. 1997 – 4 BA 112/97, s. dazu auch *Friese NZS 1999, 229, 234*), für den Bund der vertriebenen Deutschen (*BSG SozR Nr. 15 zu § 166 SGG*), für die Schwesternschaft des evangelischen Diakonissenvereins e.V. (*BSG SozR Nr. 41 zu § 166 SGG*) und für den Studentenverband deutscher Sozialschulen e.V. (*BSG SozR Nr. 38 zu § 166 SGG*). Bei der Heranziehung dieser Entscheidung ist jedoch zu prüfen, ob nicht – z.B. gestützt auf deren Begründungen – diese oder andere entsprechende Organisationen zwischenzeitlich ihre Satzungen so geändert haben, dass die bisherigen Ablehnungsgründe nicht mehr vorliegen (s. u. a. als Beispiel *BSG SozR Nr. 30* – einerseits – *und Nr. 35* – andererseits – *zu § 166 SGG*).

245   Zu den selbstständigen Vereinigungen von Arbeitnehmern mit sozial- oder berufspolitischer Zwecksetzung gehören Vereinigungen mit Sitz außerhalb des Geltungsbereichs des SGG jedenfalls dann nicht, wenn ihre zur Prozessvertretung vor dem BSG berufenen Mitglieder oder Angestellten ausländische Staatsangehörige sind (*BSG SozR 1500 § 166 Nr. 11; Friese NZS 1999, 229, 231*). Zur Vertretungsbefugnis nach den Sozialversicherungsabkommen s. *Behn SGb 1984, 184*.

246   **Arbeitgebervereinigungen**

Vereinigungen von Arbeitgebern werden im Rahmen des § 73 Abs. 2 und 4 nur berücksichtigt, wenn sie sich in einem maßgeblichen Umfang auch mit Aufgaben befassen, die ihre Mitglieder gerade in ihrer Eigenschaft als Arbeitgeber betreffen (*BSG SozR 3-1500 § 166 Nr. 6*). Auch Vereinigungen von Arbeitgebern mussten nach der Rechtsprechung des BSG zum bisherigen Recht (s. Rn. 243) aufgrund ihrer Mitgliederzahl und ihrer Finanzmittel die Gewähr dafür bieten, dass sie geeignete Prozessbevollmächtigte für die Vertretung vor dem BSG bereitstellen können (*BSG SozR 1500 § 166 Nr. 13*). Zwar mag nach dieser Entscheidung des BSG hier bei größerer Finanzkraft eine geringere Mitgliederzahl von 1000 ausreichen können; die Zahl von 32 Kleingewerbetreibenden reichte jedoch keinesfalls aus. Nicht entscheidend war, wenn ein danach nicht zu berücksichtigender Verband tatsächlich einen für die Prozessvertretung persönlich qualifizierten Vertreter nachweisen kann, da es nicht auf die individuelle Qualifikation des einzelnen Prozessbevollmächtigten ankommt (*BSG SozR 1500 § 166 Nr. 13*). Als Vereinigung von Arbeitgebern hat das BSG u. a. die Kreishandwerkerschaften angesehen (*BSG SozR Nr. 25 zu § 166 SGG*). Nunmehr gelten die Ausführungen zu Rn. 243 Absätze 2 und 3.

Die Entscheidung des BSG vom 21.3.1962 (*BSGE 16, 281 = SozR Nr. 31 zu § 166 SGG*), wonach Mitglieder und Angestellte des Hessischen Bauernverbandes nicht zu den nach § 166 Abs. 2 a.F. zugelassenen Prozessbevollmächtigten gehören, ist überholt. Sie stützt sich darauf, dass dieser Verband keine Vereinigung von Arbeitgebern, sondern eine berufsständische Organisation ist. Durch das Gesetz zur Änderung des SGG vom 30.7.1974 (*BGBl. I, 1625*) sind jedoch die berufsständischen Vereinigungen der Landwirtschaft mit in den § 166 Abs. 2 Satz 1 und nunmehr § 73 Abs. 2 Satz 2 Nr. 6 aufgenommen worden.

Vereinigungen i. S. des § 73 Abs. 2 Nr. 8 247

Vereinigungen i. S. dieser Vorschrift sind diejenigen Verbände, die sich nach ihrer Zwecksetzung wesentlich die Aufgabe gestellt haben, die gemeinschaftlichen Interessen der Leistungsempfänger nach dem sozialen Entschädigungsrecht oder der Behinderten zu wahren und diesen Personenkreis in seinen Angelegenheiten zu beraten und zu vertreten (*BSG SozR Nr. 14 zu § 166 SGG; RK § 166 Rn. 88; Kummer SGb 2001, 707, 717*). Die Interessengemeinschaft Behinderter und ihrer Freunde Ludwigshafen e. V. ist den nach § 166 Abs. 3 a. F. vertretungsberechtigten Kriegsopferverbänden schon deshalb nicht gleichzustellen, weil die Mitgliedschaft nicht auf Behinderte und ihre Angehörigen beschränkt ist (*BSG SozR 1500 § 166 Nr. 5*). Zu der nunmehr im Gesetz verankerten Gewähr für eine „sachkundige Vertretung" s. Rn. 243 Absätze 2 und 3.

Vom Verband erteilte Vertretungsbefugnis 248

Die Mitglieder und Angestellten handeln für die in § 73 Abs. 2 Satz 2 Nrn. 5 bis 9 aufgeführten Organisationen, sofern sie kraft Satzung oder Vollmacht zur Prozessvertretung befugt sind. In Verfahren vor dem BSG müssen sie auch die Befähigung zum Richteramt besitzen (Abs. 4 Satz 3). Dann sind sie allerdings nicht nur zur Vertretung eines Mitglieds der Vereinigung, sondern auch zur Vertretung der Vereinigung selbst befugt (*BSG SozR Nr. 44 zu § 166 SGG*). Diese Vorschrift betrifft das Innenverhältnis zwischen Verband einerseits sowie Mitglied und Angestelltem andererseits (*BSG SozR 31500 § 166 Nr. 6; Friese NZS 1999, 229, 234;* s. auch Rn. 250). Sie enthält eine Voraussetzung der Postulationsfähigkeit. Nicht alle Angestellten der in § 73 Abs. 2 Satz 2 Nrn. 5 bis 9 genannten Verbände sind somit als Prozessbevollmächtigte zugelassen, sondern nur diejenigen, die der Verband mit der Prozessführung für seine Mitglieder betraut hat. Mit dieser Auswahl soll erreicht werden, dass die Prozessvertretung nur solchen Angestellten übertragen wird, die nach Überzeugung des Verbandes nach ihren Kenntnissen und Erfahrungen auf dem Gebiet des Sozialrechts hierzu geeignet sind (*BSG SozR 1500 § 166 Nr. 12 S. 16; SozR 3-1500 § 166 Nr. 1 und 6*). Es ist deshalb erforderlich, dass der Verband klar regelt, welchem Personenkreis er die Befugnis zur Prozessvertretung verleiht (*BSG SozR 3-1500 § 166 Nr. 6*).

Das Gesetz hat somit nicht alle Mitglieder und Angestellten der in § 73 Abs. 2 249 Satz 2 Nrn. 5 bis 9 aufgeführten Organisationen als Prozessbevollmächtigte zugelassen (*Friese NZS 1999, 229, 235*). Kraft Satzung können z. B. die Vorstandsmitglieder oder – falls er nicht schon dem Vorstand angehört – der Geschäftsführer oder der „Revisionsreferent" befugt sein. Die Satzung muss jedoch klar ergeben, welchem Personenkreis die Befugnis zur Prozessvertretung verliehen ist; die Befugnis (nur) zur Beratung der Mitglieder reicht nicht (*BSG SozR 1500 § 166 Nr. 12, SozR Nr. 37 zu § 166 SGG; Friese NZS 1999, 229, 236*). Darüber hinaus kann das zur Vertretung der Gewerkschaft oder Organisation befugte Mitglied einen Angestellten allgemein (s. *BSG SozR Nr. 37 zu § 166 SGG*) durch sog. Generalvollmacht oder im speziellen Fall zur Vertretung vor dem BSG bevollmächtigen (*Friese NZS 1999, 229, 236*). Die Vollmacht bedarf der Schriftform (Abs. 6 Satz 1; *BSG SozR 1500 § 166 Nr. 12*). Die Befugnis kraft Satzung oder die Vollmacht müssen sich auf die Vertretung vor dem BSG beziehen. Ist kraft Satzung oder Vollmacht des Bundesvorstandes die Prozessvertretungsbefugnis auf die Prozessvertretung vor den SGen oder den LSGen beschränkt, so ist dieser Angestellte nicht zur Prozessvertretung vor dem BSG zugelassen (*BSG SozR 1500 § 166 Nr. 3*). Ist der als Verbandsvertreter handelnde Prozessbevollmächtigte vom Verband nicht zur Prozessvertretung befugt, bleibt die von ihm eingelegte Revision auch dann unzulässig (s. Rn. 251), wenn er erst nach Ablauf der Revisionsfrist zu erkennen gibt, dass er auch Rechtsanwalt ist (*BSG SozR 3-1500 § 166 Nr. 1*).

250   Ob eine Person für eine Organisation zur Vertretung vor dem BSG zugelassen ist, hat das BSG grundsätzlich von Amts wegen zu ermitteln. Weigert sich ein Prozessbevollmächtigter, die Tatsachen anzugeben, die ihn zur Prozessvertretung vor dem BSG berechtigen, so zwingt der Amtsermittlungsgrundsatz (§ 103) das BSG jedoch nicht zu weiteren Nachforschungen (*BSG SozR Nr. 3 zu § 103 SGG, Nr. 42 zu § 166 SGG*). Hinsichtlich der Vollmacht zur Prozessvertretung nimmt das BSG eine Nachweispflicht des Rechtsmittelführers an (*BSG SozR 1500 § 166 Nr. 12, SozR 3-1500 § 166 Nr. 6*). Das wird aber auch zu gelten haben, soweit der Rechtsmittelgegner sich vertreten lässt.

251   Die Befugnis zur Prozessvertretung vor dem BSG kraft Satzung oder Vollmacht der Organisation muss im Zeitpunkt der Prozesshandlung gegeben sein (s. auch vor Rn. 241), weil die von einem nicht postulationsfähigen Vertreter vorgenommene Prozesshandlung unwirksam ist und auch nicht rückwirkend geheilt werden kann (*BSG SozR Nr. 28 zu § 166 SGG, Nr. 46 zu § 164 SGG, SozR 1500 § 166 Nrn. 3, 12; ML § 73 Rn. 56; Jansen/Frehse § 166 Rn. 4, 11, 12; Friese NZS 1999, 229, 235*), sie kann nur innerhalb der vorgegebenen Frist neu wiederholt werden (s. auch Rn. 249 – am Ende).

252   **Vollmacht des Vertretenen**

Die kraft Satzung oder Vollmacht der Vereinigung zur Prozessvertretung vor dem BSG befugten Mitglieder und Angestellten müssen außerdem eine auf sie und nicht die Vereinigung ausgestellte Vollmacht des von ihnen vertretenen Beteiligten haben (s. *BSG SozR 4-2700 § 168 Nr. 2*). Diese Vollmacht betrifft nicht das Innenverhältnis zwischen der Vereinigung und ihren zur Prozessführung befugten Vertretern (s. dazu Rn. 246), sondern das Verhältnis und die Berechtigung zur Prozessvertretung vor dem BSG zwischen dem Vertreter und dem Vertretenen (*Friese NZS 1999, 229, 236*). Sie ist Teil der Vertretungsbefugnis und nicht der Postulationsfähigkeit; sie kann deshalb auch nach Vornahme der Prozesshandlung nachgereicht werden (*ML § 73 Rn. 65; Hk-SGG/Lüdtke § 73 Rn. 20*). Zur Vollmacht s. § 73 Abs. 6 und Kap. VI Rn. 44. Wird eine vollmachtlos eingelegte Nichtzulassungsbeschwerde durch Beschluss als unzulässig verworfen, weil trotz gerichtlicher Fristsetzung keine Vollmacht für den Prozessbevollmächtigten des Beschwerdeführers vorgelegt wurde, kann dieser Mangel nicht rückwirkend durch eine nunmehr erteilte Vollmacht und die darin liegende Genehmigung der bisherigen Prozessführung geheilt werden (*BSG SozR 4-1500 § 73 Nr. 2*).

Zum Nachweis der Vollmacht s. § 73 Abs. 6. Besteht für das Gericht erkennbar der Verdacht, dass ein Bevollmächtigter eine ihm erteilte, kein konkretes gerichtliches Verfahren benennende allgemeine Prozessvollmacht in missbräuchlicher Weise zum Nachteil des Vollmachtgebers (Klägers) verwendet haben könnte, so hat es die Vorlage einer neuen, vom Kläger selbst auf das konkrete Verfahren bezogene Vollmacht zu verlangen. Der Verdacht eines Vollmachtmissbrauchs kann sich aus einer besonders ungewöhnlichen, keinerlei Erfolg versprechenden Prozessführung ergeben (*BFH NJW 1997, 1029*).

Der für die Behörde, die Körperschaft oder die Anstalt des öffentlichen Rechts *253* tätig werdende Bedienstete muss entweder kraft besonderer Vollmacht oder im Rahmen seines durch den Organisationsplan vorgegebenen Aufgabenbereichs tätig werden. Die Vollmacht kann sich auf das einzelne Revisionsverfahren oder auch generell auf alle anhängigen und zukünftigen Revisionsverfahren (Generalvollmacht) beziehen.

Die Organisationen i. S. des § 73 Abs. 2 Satz 2 Nrn. 5 – 9 dürfen nur ihre Mit- *254* glieder vertreten; eine Vertretungsbefugnis für deren Hinterbliebene besteht nur, wenn auch der soziale Schutz der Hinterbliebenen vom Zweck und Ziel der Vereinigung umfasst wird.

Hat der Prozessbevollmächtigte die für das Verfahren notwendigen Prozess- *255* handlungen vollzogen, so bleiben sie auch wirksam, wenn er danach die Vertretung niederlegt oder ihm die Prozessvertretung entzogen wird. Es ist insbesondere nicht erforderlich, dass der Revisionskläger in der mündlichen Verhandlung vor dem BSG durch einen zugelassenen Prozessbevollmächtigten vertreten ist (*BSG SozR Nr. 22 zu § 166 SGG*). Der Revisionskläger kann dann nur keine Anträge zur Niederschrift des BSG stellen. Dies alles gilt auch dann, wenn der Revisionskläger oder der Revisionsbeklagte nach Vornahme der Prozesshandlungen durch seinen zugelassenen Prozessbevollmächtigten aus der Gewerkschaft oder der Vereinigung austritt und deshalb von ihr nicht mehr – weiter – vertreten werden kann.

6.2 Revisionseinlegung
256

Behn, Zu den Formerfordernissen des Rechtsschutzbegehrens in der Sozialgerichtsbarkeit de
    lege lata und de lege ferenda, RV 1986, 1

6.2.1 Revisionsfrist

Die Revision ist bei dem BSG innerhalb eines Monats nach Zustellung des Urteils *257* oder des Beschlusses über die Zulassung der Revision schriftlich einzulegen (s. § 164 Abs. 1 Satz 1). Beschluss in diesem Sinne ist sowohl die Zulassung der Revision durch das BSG aufgrund einer Nichtzulassungsbeschwerde (s. Rn. 222) als auch der eines SG über die nachträgliche Zulassung der Sprungrevision (s. Rn. 34). Das unterschriebene und datierte Empfangsbekenntnis erbringt als öffentliche Urkunde den vollen Beweis für den Zeitpunkt der Zustellung (*BSG SozR 3-1500 § 164 Nr. 13, 4-1500 § 164 Nr. 2*). Zum Beweis der Unrichtigkeit des im Empfangsbekenntnis bescheinigten Zustellungsdatums reicht es nicht aus, dass der Zustellungsempfänger als Zeuge im Prozess aussagt, er habe das ihm zugegangene Schriftstück erst zu einem späteren Zeitpunkt mit Empfangswillen entgegengenommen (*BSG SozR 4-1500 § 164 Nr. 2*). Das Ende der Frist wird wegen eines Feiertags nur dann hinausgeschoben, wenn der betreffende Tag am Sitz des Bundessozialgerichts ein gesetzlicher Feiertag ist (*BSG SozR 3-1500 § 160a Nr. 18*). Nach der ständigen Rechtsprechung der obersten Bundesgerichte zählt die Wahrung der prozessualen Fristen zu den wesentlichen Aufgaben eines Rechtsanwalts, die er grundsätzlich eigenverantwortlich zu überwachen hat (vgl. *BSG SozR 3-1500 § 67 Nr. 13; BGH VersR 1976, 962; BVerwG NJW 1992, 852; BAG NJW 1996, 1302; BFHE 123, 14; BSG SozR 3-1500 § 67 Nr. 12 = NJW 1998, 1886*). Das schließt es zwar nicht aus, dass er die Notierung, Berechnung und Kontrolle der üblichen Fristen in Rechtsmittelsachen, die in seiner Praxis häufig vorkommen und deren Berechnung keine Schwierigkeiten macht, gut ausgebildetem und sorgfältig beaufsichtigtem Büropersonal überlässt (*BVerwG NJW 1995, 2122; BSG SozR 3-1500 § 67 Nrn. 12, 13*). Zu den Fristen, deren Feststellung und Berechnung gut ausgebildetem und sorgfältig beaufsichtigtem Büropersonal überlassen werden darf, gehört aber die in Verfahren vor dem BSG zu beachtende Rechtsmittelfrist im Allgemeinen nicht. Denn vor dem BSG treten nicht selten Anwälte auf, für die die Führung eines Revisionsverfahrens keine Routineangelegenheit darstellt, da sie eine solche Vertretung nur gelegentlich übernehmen (*BSG SozR 3-1500 § 67 Nr. 13*; zur vergleichbaren Rechtslage in Verfahren vor dem BVerwG, dem BAG und dem BFH vgl. *BVerwG NJW 1992, 852; NJW 1995, 2122; BAG BB 1995, 2118; BFH/NV 1992, 533*). Bei ihnen kann regelmäßig nicht davon ausgegangen werden, dass die von der ZPO, der VwGO und den FGO teilweise abweichenden Regelungen des Revisionsverfahrensrechts nach dem SGG ihnen und ihrem Büropersonal hinreichend vertraut sind.

258 Ist das Urteil oder der Beschluss einem Beteiligten außerhalb des Geltungsbereichs des SGG zugestellt worden, so beträgt für diesen Beteiligten in entsprechender Anwendung des § 87 Abs. 1 Satz 2 die Frist zur Einlegung der Revision drei Monate (*BSG SozR Nr. 42 zu § 164; BSG SozR 1500 § 160a Nr. 4* – zur Nichtzulassungsbeschwerde).

259 Die Revisionsfrist kann – anders als die Begründungsfrist – nicht verlängert werden.

260 Auch die Revisionsfrist beginnt nur bei ordnungsgemäßer Rechtsmittelbelehrung zu laufen. Bei Zulassung der Revision durch das BSG ist ebenfalls eine Rechtsmittelbelehrung zu erteilen (*ML § 160a Rn. 25; Hk-SGG/Lüdtke § 160a Rn. 23; Kummer Rn. 925; Breitkreuz/Fichte § 160a Rn. 78; Bley § 164 Anm. 3 Buchst. a*). Die Rechtsmittelbelehrung im Urteil eines SG, in dem die Sprungrevision zugelassen worden ist, muss auch auf die Möglichkeit der Sprungrevision hinweisen (*BSGE 45, 78, 80 = SozR 1500 § 66 Nr. 7, Aufgabe von SozR 1500 § 66 Nr. 5*). Lässt das SG die Revision im Urteil zu, so ist eine Rechtsmittelbelehrung unvollständig und daher unrichtig, wenn sie nicht auf das Erfordernis des § 161 Abs. 1 Satz 3 hinweist, wonach die schriftliche Zustimmung des Revisionsgegners zur Revision unter Übergehung der Berufungsinstanz der Revisionsschrift beizu-

fügen ist (*BSG SozR 1500 § 66 Nr. 10*). Dagegen ist bei einer noch nicht zugelassenen Sprungrevision die Rechtsmittelbelehrung des SG, die außer der Belehrung über die zulässige Berufung auch noch darauf hinweist, dass auf Antrag auch die Revision zum BSG durch Beschluss des SG zugelassen werden kann, nicht deshalb unrichtig i. S. des § 66 Abs. 2, weil sie keinen Hinweis darüber enthält, dass eine Sprungrevision nur in den Fällen des § 160 Abs. 2 Nrn. 1 und 2 zulässig sei (*BSG SozR 1500 § 66 Nr. 6*). Ein Zusatz in der Rechtsmittelbelehrung, „die Zustimmung des Gegners kann auch durch Vorlage der beglaubigten Abschrift der zur Niederschrift des Gerichts abgegebenen Zustimmungserklärung nachgewiesen werden", macht die Rechtsmittelbelehrung unvollständig; denn er besagt nicht, bis wann die beglaubigte Abschrift beim BSG eingegangen sein muss (*BSGE 58, 18, 20 = SozR 1500 § 161 Nr. 32*). Zwar ist auch eine Rechtsmittelbelehrung, die mehr als den gesetzlichen Mindestinhalt enthält, grundsätzlich geeignet, die Rechtsmittelfrist in Lauf zu setzen, sofern dadurch die Rechtsmitteleinlegung nicht erschwert und der Zusatz nicht geeignet ist, von der Rechtsmitteleinlegung abzuhalten (*BSGE 18, 20 = SozR 1500 § 161 Nr. 32*). Der Zusatz muss dann aber vollständig und richtig sein, was das BSG in dem vorstehenden Fall mit Recht verneint hat. Das Urteil des BSG führt zusätzlich aus, der Zusatz enthalte „außerdem nicht den Hinweis, dass die erforderliche Zustimmung des Gegners der Revisionsschrift" beizufügen ist (s. dazu auch Rn. 262). Nach dem wiedergegebenen Inhalt der Rechtsmittelbelehrung war darauf hingewiesen, dass das Urteil „– wenn der Gegner schriftlich zustimmt –" mit der Revision angefochten werden könne. Die Rechtsmittelbelehrung des LSG lässt demnach entgegen der Auffassung des BSG doch erkennen, dass die Vorlage der Zustimmungserklärung des Gegners eine Zulässigkeitsvoraussetzung ist. Hätte die Rechtsmittelbelehrung auch darüber unterrichtet, bis wann die Zustimmungserklärung beim BSG vorliegen muss, hätte dies wohl ausgereicht, weil es weitergehend, als aus dem Gesetz ersichtlich, durchaus genügt, wenn die Zustimmungserklärung zwar nicht der Revisionsschrift beigefügt ist, aber noch innerhalb der Revisionsfrist nachgereicht wird (s. Rn. 274). Hat das BSG übersehen, dass die Rechtsmittelbelehrung unrichtig war, und deshalb die Beschwerde (Revision) wegen Fristversäumnis als unzulässig verworfen, kann der Beschwerdeführer erneut Beschwerde einlegen, da die Beschwerdefrist nicht abgelaufen ist; gleiches gilt, wenn die Beschwerde aus anderen Gründen als unzulässig verworfen oder als unbegründet zurückgewiesen wurde; es gilt die Einjahresfrist des § 66 Abs. 2 Satz 1 (*BSG SozR 3-1500 § 66 Nr. 3*). Innerhalb der Jahresfrist muss der Rechtsbehelf jedoch sowohl eingelegt als auch begründet sein (*BSG SozR 3-1500 § 66 Nr. 5*), ein Antrag auf Verlängerung der Begründungsfrist reicht nicht aus (*BVerwG BayVBl. 1994, 188*). Das Missverstehen einer klaren Rechtsmittelbelehrung durch den Prozessbevollmächtigten geht zulasten des Klägers (*BSG Beschluss vom 4. 5. 1995 – 1 BK 16/95; BVerwG Buchholz 310 § 60 Nr. 19*).

Die Revisionsfrist hat auch Bedeutung für das Gesuch auf Prozesskostenhilfe **261** zur Einlegung der Revision; denn das Gesuch und die Erklärung über die persönlichen und wirtschaftlichen Verhältnisse des Antragstellers nach § 117 Abs. 2 ZPO i.V.m. § 73a SGG müssen innerhalb der Revisionsfrist eingereicht sein, sofern der Antragsteller nicht ohne Verschulden daran gehindert war (s. *BSG SozR 1750 § 117 Nrn. 1, 3, 4; BVerfG SozR 1750 § 117 Nrn. 2, 5, 6*). Dabei muss sich der Kläger grundsätzlich der vorgegebenen Vordrucke bedienen (*BSG SozR 1750 § 117 Nrn. 1, 3, 4*) und darf dabei sich nicht darauf verlassen, das BSG werde sie ihm auch von sich aus zusenden (*BVerfG SozR 1750 § 117 Nrn. 2, 5, 6*). Das BSG hat allerdings offen gelassen, ob es ausreicht, wenn der Kläger alle notwendigen Angaben macht, ohne aber dafür die vorgesehenen Vordrucke zu benutzen (*BSG SozR 1750 § 117 Nr. 4*).

262   Hat der Rechtsmittelführer die Frist zur Einlegung der Revision schuldlos (s. dazu auch Rn. 275) versäumt, so ist ihm unter den weiteren Voraussetzungen des § 67 Wiedereinsetzung auch dann zu bewilligen, wenn er das Rechtsmittel innerhalb von zwei Monaten nach Zustellung des angefochtenen Urteils (Zulassungsbeschlusses) nicht begründet hat; in diesem Fall steht ihm zur Begründung des Rechtsmittels eine weitere Frist von einem Monat zur Verfügung, die mit Zustellung des die Wiedereinsetzung bewilligenden Beschlusses des BSG beginnt (*BSG SozR 1500 § 164 Nr. 9*). Wiedereinsetzung in den vorigen Stand kann auch dann gewährt werden, wenn der Revisionskläger zwar die Revisionsschrift eingereicht, nicht aber die Zustimmungserklärung des Gegners rechtzeitig vorgelegt hat (*BSG SozR 3-1500 § 137 Nr. 1*).

263   *6.2.2 Revisionsschrift*

Die Revision ist schriftlich einzulegen (zur Schriftform s. Rn. 140 ff.). Die Revisionsschrift ist daher zu unterschreiben. Die Revisionsschrift einer Körperschaft oder Anstalt des öffentlichen Rechts oder einer Behörde entspricht auch dann der gesetzlichen Schriftform, wenn der in Maschinenschrift wiedergegebene Name des Verfassers mit einem Beglaubigungsvermerk versehen ist (s. zur Revisionsbegründungsschrift *GmSOGB SozR 1500 § 164 Nr. 14; BSG SozR 1500 § 164 Nr. 15*; zur Computerschrift: *BVerwG NJW 2006, 1989; BGH MDR 2005, 1182 und 2007, 481*). S. auch die VO über den elektronischen Rechtsverkehr vom 18. 12. 2006 – *BGBl. I 3219*. S. auch Kap. IV 44, VII 2. Zur Revision gegen das Urteil eines SG (Sprungrevision, § 161) s. auch Rn. 267 ff.

264   Die Revision muss das angefochtene Urteil angeben (s. § 164 Abs. 1 Satz 2 Halbsatz 1). Das SGG verlangt somit ausdrücklich nur die Angabe des angefochtenen Urteils. Gleichwohl muss aber außerdem aus der Revisionsschrift hervorgehen, wer Revisionskläger ist; er muss bezeichnet, und zwar richtig bezeichnet sein (*BSGE 50, 59, 60 = SozR 1500 § 164 Nr. 16, SozR 1500 § 164 Nr. 29*). Aber auch der Revisionsbeklagte muss bezeichnet sein (*BSG SozR 1500 § 164 Nr. 29*). Dabei genügt es freilich, wenn innerhalb der Revisionsfrist eingereichte Unterlagen dem Rechtsmittelgericht einen eindeutigen Schluss auf die Person des Rechtsmittelklägers und des Rechtsmittelbeklagten ermöglichen (*BSG SozR 1500 § 164 Nr. 29*). Es reicht aber nicht aus, wenn das Gericht (z. B. die Geschäftsstelle) durch eigene Ermittlungen die erforderlichen Angaben zur Kenntnis bekommt (*BSG SozR 1500 § 164 Nr. 29*). Das gilt auch dann, wenn die Angaben zur Kenntnis des zuständigen einzelnen Spruchkörpers oder eines seiner Mitglieder gelan-

gen *(BSG SozR 1500 § 164 Nr. 2).* Ein zulässiges Rechtsschutzbegehren erfordert im Regelfall, dass dem angerufenen Gericht die Wohnanschrift des Rechtsuchenden genannt wird; die bloße Angabe einer E-Mail-Anschrift und/oder einer Mobilfunk-Telefonnummer genügt nicht *(BSG SozR 4-1500 § 90 Nr. 1).* Können aber trotz unrichtiger Bezeichnung der Beteiligten bei dem Gericht keine vernünftigen Zweifel über die Person des Rechtsmittelklägers aufkommen, so darf die Revision nicht wegen des genannten Mangels als unzulässig verworfen werden *(BGH Beschluss vom 20.1. 2004 – VI ZB 68/03 = NJW-RR 2004, 862 –* zur Berufung). Wird eine in der Revisionsschrift angegebene ladungsfähige Anschrift im Laufe des Revisionsverfahrens unrichtig, so darf die Revision nicht aus diesem Grund allein als unzulässig abgewiesen werden; jedenfalls bei anwaltlicher Vertretung kann es ordnungsgemäß zu Ende geführt werden (so zum Klageverfahren BGH MDR 2004, 2014).

Muster für Revisionsschrift 265

In dem Rechtsstreit

Maximilian H. … , Göttingen, Jahnstraße 7,

Kläger und Revisionskläger,

Prozessbevollmächtigter: …

g e g e n

Deutsche Rentenversicherung Knappschaft-Bahn-See, Essen …
lege ich im Namen des Klägers

Revision

gegen das Urteil des Landessozialgerichts Niedersachsen vom …………. Az…………. ein.

Zugleich beantragte ich, die Frist zur Begründung der Revision um einen Monat zu verlängern, da ich noch eine eingehende Rücksprache mit dem Kläger durchführen muss, die aber erst nach meinem Urlaub vom …………… bis …………… stattfinden kann.

(Unterschrift)

(Möglichst Name auch in
Maschinenschrift, falls Sozietät)

Eine Ausfertigung oder beglaubigte Abschrift des angefochtenen Urteils soll bei- 266 gefügt werden, sofern dies nicht schon nach § 160 a Abs. 1 Satz 3 (mit der Beschwerdeschrift) geschehen ist (s. § 164 Abs. 1 Satz 2 Halbsatz 2). Die Verletzung dieser Sollvorschrift ist jedoch ohne Folgen für die ordnungsgemäße Einlegung der Revision.

6.2.3 Zustimmungserklärung des Gegners für die Sprungrevision 267

Bepler, Die Gegnerzustimmung zur Sprungrevision – ein Verfahrensvergleich, NJW 1989, 686; Meyer, Die Zustimmungserklärung zur Einlegung der Sprungrevision, NZS 1995, 356; s. auch Rn. 30 ff.

Ist die Sprungrevision vom SG im Urteil zugelassen, so ist die Zustimmung des 268 Gegners zur Einlegung der Sprungrevision der Revisionsschrift beizufügen

(s. § 161 Abs. 1 Satz 3). Ist die Revision durch Beschluss des SG nachträglich zugelassen worden, bedarf es nicht einer nochmaligen Zustimmungserklärung, da die Zustimmung bereits dem Antrag beizufügen war, die Revision nachträglich durch Beschluss zuzulassen. Hat allerdings die Zustimmung dem Antrag auf nachträgliche Zulassung der Sprungrevision durch Beschluss nicht vorgelegen, so ist der Beschluss zwar dennoch bindend (s. Rn. 38), aber die Zustimmung ist dann der Revisionseinlegung beizufügen, da die Zustimmung in jedem Fall erforderlich ist. Die Wirksamkeit der Zustimmung hat das BSG zu prüfen (*BSG SozR 3-1500 § 161 Nr. 13*). Zur Frage, wer Gegner i. S. dieser Vorschrift ist, s. Rn. 30.

269 **Schriftliche Zustimmung**

Die Zustimmung ist schriftlich zu erteilen, was auch mit Telefax erfolgen kann (*BSGE 70, 197, 198 = SozR 3-7833 § 1 Nr. 7; BSG SozR 3-1500 § 161 Nr. 10, 12 und 13*, auch dann, wenn Zustimmung per Telefax an Revisionskläger erteilt und dieser dieses Fax wiederum an das BSG als Telefax weiterleitet; *Meyer NZS 1995, 356, 359*; s. auch die VO über elektronischen Rechtsverkehr vom 18. 12. 2006 – *BGBl. I 3219* – und Kap. VI 44, VI 2); ein Beglaubigungsvermerk auf einer Abschrift oder Fotokopie reicht, ist aber erforderlich (*BSG SozR 3-2200 § 1304a Nr. 1, 3-1500 § 161 Nrn. 2, 3 und 11*; ablehnend *Meyer NZS 1995, 396, 398*). Der Beglaubigungsvermerk musste den Anforderungen einer öffentlichen Urkunde entsprechen (*BSG NJW 1996, 678*); deshalb genügte (s. aber auch unten) eine vom Rechtsanwalt selbst „beglaubigte" Fotokopie nicht (*BGHZ 92, 76; BSG NJW 1996, 678*). Entgegen der Ansicht von *May (Seite 225 Rn. 324)* setzte sich der BGH mit dieser Entscheidung nicht in Gegensatz zum GS des BSG (*BSGE 12, 230* – nicht wie bei May zitiert Seite 237 – = *SozR Nr. 14 zu § 161 SGG*), da der BGH in der „Beglaubigung" durch einen Rechtsanwalt nur keine öffentliche Beglaubigung sah. Dazu hatte der GS des BSG aber ebenso wie die bei May außerdem zitierte Entscheidung in *BSGE 20, 154, 155 = SozR Nr. 17 zu § 161 SGG* nicht Stellung genommen. Eine vom prozessbevollmächtigten Rechtsanwalt beglaubigte Abschrift einer gerichtlichen Ausfertigung der vorinstanzlichen Sitzungsniederschrift lässt das BSG ausreichen (*BSGE 89, 271, 272 = SozR 3-2500 § 33 Nr. 43*). Dieser Auffassung wird zugestimmt (ebenso *Breitkreuz/Fichte § 161 Rn. 23*). Eine unnötige Formstrenge erübrigt sich, da der Revisionsgegner im Revisionsverfahren ggf. geltend machen kann, die beglaubigte Abschrift sei falsch, er habe nicht eingewilligt. Die darüber hinausgehende Auffassung in dieser Entscheidung, dass auch eine nicht beglaubigte Fotokopie ausreiche, hat das BSG aufgegeben (*BSG SozR 3-1500 § 161 Nr. 3*). Auch die Abschrift der Sitzungsniederschrift, in der die Zustimmung vermerkt ist, muss beglaubigt sein (*BSGE 12, 230; BSG Urt. v. 8. 3. 1993 – 4 RA 12/92; BVerfG Beschluss vom 27. 7. 1993 – 1 BvR 839/93*). Die unbeglaubigte Fotokopie einer Seite des Urteils des SG, auf der die Zustimmung erwähnt ist, reicht nicht aus (*BSG Urt. v. 4. 3. 1993 – 4 Ra 28/92*).

Für die Zustimmung gilt kein Vertretungszwang (s. Rn. 236). Maßgebend sind die allgemeinen verfahrensrechtlichen Grundsätze. Die Zustimmung kann auch schon zur Niederschrift des SG in der mündlichen Verhandlung erklärt werden (*BSGE 12, 230 – GS = SozR Nr. 14 zu § 161 SGG*).

Regt ein Beteiligter in der mündlichen Verhandlung vor dem SG an, die **270** Sprungrevision zuzulassen, so stimmt er damit aber noch nicht der Einlegung der Sprungrevision durch den Gegner zu (*BSG SozR 1500 § 161 Nrn. 3, 5*). Strenge Anforderungen an die Eindeutigkeit einer Zustimmungserklärung zur Einlegung der Revision schon vor Erlass des Urteils des SG sind vor allem deshalb zu stellen, weil ein sachkundiger und vorsichtiger Beteiligter und damit auch ein ordnungsgemäß handelnder Prozessbevollmächtigter seine Zustimmung zur Sprungrevision insbesondere im Hinblick auf § 161 Abs. 4 erst nach genauem Studium der schriftlichen Entscheidungsgründe des Urteils des SG geben wird (s. dazu Rn. 35).

Jedoch ist es prozessual zulässig, schon vor Verkündung und Erlass des Urteils **271** des SG die Zustimmung zur Einlegung der Sprungrevision zu erklären (*BSGE 12, 230, 233, 236 = SozR Nr. 14 zu § 161 SGG; BSG SozR 1500 § 161 Nr. 5; BSG SozR 3-2200 § 1304a Nr. 1*; mit Recht die Grenzen besonders betonend *BSG Urt. v. 12. 3. 1996 – 1 RK 13/95 = WzS 1997, 120 = VersR 1997, 1030*: in der Regel nicht). Allerdings muss die Erklärung mit hinreichender Deutlichkeit ergeben, dass nicht nur die Zulassung angeregt, sondern auch schon der Einlegung der Revision zugestimmt wird (*BSG SozR 1500 § 161 Nr. 29, 4-1500 § 161 Nr. 1; BVerwG Buchholz 310 § 134 Nr. 29 und 41*). Das ist nach der Rechtsprechung des BSG nicht nur bei einer Anregung auf Zulassung der Revision, sondern auch dann nicht der Fall, wenn nach der Sitzungsniederschrift des SG die Beteiligten übereinstimmend erklärten, der „Zulassung zur Revision" werde zugestimmt (*BSG SozR 1500 § 161 Nr. 29, SozR 3-1500 § 161 Nr. 7; BVerwG DÖV 1993, 205; BSG Urteil vom 12.3. 1996 – 1 RK 13/95* – ablehnend *Meyer NZS 1995, 356, 358*). Diese Erklärung ist prozessual bedeutungslos, da das SG die Sprungrevision im Urteil auch dann zulassen darf, wenn alle Beteiligten sich dagegen ausgesprochen haben. Entscheidend ist jedoch, dass der zuletzt angeführten Erklärung eben nicht mit der notwendigen Deutlichkeit entnommen werden kann, ob sie dem SG nur aus der Sicht der Beteiligten nahe legen soll, die Revision zuzulassen, sondern ob bereits die Zustimmung zur Einlegung durch den Gegner erklärt werden soll. Der Antrag in einem Schriftsatz oder zur Niederschrift in der mündlichen Verhandlung, die Revision zuzulassen, ist eindeutig dahin, dass damit der Einlegung der Revision durch den Gegner noch nicht zugestimmt wird. Erst recht gilt dies, wenn lediglich angeregt wird, die Revision zuzulassen. Vorsicht ist eben nur dann geboten, wenn ein Beteiligter einem entsprechenden Antrag oder einer entsprechenden Anregung eines anderen Beteiligten beitritt. Hier sollte der Beteiligte bzw. sein Prozessbevollmächtigter eindeutig erkennen lassen, dass er lediglich diesem Antrag beitritt, etwa mit dem Hinweis, „auch ich" bzw. „auch der Kläger" beantragt bzw. regt an, die Revision zuzulassen. Die nach Zustellung des vollständigen Urteils aber vor Zulassung der Sprungrevision erklärte Zustimmung des Rechtsmittelgegners zur Sprungrevision ist dagegen regelmäßig als Zustimmung zur Einlegung der Sprungrevision zu verstehen (*BSG SozR 3-4100 § 249c Nr. 2;*

BSG Urt. v. 12. 3. 1996 – 1 RK 13/95 = WzS 1997, 120 = VersR 1997, 1030). Die Zustimmung sollte stets erst nach Vorliegen des vollständigen Urteils erteilt werden (s. Rn. 31, 270).

272 **Beifügung der Zustimmung**

Die Zustimmung des Gegners ist, wenn die Revision im Urteil zugelassen ist, der Revisionsschrift beizufügen. Ist sie – zulässigerweise (s. u. a. *BSG SozR 1500 § 161 Nr. 29*) – zur Niederschrift in der mündlichen Verhandlung vor dem SG erteilt, bedarf es der Vorlage einer beglaubigten Abschrift des Protokolls (*BSG SozR Nr. 12 zu § 161 SGG; BSGE 12, 230 – GS – SozR Nr. 14 zu § 161 SGG*). Anders als in den vorstehend angeführten Entscheidungen, hat es sich aber nicht nur um eine Abschrift gehandelt. Wohl deshalb hat es das BSG in seinem Urteil vom 7. 9. 1989 (*SozR 2200 § 1268 Nr. 33*) offen gelassen, ob eine nicht beglaubigte Fotokopie der Sitzungsniederschrift ausreicht. In dem Urteil des BSG vom 11. 6. 1992 (*SozR 3-1500 § 161 Nr. 2*) wird die Beglaubigung vorausgesetzt (so auch ausdrücklich *BVerfG SozR 3-1500 § 161 Nr. 5*: keine verfassungsrechtlichen Bedenken). Ein Telefax reicht ebenfalls aus (*BSG SozR 3-1500 § 161 Nr. 10*). S. auch die VO über den elektronischen Rechtsverkehr vom 18. 12. 2006 – *BGBl. I 3219.*

273 Über den Wortlaut des § 161 Abs. 1 Satz 3 hinaus, aber nach Sinn und Zweck dieser Vorschrift lässt es das BSG in Übereinstimmung mit dem Schrifttum ausreichen, wenn in der Revisionsschrift auf die in den Akten des SG befindliche Urschrift der schriftsätzlich oder zur Niederschrift in der mündlichen Verhandlung erteilten Einwilligungserklärung verwiesen wird und diese Akten noch vor Ablauf der Revisionsfrist beim Revisionsgericht eingegangen sind (*BSG SozR 1500 § 161 Nrn. 2, 8, SozR 3-1500 § 161 Nr. 2; BSG SozR 4-5425 § 25 Nr. 4; ML § 161 Rn. 10a; Hk-SGG/Lüdtke § 161 Rn. 4*). Auch bei einer Protokollberichtigung dahin, dass der Rechtsmittelgegner der Einlegung der Revision zustimmt, muss das berichtigte Protokoll noch innerhalb der Revisionsfrist beim BSG vorliegen (*ML § 161 Rn. 10a; BVerwG Buchholz 310 § 134 Nr. 23*). Da das Risiko des rechtzeitigen Eingangs der Akten den Revisionskläger trifft, sollte dieser Weg der notwendigen Beifügung der Zustimmungserklärung tunlichst nicht beschritten werden, vor allem dann nicht, wenn schon ein Teil der Revisionsfrist von – insgesamt nur – einem Monat verstrichen ist. Gegebenenfalls ist vorsorglich eine erneute schriftliche Zustimmungserklärung des Gegners einzuholen und vorzulegen. Es reicht auch nicht allein aus, dass die Akten des SG noch rechtzeitig beim BSG eingegangen sind; der Revisionskläger muss zumindest noch während der Revisionsfrist auf die Zustimmungserklärung hinweisen (*BSG SozR 1500 § 161 Nr. 8; ML § 161 Rn. 10a; Hk-SGG/Lüdtke § 161 Rn. 5*). Die Beifügung einer Ausfertigung oder beglaubigten Abschrift des Urteils des SG reicht auch dann nicht aus, wenn nur in dem Urteil ausgeführt ist, der Revisionsgegner habe der Sprungrevision zugestimmt; das Gesetz verlangt die Beifügung der Erklärung selbst (*BSG SozR 150 § 161 Nr. 8*).

Nach dieser Rechtsprechung ist ausreichend, wenn eine versehentlich nicht 274
beigefügte Zustimmungserklärung noch innerhalb der Revisionsfrist nachgereicht
wird (*BSG SozR 1500 § 161 Nr. 3; BSG SozR 4-4200 § 7 Nr. 15; BVerwG FamR
1995, 703 = Buchholz 436.36 § 36 Nr. 14*). Dies wird auch dann gelten, wenn in
der Revisionsschrift zunächst überhaupt nicht die notwendige Zustimmungserklärung erwähnt wird, später aber noch innerhalb der Revisionsfrist der Hinweis
nachgeholt wird und die Zustimmungserklärung beigefügt ist oder bereits vorliegt.

Hat der Revisionskläger die Zustimmungserklärung nicht innerhalb der Revi- 275
sionsfrist in dem oben dargelegten Sinne vorgelegt, so kann ihm Wiedereinsetzung in den vorigen Stand gewährt werden (*BSG SozR 3-1500 § 137 Nr. 1* unter
Aufgabe von *BSG SozR 1500 § 67 Nr. 11; ML § 161 Rn. 10a*).

6.3 Revisionsbegründung 276
Plagemann, Stichworte zur Revisionsbegründung, DRV 1988, 120

6.3.1 Revisionsbegründungsfrist
Frist
Die Revision ist innerhalb von zwei Monaten nach Zustellung des Urteils oder 277
des Beschlusses über die Zulassung der Revision zu begründen (§ 164 Abs. 2
Satz 1). Ist das Urteil oder der Beschluss einem Beteiligten außerhalb des Geltungsbereichs des SGG zugestellt worden, so beträgt für diesen Beteiligten in entsprechender Anwendung des § 87 Abs. 1 Satz 2 die Frist zur Einlegung der Begründung der Revision vier Monate (*BSG SozR Nr. 42 zu § 164, SozR 1500
§ 160a Nr. 4*).

Ebenso wie bei der Nichtzulassungsbeschwerde ist der Lauf der Begründungs- 278
frist nicht von der Einlegung der Revision, sondern von der Zustellung des Urteils oder des Beschlusses des SG abhängig.

Hat ein Rechtsmittelführer die Frist zur Einlegung der Revision schuldlos ver- 279
säumt (s. dazu *BSG SozR 3-1500 § 67 Nr. 12 und 15*), so ist ihm unter den weiteren Voraussetzungen des § 67 Wiedereinsetzung auch dann zu bewilligen, wenn
er das Rechtsmittel innerhalb von zwei Monaten nach Zustellung des Urteils oder
Beschlusses nicht begründet hat; in diesem Fall steht ihm zur Begründung des
Rechtsmittels eine weitere Frist von einem Monat zur Verfügung, die mit Zustellung des die Wiedereinsetzung bewilligenden Beschlusses des BSG beginnt (*BSG
SozR 1500 § 164 Nr. 9*). Auch hier ist eine Wiedereinsetzung selbst dann noch
möglich, wenn die Revision bereits als unzulässig verworfen wurde. Eine als
Telekopie übermittelte Revisionsbegründung wird beim Revisionsgericht i.S. von
§ 554 Abs. 2 S. 1 ZPO „eingereicht", sobald die Empfangssignale vom Telefaxgerät des Gerichts vollständig aufgezeichnet worden sind. Unerheblich ist, ob das
nach Dienstschluss der Geschäftsstelle geschieht; ein vom Geschäftsstellenbeam-
ten nach Wiederaufnahme des Dienstes angebrachter Vermerk, in dem als Ein-
gangsdatum der Tag bezeichnet wird, an dem ihm der Ausdruck des gerichtlichen

Telefaxgeräts vorgelegt worden ist, ist für die Beurteilung der Einhaltung der Revisionsbegründungsfrist unbeachtlich (*BAG MDR 1999, 1333*).

Verlängerung der Begründungsfrist

280   Die Begründungsfrist kann auf einen vor ihrem Ablauf gestellten Antrag von dem Vorsitzenden verlängert werden (§ 164 Abs. 2 Satz 2; s. Muster Rn. 265). Der Antrag unterliegt dem Vertretungszwang (s. Rn. 235). Anders als bei der Verlängerung der Frist zur Begründung der Nichtzulassungsbeschwerde (s. § 160a Abs. 2 Satz 2; s. Rn. 166), ist die Verlängerung nicht auf einen Monat beschränkt. Es kommt eine längere und auch eine wiederholte Verlängerung in Betracht (*ML § 164 Rn. 8; Jansen/Frehse § 164 Rn. 12; Hk-SGG/Lüdtke § 164 Rn. 9; Breitkreuz/Fichte § 164 Rn. 26*).

281   Auch hier ist es entscheidend (s. Rn. 167), dass der Antrag auf Verlängerung vor Ablauf der gesetzlichen oder bei wiederholter Verlängerung vor Ablauf der bereits verlängerten Begründungsfrist gestellt ist, die Entscheidung kann auch danach erfolgen.

282   Die Entscheidung steht im Ermessen des Vorsitzenden. In der Regel wird die Fristverlängerung gewährt, sodass der Revisionskläger bei dem ersten Verlängerungsantrag darauf vertrauen kann, dass ihm stattgegeben wird (*ML § 164 Rn. 8; Hk-SGG/Lüdtke § 164 Rn. 10; Jansen/Frehse § 164 Rn. 12*). Die vom Senatsvorsitzenden bestimmte Frist ist auch dann maßgebend, wenn sie irrtümlich länger als beantragt festgesetzt (*BSG SozR Nr. 41 zu § 164* – nur Leitsatz) oder aber kürzer als beantragt ist (*BGH Beschluss vom 15. 8. 2007 – XII ZB 82/07*). Bei einer Verlängerung von mehr als zwei Monaten oder einer erneuten Verlängerung sind verstärkt die Interessen des Gegners zu beachten, mit dem Ablauf der Begründungsfrist Klarheit auch darüber zu erhalten, auf welche Gründe sich die Revision stützt und welche tatsächlichen Feststellungen des LSG angegriffen werden. Es ist deshalb dringend zu empfehlen, den wiederholten Antrag auf Verlängerung in diesen Fällen nicht nur ganz kurz zu begründen. Der Revisionskläger kann aber nicht darauf vertrauen, dass eine zweite Verlängerung der Begründungsfrist ohne Einwilligung des Revisionsbeklagten erfolgt (s. zur Berufung *BGH MDR 2004, 765*). Der Prozessbevollmächtigte kann verpflichtet sein, die vorgesehene Fristverlängerung zu beantragen, wenn damit eine Wiedereinsetzung in den vorigen Stand wegen Versäumung der Begründungsfrist vermieden wird (*BSG SozR 1500 § 67 Nr. 16*). Eine rechtzeitig eingelegte, aber nicht fristgerecht begründete Revision kann als Anschlussrevision an die Revision des Rechtsmittelklägers rechtswirksam sein (*BSG SozR Nr. 56 zu § 164 SGG*).

283   Legt ein beim BSG zugelassener Prozessbevollmächtigter die Revision mit einem Gesuch um Prozesskostenhilfe für seinen Auftraggeber ein, ohne zum Ausdruck zu bringen, dass seine Vertretung mit dem Einlegen der Revision endet oder dass sie nur auf den Antrag auf Prozesskostenhilfe beschränkt ist, so muss er die Revision auch fristgerecht begründen; versäumt er dies, so ist die gesetzliche Verfahrensfrist zur Begründung der Revision nicht ohne Verschulden ver-

säumt (vgl. *BSG SozR Nr. 10 zu § 67 SGG, SozR 1500 § 160 a Nr. 8* zur Nichtzulassungsbeschwerde, s. auch Rn. 156). Will eine Prozessbevollmächtigter mit Rücksicht auf die noch ausstehende Entscheidung über die Bewilligung von Prozesskostenhilfe die Revisionsbegründung noch nicht vornehmen, ist er verpflichtet, die gesetzlich vorgesehene Verlängerung der Revisionsbegründungsfrist rechtzeitig zu beantragen (*BSG Beschluss vom 29. 9. 1993 – 11 RAr 39/93*).

6.3.2 Begründung

Die Revision kann nur darauf gestützt werden, dass das angefochtene Urteil auf   *284*
der Verletzung einer Vorschrift des Bundesrechts oder einer sonstigen im Bezirk des Berufungsgerichts geltenden Vorschrift beruht, deren Geltungsbereich sich über den Bezirk des Berufungsgerichts hinaus erstreckt (§ 162). Hat das Revisionsurteil über mehrere selbstständige Streitgegenstände zu entscheiden, muss die Begründung für jeden von ihnen gegeben werden (*BSG Urteil vom 24. 10. 1996 – 4 RA 27/95*).

6.3.2.1 Verletzung einer Rechtsnorm

Die Revision kann nur auf die Verletzung einer Vorschrift des in § 162 angeführ-   *285*
ten Rechts und damit nur auf die Verletzung einer Rechtsnorm gestützt werden. Dazu gehören u. a. das GG und Gesetze, Verordnungen, Gewohnheitsrecht und Satzungen öffentlich-rechtlicher Körperschaften. Da der Revisionskläger eine Verletzung der Rechtsnorm ihm gegenüber geltend machen muss, kommen auch nur ihm gegenüber geltende Rechtsnormen in Betracht, sodass schon deshalb innerdienstliche Verwaltungsvorschriften und Richtlinien keine Rechtsnormen i. S. des § 162 enthalten, erst recht nicht Rundschreiben z. B. von Verbänden der Sozialversicherungsträger. Eine Rechtsänderung ist im Revisionsverfahren grundsätzlich auch dann beachtlich, wenn sie das Rechtsverhältnis gestaltet, auf dessen Feststellung die Klage gerichtet ist; in der Einbeziehung der neuen oder geänderten Rechtsverordnung in den Feststellungsantrag liegt daher in aller Regel keine nach § 142 Abs. 1 Satz 1 VwGO unzulässige Klageänderung (*BVerwG Buchholz 442.42 § 27 a LuftVO Nr. 2*).

Nicht gestützt werden kann die Revision auf eine abweichende Beurteilung   *286*
von Tatfragen (s. auch Rn. 307). Die Abgrenzung zwischen Rechts- und Tatfragen ist nicht leicht und oft nicht eindeutig zu treffen (vgl. *May S. 454 ff; Dreher in Festschrift 50 Jahre BSG, 2004, Seite 791 ff.*). Das BSG hat u. a. ausgeführt (*SozR 3-4100 § 64 Nr. 3*): „Tatsachenfeststellungen als Bestandteil der vom Gericht vorzunehmenden Subsumtion unter Rechtssätze sind alle Feststellungen zum Vorhandensein, zum Fehlen und zur gegenseitigen Abhängigkeit von vergangenen, gegenwärtigen, zukünftigen oder hypothetischen Geschehnissen, die entweder zum Zeitpunkt des Geschehens selbst mit den menschlichen Sinnen wahrnehmbar sind bzw. wären – äußere Tatsachen – oder zumindest dadurch erfahrbar sind bzw. wären, dass auf ihr Vorhandensein oder ihr Fehlen aus wahrnehmbaren Geschehnissen geschlossen werden kann bzw. könnte – innere Tatsachen – (vgl. zum Ganzen: *May, Die Revision, 1995, S. 416 ff., Rz. 322*). Ob und welche Tatsachen-

feststellungen vorliegen, ist indes deshalb häufig schwierig zu beurteilen, weil Sprache als Kommunikationsmittel nicht in der Lage ist, wahrnehmbare bzw. erfahrbare Geschehnisse exakt zu umschreiben. Der Gebrauch eines Begriffs als eines Elementes der Sprache verlangt nämlich immer einen Verständniskonsens zwischen Anwender und Adressaten (Hörer, Leser). Bei einem Verständnisdissens müssen demgemäß die zu gebrauchenden Begriffe erst definitorisch verfeinert und – theoretisch unbeschränkt – zergliedert werden; bei der Definition eines Begriffes bewegt man sich dann aber auf einer oberhalb der konkreten Ebene der Tatsachenfeststellung liegenden abstrakten Ebene der Rechtsanwendung, die vom Revisionsgericht überprüfbar ist (vgl. *May, Die Revision, 1995, S. 418 Rz. 327; Nierwetberg, JZ 1983, 237, 240)*". S. auch *BSGE 84, 90, 94 = SozR 3-2500 § 18 Nr. 4; BSG SozR 3-2500 § 34 Nr. 4.*

Das bedeutet für eine Entscheidung über die Frage, ob die Ausführungen im Urteil eines Instanzgerichts Tatsachenfeststellungen enthalten, dass die gebrauchten Begriffe darauf untersucht werden müssen, welchen Inhalt an wahrnehmbaren und erfahrbaren Vorgängen sie aufgrund eines begrifflichen Vorverständnisses, also unterhalb der Definitionsebene, umschreiben. Lässt sich ein solcher Inhalt nicht ermitteln, weil zweifelhaft ist, von welchem Begriffsverständnis das Vordergericht ausgegangen ist, fehlt es an für die Revisionsinstanz verbindlichen Tatsachenfeststellungen (*Gottwald, Die Tatfrage, 1966, S. 177*); ist die Definition selbst Gegenstand der Revision, handelt es sich um eine vom Revisionsgericht zu entscheidende Rechtsfrage.

Bei einer Willenserklärung, wozu auch der sachlich-rechtliche Inhalt einer gerichtlichen Vereinbarung gehört, ist z. B. zu unterscheiden zwischen der Feststellung, was der Erklärende erklären wollte (innerer Wille) und was er tatsächlich erklärt hat, dies ist Tatfrage (*BSG SozR 1500 § 163 Nr. 2; BSGE 43, 37, 39 = SozR 2200 § 1265 Nr. 24; 48, 56, 58 = SozR 2200 § 368a Nr. 5; ML § 162 Rn. 3a; Bley § 162 Anm. 4 Buchst. b, bb; May S. 401*; zum Erklärungsinhalt eines Verwaltungsaktes s. *BVerwG Buchholz 310 § 137 Abs. 2 Nr. 12*), und der rechtlichen Auslegung der festgestellten Willenserklärung, dies ist eine vom BSG nachprüfbare Rechtsfrage (*BSGE 48, 56, 58*). Bei der Feststellung des Gesagten und Erklärten kann vom BSG nur geprüft werden, ob das Tatsachengericht bei seinen Feststellungen Verfahrensvorschriften, insbesondere Denkgesetze oder Erfahrungssätze (s. dazu auch unten), verletzt hat (*BSGE 43, 37, 39; BSG SozR 1500 § 163 Nr. 2; BSG Beschluss vom 24. 9. 1993 – 4 BA 69/93 – und vom 4. 5. 1999 – R 2 U 9/98 R*). Hat das Landessozialgericht ohne Verstoß gegen die Auslegungsregeln festgestellt, was die Parteien einer Unterhaltsvereinbarung anlässlich eines Scheidungsverfahrens unter dem Begriff „Notbedarf" verstanden hatten, so ist das Bundessozialgericht an diese Auslegung gebunden (*BSG SozR 3-2200 § 1265 Nr. 13*). Zur Auslegung eines Vergleichs s. *BSG SozR 3-4100 § 141b Nr. 10. In BSGE 48, 56, 58* ist darüber hinaus allgemein die richtige Anwendung von Auslegungsgrundsätzen als nachprüfbare Rechtsfrage bei öffentlich-rechtlichen Erklärungen (Verwaltungsakten) bezeichnet. Der 10. Senat des BSG geht noch weiter und nimmt bei „typischen Erklärungen" in Vordrucken überhaupt keine Beschränkung für die Nachprüfbarkeit durch das BSG an (*BSGE 63, 167, 171 = SozR 5870 § 10 Nr. 9*). Das Revisionsgericht hat vorinstanzliche Prozesserklärungen (hier: Antrag auf Wiedereinsetzung) selbstständig auszulegen (*BGH HFR 2002, 1140*).

Bei der Entscheidung über einen Arbeitsunfall ist zu unterscheiden: Die Feststellungen, bei welchen Verrichtungen der Versicherte verunglückt ist, sind Tatfragen. Ob aber – gestützt auf diese Feststellungen – ein innerer Zusammenhang mit der versicherten Tätigkeit steht, ist eine Rechtsfrage. Eine Tatfrage ist es wiederum, ob das Verhalten des Betroffenen nach den festgestellten Umständen des Einzelfalles leicht oder grob fahrlässig war; dagegen ist es eine Rechtsfrage, ob das SG oder LSG den Rechtsbegriff der leichten und den der groben Fahrlässigkeit richtig angewandt hat (*BSGE 47, 180, 181 = SozR 2200 § 1301 Nr. 8; ML § 162 Rn. 3*). Spezielle Erfahrungssätze beruhen regelmäßig auf Tatsachenfeststellungen; diese kann nur das Tatsachengericht treffen (*BSG SozR 1500 § 162 Nr. 7*).

Das BSG hat jedoch in seinem Urteil vom 27. 6. 2006 (*SozR 4-2700 § 9 Nr. 7*) einschränkend ausgeführt: Wissenschaftliche Erkenntnisse zu den Möglichkeiten der Krankheitsverursachung durch schädliche Einwirkungen am Arbeitsplatz seien keine Tatsachen des Einzelfalles, sondern allgemeine (generelle) Tatsachen, die für alle einschlägige BK-Fälle gleichermaßen von Bedeutung sind. Ihre Ermittlung diene nicht nur der Anwendung allgemeiner oder spezieller Erfahrungssätze auf einen konkreten Sachverhalt. Vielmehr gehe es um die Feststellung sog. Rechtstatsachen, die für die Auslegung, d.h. für die Bestimmung des Inhaltes einer Rechtsnorm – hier der BK Nr. 2110 Anl. BKV – benötigt werden. Solche Rechtstatsachen unterlägen nicht der in § 163 angeordneten Bindung des Revisionsgerichts an tatrichterliche Feststellungen. Mit dem Zweck der Revision, die Einheit des Rechts zu wahren und eine einheitliche Rechtsprechung zu gewährleisten, wäre es nicht vereinbar, wenn eine Rechtsvorschrift des Bundesrechts von den LSGen unterschiedlich ausgelegt werden könnte, ohne dass das Ergebnis der Auslegung einer revisionsgerichtlichen Prüfung zugänglich wäre. Es obliege deshalb dem BSG, Feststellungen, die der Konkretisierung einer im Tatbestand der BK geforderten arbeitstechnischen Voraussetzungen dienen, auf ihre Richtigkeit und Vollständigkeit zu überprüfen. Stützt sich die Beurteilung des Ursachenzusammenhangs zwischen Einwirkungen und Erkrankungen bei einer Berufskrankheit auf medizinische Erfahrungssätze (hier: „belastungskonformes Schadensbild" bei einer bandscheibenbedingten Erkrankung der Lendenwirbelsäule), so ist darzulegen, dass diese dem aktuellen Stand der wissenschaftlichen Erkenntnisse entsprechen (*BSG SozR 4-2700 § 9 Nr. 9*). Die Frage, ob bei der Berufsgruppe der Straßenbauarbeiter Bronchialkarzinome durch ihre Arbeit häufiger auftreten als bei der übrigen Bevölkerung, betrifft eine schwierige Tatsache auf dem Gebiet der medizinischen Wissenschaft; sie ist keine Rechtsfrage von grundsätzlicher Bedeutung i. S. des § 160 Abs. 2 Nr. 1 SGG (*BSG Beschluss vom 30. 6. 1993 – 2 BU 212/ 92*). Die Verfassungsbeschwerde gegen den Beschluss wurde nicht zur Entscheidung angenommen (*vgl. BVerfG Beschluss vom 31. 8. 1993 – 1 BvR 1280/93*). In Zweifelsfällen wird der Prozessbevollmächtigte versuchen, die maßgebenden Ausführungen im Urteil, bei denen fraglich ist, ob sie tatsächliche Feststellungen sind, sowohl mit Rügen gegen tatsächliche Feststellungen anzugreifen als auch zugleich eine Verletzung von Rechtsnormen geltend zu machen.

287 Die Revision gegen ein Urteil des SG – Sprungrevision – kann auf Mängel des Verfahrens nicht gestützt werden (s. § 161 Abs. 4; Näheres s. Rn. 35 und 344).

288 6.3.2.2 Revisibles Recht

Kirchhof, Paul, Revisibles Verwaltungsrecht, in: System des verwaltungsgerichtlichen Rechtsschutzes, 1985 (Festschrift für Chr.-Fr. Menger), S. 813

Selbst wenn aber eine Rechtsnorm als verletzt angesehen wird, reicht dies allein noch nicht aus, um die Revision darauf stützen zu können. Es muss sich für die Entscheidung des Revisionsgerichts um revisibles Recht handeln. Ist dies nicht der Fall, so ist die Revision zwar unbegründet, aber nicht unzulässig (*BSGE 55, 115, 116 = SozR 1500 § 162 Nr. 17*).

Bundesrecht

289 Die Revision kann auf eine Verletzung des Bundesrechts gestützt werden. Dazu gehören Bundesgesetze, Verordnungen und mit Rechtswirkung nach außen versehene allgemeine Verwaltungsvorschriften eines Bundesorgans. Zum Bundesrecht gehören auch die allgemeinen Regeln des Völkerrechts (s. Art. 25 GG) und Staatsverträge zwischen der Bundesrepublik Deutschland und anderen Staaten (*ML § 162 Rn. 4a; Kummer Rn. 329*) und somit auch die Sozialversicherungsabkommen. Soweit Gewohnheitsrecht in den Bereich der Zuständigkeit des Bundes fällt, ist es Bundesrecht. Dazu zählen auch die allgemeinen Grundsätze des Verwaltungsrechts, Rechtsgrundsätze (z. B. Grundsätze von Treu und Glauben: *BVerG Buchholz 310 § 137 Abs. 1 Nr. 21; Kummer Rn. 332*) und Erfahrungssätze, soweit sie Bundesrecht ergänzen und auslegen (*ML § 162 Rn. 4a; Bley § 162 Anm. 4 Buchst. b, bb*). Die Entscheidung z. B. darüber, ob ein Verwaltungsakt ausreichend bestimmt ist, betrifft Bundesrecht, wenn es sich um einen Verwaltungsakt handelt, der auf Bundesrecht beruht. Eine an sich irrevisible Rechtsnorm wird nach der Rechtsprechung des BSG somit nicht dadurch revisibel, dass die Verletzung allgemeiner Auslegungsregeln gerügt wird (*BSGE 55, 115, 116 = SozR 1500 § 162 Nr. 17; 62, 131, 135 = SozR 4100 § 141b Nr. 40; BSG SozR 4-2500 § 112 Nr. 3*; kritisch *Hk-SGG/Lüdtke § 162 Rn. 12*).

290 Ob das Recht der Europäischen Gemeinschaft Bundesrecht (*ML § 162 Rn. 4b; Breitkreuz/Fichte § 162 Rn. 5; Kummer Rn. 329*) oder jedenfalls sonstiges über den Bereich eines LSG hinausgehendes Recht ist (s. Rn. 294), ist für die Praxis ohne Bedeutung. Da das supranationale Recht aufgrund eines multilateralen Staatsvertrages unmittelbar für die gesamte Bundesrepublik Deutschland gilt, wird es als Bundesrecht anzusehen sein (*BVerwG 35, 277*, offen gelassen, jedenfalls revisibel; *Hk-SGG/Lüdtke § 162 Rn. 10*: vor allem aus Bundesrecht abgeleitet).

291 Ausländisches Recht ist kein Bundesrecht und auch kein sonstiges Recht i. S. des § 162 (*BSG SozR 2200 § 1265 Nr. 71, SozR 5050 § 15 Nr. 38; ML § 162 Rn. 6c;*

Jansen/Frehse § 162 Rn. 6). Dies gilt auch für die Entscheidung über einen nach ausländischem Recht bestehenden Unterhaltstitel (*BSG SozR 2200 § 1265 Nr. 71, SozR 5050 § 15 Nr. 38*). Zu Gesetzen vor Inkrafttreten des GG s. u. a. H Anm. zu § 162.

Die autonomen Satzungen öffentlich-rechtlicher Körperschaften und Anstal-   292
ten des Bundes sind (s. aber auch Rn. 296) kein Bundesrecht, selbst wenn sie auf bundesrechtlicher Ermächtigung beruhen (*BVerwG Verwaltungsrechtsprechung 28, 392; Bley § 162 Anm. 5 Buchst. a; ML § 162 Rn. 6b; Hk-SGG/Lüdtke § 162 Rn. 11; Kummer Rn. 340*) und sich der Geltungsbereich auf das gesamte Bundesgebiet erstreckt, was z.B. nicht bei allen bundesunmittelbaren Sozialleistungsträgern der Fall sein muss (s. Rn. 294, 296). Es kann aber sonstiges Recht i.S. des § 162 sein (s. Rn. 290). Bundesrecht ist auch nicht verletzt i.S. des § 162, wenn ein Begriff in einer Vorschrift, die nicht Bundesrecht ist, verletzt ist, diese Vorschrift aber aus einer bundesrechtlichen Norm übernommen bzw. in ihr auf diese Norm verwiesen ist (*BVerfG Buchholz 401.9, Beiträge Nr. 50; BSG SozR Nr. 43 zu § 162 SGG; BVerwG Buchholz 310 § 137 Nr. 160*). Erst recht gilt dies, wenn Bundesrecht lediglich für die Auslegung einer irrevisiblen Vorschrift heranzuziehen ist (*BSGE 55, 115, 117 = SozR 1500 § 1500 § 162 Nr. 17*). Begründet aber das Tatsachengericht die Auslegung von Landesrecht damit, die nach Wortlaut und Sinn der Regelung an sich gebotene anderweitige Auslegung verstoße gegen Bundesrecht, so ist die Auslegung des Bundesrechts revisibel (*BSG SozR 3-6935 Allg. Nr. 1*).

Beim Bundesrecht kommt es auf den Geltungsbereich der Norm nicht an.   293

Sonstiges revisibles Recht   294
Ebenfalls revisibel ist nach § 162, Alternative 2 eine sonstige im Bezirk des Berufungsgerichts geltende Vorschrift, deren Geltungsbereich sich über den Bezirk des Berufungsgerichts hinaus erstreckt (s. auch Rn. 297). Im Hinblick auf die erste Alternative des § 162 kann es sich insoweit nur um Recht handeln, das nicht Bundesrecht ist (*Bley § 162 Anm. 5 Buchst. a*). In der Regel (s. aber auch Rn. 298) werden aber Gesetze und andere von den Ländern gesetzte Rechtsnormen ausscheiden, da sie sich naturgemäß auf den Bereich des jeweiligen Landes beschränken. Das gilt bei Verordnungen auch dann, wenn sie auf einer bundesrechtlichen Ermächtigung beruhen (*BVerfGE 18, 407; ML § 162 Rn. 5c*). Die autonome Satzung einer landesunmittelbaren Körperschaft oder Anstalt des öffentlichen Rechts ist ebenso wenig Landesrecht wie das einer bundesunmittelbaren Körperschaft oder Anstalt des öffentlichen Rechts Bundesrecht ist (s. Rn. 292). Die Satzung eines landesunmittelbaren sozialen Versicherungsträgers ist aber revisibel, wenn sich die Zuständigkeit des sozialen Versicherungsträgers über das Gebiet eines Landes, aber nicht mehr als über drei Länder hinaus erstreckt, sodass der soziale Versicherungsträger nach Art. 87 Abs. 2 GG landesunmittelbar ist (s. auch Rn. 296). In *BSGE 38, 21, 28 = SozR 2200 § 725 Nr. 1* ist das Satzungsrecht eines landesunmittelbaren Sozialversicherungsträgers ebenfalls nicht als Landesrecht bezeichnet, sondern nur nicht als Bundesrecht angesehen worden. Als nicht revi-

sibel angesehen wurden z. B. die Satzung der Feuerwehr-Unfallkasse Westfalen-Lippe (*BSGE 38, 21, 28 = SozR 2200 § 725 Nr. 1*) und die Rahmenvereinbarung zwischen der Kassenärztlichen Vereinigung Nordwürttemberg und dem Landesverband der Ortskrankenkassen Württemberg (*BSG SozR Nr. 198 zu § 162 SGG*).

295   Besteht nur ein LSG als Berufungsgericht, so deckt sich der Bezirk eines LSG jeweils mit dem Bereich des Landes, für das das LSG errichtet ist. Bei einem LSG für zwei Länder erstreckt sich der Bezirk auf die Bereiche beider Länder.

296   Wie zu Rn. 292 bereits aufgezeigt, ist das autonome Satzungsrecht der Körperschaften oder Anstalten des öffentlichen Rechts kein Bundesrecht. Es handelt sich aber um sonstiges, im Bereich des jeweiligen LSG geltendes Recht, wenn dessen Geltungsbereich über diesen Bezirk hinausgeht. Zu diesen Körperschaften und Anstalten des öffentlichen Rechts gehören z. B. die Sozialversicherungsträger, deren Zuständigkeitsbereich über ein Land hinausgeht, u. a. die Deutsche Rentenversicherung Bund, die meisten BGen, die Deutsche Rentenversicherung Knappschaft-Bahn-See, die Bundesagentur für Arbeit, der Spitzenverband Bund der Krankenkassen. Aber auch das Satzungsrecht der Sozialversicherungsträger ist revisibel, deren Geltungsbereich sich zwar nicht – wie bei den vorstehend aufgeführten Trägern – über das gesamte Bundesgebiet, sondern nur über die Bezirke von mehreren LSGen hinaus erstreckt, wie z. B. bei einem Zusammenschluss von Deutschen Rentenversicherung Regionalträgern (s. § 141 SGB VI), den meisten, in Zukunft wohl allen BGen sowie den bundesunmittelbaren landwirtschaftlichen BGen (s. auch Rn. 194). Art. 87 Abs. 2 Satz 2 GG ist insoweit nicht einschlägig.

297   Die Praxis hat dabei eine sprachliche Ungenauigkeit des Gesetzgebers übergangen und § 162 seinem Sinn und Zweck entsprechend ausgelegt. Nach dem Wortlaut des § 162, Alternative 2 kann die Revision gegen das Urteil eines LSG nur auf die Verletzung sonstiger Vorschriften gestützt werden, die im Bezirk „des Berufungsgerichts" gelten und über den Bezirk des Berufungsgerichts hinausgehen. Wohnt z. B. der Versicherte in Baden-Württemberg, ist er aber in Bayern beschäftigt und hat er die Mitgliedschaft bei der AOK Bayern gewählt (§ 173 SGB V), so erstreckt sich die Zuständigkeit des Berufungsgerichts auf das Land Baden-Württemberg. Das Satzungsrecht des AOK Bayern gilt aber nicht über den Bereich des Freistaates Bayern hinaus in den Bereich des LSG. Man stellte es aber entscheidend darauf ab, dass es sich um Recht handelt, das über den Bezirk eines LSG hinausgeht (*ML § 162 Rn. 5; Hk-SGG/Lüdtke § 162 Rn. 1*).

298   Es ist nicht erforderlich, dass eine in anderen Berufungsgerichtsbezirken geltende Rechtsnorm, wenn sie revisibel sein soll, auf einen und denselben Rechtsetzungsakt zurückgeht. Es genügt, dass die Normen in anderen Bezirken inhaltlich übereinstimmen und die Übereinstimmung nicht rein tatsächlich oder gar zufällig, sondern bewusst oder gewollt ist, wobei an das Merkmal des Bewussten und Gewollten im Allgemeinen keine allzu hohen Anforderungen gestellt werden (*BSGE 1, 100; 3, 80; 8, 142, 144; 8, 291, 294; 13, 189, 191; 53, 175, 176 = SozR 3870 § 3 Nr. 15; 56, 45, 50 = SozR 2100 § 70 Nr. 1; BSG SozR 4100 § 117 Nr. 14;*

BSG Urteil vom 22.7.2004 – B 3 KR 20/03 R; BVerwG Buchholz 310 § 137 Abs. 1 Nr. 5; Bley § 162 Anm. 5 Buchst. a; ML § 162 Rn. 5 a; Jansen/Frehse § 162 Rn. 18, 19; Hk-SGG/Lüdtke § 16 Rn. 11; Kummer Rn. 340; s. auch RGZ 55, 319; 154, 133; BGHZ 4, 219, 220).

Auch Landesrecht und das Recht landesunmittelbarer Körperschaften oder   299
Anstalten des öffentlichen Rechts sind unter diesen Voraussetzungen revisibel.
Satzungsrecht, das auf einer Mustersatzung des zuständigen Spitzen- oder
Bundesverbandes des Sozialversicherungsträgers beruht, ist demnach revisibel.
Der Revisionskläger hat jedoch darzulegen, dass die Rechtsnorm, deren Verletzung er geltend macht, über den Bezirk eines LSG hinaus gilt oder inhaltsgleiche
Normen auch in dem Bezirk mindestens eines anderen LSG gelten und die Inhaltsgleichheit bewusst und gewollt und nicht nur zufällig ist (*BSGE 56, 45, 50 =
SozR 2100 § 70 Nr. 1; BSG SozR 4100 § 117 Nr. 14*).

Eine an sich irrevisible Norm wird nicht dadurch revisibel, dass die Verletzung   300
allgemeiner Auslegungsregeln gerügt wird (*BSGE 55, 115, 116 = SozR 1500 § 162
Nr. 17; 62, 131, 135 = SozR 4100 § 141 b Nr. 40*).

Bindung an Anwendung irrevisiblen Rechts   *301*

Aus § 162 folgt, dass das BSG an die Anwendung des irrevisiblen Rechts durch
das LSG oder SG gebunden ist (*BSGE 68, 184, 187 = SozR 3-2400 § 18a Nr. 2;
Hk-SGG/Lüdtke § 162 Rn. 13; ML § 162 Rn. 7 – s. auch unten*). Dies trifft nicht
nur die Auslegung einer solchen Vorschrift; das BSG ist auch an die Auffassung
des LSG oder SG gebunden, dass eine landesrechtliche Vorschrift, deren Geltungsbereich sich nicht über den Bezirk des Berufungsgerichts hinaus erstrecken
würde, nicht wirksam erlassen ist (*BSGE 4, 156, 161; 39, 252, 254 = SozR 2200
§ 550 Nr. 4; SozR 5050 § 15 Nr. 38*). Da die Revision sich nur nicht auf eine Verletzung irrevisibler Vorschriften stützen kann, geht auch das BSG davon aus, dass
§ 162 der Anwendung einer nicht revisiblen Rechtsnorm aber nicht entgegensteht, wenn sie das LSG völlig unberücksichtigt gelassen und damit gar nicht angewandt hat und demnach auch nicht hat verletzen können (*BSGE 7, 122, 125;
53, 242, 245; 62, 131, 133 = SozR 4100 § 141b Nr. 40; SozR 5050 § 15 Nr. 38; SozR
3-5050 § 15 Nr. 5; BSGE 71, 163, 165 = SozR 3-5050 § 15 Nr. 4; BGH NJW 1996,
3151; ML § 162 Rn. 7b; Hk-SGG/Lüdtke § 162 Rn. 13; Jansen/Frehse § 162
Rn. 15*; einschränkend: *Bley § 162 Anm. 2 Buchst. d*: nur bei Vorfragen revisibler
Vorschriften). Das BSG ist darüber hinaus der Auffassung, dass es auch prüfen
darf, ob das Berufungsgericht bei der Anwendung der irrevisiblen Normen das
Willkürverbot des GG verletzt hat (*BSGE 62, 131, 135; BSG SozR 4-2500 § 112
Nr. 3 = juris PR-SozR 49/2004 – Anm. Krasney, Martin; Hk-SGG/Lüdtke § 162
Rn. 13; ML § 162 Rn. 7a*). Dafür spricht auch, dass dadurch vermieden wird, das
BVerfG mit einer sonst zu erwartenden Verfassungsbeschwerde gegen das Urteil
des LSG zu belasten (s. auch *BVerfG SozR 1500 § 62 Nr. 16*). Ist das BSG in erster und letzter Instanz zuständig (s. Rn. 362), so hat es auch entscheidungserhebliches Landesrecht anzuwenden und auszulegen (*BVerwG Buchholz 406.401 § 29
Nr. 3*).

302   Durch die Auslegung irreviblen Rechts kann jedoch revisibles Recht verletzt
sein; dies kann das BSG nachprüfen (*BSGE 3, 77, 80; 38, 21, 29; 39, 252, 254; BSG
SozR 3-6935 Allg. Nr. 1; ML § 162 Rn. 7a*; s. aber auch *BVerwG Buchholz 310
§ 132 Nr. 277 und 430.2 Kammerzugehörigkeit Nr. 7; BVerwG NVwZ 1998, 501*).
So kann das BSG z. B. nicht die Auslegung des Konkordates zwischen dem Vati-
kan und dem Freistaat Bayern nachprüfen, wohl aber, ob die vom LSG zugrunde
gelegte und auch vom BSG zugrunde zu legende Auslegung z. B. gegen § 2 Abs. 2
Nr. 8 Buchst. b SGB VII (früher § 539 Abs. 1 Nr. 14 Buchst. b RVO) verstößt
(*BSGE 39, 252, 254*).

303   Tritt während des Revisionsverfahrens eine für den Rechtsstreit erhebliche
Rechtsänderung ein, so ist sie zu beachten: Bei einer Änderung irreviblen Rechts
kann das BSG selbst entscheiden, weil das LSG dieses neue Recht gar nicht angewandt hat. Die Entscheidung nicht revisiblen Rechts sollte aber durch Zurückverweisung vorrangig dem zuständigen LSG überlassen bleiben (s. *BVerwG
Buchholz 310 § 137 Nr. 121*).

304   Es muss die Verletzung von revisiblem Recht gerügt werden. Die Revisionsgründe sind jedoch nicht auf die – sogar nicht einmal stets erkennbaren – Gründe
beschränkt, aus denen die Revision zugelassen wurde (s. auch Rn. 225).

305   Es kommen nur solche Gründe in Betracht, auf denen das Urteil beruht. Bei
Verletzung von Verfahrensrecht reicht die Möglichkeit aus, dass das Urteil darauf
beruht. Bei sog. absoluten Revisionsgründen (s. § 551 ZPO i.V.m. § 202 SGG)
wird unwiderlegbar vermutet, dass das Urteil darauf beruht. Siehe auch Rn. 378.

306   Ist das angefochtene Urteil nebeneinander auf mehrere Begründungen gestützt,
so kann die Revision nur Erfolg haben, wenn gegen jede der Begründungen zulässige Revisionsgründe in dem vorstehend angeführten Sinne geltend gemacht
werden (vgl. *BSG SozR 1500 § 160a Nr. 38* – zur Nichtzulassungsbeschwerde).

307 6.3.2.3 Bindung an die tatsächlichen Feststellungen

Nach § 163 ist das BSG an die in dem angefochtenen Urteil getroffenen tatsächlichen Feststellungen gebunden (s. aber auch Rn. 310), außer wenn in Bezug auf
diese Feststellungen zulässige und begründete Revisionsgründe vorgebracht sind.
Zur Unterscheidung von tatsächlichen Feststellungen und rechtlichen Würdigun-
gen s. Rn. 286; zur Feststellung genereller Tatsachen durch das BSG s. *Rauscher
SGb 1986, 45; Eicher SGb 1986, 501*. S. auch Rn. 310.

Prozesshandlungen sind wie Willenserklärungen auszulegen. Die Auslegung
von Prozesshandlungen durch das Berufungsgericht ist voll revisibel. Prozesshandlungen sind nach ihrem objektiven Erklärungswert ohne Berücksichtigung
nachträglicher Klarstellungen auszulegen (*BGH FamRZ 2001, 1703, HFR 2002,
1140*).

308   Die tatsächlichen Feststellungen können in der Darstellung des Tatbestandes
(s. § 136 Abs. 1 Nr. 5) oder in den Entscheidungsgründen selbst (s. § 136 Abs. 1
Nr. 6) getroffen sein. Sie können auch der Sitzungsniederschrift entnommen wer-

den (*BGH NJW 2006, 1523*) oder nachprüfbaren Vorentscheidungen (§ 202 SGG i.V.m. § 548 ZPO; *ML § 163 Rn. 4*). Eine kommentarlose Wiedergabe einer Zeugenaussage im Tatbestand ist jedoch keine tatsächliche Feststellung (*BSG SozR 4-1500 § 163 Nr. 1 = SGb 2005, 605* mit zustimmender Anmerkung von Henrichs).

Die Bindung an im angefochtenen Urteil getroffene tatsächliche Feststellungen 309
besteht in doppelter Hinsicht. Das BSG darf keine vom Urteil des LSG abweichenden tatsächlichen Feststellungen zugrunde legen noch darf es rechtserhebliche tatsächliche Feststellungen, die das LSG unterlassen hat, nachholen (*ML § 163 Rn. 5*). Reichen die tatsächlichen Feststellungen aus der Sicht des BSG nicht aus, so muss es den Rechtsstreit zur erneuten Verhandlung und Entscheidung an das LSG zurückverweisen (s. *BSG SozR Nrn. 6, 9 zu § 163 SGG*; zur Bindung bei Änderung des Rechtsweges vgl. Kap. II Rn. 83ff.). Nach Auffassung des BSG bezieht sich die Bindung des Revisionsgerichts an die tatsächlichen Feststellungen des vorinstanzlichen Gerichts nur auf die „Feststellungen zum speziellen Sachverhalt", soweit Rechtstatsachen für die Auslegung von Rechtsnormen durch das Revisionsgericht von Bedeutung seien, sei das Revisionsgericht befugt, die für ihre Feststellung erforderlichen allgemeinen Tatsachen selbst zu ermitteln und zu würdigen oder das bereits vorliegende Material anders als das Berufungsgericht zu beurteilen; dies gelte auch, soweit Rechtstatsachen für die Entscheidung erheblich seien, ob vom Revisionsgericht auszulegende untergesetzliche Normen sich im Rahmen der gesetzlichen Ermächtigung hielten, oder in ihrer tatsächlichen Auswirkung gegen höherrangiges Recht verstießen (*BSG SozR 3-2500 § 34 Nr. 4* unter Bezugnahme auf *BSGE 62, 273, 277 = SozR 3870 § 60 Nr. 2*; s. auch *May Seite 488*). Im Grenzfalle sollten die Beteiligten jedoch vorsorglich rügen, dass das LSG notwendige Feststellungen verfahrensfehlerhaft unterlassen habe.

Das Revisionsgericht ist an vom Berufungsgericht festgestellte Tatsachen, auf denen 310
das Berufungsurteil nicht beruht, auch dann gebunden (§ 163), wenn das Berufungsgericht zu Unrecht wegen angeblicher Versäumung der Berufungsfrist nicht in der Sache entschieden hat (*BSGE 73, 195, 196 = SozR 3-4100 § 249e Nr. 3* – Aufgabe von *BSGE 9, 80 = SozR Nr. 17 zu § 55 SGG; Hk-SGG/Lüdtke § 162 Rn. 2; Jansen/Frehse § 163 Rn. 2*). Das gilt jedoch nicht, soweit es sich um die tatsächlichen Voraussetzungen zu Prozessvoraussetzungen handelt (*BSG SozR Nr. 12 zu § 163 SGG*; vgl. auch *BSG SozR 1500 § 124 Nr. 5*); insoweit ist das BSG an tatsächliche Feststellungen des LSG nicht gebunden und kann auch eigene treffen (*BGH NJW-RR – 1996, 833*). Aus diesen Erwägungen sind alle anderen von Amts wegen im Revisionsverfahren zu beachtenden Tatsachen vom BSG feststellbar, z.B. zur Wiedereinsetzung in den vorigen Stand, Rücknahme der Revision (*ML § 163 Rn. 5b*).

Die Bindung des Revisionsgerichts an tatsächliche Feststellungen des vorinstanzlichen Gerichts (§ 163 SGG) bezieht sich auf Feststellungen zum speziellen Sachverhalt. Soweit „allgemeine (generelle) Tatsachen" als Rechtstatsachen für die Auslegung von Rechtsnormen durch das Revisionsgericht von Bedeutung sind, ist das Revisionsgericht berechtigt, das für ihre Feststellung erforderliche

Material selbst zu ermitteln – etwa durch die Anhörung eines Sachverständigen (*BSGE 72, 285, 290 = SozR 3-3870 § 4 Nr. 6; BSG SozR 3-2500 § 34 Nr. 4*) – und zu würdigen, oder das bereits vorliegende Material anders als das Berufungsgericht zu beurteilen (*BSGE 62, 273, 277 = SozR 3870 § 60 Nr. 2; BSGE 96, 291, 301 = SozR 4-2700 § 9 Nr. 7; s. schon BSGE 84, 90, 94, 97 = SozR 3-2500 § 18 Nr. 4; ML § 163 Rn. 7; Hk-SGG/Lüdtke § 163 Rn. 8; Jansen/Frehse § 163 Rn. 8; s. auch hier Rn. 261*). Diese Befugnis des Revisionsgerichts gilt auch, soweit Rechtstatsachen für die Entscheidung erheblich sind, ob vom Revisionsgericht auszulegende untergesetzliche Normen sich im Rahmen der gesetzlichen Ermächtigung halten oder in ihrer tatsächlichen Auswirkung gegen höherrangiges Recht verstoßen.

Ebenso wird die Feststellung von Tatsachen durch das BSG für zulässig angesehen, wenn ihre Nichtbeachtung einen Wiederaufnahmegrund ergeben würde (*BSGE 18, 186; ML § 163 Rn. 5c*). Ob unbestrittene Tatsachen aus Gründen der Prozesswirtschaftlichkeit durch das BSG allgemein verwertbar sind, hat das BSG offen gelassen (*BSG SozR 1500 § 163 Nr. 1*; bejahend *BVerwG Buchholz 251.8 § 77 Nr. 3; Jansen/Frehse § 164 Rn. 15; ML § 163 Rn. 5d*: wenn nicht beweisbedürftig und dringende Gründe der Prozessökonomie; zutreffend: *Hk-SGG/Lüdtke § 163 Rn. 7*: bedenklich), dies allerdings für Tatsachen angenommen, die zur Kennzeichnung des Streitgegenstandes nötig waren. Später hat sich das BSG „aus dringenden Gründen der Prozessökonomie" zur Feststellung von Tatsachen für befugt erachtet, z.B. um die Anrufung des GS zu vermeiden (*BSGE 58, 49, 51 = SozR 1300 § 45 Nr. 15*). Allerdings hätte statt der sonst für erforderlich angesehene Anrufung des GS auch eine Zurückverweisung an das LSG vorgenommen werden können. Dennoch wird man in engen Grenzen die Feststellung unbestrittener Tatsachen annehmen können, vor allem, wenn sie sich z.B. aus Urkunden in den Verwaltungsakten oder Gerichtsakten ergeben, wie z.B. das Geburtsdatum eines Beteiligten oder seine Mitgliedschaft zu einem Sozialversicherungsträger. Zur Nachprüfung historischer Tatsachen s. *BVerwG Buchholz 412.3 § 3 Nr. 82*.

311 6.3.2.4 Revisionsantrag

Kummer, Der Antrag im sozialgerichtlichen Verfahren, DAngVers. 1984, 308 und 346; Kummer Formularbuch S. 660 ff.

Die Begründung muss einen bestimmten Antrag enthalten (s. § 164 Abs. 2 Satz 3). Der Revisionsantrag kann allerdings selbst dann auch schon in der Revisionsschrift gestellt werden, wenn diese noch keine Ausführungen zur Begründung der Revision enthält (*BSG SozR 1500 § 164 Nr. 2; ML § 164 Rn. 10; Hk-SGG/Lüdtke § 164 Rn. 13*). Der Grund, weshalb das SGG von einer Antragstellung in der Begründung ausgeht, liegt darin, dass eigentlich erst nach einer eingehenden Auseinandersetzung mit dem Urteil des LSG oder SG (s. unten) eine genaue Antragstellung tunlich ist. Jedoch kann eben nicht selten der Streitgegenstand so feststehen, dass eine genaue Antragstellung schon in der Revisionsschrift möglich und deshalb zulässig ist. Auch in einem eigenen Schriftsatz nach der Revisionsschrift und vor der Revisionsbegründung kann der Antrag gestellt werden.

Dies gilt ebenso für einen Schriftsatz nach der Revisionsbegründung, sofern er noch innerhalb der Begründungsfrist beim BSG eingeht. Wird allerdings in der Revisionsschrift nur auf einen Antrag verwiesen, der in einer unwirksamen früheren Revisionsschrift durch einen nicht postulationsfähigen Prozessbevollmächtigten gestellt war, so ist dadurch das Erfordernis eines „bestimmten Antrags" i. S. des § 164 Abs. 2 Satz 3 nicht erfüllt (*BSG SozR Nr. 46 zu § 164 SGG*).

Die Begrenzung der Revision – nicht nur deren Zulassung – durch den Revisionsführer auf die Verjährungseinrede ist zulässig, weil es sich insofern um einen (ab)trennbaren Streitgegenstand im revisionsrechtlichen Sinne handelt (*BSGE 99, 271, 272 = SozR 4-2400 § 27 Nr. 3 RdNr. 10; BSG SozR 4-2400 § 27 Nr. 2 RdNr. 11; SozR 4-2600 § 233a Nr. 1*).   *311a*

Inhaltlich sollte der Antrag möglichst eindeutig als solcher erkennbar und entsprechend formuliert sein. Auch eine äußere Abhebung von den sonstigen Ausführungen ist üblich und zu empfehlen, rechtlich aber nicht geboten. Eine Revisionsschrift, die nur die Erklärung enthält, dass die Revision gegen ein bestimmtes bezeichnetes Urteil eingelegt wird, entspricht nicht den Erfordernissen des § 164 Abs. 2 (*BSG SozR Nr. 14 zu § 164 SGG*). Die Rechtsprechung des BSG ist allerdings im übrigen trotz des Vertretungszwangs immer großzügiger (wohl schon zu großzügig) zugunsten des (durch einen zugelassenen Prozessbevollmächtigten vertretenen!) Revisionsklägers geworden. Dem Erfordernis eines bestimmten Antrages ist noch genügt, wenn der sonst ausreichende Antrag in der Zukunftsform („ ... werde ich beantragen ...) statt zutreffend in der Gegenwartsform (ich beantrage) gestellt ist (*BSG SozR Nr. 13 zu § 164 SGG*). Bereits früher hatte es das BSG aber nicht einmal als erforderlich angesehen, dass der Revisionskläger die Worte „Antrag" oder „beantragen" gebraucht; es hat es ausreichen lassen, dass eine in der Prozesshandlung zum Ausdruck kommende Willenserklärung dem Gericht gegenüber genügend verständlich abgegeben wird (*BSGE 1, 98, 99*). Als genügend verständlich hat es das BSG gewertet, wenn der Revisionskläger ausdrücklich erklärt hatte, er fechte das Urteil des LSG „im vollen Umfang" an (*BSGE 1, 98, 99*). Im Anschluss an den GS des BVerwG (*BVerwGE 1, 222*) lässt es das BSG nunmehr sogar ausreichen, wenn das mit der Revision erstrebte Ziel des Rechtsmittelklägers aus dem Inhalt seiner rechtzeitig eingereichten Schriftsätze erkennbar ist (*BSG SozR 1500 § 164 Nrn. 8 und 10; BSG Urteil v. 30. 6. 2009 – B 2 U 6/08 R; Hk-SGG/Lüdtke § 164 Rn. 13; ML § 164 Rn. 10b; Jansen/Frehse § 164 Rn. 28*; ebenso *BGH MDR 2005, 887, 888*; enger in Verbindung mit der Revisionsbegründung *Breitkreuz/Fichte § 164 Rn. 28*). Dabei hat es das BSG als ausreichend erachtet, dass in der Revisionsbegründung dem Ergebnis und der Begründung des Urteils des LSG widersprochen war (*BSG SozR 1500 § 164 Nr. 10*). Im Hinblick auf diese Rechtsprechung erscheint die (frühere) Auffassung des BSG, bei einer eindeutigen Rechtsmittelbelehrung sei das Rechtsmittelgericht nicht verpflichtet, den Prozessbevollmächtigten gem. § 106 auf das Erfordernis eines bestimmten Antrages hinzuweisen (*BSG SozR Nr. 50 zu § 164 SGG*), nicht nur selbstverständlich, sondern auch praktisch ohne Bedeutung. Allerdings hat das BSG auch entschieden: Enthält die Revisionsbegründung nur allgemeine   *312*

Rechtsausführungen und vertritt der Revisionskläger darin lediglich eine andere Rechtsauffassung als das LSG, so ist darin ein bestimmter Antrag nicht enthalten; vielmehr muss eindeutig und abgrenzbar von den Rechtsausführungen zum Ausdruck gebracht sein, dass hier ein Revisionsantrag gemeint ist, aus dem sich Umfang der Anfechtung und Ziel der Revision ergeben (*BSG SozR 1500 § 164 Nr. 6*). Es ist deshalb für eine ordnungsgemäße Führung eines Revisionsverfahrens, jedenfalls vorsorglich und auch zur eigenen Kontrolle, deutlich von der reinen Begründung (möglichst auch räumlich) abgesetzt ein besonders formulierter Antrag zu stellen. Die großzügigere Auffassung des BSG darüber (s. aber auch *BSG SozR 1500 § 164 Nr. 25*), ob den Schriftsätzen des Revisionsklägers ein bestimmter Antrag zu entnehmen ist, soll nur dazu dienen, in Zweifelsfällen zugunsten des Revisionsklägers den Nachweis eines bestimmten Antrages zu führen. Die Prozessführung selbst sollte danach ausgerichtet sein, derartige Zweifelsfragen überhaupt nicht aufkommen zu lassen.

313   Der Antrag kann bis zum Schluss der mündlichen Verhandlung erweitert werden, wenn der Revisionskläger damit weder die Klage ändert (s. § 168) noch neue Revisionsgründe geltend macht (*BSG SozR Nr. 55 zu § 164 SGG*).

314   Der Schriftsatz, in dem der Antrag enthalten ist (s. oben), muss unterschrieben sein, wobei auch eine nur eigenhändig beglaubigte Unterschrift ausreicht (s. *BSG SozR Nrn. 26 und 54 zu § 164 SGG*).

Muster für Revisionsanträge

– bei Unterliegen in den Vorinstanzen –

Ich beantrage,

(als Kläger)

das Urteil des Landessozialgerichts ..... vom ..... (Az. .....) und das Urteil des Sozialgerichts ...... vom ...... (Az. .....) sowie den Bescheid der Beklagten vom ..... und den Widerspruchsbescheid vom ..... aufzuheben und die Beklagte zu verurteilen .....

sowie die Beklagte außerdem zu verurteilen, dem Kläger die Kosten aller Rechtszüge zu erstatten,

hilfsweise,

das Urteil des Landessozialgerichts aufzuheben und die Sache zur erneuten Verhandlung und Entscheidung an das Berufungsgericht zurückzuverweisen.

(als Beklagte)

das Urteil des Landessozialgerichts ..... vom ..... (Az. .....) und des Sozialgerichts ..... vom ..... (Az. .....) aufzuheben und die Klage abzuweisen,

hilfsweise,

das Urteil des Landessozialgerichts aufzuheben und die Sache zur erneuten Verhandlung und Entscheidung an das Berufungsgericht zurückzuverweisen.

– bei Obsiegen in der ersten Instanz und Unterliegen in der zweiten Instanz –

Ich beantrage,

(als Kläger)

das Urteil des Landessozialgerichts ..... vom ..... (Az. .....) aufzuheben und die Berufung der Beklagten gegen das Urteil des Sozialgerichts ..... vom ..... (Az. .....) zurückzuweisen und die Beklagte zu verurteilen, der Klägerin auch die Kosten des Berufungs- und Revisionsverfahrens zu erstatten,

hilfsweise,

das Urteil des Landessozialgerichts aufzuheben und die Sache zur erneuten Verhandlung und Entscheidung an das Berufungsgericht zurückzuverweisen.

6.3.2.5 Bezeichnung der verletzten Rechtsnorm

Die Revisionsbegründung muss die verletzte Rechtsnorm bezeichnen (s. § 164 *316* Abs. 2 Satz 3). Diese Vorschrift umschreibt nicht erschöpfend den Inhalt einer formgerechten Revisionsbegründung; sie stellt für sie keine Definition, sondern nur bestimmte Erfordernisse auf, zu denen weitere hinzutreten, die sich allgemein aus der Pflicht zur „Begründung" und insbesondere aus dem Sinn und Zweck der nur durch Prozessbevollmächtigte i. S. des § 166 vornehmbaren Revisionsbegründung ergeben (*BSG SozR 1500 § 164 Nrn. 20, 25*).

Ist das angefochtene Urteil nebeneinander auf mehrere Begründungen gestützt, *317* so muss die verletzte Rechtsnorm hinsichtlich jeder der Begründungen oder ein Verfahrensmangel bezeichnet werden (vgl. zur Nichtzulassungsbeschwerde *BSG SozR 1500 § 160 a Nr. 38, SozR 3-1500 § 164 Nr. 12; BSG Urteile vom 11. 11. 1993 – 7 RAr 94/92 – und 8. 12. 1993 – 10 RKg 2/93*). Entsprechendes gilt, wenn eine Mehrheit von Ansprüchen verfolgt wird (*BSG SozR 1500 § 164 Nr. 22; Bley § 164 Anm. 6 Buchst. a*).

Die Revisionsbegründung muss von einem zur Vertretung beim BSG zugelas- *318* senen Prozessbevollmächtigten erstellt und unterschrieben sein (s. auch Rn. 238),

sodass lediglich die Bezugnahme auf den Schriftsatz eines beim BSG nicht zugelassenen Prozessbevollmächtigten nicht ausreicht (*BSGE 7, 35, 39*), erst recht
nicht auf den eines am Verfahren nicht beteiligten Dritten (*BSG SozR Nr.
40 zu
§ 164 SGG*, s. aber auch unten zu *SozR Nr. 48 zu § 164 SGG*). Es liegt sogar dann
keine ordnungsgemäße Revisionsbegründung vor, wenn die vom Prozessbevollmächtigten nicht selbst verfasste Revisionsbegründung zwar von diesem unterzeichnet ist, dieser aber ausdrücklich oder auf andere Weise zu erkennen gibt,
dass er seine Unterschrift nicht aufgrund einer von ihm selbst vorgenommenen
Prüfung geleistet hat und dass er daher die eigene Verantwortung für den gesamten Inhalt der Revisionsbegründung nicht übernimmt (*BSG SozR Nr. 49 zu § 164
SGG, SozR 1500 § 164 Nr. 22; BVerfG SozR 3-1500 § 160a Nr. 12; BayObLG
NJW 2004, 124*: Nur „Kenntnis genommen" reicht nicht; *ML § 164 Rn. 9a*: Sichtung, Prüfung und rechtliche Durchdringung des Stoffes; *Hk-SGG/Lüdtke § 164
Rn. 16*: selbst durchdacht; eigenständige Tätigkeit; s. auch hier Rn. 238). Die Re-
visionsbegründung muss vom Prozessbevollmächtigten unterschrieben sein (*BSG
SozR Nrn. 26, 54 zu § 164 SGG*).

319 Bezeichnung der Rechtsnorm

Ebenso wie bei der Bezeichnung der Divergenz und des Verfahrensmangels zur
Begründung der Nichtzulassungsbeschwerde (s. Rn. 195 und 204) ist die verletzte
Rechtsnorm nicht schon dann bezeichnet i. S. des § 164 Abs. 2, wenn das Gesetz
und der maßgebende Paragraf genannt werden, was sogar nicht einmal notwendig
ist (s. unten). Das Vorbringen, es werde die Verletzung materiellen Rechts gerügt,
reicht weder allein (*BSG SozR Nr. 70 zu § 162 SGG*) noch i.V.m. dem Anführen
der verletzten Rechtsnorm aus (*BSG SozR 1500 § 164 Nr. 5*), um den Mindestanforderungen an eine Revisionsbegründung zu genügen. Die Revisionsbegründung
muss bei materiellrechtlichen Rügen und materiell-rechtlichen Erwägungen darlegen, dass und warum eine revisible Rechtsvorschrift auf den vom Tatsachengericht festgestellten Sachverhalt nicht oder nicht richtig angewandt worden ist
(*BSG SozR 1500 § 164 Nr. 12 und 20*). Allerdings braucht die verletzte Rechtsnorm nicht genau nach Gesetz und Paragrafennummer bezeichnet zu werden; es
genügt, wenn sie sich deutlich aus dem Inhalt der Darlegungen des Revisionsklägers ergibt (*BSGE 8, 31, 32; BSG SozR Nr. 27 zu § 164 SGG, SozR 1500 § 164
Nr. 12; BFH/NV 1992, 112*; s. auch *BSG Urteil vom 24. 10. 1996 – 4 RA 27/95*:
Angabe der verletzten Rechtsnorm). Eine unrichtige Zitierung des Paragrafen ist
ebenfalls unschädlich. Maßgebend ist nicht allein die Darstellung des Streitstoffes
aus der Sicht des Revisionsklägers. Da es sich um die Begründung einer Revision
gegen das Urteil des LSG oder SG handelt, muss anhand der Revisionsbegründung sicher erkennbar sein, dass der Prozessbevollmächtigte des Revisionsklägers
das angefochtene Urteil geprüft hat; als Ergebnis der Prüfung hat er dann dem
BSG die Gründe darzulegen, die das Urteil nach seiner Meinung unrichtig erscheinen lassen (*BSG SozR 1500 § 164 Nr. 5*). Es reicht nicht aus, lediglich das
Klagevorbringen zu wiederholen (*BFH/NV 1994, 720*). Die Revisionsbegründung
soll im Interesse der Entlastung des Revisionsgerichts sicherstellen, dass der Revisionsführer das angefochtene Urteil im Hinblick auf das Rechtsmittel der Revi-

sion überprüft und sich mit den Gründen des angefochtenen Urteils auseinander gesetzt hat (*BFH HFR 2007, 603*). Sie muss deshalb die Gründe aufzeigen, die nach seiner Auffassung das Urteil unrichtig erscheinen lassen. Hat das angefochtene Urteil über mehrere selbstständige Streitgegenstände oder einen teilbaren Streitgegenstand entschieden, sind die Begründungsanforderungen für jeden von ihnen zu erfüllen (*BSG SozR 1500 § 164 Nr. 22; BSG Urt. v. 19. 6. 1996 – 6 RKa 24/95 – und Beschluss vom 4. 2. 1997 – 2 RU 43/96*).

Darlegung der Verletzung der Rechtsnorm

320

Zur Revisionsbegründung gehört deshalb die Darlegung, aus welchen Gründen und mit welchen Erwägungen die Vorentscheidung angegriffen wird (*BSG SozR 3-1500 § 164 Nr. 11, 12*); es reicht nicht aus, lediglich Rechtsansichten des LSG als unrichtig zu bezeichnen, es muss vielmehr dargelegt werden, warum sie nicht geteilt werden (*BSG SozR 1500 § 164 Nrn. 20, 28, SozR 3-1500 § 164 Nr. 11*). Dementsprechend hat sich der Prozessbevollmächtigte mit den Entscheidungsgründen des angefochtenen Urteils zumindest kurz auseinanderzusetzen und bei materiell-rechtlichen Rügen darzutun, dass und warum eine revisible Rechtsvorschrift auf den festgestellten Sachverhalt nicht oder nicht richtig angewandt worden ist, was wiederum nur mit rechtlichen Erwägungen geschehen kann, die sich auf die betreffende Vorschrift beziehen (*BSG SozR 1500 § 164 Nr. 25*). Ist dies bei einer ordnungsgemäßen Revisionsbegründung eines – auch nur einfachen – Beigeladenen der Fall, so kann der Revisionskläger jedenfalls dann darauf Bezug nehmen, wenn er dieselben Anträge stellt wie der Beigeladene (*BSG SozR Nr. 48 zu § 164 SGG; ML § 164 Rn. 9i; Jansen/Frehse § 164 Rn. 25*). Hat das LSG die Berufung aus prozessualen Gründen als unzulässig verworfen, so hat sich die Revisionsbegründung bei der erforderlichen Auseinandersetzung mit den tragenden Urteilsgründen mit der prozessrechtlichen Auffassung des LSG auseinander zu setzen und darf nicht nur (muss aber auch) die materiell-rechtlichen Rügen erheben; denn das BSG kann nur bei einer – entgegen der Auffassung des LSG – zulässigen Berufung auf die Sache eingehen (*BSG SozR 1500 § 164 Nr. 25*). Ebenso ist es unzulässig, wenn sich die Revisionsbegründung nur mit einer Rechtsfrage befasst, die für die Kostenentscheidung des angefochtenen Urteils bedeutsam ist, für die Hauptsache, mit der zusammen die Kostenentscheidung nur angefochten werden kann, aber eine Auseinandersetzung fehlt (*BSG SozR 1500 § 164 Nr. 32*). Bei Streitpunkten mit selbstständigem Streitstoff hängt dagegen die Zulässigkeit der Revision davon ab, dass der Revisionskläger zu jedem einzelnen Streitpunkt eine sorgfältige, nach Umfang und Zweck zweifelsfreie Begründung gibt; das gilt nicht nur für Verfahrens-, sondern auch für sachlich-rechtliche Revisionsangriffe (*BSG SozR 1500 § 164 Nr. 5, 12, 20, SozR 3-1500 § 164 Nr. 12 – jeweils m.w.N.*). Bei einem teilbaren Streitgegenstand – mit für jeden dieser Teile anderem zugrunde gelegtem Sachverhalt – muss sich die Begründung auf alle Teile des angefochtenen Urteils erstrecken, hinsichtlich derer eine Abänderung beantragt wird; widrigenfalls ist das Rechtsmittel für den nicht begründeten Teil unzulässig (vgl. *BSG SozR § 164 Nr. 22, SozR 3-1500 § 164 Nr. 12; BSGE 65, 8, 11 = SozR 1300 § 48 Nr. 55*). Ist ein Berufungsurteil auf mehrere, von einander unabhängige, selbstständig tragende Erwägungen gestützt, muss der Revisionskläger für jede dieser Erwägungen darlegen, warum sie die Entscheidung nicht tragen; anderenfalls ist die Revision insgesamt unzulässig (*BSG SozR 31500 § 164 Nr. 12*; vgl. *BVerwG NJW 1980, 2268; BGH Beschluss vom 10. 1. 1996 – IV ZB 29/95 – NJW-RR 1996, 572; ML § 164 Rn. 9d; Hk-SGG/Lüdtke § 164 Rn. 17*; s. hier Rn. 317).

321   Da sich die Revision mit den Gründen des angefochtenen Urteils auseinandersetzen und die Bedenken gegen die Rechtsauffassung des LSG oder SG darlegen muss (s. Rn. 319), ist eine Revision allein durch die Bezugnahme auf vor der Zustellung des angefochtenen Urteils abgefasste und eingereichte Schriftsätze grundsätzlich nicht formgerecht begründet (*BSGE 6, 269; BSG SozR Nr. 53 zu § 164 SGG; SozR 1500 § 164 Nrn. 4, 27, 28; ML § 164 Rn. 9f; Hk-SGG/Lüdtke § 164 Rn. 16; BAG NJW 2010, 1771*).

322   Bezugnahme auf die Begründung der vorausgegangenen erfolgreichen Nichtzulassungsbeschwerde (s. auch Rn. 340)

Anders als nach § 551 Abs. 3 Satz 2 ZPO enthält § 164 Abs. 2 SGG keine besondere Regelung, wonach zur Begründung der Revision auf die Begründung der Nichtzulassungsbeschwerde Bezug genommen werden kann. Eine analoge Anwendung des § 551 Abs. 3 Satz 2 ZPO (s. *BGH NJW 2008, 588*) nach § 202 SGG dürfte ausscheiden, da § 164 Abs. 2 SGG insoweit eine eigene Regelung zur Revisionsbegründung enthält. Es muss sich aber, da das Verfahren der Nichtzulassungsbeschwerde und das der Revision getrennte Verfahren sind, um eine Revisionsbegründung handeln, sodass die Revision nicht schon in dem Schriftsatz der Begründung der Nichtzulassungsbeschwerde vor dem Lauf der Revisionsbegründungsfrist begründet werden kann (*BGH NJW 2008, 588*).

Die grundsätzlich zulässige Bezugnahme auf die Begründung der Nichtzulassungsbeschwerde und deren Grenzen ergeben sich jedoch aus folgenden Erwägungen:

Das angefochtene Urteil ist vor der formgerechten Begründung einer Nichtzulassungsbeschwerde zugestellt, und eine auf § 160 Abs. 2 Nrn. 1 oder 2 gestützte Beschwerde muss sich mit den Gründen des angefochtenen Urteils auseinandersetzen. Deshalb kann in der Revisionsbegründung auf die Begründung der Nichtzulassungsbeschwerde Bezug genommen werden, soweit die Verletzung sachlichen Rechts gerügt wird (*BSG SozR 1500 § 164 Nrn. 3, 4, 27; BSG Urt. v. 9. 8. 1995 – 9 RVs 3/95*). Es muss jedoch der Revisionsbegründungsschrift zu entnehmen sein, dass die Bezugnahme auf die Begründung der Nichtzulassungsbeschwerde aufgrund revisionsrechtlicher Gesichtspunkte nur Wiederholungen vermeiden soll (*ML § 164 Rn. 9g; Hk-SGG/Lüdtke § 164 Rn. 16; Jansen/Frehse § 164 Rn. 26*). Lediglich die erneute Übersendung der Beschwerdebegründung reicht nicht. Die Vorlage eines Schriftsatzes mit einer – auch hinsichtlich des Antrags – unveränderten Wiederholung der sowohl auf grundsätzlicher Bedeutung als auch auf Divergenz und Verfahrensfehler gestützten Begründung der Nichtzulassungsbeschwerde genügt ebenfalls nicht den Anforderungen einer Revisionsbegründung (*BSG SozR 3-1500 § 164 Nr. 9; Niesel Rn. 502*).

Die Bezugnahme auf die Begründung der Nichtzulassungsbeschwerde reicht   323
für die Revisionsbegründung nicht aus, wenn mit der Beschwerde mehrere Zulassungsgründe geltend gemacht worden waren und die Revisionsbegründung nicht erkennen lässt, auf welche dieser Gründe die Revision gestützt werden soll (*BSG SozR 1500 § 164 Nr. 27; ML § 164 Rn. 9g*: im Zweifel auf alle Gründe bezogen, aber Gericht sonst nicht zuzumuten, aus Vielzahl obsolet gewordener Gründe die passenden herauszufinden; *Hk-SGG/Lüdtke § 164 Rn. 16*). Man wird auch nicht zugunsten des Klägers ohne ausreichenden Hinweis im Revisionsverfahren davon ausgehen dürfen, der Revisionskläger stütze die Revision ebenfalls sowohl auf die materiell-rechtlichen als auch die Rügen von Verfahrensmängeln. Ist der Revisionskläger einerseits nicht gehalten, auf die im Verfahren der Nichtzulassungsbeschwerde geltend gemachten Gründe die Revision zu stützen, so umschließt andererseits die Revisionsbegründung die Prüfung, auf welche Gründe die Revision gestützt werden soll. Es ist im Rahmen einer sorgsamen Prozessführung insbesondere zu prüfen, ob z.B. ein Verfahrensmangel (z.B. die fehlende Vernehmung eines Zeugen) im Ergebnis wahrscheinlich etwas ändern und deshalb der darauf in der Beschwerde für die Zulassung der Revision bezeichnete Verfahrensmangel weiterhin geltend gemacht wird. Ebenso bedarf es bei einer für den Revisionskläger sehr zweifelhaften materiell-rechtlichen Lage der genauen Prüfung, ob im Revisionsverfahren nicht vor allem Verfahrensmängel geltend gemacht werden können (s. Rn. 328), die zu erheben in dem vorangegangenen Beschwerdeverfahren unzulässig war, um so nach einer Zurückverweisung einen Sachverhalt festgestellt zu erhalten, der auch nach der materiellrechtlichen Auffassung des LSG zu einem für den Revisionskläger günstigeren Ergebnis führt.

Kommt der Revisionskläger nach dieser Prüfung zu dem Ergebnis, die Revi-   324
sion auf alle materiell-rechtlichen Rügen und auch auf alle Rügen von Verfahrensmängeln (s. aber zusätzlich Rn. 329), wie im Beschwerdeverfahren, zu stützen, und trägt er dies im Revisionsverfahren eindeutig vor, so dürfte eine Bezugnahme auch auf die mehrere Zulassungsgründe umfassende Beschwerdebegründung zulässig sein. Allerdings hat das BSG insoweit wohl noch keine Entscheidung gefällt, die diese Auffassung bestätigt.

In *BSG SozR 1500 § 164 Nr. 27* bezeichnet das BSG die Bezugnahme auf die   325
Begründung der Nichtzulassungsbeschwerde als einen „Ausnahmefall" (*BSG SozR 1500 § 164 Nr. 27 S. 42, letzter Absatz*; ebenso *BFH HFR 2003, 1184*). Es kann dahinstehen, ob dies, streng rechtlich beurteilt, richtig ist. Eigentlich wäre es sogar ideal und für den Erfolg der Nichtzulassungsbeschwerde vorauszusetzen, wenn die auf Divergenz gestützte Nichtzulassungsbeschwerde so sorgsam begründet ist, dass die Begründung ohne Mehrarbeit für den Prozessbevollmächtigten und das Gericht für das Revisionsverfahren übernommen werden kann. In der Praxis ist die Verweisung auf die Begründung der Nichtzulassungsbeschwerde aber tatsächlich die Ausnahme. Häufiger wird – im Zeitalter des Computers – die

Begründung aus der Nichtzulassungsbeschwerde aber ganz oder wenigstens überwiegend wörtlich übernommen, was – in dem oben aufgezeigten Rahmen – ebenfalls zulässig ist.

326   Bei der Bezugnahme auf die Beschwerdebegründung oder der Übernahme der Begründung der Nichtzulassungsbeschwerde in die Begründung der Revision ist jedoch vor allem dann, wenn die Beschwerde auf mehrere Zulassungsgründe gestützt wurde, sorgfältig zu prüfen, ob die Begründung der Nichtzulassungsbeschwerde in dem für das Revisionsverfahren maßgebenden Teil den Voraussetzungen einer Revisionsbegründung entspricht. Es kann sein, dass z. B. das BSG die Revision wegen eines Verfahrensfehlers zugelassen hat, der Revisionskläger aber die Revision nicht darauf stützt, weil er der Überzeugung ist, dass eine Zurückverweisung an das LSG wegen der materiell-rechtlichen Auffassung des Berufungsgerichts kein für ihn günstigeres Ergebnis bringt. Im Revisionsverfahren greift der Revisionskläger deshalb nur noch die materiell-rechtliche Auffassung des LSG an. Durch die Zulassung der Revision wegen eines Verfahrensfehlers – was sich aus dem Beschluss über die Zulassung der Revision in der Regel regelmäßig nicht einmal ergibt – hat das BSG ggf. – s. aber auch Rn. 230a zu § 160a Abs. 5 – die außerdem enthaltene Begründung der Beschwerde nach § 160 Abs. 2 Nrn. 1 und 2 überhaupt nicht dahin überprüft, ob sie formgerecht ist. Es kann sogar sein, dass es diesen Teil der Begründung des LSG geprüft und nicht als formgerecht angesehen und nur deshalb die Revision nach § 160 Abs. 2 Nr. 3 zugelassen hat. Aus der Zulassung der Revision kann bei mehreren geltend gemachten Revisionsgründen nicht geschlossen werden, das BSG habe alle Zulassungsgründe betreffenden Begründungen als formgerecht gegeben angesehen (s. Rn. 225). Bei der Übernahme der Begründung einer auf § 160 Abs. 1 Nr. 1 (grundsätzliche Bedeutung) gestützten Beschwerdebegründung braucht nicht mehr, wie es aber in der Praxis nicht selten geschieht, noch einmal die grundsätzliche Bedeutung dargelegt zu werden, da ja die Revision zugelassen ist. Ebenso ist zu beachten, dass die Beschränkungen der Rüge von Verfahrensmängeln nach § 160 Abs. 2 Nr. 3 nicht für im Revisionsverfahren erhobene Verfahrensrügen gelten (s. Rn. 329 und 340).

327   ### 6.3.2.6 Bezeichnung des Verfahrensmangels

Kummer, Die Rüge von Verfahrensfehlern nach dem SGG, NJW 1989, 1569

Die Begründung der Revision muss, soweit Verfahrensmängel gerügt werden, die Tatsachen bezeichnen, die den Mangel ergeben (s. § 164 Abs. 2 Satz 3). Ist das angefochtene Urteil nebeneinander auf mehrere Begründungen gestützt, so kann die Revision nur Erfolg haben, wenn hinsichtlich jeder dieser Begründungen Verfahrensmängel oder eine Verletzung von Rechtsnormen i. S. d. § 164 Abs. 2 Satz 3 bezeichnet werden (vgl. zur Nichtzulassungsbeschwerde *BSG SozR 1500 § 160a Nr. 38*). Zur Sprungrevision s. Rn. 35. Werden in Bezug auf die tatsächlichen Feststellungen des LSG zulässige und begründete Revisionsgründe nicht vorgebracht, ist das BSG an die in dem angefochtenen Urteil getroffenen tatsächlichen Feststellungen gebunden (s. § 163; s. dazu Rn. 307). Gerade insoweit gewinnt die Begründung von Verfahrensmängeln besondere Bedeutung. Zur Bezugnahme auf die Begründung der Nichtzulassungsbeschwerde s. Rn. 340.

Rügbare Verfahrensmängel 328

Grundsätzlich (s. zu Sprungrevision Rn. 342) ist nach § 202 SGG auch § 295 ZPO im sozialgerichtlichen Verfahren anwendbar (s. u. a. *BSG SozR 1500 § 164 Nr. 33, SozR 5070 § 9 Nr. 9*), jedoch gilt der Verlust des Rügerechts hier ebenfalls nicht für unbedingte Revisionsgründe, auf die die Beteiligten nicht wirksam verzichten können (*BSG SozR 1500 § 164 Nr. 33, SozR 5070 § 9 Nr. 9*). Allerdings sind unbedingte Revisionsgründe nicht gleichbedeutend mit von Amts wegen und damit auch ohne entsprechende Rüge eines Beteiligten zu berücksichtigenden Verfahrensmängeln (s. Rn. 327). Für nicht von Amts wegen zu berücksichtigende Verfahrensfehler nimmt das BSG auch die Möglichkeit einer Verwirkung an (*BSG SozR 1500 § 164 Nr. 33, SozR 5070 § 9 Nr. 9*). Eine anwaltlich vertretene Partei, die nach Anberaumung einer mündlichen Verhandlung erklärt, von ihrer Seite werde zu dem Termin niemand erscheinen, falls dieser trotz ihres Verzichts auf mündliche Verhandlung stattfinden sollte, kann nicht mit Erfolg eine Gehörsrüge mit der Begründung erheben, ein Rechtsgespräch hätte ihr Gelegenheit gegeben, ihren Vortrag zu ergänzen (*BVerwG Buchholz 401.84 Benutzungsgebühren Nr. 98*).

Anders als im Rahmen der Beschwerde gegen die Nichtzulassung der Revision 329 wegen Verfahrensmängeln nach § 160 Abs. 2 Nr. 3, kann die Begründung der zugelassenen Revision grundsätzlich auf alle wesentlichen Verfahrensmängel gestützt werden (*BSG SozR 3-1750 § 411 Nr. 2*). Auch dann, wenn die Revision z. B. wegen eines ohne hinreichende Begründung nicht berücksichtigten Beweisantrages zugelassen wurde, kann der Revisionskläger nunmehr auch eine Verletzung des § 109 SGG oder eine Verletzung des Rechts auf freie richterliche Beweiswürdigung ebenso geltend machen, wie die Verletzung der Pflicht zur Ermittlung des Sachverhalts von Amts wegen darauf stützen, das LSG hätte auch ohne Antrag von sich aus weitere Beweiserhebungen durchführen müssen. Ebenso kann der Revisionskläger eine wegen grundsätzlicher Bedeutung oder Divergenz zugelassene Revision ausschließlich auf Verfahrensmängel stützen (*BSG SozR 4-5671 Anl. 1 Nr. 3101 Nr. 3*). Schließlich kann der Revisionskläger, der die Revisionszulassung nur durch die Rüge von Verfahrensmängeln erreicht hat, die Revision ausschließlich mit der Verletzung des materiellen Rechts begründen.

Rüge des Verfahrensmangels 330

Der Revisionskläger muss aber bei einer Rüge von Verfahrensmängeln die Tatsachen bezeichnen, die den oder die Verfahrensmängel ergeben. Erforderlich ist eine Darlegung, die das Revisionsgericht in die Lage versetzt, sich allein nach der Revisionsbegründung ein Urteil darüber zu bilden, ob die angegriffene Entscheidung auf einem Verfahrensmangel beruht (*BSG SozR 1500 § 164 Nr. 31*). In eindeutigen Fällen der verspäteten Urteilsabsetzung (hier: Zustellung nach etwa sieben Monaten) kann, anders als möglicherweise bei Zustellungen nur knapp nach Ablauf der Fünfmonatsfrist oder bei Zustellungen im Ausland, auf weitere Darlegungen zur Begründung der Verfahrensrüge verzichtet werden (vgl. *BSGE 75, 74 = SozR 3-2500 § 33 Nr. 12; BSG Urt. v. 6. 3. 1996 – 9 RVg 3/94)*. Gleiches gilt, wenn sich aus einer vom Revisionsgericht im vorangegangenen Beschwerdeverfahren eingeholten Auskunft des LSG die Überschreitung dieser Frist eindeutig ergibt (*BSG SozR 4-1500 § 120 Nr. 1*). Bei der Vielzahl der möglichen Verfahrensmängel und der ihnen zugrunde liegenden Sachverhalte kann eine eingehende Übersicht über die zu bezeichnenden Tatsachen nicht erstellt werden; es sind nur beispielhafte Hinweise aus der Rechtsprechung möglich.

331   Aber auch im Revisionsverfahren werden Verfahrensmängel grundsätzlich nur auf Rüge hin geprüft. Dies gilt nicht für von Amts wegen zu beachtende Verfahrensmängel. Das sind Verstöße gegen prozessrechtliche Grundsätze, welche im öffentlichen Interesse zu beachten und deren Befolgung dem Belieben der Beteiligten entzogen sind (z. B. die Zulässigkeit der Klage und eines Rechtsmittels: *BSG SozR 3200 § 8 Nr. 4, BSGE 86, 86, 87*; unterlassene notwendige Beiladung: *BSG SozR 1500 § 75 Nr. 37*). Die Entscheidung des LSG durch Beschluss im Beschwerdeverfahren wegen Nichtzulassung der Berufung, das zutreffende Rechtsmittel gegen das Urteil des LSG sei die Berufung, ist jedoch für das Revisionsgericht bindend (*BSG SozR 4-1500 § 144 Nr. 1*).

332 Einzelne Beispiele von Verfahrensmängeln

333   Eine formgerechte Rüge der Verletzung des Rechts der freien richterlichen Beweiswürdigung (s. dazu Rn. 97) ist nicht bezeichnet, wenn die Revision lediglich ihre Beweiswürdigung an die Stelle derjenigen des LSG setzt oder die eigene Beweiswürdigung der des Tatsachengerichts als überlegen bezeichnet; denn dem Revisionsgericht ist es nicht gestattet, unter mehreren möglichen Beweiswürdigungen eine Wahl zu treffen oder diese sonst zu bewerten (*BSG SozR 1500 § 164 Nr. 31*). Der Revisionskläger muss außerdem angeben, zu welchem Ergebnis nach seiner Ansicht eine gesetzmäßige Beweiswürdigung geführt hätte (*BSG SozR Nr. 28 zu § 164 SGG*).

334   Wird insoweit eine Verletzung von Denkgesetzen gerügt, so muss u. a. dargelegt werden, dass aus den bezeichneten Tatsachen nur eine Folgerung gezogen werden kann und das LSG diese Folgerung nicht gezogen hat (*BSG SozR Nr. 28 zu § 164 SGG*). Dabei ist es notwendig, in der Revisionsbegründung die Gedankenkette des LSG wiederzugeben und auszuführen, an welcher Stelle und wodurch sich die Gedankenführung des Gerichts zu allgemeinen Denkgesetzen in Widerspruch setzt (*BSG SozR Nr. 47 zu § 164 SGG*). Ein Verstoß gegen Denkgesetze wird z. B. angenommen (s. allgemein *BVerwG DVBl. 1990, 780*), wenn sich das Urteil auf ein sich selbst in der Begründung oder in dem Ergebnis widersprechendes Gutachten stützt (*BSGE 7, 103, 107/108*) oder das Gericht aus einer durch nichts bewiesenen Vermutung eines Arztes eine bestimmte Folgerung zieht (*BSGE 7, 103, 108; BSG Breithaupt 1958, 768*). „Dabei kann von einem Verstoß gegen Denkgesetze nur gesprochen werden, wenn aus den Gegebenheiten nur eine Folgerung gezogen werden kann, jede andere nicht ‚denkbar' ist und das Gericht die allein denkbare nicht gezogen hat" (*BSG SozR 1500 § 164 Nr. 31*).

Bei einem Verstoß gegen Erfahrungssätze ist darzulegen, dass es auch hinsicht- **335** lich des maßgebenden Sachverhaltes einen solchen Erfahrungssatz überhaupt gibt, gegen den das LSG verstoßen haben soll (*BSG SozR Nr. 68 zu § 162 SGG, BSGE 2, 127; 4, 147, 149; 6, 267; BSG SozR 1500 § 103 Nr. 25 und § 128 Nr. 4*), bzw. dass das LSG zu Unrecht einen solchen Erfahrungssatz hier angewandt hat (*BSG SozR 1500 § 103 Nr. 25*). S. auch Rn. 286.

Ein Verstoß gegen § 128 Abs. 1 Satz 1 (*s. May S. 371 ff.*) liegt nicht vor, wenn **336** das Tatsachengericht auch bei widersprechenden Gutachten seine Auffassung unter Abwägung der ärztlichen Gutachten darlegt und danach seine Entscheidung trifft (*BSGE 1, 150, 154; 2, 236, 237; BSG SozR Nrn. 2, 33 zu § 128*). Das LSG überschreitet deshalb nicht seine Grenzen der freien richterlichen Beweiswürdigung, wenn es sich einem dieser Gutachten anschließt und dabei nicht dem Gutachten folgt, das der Revisionskläger für überzeugender erachtet hat. Das LSG ist demnach bei widersprechenden Gutachten nicht verpflichtet, ein drittes Gutachten darüber einzuholen, welches Gutachten nach der Auffassung des weiteren Gutachtens überzeugender ist. Ein Verfahrensmangel ist aber u. a. bezeichnet, wenn den in der Revisionsbegründung vorgebrachten Tatsachen zu entnehmen ist, dass das Tatsachengericht ohne ausreichende Begründung – insbesondere ohne Darlegung der eigenen Sachkunde (*BSG SozR Nr. 33 zu § 103 SGG*) – sich über die Beurteilung medizinischer Fragen durch den Sachverständigen hinweggesetzt hat (s. *BSGE 1, 254, 257; BSG SozR Nr. 2 zu § 128 SGG*) oder aus Gutachten Schlüsse gezogen hat, die von den Ausführungen des Sachverständigen nicht getragen werden (*BSGE 7, 103, 108 und 192, 193*). Bei zwei sich widerstreitenden Gutachten sind die Tatsachen zu bezeichnen, die vor einer abschließenden Beweiswürdigung durch das LSG noch hätten aufgeklärt werden müssen, um Widersprüche zu konkretisieren, zu verringern oder auszuräumen (*BSG SozR 1500 § 128 Nr. 31*); gleiches gilt für unklare Sachverständigenaussagen (*BSG SozR 1500 § 128 Nrn. 36, 37*). Hat der Kläger sich geweigert, sich einer erneuten Untersuchung zu unterziehen, müssen die Umstände angeführt werden, aus denen sich ergibt, dass trotz dieser Weigerung sich die Einholung eines Gutachtens über medizinische Fragen nach Aktenlage ohne erneute Untersuchung dem LSG hätte aufdrängen müssen (s. *BSG SozR Nrn. 43, 55, 56 zu § 103 SGG*).

Bei einer Verletzung des § 136 Abs. 1 Nr. 6 müssen die Tatsachen bezeichnet **337** werden, aus denen folgt, dass die materiell-rechtlich erheblichen Anspruchsvoraussetzungen sich aus dem Urteil nicht ergeben (s. BSG SozR 1500 § 136 Nr. 1). Stützt sich das Urteil auf allgemein kundige Tatsachen (s. auch Rauscher SGb 1986, 45), ohne dass das LSG auf diese Tatsachen die Beteiligten ausdrücklich hingewiesen hat, so muss der Revisionskläger darlegen, dass diese Tatsachen den Beteiligten nicht mit Sicherheit bekannt waren (s. *BSG SozR 1500 § 128 Nr. 15*, s. auch *SozR 1500 § 62 Nr. 11*). Bei einer Verletzung des rechtlichen Gehörs sind außerdem die Tatsachen zu bezeichnen, aus denen sich ergibt, an welchem bestimmten Vorbringen der Revisionskläger gehindert gewesen ist (*BSG SozR 1500 § 160 a Nr. 36*).

Bei einem Verstoß gegen die Pflicht, den Sachverhalt von Amts wegen zu er- **338** mitteln, muss der Revisionskläger die Tatsachen bezeichnen, aus denen sich er-

gibt, dass sich das LSG von seinem sachlich-rechtlichen Standpunkt aus zu weiteren Ermittlungen hätte gedrängt fühlen müssen (*BSG SozR 1500 § 103 Nr. 25
und § 160 Nr. 5; BSG SozR Nrn. 7, 14, 40 zu § 103 SGG*). Wird geltend gemacht,
das LSG hätte sich im Rahmen seiner Pflicht, den Sachverhalt von Amts wegen
zu ermitteln, nicht ohne eigene Beweiserhebung auf ein von dem anderen Verfahrensbeteiligten vorgelegtes Gutachten stützen dürfen, sondern einen gerichtlichen
Sachverständigen hören müssen (s. *BSG SozR 1500 § 103 Nr. 24*), so sind die Tatsachen zu bezeichnen, aus denen nicht unerhebliche Einwendungen gegen das
vorgelegte Gutachten abgeleitet werden. Anders als im Verfahren der Nichtzulassungsbeschwerde, ist es aber nicht erforderlich, dass das LSG einem Beweisantrag
ohne hinreichende Begründung nicht gefolgt ist. Die Verletzung der dem Gericht
obliegenden Pflicht, den Sachverhalt von Amts wegen zu erforschen, wird nicht
dadurch „geheilt", dass der Revisionskläger es unterlassen hat, schon im Berufungsverfahren die mangelnde Sachaufklärung zu rügen (*BSG SozR Nr. 31 zu
§ 103 SGG*) und einen Beweisantrag zu stellen (anders im Verfahren der Nichtzulassungsbeschwerde, s. Rn. 127ff.); denn es kommt auch insoweit auf das Verfahren vor dem LSG an, das den Sachverhalt selbst in dem erforderlichen Umfang
festzustellen hat. Es ist aber im Revisionsverfahren darzulegen, zu welchem Ergebnis nach Auffassung des Revisionsklägers die für erforderlich gehaltenen Ermittlungen geführt hätten (*BSG SozR Nr. 28 zu § 164 SGG*). Zur Vernehmung
von Zeugen s. auch die Ausführungen zu Rn. 212.

339   Bei einer Verletzung des § 109, die – wiederum anders als im Verfahren der
Nichtzulassungsbeschwerde (s. Rn. 125) – im Revisionsverfahren uneingeschränkt gerügt werden darf, muss allerdings notwendigerweise der Antrag bezeichnet werden, dem das LSG nicht gefolgt ist. Sollte das LSG den Antrag nach
§ 109 Abs. 2 abgelehnt haben (s. zu § 109 Kap. III Rn. 74ff.), müssen die Tatsachen bezeichnet werden, aus denen sich ergibt, dass sich die Erledigung des
Rechtsstreites nicht verzögert hätte oder das LSG eine Absicht, das Verfahren zu
verschleppen, ebenso wenig annehmen durfte wie grobe Nachlässigkeit dafür,
dass der Antrag nicht schon vorher vorgebracht wurde. Bezugnahme auf die Begründung der vorangegangenen erfolgreichen Nichtzulassungsbeschwerde.

340   Fraglich ist, ob dann, wenn schon die Begründung der Nichtzulassungsbeschwerde die Voraussetzungen für die Bezeichnung des Verfahrensmangels
auch i.S.d. § 164 Abs. 2 Satz 3 erfüllt hat, der Revisionskläger auf die Beschwerdebegründung Bezug nehmen kann, da keine reinen Wiederholungen der Beschwerdebegründung zu fordern sind (vgl. zu Rn. 322). Das BSG ist in seinem
Beschluss vom 24.8.1976 (*BSG SozR 1500 § 164 Nr. 3; mit Recht weitergehend
wie hier ML § 164 Rn. 9h*) davon ausgegangen, dass, anders als bei der Rüge der
Verletzung sachlichen Rechts, eine Bezugnahme auf die Begründung der Beschwerde gegen die Nichtzulassung der Revision nicht ausreicht, und zwar selbst
dann nicht, wenn „die Beschwerde, mit der die Zulassung der Revision begehrt
wurde, entsprechende Ausführungen enthält". Das BSG stützt sich dabei auf zwei
Erwägungen. Einerseits betreffe das Beschwerdeverfahren lediglich die Frage, ob
einer der gesetzlich bestimmten Gründe vorliege, welcher die Zulassung der Re-

vision rechtfertige. Diese Erwägung trifft aber auf die Darlegung der grundsätzlichen Bedeutung und die damit verbundene Verletzung des materiellen Rechts als Voraussetzung der Zulassung der Revision im gleichen Umfange zu, und dennoch lässt das BSG insoweit eine Bezugnahme auf die Revisionsbegründung zu. Außerdem ist es Aufgabe des Revisionsklägers, ggf. im Revisionsverfahren zusätzlich rügbare Verfahrensfehler (s. Rn. 329) neben der Verweisung auf die Begründung der Nichtzulassungsbeschwerde vorzubringen. Ansonsten sind eben nur die in dieser Begründung gerügten Verfahrensfehler auch für das Revisionsverfahren bezeichnet. Andererseits sei, so führt das BSG weiter aus, in § 164 Abs. 2 Satz 3 als eine der Mindestanforderungen für die Revisionsbegründung zwingend vorgeschrieben, dass bei der Rüge von Verfahrensmängeln die den jeweiligen Mangel ergebenden Tatsachen zu bezeichnen sind. Gegen diese Erwägungen ist schon anzuführen, dass es zumindest zweifelhaft ist, ob an die Bezeichnung eines Verfahrensmangels im Beschwerdeverfahren geringere Anforderungen zu stellen sind als im Revisionsverfahren; denn es erscheint nicht überzeugend, aufgrund einer bestimmten Begründung der Rüge eines Verfahrensmangels die Revision zuzulassen, bei der wörtlichen Wiederholung der Begründung im Revisionsverfahren aber davon auszugehen, diese Begründung reiche für die Bezeichnung des Verfahrensmangels nicht aus. Dies kann aber hier dahinstehen. Entscheidend erscheint insoweit, dass keine Gründe ersichtlich sind, weshalb bei der Bezeichnung einer Verfahrensrüge im Beschwerdeverfahren, die allen Anforderungen des § 164 Abs. 2 Satz 3 entspricht, eine Bezugnahme auf die Beschwerdebegründung verwehrt und der Revisionskläger zu reinen Wiederholungen gezwungen sein sollte. Ob die Begründung der Beschwerde den Anforderungen des § 164 Abs. 2 Satz 3 entspricht, liegt im Risikobereich des Revisionsklägers, wenn er darauf Bezug nimmt. Das ergibt sich aus der Zulassung jedenfalls dann nicht zwingend, wenn auch noch andere Zulassungsgründe neben dem des Verfahrensmangels geltend gemacht sind. Bei der noch nicht ausreichend geklärten Rechtslage dürfte aber für eine ordnungsgemäße Prozessführung zu empfehlen sein, vorsorglich die entsprechenden Ausführungen in der Beschwerdebegründung unter erneuter Prüfung nach § 164 Abs. 2 Satz 3 in der Revisionsbegründung zu wiederholen. Jedenfalls reicht auch hier (s. Rn. 322) nur eine erneute Übersendung der Beschwerdebegründung nicht aus.

Das BSG hat aber eine Bezugnahme auf den die Revision wegen des im Beschwerdeverfahren gerügten Verfahrensmangels zulassenden Beschluss selbst ausreichen lassen (*BSG SozR 1500 § 164 Nr. 18, SozR 3-5428 § 4 Nr. 5*). Dies erscheint in der Begründung zu *SozR 1500 § 164 Nr. 18* nicht ganz überzeugend. Das BSG begründet seine Auffassung mit dem für die Zulässigkeit der Bezugnahme auf die Begründung der Nichtzulassungsbeschwerde maßgebenden Gedanken, den Revisionskläger nicht zu reinen Wiederholungen zu zwingen. Danach kommt es aber nicht auf den Beschluss des BSG, sondern auf die ihm zugrunde liegende ordnungsgemäße Bezeichnung des Verfahrensmangels an, deshalb kann der Revisionskläger auch auf sie verweisen. Bei einer ordnungsgemäßen Bezeichnung des Verfahrensmangels im Beschwerdeverfahren ist es aber unerheblich, aus welchem Grund das BSG die Revision zugelassen hat, was in der Regel dem Beschluss über

341

die Zulassung der Revision überhaupt nicht zu entnehmen ist (s. Rn. 225). Jedenfalls darf bei einer ordnungsgemäßen Bezeichnung des Verfahrensmangels im Beschwerdeverfahren die Bezugnahme auf die Beschwerdebegründung nicht auch noch davon abhängig gemacht werden, dass das LSG aus diesem Grund die Revision zugelassen oder das BSG dies im Beschluss zu erkennen gegeben hat. Eine andere Frage wäre, ob das BSG dann, wenn es die Revision wegen der ausreichenden Bezeichnung eines Verfahrensmangels zugelassen hat, im Revisionsverfahren daran gebunden ist, dass der Verfahrensfehler auch genügend gerügt ist. Darauf stützt sich aber das BSG in *SozR 1500 § 164 Nr. 18* nicht.

342 Gegenrüge

Verfahrensrügen können auch durch den Revisionsbeklagten im Wege der sog. Gegenrüge bis zum Schluss der mündlichen Verhandlung – also nicht nur innerhalb der Revisionsbegründungsfrist für den Revisionskläger (s. aber auch Rn. 343) – erhoben werden (*BSG SozR 1500 § 164 Nr. 24; BSGE 97, 242 = SozR 4-4200 § 20 Nr. 1; ML § 170 Rn. 4c; Hk-SGG/Lüdtke § 160 Rn. 28; Breitkreuz/Fichte § 164 Rn. 42; Jansen/Frehse § 170 Rn. 4*). Auf diese Möglichkeit und ggf. auch Notwendigkeit ist für den Prozessbevollmächtigten des Revisionsbeklagten eindringlich hinzuweisen. Damit kann Vorsorge getroffen werden, dass das BSG nicht deshalb zuungunsten des Revisionsbeklagten entscheidet, weil es zu einer anderen rechtlichen Beurteilung als das Berufungsgericht aufgrund von tatsächlichen Feststellungen des LSG gelangt, die der Revisionsbeklagte für unzutreffend und verfahrensfehlerhaft festgestellt ansieht, und – nach Auffassung des Revisionsbeklagten – das BSG bei zutreffenden tatsächlichen Feststellungen anderes entschieden hätte. Die Gegenrüge ist, wie bereits aufgezeigt, bis zum Schluss der mündlichen Verhandlung zulässig. Wäre die Gegenrüge dagegen nur bis zum Ablauf der Revisionsbegründungsfrist zulässig, hätte der Revisionsbeklagte jedenfalls vor Kenntnis der Revisionsbegründung des Gegners vorsorglich umfangreiche Rügen zu erheben. Der Revisionsbeklagte muss aber zu einer auf die Revisionsbegründung ausgerichteten Rechtsverteidigung in der Lage sein. Der Revisionsbeklagte kann im Revisionsverfahren keine Gegenrüge erheben, wenn er die maßgeblichen Gesichtspunkte schon in der Tatsacheninstanz hätte geltend machen können und müssen (*BSG SozR 4-2500 § 95 Nr. 5; Hk-SGG/Lüdtke § 168 Rn. 28; ML § 170 Rn. 4d; a.A. Breitkreuz/Fichte § 164 Rn. 43*).

343   Legt allerdings der Beigeladene nicht selbst Revision ein und unterstützt er nur die Revision eines anderen Beteiligten durch weitere Verfahrensrügen, so können diese nur berücksichtigt werden, wenn sie innerhalb der Revisionsbegründungsfrist erhoben sind (*BSG SozR Nr. 37 zu § 164 SGG*), ansonsten wäre zugunsten des Revisionsklägers die Revisionsbegründungsfrist verlängert.

344 Sprungrevision

Die Revision gegen ein Urteil des SG (Sprungrevision, § 161, s. Rn. 23) kann grundsätzlich (s. auch unten) nicht auf Mängel des Verfahrens gestützt werden (s. § 161 Abs. 4; s. auch Rn. 35). Darunter fällt insbesondere ein Verstoß gegen § 103 und § 128 (*BSG SozR 4100 § 56 Nr. 14*). Entsprechend den Ausführungen zu § 160 Abs. 2 Nr. 3 sind keine Mängel des Verfahrens solche des Verwaltungsverfahrens; auf sie kann somit die Sprungrevision gestützt werden (*BSG SozR 1500 § 161 Nr. 26*). Ebenso gehören zu den Mängeln des Verfahrens i. S. des § 161 Abs. 4 nur solche, die das eigentliche „Prozedieren" des erstinstanzlichen Gerichts betreffen. Von ihnen zu trennen sind diejenigen Verstöße gegen das Prozessrecht, die sich lediglich als prozessuale Konsequenz aus der fehlerhaften materiell-rechtlichen Beurteilung des SG ergeben (*BSG SozR 3-1500 § 54 Nr. 40; BSGE 97, 242 = SozR 4-4200 § 20 Nr. 1* – unterbliebene unechte notwendige Beiladung; z. B. Erlass eines Prozess- statt eines Sachurteils oder Klagebefugnis *BSG SozR 3-5520 § 44 Nr. 1*); auch auf sie kann die Sprungrevision gestützt werden (*BSG SozR 3-5520 § 44 Nr. 1*). Schließlich bezieht sich § 161 Abs. 4 nicht auf Verfahrensmängel, die in jeder Lage des Verfahrens von Amts wegen zu beachten sind (*BSG SozR 3-5520 § 44 Nr. 1; SozR 4-1500 § 105 Nr. 1*: Entscheidung ohne die gebotene Mitwirkung der ehrenamtlichen Richter; *Hk-SGG/Lüdtke § 161 Rn. 11; Jansen/Frehse § 161 Rn. 11; P/S/W § 161 Rn. 6*). Umstritten ist, ob eine Sprungrevision, die sich auf nicht von Amts wegen zu beachtende Verfahrensfehler stützt, unzulässig oder (so *BSG SozR 3-5520 § 44 Nr. 1*) unbegründet ist.

6.3.2.7 Unterschrift

§ 164 schreibt nur für die Einlegung der Revision die Schriftform vor. Aber auch **345** die Revisionsbegründung hat schriftlich zu erfolgen. Das ergibt sich daraus, dass vor Ablauf der Revisionsbegründungsfrist keine mündliche Verhandlung stattfindet und das Gericht und der Gegner aber in der Lage sein müssen, sich mit der Revisionsbegründung eingehend auseinanderzusetzen. Die Revisionsbegründung muss vom Prozessbevollmächtigten unterschrieben sein (*BSG SozR Nrn. 26, 54 zu § 164 SGG, siehe auch Rn. 237*).

6.4 Anschlussrevision

346

Schrifttum

Gilles, Anschließung, Beschwer, Verbot der reformatio in peius und Parteidispositionen über die Sache in höherer Instanz, ZZP, Bd. 91 (1978), S. 128 und Bd. 92 (1979), S. 152

Schneider, Herbert, Die Anschlußrevision, in: Festschrift für Fritz Baur, 1981, S. 165

Zulässigkeit

347

Ebenso wie in den anderen gerichtlichen Verfahren wird auch im sozialgericht- **348** lichen Verfahren die Anschlussrevision für zulässig erachtet (*BSGE 2, 229, 231; 47, 168, 169 = SozR 1750 § 556 Nr. 2; 48, 248, 252 = SozR 3100 § 35 Nr. 11; 91, 153, 163 = SozR 4-2500 § 85 Nr. 3 = SGb 2004, 429, 436; BSG SozR 4-1500 § 144 Nr. 4*).

Dabei wird gleichfalls zwischen selbstständiger und unselbstständiger Anschlussrevision unterschieden. Diese Unterscheidung ist allgemein deshalb nicht geglückt, da es sich bei der selbstständigen Anschlussrevision eigentlich gar nicht um eine Anschließung an die Revision des Gegners, sondern um ein eigenes selbstständiges Rechtsmittel handelt, das lediglich später als das des Gegners und vielleicht deshalb eingelegt wird, weil der Gegner sich wider Erwarten nicht mit der Entscheidung des Berufungsgerichts zufriedengibt, aber ebenfalls frist- und formgerecht eingelegt und begründet worden ist. Es ist von der Statthaftigkeit der – lediglich – früher eingelegten Revision des Gegners rechtlich unabhängig, unterliegt aber auch allen Vorschriften über die Einlegung und Begründung einer Revision. Die sog. selbstständige Ausschlussrevision z.B. einer notwendig Beigeladenen kann demnach auch das gleiche Ziel wie die früher eingelegte Revision verfolgen und deshalb sich ihr anschließen. Sie dient dann der eigenen Sicherung für den Fall einer schlecht begründeten und geführten zuerst eingelegten Revision ebenso wie für den Fall der Rücknahme der früheren Revision.

Die sog. selbstständige Anschlussrevision ist demnach auch ein Rechtsmittel. Ihre Statthaftigkeit „versteht sich von selbst", wie Zeihe (6. Aufl., § 160 Rn. 5 b) es zutreffend ausdrückte (ebenso *Hk-SGG/Lüdtke § 160 Rn. 27*: eigentlich kein Regelungsbedarf). Sie hat ausschließlich die Bedeutung eines noch zulässigen Antrags innerhalb des vom Revisionsführer gestellten Antrags (*BSG SozR 3-5050 § 15 Nr. 5*).

349 Dagegen ist auch im sozialgerichtlichen Verfahren die sog. unselbstständige Anschlussrevision kein Rechtsmittel, sondern – nur – ein angriffsweise wirkender selbstständiger Antrag des Revisionsbeklagten (s. aber auch unten) innerhalb der Revision des Gegners (*BSGE 8, 24, 29; BSG SozR 3-5050 § 15 Nr. 5; BSGE 91, 153, 163 – 4-2500 § 85 Nr. 3*). Mit ihr wird erreicht, dass das Revisionsgericht das angefochtene Urteil nicht nur innerhalb der Anträge des Revisionsklägers, sondern darüber hinaus auch im Rahmen der Anträge des Revisionsbeklagten nachzuprüfen hat, ohne das Verbot der reformatio in peius zu verletzen (*BSGE 8, 24, 29*). Es darf somit nicht dasselbe Prozessziel wie durch den Revisionskläger angestrebt werden, mögen auch andere Beweggründe maßgebend sein (*BSGE 33, 47, 50*). Die unselbstständige Anschlussrevision setzt demnach eine eigene Beschwer im Anspruch des Anschließungsklägers durch das angefochtene Urteil voraus (*BSGE 37, 28, 33*; offen gelassen in *BSG SozR 4-1500 § 144 Nr. 1*). Dies ist z.B. nicht der Fall bei der Anschlussrevision eines Beklagten, wenn die Klage als unbegründet statt als unzulässig abgewiesen worden ist (*BSGE 37, 28, 33*), da die Zulässigkeit der Klage von Amts wegen zu beachten ist und ihre Unzulässigkeit vom Beklagten zudem auch ohne Anschlussrevision in der Revisionserwiderung geltend gemacht werden kann. Dies gilt auch, wenn eine Änderung der Entscheidungsgründe begehrt wird (*BSG SozR Nr. 2 zu § 556 ZPO*). Anschlussrevision kann aber unter diesen Voraussetzungen auch ein anderer Beteiligter (z.B. der Beigeladene oder ein „Mitkläger") einlegen (*BSGE 91, 153, 163 = SozR 4-2500 § 85 Nr. 3; ML § 143 Rn. 5f; H § 160 Rn. 48*).

350 Bei einer Teilzulassung der Revision hatte das BSG eine sog. unselbstständige Anschlussrevision auch insoweit zulässig angesehen, als sie die Änderung des von der Zulassung nicht erfassten Urteilsteils erstrebt (*BSGE 47, 168, 169 = SozR 1750 § 556 Nr. 2*). In dem dieser Entscheidung zugrunde liegenden Sachverhalt hatte der Kläger form- und fristgerecht Revision eingelegt, sie jedoch gegen einen Urteilsteil gerichtet, für den eine Zulassung der Revision nicht erfolgt war. Das

BSG hatte die Revision als unzulässig angesehen, aber als zulässige Anschließung an die Revision der Beklagten erachtet. Später hat das BSG jedoch zu Recht entschieden, mit der Anschlussrevision könne nicht ein Teil des Urteils des LSG zur Prüfung des Revisionsgerichts gestellt werden, der von der Revision nicht erfasst werde (*BSG SozR 3-5050 § 15 Nr. 5*; ebenso *BVerwG Buchholz 310 § 132 Nr. 191; BAGE 40, 250; BGH Urteil vom 21. 6. 2001 – IX ZR 73/00; BFH/NV 1991, 194*).

Frist 351

Für die Form der sog. unselbstständigen Anschlussrevision sind neben den für die Revision geltenden Vorschriften (s. § 164 Abs. 2) diejenigen des § 556 ZPO i. V. m. § 202 SGG zu beachten. Danach ist die Revisionsanschlussschrift beim BSG bis zum Ablauf eines Monats nach Zustellung der Revisionsbegründung einzulegen (*BSGE 44, 184 = SozR 1750 § 556 Nr. 1; 91, 153, 163 = SozR 4-2500 § 85 Nr. 3; BSG SozR 4-1500 § 144 Nr. 1; SozR 4-2600 § 233 a Nr. 1; Jansen/Frehse § 160 Rn. 4; ML § 160 Rn. 3 f; Breitkreuz/Fichte § 160 Rn. 79M Hk-SGG/Lüdtke § 160 Rn. 27; Zeihe § 160 Rn. 5 b*). Bley (*§ 160 Vorbem. 6 Buchst. c*) hält dagegen § 556 ZPO insoweit nicht für entsprechend anwendbar, weil im sozialgerichtlichen Verfahren die Revisionsbegründung nicht zugestellt werde. Dies trifft tatsächlich nicht zu. Vor allem läuft eben die Frist nicht, falls die Revisionsbegründung – aus welchem Grund auch immer – nicht zugestellt wird (so *Zeihe § 160 Rn. 5 b*).

Abweichend von § 164 Abs. 1 besteht für die Begründung der sog. unselbst- 352 ständigen Anschlussrevision keine weitere Frist, die Begründung ist vielmehr schon mit der Anschlusserklärung einzureichen (s. § 556 Abs. 2 Satz 2 ZPO i. V. m. § 202 SGG; *ML § 160 Rn. 3 f; Hk-SGG/Lüdtke § 160 Rn. 27*). Man wird es aber ausreichen lassen müssen, wenn die Begründung zwar nicht mit der Revisionsanschließung verbunden ist, aber innerhalb eines Monats nach Zustellung der Revisionsbegründung nachgereicht wird (*Hk-SGG/Lüdtke § 160 Rn. 27; RK § 160 Rn. 35; ML § 160 Rn. 3 f.; Zeihe § 160 Rn. 5 b*).

Eine Verlängerung der Frist zur Einlegung und Begründung der sog. unselbst- 353 ständigen Anschlussrevision ist nicht zulässig (*ML § 160 Rn. 3 f*). Die Verlängerung der Revisionsbegründungsfrist für den Gegner allein hat auf die Frist für die Einlegung und Begründung der sog. unselbstständigen Anschlussrevision seit Änderung des § 556 ZPO keine Bedeutung mehr, da nicht die Revisionsbegründungsfrist, sondern die Zustellung der Begründung der Revision maßgebend ist. Sie wirkt sich aber insoweit aus, als der Gegner seine Revision erst innerhalb der verlängerten Revisionsbegründungsfrist zu begründen braucht und dann die Begründung erst zugestellt wird, sodass erst dann die Frist für die Anschließung und die Begründung der Anschlussrevision zu laufen beginnt. Wird die Revisionsbegründung schon vor Ablauf der verlängerten Revisionsbegründungsfrist eingereicht und zugestellt, so beginnt dennoch die Frist für die Anschlussrevision zu laufen. Folgt innerhalb der verlängerten Revisionsbegründungsfrist dann eine weitere Revisionsbegründung, so setzt deren Zustellung eine neue Frist in Lauf.

354 ## 7 Verfahren vor dem BSG

7.1 Revisionsverfahren

Für das Revisionsverfahren gelten die Vorschriften über die Berufung entsprechend, soweit sich aus dem Unterabschnitt des SGG über die Revision nicht etwas anderes ergibt (s. § 165 Satz 1). § 153 Abs. 2 und 4 sowie § 155 Abs. 2 bis 4 finden keine Anwendung (§ 165 Satz 2).

355 Etwas anderes gilt insbesondere, wie bereits dargelegt, aus den Vorschriften über die Zulassung der Revision (s. §§ 160 bis 161 gegenüber §§ 144 Abs. 1 und 2, 145 bis 150), die beschränkten Revisionsgründe und die Bindung an die tatsächlichen Feststellungen des LSG (s. §§ 162, 163 gegenüber § 157), die Einlegung und die Notwendigkeit einer schriftlichen und fristgebundenen Begründung der Revision (s. § 164 Abs. 2 gegenüber § 151) und den Vertretungszwang (§ 166), der Entscheidung über die Unzulässigkeit und die Unbegründetheit der Revision (s. §§ 169, 170 gegenüber §§ 158, 159).

356 Dagegen sind entsprechend anwendbar: § 144 Abs. 4 (keine Revision wegen der Kosten, *ML § 165 Rn. 3; RK § 165 Rn. 2, 3; Hk-SGG/Lüdtke § 165 Rn. 3; Bley § 165 Anm. 3 Buchst. a*), § 152 (Aktenanforderung durch die Geschäftsstelle), § 154 (aufschiebende Wirkung des Rechtsmittels), § 155 Abs. 1 (Bestellung eines Berichterstatters), § 156 (Rücknahme des Rechtsmittels).

357 Ebenfalls entsprechend anwendbar ist § 153 Abs. 1, 3 und 5, nach dem die Vorschriften über das Verfahren im ersten Rechtszug mit Ausnahme des § 91 (Wahrung der Klagefrist durch Eingang der Klageschrift bei bestimmten Behörden) entsprechend gelten, soweit sich aus den Vorschriften des Berufungsverfahrens nicht etwas anderes ergibt. Damit sind auch die Vorschriften über das Verfahren in der ersten Instanz für das Revisionsverfahren entsprechend anwendbar, soweit sich aus den Besonderheiten des Revisionsverfahrens nicht etwas anderes ergibt. Anwendbar sind u. a. die §§ 61 bis 72, § 73 (Prozessbevollmächtigte, Beistände), § 73 a (Prozesskostenhilfe), §§ 101 bis 106, 110 bis 133, 135 bis 142. Auch die Vorschriften über die Beweisaufnahme können für die Feststellung bestimmter Verfahrensmängel durch das BSG Bedeutung erlangen. § 60 (Ausschluss und Ablehnung von Gerichtspersonen) ist schon durch die direkte Verweisung in § 171 Abs. 1 anwendbar.

358 Klageänderungen und Beiladungen sind im Revisionsverfahren grundsätzlich unzulässig (s. § 168 Satz 1); das gilt nicht für die Beiladung der Bundesrepublik Deutschland in Angelegenheiten sozialen Entschädigungsrechts (§ 75 Abs. 1 Satz 2) und, sofern der Beizuladende zustimmt, allgemein für notwendige Beiladungen nach § 75 Abs. 2 (s. § 168 Satz 2). Macht ein Kläger erstmals im Revisionsverfahren einen Aufhebungsanspruch wegen nachträglicher Änderung der Verhältnisse gemäß § 48 Abs. 1 SGB X geltend, ist dies eine unzulässige Klageänderung (*BSG SozR 4-2600 § 255a Nr. 1*). Keine Klageänderung ist bei gleichem Klagegrund der Übergang von der Anfechtungs- zur Feststellungsklage (*BSGE 68, 228, 229 = SozR 3-2200 § 1248 Nr. 1*) und von der Untätigkeitsklage zur Fortsetzungsfeststellungsklage (*BSGE 73, 244, 245 = SozR 3-1500 § 88 Nr. 1*). Insoweit besteht eine Sonderregelung in Bezug auf die §§ 75, 99. Eine unzulässige Beiladung ist aber auch noch im Revisionsverfahren aufzuheben (*BSG SozR 1500 § 75 Nr. 27; BSG Beschluss vom 11. 12. 1990 – 1 R 2/88*) und von amtswegen zu prüfen (*BSGE 73, 244, 245 = SozR 3-1500 § 88 Nr. 1*).

Eine Widerklage wird im Revisionsverfahren grundsätzlich als unzulässig angesehen (*ML § 165 Rn. 5;* s. anders im Verfahren vor dem BSG in erster und letzter Instanz, s. hier Rn. 362). Im verwaltungsgerichtlichen Verfahren wird aber von diesem Grundsatz abgegangen, wenn die Widerklage keinen neuen Prozessstoff einführt, sondern nur den bereits erörterten Anspruch in prozessual richtigen Formen aufgreift oder wenn die Beteiligten über den Anspruch der Widerklage schon in der Vorinstanz gestritten haben und das OVG hilfsweise über den Anspruch mitentschieden hat und das BVerwG über diese Widerklage nach den Feststellungen des OVG mitentscheiden kann (*BVerwGE 44, 161; ML § 165 Rn. 5*).

Wird während des Revisionsverfahrens der angefochtene Verwaltungsakt durch einen neuen abgeändert oder ersetzt, so gilt der neue Verwaltungsakt als mit der Klage beim SG angefochten, es sei denn, dass der Kläger durch den neuen Verwaltungsakt klaglos gestellt oder dem Klagebegehren durch die Entscheidung des Revisionsgerichts zum ersten Verwaltungsakt in vollem Umfange genügt wird (§ 171 Abs. 2). Diese Vorschrift enthält eine Sonderregelung gegenüber § 96. Der Verwaltungsakt, mit dem die Versorgungsverwaltung einem Ausländer Versorgung wegen eines Anspruchs gegen einen anderen Staat nach § 7 Abs. 2 BVG versagt hat, wird durch den Verwaltungsakt „ersetzt", mit dem sie eine den Anspruch ablehnende Entscheidung nach § 8 BVG (Gewährung von Versorgung ungeachtet § 7 BVG mit Zustimmung des BMA) erlässt (*BSG SozR 1500 § 171 Nr. 3*).   *359*

Ein neuer Verwaltungsakt gilt auch dann als mit der Klage beim SG angefochten, wenn er den angefochtenen Verwaltungsakt schon in dem Zeitraum zwischen dem Erlass des Berufungsurteils und der zulässigen Einlegung der Revision ändert oder ersetzt (*BSGE 51, 54, 55 = SozR 1500 § 171 Nr. 1*). Selbst wenn schon während des Verfahrens der Nichtzulassungsbeschwerde der angefochtene Verwaltungsakt durch einen neuen geändert oder ersetzt wird, gilt dieser in entsprechender Anwendung des § 172 Abs. 2 als mit der Klage beim SG angefochten (*BSG SozR 1500 § 171 Nr. 2*).   *360*

Einstweilige Anordnungen des BSG im Revisionsverfahren sind unter Hinweis auf § 86b nicht möglich (*ML § 165 Rn. 5; Hk-SGG/Lüdtke § 165 Rn. 3*). Nach dieser Vorschrift ist das für den Erlass einer einstweiligen Anordnung zuständige Gericht in der Hauptsache das Gericht des ersten Rechtszuges und, wenn die Hauptsache im Berufungsverfahren anhängig ist, das Berufungsgericht; sie ist nicht Teil des Berufungsverfahrens, auf das § 165 verweist. Besteht somit während des Revisionsverfahrens Anlass für eine einstweilige Anordnung in Bezug auf den Streitgegenstand, so hat sie der Revisionskläger beim SG zu beantragen, das in 1. Instanz entschieden hat. Etwas anderes gilt (zwangsläufig), soweit das BSG   *361* erstinstanzlich tätig wird (*Hk-SGG/Lüdtke § 165 Rn. 3*). Zu einstweiligen Anordnungen s. Kap. V.

362 7.2 Verfahren vor dem BSG in erster und letzter Instanz

Soweit das BSG im ersten und letzten Rechtszug entscheidet (s. u. a. § 39 Abs. 2, § 88 Abs. 7 Satz 2 Nr. 2 SVG; § 146 Abs. 6 Satz 4 SGB III), sind die Vorschriften über das Verfahren im ersten Rechtszug direkt anwendbar, sodass auch hier Widerklage zulässig ist (s. dagegen zum Revisionsverfahren Rn. 358). Es kann auch ein Gerichtsbescheid ergehen (*ML § 165 Rn. 5*). Die Vorschriften über das Revisionsverfahren (s. §§ 160 bis 165, 168 bis 170) finden keine Anwendung. Dagegen ist § 73 Abs. 4 anwendbar, da der Vertretungszwang nicht auf das Revisionsverfahren beschränkt ist, sondern auf alle Verfahren „vor" dem BSG erstreckt ist (s. Rn. 234). Zur Anwendbarkeit des § 170 a s. Rn. 399.

363 8 Entscheidung des BSG

8.1 Unzulässige Revisionen

Das BSG hat zu prüfen, ob die Revision statthaft und ob sie form- und fristgerecht eingelegt und begründet worden ist (s. § 169 Satz 1).

Statthaft ist die Revision, wenn sie gegen eine Entscheidung dieser Art an sich gegeben ist. Bestehen hinsichtlich einzelner dieser Entscheidungen keine besonderen Regelungen, welche die Revision ausnahmsweise auch ohne Zulassung für statthaft erklären, so ist nach dem SGG eine Revision nur statthaft, wenn sie vom LSG, SG oder – aufgrund einer Nichtzulassungsbeschwerde – vom BSG zugelassen worden ist (s. Rn. 3). Die statthafte Revision muss auch form- und fristgerecht eingelegt sein.

364 Sonstige Zulässigkeitsvoraussetzungen

365 Damit sind aber in § 169 Satz 1 nicht alle Zulässigkeitsvoraussetzungen aufgeführt. So muss sich z. B. aus der Revisionsbegründung eine Beschwer des Revisionsklägers ergeben (*ML § 169 Rn. 2; Bley § 169 Anm. 2 Buchst. e*). Eine Beschwer des Klägers wird im Allgemeinen bejaht, wenn die Entscheidung der Vorinstanz ihm etwas versagt, was er beantragt hat (*BSGE 43, 1, 2/3 = SozR 1500 § 131 Nr. 4; BSGE 52, 168, 169 = SozR 3870 § 3 Nr. 13; Bley § 169 Anm. 2 Buchst. e*). Der Beklagte und Revisionskläger ist dagegen beschwert, wenn die Vorinstanz seinem Antrag auf Klageabweisung nicht voll entsprochen, sondern dem Antrag des Klägers ganz oder teilweise stattgegeben hat (*BSGE 36, 62, 63*). Eine formelle Beschwer liegt nicht vor, wenn die Klage oder Berufung als unbegründet abgewiesen wurde, obgleich der Beklagte beantragt hatte, sie als unzulässig abzuweisen (*BSGE 37, 28, 33*). Ebenso fehlt es aber an der Beschwer des beklagten Versicherungsträgers, wenn das Berufungsgericht die gegen einen ablehnenden Bescheid gerichtete Anfechtungsklage als unzulässig und nicht, wie beantragt, als unbegründet abgewiesen hat (*BSG SozR Nr. 11 zu § 160 SGG*). Das BSG hat jedoch bei einer Abweisung der Klage als unzulässig statt als – wie von der Beklagten beantragt – unbegründet eine Beschwer angenommen, wenn ein Gericht im

Fall des § 96 eine zu enge Auffassung über den Umfang eines Streitgegenstandes hat und daher einen Rechtsstreit in Bezug auf den nach seiner Auffassung rechtshängigen Teil des Prozessstoffes durch ein Sach-, im übrigen aber durch Prozessurteil beendet. Dann sei über den anderen Teil des Streitgegenstandes nicht bindend für den Kläger entschieden worden, und dieser Teil könne daher nicht in Rechtskraft erwachsen. Da ein Beklagter Anspruch darauf habe, dass über den Streitstoff vollständig entschieden werde, und da ein Ziel eines Rechtsstreites die erst mit der Rechtskraft des Urteils eintretende Bindung des Prozessgegners sei, sei ein Beklagter in einem solchen Fall durch ein Prozessurteil beschwert (*BSG SozR Nr. 12 zu § 160 SGG*). Das BSG ist in dieser Entscheidung von der materiellen Beschwer ausgegangen (ebenso *BSG SozR Nr. 15 zu § 160 SGG*; s. dazu auch *BSG SozR Nr. 13 zu § 160 SGG; Bley § 169 Anm. 2 Buchst. e*). Ist im Urteil dem Antrag des Klägers entsprechend die Verpflichtung ausgesprochen, den Kläger unter Beachtung der Rechtsauffassung des Gerichts zu bescheiden (s. § 131 Abs. 3; s. Kap. VII Rn. 15 ff.), so kann auch der Kläger durch die Entscheidung beschwert sein, wenn die in den Urteilsgründen dargelegte Rechtsauffassung des Gerichts nicht der von ihm vorgetragenen entspricht (*BSGE 43, 1 = SozR 1500 § 131 Nr. 4*).

Eine weitere in § 169 Satz 1 nicht aufgeführte Voraussetzung für die Zulässigkeit der Revision ist, dass der Revisionskläger nicht bereits auf die Einlegung der Revision verzichtet hat (s. hier Rn. 231). Auch eine nur bedingt – z.B. für den Fall der Zulassung durch das BSG – eingelegte Revision ist unzulässig (*BSG SozR 1500 § 169 Nr. 1*). Ob die Zustimmung des Gegners zur Sprungrevision schon eine Voraussetzung der Statthaftigkeit dieses Rechtsmittels oder eine weitere Zulässigkeitsvoraussetzung ist (*ML § 161 Rn. 10a*), hat keine praktische Bedeutung, da ihr Fehlen nach beiden Ansichten zur Verwerfung der Revision als unzulässig führt. Die Revision eines einfach Beigeladenen ist nur zulässig, soweit sie sich im Rahmen der Revision des Hauptbeteiligten hält (*Bley § 169 Anm. 2 Buchst. g*). 366

Entscheidung des BSG

Mangelt es an einem Zulässigkeitserfordernis der Revision, so ist die Revision als unzulässig zu verwerfen (s. § 169 Satz 2). Eine unzulässige Revision kann auch während einer Unterbrechung des Verfahrens verworfen werden, wenn sie schon vor Eintritt der Unterbrechung unzulässig war (*ML § 169 Rn. 4d; BGH NJW 1959, 532* – zu § 249 Abs. 3 ZPO als Unterbrechungsgrund). Ist die Revision unbeschränkt zugelassen und von beiden Beteiligten eingelegt, so kann die unzulässige Revision eines Beteiligten durch gesonderten Beschluss verworfen werden (vgl. *BGH MDR 2007, 968*). 367

Die Revision darf nur als unzulässig verworfen werden; nicht zulässig ist dagegen ein Beschluss darüber, dass die Revision zulässig ist (*ML § 169 Rn. 5*). 368

Im Regelfall wird die Revision ohne mündliche Verhandlung durch Beschluss verworfen. Sie erfolgt durch Beschluss ohne Zuziehung der ehrenamtlichen Richter (s. § 169 Satz 3). Ergeht die Entscheidung nach einer mündlichen Verhandlung, so wird sie in Form eines Urteils unter Mitwirkung der ehrenamtlichen 369

Richter getroffen. Dabei ist es unerheblich, ob die mündliche Verhandlung in erster Linie der Klärung der Zulässigkeit der Revision diente oder ob zunächst zur Sache verhandelt wurde und sich erst dabei die Unzulässigkeit der Revision ergab. Sowohl der Beschluss als auch das Urteil über die Verwerfung der Revision als unzulässig sind zu begründen (s. § 142 Abs. 2, § 136 Abs. 1 Nr. 6 i.V.m. §§ 153, 165).

370 Gegen die Verwerfung der Revision ist ein Rechtsmittel nicht gegeben. Das Urteil und auch der Beschluss über die Verwerfung der Revision als unzulässig sind somit grundsätzlich der materiellen Rechtskraft fähig. Die Rechtsprechung des BSG lässt jedoch – von Anfang an – eine Ausnahme zu, wenn die Revision wegen Fristversäumnis als unzulässig verworfen wurde, dem Beteiligten aber Wiedereinsetzung in den vorigen Stand zu gewähren ist (*BSG SozR Nr. 6 zu § 67 SGG*; a. A. *Bley § 169 Anm. 3 Buchst. c, 4 Buchst. d*: Wiederaufnahmeklage). Darüber hinaus geht das BSG von der Zulässigkeit einer erneuten Entscheidung auch nach Verwerfung der Revision durch Beschluss oder Urteil aus, wenn das Verfahren des BSG an einem so wesentlichen Verfahrensmangel leidet, dass zugleich eine Verletzung des rechtlichen Gehörs (s. *BSG SozR Nr. 31 zu § 67 SGG*: Nichtvorlage der rechtzeitig eingegangenen Revisionsbegründung beim entscheidenden Senat; *BSG Beschluss vom 6. 10. 1983 – 2 BU 167/83 –, BVerfG SozR 1500 § 62 Nr. 11*: Übersehen eines maßgebenden Beweisantrages). S. nunmehr auch hier Rn. 230a und Kap. X Rn. 72 zur Anhörungsrüge.

371 Nur die eingelegte Revision wird verworfen. Dem Revisionskläger ist es deshalb unbenommen, noch innerhalb der Revisionsfrist erneut eine – dann ggf. zulässige – Revision einzulegen (*ML § 169 Rn. 4b*). Im Hinblick auf die kurze, nicht verlängerbare Revisionseinlegungsfrist wird dies aber regelmäßig überhaupt nur möglich sein, wenn die Revisionsfrist wegen einer unrichtigen Rechtsmittelbelehrung ein Jahr beträgt oder bei einer Zustellung des Urteils des LSG im Ausland der Beschwerdeführer unmittelbar nach der schnell durchgeführten Zustellung des Urteils Revision eingelegt hat.

372 Die Kostenentscheidung ergeht bei einem Urteil nach § 193, bei einem Beschluss in entsprechender Anwendung dieser Vorschrift.

373 **8.2 Unbegründete und begründete Revisionen**

8.2.1 Unbegründete Revisionen

Ist die Revision unbegründet, so weist das BSG die Revision zurück (§ 170 Abs. 1 Satz 1). Ergeben die Entscheidungsgründe zwar eine Gesetzesverletzung, stellt sich die Entscheidung selbst aber aus anderen Gründen als richtig dar, so ist die Revision ebenfalls zurückzuweisen (§ 170 Abs. 1 Satz 2).

374 Die Revision ist zurückzuweisen, wenn das BSG den Tenor des angefochtenen Urteils für inhaltlich richtig erachtet (*ML § 170 Rn. 5; Bley § 170 Anm. 3 Buchst. a*). Das ist nicht nur dann der Fall, wenn das BSG auch die Begründung des LSG oder – bei einer Sprungrevision – des SG teilt. Wie sich aus § 170 Abs. 1 Satz 2

ergibt, ist die Revision auch dann zurückzuweisen, wenn das BSG zwar eine andere Rechtsansicht vertritt als das Gericht, dessen Urteil mit der Revision angefochten ist, aber die Rechtsansicht des BSG die angefochtene Entscheidung ebenfalls trägt, da das BSG das Urteil unter allen maßgebenden rechtlichen Gesichtspunkten zu prüfen hat. Dies gilt sowohl für unterschiedliche materiellrechtliche Auffassungen als auch dann, wenn das BSG den Rechtsstreit prozessual anderes als das LSG oder – bei einer Sprungrevision – das SG beurteilt. Hat z. B. das LSG einen Anspruch aus der gesetzlichen Unfallversicherung verneint, weil der Verletzte nicht in der Wohlfahrtspflege tätig war und deshalb nicht zu dem nach § 2 Abs. 1 Nr. 9 SGB VII versicherten Personenkreis gehört, so ist die Revision des Verletzten auch dann zurückzuweisen, wenn das BSG zwar zu dem Ergebnis gelangt, dass der Kläger grundsätzlich in der Wohlfahrtspflege tätig und deshalb auch nach der genannten Vorschrift versichert war, aber aufgrund der nicht angegriffenen tatsächlichen Feststellungen des LSG die zum Unfall führende Verrichtung nicht mit dieser Tätigkeit im inneren Zusammenhang stand.

Die Revision ist aber auch zurückzuweisen, wenn z. B. das LSG zu Unrecht **375** die Berufung als unzulässig angesehen hat, das BSG aber von der Zulässigkeit der Berufung ausgeht, sie aber als unbegründet ansieht und im Hinblick auf die vorhandenen tatsächlichen Feststellungen in der Sache selbst entscheiden kann. Davon geht die Rechtsprechung des BSG ebenfalls aus. Danach kann eine zu Unrecht aus prozessualen Gründen ausgesprochene Klageabweisung von dem Revisionsgericht aus sachlich-rechtlichen Gründen aufrechterhalten werden, wenn die Klage nach der festgestellten Sachlage materiell-rechtlich nicht gerechtfertigt ist (*BSG SozR Nr. 30 zu § 51 SGG und Nr. 14 zu § 170 SGG; BVerwG Buchholz 232 § 26 BBG Nr. 21*). Ebenso darf das BSG, sofern es für eine Sachentscheidung keiner neuen tatsächlichen Feststellungen bedarf, auch insoweit in der Sache entscheiden und die Revision zurückweisen, als das LSG die Berufung des Revisionsklägers unzutreffend als unzulässig verworfen hat (*BSG SozR 1500 § 170 Nr. 4*). Das Zurückweisen der Berufung als unbegründet statt – wie durch das LSG – als unzulässig bedeutet auch keinen Verstoß gegen das im Revisionsverfahren ebenfalls geltende Verbot der reformatio in peius (*BSGE 25, 251, 254; BSG SozR Nr. 14 zu § 170 SGG, SozR 1500 § 170 Nr. 4*; zum Verbot der reformatio in peius s. *Bley § 170 Anm. 2 Buchst. e*).

In seinem Urteil vom 11. 12. 1963 (*BSG SozR Nr. 30 zu § 51 SGG*) hat das BSG **376** eine Zurückverweisung als überflüssig angesehen, weil sich die Klage materiellrechtlich „ohne weiteres" als unbegründet erwies. Nach dem Leitsatz der Herausgeber vom SozR ist insoweit die Revision zurückzuweisen, als der Klageanspruch nach der festgestellten Sachlage materiell-rechtlich „eindeutig" nicht gerechtfertigt ist. Maßgebend ist jedoch, dass das BSG aufgrund der vom LSG oder SG getroffenen tatsächlichen Feststellungen materiell-rechtlich entscheiden kann. Ist dies der Fall, so ist es unerheblich, ob das Begehren des Revisionsklägers materiell-rechtlich „ohne weiteres" oder „eindeutig" nicht begründet ist. Auch nach einer entsprechenden schwierigen, in Rechtsprechung und Literatur sehr umstrittenen Entscheidung, bei der es auch für die Gegenmeinung ganz erhebliche Gründe gibt, ist eine Zurückweisung der Revision durch das BSG nicht nur zulässig, sondern geboten, wenn es die tatsächlichen Feststellungen des LSG bzw. SG zulassen.

377   Bei einer Abweisung der Klage oder Verwerfung der Berufung aus prozessualen Gründen wird es aber nicht selten an den erforderlichen eigenen tatsächlichen Feststellungen des LSG oder SG für eine materiell-rechtliche Entscheidung des BSG fehlen. Jedenfalls ist sorgfältig zu prüfen, ob das LSG wirklich eigene tatsächliche Feststellungen getroffen (s. Rn. 308) oder lediglich Angaben der Beteiligten insoweit als wahr unterstellt hat. Die Feststellungen müssen auch ausreichend für eine Entscheidung in der Sache sein. Dies ist aber nicht dahin zu verstehen, dass keine Möglichkeit besteht, dass das LSG in einem neuen Berufungsverfahren nicht zu anderen tatsächlichen Feststellungen kommen könnte, was nur selten auszuschließen wäre. Vielmehr wird man die getroffenen tatsächlichen Feststellungen zugrunde legen müssen, soweit sie nicht mit begründeten Rügen angegriffen sind. Dies muss der Revisionskläger ebenso beachten wie – hinsichtlich der Gegen- bzw. Anschlussrügen (s. Rn. 342) – der Revisionsbeklagte. Aber auch dies zeigt, dass selbst bei nur geringen Zweifeln, ob die Feststellungen ausreichen, eine Aufhebung und Zurückverweisung erfolgen sollte.

378   Entsprechendes gilt, wenn ein Verfahrensmangel gerügt wird, der an sich auch vorliegt, und das angefochtene Urteil auch darauf beruht, aber nach der materiellrechtlichen, vom LSG abweichenden Auffassung des BSG der Verfahrensmangel die Entscheidung nicht beeinflusst. Hat z. B. das LSG die Wartezeit des Klägers in der gesetzlichen Rentenversicherung bejaht, sich aber nur hinsichtlich des Anspruchs auf Rente wegen teilweiser Erwerbsminderung verfahrensfehlerhaft auf ein in sich widersprüchliches Gutachten gestützt, so ist die Revision dennoch zurückzuweisen, wenn das BSG zu der Auffassung gelangt, die Wartezeit sei entgegen der Auffassung des LSG doch nicht erfüllt und deshalb kein Anspruch auf Rente wegen teilweiser Erwerbsminderung gegeben, unabhängig davon, ob beim Kläger teilweise Erwerbsminderung vorliegen würde. Etwas anderes gilt bei absoluten Revisionsgründen, da sie das gesamte Verfahren erfassen (*BSGE 4, 281, 288; ML § 170 Rn. 5a; Bley § 170 Anm. 3 Buchst. b*).

379   Der für die Sach- und Rechtslage maßgebende Zeitpunkt kann auch bei der Entscheidung des BSG je nach der Klageart verschieden sein. Grundsätzlich wird bei der selbstständigen Anfechtungsklage der Zeitpunkt des Erlasses des angefochtenen Verwaltungsaktes, bei der Verpflichtungs- und Leistungsklage dagegen auch in der Revisionsinstanz der Zeitpunkt der gerichtlichen Entscheidung selbst dann für maßgebend erachtet, wenn die Verpflichtungs- oder Leistungsklage mit einer Anfechtungsklage verbunden ist (*BSGE 43, 1, 5; BSG SozR 1500 § 170 Nr. 3; Brackmann S. 240b und g; s. auch ML § 170 Rn. 2*). Bei einer Verpflichtungs- und Leistungsklage sind auch Gesetzesänderungen zu beachten, die während des Revisionsverfahrens in Kraft treten. Voraussetzung ist allerdings, dass das neue Recht nach seinem zeitlichen Geltungsbereich das streitige Rechtsverhältnis erfasst (*BSGE 43, 1, 5; BSG SozR 1500 § 170 Nr. 3; BVerwG Buchholz 310*

§ 144 Nr. 42). Reichen für das neue anzuwendende Recht die – vom LSG und SG darauf noch gar nicht ausrichtbaren – tatsächlichen Feststellungen in dem angefochtenen Urteil nicht aus, so darf das BSG auch insoweit keine eigenen tatsächlichen Feststellungen treffen, sondern muss hierfür das Urteil aufheben und die Sache zur erneuten Verhandlung und Entscheidung zurückverweisen (s. Rn. 309).

8.2.2 *Begründete Revisionen* 380

Entscheidung „in der Sache"

Ist die Revision begründet, so hat das BSG in der Sache selbst zu entscheiden 381 (§ 170 Abs. 2 Satz 1). Die Gesetzesfassung darf nicht übersehen lassen, dass das BSG auch bei einer Zurückweisung der Revision als unbegründet regelmäßig in der Sache selbst entscheidet.

Begründet ist die Revision nicht nur bei Unrichtigkeit der angefochtenen Ent- 382 scheidung, sondern auch schon dann, wenn das Revisionsgericht infolge unzureichender tatsächlicher Feststellungen an der von ihm erwarteten Sachentscheidung gehindert ist (*BSGE 37, 104, 107 = SozR 1500 § 170 Nr. 1*).

Die vom BSG angeführte „zweifelsfreie" Unrichtigkeit ist auch hier (s. schon 383 oben zu Rn. 376) nicht dahin zu verstehen, dass die Rechtsauffassung des BSG unbestritten und zweifelsfrei sein muss. Das Adjektiv „zweifelsfrei" bezieht sich vielmehr auf den letzten Satzteil, in dem das BSG hinzufügt, „mag sich auch später die angefochtene Entscheidung im Ergebnis als richtig darstellen". Damit ist gemeint, dass die Revision wegen fehlender tatsächlicher Feststellungen für eine abschließende Entscheidung i. S. der Zurückverweisung begründet ist, obgleich naturgemäß nicht auszuschließen ist, dass die noch zu treffenden tatsächlichen Feststellungen des LSG einen Sachverhalt ergeben, der die zunächst einmal in diesem Revisionsverfahren aufzuhebende Entscheidung des Berufungsgerichts rechtlich als zutreffend erweist. Deshalb ist die Revision in der Regel auch dann begründet, wenn eine Vorabentscheidung durch den EuGH in Betracht kommt, eine weitere Sachaufklärung aber notwendig ist, um die Erheblichkeit der Vorabentscheidung feststellen zu können (*BSGE 37, 104, 107 = SozR 1500 § 170 Nr. 1*). Die tatsächlichen Feststellungen des LSG können unzureichend sein, weil für die Entscheidung wesentliche Feststellungen fehlen. Es kommt darauf an, ob sie nach der materiell-rechtlichen Auffassung des BSG erforderlich sind. Dass das LSG sie aufgrund seiner vom BSG abweichenden Rechtsauffassung ohne Verfahrensverstoß nicht zu treffen brauchte, ist unerheblich. Die tatsächlichen Feststellungen können auch unzureichend sein, weil sie mit begründeten Verfahrensrügen angegriffen sind und das Urteil auf ihnen beruht.

Die in § 547 ZPO aufgeführten Verfahrensverstöße betreffen die Grundlagen 384 des Verfahrens und werden als so wesentlich angesehen, dass ein Einfluss auf die Sachentscheidung unwiderlegbar vermutet wird, es bedarf keiner Begründung, dass das Urteil des LSG auf diesem Mangel beruhen kann (*BSG Urteile v. 10. 12. 1992 – 1 RKr 81/92 – und v. 28. 1. 1993 – 2 RU 45/92*). Ein solcher Verstoß begründet unbedingt die Revision und führt zwingend zur Aufhebung des angefochtenen Urteils gem. § 170 Abs. 2 Satz 1 (*BSGE 4, 281, 288; 63, 43, 45 = SozR 2200 § 368 a Nr. 21; BSG Urt. v. 22. 11. 1994 – 8 RKn 8/94*). § 170 Abs. 2 Satz 2 ist insoweit nicht anwendbar (*BSGE 4, 281, 288; 63, 43, 45 = SozR 2200 § 368 a Nr. 21*); es sei denn, die Klage ist unter keinem denkbaren Gesichtspunkt begründet (*BSGE 75, 74, 76 = SozR 2500 § 33 Nr. 12*). Ein bei Verkündung noch nicht vollständig abgefasstes Urteil ist i. S. von § 547 Nr. 7 ZPO nicht mit Gründen versehen, wenn Tatbestand und Entscheidungsgründe nicht binnen fünf Monaten nach Verkündung schriftlich niedergelegt, von den Richtern unterschrieben und der Geschäftsstelle übergeben worden sind (*SozR 3-1750 § 551 Nr. 4 – GmSOGB; BSG SozR 3-1750 § 551 Nr. 5*). Bei einem Urteil ohne mündliche Verhandlung beginnt die Frist mit der abschließenden Urteilsberatung (*BSG SozR 3-1750 § 551 Nr. 7*). Die Verfahrensrüge erfordert die Angabe des Zeitpunktes der Niederlegung auf der Geschäftsstelle oder die Angabe des Versuchs, dies zu erfahren (*BSG SozR 3-1500 § 164 Nr. 5, 6; s. Rn. 117*).

385 Auch bei einer nicht erfolgten notwendigen Beiladung ist eine Entscheidung in der Sache nicht möglich, weil sonst dieser Verfahrensmangel im Ergebnis unberücksichtigt bleiben würde (*BSGE 20, 69, 73; ML § 170 Rn. 7 a*), es sei denn, die Klageabweisung wirkt sich zugunsten des nicht beigeladenen, aber notwendig beizuladenden Beteiligten aus (*BSG Urt. v. 12. 12. 1990 – 11 RAr 21/90*). Dagegen darf das BSG selbst in der Sache abschließend entscheiden, wenn das LSG zwar die Berufung unzutreffend als unzulässig verworfen hat, aber die getroffenen tatsächlichen Feststellungen ausreichen (*BSG SozR 1500 § 170 Nr. 4*).

386 § 170 Abs. 2 Satz 1 geht davon aus, dass es Aufgabe des BSG ist, nach Möglichkeit eine den Rechtsstreit beendende Entscheidung zu treffen (*BSGE 37, 104, 107 = SozR 1500 § 170 Nr. 1*). Sofern eine abschließende Entscheidung des BSG in der Sache untunlich ist, kann es das angefochtene Urteil mit den ihm zugrunde liegenden Feststellungen aufheben und die Sache zur erneuten Verhandlung und Entscheidung an das Gericht zurückverweisen, welches das angefochtene Urteil erlassen hat (s. § 170 Abs. 2 Satz 2). Der Anschluss an Satz 1 dieser Vorschrift (sofern „dies" …) darf weiterhin nicht übersehen lassen, dass das BSG auch bei einer Zurückverweisung wegen fehlender tatsächlicher Feststellungen regelmäßig in der Sache selbst und nicht nur über prozessuale Fragen entscheidet. Es erlässt lediglich keine abschließende Entscheidung in der Sache.

387 Zurückverweisung

§ 170 Abs. 2 Satz 2 ist aber auch insoweit sprachlich nicht ganz geglückt, als er davon ausgeht, dass eine Zurückverweisung nur in Betracht kommt, wenn eine Entscheidung in der Sache selbst „untunlich" ist. Der damit verbundene Entscheidungsspielraum trifft nicht den Regelfall. Vielmehr gilt in der Regel entsprechend der Aufgabe des BSG, nach Möglichkeit eine den Rechtsstreit beendende Entscheidung zu treffen (s. *BSGE 4, 281, 288*; s. Rn. 380). Kann das BSG in der Sache abschließend entscheiden, so hat es diese Entscheidung zu treffen; denn Aufgabe des BSG ist es, nach Möglichkeit eine den Rechtsstreit beendende Entscheidung zu treffen (*BSGE 37, 104, 107; ML § 170 Rn. 6 b; Bley § 170 Anm. 4*

Buchst. c; Hk-SGG/Lüdtke § 170 Rn. 9; P/S/W § 170 Rn. 20). Das BSG hat deshalb soweit wie möglich grundsätzlich in der Sache selbst zu entscheiden (*BSGE 4, 281, 288; Hk-SGG/Lüdtke § 170 Rn. 10; Jansen/Frehse § 170 Rn. 7; P/S/W § 170 Rn. 20*). Dies gilt selbst dann, wenn der Revisionskläger nur Aufhebung und Zurückverweisung an das LSG beantragt hat (*BSGE 25, 251, 253 = SozR Nr. 15 zu § 146 SGG; ML § 170 Rn. 6 b*). Nur ausnahmsweise kommt in diesem Fall eine Zurückverweisung an das LSG in Betracht. Ein Ausnahmefall, in dem trotz möglicher abschließender Entscheidung in der Sache selbst der Rechtsstreit zur erneuten Verhandlung und Entscheidung an das LSG zurückverwiesen werden kann, ist dem Urteil des BSG vom 25.11.1976 zu entnehmen (*BSG SozR 2500 § 1266 Nr. 4*). Der Kläger hatte im Revisionsverfahren neue Tatsachen vorgetragen, die vom BSG für die Sachentscheidung nicht berücksichtigt werden duften und deshalb an sich einer abschließenden Entscheidung nicht im Wege standen. Dennoch hat das BSG von einer abschließenden Entscheidung des Rechtsstreits abgesehen und die Sache an das Tatsachengericht zurückverwiesen, weil der Kläger aufgrund seines neuen Vorbringens im Revisionsverfahren eine Neufeststellung der umstrittenen Leistung nach § 79 AVG a.F. (nunmehr § 44 SGB X) beantragt hätte, was voraussichtlich auch ein neues sozialgerichtliches Verfahren zur Folge gehabt hätte. Erst recht ist die Sache zurückzuverweisen (s. Rn. 117, 384), wenn das Urteil des LSG nicht innerhalb von fünf Monaten schriftlich niedergelegt und unterschrieben der Geschäftsstelle übergeben worden ist und deshalb überhaupt noch keine begründete Entscheidung des LSG vorliegt (*Hk-SGG/Lüdtke § 170 Rn. 11*). Ebenso kann eine abschließende Entscheidung in der Sache untunlich sein, wenn das BSG ausnahmsweise irrevisibles Recht anwenden durfte, aber es tunlich scheint, dies dem an sich in erster Linie zuständigen und entsprechend erfahrenen LSG zu überlassen (*ML § 170 Rn. 6 c und 7 b*). Gleiches gilt bei der Verfassungswidrigkeit einer Norm und einer zu erwartenden rückwirkenden gesetzlichen Neuregelung. Kann im Revisionsverfahren wegen unzureichender Aufklärung der innerstaatlichen Anspruchsvoraussetzungen nicht beurteilt werden, ob es für die Entscheidung auf die Auslegung europäischen Gemeinschaftsrechts ankommt, so ist die Revision i.S. der Aufhebung und Zurückverweisung begründet (*BSG SozR 3-1300 § 111 Nr. 5*).

Ist dem BSG wegen fehlender tatsächlicher Feststellungen eine abschließende **388** Entscheidung in der Sache nicht möglich, so muss es aufgrund der begründeten Revision (s. Rn. 380) das angefochtene Urteil aufheben und die Sache zur erneuten Verhandlung und Entscheidung zurückverweisen. Da das BSG selbst für die materiell-rechtliche Entscheidung der Revision keine tatsächlichen Feststellungen treffen darf (*BSG SozR Nr. 9 zu § 163 SGG* und Rn. 309), kommt eine andere Entscheidung überhaupt nicht in Betracht. Es ist also keine Frage der Tunlichkeit der Zurückverweisung (so *ML § 170 Rn. 7*). Gleiches gilt für das Nachholen eines erforderlichen Vorverfahrens (*BSGE 20, 199, 200; BSGE 28, 5, 8; BSGE 35, 267, 271*). Der Zurückverweisung der Sache steht auch insoweit das Verbot der reformatio in peius nicht entgegen, als der Revisionsgegner dadurch die Möglichkeit erhält, noch Anschlussberufung einzulegen (*BSGE 48, 248, 252 = SozR 3100 § 35 Nr. 11*).

389 Grundsätzlich ist das angefochtene Urteil insgesamt aufzuheben und die Sache insgesamt zurückzuverweisen. Hat das LSG jedoch über mehrere prozessual selbstständige Ansprüche entschieden und ist die Revision nur hinsichtlich einzelner von ihnen eingelegt oder begründet, so ist das angefochtene Urteil nur teilweise aufzuheben oder nur insoweit zu ändern, als es diesen Teil bzw. diese Teile betrifft (*ML § 170 Rn. 6 a; Hk-SGG/Lüdtke § 170 Rn. 12*). Ebenso ist es möglich, teilweise durchzuentscheiden und im übrigen aufzuheben und zurückzuverweisen (*ML § 170 Rn. 6 a*).

390 Nur eine Aufhebung und nicht auch eine Zurückverweisung kommt in Betracht, wenn das LSG ein unzulässiges „Teilurteil" erlassen hat. Insoweit ist die Sache „noch und wieder" beim LSG anhängig, was mit der Aufhebung des „Teilurteils" durch das BSG prozessual richtiggestellt ist (*BSGE 7, 3, 8; Bley § 170 Anm. 5 Buchst. e*).

391 Eine Zurückverweisung der Sache an das zuständige Gericht einer anderen Gerichtsbarkeit, zu der das BSG abweichend von der Auffassung des LSG den Rechtsweg für gegeben hält, ist nicht mehr zulässig (s. Kap. II Rn. 93 ff.). Dies gilt auch hinsichtlich der örtlichen Zuständigkeit des SG (s. §§ 512 a, 549 Abs. 2 ZPO i. V. m. § 202 SGG).

392 Nach § 170 Abs. 2 Satz 2 ist die Sache an das Gericht zurückzuverweisen, „welches das angefochtene Urteil erlassen hat". Eine im Gesetz ausdrücklich vorgesehene Ausnahme enthält § 170 Abs. 4 Satz 1, wonach das BSG bei einer Sprungrevision die Sache auch an das LSG zurückverweisen darf, das für die Berufung zuständig gewesen wäre. Darüber hinaus wird es aber für zulässig erachtet, dass das BSG die Sache nicht nur an das LSG zurückverweist, dessen Urteil angefochten wurde, sondern an das SG, wenn das LSG die Berufung gegen das verfahrensfehlerhaft zustande gekommene Urteil des SG gleichfalls verfahrensfehlerhaft zurückgewiesen hat und das LSG deshalb den Rechtsstreit ebenfalls zur erneuten Verhandlung an das SG zurückverweisen könnte oder müsste (*BSG SozR 1500 § 136 Nr. 6; BSGE 51, 223, 226 = SozR 1500 § 78 Nr. 18; ML § 170 Rn. 8 a*). Dabei hat das BSG der sachlichen Entscheidung durch das LSG regelmäßig den Vorrang vor einer Zurückverweisung an das SG eingeräumt (*BSGE 32, 253, 255; BSGE 51, 223, 226*), jedoch dies nicht angenommen, wenn weitere Ermittlungen erforderlich sind, die zweckmäßigerweise von dem SG vorzunehmen sind (*BSGE 51, 223, 226*). S. auch Wenner Rn. 723: „Zur Zurückverweisung als Ausdruck von Kritik unter Richtern?".

393 Ob es bei einer Zurückverweisung an das LSG zulässig ist, die Sache an einen anderen Senat zur erneuten Verhandlung und Entscheidung zurückzuverweisen, war umstritten. Die diese Frage bejahende Meinung (*ML § 170 Rn. 8; Bley § 170 Anm. 5 Buchst. d* – aber in engen Grenzen; *Hk-SGG/Lüdtke § 170 Rn. 13; Jansen/Frehse § 170 Rn. 10* – mit Betonung der Problematik und dem Hinweis

auf die Möglichkeit, schon im Geschäftsverteilungsplan von vornherein abstrakt rückverwiesene Sachen einem anderen Fachsenat zuzuweisen; a. A. *Zeihe § 170 Rn. 17 a*) konnte sich schon auf das Urteil des BSG vom 24. 3. 1971 (*BSGE 32, 253, 255*) stützen, in dem der 6. Senat des BSG zwar von einer Zurückverweisung an einen anderen Senat des LSG im entschiedenen Fall absah, aber ohne nähere Begründung doch davon ausging, die Zurückverweisung an einen anderen Spruchkörper sei grundsätzlich zulässig, wenn Umstände die ernsthafte Besorgnis begründen könnten, der an sich zuständige Senat des LSG sei gegen den betroffenen Beteiligten voreingenommen und von vornherein auf eine bestimmte Rechtsansicht festgelegt. Bley (*§ 170 Anm. 5 Buchst. d*) wies aber auf die Bindung des LSG an die Rechtsauffassung in der zurückverweisenden Entscheidung des BSG und auf das Recht auf Ablehnung der Richter wegen Besorgnis der Befangenheit hin. Allerdings war, worauf hier stets hingewiesen wurde, auch zu beachten, dass die Bindung an die Rechtsauffassung des BSG gerade bei einer fehlerhaften Beweiswürdigung sehr beschränkt ist. In seinem Urteil vom 24. 3. 1976 (*Breithaupt 1976, 803*) ist der 9. Senat des BSG der Auffassung des 6. Senats unter Bezugnahme auf die Rechtsprechung des BVerwG (*Buchholz 310 § 144 Nr. 8*) gefolgt. Der 8. Senat hatte diese Frage in seinem Urteil vom 25. 2. 1976 (*USK 7626*) offen gelassen. Der 2. Senat hatte sie dagegen zunächst in seinem Urteil vom 13. 3. 1975 (*2 RU 267/73 = SozSich. 1976, 312*) verneint, dann aber diese Ansicht aufgegeben (*Beschluss vom 17. 2. 1998*). Nunmehr wird die Zulässigkeit der Zurückverweisung an einen anderen Senat vom BSG in ständiger Rechtsprechung bejaht (*BSG SozR 3-1750 § 565 Nr. 1 und 2, SozR 3-1500 § 170 Nr. 7, SozR 4-1500 § 170 Nr. 2*).

Begründung der Zurückverweisung

Grundsätzlich hat das BSG die abschließende Entscheidung in der Sache ebenso zu begründen wie eine Zurückverweisung. Ausnahmsweise braucht nach § 170 Abs. 3 die Entscheidung über die Revision nicht begründet zu werden, soweit das BSG Rügen von Verfahrensmängeln nicht für durchgreifend erachtet. Dies gilt wiederum nicht bei sog. absoluten Verfahrensmängeln nach § 547 ZPO i. V. m. § 202 SGG und, wenn mit der Revision ausschließlich Verfahrensmängel geltend gemacht werden, für Rügen, auf denen die Zulassung der Revision beruht. Das BSG braucht zwar keine Begründung zu geben; es kann seine Entscheidung aber auch insoweit begründen. Von § 170 Abs. 3 macht das BSG, soweit ersichtlich, mit Recht nur sparsam Gebrauch (s. dazu auch *ML § 170 Rn. 13; Bley § 170 Rn. 6*). 394

Bindung des Gerichts, an das zurückverwiesen wird 395

Die Zurückverweisung zur erneuten Verhandlung und Entscheidung bedeutet, dass das Gericht, an das zurückverwiesen wurde, die Sache im Rahmen des § 170 Abs. 5 (s. dazu unten) sowohl hinsichtlich der Tatsachenfeststellungen als auch der daraus zu ziehenden rechtlichen Folgerungen (s. aber auch Rn. 393) so zu behandeln hat, als wäre sie erstmals im Berufungsverfahren zu ihm gelangt. Das Urteil kann deshalb sowohl zugunsten als auch zuungunsten des früheren Rechts- 396 mittelklägers ergehen. Soweit das BSG das Urteil aber nicht aufgehoben hat (s. Rn. 389), ist das Gericht, an das zurückverwiesen ist, an die dann rechtskräftige Entscheidung gebunden.

397 Das Gericht, an das die Sache zur erneuten Verhandlung und Entscheidung zurückverwiesen ist, hat seiner Entscheidung die rechtliche Beurteilung des Revisionsgerichts zugrunde zu legen (§ 170 Abs. 5); hat das BSG auf eine Sprungrevision die Sache zur erneuten Verhandlung an das SG zurückverwiesen, so ist im Berufungsverfahren auch das LSG an die rechtliche Beurteilung des BSG gebunden *(Schlesw.-Holst. LSG Urteil vom 13. 6. 1995 – L 6 Ka 40/93).* Sinn dieser Regelung ist es, dass das Gericht bisherige Fehler, die zur Aufhebung des Urteils geführt haben, nicht wiederholen darf, im übrigen aber in seiner Entscheidung frei sein soll *(BSGE 15, 127, 129 = SozR Nr. 4 zu § 170 SGG).* Die Bindung besteht an die die Entscheidung tragende Rechtsauffassung *(BSGE 15, 127, 130; BSG SozR 1500 § 170 Nr. 3, SozR 3-2500 § 33 Nr. 33; BVerwG Buchholz 310 § 144 Nr. 43; P/S/W § 170 Rn. 40 ff.);* dies trifft aber nicht nur auf die Gründe zu, welche die Aufhebung des angefochtenen Urteils unmittelbar herbeigeführt haben, sondern auch auf die Gründe, nach denen eine Bestätigung des angefochtenen Urteils ausgeschlossen war *(BVerwG Buchholz 310 § 144 Nr. 43).* Dies gilt aber nur, soweit sie die Auffassung des angefochtenen Urteils mittragen *(BSGE 15, 127, 130;* s. auch *BSG SozR 3-2500 § 33 Nr. 33).* Ist ein Sachverhalt des LSG wegen eines Verfahrensmangels, der nicht die Zulässigkeit der Berufung betrifft, aufgehoben und der Rechtsstreit zur neuen Verhandlung und Entscheidung an das LSG zurückverwiesen worden, so ist das LSG weder nach § 170 Abs. 3 durch das zurückverweisende Urteil des BSG noch durch die in seinem ersten Urteil dargelegte Rechtsauffassung, die Berufung sei zulässig, daran gehindert, die Berufung als unzulässig zu verwerfen *(BSG SozR Nr. 10 zu § 170 SGG;* a. A. wohl *BVerwG NVwZ 1998, 172 = NJW 1997, 3456).* Soweit eine Bindung auch angenommen wird für Gesichtspunkte, die im denknotwendigen Zusammenhang stehen *(ML § 170 Rn. 10, 10 a),* wird es sich regelmäßig um einen Teil der tragenden Gründe handeln. Beachtet das Tatsachengericht entgegen § 170 Abs. 5 nicht die rechtliche Beurteilung des Revisionsgerichts im zurückverweisenden Urteil, liegt ein Verfahrensfehler vor, auf den die Nichtzulassungsbeschwerde gestützt werden kann *(BSG SozR 3-3900 § 15 Nr. 4).*

Eine Bindung tritt nicht ein, wenn nach der Entscheidung des BSG das BVerfG oder der EuGH oder der GmSOGB oder der GS des BSG die maßgebende Rechtsfrage anders entschieden hat (s. Rn. 396). Hat das LSG einen anderen Sachverhalt festgestellt als den, der dem Urteil des BSG zugrunde lag, so entfällt die Bindung ebenfalls (s. Rn. 396).

Selbstbindung des BSG

398 Als logische Folge der Zurückverweisung nach § 170 tritt, ohne in einer Rechtsvorschrift ausdrücklich geregelt zu sein, die Selbstbindung des Revisionsgerichts *(Hk-SGG/Lüdtke § 170 Rn. 18; ML § 170 Rn. 12; Jansen/Frehse § 170 Rn. 13–16; Zeihe § 170 Rn. 33 a:* nicht bloße Selbstbindung, sondern Bindung an das Gesetz)

an seine dem zurückverweisenden Urteil zugrunde liegende Rechtsauffassung ein, wenn im zweiten Rechtsgang die Sache erneut an das Revisionsgericht gelangt (*GmSOGB BSGE 35, 293, 295 = SozR Nr. 15 zu § 170 SGG*). Die Bindung erfasst bei Wechsel der Zuständigkeit der Senate auch den nunmehr zuständigen Senat (*BSG SozR 3-1500 § 170 Nr. 1*). Das BSG ist aber dann nicht mehr an eine dem zurückverweisenden Urteil zugrunde liegende Rechtsauffassung gebunden, wenn zwischenzeitlich das BVerfG oder der EuGH (*BVerwG Buchholz 451.90 Nr. 97*) oder der GmSOGB oder der GS des BSG die maßgebende Rechtsfrage abweichend entschieden hat (*BSG SozR Nr. 6 zu § 170 SGG; BSG Urteil vom 26. 4. 2007 – B 4 R 89/06 R; ML § 170 Rn. 12 b; Hk-SGG/Lüdtke § 170 Rn. 19; Jansen/ Frehse § 170 Rn. 16; Bley Anm. 11 Buchst. d, 12 Buchst. a; kritisch Zeihe § 170 Rn. 33 c ff.*) oder wenn das Revisionsgericht inzwischen selbst seine Rechtsauffassung geändert hat (*BSG SozR Nr. 12 zu § 170 SGG; BAG AP § 618 BGB Nr. 24; BSG SozR 4-1500 § 170 Nr. 2; ML § 170 Rn. 12 a; Hk-SGG/Lüdtke § 170 Rn. 19; krit. Zeihe § 170 Rn. 33 b, 33 c*). Der GmSOGB hat es aber offen gelassen (*BSGE 35, 293, 298; ebenso BSG SozR 1500 § 170 Nr. 3*), ob eine Selbstbindung auch dann entfällt, wenn das Revisionsgericht nicht schon vor seiner zweiten Entscheidung seine der Zurückverweisung zugrunde liegende Rechtsauffassung geändert hat, sie vielmehr erst anlässlich der zweiten Entscheidung ändern will. Diese Frage wird überwiegend verneint (s. *BSG Breithaupt 1985, 90, 92; BSG SozR 3-1500 § 170 Nr. 1; ML § 170 Rn. 12 a; Jansen/Frehse § 170 Rn. 16*; weitere Nachweise in *BSG SozR 1500 § 170 Nr. 3; a. A. Bley § 170 Anm. 12* mit nach den Ausführungen des BSG in *SozR 1500 § 170 Nr. 3* „zum Teil sehr beeindruckenden Argumenten"). Geht die Selbstbindung in diesem Fall zulasten des Sozialleistungsempfängers, so kann er nach späterer Aufgabe der Rechtsprechung einen Antrag nach § 44 SGB X stellen. Im Interesse des schnelleren Rechtsschutzes wird es zu empfehlen sein, in der zunächst noch gebundenen Entscheidung die neue Rechtsauffassung darzulegen und sich erst danach auf die Bindungswirkung in der konkreten Entscheidung zu stützen. Eine Selbstbindung besteht auch nicht, wenn das erneute Berufungsverfahren einen anderen Sachverhalt ergeben hat (*BSGE 42, 126, 127*).

8.3 Unterschriften der Richter   399

Das Urteil ist von den Mitgliedern des Senats zu unterschreiben (s. § 153 Abs. 2 Satz 1, § 165). Ist ein Mitglied verhindert, so vermerkt der Vorsitzende, bei dessen Verhinderung der dienstälteste beisitzende Berufsrichter, dies unter dem Urteil mit Angabe des Hinderungsgrundes (s. § 153 Abs. 2 Satz 2, § 165). Die ehrenamtlichen Richter unterschrieben somit auch die Urteile des BSG nicht (*BSGE 1, 1 GS; Krasney Kompass 1974, 309*). Eine Abschrift des Urteils ist den ehrenamtlichen Richtern, die bei der Entscheidung mitgewirkt haben, vor Übergabe an die Geschäftsstelle zuzuleiten (§ 170 a Satz 1). Die ehrenamtlichen Richter können sich dazu innerhalb von zwei Wochen gegenüber dem Vorsitzenden des erkennenden Senats äußern (§ 170 a Satz 2). Diese Vorschrift ist auch anzuwenden, wenn das BSG in erster und letzter Instanz entscheidet (s. Rn. 362).

1 Beschwerde

Die Beschwerde i. S. d. §§ 172 bis 177 ist ein Rechtsmittel. Sie richtet sich gegen Entscheidungen des SG. Es wäre deshalb auch vertretbar, die Vorschriften über die Beschwerde i. S. d. §§ 172 ff. schon nach den Vorschriften über die Berufung und vor der Revision gegen die Urteile des LSG zu behandeln, zumal gegen die Entscheidung des LSG eine allgemeine Beschwerde i. S. d. §§ 172 ff. an das BSG nicht statthaft ist (s. Rn. 12). Für die Darstellung im Anschluss an die Revision spricht aber nicht nur der Gesetzesaufbau, sondern auch die ihm zugrunde liegende Systematik in den Vorschriften über die Berufung und die Revision – einschließlich der Nichtzulassungsbeschwerde –, durchgehend erst die Rechtsmittel zu regeln, die sich gegen Urteile der SGe und der LSGe richten. Gleiches gilt für die Anhörungsrüge, die zudem auch Entscheidungen des BSG umfasst.

1.1 Statthaftigkeit
Schrifttum

Behn, Zur entsprechenden Anwendung des § 146 Abs. 4 VwGO n. F. im sozialgerichtlichen Verfahren, RV 1993, 221

Bork, Zur Statthaftigkeit der Beschwerde nach § 172 SGG, SGb 1989, 284

Schmidt, Das Beschluss- und Beschwerdeverfahren nach dem SGG unter besonderer Berücksichtigung der Verweisung, Mitt. LVA Rheinprovinz 1972, 67

Wagner, Das Beschwerdeverfahren nach dem SGG, NJW 1956, 901

1.1.1 Entscheidungen des SG oder des Vorsitzenden

Gegen die Entscheidungen der SGe mit Ausnahme der Urteile und gegen Entscheidungen der Vorsitzenden dieser Gerichte findet die Beschwerde an das LSG statt, soweit nicht in diesem Gesetz etwas anderes bestimmt ist (§ 172 Abs. 1). Die Beschwerde ist ebenfalls ein Rechtsmittel mit Suspensivwirkung (s. § 175) und Devolutiveffekt. Das SGG unterscheidet nicht zwischen Beschwerde und sofortiger Beschwerde. Da Entscheidungen des LSG grundsätzlich nicht mit der Beschwerde nach § 172 anfechtbar sind (s. aber Rn. 10), kennt das SGG auch grundsätzlich nicht die weitere Beschwerde. Anfechtbar sind nur bereits ergangene Entscheidungen; eine vorsorglich gegen eine künftige Entscheidung eingelegte Beschwerde ist unzulässig (*Jansen/Frehse § 172 Rn. 5, § 173 Rn. 7*), da die Beschwerde als Rechtsmittel bedingungsfeindlich ist (s. auch Kap. IX Rn. 366).

Unabhängig von den in § 172 Abs. 2 und 3 angeführten, nicht beschwerdefähigen Entscheidungen (s. Rn. 12) sind schon von vornherein nicht beschwerdefähig die Urteile und Gerichtsbescheide. Urteile des SG sind in vollem Umfang nicht mit der Beschwerde anfechtbar, selbst wenn in ihnen eine Entscheidung mit enthalten ist, die auch in Form eines Beschlusses hätte ergehen können und dann mit der Beschwerde anfechtbar gewesen wäre. So ist z. B. die Auferlegung von Kosten nach § 192 durch Beschluss, wenn das Verfahren ohne Urteil abgeschlossen wurde, mit der Beschwerde anfechtbar (*Bayer. LSG Breithaupt 1957, 97; ML § 192 Rn. 21*), nicht dagegen die Auferlegung von Kosten nach § 192 in einem das Verfahren ganz oder teilweise abschließenden Urteil (*ML § 172 Rn. 4; LSG Baden-Württ. Breithaupt 1991, 263*).

6   Andererseits ist eine Beschwerde gegen Entscheidungen des SG nicht ausnahmslos (s. aber § 172 Abs. 3 Nr. 1 – s. hier Rn. 12 und 14) deshalb unstatthaft, weil gegen das Urteil in der Hauptsache die Berufung nicht statthaft ist (*Bork SGb 1989, 284*).

7   Entscheidungen des SG, gegen die die Beschwerde statthaft ist (zur unstatthaften Beschwerde s. Rn. 10 bis 17), sind insbesondere (s. *ML § 172 Rn. 3; Hk-SGG/ Lüdtke § 172 Rn. 5–9; Jansen/Frehse § 172 Rn. 4a; P/S/W § 172 Rn. 45–86; Bley § 172 Anm. 2 Buchst. b*) solche über den Verweisungsbeschluss nach § 52 Abs. 4 n. F. (*BSG SozR 1500 § 58 Nr. 4*), die Ablehnung eines Sachverständigen (s. § 118 Abs. 1 Satz 1 SGG i.V.m. § 406 Abs. 5 ZPO), die Öffentlichkeit und Aufrechterhaltung der Ordnung in Sitzungen des SG sowie die Gerichtssprache (s. § 61), die Ablehnung der Wiedereinsetzung in den vorigen Stand (s. § 67), die Bestellung eines besonderen Vertreters (s. § 72; *LSG Baden-Württ. SozEntsch. 1/4 § 72 Nr. 2; Bayer. LSG KOV 1963, Rechtspr. Nr. 1455; LSG Schleswig Breithaupt 1967, 709; LSG Niedersachsen Breithaupt 1976, 60; LSG NRW Breithaupt 1980, 343*), beschränkt die Ablehnung von Prozesskostenhilfe (s. § 172 Abs. 3 Nr. 2), die Ablehnung und Aufhebung der Beiladung (s. § 75 Abs. 3), die Ablehnung des Gesuchs um Beweissicherung (s. § 76 SGG i.V.m. § 490 ZPO), die Ablehnung der Aussetzung der Vollstreckung der angefochtenen Entscheidung nach § 97 Abs. 3, die Ablehnung der mündlichen Verhandlung nach § 105 Abs. 2 (*LSG Niedersachsen Breithaupt 1962, 463*), die Aussetzung des Verfahrens (s. § 114), den Erlass einer einstweiligen Anordnung (§ 172 Abs. 3 Nr. 1), die Anordnung des persönlichen Erscheinens eines Beteiligten (s. auch Kap. XII Rn. 15 zur nachträglichen Anordnung) und Ordnungsmaßnahmen gegen einen nicht erschienenen Beteiligten (s. § 111, § 202 SGG i.V.m. § 273 Abs. 4 Satz 2, § 141 Abs. 3 ZPO), die Rechtmäßigkeit der Verweigerung des Zeugnisses (s. § 118 SGG i.V.m. § 387 ZPO), und zwar auch dann, wenn es um die Vernehmung eines Zeugen auf Ersuchen einer Behörde nach § 22 SGB X geht, die Ablehnung der Protokollberechtigung (s. § 122 SGG i.V.m. § 164 ZPO;   *LSG Berlin Beschluss vom 25. 3. 2003 – L GB 120/02 RA*: aber Nachprüfung beschränkt auch wesentlichen Verfahrensmangel), die Ablehnung oder Stattgabe der Urteilsberichtigung nach § 138, die Berichtigung eines Prozessvergleichs in analoger Anwendung des § 138 (*Bayerisches LSG Breithaupt 2009, 478*), die Abhilfeentscheidung nach § 174 (s. Rn. 39), die Festsetzung der Auslagenvergütung eines Beteiligten, dessen persönliches Erscheinen angeordnet war (s. § 191), die durch Beschluss ergehende Kostenentscheidung nach § 192 (beschränkt) und ebenso nach §§ 183, 197a (*LSG Berlin Beschluss vom 28. 4. 2004 – L GB 44/03 AL ER*), die endgültige Tragung der Kosten eines nach

§ 109 eingeholten Gutachtens, die Festsetzung des Gegenstandswertes nach § 33 Abs. 1 und 3 RVG und die Vollstreckungsentscheidung nach § 201 SGG.

Kraft besonderer Vorschrift sind außerdem beschwerdefähig die Ablehnung 8 des Rechtshilfeersuchens (s. § 5 SGG i.V.m. § 159 GVG) und Beschlüsse in Rechtswegentscheidungen (s. § 17a Abs. 4 GVG).

Zur Untätigkeitsbeschwerde s. Rn. 85. 9

1.1.2 Entscheidungen des LSG, dessen Vorsitzenden oder des Berichterstatters

Entscheidungen des LSG, seines Vorsitzenden oder des Berichterstatters können 10 vorbehaltlich des § 160a Abs. 1 (s. Kap. IX Rn. 45 ff.) und des § 17a Abs. 4 Satz 4 und 5 GVG (s. Kap. II Rn. 96, 97) mit der Beschwerde nicht angefochten werden (§ 177). Statthaft sind deshalb Beschwerden i.S. der §§ 172ff. gegen Entscheidungen des LSG oder dessen Vorsitzenden nur in den gesetzlich besonders vorgesehenen Fällen, wie z.B. bei der Ablehnung eines Rechtshilfeersuchens gem. § 5 SGG i.V.m. § 159 GVG und bei Entscheidungen gegen ehrenamtliche Richter nach § 21. Nicht revisibel sind auch (nach der Rechtsprechung des BSG) grundsätzlich Beschlüsse des LSG, die nach § 177 SGG unanfechtbar sind, wie etwa die Entscheidung über einen Befangenheitsantrag. Insoweit greift auch im sozialgerichtlichen Verfahren § 557 Abs. 2 ZPO ein (vgl. *BSG SozR 4-1500 § 160a Nr. 1; SozR Nr. 4 zu § 60 SGG; BSG SozR 4-1500 § 60 Nr. 4*). Etwas anderes gilt nach der Auffassung des BSG in seinem Beschluss vom 29.3.2007 (*SozR 4-1500 § 60 Nr. 4*) jedoch dann, wenn es an einer Entscheidung über das Ablehnungsgesuch mangelt; in einem solchen Fall kommt dem Revisions- oder Beschwerdegericht eine allgemeine sachliche Entscheidungsbefugniss zu, in deren Rahmen es die Ablehnungsgründe prüfen und darüber auch entscheiden darf, wenn hinreichende Tatsachenfeststellungen möglich sind (vgl. zum Fall des Fehlens einer Sperrwirkung in der Strafprozessordung *BGHSt 23, 265*, m.w.N.). Zur Nachprüfbarkeit bei Willkür s. *BSG SozR 4-1500 § 160a Nr. 1*, S. auch Rn. 92

§ 177 schließt nur eine Beschwerde gegen die Entscheidungen des LSG oder 11 seines Vorsitzenden aus. Der revisionsgerichtlichen Kontrolle können jedoch im Rahmen der Revision auch Entscheidungen des LSG oder seines Vorsitzenden unterliegen, gegen die eine Beschwerde nicht statthaft ist. Siehe Rn. 12 zu den der Beschwerde entzogenen Entscheidungen des SG oder des Vorsitzenden.

1.1.3 Nicht statthafte Beschwerden

Außer den Entscheidungen des LSG, seines Vorsitzenden oder des Berichterstat- 12 ters – vorbehaltlich des § 160 Abs. 1 und § 17a Abs. 4 und 5 GVG (s. Rn. 10) – nach § 177 und den schon in § 172 Abs. 1 aufgeführten Entscheidungen des SG (Urteile) und des Vorsitzenden (Gerichtsbescheide; s. auch Rn. 5: Vorbescheide) sind mit der Beschwerde nicht anfechtbar nach § 172 Abs. 2 folgende Entscheidungen des SG oder des Vorsitzenden: Prozess leitende Verfügungen (s. *Buck DÖV 1964, 537*), Aufklärungsanordnungen, Vertagungsbeschlüsse, Fristbestimmungen, Beweisbeschlüsse, Beschlüsse über Ablehnung von Beweisanträgen, über Verbindung und Trennung von Verfahren und Ansprüchen (s. auch *ML § 172 Rn. 4, 6; Hk-SGG/Lüdtke § 172 Rn. 10; Jansen/Frehse § 172 Rn. 7, 8; P/S/ W § 172 Rn. 87–108*).

Die Beschwerde ist nach § 172 Abs. 3 außerdem ausgeschlossen in Verfahren des einstweiligen Rechtsschutzes, wenn in der Hauptsache die Berufung nicht zulässig wäre; dies gilt auch für Entscheidungen über einen Prozesskostenhilfeantrag im Rahmen dieses Verfahren. Die Beschwerde ist ferner nach § 173 Abs. 3 ausgeschlossen gegen die Ablehnung von Prozesskostenhilfe, wenn das Gericht ausschließlich die persönlichen oder wirtschaftlichen Voraussetzungen für die Prozesskostenhilfe verneint und gegen Kostengrundentscheidungen nach § 193 und gegen Entscheidungen nach § 192 Abs. 2, wenn in der Hauptsache kein Rechtsmittel gegeben ist und der Wert des Beschwerdegegenstandes 200 Euro nicht übersteigt (s. *Roller NZS 2009, 252, 258; Bienert SGb 2010, 401*). Dies gilt auch, wenn der Beschwerdewert des § 144 Abs. 1 Satz 1 nicht erreicht ist (*LSG Halle Beschluss vom 20. 2. 2009 – L 5 B 305/08; Roller a. a. O.; Bienert a. a. O. S. 402; Burkiczak NJW 2010, 407*). Dagegen ist die Beschwerde statthaft, wenn die Prozesskostenhilfe mangels Erfolgsaussicht abgelehnt wird.

13   Ob nur eine „Prozess leitende Verfügung" oder eine andere und damit beschwerdefähige Entscheidung vorliegt, kann im Einzelfall durchaus schwierig sein (s. *Bley § 172 Anm. 4 Buchst. b*). Zu den Prozess leitenden Verfügungen gehören u. a. die über Zustellungen (s. § 63), Fristsetzungen (s. § 65), Anfordern einer schriftlichen Vollmacht (s. § 93), Übersendung Prozess bestimmender Schriftsätze, Terminbestimmungen und Ladungen (s. § 110). Die Vertagung umfasst die Aufhebung und Verlegung des Termins. Aber auch lediglich die Aufhebung eines Termins ohne gleichzeitige Bestimmung eines neuen Termins muss als ein Teil der Vertagung, bei der lediglich kein neuer Termin bestimmt wird, als nicht beschwerdefähig angesehen werden (*Bley § 172 Anm. 4 Buchst. d*; a. A. bei „willkürlicher Ungleichbehandlung" *KG MDR 2008, 226 – zu § 227 Abs. 4 Satz 3 ZPO*). Nicht beschwerdefähig wurden außerdem angesehen: Anordnung, die Sache wegzulegen (*LSG Berlin KOV-Mitt. Berlin 1977, 48*); nachträgliche Anordnung des persönlichen Erscheinens (*LSG NRW Beschluss vom 25. 11. 1958 – L 1 S 14/58*; s. auch Kap. XII Rn. 15); Entscheidung über die Übersendung von Prozessakten in das Büro des Prozessbevollmächtigten (*OVG Münster NJW 1988, 221*); Vorlage an den EuGH (*VGH Baden-Württ. DÖV 1986, 707*), Anordnung der aufschiebenden Wirkung einer Klage gegen einen Bescheid nach § 128 AFG (*LSG NRW Breithaupt 1985, 268; Schlesw.-Holst. LSG Beschluss vom 21. 5. 1986 – L 1 Sb/Ar 1/86; LSG Baden-Württ. Beschluss vom 18. 1. 1988 – L 3 Ar 2007/85*); aufschiebende Wirkung nach § 97 Abs. 2 Satz 4 (*LSG Niedersachsen Beschluss vom 16. 7. 1997 – L 4 Kr 61/97*); zur Beschwerde gegen Kostenentscheidungen s. Kap. XII Rn. 73 und Rn. 106.

14   Ob gegen einstweilige Anordnungen des SG (s. Kap. V) die Beschwerde zulässig war, wurde unterschiedlich beantwortet. Nunmehr ist insoweit nach § 172

Abs. 3 Nr. 1 die Beschwerde ausgeschlossen, wenn in der Hauptsache die Berufung nicht zulässig wäre (s. Rn. 11).

Der Ausschluss der Beschwerde nach § 172 Abs. 2 bedeutet nur, dass die betreffende Entscheidung nicht selbstständig mit der Beschwerde angefochten werden kann (s. Rn. 11). Im Rahmen der Berufung gegen das angefochtene Urteil des SG sind auch diese Entscheidungen der Beurteilung durch das LSG nicht im vollen Umfange entzogen. So kann z. B. ein unrichtiger Beweisbeschluss dazu führen, dass ein ärztliches Gutachten als nicht verwertbar angesehen wird, weil das SG es unterlassen hatte, einen bestimmten Arzt zum Sachverständigen zu bestellen. Außerdem kann in einer – nicht beschwerdefähigen – Ablehnung einer Terminverschiebung ein Verstoß gegen das Gebot des rechtlichen Gehörs liegen (vgl. *BVerwG Buchholz 310 § 102 Nr. 1*). S. schon Rn. 10   *15*

Außerdem sind nicht wenige Entscheidungen des SG aufgrund besonderer gesetzlicher Regelungen der Anfechtbarkeit und damit auch der Beschwerde gegen sie grundsätzlich entzogen (*ML § 172 Rn. 5a; Hk-SGG/Lüdtke § 172 Rn. 10*). In diesen Fällen ist auch eine Nachprüfung der Entscheidung im Berufungsverfahren nicht statthaft (*Bley § 172 Anm. 3 Buchst. d;* s. dagegen Rn. 15). Gesetzlich für unanfechtbar erklärt sind u. a. Entscheidungen über die Berechtigung zur Ablehnung des Amtes oder über die Entlassung aus dem Amt als ehrenamtlicher Richter (s. § 18 Abs. 4) oder dessen Amtsenthebung (§ 22 Abs. 2 Satz 2, Abs. 3 Satz 2), Ausschluss der Öffentlichkeit zum Schutz der Privatsphäre (§ 61 SGG i. V. m. § 171b Abs. 3 GVG), die Gewährung der Wiedereinsetzung (s. § 67 Abs. 4), Zurückweisung eines Bevollmächtigten und Untersagung der weiteren Vertretung (§ 73 Abs. 3), – begrenzt – die Bewilligung der Prozesskostenhilfe (s. § 73 a SGG i. V. m. § 127 ZPO), die Beiladung (s. § 75 Abs. 3 Satz 3), Verweisung (s. § 98 Satz 2), Klageänderung (s. § 99 Abs. 4), Entscheidung über die Beanstandung einer Frage eines Beisitzers (§ 112 Abs. 4 Satz 2), Begründetheit der Ablehnung eines Sachverständigen (s. § 118 SGG i. V. m. § 406 Abs. 5 ZPO), Akteneinsicht (s. § 120 Abs. 3 Satz 2), die Berichtigung des Tatbestandes des Urteils (s. § 139 Abs. 2 Satz 2), Ablehnung des Antrags auf nachträgliche Zulassung der Sprungrevision (§ 161 Abs. 2 Satz 3; s. Kap. IX Rn. 39), Entscheidung über die Anhörungsrüge (§ 178a Abs. 4 Satz 3), Festsetzung der Pauschgebühr durch das Gericht (s. § 189 Abs. 2 Satz 2), – begrenzt – Kostengrundentscheidung (§ 172 Abs. 3 Nr. 3), Entscheidung über die Kostenfestsetzung des Urkundsbeamten der Geschäftsstelle (§ 197 Abs. 2, s. Kap. XII Rn. 103).   *16*

Entscheidungen des SG können zwar in Sonderfällen nicht mit der Beschwerde nach § 172 angreifbar sein, wohl aber der Beschwerdeentscheidung durch einen anderen Spruchkörper unterliegen (s. § 21 Sätze 3 und 4: Ordnungsgeld bei ehrenamtlichen Richtern).   *17*

In Extremfällen wurde jedoch auch bei an sich nicht anfechtbaren Entscheidungen die Möglichkeit einer außerordentlichen Beschwerde angenommen (s. auch Rn. 9), wenn die Entscheidung mit der geltenden Rechtsordnung schlechthin unvereinbar ist (s. – mit zum Teil dem zutreffenden Hinweis auf eine zurück-   *18* haltende Anwendung; *LSG Sachsen-Anhalt Beschluss vom 20. 11. 2003 – L 7 B 1/ 03 SF*: in Extremfällen, bei Willkürlichkeit; *ML – 7. Aufl. – § 172 Rn. 8, 8a; Hk-SGG/Mälicke § 172 Rn. 6; Jansen/Frehse § 172 Rn. 3; P/S/W § 172 Rn. 16; BVerwG Buchholz 310 § 152 Nr. 11*; krit. *Zeihe § 172 Rn. 5d*). In engen Grenzen wurde die außerordentliche Beschwerde bejaht vom BGH (*BGHZ 121, 397, 398; BGH NJW 1999, 290*: Wenn Entscheidung gesetzlicher Grundlage entbehrt oder dem Gesetz inhaltlich fremd ist; *BGH NJW 2000, 591 = MDR 2000, 291*: Wenn Auslegung unter keinem rechtlichen Gesichtspunkt vertretbar, Verstoß gegen Willkürverbot; *BAG MDR 1998, 993, BFH HFR 2004, 1000*: Bei greifbarer Gesetzwidrigkeit; *Saarländisches OLG MDR 1997, 1062*: Wenn kein sachlich zu rechtfertigender Grund). Diese Rechtsprechung hat der BGH aufgegeben (*BGHZ 150, 133 = NJW 2002, 1577*; s. aber auch *OLG Karlsruhe MDR 2007, 1393*). Er weist für den Bereich des Zivilrechts zutreffend darauf hin, dass der Gesetzgeber trotz zwischenzeitlicher Gesetzgebungsmaßnahmen eine entsprechende besondere Beschwerde für Ausnahmefälle nicht eingeführt hat. Gleiches gilt hier für den Bereich des SGG (*BSG SozR 4-1500 § 178a Nr. 1; BSG Beschluss vom 21.5.2007 – B 1 KR 4/07 S; BFH NJW 2006, 861; BVerwG Buchholz 428 § 37 VermG Nr. 36; ML § 172 Rn. 8*; vgl. aber auch *BSG SozR 4-1500 § 178a Nrn. 3 und 4*). S. auch zur Anhörungsrüge Rn. 71 ff.

Nach der Rechtsprechung des BVerfG verstößt es sogar gegen die verfassungsrechtlichen Anforderungen an die Rechtsmittelklarheit, wenn von der Rechtsprechung außerordentliche Rechtsbehelfe außerhalb des geschriebenen Rechts geschaffen werden, um tatsächliche oder vermeintliche Lücken im bisherigen Rechtsschutzsystem zu schließen *(Beschluss vom 16. 1. 2007 – 1 BvR 2803/06 – NJW 2007, 2538)*.

19   1.2 Einlegung der Beschwerde

1.2.1 Beschwerdefrist

20   Die Beschwerde ist binnen eines Monats nach Bekanntgabe der Entscheidung beim SG schriftlich oder zur Niederschrift des Urkundsbeamten der Geschäftsstelle einzulegen; § 181 GVG (Beschwerde Ordnungsmittel wegen Ungebühr: Frist eine Woche) bleibt unberührt (§ 173 Satz 1). S. auch Rn. 25. Für Beschwerden gegen die Festsetzung des Gegenstandswertes (s. Kap. XII Rn. 98 ff.) beträgt die Beschwerdefrist nach § 33 Abs. 3 RVG zwei Wochen (*LSG Bad.-Württ. Beschluss v. 18. 5. 1995 – L 4 B 267/94 – und LSG Nieders. Beschluss v. 1. 2. 1995 – L 7 S (Ar) 217/94*).

21   Maßgebend ist die Bekanntgabe. § 173 setzt keine Zustellung voraus. Es kommt auf die Bekanntgabe der Entscheidung selbst und nicht darauf an, wann sie dem Beschwerdeführer bekannt geworden ist. Bei einem in der mündlichen Verhandlung verkündeten Beschluss läuft die Frist mit der Verkündung auch dann, wenn der Beschwerte nicht anwesend war (*ML § 173 Rn. 5a*). § 173 enthält Sonderregelungen für die Beschwerde auch hinsichtlich der Bekanntgabe der Entscheidung, sodass die allgemeinen Regelungen für Beschlüsse (§§ 135, 142, 164)

insoweit nicht gelten (a. A. *Hk-SGG/Lüdtke § 173 Rn. 4*). Die Bekanntgabe nur des Tenors soll die Beschwerdefrist nicht in Lauf setzen (*ML § 173 Rn. 5 a; Jansen/Frehse § 173 Rn. 2; Roth NJW 1997, 1166*). Dieser Auffassung wird nicht beigetreten (ebenso *OVG Hamburg NJW 1996, 1225*). Auch eine wegen fehlender Gründe fehlerhafte Entscheidung ist eine bekannt gegebene Entscheidung i. S. des § 173 Satz 1. Bei einem Urteil, das später als fünf Monate nach Verkündung abgesetzt ist und der Geschäftsstelle übergeben wird (s. Kap. IX Rn. 117) und das als ohne Gründe versehen gilt, beginnt ebenfalls die Frist mit der Zustellung zu laufen. Ist allerdings nur der Tenor ohne Rechtsmittelbelehrung bekannt gegeben, so läuft die Jahresfrist (s. Rn. 24).

Umstritten ist, ob die Frist von einem Monat auch dann gilt, wenn die Bekanntgabe außerhalb des Geltungsbereichs des SGG erfolgt (so *ML § 173 Rn. 5*), oder ob in diesem Fall analog § 87 Abs. 1 Satz 2 die Frist drei Monate beträgt (so *LSG Nieders. Breithaupt 1992, 159; Zeihe § 173 Rn. 3 a; Jansen/Frehse § 173 Rn. 2; Kummer Verfahren XIX Rn. 11; P/S/W § 173 Rn. 9; Breitkreuz/Fichte/ Böttiger § 173 Rn. 5; Bley § 173 Anm. 2 Buchst. a; Zeihe § 173 Rn. 3 a*). Einerseits werden die Gründe, die für eine entsprechende Anwendung dieser Vorschrift auch hier sprechen, nicht übersehen. Andererseits erfordern die mit der Beschwerde angreifbaren Entscheidungen des SG oder des Vorsitzenden nicht selten eine schnelle Klärung, um den Gang des Verfahrens nicht unnötig zu verzögern. Damit ist jedoch dem Bestreben, außerhalb des SGG wohnhaften Beteiligten eine entsprechend lange Übergangsfrist zu geben, nicht Rechnung getragen. Allerdings hat der Gesetzgeber – worauf *ML § 173 Rn. 5* mit Recht hinweist – in dem Gesetz vom 17. 8. 2001 (*BGBl. I 2144*) zwar § 87 Nr. 1 nicht aber § 173 entsprechend geändert. Geht man von der Monatsfrist aus, so wird man sich häufig mit der Wiedereinsetzung in den vorigen Stand helfen können und müssen (*ML § 173 Rn. 5*).

Eine Verlängerung der Beschwerdefrist ist, wie bei allen anderen Rechtsmitteln des SGG, nicht möglich. Gegen Maßnahmen bei Ungehorsam (s. § 177 GVG) und gegen Ordnungsmittel nach § 178 GVG muss die Beschwerde innerhalb einer Woche nach Bekanntmachung eingelegt werden (s. § 173 Satz 1 Halbsatz 2 SGG i. V. m. § 181 Abs. 1 GVG).

Die Frist für das Rechtsmittel der Beschwerde beginnt nur dann zu laufen, wenn die anfechtbare Entscheidung eine ordnungsgemäße Rechtsmittelbelehrung enthält; sonst läuft die Jahresfrist (s. § 66). Die Belehrung über das Beschwerderecht ist auch mündlich möglich; sie ist dann aktenkundig zu machen (s. § 173 Satz 2). Das ist z. B. möglich, wenn die Entscheidung während einer mündlichen Verhandlung ergeht. Allerdings erleichtert dies nur die Form der Rechtsmittelbelehrung, an die aber inhaltlich dieselben Anforderungen wie an eine schriftliche Belehrung zu stellen sind. Nur die Tatsache der Belehrung, nicht auch der Inhalt der Belehrung ist nach *ML (§ 173 Rn. 6; Zeihe § 173 Rn. 12a; Hk-SGG/Lüdtke § 173 Rn. 6*) aktenkundig zu machen. *Bley (§ 173 Anm. 6 Buchst. a)* geht davon aus, dass gegebenenfalls der Schriftführer darüber zu vernehmen ist, dass die Belehrung ordnungsgemäß erfolgte. Ob sich der Schriftführer aber in der Regel nach mehr als einem Monat an die genaue Belehrung erinnern kann, erscheint fraglich. Deshalb sollte die Belehrung möglichst wörtlich, jedenfalls aber inhaltlich aktenkundig gemacht werden. Ergibt sich später nicht eindeutig, dass die Rechtsmittelbelehrung ordnungsgemäß war, so läuft n.v. die Jahresfrist.

25 Die Beschwerdefrist wird seit dem 2. 1. 2002 (s. *§ 173 Satz 2 i.d.F. des Gesetzes vom 17. 8. 2001 – BGBl. I 2144*) auch durch Einlegung schriftlich oder zur Niederschrift des Urkundsbeamten der Geschäftsstelle beim LSG gewahrt.

26 Nach Ablauf der Beschwerdefrist ist noch die (unselbstständige) Anschlussbeschwerde zulässig (*LSG Sachsen Beschluss v. 5. 8. 2009 – L 3 AB 35/09 BER; ML vor § 172 Rn. 4 a; Bley vor § 172 Anm. 2 Buchst. d; RK § 172 Rn. 8; Brackmann S. 254 h*).

1.2.2 Beschwerdeschrift

27 Die Beschwerde ist schriftlich oder zur Niederschrift des Urkundsbeamten der Geschäftsstelle einzulegen (s. § 173 Satz 1). Für die Schriftform gelten die allgemeinen Grundsätze (s. Kap. IX Rn. 140). Die Beschwerde kann somit weder mündlich noch fernmündlich eingelegt werden.

Die Beschwerde ist beim SG einzulegen (s. auch Rn. 25).

28 Die Beschwerde bedarf keiner Begründung (*ML § 173 Rn. 4; Hk-SGG/Lüdtke § 173 Rn. 7; Bley § 173 Anm. 4 Buchst. a; RK § 173 Rn. 4; Zeihe § 173 Rn. 2*), wie sich auch aus dem Vergleich mit § 160 a Abs. 2 ergibt. Jedenfalls ein Prozessbevollmächtigter sollte aber die Erfolgsaussicht einer Beschwerde durch eine Begründung vergrößern (*Hk-SGG/Lüdtke a. a. O.: Begründung „zweckmäßig"*).

29 1.3 Aufschiebende Wirkung; Aussetzung des Vollzuges

30 Die Beschwerde hat aufschiebende Wirkung, wenn sie die Festsetzung eines Ordnungs- oder Zwangsmittels zum Gegenstand hat (§ 175 Satz 1). Soweit das SGG auf Vorschriften der ZPO und des GVG verweist, regelt sich die aufschiebende Wirkung nach diesen Gesetzen (s. § 175 Satz 2).

31 Aufschiebende Wirkung ist auch hier nicht die allen Rechtsmitteln eigene Hemmung des Eintritts der Rechtskraft (*Bley § 175 Anm. 2 Buchst. a; ML § 175 Rn. 1*), sondern der Aufschub einer Vollstreckbarkeit. Die aufschiebende Wirkung nach dem GVG ist insoweit in § 61 SGG i.V.m. § 180 GVG, nach der ZPO insoweit u. a. in § 109 und in § 570 ZPO u. a. für die Fälle der §§ 380, 390, 409 ZPO geregelt, auf die § 118 SGG verweist. Dies sind die Fälle, in denen ipso iure die aufschiebende Wirkung eintritt.

32 Außerdem kann das Gericht oder der Vorsitzende, dessen Entscheidung angefochten wird, bestimmen, dass in anderen Fällen als den gesetzlich vorgesehenen der Vollzug der angefochtenen Entscheidung einstweilen auszusetzen ist (s. § 175 Satz 3).

Es entscheidet der iudex a quo und nicht das Beschwerdegericht. Jedoch kann *33* nach *Bley (§ 175 Anm. 4 Buchst. c)*, *ML (§ 175 Rn. 3*, *Hk-SGG/Lüdtke (§ 175 Rn. 6)* und *Zeihe (§ 175 Rn. 7 b*; ebenso *RK § 175 Rn. 6, 7)* der Vorsitzende des Beschwerdegerichts die Vollstreckung nach § 199 Abs. 2 aussetzen (*ML § 175 Rn. 3; Hk-SGG/Lüdtke § 175 Rn. 6)*. *RK (§ 175 Rn. 5)* tritt für eine entsprechende Anwendung des § 570 Abs. 3 ZPO ein, wonach das Beschwerdegericht eine einstweilige Anordnung erlassen kann. Die Entscheidung des iudex a quo gemäß § 175 Satz 1 ist auch nach Wegfall der früheren Abhilfemöglichkeit nach § 174 a. F. bestehen geblieben. Es spricht (*Jansen/Frehse § 175 Rn. 4)* vieles dafür, dass der Gesetzgeber insoweit eine Änderung des § 175 Satz 1 übersehen haben könnte. Andererseits ist es jedoch auch nicht auszuschließen, dass für die aufschiebende Wirkung eben das Ausgangsgericht zuständig leiben soll, da es z. B. zahlenmäßig oft näher an den zu entscheidenden Fallgestaltungen beteiligt ist und außerdem diese Entscheidung unabhängig von der über die Entscheidung getroffen werden kann. Deswegen erscheint es nicht zulässig, gegen den klaren Wortlaut des § 175 Satz 3 die Entscheidung des Beschwerdegerichts auch hinsichtlich der Aussetzung des Vollzugs anzunehmen. Widersprechende Entscheidungen des iudex a quo und des Beschwerdegerichts können dadurch vermieden werden, dass nach dem Prioritätsprinzip das Beschwerdegericht nur dann zuständig ist, wenn der iudex a quo keine Entscheidung getroffen hat (zur Beschwerde gegen die Entscheidung des iudex a quo s. Rn. 37).

Unter welchen Voraussetzungen eine Entscheidung nach § 175 Satz 3 ergehen *34* kann, ist im Gesetz nicht geregelt. Entscheidend wird auch hier die – nach summarischer Prüfung zu beurteilende – Erfolgsaussicht der Beschwerde sein (*Bley § 175 Anm. 4 Buchst. b; ML § 175 Rn. 4; Hk-SGG/Lüdtke § 175 Rn. 6)*. In Betracht kommt eine Anordnung aber auch dann, wenn das Gericht nicht in angemessener Frist über die Abhilfe der Beschwerde oder – s. oben – über die Beschwerde entscheiden kann (*Bley § 175 Anm. 4 Buchst. b)*. Wie stets bei einer Aussetzung der Vollstreckung einer Entscheidung müssen die Interessen der Betroffenen abgewogen werden. Eine Aussetzung kommt allgemein in Betracht, wenn sonst vollendete Tatsachen geschaffen würden (*ML § 175 Rn. 4)*.

Da es im Ermessen des iudex a quo steht, den Erfolg der angefochtenen Ent- *35* scheidung überhaupt einstweilen auszusetzen, kann er die Aussetzung auch mit Auflagen verbinden oder von einer Sicherheitsleistung abhängig machen. Ebenso kann er ggf. den Vollzug nur zum Teil aussetzen.

Der Beschluss kann jederzeit geändert werden. *36*

Geht man davon aus, dass grundsätzlich nur der iudex a quo den Vollzug einst- *37* weilen aussetzen kann, muss man wohl auch eine Beschwerde gegen dessen Entscheidung zulassen (s. *Bley § 175 Anm. 4 Buchst. d; Hk-SGG/Lüdtke § 175 Rn. 7; ML § 175 Rn. 5*; a. A. *Jansen/Frehse § 175 Rn. 4)*. Die Beschwerde wird durch die Aussetzung der Vollziehung oder die Ablehnung eines Aussetzungsantrages nicht zwangsläufig beim Beschwerdegericht anhängig, da sich der Beschwerdeführer mit der Entscheidung zufrieden geben und dann nur noch auf die Abhilfe aufgrund seiner Beschwerde warten kann. Ebenso kann sich die Entscheidung über die Abhilfe verzögern, sodass ihm an einer Änderung der Entscheidung über die Aussetzung gelegen sein kann, die dann gesondert von ihm anzufechten ist. Bei einer Aussetzung kann der Beschwerdeführer Beschwerde einlegen und muss es, da die Aussetzung nicht automatisch die Sache beim Beschwerdegericht anhängig macht. Entscheidet das SG jedoch über die Aussetzung zugleich mit der Entscheidung, gegen die Beschwerde eingelegt wird, so bedarf es keiner konkreten Beschwerde. Zum Teil wird unter Bezugnahme auf § 97 Abs. 2 Satz 3 angenommen, nur der Beschluss über die Ablehnung der Aussetzung oder die Aufhebung der Aussetzung sei beschwerdefähig (*Zeihe § 175 Anm. 7 Buchst. b*).

38 **1.4 Entscheidung über die Beschwerde**

1.4.1 Keine Abhilfe durch das SG oder den Vorsitzenden; Vorlage

39 Hielt das SG oder der Vorsitzende, dessen Entscheidung angefochten wurde, die Beschwerde für begründet, so war ihr abzuhelfen (§ 174 Halbsatz 1 a.F.). § 174 wurde mit der Wirkung vom 1. 4. 2008 aufgehoben.

40 – 46 (einstweilen frei)

47 Die Beschwerde ist dem LSG vorzulegen. Die Pflicht zur Vorlage besteht auch dann, wenn die Beschwerde offensichtlich unbegründet oder sogar unzulässig ist.

48 *1.4.2 Entscheidung durch das LSG*

49 Über die Beschwerde entscheidet das LSG durch Beschluss (§ 176).

50 (einstweilen frei)

51 Auch für das Beschwerdeverfahren vor dem LSG gelten die allgemeinen Verfahrensgrundsätze, wie z. B. das Verbot der reformatio in peius (*ML § 176 Rn. 4; Jansen/Frehse § 176 Rn. 4*) und das Gebot des rechtlichen Gehörs (*ML § 176 Rn. 2b; Hk-SGG/Lüdtke § 176 Rn. 2*). Wird allerdings die Beschwerde als unzulässig verworfen oder als unbegründet zurückgewiesen, ist eine Anhörung des Gegners nicht erforderlich, da regelmäßig nur vor einer für den Betroffenen nachteiligen Entscheidung das rechtliche Gehör zu gewähren ist (*ML § 176 Rn. 2 b*). Ebenso gelten die allgemeinen Verfahrensvorschriften, z. B. die zur Unterbrechung und Aussetzung des Verfahrens (*ML § 176 Rn. 2 c*).

52 Das LSG hat zunächst die Zulässigkeit der Beschwerde zu prüfen. Neben den allgemeinen Zulässigkeitsvoraussetzungen für ein Rechtsmittel (z. B. Form und Frist, Prozesshandlungsvoraussetzungen, Beschwer) kommt hier insbesondere auch die Prüfung in Betracht, ob die erforderliche Beschwer nicht prozessual überholt ist, da z. B. die Beschwerde gegen die einstweilige Aussetzung des Vollzugs zwischenzeitlich durch die ergangene Endentscheidung gegenstandslos geworden sein kann (*ML § 176 Rn. 3*). Liegt eine der allgemeinen Zulässigkeitsvoraussetzungen nicht vor, ist die Beschwerde als unzulässig zu verwerfen (s. dagegen zum iudex a quo Rn. 40).

53 (einstweilen frei)

Bei einer zulässigen Beschwerde prüft das LSG den Fall – wie das SG vor der   *54*
Entscheidung über die Abhilfe – unter allen rechtlichen Gesichtspunkten und tatsächlichen Umständen. Bei Ermessensentscheidungen des SG oder des Vorsitzenden hat das Beschwerdegericht aber die erneute Prüfung und insbesondere auch
Beweiserhebungen darauf zu beschränken, ob das SG oder der Vorsitzende ermessensfehlerhaft gehandelt hat (*ML § 176 Rn. 4; a. A. Jansen/Frehse § 176 Rn. 7;
Hk-SGG/Lüdtke § 176 Rn. 4*; s. auch Rn. 55, Kap. XII Rn. 19). Das LSG hat aber
im Übrigen auch neue Tatsachen zu berücksichtigen und Beweise zu erheben
(*ML § 176 Rn. 2; Zeihe § 176 Rn. 4 b; Bley § 176 Anm. 2 Buchst. b*).

Die unbegründete Beschwerde wird zurückgewiesen. Bei einer im vollen Um-   *55*
fange begründeten Beschwerde wird die angefochtene Entscheidung aufgehoben.
Ist die Beschwerde nur teilweise begründet, wird insoweit die angefochtene Entscheidung „geändert" bzw. „teilweise aufgehoben". Bei einer ganz oder teilweise
begründeten Beschwerde kann das LSG über die Beschwerde, soweit sie begründet ist, in der Sache selbst entscheiden oder aber das Verfahren insoweit an das
SG oder den Vorsitzenden zur erneuten Entscheidung zurückverweisen. Da alle
Beteiligten in der Regel ein berechtigtes Interesse an einer schnellen abschließenden Entscheidung haben und insbesondere ein Beschwerdeverfahren das Verfahren in der Hauptsache nicht länger als erforderlich verzögern soll, hat das LSG
so weit wie möglich in der Sache selbst zu entscheiden. Zurückverweisungen sollen nur bei schweren Verfahrensfehlern und dadurch bedingten umfangreichen
Ermittlungen erfolgen (*ML § 176 Rn. 4a; Hk-SGG/Lüdtke § 176 Rn. 4*). Bei einer
Zurückverweisung ist das SG oder der Vorsitzende der Kammer an die rechtliche
Beurteilung durch das LSG ebenso gebunden wie dieses bei einer erneuten Beschwerde an die seiner früheren zurückverweisenden Entscheidung zugrunde lie-
gende Rechtsauffassung (*ML § 176 Rn. 4a; Jansen/Frehse § 176 Rn. 8; Hk-SGG/
Lüdtke § 176 Rn. 4; Bley § 176 Anm. 2 Buchst. e; Zeihe § 176 Rn. 4 c; RK § 176
Rn. 8*).

Entscheidungen des LSG oder seines Vorsitzenden können vorbehaltlich des   *56*
§ 160a Abs. 1 (Nichtzulassungsbeschwerde) und des § 17a Abs. 4 GVG (Rechts-
wegentscheidung s. Kap. II Rn. 105) mit der Beschwerde nicht angefochten werden (s. § 177). Dies gilt sowohl für die Entscheidung während des Berufungsverfahrens als auch für die in einem Beschwerdeverfahren. Für die Entscheidungen
des LSG während eines Berufungsverfahrens gilt jedoch die Ausnahme bei
Rechtshilfeersuchen, wonach im Rahmen des § 5 SGG i.V.m. § 159 GVG die Beschwerde an das BSG eröffnet ist.

Es ist aber – mit Ausnahme des § 17a Abs. 4 Satz 4 GVG – keine weitere Be-   *57*
schwerde gegen Beschwerdeentscheidungen des LSG gegeben. Seine Entscheidungen während des Berufungsverfahrens kann das LSG, sofern dies nach der Art
der Entscheidung nachträglich noch möglich ist, auf Gegenvorstellung des betroffenen Beteiligten allerdings ändern. Dagegen darf das LSG eine Beschwerdeentscheidung über den Rahmen des § 178a hinaus (s. 71) auch nicht auf Gegenvorstellung des beschwerten Beteiligten ändern (*ML § 176 Rn. 6; Zeihe § 176*

Rn. 4 e). Eine Wiederaufnahme des Verfahrens analog §§ 179 ff. wird für zulässig erachtet (*ML § 177 Rn. 6*).

58   *1.4.3 Kostenentscheidung*

Eine Kostenentscheidung ist für die Regelfälle der Beschwerde gegen Entscheidungen in einem laufenden Verfahren nicht geboten, soweit dadurch Gerichtskosten nicht entstehen (auch nicht Pauschgebühr) und außergerichtliche Kosten der Beteiligten im Beschwerdeverfahren im Rahmen der das Verfahren abschließenden Kostenentscheidung nach §§ 193, 197 mit zu berücksichtigen sind (*ML § 176 Rn. 5a; Hk-SGG/Lüdtke § 176 Rn. 5; Jansen/Frehse § 176 Rn. 9; Zeihe § 176 Rn. 4g*). Ist die Beschwerde in einem die materielle Entscheidung in der Sache selbst vorbereitende und realisierende Prozessgeschehen in einer Instanz (*Jansen/Frehse § 176 Rn. 10*) oder von Personen in Verfahren eingelegt, in denen weder der Kläger noch der Beklagte vor dem SG zu den im § 183 genannten Personen gehören, oder wird die Beschwerde von Personen eingelegt, die nicht Beteiligte des Klageverfahrens sind (z. B. der ehrenamtliche Richter, der Sachverständige), bedarf es aber einer auf das Beschwerdeverfahren begrenzten Kostenentscheidung (*ML § 176 Rn. 5a; Hk-SGG/Lüdtke § 176 Rn. 5; Zeihe § 176 Rn. 4g*). Nach Abschluss des Verfahrens in der Hauptsache ist eine Kostenentscheidung analog § 193 erforderlich (s. *ML § 176 Rn. 5a; Jansen/Frehse § 176 Rn. 10; Hk-SGG/Lüdtke § 176 Rn. 5; Zeihe § 176 Rn. 4g*).

59   **2 Erinnerung**

Gegen die Entscheidungen des ersuchten oder beauftragten Richters oder des Urkundsbeamten kann binnen eines Monats nach Bekanntgabe das Gericht angerufen werden, das endgültig entscheidet (§ 178 Satz 1). Die §§ 173 bis 175 gelten entsprechend (§ 178 Satz 2).

60   Die sog. Erinnerung ist kein Rechtsmittel, da sie keinen Devolutiveffekt hat.

61   Ersuchter Richter ist ein Mitglied eines anderen Gerichts, beauftragter Richter ein Mitglied des zur Entscheidung in der Sache zuständigen Spruchkörpers. Für beide wird auch der (nicht schöne und überflüssige) Oberbegriff des verordneten Richters gebraucht. Weder zu dem ersuchten noch zu dem beauftragten Richter zählt der Berichterstatter eines Spruchkörpers; in dieser Funktion ist er „das Gericht" (*LSG NRW Breithaupt 1978, 615; ML § 178 Rn. 2; Jansen/Frehse § 178 Rn. 2; Hk-SGG/Lüdtke § 178 Rn. 4; Bley § 178 Anm. 2 Buchst. a; a. A. LSG Baden-Württ. Breithaupt 1974, 637*). Wird ein Berichterstatter aber nicht in dieser Eigenschaft, sondern als beauftragter Richter tätig, dann gilt § 178. Gegen die Ablehnung eines Rechtshilfeersuchens ist allerdings die Beschwerde nach der Spezialregelung in § 5 Abs. 3 SGG i.V.m. § 159 GVG mit der Einwochenfrist eröffnet (*RK § 178 Rn. 6*; im Ergebnis ebenso *Bley § 178 Anm. 2 Buchst. b*).

62   Die Erinnerung ist in jedem Rechtszug gegeben, so z. B. auch in Verfahren vor dem BSG in erster und letzter Instanz, wenn z. B. eine Beweisaufnahme durch einen ersuchten Richter erforderlich ist, was aber auch im Verfahren der Nicht-

zulassungsbeschwerde für die tatsächlichen Feststellungen erforderlich werden kann, die notwendig sind, um über einen Verfahrensfehler zu befinden (s. u. a. den Fall in *BSG SozR 1500 § 124 Nr. 5*). Aber auch im Revisionsverfahren kann sowohl ein ersuchter oder beauftragter Richter als auch der Urkundsbeamte tätig werden. Vor dem BSG besteht für die Erinnerung kein Vertretungszwang, da die Erinnerung nach § 178 Satz 2 i.V.m. § 173 Satz 1 auch zur Niederschrift des Urkundsbeamten der Geschäftsstelle eingelegt werden kann (*BSG SozR 3-1750 § 706 Nr. 1*).

Die Erinnerung ist bei dem Gericht oder zur Niederschrift bei dem Urkun- 63 denbeamten der Geschäftsstelle einzulegen, da eine Abhilfe nach § 174 a. F. nicht mehr zulässig ist. Seit dem 2. 1. 2002 wird die Frist auch durch Niederschrift beim Urkundsbeamten der Geschäftsstelle gewahrt, das den Richter beauftragt oder ersucht hat oder das über die Entscheidung des Urkundsbeamten entscheidet (s. § 178 Satz 2 i.V.m. § 173 Satz 2).

Die Frist für die Erinnerung läuft ebenfalls nur, wenn der Betroffene über den 64 Rechtsbehelf ordnungsgemäß belehrt worden ist (*ML § 178 Rn. 3*). Die Belehrung kann nach § 178 Satz 2 i.V.m. § 173 Satz 2 auch mündlich erfolgen (s. Rn. 24). Sonst gilt nach § 66 die Jahresfrist. Nach Ablauf der Frist ist die (unselbständige) Anschlusserinnerung statthaft (*Hk-SGG/Lüdtke § 178 Rn. 5; ML § 178 Rn. 3; Jansen/Frehse § 178 Rn. 6*).

Zu der aufschiebenden Wirkung der Erinnerung nach § 178 Satz 2 i.V.m. § 175 65 wird auf die Ausführungen zu § 175 Rn. 29 verwiesen.

Für das Verfahren über die Erinnerung gelten die allgemeinen Verfahrens- 66 grundsätze und entsprechend § 178 Satz 1 auch die besonderen Regelungen der §§ 173 und 175.

Das Abhilferecht ist sowohl für den ersuchten oder beauftragten Richter als 67 auch für den Urkundsbeamten durch die Aufhebung des § 174 entfallen (s. früher § 178 Satz 2 i.V.m. § 174; s. Rn. 39).

Es entscheidet nicht der ggf. sonst für Beschwerden zuständige besondere 68 Spruchkörper, sondern das Gericht, das den Richter ersucht oder beauftragt hat oder dem der Urkundsbeamte zugeordnet ist (*Bayer. LSG Bayer. Amtsbl. 1965 B 17; ML § 178 Rn. 3; Hk-SGG/Lüdtke § 178 Rn. 6; Jansen/Frehse § 178 Rn. 4*) ohne Mitwirkung des ersuchten oder beauftragten Richters, gegen dessen Entscheidung Erinnerung eingelegt ist (*ML § 178 Rn. 3*). Ist der Urkundsbeamte mehreren Spruchkörpern zugewiesen, so ist, sofern das Präsidium keine abweichende Geschäftsverteilung beschlossen hat, die Zuständigkeit des Spruchkörpers gegeben, der für die Streitsache, in der der Urkundsbeamte die mit Erinnerung angefochtene Entscheidung getroffen hat, zuständig ist (*Bley § 178 Anm. 5 Buchst. a*).

Die Erinnerung kann als unzulässig verworfen oder als unbegründet zurückge- 69 wiesen werden. Ist sie begründet, so ist die angefochtene Entscheidung aufzuheben. Das Gericht wird darüber hinaus regelmäßig den ersuchten oder beauftragten Richter oder den Urkundsbeamten anweisen, der vom Gericht für richtig erachteten Rechtslage entsprechend zu handeln. Die Entscheidung über die Erinnerung ist zu begründen (s. § 142 Abs. 2 analog; *ML § 178 Rn. 3; Hk-SGG/Lüdtke § 178 Rn. 6; Jansen/Frehse § 178 Rn. 7*). Ein Absehen von der Begründung entsprechend § 142 Abs. 2 Satz 3 ist nicht zulässig, da die Erinnerung kein Rechtsmittel ist (s. Rn. 60). Ergeht die Entscheidung – wie im Regelfall – ohne mündliche Verhandlung, so wirken die ehrenamtlichen Richter nicht mit.

70   Ein Rechtsmittel gegen die Entscheidung über die Erinnerung ist nicht gegeben (*ML § 178 Rn. 3; Bley § 178 Anm. 6 Buchst. b; Jansen/Frehse § 178 Rn. 8; Hk-SGG/Lüdtke § 178 Rn. 7*; anders z. B. im Rahmen der § 151 VwGO). Das Gericht entscheidet nach § 178 Satz 1 „endgültig", und zwar auch dann, wenn das SG die Entscheidung trifft (*Bayer. LSG Breithaupt 1965, 706; Bley § 178 Anm. 6 Buchst. b*; s. § 172 Abs. 1 letzter Halbsatz).

71   3 Anhörungsrüge

72   In § 178a wurde durch Art. 9 des Anhörungsgesetzes vom 9. 12. 2004 (*BGBl. I 3220*) mit Wirkung vom 1. 1. 2005 eingefügt (zur Vor- und Entstehungsgeschichte s. *H/Berchthold § 178a Rn. 1–63* und *Berchthold NZS 2006, 9–17*; s. auch die Fundstellenübersicht bei *ML § 178a Rn. 1c*)). Die Gerichte der Sozialgerichtsbarkeit hatten von Anbeginn an auch nach einer das Verfahren abschließenden Entscheidung dieses Verfahren fortgesetzt, wenn das Rechtsmittel wegen Fristversäumnis als unzulässig verworfen wurde, der betroffene Beteiligte aber im Wege der Gegenvorstellung geltend machte, er habe die Prozesshandlung doch fristgerecht vorgenommen, das Dokument sei aber aus von ihm nicht zu vertretenden Umständen nicht oder nicht rechtzeitig zur Kenntnis des Gerichtes gelangt. Dann wurde den betroffenen Beteiligten Wiedereinsetzung in den vorigen Stand gewährt und das Verfahren fortgesetzt. Später hatte das BSG zur Vermeidung sonst erfolgreicher Verfassungsbeschwerden das Verfahren auch dann fortgesetzt, wenn sich aus der Gegenvorstellung ergab, dass die Entscheidung unter Verletzung des rechtlichen Gehörs ergangen war (s. *BSG Beschluss vom 6. 10. 1983 – 2 BU 167/83; BVerfG SozR 1500 § 62 Nr. 16*). Im Anschluss daran erfolgte die Fortführung des Verfahrens auch bei Verletzung eines wesentlichen Verfahrensgrundrechtes (vgl. u. a. *BSG SozR 3-1750 § 318 ZPO Nr. 1; BGH NJW 2002, 1577, 2003, 3137*). In seinem Beschluss vom 30. 4. 2003 hat das Plenum des BVerfG entschieden (*BVerfGE 107, 395*), dass es gegen das Rechtsstaatsprinzip i.V.m. Art. 103 Abs. 1 GG verstoße, wenn eine Verfahrensordnung keine fachgerichtliche Abhilfemöglichkeit für den Fall vorsieht, dass ein Gericht in entscheidungserheblicher Weise den Anspruch auf rechtliches Gehör verletzt. Vgl. zur Entwicklung bis einschließlich dieser Entscheidung des BVerfG u. a. *Zuck, Die Anhörungsrüge im Zivilprozess, 2008; Frehse SGb 2005, 265; Köhler SdL 2005, 371; Berchthold NZS 2006, 9; ML § 178a Rn. 1*.

73   In Ausführung der Entscheidung des Plenums des BVerfG wurde § 178a in das SGG eingefügt. Danach ist auf Rüge eines durch eine gerichtliche Entscheidung

beschwerten Beteiligten das Verfahren fortzuführen, wenn (1.) ein Rechtsmittel oder ein anderer Rechtsbehelf gegen die Entscheidung nicht gegeben ist und (2.) das Gericht den Anspruch dieses Beteiligten auf rechtliches Gehör in entscheidungserheblicher Weise verletzt hat.

Es muss sich um eine Endentscheidung handeln, wie sich aus § 178a Abs. 1 **74** Satz 2 ergibt. Gegen die Endentscheidung darf kein Rechtsmittel oder ein anderer Rechtsbehelf gegeben sein. Gegen die Urteile der SG und der LSG sind die Rechtsmittel der Berufung bzw. der Revision oder die Nichtzulassungsbeschwerde gegeben. Gleiches gilt für die durch die Beschwerde anfechtbaren Beschlüsse des SG. Dagegen bilden die Beschlüsse des LSG eine Entscheidung, gegen die ein Rechtsmittel oder ein anderer Rechtsbehelf nicht gegeben ist (Rn. 3 ff.). Gleiches gilt für Urteile und Beschlüsse des BSG. Die Erinnerung (s. Rn. 59 ff.) ist kein Rechtsmittel, wohl aber ein anderer Rechtsbehelf auch i.S. des § 178a Abs. 1 Satz 1 Nr. 1 (*Hk-SGG/Lüdtke § 178a Rn. 7; ML § 178a Rn. 4; Breitkreuz/Fichte § 178a Rn. 16*). Soweit das Gericht über die Erinnerung entscheidet, ist diese Entscheidung endgültig und somit ebenfalls nicht mit einem Rechtsbehelf mehr anfechtbar i.S.d. o. a. Vorschrift. Einer Entscheidung gleichgestellt sind so genannte selbstständige Zwischenentscheidungen, die über eine für das weitere Verfahren wesentliche Rechtsfrage abschließend befinden, aber in den weiteren Instanzen nicht mehr nachgeprüft werden können (*BVerfG MDR 2008, 223, Beschluss vom 6. 5. 2010 – 1 BvR 96/10 – Richterablehnung; ML § 178a Rn. 3b; Hk-SGG/Lüdtke § 178a Rn. 12; Breitkreuz/Fichte § 178a Rn. 23;* a. A. die vom BVerfG aufgehobene Entscheidung des *BAG NJW 2007, 1379;* schon kritisch *Berchthold NZS 2006, 9, 14*), so z.B. die Gewährung der Wiedereinsetzung (*BGH MDR 2009, 520*).

Nach dem insoweit eindeutigen Wortlaut des § 178a Abs. 1 kommt nur eine **75** Verletzung des rechtlichen Gehörs als Grundlage für die Anhörungsrüge und das danach folgende Fortführen des Verfahrens in Betracht (*Hk-SGG/Lüdtke § 178a Rn. 9; ML § 178a Rn. 5, 5a; Kummer Rm. 986 und Rn. 994; Jansen/Frehse § 178a Rn. 4a*). Auf eine Verletzung anderer Verfahrensgrundrechte kann die Anhörungsrüge nicht gestützt werden. Mit der Regelung in § 178a hat der Gesetzgeber einerseits die bisher in der Praxis entwickelte Möglichkeit einer Fortführung des Verfahrens nach einer an sich das Verfahren abschließenden Endentscheidung gesetzlich abgesichert, aber andererseits die Regelung eben eindeutig beschränkt auf die Verletzung des rechtlichen Gehörs. Eine außerordentliche Beschwerde wird neben der Anhörungsrüge vom BSG verneint (*BSG SozR 4-1500 § 178a Nrn. 1, 3, 5, 6; SozR 4-1500 § 160a Nr. 18*). Es ist umstritten, ob bei Verletzung von anderen Verfahrensgrundrechten weiterhin aufgrund einer Gegenvorstellung das Verfahren wieder fortgeführt werden kann (so *BSG SozR 4-1500 § 178a Nr. 1, 3, 5, 6, § 60 Nr. 7; BGH MDR 2007, 1276; Sächs. LSG Beschluss vom 13. 10. 2005 – 1 B 193/05 KR-ER; Schenke NVwZ 2005, 729; Köhler SdL 2005, 371, 378; Frehse SGb 2005, 265, 272; Kummer Rn. 995; Rüsken NJW 2008, 481*) oder aber dies nicht mehr möglich ist mit der Folge, dass nunmehr bei Verletzung eines anderen Verfahrensgrundrechtes als das des rechtlichen Gehörs wieder nur noch die Verfassungsbeschwerde statthaft ist (*BSG Beschluss BFH BFH/NV 2010, 453; LSG Thüringen Beschluss vom 7. 3. 2005 – L 6 KR 516/04 WA; Hk-SGG/Lüdtke*

§ 178a Rn. 2; H/Berchthold § 178a Rn. 89–92; Desens NJW 2006, 1243, 1245; Keller jurisPR-SozR 28/2005; Zuck ZRP 2008, 44, 47; s. zur Unübersichtlichkeit der Rechtslage ML § 178a Rn. 12). Der BFH hat in dieser Streitfrage den GemS angerufen (NJW 2008, 543; s. krit. zur Zulässigkeit der Anrufung Zuck ZRP 2008, 44). Die Beantwortung dieser Streitfrage ist von rechtlich ganz erheblicher Bedeutung (s. Rn. 83). Das BVerfG ist davon ausgegangen, dass die Rüge der Verletzung des rechtlichen Gehörs gegenüber dem BSG nach dem Grundsatz der Subsidiarität der Verfassungsbeschwerde dieser vorausgehen muss. Dies gilt auch für die Anhörungsrüge nach § 178a. Geht man nun weiterhin davon aus, dass auch bei Verletzung anderer Verfahrensgrundrechte oder sogar Verfahrensgrundsätze aufgrund einer Gegenvorstellung das Gericht das Verfahren weiter fortführen kann, so dürften auch diese Gegenvorstellungen vor dem Einreichen einer Verfassungsbeschwerde durchzuführen sein. Verneint man diese Möglichkeit, so ist nach einer erfolglosen Gegenvorstellung die Frist für die Verfassungsbeschwerde regelmäßig abgelaufen. Es dürfte deshalb vor einer abschließenden Klärung durch das BVerfG (s. auch Rn. 83) zu prüfen sein, ob vorsorglich. sowohl Gegenvorstellungen zu erheben als auch die Verfassungsbeschwerde einzulegen ist.

Hier wird der zuletzt angeführten Auffassung gefolgt, dass nach Einfügung des § 178a eine Gegenvorstellung wegen eines anderen Verfahrensgrundrechtes als der Verletzung des rechtlichen Gehörs nicht mehr statthaft sind. Nach der Entscheidung des BVerfG genügen von der Rechtsprechung außerhalb des geschriebenen Rechts geschaffenen außerordentlichen Rechtsbehelfe den verfassungsrechtlichen Anforderungen an die Rechtsmittelklarheit nicht. Nach dem nunmehr der Gesetzgeber die Rechtsmittelklarheit insofern geschaffen hat, dass er eine Fortführung des Verfahrens nur im Rahmen der Anhörungsrüge nach § 178 bei Verletzung des rechtlichen Gehörs festgelegt hat, sind außerhalb dieses geschriebenen Rechts außerordentliche Rechtsbehelfe nicht mehr statthaft. Das BSG gibt in seinem Beschluss vom 28. 7. 2005 (SozR 4-1500 § 178a Nr. 3) für die Gegenmeinung keine Begründung. Der Hinweis, die Gegenvorstellung verfolge das Ziel, den Fachgerichten die Möglichkeit zu eröffnen, ihr Verhalten unter bestimmten rechtlichen Gesichtspunkten nochmals zu überprüfen und zu korrigieren, während sich die Anhörungsrüge des § 178 Abs. 1 SGG auf die Fortführung des Verfahrens beschränkt, wenn ein Rechtsmittel oder ein Rechtsbehelf gegen die Entscheidung nicht gegeben ist und das Gericht den Anspruch dieses Beteiligten auf rechtliches Gehör in entscheidungserheblicher Weise verletzt habe, rechtfertigt die Gegenmeinung nicht. Sie gibt insbesondere keine Begründung dafür, weshalb der Gesetzgeber (s. BT-Drucks. 15/3706, S. 14) von den bis dahin in der gefestigten Rechtsprechung anerkannten Gegenvorstellungen nur auf die der Verletzung des rechtlichen Gehörs beschränkte Anhörungsrüge in einem Gesetz geregelt haben soll, wenn gleichzeitig alle anderen Gegenvorstellungen auch ohne geschriebenes Recht weiterhin statthaft sein sollten. Nach der Gegenmeinung hätte § 178a überhaupt keine Bedeutung, da die Verletzung des rechtlichen Gehörs jedenfalls auch mit einer – nach der Gegenmeinung weiterhin zulässigen – Gegenvorstellung geltend gemacht werden könnte. Die Gegenmeinung muss auch noch eine Antwort darauf finden, was der Gesetzgeber eigentlich noch tun soll, wenn er eine Fortführung des Verfahrens gesetzlich ausdrücklich nur für den Fall der Verletzung des rechtlichen Gehörs regelt. Muss er dann noch, um eine Beschränkung auf diese Anhörungsrüge zu sichern, hinzufügen, dass andere Gegenvorstellungen damit ausgeschlossen seien? Dies würde allgemein bedeuten, dass der Gesetzgeber immer dann, wenn er nur eine von mehreren Alternativen gesetzlich festlegen möchte, er zusätzlich zu betonen hätte, dass die anderen nicht mehr in Betracht kommen. Schließlich ist auch hier (s. schon Rn. 18) auf den Beschluss des BVerfG vom 16. 1. 2007 (*1 BvR 2803/06 – NJW 2007, 2538*) hinzuweisen, wonach es sogar gegen die verfassungsrechtlichen Anforderungen an die Rechtsmittelklarheit verstößt, wenn von der Rechtsprechung außerordentliche Rechtsbehelfe außerhalb des geschriebenen Rechts geschaffen werden, um tatsächliche oder vermeintliche Lücken im bisherigen Rechtsschutzsystem zu schließen.

Die Frist zur Rüge beträgt zwei Wochen nach Kenntnis von der Verletzung des   **76** rechtlichen Gehörs; dabei ist der Zeitpunkt der Kenntniserlangung glaubhaft zu machen (§ 178a Abs. 2 Satz 1). Die Anhörungsrüge ist innerhalb der gesetzlichen Einlegungsfrist nicht nur bei Gericht anzubringen, sondern auch zu begründen (*BSG SozR 4-1500 § 178a Nr. 8; ebenso BAG NJW 2010, 2830*). Das Gesetz stellt es für den Fristbeginn auf die Kenntnis und nicht auf das Kennenmüssen der Verletzung des rechtlichen Gehörs ab (s. *Frehse SGb 2005, 265, 269; Hk-SGG/Lüdtke § 178a Rn. 13; H/Berchtold § 178a Rn. 107 ff.; Köhler SdL 2005, 371, 378; ML § 178a Rn. 7a; a.A. Treber NJW 2005, 97, 99*). Die Jahresfrist i.S. des § 178 Abs. 2 Satz 2 ist eine Ausschlussfrist, gegen deren Versäumung eine Wiedereinsetzung in den vorigen Stand nicht statthaft ist (*Frehse SGb 2005, 265, 270*). Zu der Anhörungsrüge im arbeitsgerichtlichen Verfahren hat das BVerfG entschieden (*Beschluss vom 14. 3. 2007 – 1 BvR 2748/06 – NJW 2007, 2241* mit Anm. von *Schnabl*, derselbe in *NJ 2007, 289*): „Die Zwei-Wochen-Frist des § 78a Abs. 2 S. 1 ArbGG knüpft nicht an die Bekanntgabe der angefochtenen Entscheidung an, sondern beginnt mit der tatsächlichen subjektiven Kenntnis des Betroffenen von der Verletzung des rechtlichen Gehörs. Diese Kenntnis kann durch die Fiktion, die angefochtene Entscheidung sei mit dem dritten Tag nach Aufgabe zur Post bekannt gegeben worden, nicht ersetzt werden. Die Gegenmeinung ist mit dem Recht auf effektiven Rechtsschutz gem. Art. 2 Abs. 1 GG in Verbindung mit dem Rechtsstaatsprinzip und dem Anspruch auf Gewährung rechtlichen Gehörs gem. Art. 103 Abs. 1 GG nicht vereinbar." Nach der Auffassung des BSG (*SozR 4-1500 § 178a Nr. 10*) ist allerdings zu beachten, dass für die „Kenntnis von der Verletzung des rechtlichen Gehörs i. S. d. § 178a Abs. 2 Satz 1 SGG die Tatsachenkenntnis des Beteiligten und seines Prozessbevollmächtigten genügt, ohne dass diese darüber hinaus auch noch vom subjektiven Ergebnis einer rechtlichen Subsumtion abhängt". Jedoch wird sich die Kenntnis von der Verletzung des rechtlichen Gehörs oft erst mit der Bekanntgabe der Entscheidung ergeben (*Hk-SGG/ Lüdtke § 178a Rn. 13*; enger *ML § 178a Rn. 7: frühestens mit Bekanntgabe*).

Auch für die Anhörungsrüge besteht vor dem BSG Vertretungszwang (s. § 73   **77** Abs. 4 Satz 1; *Hk-SGG/Lüdtke § 178 Rb. 17*).

78   Die schon innerhalb der Rügefrist (*BAG NJW 2010, 2830*) einzureichende Begründung der Anhörungsrüge muss sowohl die angegriffene Entscheidung bezeichnen als auch das Vorliegen der Voraussetzungen des Absatzes 1 Satz 1 Nr. 2 darlegen (*Hk-SGG/Lüdtke § 178a Rb. 18; ML § 178a Rn. 6a*). Es ist insoweit auf die Ausführungen zur Darlegung der Verletzung des rechtlichen Gehörs in IX Rn. 99 zu verweisen (s. auch *Frehse SGb 2005, 265, 268; Berchtold NZS 2006, 9, 13*). Die Verletzung des rechtlichen Gehörs muss entscheidungserheblich und kausal für die angegriffene Entscheidung sein (*BSG SozR 4-1500 § 178a Nr. 4*). Das angerufene Gericht selbst muss das rechtliche Gehör verletzt haben (*BSG SozR 4-1500 § 178a Nr. 2; BGH MDR 2010, 100; BVerwG Buchholz 428 § 37 VermG Nr. 36*). Hat z.B. das BSG eine im Revisionsverfahren gerügte Verletzung des rechtlichen Gehörs im Berufungsverfahren zu Unrecht verneint, kann der betroffene Beteiligte dies nicht mit der Anhörungsrüge gegenüber dem BSG geltend machen. Eine Anhörungsrüge, die sich gegen einen die Nichtzulassungsbeschwerde zurückweisenden Beschluss richtet, ist nur begründet, wenn die Zurückweisung auf einer neuen und eigenständigen Verletzung des Anspruchs auf rechtliches Gehör beruht. Eine solche Verletzung liegt nicht vor, wenn das BSG entgegen der Auffassung der Nichtzulassungsbeschwerde zu dem Ergebnis gelangt, dass dem Berufungsgericht kein Verstoß gegen Art. 103 Abs. 1 GG unterlaufen ist (s. *BSG SozR 4-1500 § 178a Nr. 10; BGH MDR 2010, 100*). Das entspricht der Nachrangigkeit der Anhörungsrüge (*Hk-SGG/Lüdtke § 178a Rn. 2 und 5*); die Verletzung des rechtlichen Gehörs im Berufungsverfahren ist mit der Nichtzulassungsbeschwerde zu rügen (*Hk-SGG/Lüdtke § 178a Rn. 6*).

79   Die Rüge ist schriftlich oder zur Niederschrift des Urkundsbeamten der Geschäftsstelle bei dem Gericht zu erheben, dessen Entscheidung angegriffen wird.

80   Es ist schon fast als bezeichnend anzusehen, dass der Gesetzgeber sich auch für die Durchführung der Anhörungsrüge (mit Recht) veranlasst gesehen hat, besonders darauf hinzuweisen, dass den übrigen Beteiligten, soweit erforderlich, Gelegenheit zur Stellungnahme und damit zur Wahrnehmung des rechtlichen Gehörs zu geben ist. Deshalb wird dem Beschluss des BSG vom 1.8.2007 (*SozR 4-1500 § 178a Nr. 7*), wonach die Anhörungsrüge gegen eine Entscheidung über eine Anhörungsrüge unzulässig sei, nicht gefolgt. Wenn in der Entscheidung über die Anhörungsrüge selbst das rechtliche Gehör verletzt wurde, so ist die darauf bezogene (weitere) Anhörungsrüge statthaft (s. eingehend unten Rn. 83).

81   Nicht statthafte und nicht zulässige Rügen sind als unzulässig zu verwerfen; unbegründete Rügen sind zurückzuweisen (s. § 178 Abs. 4 Sätze 1 und 2). Die Entscheidung ergeht durch unanfechtbaren Beschluss, der kurz begründet werden soll (§ 178 Abs. 4 Sätze 3 und 4; s. zur Verfassungsmäßigkeit der „Soll"-Vorschriften *BVerfG NJW 2011, 1497*). Ist die Rüge begründet, so hilft ihr das Gericht ab, indem es das Verfahren fortführt, soweit dies aufgrund der Rüge geboten ist; dazu wird das Verfahren in die Lage zurückversetzt, in der es sich vor dem Schluss der mündlichen Verhandlung befand (§ 178a Abs. 5 Sätze 1 und 2). Im schriftlichen Verfahren tritt an die Stelle des Schlusses der mündlichen Verhand-

lung der Zeitpunkt, bis zu dem Schriftsätze eingereicht werden können (§ 178a Abs. 5 Satz 3). Die Verweisung auf § 343 ZPO in § 178 Abs. 5 Satz 4 besagt, dass insoweit die Entscheidung, die aufgrund der neuen Verhandlung zu erlassen ist, mit der in dem fortgeführten Verfahren enthaltenen Entscheidung übereinstimmt, auszusprechen ist, dass diese Entscheidung aufrechterhalten wird; insoweit diese Voraussetzung nicht zutrifft, wird das Urteil in dem neuen Urteil aufgehoben. Entsprechendes gilt für vorangegangene Beschlüsse.

Die Entscheidung ergeht ohne Mitwirkung ehrenamtlicher Richter, wenn die Rüge ohne mündliche Verhandlung durch Beschluss als unzulässig verworfen (*BSG SozR 4-1500 § 178a Nr. 4*) oder als unbegründet zurückgewiesen wird (*BSG SozR 4-1500 § 178a Nr. 4, 5 und 6*; s. auch kritisch *Berchthold NZS 2006, 9, 13*). An der Entscheidung über die Anhörungsrüge wirken die Richter, die nach dem Geschäftsverteilungsplan an dem neuen Sitzungstag mitzuwirken haben. Es ist nicht geboten, dass die Berufsrichter und ehrenamtlichen Richter die Entscheidung über die Anhörungsrüge fällen, die an der Entscheidung beteiligt waren, gegen die sich die Anhörungsrüge richtet (s. *BGH MDR 2006, 168*). **82**

Die Entscheidung ergeht durch unanfechtbaren Beschluss. Daraus wird geschlossen, dass auch eine Anhörungsrüge ausgeschlossen ist (*BSG SozR 4-1500 § 178a Nr. 7; Bayer. VerfGH NJW-RR 2011, 430; ML § 178a Rn. 9c; H/ Berchthold § 178a Rn. 135; Kummer Rn. 992; Jansen/Frehse § 178 Rn. 14*). Der unterschiedliche Gesetzeswortlaut gegenüber § 177 („nicht mit der Beschwerde angefochten werden") spricht für diese Auffassung. Danach soll eben nicht nur die Beschwerde, sondern jede Anfechtung des Beschlusses ausgeschlossen werden. Aber gegen Beschlüsse und Urteile des BSG ist die Beschwerde nicht gegeben. Ebenso ist auch eine Entscheidung unanfechtbar, wenn gegen die ein Rechtsbehelf nicht gegeben ist (s. § 178a Abs. 1 Nr. 1). Im Hinblick auf die erwünschte Entlastung des BVerfG könnten jedoch die zahlenmäßig wohl geringen Fälle, in denen bei der Entscheidung über eine Anhörungsrüge das rechtliche Gehör (erneut) verletzt wird und die deshalb mit der Verfassungsbeschwerde angegriffen werden müssten, außer Betracht bleiben. Es bestand jedoch eine gewisse Rechtsunsicherheit bis zu einer Entscheidung des BVerfG, das in seinem Beschluss vom 27. 6. 2007 (*NJW 2007, 3054*) ausgeführt hat: Nach Durchführung des Anhörungsrügeverfahrens (hier: gem. § 321a ZPO) stehe dem Beschwerdeführer die mit einer Verletzung von Art. 103 Abs. 1 GG begründete Verfassungsbeschwerde nur offen, wenn alle in der Verfassungsbeschwerde dargelegten – nicht offensichtlich aussichtslosen – Gehörsrüge auch Gegenstand der fachgerichtlichen Anhörungsrüge waren; das gelte jedenfalls in Fällen, in denen sich die erstmals in der Verfassungsbeschwerde behauptete Gehörsverletzung auf den gesamten Streitgegenstand des fachgerichtlichen Verfahrens erstrecke. In seinem Beschluss vom 10. 5. 2010 hat das maßgebende BVerfG entschieden, werde mit der Verfassungsbeschwerde die Verletzung rechtlichen Gehörs gerügt, obwohl die beanstandete Auslegung einer Nichtzulassungsbeschwerde durch den BFH in dessen Beschluss eindeutig erkennbar war, hätte zunächst eine Anhörungsrüge beim BFH erhoben werden müssen und erst dann, falls diese erfolglos geblieben wäre, Verfassungs- **83** beschwerde eingelegt werden können (*HFR 2010, 1224–1225*). Damit folgt das BVerfG nicht der Auffassung des BSG.

84   Zur Bindung des Gerichts an seine Entscheidung, das Verfahren fortzuführen s. *VGH Rheinl.-Pfalz-Verfassungsgericht – MDR 2007, 544; Petry MDR 2007, 497.*

85 4 Verzögerungsrüge

86   Die rechtliche Möglichkeit, gegen einen überlangen, unangemessen langen Prozessverlauf Beschwerde einzulegen, wurde seit langem diskutiert und insbesondere seit Inkrafttreten der Anhörungsrüge (s. Rn. 75) ganz überwiegend abgelehnt. Diese Rechtslage genügte nach dem Urteil des Europäischen Gerichtshofe für Menschenrechte (EGMR) vom 8.6.2006 (*Nr. 75529/01 – NJW 2006, 2389*) nicht den Anforderungen von Art. 6 Ab s. 1 und Art. 13 EMRK (s. auch *EGMR Urteil vom 2.9.2010 – Nr. 46344/06 – NJW 2010, 3355; Meyer-Ladewig NJW 2010, 3358; Köhler SdL 2010, 179* – zum Referentenentwurf). Die folgenden Ausführungen beruhen auf dem Entwurf der Bundesregierung.

87   Der Entwurf eines Gesetzes über den Rechtsschutz bei überlangen Gerichtsverfahren und strafrechtlichen Ermittlungsverfahren sieht durch § 198 Abs. 3 GVG eine Verzögerungsrüge vor. Sie dient mehreren Zielen. Sie soll eine Voraussetzung dafür bilden, später eine nach diesem Gesetz vorgesehene Entschädigung wegen unangemessener Dauer des Gerichtsverfahrens verlangen zu können (§ 198 Abs. 3 Satz 1 GVG). Nach der Gesetzesbegründung (*BT-Drucks. 17/3802, S. 30*) verfolgt sie außerdem eine weitere doppelte Intention: Sie soll einerseits dem bearbeitenden Richter die Möglichkeit geben zu einer beschleunigten Verfahrensförderung und ihm insofern als Vorwahrung dienen sowie außerdem dem Betroffenen die Möglichkeit nehmen zum „Dulde und Liquidiere". Die Verzögerungsrüge ist kein Rechtsbehelf, sondern eine Obliegenheit hinsichtlich einer später geltend zu machenden Entschädigung zunächst der Rüge einer Verzögerung des Verfahrens.

88   Verfahrensbeteiligter i. S. d. § 198 Abs. 2 Saz 1 Entwurf GVG ist jede Partei und jeder Beteiligte eines Gerichtsverfahrens mit Ausnahme der Verfassungsorgane, der Träger öffentlicher Verwaltung und sonstiger öffentlicher Stellen (§ 198 Abs. 6 Nr. 2 GVG). Damit sind die Träger der Sozialversicherung, der sozialen Entschädigung und der Sozialhilfe nicht berechtigt, Verzögerungsrügen zu erheben.

89   Die Rüge kann erst erhoben werden, wenn „Anlass zur Besorgnis" besteht, dass das Verfahren nicht in einer angemessenen Zeit abgeschlossen wird.

90   Ob ohne Verzögerungsrüge das Verfahren in einer angemessenen Zeit abgeschlossen würde, richtet sich nach den Besonderheiten des jeweiligen Einzelfalles (*BVerfG NZS 2011, 384; Köhler SdL 2010, 179, 197*). Dazu gehören nicht nur die Art und der inhaltliche Umfang der Streitigkeit, sondern vor allem auch die hierfür erforderlichen tatsächlichen Feststellungen, medizinischen Gutachten, die gegebenenfalls bestehenden Auslandsberührungen und insbesondere auch die notwendige Mitwirkung des Betroffenen (vgl. *BVerfG Beschluss vom 14. 12. 2010 – 1 BvR 404/10; BSG SozR 4-1500 § 109 Nr. 3 – Rn. 38, 39*). Eine anhaltende starke Überlastung der Sozialgerichtsbarkeit kann eine überlange Verfahrensdauer nicht rechtfertigen (*BVerfG a.a.O.*). Wann unter diesen besonderen Umständen eine Entscheidung in angemessener Zeit nicht erwartet werden könnte, ist insbesondere prognostisch schwierig festzustellen. Allerdings ist zu betonen, dass auch die vorstehend nur beispielhaft aufgeführten Umstände nicht nur eine längere Dauer des Verfahrens rechtfertigen können, sondern zugleich auch den bearbeitenden Richter verpflichten, solchen Prozessen seine besondere Aufmerksamkeit und Arbeitskraft auch hinsichtlich des Zeitraums der Erledigung zu widmen und dafür alle möglichen Zeitersparnisse einzusetzen (s. u. a. *Roller SGb 2010, 636; Köhler a. a. O.*). Die Verzögerungsrüge setzt allerdings nicht voraus, dass der Anlass zur Besorgnis, das Verfahren werde sich unangemessen verzögern, in der Prozessführung des oder der Richter begründet ist. Insbesondere ein ungewöhnlich starker und andauernder Anfall von Prozessen verbunden mit einer unzureichenden Zahl von Richterstellen können die Verzögerungsrüge rechtfertigen.

Es muss nur ein „Anlass zur Besorgnis" gegeben sein, dass das Verfahren nicht **91** in einer angemessenen Zeit abgeschlossen werde. Die Besorgnis braucht also nicht im Einzelnen nachweisbar sein. Da der Verfahrensbeteiligte den Anlass zur Besorgnis haben muss, kommt es – ähnlich wie bei der Ablehnung eines Richters wegen der Besorgnis der Befangenheit – auf die Sichtweise des Rügenden an und nicht darauf, ob bereits tatsächlich eine unangemessene Verzögerung des Rechtsstreits zu erwarten ist.

Anders als bei der Anhörungsrüge ist eine Entscheidung des betroffenen Rich- **92** ters bzw. des Gerichts nicht vorgesehen. Es erfolgt also kein Beschluss darüber, ob die Verzögerungsrüge begründet ist oder nicht. Bei der Verzögerungsrüge handelt es sich nicht um eine Beschwerde. Die amtliche Begründung zum Gesetzentwurf weist insoweit ausschließlich darauf hin, dass es sich um eine Obliegenheit des Verfahrensbeteiligten handelt. Die Verzögerungsrüge schafft aber eben doch auch das formelle Recht für den Verfahrensbeteiligten, den bisherigen und darauf fußend den zu erwartenden Verfahrensablauf zu rügen. Deshalb dürfte es ein faires Verfahren erfordern, dass zwar keine formelle Beschlussentscheidung des betroffenen Richters oder Gerichts ergeht, wohl aber dem rügenden Verfahrensbeteiligten eine, wenn auch im Regelfall kurze Antwort gegeben wird. Damit ist keine mit einer Verzögerungs*beschwerde* befürchtete zusätzliche, eine weitere Verzögerung des Verfahrens bedingende Belastung des Richters verbunden.

Führt die Verzögerungsrüge zu keinem Erfolg, kann sie frühestens nach sechs **93** Monaten wiederholt werden. Ausnahmsweise kann jedoch eine kürzere Frist geboten sein. Hierfür muss der Betroffene die entsprechenden Hinweise geben, sofern sie nicht für das Gericht bereits erkennbar sind. Ebenso hat er alle Umstände anzuführen, die noch nicht in das Verfahren eingeführt worden sind, aber das Verfahren fördern könnten. Hat der Betroffene mit der Verzögerungsrüge „zu lange" gewartet, bestand somit der Anlass zur Besorgnis für ein überlanges Gerichtsverfahren, so steht das der Verzögerungsrüge nicht entgegen. Die Abgrenzung zu einem Verstoß gegen die zu vermeidende Taktik des „Dulde und Liquidiere" betrifft erst später das Entschädigungsverfahren. Da über die Verzögerungsrüge nicht entschieden wird, erfährt der Betroffene gegebenenfalls erst im Entschädigungsverfahren, wenn er seine Rüge zu früh erhoben hat. Fraglich ist, ob diese Rüge dann als unzulässig und damit nicht als erhoben angesehen wird. Dies dürfte nicht anzunehmen sein, sondern lediglich ebenfalls (siehe oben) die Begründetheit der Entschädigungsklage betreffen. Vor einer gerichtlichen Klärung dieser Frage ist aber zu empfehlen, vorsorglich die Rüge zu wiederholen, wenn fraglich ist, ob für die erste Rüge der Anlass zur Besorgnis schon bestanden hat.

XI. KAPITEL
Wiederaufnahme des Verfahrens

1 Bedeutung im sozialgerichtlichen Verfahren

Die Wiederaufnahme eines rechtskräftig beendeten Verfahrens hat für die den Ge- *1* richten der Sozialgerichtsbarkeit zugewiesenen Streitigkeiten jedenfalls keine größere praktische Bedeutung (s. *Bley vor § 179 Anm. 5 Buchst. c; Hk-SGG/Lüdtke § 179 Rn. 3; ML § 179 Rn. 1; Kummer Verfahren XX Rn. 2*), als sie rechtskräftig abgelehnte Anfechtungsklagen und damit verbundene Leistungs- und/oder Feststellungsklagen betrifft. Insoweit wird regelmäßig ein Antrag auf Rücknahme eines rechtswidrigen, nicht begünstigenden Verwaltungsaktes nach § 44 SGB X geeigneter sein, die Sache einer erneuten – auch richterlichen – Prüfung zu unterziehen. Diese Vorschrift ist auch dann anwendbar, wenn eine Klage gegen den rechtswidrigen, nicht begünstigenden Verwaltungsakt rechtskräftig abgewiesen worden ist (*BSGE 51, 139, 141 = BSG SozR 3900 § 40 Nr. 15; Kasseler Kommentar Sozialversicherungsrecht/Steinwedel, § 44 SGB X Rn. 7*). Den Vorschriften des Vierten Buches der ZPO entsprechende Zulässigkeitsvoraussetzungen für die Wiederaufnahme des Verfahrens oder den §§ 180 bis 182 entsprechende sonstige Voraussetzungen enthält § 44 SGB X nicht.

Dagegen ist § 45 SGB X (Rücknahme begünstigender Verwaltungsakte) nicht *2* auf solche begünstigenden Verwaltungsakte anwendbar, die vom Sozialleistungsträger aufgrund einer rechtskräftigen Verurteilung erlassen worden sind (*BSGE 60, 251, 254 = SozR 1500 § 141 Nr. 15; Kasseler Kommentar/Steinwedel § 45 SGB X Rn. 7*). In diesen Fällen ist der Sozialleistungsträger auf die Wiederaufnahme des Verfahrens nach den §§ 179 ff. angewiesen.

Die Wiederaufnahme rechtskräftig beendeter Verfahren nach diesen Vorschrif- *3* ten kann außerdem bei rechtskräftig entschiedenen (reinen) Leistungsklagen erforderlich werden.

Nach ständiger Rechtsprechung des RG und danach des BGH muss die *4* Rechtskraft eines Urteils zurücktreten, wenn sie sittenwidrig herbeigeführt oder ausgenutzt wird (s. *u. a. RGZ 46, 74, 79; 61, 359, 365; BGHZ 40, 130; 50, 115, 117;* ebenso *BAGE 10, 88, 98; BAG AP Nr. 14 zu § 826 BGB*). Diese Rechtsprechung lässt sich nicht auf Urteile der Zivil- und Arbeitsgerichtsbarkeit beschränken; die sie tragenden Grundgedanken gelten ebenso für Urteile der Gerichte der Sozialgerichtsbarkeit (*BSGE 60, 251, 253; ML § 141 Rn. 20; Hk-SGG/Lüdtke § 179 Rn. 3; Kasseler Kommentar/Steinwedel § 45 SGB X Rn. 7*; grundsätzlich a. A. *Zeihe vor §§ 179 ff. Rn. 6*). Ein außerordentlicher Rechtsbehelf gegen mit Rechtsmitteln nicht anfechtbare Entscheidung ist auch die Anhörungsrüge (*ML § 179 Rn. 2b*; zur Anhörungsrüge s. Kap. X Rn. 71 ff.).

Die Regelung der Folgen einer Entscheidung des BVerfG für rechtskräftig abgeschlossene andere Verfahren in § 79 BVerfGG hat Vorrang vor dem Restitutionsrecht der Zivilprozessordnung, insbesondere dem § 580 Nr. 6 ZPO (*BGHZ 167, 272–278*).

5 2 Wiederaufnahme nach § 179

6 Die Wiederaufnahme des Verfahrens ist kein Rechtsmittel (*BSGE 23, 30, 32 = SozR Nr. 1 zu § 579 ZPO*); sie hat weder Devolutiv- noch Suspensiveffekt. Sie ist vielmehr ein außerordentlicher Rechtsbehelf (*ML § 179 Rn. 2 a; Hk-SGG/Lüdtke § 179 Rn. 1*).

7 2.1 Wiederaufnahme nach dem Vierten Buch der ZPO

Ein rechtskräftig beendetes Verfahren kann entsprechend den Vorschriften des Vierten Buches der ZPO wieder aufgenommen werden (§ 179 Abs. 1). Es ist jedoch zu beachten, dass § 179 Abs. 2 und 3 sowie die §§ 180 bis 182 Sonderregelungen enthalten, die den Vorschriften der ZPO vorgehen.

2.1.1 Rechtskräftig das Verfahren abschließende Entscheidungen

8 Die Wiederaufnahme eines Verfahrens nach den Vorschriften des Vierten Buches der ZPO erfasst nur die Verfahren, die rechtskräftig beendet sind. In der Regel wird ein Endurteil das Verfahren rechtskräftig beenden (so ausdrücklich § 578 Abs. 1 ZPO). Es kommen aber auch Gerichtsbescheide oder Entscheidungen des Berichterstatters nach § 155 Abs. 3 und auf einer Sachprüfung beruhende, die Instanz abschließende Beschlüsse in Betracht, so z.B. der Verwerfungsbeschluss nach § 169 und der Beschluss über die Verwerfung oder Zurückweisung einer Nichtzulassungsbeschwerde nach § 160 a Abs. 4, Kostenfestsetzungsbeschlüsse nach § 197 (*ML § 179 Rn. 3; Hk-SGG/Lüdtke § 179 Rn. 5; Bley § 179 Anm. 2 Buchst. a; RK § 179 Rn. 9; s. auch BSG SozR Nr. 5 zu § 179 SGG; BGH MDR 1974, 307*). Dagegen ist eine Wiederaufnahme nicht zulässig gegenüber Zwischenurteilen und gegenüber eine Instanz nicht abschließenden Beschlüssen. Keine rechtskräftige Entscheidung liegt bei einer Klagerücknahme sowie bei einem durch Prozessvergleich oder angenommenes Anerkenntnis beendeten Verfahren vor (*BSG SozR Nr. 1 zu § 578 ZPO; ML § 179 Rn. 3 b; Hk-SGG/Lüdtke § 179 Rn. 6; Zeihe § 179 Rn. 2 a*). Dagegen bewirkt die Rücknahme der Berufung oder der Revision die Rechtskraft der angefochtenen Entscheidung (*Hk-SGG/Lüdtke § 179 Rn. 6*).

9 Die das Verfahren abschließenden Entscheidungen müssen rechtskräftig sein. Es reicht allerdings aus, wenn die Rechtskraft noch während des Wiederaufnahmeverfahrens eintritt (*ML § 179 Rn. 3; Zeihe § 179 Rn. 2 a*). Bei anfechtbaren Entscheidungen sind aber § 579 Abs. 2 und § 582 ZPO i.V.m. § 179 SGG zu beachten. Nach § 579 Abs. 2 ZPO findet in den Fällen des § 579 Abs. 1 Nrn. 1 und 3 ZPO die Klage nicht statt, wenn die Nichtigkeit mittels eines Rechtsmittels geltend gemacht werden konnte. Nach § 582 ZPO ist eine Restitutionsklage nur zulässig, wenn der Beteiligte ohne sein Verschulden außerstande war, den Restitu-

tionsgrund in dem früheren Verfahren, insbesondere durch Berufung oder mittels Anschlussberufung an eine Berufung, geltend zu machen.

Die Wiederaufnahme des Verfahrens nach dem Vierten Buch der ZPO ist 10 durch Nichtigkeitsklage (§ 579 ZPO) oder durch Restitutionsklage (§ 580 ZPO) zu betreiben. Wurde das Verfahren durch einen Beschluss rechtskräftig beendet, so wird die Klage durch einen entsprechenden Antrag ersetzt.

2.1.2 Nichtigkeitsklage 11

Die Wiederaufnahme eines rechtskräftig beendeten Verfahrens kann durch Nich- 12 tigkeitsklage erfolgen (s. §§ 578, 579 ZPO i.V.m. § 179 SGG).

Die Nichtigkeitsklage ist dazu bestimmt, unter den im Gesetz genannten Vor- 13 aussetzungen die Wiederaufnahme eines durch eine rechtskräftige Entscheidung beendeten Verfahrens, des Hauptprozesses, zu ermöglichen, wenn der Hauptprozess mit den in § 579 Abs. 1 Nrn. 1 bis 4 ZPO aufgeführten besonders schweren prozessualen Fehlern behaftet ist. *Bley (vor § 179 Anm. 5 Buchst. a)* bezeichnet eine Vorschrift, die bei gravierenden Mängeln eines rechtskräftigen Urteils unter strengen Voraussetzungen die Wiederaufnahme des Verfahrens vorsieht, „in einem Rechtsstaat für unerlässlich".

Die Nichtigkeitsklage findet statt, wenn das erkennende Gericht nicht vor- 14 schriftsmäßig besetzt war (§ 579 Abs. 1 Nr. 1 ZPO). Diese Klage ist nicht gegeben, um mit ihr geltend zu machen, das BSG habe die Nichtzulassungsbeschwerde oder die Revision zu Unrecht als unzulässig verworfen und deshalb fehlerhaft ohne Mitwirkung der ehrenamtlichen Richter entschieden (s. *BSGE 23, 30, 31 = SozR Nr. 1 zu § 579 ZPO; ebenso Bley § 179 Anm. 3 Buchst. b, bb*). In seinem Urteil vom 23. 3. 1965 (*BSGE 23, 30, 31 = SozR Nr. 1 zu § 579 ZPO*) hat das BSG weiter zur Begründung allgemein ausgeführt, die Nichtigkeitsklage sei nicht gegeben, wenn der behauptete Nichtigkeitsgrund im Hauptprozess nicht übersehen worden sei, das Gericht ihn vielmehr geprüft und in einem Zwischenurteil oder in der den Hauptprozess abschließenden Entscheidung dazu Stellung genommen habe, gleich, ob diese Stellungnahme zutreffend gewesen sei oder nicht. Diese Begründung ist nicht überzeugend. Maßgebend erscheint vielmehr, dass die Wiederaufnahme nach § 579 Abs. 1 Nr. 1 ZPO nur die Fälle erfassen soll, in denen das Gericht nach dem Inhalt seiner Entscheidung, die es für richtig erachtet, nicht vorschriftsmäßig besetzt war. Die Wiederaufnahme ist aber, wie das BSG danach weiter zutreffend ausführt, kein Rechtsmittel, um die der Entscheidung zugrunde liegende und auch die Besetzung bestimmende Rechtsauffassung einer erneuten Prüfung zu unterbreiten. Ob das Gericht die Frage der Besetzung überhaupt erkannt hat, ist dagegen insoweit nicht entscheidend. Auch der Hinweis auf die Einschränkung in § 579 Abs. 1 Nr. 2 ZPO („… sofern nicht …;" siehe unten) ist nicht überzeugend, weil diese Einschränkung nach der Auffassung des BSG ebenso überflüssig wäre wie § 579 Abs. 2 ZPO (siehe Rn. 17).

Die Nichtigkeitsklage findet ferner statt, wenn ein Richter bei der Entschei- 15 dung mitgewirkt hat, der von der Ausübung des Richteramts kraft Gesetzes ausgeschlossen war, sofern nicht dieses Hindernis mittels eines Ablehnungsgesuchs oder eines Rechtsmittels ohne Erfolg geltend gemacht ist (§ 579 Abs. 1 Nr. 2 ZPO), oder wenn bei der Entscheidung ein Richter mitgewirkt hat, obgleich er wegen Besorgnis der Befangenheit abgelehnt und das Ablehnungsgesuch für begründet erklärt war (§ 579 Abs. 1 Nr. 3 ZPO).

16 Schließlich findet die Nichtigkeitsklage statt, wenn ein Beteiligter (eine Partei) in dem Verfahren nicht nach Vorschrift der Gesetze vertreten war, sofern sie nicht die Prozessführung ausdrücklich oder stillschweigend genehmigt hat (§ 579 Abs. 1 Nr. 4 ZPO). Nimmt ein prozessunfähiger Beteiligter, der keinen gesetzlichen Vertreter hat und in dem Rechtsstreit für prozessfähig gehalten wird, die Berufung zurück, so lässt diese Prozesshandlung das angefochtene Urteil in der gleichen Weise rechtskräftig werden, wie wenn sie von einem prozessfähigen Beteiligten vorgenommen worden wäre; das rechtskräftige Urteil kann nur mit der Nichtigkeitsklage nach § 579 Abs. 1 Nr. 4 ZPO beseitigt werden (*BSG SozR Nr. 7 zu § 156 SGG; BSG SozR 1500 § 102 Nr. 2*). Auf mangelnde Beteiligungsfähigkeit ist diese Vorschrift entsprechend anzuwenden (*ML § 179 Rn. 4; Bley § 179 Anm. 3 Buchst. b, bb*), ebenso, wenn versehentlich ohne Einwilligung der Beteiligten durch Urteil ohne mündliche Verhandlung entschieden worden ist oder die Beteiligten nicht ordnungsgemäß geladen worden sind (*ML § 179 Rn. 4*). Die Auffassung, § 579 Abs. 1 Nr. 4 ZPO erfasse lediglich minderjährige Kinder, beschränkt Geschäftsfähige, Gebrechliche und juristische Personen, die nur durch das Handeln natürlicher Personen im Rechtsverkehr auftreten können, verletzt die Art. 3 Abs. 1 und 103 Abs. 1 GG (*BVerfG LM § 579 ZPO Nr. 11*). Es entspricht allgemeiner Auffassung, dass die Nichtigkeitsklage nach § 579 Abs. 1 Nr. 4 ZPO auch das Auftreten von Prozessvertretern erfasst, die hierfür von vornherein keine Vollmacht hatten (vgl. *BGHZ 84, 24 [28 ff.] = NJW 1982, 2449 = LM § 579 ZPO Nr. 6; Baumgärtel, Wesen und Begriff der Prozesshandlung einer Partei im Zivilprozess, 1957, S. 177 f.*). § 579 Abs. 1 Nr. 4 ZPO bezweckt den Schutz von Parteien, die ihre Angelegenheiten im Prozess nicht verantwortlich regeln konnten oder denen die Handlungen vollmachtloser Vertreter nicht zugerechnet werden dürfen (*BGHZ 84, 24 [28] = LM § 579 ZPO Nr. 6*). Dies ist in dem Lichte zu sehen, dass das Wiederaufnahmeverfahren nach § 579 Abs. 1 Nr. 4 ZPO nicht nachträgliche Gewährung des rechtlichen Gehörs sicherstellt, wenn eine Partei infolge von Umständen, die sie nicht zu vertreten hat, daran gehindert war, sich im Prozess (eigenverantwortlich) zu äußern (vgl. *BGHZ 84, 24, 29; BGHZ 153, 189* – selbst bei Unkenntnis der vom Gegner arglistig erschlichenen öffentlichen Zustellung, s. aber auch *Barnert ZZP 116, 447* und *Gaul JZ 2003, 1088*). Die Nichtigkeitsklage nach § 579 Abs. 1 Nr. 4 ZPO kann nur der nicht ordnungsgemäß vertretene Beteiligte, nicht aber dessen Gegner erheben (*BGHZ 63, 78, 79*).

17 Während der Betroffene bei Klagen nach § 579 Abs. 1 Nrn. 2 und 4 ZPO die Wahl zwischen einem zulässigen Rechtsmittel und einer Nichtigkeitsklage hat, findet in den Fällen des § 579 Abs. 1 Nrn. 1 und 3 ZPO die Nichtigkeitsklage nicht statt, wenn die Nichtigkeit mittels eines Rechtsmittels geltend gemacht wer-

den konnte (s. § 579 Abs. 2 ZPO). Dem entspricht es, dass Tatsachen, die eine Wiederaufnahme des Verfahrens rechtfertigen würden, auch noch im Revisionsverfahren berücksichtigt werden dürfen (s. Kap. IX Rn. 310).

2.1.3 Restitutionsklage 18

Die Wiederaufnahme eines rechtskräftig beendeten Verfahrens kann durch Restitutionsklage erfolgen (§§ 578, 580 ZPO i.V.m. § 179 SGG).

Auch die Restitutionsklage ist ein außerordentlicher Rechtsbehelf. Ihr Zweck 19 ist es nicht eigentlich, dem Restitutionskläger zu ermöglichen, dass an die Stelle eines möglicherweise falschen Urteils ein anderes, der sachlichen Rechtslage gerecht werdendes tritt; sie ist vielmehr geschaffen, um die Autorität des Staates und der Gerichte zu wahren (*BGHZ 46, 300, 302; BGHZ 57, 211, 214/215*). Die Wiederaufnahme des Verfahrens soll insoweit verhindern, dass durch fehlerhafte Entscheidungen der Gerichte diese schließlich so viel an Autorität einbüßen, dass der Prozess auch seinen Zweck, den Rechtsfrieden zu bewahren, nicht mehr oder nur unvollkommen erfüllt, weil allgemein das Vertrauen verloren gegangen ist, dass die von den Gerichten getroffenen Entscheidungen das Recht verwirklichen (*BGHZ 46, 300, 302*). Die Wiederaufnahme des Verfahrens ist, wie die in § 580 ZPO unter Nrn. 1 bis 5 geregelten Wiederaufnahmegründe ergeben, zulässig, wenn sich aus Umständen, die außerhalb des Bereichs liegen, der von der die Wiederaufnahme begehrenden Partei selbst zu verantworten ist, ergibt, dass das ergangene Urteil möglicherweise dem sachlichen Recht nicht entspricht. Dabei handelt es sich um Umstände, die derart sind, dass das Rechtsgefühl der Allgemeinheit sich gegen das Urteil empören würde, wenn es bei diesem verbleiben würde (*BGHZ 46, 300, 302.*).

Zur Restitutionsklage wegen Verletzung des EMRK s. *Braun NJW 2007, 1620.*

2.1.3.1 Wiederaufnahme nach § 580 Nrn. 1 bis 6 ZPO

Die Restitutionsklage findet statt, wenn der Gegner durch Beeidigung einer Aus 20 sage, auf die das Urteil gegründet ist, sich einer vorsätzlichen oder fahrlässigen Verletzung der Eidespflicht schuldig gemacht hat (§ 580 Nr. 1 ZPO). Dieser Wiederaufnahmegrund ist für das sozialgerichtliche Verfahren nicht relevant, weil es in diesem Verfahren keine Parteivernehmung gibt (*Hk-SGG/Lüdtke § 179 Rn. 4, 9; Jansen/Straßfeld § 179 Rn. 8; ML § 179 Rn. 5*).

Die Restitutionsklage findet ferner statt, wenn die Urkunde (s. Rn. 28), auf die 21 das Urteil gegründet ist, fälschlich angefertigt oder verfälscht war (§ 580 Nr. 2 ZPO) oder wenn bei einem Zeugnis oder Gutachten, auf welches das Urteil gegründet ist, der Zeuge oder Sachverständige sich einer strafbaren Verletzung der Wahrheitspflicht schuldig gemacht hat (§ 580 Nr. 3 ZPO). Es genügt eine auch nur teilweise wahrheitswidrige Aussage oder Gutachtenerstattung (*ML § 179 Rn. 5*), sofern sich nur das Urteil gerade darauf gründet. Nach dieser Vorschrift kommen falsche Erklärungen von Prozessbeteiligten nicht in Betracht (*ML § 179 Rn. 5*).

22   Nach § 580 Nr. 4 ZPO ist die Restitutionsklage gegeben, wenn das Urteil von dem Vertreter der Partei oder von dem Gegner oder dessen Vertreter durch eine in Beziehung auf den Rechtsstreit verübte Straftat erwirkt ist. Insoweit gilt als Spezialvorschrift § 179 Abs. 2 (s. Rn. 33).

23   Ein Restitutionsgrund liegt auch vor, wenn ein Richter bei dem Urteil mitgewirkt hat, der sich in Beziehung auf den Rechtsstreit einer strafbaren Verletzung seiner Amtspflichten gegen die Partei schuldig gemacht hat (§ 580 Nr. 5 ZPO).

24   In den Fällen des § 580 Nrn. 1 bis 5 ZPO findet die Restitutionsklage nur statt, wenn wegen der Straftat eine rechtskräftige Verurteilung ergangen ist oder wenn die Einleitung oder Durchführung eines Strafverfahrens aus anderen Gründen als wegen Mangels an Beweis nicht erfolgen kann (s. § 581 ZPO). Diese Vorschrift gilt nicht für § 179 Abs. 2, der aber selbst eine ähnliche, wenn auch strengere Regelung enthält (s. Rn. 33). Maßgebend ist der Zeitpunkt der letzten mündlichen Verhandlung über die Restitutionsklage; bis dahin muss die rechtskräftige Verurteilung vorliegen. Der Ausschluss der Parteivernehmung nach § 581 Abs. 2 ZPO ist für das sozialgerichtliche Verfahren unerheblich, als einerseits im sozialgerichtlichen Verfahren eine Parteivernehmung nicht vorgesehen ist, andererseits aber § 581 Abs. 2 ZPO eine Anhörung der Beteiligten nicht ausschließt (*Bley § 179 Anm. 3 Buchst. c, bb*).

25   Die Restitutionsklage findet ferner statt, wenn das Urteil eines ordentlichen Gerichts, eines früheren Sondergerichts oder eines Verwaltungsgerichts, auf welches das Urteil gegründet ist, durch ein anderes rechtskräftiges Urteil aufgehoben ist (§ 580 Nr. 6 ZPO). Das Urteil, gegen das sich die Wiederaufnahme des Verfahrens richtet, muss aber auf dem Urteil i. S. des § 580 Nr. 6 ZPO beruhen und sei es auch nur durch die Übernahme der tatsächlichen Feststellungen (*ML § 179 Rn. 5 c*). § 580 Nr. 6 ZPO ist entsprechend anwendbar, wenn ein Verwaltungsakt aufgehoben worden ist, auf welchen sich das mit der Wiederaufnahmeklage angegriffene Urteil gründet (so zu § 1744 Abs. 1 Nr. 5 RVO a. F.: *BSGE 43, 95, 97 = SozR 2200 § 1744 Nr. 7; ML § 179 Rn. 5 c; Jansen/Straßfeld § 179 Rn. 8*; s. auch schon *BSGE 22, 13, 15*; krit. *Bley § 179 Rn. 3 Buchst. c, bb*).

26   2.1.3.2 Wiederaufnahme nach § 580 Nr. 7 ZPO

Schließlich findet die Restitutionsklage statt, wenn die Partei ein in derselben Sache erlassenes, früher rechtskräftig gewordenes Urteil (§ 580 Nr. 7 Buchst. a ZPO) oder eine andere Urkunde auffindet oder zu benutzen instand gesetzt wird, die eine ihr günstigere Entscheidung herbeigeführt haben würde (§ 580 Nr. 7 Buchst. b ZPO). Mit Recht bezeichnet *Brackmann* (S. 258 e) die zuletzt genannte Vorschrift als die von praktisch größter Bedeutung bzw. als den wichtigsten Wiederaufnahmegrund (ebenso *Hk-SGG/Lüdtke § 179 Rn. 10*).

27   Der Wiederaufnahmegrund des § 580 Nr. 7 Buchst. b ZPO dient ebenfalls (s. schon Rn. 19) dem Interesse der Aufrechterhaltung der Autorität der Gerichte. Er ist allein deswegen gerechtfertigt, weil durch eine Urkunde für jedermann, der von dem ergangenen Urteil Kenntnis erlangt oder der die Urkunde in die Hand

bekommt, auffällig werden kann, dass das Urteil der sachlichen Rechtslage nicht entspricht *(BGHZ 46, 300, 303)*. Diese Rechtfertigung für den Wiederaufnahmegrund des § 580 Nr. 7 Buchst. b ZPO ist auch bei der Auslegung der Vorschrift zu beachten.

Urkunde

Zunächst ist Voraussetzung, dass eine Urkunde aufgefunden oder nunmehr zu benutzen ist. Insoweit gilt zunächst der Urkundsbegriff der §§ 415 ff. ZPO. Danach ist Urkunde die schriftliche Verkörperung eines oder mehrerer Gedanken, die schriftliche Gedankenerklärung. Eine die Wiederaufnahme eines rechtskräftigen Verfahrens rechtfertigende Urkunde liegt jedoch nur dann vor, wenn sie augenfällig machen kann, dass das mit ihr angegriffene Urteil möglicherweise der sachlichen Rechtslage nicht entspricht; sie muss allein durch ihre urkundliche Beweiskraft eine günstigere Entscheidung herbeiführen können *(BSGE 29, 10, 13 = SozR Nr. 3 zu § 580 ZPO; BGHZ 46, 300, 303)*. Eine Urkunde ist deshalb nur dann als Restitutionsgrundlage geeignet, wenn ihre formelle Beweiskraft das Beweisthema deckt *(BSGE 29, 10, 14; Bley § 179 Anm. 3 Buchst. c, aa; BGHZ 57, 211, 215)*. Eine Urkunde hat demnach keinen urkundlichen Beweiswert i.S. des § 580 Nr. 7 Buchst. b ZPO, wenn sie nur dazu dient, neue Beweismittel in den Rechtsstreit einzuführen und die Vernehmung von Zeugen oder Sachverständigen zu ermöglichen, die im Vorprozess nicht benannt worden sind *(BSGE 29, 10, 14; Hk-SGG/Lüdtke § 179 Rn. 10; Jansen/Straßfeld § 179 Rn. 8)*. Somit ist nicht jede Urkunde eine solche i.S. des § 580 ZPO. Als Urkunde zur Wiederaufnahme des gerichtlichen Verfahrens i.S. des § 580 Nr. 7 Buchst. b ZPO kann auch die Fotokopie eines Schriftstückes in Betracht kommen *(FG Berlin NJW 1977, 2232; ML § 179 Rn. 5 f; Schoch/Schmidt-Aßmann/Pietzner, VwGO, § 153 Rn. 13)*. Grundsätzlich kann es sich bei dieser Vorschrift um Urkunden handeln, die schon vor der letzten mündlichen Verhandlung in der Tatsacheninstanz errichtet waren und die dort hätten verwertet werden können. Eine – auch für das Sozialversicherungsrecht (z. B. Waisenrente) erhebliche – Ausnahme haben das RAG und ihm folgend auch der BGH gemacht, wenn die Geburt erst nach dem angeführten Zeitpunkt erfolgt ist, durch sie aber bewiesen werden kann, dass die Mutter des Kindes möglicherweise einen Ehebruch begangen hat, und wenn der Restitutionskläger diesen Ehebruch, wenn er ihm bekannt gewesen wäre, in dem Entscheidungsverfahren hätte geltend machen können *(BGHZ 46, 300, 303; 2, 245; ML § 179 Rn. 5 h; Hk-SGG/Lüdtke § 179 Rn. 10; Jansen/Straßfeld § 179 Rn. 8)*. Nach dem OLG Köln *(NJW 1973, 2031)* stellt eine nach Rechtskraft des Scheidungsurteils errichtete Geburtsurkunde auch dann einen Restitutionsgrund dar, wenn die sich aus ihr ergebende Empfängniszeit erst nach der letzten mündlichen Verhandlung in der Berufungsinstanz, aber vor der Urteilsverkündung endet. Auch der nach Rechtskraft des Urteils im Vorprozess errichtete Beischreibungsvermerk zu einer Geburtsurkunde, in dem die Legitimation eines Kindes durch nachfolgende Eheschließung der Eltern festgestellt wird, ist als Urkunde nach § 589 Nr. 7 Buchst. b ZPO geeignet, eine Wiederaufnahmeklage zu stützen *(BGHZ 5, 157; KG NJW 1976, 245; s. auch BSGE 18, 186)*. Das vor dem Zeitpunkt der letzten

28

mündlichen Verhandlung des Vorprozesses abgegebene formelle Vaterschaftsanerkenntnis gem. § 1718 BGB a.F. war ebenfalls eine Urkunde i.S. des § 580 Nr. 7 Buchst. b ZPO (*BGHZ 39, 179*). Auch eine nachträglich aufgefundene oder benutzbar gewordene Privaturkunde, in der der Restitutionsbeklagte Erklärungen über Tatsachen abgegeben hat, kann die Restitutionsklage begründen; ob diese Urkunde die mit ihr unter Beweis gestellte Tatsache, die zu einer für den Restitutionskläger günstigeren Entscheidung geführt hätte, im Rahmen des früheren Prozessstoffes beweist, ist erst in dem die Begründetheit der Restitutionsklage betreffenden Verfahrensabschnitt zu prüfen (*BGHZ 57, 211, 215*). Der nach Rechtskraft eines Klage abweisenden Kündigungsschutzurteils erlassene Feststellungsbescheid des Versorgungsamtes, in dem eine zum Zeitpunkt der Kündigung bereits bestandene Schwerbehinderteneigenschaft festgestellt wird, stellt in entsprechender Anwendung des § 580 Nr. 7 Buchst. b ZPO einen Restitutionsgrund dar (*BAG AP Nr. 13 zu § 12 Schwerbehindertengesetz*).

29   Keine Urkunde i.S. des § 580 Nr. 7 Buchst. b ZPO ist dagegen ein erbkundliches Gutachten (*BGHZ 1, 218*), ein ärztliches Sachverständigengutachten, das nachträglich erstattet worden ist (*BVerwGE 11, 124, 127; ML § 179 Rn. 5h; s. auch OVG Bremen NJW 1990, 2337*). Nach der Auffassung des LSG Schleswig kann ein schriftlicher Befundbericht die Statthaftigkeit einer Restitutionsklage nicht rechtfertigen, gleichgültig, ob er vor oder nach der rechtskräftigen Entscheidung abgefasst worden ist (*Breithaupt 1960, 187*). Ein nachträglich aufgefundener Auszug aus dem Krankenbuch eines Lazaretts ist keine zur Wiederaufnahme des Verfahrens ausreichende Urkunde i.S. des § 580 Nr. 7 Buchst. b ZPO, wenn die darin eingetragene Krankheitsbezeichnung so unklar ist, dass neue ärztliche Gutachten gewürdigt werden müssten, um zu ermitteln, wegen welcher Erkrankung der Beschädigte damals behandelt wurde (*LSG Berlin Breithaupt 1960, 1043*). Ebenso sind erst nach Abschluss des verwaltungsgerichtlichen Verfahrens erstellte und vorgelegte Bescheinigungen, die Beurteilungen eines Sachverständigen oder die Rechtsansicht einer Behörde zum Gegenstand haben, keine zur Wiederaufnahme führenden Urkunden in dem angeführten Sinne (*BVerwG Buchholz 310 § 153 Nr. 18*). Ein erst nach rechtskräftigem Abschluss eines verwaltungsgerichtlichen Verfahrens erteilter Erbschein ist – soweit es um das Erbrecht geht – keine zur Wiederaufnahme führende Urkunde i.S. des § 580 Nr. 7 Buchst. b ZPO (*BVerwGE 20, 344*). Behördliche Anordnungen und Runderlasse stellen keinen Wiederaufnahmegrund nach § 580 Nr. 7 Buchst. b ZPO dar; sie sind keine Urkunden, die bestimmte Tatsachen beweisen, sondern enthalten nur allgemeine Rechtssätze (*LSG RheinlandPfalz Breithaupt 1967, 445*). Die Wiederaufnahme kann nicht darauf gestützt werden, dass die Partei nachträglich eine Urkunde aufgefunden hat, die die Bekundung eines Zeugen enthält, der in dem Vorprozess nicht zu den sich aus der Urkunde ergebenden Vorgängen gehört worden ist (*BGH LM Nr. 16 zu § 580 Ziff. 7 Buchst. b ZPO*). Ebenso kann die Restitutionsklage nicht auf eine Privaturkunde gestützt werden, mit der durch die schriftliche Erklärung eines Zeugen der Beweis für die Richtigkeit der in der Erklärung bekundeten Tatsachen geführt werden soll (*BGHZ 80, 389, 395*). Protokolle über

Zeugenaussagen, mögen sie nun in einem Parallelverfahren oder von einem Notar beurkundet worden sein, sind keine genügenden Gründe für die Wiederaufnahme des Verfahrens (*OLG Düsseldorf RzW 1970, 158*). Fotografien und ähnliche Augenscheinsobjekte sind weder Urkunden i. S. des § 580 Abs. 7 Buchst. b ZPO, noch sind sie solchen Urkunden im Wege der Analogie gleichzustellen (*BGH LM Nr. 23 zu § 580 Ziff. 7 Buchst. b ZPO*). Röntgenaufnahmen werden ebenfalls nicht als Urkunden i. S. des § 580 Nr. 7 Buchst. b ZPO angesehen (*LSG Niedersachsen Breithaupt 1972, 899, 891; Brackmann S. 258 e; ML § 179 Rn. 5 f*). Ebenso ist ein Granatsplitter keine Urkunde in diesem Sinne (*BVerwG Buchholz 310 § 153 VwGO Nr. 7*). Ist eine Revision wegen fehlender Divergenz als unzulässig verworfen worden, so kann der Verwerfungsbeschluss nicht mit der Restitutionsklage gem. § 580 Nr. 7 Buchst. b ZPO beseitigt werden, wenn der Revisionskläger nachträglich eine weitere, nach seiner Meinung von dem Berufungsurteil divergierende Entscheidung findet (*BAG AP Nr. 9 zu § 580 ZPO*). Veröffentlichungen eines Urteils des EuGH in der Entscheidungssammlung dieses Gerichts sind gleichfalls keine Urkunden i. S. des § 580 Nr. 7 Buchst. b ZPO (*BSG Urteil vom 25. 8. 1982 – 12 RK 62/81*). Eine Entscheidung über den Versorgungsausgleich unterliegt nicht deshalb der Wiederaufnahme nach § 580 Nr. 7 Buchst. b ZPO, weil eine nach § 53 b Abs. 2 Satz 2 FGG eingeholte Auskunft eines Trägers der gesetzlichen Rentenversicherung, auf der die Entscheidung beruht, später widerrufen oder durch eine neue ersetzt wird (*BGHZ 89, 114, 117*). Dadurch, dass eine früher vorgelegte Urkunde infolge eines Schreibversehens ein unzutreffendes Datum enthielt und die Unrichtigkeit erst später entdeckt wurde, entsteht keine für eine Wiederaufnahme verwertbare „andere" Urkunde (*BVerwG Buchholz 303 § 580 ZPO Nr. 3*). Etwas anderes kann gelten, wenn das Datum der Urkunde von rechtlicher Bedeutung für das Urteil war.

Die Urkunde muss aufgefunden worden sein, d.h. sie muss im Zeitpunkt der **30** letzten mündlichen Verhandlung über die mit dem Wiederaufnahmeverfahren angegriffene Entscheidung bereits vorhanden gewesen sein, sofern nicht die oben angeführten Ausnahmen vorliegen, wie z. B. der Vermerk auf Geburtsurkunden (*BSGE 18, 186, 187*). Auffinden bedeutet auch, dass sie dem Kläger des Wiederaufnahmeverfahrens im Zeitpunkt der maßgebenden letzten mündlichen Verhandlung unbekannt war (*BSGE 38, 207, 209 = SozR 2200 § 1744 Nr. 2; Bley § 179 Anm. 3 Buchst. c, aa; s. auch Rn. 29*).

Eine schon vor der letzten mündlichen Verhandlung für das mit dem Wieder- **31** aufnahmeverfahren angegriffene Urteil vorhandene und in ihrer Existenz dem Beteiligten auch bekannte Urkunde kann gleichfalls die Restitutionsklage begründen, wenn der Beteiligte erst nachträglich in die Lage versetzt wird, sie zu Beweiszwecken in den Rechtsstreit einzuführen (*BSGE 38, 207, 209 = SozR 2200 § 1744 Rn. 2*).

Fehlt einer Urkunde die in § 580 Nr. 7 Buchst. b ZPO geforderte Eigenschaft, **32** allein durch ihren urkundlichen Beweiswert eine günstigere Entscheidung herbeiführen zu können, so ist die Restitutionsklage als unzulässig abzuweisen (*BSGE 29, 10, 17*).

33 2.2 Wiederaufnahme nach § 179 Abs. 2

Die Wiederaufnahme des Verfahrens ist ferner zulässig, wenn ein Beteiligter strafgerichtlich verurteilt worden ist, weil er Tatsachen, die für die Entscheidung der Streitsache von wesentlicher Bedeutung waren, wissentlich falsch behauptet oder vorsätzlich verschwiegen hat (§ 179 Abs. 2). Die Vorschrift unterscheidet sich in der Praxis kaum von der des § 580 Nr. 4 ZPO (s. *Bley § 179 Anm. 7 Buchst. a*).

34 Die Wiederaufnahme ist nach dieser Vorschrift „ferner" zulässig. Es wird demnach auch hier wie nach § 179 Abs. 1 ein rechtskräftig beendetes Verfahren vorausgesetzt. Insoweit wird auf die Ausführungen zu Rn. 8 verwiesen.

35 Bereits unter Rn. 24 wurde darauf hingewiesen, dass § 179 Abs. 2 als Spezialvorschrift § 580 Nr. 4 und § 581 ZPO vorangeht.

36 2.3 Vorentscheidungen

Mit den Klagen können Anfechtungsgründe, durch die eine dem angefochtenen Urteil vorausgegangene Entscheidung derselben oder einer unteren Instanz betroffen wird, geltend gemacht werden, sofern das angefochtene Urteil auf dieser Entscheidung beruht (§ 583 ZPO). Auch diese Vorschrift gilt im sozialgerichtlichen Verfahren entsprechend (*Bley vor § 179 Anm. 2 Buchst. a*). Sie kommt *u. a.* bei Anfechtungsgründen in Betracht, die sich gegen Zwischenurteile wenden (*Bley vor § 179 Anm. 2 Buchst. a*).

37 2.4 Hilfsnatur der Nichtigkeits- und Restitutionsklage

In den Fällen des § 579 Abs. 1 Nrn. 1 und 3 ZPO findet die Klage nicht statt, wenn die Nichtigkeit mittels eines Rechtsmittels geltend gemacht werden konnte (§ 579 Abs. 2 ZPO). Die Restitutionsklage ist nur zulässig, wenn die Partei ohne ihr Verschulden außerstande war, den Restitutionsgrund in dem früheren Verfahren, insbesondere durch Einspruch oder Berufung oder mittels Anschließung an eine Berufung, geltend zu machen (§ 582 ZPO). Diese Regelung gilt auch für eine Wiederaufnahme des Verfahrens nach § 179 Abs. 2, denn diese Vorschrift erweitert nur die Wiederaufnahmegründe und ergänzt § 580 Nr. 4 ZPO.

38 2.5 Zuständiges Gericht

39 Für die Zuständigkeit des über das Wiederaufnahmeverfahren entscheidenden Gerichts ist § 584 ZPO eine für die örtliche und sachliche Zuständigkeit der Gerichte der Sozialgerichtsbarkeit dem SGG vorgehende Spezialvorschrift (*Hk-SGG/Lüdtke § 179 Rn. 11; ML § 179 Rn. 8; Jansen/Straßfeld § 179 Rn. 25; Bley § 179 Anm. 4 Buchst. a, bb*).

40 Zuständig ist das Gericht, das im ersten Rechtszug erkannt hat (s. § 584 Abs. 1 Alternative 1 ZPO). Das ist regelmäßig das SG (s. aber auch Rn. 41 und 42). Dieses kann auch ein Prozessurteil erlassen haben, da sonst eine Nichtigkeits- oder Restitutionsklage gegen Prozessurteile nicht möglich wäre (*Bley § 179 Anm. 4 Buchst. a, bb*).

Das LSG ist dagegen zuständig, wenn das angefochtene Urteil oder auch nur **41**
eines von mehreren angefochtenen Urteilen von dem Berufungsgericht erlassen
wurde (§ 584 Abs. 1 Alternative 2 Halbsatz 1 ZPO). Das LSG muss jedoch in der
Sache entschieden und nicht die Berufung als unzulässig verworfen haben (*BSG
Urteil vom 24. 3. 1988 – 5/5 b RJ 92/86; ML § 179 Rn. 8; Hk-SGG/Lüdtke § 179
Rn. 11*). Im letzteren Falle bleibt das SG zuständig. In der Sache entschieden hat
das LSG auch dann, wenn die hiergegen gerichtete Revision als unzulässig verworfen wurde (*BVerwG Buchholz 310 § 153 Nr. 27; ML § 179 Rn. 8*). Das LSG
ist auch zuständig, wenn ein in der Revisionsinstanz erlassenes Urteil aufgrund
des § 580 Nrn. 1 bis 3, 6, 7 ZPO angefochten wird (s. § 584 Abs. 1 Alternative 2
Halbsatz 2 ZPO; s. auch unten). Der Grund für diese Regelung wird darin gesehen, dass in diesen Fällen es regelmäßig neuer tatsächlicher Feststellungen bedarf,
die das BSG nicht treffen kann. Der BGH nimmt deshalb – trotz § 584 Abs. 1
Alternative 3 ZPO (s. Rn. 42) – die Zuständigkeit des Berufungsgerichts auch bei
einer Restitutionsklage nach § 580 Nr. 4 ZPO an, wenn sich die Klage gegen Tatsachenfeststellungen des LSG wendet (*BGHZ 61, 95; ML § 179 Rn. 8*).

Das BSG ist zuständig, wenn es aufgrund eigener Tatsachenfeststellungen ent- **42**
schieden hat (*ML § 179 Rn. 8a; Hk-SGG/Lüdtke § 179 Rn. 11*), z. B. im Rahmen
seiner Zuständigkeit in erster und letzter Instanz. Das BSG ist ferner zuständig,
wenn es als Revisionsgericht in der Sache entschieden hat und dieses Urteil aufgrund der §§ 579, 589 Nr. 4 und 5 ZPO angefochten wird (s. § 584 Abs. 1 Alternative 3 ZPO; *HK-SGG/Lüdtke § 179 Rn. 11; ML § 179 Rn. 8a*). Das BSG darf
also grundsätzlich nicht die Revision als unzulässig verworfen haben. Allerdings
wird auch hier eine Ausnahme von der Regel gemacht, wenn sich die Wiederaufnahme gegen eigene tatsächliche Feststellungen des BSG wendet, aufgrund derer
das BSG die Revision als unzulässig verworfen hat (*BGH MDR 1974, 307*). Aber
auch wenn das BSG in der Sache selbst entschieden hat, ist seine Zuständigkeit
grundsätzlich nicht in den Fällen des § 580 Nrn. 1 bis 3, 6 und 7 ZPO gegeben
(s. Rn. 41). Erneut wird aber auch insoweit die Zuständigkeit des BSG angenommen, wenn das BSG selbst Tatsachenfeststellungen getroffen hat und sein Verfahren vom Wiederaufnahmegrund erfasst wird (s. *BGHZ 61, 95; 62, 18; ML § 179
Rn. 8a; Hk-SGG/Lüdtke § 179 Rn. 11; BGH MDR 1974, 307*). Aus denselben
Erwägungen ist andererseits, wie bereits erwähnt, das BSG auch bei einer Klage
nach § 580 Nr. 4 ZPO nicht zuständig, wenn auch das Urteil des LSG angegriffen
wird (*BGHZ 61, 95, 98; ML § 179 Rn. 8*). Für die Wiederaufnahme des Verfahrens
bei Beschlüssen des BSG (z. B. im Verfahren der Nichtzulassungsbeschwerde) ist
ebenfalls das BSG zuständig (*BGHZ 62, 18; ML § 179 Rn. 8*).

Eine Verweisung nach § 98 ist auch bei Klagen nach den §§ 579, 580 ZPO zu- **43**
lässig (*ML § 179 Rn.. 8; Zeihe NJW 1971, 2292*).

2.6 Verfahren **44**

Für die Erhebung der Klagen und das weitere Verfahren gelten die allgemeinen **45**
Vorschriften entsprechend, sofern nicht aus den Vorschriften des Vierten Buches
der ZPO sich eine Abweichung ergibt (s. § 585 ZPO). So besteht z. B. vor

dem BSG Vertretungszwang auch für Wiederaufnahmeverfahren (s. Rn. 56 und Kap. IX Rn. 234). Auch eine Klage auf Wiederaufnahme setzt eine Beschwer des Klägers voraus (*BSG Urteil vom 26. 4. 1968 – 12 RJ 516/64*).

46 Das Verfahren wird nach der überwiegend vertretenen Auffassung in drei Abschnitte (s. Rn. 47 ff.) eingeteilt, wobei der zweite und der dritte Abschnitt jeweils erst geprüft werden dürfen, wenn die Voraussetzungen des jeweils vorangehenden erfüllt sind (*ML § 179 Rn. 9; Hk-SGG/Lüdtke § 179 Rn. 14–19; Jansen/Straßfeld § 179 Rn. 3*). Das BSG rechnet demgegenüber das Vorliegen eines Wiederaufnahmegrundes bereits zur Statthaftigkeit der Wiederaufnahmeklage (*BSGE 29, 10, 18*). Praktische Bedeutung kommt dem Meinungsstreit – letztlich bis auf die Tenorierung – nicht zu.

47 *2.6.1 Zulässigkeit der Klage*

48 Das Gericht hat – im ersten Abschnitt (s. Rn. 46) – von Amts wegen zu prüfen, ob die Klage an sich statthaft und ob sie in der gesetzlichen Form und Frist erhoben ist (s. § 589 Abs. 1 Satz 1 ZPO). Mangelt es an einem dieser Erfordernisse, so ist die Klage als unzulässig zu verwerfen (§ 589 Abs. 1 Satz 2 ZPO). Danach muss die Nichtigkeits- oder Restitutionsklage statthaft sein; es muss ein Nichtigkeits- oder Restitutionsgrund schlüssig behauptet sein (*ML § 179 Rn. 9; Hk-SGG/Lüdtke § 179 Rn. 15; Bley § 179 Anm. 5 Buchst. a, bb*). Nach der Auffassung des BSG (s. Rn. 46) muss dagegen das Vorliegen des Wiederaufnahmegrundes schon für die Statthaftigkeit der Klage vorliegen (*BSGE 29, 10, 19*).

49 Ein im Vorprozess Beteiligter muss klagen. Nur ausnahmsweise soll auch ein am Verfahren nicht Beteiligter die Klage erheben dürfen, wenn er durch die Rechtskraft der Vorentscheidung in seinen Rechten betroffen ist (*Bayer. ObLG NJW 1974, 1147; ML § 179 Rn. 9; Jansen/Straßfeld § 179 Rn. 22*).

50 Der Kläger des Wiederaufnahmeverfahrens muss beschwert sein. Die Klage ist auch unzulässig, wenn die Nichtigkeitsgründe des § 579 Abs. 1 Nrn. 1 und 3 ZPO sowie die Restitutionsgründe schon im früheren Verfahren hätten geltend gemacht werden können (s. § 579 Abs. 2, § 582 ZPO). Zum Teil wird in diesen Fällen die Klage als unbegründet angesehen.

51 Zur Zulässigkeit der Klage gehört auch, dass sie frist- und formgerecht eingelegt worden ist. Die Tatsachen, die ergeben, dass die Klage vor Ablauf der Notfrist erhoben ist, sind glaubhaft zu machen (§ 589 Abs. 2 ZPO).

52 Die Klagen sind vor Ablauf der Notfrist eines Monats zu erheben (§ 586 Abs. 1 ZPO). Der Beginn der Frist ist nicht von einer entsprechenden (nur vorsorglich möglichen) Rechtsmittelbelehrung in der früheren Entscheidung abhängig, da nach § 66 nur über reguläre Rechtsbehelfe belehrt werden muss (*Bley § 179 Anm. 4 Buchst. b, bb*). Die Notfrist beträgt drei Monate seit Kenntnis von dem Anfechtungsgrund, sofern das Urteil, gegen das sich die Wiederaufnahmeklage richtet, außerhalb des Geltungsbereichs des SGG zugestellt wurde (s. KG MDR 1969, 316). Diese Frist ist aber höchstrichterlich noch nicht geklärt. Die

Frist beginnt mit dem Tage, an dem der Beteiligte von dem Anfechtungsgrund Kenntnis erhalten hat, jedoch nicht vor eingetretener Rechtskraft des Urteils (s. § 586 Abs. 2 Satz 1 ZPO). Kenntnis ist ein auf sicheren Grundlagen beruhendes Wissen. Gegen das Versäumen dieser Frist ist eine Wiedereinsetzung in den vorigen Stand möglich.

Nach Ablauf von fünf Jahren, von dem Tage der Rechtskraft des Urteils an gerechnet, sind die Klagen unstatthaft (§ 586 Abs. 2 Satz 2 ZPO). Gegen die Versäumung dieser Fünfjahresfrist findet eine Wiedereinsetzung in den vorigen Stand nicht statt (*BSG Urteil vom 24. 11. 1982 – 5 a RKn 25/81; LSG Niedersachsen Breithaupt 1965, 797; ML § 179 Rn. 7a; Jansen/Straßfeld § 179 Rn. 18; Bley § 179 Anm. 4 Buchst. b, bb; RK § 179 Rn. 58; a. A. Brackmann S. 260 a*). **53**

§ 586 Abs. 2 ZPO gilt aber nicht bei Nichtigkeitsklagen wegen mangelnder Vertretung (s. § 586 Abs. 3 Halbsatz 1 ZPO). In diesem Fall läuft die Frist für die Erhebung der Klage von dem Tage an, an dem dem Beteiligten und bei mangelnder Prozessfähigkeit seinem gesetzlichen Vertreter das Urteil zugestellt ist (§ 586 Abs. 3 Halbsatz 2 ZPO). Die Ausschlussfrist von fünf Jahren gilt insoweit überhaupt nicht (*ML § 179 Rn. 7a*). Soweit es in § 586 Abs. 2 und 3 ZPO auf die Kenntnis der Beteiligten abgestellt ist, kommt es auf deren Kenntnis und nicht auf die ihres Prozessvertreters (für Streitsachen nach dem BVG s. *BSGE 27, 259 = SozR Nr. 1 zu § 586 ZPO*). **54**

Ist die Wiederaufnahmeklage gegen ein Urteil eines LSG bei dem in erster Instanz mit dem Rechtsstreit befassten SG erhoben worden, so ist sie nicht schon deshalb unzulässig, weil sie nicht vor Ablauf der Notfrist von einem Monat bei dem LSG eingegangen ist (*BSGE 30, 126 = SozR Nr. 2 zu § 586 ZPO*). Gleiches wird zu gelten haben, wenn die Klage nicht bei dem für das Wiederaufnahmeverfahren an sich zuständigen SG erhoben worden ist, sondern bei dem übergeordneten LSG und von dort nicht rechtzeitig an das SG weitergeleitet wurde (s. *Zeihe NJW 1971, 2292*). **55**

Vor dem BSG (s. zur Zuständigkeit Rn. 42) besteht auch im Wiederaufnahmeverfahren Vertretungszwang, wenn es sich nicht gegen Entscheidungen des Urkundsbeamten richtet (*BSGE 9, 55 = BSG SozR Nr. 23 zu § 166 SGG; BSG SozR Nr. 5 zu § 179 SGG; BSG Urteil vom 24. 11. 1982 – 5 a RKn 25/81; Bley § 179 Anm. 5 Buchst. a, bb; Brackmann S. 260 a; ML § 179 Rn. 7; s. Kap. IX Rn. 235*). **56**

In der Klage müssen nach § 587 ZPO die Bezeichnung des Urteils, gegen das die Nichtigkeits- oder Restitutionsklage gerichtet wird, und die Erklärung, welche dieser Klagen erhoben wird, enthalten sein. Im Schrifttum wird jedoch ganz überwiegend davon ausgegangen, dass § 587 ZPO im sozialgerichtlichen Wiederaufnahmeverfahren nicht entsprechend anwendbar ist, vielmehr § 92 gilt (*Bayer. LSG Bayer. Amtsbl. 1963, B 61; Brackmann S. 260 a; ML § 179 Rn. 7; Hk-SGG/ Lüdtke § 179 Rn. 15; Jansen/Straßfeld § 179 Rn. 21; RK § 179 Rn. 59; P/S/W § 179 Anm. 2 zu §§ 587, 588; a. A. Bley § 179 Anm. 4 Buchst. c, bb*). Unabhängig davon hat es das BSG zu § 180 (s. Rn. 80) nicht als zulässig angesehen, in der Kla- **57** ge gegen den Bescheid eines Versicherungsträgers, verbunden mit einem Antrag auf Wiedereinsetzung in den vorigen Stand, gegen die Versäumung der Klagefrist einen Antrag auf Wiederaufnahme eines früheren Verfahrens zu sehen (*BSGE 11, 92, 95*). Darüber hinaus soll (nicht: muss) die Klage als vorbereiteter Schriftsatz enthalten die Bezeichnung des Anfechtungsgrundes (§ 588 Abs. 1 Nr. 1 ZPO), die Angabe der Beweismittel für die Tatsache, die den Grund und die Einhaltung der Notfrist ergeben (§ 588 Abs. 1 Nr. 2 ZPO), und die Erklärung, inwieweit die Beseitigung des angefochtenen Urteils und welche andere Entscheidung in der Hauptsache beantragt werde (§ 588 Abs. 1 Nr. 3 ZPO).

58   Dem Schriftsatz, durch den eine Restitutionsklage erhoben wird, sind die Urkunden, auf die sie gestützt wird, in Urschrift oder in Abschrift beizufügen (§ 588 Abs. 2 Satz 1 ZPO). Befinden sich die Urkunden nicht in den Händen des Klägers, so hat er zu erklären, welchen Antrag er wegen ihrer Herbeischaffung zu stellen beabsichtigt (§ 588 Abs. 2 Satz 2 ZPO). Auch § 588 ZPO wird ganz überwiegend in sozialgerichtlichen Verfahren nicht als entsprechend anwendbar angesehen (s. die Zitate oben zu § 587 ZPO). Für das Verfahren vor dem SG und dem LSG ist dies praktisch ohne Bedeutung, da § 588 Abs. 1 ZPO nur eine Sollvorschrift ist. Seine Nichtanwendung führt aber im Verfahren vor dem BSG dazu, dass hier ein Begründungszwang besteht (a. A. – folgerichtig – *Bley § 179 Anm. 4 Buchst. c, bb*). Obgleich § 588 Abs. 2 ZPO als Muss-Vorschrift gefasst ist (… sind … beizufügen …), geht auch *Bley (§ 179 Anm. 4 Buchst. c, bb)* davon aus, dass wegen eines Verstoßes auch gegen diese Vorschrift die Klage nicht unzulässig ist.

59   Dafür spricht insoweit insbesondere, dass auch im Wiederaufnahmeverfahren der für sozialgerichtliche Verfahren allgemein geltende Grundsatz der Ermittlung des Sachverhalts von Amts wegen gilt (*Bley § 179 Anm. 4 Buchst. c, bb*). Darin liegt bei *Bley (§ 179 Anm. 4 Buchst. c, bb)* kein Widerspruch zu der von ihm vertretenen Auffassung, dass § 588 Abs. 1 ZPO lex specialis gegenüber § 164 Abs. 2 SGG sei; denn § 588 Abs. 1 ZPO bestimmt zugunsten des Klägers einen auf die Nichtigkeits- und Restitutionsklage ausgerichteten Inhalt der Klageschrift, während durch die nach § 179 Abs. 1 nur entsprechende Anwendung des § 588 Abs. 2 ZPO nicht zuungunsten des Klägers im sozialgerichtlichen Wiederaufnahmeverfahren von einem alle sozialgerichtlichen Verfahren bestimmenden Grundsatz abgewichen werden darf.

60   ## 2.6.2 Begründetheit der Klage

Im zweiten Abschnitt ist dann zu prüfen, ob die zulässige Nichtigkeits- oder Restitutionsklage begründet ist. Insoweit gelten die allgemeinen Grundsätze, und zwar die des sozialgerichtlichen Verfahrens. Das Gericht hat auch im Wiederaufnahmeverfahren den Sachverhalt von Amts wegen zu erforschen. Das Gericht muss davon überzeugt sein, dass ein Wiederaufnahmegrund vorliegt; die Wahrscheinlichkeit genügt nicht (*ML § 179 Rn. 9 a; Hk-SGG/Lüdtke § 179 Rn. 16*; s. auch Rn. 46 zur abweichenden Einordnung durch das BSG). Kommt es aber innerhalb dieser Prüfung auf den ursächlichen Zusammenhang zwischen einem Ereignis und einer Gesundheitsstörung an, so reicht insoweit wiederum die Wahrscheinlichkeit des Kausalzusammenhanges aus. Die materielle (objktive) Beweislast dafür, dass ein Wiederaufnahmegrund gegeben ist, trägt der Kläger (*ML § 179 Rn. 9a; Hk-SGG/Lüdtke § 179 Rn. 16*). Dies betrifft die objektive Beweislast, während es im sozialgerichtlichen Verfahren auch hier, wie bereits erwähnt, eine Beweisführungslast nicht gibt.

Ist die Nichtigkeits- oder die Restitutionsklage unbegründet, ist sie abzuweisen. Ist sie begründet, so ist die angegriffene Vorentscheidung rückwirkend aufzuheben (*ML § 179 Rn. 9a; Hk-SGG/Lüdtke § 179 Rn. 16; Bley § 179 Anm. 5 Buchst. a, bb*). Damit wird das Verfahren in das Stadium zurückversetzt, wie es vor Erlass der angegriffenen und aufgehobenen Entscheidung war (*ML § 179 Rn. 9a; Bley § 179 Anm. 4 Buchst. c, bb*). Es folgt eine neue Verhandlung in der Sache selbst.   **61**

2.6.3 Neue Verhandlung   **62**

Deshalb wird nunmehr im dritten Abschnitt die Hauptsache, insoweit sie von **63** dem Anfechtungsgrund betroffen ist, von neuem verhandelt (s. § 590 Abs. 1 ZPO). Das Gericht kann anordnen, dass die Verhandlung und Entscheidung über Grund und Zulässigkeit der Wiederaufnahme des Verfahrens vor der Verhandlung über die Hauptsache erfolge (§ 590 Abs. 2 Satz 1 ZPO). In diesem Falle ist die Verhandlung über die Hauptsache als Fortsetzung der Verhandlung über Grund und Zulässigkeit der Wiederaufnahme des Verfahrens anzusehen (§ 590 Abs. 2 Satz 2 ZPO). Das für die Klagen zuständige Revisionsgericht hat die Verhandlung über Grund und Zulässigkeit der Wiederaufnahme des Verfahrens zu erledigen, auch wenn diese Erledigung von der Feststellung und Würdigung bestrittener Tatsachen abhängig ist (§ 590 Abs. 3 ZPO). Dies gilt aber nur, wenn allein das Verfahren vor dem BSG vom Wiederaufnahmegrund betroffen ist (*Bley § 179 Anm. 5 Buchst. c, bb*). Sonst bedarf es einer neuen Entscheidung vor dem Berufungsgericht (*Bley § 179 Anm. 5 Buchst. c, bb*).

Die neue Verhandlung kann zu einem anderen, für den Kläger des Wiederauf- **64** nahmeverfahrens ganz oder teilweise günstigerem Ergebnis führen. Der Urteilstenor wird dann so abgefasst, als ob früher eine Entscheidung über die Streitfrage noch gar nicht vorgelegen hat, da – innerhalb des zweiten Verfahrensabschnittes – die frühere Entscheidung aufgehoben worden ist. Eine von der früheren Entscheidung abweichende Entscheidung wirkt rückwirkend. Bei für den Kläger des Wiederaufnahmeverfahrens voll ungünstigem Ausgang wird die Klage abgewiesen (*ML § 179 Rn. 9a; RK § 179 Rn. 62*).

2.6.4 Kostenentscheidung, Rechtsmittel   **65**

Die Kostenentscheidung bezieht sich bei Erfolglosigkeit der Nichtigkeits- oder **66** Restitutionsklage auf das Wiederaufnahmeverfahren allein. Bei erfolgreicher Klage wird eine einheitliche Kostenentscheidung für das frühere Verfahren und das Wiederaufnahmeverfahren getroffen (*ML § 179 Rn. 9c; Hk-SGG/Lüdtke § 179 Rn. 18*).

67   Ob ein Rechtsmittel gegen die Entscheidung des nach § 584 ZPO zuständigen Gerichts (s. Rn. 38 ff.) gegeben ist, richtet sich nach den allgemeinen Vorschriften des SGG, als ob das Verfahren erstmals von diesem Gericht entschieden worden wäre (s. *BSG SozR Nr. 14 zu § 214 SGG, SozR Nr. 17 zu § 146 SGG*). Dass z. B. im früheren Urteil des SG die Sprungrevision nicht zugelassen worden war, schließt es aber nicht aus, in dem neuen Urteil dieses Rechtsmittel zuzulassen. Gegen die Entscheidung des LSG ist die Revision ebenfalls nur zulässig, wenn sie vom LSG oder aufgrund einer erfolgreichen Nichtzulassungsbeschwerde vom BSG zugelassen worden ist. Das LSG ist ebenfalls nicht an seine frühere Entscheidung über die Nichtzulassung oder über die Zulassung der Revision gebunden.

68   Auf Antrag kann das Gericht anordnen, dass die gewährten Leistungen rückzuerstatten sind (§ 179 Abs. 3). Die Vorschrift ist keine selbstständige Anspruchsgrundlage; diese muss sich aus dem materiellen Recht (s. § 50 SGB X) ergeben.

69 3 Wiederaufnahme bei einander widersprechenden Entscheidungen (§ 180)

70 3.1 Spezifische Art der Wiederaufnahme

71   Unser gegliedertes Sozialversicherungssystem kann weder die Fälle ausschließen, dass mehrere Sozialleistungsträger denselben Anspruch bindend anerkannt haben oder wegen desselben Anspruchs zueinander sich eigentlich ausschließenden Leistungen verurteilt worden sind, noch dass mehrere Versicherungsträger denselben Anspruch eines Leistungsberechtigten bindend abgelehnt haben oder von der Leistungspflicht rechtskräftig befreit worden sind, obgleich einer von ihnen für die Befriedigung dieses Anspruches zuständig ist. Vor allem im letzteren Fall wird § 44 SGB X das schnellere und oft wirksamere Mittel sein, den für zuständig erachteten Versicherungsträger oder das zuständige Land in die Leistungspflicht zu bringen. Auch § 75 (s. Kap. VI Rn. 27) schränkt die Zahl des Anwendungsfalles des § 180 ein. Die praktische Bedeutung des § 180 ist nicht groß (ebenso *Hk-SGG/Lüdtke § 180 Rn. 3*). Aber bei einer rechtmäßigen Verurteilung mehrerer Versicherungsträger bleibt dann doch nur der Weg über § 180. Um solche Fälle zu vermeiden, ist nicht nur § 181 (s. Rn. 89) zu beachten. Hat ein beigeladener Versicherungsträger als Rechtsmittelkläger allein die Aufhebung seiner Verurteilung beantragt, dann hat das Rechtsmittelgericht, wenn es dem Antrag stattgibt, sich zusätzlich mit der Klage gegen den beklagten Versicherungsträger zu befassen, wenn dies Sinn und Zweck des § 75 Abs. 5 und des § 180 gebieten (*BSG SozR 4100 § 57 Nr. 9*).

72   Der Antrag nach § 180 wird als außerordentlicher Rechtsbehelf, und zwar als eine Art der Wiederaufnahme des Verfahrens angesehen (*BSGE 11, 92, 95; Jansen/ Straßfeld § 180 Rn. 1*), speziell für das sozialgerichtliche Verfahren (*Bley vor § 179 Anm. 5 Buchst. b*). Allerdings ist zu beachten, dass bereits nach dem klaren Wortlaut des § 180 Abs. 1 der bindende Verwaltungsakt dem rechtskräftigen Urteil

gleichgestellt ist (*BSGE 11, 92, 93/94*), wie nach der Rechtsprechung auch zu § 179 SGG i.V.m. § 580 Nr. 6 ZPO angenommen wird (s. Rn. 25).

§ 180 bezieht sich auf die Sozialversicherungsträger, zu denen auch die BA ge-   73
hört. Die Regelungen gelten auch im Verhältnis zwischen Versicherungsträgern und einem Land, wenn streitig ist, ob eine Leistung aus der Sozialversicherung oder nach dem sozialen Entschädigungsrecht zu gewähren ist (s. § 180 Abs. 2). Die Träger der Sozialhilfe fallen nunmehr unter § 180, weil Streitigkeiten aus der Sozialhilfe seit dem 1.1.2005 den Gerichten der Sozialgerichtsbarkeit zugeordnet sind, sodass es bei Ansprüchen gegen Sozialversicherungsträger und Sozialhilfeträger ein gemeinsames höheres Gericht gibt. *Bley (§ 180 Anm. 3 Buchst. b)* geht davon aus, dass ausländische Leistungsträger deutschen Sozialversicherungsträgern gleichstehen, wenn ihre Entscheidungen durch Bestimmungen des internationalen und supranationalen Sozialrechts gleichstehen. Bley verkennt dabei nicht, dass die Gerichte der Sozialgerichtsbarkeit nicht über Verwaltungsakte und Urteile ausländischer Stellen und Gerichte entscheiden können. Er sieht aber die Möglichkeit, den inländischen Verwaltungsakt oder das inländische Urteil wegen der Vorrangigkeit des ausländischen Leistungsträgers aufzuheben. Für den positiven Konflikt wird dies ein gangbarer Weg sein, wenn auch nicht zu verkennen ist, dass damit nicht – was § 180 aber zugleich bezweckt – ausgeschlossen werden kann, dass danach auch eine entsprechende Entscheidung über den Anspruch nach ausländischem Recht ergeht. Beim negativen Konflikt dürfte aber der Weg über § 44 SGB X ausreichen.

3.2 Wiederaufnahmegründe   74

Eine Wiederaufnahme des Verfahrens ist nach § 180 Abs. 1 Nr. 1 und Abs. 2 auch zulässig, wenn mehrere Versicherungsträger oder ein oder mehrere Versicherungsträger und ein Land als Träger der sozialen Entschädigung (s. Rn. 73) denselben Anspruch endgültig anerkannt haben oder wegen desselben Anspruchs zur Leistung verurteilt worden sind. Es ist nicht erforderlich, dass alle Sozialversicherungsträger und ggf. ein Land als Träger der sozialen Entschädigung in dem oben angeführten Sinne denselben Anspruch durch Verwaltungsakt endgültig anerkannt hat oder alle wegen desselben Anspruchs rechtskräftig zur Leistung verurteilt worden sind. § 180 ist auch anwendbar, wenn z.B. der eine Versicherungsträger denselben Anspruch durch Bescheid endgültig anerkannt hat, der andere Versicherungsträger oder ein Land zur Leistung rechtskräftig verurteilt worden ist.

Gleiches gilt für § 180 Abs. 1 Nr. 2 und Abs. 2. Danach ist eine Wiederaufnah-   75
me des Verfahrens auch zulässig, wenn ein oder mehrere Versicherungsträger oder ein oder mehrere Versicherungsträger und ein Land als Träger der sozialen Entschädigung denselben Anspruch endgültig abgelehnt haben oder wegen desselben Anspruchs rechtskräftig von der Leistungspflicht befreit worden sind, weil ein anderer Versicherungsträger oder ein Land als Träger der sozialen Entschädigung leistungspflichtig sei, der seine Leistung bereits endgültig abgelehnt hat oder von ihr rechtskräftig befreit worden ist. Die Bescheide müssen bindend, die Urteile rechtskräftig sein. Es muss zudem eine endgültige Entscheidung über denselben

Anspruch (s. Rn. 76) und nicht nur eine zwar bindende Entscheidung, aber nur eine solche über vorläufige Leistungen oder über Leistungen und Widerruf sein (*Bley § 180 Anm. 3 Buchst. d*).

76 Voraussetzung für § 180 Abs. 1 und 2 ist, dass die Entscheidungen denselben Anspruch betreffen. Derselbe Anspruch kann auch dann gegeben sein, wenn er sich aus ganz unterschiedlichen Rechtsgrundlagen ableitet (*ML § 180 Rn. 11; Jansen/Straßfeld § 180 Rn. 5*). Es genügt, wenn derselbe einheitliche Sachverhalt vorliegt und aus ihm gleiche Ansprüche gegen verschiedene Versicherungsträger oder ein Land festgesetzt oder abgelehnt werden (vgl. *BSG SozR Nr. 2 zu § 181 SGG*). So können z. B. wegen einer unterschiedlichen Entscheidung, zu welchem Rentenversicherungsträger der letzte Beitrag gezahlt worden ist, sowohl die der Deutsche Rentenversicherung Bund als auch die Deutsche Rentenversicherung Knappschaft Bahn, See den Anspruch des Versicherten auf Rente wegen teilweiser oder voller Erwerbsminderung oder auf Altersruhegeld anerkannt haben oder zur Leistung rechtskräftig verurteilt worden sein oder aber diesen Anspruch endgültig abgelehnt haben oder wegen dieses Anspruchs rechtskräftig von der Leistungspflicht befreit worden sein (vgl. *BSG SozR Nr. 4 zu § 180 SGG*). Ebenso kann ein Unfall auf einer Dienstreise bei der Hilfe anlässlich einer Autopanne eines anderen Fahrers als Arbeitsunfall sowohl der für das Unternehmen des Dienstreisenden zuständigen BG als auch der Fahrzeug-BG zugeordnet worden sein. Dass derselbe Anspruch gegeben sei, wenn die Leistungen die gleichen sind (*Bley § 180 Anm. 3 Buchst. a*), hilft nicht stets weiter, da dann wiederum festzustellen ist, ob die Leistungen auch dann gleich sind, wenn z. B. wegen desselben Schadens sowohl der Träger der gesetzlichen Unfallversicherung als auch das Land als Träger der sozialen Entschädigung entsprechend leistungspflichtig sind.

77 Bei dem sog. negativen Konflikt der Nr. 2 des § 180 Abs. 1 kommt allerdings hinzu, dass derselbe Anspruch deshalb abgelehnt worden sein muss, weil ein anderer Versicherungsträger oder ein Land i. S. des § 180 Abs. 2 leistungspflichtig sei, der seine Leistung bereits endgültig abgelehnt hat oder von ihr rechtskräftig befreit worden ist (s. *BSG SozR 1500 § 180 Nr. 1*). § 180 Abs. 1 Nr. 2 ist deshalb nicht anwendbar, wenn z. B. eine gewerbliche BG einen Arbeitsunfall abgelehnt hat, weil die zum Unfall führende Verrichtung nicht im inneren Zusammenhang mit der nach § 2 Abs. 1 Nr. 1 SGB VII versicherten Tätigkeit als Beschäftigter steht, und später eine Unfallkasse einen Arbeitsunfall i. S. des § 2 Abs. 1 Nr. 13 Buchst. a SGB VII (Nothelfer) deshalb verneint hat, weil der Verletzte erst nach Beendigung des Unglücksfalls geholfen hat. Denn in diesem Fall hat die Unfallkasse eben nicht deshalb abgelehnt, weil die gewerbliche BG der zuständige Versicherungsträger sei. Es muss zwischen beiden Ablehnungen „ein besonderes Begründungsverhältnis" bestehen (*BSG SozR 1500 § 180 Nr. 1*).

78 ## 3.3 Verfahren

79 Das Verfahren ist von einem Antrag abhängig. Antragsberechtigt ist, wer durch einen Verwaltungsakt oder ein Urteil beschwert ist (*Jansen/Straßfeld § 180 Rn. 7; Zeihe § 180 Rn. 12; Bley § 180 Anm. 6 Buchst. a*). Es besteht im Verfahren vor

dem BSG Vertretungszwang (*BSG SozR Nr. 23 zu § 166 SGG; Jansen/Straßfeld § 180 Rn. 9*; s. auch Kap. IX Rn. 235).

Der Antrag auf Wiederaufnahme des Verfahrens ist bei einem der gem. § 179 **80** Abs. 1 (s. Rn. 38) für die Wiederaufnahme zuständigen Gerichte der Sozialgerichtsbarkeit zu stellen (s. § 180 Abs. 3 Satz 1). Inhalt dieser Vorschrift ist, dass der Antrag bei einem Gericht zu stellen ist, das zuständig wäre, wenn wegen jeder der vorliegenden Entscheidungen getrennt ein Wiederaufnahmeverfahren betrieben werden soll (*BSGE 11, 92, 94*). Dies ist ein Gericht, das entweder wegen desselben Anspruchs einen Sozialversicherungsträger oder ein Land rechtskräftig zur Leistung verurteilt hat oder sie rechtskräftig von der Leistung befreit hat (s. § 180 Abs. 3 Satz 1 i.V.m. § 179 Abs. 1 SGG und § 584 Abs. 1 ZPO; *ML § 180 Rn. 13*). Die Zuständigkeit für die Wiederaufnahme eines durch einen bindenden Bescheid abgeschlossenen Verfahrens ist in den in Bezug genommenen Vorschriften des SGG und der ZPO nicht ausdrücklich geregelt, da die Wiederaufnahme im zivilprozessrechtlichen Verfahren die rechtskräftige Entscheidung eines Gerichts voraussetzt und auch das SGG von diesem Regelfall ausgeht (*BSGE 11, 92, 94*). Um aber hinsichtlich des bindend gewordenen Verwaltungsaktes das für den Antrag nach § 180 zuständige Gericht zu bestimmen, ist darauf abzustellen, welches Gericht für die Klage auf Wiederaufnahme des Verfahrens gem. § 179 Abs. 1 SGG i.V.m. § 584 ZPO zuständig sein würde, wenn über den Bescheid schon durch ein Gericht, und zwar durch ein SG, rechtskräftig entschieden worden wäre (*BSGE 11, 92, 94; LSG Baden-Württ. Breithaupt 1959, 399; ML § 180 Rn. 13*; s. auch zu § 181 *BSGE 14, 177, 179* und *BSG Urteil vom 31. 1. 1969 – 2 RU 119/67*).

Bei mehreren sich widersprechenden Urteilen gibt das Gericht die Sache zur **81** Entscheidung an das gemeinsam nächsthöhere Gericht ab (s. § 180 Abs. 3 Satz 3). Gleiches gilt, wenn mehrere sich widersprechende bindende Verwaltungsakte vorliegen und für Klagen gegen diese bindenden Verwaltungsakte mehrere SGe zuständig wären. Das gemeinsam nächsthöhere Gericht ist bei zwei SGen eines Landes oder bei einem SG und einem für einen bindenden Verwaltungsakt anderen zuständigen SG das LSG dieses Landes, bei SGen verschiedener Länder, ebenso bei einem SG und dem LSG eines Landes sowie bei einem SG und dem LSG eines anderen Landes und bei zwei LSGen das BSG. Haben zwei verschiedene Senate eines LSG rechtskräftig entschieden, so hat das LSG den zuständigen Spruchkörper zu bestimmen, das BSG ist in diesem Fall nicht das gemeinsam nächsthöhere Gericht (BSGE 26, 38 = SozR Nr. 3 zu § 180 SGG).

Vor einer Abgabe an das gemeinsam nächsthöhere Gericht hat das angerufene **82** Gericht die an dem Wiederaufnahmeverfahren Beteiligten und die Gerichte, die über den Anspruch entschieden haben, zu verständigen (s. § 180 Abs. 3 Satz 2). Allerdings sind über den gesetzlichen Wortlaut hinaus auch die Leistungsträger zu verständigen, die außer den Gerichten über denselben Anspruch bindend entschieden haben (*Bley § 180 Anm. 7 Buchst. c*). Die übrigen Beteiligten sind in diesem Verfahren Beklagte; auch die anderen Versicherungsträger oder das Land werden nicht als Beigeladene, sondern als Beklagte (Antragsgegner) beigezogen (*BSGE 11, 92, 93*; s. auch *BSGE 14, 177, 179*). Die Verständigung wird sich nicht darauf beschränken dürfen, nur Kenntnis von dem Wiederaufnahmeverfahren zu geben; vielmehr ist nach Sinn und Zweck dieser Vorschrift regelmäßig eine kurze Sachdarstellung entsprechend der Vorschrift des § 75 Abs. 3 zur Beiladung zu geben (*ML § 180 Rn. 12; Hk-SGG/Lüdtke § 180 Rn. 4; Jansen/Straßfeld § 180 Rn. 8; Bley § 180 Anm. 7 Buchst. a; Zeihe § 180 Rn. 14*).

83   Für die Durchführung des Verfahrens nach § 180 Abs. 4 gelten im übrigen die Vorschriften über die Wiederaufnahme des Verfahrens entsprechend (s. § 180 Abs. 5). Nach *ML (§ 180 Rn. 12)* ist aber § 582 ZPO nicht entsprechend anzuwenden, da nur die Vorschriften der ZPO über das Verfahren gelten (ebenso *Hk-SGG/Lüdtke § 180 Rn. 6*; a. A. *Bley § 180 Anm. 10 Buchst. a*). Es gelten jedoch (s. dazu Rn. 45 ff.) die §§ 585, 586, 589 bis 591 ZPO entsprechend (*ML § 180 Rn. 12; Bley § 180 Anm. 10 Buchst. a; Jansen/Straßfeld § 180 Rn. 9*; a. A. *Hk-SGG/Lüdtke § 180 Rn. 6*) und somit insbesondere die Monats- und Fünfjahresfrist des § 586 ZPO (*LSG Rheinland-Pfalz Breithaupt 1969, 906*). Nach der überwiegenden Meinung zu § 179 (s. Rn. 57) sind auch die §§ 587 und 588 ZPO über den Inhalt der Klageschrift nicht entsprechend anwendbar (a. A. *Bley § 180 Anm. 10 Buchst. a*). Vor dem BSG besteht Vertretungszwang.

84   Auch hier ist zunächst die Zulässigkeit des Wiederaufnahmeverfahrens zu prüfen; wird sie verneint, ist der Antrag auf Wiederaufnahme als unzulässig abzuweisen. Ist der Antrag zulässig, so folgt die Prüfung seiner Begründetheit. Dabei kann das BSG als das gemeinsam nächsthöhere Gericht zur Bestimmung des zuständigen Leistungsträgers zu eigenen tatsächlichen Feststellungen gezwungen sein. § 163 gilt nicht; denn das LSG wäre nicht das gemeinsam nächsthöhere Gericht (*Bley § 180 Anm. 9 Buchst. b*).

85   Bei Entscheidung bei mehrfacher Anerkennung oder mehrfacher Verurteilung hinsichtlich desselben Anspruches kann es ggf. genügen, ein Anerkenntnis oder eine Verurteilung aufzuheben; das andere Anerkenntnis bzw. die andere Verurteilung gegen den Leistungspflichtigen bleibt dann bestehen (*ML § 180 Rn. 15*). Bei einem negativen Konflikt kann es dementsprechend ausreichen, nur die Entscheidung gegen den Leistungspflichtigen aufzuheben und diesen zur Leistung zu verurteilen. Da § 180 Abs. 1 Nr. 2 voraussetzt, dass eine Leistungspflicht verneint worden ist, „weil" ein anderer Versicherungsträger leistungspflichtig sei, kann die Wiederaufnahme des Verfahrens nach dieser Vorschrift auch dazu führen, dass die Urteile im Ergebnis bestehen bleiben, wenn keiner der Leistungsträger aus Gründen für nicht leistungspflichtig erachtet wird, die nicht darin liegen, dass jeweils ein anderer Leistungsträger für leistungspflichtig angesehen wird. Der Kläger kann nach der Wiederaufnahme weniger bekommen, wenn der Leistungsträger als leistungspflichtig angesehen wird, dessen Leistungen geringer sind (s. *ML § 180 Rn. 15*). Ob in diesem Fall ggf. Leistungen zu erstatten sind, richtet sich nach materiellem Recht (*ML § 180 Rn. 15*).

86   Nach § 180 Abs. 6 Satz 1 a. F. konnte der Vorsitzende des nach Abs. 3 zuerst angegangenen oder des für die Entscheidung zuständigen Gerichts durch einst-

weilige Anordnung einen Versicherungsträger oder in der KOV bzw. der sozialen Entschädigung (s. Rn. 73) ein Land zur vorläufigen Leistung verpflichten. In diesem Fall galt § 97 Abs. 2 entsprechend (§ 180 Abs. 6 Satz 2). Mit der Regelung des vorläufigen Rechtsschutzes in § 86 b wurde zugleich § 180 Abs. 6 aufgehoben (s. 6. SGbÄndG).

4 Vermeidung von einander widersprechenden Entscheidungen (§§ 181, 182)

87

Während das Verfahren bei einander widersprechenden Entscheidungen nach § 180 die Fälle regelt, in denen einander widersprechende Entscheidungen bedauerlicherweise bereits ergangen sind, sollen die Regelungen der §§ 181, 182 unvereinbare Entscheidungen vermeiden. Dem dienen noch andere Möglichkeiten. Hat ein beigeladener Versicherungsträger als Rechtsmittelkläger allein die Aufhebung seiner Verurteilung beantragt, dann hat das Rechtsmittelgericht, wenn es dem Antrag stattgibt, sich zusätzlich mit der Klage gegen den beklagten Versicherungsträger zu befassen, wenn dies Sinn und Zweck des § 75 Abs. 5 und des § 180 gebieten, d.h. wenn diese Prüfung zur Vermeidung widersprechender Entscheidungen erforderlich ist *(BSG SozR 4100 § 57 Nr. 9)*.

88

4.1 Verfahren bei Gefahr unvereinbarer Entscheidungen (§ 181)

89

Es handelt sich nicht eigentlich um ein Wiederaufnahmeverfahren, das sich widersprechende Entscheidungen voraussetzt, sondern um ein Verfahren besonderer Art, das – wiederum anders als das Wiederaufnahmeverfahren nach § 180 Abs. 3 – seinem Sinn und Zweck entsprechend von Amts wegen eingeleitet wird *(BSGE 35, 147, 149 = SozR Nr. 3 zu § 181 SGG; ML § 181 Rn. 1; Jansen/Straßfeld § 181 Rn. 5; Hk-SGG/Lüdtke § 181 Rn. 1)*. § 181 soll es verfahrensrechtlich ermöglichen, im Sozialrecht widersprechende Entscheidungen zu vermeiden und die materiellrechtlich richtige Entscheidung ohne Rücksicht auf eine bereits eingetretene Rechts- oder Bindungswirkung durchzusetzen *(BSGE 50, 111, 115 = SozR 1500 § 181 Nr. 1)*. Während durch die Möglichkeit der Verurteilung eines Beigeladenen nach § 75 Abs. 5 aus prozessökonomischen Zwecken erreicht werden soll, dass schon im Verfahren gegen den ersten ablehnenden Bescheid widersprechenden Entscheidungen vorgebeugt wird, bietet § 181 eine verfahrensrechtliche Handhabe, rechtskräftige oder verbindliche Entscheidungen zu beseitigen, die im Widerspruch zu einer beabsichtigten Entscheidung stehen *(BSGE 50, 111, 115 = SozR 1500 § 181 Nr. 1)*. Im Hinblick auf die vorstehend erwähnte Möglichkeit, einen beigeladenen Versicherungsträger zur Leistung zu verurteilen, und wegen der nach § 44 SGB X sehr weitgehend eröffneten Möglichkeit, bindende Entscheidungen auch dann jedenfalls für die Zukunft zu beseitigen, wenn der Verwaltungsakt durch ein Urteil bestätigt worden ist, wird auch § 181 nur selten praktisch werden *(ML § 181 Rn. 1)*. Im Verfahren nach § 181 ist ein Beigeladener, selbst wenn die Beiladung erst im Revisionsverfahren erfolgte (s. Kap. IX Rn. 358), auch Beklagter, sodass es zu seiner Verurteilung keiner Umstellung des Antrags auf Verurteilung bedarf *(BSG SozR 3-5750 Art. 2 § 151 a Nr. 9)*.

90

91   Will das Gericht die Klage gegen einen Versicherungsträger ablehnen, weil es einen anderen Versicherungsträger für leistungspflichtig hält, obwohl dieser bereits den Anspruch (s. Rn. 76) endgültig abgelehnt hat oder in einem früheren Verfahren rechtskräftig befreit worden ist, so verständigt es den anderen Versicherungsträger und das Gericht, das über den Anspruch rechtskräftig entschieden hat, und gibt die Sache zur Entscheidung an das gemeinsam nächsthöhere Gericht ab (§ 181 Satz 1). Im Übrigen gilt § 180 Abs. 2 und Abs. 4 bis 6 (§ 181 Satz 2).

92   Durch die Verweisung auf § 180 Abs. 2 gilt § 181 Satz 1 auch für die Fälle, in denen das Gericht die Klage gegen ein Land als Träger der sozialen Entschädigung (s. Rn. 73) ablehnen will, weil es einen Versicherungsträger für leistungspflichtig hält oder weil es die Klage gegen einen Versicherungsträger ablehnen will, weil es das Land als Träger der sozialen Entschädigung für leistungspflichtig erachtet. Ebenso wie im Rahmen des § 180 kommt ein Verfahren nach § 181 Satz 1 nur dann in Betracht, wenn das Gericht die Klage ablehnen will, „weil" es einen anderen Versicherungsträger bzw. ein Land als Träger der sozialen Entschädigung für leistungspflichtig hält. Die Entscheidung muss also darauf beruhen, dass es den beklagten Leistungsträger nicht für zuständig erachtet (*BSGE 50, 11, 115*). Will es dagegen die Klage deshalb abweisen, weil die sonstigen Voraussetzungen für einen Entschädigungsanspruch gegen den Versicherungsträger oder das Land nicht gegeben sind, so hat es die Klage abzuweisen, ein Verfahren nach § 181 kommt nicht in Betracht (*BSG SozR 1500 § 75 Nr. 38, 1500 § 181 Nr. 3; Bley § 181 Anm. 2 Buchst. f*).

93   Ebenso wie im Rahmen des § 180 (s. Rn. 82) verständigt in diesen Fällen das Gericht den anderen Versicherungsträger bzw. das Land als Träger der sozialen Entschädigung und das Gericht, das über den Anspruch rechtskräftig entschieden hat. Die Verständigung erfolgt durch Beschluss, der eine kurze Sachdarstellung enthalten muss. Einer Beiladung bedarf es nicht (*ML § 181 Rn. 3; Zeihe § 181 Rn. 1a*).

94   Danach gibt es die Sache zur Entscheidung an das gemeinsam nächsthöhere Gericht ab. Hinsichtlich der Frage, welches Gericht im Einzelfall das nächsthöhere ist, wird auf die Ausführungen zu Rn. 81 verwiesen (s. insbesondere *BSGE 35, 147, 148*). Das nächsthöhere Gericht kann den Rechtsstreit selbstständig prüfen und dabei auch den Abgabebeschluss aufheben und die Sache an das Gericht zurückverweisen, wenn es der Auffassung ist, dass ein Fall des § 181 nicht vorliegt. Andernfalls hat es die sachlich entgegenstehende Entscheidung aufzuheben und den Leistungspflichtigen zu bestimmen.

95   Da es sich um ein Verfahren von Amts wegen handelt (s. Rn. 90), gelten die Fristen des § 586 Abs. 1 und 2 ZPO nicht (*BSGE 35, 147, 149; ML § 181 Rn. 3; Hk-SGG/Lüdtke § 181 Rn. 5; Jansen/Straßfeld § 181 Rn. 6; Bley § 181 Anm. 7*). Im Hinblick auf die Besonderheiten des Verfahrens nach § 181 wird man davon ausgehen können, dass von den Vorschriften der ZPO, auf die durch die Verweisung auf § 180 Abs. 5 mit verwiesen wird, nur die §§ 585, 590, 591 ZPO entsprechend anwendbar sind (*Bley § 181 Anm. 7; Jansen/Straßfeld § 181 Rn. 6*).

Zum Verfahren über die Abgabe an das nächsthöhere Gericht und die zu treffende Entscheidung siehe auch *Bley § 181 Anm. 6.* 96

4.2 Negativer Zuständigkeitskonflikt (§ 182) 97

§ 182 ist gegenüber § 181 eine Sondervorschrift (*Bley § 181 Anm. 2 f*), aber erfasst 98 ebenfalls keinen Fall der Wiederaufnahme des Verfahrens. Die Besonderheit des § 182 besteht darin, dass er nicht das Verfahren, sondern den Inhalt der späteren Entscheidung betrifft (*Bley § 182 Anm. 1 Buchst. b*). Die Rechtskraftwirkung wird auf einen am früheren oder an den früheren Verfahren nicht beteiligten Versicherungsträger oder ein Land (s. Rn. 73) erstreckt (*ML § 182 Rn. 2; Jansen/Straßfeld § 182 Rn. 2; Hk-SGG/Lüdtke § 182 Rn. 3; RK § 187 Rn. 1, 5*). Die Bedeutung dieser Vorschrift ist gering. Bisher ist z. B. im SozR noch keine Entscheidung zu § 182 veröffentlicht.

Hat das BSG oder ein LSG die Leistungspflicht eines Versicherungsträgers 99 rechtskräftig verneint, weil ein anderer Versicherungsträger verpflichtet sei, so kann nach § 182 Abs. 1 der Anspruch gegen den anderen Versicherungsträger nicht abgelehnt werden, weil der im früheren Verfahren befreite Versicherungsträger leistungspflichtig sei. Das Gleiche gilt nach § 182 Abs. 2 im Verhältnis zwischen einem Versicherungsträger und einem Land, wenn die Leistungspflicht der sozialen Entschädigung streitig ist. Hinsichtlich des Abs. 2 dieser Vorschrift wird man ebenfalls wie zu den §§ 180, 181 davon ausgehen dürfen, dass er sich auf ein Land erstreckt, wenn die Leistungspflicht der sozialen Entschädigung jedenfalls insoweit streitig ist, als auf das BVG verwiesen wird.

Bei dem Anspruch muss es sich wiederum um denselben Anspruch i. S. der 100 §§ 180, 181 (s. Rn. 76) handeln. Die Vorschrift beschränkt sich jedoch nur auf die Fälle, in denen ein LSG oder das BSG entschieden hat.

Ebenso wie im Rahmen der §§ 180, 181 wird vorausgesetzt, dass der Anspruch 101 nur deshalb nicht abgelehnt werden darf, weil der im früheren Verfahren befreite Versicherungsträger oder das Land leistungspflichtig sei. Wird der Anspruch deshalb verneint, weil die materiell-rechtlichen Voraussetzungen für eine Leistungspflicht des beklagten Versicherungsträgers oder Landes nicht gegeben seien, so kommt auch § 182 nicht in Betracht (s. *Bley § 182 Anm. 2 Buchst. c*). Der Anspruch darf weder durch den anderen Versicherungsträger bzw. das Land noch durch ein Gericht abgelehnt werden (*Bley § 182 Anm. 3 Buchst. a*). Bereits im Verwaltungsverfahren ist somit die Rechtskraftwirkung einer Entscheidung des LSG oder BSG zu beachten. Bei einem Verstoß gegen § 182 durch einen Versicherungsträger oder ein Land oder durch ein Gericht handelt es sich jedoch nicht um einen Verfahrensmangel, sondern um einen Mangel im Entscheidungsinhalt (*Bley § 182 Anm. 3 Buchst. c*), was z. B. bei der Entscheidung über die Zulässigkeit der Berufung oder im Verfahren der Nichtzulassungsbeschwerde zu beachten ist.

XII. KAPITEL
Kosten

Schrifttum

Binz/Dörndorfer/Petzold/Zimmermann, GKG - JVEG, 2007

Braun/Ruhr/Höland/Welti, Gebührenrecht im sozialgerichtlichen Verfahren, 2009

Brieske/Teubel/Scheungrab, Vergütungsrecht, 2007

Gerold/Schmidt/v. Eicken/Madert/Müller-Rabe/Mayer/Ruhrhoff, Rechtsanwaltsvergütungsgesetz, 19. Auflage 2010

Hartmann, Kostengesetze, 41. Aufl., 2011

Hartung/Schons/Enders, Rechtsanwaltsvergütungsgesetz (RVG), 2011

Hellstab, Die kostenrechtlichen Auswirkungen des Sechsten Gesetzes zur Änderung des SGG vom 17. 8. 2001, AGS 2002, 80

Hinne, Anwaltvergütung im Sozialrecht, 2010

Klatt in Berchthold/Richter (Hrsg.), Prozesse in Sozialsachen, 2009, S. 39 ff.

Köhler, Die Neuregelungen des Kostenrechts im sozialgerichtlichen Verfahren – ein Überblick, SdL 2003, 231

Kummer, Das Sechste Gesetz zur Änderung des SGG, SGb 2001, 705

Leber, Wegfall der Kostenfreiheit im sozialgerichtlichen Verfahren, KH 2003, 59

Petzold/v. Seltmann, Das neue Kostenrecht, 2004

Strassfeld, Übersicht über die Rechtsprechung des Bundesgerichts zur anwaltlichen Vergütung nach dem RVO, NZS 2010, 253

Strasdeit, Auswirkungen des Rechtsanwaltsvergütungsgesetzes auf die Sozialversicherung, Kompass 2009, Heft 3/4, S. 10

Weisner, Kosten im Streitverfahren, Mitteilungen der bayerischen Landesversicherungsanstalten, 2003, 459

Die §§ 183 bis 197a gelten nur für das sozialgerichtliche Verfahren, nicht für das **1** vorausgehende Verwaltungsverfahren einschließlich des Vorverfahrens (*ML vor § 183 Rn. 16*). Bei den Kosten ist zu unterscheiden zwischen Verfahren, in denen Kläger oder Beklagter zu den in § 183 genannten Personen gehören (s. unter 1), und Verfahren, in denen weder Kläger noch Beklagter zu diesen Personen gehören (s. unter 2, Rnrn. 107 ff.). Das Verfahren der Nichtzulassungsbeschwerde bildet einen eigenen Rechtszug (Instanz) im Sinne der kostenrechtlichen Vorschriften, sofern die Beschwerde verworfen, zurückgewiesen oder zurückgenommen oder die vom BSG zugelassene Revision vom Beschwerdeführer nicht eingelegt wird (*BSG SozR 4-1500 § 193 Nr. 3;* vgl. *BSG SozR 1500 § 184 Nr. 1* zur Pauschgebühr; *BGH Beschluss vom 15. 1. 2004 – IX ZR 76/03* zu den Gerichtskosten; *BVerwG Buchholz 310 § 139 Abs. 2 VwGO Nr. 2 = NVwZ-RR 1995, 545* zur Prozesskostenhilfe). Ist ein Bescheid Gegenstand eines Gerichtsverfahrens geworden, so ist über die Kosten eines Widerspruchs gegen diesen Bescheid in der Kostenentscheidung für jenes Verfahren mit zu entscheiden; dies gilt auch, soweit der Kläger durch die Rechtsbehelfsbelehrung zur Einlegung des Widerspruchs veranlasst worden sein sollte (*BSG Urt. v. 20. 10. 2010 – B 13 R 15/10 R*).

2 1 Verfahren, in denen Kläger oder Beklagter zu den in § 183 genannten Personen gehören

3 1.1 Freiheit von Gerichtskosten

Schrifttum

Becker, Überholtes Modell oder soziale Notwendigkeit, SozSich 2000, 354

Brödl, Besondere Gerichtsgebühren im sozialgerichtlichen Verfahren – ein notwendiger Beitrag zur Begrenzung der Klageflut, NZS 1997, 145

Diemer, Zur Kostenfreiheit sozialgerichtlicher Verfahren, SGb 1988, 139

Eppelein, SozSich 2006, 125

Groth, Gerichtskostenfreiheit von Sozialhilfe- und Grundsicherungsträgern im sozialgerichtlichen Verfahren, SGb 2007, 536

Kummer, das Sechste Gesetz zur Änderung des Sozialgerichtsgesetzes, SGb 2001, 706

Meyer-Ladewig, Zur Reform des sozialgerichtlichen Verfahrens, SGb 1999, 269

Das Verfahren vor den Gerichten der Sozialgerichtsbarkeit war (und ist im Wesentlichen weiterhin, s. unten) – grundsätzlich (s. Rn. 4) – kostenfrei, soweit nichts anderes bestimmt ist (s. § 183 a. F.; zum vorausgehenden Verwaltungsverfahren s. § 64 SGB X).

4 Durch das 6. SGG-ÄndG vom 17. 8. 2001 wurde mit Wirkung vom 2. 1. 2002 die Kostenfreiheit stärker auf den ursprünglichen, auch insoweit als schutzbedürftig angesehenen Personenkreis beschränkt (vgl. *amtliche Begründung zum 6. SGG-ÄndG BT-Drucks. 14/5934 S. 29*). Dies gilt somit weiterhin nur, wenn sie in der jeweiligen Eigenschaft als Kläger oder Beklagter beteiligt sind. Für einen Vertragsarzt i. S. der §§ 95 ff. SGB V ist eine Streitigkeit mit der Kassenärztlichen Vereinigung auch dann nicht beitragsfrei, wenn er zugleich noch freiwillig in der gesetzlichen Krankenversicherung versichert ist. Kostenfreiheit genießen auch Personen, die als sonstige Rechtsnachfolger das Verfahren aufnehmen (§ 183 Satz 2). Für die Hinterbliebenen besteht schon nach § 183 Satz 1 Kostenfreiheit. Kostenfreiheit nach § 183 Satz 2 besteht aber nicht, wenn das Verfahren nicht „aufgenommen", sondern wenn ein „sonstiger Rechtsnachfolger" das Verfahren erst beginnt oder in eine höhere Instanz geht. Der Anwendungsbereich des § 183 SGG beschränkt sich nicht auf Verfahren zur Durchsetzung von Ansprüchen auf Sozialleistungen (*BSG SozR 4-1500 § 183 Nrn. 2, 3, 7 und 8*). Allerdings wurde einschränkend ausgeführt, dass zumindest Leistungen mit ähnlicher oder vergleichbarer Funktion wie bei echten Sozialleistungen i. S. v. § 11 SGB I im Streit sein müssen (*BSG SozR 4-1500 § 183 Nr. 3 und 7; BSGE 96, 190 ff. RdNr. 21 = SozR 4-4300 § 421g Nr. 1*). Dem gemäß wurde die Eigenschaft als Leistungsempfänger bei einem Vermittlungsmakler, der sein Vermittlungshonorar statt gegen den Arbeitslosen gegen die BA nach § 421g SGB III geltend gemacht hat, ebenso abgelehnt wie bei einer Klage auf vertragsärztliches Honorar (*BSG SozR 4-2500 § 106 Nr. 8,* insoweit nicht abgedruckt, s. dazu *Juris RdNr. 33*) oder auf Vergütung von Krankenhausleistungen (*BSG, Beschluss vom 21. Juni 2005 – B 3 KR 8/05 B*). Ein gemäß § 2 Abs. 1 Nr. 5a SGB VII in der gesetzlichen Unfallversicherung kraft Gesetz versicherter selbstständiger Landwirt gehört und der Auffassung des BSG aber im Verfahren um die Beitragspflicht nach § 150 SGB VII

nicht zum Personenkreis des § 183 (*BSG Beschluss vom 3. 1. 2006 – B 2 U 367/ 05; Köhler SGb 2008, 76; a. A. Bayer. LSG NZS 2006, 445; Hk-SGG/Groß § 183 Rn. 4; ML § 183 Rn. 5a*). Gemäß § 197a Abs. 1 sind im Verfahren der Nichtzulassungsbeschwerde das GKG und die VwGO nicht anwendbar, wenn ein bisher Beigeladener in seiner Eigenschaft als Versicherter dieses Rechtsmittel einlegt, auch wenn im Klage- oder Berufungsverfahren weder der Kläger noch der Beklagte zu den in § 183 genannten Personen gehörten (*BSG SozR 4-1500 § 193 Nr. 2 und 3*). Versicherter i. S. von § 183 ist – unabhängig vom Ausgang des Verfahrens – jeder Beteiligte, über dessen Status als Versicherter gestritten wird; eine Person, die im Vorverfahren erfolgreich einen die Versicherungspflicht feststellenden Verwaltungsakt angegriffen hat, ist in dem Streit über die Erstattung der Vorverfahrenskosten (§ 63 SGB X) nicht als Versicherte i. S. von § 183 SGG anzusehen (*BSG SozR 4-1500 § 183 Nr. 4 und SozR 4-2400 § 27 Nr. 3*). Der Anspruchsberechtigte i. S. v. § 19 Abs. 6 SGB XII) gehört zum kostenprivilegierten Personenkreis des § 183 (*BSG SozR 4-1500 § 183 Nr. 8*). Für den Anspruch des Nothelfers gegen den Sozialhilfeträger auf Erstattung der ihm entstandenen Aufwendungen ist das Gerichtsverfahren kostenfrei; der Nothelfer ist Leistungsempfänger i. S. d. § 183 (*BSG SozR 4-1500 § 183 Nr. 7*). Arbeitgeber sind in Streitigkeiten über die Erstattung von Aufwendungen für die Entgeltfortzahlung Leistungsempfänger i. S. von § 183 (*BSG SozR 4-1500 § 183 Nr. 3*). Diese zu § 10 Abs. 1 LFZG ergangene Entscheidung wird weiterhin auch für entsprechende Streitigkeiten nach dem Aufwendungsausgleichsgesetz gelten. Unterfällt bei objektiver Klagehäufung nur ein Teil des Begehrens der Privilegierung des § 183, ist eine getrennte Kostenentscheidung für die kostenprivilegierten und nicht kostenprivilegierten Streitgegenstände zu treffen (*BSG SozR 4-2500 § 31 Nr. 5*). Legen aber gegen ein Urteil mehrere Beteiligte Rechtsmittel ein, von denen einer zum kostenrechtlich begünstigten Personenkreis des § 183 SGG gehört und ein anderer nicht, so richtet sich die Kostenentscheidung in dem Rechtszug für alle Beteiligten einheitlich nach § 193 (*BSG SozR 4-1500 § 193 Nr. 3 und § 197a Nr. 4*). Private Arbeitsvermittler, die die Auszahlung eines dem Arbeitslosen erteilten Vermittlungsgutscheines begehren, sind keine Leistungsempfänger im Sinne von § 183, die Rechtsstreitigkeiten richten sich nach § 197a SGG (*LSG Sachsen Beschluss vom 16. 2. 2005 – L 3 B 64/04 AL*). S. auch Rn. 108.

Die Kostenfreiheit nach § 183 soll nach Satz 4 in der Fassung des Entwurfs (s. Kap. X Rn. 86, 87) dieser Vorschrift nicht in einem Verfahren wegen eines überlangen Gerichtsverfahrens (§ 202 Satz 2) gelten.

Die Kostenfreiheit nach § 183 betrifft die Kosten der Gerichtshaltung. Es werden grundsätzlich weder Gerichtsgebühren erhoben noch wird die Erstattung der Auslagen verlangt, die dem Gericht durch den jeweiligen Rechtsstreit – z. B. durch die Beweisaufnahme oder durch auswärtige Sitzungen des Gerichts – entstehen. Vor allem die Kosten einer Beweisaufnahme können im sozialgerichtlichen Verfahren sowohl durch die Einholung von Gutachten aufgrund stationärer Untersuchung oder in der UV Gutachten über die gesundheitlichen Schäden durch bestimmte im Arbeitsbereich vorhandenen Einwirkungen als auch durch die Vernehmung mehrerer Zeugen ganz erheblich sein. Der Betroffene soll aber nicht durch ein erhebliches Kostenrisiko von der Klageerhebung und der Ausschöpfung der Rechtszüge abgehalten werden.

5   Ausnahmen von der Kostenfreiheit bestehen auch bei von § 183 erfassten Verfahren bei der Erteilung von Abschriften (s. § 93 Satz 3, § 120 Abs. 2) sowie für die Einholung eines Gutachtens nach § 109. Auch die Kosten nach § 192 (s. Rn. 23 ff.) und die Pauschgebühr nach den §§ 184 ff. (s. unter Rn. 4) können als eine solche Ausnahme angesehen werden. Das Schleswig-Holsteinische LSG hielt eine Kostenpauschale für den mit einer beantragten Aktenübersendung an die Beteiligten verbundenen Aufwand für zulässig (*NZS 1996, 640* – das für seine Auffassung angeführte Zitat bei *Brackmann S. 244 g* war jedoch unzutreffend). Der Auffassung wurde hier in der Vorauflage nicht gefolgt. Gerichtskosten sind Gebühren und Auslagen. Somit werden nach § 183 Gebühren und Auslagen nicht erhoben. Diese Regelung ging der in Nr. 9003 Kostenverzeichnis GKG vor, auf die sich das LSG (*NZS 1996, 640*) stützte. Nunmehr werden nach ausdrücklicher Regelung in § 120 Abs. 2 Satz 6 für die Versendung von Akten Kosten sowie die Übermittlung elektronischer Dokumente und die Gewährung des elektronischen Zugriffs nicht erhoben, sofern nicht nach § 197 a das Gerichtskostengesetz (GKG) gilt (s. Rn. 107).

6   1.2 Pauschgebühr

Wiethardt, Sind die §§ 184 ff. SGG noch zeitgemäß?, SGb 1989, 250

7   Die Körperschaften oder Anstalten des öffentlichen Rechts hatten (und haben weiterhin) für jede Streitsache, an der sie beteiligt sind, eine Gebühr zu entrichten (§ 184 Abs. 1 Satz 1 a. F.). Diese Regelung ist durch das 6. SGG-ÄndG erweitert worden auf die Personen, die als Kläger oder Beklagter nicht zu den nach § 183 genannten Personen gehören. Im Unterschied zu § 197 a ist hier aber zu beachten, dass die Pauschgebühr dann anfällt, wenn es sich um eine Streitigkeit handelt, in der der Kläger oder der Beklagte zu den in § 183 genannten Personen gehört. Nur die Personen, die in diesem Verfahren nicht zu den in § 183 genannten Beteiligten gehören, müssen eine Pauschgebühr entrichten. In Verfahren, in denen weder der Kläger noch der Beklagte zu den In § 183 genannten Personen gehört, gilt § 197 a, der keine Pauschgebühren, sondern Gebühren nach dem Streitwert vorsieht.

8   1.2.1 Gebührenschuldner

9   Vor allem aber nunmehr nicht nur (s. Rn. 10) haben alle an einem sozialgerichtlichen Verfahren beteiligten Körperschaften oder Anstalten des öffentlichen Rechts eine Pauschgebühr zu entrichten.

10   Die Verpflichtung, eine Pauschgebühr nach § 184 Abs. 1 Satz 1 a. F. zu entrichten, erstreckte sich nicht auf am sozialgerichtlichen Verfahren beteiligte Religionsgemeinschaften unabhängig davon, ob sie mit den Rechten einer Körperschaft des öffentlichen Rechts ausgestattet sind (*BSG SozR 1500 § 184 Nr. 2*). Ein Land war als Beteiligter an Rechtsstreitigkeiten der KOV keine Körperschaft des öf-

fentlichen Rechts i.S. des § 184 a.F. und somit in diesen Angelegenheiten im sozialgerichtlichen Verfahren nicht gebührenpflichtig (*BSGE 4, 180 = SozR Nr. 6 zu § 184 SGG*). Später hatte das BSG ganz allgemein einen Staat (Bund und Länder) als Körperschaft des öffentlichen Rechts nicht als gebührenpflichtig bezeichnet (*BSG SozR Nr. 9 zu § 184 SGG*). Dagegen waren am Verfahren beteiligte Gemeinden gebührenpflichtig (*BSG SozR Nr. 10 zu § 184 SGG*). Dies galt jedoch nicht für Gemeinden als Träger der Sozialhilfe. § 64 Abs. 3 Satz 2 SGB X befreit nach seinem Wortlaut den Träger der Sozialhilfe, Jugendhilfe und der KOV zwar nur von den Gerichtskosten, die nach § 193 grundsätzlich nicht erhoben werden. Die Pauschgebühr nach § 184 ist aber eine Art von Gerichtskosten. Ansonsten hätte die Einbeziehung der Verfahren vor den Gerichten der Sozialgerichtsbarkeit in § 64 Abs. 3 Satz 2 SGB X keinen Sinn gehabt. Nunmehr ergibt sich dies aus § 184 Abs. 3 i.V.m. § 2 Abs. 2 GKG und § 64 Abs. 3 SGB X. Dieser Rechtsprechung des BSG ist jedoch durch die Neufassung des § 184 Abs. 1 Satz 1 die Grundlage entzogen. Kläger und Beklagte, die nicht zu den in § 183 genannten Personen gehören, haben in einem Verfahren, das nicht von § 197 a erfasst wird, eine Pauschgebühr zu entrichten unabhängig davon, ob sie eine natürliche oder eine juristische Person des Privat- oder des öffentlichen Rechts sind (so z. B. Träger der privaten Pflegeversicherung *BSG SozR 4-1500 § 184 Nr. 1*; s. auch unten Rn. 11). Ausgenommen sind nach § 184 Abs. 3 durch die Verweisung auf § 2 GKG allerdings der Bund und die Länder sowie die nach Haushaltsplänen des Bundes oder eines Landes verwalteten öffentlichen Anstalten und Kassen. Stadtstaaten (Hamburg und Bremen) sind keine Gemeinden in diesem Sinne, sondern Länder, sodass sie schon deshalb generell nicht gebührenpflichtig waren (und sind).

Gebührenschuldner i.S. des § 184 Abs. 1 Satz 1 kann nur sein, wer Kläger oder Beklagter ist. Träger der privaten Pflegeversicherung haben auch im Falle ihres Obsiegens gegen Versicherte keinen zivilrechtlichen Anspruch auf Erstattung der vom Versicherungsträger im Sozialgerichtsverfahren zu zahlenden Pauschgebühr; die Pauschgebühr des Trägers der privaten Pflegeversicherung kann dem unterlegenen Versicherten nicht nach § 193 Abs. 1 Satz 2 auferlegt werden (*BSG SozR 4-1500 § 184 Nr. 1*).   *11*

1.2.2 Entstehen und Höhe der Pauschgebühr   *12*

Die Pauschgebühr entsteht mit der Rechtshängigkeit der Sache und ist für jeden   *13* Rechtszug zu zahlen (s. § 184 Abs. 1 Satz 2). Auch eine unstatthafte und privatschriftlich eingelegte Revision ist eine rechtshängige Streitsache i.S. dieser Vorschrift (*BSG SozR Nrn. 1 und 4 zu § 184 SGG*; s. auch Rn. 14); gleiches gilt für ein nur vorsorglich eingelegtes Rechtsmittel (*BSG SozR Nr. 1 zu § 184 SGG; RK § 184 Rn. 21*). Das Verfahren der Nichtzulassungsbeschwerde ist ebenfalls eine gebührenpflichtige Streitsache, sofern die Beschwerde verworfen, zurückgewiesen oder zurückgenommen wird (*BSG SozR 1500 § 184 Nr. 1; Wilm SozVers. 1978, 169*). Schließt sich allerdings nach Zulassung der Revision an das Beschwerdeverfahren ein Revisionsverfahren an, so ist das Beschwerdeverfahren auch hinsichtlich der Pauschgebühr nicht kostenmäßig selbstständig zu behandeln (*BSG SozR 1500 § 184 Nr. 1*).

14   Die Pauschgebühr ist unabhängig von dem Ausgang des Rechtsstreites und somit auch vom obsiegenden Kläger und vom Beklagten auch dann zu entrichten, wenn das Rechtsmittel zurückgewiesen wird (*BSG SozR Nr. 1, 2 zu § 184 SGG*). Diese Regelung ist verfassungsgemäß (*BVerfGE 76, 130 = SozR 1500 § 184 Nr. 4; s. auch Licht Kompaß 1983, 230*). Der Beigeladene hat nunmehr keine Pauschgebühr mehr zu entrichten (*BT-Drucks. 14/5943 Seite 28, zu § 184; Hk-SGG/ Lüdtke § 184 Rn. 4; ML § 184 Rn. 5; Breitkreuz/Fichte § 184 Rn. 2; Jansen/Straßfeld § 184 Rn. 3*; zum früheren Recht s. *BSG SozR Nr. 17 zu § 184 SGG*).

15   Die Pauschgebühr beträgt 150,– Euro für das Verfahren vor den SGen, vor den LSGen 225,– Euro und vor dem BSG 300,– Euro (s. § 184 Abs. 2 SGG). Dies entspricht im einzelnen Verfahren in etwa einer Gerichtsgebühr im Zivilprozess für einen Streitwert von 7000,– Euro. Dieser Streitwert ist für den Einzelfall im Durchschnitt relativ gering. Beachtet man jedoch, dass die hier im wesentlichen betroffenen Sozialversicherungsträger auch bei einem Obsiegen die Pauschgebühr zu entrichten hat, so ist aus dieser Sicht insgesamt wiederum doch ein angemessener Durchschnitt angenommen. Allerdings bieten diese Regelungen keinen ausreichenden Anreiz, eine Streitsache ohne kostspielige Beweisaufnahme oder wenigstens ohne gerichtliche Entscheidung zu beenden. Die Ermächtigung des § 184 Abs. 2 entspricht den Anforderungen des Art. 80 Abs. 1 GG (*BVerfGE 76, 130*).

16   Zur Fälligkeit und Ermäßigung der Pauschgebühr, zu mehreren Gebührenschuldnern und zur Pauschgebühr bei Wiederaufnahmeverfahren sowie zur Feststellung und Niederschlagung der Pauschgebühr s. §§ 185 bis 190. Dabei steht ein Beschluss, in dem die Revision als unzulässig verworfen wird (§ 169), für diese Gebührenvorschriften einem Urteil gleich (*BSG SozR Nr. 3 zu § 184 SGG*; ebenso für den *Beschluss nach § 153 Abs. 4 Hess. LSG Beschluss v. 21. 2. 1994 – L 6 S 52/93, LSG Bad.-Württ. Beschluss v. 3. 1. 1995 – L 9 KoB 225/94; LSG Nieders. Beschluss v. 22. 8. 1994 – L 4 S 10/94;* a. A. *Schlesw. Holst. LSG Beschluss v. 10. 10. 1994 – L 1 Sk 3/93 –; LSG Berlin Beschluss v. 9. 9. 1993 – L 12 Z 1/93*: halbe Gebühr; zur Zurückweisung der Beschwerde gegen die Nichtzulassung der Berufung *LSG Bad.-Württ. Beschluss v. 21. 6. 1995 – L 9 C 1436/95 A*: halbe Gebühr, ebenso die Praxis des BSG für Zurückweisung und Verwerfung der Nichtzulassungsbeschwerde). Eine nach § 184 entstandene Gebühr wird auch dann fällig, wenn der durch den Tod eines Beteiligten unterbrochene Rechtsstreit nicht innerhalb von 6 Monaten aufgenommen wird und der Vorsitzende des Spruchkörpers des Gerichts zu den Akten vermerkt, dass die Sache als erledigt gilt (*BSG SozR Nr. 4 zu § 185 SGG*). Nimmt bei miteinander verbundenen Streitsachen (s. § 113 Abs. 1) einer der von § 184 Abs. 1 Satz 1 erfassten Revisionskläger die Revision zurück und wird der Rechtsstreit zwischen den übrigen Beteiligten durch Urteil erledigt, so ist der Beteiligte, der die Revision zurückgenommen hat, gebührenrechtlich so zu stellen, als ob eine Klageverbindung nicht stattgefunden hätte; er hat also nur die nach § 186 ermäßigte Pauschalgebühr zu entrichten

(*BSG SozR Nr. 1 zu § 186 SGG*). Die Pauschgebühr der Kassenärztlichen oder der Kassenzahnärztlichen Vereinigung entfällt in vollem Umfang, wenn einem anderen Beteiligten Verschuldenskosten nach § 192 Abs. 2 auferlegt sind (s. Rn. 45). Zum Übergangsrecht bei Erhöhung der Pauschalgebühren s. *BSG NZS 2004, 500.*

1.3 Auslagenvergütung für Beteiligte   17

Ist das persönliche Erscheinen eines Beteiligten angeordnet worden, so werden ihm auf Antrag bare Auslagen und Zeitverlust wie einem Zeugen vergütet; sie können vergütet werden, wenn er ohne Anordnung erscheint und das Gericht das Erscheinen für geboten hält (§ 191). Zum Verhältnis zwischen § 191 und § 193 s. Rn. 24.

Gerichtskostenfreiheit (s. oben Rn. 2) bedeutet nicht, dass der Träger der Gerichtshaltung den Beteiligten die ihnen entstehenden Verfahrenskosten erstattet (*ML § 191 Rn. 1; Hk-SGG/Groß § 191 Rn. 3; Bley § 191 Anm. 1 Buchst. b*). Deshalb ist § 191 eine den Beteiligten begünstigende, die Gerichtskostenfreiheit ergänzende Regelung (*Bley § 191 Anm. 1 Buchst. b*).

Das persönliche Erscheinen kann nur gegenüber einer natürlichen Person als   18
Beteiligter angeordnet werden. Für Beteiligte, die keine natürlichen Personen sind, kommt nur eine Auflage nach § 111 Abs. 3 in Betracht. Deshalb haben Anspruch auf Ersatz i. S. des § 191 nur natürliche Personen (*ML § 191 Rn. 3; Jansen/Straßfeld § 191 Rn. 3; Hk-SGG/Groß § 191 Rn. 6; Zeihe § 191 Rn. 3 a; Bley § 191 Anm. 2 Buchst. b*). Die Stellung als Beteiligter im Verfahren ist unerheblich. Auch ein Beigeladener hat Anspruch auf Vergütung seiner Auslagen und für den Zeitverlust, wenn sein persönliches Erscheinen angeordnet war (s. auch § 197 a Abs. 2 Satz 3, hier Rn. 122). Für den bevollmächtigten Vertreter, der für einen Beteiligten nach § 141 Abs. 3 ZPO i. V. m. § 202 SGG erscheint und zur Aufklärung des Sachverhalts in der Lage ist, kann der Anspruch ebenfalls geltend gemacht werden (*SG Gießen Breithaupt 1962, 1122; LSG Halle Beschluss vom 5. 2. 1993 – L 5 (1) S (V) 2/92 – E-LSG B-005; Janßen/Straßfeld § 191 Rn. 3; H/Knittel § 191 Rn. 7; a. A. Zeihe § 191 Rn. 3 a, § 191 Rn. 10; Reese KOV 1963, 165; Bley § 191 Anm. 2 Buchst. a*; wohl auch *Hk-SGG/Groß § 191 Rn. 6*). Dagegen wird eine Auslagenvergütung für den besonderen Vertreter i. S. des § 72 von *ML (§ 191 Rn. 2a)* verneint (*Zeihe § 191 Rn. 3 a; a. A. RK § 191 Rn. 3*).

Voraussetzung für den Anspruch nach § 191 Halbsatz 1 ist grundsätzlich   19
(s. Rn. 20) eine entsprechende Anordnung des Gerichts. Sie kann nicht nur in den Tatsacheninstanzen ergehen; auch das BSG kann das persönliche Erscheinen eines Beteiligten anordnen, z. B. um den Sachverhalt hinsichtlich einer Verfahrensrüge weiter aufzuklären. § 111 Abs. 1 sieht die Anordnung des persönlichen Erscheinens nur zur mündlichen Verhandlung vor. § 191 Halbsatz 1 ist jedoch auch anwendbar, wenn bei einer Beweisaufnahme dem Kläger aufgegeben wird, z. B. zu einer Untersuchung durch den Sachverständigen zu erscheinen oder wenn sein Erscheinen zu einem Erörterungstermin angeordnet wird (*Bayer. LSG Breithaupt 1956, 440; LSG Baden-Württ. SGb 1967, 369; Brackmann S. 264 d; ML § 191*

Rn. 2; Jansen/Straßfeld § 191 Rn. 5; H/Knittel § 191 Rn. 5; Hk-SGG/Groß § 191 Rn. 6; Bley § 191 Anm. 2 Buchst. c; H § 191 Anm. 5; Zeihe § 191 Rn. 2). Ob die Anordnung des persönlichen Erscheinens notwendig oder auch nur zweckdienlich war und ob sie die Erwartungen erfüllte, ist im Rahmen des § 191 Halbsatz 1 unerheblich; denn der Auslagenersatz ist insoweit die Folge einer vom Beteiligten befolgten Anordnung des Gerichts (*ML § 191 Rn. 2, 3; Bley § 191 Anm. 2 Buchst. d*). Erforderlich ist ein Antrag des Beteiligten.

20   Ist das persönliche Erscheinen des Beteiligten vom Gericht nicht angeordnet worden, so kann das Gericht beschließen, dem Beteiligten bare Auslagen und Zeitverlust zu vergüten, wenn er erscheint und das Gericht das Erscheinen für geboten hält. Dient das Erscheinen des Beteiligten wesentlich allein dem Zweck, seine prozessualen Interessen persönlich wahrzunehmen, so kommt eine Vergütung nach § 191 Halbsatz 2 grundsätzlich nicht in Betracht (*Bley § 191 Anm. 4 Buchst. a*). Erweist sich aufgrund der mündlichen Verhandlung, dass das Erscheinen des Beteiligten für den Fortgang des Prozesses geboten war, insbesondere um noch aufgetauchte oder übersehene Fragen zu klären, wird das Gericht beschließen, die baren Auslagen und den Zeitverlust zu vergüten (*Bley § 191 Anm. 4 Buchst. a; Jansen/Straßfeld § 191 Rn. 6*). Das Gericht wird regelmäßig zu prüfen haben, ob es bei Vorausschau des tatsächlichen Ablaufes der Verhandlung schon vorher das persönliche Erscheinen des Beteiligten angeordnet hätte. Deshalb kann das persönliche Erscheinen auch dann als geboten angesehen werden, wenn der Beteiligte neben seinem Prozessbevollmächtigten im Termin erschienen ist (*ML § 191 Rn. 5*). In der Praxis erfolgt eine Vergütung häufig auch dann, wenn der Rechtsstreit durch die persönliche Anwesenheit des Beteiligten außergerichtlich (Klagerücknahme oder Vergleich) erledigt werden kann (*Bley § 191 Anm. 4 Buchst. a*). Nicht nur der Befriedungseffekt einer außergerichtlichen Erledigung, sondern die regelmäßig dem Gericht ersparten Kosten rechtfertigen diese Praxis. Das „Winken mit der Vergütung für den Fall einer Erklärung, die der Beteiligte nicht von sich aus abgeben möchte, ist jedoch unwürdig", wie *Zeihe* (§ 191 Rn. 12) zutreffend ausführt (ebenso *ML § 191 Rn. 5*). Auch die wirtschaftliche Lage des Beteiligten kann das Gericht im Rahmen seiner Ermessensentscheidung berücksichtigen (*Bley § 191 Anm. 4 Buchst. c*). Nachteilig könnte sich die Ablehnung der Übernahme der Kosten für sein persönliches Erscheinen ohne vorherige Anordnung des Gerichts auswirken, wenn das Gericht davon absieht, weil er vor ihm obsiegt hat; denn ändert die höhere Instanz das Urteil, erhält der Kläger diese Kosten dann überhaupt nicht erstattet (s. dazu auch Rn. 24).

21   Erachtet das SG das persönliche Erscheinen nicht für geboten, steht dem Beteiligten hiergegen die Beschwerde nach § 172 zu (*Zeihe § 191 Rn. 9c; a. A. H/Knittel § 191 Rn. 12*). Da diese Entscheidung nach § 191 Halbsatz 2 im Ermessen des Gerichts steht (*Zeihe § 191 Rn. 9a; a. A. H/Knittel a. a. O.*), darf das Beschwerdegericht die Entscheidung des SG auch nur auf Ermessensfehler nachprüfen (s. Kap. X Rn. 54; *ML § 191 Rn. 18; Zeihe § 191 Rn. 9c; a. A. Tschischgale, Das Kostenrecht in Sozialsachen, 1959, S. 64*). Ob die Staatskasse gegen die Übernahme der Vergütung ein Beschwerderecht hat, ist umstritten (verneinend *Bayer.*

LSG Breithaupt 1962, 1120; ML § 191 Rn. 18; Zeihe § 191 Rn. 9 c; a. A. Hk-SGG/ Groß § 191 Rn. 19; Bley § 191 Anm. 4 Buchst. d).

Der Anspruch richtet sich auf den Ersatz der baren Auslagen und die Entschä- 22 digung für Zeitverlust, insbesondere für Ersatz des Verdienstausfalls. Maßgebend sind die Regelungen des Justizvergütungs- und Entschädigungsgesetzes (JVEG) vom 5. 5. 2004 (*BGBl. I 718*). Zwar verweist § 191 nicht direkt auf dieses Gesetz; durch die Festlegung der Vergütung „wie einem Zeugen" ist die Bezugnahme auf diese Regelung jedoch gesichert (*Jansen/Straßfeld § 191 Rn. 8; ML § 191 Rn. 7; Hk-SGG/Groß § 191 Rn. 9 ff.; Bley § 191 Anm. 3 Buchst. a*).

Auch das Verfahren der nur auf Antrag gewährten Vergütung richtet sich ein- 23 schließlich der Rechtsbehelfe nach dem JVEG, und zwar nach dessen § 4 (*LSG NRW Breithaupt 1984, 450; ML § 191 Rn. 16; H/Knittel § 191 Rn. 14; Bley § 191 Anm. 3 Buchst. b; Zeihe § 191 Rn. 8 a; Jansen/Straßfeld § 191 Rn. 7; Hk-SGG/ Groß § 191 Rn. 19; a. A: Brackmann S. 264 d und RK § 191 Rn. 6, LSG NRW Beschluss vom 17. 11. 1987 – L 7 V 153/83:* keine Ausschlussfrist). Umstritten ist allerdings, wann die dreimonatige Ausschlussfrist zu laufen beginnt: Mit dem Ende des Termins (auch z. B. der Untersuchung), zu dem das persönliche Erscheinen angeordnet war (so wohl mit Recht: „mit der Beendigung der Zuziehung" *LSG NRW Breithaupt 1984, 450; Bley § 191 Anm. 3 Buchst. b; Jansen/Straßfeld § 191 Rn. 7; Hk-SGG/Groß Rn. 9; ML § 191 Rn. 8; Zeihe § 191 Rn. 11 a, 8 a*) oder mit Verkündung oder Zustellung des die Instanz beendenden Urteils (s. *LSG Berlin Breithaupt 1983, 940; LSG Rheinland-Pfalz, Beschluss vom 2. 2. 1994 – L 2 Sb 89/93*) oder mit rechtskräftigem Abschluss des Verfahrens (*LSG Rheinland-Pfalz Breithaupt 1975, 449*). Eine Kostenrisiken möglichst ausschließende Prozessführung wird – zumindest vorsorglich – von der zuerst angeführten Auffassung ausgehen.

Die durch das Erscheinen zu einem gerichtlichen Termin entstehenden Kosten 24 hat der Beteiligte regelmäßig selbst zu tragen, wenn er im Prozess nicht obsiegt. Dann bildet nur § 191 die mögliche Grundlage für einen Anspruch auf Vergütung der baren Auslagen und für den Zeitverlust, jedoch nicht gegenüber den anderen Beteiligten, sondern gegenüber der Staatskasse. Eine Konkurrenz zwischen § 191 und § 193 kann jedoch dann entstehen, wenn dem Beteiligten, dessen persönliches Erscheinen angeordnet war oder sich nachträglich als geboten erwies (s. oben), die Kosten des Rechtsstreits zu erstatten sind. § 191 ist in diesem Fall die speziellere Regelung, die einer Erstattungspflicht nach § 193 vorgeht (*Bayer. LSG Amtsbl. 1957, B 73; ML § 191 Rn. 21; Hk-SGG/Groß § 191 Rn. 4; H/Knittel § 191 Rn. 1; Zeihe § 191 Rn. 1 b*, der aber einen von § 191 nicht abgedeckten höheren Betrag im Rahmen des § 193 berücksichtigen will). Zwar sind auch die von § 191 erfassten Kosten keine Gerichtskosten, sondern gehören zur zweckentsprechenden Rechtsverfolgung des betroffenen Beteiligten. Da das einen Vergütungsanspruch nach § 191 rechtfertigende persönliche Erscheinen aber der Sachaufklärung dient, deren Kosten keinem Beteiligten auferlegt werden dürfen, geht § 191 der Kostentragung nach § 193 vor; nur die Kosten der persönlichen Wahrnehmung der prozessualen Interessen (s. oben) gehören zur zweckentsprechenden Rechtsverfolgung i. S. des § 193,

die vom Prozessgegner zu erstatten sind. Bei einer Übernahme der Kosten nach
§ 191 auf die Staatskasse kann der obsiegende Beteiligte diese Kosten jedoch nicht
mehr gegenüber dem zur Tragung der Prozesskosten verpflichteten Prozessgegner
geltend machen (a. A. *Brackmann S. 264 e*, der dem Beteiligten ein Wahlrecht gibt).

1.4 Mutwillenskosten, Missbräuchlichkeit

25

Schrifttum

Berendes, „Mutwillenskosten" nach neuem Recht, SGb 2002, 315

Leitherer, Aktuelle Probleme des sozialgerichtlichen Verfahrens, NZS 2007, 225

Plagemann, „Maler muss teuren Richter bezahlen" oder: vom Missbrauch der Missbrauchsgebühr, NZS 2005, 290

Wenner, Neues zum Kostenrecht und beim einstweiligen Rechtsschutz, SozSich. 2001, 422

Hatte ein Beteiligter, dessen Vertreter oder Bevollmächtigter durch Mutwillen,
Verschleppung oder Irreführung dem Gericht oder einem Beteiligten Kosten verursacht, so konnte sie das Gericht dem Beteiligten im Urteil ganz oder teilweise
auferlegen (§ 192 Satz 1 a. F.). § 193 Abs. 1 galt entsprechend (§ 192 Satz 2).

26   Mit Wirkung vom 2. 1. 2002 ist § 192 durch das 6. SGGÄndG vom 17. 8. 2001
(*BGBl. I 2144*) neu gefasst und konkretisiert worden in Anlehnung an § 34 GKG
(s. die amtliche Begründung *BT-Drucks. 14/5943 Seite 28*). § 192 ist in den Fällen
der § 197a (s. Rn. 107, 109 ff.) nicht anwendbar (*Weisner, Mitt. bayer. LVAen
2003, 459, 465*). Zur Zuzahlung nach § 28 Abs. 4 SGB V ist durch Art. 4 des Gesetzes vom 22. 12. 2006 (BGBl. I 3439) in dem neu eingefügten Abs. 1a des § 192
eine Sonderregelung geschaffen worden. Durch das Anfügen eines neuen Absatzes durch das Gesetz vom 26. 3. 2008 (BGBl. I 444) wurde Absatzfolge durchlau-
fend neu beziffert.

27   Diese Vorschrift ist weiterhin keine Strafvorschrift (*ML § 192 Rn. 1 a; Bley
§ 192 Anm. 7 Buchst. c; RK § 192 Rn. 3; Hk-SGG/Groß § 192 Rn. 3; Jansen/
Straßfeld § 192 Rn. 1; H/Knittel § 192 Rn. 1; Köhler SdL 2003, 231, 238; Weisner
Mitt. bayer. LVAen 2003, 459, 465; Zeihe § 192 Rn. 1 b*). Sie ist eine Schadensersatzregelung (s. *BT-Drucks. 14/5943 Seite 28; ML § 192 Rn. 1a; H/Knittel § 192
Rn. 1; Köhler SdL 2003, 231, 238; Bley § 192 Anm. 7 Buchst. c; Zeihe § 192
Rn. 1 b*). Sie lässt auch abweichend von § 193 Abs. 4 die Erstattung von Aufwendungen der Behörde sowie der Körperschaft oder Anstalt des öffentlichen Rechts
zu (*Bley § 192 Anm. 1 Buchst. b*). § 192 gestattet, „einem Beteiligten Kosten aufzuerlegen, obgleich er voll obsiegt hat" (*Bley § 192 Anm. 1 Buchst. b*).

28   Die Regelung des § 192 a. F. war zum Teil umstritten (s. u. a. *Heinze DAng-
Vers. 1966, 269; RK § 184 Rn. 1, 2*). Sie ist aber verfassungsgemäß; auch § 34
BVerfGG kennt eine Missbrauchsgebühr (s. *BSG Beschluss vom 14. 8. 1986 –
2 BU 39/86*). Ihr im Rahmen eines gerichtskostenfreien Verfahrens und der
grundsätzlich fehlenden Erstattungspflicht für die zur zweckentsprechenden
Rechtsverfolgung der Behörde und der Körperschaft oder Anstalt des öffentlichen Rechts entstandenen Kosten jede Berechtigung abzusprechen, dürfte ebenso unzutreffend sein, wie zu übersehen, dass sie „nur geringe praktische Bedeu-

tung erlangt hat" (*Bley § 192 Anm. 1 Buchst. b*) und eine „seltene Ausnahme darstellt" (*BSG SozR Nr. 3 zu § 192 SGG*, s. auch *SozR Nr. 4 zu § 192 SGG*: ausnahmsweise). Sie wird auch als „ein recht stumpfes Schwert" bezeichnet (*ML § 192 Rn. 1*). Jedoch ist es auch nicht ihr Sinn, durch ihre Androhung den Kläger zur Klagerücknahme zu bewegen (s. BT-Drucks. 17/4987).

Die Vorschrift gilt nur für Verfahren, in denen nicht nach § 197a das GKG anwendbar ist (*Wenner SozSich 2001, 422, 426*). § 38 GKG enthält jedoch eine ähnliche Regelung (s. zum früheren § 34 GKG schon *Berende SGb 2002, 315, 317*).

1.4.1 *Betroffene Beteiligte* 29

Voraussetzung für die Auferlegung von Kosten nach § 192 ist, dass entweder der Beteiligte selbst oder sein Vertreter oder sein Bevollmächtigter Kosten verursacht hat. Anders als im Rahmen des § 191 (s. Rn. 18) ist aber bei § 192 der Kreis der Beteiligten nicht auf natürliche Personen beschränkt (*SG Dortmund Beschluss vom 2. 8. 1993 – S 13 (4) J 20/92; Hk-SGG/Groß § 192 Rn. 6; RK § 184 Rn. 9; Weisner Mitt. bayer. LVAen 2003, 459, 465; Bley § 192 Anm. 2 Buchst. a; Zeihe § 192 Rn. 5; a. A. ML § 192 Rn. 2*). Dagegen spricht nicht die nunmehr zusätzliche Regelung in Abs. 4 des § 192, die für Behörden einen weiteren Grund für die Auferlegung von Verschuldenskosten enthält. Während das Gericht nicht das persönliche Erscheinen einer juristischen Person anordnen kann und insoweit deshalb eine Sonderregelung in § 111 Abs. 3 besteht, können die in § 192 enthaltenen Tatbestände nicht nur von natürlichen Personen, sondern auch von Vertretern und Bevollmächtigten juristischer Personen verwirklicht werden (*Bayer. LSG Breithaupt 2005, 808*). Seit Inkrafttreten des neuen § 192 Abs. 4 am 1. 4. 2008 kann das Gericht einer Behörde nur die Kosten ganz oder teilweise auferlegen, die dadurch verursacht wurden, dass die Behörde erkennbare und notwendige Ermittlungen im Verwaltungsverfahren unterlassen hat, die im gerichtlichen Verfahren nachgeholt wurden. Die Entscheidung ergeht durch gesonderten Beschluss. Vertreter des Beteiligten i. S. des § 192 können die eines nicht prozessfähigen Beteiligten oder die einer juristischen Person, die am Verfahren beteiligt ist, oder die besonderen Vertreter i. S. des § 72 sein (*Bley § 192 Anm. 2 Buchst. b*). Bevollmächtigte sind die Prozessbevollmächtigten i. S. des § 73. Das Handeln von Vertretern oder der Bevollmächtigten wird auch hier nach allgemeinen Grundsätzen dem Beteiligten zugerechnet. Sie können dem von ihnen vertretenen Beteiligten aber im Innenverhältnis haften. Dem Vertreter oder dem Prozessbevollmächtigten selbst konnten nach § 192 a. F. Kosten nicht auferlegt werden, da er kein Beteiligter ist (*Hess. LSG Breithaupt 1975, 717, 718; a. A. SG Oldenburg Breithaupt 1956, 767*). Nunmehr ist dies nach § 192 Abs. 1 Satz 2 möglich (a. A. *RK § 192 Rn. 10, 11; H/Knittel § 192 Rn. 2; ML § 192 Rn. 2*). Soweit die Gegenmeinung in dieser Vorschrift lediglich eine Regelung sieht, wonach sich der Beteiligte das Verhalten seines Vertreters oder Bevollmächtigten zurechnen lassen muss, erscheint das nicht überzeugend. Dies ergibt sich schon aus allgemeinen Grundsätzen, sodass es einer besonderen Regelung (zudem nur) in dieser Vorschrift nicht bedurft hätte. Außerdem stehen diese Personen dem Beteiligten gleich (s. auch Rn. 38). Ist jemand ohne Vollmacht als Prozessbevollmächtigter aufgetreten, so kann sein Handeln dem Beteiligten, für den er vollmachtslos aufgetreten ist, nicht zugerechnet werden. S. auch Rn. 37, 38.

30 *1.4.2 Verschleppung, Missbräuchlichkeit*

31 Der Beteiligte oder sein Vertreter oder sein Bevollmächtigter mussten mutwillig gehandelt haben. Dafür reichte es nicht aus, dass die Rechtsverfolgung objektiv aussichtslos war und ein verständiger Beteiligter von der weiteren Prozessführung abgesehen haben würde (*BSG SozR Nr. 4 zu § 192 SGG; BSG SozVers 1955, 55; LSG NJW Breithaupt 1994, 70*).

32 Mit Wirkung vom 2. 1. 2002 wurde § 192 Abs. 1 durch das 6. SGG-ÄndG vom 17. 8. 2001 (*BGBl. I 2144*) geändert und enthält nunmehr zwei Tatbestände.

33 Den Beteiligten (s. Rn. 29, also nicht Zeugen oder Sachverständigen, *Weisner Mitt. bayer. LVAen 2003, 459, 465*) können nach § 192 Abs. 1 Satz 1 Nr. 1 – Verschleppung – Kosten auferlegt werden, die dadurch verursacht sind, dass durch Verschulden der Beteiligten die mündliche Verhandlung vertagt oder die Anberaumung eines neuen Termins zur mündlichen Verhandlung nötig geworden ist. Es muss eine „mündliche Verhandlung" vertagt oder der Termin einer festgesetzten, aber noch nicht begonnenen mündlichen Verhandlung aufgehoben und neu anberaumt worden sein. Ein Erörterungstermin reicht nach dem insoweit klaren Wortlaut des Gesetzes nicht aus (*Berendes SGb 202, 315, 317; ML § 192 Rn. 4; H/Knittel § 192 Rn. 4; Jansen/'Straßfeld § 192 Rn. 5; Hk-SGG/Groß § 192 Rn. 5; Weisner Mitt. bayer. LVAen 2003, 459, 465*; anders als im Rahmen der Nr. 2 s. Rn. 36). Der Begriff der Vertagung in § 192 Abs. 1 Satz 1 Nr. 1 Alt. 1 SGG setzt nicht voraus, dass ein neuer Termin nach dem Beginn des Termins anberaumt worden ist; nach Systematik und Zielsetzung des § 192 Abs. 1 Satz 1 Nr. 1 SGG liegt eine Vertagung auch dann vor, wenn ein anberaumter Termin durchgeführt worden ist, der Prozess wegen des Fehlens eines Beteiligten nicht zum Abschluss gebracht werden konnte und deshalb ein neuer Termin geplant war (*LSG Niedersachsen/Bremen NdsRpfl 2004, 140*). Die Vertagung oder der neue Termin müssen nötig geworden sein. Daraus folgt, dass im Rahmen der Amtsermittlungen (s. Kap. III Rn. 5 ff.) die Vertagung oder der neue Termin auch von Amts wegen anberaumt werden kann, ohne dass allein schon deshalb die Auferlegung von Kosten ausscheidet (*ML § 192 Rn. 4*). Wird auf Antrag vertagt oder neuer Termin bestimmt, so muss dieser Antrag nicht rechtsmissbräuchlich oder unnötig sein, da es auf die sachliche Notwendigkeit der Vertagung oder des neuen Termins ankommt. Ein nicht der Sachaufklärung dienender neuer Termin ist nicht nötig im Sinne dieser Vorschrift.

34 Verschulden liegt schon bei leichter Fahrlässigkeit vor (*ML § 192 Rn. 5; Hk-SGG/ Groß § 192 Rn. 6; Jansen/Straßfeld § 192 Rn. 6; Berendes SGb 2002, 315, 317*). Eine Einschränkung dieses allgemeinen Maßstabes des Verschuldens (s. § 276 BGB) auf Vorsatz oder grobe Fahrlässigkeit bedarf es nicht, da unbillige Härten im Rahmen der Ermessensentscheidung des Gerichts vermieden werden können.

Dem Beteiligten (s. Rn. 29) können außerdem Kosten auferlegt werden, wenn   35
er den Rechtsstreit fortführt, obwohl ihm vom Vorsitzenden die Missbräuchlichkeit in der Rechtsverfolgung oder -verteidigung dargelegt und er auf die Möglichkeit der Kostenauferlegung bei Fortführung des Rechtsstreites hingewiesen worden ist (s. § 192 Abs. 1 Staz 1 Nr. 2). Der Gesetzentwurf der Bundesregierung
zum 6. SGG-ÄndG sah zunächst vor, den Begriff des Mutwillens durch den der
„offensichtlichen Aussichtslosigkeit der Rechtsverfolgung oder -verteidigung" zu
ersetzen. Die amtliche Begründung (*BT-Drucks. 14/5143 S. 28*) gibt keine Erklärung hierfür. Ihr kann allerdings entnommen werden, dass eine Anlehnung an
§ 34 des Bundesverfassungsgerichtsgesetzes angestrebt war. Auf Antrag des Bun-
destagsausschusses für Arbeit und Sozialordnung wurde der Terminus „offensichtliche Aussichtslosigkeit" durch den der „Missbräuchlichkeit" ersetzt. In der
Begründung hierzu (*BT-Drucks. 14/6335 S. 33*) wird dies damit begründet, dass
auf den Tatbestand der „offensichtlichen Aussichtslosigkeit" verzichtet werden
könne, weil er ein Unterfall der Missbräuchlichkeit der Rechtsverfolgung sei.
Eine Erklärung, weshalb der Begriff der Mutwilligkeit aufgegeben wurde, enthält
auch dieser Bericht nicht. Ein Missbrauch i. S. des § 192 Abs. 1 Satz 1 Nr. 2 ist nur
dann anzunehmen, wenn die Rechtsverfolgung von jedem Einsichtigen als völlig
aussichtslos angesehen werden muss (*BVerfG NZS 2011, 257 zu § 34 BVerfGG;
LSG NRW SGb 2004, 482*). Die offensichtliche Aussichtslosigkeit der Rechtsverfolgung oder -verteidigung wird somit regelmäßig eine Voraussetzung für die Bewertung des Handelns des Beteiligten als missbräuchlich bilden. Sie reicht aber
nicht für den Vorwurf der Missbräuchlichkeit aus (*ML § 192 Rn. 9*), der auch ein
subjektives Handlungselement enthält (*Wenner SozSich. 2001, 422, 427; Kummer
SGb 2001, 706, 719*; a. A. *Berendes SGb 2002, 315, 318*: rein objektiv bestimmen-
des Element, ebenso *Jansen/Straßfeld § 192 Rn. 8*). So ist z. B. ein Klageverfahren
einschließlich eingelegter Rechtsmittel zwar offensichtlich aussichtslos, wenn ein
Anspruch geltend gemacht wird, der nach dem klaren Gesetzeswortlaut nicht besteht; dennoch wird diese Rechtsverfolgung dann nicht missbräuchlich sein, wenn
sie lediglich deshalb durchgeführt wird, um nach Erschöpfung des Rechtsweges
eine Verfassungsbeschwerde einzulegen, weil die klare Gesetzesvorschrift als verfassungswidrig angesehen wird. Nur wenn kein sachlicher Grund vorliegt, ein offensichtlich aussichtsloses Klage- und/oder Rechtsmittelverfahren durchzuführen
oder weiter zu verfolgen, kann der Tatbestand des Missbrauchs erfüllt sein (s.
zum Handeln von Vertretern eines Sozialversicherungsträgers *Weisner Mitt. bayer. LVAen 2003, 459, 466*). Missbräuchlichkeit im Sinne von § 192 I 1 Nr. 2 SGG
wird nicht allein durch mangelnde Erfolgsaussichten der Rechtsverfolgung begründet, eine Aussichtslosigkeit von einem möglicherweise ausrichenden Ausmaß lässt sich auch nicht allein mit Rechtsprechung des Bundessozialgerichts begründen. Maßgeblich für die Beurteilung ist zumindest die Sicht des mit seinem
Einzelfall und möglicherweise erstmalig betroffenen Beteiligten (*LSG Sachsen-
Anhalt NZS 2003, 503*).

Anders als im Rahmen des § 192 Abs. 1 Satz 1 Nr. 1 setzt die Auferlegung von   36
Kosten nach § 192 Abs. 1 Satz 1 Nr. 2 weiter voraus, dass ihm vom Vorsitzenden
die Missbräuchlichkeit der Rechtsverfolgung oder -verteidigung dargelegt und er

auf die Möglichkeit der Kostenauferlegung bei Fortführung des Rechtsstreites hingewiesen worden ist. Der Hinweis muss sich sowohl auf die Missbräuchlichkeit der Rechtsverfolgung als auch auf die Möglichkeit der Kostenauferlegung beziehen (*LSG NRW SGb 2004, 482*). Dies hatte (s. unten) in einem Termin zu geschehen, sodass eine schriftliche Darlegung und Belehrung grundsätzlich nicht ausreichte. Selbst wenn sich der Beteiligte zunächst mit einer Entscheidung ohne mündliche Verhandlung einverstanden erklärt hatte, musste die nach dieser Vorschrift vorausgesetzte Darlegung in einem „Termin" – also anders als nach Nr. 1 (s. Rn. 33) in einem Erörterungstermin oder in einer mündlichen Verhandlung – erfolgen. Durch das Gesetz vom 23. 3. 2008 (BGBl. I 444) wurden die Worte „in einem Termin" gestrichen, sodass auch ein schriftlicher Hinweis auf die Möglichkeit der Kostenauferlegung ausreicht.

37 Ist nicht der Beteiligte, sondern nur sein Prozessbevollmächtigter zum Termin erschienen, so steht dieser auch insoweit dem Beteiligten gleich, sodass ihm gegenüber die Missbräuchlichkeit darzulegen und der Hinweis auf die Möglichkeit der Kostenauferlegung zu geben ist.

38 § 192 Abs. 1 Satz 2 beendet den Streit darüber, ob auch dem Bevollmächtigten Kosten auferlegt werden können (s. Rn. 29). Diese Möglichkeit besteht nunmehr, da die Gleichstellung des Bevollmächtigten bzw. des Vertreters mit dem Beteiligten nicht in einen der Tatbestände des Abs. 1 Satz 1 eingebettet, sondern selbstständig danach aufgeführt ist. Der Bevollmächtigte ist deshalb nicht nur im Sinne der erforderlichen Darlegung der Missbräuchlichkeit und der Möglichkeit der Kostenauferlegung (s. unten) dem Beteiligten gleichgestellt.

39 Die Voraussetzungen für die Auferlegung von Kosten nach § 192 entfallen nicht deshalb, weil nach der Entscheidung des Gerichts die Klage zurückgenommen wird (s. § 192 Abs. 3).

40 Ob Missbräuchlichkeit oder Verschleppung vorliegt, ist für jeden Rechtszug gesondert zu prüfen. Sind z. B. dem Revisionskläger in der Vorinstanz Kosten auferlegt worden, so folgt daraus noch nicht, dass er auch im Revisionsverfahren missbräuchlich handelt (*BSG SozR Nr. 3 zu § 192 SGG*). Das kann z. B. nicht der Fall sein, wenn er einen – ggf. auch verursachten – Verfahrensfehler des Berufungsgerichts geltend macht. Erst recht kann sich die Verschleppung oder Missbräuchlichkeit nur auf eine Instanz beziehen. Hat z. B. ein Beteiligter durch Verschleppung oder Irreführung verursacht, dass im Verfahren vor dem LSG Zeugen vernommen oder weitere Sachverständige gehört werden müssen, so sind zwar die durch die dann im Berufungsverfahren nachgeholte Beweisaufnahme keine dadurch entstandenen Kosten, wohl aber ggf. die Kosten, die dadurch entstehen, dass ein Berufungsverfahren anhängig gemacht werden musste. Nimmt der Kläger z. B. im Berufungsverfahren nach Durchführung der Beweisaufnahme die Berufung zurück oder erkennt der beklagte Leistungsträger den Anspruch aufgrund der durch das Verhalten des Klägers erst im Berufungsverfahren durchgeführten Beweisaufnahme an, so können die Gerichtskosten des Berufungsverfahrens im Rahmen des § 192 ebenso dem Beteiligten auferlegt werden wie die im Berufungs-

verfahren anfallende Pauschgebühr. Die Frage der Auferlegung von Kosten ist in jedem Rechtszug auch deshalb gesondert zu prüfen, weil das Rechtsmittelgericht die Frage, ob die Voraussetzung für die Verhängung von Kosten nach § 192 erfüllt ist, anders als das Gericht der Vorinstanz beurteilen kann (s. *BSG SozR Nr. 3 zu § 192 SGG*).

1.4.3 Entstandene Kosten
41

Durch die verschuldete Vertagung oder die Anberaumung eines neuen Termins müssen ebenso wie bei der rechtsmissbräuchlichen Rechtsverfolgung Kosten verursacht worden sein. Für die Beurteilung, ob ein Kausalzusammenhang zwischen den Tatbeständen des § 192 Abs. 1 und den entstandenen Kosten besteht, ist auch hier die allgemein im Sozialrecht geltende Theorie der wesentlichen Bedingung maßgebend (*Bley § 192 Anm. 6 Buchst. a*), obgleich hier nicht alle Gründe vorliegen, die sonst für diese Theorie sprechen (s. *Krasney in Becker/Burchardt/Krasney/Kruschinsky, Gesetzliche Unfallversicherung (SGB VII), § 8 Rn. 308 ff., 323–325; a. A. Köhler SdL 2003, 231, 240*). Kosten können danach auch verursacht sein, wenn sich das Gericht täuschen lässt, sofern nur das Verhalten des Beteiligten wesentlich war; eine wesentlich allein im Verantwortungsbereich des Gerichts liegende unsachgemäße Prozessführung schließt den Kausalzusammenhang aus (*ML § 192 Rn. 11*). Für Behörden ist die Sonderregelung in § 192 Abs. 4 zu beachten (s. Rn. 29).

Kosten können vor allem dem Gericht entstanden sein, z. B. durch die Beweisaufnahme, insbesondere die Einholung eines ohne die Irreführung nicht erforderlichen Gutachtens, durch die Auslagen für Zeugen, die ohne das dem Beteiligten anzurechnende Verhalten i. S. des § 192 nicht vernommen worden wären oder – z. B. bei Prozessverschleppung – schon im ersten Termin, zu dem der Beteiligte nicht erschien, hätten erschöpfend vernommen werden können. Dem Gericht entstehen jedoch darüber hinaus durch jeden Prozess allgemeine Gerichtskosten, die durch die Pauschgebühr nicht voll abgegolten sind. Auch sie können im Rahmen des § 192 auferlegt werden. Kostenschuldner kann auch eine Körperschaft oder Anstalt des öffentlichen Rechts oder eine Behörde sein, wenn ihr ein entsprechendes Handeln zuzurechnen ist. Bei den aufzuerlegenden allgemeinen Gerichtskosten ist allerdings die Pauschgebühr zu berücksichtigen. § 192 enthält eine Schadensersatzregelung (s. Rn. 27), für die nach § 287 ZPO i. V. m. § 202 SGG eine Schätzung erfolgen kann (*BSG Beschluss vom 14. 8. 1986 – 2 BU 39/86*). Zur Feststellung und Schätzung von allgemeinen Gerichtskosten s. u. a. *BSG SGb 1968, 72, SG Koblenz ZfS 1975, 163 und 1976, 216, LSG NRW Breithaupt 1983, 91, 94, LSG Berlin KOV-Mitt. Berlin 1977, 59 und Breithaupt 1985, 712, LSG Bremen SozSich. 1983, 396; Franzen NJW 1974, 784* – Kosten einer Richterstunde. S. hier Rn. 45 zum Mindestkostenbetrag.

Aber auch dem oder den anderen Beteiligten können Kosten entstanden sein. § 192 beschränkt sich nicht auf die dem Gericht durch die Tatbestände des Abs. 1 dieser Vorschrift entstandenen Kosten (*ML § 192 Rn. 13*). Diese können z. B. bei einem missbräuchlich eingelegten Rechtsmittel durch die entsprechende Pausch-

42

43

gebühr (*BSG SozR Nr. 5 zu § 192 SGG*) oder bei rechtsmissbräuchlich nicht angenommenem Anerkenntnis oder Vergleich die dadurch nicht eingetretene Verminderung der Pauschgebühr (s. Rn. 14; *ML § 192 Rn. 15; Bley § 192 Anm. 6 Buchst. c*). Die Personen i.S. des § 184 Abs. 1 i.V.m. § 183 bleiben aber für das Gericht weiterhin Schuldner der Pauschgebühr (*BSG SozR Nr. 3 zu § 192 SGG*), der Gegner hat sie ihnen lediglich aufgrund der Entscheidung nach § 192 zu ersetzen (s. *BSG Nr. 5 zu § 192 SGG*). Dadurch wird auch vermieden, dass das Gericht entsprechende Kosten zweimal erstattet erhält. Zur Aufrechnung des Versicherungsträgers mit einem Anspruch auf Erstattung von Kosten gem. § 192 gegen eine von ihm zu zahlende Rente s. *BSG SozR Nr. 10 zu § 1301 RVO*. Dem Gegner können außerdem Kosten verursacht worden sein durch die Wahrnehmung eines wegen Verschleppung durch den Gegner nicht durchgeführten Termins (s. *BSG MDR 1965, 862, 863*). Die Kosten eines bereits missbräuchlich durchgeführten Verwaltungsverfahrens fallen allerdings nicht unter § 192. Wie bereits aufgezeigt, können grundsätzlich auch Körperschaften und Anstalten des öffentlichen Rechts Schuldner von Kosten gegenüber dem Gegner sein. Dies wird aber hauptsächlich dann in Betracht kommen, wenn der Gegner ebenfalls eine Körperschaft oder Anstalt des öffentlichen Rechts oder eine Behörde ist, deren Prozesskosten nach § 193 Abs. 4 nicht erstattungsfähig sind. Sind einer natürlichen Person durch eine Körperschaft oder Anstalt des öffentlichen Rechts ihr anzulastende Tatbestände des § 192 Abs. 1 Satz 1 Kosten verursacht worden, so dürfte regelmäßig die einfachere und auch zweckmäßigere Kostenerstattung auch dann im Rahmen des § 193 erfolgen, wenn die natürliche Person im Prozess nicht obsiegt. Wiederum (s. Rn. 40) ist zu beachten, dass ein Beteiligter Kosten nicht zweimal – nämlich durch § 192 als auch durch § 193 – erstattet erhält.

44   Die Entscheidung, ob und in welcher Höhe („ganz oder teilweise auferlegen") Kosten nach § 192 aufzuerlegen sind, steht im Ermessen des Gerichts (*ML § 192 Rn. 16; Hk-SGG/Groß § 192 Rn. 29; Bley § 192 Anm. 7 Buchst. a und b; Zeihe § 192 Rn. 2, 6*; s. aber auch Rn. 45). Sowohl für die Entscheidung, ob verursachte Kosten nach § 192 aufzuerlegen sind, als auch für die Höhe dieser Kosten sind alle Umstände des Einzelfalles zu beachten. Jedenfalls dürfen nicht mehr als die durch die Tatbestände des § 192 Abs. 1 Satz 1 verursachten Kosten auferlegt werden (s. aber Rn. 45), da – wie eingangs erwähnt – § 192 keine Strafvorschrift ist. Sieht das Gericht die Tatbestände des § 192 Abs. 1 Satz 1 nicht schon in der Klageerhebung, sondern erst später in der Fortsetzung des Verfahrens, so dürfen nur die durch den Fortgang des Verfahrens entstandenen Kosten auferlegt werden (*LSG Berlin KOV-Mitt. Berlin 1977, 59*). Insbesondere bei den allgemeinen Gerichtskosten ist aber eine Schätzung zulässig (*BSG Beschluss vom 14.8.1986 – 2 BU 39/86*); allerdings darf es sich nicht nur um eine „gegriffene" Pauschalierung handeln (*Bley S. 192 Anm. 7 Buchst. c*). Wo allerdings die Kosten genau bezifferbar sind (z.B. bei Auslagen für eine wegen Verschleppung nicht durchgeführte Beweisaufnahme), darf über diese Auslagen hinaus nicht geschätzt werden.

45   § 192 Abs. 1 Satz 3 legt nunmehr einen verursachten Mindestkostenbetrag in Höhe der jeweiligen Pauschgebühr fest. Es ist der Betrag, der mindestens durch die Tatbestände des § 192 Abs. 1 Satz 1 als verursacht anzusehen ist. Da das Gericht aber nach seinem Ermessen darüber entscheidet, ob es die Kosten ganz oder teilweise auferlegen will, kann es auch insoweit den Mindestkostenbetrag entweder ganz oder teilweise den Beteiligten auferlegen (*ML § 192 Rn. 18; Hk-SGG/ Groß § 192 Rn. 12*). § 192 Abs. 1 Satz 3 besagt (anders als Abs. 2 Satz 1 – s. nachfolgend) nicht, dass Kosten mindestens in Höhe des Betrages nach § 184 Abs. 2 auch festzusetzen sind, sie gelten nur als verursacht in dieser Höhe. Dagegen enthält § 192 Abs. 2 einen Mindestkostenbetrag in Höhe des Betrages nach § 184 Abs. 2, da hier eine nur teilweise Kostenerstattung nicht vorgesehen ist (Pauschgebühr).

Die Kosten sind entweder in einem bestimmten Betrag vom Gericht festzusetzen oder vom Gericht ausreichend bestimmbar zu bezeichnen, z. B. „die Kosten für die Erstattung des Gutachtens durch …" oder die Kosten für die „Ladung der Zeugen … zum Termin vom …" oder „die Pauschgebühr für das Berufungsverfahren".   46

1.4.4 Entscheidung des Gerichts   47

Beendet das Gericht das bei ihm anhängige Verfahren durch Urteil, so hat es in ihm auch über die Kosten nach § 192 zu entscheiden.   48

Ein nach § 169 ergehender Beschluss ist i. S. der Kostenvorschriften der §§ 192, 193 einem Urteil gleichzustellen (*BSG SozR Nr. 1 zu § 192 SGG*). Deshalb muss in dem Beschluss die Entscheidung über Kosten nach § 192 enthalten sein (*Bley § 192 Anm. 8 Buchst. b*).   49

Enthält die Kostenentscheidung des Urteils oder des diesem gleichstehenden Beschlusses keine Verurteilung zur Erstattung von Kosten nach § 192, so liegt darin die negative Entscheidung, dass Kosten insoweit nicht zu erstatten sind (s. *BSG SozR Nr. 3 zu § 192 SGG; ML § 192 Rn. 19*). Eine Ergänzung der Kostenentscheidung nach § 140 hält das BSG (*SozR Nr. 3 zu § 192 SGG*) nicht für zulässig (ebenso *ML § 192 Rn. 19; H § 192 Anm. 4*). Auch ein nachträglicher Beschluss über die Auferlegung von Kosten nach § 192 ist unzulässig (*Bayer. LSG Breithaupt 1958, 594, 596; Bley § 192 Anm. 7 Buchst. d; RK § 192 Rn. 27*). Das gilt nach dem BSG selbst dann, wenn ein ausdrücklicher Antrag des Gegners vorgelegen hat (*BSG SozR Nr. 3 zu § 192 SGG;* ebenso *Bley § 192 Anm. 7 Buchst. f*, der ein Eingehen auf diesen Antrag lediglich in den Entscheidungsgründen „empfiehlt").   50

Die Entscheidung hat von Amts wegen zu erfolgen (*RK § 192 Rn. 26*); ob das Gericht Kosten nach § 192 verhängt, steht in seinem Ermessen. Wurde das Verfahren anders als durch Urteil oder einen diesem gleichgestellten Beschluss beendet, ergeht die Entscheidung ebenfalls durch Beschluss und ebenfalls von Amts wegen. § 192 verweist nicht auch auf § 193 Abs. 1 Satz 3 und setzt selbst keinen Antrag voraus.   51

Dem Betroffenen ist Gelegenheit zu geben, sich vor der Entscheidung zu äußern. Bei einer Kostenauferlegung nach § 192 Abs. 1 Satz 1 Nr. 2 wegen Miss-   52 bräuchlichkeit der Rechtsverfolgung oder -verteidigung muss darüber hinaus die oben zu Rn. 35 angeführte Belehrung durch den Vorsitzenden erfolgen.

53   Die Entscheidung nach § 192 im Urteil oder in einer diesem gleichstehenden Entscheidung ist nicht gesondert für sich allein, sondern nur mit der Entscheidung in der Sache selbst anfechtbar (s. *BSG SozR Nr. 2 zu § 192 SGG*). Die Rüge, das LSG habe einem Beteiligten zu Unrecht Mutwillenskosten nach § 192 auferlegt, betrifft den Inhalt der Entscheidung; sie bezieht sich nicht auf das Verfahren und ist deshalb keine Rüge i. S. d. § 150 Nr. 2 und § 160 Abs. 2 Nr. 3 (s. *BSG SozR Nr. 2 zu § 192 SGG*). Wird das Urteil in der Rechtsmittelinstanz im vollen Umfange aufgehoben, so entfällt auch die Auferlegung von Mutwillenskosten, sodass bei einer Aufhebung und Zurückverweisung zur erneuten Verhandlung und Entscheidung an das LSG dieses auch über die Verhängung von Mutwillenskosten erneut zu entscheiden hat. Bei nur teilweiser Änderung des angefochtenen Urteils kommt es darauf an, ob das Urteil auch hinsichtlich der Kosten nach § 192 geändert oder der Rechtsstreit nur im übrigen zurückverwiesen wird. Nimmt der Rechtsmittelkläger das Rechtsmittel zurück, so bleibt das angefochtene Urteil im vollen Umfange und somit auch hinsichtlich einer Entscheidung nach § 192 bestehen. Nimmt der Kläger allerdings im Rechtsmittelverfahren die Klage zurück, so werden das oder die bisher ergangenen Urteile zwar hinfällig, eine Entscheidung über die Kosten nach § 192 in den angefochtenen Urteilen wird nunmehr aber nach § 192 Abs. 2 Satz 2 nicht mehr unwirksam.

54   Ob gegen eine Entscheidung über Kosten nach § 192 durch Beschluss des SG die Beschwerde nach § 172 (s. Kap. X Rn. 7) ohne Rücksicht darauf gegeben ist, ob in der Hauptsache die Berufung zulässig gewesen wäre, war umstritten (s. bejahend: *Bayer. LSG Breithaupt 1957, 970, LSG NRW Breithaupt 1961, 670; ML § 192 Rn. 21; Hk-SGG/Groß § 192 Rn. 34; Bley § 192 Anm. 8 Buchst. d; Zeihe § 192 Rn. 16 d; LSG Niedersachsen Dienstbl. BA C SGG § 172; LSG Rheinland-Pfalz Breithaupt 1975, 452; a. A. Schlesw.-Holst. LSG Breithaupt 1975, 77; P/S/W § 191 Anm. 5*). Die Streitfrage ist nunmehr im Sinne der zuletzt angeführten Meinung in § 172 Abs. 3 Nr. 4 mit der zusätzlichen Voraussetzung eines 200 Euro übersteigenden Beschwerdegegenstandes entschieden. Ob es in § 172 Abs. 3 Nr. 4 richtig § 192 „Absatz 4" statt Absatz 2 heißen muss (so *Hk-SGG/Groß § 192 Rn. 34*), ist strittig (a. A. *ML § 177 Rn. 6*). Ein Redaktionsversehen ist bei dem klaren Wortlaut nicht zulässig, da es auch Sinn haben kann, bei Absatz 4 des § 192 die Beschwerde unabhängig vom Beschwerdewert nicht auszuschließen.

55   **1.5 Kostenerstattung unter den Beteiligten – § 193 SGG**

56   Während die Freiheit von Gerichtskosten (s. Rn. 2) sich auf das Verhältnis zwischen den Beteiligten und der Staats-(Justiz-)Kasse bezieht und die Pauschgebühr (s. Rn. 4) ein Anspruch der Staatskasse gegen die beteiligten Körperschaften und Anstalten des öffentlichen Rechts ist, betrifft § 193 die Kostenerstattung der Beteiligten untereinander. In seinem Inhalt unterscheidet er sich auch von der Kostenerstattung nach § 192. Diese kann zwar ebenfalls zu einer Kostenerstattung zwischen den Beteiligten führen, erfasst aber auch eine Erstattung an die Staats-

kasse und hängt von anderen Voraussetzungen ab. Zur Kostenerstattung bei außergerichtlicher Tätigkeit von Rechtsanwälten s. *Madert/Tacke – vor Rn. 1 – S. 79 ff.*

1.5.1 Grundsätze der Kostenerstattung

57

Das Gericht hat im Urteil zu entscheiden, ob und in welchem Umfange die Beteiligten einander Kosten zu erstatten haben; es entscheidet auf Antrag durch Beschluss, wenn das Verfahren anders beendet wird (§ 193). Anders als im Verfahren nach § 197a (s. Rn. 137), in dem § 193 nicht anwendbar ist, ist in den Verfahren i. S. der §§ 183 ff. hinsichtlich der Kostenentscheidung nicht erforderlich, zwischen der Rücknahme der Klage oder eines anderen Rechtsbehelfes und der Erklärung, der Rechtsstreit sei in der Hauptsache erledigt, zu unterscheiden (*Krasney, M. SGb 2005, 57, 97*).

Diese Vorschrift geht den Regelungen in den §§ 91 ff. ZPO über die Kostenerstattung vor, die auch nicht über § 202 SGG entsprechend anwendbar sind (*BSG SozR Nr. 3 zu § 193 SGG, SozR 1500 § 193 Nr. 8, SozR 3-1500 § 193 Nr. 2; LSG NRW SGb 1996, 674 mit zustimmender Anm. von Roos; ML § 193 Rn. 1a; Jansen/Straßfeld § 193 Rn. 10; Bley § 193 Anm. 2 Buchst. d; Zeihe § 193 Rn. 1 c; Knickrehm SGb 1996, 650; s. aber auch Rn. 50 ff.*). Die Gerichte sind demnach nicht an die starren zivilprozessualen Regelungen gebunden. Sie entscheiden über die Kosten nach „sachgemäßem richterlichen Ermessen" (*BSGE 17, 124, 128; Bayer. LSG Breithaupt 1998, 948*).

58

Dennoch enthalten die Regelungen der ZPO allgemeine Grundsätze über die Erstattung von Prozesskosten, die wiederum in der Praxis auch der Gerichte der Sozialgerichtsbarkeit nicht unbeachtet bleiben. „Die Kostenentscheidung richtet sich im sozialgerichtlichen Verfahren nach dem sachgemäßen richterlichen Ermessen, wobei der Ausgang des Verfahrens in der Regel die Kostenverteilung bestimmt" (*BSGE 17, 124, 128; BSG SozR 3-1500 § 193 Nr. 2 – einschränkend; LSG NRW Breithaupt 1991, 173 und 1996, 452; LSG Baden-Württ. Breithaupt 1995, 158; LSG Ndr-Bremen Breithaupt 2006, 436; Bley § 193 Anm. 2 Buchst. d; ML § 193 Rn. 1a und 12a; Jansen/Straßfeld § 193 Rn. 10; Hk-SGG/Groß § 193 Rn. 20, 21; H/Knittel § 193 Rn. 22*). In der Regel wird deshalb auch im sozialgerichtlichen Verfahren nach dem Grundsatz entschieden, dass der unterlegene Beteiligte seine Kosten des Verfahrens grundsätzlich selbst zu tragen hat (so – sehr streng – *Legde SGb 1996, 468*). Ebenso kann berücksichtigt werden, wer den Rechtsstreit oder auch nur das maßgebende Rechtsmittel verursacht hat (*Hk-SGG/Groß § 193 Rn. 22; s. auch hier Rn. 61*). Aber bereits der im Zivilprozess maßgebende weitere Teil des Grundsatzes, nämlich dass die unterlegene Partei darüber hinaus der obsiegenden Partei deren Prozesskosten zu erstatten hat (s. § 91 Abs. 1 Satz 1 ZPO), gilt schon kraft Gesetzes nur sehr beschränkt; denn nach § 193 Abs. 4 sind nicht erstattungsfähig die Aufwendungen der Behörden, der Körperschaften und Anstalten des öffentlichen Rechts. Die Aufwendungen einer Körperschaft des öffentlichen Rechts sind nach § 193 Abs. 4 Satz 1 auch dann

59

nicht erstattungsfähig, wenn der streitige Anspruch zivilrechtlicher Natur ist (z. B. private Pflegeversicherung) (*BSG SozR 3-3300 § 40 Nr. 3*).

Im sozialgerichtlichen Verfahren entstehen grundsätzlich keine Gerichtskosten (s. Rn. 2), so beschränkt sich demnach die Kostenentscheidung nach § 193 Abs. 1 darauf, ob einer natürlichen Person oder einer juristischen Person, die nicht zu den von § 193 Abs. 4 erfassten Beteiligten gehört, deren – außergerichtliche – Prozesskosten zu erstatten sind. Dabei kann der Kläger, auch wenn er eine natürliche Person ist, dem Gegner dessen Kosten zu erstatten haben, wenn dieser ebenfalls eine natürliche Person ist, wie dies z. B. bei einer Klage eines freiwillig versicherten Arbeitnehmers gegen seinen Arbeitgeber auf Zahlung des Arbeitgeberanteils zum Beitrag in der gesetzlichen Krankenversicherung nach § 257 SGB V der Fall sein kann (s. *BSGE 44, 51, 54 = SozR 2200 § 405 Nr. 6*).

60   Obsiegen Personen, die nicht zu den in § 193 Abs. 4 genannten Stellen gehören, so hat regelmäßig der Gegner ihnen die Prozesskosten i. S. des § 193 Abs. 2 und 3 (s. Rn. 74 ff.) voll zu erstatten. Obsiegen diese Personen nur zum Teil, so hat ihnen der Gegner in der Regel auch die Kosten des Verfahrens nur zu dem Teil zu erstatten, der ihrem teilweisen Obsiegen entspricht. Verlieren diese Personen den Rechtsstreit, so haben sie regelmäßig die ihnen entstandenen Verfahrenskosten selbst zu tragen, brauchen aber dem Gegner, wenn er – in der Regel – eine Behörde oder Körperschaft oder Anstalt des öffentlichen Rechts ist und keine Ausnahme i. S. des § 193 Abs. 4 Satz 2 vorliegt, dessen Kosten i. S. des § 193 Abs. 2 und 3 nicht zu erstatten. Nach Rücknahme der Revision sind dem Revisionskläger die Kosten einer unselbstständigen Ausschlussrevision dann nicht aufzuerlegen, wenn diese unzulässig war (*BSG SozR 1500 § 193 Nr. 8; BSG SozR 3-1500 § 193 Nr. 9*).

61   Dies sind jedoch nur Grundsätze der sozialgerichtlichen Praxis, die durchaus ausnahmsweise auch andere Entscheidungen im Einzelfall rechtfertigen oder sogar gebieten (*BSG Urteil vom 24. 1. 1991 – 2 RU 62/89 –* insoweit nicht abgedruckt in BSGE und SozR; *BSG SozR 3-1500 § 193 Nr. 2*). Es gehört mit zu den Aufgaben einer verantwortungsbewussten, sorgsamen Prozessführung, nicht nur in der Sache selbst ggf. auf Alternativlösungen einzugehen und Hilfsanträge zu stellen, sondern auch für die Kostenentscheidung Hilfserwägungen zu unterbreiten für den Fall, dass dem Klageanspruch ganz oder zum Teil nicht stattgegeben wird. Es fällt auf, dass dem selbst dann nicht nachgekommen wird, wenn ein Beteiligter nach zwei negativen Gerichtsentscheidungen das Revisionsverfahren durchführt. Damit soll nicht allgemeinen Floskeln das Wort geredet werden, mit denen wenigstens eine günstigere Kostenentscheidung zu erreichen versucht wird. Das im sozialgerichtlichen Verfahren – wenn auch mit Recht – sowieso schon sehr begrenzte Kostenrisiko darf nicht durch die Rechtsprechung zu einem generellen Null-Tarif erweitert werden. Aber es sind bei der Kostenentscheidung grundsätzlich alle Umstände des Einzelfalles zu beachten (*ML § 193 Rn. 12b*).

Das BSG (*SozR Nr. 3 zu § 193 SGG*) hat zulasten des Klägers berücksichtigt, dass er „aus freien Stücken" auf die Fortführung des Verfahrens verzichtet habe.

Wesentlich ist jedoch der folgende Hinweis des BSG, dass außer der geringen Erfolgsaussicht der weiteren Fortführung des Verfahrens nichts im Wege gestanden hätte. So kann z. B. eine Behörde durch eine unrichtige Beratung oder unzutreffende Rechtsmittelbelehrung Anlass zur Klageerhebung gegeben haben (s. *BSGE 17, 124, 128; ML § 193 Rn. 12 b; Jansen/Straßfeld § 193 Rn. 12; Hk-SGG/Groß § 193 Rn. 22; Bley § 193 Anm. 2 Buchst. d*). Nimmt der Kläger nach Klarstellung während des Klageverfahrens seine Klage zurück, so kann in diesem Fall die Behörde dennoch zur vollen Kostentragung verurteilt werden, ebenso wenn erst im Klageverfahren – zulässigerweise – die maßgebenden Gründe nachgeschoben werden (*ML § 193 Rn. 12b* unter Hinweis auf *BSGE 17, 79, 84; Zeihe § 193 Rn. 7 i*). Allerdings kann auch zugunsten der Behörde im Einzelfall eine andere Kostenentscheidung gerechtfertigt sein, z. B. wenn das Begehren des Klägers erst aufgrund einer während des Verfahrens eingetretenen Gesetzesänderung begründet wird und die Behörde dieser Rechtsänderung durch ein unverzügliches Anerkenntnis Rechnung trägt (*BSG SozR 3-1500 § 193 Nr. 2; LSG NRW Breithaupt 1991 ,173; ML § 193 Rn. 12c; Zeihe § 193 Rn. 7c; Weisner Mitt. bayer. LVAen 2003, 459, 462*). Dies gilt auch bei einem unverzüglichen Anerkenntnis nach Änderung der tatsächlichen Verhältnisse (*LSG NRW SGb 1996, 674* mit zustimmender Anm. von *Roos; Roos SGb 1995, 333*; a. A. *Knickrehm SGb 1996, 650*). Zur Revisionsrücknahme s. auch Rn. 51. Ebenfalls zu Recht weist *ML* (*§ 193 Rn. 12b*; ebenso *Weisner Mitt. bayer. LVAen 2003, 459, 462*) darauf hin, dass die soziale Lage des Berechtigten nur als Korrektiv und nicht als tragender Grund für die Kostenentscheidung berücksichtigt werden kann. Dies gilt vor allem seit Einführung der Prozesskostenhilfe für alle Rechtszüge des sozialgerichtlichen Verfahrens.

In der Regel noch stärker als im Zivilprozess hat die höchstrichterliche Rechtsprechung in der Sozialgerichtsbarkeit oft über den entscheidenden Einzelfall hinaus für viele bereits in den unteren Instanzen anhängige und ggf. noch im Verwaltungsverfahren zurückgehaltene Streitfälle entscheidende Bedeutung. Kommt es zu einem für die Behörde ungünstigen Urteil, wird die Entscheidung auch bei den noch anhängigen Verfahren beachtet; diese Betroffenen brauchten somit nicht das Kostenrisiko eines Revisionsverfahrens und ggf. nicht einmal das eines Gerichtsverfahrens auf sich zu nehmen. Obsiegt die Behörde im Revisionsverfahren, so können sich die Betroffenen in den anderen noch anhängigen Gerichts- und Verwaltungsverfahren danach richten, ohne dem Kostenrisiko eines weiteren Verfahrens ausgesetzt gewesen zu sein, und die Behörde erspart sich weitere Gerichts- oder wenigstens Revisionsverfahren. Zwar trägt der Revisionskläger und auch der Revisionsbeklagte grundsätzlich auch dann das Prozessrisiko der letzten Instanz, wenn die Entscheidung für andere Verfahren entscheidungserheblich ist. Es gehört gerade zum Charakter höchstrichterlicher Entscheidungen, dass sie häufig über den Einzelfall hinausgehende Wirkungen haben. Werden aber bereits anhängige Verfahren in Übereinstimmung mit den jeweiligen Beteiligten zurückgestellt, um die Entscheidung eines Musterprozesses abzuwarten, so kann es gerechtfertigt sein, dem Betroffenen, der insoweit ohne sein Zutun das mit dem

62

Musterprozess verbundene Kostenrisiko auch im Interesse noch anderer Prozesse zu tragen hat, die Kosten des Revisionsverfahrens und ggf. sogar aller Rechtszüge auch dann zu erstatten, wenn er unterliegt (s. *BSG Urteil vom 24. 1. 1991 – 2 RU 62/89* – insoweit nicht veröffentlicht). Auch Körperschaften und Anstalten des öffentlichen Rechts ist dies zumutbar, da sie die trotz des Obsiegens in vielen anderen Verfahren sonst zu zahlende Pauschgebühr ersparen. Es gehört aber auch zu den Aufgaben des Prozessbevollmächtigten, insoweit vorsorglich entsprechende substanziierte Ausführungen zu machen und ggf. von der Beklagten entsprechende Auskünfte zu erfragen. Die Ausführungen dürfen sich – das sei wiederholt – insoweit nicht auf allgemeine Floskeln über die den einzelnen Fall überschreitende Bedeutung höchstrichterlicher Rechtsprechung beschränken, sondern erfordern einen substanziierten Vortrag.

63 Kostenschuldner kann jeder Beteiligte sein (vgl. *BSG SozR Nr. 10 zu § 184 SGG; ML § 193 Rn. 11*) oder gegenüber im Rahmen der Prozesskostenhilfe beigeordneten Rechtsanwälten die Bundes- oder Landeskasse (§§ 45 ff. RVG). Sind mehrere Beteiligte kostenpflichtig, so gilt § 100 ZPO entsprechend (§ 194 Satz 1). Danach haften mehrere Personen für die Kostenerstattung nach Kopfteilen, jedoch kann bei erheblicher Verschiedenheit der Beteiligung am Rechtsstreit nach dem Ermessen des Gerichts die Beteiligung zum Maßstab genommen werden (s. § 100 Abs. 1 und 2 ZPO). Zur Kostenpflicht des Trägers der Rentenversicherung bei einem Rechtsstreit gegen den Krankenversicherungsträger wegen der Gesamtsozialversicherungsbeiträge s. *LSG Niedersachsen Breithaupt 1972, 357.* Nach § 194 Satz 2 können den kostenpflichtigen Beteiligten die Kosten jedoch als Gesamtschuldner auferlegt werden, wenn das Streitverhältnis ihnen gegenüber nur einheitlich entschieden werden kann.

64 Sind mehreren Beteiligten Kosten zu erstatten, so sind diese aber nicht Gesamtgläubiger; jeder von ihnen hat vielmehr einen eigenen Erstattungsanspruch.

64a Die Beteiligten können jedoch unabhängig und abweichend von der gerichtlichen Kostenentscheidung eine andere Kostentragung vereinbaren (*Weisner Mitt. bayer. LVAen 2003, 459, 463*).

65 *1.5.2 Verfahren*

Die Kostenentscheidung des Gerichts ist eine Grundentscheidung; die Festsetzung der erstattungsfähigen Kosten trifft der Urkundsbeamte (s. Rn. 80 ff.). Die Grundentscheidung geht dahin, dass Kosten ganz oder nach bestimmten Bruchteilen oder dass Kosten nicht zu erstatten sind. Es ist aber nicht ausgeschlossen, anstelle der teilweisen Erstattung auch einen festen Betrag festzustellen (*ML § 193 Rn. 14a; Zeihe § 193 Rn. 4c*).

1.5.2.1 Urteil und gleichgestellte Entscheidungen

66 Das Gericht hat im Urteil von Amts wegen über die Kosten des Verfahrens zu entscheiden. Dem Urteil stehen gleich der Gerichtsbescheid (s. auch Kap. VI Rn. 217, Kap. IX Rn. 362) sowie Beschlüsse über die Zurückweisung der Beru-

fung nach § 153 Abs. 4 und über die Verwerfung der Berufung und der Revision als unzulässig (s. § 169; *BSG SozR Nr. 1 zu § 192 SGG*) und über die Verwerfung oder Zurückweisung der Nichtzulassungsbeschwerde nach § 160 a Abs. 4. Der Beschluss über die Zulassung der Revision aufgrund einer Nichtzulassungsbeschwerde enthält dagegen keine Kostenentscheidung, da die Kosten dieses Beschwerdeverfahrens denen des Revisionsverfahrens folgen *(BSG SozR 1500 § 193 Nrn. 2 und 7)*; der Beschwerdeführer hat aber die Kosten des Beschwerdeverfahrens zu tragen, wenn er die zugelassene Revision nicht einlegt *(BFH/NV 1991, 702; s. auch Rn. 67)*.

Keine Kostenentscheidung enthalten grundsätzlich (vgl. *ML § 193 Rn. 2 b*)   **67**
Teilurteile, jedoch ist auch hier eine Kostenentscheidung möglich bei Zurückweisung eines Rechtsmittels gegen ein Teilurteil und bei einem Teilurteil gegen mehrere Beteiligte *(ML § 193 Rn. 2 b)*. Ein Zwischenurteil enthält ebenfalls keine Kostenentscheidung sowie eine Vorabentscheidung über den Grund, soweit es nicht die Instanz abschließt *(ML § 193 Rn. 2 b)*, wie dies bei einem Urteil nach § 130 regelmäßig der Fall ist. Zurückverweisende Urteile enthalten keine Kostenentscheidung (s. zur Tenorierung *Zeihe § 193 Rn. 4c*).

Das Gericht hat im Urteil von Amts wegen über die Kosten zu entscheiden;   **68**
eines Antrages bedarf es nicht. Fehlt dem Urteil die Kostenentscheidung, so ist eine Urteilsergänzung nach § 140 möglich. Eine Kostenentscheidung hat auch dann zu ergehen, wenn die Entscheidung lautet, dass Kosten nicht zu erstatten sind.

Die Kostenentscheidung muss alle Beteiligten – auch den Beigeladenen – er-   **69**
fassen *(Jansen/Straßfeld § 193 Rn. 8; ML § 193 Rn. 11a; Zeihe § 193 Rn. 2 a)*. Obsiegt im Verfahren eine natürliche Person gegen eine Behörde und ist z. B. noch eine andere Körperschaft oder Anstalt des öffentlichen Rechts am Verfahren beteiligt, so hat die Kostenentscheidung dahin zu ergehen, dass – in der Regel – der natürlichen Person (als Klägerin oder Beklagter) die Kosten zu erstatten und im übrigen (zwischen der Behörde und den anderen beteiligten Körperschaften oder Anstalten des öffentlichen Rechts) Kosten nicht zu erstatten sind (s. § 193 Abs. 4). Die Kostenentscheidung muss auch dann alle Beteiligten erfassen, wenn sie sich im Verfahren nicht geäußert haben. Hat z. B. ein Verletzter in der ersten und zweiten Instanz gewonnen und tritt für ihn in dem von der beklagten BG angestrebten Revisionsverfahren kein Prozessbevollmächtigter auf, so ist dennoch über die Kostenerstattung auch gegen diesen Kläger und Revisionsbeklagten zu entscheiden, da er einen Rechtsanwalt aufgesucht und von diesem den Rat erhalten haben kann, dass es nach der Sach- und Rechtslage und zur Senkung des Kostenrisikos einer Vertretung im Revisionsverfahren nicht bedarf. Dem Kläger und Revisionsbeklagten sind dadurch aber Beratungskosten entstanden. Entsprechendes gilt gegenüber einem Verletzten, der in einem Erstattungsstreit zwischen einer Krankenkasse und einer BG beigeladen ist. Ob ihm tatsächlich erstattungsfähige Auslagen (s. Rn. 74) entstanden sind, ist dann eine Frage der Kostenfestsetzung. Deshalb wird der Auffassung des LSG NRW *(GesR 2003, 177)* nicht gefolgt; bei-

geladene natürliche Personen können grundsätzlich ihre außergerichtlichen Kosten nur dann erstattet verlangen, wenn sie sich mit Prozess fördernden Ausführuneng am Verfahren beteiligt hätten.

70   Für die Kostenentscheidung gilt im Rechtsmittelverfahren nicht der Grundsatz der reformatio in peius (*BSGE 62, 131, 136 = SozR 4100 § 141 b Nr. 40*).

71   Die Kostenentscheidung im Urteil ist nicht gesondert, sondern nur mit der Hauptsache anfechtbar (s. § 144 Abs. 3); dies gilt auch für die Revision oder im Rahmen der Nichtzulassungsbeschwerde (s. § 165 i.V.m. § 144 Abs. 3; *BSG SozR 1500 § 160 Nr. 54; LSG Baden-Württ. Beschluss vom 17. 10. 2006 – L 5 KA 236/ 06 AK-B; ML § 165 Rn. 2, 3, ML § 193 Rn. 16*). Davon erfasst wird auch eine Kostenentscheidung zur Ergänzung des Urteils nach § 140 Abs. 2 Satz 2.

72   1.5.2.2 Entscheidung über die Kosten durch Beschluss; Vergleich
Das Gericht entscheidet über die Kosten auf Antrag durch Beschluss, wenn das Verfahren anders (als durch Urteil) beendet wird (s. § 193 Abs. 1 Halbsatz 2).

73   **Beschluss**
Wird das Verfahren anders als durch Urteil – z. B. durch Klagerücknahme, Anerkenntnis, übereinstimmende Erledigungserklärung – beendet, so ergeht eine Kostenentscheidung nur auf Antrag (s. § 193 Abs. 1 Satz 3), der allerdings nicht fristgebunden ist (*ML § 193 Rn. 2 d, e; Jansen/Straßfeld § 193 Rn. 6; Bley § 193 Anm. 3 Buchst. b; H/Knittel § 193 Rn. 9*). Ein Kostenanerkenntnis erübrigt eine Kostenentscheidung des Gerichts (*BSG SozR 3-1500 § 193 Nr. 4; ML § 193 Rn. 2 e; Jansen/Straßfeld § 193 Rn. 6*). Es genügt, dass die Anerkenntniserklärung in der für Prozesshandlungen vorgeschriebenen Form (bestimmender Schriftsatz) erfolgt; eine Protokollierung ist nicht erforderlich (*BSG SozR 3-1500 § 193 Nr. 4*).

74   Für die gem. § 193 nach sachgemäßem Ermessen zu treffende Kostenentscheidung ist, wenn das Verfahren anderes als durch Urteil beendet wird, in erster Linie der vermeintliche Verfahrensausgang maßgebend (*BSG SozR Nr. 4 zu § 193 SGG, SozR 1500 § 193 Nr. 8*). Bei der Entscheidung nach sachgemäßem Ermessen gibt vor allem „der nach dem bisherigen Sach- und Streitstand zu beurteilende – vermutliche – Verfahrensausgang den Ausschlag" (*BSG SozR Nr. 4 zu § 193 SGG*). Dabei gelten nach der Auffassung des BSG die gleichen Erwägungen, die der BGH für den ähnlichen Sachverhalt des vom Gericht bei der Kostenentscheidung des § 91 a ZPO anzuwendenden „billigen Ermessens" angestellt hat. Ist der Rechtsstreit in der Hauptsache bereits gegenstandslos geworden, so kann es danach nicht Aufgabe der Kostenentscheidung sein, den Streitfall, der in mehrfacher Hinsicht zu rechtlichen Zweifeln Anlass gibt, hinsichtlich aller für dessen mutmaßlichen Ausgang bedeutsamen Rechtsfragen zu prüfen und die rechtlichen Zweifelsfragen auszuschöpfen; eine solche Auffassung würde den Willen des Gesetzes verkennen, das Gericht zu entlasten und seine Zeit und Arbeitskraft anderen, wichtiger und vordringlich erscheinenden Streitigkeiten zuzuwenden, wie

der BGH (*NJW 1954, 1038*) und ihm folgend das BSG (*SozR Nr. 4 zu § 193 SGG*) hervorgehoben haben. Danach ist somit nur eine summarische Überprüfung des bisherigen Sach- und Streitstandes geboten ohne weitere Beweiserhebung nur zur Stützung der Kostenentscheidung (*BSG Beschluss vom 8. 12. 1992 – 11 RAr 39/91; BVerwG Buchholz 310 § 161 Nr. 101; ML § 193 Rn. 13 d; Bley § 193 Anm. 3 Buchst. d*: nicht zur Beweiserhebung verpflichtet; zur summarischen Prüfung s. auch *Hannappel SGb 2008, 85*). Aber auch eine abschließende rechtliche Durchdringung des Prozesses ist nicht erforderlich. Lässt sich aufgrund der summarischen Prüfung eine rechtliche Klärung nicht herbeiführen, so kann z. B. eine Kostenteilung in Betracht kommen (*Bley § 193 Anm. 3 Buchst. d*). Auch bei einer Klagerücknahme ist deshalb nicht stets eine Kostenerstattungspflicht der Beklagten zu verneinen; denn die Rücknahme der Klage (ebenso der Berufung oder der Revision) kann darauf beruhen, dass der Kläger von der Beklagten klaglos gestellt worden ist und diesem Umstand im Prozess durch die Rücknahme des Rechtsmittels Rechnung trägt. Hat sich z. B. der Rechtsstreit über die Zulassung zur Kassenpraxis dadurch in der Hauptsache erledigt, dass alle am Verfahren beteiligten Bewerber in Auswirkung eines Urteils des BVerfG (s. *BVerfGE 11, 30*) zugelassen worden sind, so ist bei der Kostenentscheidung zu prüfen, wie die Zulassungsinstanzen bei richtiger Beurteilung der durch das BVerfG geklärten Rechtslage hätten entscheiden müssen (*BSGE 14, 25 = SozR Nr. 7 zu § 193 SGG*). Nach Rücknahme der Revision ist über die Kosten im Revisionsverfahren einschließlich einer unselbstständigen Anschlussrevision gem. § 193 in der Regel nach Maßgabe der Erfolgsaussicht der Anträge des Revisionsklägers (ohne Berücksichtigung der Anschließung) zu entscheiden (*BSG SozR 1500 § 193 Nr. 8*).

Eine Kostenentscheidung durch Beschluss kommt auch dann in Betracht, **75** wenn nach Zulassung der Revision durch das BSG (ohne Kostenentscheidung – s. Rn. 58) die Revision nicht eingelegt wird (*BFH/NV 1991, 702; Bley § 193 Anm. 2 Buchst. b*; offen gelassen in *BSG SozR 1500 § 193 Nr. 7*; s. aber – wie Bley – *BVerwG 38, 104; BFHE 119, 380, 383*: zu behandeln wie Rücknahme der Revision).

Erledigt sich die Hauptsache in der Revisionsinstanz durch übereinstimmende **76** Erklärung, so ist auf Antrag über die Kosten des gesamten Rechtsstreits zu entscheiden (*BSG SozR 3-1500 § 193 Nr. 10*).

Das rechtliche Gehör ist auch hier vor der Entscheidung zu wahren. **77**

Vergleich **78**

Wird das Verfahren durch Vergleich – und damit ebenfalls anders als durch Urteil **79** – beendet, so kann der Vergleich auch Vereinbarungen über die Kostentragung enthalten. Dann bedarf es keiner Entscheidung des Gerichts.

Fehlt eine Vereinbarung über die Kosten, weil die Beteiligten sich nicht einigen **80** konnten oder wollten oder auch weil sie die Kosten irrtümlich nicht in die vergleichsweise Regelung einbezogen haben, so könnte stets eine Entscheidung nach

§ 193 Abs. 1 Halbsatz 2 mit einer summarischen Beurteilung der Sach- und Rechtslage in Erwägung gezogen werden. Dem Charakter eines Vergleiches entspricht es aber besser, im Zweifelsfall den Rechtsfrieden nicht durch eine nachträgliche rechtliche summarische Beurteilung durch das Gericht zu gefährden, die ggf. einem der Vergleichspartner zeigen könnte, dass er einen für ihn sehr ungünstigen Vergleich geschlossen habe. Deshalb bestimmt § 195: Wird der Rechtsstreit durch gerichtlichen Vergleich erledigt und haben die Beteiligten keine Bestimmung über die Kosten getroffen, so trägt jeder Beteiligte seine Kosten. Diese Regelung gilt aber nur, wenn die Beteiligten im Vergleich keine Bestimmung über die Kosten getroffen haben. Eine Bestimmung über die Kosten liegt jedoch nicht nur dann vor, wenn die Vergleichspartner die Kostenfrage materiell geregelt haben. Ein Vergleich kann nach herrschender Meinung vielmehr über die Kosten eine Bestimmung auch in der Form enthalten, dass eine Entscheidung des Gerichts nach § 193 beantragt werden soll (s. u. a. *BGH NJW 1963, 103; LSG Bad.-Württ. Breithaupt 1993, 342; ML § 195 Rn. 3a; Hk-SGG/Groß § 195 Rn. 7; Bley § 195 Anm. 3 Buchst. a; Wilde/Homann NJW 1981, 1070, 1071; Weisner Mitt. bayer. LVAen 2003, 459, 463; a. A. Zeihe § 195 Rn. 5a*). Die Kostenentscheidung hat sich am Inhalt der vergleichsweisen Einigung zu orientieren, wenn diese dem bisherigen Sach- und Streitstand nicht erkennbar widerspricht (*LSG Bad.-Württ. Breithaupt 1993, 342*).

81   Bei einem außergerichtlichen Vergleich muss ein Beteiligter oder ggf. müssen beide Beteiligte noch eine Prozesshandlung vornehmen, um – entsprechend dem Vergleich – den Rechtsstreit anders als durch Urteil zu beenden. Enthält der außergerichtliche Vergleich eine Kostenregelung, so wird regelmäßig ein Antrag nach § 193 Abs. 1 Halbsatz 2 überflüssig sein. Er ist jedoch zulässig. Die Entscheidung des Gerichts hat dann die Kostenvereinbarung im Vergleich zu beachten (*ML § 195 Rn. 4*). Fehlt eine Bestimmung über die Kosten (s. dazu Rn. 80), so ist nach überwiegender Ansicht § 195 nicht entsprechend anwendbar, sondern § 193 Abs. 1 Satz 1 (*BSG SozR 3-1500 § 193 Nr. 10; Bayer. LSG Breithaupt 1956, 92; RK § 195 Rn. 1; Zeihe § 195 Anm. 2a und 5a; P/S/W Anm. zu § 195; Hk-SGG/Groß § 195 Rn. 4; Weisner Mitt. bayer. LVAen 2003, 459, 463; H/Knittel § 195 Rn. 2, 3; ML § 195 Rn. 4*).

82   Gegen die Kostenentscheidung des SG durch Beschluss ist die Beschwerde nach § 172 gegeben. Überwiegend wird eine volle Überprüfung durch das Beschwerdegericht angenommen (*Bayer. LSG Breithaupt 1957, 288; LSG Berlin Breithaupt 1965, 440; LSG Bremen SGb 1983, 557; ML § 193 Rn. 17; P/S/W § 193 Anm. 3 Buchst. b; a. A. Zeihe § 193 Rn. 9c; RK § 193 Rn. 98; s. aber auch Kap. X Rn. 54*).

83 *1.5.3 Erstattungsfähige Kosten*

84 Was zu den Kosten des Verfahrens gehört, ist keine Frage – erst – des Kostenfestsetzungsverfahrens nach § 197 (s. Rn. 80, aber auch Rn. 95). In diesem Verfahren hat der Urkundsbeamte des SG lediglich den Betrag der zu erstattenden Kosten festzusetzen. Dagegen kann noch eine Entscheidung des SG, die dann endgültig

ist, herbeigeführt werden (s. Rn. 106). Ob Kosten zu erstatten sind, hängt allein davon ab, was nach § 193 Abs. 1 und 2 unter „Kosten zur zweckentsprechenden Rechtsverfolgung" zu verstehen ist und damit von der Kostenentscheidung des Gerichts nach § 193 mit umfasst wird (s. *BSG SozR 1500 § 193 Nr. 3*). Die eigenen Mühen einschließlich des erforderlichen eigenen Zeitaufwandes sind nicht erstattungsfähig (*Jansen/Straßfeld § 193 Rn. 30;* s. aber hier Rn. 86 zu Rechtsanwälten); anders ist es jedoch bei erstattungsfähigen Reisen, während deren ein Verdienstausfall entsteht. Dieser Verdienstausfall ist dann zu erstatten.

Kosten sind die zur zweckentsprechenden Rechtsverfolgung oder Rechtsverteidigung notwendigen Aufwendungen der Beteiligten (§ 193 Abs. 2). Zu diesen Kosten gehören nicht die des Verwaltungsverfahrens, wohl aber die des dem Klageverfahren vorausgehenden Vorverfahrens (*BSG SozR 1500 § 193 Nr. 3; BSGE 55, 92, 93 = SozR 1300 § 63 Nr. 2; ML § 193 Rn. 5 a; Jansen/Straßfeld § 193 Rn. 19; Hk-SGG/Groß § 193 Rn. 7; Bley § 193 Anm. 4; Zeihe § 193 Rn. 15 i*). Schließt sich allerdings an ein isoliertes Vorverfahren kein Klageverfahren an, so ist dieses Vorverfahren Teil des Verwaltungsverfahrens, und die Kostenentscheidung richtet sich nach § 63 SGB X (*BSGE 55, 92, 93; KassKomm/Krasney § 63 SGB X Rn. 3 ff.*). **85**

Die gesetzliche Vergütung eines Rechtsanwalts oder eines Rechtsbeistandes ist stets erstattungsfähig (§ 193 Abs. 3). § 193 Abs. 3 wurde durch Art. 4 Nr. 25 des Kostenrechtsmodernisierungsgesetzes vom 5. 5. 2004 (*BGBl. I 718, 835*) mit Wirkung vom 1. 7. 2004 dahin geändert, dass die Wörter „gesetzlichen Gebühren und sonstigen notwendigen Auslagen" ersetzt werden durch „gesetzliche Vergütung". Nach § 1 des ebenfalls am 1. 7. 2004 in Kraft getretenen Rechtsanwaltsvergütungsgesetzes (RVG), das als Art. 3 des oben angeführten Kostenrechtsmodernisierungsgesetzes verkündet wurde, umfasst aber die Vergütung die Gebühren und Auslagen. Das RVG ist an die Stelle der BRAGebO getreten. Es ist jedoch erst anzuwenden, wenn der unbedingte Auftrag zur Erledigung derselben Angelegenheit i. S. des § 15 RVG vor dem 1. 7. 2004 erteilt oder der Rechtsanwalt vor diesem Zeitpunkt gerichtlich bestellt oder beigeordnet worden ist; ist jedoch der Rechtsanwalt am 1. 7. 2004 in derselben Angelegenheit und, wenn ein gerichtliches Verfahren anhängig ist, in demselben Rechtszug bereits tätig, gilt für das Verfahren über ein Rechtsmittel, das nach diesem Zeitpunkt eingelegt worden ist, das RVG (s. § 61 RVG). **86**

Dass nur die notwendigen Auslagen ersetzt werden, ist allgemeine Ansicht. Reisekosten eines Rechtsanwalts, der seinen Sitz weder am Sitz des Gerichtes noch am Wohnsitz des Klägers hat, sind nur dann notwendig, wenn an beiden Orten kein Rechtsanwalt niedergelassen ist, der über die für den zu entscheidenden Fall erforderlichen besonderen Rechtskenntnisse verfügt (*Jansen/Straßfeld § 193 Rn. 32*). S. *Karczewski MDR 2005, 481.* Zum Ersatz von Reisekosten, wenn der Rechtsanwalt eine Bahncard 100 besitzt s. *OLG Frankfurt NJW 2006, 2337.* Dies gilt auch dann, wenn der Beteiligte vor der Beauftragung eines Rechtsanwalts – kostenfrei – durch einen sog. Verbandsvertreter (s. § 166 Abs. 2) vertreten war (*Bley § 193 Anm. 5 Buchst. a*). Bei einem Anwaltswechsel sind die dadurch verursachten Mehrkosten nur dann notwendig, wenn berechtigte sachliche oder persönliche Gründe den Anwaltswechsel erforderlich machten (*BSG Beschluss vom 12. 3. 1996 – 9 RV 24/94*), somit der Anwaltswechsel unverschuldet war (s. *ML § 193 Rn. 9c; Jansen/Straßfeld § 193 Rn. 32*). Tritt ein Rechtsanwalt in eigener Sache auf, so kann er Gebühren und Auslagen so erstattet verlangen, als wäre er als Rechtsanwalt beauftragt gewesen (§ 91 Abs. 2 Satz 4 ZPO i.V.m. § 202 SGG; *LSG Baden-Württ. Breithaupt 1995, 982; ML § 193 Rn. 9c; Jansen/Straßfeld § 193 Rn. 33; Hk-SGG/Groß § 193 Rn. 15; H/Knittel § 193 Rn. 54*). Das gilt auch dann, wenn der Rechtsanwalt als Partei kraft Amtes tätig geworden ist (*ML § 193 Rn. 9c*). Bei einem sog. Verbandsvertreter (s. § 166 Abs. 2) gilt nicht § 193 Abs. 3, sondern Abs. 2 dieser Vorschrift (*Jansen/Straßfeld § 193 Rn. 37; ML § 193 Rn. 10a*). Hat der Beteiligte nach der Satzung des Verbandes dem Verband zwar keine Gebühren für die Prozessvertretung zu zahlen, wohl aber die Auslagen zu erstatten, so gehören auch diese Auslagen zur zweckentsprechenden Rechtsverfolgung oder Rechtsverteidigung (*H/Knittel § 193 Rn. 48; BSG Urteil vom 29. 3. 2007 – B 9a SB 3/05 R –* zum Widerspruchsverfahren). Auch ein angemessener Pauschalbetrag kann dafür in Betracht kommen, wenn er die Unkosten ausgleichen soll (s. *LSG Bremen Breithaupt 1956, 871; SG Hannover Breithaupt 1968, 88; SG Dortmund SGb 1973, 280; ML § 193 Rn. 10a; Jansen/Straßfeld § 193 Rn. 38; BSG SozR 4-1500 § 105 Nr. 1;* „wohl" auch). Nicht erstattungsfähig sind allerdings die Mitgliedsbeiträge, aufgrund derer der Verband die gebührenfreie Prozessvertretung gewährt. Auch die Kosten eines besonderen Vertreters sind Kosten des Beteiligten und können in dem notwendigen Umfange erstattet werden. Zur Beauftragung eines ausländischen Rechtsanwaltes s. *BGH MDR 2005, 896*.

87   Was im übrigen zu den notwendigen Aufwendungen einer zweckentsprechenden Rechtsverfolgung und Rechtsverteidigung gehört, bestimmt sich im Wesentlichen nach den Umständen des jeweiligen Einzelfalles. Es ist hier auf die umfangreiche Rechtsprechung insbesondere zum zivilrechtlichen Verfahren zu verweisen (s. auch *ML § 193 Rn. 7 bis 10c; Zeihe § 193 Rn. 12 bis 24i*). Für das sozialgerichtliche Verfahren ist allerdings u. a. darauf hinzuweisen, dass in beiden Tatsacheninstanzen das Gericht von Amts wegen verpflichtet ist, den Sachverhalt aufzuklären, und außerdem die Möglichkeit eines Gutachtens nach § 109 besteht. Deshalb werden bei einem im Laufe des bereits anhängigen Rechtsstreites eingeholten Privatgutachten für die Erstattung der dadurch entstandenen Kosten strengere Anforderungen gestellt, als dies z. B. in zivilrechtlichen Streitigkeiten der Fall ist. Der Beteiligte muss zunächst alle prozessualen Möglichkeiten ausschöpfen, das Gericht zur Gutachteneinholung zu bewegen (*ML § 193 Rn. 7a; Jansen/Straßfeld § 193 Rn. 28*). Es wird in der Regel bei medizinischen Gutachten nur der Weg über § 109 in Betracht kommen (*SG Frankfurt/Main Breithaupt 1992, 166; ML § 193 Rn. 7a*). Im Hinblick auf das sehr geringe Kostenrisiko bei Erhebung einer Klage vor dem SG werden auch Privatgutachten darüber, ob eine Klage Aussicht auf Erfolg hat, in der Regel nicht notwendig sein, jedenfalls dann

nicht, wenn bereits durch eine Bescheinigung des behandelnden Arztes das Gericht voraussichtlich gehalten sein wird, ein ärztliches Gutachten im Verfahren von Amts wegen einzuholen (s. auch *H/Knittel § 193 Rn. 74* und *Hk-SGG/Groß § 193 Rn. 10*). Erstattungsfähig sind allerdings die notwendigen Dolmetscherkosten für die Übersetzung von Urkunden zur Vorlage bei Gericht (*ML § 193 Rn. 7 d*).

Nicht erstattungsfähig sind Aufwendungen der in § 184 Abs. 1 genannten Gebührenpflichtigen (§ 193 Abs. 4). Eine beigeladene Behörde hat selbst dann keinen Anspruch auf Erstattung ihrer Aufwendungen, wenn sie allein Berufung oder Revision eingelegt und im Rechtsmittelverfahren obsiegt hat (*BSG Urteil vom 19. 6. 1996 – 6 RKa 46/95*). In § 184 Abs. 1 genannte Gebührenpflichtige i.S. dieser Vorschrift sind auch ausländische Staaten (so zum Königreich Belgien *BSGE 37, 88, 92 = SozR 6230 Art. 2 Nr. 1*). Ebenso wurde § 193 Abs. 4 hinsichtlich der deutschen Bundesbahn angewandt (*BSG SozR 3-1500 § 193 Nr. 3*). Der in § 193 Abs. 4 zum Ausdruck gebrachte gesetzgeberische Gedanke des Schutzes des sozial Schwächeren gebot schon von Anfang an eine weite Auslegung dieser Vorschrift (*BSGE 3, 92, 93; 23, 105, 118 = SozR Nr. 8 zu § 193 SGG; 44, 51, 54; RK § 193 Rn. 7*). Die Aufwendungen der in § 184 Abs. 1 genannten Gebührenpflichtigen sind auch dann nicht erstattungsfähig, wenn sie durch Beauftragung eines Rechtsanwaltes mit der Prozessvertretung vor den Gerichten der Sozialgerichtsbarkeit entstanden sind (*BSGE 3, 92, 94 = SozR Nr. 2 zu § 193 SGG; Jansen/Straßfeld § 193 Rn. 20*). 88

1.5.4 Kostenfestsetzung

89

Auf Antrag der Beteiligten oder ihrer Bevollmächtigten setzt der Urkundsbeamte des Gerichts des ersten Rechtszuges den Betrag der zu erstattenden Kosten fest (§ 197 Abs. 1 Satz 1). S. eingehend Rn. 148 ff.

1.5.4.1 Antrag; Prüfumfang

Diese Vorschrift betrifft nur den Betrag der nach § 193 „zu erstattenden Kosten". Sie gilt demnach lediglich im Verhältnis zwischen Kostengläubiger und Kostenschuldner. Im Verhältnis der Beteiligten zu ihren Rechtsanwälten oder Rechtsbeiständen ist im Streitfall bei Rahmengebühren Klage vor den Zivilgerichten erforderlich ist (s. § 11 Bs. 7 RVG). 90

Einigen sich die Beteiligten über die Höhe der zu erstattenden Kosten (z. B. in einem Vergleich oder nach Abschluss des Verfahrens) oder gibt ein Beteiligter ein Anerkenntnis auch hinsichtlich der Höhe der Kosten ab oder hat das Gericht selbst die Höhe ausreichend bestimmt, so bedarf es keiner Festsetzung durch den Urkundsbeamten der Geschäftsstelle. Deshalb erfolgt die Kostenfestsetzung nur auf Antrag, den allerdings nicht nur der Kostengläubiger, sondern auch der Kostenschuldner stellen kann. Nach dem Gesetzeswortlaut können die Prozessbevollmächtigten aller Beteiligten auch im eigenen Namen die Kostenfestsetzung beantragen; denn ihrer Erwähnung in § 197 Abs. 1 Satz 1 hätte es nicht bedurft, 91 wenn sie lediglich – was selbstverständlich – für die von ihnen Vertretenen in deren Namen die Kostenfestsetzung beantragen dürften. *ML (§ 197 Rn. 4;* ebenso *Jansen/Straßfeld § 197 Rn. 6)* verneint jedoch überhaupt ein selbständiges Antragsrecht des Rechtsanwaltes oder Rechtsbeistandes, während *Bley (§ 197 Anm. 2 Buchst. a)* auf den Prozessbevollmächtigten des erstattungsberechtigten Beteiligten das selbstständige Antragsrecht beschränkt. Im Zweifel dürfte aber anzunehmen sein, dass der Rechtsanwalt für den Beteiligten handelt (*ML § 197 Rn. 4*).

92   Für den Antrag ist keine Frist bestimmt (*ML § 197 Rn. 4;* Jansen/Straßfeld § 197 Rn. 6; Bley § 197 Anm. 2 Buchst. b).

93   Der Antrag auf Kostenfestsetzung ist an das Gericht des ersten Rechtszuges zu richten, das regelmäßig das SG und nur ausnahmsweise (s. § 39 Abs. 2) das BSG ist. Unerheblich ist, welches Gericht (SG, LSG oder BSG) die Kostenentscheidung getroffen hat.

94   Die Zuständigkeit des Urkundsbeamten der Geschäftsstelle beschränkt sich, wie bereits zu Rn. 90 aufgezeigt, auf die Festsetzung der Höhe der nach § 193 erstattungsfähigen Kosten. Die Verteilung und den Umfang der Kostenerstattung hat er seiner Berechnung zugrunde zu legen. Deshalb setzt seine Kostenfestsetzung das von ihm zu prüfende Vorliegen einer Kostenentscheidung voraus, an die der Urkundsbeamte gebunden ist (*ML § 197 Rn. 4a*). Die Kostenentscheidung kann in einem Urteil, einem Beschluss, einem Vergleich oder einem Anerkenntnis enthalten sein (s. *Bayer. LSG Breithaupt 1956, 558; SG Kassel Breithaupt 1967, 447; ML § 197 Rn. 6; Jansen/Straßfeld § 197 Rn. 7; Bley § 197 Anm. 4 Buchst. a;* a. A. *LSG NRW Breithaupt 1982, 544, 545* unter Bezugnahme auf § 103 Abs. 1 ZPO).

95   Obgleich sich die Kostenfestsetzung von der Kostenentscheidung inhaltlich vor allem dadurch unterscheidet, dass die Kostenfestsetzung nicht den Grund der Kostenerstattung und ihren anteiligen Umfang nach Bruchteilen, sondern deren rechnerische Höhe betrifft (*Bayer. LSG Breithaupt 1956, 558; Bley § 197 Anm. 4 Buchst. a*), muss der Urkundsbeamte für die Festsetzung der Höhe der Kosten in der Regel sowohl prüfen, ob die Kosten im Rahmen des maßgebenden Rechtsstreites entstanden sind, als auch, ob es Kosten zur zweckentsprechenden Rechtsverfolgung oder Rechtsverteidigung sind (*Bley § 197 Anm. 4 Buchst. a; Jansen/Straßfeld § 197 Rn. 7*); denn in der Kostenentscheidung nach § 193 wird regelmäßig nur ausgesprochen, wer und ggf. zu welchem Anteil die „außergerichtlichen Kosten" (oder auch nur die Kosten, da im sozialgerichtlichen Verfahren Gerichtskosten grundsätzlich (s. aber Rn. 107 ff.) nicht zu erstatten sind) des anderen Beteiligten zu tragen hat, während dem Beschluss regelmäßig nicht zu entnehmen ist, welche Kosten zur zweckentsprechenden Rechtsverfolgung oder Rechtsverteidigung notwendig waren. Dagegen hat der Urkundsbeamte grundsätzlich materielle Einwendungen gegen den Erstattungsanspruch nicht zu prüfen, die dem Vollstreckungsverfahren vorbehalten bleiben (*ML § 197 Rn. 8; Jansen/Straßfeld § 197 Rn. 9*). Jedoch werden ausnahmsweise als berücksichtigungsfähig angesehen

(*ML § 197 Rn. 8*) eine Erfüllung und Zahlung, wenn sie ausdrücklich unstreitig sind oder der Antragsteller die erhaltenen Beträge selbst absetzt (*Jansen/Straßfeld § 197 Rn. 9; ML § 197 Rn. 8*); Verwirkung und auch Verzicht im außergerichtlichen Vergleich sind ebenfalls zu beachten.

§ 104 Abs. 1 Satz 2 und Abs. 2 ZPO findet entsprechende Anwendung (§ 197   **96** Abs. 1 Satz 2). Danach ist auf Antrag auszusprechen, dass die festgesetzten Kosten vom Eingang des Festsetzungsantrages, im Fall des § 105 Abs. 3 ZPO (vor Urteilsverkündung eingereichte Berechnung der Kosten) von der Verkündung des Urteils ab mit fünf Prozentpunkten über dem Basiszinssatz nach § 247 BGB zu verzinsen sind (§ 104 Abs. 1 Satz 2 ZPO). Es genügt zur Berücksichtigung eines Ansatzes, dass er glaubhaft gemacht ist (s. § 104 Abs. 2 Satz 1 ZPO). Hinsichtlich der einem Rechtsanwalt erwachsenen Auslagen an Post-, Telegrafen- und Fernsprechgebühren genügt die Versicherung des Rechtsanwalts, dass diese Auslagen entstanden sind (§ 104 Abs. 2 Satz 2 ZPO). Im Übrigen ist jedoch lediglich der Ansatz nur glaubhaft zu machen, während die genaue Höhe dann des Nachweises bedarf.

Bei der Festsetzung der Kosten eines Rechtsanwalts oder Rechtsbeistands hat   **97** der Urkundsbeamte der Geschäftsstelle § 193 Abs. 3 zu beachten, wonach die gesetzlichen Gebühren und die notwendigen Auslagen eines Rechtsanwaltes oder eines Rechtsbeistandes stets erstattungsfähig sind. Erstattungsfähig sind danach jedoch nur die gesetzlichen Gebühren, nicht das darüber hinausgehende, zwischen dem Rechtsanwalt und seinem Mandanten vereinbarte Honorar.

1.5.4.2 Rahmengebühr   **98**

Im sozialgerichtlichen Verfahren, in denen das GKG nicht anzuwenden ist, erhält   **99** der Rechtsanwalt nach § 3 Abs. 1 Satz 1 RVG als erstattungsfähige Gebühr eine Rahmengebühr. Diese Rahmengebühren, die auch bei Beiordnung im Rahmen der Prozesskostenhilfe gelten, sind weiterhin – auch unter den Richtern der Sozialgerichtsbarkeit – lebhaft umstritten (s. *Plagemann NJW 1990, 2717, 2718*). Die Schwierigkeiten bei der Festsetzung eines Gegenstandswertes in den Regelfällen der Streitigkeiten vor den Gerichten der Sozialgerichtsbarkeit sind zwar nicht unüberwindbar, aber doch so erheblich, dass eine Rahmengebühr nicht grundsätzlich unberechtigt erscheint (zur Verfassungsmäßigkeit s. *BVerfGE 83, 1 = SozR 3-1930 § 116 Nr. 1*). Entscheidend ist jedoch, dass sie wesentlich höher als die bis zum 30. 8. 1990 geltende Rahmengebühr sein musste, um dem Rechtsanwalt eine zumindest angemessene Honorierung zu sichern, die es ihm ermöglicht, sich so eingehend mit dem Prozess zu befassen, wie es die Bedeutung der Streitigkeiten vor den Gerichten der Sozialgerichtsbarkeit für die Kläger regelmäßig erfordert. Dies gilt – was oft übersehen wird – auch zugunsten der Versicherten selbst, die immer häufiger wegen der zu geringen Rahmengebühren eine besondere Honorarvereinbarung mit ihrem Rechtsanwalt abschließen mussten und dann selbst bei einem Obsiegen wiederum nur die viel zu geringe Rahmengebühr erstattet erhielten (zur Verfassungsmäßigkeit s. *BVerfG GE 83, 1 = SozR 3-1930 § 116 Nr. 1*). Die Änderung des § 116 BRAGebO durch das Gesetz vom 20. 8. 1990 (BGBl. I,

1765) hat jedenfalls eine wesentliche Verbesserung gebracht (zum Übergangsrecht s. *Plagemann NJW 1990, 2717, 2720; Westerath NZS 1993, 161*). Das RVG hat an den Rahmengebühren festgehalten (s. *Guhl NZS 2005, 193; Straßfeld SGb 2005, 154*). Es unterscheidet jetzt jedoch Verfahrensgebühren und Termingebühren (s. unten Rn. 102 und *Straßfeld SGb 2005, 154, 156 ff.*).

Auch der im sozialgerichtlichen Verfahren im Rahmen der Prozesskostenhilfe beigeordnete Rechtsanwalt hat Anspruch auf einen Vorschuss nach § 27 RVG (s. zum entsprechenden § 127 BRAGebO *BSG SozR 3-1930 § 127 Nr. 1*).

100   Die Rahmengebühr fällt für jeden Rechtszug an. Verweist das BSG den Rechtsstreit zur erneuten Verhandlung und Entscheidung an das LSG zurück, so entsteht für dieses – zweite – Verfahren in der Berufungsinstanz erneut eine Gebühr (s. § 15 Abs. 2 RVG).

101   Die Rahmengebühr gilt zwar grundsätzlich für die gesamte Tätigkeit des Rechtsanwalts in einem Rechtszug. Nach Nr. 1005 der Anlage 1 zum RVG erhält der Rechtsanwalt bei Verfahren, in denen Rahmengebühren gelten, nunmehr auch eine Vergleichs- und Erledigungsgebühr in Höhe von 40,– bis 520,– Euro. Der Rechtsanwalt erhält für ein Beschwerdeverfahren innerhalb eines Rechtszuges keine zusätzliche Gebühr. Dies gilt auch für das Kostenfestsetzungsverfahren (s. *Wilde/Homann NJW 1981, 1070, 1071*). Jedoch kann der zusätzliche Arbeitsaufwand, der durch ein besonderes Verfahren innerhalb eines Rechtszuges entsteht, bei der Höhe der Rahmengebühr berücksichtigt werden (zustimmend *BSG SozR 3-1500 § 51 Nr. 25; Wilde/Homann NJW 1981, 1070, 1071*). Das Berufungsverfahren vor dem LSG und das Revisionsverfahren vor dem BSG, bei denen die Gebühr für die Tätigkeit des im Rahmen der Prozesskostenhilfe beigeordneten Rechtsanwalts sich nach Nr. 3212 der Anlage 1 zum RVG bemisst, sind allerdings gebührenrechtlich ein vom vorangegangenen Verfahren der Nichtzulassungsbeschwerde getrennter Rechtszug, sodass Gebühren sowohl für das Verfahren der Nichtzulassungsbeschwerde als auch für das Berufungs-/Revisionsverfahren getrennt anfallen (s. zum früheren Recht: *BSG SozR 1930 § 116 Nr. 4; Albers in Hartmann, Kostengesetze, 31. Aufl., 2002, § 116 BRAGO Rn. 3; Schmidt SGb 1979, 388, 389; Wilde/Homann NJW 1981, 1070, 1071*), wie sich nunmehr auch aus Nr. 3512 der Anlage 1 zum RVG ergibt; jedoch wird diese Gebühr auf die Verfahrensgebühr für ein nachfolgendes Verfahren angerechnet. Auch das Verfahren auf Erlass einer einstweiligen Anordnung wird überwiegend als ein eigener Rechtszug angesehen (*LSG Bad.-Württ. Breithaupt 1992, 698; Bayer. LSG Breithaupt 1997, 86; H/Knittel § 193 Rn. 7; Schmidt SGb 1980, 510; Schuwerack SozVers. 1980, 30; Niesel Rn. 257*; vgl. auch – obiter dictum – *BSG SozR 3-1500 § 193 Nr. 6*; a. A. *Wilde/Homann NJW 1981, 1070, 1071*). Zum Verfahren vor dem EuGH s. *Plagemann NJW 1990, 2717, 2720*.

102   Im Verfahren vor Gerichten der Sozialgerichtsbarkeit erhält der Rechtsanwalt für Verfahren, in denen Betragsrahmengebühren entstehen (§ 3 RVG), Verfahrensgebühren (a) und Termingebühren (b) (s. *Straßfeld SGb 2005, 154, 157 ff.*). Zur sog. Mittelgebühr s. Rn. 106.

Vor dem SG beträgt die Verfahrensgebühr 40 bis 460 Euro und die Termingebühr 20 bis 380 Euro (Nr. 3102 und Nr. 3106 der Anlage 1 zu § 2 RVG). Ist eine Tätigkeit im Verwaltungsverfahren oder im weiteren, der Nachprüfung des Verwaltungsakts dienenden Verwaltungsverfahren vorausgegangen, so beträgt die Verfahrensgebühr nach Nr. 3103 20 bis 320 Euro. Bei der Bemessung der Gebühr ist jedoch nicht zu berücksichtigen, dass der Umfang der Tätigkeit infolge der Tätigkeit im Verwaltungsverfahren geringer ist (Anmerkung zu Nr. 3103 a. a. O.). Die Termingebühr entsteht in den Verfahrung vor den SGen auch dann, wenn in einem Verfahren, für das mündliche Verhandlung an sich vorgesehen ist, nach § 105 Abs. 1 SGG ohne mündliche Verhandlung durch Gerichtsbescheid entschieden wird oder das Verfahren nach angenommenem Anerkenntnis ohne mündliche Verhandlung endet (Anmerkung zu Nr. 3106 a. a. O.).

Die Verfahrensgebühr beträgt vor dem LSG 50 bis 570 Euro und die Termingebühr 20 bis 380 Euro (Nr. 3204, 3205). Die vorstehend wiedergegebene Anmerkung zu Nr. 3106 gilt auch hier entsprechend.

Vor dem BSG beträgt die Verfahrensgebühr 80 bis 800 Euro und die Termingebühr 40 bis 700 Euro (Nr. 3312, 3313). Die Anmerkung zu Nr. 3106 gilt auch hier entsprechend.

Die Verfahrensgebühr für das Verfahren über die Beschwerde gegen die Nichtzulassung der Berufung vor dem LSG beträgt 50 bis 570 Euro, die Termingebühr 12,50 bis 215 Euro (s. Nrn. 3511 und 3517 der Anlage 1 zu § 2 Abs. 2 RVG). Jedoch wird die Verfahrensgebühr für das Verfahren über die Beschwerde gegen die Nichtzulassung der Berufung vor dem LSG auf die Verfahrensgebühr für ein nachfolgendes Berufungsverfahren angerechnet (Anmerkung bei Nr. 3511).

Die Verfahrensgebühr für das Verfahren über die Beschwerde gegen die Nichtzulassung der Revision vor dem BSG beträgt 80 bis 800 Euro; die Termingebühr 20 bis 350 Euro (Nrn. 3512 und 3518 der Anlage 1 zu § 2 Abs. 2 RVG). Jedoch wird die Verfahrensgebühr für das Verfahren über die Beschwerde gegen die Nichtzulassung der Revision vor dem BSG auf die Verfahrensgebühr für ein nachfolgendes Revisionsverfahren angerechnet (s. Anmerkung bei Nr. 3512 a. a. O.).

Die Verfahrensgebühr für Verfahren vor den Gerichten der Sozialgerichtsbarkeit über die Beschwerde und die Erinnerung beträgt 15 bis160 Euro. Die Termingebühr umfasst ebenfalls 15 bis 60 Euro (Nr. 3515 der o. a. Anlage 1 zu § 2 Abs. 2 RVG).

Eine Einigungsgebühr in Höhe von 40 bis 520 Euro entsteht nach Nrn. 1000 und 1005 der Anlage 1 zu § 2 Abs. 2 RVG für die Mitwirkung beim Abschluss eines Vertrages, durch den der Streit und die Ungewissheit der Parteien über ein Rechtsverhältnis beseitigt wird, es sei denn, der Vertrag beschränkt sich ausschließlich auf ein Anerkenntnis oder einen Verzicht. Eine Erledigungsgebühr in derselben Höhe entsteht nach Nr. 1005 ebenfalls in Höhe von 40 bis 520 Euro, wenn sich eine Rechtssache ganz oder teilweise nach Aufhebung oder Änderung des mit einem Rechtsbehelf angefochtenen Verwaltungsakts durch anwaltliche

Mitwirkung erledigt; das gleiche gilt, wenn sich eine Rechtssache ganz oder teilweise durch Erlass eines bisher abgelehnten Verwaltungsakts erledigt.

103   Ein Rechtsanwalt kann eine Erledigungsgebühr für die Mitwirkung an der Erledigung eines isolierten Vorverfahrens durch Abhilfebescheid der Behörde nur beanspruchen, wenn er eine über die Einlegung und Begründung des Widerspruchs hinausgehende besondere Tätigkeit entfaltet hat (*BSG SozR 4-1300 § 63 Nr. 8*). Ist ein gerichtliches Verfahren anhängig, beträgt die Gebühr 30 bis 350 Euro; ist ein Berufungs- oder Revisionsverfahren anhängig, ist die Gebühr 40 bis 460 Euro (s. Nrn. 1006, 1007). Eine Mitwirkung des Rechtsanwalts liegt nicht vor, wenn dieser lediglich einen Ruhensantrag stellt und sich das Verfahren dann aufgrund eines Musterverfahrens erledigt (*SG Hamburg Beschluss vom 28. 1. 2002 – S 3 SF 101/01 K zu § 24 BRAGebO*). Von dieser Regelung wird jeder Vergleich erfasst, und zwar auch der, in dem sich ein Sozialleistungsträger schriftlich oder in der mündlichen Verhandlung verpflichtet, die Sach- und Rechtslage neu zu überprüfen und der Betroffene deshalb den Rechtsbehelf zurücknimmt (vgl. ebenso wie die folgenden Zitate zum früheren Recht *Plagemann NJW 1990, 2717, 2718; SG MAnnheim NJW-Spezial 2009, 29*). Etwas anderes gilt, wenn sich die Mitwirkung lediglich darauf beschränkt hat, nach einem Abhilfebescheid die Erledigungserklärung abzugeben (*BSG SozR 3-1930 § 116 Nr. 4*). Es wird nunmehr nur ein Bemühen des Rechtsanwalts um die außergerichtliche Erledigung vorausgesetzt (*BSG SozR 3-1930 § 116 Nrn. 4 und 7*). Es fehlt an einem den Vergleich kennzeichnenden Nachgeben, wenn der Widerspruchsbescheid dem Widerspruch voll entspricht (*BSG SozR 3-1930 § 116 Nr. 7*). Eine Mitwirkung wird man aber dann annehmen müssen, wenn der Prozessbevollmächtigte sich zwar noch nicht beim Gericht als solcher gemeldet hat, aber durch seine Korrespondenz mit dem Sozialleistungsträger einen entsprechenden Vergleich erreicht (*Plagemann NJW 1990, 2717, 2719; Wolber SozVers. 1991, 1, 2*). Eine Erledigung i.S. des § 116 Abs. 3 BRAGO nahm Plagemann (*NJW 1990, 2717, 2719*) auch dann an, wenn sich die Sache nach Klageerhebung dadurch erledigt, dass ab einem nach der Klageerhebung liegenden Zeitpunkt die Voraussetzungen für die mit der Klage geltend gemachte Leistung erfüllt sind. Eines gerichtlichen Beschlusses über die Erledigung des Verfahrens bedarf es ebenso wenig, wie auch die Erledigung des Rechtsstreites im Wege eines „Anerkenntnisses" mit anschließender Erledigungserklärung durch den Kläger die Gebührenerhöhung nach § 24 BRAGO auslöste (*Plagemann NJW 1990, 2717, 1719*). Zur Erledigung des Rechtstreits durch die Vorlage beschaffter Befunde s. *BSG ASR 2009, 53* mit Anmerkung von *Schafhausen S. 55.*

Bei mehreren Auftraggebern (z. B. Witwe und Waisen; mehrere Mitglieder einer Bedarfsgemeinschaft) erhöhen sich nach Nr. 1008 der Anlage 1 zum RVG die Rahmengebühren im Mindest- und Höchstbetrag um drei Zehntel, doch darf bei mehreren Erhöhungen das Doppelte des Mindest- und Höchstbetrages nicht überschritten werden. Es erhöhen sich die Mindest- und Höchstbeträge der Rahmenbeträge um 50 v.H. Dies bedeutet allerdings im Regelfall, dass sich nicht die Gebühr selbst um 50 v.H. erhöht, da der Mittelwert (s. Rn. 106) entsprechend niedriger ist. In sozialrechtlichen Angelegenheiten erhöht sich auch der Schwellenwert für die Geschäftsgebühr, wenn der Rechtsanwalt in derselben Sache für mehrere Auftraggeber tätig wird (*BSG SozR 4-1300 § 65 Nr. 11*).

Für die Höhe der Rahmengebühr im Einzelfall ist von § 14 RVG auszugehen. **104** Bei Rahmengebühren bestimmt der Rechtsanwalt die Gebühr im Einzelfall unter Berücksichtigung aller Umstände, vor allem des Umfangs und der Schwierigkeit der anwaltlichen Tätigkeit, der Bedeutung der Angelegenheit sowie – auch im Rahmen der Prozesskostenhilfe (*BSG SozR 3-1930 § 116 Nr. 4*) – der Vermögens- und Einkommensverhältnisse des Auftraggebers nach billigem Ermessen (§ 14 Abs. 1 Satz 1 RVG). S. *Otto NJW 2006, 1472.* Hat der Rechtsstreit für einen Beigeladenen eine erheblich geringere Bedeutung als für Hauptbeteiligte, so kann dem durch eine niedrigere Rahmengebühr für den Rechtsanwalt des Beigeladenen Rechnung getragen werden (s. zum Streitwert *BSG SozR 3-1930 § 8 Nr. 2*). Das BSG hatte es offen gelassen, inwieweit dem Rechtsanwalt (Rechtsbeistand) nach dieser Vorschrift ein Bestimmungsermessen zusteht, insbesondere wie weit er den für angemessen zu erachtenden Gebührenbetrag nach oben erhöhen darf (*BSG SozR 1300 § 63 Nr. 4;* s. auch Rn. 96). Nunmehr legt das Gesetz das billige Ermessen als Kriterium fest. Ein besonderes Haftungsrisiko des Rechtsanwalts kann bei der Bemessung herangezogen werden (s. § 14 Abs. 1 Satz 2 RVG). Das Haftungsrisiko des Rechtsanwalts rechtfertigt jedoch im Verfahren mit Betragsrahmengebühr keine eigene Gebühr, sondern ist lediglich eines von mehreren Kriterien für deren Bemessung (*BSG SozR 4-1935 § 14 Nr. 1*). Zur Bemessung eines Mittelwerts s. Rn. 106. Ist die Gebühr von einem Dritten zu ersetzen, so ist die von dem Rechtsanwalt getroffene Bestimmung nicht verbindlich, wenn sie unbillig ist (§ 14 Abs. 1 Satz 1 RVG).

Der Urkundsbeamte der Geschäftsstelle hat demnach nicht von sich aus die **105** Rahmengebühr im Einzelfall festzusetzen. Er hat vielmehr die vom Rechtsanwalt bestimmte Rahmengebühr auf ihre Billigkeit zu prüfen (*ML § 197 Rn. 7*). Nur wenn sie unbillig ist, hat er anstelle der vom Rechtsanwalt bestimmten Gebühr die nach seiner – des Urkundsbeamten – Auffassung billige Gebühr festzusetzen. Dabei muss also zunächst die Unbilligkeit der vom Rechtsanwalt bestimmten Gebühr festgestellt werden (*ML § 197 Rn. 7b*). Ist dies nicht möglich, wird die vom Rechtsanwalt bestimmte Gebühr auch festgesetzt (*ML § 197 Rn. 7*). Sinn der Regelung ist es, kleinliche Abstriche zu vermeiden (*ML § 197 Rn. 7c*). Mit dem mittleren Gebührensatz von 7,5/10 ist nach Auffassung des BVerwG die Tätigkeit des Rechtsanwalts immer dann angemessen bewertet, wenn sie sich unter den in § 14 Abs. 1 S. 1 RVG genannten Gesichtspunkten nicht nach oben oder unten vom Durchschnitt abhebt; der mittlere Gebührensatz von 7,5/10 lasse sich nicht in der Weise mit dem Ermessensspielraum des Rechtsanwalts nach § 14 Abs. 1 S. 1 RVG verbinden, dass der Rechtsanwalt für berechtigt gehalten wird, diesen Wert ohne weitere Begründung um 20 % zu erhöhen (s. *BSG SozR 4-1300 § 63 Nr. 4; ML § 197 Rn. 7c*). Ein Spielraum des Rechtsanwalts zur Bestimmung einer höheren Gebühr besteht nur dann, wenn besondere Umstände vorliegen, die geeignet sind, eine solche Gebührenbestimmung zu rechtfertigen (*BVerwG Buchholz 363 § 14 RVG Nr. 1*).

Ein Gutachten des Vorstandes der Rechtsanwaltskammer nach § 14 Abs. 2 RVG ist nicht für das Kostenfestsetzungsverfahren, sondern nur für einen „Rechtsstreit" und damit nur für ein Verfahren zwischen Rechtsanwalt und Mandant (s. oben) zwingend vorgeschrieben („hat"; s. *BSG SozR 4-1935 § 14 Nr. 2; ML § 197 Rn. 7c; BVerwG Buchholz 363 § 14 RVG Nr. 1*). Das BSG hat jedoch in seinem Urteil vom 1.7.2009 (*SozR 4-1135 § 14 Nr. 2*) offen gelassen, ob § 14 RVG eine von Amts wegen zu beachtende Vorschrift ist. Das schließt aber nicht aus, im Kostenfestsetzungsverfahren den Vorstand der Rechtsanwaltskammer gutachtlich zu hören (*Madert/Tacke, Anwaltsgebühren in Verwaltungs-, Steuer- und Sozialsachen, 1991, S. 162*; a.A. *Wilde/Homann NJW 1981, 1070, 107*), insbesondere wenn grundsätzliche, über den Einzelfall hinausgehende Fragen vorab zu klären sind. Im Wesentlichen sind aber die Besonderheiten des jeweiligen Rechtsstreites, und zwar des jeweiligen Rechtszuges maßgebend, für den die Gebühr festzusetzen ist. Wesentliche Kriterien sind hierfür in § 14 Abs. 1 RVG aufgeführt. Dabei steht dem Kostenbeamten kein Handlungsermessen zu (*BSG SozR 1300 § 63 Nr. 4*).

106   Die Rechtspraxis orientiert sich bei der Feststellung der im Einzelfall angemessenen Gebühr an einer **Mittelgebühr** (Mittelwert; s. Rn. 99; *BVerwG NJW 2006, 247*: Mittelgebühr in der Regel nach billigem Ermessen), die für Sachen gilt, die in den maßgebenden Kriterien durchschnittlichen Verhältnissen entsprechen (*BSG SozR 1300 § 63 Nr. 4*). Für einige Gebührentatbestände sieht das RVG eine unterhalb der Mittelgebühr liegende **„Schwellengebühr"** vor, die nur bei umfangreicher oder schwieriger Tätigkeit überschritten werden darf (s. z.B. Nr. 2500). Die Schwellengebühr hat die Mittelgebühr nicht ersetzt; die billige Gebühr für das Tätigwerden eines Rechtsanwalts im sozialgerichtlichen Vorverfahren wird in einem ersten Schritt ausgehend von der Mittelgebühr bestimmt; sie ist in einem zweiten Schritt in der Höhe des Schwellenwertes zu kappen, wenn weder der Umfang noch die Schwierigkeit der anwaltlichen Tätigkeit mehr als durchschnittlich ist (*BSG SozR 4-1935 § 14 Nr. 2*). Es ist deshalb dringend zu empfehlen, dass der Rechtsanwalt alle Umstände, die eine höhere Gebühr als die Mittelgebühr oder eine Gebühr oberhalb des Schwellenwertes rechtfertigen können, im Kostenfestsetzungsantrag aufführt (*Madert/Tacke, Anwaltsgebühren in Verwaltungs-, Steuer- und Sozialsachen, Seite 161*; s. u.a. *BSG SozR 3-1930 § 116 Nr. 4*: z.B. schwierige ausländerrechtliche oder verfassungsrechtliche Probleme). Bereits der 9a-Senat des BSG neigt in seinem Urteil vom 7.12.1983 (*SozR 1300 § 63 Nr. 2; BSG Beschluss v. 26.2.1992 – 9 a RVs 3/90*) dazu, nicht erst eine um 20 v.H. überhöhte Gebühr als unbillig anzusehen (s. *BVerwGE 62, 196, 201; LSG Rheinland-Pfalz Breithaupt 1993, 170; SG Nordhausen NZS 2002, 112*), sondern schon jede, die von der billigen (angemessenen) Gebühr nicht unerheblich abweicht. Diese Begrenzung könnte zwar i.S.d. dem Rechtsanwalt eingeräumten Bestimmungsermessens liegen, das ihm ermöglichen soll, die in vergleichbaren Fällen übliche Gebühr zu fordern, jedoch hat das BSG die Frage, ob ein solches Bestimmungser-

messen überhaupt vorliegt, wie bereits erwähnt, offen gelassen (s. *BSG SozR 1300 § 63 Nr. 4*). Später hat das BSG Bedenken gegen die Hinnahme eines allgemeinen Zuschlages bis zu 20 % auch darin gesehen, dass in Sachen mit einer in Höhe von 83 v. H. des Höchstsatzes angemessenen Gebühr schon die Höchstgebühr gefordert werden dürfte, ohne dass die Feststellung der Unbilligkeit dieser Rahmengebühr zulässig wäre (s. *BSG SozR 1300 § 63 Nr. 4*). Eine Überschreitung des Betrages der Mittelgebühr um 40 v. H. hat das BSG aber als „zweifelsfrei" unbillig bezeichnet (*BSG SozR 3-1930 § 116 Nr. 4*).

Die Mittelgebühr wird berechnet aus der Summe der Hälfte der Mindest- und der Höchstgebühr.

2 Verfahren, in denen weder der Kläger noch der Beklagte zu den in § 183 genannten Personen gehören
107

2.1 Rechtsentwicklung

Abweichend von den ursprünglichen Regelungen auch im SGG wurden später 108 ausnahmsweise auch für bestimmte Verfahren Gerichtskosten und Gebühren der Prozessbevollmächtigten nach dem Streitwert eingeführt. Es handelt sich um Verfahren, in denen Kläger und Beklagte zu Personenkreisen gehörten, die nicht als so schutzbedürftig im Rahmen der Rechtsverfolgung oder -verteidigung angesehen wurden, dass für sie auch die Kostenfreiheit gelten sollte. Die Neuregelung durch das 6. SGG-ÄndG geht nicht von bestimmten Verfahren, sondern systematisch zutreffend von den am Verfahren beteiligten Personen aus. Nach § 197 a werden Kosten nach den Vorschriften des GKG erhoben, wenn in einem Rechtszug weder der Kläger noch der Beklagte zu den in § 183 genannten Personen gehören.

Anders als die Regelung in der bis zum Inkrafttreten des 6. SGG-ÄndG geltenden Fassung des § 193 Abs. 4 (s. dazu *BSG SozR 3-2500 § 311 Nr. 4 S. 29 f.*) stellt § 197 a mit den Bezeichnungen „Kläger" und „Beklagter" nicht auf die prozessuale Stellung der Beteiligten zum Zeitpunkt der Klageerhebung, sondern auf ihre Rolle im jeweiligen Rechtszug ab (*BSG SozR 4-1500 § 193 Nr. 3*, ebenso *SozR 4-2500 § 31 Nr. 5*). *§ 197 a* greife, so führt das BSG weiter aus, indessen nicht ein, wenn wie im vorliegenden Fall außer dem kostenrechtlich nicht begünstigten Beteiligten noch ein weiterer, zum Kreis der Versicherten, Leistungsempfänger oder Behinderten zählender Beteiligter Rechtsmittel einlege. In einem solchen Fall gelte für alle Beteiligten des betreffenden Rechtszugs einheitlich das Kostenregime der §§ 184 bis 195 SGG mit der Folge, dass sich die zugunsten des einen Beschwerdeführers bestehende Kostenfreiheit auf den anderen, nicht privilegierten Beschwerdeführer erstreckt. Diese Rechtsfolge sei zwar im Gesetz nicht ausdrücklich angeordnet; sie ergebe sich aber aus der Systematik der Kostenschriften. In seiner Entscheidung vom 26. 9. 2006 (*SozR 4-2500 § 31 Nr. 5*) hat das BSG die Befreiung von den Gerichtskosten auf alle Beteiligten des Verfahrens, auch wenn nur einer von ihnen zu den in § 183 Abs. 1 genannten Personen gehört, auf die Fälle der subjektiven Klagehäufung beschränkt, sie aber bei einer objektiven Klagehäufung verneint, wenn die Hauptbeteiligten hinsichtlich des einen Streitgegenstandes nicht kostenprivilegiert, wohl aber zumindest einer der Hauptbeteiligten hinsichtlich des anderen; dann bestehe kein Grund für eine Kostenprivilegierung für beide Streitgegenstände.

Es kommen insoweit (s. auch Rn. 4) z. B. Streitigkeiten zwischen Sozialleistungsträgern untereinander, die zwischen Sozialversicherungsträgern und Arbeitgebern sowie die im Bereich des Vertragsarztrechts in Betracht. Es handelt sich nach der amtlichen Begründung zum 6. SGG-ÄndG (*BT-Drucks. 14/5143 S. 29*) – weiterhin – um Verfahren, bei denen „eine Gebührenprivilegierung, die vom Schutzzweck her auf die Durchsetzung von Ansprüchen aus Sozialleistungen ausgerichtet ist, nicht „sachgerecht" erscheint. § 197 a Abs. 1 Satz 1 und Abs. 3 bezeichnet diese Verfahren abschließend.

Länder sind nach § 2 Abs. 1 GKG stets und somit auch dann von Gerichtskosten befreit, wenn sie als Träger der Sozialhilfe an einem Erstattungsverfahren beteiligt sind (*Groth SGb 2007, 536*). Trägern der Grundsicherung für Arbeitslose kommt eine Kostenprivilegierung im Rahmen der Verfahren, auf die § 197a anzuwenden ist, nicht zugute, da diese Vorschrift nach § 64 Abs. 3 Satz 2 SGB X unberührt bleibt und auch § 2 Abs. 1 GKG diese Träger nicht erfasst (*Groth SGb 2007, 536*); diese Träger sind in Verfahren, auf die § 183 SGG anwendbar ist, von der Zahlung der Pauschgebühr befreit (§ 64 Abs. 3 Satz 2 Halbsatz 1 SGB X; *Groth SGb 2007, 536*).

Kosten sollen auch in einem Verfahren wegen eines überlangen Gerichtsverfahrens (§ 202 Satz 2) erhoben werden (§ 197a Abs. 1 Satz 1 in der Fassung des Entwurfs, Kap. X Rn. 85, 86).

109   In diesen Verfahren finden die §§ 184 bis 195 (s. Rn. 1 ff.) keine Anwendung, dafür gelten die §§ 154 bis 163 VwGO mit Ausnahme des § 161 Abs. 2 VwGO bei Klagerücknahme. Nach der amtlichen Begründung zum 6. SGG-ÄndG (*BT-Drucks. 14/5143 S. 29*) eignen sich diese Vorschriften der VwGO insbesondere, „weil sie auch Bestimmungen über die Kosten des Vorverfahrens und über Kostenpflicht des Beigeladenen enthalten". Da aber auch die VwGO in § 159 Satz 1 auf die ZPO verweist, müssen in den Verfahren nach § 197 a gegebenenfalls neben dem SGG noch zwei weitere Gesetze mit der Rechtsprechung aus zwei weiteren Gerichtsbarkeiten angewendet werden. Der Vereinfachung des Verfahrens durch die Rechtsuchenden hätte es wohl besser entsprochen, die Regelungen der VwGO und der ZPO in das SGG aufzunehmen.

110   ## 2.2 Kosten nach dem Gerichtskostengesetz (GKG)

Kosten sind Gebühren und Auslagen (s. § 1 GKG).

111   Die Gerichtsgebühren richten sich grundsätzlich nach dem Streitwert. S. insbesondere den Streitwertkatalog, den die Präsidentin und Präsidenten der LSG im Jahr 2006 verabschiedet haben (*NZS 2007, 472* und *Straßfeld SGb 2008, 119*). Für die nach dem 1.1.2002 rechtshängig gewordenen Streitigkeiten über die Zulas-

sung von Krankenhäusern, Rehabilitationseinrichtungen und nichtärztlichen Leistungserbringern zur Versorgung der Versicherten der Krankenkassen richten sich der Streitwert und der Gegenstandswert der anwaltlichen Tätigkeit im Regelfall nach dem Gewinn, den der Kläger in drei Jahren aus der Behandlung der Versicherten erzielen könnte; bei einem streitigen Zeitraum von weniger als drei Jahren ist eine entsprechende Reduzierung vorzunehmen (*BSG SozR 4-1120 § 52 Nr. 2*). S. auch Rn. 114.

Im Verfahren vor den Gerichten der Sozialgerichtsbarkeit ist nach § 52 Abs. 1 Satz 1 GKG der Streitwert, soweit nichts anderes bestimmt ist, nach der sich aus dem Antrag des Klägers für ihn ergebenden Bedeutung der Sache nach Ermessen zu bestimmen. Bietet der bisherige Sach- und Streitstand für die Bestimmung des Streitwerts keine genügenden Anhaltspunkte, so ist ein Streitwert von 5.000 Euro anzunehmen (§ 52 Abs. 2 GKG). Die Bestimmung des Streitwertes nach Ermessen entfällt gemäß § 13 Abs. 2 GKG, wenn der Antrag des Klägers eine bezifferte Geldleistung oder einen hierauf gerichteten Verwaltungsakt betrifft; dann ist deren Höhe maßgebend (s. § 52 Abs. 3 GKG). *112*

In sozialgerichtlichen Verfahren, in denen im Rechtszug weder der Kläger noch der Beklagte zu den in § 183 genannten Personen gehört, wird sich der Gegenstandswert bei Erstattungsstreitigkeiten unter Sozialleistungsträgern und bei Rückforderungen sowie bei Honorarkürzungen von Vertragsärzten oder Forderungen zwischen Krankenhäusern und Krankenversicherungsträgern dann leicht feststellen lassen, wenn bestimmte Summen eingeklagt werden. Das ist aber selbst in diesen Streitigkeiten nicht stets der Fall, sofern es zunächst vornehmlich um die Voraussetzungen des geltend gemachten Anspruchs geht, die Höhe sich gegebenenfalls erst danach bestimmen lässt. *113*

Bei Klagen auf Geldleistungen ist der Gegenstandswert, sofern die Klage, wie oben aufgezeigt, keinen bestimmten Betrag geltend macht, nach dem Betrag auszurichten, der zu erwarten ist und nicht auch noch nach den rechtlichen oder wirtschaftlichen Folgewirkungen (*BSG SGb 1998, 320* mit zustimmender Anm. von *Zeihe*). Hat der Rechtsstreit für einen Beigeladenen eine erheblich geringere wirtschaftliche Bedeutung, so kann für ihn gesondert ein niedrigerer Streitwert festgesetzt werden (*BSG SozR 3-1930 § 8 Nr. 2*; offen gelassen, ob unterschiedliche Streitwerte in einem Verfahren *BSG SozR 3-1930 § 8 Nr. 1*, s. aber auch *LSG Niedersachsen Beschluss vom 20. 9. 2001 – L 3 B 252/01 KA*). Zu vertragsärztlichen Streitigkeiten s. umfassend *Wenner/Bernhard NZS 2001, 57* und *2003, 568*; s. auch *Schleswig-Holstein LSG SGB 2004, 362; Engelhard NZS 2004, 299*. Zur Bestimmung des Gegenstandswertes bei einer kombinierten Anfechtungs- und Verpflichtungsklage, wenn die Leistungen im Ermessen des Sozialleistungsträgers liegen, s. *BSG SozR 1930 § 8 Nr. 3*, zu Bestimmung des Gegenstandswertes einer Anfechtungs- und Feststellungsklage über die Mitgliedschaft eines Unternehmers bei einer BG s. *BSG SozR 1930 § 8 Nr. 5*, zur Rechtmäßigkeit der Genehmigung der Errichtung einer BKK s. *BSG SozR 3-1930 § 8 Nr. 1 und 3* auch zum unterschiedlichen Streitwert für Beteiligte eines Verfahrens. Der Bestimmung des *114*

Streitwertes nach § 52 Abs. 1 GKG bei einem Streit um den zuständigen Unfall-versicherungsträger für ein Unternehmen nach §§ 121 ff. SGB VII ist der drei-fache Jahresbeitrag des Unfallversicherungsträgers, gegen dessen Zuständigkeit das klagende Unternehmen sich wendet, mindestens aber der vierfache Auffang-streitwert zugrunde zu legen (*BSG SozR 4-1920 § 52 Nr. 3*). Bei einem Streit über die Veranlagung eines Unternehmens nach dem Gefahrtarif der Berufsgenossen-schaft richtet sich der Streitwert nach der Höhe der mit der Klage erstrebten Bei-tragsersparnis. Anzusetzen ist das Zweifache des Differenzbetrags zwischen dem nach der bisherigen Veranlagung zu zahlenden und dem bei einem Erfolg der Kla-ge zu erwartenden Jahresbeitrag, mindestens aber der dreifache Auffangstreitwert (*BSG SozR 4-1920 § 52 Nr. 4*). In nach dem 1.1.2002 rechtshängig gewordenen Streitigkeiten über die Zulassung von Krankenhäusern, Rehabilitationseinrich-tungen und nichtärztliche Leistungserbringer zur Versorgung der Versicherten der Krankenkassen richten sich der Streitwert und der Gegenstandswert der an-waltlichen Tätigkeit im Regelfall nach dem Gewinn, den der Kläger in drei Jahren aus der Behandlung der Versicherten erzielen könnte (*BSG SozR 4-1920 § 52 Nr. 2*; Änderung der bisherigen Rechtsprechung im Anschluss an den *Beschluss des 6. Senats vom 1.9.2005 – SozR 4-1920 § 52 Nr. 1:* zum Vertragsarztrecht). In Zu-lassungsverfahren von Ärzten, Zahnärzten und Psychotherapeuten, die nach dem 1.1.2002 rechtshängig geworden sind und in denen deshalb Gerichtskosten erho-ben werden, ist zur Berechnung von Streitwert und Gegenstandswert der anwalt-lichen Tätigkeit im Regelfall auf den Gewinn abzustellen, den der Betroffene in den nächsten drei Jahren aus der vertragsärztlichen Tätigkeit erzielen könnte (*BSG SozR 4-1920 § 52 Nr. 1;* Änderung der bisherigen Rechtsprechung). Dies gilt auch dann, wenn Rechtsmittelführer nicht der Betroffene, sondern eine zum Rechtsstreit beigeladene Institution – z.B. die Kassenärztliche Vereinigung – ist (*BSG SozR 4-1920 § 47 Nr. 1*). Wenn in Zulassungsverfahren in Ausnahmefällen die durchschnittlichen Umsätze der jeweiligen Arztgruppe dem wirtschaftlichen Interesse des Betroffenen auch nicht annähernd entsprechen, ist für jedes Quartal des maßgeblichen Dreijahreszeitraums nach § 42 Abs. 3 GKG der Regelwert von 5000 Euro anzusetzen; ein Abzug von Praxiskosten erfolgt dann nicht (*BSG SozR 4-1920 § 47 Nr. 1*). Der Streitwert für die Klage eines Einrichtungsträgers gegen die Landesverbände der Pflegekassen wegen der Kündigung des Versorgungsver-trags für eine Pflegeeinrichtung bemisst sich nach dem dreifachen Jahresumsatz aus der Versorgung der sozial pflegeversicherten Person (*BSG SozR 4-1920 § 52 Nr. 9*). Bei Streitigkeiten über den Einsatz der verantwortlichen Pflegekraft hält das BSG als Streitwert den dreifachen Jahresbetrag des Betrages für angemessen, den die Klägerin ohne die Zusammenlegung von Heim- und Pflegedienstleistung für die vollschichtige Beschäftigung einer verantwortlichen Pflegefachkraft zu-sätzlich aufzuwenden hätte; diesen Betrag hat das BSG auf 50.000 Euro jährlich geschätzt; die Orientierung an einem Streitwert von 12.000 Euro, den das LSG für beide Rechtszüge zugrunde gelegt hatte, hält das BSG dagegen dem wirt-schaftlichen Interesse der Klägerin am Ausgang des Verfahrens zur Überzeugung des Senats nicht hinreichend gerecht (*BSG SozR 4-3300 § 71 Nr. 1*). In nach dem 1.1.2002 rechtshängig gewordenen Streitigkeiten über die Abgabepflicht zur

Künstlersozialversicherung dem Grunde nach richtet sich der Streitwert im Regelfall nach der zu erwartenden Künstlersozialabgabe in den ersten drei Jahren (*BSG SozR 4-1920 § 52 Nr. 5*). Der Streitwert für das Verfahren über eine Rechtswegbeschwerde ist in der Regel auf ein Fünftel des Wertes der Hauptsache festzusetzen (*BSG SozR 4-1720 § 17a Nr. 1*). Zur Wahlanfechtungsklage *LSG Berlin Beschluss vom 13. 2. 1998 – L 7 Ka – SE 22/97.*

In Verfahren vor den Gerichten der Sozialgerichtsbarkeit darf der Streitwert nicht über 2,5 Mio. Euro angenommen werden (§ 52 Abs. 4 GKG; kritisch *Wolff NZS 2003, 633*). 115

In den wohl meisten Fällen wird deshalb der Streitwert nach Ermessen des Gerichts zu bestimmen sein. Dabei kann die bisherige Rechtsprechung zu § 116 Abs. 2 BRAGO a. F. unter Beachtung des § 13 Abs. 2 und 7 GKG a. F. zugrunde gelegt werden, da schon nach diesen Vorschriften der Gegenstandswert maßgebend war. Die Rechtsprechung hatte sich vor allem mit den Fällen zu befassen, in denen bezifferte Geldleistungen nicht zugrunde lagen, was wohl auch weiterhin zahlenmäßig der häufigste Fall sein dürfte. Jedenfalls bei beitragsmäßig von vornherein feststehendem und offensichtlich gleich gebliebenem Streitwert darf das Rechtsmittelgericht eine von der Vorinstanz – schon mangels entsprechender Kostengrundentscheidung – unterlassene Streitwertfestsetzung nachholen (*BSGE 97, 153 = SozR 4-1500 § 189 Nr. 4*). S. Rn. 145 ff. 116

Die Höhe der Kosten richtet sich für die Gerichte der Sozialgerichtsbarkeit gemäß § 3 GKG nach der Anlage 1 Teil 7 zum GKG und die Gebühren nach § 11 Abs. 2 GKG nach der Gebührentabelle als Anlage 2 zu diesem Gesetz. Diese Regelungen sind anzuwenden sowohl für die ziffernmäßig zu bestimmenden Werte des Streitgegenstandes als auch für die Werte, die nach Ermessen festzusetzen sind. Aus § 3 Abs. 2 GKG und der Gebührentabelle ergeben sich dann die nach dem Streitwert festzusetzenden Gebühren. Und auch aus Anlage 1 Teil 7 zum GKG folgt für die Gerichte der Sozialgerichtsbarkeit, in welchen Fällen die Gebühren teilweise, voll oder erhöht festzustellen sind. Aus ihnen ergibt sich z. B. auch, ob ein kostenrechtlich selbstständiger Bereich des Verfahrens vorliegt (s. z. B. Anlage 1 Teil 7 Gebühr 7210, 7211 für einstweilige Anordnungen nach § 86 b). 117

Neben den Gebühren gehören zu den Kosten des Verfahrens auch die Auslagen (s. Rdnr. 110). Die Auslagen umfassen die Kosten von Sachverständigengutachten. Fraglich ist, ob diese Auslagen im sozialgerichtlichen Verfahren von dem Beteiligten zu tragen sind, der sie „beantragt" hat (s. § 17 Abs. 1 GKG), da im sozialgerichtlichen Verfahren die Gutachten auch ohne Antrag eines Beteiligten einzuholen sind (vgl. auch § 17 Abs. 4 GKG).

2.3 Kostenerstattung unter den Beteiligten 118

2.3.1 Kostentragungspflicht und Kostenverteilung 119

Nicht nur zwangsläufig die Regelungen über Pauschgebühr (§§ 184 bis 190), sondern auch die Regelungen über die Auslagenvergütung für Beteiligte, die der 120

Mutwillenskosten und die Grundsätze der Kostenentscheidung nach den §§ 193 bis 195 finden keine Anwendung. Verwiesen wird in § 197 a auf die §§ 154 bis 162 VwGO.

121 § 154 VwGO lautet:

§ 154 [Kostentragungspflicht]

(1) Der unterliegende Teil trägt die Kosten des Verfahrens.

(2) Die Kosten eines ohne Erfolg eingelegten Rechtsmittels fallen demjenigen zur Last, der das Rechtsmittel eingelegt hat.

(3) Dem Beigeladenen können Kosten nur auferlegt werden, wenn er Anträge gestellt oder Rechtsmittel eingelegt hat; § 155 Abs. 4 bleibt unberührt.

(4) Die Kosten des erfolgreichen Wiederaufnahmeverfahrens können der Staatskasse auferlegt werden, soweit sie nicht durch das Verschulden eines Beteiligten entstanden sind.

122 Der unterliegende Teil kann sowohl der Kläger bei Klageabweisung als auch der Beklagte bei erfolgreicher Klage sein. Teilweises Obsiegen oder Unterliegen regelt § 155 VwGO. Die Kosten des Verfahrens sind die Kosten aller Instanzen; maßgebend ist deshalb, wer letztlich obsiegt *(ML § 197a Rn. 11a; Hk-SGG/Groß § 1970 Rn. 19)*. Sie umfassen auch die Kosten einer Verweisung des Rechtsstreites nach § 17a GVG. Wird z. B. die Klage vor dem SG abgewiesen und die Berufung des Klägers vom LSG zurückgewiesen, wird der Beklagte aber im Revisionsverfahren entsprechend dem Klageantrag verurteilt, so hat der Beklagte die Kosten aller Instanzen zu tragen. Deshalb ist § 154 Abs. 2 VwGO insoweit nur in dem Sinne zu verstehen, dass z. B. lediglich bei erfolgloser Berufung das Berufungsgericht über die Kosten des Berufungsverfahrens noch zu entscheiden hat und dies schon zur Kostenpflicht i. S. des Abs. 1 gehört *(ML § 197a Rn. 12)*. Selbständige Bedeutung erlangt § 154 Abs. 2 dann, wenn z. B. der Beigeladene Berufung eingelegt hat (s. § 154 Abs. 3 VwGO; s. dazu auch § 197 a Abs. 2). Hat der Beigeladene Anträge gestellt oder Rechtsmittel eingelegt und ist er erfolglos geblieben, so sind ihm die Kosten aufzuerlegen; das Gericht hat kein Ermessen *(ML § 197a Rn. 13)*. Kosten sind die aller Instanzen auch insoweit, als sie Nebenverfahren betreffen, z. B. Zurückweisung eines Bevollmächtigten, Ablehnung eines Richters, Beschwerde gegen die Ablehnung der Prozesskostenhilfe. Zu § 154 Abs. 3 VwGO s. auch § 197a Abs. 2 SGG.

123 § 155 VwGO lautet:

§ 155 [Kostenverteilung]

(1) Wenn ein Beteiligter teils obsiegt, teils unterliegt, so sind die Kosten gegeneinander aufzuheben oder verhältnismäßig zu teilen. Sind die Kosten gegeneinander aufgehoben, so fallen die Gerichtskosten jedem Teil zur Hälfte zur Last. Einem Beteiligten können die Kosten ganz auferlegt werden, wenn der andere nur zu einem geringen Teil unterlegen ist.

(2) Wer einen Antrag, eine Klage, ein Rechtsmittel oder einen anderen Rechtsbehelf zurücknimmt, hat die Kosten zu tragen.

(3) Kosten, die durch einen Antrag auf Wiedereinsetzung in den vorigen Stand entstehen, fallen dem Antragsteller zur Last.

(4) Kosten, die durch Verschulden eines Beteiligten entstanden sind, können diesem auferlegt werden.

Beteiligte sind die in § 69 aufgeführten Personen. Ein Hauptbeteiligter, der selbst kein Rechtsmittel einlegt, muss sich im Anwendungsbereich des § 197a auch dann nicht an den Kosten des Rechtsstreits beteiligen, wenn er in der Sache unterliegt; tritt er dem erfolglosen Hauptantrag des die Revision führenden Beigeladenen bei, hat er keinen Anspruch auf Erstattung seiner außergerichtlichen Kosten (*BSG SozR 4-2500 ,§ 106 Nr. 24*). Der Beigeladene muss jedoch (s. Rn. 122) Anträge gestellt und/oder Rechtsmittel eingelegt haben (*Kopp/Schenke § 155 Rn. 1*). Ob und in welchem Ausmaß der Beteiligte obsiegt hat bzw. unterlegen ist, richtet sich nach dem Verhältnis zum gesamten Streitgegenstand (*Kopp/Schenke § 155 Rn. 2*). Das Verhalten der Beteiligten im Prozess ist nicht bei der Kostenverteilung nach § 155 Abs. 1 und 2 VwGO, sondern im Rahmen des Abs. 4 dieser Vorschrift zu berücksichtigen (*Kopp/Schenke § 155 Rn. 4*). § 155 Abs. 2 VwGO erfasst die Fälle, in denen z. B. der Kläger zwar nur teilweise obsiegt hat, sich damit aber zufriedengibt, der Beklagte jedoch gegen seine teilweise Verurteilung Berufung einlegt, diese aber danach zurücknimmt. Diese Vorschrift erfasst auch die Rücknahme einer unselbstständigen Anschlussberufung oder Anschlussrevision (*Kopp/Schenke § 155 Rn. 6*). Im Hinblick auf die unterschiedlichen Kostenfolgen bei einer Rücknahme einer Klage, eines Rechtsmittels oder eines anderen Rechtsbehelfs nach § 155 Abs. 2 VwGO einerseits und § 161 Abs. 2 VwGO andererseits (s. Rn. 136) muss bei Kostenverfahren nach § 197a unterschieden werden zwischen der Rücknahme der Klage oder des anderen Rechtsbehelfs und der Erledigungserklärung des Rechtsstreits in der Hauptsache (s. *Krasney, M. SGb 2005, 57; s. hier Rn. 57*).

Die Kosten einer Verweisung des Rechtsstreites nach § 17a GVG werden nicht in diesem Verfahren § 17b GVG, sondern im Rahmen der §§ 154, 155 VwGO berücksichtigt (*Kopp/Schenke § 155 Rn. 17; ML § 197a Rn. 19*).   124

§ 155 Abs. 4 VwGO umfasst nicht die Kosten eines durch eine offensichtlich fehlerhafte Sachbearbeitung durch das Gericht. Hierfür gilt § 8 GKG.   125

§ 156 VwGO lautet: 126
§ 156 [Kosten bei sofortigem Anerkenntnis] Hat der Beklagte durch sein Verhalten keine Veranlassung zur Erhebung der Klage gegeben, so fallen dem Kläger die Prozesskosten zur Last, wenn der Beklagte den Anspruch sofort anerkennt.

Voraussetzung für die den Kläger nach § 156 treffende Kostenlast ist, dass der Beklagte durch sein Verhalten keinen Anlass für die Klageerhebung gegeben hat sowie außerdem den Anspruch sofort (nicht nur: unverzüglich i. S. des § 121 BGB: ohne schuldhaftes Zögern) anerkennt. Anlass für die Klageerhebung sind nicht nur Umstände, die der Beklagte schuldhaft geschaffen hat. Veranlassung hat der Beklagte auch dann gegeben, wenn er sich „vor dem Prozess – wenn auch schuldlos (*OLG Zweibrücken Jur Büro 1992, 1083*) – so verhalten hat, dass ein vernünftiger Kläger annahmen musste, nur durch eine Klage zum Ziel zu kommen" (*Kopp/Schenke § 156 Rn. 3; ML § 197a Rn. 20a*). Das sofortige Anerkenntnis muss spätestens in der mündlichen Verhandlung oder in dem Schriftsatz erfolgen, in dem der Beklagte auf das Klagebegehren eingeht, um so eine sonst von ihm   127 veranlasste mündliche Verhandlung zu vermeiden (vgl. *Kopp/Schenke § 156 Rn. 4*). Da der Beklagte aber keine Veranlassung zur Klageerhebung gegeben haben darf, ist ihm gerade deshalb eine der Schwierigkeit der Beurteilung des Streitgegenstandes und des Vorbringens des Klägers entsprechende Prüfungszeit zuzubilligen, die gegebenenfalls durchaus einige Wochen betragen kann (s. *Kopp/Schenke § 156 Rn. 4*).

128   § 157 VwGO ist entfallen.

129   § 158 VwGO lautet:

§ 158 [Anfechtung der Kostenentscheidung]
  (1)   Die Anfechtung der Entscheidung über die Kosten ist unzulässig, wenn nicht gegen die Entscheidung in der Hauptsache ein Rechtsmittel eingelegt wird.
  (2)   Ist eine Entscheidung in der Hauptsache nicht ergangen, so ist die Entscheidung über die Kosten unanfechtbar.

130   Die Voraussetzungen für das Rechtsmittel in der Hauptsache müssen gegeben sein, sodass der Rechtsmittelführer in der Hauptsache auch beschwert sein muss (*Kopp/Schenke § 158 Rn. 1; ML § 197a Rn. 21*). Dies ist insbesondere in den Fällen des § 155 Abs. 5 VwGO zu beachten (s. Rn. 123). § 158 VwGO gilt auch für unselbstständige Beschwerden. Sind die Voraussetzungen für das Rechtsmittel in der Hauptsache erfüllt, so kann sich die Anschlussberufung oder Anschlussrevision allein auf die Kostenentscheidung beziehen (*Kopp/Schenke § 158 Rn. 3*). Entgegen der Auffassung des LSG Berlin (*SGb 2005, 55*) ist auch § 158 Abs. 2 VwGO entsprechend anwendbar (*Krasney, M. SGb 2005, 57; ML § 197a Rn. 21b*). Von der Regelung in Abs. 2 werden insbesondere die Fälle des § 161 Abs. 2 VwGO (s. dazu auch unten) erfasst, wobei diese Vorschrift im sozialgerichtlichen Verfahren nicht gilt für die Klagerücknahme.

131   § 159 VwGO lautet:

§ 159 [Mehrere Kostenpflichtige] Besteht der kostenpflichtige Teil aus mehreren Personen, so gilt § 100 der Zivilprozeßordnung entsprechend. Kann das streitige Rechtsverhältnis dem kostenpflichtigen Teil gegenüber nur einheitlich entschieden werden, so können die Kosten den mehreren Personen als Gesamtschuldner auferlegt werden.

132   § 100 ZPO, auf den in § 159 Satz 2 VwGO verwiesen wird, lautet:

§ 100 [Kosten bei Streitgenossen]
  (1)   Besteht der unterliegende Teil aus mehreren Personen, so haften sie für die Kostenerstattung nach Kopfteilen.
  (2)   Bei einer erheblichen Verschiedenheit der Beteiligung am Rechtsstreit kann anch dem Ermessen des Gerichts die Beteiligung zum Maßstab genommen werden.
  (3)   Hat ein Streitgenosse ein besonderes Angriffs- oder Verteidigungsmittel geltend gemacht, so haften die übrigen Streitgenossen nicht für die dadurch veranlaßten Kosten.
  (4)   Werden mehrere Beklagte als Gesamtschuldner verurteilt, so haften sie auch für die Kostenerstattung, unbeschadet der Vorschrift des Absatzes 3, als Gesamtschuldner. Die Vorschriften des bürgerlichen Rechts, nach denen sich diese Haftung auf die im Absatz 3 bezeichneten Kosten erstreckt, bleiben unberührt.

133   § 160 VwGO lautet:

§ 160 [Kostenpflicht bei Vergleich] Wird der Rechtsstreit durch Vergleich erledigt und haben die Beteiligten keine Bestimmung über die Kosten getroffen, so fallen die Gerichtskosten jedem Teil zur Hälfte zur Last. Die außergerichtlichen Kosten trägt jeder Beteiligte selbst.

Diese Regelung erstreckt sich nur auf gerichtliche Vergleiche (*ML § 197a* **134** *Rn. 24a, § 195 Rn. 4*). Sie erfasst zudem nicht die Vergleiche, die sich nur auf die Hauptsache beziehen und damit jegliche Kostenentscheidung ausgenommen haben (*Kopp/Schenke § 160 Rn. 1*); in diesen Fällen ist § 161 Abs. 2 VwGO anwendbar (*Kopp/Schenke § 160 Rn. 1*). Der Vergleich kann sich aber, auch wenn er nicht auf die Hauptsache beschränkt ist, nicht auf vom Vergleich nicht erfasste Beteiligte – z. B. Beigeladene – erstrecken, wobei allerdings eine nachträgliche Zustimmung eine Einbeziehung in den Vergleich bewirkt (*Kopp/Schenke § 160 Rn. 2*). Überwiegend wird angenommen, dass § 160 VwGO auf außergerichtliche Vergleiche analog anwendbar ist, soweit sich aus dem Willen der Beteiligten nichts etwas anderes – auch nicht konkludent – ergibt (*Kopp/Schenke § 160 Rn. 3*). Daraus folgt, dass § 161 Abs. 2 VwGO bei außergerichtlichen Vergleichen nur dann anstelle des § 160 VwGO anwendbar ist, wenn die Beteiligten § 160 ausdrücklich oder konkludent ausschließen (*Kopp/Schenke § 160 Rn. 3*). § 160 ist auch dann anwendbar, wenn der Kläger aufgrund eines außergerichtlichen Vergleichs die Klage zurücknimmt und sich auf die Kostenregelung im Vergleich beruft (*Kopp/ Schenke § 160 Rn. 7*).

2.3.2 Kostenentscheidung
135

§ 161 VwGO lautet: **136**

§ 161 [Kostenentscheidung, Erledigung der Hauptsache]
(1) Das Gericht hat im Urteil oder, wenn das Verfahren in anderer Weise beendet worden ist, durch Beschluss über die Kosten zu entscheiden.
(2) Ist der Rechtsstreit in der Hauptsache erledigt, so entscheidet das Gericht außer in den Fällen des § 113 Abs. 1 Satz 4 nach billigem Ermessen über die Kosten des Verfahrens durch Beschluss; der bisherige Sach- und Streitstand ist zu berücksichtigen. Der Rechtsstreit ist auch in der Hauptsache erledigt, wenn der Beklagte der Erledigungserklärung des Klägers nicht innerhalb von zwei Wochen seit Zustellung des die Erledigungserklärung enthaltenen Schriftsatzes widerspricht und er vom Gericht auf diese Folge hingewiesen worden ist.
(3) In den Fällen des § 75 fallen die Kosten stets dem Beklagten zur Last, wenn der Kläger mit seiner Bescheidung vor Klageerhebung rechnen durfte.

Entscheidet das Gericht – durch Urteil oder Beschluss – über den Abschluss **137** des Verfahrens, so hat es von Amts wegen auch über die Kosten des Verfahrens zu entscheiden. Damit gilt § 161 VwGO nicht für Vergleiche (s. § 160 VwGO). Die Kostenentscheidung ist auch bei Verfahren erforderlich, in denen Gerichtskosten nicht erhoben werden (*Kopp/Schenke § 161 Rn. 2*). Entscheidungen in unselbständigen Zwischenverfahren enthalten keine Kostenentscheidung (*Kopp/ Schenke § 161 Rn. 2*). Das Rechtsmittelgericht kann Kostenentscheidungen der Vorinstanzen zuungunsten der Rechtsmittelführerin ändern; denn das Verbot der reformatio in peius gilt hier nicht (*BSGE 62, 131, 136 = SozR 4100 § 141b Nr. 40; 97, 153 = SozR 4-1500 § 183 Nr. 4*). Eine Erledigung der Hauptsache i. S. d. § 161 Abs. 2 VwGO liegt nach wohl überwiegender Meinung (s. eingehend *Hauck SGb 2004, 407*) nur bei beidseitigen oder übereinstimmenden Erledigungserklärungen vor und nicht dann, wenn das Gericht die Erledigung erst von Amts wegen feststellen muss (*Kopp/Schenke § 161 Rn. 10*). Diese Erledigungserklärungen können aber ausdrücklich oder auch nur konkludent erfolgen (*Kopp/Schenke § 161 Rn. 13*). Der Zustimmung anderer Verfahrensbeteiligter bedarf es nicht. Sonderregelungen wie z. B. § 155 Abs. 5 oder § 156 VwGO sind zu berücksichtigen (*Kopp/Schenke § 161 Rn. 17*). Im Rahmen der nur entsprechenden Anwendung des § 161 Abs. 2 VwGO ist die dort enthaltene Verweisung auf § 113 Abs. 1 Satz 4 VwGO vor der auf § 131 Abs. 1 Satz 3 SGG zu erwähnen. Zur lebhaft umstrittenen Frage, in welcher Beziehung bei nur einseitiger Erledigungserklärung der Streitgegenstand des Antrages auf Festsetzung der Erledigungserklärung zu dem Antrag in der Hauptsache steht s. Kopp/Schenke § 161 Rn. 20 bis 33. Erklärt der Kläger den Rechtsstreit in der Hauptsache für erledigt, so ist diese Erklärung grundsätzlich frei widerruflich, solange sich der Beklagte ihr nicht angeschlossen und das Gericht noch keine Entscheidung über die Erledigung der Hauptsache getroffen hat. Bis zu diesem Zeitpunkt kann der Kläger regelmäßig – auch in der Revisionsinstanz – von der einseitig gebliebenen Erledigungserklärung Abstand nehmen und ohne das Vorliegen weiterer Voraussetzungen zu seinem ursprünglichen Klageantrag zurückkehren (*BGH Urteil vom 7. 6. 2001 – I ZR 157/98*). In vergaberechtlichen Verfahren der sofortigen Beschwerde aus dem Bereich des GKV gelten grundsätzlich die Vorschriften des SGG, soweit nicht § 142a speziell auf Regelungen des GWB verweist (vgl. *Hennig/Hauck § 142a RdNr. 7*); zu den allgemeinen Vorschriften des SGG gehört auch die entsprechend anzuwendende Regelung über die übereinstimmend erklärte Hauptsachenerledigung nach § 197a Abs. 1 Satz 1, § 161 Abs. 2 Satz 1 VwGO; § 161 Abs. 2 VwGO ist für selbstständige Beschwerdeverfahren entsprechend anzuwenden (vgl. *Zeihe/Hauck nach § 197a § 161 VwGO RdNr. 7b*); ist der Rechtsstreit in der Hauptsache erledigt, so entscheidet das Gericht gemäß § 161 Abs. 2 Satz 1 VwGO nach billigem Ermessen über die Kosten des Verfahrens durch Beschluss; der bisherige Sach- und Streitstand ist zu berücksichtigen (*BSG SozR 4-1500 § 142a Nr. 2*).

138   Die entsprechende Verweisung in § 161 Abs. 3 VwGO bezieht sich auf § 88 SGG. Sie betrifft nur die Fälle, dass der Kläger die Hauptsache für erledigt erklärt oder die Klage zurücknimmt, wenn der Beklagte die Untätigkeit beendet und die ausstehende Entscheidung trifft (*Kopp/Schenke § 161 Rn. 35*). Entgegen Kopp/Schenke (*§ 161 Rn. 35*) wird man aber keine „sofortige" Klagerücknahme oder Erledigungserklärung voraussetzen dürfen; es reicht die unverzügliche Prozesserklärung aus, denn dem Kläger muss eine angemessene Zeit zur Prüfung verbleiben, ob die Entscheidung – gleichgültig ob positiv oder negativ für ihn – die bis dahin ausstehende Entscheidung umfassend getroffen hat. Die Voraussetzungen der Untätigkeitsklage müssen jedoch erfüllt gewesen sein. Durfte der Kläger bei Klageerhebung noch nicht mit einer Entscheidung rechnen und nimmt er die Klage nach Bescheiderteilung zurück, so ist § 155 Abs. 2 VwGO anstelle von § 161 Abs. 3 VwGO auch nicht anwendbar, wenn der Kläger den Rechtsstreit durch Klageänderung mit der Anfechtungs- oder Verpflichtungsklage fortführt (s. Kap. IV Rn. 59); dann wird in diesem Verfahren die umfassende Kostenentscheidung gefällt (*Kopp/Schenke § 161 Rn. 42*).

2.3.3 Erstattungsfähige Kosten

139

§ 162 VwGO lautet: 140

§ 162 [Erstattungsfähige Kosten]

(1) Kosten sind die Gerichtskosten (Gebühren und Auslagen) und die zur zweckentsprechenden Rechtsverfolgung oder Rechtsverteidigung notwendigen Aufwendungen der Beteiligten einschließlich der Kosten des Vorverfahrens.

(2) Die Gebühren und Auslagen eines Rechtsanwalts oder eines Rechtsbeistands, in Abgabeangelegenheiten auch einer der in § 67 Abs. 2 Satz 2 genannten Personen, sind stets erstattungsfähig. Soweit ein Vorverfahren geschwebt hat, sind Gebühren und Auslagen erstattungsfähig, wenn das Gericht die Zuziehung eines Bevollmächtigten für das Vorverfahren für notwendig erklärt. Juristische Personen des öffentlichen Rechts und Behörden können an Stelle ihrer tatsächlichen notwendigen Aufwendungen für Post- und Telekommunikationsdienstleistungen den in Nummer 7002 der Anlage 1 zum Rechtsanwaltsvergütungsgesetz bestimmten Höchstsatz der Pauschale fordern.

(3) Die außergerichtlichen Kosten des Beigeladenen sind nur erstattungsfähig, wenn sie das Gericht aus Billigkeit der unterliegenden Partei oder der Staatskasse auferlegt.

§ 162 Abs. 1 Halbsatz 2 VwGO entspricht im Wesentlichen § 193 Abs. 2 SGG, 141 sodass auf die Ausführungen zu den Rn. 83–88 zu verweisen ist. Gerichtskosten i. S. des § 162 Abs. 1 Halbsatz 1 VwGO fallen nicht im Rahmen der Pauschgebühren (s. Rn. 6) und der Mutwillenskosten (s. Rn. 25) an. § 162 Abs. 2 Satz 1 VwGO stimmt mit § 193 Abs. 2 SGG überein; es wird auf die Ausführungen zu den Rn. 86 verwiesen. Für die Kosten des Beigeladenen enthält § 197a Abs. 2 SGG eine Sonderregelung. § 63 SGB X geht der – aber im Wesentlichen übereinstimmenden – Regelung des § 162 Abs. 2 Satz 2 VwGO vor.

2.3.4 Rechtsanwaltsgebühren nach dem Streitwert

142

§ 3 Abs. 1 Satz 2 RVG lautet: 143

„In sonstigen Verfahren werden die Gebühren nach dem Gegenstandswert berechnet, 144 wenn der Auftraggeber nicht zu den in § 183 des Sozialgerichtsgesetzes genannten Personen gehört."

Berechnen sich die Gebühren für die anwaltliche Tätigkeit in einem gericht- 145 lichen Verfahren nicht nach dem für die Gerichtsgebühren maßgebenden Wert (s. Rn. 112) oder fehlt es an einem solchen Wert, so setzt das Gericht des Rechtszuges den Wert des Gegenstands der anwaltlichen Tätigkeit auf Antrag (s. auch unten) durch Beschluss selbstständig fest (§ 33 Abs. 1 RVG). Für die Berechnung der Rechtsanwaltsgebühr nach dem Gegenstandswert gelten die allgemeinen Vorschriften, soweit nicht abweichende Spezialregelungen bestehen (vgl. zur BRA-GebO *BSG SozR 1930 § 8 Nrn. 2 und 5; SozR 3-1930 § 8 Nr. 3; Wilde/Homann NJW 1981, 1070, 1072*). Nach § 23 Abs. 1 Satz 1 RVG bestimmt sich im gerichtlichen Verfahren der Gegenstandswert für die Anwaltsgebühr grundsätzlich nach den für die Gerichtsgebühren geltenden Vorschriften (s. Rn. 114). Soweit sich aus dem RVG nicht anderes ergibt, gelten in anderen Angelegenheiten für den Gegenstandswert § 18 Abs. 2, §§ 19 bis 23, 24 Abs. 1, 2, 4 und 5, §§ 25, 39 Abs. 2 und 3 sowie § 46 Abs. 4 der Kostenordnung entsprechend (s. § 23 Abs. 3 Satz 1 RVG). Soweit sich der Gegenstandswert nach diesen Vorschriften nicht ergibt und auch sonst nicht feststeht, ist er nach billigem Ermessen zu bestimmen; in Ermangelung genügender tatsächlicher Anhaltspunkte für eine Schätzung und bei nicht vermögensrechtlichen Gegenständen ist der Gegenstandswert auf 4000 Euro, nach Lage des Falles niedriger oder höher, jedoch nicht über 500.000 Euro anzunehmen (s. § 23 Abs. 3 Satz 2 RVG), die Mindestgebühr ist nach § 13 RVG jedoch 25 Euro. Da der Gegenstandswert vom Gericht nur auf Antrag festgesetzt wird (s. oben), dürfte auch ein Vergleich der Beteiligten über den Gegenstandswert zulässig sein (*LSG Berlin Beschluss v. 31. 8. 1995 – L 7 Ka-S 23/95 – SGb 1996, 87, 88; LSG Baden-Württ. Breithaupt 1997, 579*).

146   Da sich aus den Vorschriften der Kostenordnung mit Rücksicht auf die privatrechtlichen Tatbestände, deren Kosten sie regeln, der Gegenstandswert in sozialgerichtlichen Verfahren regelmäßig nicht herleiten lässt, ist er nach billigem Ermessen zu bestimmen, d. h. zu schätzen; dabei ist nunmehr ausdrücklich auch für die Sozialgerichtsbarkeit geltender (s. Rn. 112) § 13 Gerichtskostengesetz heranzuziehen, um Abweichungen gegenüber vergleichbaren Verfahren möglichst zu vermeiden (*BSG SozR 1930 § 8 Nrn. 2 und 5, SozR 3-1930 § 8 Nr. 1*). Insoweit wird auf die Ausführungen zu Rnrn. 112 ff. verwiesen.

147   Anders als bei den Rahmengebühren lösen zusätzliche Tätigkeiten des Rechtsanwaltes innerhalb eines Verfahrens auch selbstständige Gebührenansprüche aus (*BSG SozR 1930 § 116 Nr. 4; Wilde/Homann N3W 1981, 1070, 1073*). Die sich für das Vorverfahren ergebende Gebühr darf nicht aufgrund des von der Rechtsprechung für das Vorverfahren entwickelten Gebührenrahmens (s. Rn. 103) gekürzt werden (*BSG SozR 1300 § 63 Nr. 11*).

147a   Gegen den Beschluss über die Festsetzung des Gegenstandswertes ist die Beschwerde gegeben, wenn der Beschwerdewert 200 Euro übersteigt; die Beschwerdefrist beträgt zwei Wochen (§ 33 RVG; *LSG NRW Beschluss v. 19. 5. 1994 – L 5 S 15/93; LSG Nieders. SGb 1996, 672 mit zustimmender Anm. von Plagemann; LSG Bad.-Württ. Beschluss v. 18. 5. 1995 – L 4 B 267/94*). Jedenfalls bei betragsmäßig von vornherein feststehendem und offensichtlich gleich gebliebenem Streitwert darf das Rechtsmittelgericht eine von der Vorinstanz – schon mangels entsprechender Kostengrundentscheidungen – unterlassene Streitwertfestsetzung nachholen (*BSG Urteil vom 5. 10. 2006 – B 10 LW 5/05 R*).

148   3 Festsetzung der Kosten durch den Urkundsbeamten; Anrufung des Gerichts

Schuwerack, Die gerichtliche Entscheidung nach § 197 Abs. 2 SGG und das dabei zu beachtende Verfahren, SGb 1972, 348

149   Zuständig ist auch nach Abschluss von Rechtsmittelverfahren der Urkundsbeamte des Gerichts des ersten Rechtszuges (§ 197 Abs. 1 Satz 1) und somit in der Regel der des SG (s. auch Rn. 89). § 197 gilt sowohl für Verfahren, in denen Kläger und/oder Beklagter zu den in § 183 genannten Personen gehören (s. Rn. 89) als auch für Verfahren, in denen dies nicht der Fall ist (s. Rn. 107 ff.).

Der Urkundsbeamte ist an den vom Gericht festgestellten Gegenstandswert gebunden. Er hat auf dieser Grundlage die zu erstattenden Kosten zu berechnen. Dabei darf der Betrag insgesamt nicht höher sein, als vom Antragsteller beantragt, jedoch können die Einzelposten anders bewertet werden. Deshalb ist im Beschlusstenor nur die Gesamtsumme der zu erstattenden Kosten anzuführen; erst in den Gründen ist auf Einzelposten jedenfalls näher einzugehen, wenn insgesamt oder bei einzelnen Posten andere Beträge festgesetzt werden als beantragt. Auf Antrag ist auszusprechen, dass die festgesetzten Kosten von der Anbringung des Gesuchs, im Falle des § 105 Abs. 2 ZPO von der Verkündung des Urteils an mit fünf Prozentpunkten über dem Basiszinssatz nach § 247 BGB zu verzinsen sind (§ 104 Abs. 1 Satz 2 ZPO). Der Beschluss des Urkundsbeamten der Geschäftsstelle ergeht regelmäßig als gesonderte Entscheidung und nicht in der in § 105 ZPO geregelten vereinfachten Form. Er hat eine Kostengrundentscheidung zu treffen, da es sich um eine besondere Angelegenheit nach § 18 Nr. 5 BVG handelt (*SG Berlin Beschluss vom 10. 9. 2007 – S 48 SB 2223/05*).

Der vom Antrag abhängige Anspruch auf Festsetzung des Gegenstandswertes unterliegt nicht der Verjährung (*BSG Beschluss vom 15. 2. 2001 – 6 Rka 20/83; LSG Niedersachsen Beschluss vom 7. 6. 2001 – L4 KR 66/96 – ZVW*).

Der Beschluss ist der Rechtskraft fähig (*ML § 197 Rn. 9 d*). Er kann nicht ge- **150** ändert, sondern nur berichtigt werden. Für die Kosten, die noch nicht zur Entscheidung gestellt waren, wird allerdings eine sog. Nachtragsliquidation für zulässig erachtet (*ML § 197 Rn. 9d*).

Gegen die Entscheidung des Urkundsbeamten der Geschäftsstelle kann binnen **151** eines Monats nach Bekanntgabe das Gericht angerufen werden, das endgültig entscheidet (§ 197 Abs. 2). Diese überwiegend als Erinnerung bezeichnete Anrufung des Gerichts (s. *BFH/NV 1991, 701; BSG SozR 3-1750 § 706 Nr. 1*) lässt zugleich erkennen, dass der Urkundsbeamte der Geschäftsstelle bei der Festsetzung der Kosten zwar an die Entscheidung des Gerichts über die Kostenerstattung gebunden ist, dass ihm das Gericht aber für die Kostenfestsetzung keine Weisungen erteilen kann (*LSG Rheinland-Pfalz Breithaupt 1974, 182; ML § 197 Rn. 4*). Ist ein Beteiligter mit der Kostenfestsetzung nicht einverstanden, kann er das Gericht anrufen. Ansonsten besteht für das Gericht kein Anlass für eine rechtliche Möglichkeit, sich in das Kostenfestsetzungsverfahren einzuschalten. Ist es angerufen, hat es selbst die Kosten festzusetzen. Mit der Erinnerung können aber keine Einwendungen gegen die der Kostenfestsetzung zugrunde liegende Gerichtsentscheidungen erhoben werden (*BFH/NV 1991, 701*); wohl aber kann geprüft werden, der Urkundsbeamte habe sich nicht an diese gehalten oder sie unrichtig angewandt (s. auch Rn. 94, 95). Eine Beschwerde gegen die Kostenfestsetzung durch das SG findet gem. § 197 Abs. 2 und § 197a Abs. 1 Satz 1 Halbsatz 2 nicht statt (*LSG Sachsen NZS 2006, 612*). Eine Beschwerde gegen Beschlüsse des LSG ist schon grundsätzlich ausgeschlossen. Die Erinnerung gegen die Entscheidung eines Urkundsbeamten des BSG – sofern das BSG als Gericht erster Instanz entschieden hat (s. Kap. II Rn. 4; § 39 Abs. 2, § 197 Abs. 1 Satz 1) – unterliegt nicht dem Vertretungszwang (vgl. *BSG SozR 3-1750 § 706 Nr. 1*).

XIII. KAPITEL
Vollstreckung

Schrifttum

Bürck, Vollstreckung im Sozialrecht, DAngVers. 1990, 445
Fichte, Kosten der Zwangsvollstreckung im Sozialgerichtsprozeß, DAngVers. 1988, 360
Heilemann, Die Zwangsvollstreckung gegen Behörden aus Grund- und Bescheidungsurteilen, SGb 1995, 12
Naumann, Gesetzliche Regelungen des Vollstreckungsverfahrens in den drei Verwaltungsprozessen, SGb 1972, 381

1 Grundsätze, Verweisung

Die Vorschriften über die Vollstreckung im Rahmen und im Anschluss sozialgerichtlicher Verfahren haben in der Sozialgerichtsbarkeit kaum praktische Bedeutung (*ML § 198 Rn. 1a; Hk-SGG/Groß § 198 Rn. 3; Bley Anm. 1 vor § 198*). Soweit ein Titel gegen einen Sozialleistungsträger vorliegt, kommt dieser als Leistungsschuldner durchweg seiner rechtskräftigen Verurteilung zur Leistung nach. Bei rechtskräftig abgeschlossenem Verfahren über die von einem Sozialleistungsträger geltend gemachte Leistungspflicht natürlicher Personen oder juristischer Personen des Privatrechts wird ebenfalls regelmäßig eine Vollstreckung nach dem SGG nicht in Betracht kommen. Hierbei wird in der Regel auf Anfechtungsklage gegen Beitrags- und/oder Rückforderungsbescheide entschieden (zu den möglichen Ausnahmen s. u. a. *BSGE 30, 230, 323; 63, 29, 30 = SozR 2200 § 729 Nr. 5*). Die Bestätigung dieser Bescheide erfolgt somit nicht in der Form von Leistungsurteilen, sondern durch Klageabweisung. Der angefochtene Verwaltungsakt wird dadurch bindend, sodass aus ihm nach § 66 SGB X und nicht aus dem das gerichtliche Verfahren rechtskräftig abschließende Urteil vollstreckt wird (*Bley Anm. 1 vor § 198*).

Für die Vollstreckung gilt das Achte Buch der ZPO entsprechend, soweit sich aus diesem Gesetz nichts anderes ergibt (§ 198 Abs. 1). Die grundsätzliche Ausnahme besteht für Ansprüche, die beim BSG entstehen. Für sie gelten „die Justizverwaltungskostenordnung und die Justizbeitreibungsordnung entsprechend, soweit sie nicht unmittelbar Anwendung finden. Vollstreckungsbehörde ist die Justizbeitreibungsstelle des Bundessozialgerichts" (§ 197b).

Soweit das Achte Buch der ZPO entsprechend gilt, sind entsprechend anwendbar die Allgemeinen Vorschriften (§§ 704 bis 707, 721 bis 802 ZPO), die Regelungen über die Zwangsvollstreckung wegen Geldforderungen in das bewegliche und unbewegliche Vermögen (§§ 803 bis 871 ZPO), das Verteilungsverfahren (§§ 872 bis 882 ZPO), die Sondervorschrift des § 882a ZPO für die – hier im Wesentlichen in Betracht kommende – Zwangsvollstreckung gegen juristische Personen des öffentlichen Rechts (s. *ML § 198 Rn. 4; Jansen/Straßfeld § 198 Rn. 3;*

Hk-SGG/Groß § 198 Rn. 5ff.; RK § 198 Rn. 8; Bley Anm. 2 vor § 198). Auch die §§ 883 bis 898 ZPO sind im sozialgerichtlichen Verfahren anwendbar (s. zu § 890 ZPO *BSGE 63, 144, 148 = SozR 2200 § 517 Nr. 11).* Von den vorstehend angeführten, rechtlich grundsätzlich anwendbaren Vorschriften der ZPO scheiden nicht wenige wegen der geregelten Materie für das sozialgerichtliche Verfahren praktisch aus (z. B. § 721 ZPO Räumungsfrist für Wohnraum).

4   An die Stelle der sofortigen Beschwerde tritt die Beschwerde nach den §§ 172 bis 170 (s. § 198 Abs. 3).

5   Die allgemeine Verweisung auf das Achte Buch der ZPO wird bereits durch § 198 Abs. 2 eingeschränkt, wonach die Vorschriften über die vorläufige Vollstreckbarkeit (§§ 708 bis 720 ZPO) nicht anzuwenden sind.

6   Zweitens enthält § 201 eine Sonderregelung für die Vollstreckung aus Verpflichtungsurteilen nach § 131 (s. Rn. 24).

7   Drittens bestimmt § 199 die Vollstreckungstitel und regelt die Aussetzung der Vollstreckung durch einstweilige Anordnung (s. Rn. 30).

8   Die vierte Einschränkung ist von noch größerer praktischer Bedeutung. Sie liegt darin, dass sich nach § 200 die Vollstreckung zugunsten der öffentlichen Hand nach den Verwaltungsvollstreckungsgesetzen richtet, das Achte Buch der ZPO somit überhaupt nicht anwendbar ist (s. Rn. 36).

9   Somit ist das Achte Buch der ZPO im Rahmen des SGG nur anwendbar bei Vollstreckungen gegen juristische Personen des öffentlichen Rechts – gleichgültig, wer Vollstreckungsgläubiger ist – und gegen natürliche Personen und juristische Personen des Privatrechts, hier jedoch mit der Einschränkung, dass Vollstreckungsgläubiger ebenfalls eine natürliche Person oder eine juristische Person des Privatrechts ist.

10   Mit Recht weist *ML (§ 198 Rn. 2)* auf die durch die §§ 198 bis 201 bedingte „wenig übersichtliche Rechtslage hin". Er führt weiter aus: „Sie haben ein Verweisungskarussel zur Folge. § 200 verweist auf das VwVG, dieses in § 5 Abs. 1, § 19 wieder auf die AO und in § 5 Abs. 2 auf Landesrecht, in § 16 Abs. 3 auf die ZPO, die AO ihrerseits verweist wiederum auf die ZPO (vgl. z. B. §§ 263 bis 265, 295, 319 bis 322, 324 bis 326 AO)." Die Vorschriften des SGG über die Vollstreckung werden deshalb als reformbedürftig angesehen (s. u. a. *ML § 198 Rn. 2; Naumann SGb 1972, 381).* Wegen der bereits erwähnten geringen praktischen Bedeutung sind jedoch andere Reformvorhaben für das SGG dringlicher.

11 2 Vollstreckung zugunsten natürlicher Personen oder juristischer Personen des Privatrechts

Für die Vollstreckung zugunsten natürlicher Personen und juristischer Personen des Privatrechts wird auf das Achte Buch der ZPO, ausgenommen die Vorschriften über die vorläufige Vollstreckbarkeit, den Arrest und die einstweilige Verfügung (s. § 198 Abs. 1 und 2) sowie unter Beachtung der Sonderregelung in

§ 201, verwiesen. § 199 Abs. 1 enthält für den Bereich des SGG eine abschließende Aufzählung der Vollstreckungstitel (*Hk-SGG/Groß § 199 Rn. 3; Breitkreuz/ Fichte/Breitkreuz § 199 Rn. 2*).

2.1 Vollstreckungstitel

Vollstreckt wird aus gerichtlichen Entscheidungen, soweit nach den Vorschriften dieses Gesetzes kein Aufschub eintritt (s. § 199 Abs. 1 Nr. 1). Gerichtliche Entscheidungen in diesem Sinne sind an sich alle Entscheidungen eines Gerichts der Sozialgerichtsbarkeit, also Urteile sowie (s. dazu aber Rn. 17) Gerichtsbescheide und Beschlüsse. Ob auch Entscheidungen des Urkundsbeamten der Geschäftsstelle dazu zählen, ist umstritten (bejahend *ML § 199 Rn. 3; Hk-SGG/Groß § 199 Rn. 7*: nach Nr. 4 aus Abs. 1; verneinend *Bley § 199 Anm. 3 Buchst. a und Anm. 5*). Die Entscheidung braucht nicht rechtskräftig zu sein, da die Vorschriften über die vorläufige Vollstreckbarkeit nicht gelten (s. § 198 Abs. 2) und nach § 199 Abs. 1 Nr. 1 aus gerichtlichen Entscheidungen nur dann vollstreckt wird, wenn nach den Vorschriften des SGG kein Aufschub eintritt. Eine Vollstreckung ist deshalb nicht zulässig, wenn bei einem Gerichtsbescheid Antrag auf mündliche Verhandlung gestellt ist (*ML § 199 Rn. 3a*) oder wenn die Entscheidung angefochten ist und das Rechtsmittel aufschiebende Wirkung hat, die aber nur in den gesetzlich besonders vorgesehenen Fällen eintritt (s. §§ 154, 165, 175). Wird der Titel später aufgehoben, so sind die durch die Vollstreckung erlangten Leistungen zurückzugewähren (s. § 50 Abs. 2 SGB X; *ML § 199 Rn. 3b*; vgl. auch *Behn Versorgungsbeamte 1985, 15*; zum Recht vor Inkrafttreten des SGB X s. *BSGE 27, 102 = SozR Nr. 2 zu § 717 ZPO; 33, 118 = SozR Nr. 9 zu § 154 SGG* – krit. *Schenke KOV 1968, 167*). Die Erinnerung gegen die Ablehnung eines Rechtskraftzeugnisses unterliegt auch vor dem BSG nicht dem Vertretungszwang (*BSG SozR 3-1750 § 706 Nr. 1*). Zur einstweiligen Anordnung über die Aussetzung der Vollstreckung s. Rn. 30.

Vollstreckt wird auch aus einstweiligen Anordnungen (s. § 199 Abs. 1 Nr. 2).

Vollstreckt wird außerdem aus Anerkenntnissen und gerichtlichen Vergleichen (s. § 199 Abs. 1 Nr. 3). Ein Anerkenntnis kommt als Vollstreckungstitel nur in Betracht, wenn es angenommen ist (*ML § 199 Rn. 3c; Bley § 199 Anm. 4 Buchst. a; s. auch BSG SozR 1500 § 101 Nr. 6*), wobei *RK (§ 199 Rn. 6)* die Annahme des Anerkenntnisses „jedenfalls" in dem Betreiben der Zwangsvollstreckung sieht. Dem steht aber entgegen, dass man dann die Vollstreckung nicht auf angenommene Anerkenntnisse beschränken dürfte. Die Annahme ist jedoch dem Anerkennenden oder dem Gericht gegenüber zu erteilen, was allerdings im Rahmen der Einleitung der Zwangsvollstreckung geschehen kann. Vollstreckt werden kann aus Anerkenntnissen und Vergleichen nur, wenn sie vollstreckungsfähig sind, was bei einem Anerkenntnis oder Vergleich nur dem Grunde nach nicht der Fall ist (*ML § 198 Rn. 3a*; s. auch hier Rn. 17). Für die Vollstreckung aus einem angenommenen Anerkenntnis ist es rechtlich unerheblich, ob das angenommene Anerkenntnis zur Niederschrift des Gerichts oder schriftlich abgegeben worden ist (*BSG SozR 1500 § 101 Nr. 6; Hk-SGG/Groß § 199 Rn. 6*). Bei einem nicht vollstreckungsfähigen (s. Rn. 17) Anerkenntnis dem Grunde nach hält das BSG eine neue Klage für zulässig, aufgrund derer der Versicherungsträger dem Anerkenntnis gemäß zu verurteilen ist (*SozR 1750 § 307 Nr. 2*). Das BSG geht davon aus, dass ein Rechtsschutzbedürfnis auch dann bestehe, wenn der Leistungsantrag des Klägers im neuen Verfahren ebenfalls auf ein Grundurteil abzielt. Das BSG verkennt zwar nicht, dass nicht übersehen werden dürfe, dass der gegenwärtige Prozess nur notwendig geworden sei, weil die Beklagte ihr gerichtliches Anerkenntnis nicht ausgeführt habe. Dagegen sei jedoch dem BSG kein Fall bekannt, in dem ein Versicherungsträger eine rechtskräftige sozialgerichtliche Entscheidung nur deshalb nicht ausgeführt hätte, weil es sich um ein Leistungsurteil dem Grunde nach gehandelt habe (*BSG SozR 1750 § 307 Nr. 2*). Das Anerkenntnisurteil ist dann jedoch ein Vollstreckungstitel i. S. des § 199 Abs. 1 Nr. 1.

15   Schließlich wird vollstreckt aus Kostenfestsetzungsbeschlüssen (s. § 199 Abs. 1 Nr. 4) und aus Vollstreckungsbescheiden (s. § 199 Abs. 1 Nr. 5).

16   Wie der Aufzählung der Vollstreckungstitel in § 199 Abs. 1 zu entnehmen ist, sind vollstreckbare Urkunden (s. § 794 Abs. 1 Nr. 5 ZPO) keine Vollstreckungstitel i. S. des SGG.

17   Die gerichtlichen Entscheidungen sowie die Anerkenntnisse und gerichtlichen Vergleiche müssen jedoch, um aus ihnen vollstrecken zu können, einen vollstreckungsfähigen Inhalt haben. Das ist z. B. – wie bereits erwähnt – nicht der Fall bei einem Urteil, mit dem die Anfechtungsklage gegen einen Verwaltungsakt abgewiesen wird. Deshalb sind regelmäßig auch Gerichtsbescheide und Beschlüsse über die Verwerfung eines Rechtsmittels als unzulässig nicht vollstreckungsfähig (*Bley § 199 Anm. 3 Buchst. a*). Aber auch Gestaltungsurteile aufgrund einer Anfechtungsklage sind nicht vollstreckungsfähig (*BSGE 27, 31, 32*). Ebenso sind Feststellungsurteile nicht vollstreckbar. Für die Vollstreckung kommen deshalb nur Leistungsurteile einschließlich der Verpflichtungsurteile in Betracht. Jedoch sind Grundurteile nach § 130 weiterhin einer Vollstreckung nicht fähig (*BSG SozR 3-1300 § 45 Nr. 24; Bley § 199 Anm. 3 Buchst. a; a. A. ML § 198 Rn. 3 a*). Allerdings wird für diese Fälle z. T. auch eine entsprechende Anwendung von § 201 (s. Rn. 25) empfohlen (s. *Bayer. LSG Mitt. LVA Rheinprovinz 1975, 178; Bley § 199 Anm. 3 Buchst. a.; BSG SozR 3-1300 § 45 Nr. 24; SozR 3-1500 § 199 Nr. 1; ML § 201 Rn. 2; Hk-SGG/Groß § 201 Rn. 5; s. auch LSG Niedersachsen Breithaupt 1962, 943* und *BSG SozR 1750 § 307 Nr. 2*).

18   **2.2 Vollstreckbare Ausfertigung, Vollstreckungsklausel, Vollstreckungsgericht**
Wilm, Zuständigkeitsfragen für vollstreckbare Ausfertigungen im Sozialgerichtsprozeß, Rechtspfleger 1983, 428

19   Nach § 724 Abs. 1 ZPO wird die Zwangsvollstreckung aufgrund einer mit der Vollstreckungsklausel versehenen Ausfertigung des Urteils – vollstreckbare Ausfertigung – durchgeführt. Bei einstweiligen Anordnungen und bei auf das Urteil gesetzten Kostenfestsetzungsbeschlüssen ist eine Vollstreckungsklausel aber nicht erforderlich (*ML § 199 Rn. 5*).

Für die Vollstreckung können den Beteiligten auf ihren Antrag Ausfertigungen   20
des Urteils ohne Tatbestand und ohne Entscheidungsgründe erteilt werden, deren
Zustellung in den Wirkungen der Zustellung eines vollständigen Urteils gleichsteht (§ 199 Abs. 4). Die Gleichstellung der Ausfertigung in verkürzter Form mit
der vollstreckbaren Ausfertigung i. S. des § 724 Abs. 1 ZPO ist nur hinsichtlich
der Zwangsvollstreckung der Zustellung eines vollständigen Urteils erfolgt.

Die Ausfertigung des Urteils muss mit einer Vollstreckungsklausel versehen   21
sein. Die am Schluss der Ausfertigung beizufügende Vollstreckungsklausel lautet:
„Vorstehende Ausfertigung wird dem usw. (Bezeichnung der Partei) zum Zwecke
der Zwangsvollstreckung erteilt" (§ 725 ZPO). Sie wird vom Urkundsbeamten
der Geschäftsstelle des Gerichts des ersten Rechtszuges und, wenn der Rechtsstreit bei einem höheren Gericht anhängig ist, von dem Urkundsbeamten der Geschäftsstelle dieses Gerichts erteilt (s. § 724 Abs. 2 ZPO), von ihm unterschrieben
und mit einem Gerichtssiegel versehen. Zu vollstreckbaren Ausfertigungen s. im
übrigen §§ 724 ff. ZPO.

Die vollstreckbare Ausfertigung ist dem Schuldner zuzustellen, wie sich nicht   22
nur aus § 750 ZPO, sondern auch aus § 199 Abs. 4 („… deren Zustellung …") ergibt (s. *ML § 199 Rn. 6*). Die Zustellung der vollstreckbaren Ausfertigung i. S. des
§ 724 Abs. 1 ZPO hat das Gericht, die Zustellung der vollstreckbaren Ausfertigung in verkürzter Form (s. § 199 Abs. 4) hat auch im sozialgerichtlichen Verfahren der Gläubiger zu betreiben (*ML§ 199 Rn. 6*).

Vollstreckungsgericht ist nach § 764 ZPO i. V. m. § 198 Abs. 1 SGG das Amts-   23
gericht, in dessen Bezirk die Vollstreckung stattfinden soll oder stattgefunden hat
(*ML § 198 Rn. 5; Jansen/Straßfeld § 198 Rn. 4; RK § 198 Rn. 14; H/Knittel § 198
Rn. 17; a. A. Bley § 198 Anm. 3 Buchst. b; Hk-SGG/Groß § 199 Rn. 18, 20*). Zum
Teil wird jedoch angenommen, das SG sei zuständig, wenn es sich um die Zulässigkeit der Vollstreckung handelt (s. *P/S/W § 198 Anm. 1*). Die Zuständigkeit der
Gerichte der Sozialgerichtsbarkeit bleibt aber bestehen, soweit es sich um Verfahren handelt, die dem Prozessgericht zugewiesen sind (*Bayer. LSG Bayer. Amtsbl.
1984, B. 27; ML § 198 Rn. 5a; Jansen/Straßfeld § 198 Rn. 4*).

2.3 Vollstreckung aus Verpflichtungsurteilen   24

Kommt eine Behörde ihrer nach § 131 auferlegten Verpflichtung nicht nach
(s. hierzu *LSG Niedersachsen Beschluss vom 6. 4. 1994 – L 4 S (KR 8/94)*) den aufgehobenen Verwaltungsakt in bestimmter Weise rückgängig zu machen (s. § 131
Abs. 1, Folgenbeseitigungsurteil) oder den beantragten Verwaltungsakt zu erlassen
(s. § 131 Abs. 2) oder den Kläger unter Beachtung der Rechtsauffassung des Gerichts neu zu bescheiden (s. § 131 Abs. 3), so kann das Gericht des ersten Rechtszuges auf Antrag und mit Fristsetzung ein Zwangsgeld bis zu 1000 Euro durch Beschluss androhen und nach vergeblichem Fristablauf festsetzen (s. § 201 Abs. 1
Satz 1). Das Zwangsgeld kann wiederholt festgesetzt werden (§ 201 Abs. 1 Satz 2).
Diese Vorschrift ist auf Grundurteile anzuwenden, die aufgrund einer kombinierten Anfechtungs- und Leistungsklage ergehen (*BSG SozR 3-1500 § 199 Nr. 1*).

25   Voraussetzung ist aber auch hier, dass ein vollstreckungsfähiges Urteil vorliegt (s. dazu Rn. 17; s. auch *LSG Baden-Württ. Beschluss vom 29.11.1994 – L 13 B 176/94*: Vollstreckungsklausel nicht erforderlich). Ob ein Urteil einen vollstreckbaren Inhalt hat, richtet sich „allein nach der Urteilsformel" (*BSG SozR 3-1500 § 199 Nr. 1*), jedoch schließt das BSG (*SozR 3-1500 § 199 Nr. 1*) wohl auch hier nicht aus, die Entscheidungsgründe bei unklarem Tenor zu dessen Auslegung heranzuziehen, hat aber in dieser Entscheidung den Tenor als klar angesehen. Ob § 201 nur für Urteile oder auch für angenommene Anerkenntnisse oder einen Vergleich gilt, ist umstritten (bejahend *ML § 201 Rn. 2; Hk-SGG/Groß § 201 Rn. 5; verneinend Bley § 201 Anm. 2 Buchst. b*). Zum Teil wird § 201 analog angewendet, wenn die Körperschaft des öffentlichen Rechts einem – nicht vollstreckungsfähigen – Grundurteil nach § 130 nicht nachkommt (*Bayer. LSG Mitt. LVA Rheinprovinz 1975, 178; LSG Baden-Württ. Beschluss vom 29.11.1994 – L 13 B 176/94; Bley § 201 Anm. 2 Buchst. a; P/S/W Anm. zu § 201; Heilemann SGb 1994, 636; ML § 201 Rn. 2*; s. auch hier Rn. 17).

26   Umstritten ist, ob unter Behörde alle juristischen Personen des öffentlichen Rechts gemeint sind (so *ML § 201 Rn. 3; Jansen/Straßfeld § 201 Rn. 4; P/S/W Anm. zu § 201; RK § 201 Rn. 9; Bley § 201 Anm. 2 Buchst. c; LSG Niedersachsen Breithaupt 1992, 345, 346: auch Prüfungsausschuss*). Dafür spricht auch die weite Auslegung des Behördenbegriffs in § 1 Abs. 2 SGB X (s. *KassKomm/Krasney § 1 SGB X Rn. 8–11*).

27   Im Rahmen des § 201 sind zwei Fristen zu beachten, von denen aber nur eine im Gesetz ausdrücklich erwähnt ist. Die Behörde kommt ihrer auferlegten Verpflichtung erst dann „nicht nach", wenn sie nicht innerhalb einer – im Gesetz nicht ausdrücklich erwähnten – angemessenen Frist (*ML § 201 Rn. 3; Bley § 201 Anm. 2 Buchst. e*) alles in ihrer Macht Stehende getan hat, um die Verpflichtung zu erfüllen. Etwas anders gilt nur, wenn sie erklärt oder eindeutig zu erkennen gibt, dass sie dazu nicht gewillt ist. Welche Frist angemessen ist, richtet sich nach den besonderen Umständen des Einzelfalles. Sechs Monate werden aber in jedem Fall als unangemessen lang angesehen (vgl. § 88; *Bley § 201 Anm. 2 Buchst. e*). Dabei ist aber zu beachten, dass es nicht auf den Abschluss des Verfahrens, sondern darauf ankommt, dass die Behörde das Verfahren eingeleitet hat und sich nach besten Kräften bemüht, der Verpflichtung nachzukommen. Geschieht dies nach den Feststellungen des SG nicht, so kann nicht zugleich ein Zwangsgeld festgesetzt werden, sondern es muss erst nach § 201 Abs. 1 Satz 1 unter Androhung des Zwangsgeldes eine angemessene Frist dafür gesetzt werden, nunmehr der Verpflichtung nachzukommen (*Bley § 201 Anm. 2 Buchst. e*).

28   Liegen die Voraussetzungen des § 201 vor, so steht es nach Bley (*§ 201 Anm. 3 Buchst. a*; ebenso *RK § 201 Rn. 8; P/S/W Anm. zu § 201*) im Ermessen des Gerichts, das Zwangsgeld anzudrohen und festzusetzen, während nach *ML (§ 201 Rn. 4*: „kann" steht für Befugnis) es dazu verpflichtet ist, da es nicht im Ermessen des SG stehen könne, den Gläubiger rechtlos zu machen (ebenso *H/Ruppelt § 201 Rn. 12; Jansen/Straßfeld § 201 Rn. 7; Hk-SGG/Groß § 201 Rn. 8*). Allerdings

geht auch Bley (*§ 201 Rn. 4*) davon aus, dass es dem pflichtgemäßen Ermessen entspricht, in der Regel das Zwangsgeld anzudrohen und festzusetzen. Deshalb wird der hier vorstehend aufgeführten Ansicht (kein Ermessen) gefolgt.

2.4 Einstweilige Anordnung über die Aussetzung der Vollstreckbarkeit 29

Schrifttum

Eul, Aufschiebende Wirkung und Aussetzung der Vollziehung im Sozialgerichtsverfahren, DOK 1971, 701
Friedrichs, Die einstweilige Anordnung gem. § 199 Abs. 2 Satz 1 SGG, SozVers. 1967, 289
Zeihe, Zum Ermessen des Vorsitzenden nach § 199 Abs. 2 SGG, SGb 1994, 505

Als Ausgleich dafür, dass auch aus noch nicht rechtskräftigen Urteilen vollstreckt 30 werden kann, ohne dass es einer vorläufigen Vollstreckbarkeit bedarf, sieht § 199 Abs. 2 für den Fall, dass ein Rechtsmittel und Rechtsbehelf (*ML § 199 Rn. 7; Hk-SGG/Groß § 199 Rn. 11*) keine aufschiebende Wirkung hat, einstweilige Anordnungen des Vorsitzenden des Gerichts, das über das Rechtsmittel zu entscheiden hat, vor, die Vollstreckung auszusetzen. Das Rechtsmittel muss jedoch bereits eingelegt sein, während die Vollstreckung nicht zu drohen braucht (*ML § 199 Rn. 7; Jansen/Straßfeld § 199 Rn. 14*). Die Entscheidung ergeht in der Regel auf Antrag, kann aber auch von Amts wegen ergehen (*LSG Niedersachsen MinBl. 1959, Rechtsprechungsbeilage Nr. 215.83; ML § 199 Rn. 7; RK § 199 Rn. 14*). Diese Anordnung ist unanfechtbar, kann aber jederzeit aufgehoben werden. In § 199 Abs. 2 Satz 2 ist nur vorgesehen, dass die Anordnung jederzeit aufgehoben werden kann; jedoch ist damit auch die teilweise Aufhebung in der Form der Änderung erfasst.

Auf die Besonderheit einer erfolgreichen Wahlanfechtungsklage nach § 131 31 Abs. 4 abgestellt ist die einstweilige Anordnung nach § 199 Abs. 3, die dahin ergeht, dass die Wiederholungswahl oder die Ergänzung der Selbstverwaltungsorgane für die Dauer des Rechtsmittelverfahrens unterbleibt. Da in der Vorschrift nur auf § 199 Abs. 2 Satz 1 Bezug genommen ist, können die Aussetzung und Vollstreckung nicht von einer Sicherheitsleistung abhängig gemacht werden, und ebenso ist es nicht möglich, die einstweilige Anordnung jederzeit aufzuheben oder zu ändern (*ML § 199 Rn. 9*).

Die einstweilige Anordnung nach § 199 Abs. 2, die Vollstreckung vorläufig 32 auszusetzen, steht im Ermessen des Vorsitzenden (*BSG Beschlüsse vom 26. 11. 1991 – 1 BR 10/91 = USK 91155 – und 18. 9. 1987 – 1 RR 2/87 – USK 87159; ML § 199 Rn. 8; Hk-SGG/Groß § 199 Rn. 12; P/S/W § 199 Anm. 3; a.A. BSG SozR 3-1500 § 199 Nr. 1; RK § 199 Rn. 16; Zeihe SGb 1994, 505*), der jedoch vom BSG als berechtigt angesehen wird, bei grundsätzlichen Fragen eine Beschlussfassung des Senats herbeizuführen (*BSGE 27, 31, 32; Bley § 199 Anm. 6 Buchst. b; P/S/W § 199 Anm. 3; a.A. BSG SozR 3-1500 § 199 Nr. 1; ML § 199 Rn. 7a; Jansen/Straßfeld § 199 Rn. 17; RK § 199 Rn. 15*); der Senat bleibt dann zuständig für die weiteren Entscheidungen (*BSGE 27, 31, 32*). Der Vorsitzende eines Senats beim LSG oder BSG darf jedoch seine Entscheidung nicht auf einen Berichterstatter übertragen (*Hk-SGG/Groß § 199 Rn. 13*). Es sind alle Umstände des jeweiligen Einzelfalles zu beachten und nicht nur die Erfolgsaussicht, da es nicht Sinn und Zweck der einstweiligen Anordnung ist, die in diesen Fällen vom Gesetz ebenfalls grundsätzlich nicht festgesetzte aufschiebende Wirkung des Rechtsmittels festzulegen. Das BSG geht davon aus, nur in Ausnahmefällen bei offensichtlicher Erfolgsaussicht die Vollstreckung auszusetzen (*BSGE 12, 138; BSGE 33, 118, 121; BSG Urteil vom 18.9.1987 – 1 RR 2/87 – USK 87159*). Allerdings kann auch beachtet werden, dass bei einer Vollstreckung aus einem Urteil, das voraussichtlich nicht Bestand haben wird, die Rückforderung der zwischenzeitlich erbrachten Leistungen praktisch erfolglos sein dürfte; endgültige und nicht rückgängig zu machende Maßnahmen durch die angefochtene Entscheidung sollen vermieden werden, wenn dies offensichtlich der Fall wäre. Die gegenteilige Ansicht des BSG (*SozR 3-1500 § 199 Nr. 1*; ebenso *RK § 199 Rn. 15*), der Vorsitzende habe nur ein „Kompetenz-Kann" und kein „Ermessen-Kann" entspricht den Grundsätzen dieses Senats des BSG von Kann-Vorschriften, der aber in dieser Allgemeinheit auch hier nicht gefolgt wird. Das BSG (*SozR 3-1500 § 199 Nr. 1*) sieht für die Entscheidung des Vorsitzenden zu Recht die Regelung des § 719 Abs. 2 ZPO als maßgebend an. Daraus ergibt sich jedoch entgegen der Auffassung des BSG, dass zumindest auch die Erfolgsaussicht des Rechtsstreites zu berücksichtigen ist, denn die Einstellung einer Zwangsvollstreckung aus einem Urteil, das nach aller Voraussicht aufrechterhalten wird, kann nicht im Rahmen der sachlichen Entscheidung für den Schuldner einen nicht zu ersetzenden Nachteil bringen und entspricht auch den überwiegenden Interessen des Gläubigers. Bedenken könnten sich nur gegen die Art und Weise der Zwangsvollstreckung richten, die aber nicht vor dem Prozessgericht auszutragen sind. Gegen die Aussetzung ist ein Rechtsmittel nicht gegeben. Die Ablehnung der Aussetzung durch den Vorsitzenden des SG ist mit der Beschwerde anfechtbar (*ML § 199 Rn. 10; Jansen/Straßfeld § 199 Rn. 17; a. A. Hk-SGG/Groß § 199 Rn. 13*).

33   Die Aussetzung nach § 199 Abs. 3 (s. Rn. 31) steht ebenfalls im Ermessen des Vorsitzenden (a. A. *RK § 199 Rn. 23*), der sich jedoch nicht so stark auf Ausnahmefälle beschränken muss wie im Rahmen des Abs. 2 (s. *Bley § 199 Anm. 9 Buchst. a*). Im Zweifelsfall spricht mehr für als gegen eine Anordnung (s. *ML § 199 Rn. 9*). Da § 199 Abs. 3 nur auf Abs. 2 Satz 1 dieser Vorschrift verweist, ist die Anordnung weder unanfechtbar (a. A. *Bley § 199 Anm. 9 Buchst. c*) noch jederzeit aufhebbar, jedoch ist § 177 zu beachten.

34 2.5 Rechtsmittel
An die Stelle der nach § 793 ZPO vorgesehenen und im SGG nicht enthaltenen sofortigen Beschwerde tritt nach § 198 Abs. 3 die Beschwerde nach den §§ 172 ff. Soweit das Amtsgericht als Vollstreckungsgericht tätig wird, gelten die Vorschriften des SGG insoweit nicht (*ML § 198 Rn. 7*; s. aber auch *P/S/W § 198 Anm. 6*).

35 3 Vollstreckung zugunsten der öffentlichen Hand
§ 200 enthält eine Sonderregelung für die Vollstreckung zugunsten der öffentlichen Hand, die sich weder nach der ZPO oder nach speziellen Vorschriften des SGG richtet, sondern auf die Vollstreckungsgesetze verweist. Es handelt sich jedoch nicht um die Vollstreckung aus bindenden Verwaltungsakten, da für diese Vollstreckung nach § 66 SGB X das Verwaltungsvollstreckungsgesetz direkt und nicht aufgrund einer Verweisung gilt (s. *KassKomm/Krasney § 66 SGB X Rn. 2*).

§ 200 ist auch nicht bei einer Vollstreckung der öffentlichen Hand gegen eine andere öffentlich-rechtliche Körperschaft oder Anstalt anwendbar (*ML § 200 Rn. 2; Bley § 200 Anm. 2 Buchst. a; RK § 200 Rn. 2*).

Besonderheiten
des sozialgerichtlichen Verfahrens in Schlagworten

Amtsbetrieb Zustellungen erfolgen von Amts wegen; Abschriften der Klageschrift und anderer Schriftsätze werden vom Gericht an den Gegner und andere Beteiligte gesandt, s. Kap. III Rn. 1 ff. u. Kap. VII Rn. 110 f.

Anträge Zu den Klageanträgen vgl. die Beispiele in Kap. IV,

– Kostenantrag (betrifft im sozialgerichtlichen Verfahren grundsätzlich nur die
außergerichtlichen Kosten): Ist nicht erforderlich, da die Gerichte hierüber
von Amts wegen zu entscheiden haben,
– Antrag auf Zulassung von Berufung (bei nicht statthafter Berufung) und Revision: Auch hierüber haben die Gerichte von Amts wegen zu entscheiden; eine
Anregung in der mündlichen Verhandlung ist oft zweckmäßig, um das Gericht
an die Notwendigkeit einer entsprechenden Entscheidung zu erinnern.
– Antrag auf Verzinsung von Geldleistungen: Nicht unbedingt erforderlich,
weil die Leistungsträger ihrer Verpflichtung zur Zinszahlung (§ 44 SGB I)
von Amts wegen auch dann nachkommen, wenn sie hierzu nicht ausdrücklich
verurteilt worden sind – s. Kap. IV Rn. 77,
– Antrag auf Einholung eines Gutachtens nach § 109 – s. Kap. III Rn. 104,
– Antrag auf Übernahme der Kosten für ein nach § 109 erstattetes Gutachten –
s. Kap. III Rn. 105.

Anwaltszwang siehe Vertretungszwang.

Arzt des Vertrauens Bestimmte Beteiligte (Versicherte, Versorgungsberechtigte
oder Hinterbliebene) können gemäß § 109 die Einholung eines Gutachtens von
einem Arzt ihrer Wahl verlangen; im Regelfall muss ein Kostenvorschuss geleistet werden, s. Kap. III Rn. 74 ff.

Aufschiebende Wirkung Nach der Änderung des vorläufigen Rechtsschutzes im
6. SGG-ÄndG haben Widerspruch und Klage – wie im verwaltungsgerichtlichen Verfahren – grundsätzlich aufschiebende Wirkung. Von der automatisch
eintretenden aufschiebenden Wirkung sind jedoch einige wichtige Bereiche in
§ 86a Abs. 2 aufgenommen (Entscheidungen über Versicherungs- und Beitragspflicht, Anforderung von Beiträgen und sonstigen Abgaben, Entziehung
oder Herabsetzung laufender Leistungen, Ausschluss der aufschiebenden Wirkung im einschlägigen Sachgesetz); außerdem kann die Verwaltung den Sofortvollzug auch in anderen Fällen ausdrücklich anordnen. In diesen Fällen kann
die Aussetzung der Vollziehung bzw. die Wiederherstellung der aufschiebenden Wirkung – wie im verwaltungsgerichtlichen Verfahren entweder bei der
Ausgangs- oder der Widerspruchsbehörde, aber auch beim SG beantragt werden. Besondere Regelungen zum vorläufigen Rechtsschutz in Anfechtungssachen finden sich vor allem im Arbeitsförderungs- und im Vertragsarztrecht.
Zum vorläufigen Rechtsschutz siehe Kap. V.

Beendigung des Verfahrens Das Verfahren kann – außer durch Urteil (Kap. VII Rn. 200 ff.) oder Gerichtsbescheid (Kap. VII Rn. 192) – auch durch Klagerücknahme (ohne Zustimmung des Beklagten – Kap. VII Rn. 168 f.) oder durch Annahme eines von dem beklagten Leistungsträger abgegebenen Anerkenntnisses (ohne Anerkenntnis-Urteil – s. Kap. VII Rn. 174 ff.) sowie durch Vergleich (s. Kap. VII Rn. 182 ff.) beendet werden.

Beiladung Die besondere Bedeutung der Beiladung im sozialgerichtlichen Verfahren besteht darin, dass auch der beigeladene Leistungsträger anstelle des beklagten zur Leistung verurteilt werden kann, s. Kap. VI Rn. 23 ff. Die Beiladung ersetzt im sozialgerichtlichen Verfahren die zivilprozessualen Institute der Nebenintervention und Streitverkündung.

Beweisanträge Bei der Ermittlung des Sachverhalts ist das Gericht an Beweisanträge der Beteiligten nicht gebunden (§ 103 Satz 2). Beweisanträge sind nur Anregungen an das Gericht. Verfahrensrechtliche Bedeutung haben sie nur im Hinblick auf die Zulassung der Revision nach § 160 Abs. 2 Nr. 3, s. hierzu Kap. IX Rn. 128 ff.

Bindungswirkung (Terminologie des SGB X: Bestandskraft) Gemäß § 77 wird der Verwaltungsakt für den Beteiligten in der Sache bindend, wenn der gegen ihn gegebene Rechtsbehelf nicht oder erfolglos eingelegt wird, soweit durch Gesetz nichts anderes bestimmt ist. Die Regelung gehört an sich in das Verwaltungs- und nicht in das Gerichtsverfahren. Eine wichtige Durchbrechung der Bindungswirkung, die auch dann eintritt, wenn der Verwaltungsakt durch ein rechtskräftiges Urteil bestätigt worden ist, ist in § 44 SGB X geregelt: Danach ist ein unanfechtbar gewordener Verwaltungsakt aufzuheben, soweit er rechtswidrig ist und deshalb zu Unrecht Sozialleistungen nicht erbracht worden sind. Ergibt sich im Rahmen eines Antrags auf Neufeststellung jedoch nichts, was für die Unrichtigkeit der Vorentscheidung sprechen könnte, darf sich die Verwaltung ohne jede Sachprüfung auf die Bindungswirkung berufen, s. im Einzelnen BSG Breithaupt 1988, 830.

Ehrenamtlicher Richter In der Sozialgerichtsbarkeit wirken in allen drei Rechtszügen ehrenamtliche Richter mit (s. Kap. II Rn. 4–7).

Erörterungstermin Möglichkeit zur Aufklärung des Sachverhalts durch den Vorsitzenden bzw. den Berichterstatter (§ 106 Abs. 3 Nr. 7), insbesondere wenn Beweismittel nicht zur Verfügung stehen. Die Parteivernehmung als förmliches Beweismittel gibt es im sozialgerichtlichen Verfahren nicht (s. Kap. VII Rn. 137 ff.).

Folgebescheid s. unten „Neue Bescheide".

Fristen

– Widerspruchsfrist: Grundsätzlich 1 Monat nach Bekanntgabe des Verwaltungsaktes (§ 84 Abs. 1), bei Auslandszustellung: 3 Monate; Ausnahme: unrichtige Rechtsmittelbelehrung (in diesem Fall läuft eine Jahresfrist – § 84 Abs. 2 Satz 3 i. V. m. § 66 Abs. 2). Frist wahrende Einlegung des Widerspruchs ist u. a. bei allen inländischen Behörden möglich (s. Kap. IV Rn. 30).

– Klagefrist: Grundsätzlich 1 Monat nach Zustellung oder (wenn Zustellung nicht vorgesehen ist) nach Bekanntgabe des Verwaltungsaktes; Ausnahmen: Auslandszustellung oder Bekanntgabe des Verwaltungsaktes im Ausland – in diesen Fällen beträgt die Klagefrist 3 Monate (§ 87 Abs. 1 Satz 2), bei unrichtiger Rechtsmittelbelehrung beträgt die Klagefrist 1 Jahr. Die Frist ist u.a. auch dann gewahrt, wenn die Klageschrift rechtzeitig bei einer inländischen Behörde oder bei einem Versicherungsträger eingeht (§ 91 Abs. 1), s. Kap. IV Rn. 9ff.

– Berufungsfrist: 1 Monat nach Zustellung, bei Auslandszustellung: 3 Monate; innerhalb der Berufungsfrist ist auch die Einlegung der Berufung beim Sozialgericht Frist wahrend (allerdings nur bei dem SG, von dem das angefochtene Urteil stammt), nicht dagegen die Einlegung der Berufung bei anderen Behörden, s. Kap. VIII Rn. 56ff.

– Nichtzulassungsbeschwerde: 1 Monat nach Zustellung, bei Auslandszustellung: 3 Monate; innerhalb von 2 Monaten nach Zustellung muss die NZB begründet werden (diese Frist kann einmal bis zu 1 Monat verlängert werden), s. Kap. IX Rn. 146ff. und 165ff.

– Revision: 1 Monat (bei Auslandszustellung 3 Monate) nach Zustellung des Urteils (bei zugelassener Revision) bzw. des Beschlusses, mit dem die Revision zugelassen worden ist. Begründungsfrist: 2 Monate (bei Auslandszustellung: 4 Monate) nach Zustellung des Urteils bzw. Beschlusses (diese Frist kann auf Antrag auch mehrmals verlängert werden), s. Kap. IX Rn. 280ff.

– Einlassungsfrist: Im SGG nicht vorgesehen; das Gericht kann allerdings – ohne präkludierende Wirkung – eine Frist für die Klageerwiderung (§ 104 Satz 3) von mindestens 1 Monat setzen, s. Kap. VII Rn. 117ff.

Gebühren Dem Verfahren vor den Gerichten der Sozialgerichtsbarkeit ist auch eigen, dass die Gebühren für im Gerichtsverfahren tätige Rechtsanwälte grundsätzlich Betragsrahmengebühren sind, die von einer Mindest- und Höchstgebühr begrenzt sind (Kap. XII Rn. 89ff.). Als Regelgebühr wird die Mittelgebühr angesehen, die sich aus der Summe der Hälfte von Mindest- und Höchstgebühr berechnet (Kap. XII Rn. 97). Von der Zahl der Verfahren nach nur im geringeren Umfang berechnen sich die Gebühren der Rechtsanwälte nach dem Gegenstandswert (Kap. XII Rn. 98ff.). Seit dem 1. 7. 2004 wird auch im sozialgerichtlichen Verfahren zwischen der Verfahrensgebühr und der Termingebühr unterschieden (Kap. XII Rn. 102). Zu Gerichtsgebühren s. Kostenfreiheit.

Gerichtsbescheid Wenn eine Sache keine besonderen Schwierigkeiten tatsächlicher oder rechtlicher Art aufweist und der Sachverhalt geklärt ist, kann im erstinstanzlichen Verfahren der Vorsitzende ohne mündliche Verhandlung durch Gerichtsbescheid (anstelle eines Urteils) abschließend in der Sache entscheiden. Die Beteiligten müssen vorher gehört werden. Es ist das Rechtsmittel gegeben, das zulässig wäre, wenn das Gericht durch Urteil entschieden hätte; s. Kap. VII Rn. 196ff.

Grundurteil Das auf eine kombinierte Anfechtungs- und Leistungsklage (§ 54 Abs. 4) hin ergehende Grundurteil (§ 130) ist kein Zwischenurteil, sondern

Endurteil und erledigt den Rechtsstreit in vollem Umfang; im Gegensatz zu anderen Verfahrensarten (§ 304 ZPO, § 111 VwGO, § 99 FGO) findet kein Nachverfahren statt. Die Ausführung des Grundurteils obliegt dem Leistungsträger. Nur das auf die echte Leistungsklage (§ 54 Abs. 5) hin ergehende Grundurteil (bei einem Leistungsanspruch, über den kein Verwaltungsakt ergeht) ist Zwischenurteil i.S. von § 304 ZPO, s. Kap. VII Rn. 208 ff.

Klagearten Sie entsprechen denen des allgemeinen Verwaltungs- und des Zivilprozesses. Da dem Klageverfahren grundsätzlich eine Entscheidung der Verwaltungsbehörde (durch Verwaltungsakt) vorausgeht, sind Feststellungs-, Verpflichtungs- und Leistungsklage regelmäßig mit einer Anfechtungsklage zu verbinden. Die häufigste Klageart in der Praxis der Sozialgerichte ist die kombinierte Anfechtungs- und Leistungsklage, mit der einerseits der ablehnende Bescheid des Leistungsträgers angefochten und andererseits die Zuerkennung der angestrebten Sozialleistung angestrebt wird; s. Kap. IV Rn. 73 ff.

Kostenfreiheit Das sozialgerichtliche Verfahren ist in Verfahren, bei denen Kläger oder Beklagter zu den in § 183 genannten Personen gehören, gerichtskostenfrei (Pauschgebühren s. unten). Die beteiligten Hoheitsträger können auch im Falle ihres Obsiegens keine Erstattung ihrer außergerichtlichen Kosten verlangen. Auch die von Amts wegen durchgeführte Beweiserhebung (vor allem: medizinische Gutachten) ist kostenfrei. Gehören weder Kläger noch Beklagter zu den in § 183 kostenprivilegierten Personen, so gilt das Kostenrecht des SGG grundsätzlich nicht; § 197 a verweist für diese Fälle auf das Kostenrecht der VwGO, s. Kap. XII Rn. 2.

Mutwillenskosten (Verschuldenskosten) Grundsätzlich ist das Verfahren vor den Gerichten der Sozialgerichtsbarkeit für die Beteiligten kostenfrei. Hat jedoch ein Beteiligter, dessen Vertreter oder Bevollmächtigter durch Verschleppung oder Missbräuchlichkeit der Rechtsverfolgung dem Gericht oder einem Beteiligten Kosten verursacht, so kann sie das Gericht dem Beteiligten im Urteil ganz oder teilweise auferlegen (s. Kap. XII Rn. 23 ff.). Diese Vorschrift ist keine Strafvorschrift, sondern eine Schadensersatzregelung. Erfahrungsgemäß wird von dieser Vorschrift nur selten Gebrauch gemacht; im Revisionsverfahren wird sie kaum angewandt.

Neue Bescheide Nach Klageerhebung erlassene neue Bescheide, die den angefochtenen Bescheid ändern oder ersetzen, werden Gegenstand des Verfahrens (§ 96), s. Kap. VII Rn. 79 ff.

Nichtzulassungsbeschwerde Selbstständiger Rechtsbehelf zur Durchsetzung von Berufung (s. Kap. VIII Rn. 47 ff.) und Revision (Kap. IX Rn. 46 ff.). Die Beschwerde richtet sich gegen die Nichtzulassung der genannten Rechtsmittel im Urteil des SG (Berufung) bzw. LSG (Revision). Sie kann nur auf einen der in § 144 Abs. 2 (Berufung) bzw. § 160 Abs. 2 (Revision) abschließend angeführten Zulassungsgründe gestützt werden. Dies sind: grundsätzliche Bedeutung der Rechtssache, Divergenz und Verfahrensmangel. Die Nichtzulassungsbeschwerde zur Eröffnung des Revisionsverfahrens ist nur zulässig, wenn das Vorliegen eines Zulassungsgrundes ausreichend begründet wird, s. Kap. IX Rn. 176 ff.

Örtliche Zuständigkeit Zuständig ist in der Regel das SG, in dessen Bezirk der Kläger seinen Wohnsitz oder seinen Beschäftigungsort hat; dem Kläger steht insoweit ein Wahlrecht zu; Gerichtsstandsvereinbarungen sind nicht zulässig, s. im Einzelnen Kap. VII Rn. 31 ff.

Pauschgebühr Kläger und Beklagte, die nicht zu den in § 183 genannten Personen gehören, haben für jede Streitsache, an der sie beteiligt sind, nach § 184 Abs. 1 eine Gebühr, die sogenannte Pauschgebühr, zu entrichten (Kap. XII Rn. 6 ff.). Sie entsteht mit der Rechtshängigkeit der Sache und ist für jeden Rechtszug zu zahlen, und zwar auch dann, wenn es sich um eine unstatthafte oder unzulässige Klage, Berufung oder Revision handelt. Auch das Verfahren der Nichtzulassungsbeschwerde ist eine gebührenpflichtige Streitsache, selbst wenn die Beschwerde verworfen, zurückgewiesen oder zurückgenommen wird. Dies gilt nicht für Verfahren, in denen weder der Kläger noch der Beklagte zu den in § 183 genannten Personen gehören. In diesen Verfahren werden nach § 197 a Gebühren nach dem Streitwert erhoben.

Präklusion Das sozialgerichtliche Verfahren sieht grundsätzlich keinen Ausschluss des Vorbringens der Beteiligten nach Ablauf einer bestimmten Frist vor. Mit § 106a wurde im SGG-ÄndG 2008 eine Präklusionsregelung eingefügt, die weitgehend § 87b VwGO entspricht. Danach kann das Gericht den Beteiligten zur Abgabe von Erklärungen und Vorlage von Beweismitteln eine **Frist setzen**, nach deren Ablauf Erklärungen und Beweismittel zurückgewiesen werden können; vgl. Kap. VII Rn. 132 a.

Schriftliches Verfahren Urteile ergehen grundsätzlich aufgrund mündlicher Verhandlung (§ 124 Abs. 1). Nur wenn alle Beteiligten zugestimmt haben (§ 124 Abs. 2) oder in der mündlichen Verhandlung nicht vertreten sind (§ 126), kann das Urteil aufgrund der Aktenlage im schriftlichen Verfahren ergehen. Erscheinen im Termin nicht alle Beteiligten, so können die erschienenen eine Entscheidung nach Aktenlage beantragen, s. im Einzelnen Kap. VII Rn. 216.

Terminbestimmung Der Vorsitzende bestimmt Ort und Zeit der mündlichen Verhandlung erst, nachdem alle zur Vorbereitung der mündlichen Verhandlung notwendigen Maßnahmen, insbesondere die von Amts wegen zu betreibende Ermittlung des Sachverhalts, abgeschlossen sind. § 216 Abs. 2 ZPO findet keine Anwendung. Zur mündlichen Verhandlung kann das persönliche Erscheinen der Beteiligten angeordnet werden (s. Kap. VII Rn. 145). Zur Ladung und Terminaufhebung s. Kap. VII Rn. 144 ff.

Termingebühr s. oben zu Gebühren.

Verfahrensgebühr s. oben zu Gebühren.

Vergütung die Vergütung für Rechtsanwälte umfasst Gebühren (s. zu diesem Stichwort oben) und Auslagen (§ 1 Abs. 1 Satz 1 RVG).

Versäumnisurteil Kennt das sozialgerichtliche Verfahren nicht. Das Gericht kann nach Lage der Akten entscheiden, wenn die Beteiligten in der Ladung darauf hingewiesen worden sind und sie dem Termin fernbleiben bzw. ein Beteiligter nicht erscheint und der andere dies beantragt, s. Kap. VII Rn. 163ff. und 208ff.

Vertretungszwang Besteht nur vor dem BSG. Gemäß § 73 Abs. 4 müssen sich die Beteiligten durch Prozessbevollmächtigte vertreten lassen. Behörden, Körperschaften und Anstalten des öffentlichen Rechts sowie private Pflegeversicherungsunternehmen unterliegen dem Vertretungszwang nicht. Als Prozessbevollmächtigte kommen in Betracht: Jeder bei einem deutschen Gericht zugelassene Rechtsanwalt (eine spezielle Zulassung beim BSG gibt es nicht) und Rechtslehrer an einer deutschen Hochschule (§ 73 Abs. 2 Satz 1), Mitglieder und Angestellte von Gewerkschaften oder sonstigen Arbeitnehmervereinigungen, von Arbeitgebervereinigungen und von Vereinigungen der Kriegsopfer und von juristischen Personen i.S. des § 73 Abs. 2 Satz 2. Rechtsbeistände und Prozessagenten sind nicht zugelassen, s. im Einzelnen Kap. IX Rn. 246ff.

Vor den Tatsachengerichten (SG und LSG) besteht kein Vertretungszwang; jeder Beteiligte kann seinen Prozess selbst führen. Die Beteiligten können sich hier auch durch jede prozessfähige Person vertreten lassen, s. Kap. VI Rn. 37ff.

Verzicht auf die mündliche Verhandlung s. oben schriftliches Verfahren.

Vollmacht Besonderheit des sozialgerichtlichen Verfahrens war bis zur Änderung des § 73 SGG im Jahr 2008, dass auch bei Rechtsanwälten das Fehlen einer Vollmacht von Amts wegen beachtet werden musste. Bei Ehegatten und Verwandten in gerader Linie konnte die Bevollmächtigung unterstellt werden. Beide Besonderheiten sind in die aktuelle Fassung des § 73 SGG nicht übernommen worden. Die Sozialgerichte haben den Mangel der Vollmacht seither bei Rechtsanwälten nicht mehr von Amts wegen zu prüfen. Spätestens in der mündlichen Verhandlung, in der die Entscheidung ergeht, muss die Vollmacht vorliegen.

Vollstreckung von Verpflichtungsurteilen Kommt eine Behörde in den Fällen des § 131 SGG (Verpflichtung zur Rückgängigmachung eines Verwaltungsakts oder zum Erlass des beantragten Verwaltungsaktes; Feststellung der Ungültigkeit einer Wahl i.S. des § 131 Abs. 4 SGG) der im Urteil auferlegten Verpflichtung nicht nach, so kann das Gericht des ersten Rechtszugs auf Antrag unter Fristsetzung ein Zwangsgeld bis zu 1.000 Euro durch Beschluss androhen und nach vergeblichem Fristablauf festsetzen. S. Kap. XIII Rn. 24–28.

Vorläufiger Rechtsschutz Nach der Änderung des vorläufigen Rechtsschutzes im 6. SGG-ÄndG (mit Wirkung ab 1.1.2002) haben Widerspruch und Klage – wie im verwaltungsgerichtlichen Verfahren – grundsätzlich aufschiebende Wirkung (s. hierzu Schlagwort „aufschiebende Wirkung"). Der vorläufige Rechtsschutz in Vornahmesachen entspricht nunmehr auch dem des verwaltungsgerichtlichen Verfahrens. § 123 VwGO wurde fast wortgleich in den § 86b Abs. 2 übernommen; s. zum Ganzen Kap. V.

Zuständigkeitsvereinbarungen Zur örtlichen Zuständigkeit und zur Unzulässigkeit von Gerichtsstandsvereinbarungen s. hier Stichwort: Örtliche Zuständigkeit.

Sozialgerichtsgesetz
(SGG)

in der Fassung der Bekanntmachung vom 23. September 1975 (BGBl. I S. 2535),
zuletzt geändert durch Artikel 4 des Gesetzes
vom 24. März 2011 (BGBl. I S. 453)

ERSTER TEIL
Gerichtsverfassung

Erster Abschnitt
Gerichtsbarkeit und Richteramt

§ 1

Die Sozialgerichtsbarkeit wird durch unabhängige, von den Verwaltungsbehörden getrennte, besondere Verwaltungsgerichte ausgeübt.

§ 2

Als Gerichte der Sozialgerichtsbarkeit werden in den Ländern Sozialgerichte und Landessozialgerichte, im Bund das Bundessozialgericht errichtet.

§ 3

Die Gerichte der Sozialgerichtsbarkeit werden mit Berufsrichtern und ehrenamtlichen Richtern besetzt.

§ 4

Bei jedem Gericht wird eine Geschäftsstelle eingerichtet, die mit der erforderlichen Zahl von Urkundsbeamten besetzt wird. Das Nähere bestimmen für das Bundessozialgericht das Bundesministerium für Arbeit und Soziales, für die Sozialgerichte und Landessozialgerichte die nach Landesrecht zuständigen Stellen.

§ 5

(1) Alle Gerichte, Verwaltungsbehörden und Organe der Versicherungsträger leisten den Gerichten der Sozialgerichtsbarkeit Rechts- und Amtshilfe.

(2) Das Ersuchen an ein Sozialgericht um Rechtshilfe ist an das Sozialgericht zu richten, in dessen Bezirk die Amtshandlung vorgenommen werden soll. Das Ersuchen ist durch den Vorsitzenden einer Kammer durchzuführen. Ist die Amtshandlung außerhalb des Sitzes des ersuchten Sozialgerichts vorzunehmen, so kann dieses Gericht das Amtsgericht um die Vornahme der Rechtshilfe ersuchen.

(3) Die §§ 158 bis 160, 164 bis 166, 168 des Gerichtsverfassungsgesetzes gelten entsprechend.

§ 6

Für die Gerichte der Sozialgerichtsbarkeit gelten die Vorschriften des Zweiten Titels des Gerichtsverfassungsgesetzes nach Maßgabe der folgenden Vorschriften entsprechend:

1. Das Präsidium teilt die ehrenamtlichen Richter im voraus für jedes Geschäftsjahr, mindestens für ein Vierteljahr, einem oder mehreren Spruchkörpern zu, stellt die Reihenfolge fest, in der sie zu den Verhandlungen heranzuziehen sind, und regelt die Vertretung für den Fall der Verhinderung. Von der Reihenfolge darf nur aus besonderen Gründen abgewichen werden; die Gründe sind aktenkundig zu machen.
2. Den Vorsitz in den Kammern der Sozialgerichte führen die Berufsrichter.

Zweiter Abschnitt
Sozialgerichte

§ 7

(1) Die Sozialgerichte werden als Landesgerichte errichtet. Die Errichtung und Aufhebung eines Gerichts und die Verlegung eines Gerichtssitzes werden durch Gesetz angeordnet. Änderungen in der Abgrenzung der Gerichtsbezirke können auch durch Rechtsverordnung bestimmt werden. Die Landesregierung oder die von ihr beauftragte Stelle kann anordnen, dass außerhalb des Sitzes eines Sozialgerichts Zweigstellen errichtet werden.

(2) Mehrere Länder können gemeinsame Sozialgerichte errichten oder die Ausdehnung von Gerichtsbezirken über die Landesgrenzen hinaus vereinbaren.

(3) Wird ein Sozialgericht aufgehoben oder wird die Abgrenzung der Gerichtsbezirke geändert, so kann durch Landesgesetz bestimmt werden, dass die bei dem aufgehobenen Gericht oder bei dem von der Änderung in der Abgrenzung der Gerichtsbezirke betroffenen Gericht rechtshängigen Streitsachen auf ein anderes Sozialgericht übergehen.

§ 8

Die Sozialgerichte entscheiden, soweit durch Gesetz nichts anderes bestimmt ist, im ersten Rechtszug über alle Streitigkeiten, für die der Rechtsweg vor den Gerichten der Sozialgerichtsbarkeit offensteht.

§ 9

(1) Das Sozialgericht besteht aus der erforderlichen Zahl von Berufsrichtern als Vorsitzenden und aus den ehrenamtlichen Richtern.

(2) Die für die allgemeine Dienstaufsicht und die sonstigen Geschäfte der Gerichtsverwaltung zuständige Stelle wird durch Landesrecht bestimmt.

§ 10

(1) Bei den Sozialgerichten werden Kammern für Angelegenheiten der Sozialversicherung, der Arbeitsförderung einschließlich der übrigen Aufgaben der Bundesagentur für Arbeit, für Angelegenheiten der Grundsicherung für Arbeitsuchende, für Angelegenheiten der Sozialhilfe und des Asylbewerberleistungsgesetzes sowie

für Angelegenheiten des sozialen Entschädigungsrechts (Recht der sozialen Entschädigung bei Gesundheitsschäden) und des Schwerbehindertenrechts gebildet. Für Angelegenheiten der Knappschaftsversicherung einschließlich der Unfallversicherung für den Bergbau können eigene Kammern gebildet werden.

(2) Für Streitigkeiten aufgrund der Beziehungen zwischen Krankenkassen und Vertragsärzten, Psychotherapeuten, Vertragszahnärzten (Vertragsarztrecht) einschließlich ihrer Vereinigungen und Verbände sind eigene Kammern zu bilden.

(3) Der Bezirk einer Kammer kann auf Bezirke anderer Sozialgerichte erstreckt werden. Die beteiligten Länder können die Ausdehnung des Bezirks einer Kammer auf das Gebiet oder Gebietsteile mehrerer Länder vereinbaren.

§ 11

(1) Die Berufsrichter werden nach Maßgabe des Landesrechts nach Beratung mit einem für den Bezirk des Landessozialgerichts zu bildenden Ausschuss auf Lebenszeit ernannt.

(2) Der Ausschuss ist von der nach Landesrecht zuständigen Stelle zu errichten. Ihm sollen in angemessenem Verhältnis Vertreter der Versicherten, der Arbeitgeber, der Versorgungsberechtigten und der mit dem sozialen Entschädigungsrecht oder der Teilhabe behinderter Menschen vertrauten Personen sowie der Sozialgerichtsbarkeit angehören.

(3) Bei den Sozialgerichten können Richter auf Probe und Richter kraft Auftrags verwendet werden.

(4) Bei dem Sozialgericht und bei dem Landessozialgericht können auf Lebenszeit ernannte Richter anderer Gerichte für eine bestimmte Zeit von mindestens zwei Jahren, längstens jedoch für die Dauer ihres Hauptamts, zu Richtern im Nebenamt ernannt werden.

§ 12

(1) Jede Kammer des Sozialgerichts wird in der Besetzung mit einem Vorsitzenden und zwei ehrenamtlichen Richtern als Beisitzern tätig. Bei Beschlüssen außerhalb der mündlichen Verhandlung und bei Gerichtsbescheiden wirken die ehrenamtlichen Richter nicht mit.

(2) In den Kammern für Angelegenheiten der Sozialversicherung gehört je ein ehrenamtlicher Richter dem Kreis der Versicherten und der Arbeitgeber an. Sind für Angelegenheiten einzelner Zweige der Sozialversicherung eigene Kammern gebildet, so sollen die ehrenamtlichen Richter dieser Kammern an dem jeweiligen Versicherungszweig beteiligt sein.

(3) In den Kammern für Angelegenheiten des Vertragsarztrechts wirken je ein ehrenamtlicher Richter aus den Kreisen der Krankenkassen und der Vertragsärzte, Vertragszahnärzte und Psychotherapeuten mit. In Angelegenheiten der Vertragsärzte, Vertragszahnärzte und Psychotherapeuten wirken als ehrenamtliche Richter nur Vertragsärzte, Vertragszahnärzte und Psychotherapeuten mit.

(4) In den Kammern für Angelegenheiten des sozialen Entschädigungsrechts und des Schwerbehindertenrechts wirken je ein ehrenamtlicher Richter aus dem Kreis der mit dem sozialen Entschädigungsrecht oder dem Recht der Teilhabe behinderter Menschen vertrauten Personen und dem Kreis der Versorgungsberechtigten, der be-

hinderten Menschen im Sinne des Neunten Buches Sozialgesetzbuch und der Versicherten mit; dabei sollen Hinterbliebene von Versorgungsberechtigten in angemessener Zahl beteiligt werden.

(5) In den Kammern für Angelegenheiten der Grundsicherung für Arbeitsuchende einschließlich der Streitigkeiten aufgrund § 6a des Bundeskindergeldgesetzes und der Arbeitsförderung wirken ehrenamtliche Richter aus den Vorschlagslisten der Arbeitnehmer und der Arbeitgeber mit. In den Kammern für Angelegenheiten der Sozialhilfe und des Asylbewerberleistungsgesetzes wirken ehrenamtliche Richter aus den Vorschlagslisten der Kreise und der kreisfreien Städte mit.

§ 13

(1) Die ehrenamtlichen Richter werden von der nach Landesrecht zuständigen Stelle aufgrund von Vorschlagslisten (§ 14) für fünf Jahre berufen; sie sind in angemessenem Verhältnis unter billiger Berücksichtigung der Minderheiten aus den Vorschlagslisten zu entnehmen. Die zuständige Stelle kann eine Ergänzung der Vorschlagslisten verlangen.

(2) Die Landesregierungen werden ermächtigt, durch Rechtsverordnung eine einheitliche Amtsperiode festzulegen; sie können diese Ermächtigung durch Rechtsverordnung auf die jeweils zuständige oberste Landesbehörde übertragen. Wird eine einheitliche Amtsperiode festgelegt, endet die Amtszeit der ehrenamtlichen Richter ohne Rücksicht auf den Zeitpunkt ihrer Berufung mit dem Ende der laufenden Amtsperiode.

(3) Die ehrenamtlichen Richter bleiben nach Ablauf ihrer Amtszeit im Amt, bis ihre Nachfolger berufen sind. Erneute Berufung ist zulässig. Bei vorübergehendem Bedarf kann die nach Landesrecht zuständige Stelle weitere ehrenamtliche Richter nur für ein Jahr berufen.

(4) Die Zahl der ehrenamtlichen Richter, die für die Kammern für Angelegenheiten der Sozialversicherung, der Arbeitsförderung, der Grundsicherung für Arbeitsuchende, der Sozialhilfe und des Asylbewerberleistungsgesetzes, des sozialen Entschädigungsrechts und des Schwerbehindertenrechts zu berufen sind, bestimmt sich nach Landesrecht; die Zahl der ehrenamtlichen Richter für die Kammern für Angelegenheiten der Knappschaftsversicherung und für Angelegenheiten des Vertragsarztrechts ist je besonders festzusetzen.

(5) Bei der Berufung der ehrenamtlichen Richter für die Kammern für Angelegenheiten der Sozialversicherung ist auf ein angemessenes Verhältnis zu der Zahl der im Gerichtsbezirk ansässigen Versicherten der einzelnen Versicherungszweige Rücksicht zu nehmen.

(6) Die ehrenamtlichen Richter für die Kammern für Angelegenheiten des sozialen Entschädigungsrechts und des Schwerbehindertenrechts sind in angemessenem Verhältnis zu der Zahl der von den Vorschlagsberechtigten vertretenen Versorgungsberechtigten, behinderten Menschen im Sinne des Neunten Buches Sozialgesetzbuch und Versicherten zu berufen.

§ 14

(1) Die Vorschlagslisten für die ehrenamtlichen Richter, die in den Kammern für Angelegenheiten der Sozialversicherung mitwirken, werden aus dem Kreis der Ver-

sicherten von den Gewerkschaften, von selbständigen Vereinigungen von Arbeitnehmern mit sozial- oder berufspolitischer Zwecksetzung und von den in Absatz 3 Satz 2 genannten Vereinigungen sowie aus dem Kreis der Arbeitgeber von Vereinigungen von Arbeitgebern und den in § 16 Absatz 4 Nr. 3 bezeichneten obersten Bundes- oder Landesbehörden aufgestellt.

(2) Die Vorschlagslisten für die ehrenamtlichen Richter, die in den Kammern für Angelegenheiten des Vertragsarztrechts mitwirken, werden nach Bezirken von den Kassenärztlichen und Kassenzahnärztlichen Vereinigungen und von den Zusammenschlüssen der Krankenkassen aufgestellt.

(3) Für die Kammern für Angelegenheiten des sozialen Entschädigungsrechts und des Schwerbehindertenrechts werden die Vorschlagslisten für die mit dem sozialen Entschädigungsrecht oder dem Recht der Teilhabe behinderter Menschen vertrauen Personen von den Landesversorgungsämtern oder den Stellen, denen deren Aufgaben übertragen worden sind, aufgestellt. Die Vorschlagslisten für die Versorgungsberechtigten, die behinderten Menschen und die Versicherten werden aufgestellt von den im Gerichtsbezirk vertretenen Vereinigungen, deren satzungsgemäße Aufgaben die gemeinschaftliche Interessenvertretung, die Beratung und Vertretung der Leistungsempfänger nach dem sozialen Entschädigungsrecht oder der behinderten Menschen wesentlich umfassen und die unter Berücksichtigung von Art und Umfang ihrer bisherigen Tätigkeit sowie ihres Mitgliederkreises die Gewähr für eine sachkundige Erfüllung dieser Aufgaben bieten. Vorschlagsberechtigt nach Satz 2 sind auch die Gewerkschaften und selbständige Vereinigungen von Arbeitnehmern mit sozial- oder berufspolitischer Zwecksetzung.

(4) Die Vorschlagslisten für die ehrenamtlichen Richter, die in den Kammern für Angelegenheiten der Grundsicherung für Arbeitsuchende einschließlich der Streitigkeiten aufgrund § 6a des Bundeskindergeldgesetzes und der Arbeitsförderung mitwirken, werden von den in Absatz 1 Genannten aufgestellt.

(5) Die Vorschlagslisten für die ehrenamtlichen Richter, die in den Kammern für Angelegenheiten der Sozialhilfe und des Asylbewerberleistungsgesetzes mitwirken, werden von den Kreisen und den kreisfreien Städten aufgestellt.

§ 15 (weggefallen)

§ 16

(1) Das Amt des ehrenamtlichen Richters am Sozialgericht kann nur ausüben, wer Deutscher ist und das fünfundzwanzigste Lebensjahr vollendet hat.

(2) (weggefallen)

(3) Ehrenamtlicher Richter aus Kreisen der Versicherten kann auch sein, wer arbeitslos ist oder Rente aus eigener Versicherung bezieht. Ehrenamtlicher Richter aus den Kreisen der Arbeitnehmer kann auch sein, wer arbeitslos ist. Ehrenamtlicher Richter aus Kreisen der Arbeitgeber kann auch sein, wer vorübergehend oder zu gewissen Zeiten des Jahres keine Arbeitnehmer beschäftigt.

(4) Ehrenamtliche Richter aus Kreisen der Arbeitgeber können sein

1. Personen, die regelmäßig mindestens einen versicherungspflichtigen Arbeitnehmer beschäftigen; ist ein Arbeitgeber zugleich Versicherter oder bezieht er eine Rente aus eigener Versicherung, so begründet die Beschäftigung einer Hausgehil-

fin oder Hausangestellten nicht die Arbeitgebereigenschaft im Sinne dieser Vorschrift;

2. bei Betrieben einer juristischen Person oder einer Personengesamtheit Personen, die kraft Gesetzes, Satzung oder Gesellschaftsvertrags allein oder als Mitglieder des Vertretungsorgans zur Vertretung der juristischen Person oder der Personengesamtheit berufen sind;

3. Beamte und Angestellte des Bundes, der Länder, der Gemeinden und Gemeindeverbände sowie bei anderen Körperschaften, Anstalten und Stiftungen des öffentlichen Rechts nach näherer Anordnung der zuständigen obersten Bundes- oder Landesbehörde;

4. Personen, denen Prokura oder Generalvollmacht erteilt ist sowie leitende Angestellte;

5. Mitglieder und Angestellte von Vereinigungen von Arbeitgebern sowie Vorstandsmitglieder und Angestellte von Zusammenschlüssen solcher Vereinigungen, wenn diese Personen kraft Satzung oder Vollmacht zur Vertretung befugt sind.

(5) Bei Sozialgerichten, in deren Bezirk wesentliche Teile der Bevölkerung in der Seeschifffahrt beschäftigt sind, können ehrenamtliche Richter aus dem Kreis der Versicherten auch befahrene Schifffahrtskundige sein, die nicht Reeder, Reedereileiter (Korrespondentreeder, §§ 492 bis 499 des Handelsgesetzbuchs) oder Bevollmächtigte sind.

(6) Die ehrenamtlichen Richter sollen im Bezirk des Sozialgerichts wohnen oder ihren Betriebssitz haben oder beschäftigt sein.

§ 17

(1) Vom Amt des ehrenamtlichen Richters am Sozialgericht ist ausgeschlossen,

1. wer infolge Richterspruchs die Fähigkeit zur Bekleidung öffentlicher Ämter nicht besitzt oder wegen einer vorsätzlichen Tat zu einer Freiheitsstrafe von mehr als sechs Monaten verurteilt worden ist,

2. wer wegen einer Tat angeklagt ist, die den Verlust der Fähigkeit zur Bekleidung öffentlicher Ämter zur Folge haben kann,

3. wer das Wahlrecht zum Deutschen Bundestag nicht besitzt. Personen, die in Vermögensverfall geraten sind, sollen nicht zu ehrenamtlichen Richtern berufen werden.

(2) Mitglieder der Vorstände von Trägern und Verbänden der Sozialversicherung, der Kassenärztlichen (Kassenzahnärztlichen) Vereinigungen und der Bundesagentur für Arbeit können nicht ehrenamtliche Richter sein. Davon unberührt bleibt die Regelung in Absatz 4.

(3) Die Bediensteten der Träger und Verbände der Sozialversicherung, der Kassenärztlichen (Kassenzahnärztlichen) Vereinigungen, der Dienststellen der Bundesagentur für Arbeit und der Kreise und kreisfreien Städte können nicht ehrenamtliche Richter in der Kammer sein, die über Streitigkeiten aus ihrem Arbeitsgebiet entscheidet.

(4) Mitglieder der Vorstände sowie leitende Beschäftigte bei den Kranken- und Pflegekassen und ihren Verbänden sowie Geschäftsführer und deren Stellvertreter bei den Kassenärztlichen (Kassenzahnärztlichen) Vereinigungen sind als ehrenamtliche

Richter in den Kammern für Angelegenheiten des Vertragsarztrechts nicht ausgeschlossen.

(5) Das Amt des ehrenamtlichen Richters am Sozialgericht, der zum ehrenamtlichen Richter in einem höheren Rechtszug der Sozialgerichtsbarkeit berufen wird, endet mit der Berufung in das andere Amt.

§ 18

(1) Die Übernahme des Amtes als ehrenamtlicher Richter kann nur ablehnen,

1. wer die Regelaltersgrenze nach dem Sechsten Buch Sozialgesetzbuch erreicht hat,

2. wer in den zehn der Berufung vorhergehenden Jahren als ehrenamtlicher Richter bei einem Gericht der Sozialgerichtsbarkeit tätig gewesen ist,

3. wer durch ehrenamtliche Tätigkeit für die Allgemeinheit so in Anspruch genommen ist, dass ihm die Übernahme des Amtes nicht zugemutet werden kann,

4. wer aus gesundheitlichen Gründen verhindert ist, das Amt ordnungsgemäß auszuüben,

5. wer glaubhaft macht, dass wichtige Gründe ihm die Ausübung des Amtes in besonderem Maße erschweren.

(2) Ablehnungsgründe sind nur zu berücksichtigen, wenn sie innerhalb von zwei Wochen, nachdem der ehrenamtliche Richter von seiner Berufung in Kenntnis gesetzt worden ist, von ihm geltend gemacht werden.

(3) Der ehrenamtliche Richter kann auf Antrag aus dem Amt entlassen werden, wenn einer der in Absatz 1 Nr. 3 bis 5 bezeichneten Gründe nachträglich eintritt. Eines Antrags bedarf es nicht, wenn der ehrenamtliche Richter seinen Wohnsitz aus dem Bezirk des Sozialgerichts verlegt und seine Heranziehung zu den Sitzungen dadurch wesentlich erschwert wird.

(4) Über die Berechtigung zur Ablehnung des Amtes oder über die Entlassung aus dem Amt entscheidet die vom Präsidium für jedes Geschäftsjahr im Voraus bestimmte Kammer endgültig.

§ 19

(1) Der ehrenamtliche Richter übt sein Amt mit gleichen Rechten wie der Berufsrichter aus.

(2) Die ehrenamtlichen Richter erhalten eine Entschädigung nach dem Justizvergütungs- und -entschädigungsgesetz.

§ 20

(1) Der ehrenamtliche Richter darf in der Übernahme oder Ausübung des Amtes nicht beschränkt oder wegen der Übernahme oder Ausübung des Amtes nicht benachteiligt werden.

(2) Wer einen anderen in der Übernahme oder Ausübung seines Amtes als ehrenamtlicher Richter beschränkt oder wegen der Übernahme oder Ausübung des Amtes benachteiligt, wird mit Freiheitsstrafe bis zu einem Jahr oder mit Geldstrafe bestraft.

§ 21

Der Vorsitzende kann gegen einen ehrenamtlichen Richter, der sich der Erfüllung seiner Pflichten entzieht, insbesondere ohne genügende Entschuldigung nicht oder nicht rechtzeitig zu den Sitzungen erscheint, durch Beschluss ein Ordnungsgeld festsetzen und ihm die durch sein Verhalten verursachten Kosten auferlegen. Bei nachträglicher genügender Entschuldigung ist der Beschluss aufzuheben oder zu ändern. Gegen den Beschluss ist Beschwerde zulässig. Über die Beschwerde entscheidet die durch das Präsidium für jedes Geschäftsjahr im Voraus bestimmte Kammer des Sozialgerichts endgültig. Vor der Entscheidung ist der ehrenamtliche Richter zu hören.

§ 22

(1) Der ehrenamtliche Richter ist von seinem Amt zu entbinden, wenn das Berufungsverfahren fehlerhaft war oder das Fehlen einer Voraussetzung für seine Berufung oder der Eintritt eines Ausschließungsgrundes bekannt wird. Er ist seines Amtes zu entheben, wenn er seine Amtspflichten grob verletzt. Er kann von seinem Amt entbunden werden, wenn eine Voraussetzung für seine Berufung im Laufe seiner Amtszeit wegfällt. Soweit die Voraussetzungen für eine Amtsentbindung vorliegen, liegt in ihrer Nichtdurchführung kein die Zurückverweisung oder Revision begründender Verfahrensmangel.

(2) Die Entscheidung trifft die vom Präsidium für jedes Geschäftsjahr im Voraus bestimmte Kammer. Vor der Entscheidung ist der ehrenamtliche Richter zu hören. Die Entscheidung ist unanfechtbar.

(3) Die nach Absatz 2 Satz 1 zuständige Kammer kann anordnen, dass der ehrenamtliche Richter bis zur Entscheidung über die Amtsentbindung oder Amtsenthebung nicht heranzuziehen ist. Die Anordnung ist unanfechtbar.

§ 23

(1) Bei jedem Sozialgericht wird ein Ausschuss der ehrenamtlichen Richter gebildet. Er besteht aus je einem ehrenamtlichen Richter aus den Kreisen der ehrenamtlichen Richter, die in den bei dem Sozialgericht gebildeten Fachkammern vertreten sind. Die Mitglieder werden von den ehrenamtlichen Richtern aus ihrer Mitte gewählt. Das Wahlverfahren im Übrigen legt der bestehende Ausschuss fest. Der Ausschuss tagt unter der Leitung des aufsichtführenden, oder wenn ein solcher nicht vorhanden oder verhindert ist, des dienstältesten Vorsitzenden des Sozialgerichts.

(2) Der Ausschuss ist vor der Bildung von Kammern, vor der Geschäftsverteilung, vor der Verteilung der ehrenamtlichen Richter auf die Kammern und vor Aufstellung der Listen über die Heranziehung der ehrenamtlichen Richter zu den Sitzungen mündlich, schriftlich oder elektronisch zu hören. Er kann dem Vorsitzenden des Sozialgerichts und den die Verwaltung und Dienstaufsicht führenden Stellen Wünsche der ehrenamtlichen Richter übermitteln.

§ 24 (weggefallen)

§ 25 (weggefallen)

§ 26 (weggefallen)

§ 27

(1) (weggefallen)

(2) (weggefallen)

(3) Wenn die Vertretung eines Vorsitzenden nicht durch einen Berufsrichter desselben Gerichts möglich ist, wird sie auf Antrag des Präsidiums durch die Landesregierung oder die von ihr beauftragte Stelle geregelt.

Dritter Abschnitt
Landessozialgerichte

§ 28

(1) Die Landessozialgerichte werden als Landesgerichte errichtet. Die Errichtung und Aufhebung eines Gerichts und die Verlegung eines Gerichtssitzes werden durch Gesetz angeordnet. Änderungen in der Abgrenzung der Gerichtsbezirke können auch durch Rechtsverordnung bestimmt werden. Die Landesregierung oder die von ihr beauftragte Stelle kann anordnen, dass außerhalb des Sitzes des Landessozialgerichts Zweigstellen errichtet werden.

(2) Mehrere Länder können ein gemeinsames Landessozialgericht errichten.

§ 29

(1) Die Landessozialgerichte entscheiden im zweiten Rechtszug über die Berufung gegen die Urteile und die Beschwerden gegen andere Entscheidungen der Sozialgerichte.

(2) Die Landessozialgerichte entscheiden im ersten Rechtszug über

1. Klagen gegen Entscheidungen der Landesschiedsämter und gegen Beanstandungen von Entscheidungen der Landesschiedsämter nach dem Fünften Buch Sozialgesetzbuch, gegen Entscheidungen der Schiedsstellen nach § 120 Absatz 4 des Fünften Buches Sozialgesetzbuch, der Schiedsstelle nach § 76 des Elften Buches Sozialgesetzbuch und der Schiedsstellen nach § 80 des Zwölften Buches Sozialgesetzbuch,

2. Aufsichtsangelegenheiten gegenüber Trägern der Sozialversicherung und ihren Verbänden, gegenüber den Kassenärztlichen und Kassenzahnärztlichen Vereinigungen sowie der Kassenärztlichen und Kassenzahnärztlichen Bundesvereinigung, bei denen die Aufsicht von einer Landes- oder Bundesbehörde ausgeübt wird,

3. Klagen in Angelegenheiten der Erstattung von Aufwendungen nach § 6b des Zweiten Buches Sozialgesetzbuch,

4. Anträge nach § 55a.

(3) Das Landessozialgericht Nordrhein-Westfalen entscheidet im ersten Rechtszug über

1. Streitigkeiten zwischen gesetzlichen Krankenkassen oder ihren Verbänden und dem Bundesversicherungsamt betreffend den Risikostrukturausgleich, die Anerkennung von strukturierten Behandlungsprogrammen und die Verwaltung des Gesundheitsfonds,

2. Streitigkeiten betreffend den Finanzausgleich der gesetzlichen Pflegeversicherung,

3. Streitigkeiten betreffend den Ausgleich unter den gewerblichen
Berufsgenossenschaften nach dem Siebten Buch Sozialgesetzbuch.

(4) Das Landessozialgericht Berlin-Brandenburg entscheidet im ersten Rechtszug
über

1. Klagen gegen die Entscheidung der gemeinsamen Schiedsämter nach § 89 Absatz 4 des Fünften Buches Sozialgesetzbuch und des Bundesschiedsamtes nach § 89 Absatz 7 des Fünften Buches Sozialgesetzbuch sowie der erweiterten Bewertungsausschüsse nach § 87 Absatz 4 des Fünften Buches Sozialgesetzbuch, soweit die Klagen von den Einrichtungen erhoben werden, die diese Gremien bilden,

2. Klagen gegen Entscheidungen des Bundesministeriums für Gesundheit nach § 87 Absatz 6 des Fünften Buches Sozialgesetzbuch gegenüber den Bewertungsausschüssen und den erweiterten Bewertungsausschüssen sowie gegen Beanstandungen des Bundesministeriums für Gesundheit gegenüber den Bundesschiedsämtern,

3. Klagen gegen Entscheidungen und Richtlinien des Gemeinsamen Bundesausschusses (§§ 91, 92 des Fünften Buches Sozialgesetzbuch), Klagen in Aufsichtsangelegenheiten gegenüber dem Gemeinsamen Bundesausschuss, Klagen gegen die Festsetzung von Festbeträgen durch die Spitzenverbände der Krankenkassen oder den Spitzenverband Bund der Krankenkassen sowie Klagen gegen Entscheidungen der Schiedsstellen nach den §§ 129 und 130b des Fünften Buches Sozialgesetzbuch.

4. (weggefallen)

(5) (weggefallen)

§ 30

(1) Das Landessozialgericht besteht aus dem Präsidenten, den Vorsitzenden Richtern, weiteren Berufsrichtern und den ehrenamtlichen Richtern.

(2) Die für die allgemeine Dienstaufsicht und die sonstigen Geschäfte der Gerichtsverwaltung zuständige Stelle wird durch Landesrecht bestimmt.

§ 31

(1) Bei den Landessozialgerichten werden Senate für Angelegenheiten der Sozialversicherung, der Arbeitsförderung einschließlich der übrigen Aufgaben der Bundesagentur für Arbeit, für Angelegenheiten der Grundsicherung für Arbeitsuchende, für Angelegenheiten der Sozialhilfe und des Asylbewerberleistungsgesetzes sowie für Angelegenheiten des sozialen Entschädigungsrechts und des Schwerbehindertenrechts gebildet. Für Angelegenheiten der Knappschaftsversicherung einschließlich der Unfallversicherung für den Bergbau kann ein eigener Senat gebildet werden.

(2) Für die Angelegenheiten des Vertragsarztrechts und für Antragsverfahren nach § 55a ist ein eigener Senat zu bilden.

(3) Die beteiligten Länder können die Ausdehnung des Bezirks eines Senats auf das Gebiet oder auf Gebietsteile mehrerer Länder vereinbaren.

§ 32

(1) Die Berufsrichter werden von der nach Landesrecht zuständigen Stelle auf Lebenszeit ernannt.

(2) (weggefallen)

§ 33

Jeder Senat wird in der Besetzung mit einem Vorsitzenden, zwei weiteren Berufsrichtern und zwei ehrenamtlichen Richtern tätig. § 12 Absatz 1 Satz 2, Absatz 2 bis 5 gilt entsprechend.

§ 34 (weggefallen)

§ 35

(1) Die ehrenamtlichen Richter beim Landessozialgericht müssen das dreißigste Lebensjahr vollendet haben; sie sollen mindestens fünf Jahre ehrenamtliche Richter bei einem Sozialgericht gewesen sein. Im Übrigen gelten die §§ 13 bis 23.

(2) In den Fällen des § 18 Abs. 4, der §§ 21 und 22 Abs. 2 entscheidet der vom Präsidium für jedes Geschäftsjahr im Voraus bestimmte Senat.

§ 36 (weggefallen)

§ 37 (weggefallen)

Vierter Abschnitt
Bundessozialgericht

§ 38

(1) Das Bundessozialgericht hat seinen Sitz in Kassel.

(2) Das Bundessozialgericht besteht aus dem Präsidenten, den Vorsitzenden Richtern, weiteren Berufsrichtern und den ehrenamtlichen Richtern. Die Berufsrichter müssen das fünfunddreißigste Lebensjahr vollendet haben. Für die Berufung der Berufsrichter gelten die Vorschriften des Richterwahlgesetzes. Zuständiger Minister im Sinne des § 1 Absatz 1 des Richterwahlgesetzes ist der Bundesminister für Arbeit und Soziales.

(3) Das Bundesministerium für Arbeit und Soziales führt die allgemeine Dienstaufsicht und die sonstigen Geschäfte der Gerichtsverwaltung. Es kann die allgemeine Dienstaufsicht und die sonstigen Geschäfte der Gerichtsverwaltung auf den Präsidenten des Bundessozialgerichts übertragen.

§ 39

(1) Das Bundessozialgericht entscheidet über das Rechtsmittel der Revision.

(2) Das Bundessozialgericht entscheidet im ersten und letzten Rechtszug über Streitigkeiten nicht verfassungsrechtlicher Art zwischen dem Bund und den Ländern sowie zwischen verschiedenen Ländern in Angelegenheiten des § 51. Hält das Bundessozialgericht in diesen Fällen eine Streitigkeit für verfassungsrechtlich, so legt es die Sache dem Bundesverfassungsgericht zur Entscheidung vor. Das Bundesverfassungsgericht entscheidet mit bindender Wirkung.

§ 40

Für die Bildung und Besetzung der Senate gelten § 31 Absatz 1 und § 33 entsprechend. Für Angelegenheiten des Vertragsarztrechts ist mindestens ein Senat zu bilden. Für Angelegenheiten der Knappschaftsversicherung einschließlich der Unfallversicherung für den Bergbau kann ein eigener Senat gebildet werden. In den Senaten für Angelegenheiten des § 51 Absatz 1 Nr. 6a wirken ehrenamtliche Richter aus der Vorschlagsliste der Bundesvereinigung der kommunalen Spitzenverbände mit.

§ 41

(1) Bei dem Bundessozialgericht wird ein Großer Senat gebildet.

(2) Der Große Senat entscheidet, wenn ein Senat in einer Rechtsfrage von der Entscheidung eines anderen Senats oder des Großen Senats abweichen will.

(3) Eine Vorlage an den Großen Senat ist nur zulässig, wenn der Senat, von dessen Entscheidung abgewichen werden soll, auf Anfrage des erkennenden Senats erklärt hat, dass er an seiner Rechtsauffassung festhält. Kann der Senat, von dessen Entscheidung abgewichen werden soll, wegen einer Änderung des Geschäftsverteilungsplanes mit der Rechtsfrage nicht mehr befasst werden, tritt der Senat an seine Stelle, der nach dem Geschäftsverteilungsplan für den Fall, in dem abweichend entschieden wurde, nunmehr zuständig wäre. Über die Anfrage und die Antwort entscheidet der jeweilige Senat durch Beschluss in der für Urteile erforderlichen Besetzung.

(4) Der erkennende Senat kann eine Frage von grundsätzlicher Bedeutung dem Großen Senat zur Entscheidung vorlegen, wenn das nach seiner Auffassung zur Fortbildung des Rechts oder zur Sicherung einer einheitlichen Rechtsprechung erforderlich ist.

(5) Der Große Senat besteht aus dem Präsidenten, je einem Berufsrichter der Senate, in denen der Präsident nicht den Vorsitz führt, je zwei ehrenamtlichen Richtern aus dem Kreis der Versicherten und dem Kreis der Arbeitgeber sowie je einem ehrenamtlichen Richter aus dem Kreis der mit dem sozialen Entschädigungsrecht oder der Teilhabe behinderter Menschen vertrauten Personen und dem Kreis der Versorgungsberechtigten und der behinderten Menschen im Sinne des Neunten Buches Sozialgesetzbuch. Legt der Senat für Angelegenheiten des Vertragsarztrechts vor oder soll von dessen Entscheidung abgewichen werden, gehören dem Großen Senat außerdem je ein ehrenamtlicher Richter aus dem Kreis der Krankenkassen und dem Kreis der Vertragsärzte, Vertragszahnärzte und Psychotherapeuten an. Legt der Senat für Angelegenheiten des § 51 Absatz 1 Nr. 6a vor oder soll von dessen Entscheidung abgewichen werden, gehören dem Großen Senat außerdem zwei ehrenamtliche Richter aus dem Kreis der von der Bundesvereinigung der kommunalen Spitzenverbände Vorgeschlagenen an. Sind Senate personengleich besetzt, wird aus ihnen nur ein Berufsrichter bestellt; er hat nur eine Stimme. Bei einer Verhinderung des Präsidenten tritt ein Berufsrichter des Senats, dem er angehört, an seine Stelle.

(6) Die Mitglieder und die Vertreter werden durch das Präsidium für ein Geschäftsjahr bestellt. Den Vorsitz im Großen Senat führt der Präsident, bei Verhinderung das dienstälteste Mitglied. Bei Stimmengleichheit gibt die Stimme des Vorsitzenden den Ausschlag.

(7) Der Große Senat entscheidet nur über die Rechtsfrage. Er kann ohne mündliche Verhandlung entscheiden. Seine Entscheidung ist in der vorliegenden Sache für den erkennenden Senat bindend.

§ 42 (aufgehoben)

§ 43 (aufgehoben

§ 44 (aufgehoben)

§ 45

(1) Das Bundesministerium für Arbeit und Soziales bestimmt nach Anhörung des Präsidenten des Bundessozialgerichts die Zahl der für die einzelnen Zweige der Sozialgerichtsbarkeit zu berufenden ehrenamtlichen Richter.

(2) Die ehrenamtlichen Richter werden vom Bundesministerium für Arbeit und Soziales auf Grund von Vorschlagslisten (§ 46) für die Dauer von fünf Jahren berufen; sie sind in angemessenem Verhältnis unter billiger Berücksichtigung der Minderheiten aus den Vorschlagslisten zu entnehmen. Das Bundesministerium für Arbeit und Soziales kann eine Ergänzung der Vorschlagslisten verlangen. § 13 Absatz 2 gilt entsprechend mit der Maßgabe, dass das Bundesministerium für Arbeit und Soziales durch Rechtsverordnung eine einheitliche Amtsperiode festlegen kann.

(3) Die ehrenamtlichen Richter bleiben nach Ablauf ihrer Amtszeit im Amt, bis ihre Nachfolger berufen sind. Erneute Berufung ist zulässig.

§ 46

(1) Die Vorschlagslisten für die ehrenamtlichen Richter in den Senaten für Angelegenheiten der Sozialversicherung und der Arbeitsförderung sowie der Grundsicherung für Arbeitsuchende werden von den in § 14 Absatz 1 aufgeführten Organisationen und Behörden aufgestellt.

(2) Die Vorschlagslisten für die ehrenamtlichen Richter in den Senaten für Angelegenheiten des Vertragsarztrechts werden von den Kassenärztlichen (Kassenzahnärztlichen) Vereinigungen und gemeinsam von den Zusammenschlüssen der Krankenkassen, die sich über das Bundesgebiet erstrecken, aufgestellt.

(3) Die ehrenamtlichen Richter für die Senate für Angelegenheiten des sozialen Entschädigungsrechts und des Schwerbehindertenrechts werden auf Vorschlag der obersten Verwaltungsbehörden der Länder sowie der in § 14 Absatz 3 Satz 2 und 3 genannten Vereinigungen, die sich über das Bundesgebiet erstrecken, berufen.

(4) Die ehrenamtlichen Richter für die Senate für Angelegenheiten der Sozialhilfe und des Asylbewerberleistungsgesetzes werden auf Vorschlag der Bundesvereinigung der kommunalen Spitzenverbände berufen.

§ 47

Die ehrenamtlichen Richter am Bundessozialgericht müssen das fünfunddreißigste Lebensjahr vollendet haben; sie sollen mindestens fünf Jahre ehrenamtliche Richter an einem Sozialgericht oder Landessozialgericht gewesen sein. Im Übrigen gelten die §§ 16 bis 23 entsprechend mit der Maßgabe, dass in den Fällen des § 18 Absatz 4, der §§ 21 und 22 Absatz 2 der vom Präsidium für jedes Geschäftsjahr im voraus bestimmte Senat des Bundessozialgerichts entscheidet.

§ 48 (weggefallen)

§ 49 (weggefallen)

§ 50

Der Geschäftsgang wird durch eine Geschäftsordnung geregelt, die das Präsidium unter Zuziehung der beiden der Geburt nach ältesten ehrenamtlichen Richter beschließt.

Fünfter Abschnitt
Rechtsweg und Zuständigkeit

§ 51

(1) Die Gerichte der Sozialgerichtsbarkeit entscheiden über öffentlich-rechtliche Streitigkeiten

1. in Angelegenheiten der gesetzlichen Rentenversicherung einschließlich der Alterssicherung der Landwirte,

2. in Angelegenheiten der gesetzlichen Krankenversicherung, der sozialen Pflegeversicherung und der privaten Pflegeversicherung (Elftes Buch Sozialgesetzbuch), auch soweit durch diese Angelegenheiten Dritte betroffen werden; dies gilt nicht für Streitigkeiten in Angelegenheiten nach § 110 des Fünften Buches Sozialgesetzbuch aufgrund einer Kündigung von Versorgungsverträgen, die für Hochschulkliniken oder Plankrankenhäuser (§ 108 Nr. 1 und 2 des Fünften Buches Sozialgesetzbuch) gelten,

3. in Angelegenheiten der gesetzlichen Unfallversicherung mit Ausnahme der Streitigkeiten aufgrund der Überwachung der Maßnahmen zur Prävention durch die Träger der gesetzlichen Unfallversicherung,

4. in Angelegenheiten der Arbeitsförderung einschließlich der übrigen Aufgaben der Bundesagentur für Arbeit,

4a. in Angelegenheiten der Grundsicherung für Arbeitsuchende,

5. in sonstigen Angelegenheiten der Sozialversicherung,

6. in Angelegenheiten des sozialen Entschädigungsrechts mit Ausnahme der Streitigkeiten aufgrund der §§ 25 bis 27j des Bundesversorgungsgesetzes (Kriegsopferfürsorge), auch soweit andere Gesetze die entsprechende Anwendung dieser Vorschriften vorsehen,

6a. in Angelegenheiten der Sozialhilfe und des Asylbewerberleistungsgesetzes,

7. bei der Feststellung von Behinderungen und ihrem Grad sowie weiterer gesundheitlicher Merkmale, ferner der Ausstellung, Verlängerung, Berichtigung und Einziehung von Ausweisen nach § 69 des Neunten Buches Sozialgesetzbuch,

8. die aufgrund des Aufwendungsausgleichsgesetzes entstehen,

9. (weggefallen)

10. für die durch Gesetz der Rechtsweg vor diesen Gerichten eröffnet wird.

(2) Die Gerichte der Sozialgerichtsbarkeit entscheiden auch über privatrechtliche Streitigkeiten in Angelegenheiten der gesetzlichen Krankenversicherung, auch soweit durch diese Angelegenheiten Dritte betroffen werden. Satz 1 gilt für die soziale Pflegeversicherung und die private Pflegeversicherung (Elftes Buch Sozialgesetzbuch) entsprechend.

(3) Von der Zuständigkeit der Gerichte der Sozialgerichtsbarkeit nach den Absätzen 1 und 2 ausgenommen sind Streitigkeiten in Verfahren nach dem Gesetz gegen Wett-

bewerbsbeschränkungen, die Rechtsbeziehungen nach § 69 des Fünften Buches Sozialgesetzbuch betreffen.

§ 52 (weggefallen)

§ 53 (aufgehoben)

§ 54

(1) Durch Klage kann die Aufhebung eines Verwaltungsakts oder seine Abänderung sowie die Verurteilung zum Erlass eines abgelehnten oder unterlassenen Verwaltungsakts begehrt werden. Soweit gesetzlich nichts anderes bestimmt ist, ist die Klage zulässig, wenn der Kläger behauptet, durch den Verwaltungsakt oder durch die Ablehnung oder Unterlassung eines Verwaltungsakts beschwert zu sein.

(2) Der Kläger ist beschwert, wenn der Verwaltungsakt oder die Ablehnung oder Unterlassung eines Verwaltungsakts rechtswidrig ist. Soweit die Behörde, Körperschaft oder Anstalt des öffentlichen Rechts ermächtigt ist, nach ihrem Ermessen zu handeln, ist Rechtswidrigkeit auch gegeben, wenn die gesetzlichen Grenzen dieses Ermessens überschritten sind oder von dem Ermessen in einer dem Zweck der Ermächtigung nicht entsprechenden Weise Gebrauch gemacht ist.

(3) Eine Körperschaft oder eine Anstalt des öffentlichen Rechts kann mit der Klage die Aufhebung einer Anordnung der Aufsichtsbehörde begehren, wenn sie behauptet, dass die Anordnung das Aufsichtsrecht überschreite.

(4) Betrifft der angefochtene Verwaltungsakt eine Leistung, auf die ein Rechtsanspruch besteht, so kann mit der Klage neben der Aufhebung des Verwaltungsakts gleichzeitig die Leistung verlangt werden.

(5) Mit der Klage kann die Verurteilung zu einer Leistung, auf die ein Rechtsanspruch besteht, auch dann begehrt werden, wenn ein Verwaltungsakt nicht zu ergehen hatte.

§ 55

(1) Mit der Klage kann begehrt werden

1. die Feststellung des Bestehens oder Nichtbestehens eines Rechtsverhältnisses,

2. die Feststellung, welcher Versicherungsträger der Sozialversicherung zuständig ist,

3. die Feststellung, ob eine Gesundheitsstörung oder der Tod die Folge eines Arbeitsunfalls, einer Berufskrankheit oder einer Schädigung im Sinne des Bundesversorgungsgesetzes ist,

4. die Feststellung der Nichtigkeit eines Verwaltungsakts, wenn der Kläger ein berechtigtes Interesse an der baldigen Feststellung hat.

(2) Unter Absatz 1 Nr. 1 fällt auch die Feststellung, in welchem Umfang Beiträge zu berechnen oder anzurechnen sind.

§ 55a

(1) Auf Antrag ist über die Gültigkeit von Satzungen oder anderen im Rang unter einem Landesgesetz stehenden Rechtsvorschriften, die nach § 22a Absatz 1 des

Zweiten Buches Sozialgesetzbuch und dem dazu ergangenen Landesgesetz erlassen worden sind, zu entscheiden.

(2) Den Antrag kann jede natürliche Person stellen, die geltend macht, durch die Anwendung der Rechtsvorschrift in ihren Rechten verletzt zu sein oder in absehbarer Zeit verletzt zu werden. Er ist gegen die Körperschaft zu richten, welche die Rechtsvorschrift erlassen hat. Das Landessozialgericht kann der obersten Landesbehörde oder der von ihr bestimmten Stelle Gelegenheit zur Äußerung binnen einer bestimmten Frist geben. § 75 Absatz 1 und 3 sowie Absatz 4 Satz 1 sind entsprechend anzuwenden.

(3) Das Landessozialgericht prüft die Vereinbarkeit der Rechtsvorschrift mit Landesrecht nicht, soweit gesetzlich vorgesehen ist, dass die Rechtsvorschrift ausschließlich durch das Verfassungsgericht eines Landes nachprüfbar ist.

(4) Ist ein Verfahren zur Überprüfung der Gültigkeit der Rechtsvorschrift bei einem Verfassungsgericht anhängig, so kann das Landessozialgericht anordnen, dass die Verhandlung bis zur Erledigung des Verfahrens vor dem Verfassungsgericht auszusetzen ist.

(5) Das Landessozialgericht entscheidet durch Urteil oder, wenn es eine mündliche Verhandlung nicht für erforderlich hält, durch Beschluss. Kommt das Landessozialgericht zu der Überzeugung, dass die Rechtsvorschrift ungültig ist, so erklärt es sie für unwirksam; in diesem Fall ist die Entscheidung allgemein verbindlich und die Entscheidungsformel vom Antragsgegner oder der Antragsgegnerin ebenso zu veröffentlichen wie die Rechtsvorschrift bekannt zu machen wäre. Für die Wirkung der Entscheidung gilt § 183 der Verwaltungsgerichtsordnung entsprechend.

(6) Das Landessozialgericht kann auf Antrag eine einstweilige Anordnung erlassen, wenn dies zur Abwehr schwerer Nachteile oder aus anderen wichtigen Gründen dringend geboten ist.

§ 56

Mehrere Klagebegehren können vom Kläger in einer Klage zusammen verfolgt werden, wenn sie sich gegen denselben Beklagten richten, im Zusammenhang stehen und dasselbe Gericht zuständig ist.

§ 57

(1) Örtlich zuständig ist das Sozialgericht, in dessen Bezirk der Kläger zurzeit der Klageerhebung seinen Sitz oder Wohnsitz oder in Ermangelung dessen seinen Aufenthaltsort hat; steht er in einem Beschäftigungsverhältnis, so kann er auch vor dem für den Beschäftigungsort zuständigen Sozialgericht klagen. Klagt eine Körperschaft oder Anstalt des öffentlichen Rechts, in Angelegenheiten nach dem Elften Buch Sozialgesetzbuch ein Unternehmen der privaten Pflegeversicherung oder in Angelegenheiten des sozialen Entschädigungsrechts oder des Schwerbehindertenrechts ein Land, so ist der Sitz oder Wohnsitz oder Aufenthaltsort des Beklagten maßgebend, wenn dieser eine natürliche Person oder eine juristische Person des Privatrechts ist.

(2) Ist die erstmalige Bewilligung einer Hinterbliebenenrente streitig, so ist der Wohnsitz oder in Ermangelung dessen der Aufenthaltsort der Witwe oder des Witwers maßgebend. Ist eine Witwe oder ein Witwer nicht vorhanden, so ist das Sozialgericht örtlich zuständig, in dessen Bezirk die jüngste Waise im Inland ihren

Wohnsitz oder in Ermangelung dessen ihren Aufenthaltsort hat; sind nur Eltern oder Großeltern vorhanden, so ist das Sozialgericht örtlich zuständig, in dessen Bezirk die Eltern oder Großeltern ihren Wohnsitz oder in Ermangelung dessen ihren Aufenthaltsort haben. Bei verschiedenem Wohnsitz oder Aufenthaltsort der Eltern- oder Großelternteile gilt der im Inland gelegene Wohnsitz oder Aufenthaltsort des anspruchsberechtigten Ehemanns oder geschiedenen Mannes.

(3) Hat der Kläger seinen Sitz oder Wohnsitz oder Aufenthaltsort im Ausland, so ist örtlich zuständig das Sozialgericht, in dessen Bezirk der Beklagte seinen Sitz oder Wohnsitz oder in Ermangelung dessen seinen Aufenthaltsort hat.

(4) In Angelegenheiten des § 51 Absatz 1 Nr. 2, die auf Bundesebene festgesetzte Festbeträge betreffen, ist das Sozialgericht örtlich zuständig, in dessen Bezirk die Bundesregierung ihren Sitz hat, in Angelegenheiten, die auf Landesebene festgesetzte Festbeträge betreffen, das Sozialgericht, in dessen Bezirk die Landesregierung ihren Sitz hat.

(5) In Angelegenheiten nach § 130a Absatz 4 und 9 des Fünften Buches Sozialgesetzbuch ist das Sozialgericht örtlich zuständig, in dessen Bezirk die zur Entscheidung berufene Behörde ihren Sitz hat.

(6) Für Antragsverfahren nach § 55a ist das Landessozialgericht örtlich zuständig, in dessen Bezirk die Körperschaft, die die Rechtsvorschrift erlassen hat, ihren Sitz hat.

§ 57a

(1) In Vertragsarztangelegenheiten der gesetzlichen Krankenversicherung ist, wenn es sich um Fragen der Zulassung oder Ermächtigung nach Vertragsarztrecht handelt, das Sozialgericht zuständig, in dessen Bezirk der Vertragsarzt, der Vertragszahnarzt oder der Psychotherapeut seinen Sitz hat.

(2) In anderen Vertragsarztangelegenheiten der gesetzlichen Krankenversicherung ist das Sozialgericht zuständig, in dessen Bezirk die Kassenärztliche Vereinigung oder die Kassenzahnärztliche Vereinigung ihren Sitz hat.

(3) In Angelegenheiten, die Entscheidungen oder Verträge auf Landesebene betreffen, ist – soweit das Landesrecht nichts Abweichendes bestimmt – das Sozialgericht zuständig, in dessen Bezirk die Landesregierung ihren Sitz hat.

(4) In Angelegenheiten, die Entscheidungen oder Verträge auf Bundesebene betreffen, ist das Sozialgericht zuständig, in dessen Bezirk die Kassenärztliche Bundesvereinigung oder die Kassenzahnärztliche Bundesvereinigung ihren Sitz hat.

§ 57b

In Angelegenheiten, die die Wahlen zu den Selbstverwaltungsorganen der Sozialversicherungsträger und ihrer Verbände oder die Ergänzung der Selbstverwaltungsorgane betreffen, ist das Sozialgericht zuständig, in dessen Bezirk der Versicherungsträger oder der Verband den Sitz hat.

§ 58

(1) Das zuständige Gericht innerhalb der Sozialgerichtsbarkeit wird durch das gemeinsam nächsthöhere Gericht bestimmt,

1. wenn das an sich zuständige Gericht in einem einzelnen Fall an der Ausübung der Gerichtsbarkeit rechtlich oder tatsächlich verhindert ist,

2. wenn mit Rücksicht auf die Grenzen verschiedener Gerichtsbezirke ungewiss ist, welches Gericht für den Rechtsstreit zuständig ist,

3. wenn in einem Rechtsstreit verschiedene Gerichte sich rechtskräftig für zuständig erklärt haben,

4. wenn verschiedene Gerichte, von denen eines für den Rechtsstreit zuständig ist, sich rechtskräftig für unzuständig erklärt haben,

5. wenn eine örtliche Zuständigkeit nach § 57 nicht gegeben ist.

(2) Zur Feststellung der Zuständigkeit kann jedes mit dem Rechtsstreit befasste Gericht und jeder am Rechtsstreit Beteiligte das im Rechtszug höhere Gericht anrufen, das ohne mündliche Verhandlung entscheiden kann.

§ 59

Vereinbarungen der Beteiligten über die Zuständigkeit haben keine rechtliche Wirkung. Eine Zuständigkeit wird auch nicht dadurch begründet, dass die Unzuständigkeit des Gerichts nicht geltend gemacht wird.

ZWEITER TEIL
Verfahren

Erster Abschnitt
Gemeinsame Verfahrensvorschriften

Erster Unterabschnitt
Allgemeine Vorschriften

§ 60

(1) Für die Ausschließung und Ablehnung der Gerichtspersonen gelten die §§ 41 bis 44, 45 Absatz 2 Satz 2, §§ 47 bis 49 der Zivilprozessordnung entsprechend. Über die Ablehnung entscheidet außer im Falle des § 171 das Landessozialgericht durch Beschluss.

(2) Von der Ausübung des Amtes als Richter ist auch ausgeschlossen, wer bei dem vorausgegangenen Verwaltungsverfahren mitgewirkt hat.

(3) Die Besorgnis der Befangenheit nach § 42 der Zivilprozessordnung gilt stets als begründet, wenn der Richter dem Vorstand einer Körperschaft oder Anstalt des öffentlichen Rechts angehört, deren Interessen durch das Verfahren unmittelbar berührt werden.

(4) (weggefallen)

§ 61

(1) Für die Öffentlichkeit, Sitzungspolizei und Gerichtssprache gelten die §§ 169, 171b bis 191a des Gerichtsverfassungsgesetzes entsprechend.

(2) Für die Beratung und Abstimmung gelten die §§ 192 bis 197 des Gerichtsverfassungsgesetzes entsprechend.

§ 62

Vor jeder Entscheidung ist den Beteiligten rechtliches Gehör zu gewähren; die An-hörung kann schriftlich oder elektronisch geschehen.

§ 63

(1) Anordnungen und Entscheidungen, durch die eine Frist in Lauf gesetzt wird, sind den Beteiligten zuzustellen, bei Verkündung jedoch nur, wenn es ausdrücklich vorgeschrieben ist. Terminbestimmungen und Ladungen sind bekannt zu geben.

(2) Zugestellt wird von Amts wegen nach den Vorschriften der Zivilprozessord-nung. Die §§ 174, 178 Absatz 1 Nr. 2 der Zivilprozessordnung sind entsprechend anzuwenden auf die nach § 73 Absatz 2 Satz 2 Nr. 3 bis 9 zur Prozessvertretung zu-gelassenen Personen.

(3) Wer nicht im Inland wohnt, hat auf Verlangen einen Zustellungsbevollmächtig-ten zu bestellen.

§ 64

(1) Der Lauf einer Frist beginnt, soweit nichts anderes bestimmt ist, mit dem Tag nach der Zustellung oder, wenn diese nicht vorgeschrieben ist, mit dem Tag nach der Eröffnung oder Verkündung.

(2) Eine nach Tagen bestimmte Frist endet mit dem Ablauf ihres letzten Tages, eine nach Wochen oder Monaten bestimmte Frist mit dem Ablauf desjenigen Tages der letzten Woche oder des letzten Monats, welcher nach Benennung oder Zahl dem Tag entspricht, in den das Ereignis oder der Zeitpunkt fällt. Fehlt dem letzten Monat der entsprechende Tag, so endet die Frist mit dem Monat.

(3) Fällt das Ende einer Frist auf einen Sonntag, einen gesetzlichen Feiertag oder einen Sonnabend, so endet die Frist mit Ablauf des nächsten Werktags.

§ 65

Auf Antrag kann der Vorsitzende richterliche Fristen abkürzen oder verlängern. Im Falle der Verlängerung wird die Frist von dem Ablauf der vorigen Frist an berech-net.

§ 65a

(1) Die Beteiligten können dem Gericht elektronische Dokumente übermitteln, so-weit dies für den jeweiligen Zuständigkeitsbereich durch Rechtsverordnung der Bundesregierung oder der Landesregierungen zugelassen worden ist. Die Rechtsver-ordnung bestimmt den Zeitpunkt, von dem an Dokumente an ein Gericht elek-tronisch übermittelt werden können, sowie die Art und Weise, in der elektronische Dokumente einzureichen sind. Für Dokumente, die einem schriftlich zu unterzeich-nenden Schriftstück gleichstehen, ist eine qualifizierte elektronische Signatur nach § 2 Nr. 3 des Signaturgesetzes vorzuschreiben. Neben der qualifizierten elektronischen Signatur kann auch ein anderes sicheres Verfahren zugelassen werden, das die Au-thentizität und die Integrität des übermittelten elektronischen Dokuments sicher-stellt. Die Landesregierungen können die Ermächtigung auf die für die Sozialge-richtsbarkeit zuständigen obersten Landesbehörden übertragen. Die Zulassung der elektronischen Übermittlung kann auf einzelne Gerichte oder Verfahren beschränkt

werden. Die Rechtsverordnung der Bundesregierung bedarf nicht der Zustimmung des Bundesrates.

(2) Ein elektronisches Dokument ist dem Gericht zugegangen, wenn es in der nach Absatz 1 Satz 1 bestimmten Art und Weise übermittelt worden ist und wenn die für den Empfang bestimmte Einrichtung es aufgezeichnet hat. Die Vorschriften dieses Gesetzes über die Beifügung von Abschriften für die übrigen Beteiligten finden keine Anwendung. Genügt das Dokument nicht den Anforderungen, ist dies dem Absender unter Angabe der für das Gericht geltenden technischen Rahmenbedingungen unverzüglich mitzuteilen.

(3) Soweit eine handschriftliche Unterzeichnung durch den Richter oder den Urkundsbeamten der Geschäftsstelle vorgeschrieben ist, genügt dieser Form die Aufzeichnung als elektronisches Dokument, wenn die verantwortenden Personen am Ende des Dokuments ihren Namen hinzufügen und das Dokument mit einer qualifizierten elektronischen Signatur nach § 2 Nr. 3 des Signaturgesetzes versehen.

§ 65 b

(1) Die Prozessakten können elektronisch geführt werden. Die Bundesregierung und die Landesregierungen bestimmen jeweils für ihren Bereich durch Rechtsverordnung den Zeitpunkt, von dem an die Prozessakten elektronisch geführt werden. In der Rechtsverordnung sind die organisatorisch-technischen Rahmenbedingungen für die Bildung, Führung und Verwahrung der elektronischen Akten festzulegen. Die Landesregierungen können die Ermächtigung auf die für die Sozialgerichtsbarkeit zuständigen obersten Landesbehörden übertragen. Die Zulassung der elektronischen Akte kann auf einzelne Gerichte oder Verfahren beschränkt werden. Die Rechtsverordnung der Bundesregierung bedarf nicht der Zustimmung des Bundesrates.

(2) Dokumente, die nicht der Form entsprechen, in der die Akte geführt wird, sind in die entsprechende Form zu übertragen und in dieser Form zur Akte zu nehmen, soweit die Rechtsverordnung nach Absatz 1 nichts anderes bestimmt.

(3) Die Originaldokumente sind mindestens bis zum rechtskräftigen Abschluss des Verfahrens aufzubewahren.

(4) Ist ein in Papierform eingereichtes Dokument in ein elektronisches Dokument übertragen worden, muss dieses den Vermerk enthalten, wann und durch wen die Übertragung vorgenommen worden ist. Ist ein elektronisches Dokument in die Papierform überführt worden, muss der Ausdruck den Vermerk enthalten, welches Ergebnis die Integritätsprüfung des Dokuments ausweist, wen die Signaturprüfung als Inhaber der Signatur ausweist und welchen Zeitpunkt die Signaturprüfung für die Anbringung der Signatur ausweist.

(5) Dokumente, die nach Absatz 2 hergestellt sind, sind für das Verfahren zugrunde zu legen, soweit kein Anlass besteht, an der Übereinstimmung mit dem eingereichten Dokument zu zweifeln.

§ 66

(1) Die Frist für ein Rechtsmittel oder einen anderen Rechtsbehelf beginnt nur dann zu laufen, wenn der Beteiligte über den Rechtsbehelf, die Verwaltungsstelle oder das

Gericht, bei denen der Rechtsbehelf anzubringen ist, den Sitz und die einzuhaltende Frist schriftlich oder elektronisch belehrt worden ist.

(2) Ist die Belehrung unterblieben oder unrichtig erteilt, so ist die Einlegung des Rechtsbehelfs nur innerhalb eines Jahres seit Zustellung, Eröffnung oder Verkündung zulässig, außer wenn die Einlegung vor Ablauf der Jahresfrist infolge höherer Gewalt unmöglich war oder eine schriftliche oder elektronische Belehrung dahin erfolgt ist, dass ein Rechtsbehelf nicht gegeben sei. § 67 Absatz 2 gilt für den Fall höherer Gewalt entsprechend.

§ 67

(1) Wenn jemand ohne Verschulden verhindert war, eine gesetzliche Verfahrensfrist einzuhalten, so ist ihm auf Antrag Wiedereinsetzung in den vorigen Stand zu gewähren.

(2) Der Antrag ist binnen eines Monats nach Wegfall des Hindernisses zu stellen. Die Tatsachen zur Begründung des Antrags sollen glaubhaft gemacht werden. Innerhalb der Antragsfrist ist die versäumte Rechtshandlung nachzuholen. Ist dies geschehen, so kann die Wiedereinsetzung auch ohne Antrag gewährt werden.

(3) Nach einem Jahr seit dem Ende der versäumten Frist ist der Antrag unzulässig, außer wenn der Antrag vor Ablauf der Jahresfrist infolge höherer Gewalt unmöglich war.

(4) Über den Wiedereinsetzungsantrag entscheidet das Gericht, das über die versäumte Rechtshandlung zu befinden hat. Der Beschluss, der die Wiedereinsetzung bewilligt, ist unanfechtbar.

§ 68 (weggefallen)

§ 69

Beteiligte am Verfahren sind

1. der Kläger,
2. der Beklagte,
3. der Beigeladene.

§ 70

Fähig, am Verfahren beteiligt zu sein, sind

1. natürliche und juristische Personen,
2. nichtrechtsfähige Personenvereinigungen,
3. Behörden, sofern das Landesrecht dies bestimmt,
4. gemeinsame Entscheidungsgremien von Leistungserbringern und Krankenkassen oder Pflegekassen.

§ 71

(1) Ein Beteiligter ist prozessfähig, soweit er sich durch Verträge verpflichten kann.

(2) Minderjährige sind in eigener Sache prozessfähig, soweit sie durch Vorschriften des bürgerlichen oder öffentlichen Rechts für den Gegenstand des Verfahrens als geschäftsfähig anerkannt sind. Zur Zurücknahme eines Rechtsbehelfs bedürfen sie der Zustimmung des gesetzlichen Vertreters.

(3) Für rechtsfähige und nichtrechtsfähige Personenvereinigungen sowie für Behörden handeln ihre gesetzlichen Vertreter und Vorstände.

(4) Für Entscheidungsgremien im Sinne von § 70 Nr. 4 handelt der Vorsitzende.

(5) In Angelegenheiten des sozialen Entschädigungsrechts und des Schwerbehindertenrechts wird das Land durch das Landesversorgungsamt oder durch die Stelle, der dessen Aufgaben übertragen worden sind, vertreten.

(6) Die §§ 53 bis 56 der Zivilprozessordnung gelten entsprechend.

§ 72

(1) Für einen nicht prozessfähigen Beteiligten ohne gesetzlichen Vertreter kann der Vorsitzende bis zum Eintritt eines Vormundes, Betreuers oder Pflegers für das Verfahren einen besonderen Vertreter bestellen, dem alle Rechte, außer dem Empfang von Zahlungen, zustehen.

(2) Die Bestellung eines besonderen Vertreters ist mit Zustimmung des Beteiligten oder seines gesetzlichen Vertreters auch zulässig, wenn der Aufenthaltsort eines Beteiligten oder seines gesetzlichen Vertreters vom Sitz des Gerichts weit entfernt ist.

(3) – (5)

§ 73

(1) Die Beteiligten können vor dem Sozialgericht und dem Landessozialgericht den Rechtsstreit selbst führen.

(2) Die Beteiligten können sich durch einen Rechtsanwalt oder einen Rechtslehrer an einer staatlichen oder staatlich anerkannten Hochschule eines Mitgliedstaates der Europäischen Union, eines anderen Vertragsstaates des Abkommens über den Europäischen Wirtschaftsraum oder der Schweiz, der die Befähigung zum Richteramt besitzt, als Bevollmächtigten vertreten lassen. Darüber hinaus sind als Bevollmächtigte vor dem Sozialgericht und dem Landessozialgericht vertretungsbefugt nur

1. Beschäftigte des Beteiligten oder eines mit ihm verbundenen Unternehmens (§ 15 des Aktiengesetzes); Behörden und juristische Personen des öffentlichen Rechts einschließlich der von ihnen zur Erfüllung ihrer öffentlichen Aufgaben gebildeten Zusammenschlüsse können sich auch durch Beschäftigte anderer Behörden oder juristischer Personen des öffentlichen Rechts einschließlich der von ihnen zur Erfüllung ihrer öffentlichen Aufgaben gebildeten Zusammenschlüsse vertreten lassen,

2. volljährige Familienangehörige (§ 15 der Abgabenordnung, § 11 des Lebenspartnerschaftsgesetzes), Personen mit Befähigung zum Richteramt und Streitgenossen, wenn die Vertretung nicht im Zusammenhang mit einer entgeltlichen Tätigkeit steht,

3. Rentenberater im Umfang ihrer Befugnisse nach § 10 Abs. 1 Satz 1 Nr. 2 des Rechtsdienstleistungsgesetzes,

4. Steuerberater, Steuerbevollmächtigte, Wirtschaftsprüfer und vereidigte Buchprüfer, Personen und Vereinigungen im Sinne des § 3a des Steuerberatungsgesetzes sowie Gesellschaften im Sinne des § 3 Nr. 2 und 3 des Steuerberatungsgesetzes, die durch Personen im Sinne des § 3 Nr. 1 des Steuerberatungsgesetzes handeln, in Angelegenheiten nach den §§ 28h und 28p des Vierten Buches Sozialgesetzbuch,

5. selbständige Vereinigungen von Arbeitnehmern mit sozial- oder berufspolitischer Zwecksetzung für ihre Mitglieder,

6. berufsständische Vereinigungen der Landwirtschaft für ihre Mitglieder,

7. Gewerkschaften und Vereinigungen von Arbeitgebern sowie Zusammenschlüsse solcher Verbände für ihre Mitglieder oder für andere Verbände oder Zusammenschlüsse mit vergleichbarer Ausrichtung und deren Mitglieder,

8. Vereinigungen, deren satzungsgemäße Aufgaben die gemeinschaftliche Interessenvertretung, die Beratung und Vertretung der Leistungsempfänger nach dem sozialen Entschädigungsrecht oder der behinderten Menschen wesentlich umfassen und die unter Berücksichtigung von Art und Umfang ihrer Tätigkeit sowie ihres Mitgliederkreises die Gewähr für eine sachkundige Prozessvertretung bieten, für ihre Mitglieder,

9. juristische Personen, deren Anteile sämtlich im wirtschaftlichen Eigentum einer der in den Nummern 5 bis 8 bezeichneten Organisationen stehen, wenn die juristische Person ausschließlich die Rechtsberatung und Prozessvertretung dieser Organisation und ihrer Mitglieder oder anderer Verbände oder Zusammenschlüsse mit vergleichbarer Ausrichtung und deren Mitglieder entsprechend deren Satzung durchführt, und wenn die Organisation für die Tätigkeit der Bevollmächtigten haftet. Bevollmächtigte, die keine natürlichen Personen sind, handeln durch ihre Organe und mit der Prozessvertretung beauftragten Vertreter. § 157 der Zivilprozessordnung gilt entsprechend.

(3) Das Gericht weist Bevollmächtigte, die nicht nach Maßgabe des Absatzes 2 vertretungsbefugt sind, durch unanfechtbaren Beschluss zurück. Prozesshandlungen eines nicht vertretungsbefugten Bevollmächtigten und Zustellungen oder Mitteilungen an diesen Bevollmächtigten sind bis zu seiner Zurückweisung wirksam. Das Gericht kann den in Absatz 2 Satz 2 Nr. 1 und 2 bezeichneten Bevollmächtigten durch unanfechtbaren Beschluss die weitere Vertretung untersagen, wenn sie nicht in der Lage sind, das Sach- und Streitverhältnis sachgerecht darzustellen. Satz 3 gilt nicht für Beschäftigte eines Sozialleistungsträgers oder eines Spitzenverbandes der Sozialversicherung.

(4) Vor dem Bundessozialgericht müssen sich die Beteiligten, außer im Prozesskostenhilfeverfahren, durch Prozessbevollmächtigte vertreten lassen. Als Bevollmächtigte sind außer den in Absatz 2 Satz 1 bezeichneten Personen nur die in Absatz 2 Satz 2 Nr. 5 bis 9 bezeichneten Organisationen zugelassen. Diese müssen durch Personen mit Befähigung zum Richteramt handeln. Behörden und juristische Personen des öffentlichen Rechts einschließlich der von ihnen zur Erfüllung ihrer öffentlichen Aufgaben gebildeten Zusammenschlüsse sowie private Pflegeversicherungsunternehmen können sich durch eigene Beschäftigte mit Befähigung zum Richteramt oder durch Beschäftigte mit Befähigung zum Richteramt anderer Behörden oder juristischer Personen des öffentlichen Rechts einschließlich der von ihnen zur Erfüllung ihrer öffentlichen Aufgaben gebildeten Zusammenschlüsse vertreten lassen. Ein Beteiligter, der nach Maßgabe des Satzes 2 zur Vertretung berechtigt ist, kann sich selbst vertreten; Satz 3 bleibt unberührt.

(5) Richter dürfen nicht als Bevollmächtigte vor dem Gericht auftreten, dem sie angehören. Ehrenamtliche Richter dürfen, außer in den Fällen des Absatzes 2 Satz 2 Nr. 1, nicht vor einem Spruchkörper auftreten, dem sie angehören. Absatz 3 Satz 1 und 2 gilt entsprechend.

(6) Die Vollmacht ist schriftlich zu den Gerichtsakten einzureichen. Sie kann nachgereicht werden; hierfür kann das Gericht eine Frist bestimmen. Der Mangel der Vollmacht kann in jeder Lage des Verfahrens geltend gemacht werden. Das Gericht hat den Mangel der Vollmacht von Amts wegen zu berücksichtigen, wenn nicht als Bevollmächtigter ein Rechtsanwalt auftritt. Ist ein Bevollmächtigter bestellt, sind die Zustellungen oder Mitteilungen des Gerichts an ihn zu richten. Im Übrigen gelten die §§ 81, 83 bis 86 der Zivilprozessordnung entsprechend.

(7) In der Verhandlung können die Beteiligten mit Beiständen erscheinen. Beistand kann sein, wer in Verfahren, in denen die Beteiligten den Rechtsstreit selbst führen können, als Bevollmächtigter zur Vertretung in der Verhandlung befugt ist. Das Gericht kann andere Personen als Beistand zulassen, wenn dies sachdienlich ist und hierfür nach den Umständen des Einzelfalls ein Bedürfnis besteht. Absatz 3 Satz 1 und 3 und Absatz 5 gelten entsprechend. Das von dem Beistand Vorgetragene gilt als von dem Beteiligten vorgebracht, soweit es nicht von diesem sofort widerrufen oder berichtigt wird.

§ 73 a

(1) Die Vorschriften der Zivilprozessordnung über die Prozesskostenhilfe gelten entsprechend. Macht der Beteiligte, dem Prozesskostenhilfe bewilligt ist, von seinem Recht, einen Rechtsanwalt zu wählen, nicht Gebrauch, wird auf Antrag des Beteiligten der beizuordnende Rechtsanwalt vom Gericht ausgewählt.

(2) Prozesskostenhilfe wird nicht bewilligt, wenn der Beteiligte durch einen Bevollmächtigten im Sinne des § 73 Absatz 2 Satz 2 Nr. 5 bis 9 vertreten ist.

(3) § 109 Absatz 1 Satz 2 bleibt unberührt.

§ 74

Die §§ 59 bis 65 der Zivilprozessordnung über die Streitgenossenschaft und die Hauptintervention gelten entsprechend.

§ 75

(1) Das Gericht kann von Amts wegen oder auf Antrag andere, deren berechtigte Interessen durch die Entscheidung berührt werden, beiladen. In Angelegenheiten des sozialen Entschädigungsrechts ist die Bundesrepublik Deutschland auf Antrag beizuladen.

(2) Sind an dem streitigen Rechtsverhältnis Dritte derart beteiligt, dass die Entscheidung auch ihnen gegenüber nur einheitlich ergehen kann oder ergibt sich im Verfahren, dass bei der Ablehnung des Anspruchs ein anderer Versicherungsträger, ein Träger der Grundsicherung für Arbeitsuchende, ein Träger der Sozialhilfe oder in Angelegenheiten des sozialen Entschädigungsrechts ein Land als leistungspflichtig in Betracht kommt, so sind sie beizuladen.

(2a) Kommt nach Absatz 2 erste Alternative die Beiladung von mehr als 20 Personen in Betracht, kann das Gericht durch Beschluss anordnen, dass nur solche Personen beigeladen werden, die dies innerhalb einer bestimmten Frist beantragen. Der Beschluss ist unanfechtbar. Er ist im elektronischen Bundesanzeiger bekannt zu machen. Er muss außerdem in im gesamten Bundesgebiet verbreiteten Tageszeitungen veröffentlicht werden. Die Bekanntmachung kann zusätzlich in einem von dem Gericht für Bekanntmachungen bestimmten Informations- und Kommunikationssystem erfolgen. Die Frist muss mindestens drei Monate seit der Bekanntgabe betragen. Es ist jeweils anzugeben, an welchem Tag die Antragsfrist abläuft. Für die Wiedereinsetzung in den vorigen Stand wegen Fristversäumnis gilt § 67 entsprechend. Das Gericht soll Personen, die von der Entscheidung erkennbar in besonderem Maße betroffen werden, auch ohne Antrag beiladen.

(3) Der Beiladungsbeschluss ist allen Beteiligten zuzustellen. Dabei sollen der Stand der Sache und der Grund der Beiladung angegeben werden. Der Beschluss, den Dritten beizuladen, ist unanfechtbar.

(4) Der Beigeladene kann innerhalb der Anträge der anderen Beteiligten selbständig Angriffs- und Verteidigungsmittel geltend machen und alle Verfahrenshandlungen wirksam vornehmen. Abweichende Sachanträge kann er nur dann stellen, wenn eine Beiladung nach Absatz 2 vorliegt.

(5) Ein Versicherungsträger, ein Träger der Grundsicherung für Arbeitsuchende, ein Träger der Sozialhilfe oder in Angelegenheiten des sozialen Entschädigungsrechts ein Land kann nach Beiladung verurteilt werden.

Zweiter Unterabschnitt
Beweissicherungsverfahren

§ 76

(1) Auf Gesuch eines Beteiligten kann die Einnahme des Augenscheins und die Vernehmung von Zeugen und Sachverständigen zur Sicherung des Beweises angeordnet werden, wenn zu besorgen ist, dass das Beweismittel verlorengehe oder seine Benutzung erschwert werde, oder wenn der gegenwärtige Zustand einer Person oder einer Sache festgestellt werden soll und der Antragsteller ein berechtigtes Interesse an dieser Feststellung hat.

(2) Das Gesuch ist bei dem für die Hauptsache zuständigen Sozialgericht anzubringen. In Fällen dringender Gefahr kann das Gesuch bei einem anderen Sozialgericht oder einem Amtsgericht angebracht werden, in dessen Bezirk sich die zu vernehmenden Personen aufhalten oder sich der in Augenschein zu nehmende Gegenstand befindet.

(3) Für das Verfahren gelten die §§ 487, 490 bis 494 der Zivilprozessordnung entsprechend.

Dritter Unterabschnitt
Vorverfahren und einstweiliger Rechtsschutz

§ 77

Wird der gegen einen Verwaltungsakt gegebene Rechtsbehelf nicht oder erfolglos eingelegt, so ist der Verwaltungsakt für die Beteiligten in der Sache bindend, soweit durch Gesetz nichts anderes bestimmt ist.

§ 78

(1) Vor Erhebung der Anfechtungsklage sind Rechtmäßigkeit und Zweckmäßigkeit des Verwaltungsakts in einem Vorverfahren nachzuprüfen. Eines Vorverfahrens bedarf es nicht, wenn

1. ein Gesetz dies für besondere Fälle bestimmt oder

2. der Verwaltungsakt von einer obersten Bundesbehörde, einer obersten Landesbehörde oder von dem Vorstand der Bundesagentur für Arbeit erlassen worden ist, außer wenn ein Gesetz die Nachprüfung vorschreibt, oder

3. ein Land, ein Versicherungsträger oder einer seiner Verbände klagen will.

(2) (weggefallen)

(3) Für die Verpflichtungsklage gilt Absatz 1 entsprechend, wenn der Antrag auf Vornahme des Verwaltungsakts abgelehnt worden ist.

§ 79 (weggefallen)

§ 80 (weggefallen)

§ 81 (weggefallen)

§ 82 (weggefallen)

§ 83

Das Vorverfahren beginnt mit der Erhebung des Widerspruchs.

§ 84

(1) Der Widerspruch ist binnen eines Monats, nachdem der Verwaltungsakt dem Beschwerten bekanntgegeben worden ist, schriftlich oder zur Niederschrift bei der Stelle einzureichen, die den Verwaltungsakt erlassen hat. Die Frist beträgt bei Bekanntgabe im Ausland drei Monate.

(2) Die Frist zur Erhebung des Widerspruchs gilt auch dann als gewahrt, wenn die Widerspruchsschrift bei einer anderen inländischen Behörde oder bei einem Versicherungsträger oder bei einer deutschen Konsularbehörde oder, soweit es sich um die Versicherung von Seeleuten handelt, auch bei einem deutschen Seemannsamt eingegangen ist. Die Widerspruchsschrift ist unverzüglich der zuständigen Behörde oder dem zuständigen Versicherungsträger zuzuleiten, der sie der für die Entscheidung zuständigen Stelle vorzulegen hat. Im Übrigen gelten die §§ 66 und 67 entsprechend.

§ 84a

Für das Vorverfahren gilt § 25 Absatz 4 des Zehnten Buches Sozialgesetzbuch nicht.

§ 85

(1) Wird der Widerspruch für begründet erachtet, so ist ihm abzuhelfen.

(2) Wird dem Widerspruch nicht abgeholfen, so erlässt den Widerspruchsbescheid

1. die nächsthöhere Behörde oder, wenn diese eine oberste Bundes- oder eine oberste Landesbehörde ist, die Behörde, die den Verwaltungsakt erlassen hat,

2. in Angelegenheiten der Sozialversicherung die von der Vertreterversammlung bestimmte Stelle,

3. in Angelegenheiten der Bundesagentur für Arbeit mit Ausnahme der Angelegenheiten nach dem Zweiten Buch Sozialgesetzbuch die von dem Vorstand bestimmte Stelle,

4. in Angelegenheiten der kommunalen Selbstverwaltung die Selbstverwaltungsbe-
hörde, soweit nicht durch Gesetz anderes bestimmt wird.

Abweichend von Satz 1 Nr. 1 ist in Angelegenheiten nach dem Zweiten Buch Sozialgesetzbuch der zuständige Träger, der den dem Widerspruch zugrunde liegenden
Verwaltungsakt erlassen hat, auch für die Entscheidung über den Widerspruch zuständig; § 44b Absatz 1 Satz 3 des Zweiten Buches Sozialgesetzbuch bleibt unberührt. Vorschriften, nach denen im Vorverfahren Ausschüsse oder Beiräte an die
Stelle einer Behörde treten, bleiben unberührt. Die Ausschüsse oder Beiräte können
abweichend von Satz 1 Nr. 1 auch bei der Behörde gebildet werden, die den Verwaltungsakt erlassen hat.

(3) Der Widerspruchsbescheid ist schriftlich zu erlassen, zu begründen und den Beteiligten bekanntzugeben. Nimmt die Behörde eine Zustellung vor, gelten die §§ 2
bis 10 des Verwaltungszustellungsgesetzes. § 5 Absatz 4 des Verwaltungszustellungsgesetzes und § 178 Absatz 1 Nr. 2 der Zivilprozessordnung sind auf die nach
§ 73 Absatz 2 Satz 2 Nr. 3 bis 9 als Bevollmächtigte zugelassenen Personen entsprechend anzuwenden. Die Beteiligten sind hierbei über die Zulässigkeit der Klage, die
einzuhaltende Frist und den Sitz des zuständigen Gerichts zu belehren.

(4) Über ruhend gestellte Widersprüche kann durch eine öffentlich bekannt gegebene Allgemeinverfügung entschieden werden, wenn die den angefochtenen Verwaltungsakten zugrunde liegende Gesetzeslage durch eine Entscheidung des Bundesverfassungsgerichts bestätigt wurde, Widerspruchsbescheide gegenüber einer Vielzahl von Widerspruchsführern zur gleichen Zeit ergehen müssen und durch sie die
Rechtsstellung der Betroffenen ausschließlich nach einem für alle identischen Maßstab verändert wird. Die öffentliche Bekanntgabe erfolgt durch Veröffentlichung der
Entscheidung über den Internetauftritt der Behörde, im elektronischen Bundesanzeiger und in mindestens drei überregional erscheinenden Tageszeitungen. Auf die
öffentliche Bekanntgabe, den Ort ihrer Bekanntgabe sowie die Klagefrist des § 87
Absatz 1 Satz 3 ist bereits in der Ruhensmitteilung hinzuweisen.

§ 86

Wird während des Vorverfahrens der Verwaltungsakt abgeändert, so wird auch der
neue Verwaltungsakt Gegenstand des Vorverfahrens; er ist der Stelle, die über den
Widerspruch entscheidet, unverzüglich mitzuteilen.

§ 86a

(1) Widerspruch und Anfechtungsklage haben aufschiebende Wirkung. Das gilt
auch bei rechtsgestaltenden und feststellenden Verwaltungsakten sowie bei Verwaltungsakten mit Drittwirkung.

(2) Die aufschiebende Wirkung entfällt

1. bei der Entscheidung über Versicherungs-, Beitrags- und Umlagepflichten sowie
der Anforderung von Beiträgen, Umlagen und sonstigen öffentlichen Abgaben
einschließlich der darauf entfallenden Nebenkosten,

2. in Angelegenheiten des sozialen Entschädigungsrechts und der Bundesagentur
für Arbeit bei Verwaltungsakten, die eine laufende Leistung entziehen oder herabsetzen,

3. für die Anfechtungsklage in Angelegenheiten der Sozialversicherung bei Verwaltungsakten, die eine laufende Leistung herabsetzen oder entziehen,

4. in anderen durch Bundesgesetz vorgeschriebenen Fällen,

5. in Fällen, in denen die sofortige Vollziehung im öffentlichen Interesse oder im überwiegenden Interesse eines Beteiligten ist und die Stelle, die den Verwaltungsakt erlassen oder über den Widerspruch zu entscheiden hat, die sofortige Vollziehung mit schriftlicher Begründung des besonderen Interesses an der sofortigen Vollziehung anordnet.

(3) In den Fällen des Absatzes 2 kann die Stelle, die den Verwaltungsakt erlassen oder die über den Widerspruch zu entscheiden hat, die sofortige Vollziehung ganz oder teilweise aussetzen. In den Fällen des Absatzes 2 Nr. 1 soll die Aussetzung der Vollziehung erfolgen, wenn ernstliche Zweifel an der Rechtmäßigkeit des angegriffenen Verwaltungsaktes bestehen oder wenn die Vollziehung für den Abgaben- oder Kostenpflichtigen eine unbillige, nicht durch überwiegende öffentliche Interessen gebotene Härte zur Folge hätte. In den Fällen des Absatzes 2 Nr. 2 ist in Angelegenheiten des sozialen Entschädigungsrechts die nächsthöhere Behörde zuständig, es sei denn, diese ist eine oberste Bundes- oder eine oberste Landesbehörde. Die Entscheidung kann mit Auflagen versehen oder befristet werden. Die Stelle kann die Entscheidung jederzeit ändern oder aufheben.

(4) Die aufschiebende Wirkung entfällt, wenn eine Erlaubnis nach Artikel 1 § 1 des Arbeitnehmerüberlassungsgesetzes in der Fassung der Bekanntmachung vom 3. Februar 1995 (BGBl. I S. 158), das zuletzt durch Artikel 2 des Gesetzes vom 23. Juli 2001 (BGBl. I S. 1852) geändert worden ist, aufgehoben oder nicht verlängert wird. Absatz 3 gilt entsprechend.

§ 86 b

(1) Das Gericht der Hauptsache kann auf Antrag

1. in den Fällen, in denen Widerspruch oder Anfechtungsklage aufschiebende Wirkung haben, die sofortige Vollziehung ganz oder teilweise anordnen,

2. in den Fällen, in denen Widerspruch oder Anfechtungsklage keine aufschiebende Wirkung haben, die aufschiebende Wirkung ganz oder teilweise anordnen,

3. in den Fällen des § 86a Absatz 3 die sofortige Vollziehung ganz oder teilweise wiederherstellen.

Ist der Verwaltungsakt im Zeitpunkt der Entscheidung schon vollzogen oder befolgt worden, kann das Gericht die Aufhebung der Vollziehung anordnen. Die Wiederherstellung der aufschiebenden Wirkung oder die Anordnung der sofortigen Vollziehung kann mit Auflagen versehen oder befristet werden. Das Gericht der Hauptsache kann auf Antrag die Maßnahmen jederzeit ändern oder aufheben.

(2) Soweit ein Fall des Absatzes 1 nicht vorliegt, kann das Gericht der Hauptsache auf Antrag eine einstweilige Anordnung in Bezug auf den Streitgegenstand treffen, wenn die Gefahr besteht, dass durch eine Veränderung des bestehenden Zustands die Verwirklichung eines Rechts des Antragstellers vereitelt oder wesentlich erschwert werden könnte. Einstweilige Anordnungen sind auch zur Regelung eines vorläufigen Zustands in Bezug auf ein streitiges Rechtsverhältnis zulässig, wenn eine solche Regelung zur Abwendung wesentlicher Nachteile nötig erscheint. Das Gericht der Hauptsache ist das Gericht des ersten Rechtszugs und, wenn die Hauptsache im Berufungsverfahren anhängig ist, das Berufungsgericht. Die §§ 920, 921, 923, 926, 928 bis 932, 938, 939 und 945 der Zivilprozessordnung gelten entsprechend.

(3) Die Anträge nach den Absätzen 1 und 2 sind schon vor Klageerhebung zulässig.

(4) Das Gericht entscheidet durch Beschluss.

Vierter Unterabschnitt
Verfahren im ersten Rechtszug

§ 87

(1) Die Klage ist binnen eines Monats nach Bekanntgabe des Verwaltungsakts zu erheben. Die Frist beträgt bei Bekanntgabe im Ausland drei Monate. Bei einer öffentlichen Bekanntgabe nach § 85 Abs. 4 beträgt die Frist ein Jahr. Die Frist beginnt mit dem Tag zu laufen, an dem seit dem Tag der letzten Veröffentlichung zwei Wochen verstrichen sind.

(2) Hat ein Vorverfahren stattgefunden, so beginnt die Frist mit der Bekanntgabe des Widerspruchsbescheids.

§ 88

(1) Ist ein Antrag auf Vornahme eines Verwaltungsakts ohne zureichenden Grund in angemessener Frist sachlich nicht beschieden worden, so ist die Klage nicht vor Ablauf von sechs Monaten seit dem Antrag auf Vornahme des Verwaltungsakts zulässig. Liegt ein zureichender Grund dafür vor, dass der beantragte Verwaltungsakt noch nicht erlassen ist, so setzt das Gericht das Verfahren bis zum Ablauf einer von ihm bestimmten Frist aus, die verlängert werden kann. Wird innerhalb dieser Frist dem Antrag stattgegeben, so ist die Hauptsache für erledigt zu erklären.

(2) Das gleiche gilt, wenn über einen Widerspruch nicht entschieden worden ist, mit der Maßgabe, dass als angemessene Frist eine solche von drei Monaten gilt.

§ 89

Die Klage ist an keine Frist gebunden, wenn die Feststellung der Nichtigkeit eines Verwaltungsakts oder die Feststellung des zuständigen Versicherungsträgers oder die Vornahme eines unterlassenen Verwaltungsakts begehrt wird.

§ 90

Die Klage ist bei dem zuständigen Gericht der Sozialgerichtsbarkeit schriftlich oder zur Niederschrift des Urkundsbeamten der Geschäftsstelle zu erheben.

§ 91

(1) Die Frist für die Erhebung der Klage gilt auch dann als gewahrt, wenn die Klageschrift innerhalb der Frist statt bei dem zuständigen Gericht der Sozialgerichtsbarkeit bei einer anderen inländischen Behörde oder bei einem Versicherungsträger oder bei einer deutschen Konsularbehörde oder, soweit es sich um die Versicherung von Seeleuten handelt, auch bei einem deutschen Seemannsamt im Ausland eingegangen ist.

(2) Die Klageschrift ist unverzüglich an das zuständige Gericht der Sozialgerichtsbarkeit abzugeben.

§ 92

(1) Die Klage muss den Kläger, den Beklagten und den Gegenstand des Klagebegehrens bezeichnen. Zur Bezeichnung des Beklagten genügt die Angabe der Behörde. Die Klage soll einen bestimmten Antrag enthalten und von dem Kläger oder einer zu seiner Vertretung befugten Person mit Orts- und Zeitangabe unterzeichnet sein. Die zur Begründung dienenden Tatsachen und Beweismittel sollen angegeben, die angefochtene Verfügung und der Widerspruchsbescheid sollen in Urschrift oder in Abschrift beigefügt werden.

(2) Entspricht die Klage diesen Anforderungen nicht, hat der Vorsitzende den Kläger zu der erforderlichen Ergänzung innerhalb einer bestimmten Frist aufzufordern. Er kann dem Kläger für die Ergänzung eine Frist mit ausschließender Wirkung setzen, wenn es an einem der in Absatz 1 Satz 1 genannten Erfordernisse fehlt. Für die Wiedereinsetzung in den vorigen Stand gilt § 67 entsprechend.

§ 93

Der Klageschrift, den sonstigen Schriftsätzen und nach Möglichkeiten den Unterlagen sind vorbehaltlich des § 65a Absatz 2 Satz 2 Abschriften für die Beteiligten beizufügen. Sind die erforderlichen Abschriften nicht eingereicht, so fordert das Gericht sie nachträglich an oder fertigt sie selbst an. Die Kosten für die Anfertigung können von dem Kläger eingezogen werden.

§ 94

(1) Durch die Erhebung der Klage wird die Streitsache rechtshängig.

(2) und (3) (weggefallen)

§ 95

Hat ein Vorverfahren stattgefunden, so ist Gegenstand der Klage der ursprüngliche Verwaltungsakt in der Gestalt, die er durch den Widerspruchsbescheid gefunden hat.

§ 96

(1) Nach Klageerhebung wird ein neuer Verwaltungsakt nur dann Gegenstand des Klageverfahrens, wenn er nach Erlass des Widerspruchsbescheides ergangen ist und den angefochtenen Verwaltungsakt abändert oder ersetzt.

(2) Eine Abschrift des neuen Verwaltungsakts ist dem Gericht mitzuteilen, bei dem das Verfahren anhängig ist.

§ 97 (aufgehoben)

§ 98

Für die sachliche und örtliche Zuständigkeit gelten die §§ 17, 17a und 17b Absatz 1, Absatz 2 Satz 1 des Gerichtsverfassungsgesetzes entsprechend. Beschlüsse entsprechend § 17a Absatz 2 und 3 des Gerichtsverfassungsgesetzes sind unanfechtbar.

§ 99

(1) Eine Änderung der Klage ist nur zulässig, wenn die übrigen Beteiligten einwilligen oder das Gericht die Änderung für sachdienlich hält.

(2) Die Einwilligung der Beteiligten in die Änderung der Klage ist anzunehmen, wenn sie sich, ohne der Änderung zu widersprechen, in einem Schriftsatz oder in einer mündlichen Verhandlung auf die abgeänderte Klage eingelassen haben.

(3) Als eine Änderung der Klage ist es nicht anzusehen, wenn ohne Änderung des Klagegrunds

1. die tatsächlichen oder rechtlichen Ausführungen ergänzt oder berichtigt werden,

2. der Klageantrag in der Hauptsache oder in Bezug auf Nebenforderungen erweitert oder beschränkt wird,

3. statt der ursprünglich geforderten Leistung wegen einer später eingetretenen Veränderung eine andere Leistung verlangt wird.

(4) Die Entscheidung, dass eine Änderung der Klage nicht vorliege oder zuzulassen sei, ist unanfechtbar.

§ 100

Bei dem Gericht der Klage kann eine Widerklage erhoben werden, wenn der Gegenanspruch mit dem in der Klage geltend gemachten Anspruch oder mit den gegen ihn vorgebrachten Verteidigungsmitteln zusammenhängt.

§ 101

(1) Um den geltend gemachten Anspruch vollständig oder zum Teil zu erledigen, können die Beteiligten zur Niederschrift des Gerichts oder des Vorsitzenden oder des beauftragten oder ersuchten Richters einen Vergleich schließen, soweit sie über den Gegenstand der Klage verfügen können.

(2) Das angenommene Anerkenntnis des geltend gemachten Anspruchs erledigt insoweit den Rechtsstreit in der Hauptsache.

§ 102

(1) Der Kläger kann die Klage bis zur Rechtskraft des Urteils zurücknehmen. Die Klagerücknahme erledigt den Rechtsstreit in der Hauptsache.

(2) Die Klage gilt als zurückgenommen, wenn der Kläger das Verfahren trotz Aufforderung des Gerichts länger als drei Monate nicht betreibt. Absatz 1 gilt entsprechend. Der Kläger ist in der Aufforderung auf die sich aus Satz 1 und gegebenenfalls aus § 197a Absatz 1 Satz 1 in Verbindung mit § 155 Absatz 2 der Verwaltungsgerichtsordnung ergebenden Rechtsfolgen hinzuweisen.

(3) Ist die Klage zurückgenommen oder gilt sie als zurückgenommen, so stellt das Gericht das Verfahren auf Antrag durch Beschluss ein und entscheidet über Kosten, soweit diese entstanden sind. Der Beschluss ist unanfechtbar.

§ 103

Das Gericht erforscht den Sachverhalt von Amts wegen; die Beteiligten sind dabei heranzuziehen. Es ist an das Vorbringen und die Beweisanträge der Beteiligten nicht gebunden.

§ 104

Der Vorsitzende übermittelt eine Abschrift der Klage an die übrigen Beteiligten. Zugleich mit der Zustellung oder Mitteilung ergeht die Aufforderung, sich schriftlich zu äußern; § 90 gilt entsprechend. Für die Äußerung kann eine Frist gesetzt werden, die nicht kürzer als ein Monat sein soll. Die Aufforderung muss den Hinweis enthalten, dass auch verhandelt und entschieden werden kann, wenn die Äußerung nicht innerhalb der Frist eingeht. Soweit das Gericht die Übersendung von Verwaltungsakten anfordert, soll diese binnen eines Monats nach Eingang der Aufforderung bei dem zuständigen Verwaltungsträger erfolgen. Die Übersendung einer beglaubigten Abschrift steht der Übersendung der Originalverwaltungsakten gleich, sofern nicht das Gericht die Übersendung der Originalverwaltungsakten wünscht.

§ 105

(1) Das Gericht kann ohne mündliche Verhandlung durch Gerichtsbescheid entscheiden, wenn die Sache keine besonderen Schwierigkeiten tatsächlicher oder rechtlicher Art aufweist und der Sachverhalt geklärt ist. Die Beteiligten sind vorher zu hören. Die Vorschriften über Urteile gelten entsprechend.

(2) Die Beteiligten können innerhalb eines Monats nach Zustellung des Gerichtsbescheids das Rechtsmittel einlegen, das zulässig wäre, wenn das Gericht durch Urteil entschieden hätte. Ist die Berufung nicht gegeben, kann mündliche Verhandlung beantragt werden. Wird sowohl ein Rechtsmittel eingelegt als auch mündliche Verhandlung beantragt, findet mündliche Verhandlung statt.

(3) Der Gerichtsbescheid wirkt als Urteil; wird rechtzeitig mündliche Verhandlung beantragt, gilt er als nicht ergangen.

(4) Wird mündliche Verhandlung beantragt, kann das Gericht in dem Urteil von einer weiteren Darstellung des Tatbestandes und der Entscheidungsgründe absehen, soweit es der Begründung des Gerichtsbescheids folgt und dies in seiner Entscheidung feststellt.

§ 106

(1) Der Vorsitzende hat darauf hinzuwirken, dass Formfehler beseitigt, unklare Anträge erläutert, sachdienliche Anträge gestellt, ungenügende Angaben tatsächlicher Art ergänzt. sowie alle für die Feststellung und Beurteilung des Sachverhalts wesentlichen

(2) Der Vorsitzende hat bereits vor der mündlichen Verhandlung alle Maßnahmen zu treffen, die notwendig sind, um den Rechtsstreit möglichst in einer mündlichen Verhandlung zu erledigen.

(3) Zu diesem Zweck kann er insbesondere

1. um Mitteilung von Urkunden sowie um Übermittlung elektronischer Dokumente ersuchen,
2. Krankenpapiere, Aufzeichnungen, Krankengeschichten, Sektions- und Untersuchungsbefunde sowie Röntgenbilder beiziehen,
3. Auskünfte jeder Art einholen,
4. Zeugen und Sachverständige in geeigneten Fällen vernehmen oder, auch eidlich, durch den ersuchten Richter vernehmen lassen,
5. die Einnahme des Augenscheins sowie die Begutachtung durch Sachverständige anordnen und ausführen,
6. andere beiladen,

7. einen Termin anberaumen, das persönliche Erscheinen der Beteiligten hierzu anordnen und den Sachverhalt mit diesen erörtern.

(4) Für die Beweisaufnahme gelten die §§ 116, 118 und 119 entsprechend.

§ 106 a

(1) Der Vorsitzende kann dem Kläger eine Frist setzen zur Angabe der Tatsachen, durch deren Berücksichtigung oder Nichtberücksichtigung im Verwaltungsverfahren er sich beschwert fühlt.

(2) Der Vorsitzende kann einem Beteiligten unter Fristsetzung aufgeben, zu bestimmten Vorgängen

1. Tatsachen anzugeben oder Beweismittel zu bezeichnen,

2. Urkunden oder andere bewegliche Sachen vorzulegen sowie elektronische Dokumente zu übermitteln, soweit der Beteiligte dazu verpflichtet ist.

(3) Das Gericht kann Erklärungen und Beweismittel, die erst nach Ablauf einer nach den Absätzen 1 und 2 gesetzten Frist vorgebracht werden, zurückweisen und ohne weitere Ermittlungen entscheiden, wenn

1. ihre Zulassung nach der freien Überzeugung des Gerichts die Erledigung des Rechtsstreits verzögern würde und

2. der Beteiligte die Verspätung nicht genügend entschuldigt und

3. der Beteiligte über die Folgen einer Fristversäumung belehrt worden ist.

Der Entschuldigungsgrund ist auf Verlangen des Gerichts glaubhaft zu machen. Satz 1 gilt nicht, wenn es mit geringem Aufwand möglich ist, den Sachverhalt auch ohne Mitwirkung des Beteiligten zu ermitteln.

§ 107

Den Beteiligten ist nach Anordnung des Vorsitzenden entweder eine Abschrift der Niederschrift der Beweisaufnahme oder deren Inhalt mitzuteilen.

§ 108

Die Beteiligten können zur Vorbereitung der mündlichen Verhandlung Schriftsätze einreichen. Die Schriftsätze sind den übrigen Beteiligten von Amts wegen mitzuteilen.

§ 109

(1) Auf Antrag des Versicherten, des behinderten Menschen, des Versorgungsberechtigten oder Hinterbliebenen muss ein bestimmter Arzt gutachtlich gehört werden. Die Anhörung kann davon abhängig gemacht werden, dass der Antragsteller die Kosten vorschießt und vorbehaltlich einer anderen Entscheidung des Gerichts endgültig trägt.

(2) Das Gericht kann einen Antrag ablehnen, wenn durch die Zulassung die Erledigung des Rechtsstreits verzögert werden würde und der Antrag nach der freien Überzeugung des Gerichts in der Absicht, das Verfahren zu verschleppen, oder aus grober Nachlässigkeit nicht früher vorgebracht worden ist.

§ 110

(1) Der Vorsitzende bestimmt Ort und Zeit der mündlichen Verhandlung und teilt sie den Beteiligten in der Regel zwei Wochen vorher mit. Die Beteiligten sind darauf hinzuweisen, dass im Falle ihres Ausbleibens nach Lage der Akten entschieden werden kann.

(2) Das Gericht kann Sitzungen auch außerhalb des Gerichtssitzes abhalten, wenn dies zur sachdienlichen Erledigung notwendig ist.

(3) § 227 Absatz 3 Satz 1 der Zivilprozessordnung ist nicht anzuwenden.

§ 111

(1) Der Vorsitzende kann das persönliche Erscheinen eines Beteiligten zur mündlichen Verhandlung anordnen sowie Zeugen und Sachverständige laden. Auf die Folgen des Ausbleibens ist dabei hinzuweisen.

(2) Die Ladung von Zeugen und Sachverständigen ist den Beteiligten bei der Mitteilung des Termins zur mündlichen Verhandlung bekanntzugeben.

(3) (weggefallen)

§ 112

(1) Der Vorsitzende eröffnet und leitet die mündliche Verhandlung. Sie beginnt nach Aufruf der Sache mit der Darstellung des Sachverhalts.

(2) Sodann erhalten die Beteiligten das Wort. Der Vorsitzende hat das Sach- und Streitverhältnis mit den Beteiligten zu erörtern und dahin zu wirken, dass sie sich über erhebliche Tatsachen vollständig erklären sowie angemessene und sachdienliche Anträge stellen.

(3) Die Anträge können ergänzt, berichtigt oder im Rahmen des § 99 geändert werden.

(4) Der Vorsitzende hat jedem Beisitzer auf Verlangen zu gestatten, sachdienliche Fragen zu stellen. Wird eine Frage von einem Beteiligten beanstandet, so entscheidet das Gericht endgültig.

§ 113

(1) Das Gericht kann durch Beschluss mehrere bei ihm anhängige Rechtsstreitigkeiten derselben Beteiligten oder verschiedener Beteiligter zur gemeinsamen Verhandlung und Entscheidung verbinden, wenn die Ansprüche, die den Gegenstand dieser Rechtsstreitigkeiten bilden, in Zusammenhang stehen oder von vornherein in einer Klage hätten geltend gemacht werden können.

(2) Die Verbindung kann, wenn es zweckmäßig ist, auf Antrag oder von Amts wegen wieder aufgehoben werden.

§ 114

(1) Hängt die Entscheidung eines Rechtsstreits von einem familien- oder erbrechtlichen Verhältnis ab, so kann das Gericht das Verfahren solange aussetzen, bis dieses Verhältnis im Zivilprozess festgestellt worden ist.

(2) Hängt die Entscheidung des Rechtsstreits ganz oder zum Teil vom Bestehen oder Nichtbestehen eines Rechtsverhältnisses ab, das den Gegenstand eines anderen anhängigen Rechtsstreits bildet oder von einer Verwaltungsstelle festzustellen ist, so

kann das Gericht anordnen, dass die Verhandlung bis zur Erledigung des anderen Rechtsstreits oder bis zur Entscheidung der Verwaltungsstelle auszusetzen sei. Auf Antrag kann das Gericht die Verhandlung zur Heilung von Verfahrens- und Formfehlern aussetzen, soweit dies im Sinne der Verfahrenskonzentration sachdienlich ist.

(2a) Hängt die Entscheidung des Rechtsstreits ab von der Gültigkeit einer Satzung oder einer anderen im Rang unter einem Landesgesetz stehenden Vorschrift, die nach § 22a Absatz 1 des Zweiten Buches Sozialgesetzbuch und dem dazu ergangenen Landesgesetz erlassen worden ist, so kann das Gericht anordnen, dass die Verhandlung bis zur Erledigung des Antragsverfahrens nach § 55a auszusetzen ist.

(3) Das Gericht kann, wenn sich im Laufe eines Rechtsstreits der Verdacht einer Straftat ergibt, deren Ermittlung auf die Entscheidung von Einfluss ist, die Aussetzung der Verhandlung bis zur Erledigung des Strafverfahrens anordnen.

§ 114a

(1) Ist die Rechtmäßigkeit einer behördlichen Maßnahme Gegenstand von mehr als 20 Verfahren an einem Gericht, kann das Gericht eines oder mehrere geeignete Verfahren vorab durchführen (Musterverfahren) und die übrigen Verfahren aussetzen. Die Beteiligten sind vorher zu hören. Der Beschluss ist unanfechtbar.

(2) Ist über die durchgeführten Musterverfahren rechtskräftig entschieden worden, kann das Gericht nach Anhörung der Beteiligten über die ausgesetzten Verfahren durch Beschluss entscheiden, wenn es einstimmig der Auffassung ist, dass die Sachen gegenüber dem rechtskräftig entschiedenen Musterverfahren keine wesentlichen Besonderheiten tatsächlicher oder rechtlicher Art aufweisen und der Sachverhalt geklärt ist. Das Gericht kann in einem Musterverfahren erhobene Beweise einführen; es kann nach seinem Ermessen die wiederholte Vernehmung eines Zeugen oder eine neue Begutachtung durch denselben oder andere Sachverständige anordnen. Beweisanträge zu Tatsachen, über die bereits im Musterverfahren Beweis erhoben wurde, kann das Gericht ablehnen, wenn ihre Zulassung nach seiner freien Überzeugung nicht zum Nachweis neuer entscheidungserheblicher Tatsachen beitragen und die Erledigung des Rechtsstreits verzögern würde. Die Ablehnung kann in der Entscheidung nach Satz 1 erfolgen. Den Beteiligten steht gegen den Beschluss nach Satz 1 das Rechtsmittel zu, das zulässig wäre, wenn das Gericht durch Urteil entschieden hätte. Die Beteiligten sind über das Rechtsmittel zu belehren.

§ 115

Ist ein bei der Verhandlung Beteiligter zur Aufrechterhaltung der Ordnung von dem Ort der Verhandlung entfernt worden, so kann gegen ihn in gleicher Weise verfahren werden, als wenn er sich freiwillig entfernt hätte. Das gleiche gilt im Falle des § 73 Absatz 3 Satz 1 und 3, sofern die Zurückweisung bereits in einer früheren Verhandlung geschehen war.

§ 116

Die Beteiligten werden von allen Beweisaufnahmeterminen benachrichtigt und können der Beweisaufnahme beiwohnen. Sie können an Zeugen und Sachverständige sachdienliche Fragen richten lassen. Wird eine Frage beanstandet, so entscheidet das Gericht.

§ 117

Das Gericht erhebt Beweis in der mündlichen Verhandlung, soweit die Beweiserhebung nicht einen besonderen Termin erfordert.

§ 118

(1) Soweit dieses Gesetz nichts anderes bestimmt, sind auf die Beweisaufnahme die §§ 358 bis 363, 365 bis 378, 380 bis 386, 387 Absatz 1 und 2, §§ 388 bis 390, 392 bis 444, 478 bis 484 der Zivilprozessordnung entsprechend anzuwenden. Die Entscheidung über die Rechtmäßigkeit der Weigerung nach § 387 der Zivilprozessordnung ergeht durch Beschluss.

(2) Zeugen und Sachverständige werden nur beeidigt, wenn das Gericht dies im Hinblick auf die Bedeutung des Zeugnisses oder Gutachtens für die Entscheidung des Rechtsstreits für notwendig erachtet.

(3) Der Vorsitzende kann das Auftreten eines Prozessbevollmächtigten untersagen, solange die Partei trotz Anordnung ihres persönlichen Erscheinens unbegründet ausgeblieben ist und hierdurch der Zweck der Anordnung vereitelt wird.

§ 119

(1) Eine Behörde ist zur Vorlage von Urkunden oder Akten, zur Übermittlung elektronischer Dokumente und zu Auskünften nicht verpflichtet, wenn die zuständige oberste Aufsichtsbehörde erklärt, dass das Bekanntwerden des Inhalts dieser Urkunden, Akten, elektronischer Dokumente oder Auskünfte dem Wohl des Bundes oder eines deutschen Landes nachteilig sein würde oder dass die Vorgänge nach einem Gesetz oder ihrem Wesen nach geheim gehalten werden müssen.

(2) Handelt es sich um Urkunden, elektronische Dokumente oder Akten und um Auskünfte einer obersten Bundesbehörde, so darf die Vorlage der Urkunden oder Akten, die Übermittlung elektronischer Dokumente und die Erteilung der Auskunft nur unterbleiben, wenn die Erklärung nach Absatz 1 von der Bundesregierung abgegeben wird. Die Landesregierung hat die Erklärung abzugeben, wenn diese Voraussetzungen bei einer obersten Landesbehörde vorliegen.

§ 120

(1) Die Beteiligten haben das Recht der Einsicht in die Akten, soweit die übermittelnde Behörde dieses nicht ausschließt.

(2) Beteiligte können sich auf ihre Kosten durch die Geschäftsstelle Ausfertigungen, Auszüge, Ausdrucke und Abschriften erteilen lassen. Nach dem Ermessen des Vorsitzenden kann einem Bevollmächtigten, der zu den in § 73 Absatz 2 Satz 1 und 2 Nr. 3 bis 9 bezeichneten natürlichen Personen gehört, die Mitnahme der Akte in die Wohnung oder Geschäftsräume, der elektronische Zugriff auf den Inhalt der Akten gestattet oder der Inhalt der Akten elektronisch übermittelt werden. § 155 Absatz 4 gilt entsprechend. Bei einem elektronischen Zugriff auf den Inhalt der Akten ist sicherzustellen, dass der Zugriff nur durch den Bevollmächtigten erfolgt. Für die Übermittlung von elektronischen Dokumenten ist die Gesamtheit der Dokumente mit einer qualifizierten elektronischen Signatur nach § 2 Nr. 3 des Signaturgesetzes zu versehen und gegen unbefugte Kenntnisnahme zu schützen. Für die Versendung von Akten, die Übermittlung elektronischer Dokumente und die Gewährung des

elektronischen Zugriffs auf Akten werden Kosten nicht erhoben, sofern nicht nach § 197a das Gerichtskostengesetz gilt.

(3) Der Vorsitzende kann aus besonderen Gründen die Einsicht in die Akten oder in Aktenteile sowie die Fertigung oder Erteilung von Auszügen und Abschriften versagen oder beschränken. Gegen die Versagung oder die Beschränkung der Akteneinsicht kann das Gericht angerufen werden; es entscheidet endgültig.

(4) Die Entwürfe zu Urteilen, Beschlüssen und Verfügungen, die zu ihrer Vorbereitung angefertigten Arbeiten sowie die Dokumente, welche Abstimmungen betreffen, werden weder vorgelegt noch abschriftlich mitgeteilt.

§ 121

Nach genügender Erörterung der Streitsache erklärt der Vorsitzende die mündliche Verhandlung für geschlossen. Das Gericht kann die Wiedereröffnung beschließen.

§ 122

Für die Niederschrift gelten die §§ 159 bis 165 der Zivilprozessordnung entsprechend.

Fünfter Unterabschnitt
Urteile und Beschlüsse

§ 123

Das Gericht entscheidet über die vom Kläger erhobenen Ansprüche, ohne an die Fassung der Anträge gebunden zu sein.

§ 124

(1) Das Gericht entscheidet, soweit nichts anderes bestimmt ist, auf Grund mündlicher Verhandlung.

(2) Mit Einverständnis der Beteiligten kann das Gericht ohne mündliche Verhandlung durch Urteil entscheiden.

(3) Entscheidungen des Gerichts, die nicht Urteile sind, können ohne mündliche Verhandlung ergehen, soweit nichts anderes bestimmt ist.

§ 125

Über die Klage wird, soweit nichts anderes bestimmt ist, durch Urteil entschieden.

§ 126

Das Gericht kann, sofern in der Ladung auf diese Möglichkeit hingewiesen worden ist, nach Lage der Akten entscheiden, wenn in einem Termin keiner der Beteiligten erscheint oder beim Ausbleiben von Beteiligten die erschienenen Beteiligten es beantragen.

§ 127

Ist ein Beteiligter nicht benachrichtigt worden, dass in der mündlichen Verhandlung eine Beweiserhebung stattfindet, und ist er in der mündlichen Verhandlung nicht zugegen oder vertreten, so kann in diesem Termin ein ihm ungünstiges Urteil nicht erlassen werden.

§ 128

(1) Das Gericht entscheidet nach seiner freien, aus dem Gesamtergebnis des Verfahrens gewonnenen Überzeugung. In dem Urteil sind die Gründe anzugeben, die für die richterliche Überzeugung leitend gewesen sind.

(2) Das Urteil darf nur auf Tatsachen und Beweisergebnisse gestützt werden, zu denen sich die Beteiligten äußern konnten.

§ 129

Das Urteil kann nur von den Richtern gefällt werden, die an der dem Urteil zugrunde liegenden Verhandlung teilgenommen haben.

§ 130

(1) Wird gemäß § 54 Absatz 4 oder 5 eine Leistung in Geld begehrt, auf die ein Rechtsanspruch besteht, so kann auch zur Leistung nur dem Grunde nach verurteilt werden. Hierbei kann im Urteil eine einmalige oder laufende vorläufige Leistung angeordnet werden. Die Anordnung der vorläufigen Leistung ist nicht anfechtbar.

(2) Das Gericht kann durch Zwischenurteil über eine entscheidungserhebliche Sach- oder Rechtsfrage vorab entscheiden, wenn dies sachdienlich ist.

§ 131

(1) Wird ein Verwaltungsakt oder ein Widerspruchsbescheid, der bereits vollzogen ist, aufgehoben, so kann das Gericht aussprechen, dass und in welcher Weise die Vollziehung des Verwaltungsakts rückgängig zu machen ist. Dies ist nur zulässig, wenn die Verwaltungsstelle rechtlich dazu in der Lage und diese Frage ohne weiteres in jeder Beziehung spruchreif ist. Hat sich der Verwaltungsakt vorher durch Zurücknahme oder anders erledigt, so spricht das Gericht auf Antrag durch Urteil aus, dass der Verwaltungsakt rechtswidrig ist, wenn der Kläger ein berechtigtes Interesse an dieser Feststellung hat.

(2) Hält das Gericht die Verurteilung zum Erlass eines abgelehnten Verwaltungsakts für begründet und diese Frage in jeder Beziehung für spruchreif, so ist im Urteil die Verpflichtung auszusprechen, den beantragten Verwaltungsakt zu erlassen. Im Übrigen gilt Absatz 3 entsprechend.

(3) Hält das Gericht die Unterlassung eines Verwaltungsakts für rechtswidrig, so ist im Urteil die Verpflichtung auszusprechen, den Kläger unter Beachtung der Rechtsauffassung des Gerichts zu bescheiden.

(4) Hält das Gericht eine Wahl im Sinne des § 57b oder eine Wahl zu den Selbstverwaltungsorganen der Kassenärztlichen Vereinigungen oder der Kassenärztlichen Bundesvereinigungen ganz oder teilweise oder eine Ergänzung der Selbstverwaltungsorgane für ungültig, so spricht es dies im Urteil aus und bestimmt die Folgerungen, die sich aus der Ungültigkeit ergeben.

(5) Hält das Gericht eine weitere Sachaufklärung für erforderlich, kann es, ohne in der Sache selbst zu entscheiden, den Verwaltungsakt und den Widerspruchsbescheid aufheben, soweit nach Art oder Umfang die noch erforderlichen Ermittlungen erheblich sind und die Aufhebung auch unter Berücksichtigung der Belange der Beteiligten sachdienlich ist. Satz 1 gilt auch bei Klagen auf Verurteilung zum Erlass eines Verwaltungsakts und bei Klagen nach § 54 Absatz 4; Absatz 3 ist entsprechend

anzuwenden. Auf Antrag kann das Gericht bis zum Erlass des neuen Verwaltungsakts eine einstweilige Regelung treffen, insbesondere bestimmen, dass Sicherheiten geleistet werden oder ganz oder zum Teil bestehen bleiben und Leistungen zunächst nicht zurückgewährt werden müssen. Der Beschluss kann jederzeit geändert oder aufgehoben werden. Eine Entscheidung nach Satz 1 kann nur binnen sechs Monaten seit Eingang der Akten der Behörde bei Gericht ergehen.

§ 132

(1) Das Urteil ergeht im Namen des Volkes. Es wird grundsätzlich in dem Termin verkündet, in dem die mündliche Verhandlung geschlossen wird. Ausnahmsweise kann das Urteil in einem sofort anzuberaumenden Termin, der nicht über zwei Wochen hinaus angesetzt werden soll, verkündet werden. Eine Ladung der Beteiligten ist nicht erforderlich.

(2) Das Urteil wird durch Verlesen der Urteilsformel verkündet. Bei der Verkündung soll der wesentliche Inhalt der Entscheidungsgründe mitgeteilt werden, wenn Beteiligte anwesend sind.

§ 133

Bei Urteilen, die nicht auf Grund mündlicher Verhandlung ergehen, wird die Verkündung durch Zustellung ersetzt. Dies gilt für die Verkündung von Beschlüssen entsprechend.

§ 134

(1) Das Urteil ist vom Vorsitzenden zu unterschreiben.

(2) Das Urteil soll vor Ablauf eines Monats, vom Tag der Verkündung an gerechnet, vollständig abgefasst der Geschäftsstelle übermittelt werden. Im Falle des § 170a verlängert sich die Frist um die zur Anhörung der ehrenamtlichen Richter benötigte Zeit.

(3) Der Urkundsbeamte der Geschäftsstelle hat auf dem Urteil den Tag der Verkündung oder Zustellung zu vermerken und diesen Vermerk zu unterschreiben. Werden die Akten elektronisch geführt, hat der Urkundsbeamte der Geschäftsstelle den Vermerk in einem gesonderten Dokument festzuhalten. Das Dokument ist mit dem Urteil untrennbar zu verbinden.

§ 135

Das Urteil ist den Beteiligten unverzüglich zuzustellen.

§ 136

(1) Das Urteil enthält

1. die Bezeichnung der Beteiligten, ihrer gesetzlichen Vertreter und der Bevollmächtigten nach Namen, Wohnort und ihrer Stellung im Verfahren,
2. die Bezeichnung des Gerichts und die Namen der Mitglieder, die bei der Entscheidung mitgewirkt haben,
3. den Ort und Tag der mündlichen Verhandlung,
4. die Urteilsformel,
5. die gedrängte Darstellung des Tatbestands,
6. die Entscheidungsgründe,
7. die Rechtsmittelbelehrung.

(2) Die Darstellung des Tatbestands kann durch eine Bezugnahme auf den Inhalt der vorbereitenden Schriftsätze und auf die zur Sitzungsniederschrift erfolgten Feststellungen ersetzt werden, soweit sich aus ihnen der Sach- und Streitstand richtig und vollständig ergibt. In jedem Fall sind jedoch die erhobenen Ansprüche genügend zu kennzeichnen und die dazu vorgebrachten Angriffs- und Verteidigungsmittel ihrem Wesen nach hervorzuheben.

(3) Das Gericht kann von einer weiteren Darstellung der Entscheidungsgründe absehen, soweit es der Begründung des Verwaltungsaktes oder des Widerspruchsbescheides folgt und dies in seiner Entscheidung feststellt.

(4) Wird das Urteil in dem Termin, in dem die mündliche Verhandlung geschlossen worden ist, verkündet, so bedarf es des Tatbestandes und der Entscheidungsgründe nicht, wenn Kläger, Beklagter und sonstige rechtsmittelberechtigte Beteiligte auf Rechtsmittel gegen das Urteil verzichten.

§ 137

Die Ausfertigungen des Urteils sind von dem Urkundsbeamten der Geschäftsstelle zu unterschreiben und mit dem Gerichtssiegel zu versehen. Ausfertigungen, Auszüge und Abschriften eines als elektronisches Dokument (§ 65a Absatz 3) vorliegenden Urteils können von einem Urteilsausdruck gemäß § 65b Absatz 4 erteilt werden. Ausfertigungen, Auszüge und Abschriften eines in Papierform vorliegenden Urteils können durch Telekopie oder als elektronisches Dokument (§ 65a Abs. 3) erteilt werden. Die Telekopie hat eine Wiedergabe der Unterschrift des Urkundsbeamten der Geschäftsstelle sowie des Gerichtssiegels zu enthalten. Das elektronische Dokument ist mit einer qualifizierten elektronischen Signatur des Urkundsbeamten der Geschäftsstelle zu versehen.

§ 138

Schreibfehler, Rechenfehler und ähnliche offenbare Unrichtigkeiten im Urteil sind jederzeit von Amts wegen zu berichtigen. Der Vorsitzende entscheidet hierüber durch Beschluss. Der Berichtigungsbeschluss wird auf dem Urteil und den Ausfertigungen vermerkt. Werden die Akten elektronisch geführt, hat der Urkundsbeamte der Geschäftsstelle den Vermerk in einem gesonderten Dokument festzuhalten. Das Dokument ist mit dem Urteil untrennbar zu verbinden.

§ 139

(1) Enthält der Tatbestand des Urteils andere Unrichtigkeiten oder Unklarheiten, so kann die Berichtigung binnen zwei Wochen nach Zustellung des Urteils beantragt werden.

(2) Das Gericht entscheidet ohne Beweisaufnahme durch Beschluss. Der Beschluss ist unanfechtbar. Bei der Entscheidung wirken nur die Richter mit, die beim Urteil mitgewirkt haben. Ist ein Richter verhindert, so entscheidet bei Stimmengleichheit die Stimme des Vorsitzenden. Der Berichtigungsbeschluss wird auf dem Urteil und den Ausfertigungen vermerkt.

(3) Ist das Urteil elektronisch abgefasst, ist auch der Beschluss elektronisch abzufassen und mit dem Urteil untrennbar zu verbinden.

§ 140

(1) Hat das Urteil einen von einem Beteiligten erhobenen Anspruch oder den Kostenpunkt ganz oder teilweise übergangen, so wird es auf Antrag nachträglich ergänzt. Die Entscheidung muss binnen eines Monats nach Zustellung des Urteils beantragt werden.

(2) Über den Antrag wird in einem besonderen Verfahren entschieden. Die Entscheidung ergeht, wenn es sich nur um den Kostenpunkt handelt, durch Beschluss, der lediglich mit der Entscheidung in der Hauptsache angefochten werden kann, im Übrigen durch Urteil, das mit dem bei dem übergangenen Anspruch zulässigen Rechtsmittel angefochten werden kann.

(3) Die mündliche Verhandlung hat nur den nicht erledigten Teil des Rechtsstreits zum Gegenstand.

(4) Die ergänzende Entscheidung wird auf der Urschrift des Urteils und den Ausfertigungen vermerkt.

§ 141

(1) Rechtskräftige Urteile binden, soweit über den Streitgegenstand entschieden worden ist,

1. die Beteiligten und ihre Rechtsnachfolger,

2. im Falle des § 75 Absatz 2a die Personen, die einen Antrag auf Beiladung nicht oder nicht fristgemäß gestellt haben.

(2) Hat der Beklagte die Aufrechnung einer Gegenforderung geltend gemacht, so ist die Entscheidung, dass die Gegenforderung nicht besteht, bis zur Höhe des Betrags der Rechtskraft fähig, für den die Aufrechnung geltend gemacht worden ist.

§ 142

(1) Für Beschlüsse gelten § 128 Absatz 1 Satz 1, die §§ 134 und 138, nach mündlicher Verhandlung auch die §§ 129, 132, 135 und 136 entsprechend.

(2) Beschlüsse sind zu begründen, wenn sie durch Rechtsmittel angefochten werden können oder über ein Rechtsbehelf entscheiden. Beschlüsse über die Wiederherstellung der aufschiebenden Wirkung und über einstweilige Anordnungen (§ 86b) sowie Beschlüsse nach Erledigung des Rechtsstreits in der Hauptsache sind stets zu begründen. Beschlüsse, die über ein Rechtsmittel entscheiden, bedürfen keiner weiteren Begründung, soweit das Gericht das Rechtsmittel aus den Gründen der angefochtenen Entscheidung als unbegründet zurückweist.

(3) Ausfertigungen der Beschlüsse sind von dem Urkundsbeamten der Geschäftsstelle zu unterschreiben.

Sechster Unterabschnitt
(weggefallen)

§ 142a (weggefallen)

Zweiter Abschnitt
Rechtsmittel

Erster Unterabschnitt
Berufung

§ 143

Gegen die Urteile der Sozialgerichte findet die Berufung an das Landessozialgericht statt, soweit sich aus den Vorschriften dieses Unterabschnitts nichts anderes ergibt.

§ 144

(1) Die Berufung bedarf der Zulassung in dem Urteil des Sozialgerichts oder auf Beschwerde durch Beschluss des Landessozialgerichts, wenn der Wert des Beschwerdegegenstandes

1. bei einer Klage, die eine Geld-, Dienst- oder Sachleistung oder einen hierauf gerichteten Verwaltungsakt betrifft, 750 Euro oder

2. bei einer Erstattungsstreitigkeit zwischen juristischen Personen des öffentlichen Rechts oder Behörden 10.000 Euro nicht übersteigt. Das gilt nicht, wenn die Berufung wiederkehrende oder laufende Leistungen für mehr als ein Jahr betrifft.

(2) Die Berufung ist zuzulassen, wenn

1. die Rechtssache grundsätzliche Bedeutung hat,

2. das Urteil von einer Entscheidung des Landessozialgerichts, des Bundessozialgerichts, des Gemeinsamen Senats der obersten Gerichtshöfe des Bundes oder des Bundesverfassungsgerichts abweicht und auf dieser Abweichung beruht oder

3. ein der Beurteilung des Berufungsgerichts unterliegender Verfahrensmangel geltend gemacht wird und vorliegt, auf dem die Entscheidung beruhen kann.

(3) Das Landessozialgericht ist an die Zulassung gebunden.

(4) Die Berufung ist ausgeschlossen, wenn es sich um die Kosten des Verfahrens handelt.

§ 145

(1) Die Nichtzulassung der Berufung durch das Sozialgericht kann durch Beschwerde angefochten werden. Die Beschwerde ist bei dem Landessozialgericht innerhalb eines Monats nach Zustellung des vollständigen Urteils schriftlich oder zur Niederschrift des Urkundsbeamten einzulegen.

(2) Die Beschwerde soll das angefochtene Urteil bezeichnen und die zur Begründung dienenden Tatsachen und Beweismittel angeben.

(3) Die Einlegung der Beschwerde hemmt die Rechtskraft des Urteils.

(4) Das Landessozialgericht entscheidet durch Beschluss. Die Zulassung der Berufung bedarf keiner Begründung. Der Ablehnung der Beschwerde soll eine kurze Begründung beigefügt werden. Mit der Ablehnung der Beschwerde wird das Urteil rechtskräftig.

(5) Lässt das Landessozialgericht die Berufung zu, wird das Beschwerdeverfahren als Berufungsverfahren fortgesetzt; der Einlegung einer Berufung durch den Beschwerdeführer bedarf es nicht. Darauf ist in dem Beschluss hinzuweisen.

§ 146 (weggefallen)

§ 147 (weggefallen)

§ 148 (weggefallen)

§ 149 (weggefallen)

§ 150 (weggefallen)

§ 151

(1) Die Berufung ist bei dem Landessozialgericht innerhalb eines Monats nach Zustellung des Urteils schriftlich oder zur Niederschrift des Urkundsbeamten der Geschäftsstelle einzulegen.

(2) Die Berufungsfrist ist auch gewahrt, wenn die Berufung innerhalb der Frist bei dem Sozialgericht schriftlich oder zur Niederschrift des Urkundsbeamten der Geschäftsstelle eingelegt wird. In diesem Fall legt das Sozialgericht die Berufungsschrift oder die Niederschrift mit seinen Akten unverzüglich dem Landessozialgericht vor.

(3) Die Berufungsschrift soll das angefochtene Urteil bezeichnen, einen bestimmten Antrag enthalten und die zur Begründung dienenden Tatsachen und Beweismittel angeben.

§ 152

(1) Die Geschäftsstelle des Landessozialgerichts hat unverzüglich, nachdem die Berufungsschrift eingereicht ist, von der Geschäftsstelle des Sozialgerichts die Prozessakten anzufordern.

(2) Nach Erledigung der Berufung sind die Akten der Geschäftsstelle des Sozialgerichts nebst einer beglaubigten Abschrift des in der Berufungsinstanz erlassenen Urteils zurückzusenden.

§ 153

(1) Für das Verfahren vor den Landessozialgerichten gelten die Vorschriften über das Verfahren im ersten Rechtszug mit Ausnahme der §§ 91, 105 entsprechend, soweit sich aus diesem Unterabschnitt nichts anderes ergibt.

(2) Das Landessozialgericht kann in dem Urteil über die Berufung von einer weiteren Darstellung der Entscheidungsgründe absehen, soweit es die Berufung aus den Gründen der angefochtenen Entscheidung als unbegründet zurückweist.

(3) Das Urteil ist von den Mitgliedern des Senats zu unterschreiben. Ist ein Mitglied verhindert, so vermerkt der Vorsitzende, bei dessen Verhinderung der dienstälteste beisitzende Berufsrichter, dies unter dem Urteil mit Angabe des Hinderungsgrunds.

(4) Das Landessozialgericht kann, außer in den Fällen des § 105 Absatz 2 Satz 1, die Berufung durch Beschluss zurückweisen, wenn es sie einstimmig für unbegründet und eine mündliche Verhandlung nicht für erforderlich hält. Die Beteiligten sind vorher zu hören. § 158 Satz 3 und 4 gilt entsprechend.

(5) Der Senat kann in den Fällen des § 105 Absatz 2 Satz 1 durch Beschluss die Berufung dem Berichterstatter übertragen, der zusammen mit den ehrenamtlichen Richtern entscheidet.

§ 154

(1) Die Berufung und die Beschwerde nach § 144 Absatz 1 haben aufschiebende Wirkung, soweit die Klage nach § 86a Aufschub bewirkt.

(2) Die Berufung und die Beschwerde nach § 144 Absatz 1 eines Versicherungsträgers oder in der Kriegsopferversorgung eines Landes bewirken Aufschub, soweit es sich um Beträge handelt, die für die Zeit vor Erlass des angefochtenen Urteils nachgezahlt werden sollen.

§ 155

(1) Der Vorsitzende kann seine Aufgaben nach den §§ 104, 106 bis 108 und 120 einem Berufsrichter des Senats übertragen.

(2) Der Vorsitzende entscheidet, wenn die Entscheidung im vorbereitenden Verfahren ergeht,

1. über die Aussetzung und das Ruhen des Verfahrens;

2. bei Zurücknahme der Klage oder der Berufung, Verzicht auf den geltend gemachten Anspruch oder Anerkenntnis des Anspruchs, auch über einen Antrag auf Prozesskostenhilfe;

3. bei Erledigung des Rechtsstreits in der Hauptsache, auch über einen Antrag auf Prozesskostenhilfe;

4. über den Streitwert;

5. über Kosten.

In dringenden Fällen entscheidet der Vorsitzende auch über den Antrag nach § 86b Absatz 1 oder 2.

(3) Im Einverständnis der Beteiligten kann der Vorsitzende auch sonst anstelle des Senats entscheiden.

(4) Ist ein Berichterstatter bestellt, so entscheidet dieser anstelle des Vorsitzenden.

§ 156

(1) Die Berufung kann bis zur Rechtskraft des Urteils oder des nach § 153 Absatz 4 oder § 158 Satz 2 ergangenen Beschlusses zurückgenommen werden. Die Zurücknahme nach Schluss der mündlichen Verhandlung setzt die Einwilligung des Berufungsbeklagten voraus.

(2) Die Zurücknahme bewirkt den Verlust des Rechtsmittels. Über die Kosten entscheidet das Gericht auf Antrag durch Beschluss.

§ 157

Das Landessozialgericht prüft den Streitfall im gleichen Umfang wie das Sozialgericht. Es hat auch neu vorgebrachte Tatsachen und Beweismittel zu berücksichtigen.

§ 157 a

(1) Neue Erklärungen und Beweismittel, die im ersten Rechtszug entgegen einer hierfür gesetzten Frist (§ 106 a Absatz 1 und 2) nicht vorgebracht worden sind, kann das Gericht unter den Voraussetzungen des § 106 a Absatz 3 zurückweisen.

(2) Erklärungen und Beweismittel, die das Sozialgericht zu Recht zurückgewiesen hat, bleiben auch im Berufungsverfahren ausgeschlossen.

§ 158

Ist die Berufung nicht statthaft oder nicht in der gesetzlichen Frist oder nicht schriftlich oder nicht in elektronischer Form oder nicht zur Niederschrift des Urkundsbeamten der Geschäftsstelle eingelegt, so ist sie als unzulässig zu verwerfen. Die Entscheidung kann durch Beschluss ergehen. Gegen den Beschluss steht den Beteiligten das Rechtsmittel zu, das zulässig wäre, wenn das Gericht durch Urteil entschieden hätte. Die Beteiligten sind über dieses Rechtsmittel zu belehren.

§ 159

(1) Das Landessozialgericht kann durch Urteil die angefochtene Entscheidung aufheben und die Sache an das Sozialgericht zurückverweisen, wenn

1. dieses die Klage abgewiesen hat, ohne in der Sache selbst zu entscheiden,

2. das Verfahren an einem wesentlichen Mangel leidet,

3. nach dem Erlass des angefochtenen Urteils neue Tatsachen oder Beweismittel bekannt werden, die für die Entscheidung wesentlich sind.

(2) Das Sozialgericht hat die rechtliche Beurteilung, die der Aufhebung zugrunde gelegt ist, seiner Entscheidung zugrunde zu legen.

Zweiter Unterabschnitt
Revision

§ 160

(1) Gegen das Urteil eines Landessozialgerichts und gegen den Beschluss nach § 55 a Absatz 5 Satz 1 steht den Beteiligten die Revision an das Bundessozialgericht nur zu, wenn sie in der Entscheidung des Landessozialgerichts oder in dem Beschluss des Bundessozialgerichts nach § 160 a Absatz 4 Satz 1 zugelassen worden ist.

(2) Sie ist nur zuzulassen, wenn

1. die Rechtssache grundsätzliche Bedeutung hat oder

2. das Urteil von einer Entscheidung des Bundessozialgerichts, des Gemeinsamen Senats der obersten Gerichtshöfe des Bundes oder des Bundesverfassungsgerichts abweicht und auf dieser Abweichung beruht oder

3. ein Verfahrensmangel geltend gemacht wird, auf dem die angefochtene Entscheidung beruhen kann; der geltend gemachte Verfahrensmangel kann nicht auf eine Verletzung der §§ 109 und 128 Absatz 1 Satz 1 und auf eine Verletzung des § 103 nur gestützt werden, wenn er sich auf einen Beweisantrag bezieht, dem das Landessozialgericht ohne hinreichende Begründung nicht gefolgt ist.

(3) Das Bundessozialgericht ist an die Zulassung gebunden.

§ 160 a

(1) Die Nichtzulassung der Revision kann selbständig durch Beschwerde angefochten werden. Die Beschwerde ist bei dem Bundessozialgericht innerhalb eines Monats nach Zustellung des Urteils einzulegen. Der Beschwerdeschrift soll eine Ausfertigung oder beglaubigte Abschrift des Urteils, gegen das die Revision eingelegt werden soll, beigefügt werden. Satz 3 gilt nicht, soweit nach § 65a elektronische Dokumente übermittelt werden.

(2) Die Beschwerde ist innerhalb von zwei Monaten nach Zustellung des Urteils zu begründen. Die Begründungsfrist kann auf einen vor ihrem Ablauf gestellten Antrag von dem Vorsitzenden einmal bis zu einem Monat verlängert werden. In der Begründung muss die grundsätzliche Bedeutung der Rechtssache dargelegt oder die Entscheidung, von der das Urteil des Landessozialgerichts abweicht, oder der Verfahrensmangel bezeichnet werden.

(3) Die Einlegung der Beschwerde hemmt die Rechtskraft des Urteils.

(4) Das Bundessozialgericht entscheidet unter Zuziehung der ehrenamtlichen Richter durch Beschluss; § 169 gilt entsprechend. Dem Beschluss soll eine kurze Begründung beigefügt werden; von einer Begründung kann abgesehen werden, wenn sie nicht geeignet ist, zur Klärung der Voraussetzungen der Revisionszulassung beizutragen. Mit der Ablehnung der Beschwerde durch das Bundessozialgericht wird das Urteil rechtskräftig. Wird der Beschwerde stattgegeben, so beginnt mit der Zustellung dieser Entscheidung der Lauf der Revisionsfrist.

(5) Liegen die Voraussetzungen des § 160 Absatz 2 Nr. 3 vor, kann das Bundessozialgericht in dem Beschluss das angefochtene Urteil aufheben und die Sache zur erneuten Verhandlung und Entscheidung zurückverweisen.

§ 161

(1) Gegen das Urteil eines Sozialgerichts steht den Beteiligten die Revision unter Übergehung der Berufungsinstanz zu, wenn der Gegner schriftlich zustimmt und wenn sie von dem Sozialgericht im Urteil oder auf Antrag durch Beschluss zugelassen wird. Der Antrag ist innerhalb eines Monats nach Zustellung des Urteils schriftlich zu stellen. Die Zustimmung des Gegners ist dem Antrag oder, wenn die Revision im Urteil zugelassen ist, der Revisionsschrift beizufügen.

(2) Die Revision ist nur zuzulassen, wenn die Voraussetzungen des § 160 Absatz 2 Nr. 1 oder 2 vorliegen. Das Bundessozialgericht ist an die Zulassung gebunden. Die Ablehnung der Zulassung ist unanfechtbar.

(3) Lehnt das Sozialgericht den Antrag auf Zulassung der Revision durch Beschluss ab, so beginnt mit der Zustellung dieser Entscheidung der Lauf der Berufungsfrist oder der Frist für die Beschwerde gegen die Nichtzulassung der Berufung von neuem, sofern der Antrag in der gesetzlichen Form und Frist gestellt und die Zustimmungserklärung des Gegners beigefügt war. Lässt das Sozialgericht die Revision durch Beschluss zu, so beginnt mit der Zustellung dieser Entscheidung der Lauf der Revisionsfrist.

(4) Die Revision kann nicht auf Mängel des Verfahrens gestützt werden.

(5) Die Einlegung der Revision und die Zustimmung des Gegners gelten als Verzicht auf die Berufung, wenn das Sozialgericht die Revision zugelassen hat.

§ 162

Die Revision kann nur darauf gestützt werden, dass das angefochtene Urteil auf der Verletzung einer Vorschrift des Bundesrechts oder einer sonstigen im Bezirk des Berufungsgerichts geltenden Vorschrift beruht, deren Geltungsbereich sich über den Bezirk des Berufungsgerichts hinaus erstreckt.

§ 163

Das Bundessozialgericht ist an die in dem angefochtenen Urteil getroffenen tatsächlichen Feststellungen gebunden, außer wenn in Bezug auf diese Feststellungen zulässige und begründete Revisionsgründe vorgebracht sind.

§ 164

(1) Die Revision ist bei dem Bundessozialgericht innerhalb eines Monats nach Zustellung des Urteils oder des Beschlusses über die Zulassung der Revision (§ 160a Absatz 4 Satz 2 oder § 161 Absatz 3 Satz 2) schriftlich einzulegen. Die Revision muss das angefochtene Urteil angeben; eine Ausfertigung oder beglaubigte Abschrift des angefochtenen Urteils soll beigefügt werden, sofern dies nicht schon nach § 160a Absatz 1 Satz 3 geschehen ist. Satz 2 zweiter Halbsatz gilt nicht, soweit nach § 65a elektronische Dokumente übermittelt werden.

(2) Die Revision ist innerhalb von zwei Monaten nach Zustellung des Urteils oder des Beschlusses über die Zulassung der Revision zu begründen. Die Begründungsfrist kann auf einen vor ihrem Ablauf gestellten Antrag von dem Vorsitzenden verlängert werden. Die Begründung muss einen bestimmten Antrag enthalten, die verletzte Rechtsnorm und, soweit Verfahrensmängel gerügt werden, die Tatsachen bezeichnen, die den Mangel ergeben.

§ 165

Für die Revision gelten die Vorschriften über die Berufung entsprechend, soweit sich aus diesem Unterabschnitt nichts anderes ergibt. § 153 Absatz 2 und 4 sowie § 155 Absatz 2 bis 4 finden keine Anwendung.

§ 166 (weggefallen)

§ 167 (weggefallen)

§ 168

Klageänderungen und Beiladungen sind im Revisionsverfahren unzulässig. Dies gilt nicht für die Beiladung der Bundesrepublik Deutschland in Angelegenheiten des sozialen Entschädigungsrechts nach § 75 Absatz 1 Satz 2 und, sofern der Beizuladende zustimmt, für Beiladungen nach § 75 Absatz 2.

§ 169

Das Bundessozialgericht hat zu prüfen, ob die Revision statthaft und ob sie in der gesetzlichen Form und Frist eingelegt und begründet worden ist. Mangelt es an einem dieser Erfordernisse, so ist die Revision als unzulässig zu verwerfen. Die Verwerfung ohne mündliche Verhandlung erfolgt durch Beschluss ohne Zuziehung der ehrenamtlichen Richter.

§ 170

(1) Ist die Revision unbegründet, so weist das Bundessozialgericht die Revision zurück. Ergeben die Entscheidungsgründe zwar eine Gesetzesverletzung, stellt sich die Entscheidung selbst aber aus anderen Gründen als richtig dar, so ist die Revision ebenfalls zurückzuweisen.

(2) Ist die Revision begründet, so hat das Bundessozialgericht in der Sache selbst zu entscheiden. Sofern dies untunlich ist, kann es das angefochtene Urteil mit den ihm zugrunde liegenden Feststellungen aufheben und die Sache zur erneuten Verhandlung und Entscheidung an das Gericht zurückverweisen, welches das angefochtene Urteil erlassen hat.

(3) Die Entscheidung über die Revision braucht nicht begründet zu werden, soweit das Bundessozialgericht Rügen von Verfahrensmängeln nicht für durchgreifend erachtet. Dies gilt nicht für Rügen nach § 202 in Verbindung mit § 547 der Zivilprozessordnung und, wenn mit der Revision ausschließlich Verfahrensmängel geltend gemacht werden, für Rügen, auf denen die Zulassung der Revision beruht.

(4) Verweist das Bundessozialgericht die Sache bei der Sprungrevision nach § 161 zur anderweitigen Verhandlung und Entscheidung zurück, so kann es nach seinem Ermessen auch an das Landessozialgericht zurückverweisen, das für die Berufung zuständig gewesen wäre. Für das Verfahren vor dem Landessozialgericht gelten dann die gleichen Grundsätze, wie wenn der Rechtsstreit auf eine ordnungsgemäß eingelegte Berufung beim Landessozialgericht anhängig geworden wäre.

(5) Das Gericht, an das die Sache zur erneuten Verhandlung und Entscheidung zurückverwiesen ist, hat seiner Entscheidung die rechtliche Beurteilung des Revisionsgerichts zugrunde zu legen.

§ 170a

Eine Abschrift des Urteils ist den ehrenamtlichen Richtern, die bei der Entscheidung mitgewirkt haben, vor Übermittlung an die Geschäftsstelle zu übermitteln. Die ehrenamtlichen Richter können sich dazu innerhalb von zwei Wochen gegenüber dem Vorsitzenden des erkennenden Senats äußern.

§ 171

(1) Über die Ablehnung einer Gerichtsperson (§ 60) entscheidet der Senat.

(2) Wird während des Revisionsverfahrens der angefochtene Verwaltungsakt durch einen neuen abgeändert oder ersetzt, so gilt der neue Verwaltungsakt als mit der Klage beim Sozialgericht angefochten, es sei denn, dass der Kläger durch den neuen Verwaltungsakt klaglos gestellt oder dem Klagebegehren durch die Entscheidung des Revisionsgerichts zum ersten Verwaltungsakt in vollem Umfang genügt wird.

Dritter Unterabschnitt
Beschwerde, Erinnerung, Anhörungsrüge

§ 172

(1) Gegen die Entscheidungen der Sozialgerichte mit Ausnahme der Urteile und gegen Entscheidungen der Vorsitzenden dieser Gerichte findet die Beschwerde an das Landessozialgericht statt, soweit nicht in diesem Gesetz anderes bestimmt ist.

(2) Prozessleitende Verfügungen, Aufklärungsanordnungen, Vertagungsbeschlüsse, Fristbestimmungen, Beweisbeschlüsse, Beschlüsse über Ablehnung von Beweisanträgen, über Verbindung und Trennung von Verfahren und Ansprüchen und über die Ablehnung von Gerichtspersonen können nicht mit der Beschwerde angefochten werden.

(3) Die Beschwerde ist ausgeschlossen

1. in Verfahren des einstweiligen Rechtsschutzes, wenn in der Hauptsache die Berufung nicht zulässig wäre; dies gilt auch für Entscheidungen über einen Prozesskostenhilfeantrag im Rahmen dieser Verfahren,

2. gegen die Ablehnung von Prozesskostenhilfe, wenn das Gericht ausschließlich die persönlichen oder wirtschaftlichen Voraussetzungen für die Prozesskostenhilfe verneint,

3. gegen Kostengrundentscheidungen nach § 193,

4. gegen Entscheidungen nach § 192 Abs. 4, wenn in der Hauptsache kein Rechtsmittel gegeben ist und der Wert des Beschwerdegegenstandes 200 Euro nicht übersteigt.

§ 173

Die Beschwerde ist binnen eines Monats nach Bekanntgabe der Entscheidung beim Sozialgericht schriftlich oder zur Niederschrift des Urkundsbeamten der Geschäftsstelle einzulegen; § 181 des Gerichtsverfassungsgesetzes bleibt unberührt. Die Beschwerdefrist ist auch gewahrt, wenn die Beschwerde innerhalb der Frist bei dem Landessozialgericht schriftlich oder zur Niederschrift des Urkundsbeamten der Geschäftsstelle eingelegt wird. Die Belehrung über das Beschwerderecht ist auch mündlich möglich; sie ist dann aktenkundig zu machen.

§ 174 (weggefallen)

§ 175

Die Beschwerde hat aufschiebende Wirkung, wenn sie die Festsetzung eines Ordnungs- oder Zwangsmittels zum Gegenstand hat. Soweit dieses Gesetz auf Vorschriften der Zivilprozessordnung und des Gerichtsverfassungsgesetzes verweist, regelt sich die aufschiebende Wirkung nach diesen Gesetzen. Das Gericht oder der Vorsitzende, dessen Entscheidung angefochten wird, kann bestimmen, dass der Vollzug der angefochtenen Entscheidung einstweilen auszusetzen ist.

§ 176

Über die Beschwerde entscheidet das Landessozialgericht durch Beschluss.

§ 177

Entscheidungen des Landessozialgerichts, seines Vorsitzenden oder des Berichterstatters können vorbehaltlich des § 160a Absatz 1 dieses Gesetzes und des § 17a Absatz 4 Satz 4 des Gerichtsverfassungsgesetzes nicht mit der Beschwerde an das Bundessozialgericht angefochten werden.

§ 178

Gegen die Entscheidungen des ersuchten oder beauftragten Richters oder des Urkundsbeamten kann binnen eines Monats nach Bekanntgabe das Gericht angerufen werden, das endgültig entscheidet. Die §§ 173 bis 175 gelten entsprechend.

§ 178a

(1) Auf die Rüge eines durch eine gerichtliche Entscheidung beschwerten Beteiligten ist das Verfahren fortzuführen, wenn

1. ein Rechtsmittel oder ein anderer Rechtsbehelf gegen die Entscheidung nicht gegeben ist und

2. das Gericht den Anspruch dieses Beteiligten auf rechtliches Gehör in entscheidungserheblicher Weise verletzt hat.

Gegen eine der Endentscheidung vorausgehende Entscheidung findet die Rüge nicht statt.

(2) Die Rüge ist innerhalb von zwei Wochen nach Kenntnis von der Verletzung des rechtlichen Gehörs zu erheben; der Zeitpunkt der Kenntniserlangung ist glaubhaft zu machen. Nach Ablauf eines Jahres seit Bekanntgabe der angegriffenen Entscheidung kann die Rüge nicht mehr erhoben werden. Formlos mitgeteilte Entscheidungen gelten mit dem dritten Tage nach Aufgabe zur Post als bekannt gegeben. Die Rüge ist schriftlich oder zur Niederschrift des Urkundsbeamten der Geschäftsstelle bei dem Gericht zu erheben, dessen Entscheidung angegriffen wird. Die Rüge muss die angegriffene Entscheidung bezeichnen und das Vorliegen der in Absatz 1 Satz 1 Nr. 2 genannten Voraussetzungen darlegen.

(3) Den übrigen Beteiligten ist, soweit erforderlich, Gelegenheit zur Stellungnahme zu geben.

(4) Ist die Rüge nicht statthaft oder nicht in der gesetzlichen Form oder Frist erhoben, so ist sie als unzulässig zu verwerfen. Ist die Rüge unbegründet, weist das Gericht sie zurück. Die Entscheidung ergeht durch unanfechtbaren Beschluss. Der Beschluss soll kurz begründet werden.

(5) Ist die Rüge begründet, so hilft ihr das Gericht ab, indem es das Verfahren fortführt, soweit dies aufgrund der Rüge geboten ist. Das Verfahren wird in die Lage zurückversetzt, in der es sich vor dem Schluss der mündlichen Verhandlung befand. In schriftlichen Verfahren tritt an die Stelle des Schlusses der mündlichen Verhandlung der Zeitpunkt, bis zu dem Schriftsätze eingereicht werden können. Für den Ausspruch des Gerichts ist § 343 der Zivilprozessordnung entsprechend anzuwenden.

(6) § 175 Satz 3 ist entsprechend anzuwenden.

Dritter Abschnitt
**Wiederaufnahme des Verfahrens
und besondere Verfahrensvorschriften**

§ 179

(1) Ein rechtskräftig beendetes Verfahren kann entsprechend den Vorschriften des Vierten Buches der Zivilprozessordnung wieder aufgenommen werden.

(2) Die Wiederaufnahme des Verfahrens ist ferner zulässig, wenn ein Beteiligter strafgerichtlich verurteilt worden ist, weil er Tatsachen, die für die Entscheidung der Streitsache von wesentlicher Bedeutung waren, wissentlich falsch behauptet oder vorsätzlich verschwiegen hat.

(3) Auf Antrag kann das Gericht anordnen, dass die gewährten Leistungen zurückzuerstatten sind.

§ 180

(1) Eine Wiederaufnahme des Verfahrens ist auch zulässig, wenn

1. mehrere Versicherungsträger denselben Anspruch endgültig anerkannt haben oder wegen desselben Anspruchs rechtskräftig zur Leistung verurteilt worden sind,

2. ein oder mehrere Versicherungsträger denselben Anspruch endgültig abgelehnt haben oder wegen desselben Anspruchs rechtskräftig von der Leistungspflicht befreit worden sind, weil ein anderer Versicherungsträger leistungspflichtig sei, der seine Leistung bereits endgültig abgelehnt hat oder von ihr rechtskräftig befreit worden ist.

(2) Das gleiche gilt im Verhältnis zwischen Versicherungsträgern und einem Land, wenn streitig ist, ob eine Leistung aus der Sozialversicherung oder nach dem sozialen Entschädigungsrecht zu gewähren ist.

(3) Der Antrag auf Wiederaufnahme des Verfahrens ist bei einem der gemäß § 179 Absatz 1 für die Wiederaufnahme zuständigen Gerichte der Sozialgerichtsbarkeit zu stellen. Dieses verständigt die an dem Wiederaufnahmeverfahren Beteiligten und die Gerichte, die über den Anspruch entschieden haben. Es gibt die Sache zur Entscheidung an das gemeinsam nächst höhere Gericht ab.

(4) Das zur Entscheidung berufene Gericht bestimmt unter Aufhebung der entgegenstehenden Bescheide oder richterlichen Entscheidungen den Leistungspflichtigen.

(5) Für die Durchführung des Verfahrens nach Absatz 4 gelten im übrigen die Vorschriften über die Wiederaufnahme des Verfahrens entsprechend.

(6) (weggefallen)

§ 181

Will das Gericht die Klage gegen einen Versicherungsträger ablehnen, weil es einen anderen Versicherungsträger für leistungspflichtig hält, obwohl dieser bereits den Anspruch endgültig abgelehnt hat oder in einem früheren Verfahren rechtskräftig befreit worden ist, so verständigt es den anderen Versicherungsträger und das Gericht, das über den Anspruch rechtskräftig entschieden hat, und gibt die Sache zur Entscheidung an das gemeinsam nächst höhere Gericht ab. Im Übrigen gilt § 180 Absatz 2 und Absätze 4 und 5.

§ 182

(1) Hat das Bundessozialgericht oder ein Landessozialgericht die Leistungspflicht eines Versicherungsträgers rechtskräftig verneint, weil ein anderer Versicherungsträger verpflichtet sei, so kann der Anspruch gegen den anderen Versicherungsträger

nicht abgelehnt werden, weil der im früheren Verfahren befreite Versicherungsträger leistungspflichtig sei.

(2) Das gleiche gilt im Verhältnis zwischen einem Versicherungsträger und einem Land, wenn die Leistungspflicht nach dem sozialen Entschädigungsrecht streitig ist.

§ 182a

(1) Beitragsansprüche von Unternehmen der privaten Pflegeversicherung nach dem Elften Buch Sozialgesetzbuch können nach den Vorschriften der Zivilprozessordnung im Mahnverfahren vor dem Amtsgericht geltend gemacht werden. In dem Antrag auf Erlass des Mahnbescheids können mit dem Beitragsanspruch Ansprüche anderer Art nicht verbunden werden. Der Widerspruch gegen den Mahnbescheid kann zurückgenommen werden, solange die Abgabe an das Sozialgericht nicht verfügt ist.

(2) Mit Eingang der Akten beim Sozialgericht ist nach den Vorschriften dieses Gesetzes zu verfahren. Für die Entscheidung des Sozialgerichts über den Einspruch gegen den Vollstreckungsbescheid gelten § 700 Absatz 1 und § 343 der Zivilprozessordnung entsprechend.

Vierter Abschnitt
Kosten und Vollstreckung

Erster Unterabschnitt
Kosten

§ 183

Das Verfahren vor den Gerichten der Sozialgerichtsbarkeit ist für Versicherte, Leistungsempfänger einschließlich Hinterbliebenenleistungsempfänger, behinderte Menschen oder deren Sonderrechtsnachfolger nach § 56 des Ersten Buches Sozialgesetzbuch kostenfrei, soweit sie in dieser jeweiligen Eigenschaft als Kläger oder Beklagte beteiligt sind. Nimmt ein sonstiger Rechtsnachfolger das Verfahren auf, bleibt das Verfahren in dem Rechtszug kostenfrei. Den in Satz 1 und 2 genannten Personen steht gleich, wer im Falle des Obsiegens zu diesen Personen gehören würde. Leistungsempfängern nach Satz 1 stehen Antragsteller nach § 55a Absatz 2 Satz 1 zweite Alternative gleich. § 93 Satz 3, § 109 Absatz 1 Satz 2, § 120 Absatz 2 Satz 1 und § 192 bleiben unberührt.

§ 184

(1) Kläger und Beklagte, die nicht zu den in § 183 genannten Personen gehören, haben für jede Streitsache eine Gebühr zu entrichten. Die Gebühr entsteht, sobald die Streitsache rechtshängig geworden ist; sie ist für jeden Rechtszug zu zahlen. Soweit wegen derselben Streitsache ein Mahnverfahren (§ 182a) vorausgegangen ist, wird die Gebühr für das Verfahren über den Antrag auf Erlass eines Mahnbescheids nach dem Gerichtskostengesetz angerechnet.

(2) Die Höhe der Gebühr wird für das Verfahren

vor den Sozialgerichten auf 150 Euro,

vor den Landessozialgerichten auf 225 Euro,

vor dem Bundessozialgericht auf 300 Euro

festgesetzt.

(3) § 2 des Gerichtskostengesetzes gilt entsprechend.

§ 185

Die Gebühr wird fällig, sobald die Streitsache durch Zurücknahme des Rechtsbehelfs, durch Vergleich, Anerkenntnis, Beschluss oder durch Urteil erledigt ist.

§ 186

Wird eine Sache nicht durch Urteil erledigt, so ermäßigt sich die Gebühr auf die Hälfte. Die Gebühr entfällt, wenn die Erledigung auf einer Rechtsänderung beruht.

§ 187

Sind an einer Streitsache mehrere nach § 184 Absatz 1 Gebührenpflichtige beteiligt, so haben sie die Gebühr zu gleichen Teilen zu entrichten.

§ 188

Wird ein durch rechtskräftiges Urteil abgeschlossenes Verfahren wieder aufgenommen, so ist das neue Verfahren eine besondere Streitsache.

§ 189

(1) Die Gebühren für die Streitsachen werden in einem Verzeichnis zusammengestellt. Die Mitteilung eines Auszugs aus diesem Verzeichnis an die nach § 184 Absatz 1 Gebührenpflichtigen gilt als Feststellung der Gebührenschuld und als Aufforderung, den Gebührenbetrag binnen eines Monats an die in der Mitteilung angegebene Stelle zu zahlen.

(2) Die Feststellung erfolgt durch den Urkundsbeamten der Geschäftsstelle. Gegen diese Feststellung kann binnen eines Monats nach Mitteilung das Gericht angerufen werden, das endgültig entscheidet.

§ 190

Die Präsidenten und die aufsichtführenden Richter der Gerichte der Sozialgerichtsbarkeit sind befugt, eine Gebühr, die durch unrichtige Behandlung der Sache ohne Schuld der gebührenpflichtigen Beteiligten entstanden ist, niederzuschlagen. Sie können von der Einziehung absehen, wenn sie mit Kosten oder Verwaltungsaufwand verknüpft ist, die in keinem Verhältnis zu der Einnahme stehen.

§ 191

Ist das persönliche Erscheinen eines Beteiligten angeordnet worden, so werden ihm auf Antrag bare Auslagen und Zeitverlust wie einem Zeugen vergütet; sie können vergütet werden, wenn er ohne Anordnung erscheint und das Gericht das Erscheinen für geboten hält.

§ 192

(1) Das Gericht kann im Urteil oder, wenn das Verfahren anders beendet wird, durch Beschluss einem Beteiligten ganz oder teilweise die Kosten auferlegen, die dadurch verursacht werden, dass

1. durch Verschulden des Beteiligten die Vertagung einer mündlichen Verhandlung oder die Anberaumung eines neuen Termins zur mündlichen Verhandlung nötig geworden ist oder

2. der Beteiligte den Rechtsstreit fortführt, obwohl ihm vom Vorsitzenden die Missbräuchlichkeit der Rechtsverfolgung oder -verteidigung dargelegt worden und er auf die Möglichkeit der Kostenauferlegung bei Fortführung des Rechtsstreites hingewiesen worden ist.

Dem Beteiligten steht gleich sein Vertreter oder Bevollmächtigter. Als verursachter Kostenbetrag gilt dabei mindestens der Betrag nach § 184 Absatz 2 für die jeweilige Instanz.

(2) Betrifft das Verfahren die Anfechtung eines Bescheides der Kassenärztlichen Vereinigung oder Kassenzahnärztlichen Vereinigung auf Zahlung der nach § 28 Absatz 4 des Fünften Buches Sozialgesetzbuch zu zahlenden Zuzahlung hat das Gericht dem Kläger einen Kostenbetrag mindestens in Höhe des Betrages nach § 184 Absatz 2 für die jeweilige Instanz aufzuerlegen, wenn

1. die Einlegung der Klage missbräuchlich war,

2. die Kassenärztliche Vereinigung oder Kassenzahnärztliche Vereinigung spätestens in dem Bescheid den Kläger darauf hingewiesen hat, dass den Kläger die Pflicht zur Zahlung eines Kostenbetrages treffen kann.

Die Gebührenpflicht der Kassenärztlichen Vereinigung oder Kassenzahnärztlichen Vereinigung nach § 184 entfällt in diesem Fall.

(3) Die Entscheidung nach Absatz 1 und Absatz 2 wird in ihrem Bestand nicht durch die Rücknahme der Klage berührt. Sie kann nur durch eine zu begründende Kostenentscheidung im Rechtsmittelverfahren aufgehoben werden.

(4) Das Gericht kann der Behörde ganz oder teilweise die Kosten auferlegen, die dadurch verursacht werden, dass die Behörde erkennbare und notwendige Ermittlungen im Verwaltungsverfahren unterlassen hat, die im gerichtlichen Verfahren nachgeholt wurden. Die Entscheidung ergeht durch gesonderten Beschluss.

§ 193

(1) Das Gericht hat im Urteil zu entscheiden, ob und in welchem Umfang die Beteiligten einander Kosten zu erstatten haben. Ist ein Mahnverfahren vorausgegangen (§ 182a), entscheidet das Gericht auch, welcher Beteiligte die Gerichtskosten zu tragen hat. Das Gericht entscheidet auf Antrag durch Beschluss, wenn das Verfahren anders beendet wird.

(2) Kosten sind die zur zweckentsprechenden Rechtsverfolgung oder Rechtsverteidigung notwendigen Aufwendungen der Beteiligten.

(3) Die gesetzliche Vergütung eines Rechtsanwalts oder Rechtsbeistands ist stets erstattungsfähig.

(4) Nicht erstattungsfähig sind die Aufwendungen der in § 184 Absatz 1 genannten Gebührenpflichtigen.

§ 194

Sind mehrere Beteiligte kostenpflichtig, so gilt § 100 der Zivilprozessordnung entsprechend. Die Kosten können ihnen als Gesamtschuldnern auferlegt werden, wenn das Streitverhältnis ihnen gegenüber nur einheitlich entschieden werden kann.

§ 195

Wird der Rechtsstreit durch gerichtlichen Vergleich erledigt und haben die Beteiligten keine Bestimmung über die Kosten getroffen, so trägt jeder Beteiligte seine Kosten.

§ 196 (weggefallen)

§ 197

(1) Auf Antrag der Beteiligten oder ihrer Bevollmächtigten setzt der Urkundsbeamte des Gerichts des ersten Rechtszugs den Betrag der zu erstattenden Kosten fest. § 104 Absatz 1 Satz 2 und Absatz 2 der Zivilprozessordnung findet entsprechende Anwendung.

(2) Gegen die Entscheidung des Urkundsbeamten der Geschäftsstelle kann binnen eines Monats nach Bekanntgabe das Gericht angerufen werden, das endgültig entscheidet.

§ 197 a

(1) Gehört in einem Rechtszug weder der Kläger noch der Beklagte zu den in § 183 genannten Personen, werden Kosten nach den Vorschriften des Gerichtskostengesetzes erhoben; die §§ 184 bis 195 finden keine Anwendung; die §§ 154 bis 162 der Verwaltungsgerichtsordnung sind entsprechend anzuwenden. Wird die Klage zurückgenommen, findet § 161 Absatz 2 der Verwaltungsgerichtsordnung keine Anwendung.

(2) Dem Beigeladenen werden die Kosten außer in den Fällen des § 154 Absatz 3 der Verwaltungsgerichtsordnung auch auferlegt, soweit er verurteilt wird (§ 75 Absatz 5). Ist eine der in § 183 genannten Personen beigeladen, können dieser Kosten nur unter den Voraussetzungen von § 192 auferlegt werden. Aufwendungen des Beigeladenen werden unter den Voraussetzungen des § 191 vergütet; sie gehören nicht zu den Gerichtskosten.

(3) Die Absätze 1 und 2 gelten auch für Träger der Sozialhilfe, soweit sie an Erstattungsstreitigkeiten mit anderen Trägern beteiligt sind.

§ 197 b

Für Ansprüche, die beim Bundessozialgericht entstehen, gelten die Justizverwaltungskostenordnung und die Justizbeitreibungsordnung entsprechend, soweit sie nicht unmittelbar Anwendung finden. Vollstreckungsbehörde ist die Justizbeitreibungsstelle des Bundessozialgerichts.

Zweiter Unterabschnitt
Vollstreckung

§ 198

(1) Für die Vollstreckung gilt das Achte Buch der Zivilprozessordnung entsprechend, soweit sich aus diesem Gesetz nichts anderes ergibt.

(2) Die Vorschriften über die vorläufige Vollstreckbarkeit sind nicht anzuwenden.

(3) An die Stelle der sofortigen Beschwerde tritt die Beschwerde (§§ 172 bis 177).

§ 199

(1) Vollstreckt wird

1. aus gerichtlichen Entscheidungen, soweit nach den Vorschriften dieses Gesetzes kein Aufschub eintritt,
2. aus einstweiligen Anordnungen,
3. aus Anerkenntnissen und gerichtlichen Vergleichen,
4. aus Kostenfestsetzungsbeschlüssen,
5. aus Vollstreckungsbescheiden.

(2) Hat ein Rechtsmittel keine aufschiebende Wirkung, so kann der Vorsitzende des Gerichts, das über das Rechtsmittel zu entscheiden hat, die Vollstreckung durch einstweilige Anordnung aussetzen. Er kann die Aussetzung und Vollstreckung von einer Sicherheitsleistung abhängig machen; die §§ 108, 109, 113 der Zivilprozessordnung gelten entsprechend. Die Anordnung ist unanfechtbar; sie kann jederzeit aufgehoben werden.

(3) Absatz 2 Satz 1 gilt entsprechend, wenn ein Urteil nach § 131 Absatz 4 bestimmt hat, dass eine Wahl oder eine Ergänzung der Selbstverwaltungsorgane zu wiederholen ist. Die einstweilige Anordnung ergeht dahin, dass die Wiederholungswahl oder die Ergänzung der Selbstverwaltungsorgane für die Dauer des Rechtsmittelverfahrens unterbleibt.

(4) Für die Vollstreckung können den Beteiligten auf ihren Antrag Ausfertigungen des Urteils ohne Tatbestand und ohne Entscheidungsgründe erteilt werden, deren Zustellung in den Wirkungen der Zustellung eines vollständigen Urteils gleichsteht.

§ 200

(1) Soll zugunsten einer Bundesbehörde oder einer bundesunmittelbaren Körperschaft des öffentlichen Rechts oder einer bundesunmittelbaren Anstalt des öffentlichen Rechts vollstreckt werden, so richtet sich die Vollstreckung nach dem Verwaltungsvollstreckungsgesetz.

(2) Bei der Vollstreckung zugunsten einer Behörde, die nicht Bundesbehörde ist, sowie zugunsten einer nicht bundesunmittelbaren Körperschaft oder Anstalt des öffentlichen Rechts gelten die Vorschriften des Verwaltungsvollstreckungsgesetzes entsprechend. In diesem Fall bestimmt das Land die Vollstreckungsbehörde.

§ 201

(1) Kommt die Behörde in den Fällen des § 131 der im Urteil auferlegten Verpflichtung nicht nach, so kann das Gericht des ersten Rechtszugs auf Antrag unter Fristsetzung ein Zwangsgeld bis zu tausend Euro durch Beschluss androhen und nach vergeblichem Fristablauf festsetzen. Das Zwangsgeld kann wiederholt festgesetzt werden.

(2) Für die Vollstreckung gilt § 200.

DRITTER TEIL
Übergangs- und Schlussvorschriften

§ 202

Soweit dieses Gesetz keine Bestimmungen über das Verfahren enthält, sind das Gerichtsverfassungsgesetz und die Zivilprozessordnung entsprechend anzuwenden, wenn die grundsätzlichen Unterschiede der beiden Verfahrensarten dies nicht ausschließen.

§ 203 (aufgehoben)

§ 203 a

Die Senate des Bundessozialgerichts können Sitzungen auch in Berlin abhalten.

§ 204

Vor die Gerichte der Sozialgerichtsbarkeit gehören auch Streitigkeiten, für welche durch Rechtsverordnung die Zuständigkeit der früheren Versicherungsbehörden oder Versorgungsgerichte begründet worden war.

§ 205

Erfolgt die Vernehmung oder die Vereidigung von Zeugen und Sachverständigen nach dem Zehnten Buch Sozialgesetzbuch durch das Sozialgericht, findet sie vor dem dafür im Geschäftsverteilungsplan bestimmten Richter statt. Über die Rechtmäßigkeit einer Verweigerung des Zeugnisses, des Gutachtens oder der Eidesleistung nach dem Zehnten Buch Sozialgesetzbuch entscheidet das Sozialgericht durch Beschluss.

§ 206

(1) Auf Verfahren in Angelegenheiten der Sozialhilfe und des Asylbewerberleistungsgesetzes, die nicht auf die Gerichte der Sozialgerichtsbarkeit übergehen, ist § 188 der Verwaltungsgerichtsordnung in der bis zum 31. Dezember 2004 geltenden Fassung anzuwenden.

(2) Auf Verfahren, die am 1. Januar 2009 bei den besonderen Spruchkörpern der Gerichte der Verwaltungsgerichtsbarkeit anhängig sind, sind die §§ 1, 50a bis 50c und 60 in der bis zum 31. Dezember 2008 geltenden Fassung anzuwenden. Für einen Rechtsbehelf gegen Entscheidungen eines besonderen Spruchkörpers des Verwaltungsgerichts, die nach dem 31. Dezember 2008 ergehen, ist das Landessozialgericht zuständig.

§ 207

Verfahren in Streitigkeiten über Entscheidungen von Vergabekammern, die Rechtsbeziehungen nach § 69 des Fünften Buches Sozialgesetzbuch betreffen und die am 28. Dezember 2010 bei den Landessozialgerichten anhängig sind, gehen in dem Stadium, in dem sie sich befinden, auf das für den Sitz der Vergabekammer zuständige Oberlandesgericht über. Verfahren in Streitigkeiten über Entscheidungen von Vergabekammern, die Rechtsbeziehungen nach § 69 des Fünften Buches Sozialgesetzbuch betreffen und die am 28. Dezember 2010 beim Bundessozialgericht anhängig sind, gehen auf den Bundesgerichtshof über. Die Sätze 1 und 2 gelten nicht für Verfahren, die sich in der Hauptsache erledigt haben. Soweit ein Landessozialgericht an eine Frist nach § 121 Absatz 3 des Gesetzes gegen Wettbewerbsbeschränkungen gebunden ist, beginnt der Lauf dieser Frist mit dem Eingang der Akten bei dem zuständigen Oberlandesgericht von neuem.

§§ 208 bis 217 (weggefallen)

§ 218

(1) Dieses Gesetz gilt nach Maßgabe des § 13 Absatz 1 des Dritten Überleitungsgesetzes vom 4. Januar 1952 (Bundesgesetzblatt I S. 1) auch im Land Berlin. Rechtsverordnungen, die auf Grund der in diesem Gesetz enthaltenen Ermächtigungen erlassen werden, gelten im Land Berlin nach § 14 des Dritten Überleitungsgesetzes.

(2) bis (6) (weggefallen)

§ 219

Die Länder können Abweichungen von den Vorschriften des § 85 Absatz 2 Nr. 1 zulassen.

§§ 220 bis 223 (weggefallen)

Stichwortverzeichnis

(Die römischen Ziffern bezeichnen die Kapitel, die arabischen die Randnummern. Bei mehreren arabischen Randnummer betreffen die *kursiv* gedruckten die Schwerpunkte der Ausführungen zu dem Stichwort. Soweit keine kursive Kennzeichnung besteht, sind unter den verschiedenen Randnummern unterschiedliche Problembereiche des Stichwortes behandelt.)